浙江省人民政府　主管

浙江年鉴

ZHEJIANG YEARBOOK 2020

浙江省地方志编纂委员会办公室　编

红旗出版社

图书在版编目（CIP）数据

浙江年鉴．2020 / 浙江省地方志编纂委员会办公室编．-- 北京：红旗出版社，2020.12

ISBN 978-7-5051-5272-4

Ⅰ．①浙… Ⅱ．①浙… Ⅲ．①浙江 – 2020 – 年鉴 Ⅳ．①Z525.5

中国版本图书馆 CIP 数据核字（2020）第 269015 号

书　　名	浙江年鉴 2020		
编　　者	浙江省地方志编纂委员会办公室		
出 品 人	唐中祥	责任编辑	赵　洁
总 监 制	褚定华	责任校对	孙惊初
责任印务	金硕		
封面设计	乐读文化		
出版发行	红旗出版社		
地　　址	北京市沙滩北街 2 号	邮政编码	100727
	杭州市体育场路 178 号	邮政编码	310039
编 辑 部	0571-85310198		
E - mail	498416431@qq.com	发 行 部	0571-85311330
图文排版	杭州乐读文化创意有限公司		
印　　刷	浙江全能工艺美术印刷有限公司		
开　　本	889 毫米 ×1194 毫米	1/16	
字　　数	1212 千字	印　　张	42.56
印　　数	2000 册	插　　页	18
版　　次	2021 年 1 月杭州第 1 版	印　　次	2021 年 1 月杭州第 1 次印刷
ISBN	978-7-5051-5272-4	定　　价	338 元

欢迎品牌畅销图书项目合作　　联系电话：0571-85310181

浙江省地方志编纂委员会
（《浙江年鉴》编辑委员会）

《浙江年鉴》编辑部

各市编辑室（带*为负责人）

杭州市	郎健华*	阮关水	秦文蔚
宁波市	陈银绍*	邢孟军	杨海红
温州市	王文胜*	魏仕阔	潘　达
嘉兴市	李国明*	张朱斌	翁正伟
湖州市	杨伟民*	梅锦连	吴振振
绍兴市	闫小锋*	程绪平	毛尔炯
金华市	袁朝明*	王沁虹	
衢州市	蓝水高*	贺清峰	钱道本
舟山市	郑学军*	莫瑞安	何　涛
台州市	李欠梅*	林明达	陶　毓
丽水市	雷华英*	朱晓亮	孙长莲

编辑说明

一、《浙江年鉴》是由浙江省人民政府主管、浙江省地方志编纂委员会办公室编纂出版的年度资料性文献。原名为创刊于1986年的《浙江经济年鉴》，1992年改为现名。《浙江年鉴2020》为第34卷。

二、《浙江年鉴2020》以马克思列宁主义、毛泽东思想、邓小平理论、“三个代表”重要思想、科学发展观、习近平新时代中国特色社会主义思想为指导，坚持辩证唯物主义和历史唯物主义的立场、观点和方法，深入贯彻落实党的十九大和十九届二中、三中、四中全会精神，全面、系统地记述和反映全省以“八八战略”为统领，践行习近平总书记赋予浙江“新时代全面展示中国特色社会主义制度优越性的重要窗口”的新期塑进程中所取得的新成就、新经验，为社会各界了解和研究浙江提供翔实的基础资料。

三、《浙江年鉴2020》框架结构略有调整。“特辑”类目收录11个方面重大事项。“重点领域改革”分目增设“放管服”改革、“标准地”改革、现代供应链建设、国资国企改革、生态文明体制改革、信用体系建设等次分目。“经济建设”类目增设“万亿产业”分目，下设8个次分目；“数字经济”分目下设“软件和信息技术服务业”“电子信息制造业”“信息基础设施”“通信服务”等次分目。“生态文明建设”增设“生态资源保护”“气候变化应对和温室气体减排”等分目、次分目。卷首设图片专题，百科部分设特载、特辑、大事记、省情概览、人物、政治建设、经济建设、社会建设、文化建设、生态文明建设、市县（市、区）概览、附录、统计资料、索引14个类目，共103个分目、292个次分目，收录条目1850个、照片101幅、表格100张。

四、《浙江年鉴2020》记述时限为2019年1月1日至2019年12月31日，凡在文中直书月、日的，均指2019年内的日期，“年内”一律指“2019年”。“比上年”均指“比2018年”。

五、《浙江年鉴2020》采取分类编辑法。基本结构为类目、分目、次分目、条目4个层次，以条目为主要的信息载体。全书条目的标题统一用黑体加【】表示，少数包含多方面资料的条目在文内用楷体标题标明各段资料的主题。

六、根据行文需要，文中省直部门单位使用省政府办公厅印发的规范化简称。文中未标明党派的“省委”均为“中共浙江省委”，“党员”均为“中共党员”（各民主党派内容除外）。“缩略语”随文注释。

七、《浙江年鉴2020》所采用的稿件由全省各部门、各单位和各市、县（市、区）提供，并经各单位审核。文中所列数据原则上依据《浙江统计年鉴2020》，统计年鉴中没有的以主管部门为准。有的数据因统计口径不同，前后记述不尽一致，引用时请注意。

图内未注出的市辖区
杭州市：西湖区 拱墅区 下城区 上城区 江干区 滨江区
宁波市：海曙区 江北区
温州市：鹿城区 瓯海区
嘉兴市：南湖区 秀洲区
湖州市：吴兴区
绍兴市：越城区
金华市：婺城区 金东区
衢州市：柯城区 衢江区
台州市：椒江区
丽水市：莲都区

浙江省政区图

行 政 区 划 简 表

省会 设区市		杭州市 下辖市、县、区	数量
杭州市	区	上城 下城 江干 拱墅 西湖 滨江 萧山 余杭 富阳 临安	10
	市	建德	1
	县	桐庐 淳安	2
宁波市	区	海曙 江北 北仑 镇海 鄞州 奉化	6
	市	余姚 慈溪	2
	县	象山 宁海	2
温州市	区	鹿城 龙湾 瓯海 洞头	4
	市	瑞安 乐清 龙港	3
	县	永嘉 平阳 苍南 文成 泰顺	5
嘉兴市	区	南湖 秀洲	2
	市	海宁 平湖 桐乡	3
	县	嘉善 海盐	2
湖州市	区	吴兴 南浔	2
	县	德清 长兴 安吉	3
绍兴市	区	越城 柯桥 上虞	3
	市	诸暨 嵊州	2
	县	新昌	1
金华市	区	婺城 金东	2
	市	兰溪 义乌 东阳 永康	4
	县	武义 浦江 磐安	3
衢州市	区	柯城 衢江	2
	市	江山	1
	县	常山 开化 龙游	3
舟山市	区	定海 普陀	2
	县	岱山 嵊泗	2
台州市	区	椒江 黄岩 路桥	3
	市	温岭 临海 玉环	3
	县	三门 天台 仙居	3
丽水市	区	莲都	1
	市	龙泉	1
	县	青田 缙云 遂昌 松阳 云和 庆元 景宁畲族自治县	7

全省现有11个设区市 37个市辖区 20个县级市 32个县 1个自治县

浙江要闻

2019 年 9 月 12 日，省委书记车俊（右）在杭州会见哈萨克斯坦总统托卡耶夫 （浙江日报社 供图）

2019年1月28日，省委副书记、省长袁家军参加省"两会"宁波代表团审议

（省政府办公厅 供图）

2019 年 6 月 24 日，省政协主席葛慧君（中）赴松阳开展蹲点调研　　（省政协办公厅 供图）

2019 年 10 月 8 日，省委副书记、宁波市委书记郑栅洁（中）在嵊州调研曹娥江流域治理和保护工作

（浙江在线 供图）

2019 年 4 月 28 日，“首届长三角全球科创路演活动暨中国嘉兴航空航天百人会”开幕式在嘉兴举行

（嘉兴市科技局 供图）

2019 年 6 月 5 日，世界环境日全球主场活动在杭州举行

（严　建 供图）

2019 年 7 月 6 日，良渚古城遗址列入《世界遗产名录》　　（良渚遗址管委会 供图）

2019 年 9 月 12 日，深入贯彻落实习近平总书记系列重要指示精神暨新时代浙江（安吉）县域践行“两山”理念综合改革创新试验区建设工作大会在湖州召开

［湖州市委党史研究室（湖州市地方志编纂室）供图］

2019 年 9 月 25 日，龙港市挂牌成立　［温州市委党史研究室（温州市地方志办公室）供图］

2019 年 10 月 12 日，教育部在浙江省海盐县召开全国县域义务教育优质均衡发展督导评估认定启动现场会

（省教育厅 供图）

2019 年 11 月 10—14 日，第一届城乡联系国际论坛在松阳举行

［丽水市委党史研究室（丽水市地方志研究室）供图］

经济文化建设

2019 年 1 月 16 日，台州沿海高速公路全线通车　　[台州市委党史研究室（台州市地方志编纂室）供图]

2019 年 3 月 28 日，杭衢铁路（建衢段）开工　　　　（衢州市地方志办公室 供图）

2019 年 6 月 21 日，中国大运河申遗成功五周年暨第三届京杭大运河国际诗歌大会闭幕晚会在杭州举行　　　　（严　建供图）

2019 年 7 月 7 日，良渚古城遗址公园有限开园　　（良渚遗址管委会 供图）

2019 年“诗画浙江”文化旅游公众体验活动在加拿大举行　　（省文旅厅 供图）

2019 年 9 月 29 日，历时近五年建设的杭州千岛湖配供水工程正式通水　　　　（浙江日报社 供图）

工匠展示墙

2019 年 9 月 26 日，杭州设立全国首个“工匠日”。1937 年 9 月 26 日，杭州钱塘江大桥建成通车，大桥成为钱塘江上的标志性建筑，杭州将这一天设为“工匠日” （浙江日报社 供图）

2019年11月30日，温州平阳县南麂岛与大陆联网工程正式通电，浙江最后一个“孤网”镇用上国网电　　（浙江日报社 供图）

2019年杭州萧山国际机场年旅客吞吐量突破4000万人次　　（杭州萧山国际机场 供图）

美丽浙江建设

杭州市湖滨步行街全新亮相　　[杭州市委党史研究室（杭州市地方志办公室）供图]

宁波市东部新城生态走廊绿道建成（省建设厅 供图）

“中国第一农民城”——龙港市全貌［温州市委党史研究室（温州市地方志办公室）供图］

嘉兴市南湖新区　　（嘉兴市地方志编纂室 供图）

湖州吴兴区文体中心　　[湖州市委党史研究室（湖州市地方志编纂室）供图]

绍兴（中国）轻纺城中央商务区　　（浙江日报社 供图）

金华市主城区三江口晚霞

衢州智慧新城　　（衢州市地方志办公室 供图）

（金华市地方志编纂室 供图）

丽水城市新貌　　[丽水市委党史研究室（丽水市地方志研究室）供图]

台州城市新貌

舟山富翅门大桥　　（舟山市调研服务中心 供图）

［台州市委党史研究室（台州市地方志编纂室）供图］

庆祝中华人民共和国成立 70 周年

2019 年 9 月 1 日，仙居县第五小学开展“我与国旗合影、向国旗敬礼、为祖国送祝福”活动

（浙江日报社 供图）

2019 年 9 月 17 日，“相随 70 年”——民革浙江省委会庆祝中华人民共和国成立 70 周年活动在杭州举行

（民革浙江省委 供图）

2019 年 9 月 24 日，“高歌颂祖国 奋进新时代”——浙江省民营企业歌唱祖国文艺晚会在浙江音乐厅举行

（省工商联 供图）

2019 年 9 月 22 日，70 位在校学生、70 位人民教师、70 位妇女同胞、70 位人民公仆、70 国国际友人等齐聚宁波市鄞州区政府广场，共绘牡丹长卷，庆祝中华人民共和国成立 70 周年

（浙江日报社 供图）

2019 年 9 月 28 日，浙江省庆祝中华人民共和国成立 70 周年大型音乐舞蹈史诗演出活动在杭州举行

（浙江日报社 供图）

2019 年 9 月 26 日，杭州西湖风景名胜区管委会邀请 70 位共和国同龄人游览西湖，感受中华人民共和国成立以来西湖文化景观遗产保护成果 （浙江日报社 供图）

2019 年 10 月 2 日，在诸暨工作的苗族同胞身着民族服饰，参加庆祝中华人民共和国成立 70 周年活动 （浙江日报社 供图）

目 录

特 载

特 辑

2019年浙江大事记

省 情 概 览

人　物

政　治　建　设

经 济 建 设

社 会 建 设

文 化 建 设

生态文明建设

市、县（市、区）概览

附　录

统　计　资　料

索　引

英　文　目　录

中共浙江省委关于认真学习贯彻党的十九届四中全会精神高水平推进省域治理现代化的决定

Decision of the CPC Zhejiang Provincial Committee on Conscientiously Studying and Implementing the Spirit of the Fourth Plenary Session of the 19th CPC Central Committee and Promoting the Modernization of Capacity for Governance

（2019年11月22日中国共产党浙江省第十四届委员会第六次全体会议通过）

中国共产党浙江省第十四届委员会第六次全体会议，认真学习贯彻党的十九届四中全会精神，按照《中共中央关于坚持和完善中国特色社会主义制度、推进国家治理体系和治理能力现代化若干重大问题的决定》部署要求，紧密结合浙江实际，研究了高水平推进省域治理现代化问题，作出如下决定。

一、坚持以“八八战略”统领推进省域治理现代化

1. 深刻领会党的十九届四中全会精神。党的十九届四中全会是在当今世界正经历百年未有之大变局、我国正处于实现中华民族伟大复兴关键时期召开的一次历史性会议。全会通过的《决定》深刻回答了中国特色社会主义制度和国家治理体系“坚持和巩固什么、完善和发展什么”这个重大政治问题，向世界宣示了人类对美好社会制度追求的“中国方案”，为实现我们党长期执政和国家长治久安、实现中华民族伟大复兴中国梦提供了根本制度保障。省域治理是国家治理体系和治理能力在省域层面的落实和体现，是立足省域贯彻中国特色社会主义制度和国家治理体系、推进现代化建设的具体治理实践。改革开放以来特别是新世纪以来，浙江坚持以“八八战略”统领推进省域治理，创造了干在实处、走在前列、勇立潮头的显著成就。近年来，浙江坚持“八八战略”再深化、改革开放再出发，全面实施“最多跑一次”改革，牵引推动省域治理再创新优势。当前，浙江正处于“两个高水平”建设的关键阶段，国家治理的新要求、时代变革的新趋势、全省人民的新期盼，对省域治理提出了新的更高要求。全省各级党组织和广大党员、干部要把学习贯彻党的十九届四中全会精神作为重大政治任务，增强“四个意识”、坚定“四个自信”、做到“两个维护”，切实强化模范践行中国特色社会主义制度、高水平推进省域治理现代化的责任担当，努力在“八八战略”指引下开创省域治理现代化的新局面。

2. 高水平推进省域治理现代化的总体要求。坚持以习近平新时代中国特色社会主义思想为指导，全面贯彻党的十九大和十九届二中、三中、四中全会精神，自觉扛起中国革命红船起航地、改革开放先行地、习近平新时代中国特色社会主义思想重要萌发地的使命担当，坚持全面加强党的领导，以“八八战略”为统领，以“最多跑一次”改革为牵引，推进系统治理、依法治理、综合治理、源头治理，突出落实国家治理的关键性举措、引领省域治理的创新性机制、支撑高质量发展的牵动性载体，推动实现更高质量的发展、更高水平的平安，提高人民群众的获得感幸福感安全感，为实现“两个高水平”提供有力保证，更好推进中国特色社会主义在浙江的生动实践。

“八八战略”是习近平新时代中国特色社会主义思想在浙江萌发与实践的集中体现，蕴含着中国特色社会主义制度的实践要义和价值追求，体现着治理现代化的基本规律和发展方向，是中央精神和浙江实际相结合的省域治理思想举措的大集成，是实践证明符合发展规律、符合时代要求、符合浙江实际的省域治理总方略。必须在习近平新时代中国特色社会主义思想指导下，坚定不移沿着“八八战略”指引的路子走下去，与时俱进创新“八八战略”的实践载体，推动国家治理总体部署与省域治理实践创新更好结合，模范践行中国特色社会主义制度，高水平推进省域治理现代化，努力打造中国特色社会主义省域治理的范例。

“最多跑一次”改革秉承“八八战略”蕴含的治理宗旨观和方法论，是“八八战略”再深化、改革开放再出发的牵动性举措，是引领改革创新、推进省域治理现代化的关键路径，已从政务服务走向公共服务、经济管理、社会治理、民主法治实践，形成了系统集成、协同高效的整体效应。必须坚持把“最多跑一次”的理念方法作风运用到省域治理各方面全过程，聚焦把制度优势转化为治理效能，突出省域治理关键环节和具体制度，重点健全党的领导制度体系、现代法治体系、高质量发展制度体系、社会治理体系、基层治理体系和治理能力保障体系，走出一条具有时代特征、浙江特色的省域治理现代化路子。

3. 高水平推进省域治理现代化的基本原则。必须坚持以党的领导为根本，全面落实支撑中国特色社会主义制度的根本制度、基本制度、重要制度，坚定制度自信，把牢正确政治方向。必须坚持以人民为中心，充分体现人民意志，保障人民权益，激发人民创造。必须坚持以走在前列为使命，统筹改革、发展、稳定，做到政府有为、市场有效、社会有序，使制度优势转化为治理效能、治理效能转化为发展胜势。必须坚持以数字化治理为支撑，高水平建设数字浙江、信用浙江，一体推进数字政府、数字经济、数字社会建设，促进治理方式现代化。必须坚持以制度执行为保障，坚决维护制度权威，强化法治刚性规范和德治柔性约束，创新完善治理机制与实施载体，确保省域治理有力有为有效。

4. 高水平推进省域治理现代化的主要目标。着力固根基、扬优势、补短板、强弱项，争当省域治理现代化排头兵，成为展现中国特色社会主义制度优越性的重要窗口。到我们党成立一百年时，“最多跑一次”牵引各领域改革全面突破、全面见效，数字化变革全面推进、全面深化，在省域治理上积累形成一整套更加完善的制度体系，为高水平全面建成小康社会提供更有效能的坚实保障；到二〇三五年，基本实现省域治理现代化，形成与全面建成“六个浙江”相适应的高水平整体治理效能；到新中国成立一百年时，高水平全面实现省域治理现代化，形成高水平全面建设社会主义现代化的强有力制度保障。

二、落实和健全党的领导制度体系

推进省域治理现代化，最根本的是贯彻新时代党的建设总要求，加强党对省域治理各领域各方面各环节的全面领导，更好发挥党总揽全局、协调各方的领导核心作用，确保党中央决策部署在浙江令行禁止、一贯到底。

1. 完善保障“两个维护”的制度机制。构建不忘初心、牢记使命的长效机制，完善党委（党组）理论学习中心组等各层级学习制度，建立重大决策前专题学习机制，统筹用好网络学习平台，深化习近平新时代中国特色社会主义思想在浙江萌发与实践的研究，争当学懂弄通做实习近平新时代中国特色社会主义思想的排头兵。完善党中央重大决策部署和习近平总书记重要指示贯彻落实机制，严格执行向党中央、向总书记请示报告制度。以党的政治建设为统领，压紧压实管党治党政治责任，严明政治纪律和政治规矩，完善党内政治生态评估制度，提高各级党组织和党员、干部的政治能力。优化党的组织设置，推动党的组织体系与治理体系有机衔接，确保党的领导上下贯通、执行有力。完善严格执行党内法规的机制，健全省委党内法规制度体系。

2. 完善党委统筹推进治理的领导体制和工作机制。严格落实民主集中制，健全党委议事决策等工作制度，加强重大决策的调查研究、科学论证、风险评估，提高把方向、谋大局、定政策、促改革的能力。巩固提升机构改革成果，加强党委对重大工作的领导，充分发挥党委议事协调机构职能作用，制定完善议事规则，提高议事能力和协调水平，强化党委职能部门统一归口协调管理职能。健全人大对“一府一委两院”监督制度，健全人大依法讨论决定重大事项制度和各级政府重大决策出台前向本级人大报告机制，完善人大组织制度、选举制度和议事规则，完善论证、评估、评议、听证制度，完善代表联络机制。构建职责明确、依法行政的政府治理体系，建设人民满意的服务型政府。完善人民政协专门协商机构制度，制定政协协商工作实施办法，健全发扬民主和增进团结相互贯通、建言资政和凝聚共识双向发力的程序机制，建好委员会客厅、“请你来协商”、民生协商论坛等平台，建立政协委员联系界别群众制度，完善围绕落实省委重点工作开展专项民主监督制度。健全政党协商工作机制，完善民主党派省委会直接向省委提出建议制度，完善支持民主党派和无党派人士履行职能方法。完善大统战工作格局，健全同党外知识分子、非公有制经济人士、新的社会阶层人士的沟通联络机制，健全民族宗教工作体制机制，创新完善新时代侨务工作机制。加强浙港澳合作，深化浙台交流和融合发展。坚持党管武装原则，大力支持和加强国防、军队和后备力量建设，推进军民融合深度发展，健全党政军警民合力强边固防机制。完善对市县工作统筹领导的工作机制，激发市县和部门的执行力、创造力，倡导结合实际创造性开展工作；完善市委书记工作例会、省直单位厅局长和县（市、区）委书记工作交流会等平台机制，完善党委书记述职评议制度；全面落实省委重大事项请示报告清单，决不容许重大突发事件、敏感事件等迟报漏报瞒报。

3. 完善思想文化引领机制。加强党对宣传工作的全面领导，坚持马克思主义在意识形态领域指导地位的根本制度，落实意识形态工作责任制，巩固壮大主流思想舆论，提升社会主义意识形态的凝聚力和引领力，牢牢掌握意识形态工作的领导权、管理权、话语权。推动理想信念教育常态化、制度化，深化中国特色社会主义和中国梦宣传教育，加强新时代爱国主义教育，强化以社会主义核心价值观引领文化建设制度，把社会主义核心价值体系贯穿到省域治理实践中。健全新时代思想政治工作机制，加强新闻舆论、网络、高校、基层等宣传思想文化阵地的建设和管理，创新面向农村、社区、企业、学校等基层宣传宣讲载体。把学校思想政治教育工作摆在突出位置，健全领导干部进高校作形势政策报告制度，完善青少年理想信念教育齐抓共管机制，健全全员、全程、全方位育人体制机制。强化优秀传统文化传承发展机制，筑牢文化自信的根基。完善文化管理体制和生产经营机制，把好思想关、政治关、质量关，健全引导新型文化业态健康发展机制。强化传统媒体和新兴媒体深度融合发展，改进媒体传播方式，建立以内容建设为根本、先进技术为支撑、创新管理为保障的全媒体传播体系，打造新型主流媒体，打造对外传播平台和品牌，提升国际传播能力。

4. 构建"服务企业服务群众服务基层"长效机制。创新完善"大学习大调研大抓落实"工作载体，改进调查研究制度，完善省领导牵头主持重点调研课题、牵头领衔重大改革项目、牵头抓重要工作落实、牵头联系重大项目制度。建立全覆盖、全过程、全天候的"三服务"工作体系，推进县（市、区）领导班子成员"包乡走村"常态化，完善"三服务"小管家（协同办理平台），优化问题梳理分类、汇总提交和跨部门协调交办、跟踪督查机制。全面落实"三个跑遍"要求，完善党员、干部面对面联系服务群众制度，创新互联网时代群众工作机制。建立党委、政府重大政策举措发布引导机制，创新完善电视问政等新闻监督机制，积极运用"浙里督"推动"三服务"落到实处。

5. 完善权力运行制约和监督机制。严格落实全面从严治党的责任制度，完善党委（党组）主体责任、党委（党组）书记第一责任、班子成员"一岗双责"、纪委监督责任"四责协同"机制。坚持权责法定、权责透明、权责统一，健全分事行权、分岗设权、分级授权、定期轮岗制度，建立权力运行可查询、可追溯的反馈机制，确保权力运行公开规范高效。健全党统一领导、全面覆盖、权威高效的监督体系，强化政治监督，完善纪律监督、监察监督、派驻监督、巡视监督"四个全覆盖"的监督网络和统筹衔接工作机制，深化纪检监察体制改革，推进纪委监委专责监督同审计、统计等各类监督融会贯通，强化对各级主要领导干部监督机制，构建全方位、立体式、动态化干部监督体系。深化标本兼治，运用好监督执纪"四种形态"，推动重点领域监督机制改革和制度建设，构建一体推进不敢腐、不能腐、不想腐体制机制，完善作风建设长效机制，坚决遏增量、减存量，巩固和发展反腐败斗争压倒性胜利。

三、健全现代法治体系

法治是治国理政的基本方式，必须坚定不移走中国特色社会主义法治道路，高水平推进科学立法、严格执法、公正司法、全民守法，强化数字化对法治现代化的支撑，形成与数字时代相适应的现代法治体系。

1. 完善地方立法体制机制。完善党委领导、人大主导、政府依托、各方参与的立法工作格局，健全科学立法、民主立法、依法立法的机制和程序，利用数字化手段扩大立法公众参与，扎实抓好地方法规规章立改废释。全面落实"高质量立法、惠民立法、环保立法、弘德立法、协同立法"新理念，高水平推进重点领域立法，实现立法和改革决策有机高效衔接，以良法促进发展、保障善治。加强省人大对设区市立法工作的审查和指导，完善设区市立法工作机制，提高设区市立法能力和水平。健全地方性法规、政府规章和行政规范性文件备案审查机制。大力加强立法人才队伍建设。

2. 构建优化协同高效的依法行政体制。深化机关效能建设，强化部门协调配合，深入推进简政放权、放管结合、优化服务，加快全面实现个人和企业全生命周期"一件事"全流程"最多跑一次"、机关内部"最多跑一次"。优化行政决策、行政执行、行政组织、行政监督体制，严格落实重大行政决策法定程序。深化综合行政执法体制改革，完成全省综合行政执法事项、执法力量整合，完善执法联动机制，严格规范公正文明执法，规范执法自由裁量权，加大关系群众切身利益的重点领域执法力度。进一步完善政府权力清单和责任清单，严格执行部门"三定"规定，推进机构、职能、权限、程序、责任法定化，创新统筹利用行政管理资源的机制和方法。深化事业单位改革，推进事业单位清理规范整合，优化布局结构，提高服务能力和水平。探索推行扁平化的行政管理体制，完善省管县体制机制，提高中心城市统筹资源配置能力，有序稳妥推动中心城市行政区划调整，开展嘉兴强化市域统筹、推进市域一体化改革试点。积极稳妥推进镇村规模调整，完善强村赋能、强镇扩权体制机制，推进片区组团发展，畅通特大村培育小城镇、特大镇和经济功能区培育小城市的渠道。

3. 深入推进政府数字化转型。将数字化变革性力量融入法治政府建设之中，推进职能重塑、流程再造、业务协同、效能提升，促进政务公开，提高依法行政水平，以政府数字化转型带动各领域数字化转型。健全全省统一、线上线下融合的政务服务体系，拓展完善"浙里办"功能，迭代完善"浙政钉"和咨询投诉举报平台，加快建成"掌上办事之省""掌上办公之省"，全面实现"一网通办"。加大党政机关、公共服务组织、金融机构等信息系统整合力度，在省公共数据平台上构建全省统一的省域治理专题数据库、自然资源和地理空间信息库。拓展深化经济调节、市场监管、公共服务、社会治理、环境保护、政府运行等领域数字化应用，强化基础性支撑，加快形成即时感知、高效运行、科学决策、主动服务、智能监管的新型治理形态。积极推进"城市大脑"建设，提高城市治理智能化、精细化水平。加强与全国一体化政务服务平台、长三角"一网通办"平台的衔接贯通，提高跨区域数据共享和数字化治理水平。积极探索建立运用互联网、大数据、人工智能、区块链等技术手段进行行政管理的制度规则。

4. 健全社会公平正义法治保障制度。深化司法体制综合配套改革，探索构建立体化、多元化、精细化的诉讼程序体系，完善"分调裁审"工作制度，建立执行难综合治理工作机制，加强刑罚执行一体化建设。充分运用司法大数据资源，全面深化智慧法院建设，推进移动微法院迭代升级，推行"指尖诉讼、掌上办案"。全面落实司法责任制，完善司法权力运行管理监督机制，切实防止冤假错案，提高司法质量、效率和公信力。加强对法律实施的监督，完善刑事、民事、行政、公益诉讼等监督体系。构建社会"大普法"格局，强化领导干部带头尊法学法守法用法，完善领导班子和领导干部述法制度，建设现代公共法律服务体系，引导全社会办事依法、遇事找法、解决问题用法、化解矛盾靠法。

四、健全高质量发展制度体系

以高水平治理推进高质量发展，关键在健全高质量发展制度体系。必须坚持社会主义基本经济制度，全面贯彻创新、协调、绿色、开放、共享的新发展理念，以供给侧结构性改革为主线，以建设现代化经济体系为重点，在破解制约发展的深层次矛盾和体制性障碍上下更大功夫，再创治理和发展新优势。

1. 打造市场化、法治化、国际化的一流营商环境。按照“最多跑一次”理念，对标国际先进水平，建立持续优化营商环境的工作机制和评价体系，深入实施优化营商环境“10+N”行动，努力打造营商环境最优省。实施更严格的知识产权保护制度，建设中国(浙江)知识产权保护中心和浙江知识产权交易中心，打造引领型知识产权强省。营造各种所有制主体依法平等使用资源要素、公开公平公正参与竞争、同等受到法律保护的市场环境，确保各类市场主体依法平等享受支持政策，确保各类市场主体经营自主权、财产权等合法权益得到有效保护。探索公有制多种实现形式，深化国有企业改革，完善国有资产监管体制。健全支持民营经济、外商投资企业发展的法治环境，制定实施民营企业发展促进条例，完善构建亲清政商关系的政策体系，促进非公有制经济健康发展和非公有制经济人士健康成长。构建降本减负长效机制，健全支持中小企业发展制度和服务体系。完善企业、企业家权益司法保护机制，建立企业紧急事态应对制度，健全市场主体平稳退出制度。深化商事登记制度改革，深化全覆盖“证照分离”改革，实现常态化企业开办全流程“一日办结”和地方设置涉企事项“零许可”。深化投资审批制度改革，推行“标准地+承诺制”，迭代升级在线审批监管平台，加快实现一般企业投资项目全过程审批“最多80天”并持续提速提质。深入实施融资畅通工程，完善金融支持民营企业、小微企业高质量发展体制机制，完善金融和科技融合发展机制，完善金融风险监测预警和早期干预机制，构建具有浙江特色的现代地方金融体系，提高金融服务实体经济能力，努力打造最优信用生态。培育新零售、新消费，构建更有效的扩大内需机制。加快资源要素配置市场化改革，健全以“亩均效益”为导向的资源要素优化配置机制，探索建立全省统一的线上线下对接的要素二级市场体系。深化中国(浙江)自由贸易试验区改革创新，完善建设“一带一路”重要枢纽的标志性载体机制，构建浙江特色的全球贸易促进体系，推进出口市场多元化和扩大进口，努力在数字贸易、大宗商品贸易等领域创造制度型开放新优势，健全“跳出浙江、发展浙江”联动机制，推广完善“最多跑一次”海外版，强化涉外法律服务，加快建成更高水平开放型经济新体制。完善公开透明的监管规则和标准体系，健全以“双随机、一公开”监管为基本手段、以重点监管为补充、以信用监管为基础的新型监管机制，最大限度减少对企业正常经营活动的干预，探索符合新经济特点的包容审慎监管方式。

2. 建立具有国际竞争力的创新驱动发展机制。坚持需求侧、供给侧协同发力，重构区域创新生态系统，完善科技创新体制机制，推动产业基础高级化、产业链现代化。深入实施数字经济“一号工程”，建立打造世界级先进制造业基地的制度政策体系。健全关键核心技术攻坚体制机制，加强基础研究和实验室体系建设，创新优化浙江大学、西湖大学、之江实验室、浙江清华长三角研究院等重大科研创新平台体制机制，完善引进大院名所共建“高尖精特”创新载体机制，推进前瞻性、基础性、关键性科技创新。建立健全以企业为主体、市场为导向、产学研深度融合的技术创新体系，优化高新技术企业培育发展机制，发挥领军型企业在产业链协同创新中的头雁效应，创新完善科技成果转移转化渠道和利益分配机制，建立一批战略性、引领性产业创新联盟，办好一批产业创新服务综合体，建设市场化、国际化、规范化的科技大市场。健全科技管理体制和政策体系，完善科技奖励制度，健全科研机构、项目、人才评价体系。完善特色小镇高质量发展机制。深入推进产业大平台优化提升，健全平台职能配置、管理体制、退出机制，加快形成以国家级平台为龙头的基本稳定的高能级平台体系。优化创新创业创造生态系统，完善传统产业改造提升机制，健全市场主体升级机制，完善落后产能退出机制和僵尸企业出清机制。构建具有全球竞争力的人才发展体制机制，深入实施高等教育强省战略，完善高校建设发展支撑保障机制和“双一流”建设机制，以超常规举措加强青年科技人才队伍建设，建立更加开放、更有力度的高层次人才培育引进工作体系，努力打造人才生态最优省。

3. 强化经济社会发展的规划引领机制。完善重大发展战略和中长期经济社会发展规划制度，建立健全以发展规划为统领、以空间规划为基础、以专项规划和区域规划为支撑的统一规划体系，加强规划衔接，提高规划质量，强化政策协同，实现一张蓝图绘到底。加强全省国土空间规划体系建设并监督实施，强化用途统筹协调管控，推进“多规合一”。健全以区域主体功能定位为依据的差异化政策和考核评价体系，加快形成主体功能明显、优势互补、高质量发展的区域经济布局。

4. 完善城乡区域协调发展的空间治理机制。协同推进长三角一体化发展制度创新，高水平参与长三角生态绿色一体化发展示范区共建共管，纵深推进小洋山全域一体化开发，探索甬舟深度一体化，打开一体化发展带动高质量发展的通道。高质量参与长江经济带发展，强化“共抓大保护、不搞大开发”的协同机制。构建大都市区引领“四大建设”体制机制，建立健全公共资源配置与常住人口规模挂钩机制，推动建设用地资源向四大都市区、中心城市和国家战略承载地倾斜，创新交通基础设施建设投融资机制，提高经济发展优势区域经济和人口承载能力。建设现代人民防空体系，完善地下空间开发利用管理制度，推动低空空域管理改革。健全城乡融合发展体制机制，深化农村集体产权制度改革，依法促进农村土地经营权流转交易、集体经营性建设用地入市、宅基地改革和管理，深化乡村全域土地综合整治与生态修复，完善新型合作经济发展机制和生产、供销、信用“三位一体”农民合作经济组织体系；推动科技进乡村、资金进乡村、青年回农村、乡贤回农村，深入实施科技特派员、农村工作指导员制度，促进城乡要素自由流动、平等交换和公共资源合理配置。优化山海协作平台和机制，完善财政转移支付制度，创新“飞地经济”合作模式。构建现代海洋经济体系，创新完善港产城湾一体化发展机制。完善对口支援合作和东西部扶贫协作机制，提高工作精准性、实效性。

5. 构建全域美丽的绿色发展体制机制。深化生态文明示范创建，健全源头预防、过程控制、损害赔偿、责任追究的生态环境保护体系，建立“三线一单”生态空间管制制度，完善生态文明建设目标评价考核机制，落实生态环境保护督察制度。全面建立和推行美丽乡村、美丽城镇、美丽城市建设标准，深化“千村示范、万村整治”工程，实施“百镇样板、千镇美丽”工程，构建公用设施集约建设、高效利用、长效运维机制。构建以排污许可制为核心的固定污染源监管制度体系，完善污染防治区域联动机制和陆海统筹的生态环境治理体系，全面实施河长制、湖长制、湾(滩)长制、林长制，健全治水治气治土治废长效机制，大力推进“幸福河”建设，加强近岸海域污染防治，普遍实行垃圾分类和减量化、资源化、无害化处理制度，推行环境污染责任保险和生态环境损害赔偿制度。健全生态保护和修复制度，统筹山水林田湖草整体保护和系统修复，高水平推进国土绿化美化，推进国家公园创新，严格落实围填海政策。推进城乡全域有机更新，规范异地搬迁，探索开展未来社区建设试点，建立城镇老旧小区改造和危旧房、违法建筑治理长效机制，加快推进厕所革命，加快全面消除城镇“筒子楼”“拎马桶”等现象。深化国土资源节约集约示范省创建，全面推进自然资源统一确权登记，推行资源高效利用制度，健全海洋资源开发保护制度，完善自然资源全生命周期监管体制，完善能源“双控”制度，加快天然气体制改革，深化领导干部自然资源资产离任审计。建立生态产品价值实现机制，完善绿色发展财力奖补和生态补偿机制，健全排污权、用能权等交易制度，强化美丽经济发展激励，拓宽绿水青山向金山银山转化通道。

6. 坚持和完善为民办实事长效机制。着眼于促进人的全面发展，运用数字技术精准实现“民呼我应”，完善民生实事项目人大代表票决制，健全责任落实、投入保障、评估考核工作机制，确保全省财政支出增量的三分之二以上用于民生，不断提高公共服务质量和水平。完善大众创业平台和扶持政策，健全公共就业服务和终身职业技能培训制度，提高全社会创业活力和就业能力。深化教育领域综合改革，建立基础教育提质减负有效机制，强化公办教育高质量发展保障体系，促进公办、民办教育协调发展，加快补齐各项教育事业短板，完善中高考招生制度，发展“互联网+教育”，建设泛在终身学习的学习型社会，率先高水平实现教育现代化。完善社会保障体系，健全统筹城乡、可持续的基本养老保险制度，建设新时代社会救助体系，健全残疾人保障和服务制度。健全退役军人组织管理、工作运行和政策制度体系，构建退役军人全生命周期服务管理新模式。做实基本医疗保险市级统筹、稳步推进省级统筹，实现全省基本医疗保险就诊“一卡通”，探索建立大病补充医疗保险制度和独立险种的长期护理保险制度，加快建设居家社区机构相协调、医养康养相结合的养老服务体系。深化医疗、医保、医药“三医联动”改革，全面推行城市医联体和县域医共体建设，落实分级诊疗制度，加强和改进城乡居民个性化全周期健康管理服务，构建优质高效的整合型医疗卫生服务体系。加快建立多主体供应、多渠道保障、租购并举的住房制度。深化文化领域供给侧结构性改革，完善文艺精品创作引导和扶持机制，推动基本公共文化服务标准化、均等化，促进文化产业高质量发展，完善文化和旅游融合发展体制机制，完善夜间公共文化服务体系，强化全民健身公共服务。加快“最多跑一次”改革向交通设施、旅游景区等延伸覆盖，推动公共场所服务大提升。完善流动人口管理服务机制，推行出租房旅馆式管理。完善社会力量兴办社会事业体制机制，健全公建民营、民办公助等制度，推行“政保合作”，促进公共服务多元化供给。深化收入分配制度改革，千方百计增加劳动者劳动报酬和财产性收入，提高中等收入群体比例。建立解决相对贫困的长效机制，完善产业开发、社会共助等帮扶制度，推广“飞地抱团+低收入群体增收”模式，强化支出型贫困救助，形成更加精准有效可持续的政策体系，确保低收入群体收入增长快于经济增长、快于居民收入平均增长。

五、健全社会治理体系

社会治理事关社会稳定和国家安全，是省域治理的重大任务。必须坚持共建共治共享，完善党委领导、政府负责、民主协商、社会协同、公众参与、法治保障、科技支撑的社会治理体系，把“最多跑一次”理念方法运用到社会治理领域，提高社会治理社会化、法治化、智能化、专业化水平，加快建设社会治理共同体，打造浙江特色社会治理现代化模式。

1. 推进社会治理领域“最多跑一地”。建立“全省一盘棋、市级抓统筹、县级负主责、基层强执行”的省域社会治理工作机制。加快推进市域社会治理现代化，统筹治理力量、整合调配资源、善用立法权限，全面提升市级社会治理统筹协调能力。打造一站式服务、就地解决矛盾纠纷的县级社会矛盾纠纷调处化解中心，完善接诉即办机制，强化“基层治理四平台”运行管理，推进“全科网格”建设规范提升，构建“一中心、四平台、一网格”上下联动、左右协调的县域社会治理新模式，实现矛盾纠纷化解“最多跑一地”。完善社会矛盾纠纷多元预防调处化解综合机制，大力推进诉源治理，完善人民调解、行政调解、司法调解联动工作体系，加强访调、诉调等对接，完善信访制度，加强信访依法治理。提高群众初次来信、初次来电、初次来访和网上信访的办理质效与公信力，坚持和完善领导干部下访接访制度和相关单位包案处理制度，推行信访代办制，发挥党代会代表、人大代表、政协委员在倾听民意、反映诉求、疏导情绪上的作用，健全主动为民维权机制，多途径分流和缓解基层信访工作压力。

2. 创新社会治理共同体建设载体机制。创新组织发动群众工作机制，发挥群团组织、自治组织、社会组织和平台企业等在社会治理中的积极作用，拓展制度化渠道和方式，通过党建引领、民主协商、自我管理推动自我服务和服务社会相结合，实现人人有责、人人尽责、人人享有。完善党建带群建工作制度，建立线上线下结合的群团工作机制，增强群团组织团结教育、维护权益、服务群众功能，发挥群团组织孵化培育和引领社会组织的作用。建立健全社会组织培育管理和动态赋权机制，推进社会组织规范化建设，积极发展枢纽型、支持型社会组织，健全政府向社会组织购买服务制度，提升社会组织自我监督管理、承接公共服务的能力和水平。增强行业协会商会自律功能，促进市场主体履行社会责任。积极发展慈善等社会公益事业。推动志愿服务常态化、规范化、专业化，健全志愿服务激励保障机制，推广“时间银行”等模式，打开志愿服务时间向现实资源转化的通道。

3. 完善防范化解各类风险体制机制。坚持底线思维，把维护国家政治安全特别是政权安全、制度安全放在第一位，全面落实防范化解重大风险各项举措，加强国家安全人民防线建设，着力解决影响国家安全、社会安定、人民安宁的问题，坚决打赢防范化解重大风险攻坚战。健全预案编制、风险研判、应急决策、协同处置等全过程风险防控机制，加强源头管控和风险链防控，充分运用人工智能决策辅助平台等技术手段，全面深化应急处置规范化建设，提高精确预测、精细预警、精准预防和科学处置水平。构建统一指挥、专常兼备、反应灵敏、上下联动的应急管理体制，完善安全生产责任和管理制度，建立公共安全隐患排查和安全预防控制体系，推进消防工作规范化、专业化。完善自然灾害防治体系和防灾减灾救灾工作机制，推广完善巨灾保险机制，提升自然灾害特别是台风洪涝灾害的科学防控能力。完善人防、物防、技防、心防全方位风险防控体系，加强智安城市建设管理，健全社会心理服务体系和危机干预机制，提高风险防控综合能力。完善立体化、法治化、专业化、智能化的社会治安防控体系，推进问题联治、工作联动、平安联创。健全重大舆情和突发事件舆论引导机制，完善信息发布和政策解读机制，强化主动发声引导和线上线下协同引导，做到舆情和事件同步处置。

4. 加强和创新网络综合治理。建立健全网络综合治理体系，健全属地管理模式。培育积极健康、向上向善的网络文化，打好网络意识形态工作主动战。加强网络领域法规制度建设，完善互联网法院运行机制，健全网上诉讼规则体系和涉网案件审理机制，完善网络纠纷网上人民调解机制，建立健全网络行政执法体制机制，强化网民合法权益保护。探索数字社会运行机制，增强城乡居民融入数字生活能力，完善关键信息基础设施网络安全保护机制，加快数据安全立法，完善隐私保护和安全管理机制。创新完善世界互联网大会举办机制，探索数字经济发展和网络空间治理规则制度，为推动共建网络空间命运共同体贡献力量。

5. 强化信用在社会治理中的基础作用。充分运用区块链技术，加强信用基础建设和功能应用，建成全省一体化公共信用信息平台，整合政府和社会机构的信用信息，构建一体、可信、可控的社会信用链系统，完善公共信用指标体系、综合监管责任体系、评价及联合奖惩体系，实现全方位征信、全数据入信、全社会用信。推动各行业各领域制定红黑名单认定标准，重点加强食品药品、特种设备、危险化学品、道路交通安全、物业管理等行业的信用体系建设，推进企业信用分级分类监管和服务，完善守信联合激励和失信联合惩戒机制，建立健全信用修复机制。探索建立企业自我公开承诺、信用监管评价、社会共同治理相结合的质量安全监管模式。加强个人信用档案建设，将有违公序良俗行为和违法行为纳入个人信用档案。完善信用运用机制，将公共信用作为企业行业准入、个人职业准入、金融服务、政府采购、市场监管、公共服务、社会治理等的重要参考，弘扬信用文化，构建不敢失信、不能失信、不愿失信的机制和环境。

六、健全基层治理体系

治国安邦重在基层，基层是国家治理的根基，是制度执行的“最后一公里”。必须牢固树立重基层抓基础的鲜明导向，坚持和发展新时代“枫桥经验”，全面建设“党建统领、人民主体、三治融合、四防并举、共建共享”的浙江特色基层治理体系。

1. 完善党建统领的基层治理领导体制。省委建立研究决定基层治理工作重大事项制度，设区市党委加强对本地区基层治理的统筹领导，县（市、区）党委担负基层治理的第一责任，强化抓乡促村，增强基层治理系统性、整体性、协同性。加强和改进乡镇（街道）党（工）委对基层各类组织的领导，健全对重大事项的领导机制。契合基层治理需求加强区域化党建，做实街道“大工委”、社区“大党委”制，提高基层党组织的政治引领力、思想动员力、群众组织力、社会号召力。持续推进县乡人大工作和建设，制定和实施街道人大工作条例。探索政协工作向基层延伸的相关机制，推动政协协商同基层协商相衔接、同基层治理相结合。加强基层党风廉政建设，全面建立小微权力清单、责任清单、负面清单制度，发挥乡镇（街道）监察办公室、村（居）务监督委员会作用，实现对基层所有行使公权力的公职人员监察全覆盖。

2. 构筑职责清晰、统分结合、简约高效的基层治理机制。深化乡镇（街道）管理体制改革，推动乡镇（街道）把工作重心转移到加强党的建设和公共管理、公共服务、公共安全上来。加强县级对经济发展的统筹，更好发挥功能区的集聚作用，调整优化乡镇（街道）经济发展职能，取消街道招商引资职能及相应考核指标；除设有功能区并实行区镇合一管理体制的乡镇以外，逐步取消乡镇招商引资职能及相应考核指标。推进“最多跑一次”改革向基层延伸，加强乡镇（街道）便民服务中心、村（社区）代办点建设，完善“就近能办”的保障机制。深入推进基层整合审批服务执法力量，统一制定乡镇（街道）审批服务执法赋权清单，依法明确执法主体地位，组建统一的综合行政执法机构，加快实行一支队伍管执法。承接审批服务职责较多、任务较重的经济发达镇和重点镇，在整合现有机构和人员基础上，可设立专门的审批服务机构，探索实行“一枚印章管审批（服务）”。完善基层档案管理制度，强化档案服务功能。完善“基层治理四平台”统筹功能，构建县乡一体、条抓块统的基层管理模式，落实乡镇（街道）对辖区需部门协同解决事项的协调权和督办权，确保基层事情基层办、基层权力给基层、基层事情有人办。

3. 强化自治、法治、德治融合的基层治理方式。健全基层党组织领导的基层群众自治制度，发挥自治章程、村规民约、居民公约作用，引导群众自我管理、自我服务、自我教育、自我监督。推进基层直接民主制度化、规范化、程序化，完善全过程民主实现机制，完善基层协商民主制度，健全推广民主恳谈、村民说事、“村级事务阳光票决制”、社区“网上协商”等机制。深化城乡社区、社会组织、社会工作“三社联动”，加强社区治理和服务创新实验区建设，提高社会组织、社会工作者参与基层治理能力。建立健全社区党组织领导下的社区居民委员会、小区业主委员会和物业服务企业议事协调机制，探索推进在无物业管理的居民小区依托社区居民委员会实行自治管理，探索构建新型社区治理共同体。推动法治工作重心下移、力量下沉，深入开展“枫桥式”公安派出所、司法所建设，加强基层法庭建设，大力建设法治乡村。深入实施公民道德建设工程，深化群众性精神文明创建活动，持续推进移风易俗，发挥“最美浙江人”等道德典型示范作用，完善培育社会文明风尚的实践载体。完善社会、学校、家庭“三位一体”德育网络，加强对道德领域突出问题的治理，强化道德教化力、实践力、约束力。统筹建好管好用好党群服务中心、新时代文明实践中心、社区服务中心、文体中心和农村文化礼堂等各类基层阵地，推进亲民化改造提升，打造契合群众时间的易进入、可参与、能共享的温馨家园。

4. 充分激发基层活力和创造力。尊重基层首创精神，鼓励基层先行先试、探索创新，形成基层治理经验及时总结推广机制。全面落实整治形式主义突出问题、切实减轻基层负担的各项措施，按照县级出单、市级批单的程序，建立部门职责事务下沉到乡镇(街道)、到村(社区)、到网格的三个准入制度，厘清村(社区)依法履行和协助基层政府工作事务清单，厘清网格管理服务事务清单，厘清社会组织可承接的基层事务清单。按照权随事转、人随事转、钱随事转的原则，推进人员编制资源向乡镇(街道)倾斜，建立与乡镇(街道)履行职能相适应的财政保障体制，强化财力薄弱乡镇财力支撑，实现重心下移、力量下沉、保障下倾。深化集体经济薄弱村“消薄”攻坚提升，建立健全集体经济运行、监管和发展机制。加强对基层干部的关心关爱，构建干部心理健康关爱体系，全面落实乡镇(街道)干部工作生活待遇政策，在职级晋升、评优评先、津贴补贴等方面向基层倾斜，让基层干部干事创业更有奔头、更有保障。

七、健全治理能力保障体系

高水平推进省域治理现代化，必须坚持全面从严治党，强化治理能力保障。全省各级党组织和广大党员、干部要秉持高度的政治自觉，主动担当作为，提高工作本领，强化制度执行，确保治理现代化各项目标任务落实到位。

1. 加强省域治理现代化工作的组织领导。各级党委要担起推进区域治理现代化的政治责任，科学谋划，高标定位，开拓创新，扎实抓好各方面治理工作。健全权威高效的制度执行机制，构建全覆盖的制度执行监督机制，切实提高制度执行效能。发挥各级党委全面深化改革委员会统筹协调作用，持续深化“最多跑一次”改革理论研究和实践探索，积极谋划深化改革和推进治理现代化的重大举措，强化系统集成推进和督察落实，及时推动地方改革和治理的成熟经验上升为制度规范。各级人大、政府、政协和监委、法院、检察院要履职尽责，落实好各方面各领域制度和治理规定，形成推进治理现代化的合力。

2. 提高领导干部制度执行力和治理能力。各级领导干部要加强思想淬炼、政治历练、实践锻炼、专业训练，增强执政本领、斗争本领，坚决捍卫、高水平践行中国特色社会主义制度和国家治理体系。完善干部选育管用全链条机制，坚持把制度执行力和治理能力作为干部选拔任用、考核评价的重要依据，加强新时代高素质党政正职队伍建设，健全领导干部政治素质考察和调研分析机制，完善领导班子和领导干部综合绩效考核办法，注重提拔使用政治素质好、制度意识和治理能力强、工作实绩突出的干部。加强忠诚干净担当的高素质专业化干部队伍建设，大力发现培养选拔优秀年轻干部，常态化推进干部跨地区跨部门制度性交流，推动干部在治理现代化的重大实践中锤炼提高治理能力和水平。坚持人才发展与治理现代化深度融合，畅通高素质治理人才进入党政机关的渠道，发挥智库参与治理的积极作用，健全治理人才政治引领政治吸纳机制，让各类人才的智慧充分涌流汇聚。

3. 发扬新时代新担当新作为的精神和作风。大力弘扬红船精神、浙江精神，加强党史、新中国史、改革开放史教育，坚定理想信念，突出创新实干，注重诚信和谐，铸造党员、干部担当作为的深厚精神动力，形成引领省域治理现代化的深沉文化根基。完善干部为事业担当、组织为干部担当的“两个担当”良性互动机制，持续打好激励干部担当作为“组合拳”，鲜明树立担当实干的用人导向，严格把握“三个区分开来”，健全容错纠错、澄清正名、精准问责等机制，探索建立容错裁定机制。建立健全干部成就感和群众获得感有机统一的实干实效机制，坚决深入纠治形式主义、官僚主义，加强对重大制度执行情况的督察考评，对搞形式走过场、执行不力、群众意见大的，依法依规追责问责。

4. 推动全社会自觉遵守维护制度。深入挖掘提升浙江作为“三个地”的宝贵资源，充分运用现代传播渠道和方式方法，讲好中国故事、浙江故事，加强制度自信宣传教育，引导全省人民深刻认识中国特色社会主义制度的巨大优越性和国家治理体系的强大生命力，引导全省人民以主人翁的姿态参与省域治理现代化实践，进一步增强尊崇制度、执行制度、维护制度的自觉性和坚定性，凝聚起以现代化治理推动“两个高水平”建设的磅礴合力。

省委号召，全省各级党组织和广大党员干部群众紧密团结在以习近平同志为核心的党中央周围，高举中国特色社会主义伟大旗帜，坚定自信，奋发有为，以“八八战略”统领高水平推进省域治理现代化，切实肩负起习近平总书记赋予浙江“干在实处永无止境，走在前列要谋新篇，勇立潮头方显担当”的新期望!

（原载《浙江日报》2019年11月25日第1版）

浙江省人民代表大会常务委员会工作报告

Report on the Work of the Standing Committee of Zhejiang Provincial People's Congress

（2020年1月14日在浙江省第十三届人民代表大会第三次会议上）

浙江省人民代表大会常务委员会副主任　梁黎明

各位代表：

我受浙江省人民代表大会常务委员会和车俊主任委托，向大会报告工作，请予审议。

一、过去一年主要工作

2019年是新中国成立70周年，是高水平全面建成小康社会关键之年，也是地方人大设立常委会40周年。一年来，在中共浙江省委的坚强领导下，常委会高举习近平新时代中国特色社会主义思想伟大旗帜，深入学习贯彻习近平总书记关于坚持和完善人民代表大会制度的重要思想，坚持以“八八战略”再深化、改革开放再出发为主线，发挥人大制度优势，提高履职行权效能，有力推动中央和省委重大决策部署的落实，切实推进法律法规有效实施，为保障我省“两个高水平”建设作出了积极贡献。

一年来，共召开常委会会议8次，审议地方性法规草案17件，通过12件，批准35件，审查规范性文件72件；听取审议专项工作报告28项，开展15部法律法规执行情况的检查；作出决议决定5个，任免国家机关工作人员161人次，完成了省十三届人大二次会议确定的各项任务。

（一）恪守初心使命，不断增强我省人大工作走在前列的思想和行动自觉

人民代表大会制度作为国家根本政治制度，承载着中国共产党人的初心和使命。常委会顺应新形势新要求，强化使命担当，加强学习宣传教育，谋划高水平推进新时代人大工作和建设的思路举措，为推动人大制度更加成熟更加定型贡献浙江的智慧和力量。

认真开展“不忘初心、牢记使命”主题教育。按照中央和省委统一部署，把学习教育、调查研究、检视问题、整改落实贯穿主题教育全过程，突出红船味、浙江味、人大味。坚持把学习贯彻习近平新时代中国特色社会主义思想作为主线，抓好学党史、上党课、强党建，加强集中学习研讨，组织现场教学，推动学习教育往深里走、往心里走、往实里走。坚持把主题教育与投身“三服务”活动结合起来，与促改革、助发展、保稳定结合起来，深入开展蹲点调研，助力解决企业、群众和基层集中反映的问题，着力推动省委重大决策部署的落实。坚持把学和做、查和改贯通起来，奔着问题去，盯着问题改，深入剖析问题，提出52条整改措施，抓好专项整治，对近年来171项制度进行全面梳理，制定修订27项制度，一些突出问题得到了有效解决。通过主题教育，我们更加深刻认识到人民代表大会制度始终与中国共产党人的初心使命共生共长、相伴相连、互融互通，习近平总书记关于坚持和完善人民代表大会制度的重要思想是做好新时代人大工作的根本遵循，推动“两个高水平”建设是我省人大工作的职责所系，进一步增强了高质量做好新时代人大工作的责任感和使命感。

全力抓好省委人大工作会议精神贯彻落实。每届召开一次省委人大工作会议，是习近平总书记在浙江工作期间定下的制度规矩。根据省委筹备召开人大工作会议的部署要求，协助做好督查调研、沟通协调、文件起草等工作。省委人大工作会议和出台的《关于高水平推进新时代人大工作和建设的意见》，全面贯彻党中央关于新时代人大制度和人大工作完善发展的一系列决策部署，明确了我省人大工作继续走在前列的方向、重点、任务和举措。这充分体现了省委对人大工作的高度重视，为人大工作提供了重要指导，注入了强大动力。我们第一时间召开党组会和全省各级人大常委会主任学习会，及时分解任务责任，推动会议精神落地落实；各地相继召开党委人大工作会议，迅速贯彻落实这一重要会议精神，合力推动全省人大工作高质量高水平发展。

精心组织地方人大设立常委会40周年系列纪念活动。认真学习领会习近平总书记对地方人大及其常委会工作的重要指示，及时传达全国人大常委会纪念座谈会精神，召开纪念省人大设立常委会40周年座谈会，开展理论研讨、立法座谈及专题宣传报道等系列纪念活动，参加长三角三省一市研讨会，回顾发展成就，总结交流经验，充分展示人大制度的优越性和生命力，不断增强国家根本政治制度自信。

持续强化人大制度宣传和研究。会同省委宣传部举办全省人大宣传工作培训班，出台《关于加强和改进新时代人大新闻宣传工作的意见》。办好《浙江人大》杂志、微信公众号、门户网站，推进人大媒体融合，拓展人大宣传阵地。组织开展浙江人大新闻奖评选，其中推荐的优秀作品有5件荣获中国人大新闻奖一等奖。依托人大工作研究会平台，组织开展重大课题研究，形成一批研究成果，为推动我省人大工作创新发展提供智力支持。

（二）聚焦围绕中心服务大局，更好助力经济社会发展和改革攻坚任务

围绕中心、服务大局，是开展人大工作的基本原则。常委会深入贯彻新发展理念，突出重点、精准选题，多方联动、多措并举，坚持以立法引领改革发展，以监督推动中央和省委重大决策落地。

以促进民营经济高质量发展为重点推动稳企业稳增

长稳经济。民营经济是我国公有制为主体、多种所有制经济共同发展的重要组成部分。民营企业是浙江的最大特色、最大优势和最大资源。在浙江，稳企业首先是稳民营企业，稳经济首先是稳民营经济。推动民营企业改革创新、转型升级、健康发展，再创民营经济发展新优势，需要法治引领和保障。常委会深入学习贯彻习近平总书记在民营企业座谈会上的重要讲话精神，落实中央关于营造更好发展环境、支持民营企业改革发展的意见，把制定《浙江省民营企业发展促进条例》作为年度立法工作的重中之重，把全省上下联动开展促进民营经济高质量发展专项审议作为年度监督工作的重中之重，打出了一套人大履职行权组合拳，贯穿全年工作始终。年初，我们以“三服务”活动为载体，迅速在全省各级人大同步开展专题调研，对2200余家民营企业开展问卷调查，主任会议成员带队重点走访100多家企业，收集和梳理问题253个，送省级有关部门协调的54个问题基本得到解决。5月份，我们认真开展专项审议和专题询问，就政策落实落地、加大降本减负力度、破解融资难题、加强科技创新服务、保护企业合法权益等方面提出意见。下半年以来，围绕解决制约民营企业发展中的瓶颈问题，营造民营企业发展的良好法治环境，先后三次对《浙江省民营企业发展促进条例(草案)》进行审议。条例草案将现有的做法经验加以固化和升华，注重从制度设计上加以创新，重点就平等准入、保障措施、权益保护、规范发展等方面，作出了具有浙江特色的创制性规定。与此同时，我们围绕稳增长、促改革、调结构、惠民生、防风险、保稳定，开展深化经济运行和计划执行情况的监督，听取和审议省政府经济社会发展情况及预算执行、决算、审计工作、审计查出问题整改情况等报告，组织重大产业专题视察，配合全国人大常委会开展中小企业促进执法检查，推动经济高质量发展。

以助力“最多跑一次”改革为重点推动我省全面深化改革。“最多跑一次”改革，是引领改革创新、推进省域治理现代化的关键路径。我们在全省广泛开展《浙江省保障“最多跑一次”改革规定》执行情况调研，部署各级人大开展代表主题监督活动，全省共有3.6万多人次代表参与。针对基层反映比较集中的7方面51个重点问题，提出要进一步加大宣传和贯彻实施力度，着力破解规定实施中的堵点难点等意见建议。贯彻创新驱动发展战略，必须深化科技体制改革，实施好促进科技成果转化“一法两条例”。在2018年开展“一法两条例”执法检查的基础上，通过听取和审议报告、开展专题询问等方式，跟踪监督审议意见落实情况，强调要加强政策协同、落实激励政策、完善多元投入机制、强化企业主体地位、培育中介服务机构，促进科技成果向现实生产力转化。坚持立法和改革决策有效衔接，作出耕地占用税适用税额的决定，落实税收法定原则。为规范电子商务行为，维护市场秩序，促进电子商务持续健康发展，审议了《浙江省电子商务条例(草案)》。调研台湾同胞投资保障“一法一条例”执行情况，推动台胞投资便利化。

以保障“三大攻坚战”为重点推动高水平全面建成小康社会。围绕打好防范化解重大风险攻坚战，加强国有资产管理监督，听取和审议全省行政事业性国有资产管理情况的报告，出台建立省政府报告国有资产管理情况制度的五年规划，推动建立全口径、全覆盖的国有资产管理情况报告制度。加强地方政府债务监督，审查和批准新增地方政府债务预算调整方案，参与防范化解地方政府隐性债务专项行动，首次开展重点财政支出绩效评价，助推防范化解地方政府债务风险。为加强地方金融监督管理，审议了《浙江省地方金融条例(草案)》。针对超强台风“利奇马”引发的自然灾害，及时批准重大自然灾害调入预算稳定调节基金省级预算调整方案，保障灾区恢复重建。围绕打好污染防治攻坚战，听取和审议2018年度环境状况和环境保护目标完成情况报告，推动这一制度在乡镇基本实现全覆盖。制定农村生活污水处理设施管理条例，明确污水处理运行维护目标、管理体制和收费制度，推动美丽乡村建设。开展海洋环境保护“一法一条例”执行情况的检查，重点检查中央环保督察、国家海洋督察、全国人大执法检查反馈意见的整改落实情况，推动政府加大近海海域环境治理力度。开展水资源管理和节约用水专题调研。受全国人大常委会委托，开展水污染防治、可再生能源执法检查。围绕打好精准脱贫攻坚战，开展消除农村集体经济薄弱村工作专项监督，就加大扶持力度、规范资产运营、强化农经队伍建设等提出审议意见；开展乡村振兴立法调研，配合全国人大常委会渔业执法检查，推动农业发展、农村繁荣、农民增收。

以服务对内对外开放为重点推动国家战略实施。着力推进长三角区域高质量一体化发展。全面深化长三角三省一市人大各领域合作，加强立法协同和监督协作，参与长三角地区全国人大代表跨区域联合调研，对长江口至杭州湾近海水环境保护、区域交通基础设施建设和运营管理一体化进行视察。协同开展三省一市人大代表专题调研，推动太浦河水污染防治、大运河文化带建设和新安江生态保护。着力推进“一带一路”建设、深化对外合作交流。制定义乌国际贸易综合改革试验区条例，对试验区的管理体制机制、规划建设与产业发展、贸易便利与监管创新等作出规定，保障试验区在国际贸易重要领域和关键环节发挥先行先试作用。服务国家总体外交大局，做好人大组团出访工作，接待美国国会众议院“中美工作小组”代表团等14批次150余人次的外事团，协助举办第四次发展中国家议员研讨班，参加第四届中美省州立法机关合作论坛。着力推进中国(浙江)自由贸易试验区创新发展。组织我省全国人大代表开展专题视察，积极提出意见建议，为浙江扩大高水平开放发好声、出好力。

（三）顺应人民对美好生活的向往，切实保障公平正义和人民权利

体现人民意志，保障人民权利，维护社会公平正义，是人大工作的出发点和落脚点。常委会秉持“群众的事再小也是大事”的理念，紧盯群众普遍关心的热点、难点、痛点、堵点，依法行使职权，努力推动解决人民群众最急、最忧、最盼的问题。

依法保障和改善民生。儿童的健康成长，事关国家未来和家庭希望。为补齐我省学前教育这一短板，针对群众集中反映的普惠性均等化不足、“入园难、入园贵”等问题，采取全省上下联动的方式，开展学前教育条例实施情况检查，主任会议成员带队赴14个县（市、区）29所幼儿园深入调研，同时发放调查问卷，对全省学前教育发展情况进行全面摸底。省政府高度重视审议意见整改，出台5方面14条处理意见，着力解决学前教育优质资源供给、幼儿园建设规划布局、公共财政保障、师资队伍建设等方面的问题。制定教育督导条例，对督导内容和实施、督学管理等作出规定。制定家庭教育促进条例，明确家庭、政府、学校、社会的职责任务。制定精神卫生条例，规范精神卫生服务，维护精神障碍患者的合法权益。配合全国人大常委会开展高等教育法、就业促进法实施情况的检查。

依法加强和创新社会治理。社会治理是省域治理的重大任务。为维护国家安全、公共安全和人民生命财产安全，制定反恐怖主义法实施办法，明确职责分工、安全防范、情报信息、调查处置等内容。加强安全生产监督，听取和审议关于安全生产工作情况的报告，提出整改要求，对加强全民安全生产教育、完善综合监管机制、落实企业主体责任、保障群众生命财产安全，起到了积极推动作用。制定反走私综合治理规定，有效维护我省进出口秩序。制定无人驾驶航空器公共安全管理规定，对无人驾驶航空器的范围、登记、禁飞区域等作出规定。制定测绘地理信息条例，加强测绘地理信息管理，保障地理信息安全。审议非机动车管理条例草案、公路条例草案，保障道路交通安全、有序畅通。修订浙江省宗教事务条例，规范宗教事务管理，维护宗教和睦与社会和谐。

依法加强执法和司法领域监督。扫黑除恶是保障人民安居乐业、社会安定有序的重大举措。为推进我省扫黑除恶专项斗争，听取审议公检法司等机关专项报告，指出要善于运用大数据等信息化手段，做深做细线索摸排核查工作，加大黑恶案件侦办力度，依法按期审结和执行；加强队伍建设，提升履职能力，坚持和发展“枫桥经验”，筑牢法治底线。为严格落实执法司法责任制，不断提升执法司法质量效率和公信力，听取和审议公检法司机关依法履职公正司（执）法情况的报告。认真受理、转办群众来信来访3453件次，加强信访综合分析，督办化解重要信访件，维护人民群众合法权益。

依法行使决定权和任免权。认真做好龙港撤镇设市有关筹备指导工作，就成立龙港市第一届人民代表大会筹备组、代表和常委会组成人员名额等事项作出决定。出台深化民生实事项目人大代表票决制的指导意见，推动票决制工作制度化规范化常态化，全面推进街道民生实事项目票荐工作，全省市县乡三级共票决（票荐）民生实事项目9919件。坚持党管干部原则与依法选举任免相统一，确保党组织推荐的人选经过法定程序成为国家机关工作人员。做好任前法律知识考试、任职表态发言、颁发任命书、宪法宣誓等工作，推动“一府一委两院”及政府部门落实宪法宣誓制度。加强对提请任命的审判人员、检察人员任前资格审查把关，在人大媒体进行公示。做好代表出缺补选和资格审查等工作。

（四）发挥代表主体作用，推动人大履职更加接地气察民情聚民智

尊重代表主体地位就是尊重人民主体地位，服务代表、受代表监督就是服务人民、受人民监督。常委会把代表工作放在与立法监督同等重要的位置，支持和保障代表依法履行职责，切实做到民有所呼、我有所应。

密切同代表与人民群众的联系。人大代表来自各行各业，对基层实际情况最熟悉，对人民群众的感受最真切，对上级决策部署和法律法规实施情况最了解。为进一步密切与代表的联系，自觉接受代表监督，我们建立常委会领导与列席常委会会议的人大代表座谈机制。省委书记、省人大常委会主任车俊等领导同志先后主持召开5次座谈会，就立法、监督、代表工作等重要议题，面对面听取71位基层代表的意见建议。这一机制的建立，进一步畅通了代表反映民意的渠道，对发挥代表主体作用、改进常委会工作产生了积极成效。健全“双联系”制度，常委会组成人员采取多种方式联系代表930多人次。推动领导干部代表进联络站实现常态化。出台深化代表联络站工作和建设的指导意见，优化空间布局，推动联络站点进村庄、进社区、进楼宇，实现线上线下联系群众有机融合，构建代表全天候联系群众的网络体系，打造代表联络站“升级版”。完善代表活动组织体系，开展代表视察调研130多场次，代表分专业有重点参与立法、监督等工作870多人次，扩大代表对常委会工作的参与，不断夯实常委会工作的基础。

提升议案审议和建议办理质量。审议代表议案和办理代表建议，是国家机关的法定职责。省十三届人大二次会议主席团交付的19件议案已审议完毕，其中已通过的法规2件，提请审议法规草案1件，有的已列为立法调研项目。健全建议办理工作机制，925件建议已按期办理并答复代表。“一府两院”高度重视办理工作，袁家军省长等省政府领导领衔办理了《关于进一步加强金融支持实体经济的建议》等9件重点建议，主任会议成员带队督办了16件重点建议，有关推进数字经济高质量发展、构建产学研创新体系、加快医疗保障体系改革等重点建议办理取得较好成效。

强化代表履职服务保障。坚持以政治建设为统领，切实加强履职能力建设。以服务保障代表依法履职为重点，落实代表知情知政举措，多层次开展履职经验交流，举办保障“最多跑一次”改革、深化预算审查监督培训班，共培训代表380多人次。出台代表履职管理办法，强化履职登记，规范履职报告，严格履职管理。出台相关制度，加强和规范代表活动经费管理。做好我省全国人大代表学习培训、视察调研等保障工作。

（五）坚持改革创新，与时俱进推进人大建设

改革创新是保持人大工作生机活力的不竭动力。常委会进一步解放思想、拉高标杆，在继承中创新，在创新中发展，推动履职能力建设迈上新台阶。

健全人大全面从严治党机制。强化理论武装，完善学

习制度，丰富学习内容，先后举办长三角区域一体化发展、“一带一路”建设、金融风险防范等9次专题学习和讲座。扎实推进全面从严治党，加强常委会党组建设，召开常委会党组会议28次，及时传达贯彻中央和省委重大决策部署，认真组织开展“警示教育月”活动。设立9个专工委分党组，制定分党组工作规则。首次召开全省人大机关党建工作座谈会。严格执行请示报告制度，常委会党组向省委常委会专题汇报11次，向省委请示报告重大问题和重要事项26件，确保党的领导贯穿人大工作全过程各方面。以整治形式主义突出问题为重点，抓好作风建设，深化调查研究，改进会风文风，加强文件数量管控，提高工作效能。

改进和完善常委会工作机制。加强立法工作制度体系建设，出台做好新时代地方立法工作的指导性意见，进一步完善立项、起草、审议、论证、评估等工作机制。实行重要法规草案起草“双组长”制，加强人大和政府之间法规起草沟通协调。制定地方性法规草案征求企业和行业协会商会意见、提高法规草案审议质量等规定，扩大立法民主、提高立法质量。制定进一步加强规范性文件备案审查工作的指导性文件，推进备案审查制度和能力建设。出台提高常委会审议质量的办法，对深化会前调研、改进审议方式、加强跟踪督办、强化履职约束等提出明确要求。

加强和规范街道人大工作和建设。街道是城市治理体系的基础，街道人大工作是基层政权建设的有机组成部分。截至去年6月，我省共有472个街道，约占乡镇(街道)总数的三分之一。针对撤乡镇设街道后人大监督在街道层面出现“盲区”等新情况新问题，为推进基层民主政治建设，健全基层治理体系，经省委同意，在11个县(市、区)的29个街道开展试点工作。我们坚持党的领导与依法办事、顶层设计与基层探索、总结经验与制定法规相结合，加强联系指导，以点带面、稳步推进。制定街道人大工作条例，规定人大街道工委在县级人大常委会和街道党工委领导下开展工作，明确人大街道工委的职责和组织建设，以及街道居民议事组织的性质、作用。条例作出了创制性安排，体现走在前列的要求，为开展街道人大工作提供了法制保障。

增强人大工作整体合力。认真贯彻落实习近平总书记关于密切上下级人大之间的联系，增强人大工作整体实效的重要指示精神，更加有效地落实全国人大常委会的工作部署，更加主动地加强对市县人大的联系和指导，更加紧密地开展立法、监督、代表活动、研究宣传和机关党建等方面的上下联动。健全人大培训体系，举办9期全省人大系统干部培训班，进一步提高人大干部的素质和能力。按照数字浙江建设要求，统筹整合信息资源，建立健全信息化工作合作机制，建成掌上办公平台，整体推进全省人大信息化建设。加强对新设立的社会建设委员会、更名后的监察和司法委员会的领导，指导市县人大社会建设委员会开展工作。

各位代表！一年来，常委会各项工作取得的成绩，是中共浙江省委正确领导的结果，是常委会组成人员和全体代表共同努力的结果，是省人民政府、省监察委员会、省高级人民法院、省人民检察院和各级人大大力支持配合的结果，是省政协委员、各民主党派、人民团体和社会各界热情帮助的结果。在此，我谨代表省人大常委会，表示衷心的感谢！

在看到成绩的同时，我们也要清醒认识到存在的问题和不足，主要是：法规制定与加强法规宣传、监督法规实施同步推进的力度有待加大，精准监督和有效监督有待进一步加强，讨论决定重大事项常态化机制还不够健全，支持和保障代表依法履职、充分发挥代表作用还需加大力度，上下级人大之间沟通联系机制还需完善。我们要高度重视，切实研究解决。

二、2020年主要任务

2020年，是我省高水平全面建成小康社会和“十三五”规划的收官之年，既是决胜年，又是攻坚年，也是为现代化长远打基础的关键之年。站在“两个一百年”奋斗目标的交汇点上，做好这个特殊重要年份的人大工作，责任重大、使命光荣。今年常委会工作的总体要求是：以习近平新时代中国特色社会主义思想为指导，全面贯彻党的十九大和十九届二中、三中、四中全会精神，增强“四个意识”，坚定“四个自信”，做到“两个维护”，时刻牢记和践行习近平总书记赋予浙江的“干在实处永无止境，走在前列要谋新篇，勇立潮头方显担当”新期望，按照省委十四届历次全会和省委人大工作会议的部署要求，紧扣高水平全面建成小康社会目标任务，围绕高水平推进省域治理现代化，聚焦中心工作、聚情民生关切、聚力依法履职、聚合代表力量，创造性地做好人大各项工作，为推进“八八战略”再深化、改革开放再出发，加快“两个高水平”建设提供有力法治保障。

全面建成小康社会，是我们党向人民、向历史作出的庄严承诺。紧扣实现高水平全面建成小康社会的目标任务依法履职，是今年省人大围绕中心、服务大局的重中之重。要强化问题导向、目标导向、结果导向，对标对表我省“十三五”规划目标任务，紧盯提高全面小康成色，聚焦稳企业、增动能、补短板、保平安，坚决打赢“三大攻坚战”，综合运用立法、监督、决定等法定职权，更好地助力高水平全面建成小康社会目标如期实现，更好地助力我省迈向现代化新征程。

省域治理是国家治理体系和治理能力的具体实践。围绕高水平推进省域治理现代化履职尽责，是贯彻落实党的十九届四中全会和省委十四届六次全会精神的必然要求。助力省域治理现代化，必须着力彰显人大制度优势，依托国家根本政治制度在浙江的生动实践，支持和保证人民行使国家权力；必须着力发挥人大职能作用，依法全面有效履行法定职权，推动提高各项工作法治化水平；必须着力维护代表主体地位，切实发挥代表主体作用，强化治理现代化的民意支撑；必须着力夯实人大工作基层基础，丰富基层民主形式，维护基层社会稳定。

（一）着眼彰显根本政治制度优势，强化创新理论武装。人民代表大会制度是坚持党的领导、人民当家作主、依法治国有机统一的根本政治制度安排，是支撑中国国家治理体系和治理能力的根本政治制度。要深入学习习近平新时代中国特色社会主义思想,特别是要把全面、持续、深入学习贯彻习近平总书记关于坚持和完善人民代表大会制度的重要思想作为重要政治任务,作为基本功和必修课,做到学深悟透、融会贯通、真信笃行。要加强宣传教育和研究,切实推动这一重要思想和宪法法律知识进党校(行政学院)、进高校课堂。对人大及其常委会选举任命干部开展人大制度理论和宪法知识集中培训,进一步增强领导干部的宪法意识和根本政治制度意识。举办人大制度与省域治理现代化专题研讨会,充分发挥人大工作研究会平台作用,努力形成一批高质量的研究成果。推进人大融媒体建设,依托省级主流媒体,多角度、多层次加大人大制度和人大履职的宣传,普及人大知识,讲好人大故事,展现代表风采,让人民代表大会制度深入人心。

（二）着眼发挥立法引领和推动作用,加强重点领域立法。立法是实现省域治理现代化的重要前提。围绕"促进高质量发展立法、惠民立法、环保立法、弘德立法、协同立法"五大重点领域,及时调整立法调研项目库,统筹推进立改废释,以良法促进发展、保障善治。

认真组织实施年度立法计划,制定数字经济促进条例、乡村振兴促进条例、生活垃圾管理条例、大运河世界文化遗产保护条例、医疗保障条例;修订实施土地管理法办法、水资源管理条例、广告管理条例;继续审议地方金融、电子商务、非机动车管理、公路等条例草案。与沪苏皖同步制定大型科学仪器共享规定。组织开展公共数据管理、快递业促进、国土空间规划、防汛防台抗旱、综合行政执法、实施环保法办法、中医药、标准化管理等立法项目调研。根据中央和省委关于完善法治体系的部署,对我省现行有效法规开展全面系统清理。健全立法体制机制,完善党委领导、人大主导、政府依托、各方参与的立法工作格局,落实好法规草案起草"双组长"制,发挥好立法基层联系点作用,坚持立法听证、专家论证、法规草案公开征求意见等做法,推进立法精准化、精细化、精干化,不断提升立法工作质量和效率。坚持把法规实施放在和立法同等重要的位置,丰富法规宣传形式,健全法规新闻发布会制度,推动"谁执法谁普法"的责任落实,探索建立法规实施情况动态跟踪和主动报告制度,确保"立一件、成一件、行一件"。深化规范性文件备案审查工作,做好对设区的市和景宁畲族自治县立法审查和指导,切实维护国家法制统一。

（三）着眼推动重大决策和法律法规有效实施,加强法律监督和工作监督。人大监督是党和国家监督体系的重要组成部分。突出"盯住法""管好钱""把牢图",认真组织实施年度监督计划,坚持和完善联动监督、跟踪监督等行之有效的做法,努力提高监督工作的深度和精准度。围绕推动经济高质量发展,采取全省统一部署、上下配合的方式,听取和审议关于数字经济发展情况的报告,推动数字经济"一号工程"深入实施。跟踪监督促进民营经济高质量发展审议意见落实情况,开展民营企业发展促进执法调研。跟踪监督消除集体经济薄弱村工作审议意见落实情况,促进补齐集体经济发展、低收入农户增收短板。服务长三角区域一体化发展国家战略,组织部分全国和省级人大代表开展专题调研和跨区域视察。结合各地实际,组织全省各级人大代表开展"最多跑一地""四大建设"主题监督活动。紧盯科技创新、基础设施、产业发展等十个领域36个短板,监督"十三五"规划纲要执行情况及"十四五"规划纲要编制情况。就全面整合各类开发区(园区)和产业集聚区开展专项调研。听取和审议关于全省经济社会发展情况、国有资产管理情况等报告,加强计划执行和预决算审查监督。围绕高水平推进省域治理现代化,全省联动开展深化"最多跑一次"改革、推动矛盾纠纷调处"最多跑一地"专项监督,提高社会治理社会化、法治化、智能化、专业化水平。审议省政府关于2019年度法治政府建设情况的报告;听取和审议关于全省检察机关法律监督工作情况的报告。根据全国人大和省委要求,适时听取和审议省监察委员会专项工作报告。围绕事关人民群众切身利益的问题,听取和审议关于全省养老服务体系建设情况的报告,组织专题询问;跟踪监督学前教育条例执法检查审议意见落实情况,开展满意度测评;组织华侨权益保护执法检查;监督动物防疫法律法规的执行情况。围绕生态文明建设,坚持环境状况和环境保护目标完成情况报告制度;听取和审议关于居民生活垃圾分类处置工作情况的报告,进行专题询问。健全人大对"一府一委两院"监督制度,拓展监督领域,丰富监督手段,创新监督方式,推动人大监督更加精准有效。

（四）着眼促进科学民主依法决策,做深做实人大决定工作。讨论决定重大事项是宪法法律赋予人大的重要职权,是推动解决重点难点问题的有效治理方式。要认真贯彻中央和省委有关部署要求,把握重点、完善程序、健全机制,使决定权成为人大履职行权的重要手段。在开展相关监督工作的同时,作出关于加强公益诉讼工作的决定。为推进我省城乡公共医疗服务均等化和卫生健康事业高质量高水平发展,在听取和审议专项工作报告的基础上,作出关于加强县域医疗服务建设方面的决定。为推动政府治理和社会调节、居民自治良性互动,完善基层治理格局,围绕发挥社区社会组织在基层社会治理中的作用,开展专题调研并适时作出相关决定。持续推动民生实事项目人大代表票决制,进一步把健全为民办实事长效机制纳入法治化轨道。建立健全沟通协调和议题提出、实施等机制,强化调研论证,提高决定决议的针对性实效性,有力推动中央和省委决策部署的贯彻落实,及时将人民的关切转化为实际行动。

（五）着眼畅通民主主渠道,密切同人大代表和人民群众的联系。各级国家机关加强同人大代表的联系、加强同人民群众的联系,是实行人民代表大会制度的内在要求,是人民对自己选举和委派代表的基本要求。我们要深入学习贯彻习近平总书记关于人大代表工作的重要论述,树牢服务代表意识,尊重代表主体地位,制定加强和改进代表工作的具体措施,全方位协同推进代表工作。完善与列席常委会会议的代表座谈机制,深化代表对常委会工作的参与。加强组织协调，促进"一府一委两院"联系代表规范化常态化。深化和拓展代表联络站功能，把联络站建设成为代表联系群众的好桥梁、代表履行职责的好平台、国家机关听取代表意见的好场所。按照"内容高质量、办理高质量"和"既要重结果，也要重过程"的要求，完善议案建议"提好、办好"工作机制，推动落实代表建议办理"一把手"责任制，加大督办力度，提高问题解决率。开展县乡人大换届选举工作调研。加强代表履职服务保障，拓宽代表知情知政渠道，提高代表培训质量，完善代表履职登记管理，开展代表履职情况报告工作，健全代表辞职和退出机制，进一步规范代表履职行为。

（六）着眼固基础强基层，提升人大履职能力和整体水平。加强规范化、制度化建设，是新时代我省人大工作高质量发展的基础。要强化制度意识，提高制度执行力。始终坚持党对人大工作的全面领导，严格落实全面从严治党主体责任，严格落实常委会党组向省委请示报告制度。坚持把"不忘初心、牢记使命"作为加强人大党的建设的永恒课题和党员干部的终身课题，巩固和拓展主题教育成果，加强制度建设，推动"不忘初心、牢记使命"常态化长效化。深入推进"三服务"活动，创新人大"三服务"形式和载体，推动更多人大代表深入企业、群众和基层，实打实帮助解决问题。开展省委人大工作会议精神和浙委发〔2019〕21号文件落实情况调研。健全人大组织制度、选举制度和议事规则，修改人民代表大会议事规则、常委会议事规则和会议工作程序。组织人大工作与时俱进奖评选活动。加快建设立法智能辅助平台、全省人大财经监督综合系统，推广使用全省民生实事项目库管理系统，提高全省人大工作信息化水平。健全对外交流机制，加强与友城和"一带一路"沿线国家地方议会的交往。基层是国家治理的根基。要健全与市县人大的统筹协调机制，加强对市县人大工作的联系指导，加大人大干部培训力度，推动基层人大履职能力建设，夯实全省人大工作基础。积极探索开展国家级开发区功能区人大工作。全面贯彻实施乡镇人大工作条例和街道人大工作条例，充分发挥基层人大在畅通民主渠道、推进基层治理中的作用。

各位代表，奋斗创造历史，实干造就未来。让我们更加紧密地团结在以习近平同志为核心的党中央周围，在中共浙江省委的坚强领导下，以"三个地"的政治自觉和排头兵姿态，求真务实、开拓进取，只争朝夕、不负韶华，为高水平全面建成小康社会，推进省域治理现代化，谱写中国特色社会主义浙江新篇章作出更大的贡献。

（原载《浙江日报》2020年1月19日第4版）

政府工作报告

Report on the Work of the People's Government of Zhejiang Province

（2020年1月12日在浙江省第十三届人民代表大会第三次会议上）

浙江省省长　袁家军

各位代表：

现在，我代表浙江省人民政府向大会报告工作，请予审议，并请省政协委员和其他列席人员提出意见。

一、2019年主要工作回顾

2019年是新中国成立70周年。一年来，面对国内外风险挑战明显上升的复杂局面，在党中央、国务院和中共浙江省委的坚强领导下，省政府坚持以习近平新时代中国特色社会主义思想为指导，全面贯彻党的十九大和十九届二中、三中、四中全会精神，坚决落实习近平总书记对浙江工作的重要指示，坚持稳中求进工作总基调，坚持以供给侧结构性改革为主线，坚持"八八战略"再深化、改革开放再出发，认真执行省委各项决策部署和省十三届人大二次会议决议，深入实施富民强省十大行动计划，突出稳企业、增动能、保平安，聚焦聚力高质量发展、竞争力提升、现代化建设，以"三服务"的非常之功全力做好"六稳"工作，年初确定的十方面民生实事圆满完成，经济社会发展再上新台阶，"两个高水平"建设取得新进展。预计全省生产总值突破6万亿元、增长6.8%，一般公共预算收入增长6.8%，城乡居民收入分别增长8.3%、9.4%。良渚遗址申遗成功，进一步增添了浙江大地的厚重感和知名度。

（一）着力稳企业稳增长

民营经济持续健康发展。深入贯彻落实习近平总书记在民营企业座谈会上的重要讲话精神，深化"五个一百"活动，建立健全稳企业防风险工作机制。实施融资畅通工程，民营企业贷款余额、小微企业贷款余额分别增长10.6%、13.6%，企业融资难融资贵有效缓解。温州"两个健康"先行区建设积极推进。实施促进民营企业高质量发展31条，民营经济增加值增长9%、出口增长10%。

新一轮减税降费成效显著。全面落实增值税率下调、小微企业和科技型初创企业普惠性税收减免、困难企业社会保险费返还、电价和气价下调等政策措施。全年为企业减负2280亿元。基本完成清欠工作，清欠率全国第一。

有效投资较快增长。深入实施投资新政，固定资产投资增长10.1%，交通投资、高新技术产业投资、民间项目投资分别增长16.3%、21.8%和13.7%。省市县长项目工程开工建设335个，开工率68.4%。

外贸外资稳中有增。主动应对经贸摩擦，见事早、行动快，出台落实稳外贸20条政策措施，建立健全“订单+清单”监测预警系统。加快建设国际贸易“单一窗口”。出台扩大进口政策，积极参与第二届进博会。预计进出口总额突破3万亿元大关，其中出口增长8.5%、占全国份额从年初的12.9%提高到13.3%。实际利用外资134亿美元、增长7%。

消费稳中有升。社会消费品零售总额增长8.6%，网络零售增长18.1%，跨境零售增长35.3%。天猫“双11”全天成交额2684亿元。杭州、宁波、义乌跨境电商交易额分别增长45.3%、41.6%、28.3%，温州、绍兴获批跨境电商综合试验区。培育放心消费示范单位2.79万家、无理由退货承诺单位1.43万家，建设城乡放心农贸市场382家。

（二）着力打好三大攻坚战

重大风险有效防控。把主动应对困难风险挑战作为第一工作取向，健全金融风险“天罗地网”监测防控体系，完善市场化法治化违约处置机制。有序化解部分民营企业流动性风险、“两链”风险、非法网络借贷风险、部分上市公司股权质押风险，稳步化解政府隐性债务风险，不良率降至0.91%，金融风险总体可控。

精准脱贫有力有效。低收入农户收入增长13%；低保标准实现城乡同标，最低生活保障标准达到每人每年7980元。因病致贫纳入社会救助范围。基本消除集体经济薄弱村。签订山海协作产业项目340个、450亿元。扎实做好东西部扶贫协作、对口支援和对口合作。

污染治理成效明显。做好中央环保督察、国家海洋督察和长江经济带环保检查问题整改，首个通过国家生态省建设试点验收。设区市PM2.5平均浓度为每立方米31微克，达到国家二级标准。省控断面I—III类水质占比91%，大花园核心区和重点生态功能区的出境断面水质全部达标，县级以上集中式饮用水水源地水质达标率96.7%。入海排污口自动在线监测实现全覆盖。完成千岛湖临湖地带综合整治，设立淳安特别生态功能区。推进重点污染地块治理修复和重金属污染防治，全面推进“垃圾革命”，新增危险废物利用处置能力83.7万吨/年。成功承办世界环境日全球主场活动。“蚂蚁森林”荣获联合国地球卫士奖。

（三）着力强创新增动能

科技新政人才新政扎实推进。研发投入增长14%，新增高新技术企业4700家、科技型中小微企业11000家。启动建设超重力离心模拟与实验装置，实施270项关键核心技术“卡脖子”攻关。之江实验室建设成效明显。成功主办全国“双创”活动周。中国（浙江）知识产权保护中心建成投用，新增发明专利3.4万件。新增两院院士7名。11个设区市全部实现人才净流入。

制造业转型升级明显提速。实施块状特色经济质量提升三年行动。新增“浙江制造”标准565个、“品字标”企业345家。建立“1+N”工业互联网平台体系，新增上云企业6万家，在役工业机器人达到8.9万台。创建省级产业创新服务综合体53家，新增小微企业园204个。淘汰企业落后产能1755家，整治“低散乱”企业26701家。规上工业增加值增长6.5%。

数字经济发展势头强劲。数字经济核心产业增加值增长15%，占地区生产总值比重10%。率先开展5G商用，建设5G基站15770个。首个国家新型互联网交换中心试点落户浙江，获批国家数字经济创新发展试验区。

市场主体持续升级。阿里、吉利、物产、青山、海亮等5家企业入围世界500强。新增境内外上市公司47家，其中科创板上市8家，上市公司总数达578家。新增隐形冠军、单打冠军企业82家，“雄鹰行动”新培育企业68家。

（四）着力深化改革开放

“最多跑一次”改革纵深推进。全面实施“10+N”优化营商环境便利化行动。41件个人和企业全生命周期事项实现“一件事”全流程办理。政务服务事项掌上可办比例达80.5%，跑零次可办比例达97.4%，“一证通办”民生事项比例达91.4%。企业开办实现一日办结，一般企业投资项目实现竣工验收前审批“最多90天”。推进机关内部“最多跑一次”改革。推动普惠金融、税收征管、土地征收和事业单位、国有企业等改革，全社会活力进一步迸发。建成全省统一的公共信用信息平台和行政执法监管平台，积极推进“信用+”十大场景应用，“互联网+监管”走在全国前列。

“亩均论英雄”改革持续深化。开展亩均效益领跑者行动，全面实施亩均效益评价，规上工业亩均税收30.5万元、增长8.9%，亩均增加值122万元、增长16.5%。改造提升亩均税收1万元以下低效企业11453家。新批工业用地基本实现“标准地”出让。

对外开放进一步扩大。对“一带一路”沿线国家出口预计增长11%。宁波“一带一路”综合试验区、17+1经贸合作示范区和义乌国际贸易综合改革试验区建设扎实推进。捷克站、迪拜站和12个境外经贸合作区建设稳步推进，“义新欧”班列开行528列、增长65%。成功举办世界互联网大会、世界浙商大会、世界油商大会、世界青年科学家峰会，中国—中东欧博览会升格为国家级展会。

（五）着力落实国家战略举措

长三角一体化发展国家战略率先落实。率先编制实施推进长三角区域一体化发展行动方案，启动长三角生态绿色一体化发展示范区建设，务实推进重点领域合作和重大项目落地，形成全省域全方位参与态势。

中国（浙江）自由贸易试验区创新发展。浙石化一期项目建成投产。油气储备能力达到3100万方，保税燃料油供应突破400万吨。率先开展油品贸易跨境人民币结算便利化试点，结算额达到958亿元。

海洋经济发展示范区建设取得新进展。全面推进舟山江海联运服务中心建设，加快发展甬台温临港产业带，宁波舟山港货物吞吐量连续11年蝉联世界第一。海洋经济增加值增长10%。

（六）着力推进“四大”建设

大湾区建设明显提速。打造杭州钱塘新区、宁波前湾新区、绍兴滨海新区、湖州南太湖新区等高能级平台，首批

7个“万亩千亿”新产业平台建设全面启动。

大花园建设全面开展。制定实施诗路文化带发展规划，推进浙东唐诗之路、钱塘江诗路、瓯江山水诗路、大运河（浙江）文化带建设，谋划建设十大名山公园和十大海岛公园，打响“百县千碗”品牌，“诗画浙江”影响力不断扩大。

大通道建设全面加快。建成铁路杭州南站，杭州湾大桥北接线二期、甬台温沿海高速公路复线如期通车。建成地铁103.6公里。全面取消高速公路省界收费站。宁波机场三期工程投运。萧山国际机场客流量突破4000万人次。

大都市区能级加快提升。开工建设一批标志性工程。加快建设杭绍甬一体化示范区，推动甬舟、嘉湖一体化发展。推进城市、乡镇、园区有机更新。开展首批24家未来社区试点，城镇老旧小区改造列入全国试点，完成“三改”1.5亿平方米、拆违1.3亿平方米。全面完成小城镇环境综合整治，推进30个传统开发区（园区）改造提升。龙港撤镇设市。

（七）着力实施乡村振兴战略

农村改革全面深化。深化“三权到人（户）、权跟人（户）走”改革，扎实推进资金进乡村、科技进乡村、青年回农村、乡贤回农村。启动创建国家乡村治理体系试点县10个、示范乡镇6个、示范村61个，加强民族乡村建设。高标准建设现代农业园区和粮食生产功能区，增加优质绿色农产品供给，打造丽水山耕、三衢味、景宁600等生态品牌。加强猪肉市场保供稳价工作。深化数字乡村建设，累计建成电商专业村1720个。

新时代美丽乡村全面创建。新增A级以上景区村庄3018个，其中3A级429个。新增中国历史文化名镇7个、名村16个。实施乡村全域土地综合整治与生态修复1140万亩。生活垃圾分类处理建制村覆盖率76%，农村生活垃圾回收利用率40%、资源化利用率85%，全面实现无害化处理。新建和改造提升农村公路12000公里，新增珍贵树木2400万株。新增522万农村人口喝上了达标饮用水。

（八）着力推进文化浙江建设

精神文明建设扎实推进。全面开展新时代爱国主义教育，大力弘扬红船精神、浙江精神。深化新时代文明实践中心全国试点建设，文明城市创建深入推进。深化“最美浙江人”主题宣传，8名代表入选“最美奋斗者”。

文化事业加快发展。完成107个重点乡镇、1228个薄弱村公共文化服务标准化均等化建设任务。新建农村文化礼堂3282个。新增全国重点文物保护单位50处。县级融媒体中心实现全覆盖。之江文化中心加快建设。送戏下乡2.5万场，送书下乡345万册。

文化产业提质增效。扎实推进之江文化产业带建设。4家企业跻身“全国文化企业30强”，3家企业成为国家文化和科技融合示范基地。国家级短视频基地落户杭州。深化文化旅游融合发展，加快国家全域旅游示范省建设。文化产业增加值4600亿元、增长10%。

（九）着力保障和改善民生

教育、医疗、体育事业持续发展。高规格召开全省教育大会，加快补齐教育短板。依法规范民办学校办学行为。开展3岁以下婴幼儿照护试点，全面实行小学放学后校内托管，开展青少年近视防控，普惠性幼儿园覆盖率达到90%，“互联网+义务教育”中小学校结对1458所。全国首批区域医疗中心落户浙江。开展“互联网+医疗健康”示范省创建，“刷脸就医”“医后付”等智慧医疗项目加快推开，建成县域医共体161家，建立覆盖全省的城乡居民慢性病门诊保障制度。全民健身活动蓬勃开展，杭州亚运会、亚残会筹备有序推进。在全国残运会上取得金牌数、总奖牌数“双第一”。

就业、养老、社保、住房等保障能力加快提升。加强就业服务，实施就业创业促进工程，做好重点群体就业帮扶，完善公益性岗位托底安置机制，实施青年就业启航计划。城镇新增就业125.7万人，城镇失业人员再就业45.4万人，城镇调查失业率4.3%。成功承办全国残疾人职业技能大赛并取得优异成绩。建成乡镇居家养老服务中心387个，新增机构养老床位3.7万张。基本医疗保险参保人数达到5461万人，基本养老保险参保人数达到4230万人。棚户区改造新开工22.2万套、建成11.95万套，提前完成国家棚改新三年攻坚任务。全面建成退役军人“五级五有”服务保障体系。

平安建设扎实推进。加强改进信访工作，深入开展“枫桥式公安派出所”创建活动，推广“龙游通”，完善基层治理四平台，扎实推进社会矛盾纠纷调处化解中心建设，全省信访量下降10.4%。纵深推进扫黑除恶专项斗争，严厉打击“套路贷”，打掉黑恶团伙1040个。全力以赴防御超强台风“利奇马”，扎实做好抢险救灾、灾后重建和防灾减灾能力提升工作。推进百项千亿防洪排涝工程。完成农村危房治理改造1.83万户。实施安全生产综合治理三年行动，打赢消防安全三年翻身仗，生产安全事故起数下降35.7%、死亡人数下降34.2%，火灾事故起数下降25%、死亡人数下降23.3%，道路交通事故起数下降12.2%、死亡人数下降15.8%。群众安全感满意率达到97.1%。

（十）着力提高政府履职能力

增强“四个意识”、坚定“四个自信”、做到“两个维护”，高标准开展“不忘初心、牢记使命”主题教育。全面实施政府“两强三提高”行动计划，认真办理人大代表建议和政协委员提案。政府数字化转型取得突破性进展，加快创建掌上办事之省和掌上办公之省，浙里办用户超过3000万，浙政钉用户数达到123万。深入开展法治政府示范创建，行政复议机构和行政争议调解中心率先实现省市县三级全覆盖，创新“互联网+执法”机制。狠抓“基层减负年”各项任务落实，严格执行减轻基层负担20条，大力整治“文山会海”，压减会议41.8%、文件35.6%。完善集中财力办大事体制机制，一般性支出压减6.9%。

各位代表，2019年的成绩来之不易。这是以习近平同志为核心的党中央领航掌舵、坚强领导的结果，是省委正确领导、科学决策的结果，是全省广大干部群众奋力拼搏、攻坚克难的结果。在此，我代表省人民政府向全省人民、广大建设者，向人大代表、政协委员、各民主党派、工商联、人民团体和社会各界人士，表示衷心的感谢！向中央驻浙单位、驻浙人民解放军、武警部队官兵、公安干警、消防救援队伍，表示衷心的感谢！向关心支持浙江发展的港澳同胞、台湾同胞、广大侨胞和海内外朋友们，表示衷心的感谢！

我们也清醒看到，我省经济社会发展中还存在不少矛盾和问题：实体经济困难增多，金融风险仍然存在，经济下行压力加大；科技创新和人才支撑能力亟待提升，制约高质量发展的结构性、体制性矛盾仍需大力破解；民生领域存在不少短板，群众对教育、医疗、养老、托幼、生态环境等还有不满意的地方，猪肉等食品价格上涨过快；安全风险隐患仍然较多，一些行业和领域安全生产事故时有发生，部分区域、流域防洪排涝能力不足，应急体系和应急能力建设有待加强。同时，少数政府工作人员不担当不作为，"四风"问题依然存在，形式主义、官僚主义时有发生，党风廉政建设和反腐败斗争任务依然艰巨。我们一定高度重视这些问题，切实采取有力措施加以解决。

二、2020年目标任务和重点工作

2020年是高水平全面建成小康社会和"十三五"规划的收官之年。总体要求是：高举习近平新时代中国特色社会主义思想伟大旗帜，全面贯彻党的十九大和十九届二中、三中、四中全会和中央经济工作会议精神，增强"四个意识"，坚定"四个自信"，做到"两个维护"，时刻牢记和践行习近平总书记赋予浙江的"干在实处永无止境，走在前列要谋新篇，勇立潮头方显担当"新期望，紧扣高水平全面建成小康社会目标任务，坚持稳中求进工作总基调，坚持新发展理念，坚持以供给侧结构性改革为主线，坚持"八八战略"再深化、改革开放再出发，全面落实长三角一体化发展等国家战略，持续稳企业、增动能、补短板、保平安，推动经济社会平稳发展，确保高水平全面建成小康社会和"十三五"规划圆满收官，得到人民认可、经得起历史检验。

建议2020年全省经济社会发展主要预期目标为：生产总值增长6%-6.5%，在高质量基础上能快则快；研发投入强度达到2.8%；城镇调查失业率控制在5%左右；有效投资、一般公共预算收入、城乡居民收入增长与经济增长基本同步，全员劳动生产率稳步提高，能源和环境指标完成国家下达的计划目标。

具体工作中，要以"八八战略"为总纲，坚持"稳"字当头、"进"字为重、"好"字为本、"俭"字为要，深入开展"三服务"活动，全面推进富民强省十大行动计划，谋划实施一批牵一发而动全身的重大改革、重大项目、重大平台、重大政策，着力推动高质量发展、竞争力提升、现代化建设，为全国发展大局作出更大贡献。一要为发展聚力。大力发展数字经济，创新机制扩大内需。抢抓新一轮区域协调发展的重大历史性机遇，全面落实"巩固、增强、提升、畅通"八字方针，扎实做好"六稳"工作，打好高质量发展组合拳。健全逆周期调节机制，着力抓项目、扩投资、拓市场、促消费，着力推动资源要素向优势领域集中，着力建设现代化经济体系，确保经济发展稳中有进、持续向好。二要为企业赋能。以"绣花功夫"精准服务企业，突出信心赋能、创新赋能、金融赋能，创新政策供给和制度供给，提升企业创新能力与核心竞争力。大力弘扬新时代浙商精神，对民营企业真重视真关心真支持，打造市场化法治化国际化营商环境。三要为小康增色。坚决打赢低收入百姓增收、污染防治、金融风险防控三大攻坚战。用心办好百姓关心的"关键小事"，全力补齐短板，扎实创建新时代美丽乡村，确保高水平全面建成小康社会。四要为治理提效。以数字化转型为引领，用好省域治理现代化十招，发挥制度优势，提高治理能力。把"最多跑一次"改革蕴含的理念方法作风运用到各方面各环节，以政府有为促进市场有效、企业有利、社会有序、百姓受益。

围绕以上要求，着力抓好九个方面重点工作：

（一）全力稳企业稳增长

精准服务企业。坚持休养生息、放水养鱼，巩固和拓展减税降费成效，制定实施一批新的降本减负措施，降低企业用电、用气、物流等成本，完善涉企"一站式"移动服务平台，全年为企业减负2700亿元。为民营企业营造更好发展环境，实施民营企业发展促进条例，保护民营企业和企业家合法财产，支持民营企业做大做强。开展环保服务企业示范行动，提升生态环境执法规范化精准化水平。

深入实施融资畅通工程。深化温州金融综合改革、台州小微金融改革、宁波普惠金融改革和湖州、衢州绿色金融改革等试点。引导金融机构服务重心下沉，打造覆盖全省的区域供应链金融科技平台，提升各级担保平台服务能力，增加制造业中长期融资，更好缓解民营企业和中小微企业融资难融资贵融资慢问题。

加大金融风险防控化解力度。强化省市县协同、部门间协作、政银企联动，防范化解企业债务风险，用好民企债券融资支持工具，加大政策性纾困力度。加快地方融资平台公司转型，稳妥有序化解地方政府隐性债务风险。

着力扩大有效投资。深入实施省市县长项目工程，大力推动浙商回归，促进民资、国资、央企投资、外资协调增长。更好发挥政府产业基金的导向作用，完善投融资体制改革，引导社会资金投向具有乘数效应的先进制造、民生建设、基础设施短板等领域。大力实施"六个千亿"产业投资工程，以高端制造业和高新技术产业为重点，谋划实施一批数字经济、高端装备、生物医药、新材料等重大产业项目。加快推进三澳核电一期等重大能源项目。加大围填海历史遗留问题处置力度。

全力稳外贸稳外资。全面实施稳外贸政策，做实"订单+清单"监测预警系统，拓展多元市场，培育外贸新增长点。开拓"一带一路"新兴市场，创建国家级新型贸易示范区。大力发展服务贸易。全面落实外商投资法，实施扩大进口战略，大力度引进优势外资项目，积极承接进博会溢出效应，深化12个境外经贸合作示范区建设，加快建设境外并购产业合作园，打造高质量外资集聚地。

着力扩大消费需求。全面提升服务业创新能力，推动生产性服务业向专业化和价值链高端延伸，推动生活性服务业向高品质和多样化升级。制定实施数字生活新服务行动，推进生活性服务业数字化、传统零售企业数字化、夜间经济数字化，推进街区（商圈）数字化改造，加快建设国家级步行街，以新服务带动新消费，加快建设现代消费体系，积极创建国际消费中心城市。深入实施放心消费行动，完善城市社区商业布局，打造义乌、青田等“世界超市”“购物天堂”。

（二）联动推进创新强省和制造业高质量发展

加快提升制造业竞争力。实施产业链协同创新工程，打造10条标志性产业链，实施60项产业链协同创新项目，建成18家省级制造业创新中心，构筑100个产业链上下游企业共同体。培育发展数字安防、汽车及零部件、绿色石化、现代纺织等一批具有国际竞争力的先进制造业集群。创建氢能产业创新研究院，大力发展氢能产业。加快推进军民融合产业发展。推进县域特色经济“双千亿”工程和块状特色经济提升行动，高水平建设产业创新服务综合体，新增小微企业园200个。谋划实施传统制造业改造提升2.0版，实施智能化技术改造行动，力争在役工业机器人累计突破10万台。淘汰1000家企业落后产能，整治10000家“低散乱”企业。强化首台套推广应用，新认定省级首台套产品200项，新增一批首批次新材料、首版次软件和浙江制造精品。深入实施凤凰行动、雄鹰行动、雏鹰行动，大力支持科创企业上市，推进区域性股权市场改革试点。新培育雄鹰企业30家，新增隐形冠军企业50家，培育壮大一批独角兽企业。推进建筑产业现代化，装配式建筑占新建建筑比例达到30%。

全力推进数字经济“一号工程”。深入实施数字经济五年倍增计划，大力建设国家数字经济创新发展试验区，力争数字经济核心产业增加值增长15%。加快培育数字产业集群，积极发展平台经济、共享经济、体验经济和快递经济，加快各行业各领域数字化改造。全面实施城市大脑、电子发票、移动支付之省等标志性工程，做强集成电路、软件业，超前布局量子信息、类脑芯片、第三代半导体、下一代人工智能等未来产业，加快绍兴国家级集成电路产业创新中心建设。加快推进“1+N”工业互联网平台体系建设，连接5000万台工业设备，服务10万家以上工业企业。建成5G基站5万个，实现县城以上全覆盖。加快推进软件名城、新一代人工智能创新发展试验区等数字经济平台建设。

基本建成创新型省份。加快建设“互联网+”、生命健康科技创新高地，谋划建设新材料科技创新高地。着力推动杭州城西科创大走廊平台、人才、政策、要素集聚和体制机制创新，打造面向世界、引领未来、辐射全省的创新策源地。推进杭州、宁波温州国家自主创新示范区和G60科创走廊、宁波甬江科创大走廊、温州环大罗山科创走廊建设。支持之江实验室争创国家实验室，布局首批省实验室2-3家。发挥浙江大学、西湖大学引领带动作用，支持中科院宁波材料所、中科院肿瘤与基础医学研究所、清华长三角研究院等建设新型研发机构。加快建设北航中法航空大学。支持阿里达摩院等企业研发机构抢占科技创新制高点。实施科技创新尖峰、尖兵、领雁、领航四大计划。创新科技成果转化机制，健全科技大市场体系，全年技术交易额达到800亿元，推动2000个授权发明专利产业化。建设浙江知识产权交易中心，打造知识产权强省。深入实施“双倍增”计划，新增高新技术企业4000家、科技型中小微企业10000家。加快推进人才强省建设，大力实施鲲鹏行动、科技创新人才推进计划，新引进领军型创新创业团队20个，打造人才生态最优省。

（三）以“四大”建设为载体推动长三角一体化发展

加快推进长三角一体化发展重大标志性工程。合力推进长三角生态绿色一体化发展示范区建设，纵深推进小洋山全域一体化开发，推进长三角联合创新基地、数字长三角、都市圈城际轨道等一批重大标志性工程，协同推进长三角港口一体化发展，打造世界级港口群。突出政府主导、企业主体，谋划实施宁波前湾沪浙合作发展区、嘉兴全面接轨上海桥头堡。推动共建苏浙皖产业合作区、平湖—金山产城融合发展区，促进省际毗邻区域协同发展。

深入推进大湾区建设。加快推进“三廊四新区”建设，突出环杭州湾经济区核心区作用，推动环杭州湾城市群加快发展，扎实推进大湾区标志性工程建设，加快建设“万亩千亿”新产业平台。谋划建设全球海洋中心城市，深入推进舟山群岛新区和海洋经济发展示范区建设，建设甬台温临港产业带，力争海洋经济增加值增长8%以上。

加快打造“诗画浙江”大花园。推动衢州、丽水大花园核心区建设，新建大花园示范县（市、区）30个，串珠成链推进“四条诗路”千万级核心景区建设，加快打造十大名山公园和十大海岛公园，有序推动景区门票降价，创建国家全域旅游示范省。

全力推进大通道建设。聚焦“三个1小时”交通圈目标，高水平建设交通强省。推进基础设施补短板项目，加快杭丽铁路、通苏嘉甬铁路、沪苏湖铁路、沪乍杭铁路、苏台高速、湖杭高速、瑞苍高速等前期工作。推进高铁门户建设，全面推进铁路杭州西站、萧山国际机场综合交通枢纽、杭绍甬智慧高速、杭绍台铁路、杭温铁路等项目建设。加快杭金衢高速公路拓宽、沪嘉甬铁路、金甬铁路、金建铁路、杭衢铁路、衢丽铁路、温武吉铁路、甬舟铁路等项目进度。建成商合杭铁路、金台铁路、杭绍台高速、龙丽温高速文泰段、临金高速建金段、千黄高速、杭宁高速拓宽等项目。实现陆域“县县通高速”。

切实提升大都市区能级。深化杭州、宁波、温州、金义四大都市区建设，探索建立公共资源配置与常住人口规模挂钩机制。启动实施交通节点新城开发、高品质步行街提升、城市阳台景观塑造、海绵城市等标志性工程。启动实施杭绍甬、甬舟、嘉湖、衢丽花园城市群一体化行动，加快推进城市群同城化。

推进特色小镇和未来社区建设。全力打造特色小镇2.0版，建成一批示范特色小镇。创新建设运营模式，加强城市有机更新和存量住房改造提升，深化“三改一拆”，推动未来社区增点扩面，培育60个省级试点，改造500个城镇老旧小区，打造美好生活的新型城市功能单元。

（四）坚定不移深化改革、扩大开放

擦亮“最多跑一次”改革金名片。注重目标集成、政策集成、效果集成，深入推进“放管服”改革，持续推进个人和企业全生命周期“一件事”全流程最多跑一次。推进“证照分离”改革全覆盖。推进一般企业投资项目审批竣工验收前“最多80天”改革，开展低风险小型项目“最多20个工作日”试点，完善投资项目在线平台和工程建设项目审批管理系统功能。启动工程云建设。深化机关内部“最多跑一次”改革，全面实施公务员职业生涯全周期管理“一件事”改革。推动机关内部90%以上非涉密事项实现“一窗受理、一网通办”。

完善高质量发展体制机制。深化亩均论英雄改革，引导资源要素向优势区域、优势产业、优势企业集中。深化标准地制度改革，新批工业用地全面推行“标准地”，推广应用标准地地图。全面实施公共信用工程，提升全省一体化公共信用信息平台功能，推进公共信用信息应用联动，完善守信联合激励和失信联合惩戒机制。完成事业单位改革。深入实施国有企业改革“1+6”行动。深化天然气管网体制改革。开展县域经济治理改革试点。全面推进“多规合一”改革，提升省域国土空间治理能力。

全面整合各类开发区（园区）和产业集聚区。大力推进开发区（园区）和产业集聚区平台整合、要素集聚、机构精简、职能优化。推广特色小镇创建制的做法，实施竞争性的差别化政策供给，打造20个高能级平台，创建一批制造业高质量发展示范园区。

深入推进中国（浙江）自由贸易试验区创新发展。高质量完成三年改革试点任务。着力打造大宗商品跨境贸易人民币国际化示范区。加快建设油气全产业链，确保浙石化一期项目稳定运行、二期项目加快建设。积极推进自贸区扩权扩区改革。加强与上海自贸试验区临港新片区联动，加快省内联动创新区建设，谋划建设自由贸易港。

打造“一带一路”枢纽。大力推进义甬舟开放大通道建设，深化“四港”联动。支持杭州、宁波争创“一带一路”国家级发展平台。深入推进义乌国际贸易综合改革试验区建设，加强杭州、宁波、温州、绍兴、义乌跨境电商综合试验区联动发展。深化eWTP试验区建设，打造“数字丝绸之路”核心区。加快17+1经贸合作示范区建设。推动“一带一路”海外站建设，力争“义新欧”班列全年运行1000列。推进数字口岸一体化建设，提升口岸开放和便利化水平。

（五）加快推动生态文明示范创建

持续深化污染防治。深入推进蓝天、碧水、净土、清废行动，高标准完成第二轮中央生态环保督察整改任务，完成污染防治攻坚战目标任务。高质量参与长江经济带建设，建立健全环境污染问题发现机制，举一反三抓好突出问题整改。深化治气工作，实施PM2.5和臭氧浓度“双控双减”，全面完成运输结构调整和柴油车专项整治，全省VOCs排放总量较2015年下降20%、重点行业下降30%以上，氮氧化物排放总量下降19.8%，确保全省PM2.5平均浓度稳定达标。深入推进“五水共治”，确保III类及以上水质断面比例达88%，彻底消除劣V类水质断面，确保近岸海域水质、入海河流（溪闸）断面水质达到国家考核要求。加强土壤污染防治，确保受污染耕地安全利用率达到91%，污染地块安全利用率达到90%以上。全面推进治废工作，开展全域“无废城市”创建。支持金华开展垃圾革命试点。全面推进生活垃圾分类系统建设，力争生活垃圾总量零增长和零填埋。全面打响工业垃圾歼灭战，开展一般固废专项整治行动和危废动态清零行动，新增危险废物利用处置能力达30万吨/年，工业危险废物利用处置率达96%以上。集中清零贮存超过1年的危险废物。

深入实施生态修复。深化山水林田湖海生态保护修复工程，加快实施钱塘江流域大保护工程、生态海岸带建设工程。大力开展植树造林，启动百万亩国土绿化行动，建设浙东沿海、京杭大运河、太湖等江河湖岸防护林体系，建设高标准农田林网，开展丘陵岗地森林植被生态修复，打造森林城市和森林乡村，着力提高森林覆盖率。

完善生态保护机制。以“两山”理念提出15周年为契机，深化“两山”转化改革，支持开化、丽水创建国家公园，建立健全自然保护地体系，联动推进淳安特别生态功能区、安吉县域践行“两山”理念综合改革创新试验区建设和丽水生态产品价值实现机制试点。完善绿色发展财政奖补机制，深化森林质量财政奖惩制度，开展湿地生态补偿试点。

（六）加快提升文化软实力和文化产业竞争力

培育文明有礼的最美浙江人。实施培育社会主义核心价值观行动。深入实施公民道德建设工程，深化群众性精神文明创建，力争全国文明城市设区市全覆盖。推进最美风尚培育行动，持续开展移风易俗。实施文明好习惯养成工程。健全现代志愿服务体系。

打造一批浙江文化标识。深入推进大运河国家文化公园建设。做好良渚遗址保护利用。加强文物保护和非遗传承。启动创建10个省级文化生态保护区。实施文艺精品创优工程，传承弘扬浙学文脉。实施文化基因解码工程，挖掘阳明文化、和合文化、南孔文化等丰富内涵。实施“千年古城”复兴计划。

推进公共文化服务均衡化。全面实现基本公共文化服务标准化，完善“浙江智慧文化云”。高水平建设之江文化中心等重大文化设施。大力推进全民阅读。加大文化惠民力度，深化送文化下乡和文化进万家活动。新增农村文化礼堂3000个。实施传承发展浙江优秀传统文化行动计划，繁荣哲学社会科学，发展文艺事业，提高人民群众艺术素养。

加快文化产业高质量发展。加快推进之江文化产业带建设。健全现代文化产业体系和市场体系，推动文化与旅游、科技深度融合发展，建设文旅深度融合先行区。加快出版业高质量发展。实施一批诗路文化标志性项目，推进100个重大文化产业项目，打造10个4A级博物馆、美术馆景区，创建20个文旅产业融合试验区。支持横店影视文化产业集聚区、中国（浙江）影视产业国际合作区等做大做强。

（七）高标准实施乡村振兴战略

深化农村改革。健全城乡融合发展体制机制，积极创建国家城乡融合发展试验区。总结临安村庄经营好做法，发挥市场化机制，更好推动“两进两回”。深化科技特派员制度。在11个县开展新时代美丽乡村综合集成改革试点，统筹推进农村产权制度改革、“三位一体”农合联改革、林权改革和农村金融改革，深化花园村乡村振兴综合改革试点。落实第二轮土地承包到期后再延长30年政策。

加快乡村产业振兴。深化农业供给侧结构性改革，推进一二三产业融合，增加优质绿色农产品供给。建设一批省级现代农业园区、省级特色农业强镇、省级特色农产品优势区。实施地理标志农产品保护工程。压实“米袋子”“菜篮子”负责制。加强生猪增产保供稳价。推进农田产能提升，新建设50万亩高标准农田，提标改造50万亩粮食生产功能区，稳定粮食综合生产和保障能力。持续做好海上“一打三整治”，保护发展海洋牧场。

创建新时代美丽乡村。深入实施“千万工程”，持续改善农村人居环境，培育美丽乡村示范县10个，建设新时代美丽乡村5000个。积极推进“百镇样板、千镇美丽”工程。积极培育一批景区县城、景区镇、景区村，开展传统村落风貌保护提升和美丽宜居示范村创建。实施乡村全域土地综合整治工程500个，推动乡村有机更新。高质量完成“四好农村路”三年行动计划。

积极创新乡村治理。建立健全自治、法治、德治、智治融合的乡村治理体系，完善村民自治，提升“后陈经验”“村民说事”“小微权力清单”等乡村善治品牌，争创一批国家乡村治理示范县、示范镇、示范村，建成善治示范村2000个。加快建设数字乡村。以农用车、渔船等安全管理薄弱环节为重点，开展隐患排查整治，建立健全乡村风险防控机制。

（八）加强民生保障和社会治理

扎实做好就业工作。重点做好高校毕业生、退役军人、城镇就业困难人员等群体就业工作，抓好零就业家庭动态清零，新增城镇就业80万人，城镇失业人员再就业30万人。大力实施新时代工匠培育工程和“金蓝领”职业技能提升行动，完成100万人培训任务，高技能人才占技能劳动者比例30%以上。深入推进“浙江无欠薪”行动。

促进低收入居民增收。启动实施新一轮村集体经济攻坚行动和山海协作工程，深入实施低收入农户高水平全面小康计划，确保低收入农户收入增长10%以上，低收入农户最低收入水平达到年人均8000元以上。及时做好因病致贫、因病返贫人口的监测和帮扶。兜住基本生活底线，确保困难群众基本生活得到有效保障。

高标准做好东西部扶贫协作、对口支援和对口合作。加强东西部扶贫协作帮扶、人才支援，扎实做好产业合作、消费扶贫、电商合作、劳务协作，助推打赢精准脱贫攻坚战。全面深化对口支援和对口合作，共建一批对口合作示范园区。

大力发展社会事业。全面实施教育现代化战略，启动第四轮学前教育三年行动计划，加大公办幼儿园建设力度，加快补齐普惠性幼儿园短板，实现乡镇公办中心园全覆盖。建立中小学生提质减负有效机制，加强心理健康教育，严格规范校外培训机构发展。深化“互联网+义务教育”，探索组建城乡教育共同体，推动城乡孩子同教育同培养。积极稳妥深化完善高考综合改革。集中力量推进“双一流”高校建设，加大省优势特色学科培育力度，推动省内各类高校提升发展和产学研一体化。深化职业教育产教融合改革，实施高职扩招提质行动。深入实施健康浙江行动，开展“三医联动”“六医统筹”医改试点，全面推行城市医联体建设，推动县域医共体深度融合，深化医保支付方式改革和药品、医用耗材集中采购改革。大力实施“医学高峰”计划。做好重点传染病、慢性病防控。推动中医药传承创新和高质量发展。加强3岁以下婴幼儿照护服务工作。加大社会保障力度，全面推进养老、失业、工伤保险省级统筹，加强设区市基本医保制度统一和大病保险统筹，强化精准扩面和动态管理，完善大救助体系。推动养老服务事业和产业全面协调发展，支持发展居家和社区养老服务，加强农村养老服务设施和康养联合体建设，深化智慧养老，完善养老服务综合监管体系。推进城乡老年食堂建设，新建350个乡镇居家养老服务中心，提升公办养老机构失能失智老人照护能力。健全农村留守儿童、妇女、残疾人的关爱服务体系，推进“儿童之家”建设。全面加强体育工作，完善全民健身公共服务体系，推进体育产业市场化。全力备战东京奥运会，认真做好杭州亚运会、亚残会筹备工作。促进房地产市场平稳健康发展，坚持房子是用来住的、不是用来炒的定位，落实城市政府主体责任，加强房地产市场调控，发展住房租赁业，完善住房保障体系。做好外事、侨务、民族宗教、人民防空、地震、气象、档案、慈善和红十字等工作。健全退役军人管理保障体系，创建“新时代枫桥式退役军人服务站”。支持国防动员改革，关心支持驻浙部队建设，深入开展“双拥”活动。

高水平建设平安浙江。健全社会风险防控机制，加强风险隐患识别，压实各级责任，强化协同防控，严格落实决策风险评估机制，做实做细预案，确保风险可控。强化食品药品安全监管。加强安全生产，严格落实属地管理责任、行业部门监管责任和企业主体责任，围绕扫盲区、除死角，开展重点行业领域安全综合治理，加强风险管控、应急管理体系和能力建设，推进企业百万员工安全素养大提升和应急进万村，切实提升本质安全水平，严防重特大事故发生，确保事故起数、死亡人数下降20%。大力提升自然灾害防治能力，实施自然灾害防治重点工程，加强地质灾害、小流域山洪、城市内涝等重点领域风险防控，加快防台防洪排涝等水利工程建设，完善钱塘江河口和浙东沿海防台御潮工程体系，实施海塘安澜千亿工程，新开工海塘建设150公里。完善社会治安防控体系建设，深入开展扫黑除恶专项斗争，依法严厉打击电信网络诈骗、非法集资等新型犯罪。加强国家安全工作。创新社会治理，坚持发展新时代枫桥经验，加快推进社会治理社会化、法治化、智能化、专业化。推进“最多跑一地”改革，加强基层治理四平台运行管理，加快建设县级社会矛盾纠纷调处化解中心。加强网络综合治理。创新信访工作机制，深化“枫桥式公安派出所”创建活动，共建“矛盾不上交、平安不出事、服务不缺位”的社会治理共同体。

深化为民办实事长效机制，按照群众提、大家定、政府办的理念，认真办好十方面民生实事，着力补齐民生领域短板，增强人民群众获得感幸福感安全感。

1、新增3岁以下婴幼儿照护服务机构200家，新增托位5000个。

2、对重点人群开展流感疫苗自愿免费接种；开展高危人群大肠癌筛查。送药上山进岛便民服务点扩面300个，建成24小时“网订店送”药房500家。

3、完成农村饮用水达标提标三年行动计划，实施古井水源保护工程，提升208万农村居民饮用水标准，城乡规模化供水工程覆盖人口比例85%以上，确保全省农村居民喝上达标饮用水。

4、建成城际铁路及城市轨道交通80公里，新增城市主城区停车位10万个，新改建公交站点500个。新建和改造提升农村公路8000公里，新建美丽经济交通走廊6000公里，新建农村港湾式停靠站1500个、村级物流服务点4000个。

5、建成省级高标准生活垃圾分类示范小区500个，新增城镇垃圾日处理能力2万吨。

6、完成100座病险水库和100公里干堤加固，整治中小河流500公里，新增美丽河湖100条(个)。

7、构建“15分钟健身圈”，新增足球场50个、游泳池100个、社区多功能公共运动场250个、百姓健身房1000个、小康体育村升级工程1000个。

8、新建老年大学(学堂)100所；生活困难老人家庭适老化改造6000户；困难残疾人家庭无障碍改造10000户，改造星级“残疾人之家”300家。

9、培育发展放心消费单位20万家、无理由退货承诺单位6万家、放心工厂3万家，建设放心消费街区(商圈)100个、城乡放心农贸市场300家。

10、改造农村家宴放心厨房680家，建成中小学和等级幼儿园“阳光厨房”2500家。

（九）全面提升政府治理效能

全面加强政治建设。学懂弄通做实习近平新时代中国特色社会主义思想，把不忘初心、牢记使命作为永恒课题、终身课题，增强“四个意识”、坚定“四个自信”、做到“两个维护”，坚决贯彻党中央、国务院和省委决策部署，始终做到初心如磐、使命在肩。完善行政权力运行监督机制，依法接受人大监督，自觉接受政协民主监督，加强审计监督、司法监督、监察监督、群众监督、舆论监督。

以百姓之心为心。强化问题导向、目标导向、效果导向，推进“三服务”制度化长效化，下更大力气解决群众、企业、基层反映强烈的共性问题、深层次问题、老大难问题、想解决而又解决不了的问题，以看得见的变化回应群众期盼。全面实施“两强三提高”行动计划，着力构建走在前列的体制机制，建设人民满意的服务型政府。

坚持政府过紧日子。严格控制和压减一般性支出，非刚性、非重点项目支出压减不低于10%，日常公用经费支出压减不低于5%，三公经费压减不低于5%。严格控制公共工程建设，大幅压减办展办会，集中财力办大事，切实提高财政资金使用绩效。

深入推进政府数字化转型。聚焦掌上办事之省和掌上办公之省目标，大力推进浙里办、浙政钉功能集成优化，提升“互联网+”政务服务、监管、督查成效，打造高效协同的整体政府。80%以上政务服务办件实现网上受理，掌上执法应用率达到90%。拓展深化各领域数字化应用，以省域空间治理、安全生产监管、自然灾害风险预警和应急救灾等为重点，谋划建设一批场景化多业务协同的重大应用项目。加强公共数据安全管理和个人信息保护。有序推进数据开放和应用。

基本建成法治政府。完善政府权责清单，严格落实重大行政决策法定程序，全面实施政府法律顾问和公职律师制度，加快建设公共法律服务体系。推动重点领域立法，加大合法性审核、公平竞争审查和备案审查力度。深化综合行政执法改革，加强行政执法规范化建设，着力提高基层综合行政执法能力水平。深化政务公开。加强诉源治理，推进行政复议规范化建设，健全完善行政调解与人民调解、司法调解的衔接机制。建立健全依法行政持续改进机制。完善一府两院联动机制，加强行政争议预防化解。完善行政机关负责人出庭应诉制度。

加强廉洁政府建设。认真履行全面从严治党主体责任，以上率下严格落实中央八项规定精神，着力整治形式主义、官僚主义。坚定不移推进反腐败斗争，强化制度意识、法纪意识，构建一体推进不敢腐、不能腐、不想腐体制机制，营造风清气正、干事创业、担当作为的政治生态。

今年，我们还要科学编制“十四五”规划。面向以人为核心的社会主义现代化，汇众智、聚众力，聚焦创新驱动、产业竞争力、区域空间布局、省域治理体系、提升浙江的战略地位等重大问题，谋划新一批重大改革、重大项目、重大平台、重大政策，编制符合实际、引领发展、经得起历史检验的五年规划，以走在前列的姿态开启现代化建设新征程。

各位代表！新的一年，使命光荣，催人奋进。让我们更加紧密地团结在以习近平同志为核心的党中央周围，高举习近平新时代中国特色社会主义思想伟大旗帜，在中共浙江省委的坚强领导下，锐意进取、开拓创新，只争朝夕、不负韶华，为实现“两个高水平”的奋斗目标作出新的更大贡献！

（原载《浙江日报》2020年1月18日第2版）

中国人民政治协商会议第十二届浙江省委员会常务委员会工作报告

Report on the Work of the Standing Committee of the Twelfth Zhejiang Provincial Committee of the Chinese People's Political Consultative Conference

（2020年1月11日在政协第十二届浙江省委员会第三次会议上）

浙江省政协主席　葛慧君

各位委员：

我代表政协第十二届浙江省委员会常务委员会，向大会报告工作，请予审议，并请会议列席人员提出意见。

一、2019年工作回顾

2019年是中华人民共和国成立70周年，也是人民政协成立70周年。中共中央首次召开政协工作会议，习近平总书记出席会议并发表重要讲话，中共浙江省委召开政协工作会议，中共中央和省委相继制定出台关于新时代加强和改进人民政协工作的文件。这充分体现了中共中央和省委对人民政协工作的高度重视，为人民政协事业发展进一步指明了前进方向、注入了强大动力。一年来，省政协及其常委会高举习近平新时代中国特色社会主义思想伟大旗帜，全面贯彻落实中共中央、全国政协和中共浙江省委决策部署，坚持发扬民主和增进团结相互贯通、建言资政和凝聚共识双向发力，紧扣中心大局认真履职尽责，切实发挥专门协商机构作用，为我省推进"八八战略"再深化、改革开放再出发，加快"两个高水平"建设作出了积极贡献。

一年来，常委会坚持学习新思想、携手新时代、聚焦高质量、服务高水平、画好同心圆，重谋划、抓重点、搭平台、强队伍，推动政协工作呈现出新气象，突出表现在三个方面。

一是切实抓好中央和省委政协工作会议精神的学习贯彻。我们立足"三个地"的政治高度，把深入学习贯彻会议精神作为重大政治任务，明确提出学习领会要更深一层、研究谋划要更深一层、贯彻落实要更深一层，切实做到学在深处、研在新处、干在实处。协助中共浙江省委开展政协工作专项督查，做好省委政协工作会议有关筹备工作。先后召开省政协党组会议、主席会议、常委会会议、全省三级政协视频宣讲会等，采取集中学习、专题辅导、座谈交流、委员培训和"浙江政协·掌上履职"平台"大家谈"等多种形式，推动会议精神层层学深悟透。根据会议和文件精神，抓好重点任务责任分解；梳理确定一批重点课题，由主席会议成员牵头负责开展研究；召开政协工作务虚会，认真谋划思路举措，更好把会议精神转化为推进我省政协工作创新发展的具体行动。

二是切实抓好"请你来协商"和"委员会客厅"两大履职平台建设。政协的主要工作方式是"搭台"。为更好发挥专门协商机构作用、更好担负起凝聚共识的重大政治责任，我们着眼常态化、制度化，着力培育打造"请你来协商"和"委员会客厅"两大特色履职平台。在"请你来协商"平台建设方面，认真总结试点经验，协助中共浙江省委出台指导意见，召开现场推进会和工作座谈会，制作操作手册，统一平台标识，创作主题歌曲，不断完善运行机制。目前，全省市县政协"请你来协商"平台建设全面铺开，受到党政重视、群众欢迎、委员赞许，政协作为专门协商机构的作用得到更好发挥。全年共组织"请你来协商"活动639场，提出意见建议7500多条，各级党政领导批办252次，被吸收采纳意见建议近4600条。在"委员会客厅"创建方面，立足"学习交流新载体、联系群众新纽带、协商民主新路径、团结联谊新平台"的功能定位，把重点放在专业性行业性较强、党外人士比较多的领域和地方，通过牵头委员定期组织主题活动，建立专门管理制度，探索委员讲堂、界别协商等履职活动进会客厅，把工作触角延伸到海归人才、网络作家、新生代民营企业家等特定群体中，影响有影响力的人和界别群众，不断扩大"朋友圈"，把更多的人团结凝聚在党的周围。按照"成熟一个、创建一个"的要求，从严遴选、分批推进，已建成"委员会客厅"105个，成效日益显现。

三是切实抓好"新时代人民政协的新样子"专题讨论活动。新时代，人民政协要有新气象，政协人要有新样子。我们结合开展"不忘初心、牢记使命"主题教育，围绕如何把新时代人民政协的政治责任担当起来、如何把新时代人民政协的精神风貌焕发出来等"五个如何"，在全省政协系统组织"新时代人民政协的新样子"专题讨论。全省三级政协委员、机关干部积极参与新时代新风貌笔谈、金点子征集等"六个一"活动，收到笔谈文章700多篇、金点子450余条。通过专题讨论，有效激发了奋发有为的担当精神，进一步强化了走在前列的工作导向，更好展现了人民政协的时代气质，使"政治是坚定的、定位是聚焦的、履职是有效的、精神是振奋的"新样子成为全省政协人的共识和追求。

一年来，常委会认真履行各项职能，主要做了以下工作。

（一）坚持党建引领，思想政治建设有新加强

坚持中国共产党领导是政协必须恪守的根本政治原则。常委会始终坚持党对政协工作的全面领导，旗帜鲜明讲政治，切实增强"四个意识"、坚定"四个自信"、做到"两个维护"，着力增进"四个认同"，确保政协事业方向正确、行稳致远。

始终把理论学习摆在首位。认真组织学习贯彻习近平新时代中国特色社会主义思想特别是习近平总书记关于加

强和改进人民政协工作的重要思想，深入学习贯彻中共十九届四中全会和中央政协工作会议精神，深入学习贯彻中共浙江省委十四届六次全会和省委政协工作会议精神，切实做到学思用贯通、知信行统一。出台关于习近平新时代中国特色社会主义思想学习座谈会办法和学习座谈会工作联席会议制度，组建专门委员会学习座谈小组，制订年度学习计划，全年共举行8次省政协党组理论学习中心组学习会、23次党组会议、18次主席会议、9期崇学讲坛、40次学习座谈小组专题学习。建好用好习近平总书记关于加强和改进人民政协工作的重要思想研究基地，组织并完成坚持党对政协工作的领导、履职能力建设等6大课题研究，完成全国政协交办的发挥专门协商机构作用等重点课题研究，并召开理论研讨会。

扎实开展“不忘初心、牢记使命”主题教育。按照中共中央和省委统一部署，紧扣“守初心、担使命，找差距、抓落实”的总要求，认真做好主题教育各项工作。省政协党组加强统筹领导，突出示范引领，指导带动省政协机关党组、专门委员会分党组主题教育一体谋划、一体推进。紧扣主题主线，学原著、读原文、悟原理，重点围绕党的政治建设等8个专题开展集中研讨，讲好专题党课。采取基层调研、个别走访、新媒体留言等渠道方式，广泛征集意见建议。深刻进行对照检视，高质量开好专题民主生活会，制定检视剖析问题清单，扎实开展专项整治，认真组织整改落实情况“回头看”，确保各项整改任务落地见效。

切实加强政协系统党的建设。深入贯彻落实中共中央、全国政协和中共浙江省委关于加强政协系统党的建设部署要求，构建完善政协党的组织体系，及时做好不在原单位任职的专门委员会分党组成员的组织关系接转，落实党员领导干部双重组织生活制度，在委员培训、专题考察视察等活动中设立临时党组织，推动“两个全覆盖”。开展全省政协系统党建工作情况专题调研，分片区召开工作推进会。发挥政协党组领导核心作用，切实落实全面从严治党主体责任，制定出台省政协党组贯彻落实重大事项请示报告制度的若干措施。认真贯彻落实中央和国家机关党的建设工作会议、全省机关党的建设工作座谈会精神，切实加强政协机关党的建设。制定专门委员会分党组工作规则，召开专门委员会分党组书记座谈会。支持派驻省政协机关纪检监察组履行纪检监察职责，着力营造风清气正的政治生态。

（二）坚持围绕中心，服务“两个高水平”建设有新作为

围绕中心、服务大局是人民政协履行职能的重要原则。常委会始终把服务推进“八八战略”再深化、改革开放再出发，加快“两个高水平”建设作为履职主线，通过有力有效的履职活动，广集良策以促进决策优化，广聚共识以推进决策实施。

助推经济高质量发展。围绕优化营商环境推进民营经济高质量发展，深入开展调查研究，形成1个总报告和29个分报告，召开专题议政性常委会会议，分8个专题进行分组讨论，提出减负降本、营造公平竞争市场环境等具体建议。围绕支持民营企业各项政策落实情况开展民主监督，采取实地走访、问卷调查等方式，深入了解惠企政策的知晓度、落实率、获得感，就抓好现有政策落地、新一轮政策谋划等提出有针对性的意见。围绕打造山海协作工程升级版、之江文化产业带建设等议题，开展对口协商和界别协商。围绕我省民营制造业投资形势、鼓励发展私募创投基金等议题进行调研，形成4期专题性经济分析报告。围绕“未来社区”试点建设、率先建成移动支付之省等，做好重点提案办理协商工作，推动解决相关问题。

助推长三角一体化高质量发展。围绕推动落实长三角区域一体化发展国家战略召开专题议政性常委会会议，就产业与创新深度融合、公共服务便利共享等提出对策建议。围绕长三角区域污染防治协作机制落实情况持续开展跨省联动监督，设置5个分专题，瞄准跨界和共性问题积极建言，助推长三角区域生态环境共保联治。围绕加强交通基础设施互联互通、统筹建设开展跨省联合调研，牵头承担“促进长三角区域港航协同发展”专项调研任务并形成分报告，助力长三角区域交通运输体系一体化发展。

助推美丽浙江建设。围绕淳安特别生态功能区建设开展专项集体民主监督，采用蹲点调研、小分队督查等方式，实地察看点位22个，就推进临湖地带综合整治、完善共治共保机制等提出建议。围绕城乡生活垃圾分类处理持续开展全省三级政协联动监督，查看点位19600多个，提出意见建议6600多条。围绕加强农村饮用水水源保护组织重点课题调研，就科学划定保护区、完善依法管水制度等提出对策建议，助力深化农村饮用水达标提标行动。同时，围绕深化“千万工程”、推进美丽乡村和大花园建设等，开展委员视察。

助推省域治理现代化。围绕中共浙江省委十四届六次全会重大决策，组织开展推进基层治理现代化重点课题调研，以统分结合、蹲点解剖等方式，深入全省120余个乡镇（街道）进行调研，形成1个总报告和13个分报告；召开常委会会议进行专题协商，提出加快建设一体化公共信用平台、运用区块链技术提升治理效能等意见建议。持续聚焦深化“最多跑一次”改革，通过课题调研、提案督办、委员视察等方式综合发力，并着重围绕医疗卫生服务领域“最多跑一次”改革开展专项集体民主监督，深入乡镇社区、不同层级医院等走访调研，提出建立全省健康医疗大数据中心、深化医共体建设等具体建议，助推“最多跑一次”改革向纵深推进。

（三）坚持履职为民，助力增进民生福祉有新成效

人民政协来自于人民、植根于人民，具有鲜明的人民性。常委会始终牢记人民政协的初心使命，把促进民生改善作为履职的重要着力点，协助党委政府破解民生难题、增进人民福祉，切实做到人民政协为人民。

深入开展“三服务”活动。按照中共浙江省委统一部署，制定省政协开展“服务企业服务群众服务基层”活动实施方案。开展“三服务”蹲点调研行动，主席会议成员分别选定1个县（市、区），确定1个主题，深入调研、助解难题，形成蹲点调研情况专题报告。建立完善“三服务”工作机

制，及时梳理反映问题，跟进反馈办理情况，积极帮助解决企业、群众和基层反映的困难和问题。制定实施省政协整治形式主义、减轻基层负担20条措施。精心组织“六送下乡”“两走进”活动月活动，赴缙云、松阳等县和部分高校开展服务，签署合作协议38个，落实服务项目195项。

精心组织民生协商论坛。研究落实进一步提高民生协商论坛工作质量的12条具体措施，着力增强论坛开放度、实效性和影响力。围绕促进民宿和农家乐健康规范发展、充分发挥农村文化礼堂作用、发挥社会组织在基层社会治理中的积极作用、加强小学放学后校内托管、推进快递外卖业绿色发展、持续推进城市智慧交通建设、提升乡镇（社区）卫生医疗机构服务水平等7个议题，在专题调研基础上开展协商议政，助力民生热点难点问题解决。积极探索运用网络议政、远程协商新形式，在浙江在线新闻网站开设“浙江政协·网上议政厅”，发布民生协商论坛信息，听取网民意见，其中5场在网上设置议题的民生协商论坛专题网页访问量达24万多人次，网友留言2500多条，视频直播与回放累计近200万次；依托“钉钉”开设“浙江政协·掌上履职”平台，组织委员主题议政11期，收集建议1100多条；以视频连线方式开展远程协商5次。这种线上和线下相结合、会场和现场相同步的协商方式，扩大了协商民主的参与范围，更好彰显了民生协商论坛的功能和优势。

着力寻找民生领域短板。组织开展寻找民生领域短板重点课题调研，主席会议全体成员和82名省政协委员共同参加，分11个组赴各设区市开展蹲点调研，11000多人参与网络调查问卷，形成1个总报告和11个分报告，梳理出我省医疗卫生、教育、社会保障等民生领域十方面30个短板，同时向省委、省政府报送了23项为民办实事的具体建议。综合运用寻找民生领域短板调研成果，围绕省政府2020年为民办实事项目，举行“为民办实事·请你来协商”专题协商会，积极建言献策，为省委、省政府提供民意民智参考。

（四）坚持凝心聚力，团结联谊工作有新拓展

广泛凝聚人心和力量，是人民政协的神圣使命。常委会始终注重强化开展统一战线工作的责任担当，着力做好凝心聚力这篇大文章，广泛联系和动员各界群众，努力寻求最大公约数、画好最大同心圆。

促进五大关系和谐。支持和保障省级各民主党派、工商联、无党派人士履职活动，优先安排大会发言、联合开展调研等。着眼推动少数民族地区加快发展，就我省关于进一步支持民族乡村加快发展的政策文件贯彻落实情况组织专项监督调研，与省有关部门联合举办第二期民族乡村“百村论坛”。围绕宗教工作有关情况开展专题调研，组织宗教界、无党派人士界委员赴红色基地开展以自我教育为主旨的视察活动。利用“委员会客厅”等载体和谈心谈话等方式，积极拓展同党外知识分子、非公有制经济人士、新的社会阶层人士等的沟通联络。组织港澳华侨委员和港澳台侨代表人士开展“我和我的祖国——家乡行看巨变”考察活动，支持在港政协委员参加“反暴力、撑警队、护法治、保安宁”等活动，坚定维护“一国两制”原则底线，坚定支持香港特别行政区政府和行政长官依法施政。

面向社会广泛凝聚共识。建立委员联系界别群众制度，在调研协商、视察考察等履职活动中，既组织委员围绕党政中心工作建言资政，又积极引导委员利用自身专业知识和影响力主动发声，深入基层和界别群众广泛凝聚共识、传播共识，协助党委政府做好宣传政策、协调关系、解疑释惑、化解矛盾的工作。以凝聚海内外共识为目标，建立“同心汇”委员讲堂师资库，积极开展宣讲活动。办好“同心”系列宣传平台，与钱江晚报合办的“同心桥”专栏全年共刊发28期、与浙江卫视合作的“同心树”栏目共播出26期，联谊报主办的“同心苑”微信公众号影响力和活跃度在全国省市政协新媒体中位居前列。组织首届“人民政协好新闻”推选活动，上线运行浙江政协融媒体平台。发挥社情民意信息直通车作用，全年共收到社情民意信息5683件，编报政协信息（专报）231期。联合有关部门开展“浙江文化印记”征集评选活动。支持省政协之友社、诗书画之友社、企业家之友社等社团开展团结联谊工作。支持长三角（浙江）民营经济研究会开展课题研究。支持树人大学建设发展。

开展中华人民共和国和人民政协成立70周年系列庆祝活动。结合政协特色，挖掘政协资源，统筹谋划，精心实施。举办“与祖国同行、与时代共进”为主题的文艺演出，组织“共画同心圆、放歌新时代”书画作品展，拍摄浙江省政协历史专题片，组织省政协发展历程图片展，编撰《70年·70人》文史图书，面向海外历届政协委员和代表人士开展“同心汇——我和我的祖国”征文活动，组织“我和我们的政协”主题宣讲和参观考察活动，策划开展系列宣传报道。整个庆祝活动喜庆热烈、氛围浓厚，极大地激发了广大委员的爱国热情和奋进力量。

（五）坚持固本强基，履职能力有新提升

加强政协履职能力建设，事关人民政协事业的发展。常委会始终把加强政协队伍建设和制度建设作为履职能力建设的重要基础性环节，持之以恒、多措并举地加以推进。

加强队伍建设。创新学习培训方式，制定落实关于加强和改进省政协委员学习工作的意见，在延安、井冈山、嘉兴南湖举办4期委员培训班。优化委员服务管理，出台委员活动经费管理使用的意见，开展委员履职信息全员录入工作，首次组织政协常委年度履职情况通报，表彰履职成绩突出委员。完善主席会议成员分工联系专门委员会、专门委员会联系界别活动组制度，更好发挥专门委员会基础性作用和界别独特作用。加强机关干部队伍建设，从严教育、从严要求、从严管理、从严监督，着力打造政治强、能力强、服务强、作风强的模范机关。

推进制度机制建设。着眼进一步加强党对政协工作的全面领导，协助省委、省政府制定政协年度协商工作计划、加强省直有关单位同省政协专门委员会对口联系工作等文件。着眼进一步完善政协履职制度，制定修订推进建言资政和凝聚共识双向发力、提高协商议政质量、委员视察考察工作条例等11项制度。着眼进一步规范政协内部

运行机制，指导省政协机关制定修订12项办文、办会、办事规定办法。

加强对市县政协工作的联系指导。认真落实关于加强对市县政协工作联系指导的若干意见，组织县级政协工作专题调研，梳理短板弱项，研究对策建议，着力破解“两个薄弱”问题。邀请市县政协负责同志、政协委员列席省政协重要会议，参加省政协履职活动。鼓励和支持市县政协工作探索创新，开展创新案例推介活动，推动互学互鉴、互促互进。各市县政协主动有为，协同有力，探索实践丰富多彩，经验做法生动鲜活，展现出竞相发展的勃勃生机。

各位委员、各位同志！一年来，在大家共同努力下，省政协各项工作取得了新进展新成效。习近平总书记在中央政协工作会议上的重要讲话，为我们推进人民政协事业发展提供了根本遵循。中共中央政治局常委、全国政协主席汪洋专程来浙江考察调研政协工作，给我们以极大的鼓励和鞭策。中共浙江省委对省政协工作领导坚强有力，省委常委会会议7次听取省政协工作情况汇报；省委书记车俊7次出席省政协会议活动并作重要讲话，亲自阅批省级各民主党派、工商联重要提案；省长袁家军在全省政协主席暑期读书会上通报经济社会发展形势，带头领办省政协重点提案；省委、省政府领导领办17件重点提案，对政协履职成果批示163件次，其中省委、省政府主要领导批示94件次。省政协先后在全国地方政协工作经验交流会、全国政协常委会会议、全国政协理论研讨会等重要会议上作了交流发言。我们深切感到，过去一年省政协取得的成绩，是全国政协关心指导和中共浙江省委坚强领导的结果，是省人大、省政府和社会各方面大力支持的结果，也是参加省政协的各党派团体、各族各界人士、广大政协委员和全省各级政协组织共同努力的结果。在此，我代表省政协常委会表示衷心感谢！

同时，常委会清醒认识到，工作中还存在一些不足之处。如有些调研协商的质量效果还有待进一步提高，凝聚共识工作的针对性实效性还有待进一步凸现，工作制度机制还有待进一步完善，有些委员和机关干部的责任意识和履职能力还有待进一步增强，等等。这些问题必须高度重视，切实加以解决。

二、2020年工作任务

2020年是我省高水平全面建成小康社会和“十三五”规划的收官之年，是贯彻落实中央和省委政协工作会议精神的深化之年，人民政协使命光荣、责任重大。省政协工作的总体要求是：以习近平新时代中国特色社会主义思想为指导，全面贯彻中共十九大和十九届二中、三中、四中全会精神，增强“四个意识”，坚定“四个自信”，做到“两个维护”，按照中央和省委政协工作会议的部署要求，时刻牢记和践行习近平总书记赋予浙江的“干在实处永无止境，走在前列要谋新篇，勇立潮头方显担当”新期望，把坚持和发展中国特色社会主义作为巩固共同思想政治基础的主轴，把加强思想政治引领、广泛凝聚共识作为中心环节，坚持团结和民主两大主题，紧扣高水平全面建成小康社会目标任务，聚焦高水平推进省域治理现代化，提高政治协商、民主监督、参政议政水平，更好凝聚共识，充分发挥专门协商机构的作用，干出新时代人民政协的新样子，谱写新时代政协工作高质量发展的新篇章，为推进“八八战略”再深化、改革开放再出发，加快“两个高水平”建设贡献智慧和力量。

（一）强化理论武装，在推动习近平新时代中国特色社会主义思想学习贯彻走深走实上更加自觉。唯有深学，方能笃行。要持续深入学习贯彻习近平新时代中国特色社会主义思想，深入学习贯彻习近平总书记关于加强和改进人民政协工作的重要思想及中央、省委政协工作会议精神，认真学习时事政策，认真学习中国共产党史、新中国史、改革开放史、统一战线和人民政协史等，不断夯实团结奋斗的共同思想政治基础。进一步完善政协学习制度体系，制定年度学习计划，创新学习方式，推动专题研究学、带着问题学、联系实际学，增强学习的针对性和实效性。坚持学研结合，组织开展一批重大理论和实践问题课题研究，召开以发挥专门协商机构作用为主题的理论研讨会，充分发挥理论对实践的先导和支撑作用。

（二）聚焦协商主业，在紧扣中心大局履职尽责上更具实效。专门协商机构既是人民政协的性质定位，也是工作定位。政协履行各项职能都要聚焦协商之主业，契合协商之要旨。要深入贯彻新发展理念，聚焦聚力省委、省政府中心任务，精心选择履职议题，坚持调研、协商、监督一体推进，更好释放专门协商机构的潜能效能。围绕制定浙江省国民经济和社会发展第十四个五年规划，通过重点课题调研、提案办理协商、专题议政性常委会会议、专题协商会等多种形式，努力提出富有建设性的意见建议。围绕高水平全面建成小康社会，聚焦坚决打赢三大攻坚战，紧扣推进经济高质量发展，就高水平全面建成小康社会补短板工作、城乡生活垃圾分类处理等开展三级政协联动专项集体民主监督，就推进创新强省建设、加快建设交通强省，召开专题协商会，就加快培育“隐形冠军”企业、培育新时代工匠、城乡融合推进“数字乡村”建设等开展专题调研。围绕推动落实长三角区域一体化发展国家战略，与沪苏皖等省市政协一道，持续开展长三角区域污染防治协作机制落实情况联动监督，开展推进长三角旅游市场和服务一体化建设联合调研，承办第四次长三角地区政协主席联席会议。围绕高水平推进省域治理现代化，就社会治理领域“最多跑一地”开展三级政协联动专项集体民主监督，就深化“多规合一”改革、推进省域国土空间治理能力现代化等开展专题调研。

围绕民生“关键小事”，就促进家政服务业高质量发展、完善乡村人才振兴的体制机制、加快发展学前教育、加强防灾减灾能力建设、推进老旧小区改造与未来社区建设、推进无障碍环境建设等议题举办民生协商论坛，继续组织好“六送下乡”“两走进”活动月活动。建好用好“请你来协商”平台，突出提质增效，加强实践探索，召开工作经验交流会，制定实施办法，规范操作流程，推动政协协商与基层协商相衔接、与社会治理相结合，更好彰显“请你来协商”平台优势，打造浙江政协工作金名片。

（三）把握中心环节，在携手共画团结奋斗最大同心圆上更显担当。切实把加强思想政治引领、广泛凝聚共识这一中心环节抓实抓好，最大限度把各方面智慧和力量凝聚起来。建立健全各党派参加人民政协工作的共同性事务情况交流机制，对各民主党派以本党派名义在政协发表意见、提出建议等作出机制性安排，完善民主党派和无党派人士在政协开展经常性工作的机制，推进合作共事。围绕培养青少年的家国情怀，组织重点课题调研，召开专题协商会。开展推进城市民族工作、加强基层爱国宗教团体建设专题调研，促进民族团结、宗教和睦。组织港澳华侨委员和港澳台侨代表人士等，围绕高水平全面建成小康社会情况开展专题视察，体验新变化、感受新成就，切实增进“四个认同”。坚持建管用育一体化，持续深化“委员会客厅”建设，举办培训研讨会，培育会客厅文化，制定会客厅工作规则，推动可持续发展。召开政协新闻宣传工作会议，联合有关部门制定新时代加强和改进政协新闻宣传工作的意见，用好“同心”系列宣传平台，打通报网端屏，加快构建全媒体传播格局。开展“同心汇”专题宣讲活动，传播好声音、汇聚正能量。探索建立一批民情联络站，畅通收集反映社情民意的渠道。编辑出版《小康路上的政协人》口述历史专辑，宣传推广浙江文化印记。支持省政协各社团开展各具特色的联络联谊活动，做好有关社团换届工作。

（四）加强制度建设，在完善政协工作制度机制上更有作为。坚持固根基、扬优势、补短板、强弱项，对照中共中央和省委有关政协工作制度文件要求，进一步完善我省政协工作的制度机制。要制定政协协商工作实施办法，对参加范围、讨论原则、基本程序、交流方式等作出制度规范。完善加强和改进凝聚共识工作制度，健全谈心谈话、走访看望委员制度，优化委员讲堂、重大专项工作委员宣讲团等工作机制。探索完善政协委员参与立法协商工作的程序机制。健全情况通报制度，促进政协委员更好知情明政。健全提高提案质量和办理质量的工作机制，注重把大会发言、调研报告、界别协商意见转化为集体提案和平时提案，切实提高提案工作实效和水平。要认真落实已有各项制度，维护制度严肃性和权威性。协助中共浙江省委做好中央和省委政协工作会议精神贯彻落实情况的专项督查。

（五）夯实履职基础，在加强政协自身建设上更有力度。巩固和用好“不忘初心、牢记使命”主题教育和“新时代人民政协的新样子”专题讨论活动成果，构建不忘初心、牢记使命的长效机制。紧扣稳企业、增动能、补短板、保平安，深入开展“三服务”活动。坚决落实党对政协工作的全面领导，召开全省政协系统党的建设工作座谈会，以政治建设为统领全面加强政协党的各项建设，落细落实全面从严治党主体责任。召开专门委员会工作会议，制定落实有关制度文件。加强界别工作，更好发挥界别优势作用。办好委员履职能力建设培训班，修订委员履职量化考评实施细则，做好委员年度述职和常委提交年度履职报告工作，在全省政协系统开展最美政协人、委员履职好故事推选活动。加强机关干部队伍建设，大力弘扬一线精气神，着力提高工作质量。更好发挥政协应用型智库作用，强化履职智力支撑。加强对市县政协工作的联系指导，召开全省政协主席暑期读书会暨市县政协工作经验交流会，举办政协工作提质增效培训班，推动破解“两个薄弱”问题政策举措的落实。

三、奋力谱写新时代我省政协工作高质量发展的新篇章

风正扬帆正当时，砥砺奋进谱新篇。中共中央、全国政协和中共浙江省委对新时代加强和改进人民政协工作已经作出新部署。我们要自觉对标对表，学习新思想、携手新时代、聚焦高质量、服务高水平、画好同心圆，以排头兵姿态推动我省政协工作高质量发展、走在前列。

（一）牢牢把握新时代政协工作高质量发展的使命任务。认清使命责任，是推进政协工作高质量发展的前提。人民政协是具有中国特色的制度安排，在国家治理体系中具有独特的优势。我们要立足高水平推进省域治理现代化来谋划推进政协工作，通过政协制度的有效运行和民主程序，更好地把政治组织的优势、协商民主的优势、凝聚共识的优势、新型政党制度的优势、联系服务群众的优势转化为治理效能。要深刻认识人民政协“是什么、干什么、怎么干”等重大问题，把握专门协商机构这一工作定位的新内涵，聚焦协商主业主责，进一步完善协商议政格局、健全协商规则程序、培育良好协商文化、提高协商履职实效等，努力擦亮专门协商机构的牌子；把握双向发力这一工作职责的新概括，建立健全建言资政和凝聚共识双向发力的制度、程序和机制，做到工作谋划一体考虑、工作部署一体统筹、工作推进一体落实、工作成效一体显现；把握“三个重要”这一工作任务的新内容，探索完善其实现路径、工作载体、落实机制，拓展由内向外传播共识、由上向下传递共识的渠道，切实使人民政协成为坚持和加强党对各项工作领导的重要阵地、用党的创新理论团结教育引导各族各界代表人士的重要平台、在共同思想政治基础上化解矛盾和凝聚共识的重要渠道。

（二）牢固树立新时代政协工作高质量发展的鲜明导向。各项工作更加注重高质量发展，是新时代的重要特征。我们要牢固树立质量导向，持之以恒转理念、转方式、转作风、提质量，推动工作从“做了什么”“做了多少”向“做出什么效果”转变。要坚持有章有法，自觉依照宪法法律和政协章程，坚守政协的性质定位，恪守政协的制度规程，确保政协履职在制度框架内有效开展。要坚持有扬有弃，强化问题导向、目标导向、结果导向，善于守正创新，牵住“牛鼻子”，确保干到点子上、忙到紧要处。要坚持有质有效，确立“数量适度、质量为要”的理念，更加注重履职数量背后的质量效益，更加注重形式创新背后的实际效果，更加注重建言资政背后的聚识功效，切实把提质增效作为谋划思路举措的重要准则、彰显优势作用的努力方向、评价工作成果的检验标准。

（三）不断创新新时代政协工作高质量发展的方式方法。提高政协工作质量，要探索运用与新时代要求相契合的方式方法。我们要注重集成化履职，加强各种履职方式、平台载体、工作力量的统筹整合，打组合拳、弹协奏曲，串起履职链、工作链、成果链，实现履职效果的最大化。要注重项目化实施，对重点工作既规划好线路图、又落实好任务书，不换主题、不变镜头，一钉一铆抓落实，步步为营抓深化，绘好“连环画”，播好“连续剧”。要注重数字化提升，把互联网的开放性、交互性特点和政协联系面广、代表性强的优势结合起来，推进政协履职“互联网+”，打造“智慧政协”，为委员履职不受时空限制创造条件，让委员思想在线、智慧连线、联系不断线，推动“指尖上的协商民主”。要注重品牌化打造，努力创造更多富有时代特征、浙江特点、政协特色的鲜活经验，为彰显人民政协制度优势提供浙江素材、贡献浙江智慧。

（四）切实强化新时代政协工作高质量发展的责任担当。实现政协工作高质量发展，需要政协这部“大机器”每个零件的高效运转，需要政协这个“大家庭”每位成员的共同努力。广大政协委员要始终牢记习近平总书记“坚持为国履职、为民尽责”的谆谆教诲，切实强化政治责任，全面落实“懂政协、会协商、善议政，守纪律、讲规矩、重品行”的要求，不断提高政治把握能力、调查研究能力、联系群众能力、合作共事能力，以新时代奋斗者的姿态和干劲当好人民政协制度的参与者、实践者、推动者，把高质量的“委员作业”写在浙江大地上、写进群众心坎里，努力做到建言见水平、聚识有影响、言行守规矩，以模范行动展现新时代责任委员的风采。广大机关干部要按照高素质、专业化要求，锤炼真本领，干出新业绩，努力做到政治上过硬、岗位上胜任、工作上尽责。全省政协系统要上下协同，强化系统思维，努力做到有事共商、履职共推、资源共享、队伍共建、品牌共育，更好发挥全省三级政协联动的整体优势，彰显人民政协制度的整体效能。

各位委员、各位同志！人民政协70年的光辉历程已经载入史册，人民政协事业的崭新画卷正在激情绘就。让我们更加紧密地团结在以习近平同志为核心的中共中央周围，在中共浙江省委的坚强领导下，不忘初心、牢记使命，团结奋进、群策群力，干出新样子、谱写新篇章，为我省高水平全面建成小康社会、迈向社会主义现代化建设新征程作出新的更大贡献。

（原载《浙江日报》2020年1月17日第5版）

"不忘初心、牢记使命"主题教育

The Education Campaign Themed " Remain True to Our Original Aspiration and Keep Our Mission Firmly in Mind "

根据党中央统一部署,2019年6月以来,浙江省聚焦"不忘初心、牢记使命"主题,紧扣学习贯彻习近平新时代中国特色社会主义思想主线,以县处级以上领导干部为重点,分两批开展主题教育。全省有4.18万名县处级以上领导干部和19.2万个基层党组织、374.2万名党员参加。

主题教育开展以来,在中央主题教育领导小组办公室和中央第二巡回督导组指导下,全省党员干部自觉站在"三个地"(中国革命红船起航地、改革开放先行地、习近平新时代中国特色社会主义思想重要萌发地)政治高度,坚持以排头兵姿态,紧密结合浙江实际,紧紧围绕"守初心、担使命,找差距、抓落实"的总要求和"理论学习有收获、思想政治受洗礼、干事创业敢担当、为民服务解难题、清正廉洁做表率"的总目标,从严从实、一体推进学习教育、调查研究、检视问题、整改落实重点举措,推动主题教育始终全程高质量、全面高质量,走在全国前列。

坚持"书记抓、抓书记",充分发挥"头雁效应",一级抓一级、一级带一级,层层推动工作落实。省委书记车俊先后20次主持召开相关会议,46次做出专门批示,赴20多个地方和单位进行调研指导,用心用力抓好主题教育。其他省领导结合工作,经常沉到一线开展调研,指导抓好分管领域和单位主题教育。省委常委会率先做出"五个始终"(始终高举思想旗帜,始终秉持政治忠诚,始终担当履职尽责,始终坚持人民至上,始终恪守务实清廉)"六个带头"(带头参加学习研讨,带头深入调查研究,带头听取群众意见,带头检视查摆问题,带头抓好整改落实,带头反对形式主义、官僚主义)公开承诺,制定带头通读深读规定书目,集体赴嘉兴南湖开展"六个一"(看一次展览、听一次党课、学一次党章、观看一次专题片、瞻仰一次红船、重温一次入党誓词)初心之行,到平阳县瞻仰"省一大"会址并召开专题座谈会,举办3次历时8天省委理论学习中心组专题学习会,认真开展学习研讨、带头抓整改、领衔抓落实,指导推动分管领域和基层单位深入开展整改整治。37名省领导围绕49个课题开展专题调研268次,推动解决问题318个。党员领导干部特别是各级党委(党组)书记以省委常委会为标杆,切实履行第一责任人职责,逐层逐级加力,认真抓好任务落实。

坚持用好"三个地"宝贵资源,与时俱进加强理论武装,引导党员干部学思践悟,推动学习贯彻习近平新时代中国特色社会主义思想在浙江深扎根结硕果。通过个人自学、集中学习、领导领学、支部研学等方式,引导广大党员干部老老实实读原著,学好中央规定书目。省委分2批4期举办专题读书班,对1861名省管干部进行每期4天的封闭式培训,并组织测试。各地各单位县处级以上领导干部均开展平均7.7天的集中学习,并紧扣中央确定的8个专题深入开展学习研讨;全省县处级以上单位组织集中学习1.85万次,举办读书班2800多个、专题研讨1.33万场。党的十九届四中全会召开后,省委第一时间召开常委会和常委扩大会议进行专题传达,并专门做出学习贯彻部署。召开省委十四届六次全会,审议通过高水平推进省域治理现代化的决定,推动全会精神在浙江落地见效。各地各单位将习近平总书记对本地本系统本领域的重要论述和指示批示梳理汇编成册,组织党员干部认真对照学习。用足用好本地红色资源,提高学习教育吸引力感染力。

坚持全面深化"三服务",突出问题导向效果导向,全面开展调研解难和包乡走村,实打实帮助企业、群众、基层解决困难问题。把深化"三服务"作为主题教育的重要抓手,组织第一批主题教育单位在调研解难题中深化"三服务",开展调研2.1万次,推动解决问题1.6万个;在第二批主题教育中开展包乡走村深化"三服务",组织全省3000多名县(市、区)领导班子成员包干1376个乡镇(街道),走遍2.5万个村社,解决问题3.3万个,帮助全省1831个后进村党组织基本实现"摘帽"。坚持边调研边总结,省委分别召开厅(局)长、市委书记和县(市、区)委书记工作交流会,各地各单位召开调研成果交流会,组织党员领导干部讲好专题党课,将调研成果转化为解决问题的思路、举措和制度。全省县处级以上领导班子召开调研成果交流会5100多次、形成调研报告4.3万份，领导干部讲专题党课4.8万场。

坚持“立体式”查摆问题，勇于直面问题修正错误，刀刃向内、检视剖析，严肃认真开展批评和自我批评。专门下发做好检视问题工作的通知，引导党员干部找准找实存在问题，挖深析透症结根源。通过召开座谈会、发放调查问卷、设立意见箱，并在新媒体上开设专栏、微信公众号等方式，全方位征求意见建议，全省县处级以上领导班子征求到各类意见建议10.8万条。认真对照党章党规找差距，县处级以上领导班子召开专题会议查摆问题6.9万个。结合巡回指导工作，嵌入式开展政治素质调研分析，对每个班子都形成专门分析报告。严格落实“五不开”（对存在“思想认识不到位、会前学习不认真、征求意见不深入、谈心谈话不充分、检视剖析不深刻”等情形的，民主生活会一律不得召开）和“喊停”机制，高质量召开专题民主生活会，达到“红脸、出汗、排毒”的效果。

坚持把“改”字贯穿始终，全面推进问题整改整治。部署开展“8+1”专项整治（一是整治贯彻落实习近平新时代中国特色社会主义思想和党中央决策部署置若罔闻、应付了事、弄虚作假、阳奉阴违的问题，二是整治干事创业精气神不够的问题，三是整治违反中央八项规定精神和省委“36条办法”的问题，四是整治形式主义、官僚主义问题，五是整治领导干部配偶、子女及其配偶违规经商办企业的问题，六是整治基层选人用人违规违纪和领导干部违规因私出国（境）的问题，七是整治基层党组织软弱涣散等问题，八是整治对群众关心的利益问题漠然处之等问题，九是整治对黄赌毒和黑恶势力听之任之、失职失责，甚至包庇纵容、充当保护伞的问题，集中火力、靶向发力，从教育活动开始就改起来。省委认真对照党的十八大以来习近平总书记对浙江工作的30次重要指示批示，开展两轮“回头看”，千岛湖临湖违建整治、天台县和丽水莲都区下山移民安置问题得到根本性解决。各地各单位普遍采取专班化组织、清单式管理等方式，领导干部带头攻坚、挂牌销号，两批次联动衔接、上下贯通，狠抓落实、一整到底。省市县三级主题教育领导小组办公室普遍建立整改落实组，下设663个正风肃纪小组，随机开展明察暗访1.37万次，公开曝光问题1.29万个，督促各地各单位真抓实改。

坚持紧扣当前正在做的事，围绕中心大局，找准切入点和着力点，推动主题教育与改革发展稳定各项工作深度融合、互促共进。将打好“三大攻坚战”作为主题教育的突出任务，坚持综合施策、精准发力，形成强有力推进态势；以主题教育加快推动长三角一体化发展战略落实，率先召开推进长三角一体化发展大会，编制实施浙江省推进长三角一体化行动方案，推动22个重大项目签约落地、总投资1005亿元；借主题教育之势，推进“最多跑一次”改革向公共服务、司法服务、中介服务等领域延伸，向党委部门、人大、政协、群团组织、社会组织等主体覆盖，“最多跑一次”实现率和满意率分别达90.6%和96.5%；将服务应对中美经贸摩擦作为调研解难重要课题，推出改善营商环境、科技专家下基层、“百名行长走百企”等务实举措，全年全省降税减费1600亿元；全力推动省域治理现代化，高质量完成新中国成立70周年大庆、第六届世界互联网大会等重大安保任务，持续化解各类信访积案，做好乡镇机构改革和行政村规模调整“后半篇文章”，深化完善新时代“枫桥经验”、“后陈经验”等基层治理模式，切实提升省域治理现代化水平。

坚持“一切工作到支部”，强化支部主体作用，精准施策、分类推进，把各项要求落到每个支部、每名党员，确保全覆盖贯到底。推动各地各单位对主题教育开展情况进行全面“盘点”“筛查”，确保党组织和党员参加主题教育全覆盖、无遗漏。区分不同类型基层组织制订工作方案和“指导书”，量身定制主题教育“套餐”，做实支部学习教育和检视整改工作。依托联村（社区）干部、第一书记等力量，以及1.6万名党建工作指导员，全程指导帮助村社、两新组织等党组织开展好主题教育。落实“五个一”（组织1次支部书记培训、支部书记讲1次党课或学习体会、开展1次志愿服务、为民办1件实事、召开1次专题组织生活会）要求，抓实基层支部主题教育，全面完成16.9万名基层党支部书记轮训工作，组织党员开展志愿服务412万人次、为民办实事200多万件。

突出全程全面高质量，按照“高质量走在前”要求，全方位加强组织领导，全过程强化督导把关，奋力交出主题教育高分答卷。省委主题教育领导小组统筹全局，省委主题教育领导小组办公室牵头抓总，组织、宣传、纪检等部门各司其职、协调配合，高效有序推进主题教育。认真学习贯彻中央的新精神、新要求，召开领导小组会议、工作座谈会、巡回指导组工作交流会、各市主题教育领导小组办公室主任会议和高校主题教育推进会等，推动主题教育不断走深走实。省委主题教育领导小组办公室每周召开工作调度会，精准调度、精密安排。在两批主题教育中分别派出18个和15个省委巡回指导组，省直单位、各市县同步派出1280个巡回指导组，全程加强严督实导。宣传中央关于主题教育重要精神、全省主题教育进展成效、经验做法等，集中选树胡兆富、陈立群、三门县城西村党委及在抗台救灾中表现突出的基层党组织和党员等先进典型，为主题教育注入强大正能量。

全省各级党组织认真贯彻中央精神和省委部署，高质量抓好各项任务落实，取得重要成果，赢得党员群众普遍认可。主题教育对广大党员干部进行一次直抵灵魂的思想洗礼，取得更加忠诚坚定的政治成果。全省党员干部对党的初心和使命有更加全面深刻的认识，明白中国共产党“为什么出发、从哪里出发、往哪里去”；对新思想有更加全面系统的把握，切实提升运用科学理论指导实践、推动工作的能力；对贯彻落实习近平总书记重要指示批示精神和中央决策部署有更加全面自觉的提升，进一步做到“两个维护”的绝对忠诚。围绕续写“八八战略”新篇章，把广大党员干部迸发出来的热情转化为干事创业的强大动力，取得更加高质高效的发展成果。始终紧扣“八八战略”再深化、改革开放再出发，围绕打好“三大攻坚战”、长三角一体化、应对中美经贸摩擦等国家重大战略部署，紧盯"最多跑一次"改革、数字经济"一号工程"等重点任务，打好组合拳、下足硬功夫，助推高质量发展迈上新台阶。全年全省实现地区生产总值62352亿元，比上年增长6.8%，一般公共预算收入增长6.8%，城乡居民人均可支配收入分别增长8.3%、9.4%，经济社会发展继续呈现良好态势。紧扣走好新时代群众路线，推动广大党员干部沉到基层、下到一线服务破难，取得更加惠及群众的民生成果。紧盯民生实事、关键小事，深化实施30多项公共民生领域重点改革项目，着力解决居住环境、就学就医、交通出行、食品安全等实际问题，推动机关事业单位停车场、运动场所、阅览室等公共资源开放共享，让群众看到实实在在的变化，使党员干部进一步树牢群众观点、强化宗旨意识。各地各单位累计解决民生问题42.4万件，兴办实事项目20.3万个，群众的获得感幸福感安全感不断增强。着眼强化"两个担当"良性互动，引导广大党员干部始终保持争当排头兵的昂扬斗志和奋进姿态，取得更加崇尚实干的作风成果。制定促进"两个担当"良性互动的意见，出台20条有力举措，积极构建担当实干的选人用人机制等7项制度，着力破除制约干部担当作为的机制性障碍。省、市、县三级评选表彰600名担当作为好干部、300名省担当作为好支书，三级纪检监察和组织部门为1440名党员干部澄清正名，使广大党员干部备受鼓舞。在抗击超强台风"利奇马"和灾后重建行动中，各级党员干部充分发挥主心骨作用，带领广大群众取得重大胜利，充分诠释守初心、担使命的政治本色。坚持发扬彻底的自我革命精神，使广大党员干部经历一次严格的党内政治生活历练，取得更加先进纯洁的治党成果。在主题教育中，省级层面发文削减40.5%、会议数量下降40%，全省性督查检查考核事项从643项减至61项，充分展现自我革命的决心和勇气。

中央主题教育办公室和中央第二巡回督导组对浙江省主题教育工作给予充分肯定，全省在全国部分省区市主题教育工作座谈会、主题教育专项整治工作推进会上做交流发言。《中央主题教育简报》(《中央"不忘初心、牢记使命"主题教育简报》)先后32次刊发浙江相关经验做法，中央媒体刊播浙江主题教育相关报道134篇、重大报道33篇，广大党员干部群众和社会各界总体评价较好。省委主题教育领导小组办公室发放的2.38万份调查问卷中，党员群众对全省主题教育总体评价"好"的占98.7%。省统计局在6月、8月和11月中下旬，面向1.9万名党员群众开展的3轮第三方测评显示，99.7%的党员干部认为主题教育取得较明显效果，认为实现中央提出5方面目标的好评率在94.4%以上；90.8%的党员干部认为整治形式主义官僚主义、减轻基层负担方面取得明显进展，94.7%的党员干部认为主题教育推动发展有新成效。与第一批主题教育启动时相比，"党员干部明显改进作风""党员发挥先锋模范带头作用"的好评率分别提高4.9和7.9个百分点；社会公众对"三服务"的获得感提高7.2个百分点。

(省委组织部　丁剑敏)

全面深化"最多跑一次"改革

Comprehensively Deepening Reform of "One-stop Administrative Service"

2019年，浙江省坚持以习近平新时代中国特色社会主义思想为指导，全面贯彻党的十九大和十九届二中、三中、四中全会精神，坚定不移推进"八八战略"再深化、改革开放再出发，以"最多跑一次"改革为总抓手，聚焦抓基础、抓扩面、抓提质、抓撬动，有序有力推动各项改革任务落实，改革取得积极成效。至年末，适宜网办事项实现100%网上可办，网上办结率达52.5%，"浙里办"App汇聚468项便民服务应用，80.5%的办事事项实现掌上可办，91.4%的民生事项实现"一证通办"。41件群众和企业全生命周期"一件事"实现全流程线下"一窗通办"、线上"一网通办"。全省线上线下事项办理"最多跑一次"实现率92.9%，企业和群众满意率达97.1%。

一、夯实"最多跑一次"改革基础

1. 事项基础。推动办事事项迭代升级，梳理形成省市县三级办事事项主项1925项，"最优颗粒度"情形9258项。围绕群众和企业两个生命周期，梳理形成个人"一件事"24件，企业"一件事"17件，实现全流程线下"一窗通办"、线上"一网通办"。深入开展"减证便民"行动，部署推进"无证明"化改革，温州、湖州等7个市组织实施证明事项告知承诺制试点。媒介刊登"税收票证遗失"等28项声明环节事项实行告知承诺后，惠及企业和群众近100万家(人)。

2. 实体基础。持续深化"一窗受理、集成服务"改革，稳步拓展综合窗口受理范围，持续优化实体大厅窗口设置。推进"一窗受理、集成服务"改革向乡镇(街道)、村(社区)、银行、邮政网点延伸，推进政务服务"就近能办""全域通办"。至年末，50%的民生事项延伸到乡镇(街道)综合窗口办理，938个邮政网点、5535个银行网点可代办车驾管、医保社保、公积金等事项。上线运行市、县、乡、村四级办事网点电子地图。全年采集发布各类办事网点3.78万个，累计关联事项180.25万个，为群众办事提供清晰指引。

3. 制度基础。推动《浙江省保障"最多跑一次"改革规定》有效实施。印发《关于做好<浙江省保障"最多跑一次"改革规定>学习宣传贯彻实施工作的通知》，组织各地各部门开展学习贯彻实施工作。立足全省经济社会发展实际，聚焦投资审批、市场准入、国际贸易等重点领域，组织各地梳理需要在省内调整实施的法律法规规章条款，从全省征集的900多条法律法规规章修改建议中，梳理论证12个事项报请国务院研究，争取国家改革授权，进一步破解改革发展中的难点堵点问题。

4. 群众基础。省委改革办(省跑改办)编发《领跑者》专刊56期,通过选树标杆、推广经验,形成标准的闭环链条,推动改革从“盆景”变“风景”。打造“浙里改”品牌,在《浙江日报》发表5篇“浙里改”署名文章,强化改革舆论引导。开设“最多跑一次”改革微信公众号,搭建多方互动平台,征集群众意见建议1.5万个。创新“最多跑一次”改革工作例会方式,例会集经验交流、典型案例展示、研究部署于一体,推进各地像“我要上春晚”一样“我要上例会”。举办“最多跑一次”改革三周年系列活动,全面展示全省“最多跑一次”改革成果。在全国首创“改革实验室”工作载体,推动顶层设计和基层探索良性互动、有机结合。

二、推动“最多跑一次”改革延伸扩面

1. 推动改革向公共服务领域延伸。全省县(市、区)100%开通入园入学网上报名渠道和学后托管服务,6636所学校实现教育费用“扫码可缴”;1458所学校开展“互联网+义务教育”结对帮扶。推进电子健康卡和电子医保卡“两卡融合、一网通办”,健康医保卡申领110多万张,用卡48.64万人次。城市三类医院就医排队平均时间从8.3分钟缩短到2.8分钟,88.8%的基层医疗卫生机构开展门诊智慧结算。建设文化旅游服务一站式集成平台,实现文化旅游资源导航导览“一张图”、文化旅游资讯智慧服务“一张网”、诗画浙江消费体验“一张卡”、文物博物馆服务“一平台”。建立全民健身公共服务系统,公共体育设施100%纳入全民健身地图,50%以上可提供查询、导航服务,为群众提供方便快捷的菜单式服务。

2. 推动改革向公共场所延伸。开展杭州火车东站服务大提升,先后实施人脸识别自助进站、高铁至地铁免检换乘、停车“先离场后缴费”等改革项目45个,旅客平均离站时间从原来近半个小时压缩到15分钟左右,平均进站时间从原来的20分钟压缩到14分钟以内,打响公共场所服务大提升第一仗。印发《关于认真贯彻落实省委主要领导要求加快推动“最多跑一次”改革向公共场所延伸扩面的通知》,推动全省11个设区市和89个县(市、区)141个公共场所开展改革试点,覆盖交通设施、旅游景区、市场商圈、文化场馆等多个领域,实现改革持续扩面。

3. 推动改革向司法服务领域延伸。创新“互联网+司法”机制,推广应用浙江移动微法院,推动群众和企业打官司“掌上办”“网上办”。全省163万件案件在移动微法院开展诉讼活动,最高人民法院在宁波市召开全国推进会、在浙江设立移动微法院研发基地,移动微法院经验推广至北京、上海等12个省区市。总结提升杭州互联网法院建设经验,首创异步审理模式,网上立案率98%以上。行政复议体制改革实现省、市、县三级全覆盖。铁路与地方“警务融合”改革实现33个铁路派出所全覆盖。

4. 推动改革向老旧小区、高等院校、国有企业等领域延伸。推进老旧小区改造,全省列入中央补助资金支持改造的城镇老旧小区393个,年内改造项目全部开工,累计完成投资21.6亿元。探索老旧小区单元加装电梯新模式,全年全省完成加装电梯545台,累计862台。全省高等院校按照“最多跑一次”改革要求,全面推进校务服务提档升级。省电力公司创新“互联网+供电服务”,开发推广“掌上电力”App,实现用电业务“一网通办”。年内办理用电报装申请147.76万笔,线上交费420.67万笔,发放电子账单8亿张,线上渠道电子发票开票193万笔,减少群众跑腿1004.67万次。

三、推动“最多跑一次”改革加速提质

1. 着力打造营商环境最优省。实施优化营商环境“10+N”行动,围绕企业全生命周期,研究制定企业开办、工程建设、用电报装、用水用气报装、不动产登记、获得信贷、跨境贸易、纳税、惠企政策直通车、知识产权保护、执行合同、办理破产、企业注销等13个便利化行动方案。企业开办全省全面实现全流程“一件事”一日办结,企业注销登记实行“一网服务”,不动产登记办理时间压缩到2个工作日,投资项目在线审批监管平台3.0版上线试运行,项目竣工验收前审批“最多90天”。

2. 着力打造政府数字化转型领先省。按照“因需归集、应归尽归”要求,全省在“掌上办”、重大项目应用、省市县及部门间“最多跑一次”改革、营商环境优化、“互联网+监管”五个方面取得实质性突破。全年归集数据203.5亿条。建设省、市两级统一管控的数据共享平台,提供共享数据4.55万条,累计共享调用15.5亿次,比上年增长136%。加快推动政务服务事项“网上办”“掌上办”“一证办”。全省适宜网上办事事项100%实现网上可办,网上办结率达52.5%;“浙里办”App汇聚468项便民服务应用,80.5%的办事事项实现掌上可办,91.4%的民生事项实现“一证通办”。

3. 着力打造执法监管最有效省。“互联网+监管”系统建设走在全国前列,率先建成全省横向到边、纵向到底的统一行政执法监管平台,覆盖省、市、县三级6129个执法部门、5.7万名在册执法人员,掌上执法检查率达到99.2%,实现“一网监管”“对监管的监管”。建立企业风险预警系统。积极探索跨部门联合监管,日均联合执法办件量占总执法办件量的5% 。深入实施信用建设“531X”工程,基本建成全省一体化公共信用信息平台,信用档案查询、信用评价查询、红黑名单查询、信用数据共享接口、信用修复等九大模块建成上线,打通省市县310个相关业务系统,实现信用评价、信用档案、红黑名单等信息实时调用。建立信用联合奖惩机制,做到“一处违法、处处受限”。

4. 着力打造政务咨询投诉最通畅省。率先上线运行全省统一的“好差评”系统,并与国家平台、省市县的177个线下大厅和4513个部门实现对接,推动建成“1日回访、15日整改反馈”和差评处理的闭环机制。全年全省统一平台登记各类来电咨询投诉举报事项1328.13万件次,比上年上升19.7%,按期受理率99.9%,按期办结率99.9%,群众满意率99.5%。“12345”与上海、江苏、安徽政务服务热线正式联通,共建政务服务“长三角总客服”,实现“一号就能办、群众不用跑”。

5. 着力打造机关效能最强省。3月21日,省委办公厅、省政府办公厅发出通知,提出以加快打造机关效能最强省为目标,推进各机关内部“最多跑一次”改革,着力解决多次跑、多头跑、时间长、环节多、签字烦等问题。全省各地全面梳理机关内部办理事项，省、市、县三级分别梳理办理事项902项、522项和262项，“最多跑一次”实现率分别达99.8%、93.3%和92.0%。上线运行全省统一架构的机关内部“最多跑一次”协同办公平台，省、市、县三级网上可办比例分别为92.0%、69.3%和57.0%。

四、持续放大“最多跑一次”改革撬动裂变效应

1. 建立健全推进长三角更高质量一体化发展体制机制。初步建设完成长三角数据共享交换子平台，至年末，51个高频政务服务事项接入长三角“一网通办”；348项特色便民服务实现移动端“无感漫游”，18类高频电子证照归集并提供移动端“亮证”服务，“一网通办”线下专窗覆盖全省90个县(市、区)。

2. 构建具有竞争力的创新发展体制机制。支持温州创建新时代“两个健康”先行区。完成惠企政策省级信息平台建设，打通省、市、县三级联动咨询渠道，形成全省各级政府部门协同解答企业难题的工作流程和机制。“亩均论英雄”改革全面深化，分类制定规模以上服务业、特色小镇、小微企业园、高新区、经济技术开发区“亩均效益”评价办法。

3. 健全基层治理体系。持续推进“基层治理四平台”建设，整合信访、司法、调解等部门和社会力量，打造一站式服务、就地解决矛盾纠纷的县级社会矛盾纠纷调处化解中心(信访超市)，推动矛盾纠纷化解“只进一扇门”“最多跑一地”。年内，全省建成实体化运行的县级社会矛盾纠纷调处化解中心89个。 （省委改革办　刘守业）

全面深化“亩均论英雄”改革

Comprehensively Deepening Reform of "Judging by Cost-effectiveness "

浙江省自2006年开始探索“亩均论英雄”改革，2013年、2014年进行试点推广，2017年进入全面深化阶段。“亩均论英雄”改革的核心是通过企业亩均效益综合评价和资源要素差别化配置，推动资源要素向优质高效领域集中，实现效益最大化和效率最优化。“亩均论英雄”改革是贯彻落实习近平总书记“腾笼换鸟、凤凰涅槃”理论的重大改革实践，是政府有为、市场有效、企业有利、百姓受益的最佳结合点，是深化资源要素配置市场化改革、倒逼企业转型升级最务实最管用最有效的抓手，是高质量发展组合拳最重要的招法。省委、省政府十分重视“亩均论英雄”改革工作，省委经济工作会议、省政府工作报告提出明确要求，强调要持续深化改革，推动“亩均论英雄”改革再上新台阶。

2019年，全省上下深入贯彻落实省委、省政府有关决策部署，省、市、县联动，政企平台协同，完善政策举措，狠抓工作落实，“四个体系”不断健全，推动“亩均论英雄”改革从点到面在全省铺开。

一、工作体系不断健全

全省全面形成上下联动、横向协同，一级抓一级、层层抓落实的工作体系。抓好工作部署。省亩均论英雄改革办公室(简称省亩均办)印发《全面推进“亩均论英雄”改革2019年工作要点》《袁家军省长在全省深化“亩均论英雄”改革工作领导小组会议上的讲话要点和任务分工清单》，建立定期报告和不定期会商机制，每季度印发“亩均论英雄”改革工作进展，与省级有关部门专题研究指标口径、差别化政策等问题；领导小组各成员单位各司其责、紧密配合、合力推进。抓好组织落实。各市县积极发挥深化“亩均论英雄”改革工作领导小组作用，及时出台年度工作要点，明确重点任务，抓好工作落实。宁波市细化年度工作方案，定人定责，明确任务内容、完成时间节点，形成全市统一时间节点、整体推进改革落地的工作机制。抓好督查考评。经省亩均办遴选推荐，省政府办公厅对滨江、萧山、江北、乐清、平湖、柯桥6个“亩均论英雄”改革工作有力、成效明显的县(市、区)予以督查激励。省委组织部将亩均增加值指标纳入各市领导班子和领导干部推动高质量发展综合绩效评价，省委深化改革办公室将“亩均论英雄”改革纳入各市县全面深化改革考评，省政府督查室牵头开展资源要素优化配置政策实施情况第三方评估。

二、指标体系不断完善

浙江全面建立涵盖工业、服务业及各类园区平台的亩均效益评价指标体系。分领域制定亩均效益评价办法。省发展改革委、省经信厅、省科技厅、省商务厅分别制定实施规模以上服务业、特色小镇、小微企业园、高新区和开发区的亩均效益评价办法，突出行业特点和平台特色，设置更加精准、个性化的指标。优化评价指标口径。省税务局专题研究工业企业亩均税收指标口径，经领导小组会议审议确定税收按照实际入库数计算。省生态环境厅优化工业企业单位排污增加值指标口径，明确主要污染物排放量按照环境统计量、排污许可量、排污权核准量计算。加强指标数据交换共享。省亩均办联合省大数据管理局制定实施《“亩均论英雄”改革有关数据交换共享暂行办法(2019版)》《“亩均论英雄”改革有关数据归集清单》，年内实现20个单位35大类数据的归集交换共享。

三、评价体系不断优化

全省全面开展工业企业及开发区、高新区、小微企业园、特色小镇和服务业企业亩均效益评价。完成工业企业亩均效益综合评价。经过公开公示，全年各县市区完成11.29万家工业企业综合评价，其中规模以上工业企业(除社会公益性和“三新一重”外)3.72万家，A、B、C、D四类企业分别为8973家、18672家、8169家和1387家；占地0.2公顷以上规模以下工业企业7.57万家，A、B、C、D四类企业分别为6634家、31826家、26168家和11050家。萧山、柯桥等47个县市区针对重点优势产业开展分业综合评价。分领域分行业实施亩均效益领跑者行动。省级层面完成11个设区市、89个县(市、区)、31个制造业行业、225家规模以上服务业企业及75个开发区、44个高新区、232个小微企业园、57个特色小镇亩均效益评价，按照领跑者行动实施方案，遴选形成浙江省制造业亩均效益领跑企业（100家）、服务业重点行业领跑者（78家）及开发区领跑者（30家）、高新区领跑者（10家）、特色小镇领跑者（18家）。

四、政策体系不断深化

全省全面构建促进资源要素向高效区域和优质企业集聚的政策体系。省级层面加强顶层设计。经省委深化改革委员会会议审议通过，省政府办公厅印发《关于深化制造业企业资源要素优化配置改革的若干意见》。《意见》是“亩均论英雄”改革的进一步深化，突出体现改革的全省统一、规范实施和政策协同，明确依据A、B、C、D四类亩均效益综合评价结果，实施一系列税收、用地、用能、排污、金融、财政等政策，强化正向激励和反向倒逼工作机制，同向发力、叠加运用，让低效企业改造提升的主动性越来越强，吃得少、产蛋多的“俊鸟”越来越多。省财政厅、省自然资源厅和省生态环境厅分别落实以亩均效益为导向的专项资金分配机制、差别化下达建设用地挂钩计划机制和主要污染物总量减排激励机制。省亩均办制订《浙江省制造业行业新增项目产出效益规范指南（2019版）》，指导地方推进“标准地”改革。各地依法依规实施资源要素差别化政策，加大正向激励，各地减免A、B类企业城镇土地使用税31.1亿元，优先向A、B类企业新增供地3533公顷，优先支持财政奖补110.5亿元，优先安排电力直接交易试点降低用电成本23.6亿元。实施反向倒逼，各地征收末档企业差别电价、水价合计5.9亿元，用于支持企业、产业转型升级发展。各地探索创新型措施，湖州市与当地农业银行合作推出“亩均贡献提效贷”；嘉兴市对亩均效益B类以上企业上浮贷款抵质押率上限等。分类推进低效企业改造提升。省亩均办印发实施《分类帮扶制造业领域低效企业改造提升行动方案（2019—2020年）》，全年有13396家低效企业亩均税收提升到1万元以上或被依法淘汰，实现年度目标的2.68倍；盘活土地6667公顷，腾出用能27.57万吨标煤，腾出环境容量9284.1吨，新增产值448.47亿元、税收36.72亿元。

2019年，全省亩均效益稳步提升，在全国的影响力不断扩大。全省单位建设用地GDP产出31.0万元/亩，位列全国各省（区、市）第二位；规模以上工业亩均税收和亩均增加值分别为30.5万元和122.0万元，分别比上年增长8.9%和16.5%，分别高出年度目标1.9个和9.5个百分点。“亩均论英雄”改革被评为“2019年浙江省改革创新最佳实践案例”。《人民日报》头版头条、新华社、中央电视台《新闻联播》栏目等中央媒体先后报道全省“亩均论英雄”改革做法和成效，工业信息化部通过简报向全国推广浙江经验，北京、上海、广东、江苏、山东等省市到浙江学习考察，结合当地实际制定政策文件，启动相关改革。（省经信厅　陈夏彬）

长三角一体化发展国家战略实施

Strategy for Integrated Development of the Yangtze River Delta

2019年，省委、省政府把推进长三角一体化发展作为全省三件大事之一，明确要求全省域全方位融入长三角一体化。各地按照省委、省政府部署，紧扣“一体化”“高质量”两个关键词，统一思想，创新举措，狠抓落实，推动长三角一体化发展取得新的成效。

一、率先部署实施一体化发展战略

省委、省政府主要领导亲自研究、亲自部署、亲自推进长三角一体化发展战略。省委书记车俊，省委副书记、省长袁家军，省委常委、常务副省长冯飞分别赴嘉善、嘉兴开展专题调研，对全省实施长三角一体化战略、推进一体化示范区建设提出明确要求。省委常委会、省政府常务会议、省推进长三角一体化领导小组会议专题研究讨论长三角一体化重大问题。6月21日，全省召开推进长三角一体化发展大会，车俊出席并讲话，对全省域全方位推进长三角一体化发展工作做出全面系统部署。会上，签约22个总投资达1005亿元的重大项目。

二、全力打造体系化的规划方案

全省加强顶层设计，基本形成上下联动、统分结合的规划方案体系。一是推动浙江特色、浙江优势充分融入《长江三角洲区域一体化发展规划纲要》。5月31日，中共中央、国务院印发《长江三角洲区域一体化发展规划纲要》，浙江省“四大”建设、“最多跑一次”改革等重要决策部署以及数字经济、民营经济、海洋经济等特色优势均被纳入，成为国家战略组成部分。二是率先出台《浙江省推进长江三角洲区域一体化发展行动方案》。6月14日，省委、省政府率先出台《推进长江三角洲区域一体化发展行动方案》，明确目标和任务。三是推动一体化规划体系深化细化。交通、科创、市场、生态等N个省级专项行动计划编制工作有序推进，11个设区市均印发市级行动计划。四是明确规划实施的主载体、主抓手。12月，经省政府同意，省长三角办公室印发推进长三角一体化发展标志性工程建设方案和重大事项、重大平台、重大改革、重大项目四张清单。

三、建立多层次一体化推进机制

全省域参与、全方位融入、体系化推进的格局基本形成。一是高规格建立组织领导机制。建立省委、省政府主要领导挂帅的省推进长三角一体化发展工作领导小组，下设交通、能源、信息等13个专题合作组，统筹推进长三角一体化发展工作。各设区市均建立高规格的一体化工作领导小组，嘉兴、湖州等地成立专门机构，负责长三角一体化工作。二是多渠道建立一体化对接机制。加强与国家推动长三角一体化发展办公室、长三角区域合作办公室、一体化示范区执委会的常态化对接，主动参与多个工作专班，形成前后方联动、多层级推进的工作机制。三是多元化建立智库和专家支持机制。确定11个单位作为第一批长三角智库支持单位，成立由28位省内外专家组成的长三角专家咨询委员会。

四、聚力建设一体化重大平台

一是大力推进长三角生态绿色一体化发展示范区建设。共同编制出台《长三角生态绿色一体化发展示范区总体方案》，共同成立示范区理事会、执委会，共同编制示范区国土空间规划及相关专项规划，着力推进示范区改革系统集成和规划管理、投资管理等方面一体化制度创新。全力支持嘉善片区建设，国家和省支持嘉善县开展先行试点 28项、重大项目27个。二是主动参与自贸区新片区洋山区块建设。签订《小洋山综合开发合作协议》，编制完成小洋山北侧作业区规划方案，小洋山岛纳入上海自贸区新片区范围。三是谋划推动“5+5”重大平台建设。以省际毗邻区域和省内一体化合作先行区为抓手，推动全省域一体化发展。重点谋划推动苏浙皖产业合作区、平湖—金山产城融合发展区、千岛湖—黄山生态旅游合作区、浙南闽北合作发展区、浙赣边际(衢饶)合作区5个省际毗邻区域协同发展，加快推进杭绍、甬绍、甬舟、嘉湖、杭嘉5个省内一体化合作先行区建设。

五、推进多领域一体化合作

全省围绕基础设施、科创产业、生态环保、公共服务、市场开放、体制机制等重点领域，推进一批重大事项和重点项目落地实施。基础设施一体化加快推进。列入省计划的9条省际断头路全部开工，年内建成1条；沪苏湖铁路前期加快推进，通苏嘉甬铁路预可研通过审查；沪杭甬智慧化改造工程扎实推进；浙沪天然气联络线一期投产、二期获得规划选址许可，吉泉直流分电项目建成投产。

科技创新一体化支撑加强。全省共同推进5G试点建设，全省建成5G基站1.3万个，“城市大脑”在沪苏浙皖各城市布局建设。共同编制《长三角科技创新共同体发展规划》，共同推动G60科创走廊建设。长三角科技资源开放共享平台试运行，集聚大型仪器31181台(其中，浙江9478台，占30.2%)，大学科装置19台，服务机构2420个(其中，浙江735个，占30.4%)。科技“创新券”通用通兑范围进一步扩大，全省“创新券”共发放16.2亿元，使用11.1亿元，发放额比上年增长43%，使用额增长41%，为1.26万家企业提供创新服务3.23万次。

生态环保一体化深入推进。联动推进长江经济带“共抓大保护”工作，共同编制长三角区域大气治理、水污染防治协作方案，合作推进打赢蓝天保卫战、统一区域环保标准等工作，实施第三轮新安江流域生态补偿协议。大运河文化带、环太湖生态旅游圈、浙皖闽赣国家生态旅游协作区等跨省生态区域共建共推，杭黄世界级自然生态和文化旅游廊道谋划推进，丽水生态产品价值实现机制试点进一步深入，安吉“两山”理念综合改革创新试验区、淳安特别生态功能区建设全面启动。

公共服务一体化逐步拓展。全省深入实施异地就医门诊费用直接结算试点，所有统筹区588家医疗机构纳入长三角异地就医门诊直接结算范围。签署长三角教育更高质量一体化发展战略协议，共同发起成立长三角研究型大学联盟，牵头成立长三角智能制造职教集团。上海、杭州、宁波、温州、合肥、南京、苏州、无锡、徐州9个城市实现地铁扫码互认共通。

市场体系一体化不断深化。推动沪浙自贸试验区联动创新，签署共建长三角期现一体化油气交易市场战略合作协议。研究制定长三角标准一体化工作制度，推进旅游、养老、快速消费品等领域区域标准协同试点项目。开展“满意消费长三角”行动，在全国率先构建区域联动的食品安全信息追溯体系。推进环境保护、旅游、产品质量等领域信用联合奖惩。

政务服务一体化加速提升。全面推进长三角区域政务服务“一网通办”，加快实现数据互通共享、异地认可。首批51个高频政务服务事项接入长三角“一网通办”，348项特色便民服务实现移动端“无感漫游”，企业营业执照、居民身份证、驾驶证、行驶证等18类高频电子证照完成归集并提供移动端“亮证”服务。 (*省发展改革委　王美君*)

推进大湾区大花园大通道大都市区建设

Promoting the Construction of "Greater Bay Area, Greater Garden City, Greater Transportation Path, Greater Metropolitan Area"

2019年，全省把大湾区大花园大通道大都市区建设(简称“四大建设”)作为彰显“重要窗口”责任担当的主阵地，作为聚焦聚力高质量发展、竞争力提升、现代化建设的关键举措，坚持一张蓝图绘到底，整体谋划、综合集成，切实抓好规划实施、政策落地、要素保障，高标准高质量推进建设工作。“四大建设”取得阶段性重要成果。杭州湾经济区引领示范作用显著增强。“一港两极二廊四新区”建设加快，杭州钱塘新区、宁波前湾新区、绍兴滨海新区、湖州南太湖新区4个大湾区高能级战略平台落地，7个“万亩千亿”新产业平台建设全面启动，以城市大脑为重点的“数字湾区”建设步伐加快，未来社区试点落地实施。“诗画浙江”大花园影响力不断扩大。制定实施诗路文化带发展规划，谋划建设十大名山公园和十大海岛公园，深入推进“美丽城镇”“美丽乡村”“美丽田园”等“美丽系列”建设。3个“1小时交通圈”建设全面提速。全年新增铁路运营里程29.3千米，建成地铁103.6千米、高速公路225千米。四大都市区能级进一步提升。四大都市区核心区实现生产总值45298亿元，占全省经济总量的72.6%；常住人口4003万人，占全省人口的68.4%，人口数和占比分别比上年增加114万人和提高0.6个百分点。

一、大湾区建设加快推进

2019年，全省把大湾区建设摆在突出战略地位，下大力做强高能级平台，高标准启动十大标志性工程，多形式开展宣传推介活动，大湾区各项建设取得明显进展。8个设区市完成项目投资7713亿元，实现GDP总量54743.42亿元，GDP总量比上年增长7.0%，占长三角三省一市经济总量的23.1%。其中杭州湾经济区GDP总量43003.26亿元，占全省69.0%，在推进长三角区域一体化发展中主平台作用更加明显。

统筹推进年度重点工作。印发实施2019年重点工作任务清单、十大标志性工程推进方案、领导小组工作规则等文件。发挥领导小组办公室（联席会议办公室）统筹协调职能，定期组织督促推进，177项任务全面完成。

优化调整体制机制。调整完善"四大建设"联席会议制度，牵头做好优化"四大建设"考核机制工作，分片组织大湾区等"四大建设"年度任务推进情况督查。实行督查激励机制，向杭州、湖州等地市各奖励追加2018年600万元专项资金。研究制定新一轮海洋（湾区）经济专项资金管理办法，进一步扩大专项资金规模。统筹落实数字经济领域省级财政资金10亿元。优先落实大湾区省重大产业项目用地计划"事后奖励"政策，向大湾区重大建设项目下达年度专项资金20亿元，有效引导大湾区重大平台和重大项目建设。

创新重大平台战略驱动。以打造四大新区等高能级战略平台为抓手，以创新平台管理体制机制为突破口，率先在大湾区开展平台整合提升工作，批复设立杭州钱塘新区、宁波前湾新区、湖州南太湖新区、绍兴滨海新区，建立新区"一个平台、一个主体、一套班子、多块牌子"体制架构，减少省级以下平台20多个。研究起草杭州钱塘新区支持政策并形成阶段性成果。

高位启动标志性工程建设。印发实施《浙江省大湾区建设十大标志性工程推进方案》，分解落实项目时间节点与主体责任，年度完成配套项目投资1181亿元。未来社区建设势头强劲。印发建设试点工作方案，明确首批24个试点创建名单。印发"万亩千亿"新产业平台建设指导意见，分批公布培育名单。编制印发智慧海洋工程和生态海岸带工程建设推进方案，启动智慧海洋大数据中心建设，推进融入长三角基础设施互联互通、全球油气贸易中心、现代物流体系等其他标志性工程方案实施。

宣传推介活动务实有效。组织专题推介会和央企走进大湾区系列活动，协议签约项目总投资4000多亿元。其中，数字经济重大合作项目28个，总投资303.35亿元。未来社区合作协议53项，中国铁路建设总公司与省政府签订大湾区建设战略合作协议，中国铁建华东总部基地落户杭州。组织"大湾区"建设系统宣传活动，《浙江日报》、浙江卫视、浙江经视先后组织6次集中性宣传报道，浙江发改公众号等多媒体平台刊发专题报道15期。组织召开大湾区建设知名企业家圆桌会和院士专家顾问团年度会议，12名院士专家现地开展咨询研讨，大湾区的影响力进一步扩大。

二、大花园建设取得实效

2019年，全省大花园建设坚持"绿水青山就是金山银山"理念，以"四大建设年"为契机，深入开展"人人成园丁、处处成花园"行动，并取得积极成效。生态环境质量持续改善。年末，全省设区城市PM2.5平均浓度为31微克/立方米，平均浓度比上年下降1微克/立方米。地表水省控断面I—III类水质比例为91.4%，上升6.8个百分点。县级以上饮用水水源达标率为96.7%，上升2.2个百分点。大花园建设氛围日益浓厚。省级层面年初确定的40项重大宣传活动全面开展。联合《浙江日报》、浙江经视等省内主流媒体，并利用省发展改革委公众号平台，大力宣传大花园建设工作，印发大花园典型建设模式和案例。大花园示范县（市、区）建设有效推进，省发展改革委会同省生态环境厅、省交通运输厅、省文化旅游厅联合开展全省第一批大花园典型示范创建评审并公布10个典型建设单位和10个培育单位名单。桐庐、安吉、浦江、开化、普陀、遂昌6个县（市）被省政府列为2018年度督查激励对象。印发《浙江省大花园典型示范建设指南（试行）》，以标准化推进大花园建设工作。推进"四条诗路"千万级核心景区建设。省发展改革委牵头编制并报省政府印发浙江省诗路文化带发展规划。省发展改革委和省文化旅游厅编制《浙东唐诗之路黄金旅游带规划》《钱塘江诗路黄金旅游带规划》《瓯江山水诗路黄金旅游带规划》3个专项规划并通过评审，编制《诗路黄金旅游带三年行动计划（2020—2022年）》，明确诗路黄金旅游带未来3年工作任务和目标。印发《浙江省"十大名山公园"提升行动计划（2020-2022年）》，引导雁荡山、莫干山等名山管委会开展规划修编、旅游设施改造提升，全年"十大名山公园"完成项目投资31.5亿元。省发展改革委会同省文化旅游厅、省林业局编制《浙江省海岛大花园建设规划》，规划在舟山国际海岛旅游大会上发布。省文化旅游厅编制完成《浙江省十大海岛公园建设三年行动计划》并报省委宣传部审定，根据行动计划印发《"十大海岛公园"建设任务分工》。推进"百县千碗"工作。省文化旅游厅成立"诗画浙江•百县千碗"推进领导小组，制定出台《"诗画浙江•百县千碗"三年行动计划（2019-2021年）》，遴选确定1088道菜谱为"诗画浙江•百县千碗"。推进百河综合治理。全年完成河道综合治理686千米、河湖库塘清淤3752万立方米。加快推进绿道建设。省建设厅印发浙江省大花园骑行绿道网建设工作方案，全年全省建成绿道1430多千米。开展第三届"浙江最美绿道"评选和第一届"绿道健走大赛"暨绿道健身月活动，全省近13万人参与大赛"暨绿道健身月活动。组织开展省级资源循环利用示范城市（基地）试点，新增遂昌、安吉等试点城市（基地）11个，省级循环利用示范城市（基地）累计21个，形成生活垃圾资源化利用能力1.6万吨/天。建成珍贵树种和大径材培育示范基地1.94万公顷、珍贵彩色森林11.47万公顷、"一村万树"示范村433个。加快万里"美丽经济"交通走廊建设，年内创建"美丽经济"交通走廊6000千米，打造“美丽精品示范线”90条。百个重大项目推进顺利。全省实施大花园重大项目182个，其中省级项目23个、地方项目159个，总投资1.38万亿元，累计完成投资7308.6亿元。工作体系进一步完善。印发2019年大花园建设行动计划工作要点，明确大花园建设各项目标任务和责任分工。根据机构改革和部门职能调整的实际，重新修订印发大花园建设行动计划五大工程责任分解表等系列附件，进一步明确部门职责分工。

三、大通道建设协同推进

2019年，全省协同推进大通道建设重大项目实施，全年完成投资超过900亿元，支撑全省综合交通投资突破3000亿元。新增铁路运营里程29.3千米，建成地铁103.6千米、高速公路225千米，铁路杭州西站、金甬铁路、杭金衢高速公路拓宽二期等重大枢纽、重大通道工程全面开工，文成县实现高速公路全县贯通，全省“1小时交通圈”加快形成。

全面落实体系化推进。健全目标体系，形成《浙江省大通道建设行动计划2019年工作要点》及系列配套文件，印发《高标准实施“1小时交通圈”补短板工程工作方案》。健全管理体系，建立大通道项目数字化管理系统，实现管理过程信息化、网络化、可视化。健全评价体系，印发《推进大通道建设督查激励措施配套实施办法》作为考核总纲，制定年度考核标准和细则。

全面强化规划引领。抢抓国家战略重大机遇，将36个符合长三角一体化发展战略、服务全省经济社会发展的重大交通项目纳入《长三角地区多层次轨道交通体系规划》等国家规划。加大省级规划统筹引领，完成《浙江省长三角交通更高质量一体化发展规划》《浙江省铁路网中长期布局规划》《浙江省轨道交通中长期发展规划》《浙江省通用机场布局规划》《浙江省都市圈城际铁路二期建设规划》研究编制，进一步完善综合交通规划体系。

全面实施“三四四”工程。“三大通道”标志性项目加快推进，金甬铁路、杭金衢高速拓宽二期等开放通道项目全面开工，杭衢铁路、衢丽铁路等“美丽通道”项目建设全面铺开，杭绍甬智慧高速公路、沿海高速公路、甬台温高铁等湾区通道网络初见雏形。四大枢纽加快谋划提升，印发《加快推进四大都市区综合交通枢纽建设方案》，铁路杭州西站、机场轨道快线、萧山机场三期主体工程开工建设，宁波高铁门户枢纽完成选址方案研究，温州市域铁路S1线全线开通运营，金华铁路枢纽提升改造工程通过可行性研究审查。成立“四港”运营商联盟，“四港”融合工程加快实施，

创新重大项目推进机制。印发《杭衢铁路(建德至衢州段)项目土地综合开发试点方案》，探索以土地综合开发净收益反哺铁路投资建设运营路径。创新公路水运项目前期推进机制，印发《关于加快推进公路水运项目前期工作的通知》，着力创新公路水运项目前期推进机制和投融资机制。推进通用航空低空领域开放研究，印发《关于加快培育通用航空市场有关工作的通知》，大力推动通用航空“飞得出去”。

四、大都市区建设开局良好

2019年，是大都市区建设的开局之年。全省上下坚决贯彻省委、省政府决策部署，同心协力，狠抓落实，大都市区建设取得积极成效。聚焦完善工作体系，建立都市区建设推进机制。组织召开浙江省大都市区建设新闻发布会，发布实施大都市区建设年度工作要点，印发大都市区十大标志性工程建设方案。推动各地把大都市区建设作为重要工作来抓，编制都市区行动方案，建立相应工作机制，印发年度工作要点和工作计划，101项重点工作任务加快推进。聚焦发挥投资支撑作用，推进重大项目加快实施。各地、各部门及时分解落实年度投资计划，全年全省安排大都市区建设重大支撑性项目74个，计划总投资2345亿元。实际完成3029亿元，为年度计划的129%，一批重大项目基本建成、发挥效益。其中，杭州都市区投资额最大，全年完成投资865亿元。聚焦区域一体化合作，完善一体化合作顶层框架。编制杭绍甬、甬舟、嘉湖一体化发展和衢丽花园城市群发展实施方案。宁波、舟山签署推进一体化合作发展框架协议、14个专项协议和8个重大项目合作协议，对外发布甬舟一体化行动方案，组建一体化联合办公室和工作专班并实质性运行。聚焦提升中心城市竞争力，谋划实施重大政策。充分发挥“四大建设”联席会议作用，加强部门协作，形成政策合力。省公安厅制定并通过省政府办公厅出台深化全省户籍制度改革和调整完善户口迁移政策，进一步放开放宽城镇落户条件。杭州市2019年人才净流入居全国第一位。省财政设立设区市区域统筹发展财政专项激励政策，安排8亿元支持设区市统筹推进大都市区建设。省自然资源厅编制浙江省大都市区国土空间专项规划，指导都市区内部市县开展国土空间总体规划编制。聚集“七个之城”(充满活力的创新之城、闻名国际的开放之城、互联畅通的便捷之城、包容共享的宜居之城、绿色低碳的花园之城、安全高效的智慧之城、魅力幸福的人文之城)发展导向，打造具有标识度和影响力的城市品牌。杭州发展势头较好，被习近平总书记评价为“继北京、上海、广州、深圳之后的区域增长极”。举办“2019年全国大众创业万众创新活动周”，获李克强总理肯定。宁波港口指数、“16+1”贸易指数、《海丝港口合作宁波倡议》等列入第二届“一带一路”国际合作高峰论坛成果清单，举办首届中国—中东欧博览会暨消费博览会，创建宁波—舟山港口型国家物流枢纽。温州被列入长三角27个中心区城市，举办中国(温州)新时代“两个健康”论坛和首届世界青年科学家峰会，温州龙港撤镇设市。金华在全国率先全市域实施“无证明城市”。义乌国贸综合改革试验区获省委、省政府批复设立。

(省发展改革委　钱　威　詹俏荣　胡向敏　曹传辉)

重大风险防控、精准脱贫和污染治理三大攻坚战取得重要进展

Fend Off and Defuse Major Risks、Targeted Poverty Reduction and Pollution AbatementThe Great Progress of Three Tough Battles

2019年，浙江省全面贯彻落实习近平总书记对浙江工作的重要指示精神，坚持新发展理念，落实高质量发展要求，坚决打好"三大攻坚战"。全力防范化解重大风险，着力防范化解金融风险。组织实施精准脱贫攻坚战，全面打造解决相对贫困先行省。深入实施蓝天、碧水、净土行动，重点领域污染防控取得明显成效。

一、重大金融风险有效防控

2019年，面对国内外风险挑战明显上升的复杂局面，全省按照中央及省委、省政府的统一部署，加强省市县协同、部门间协作、政银企联动，全力打好防范化解重大风险攻坚战，重点防控各类金融风险，为全省高质量发展营造平稳健康的金融生态环境。

着力防控部分民营企业流动性风险。持续深化民营企业债券融资支持工具试点，发债金额和凭证成交金额均列全国第一，全国首批中长期民营企业债券融资支持工具落地杭州。全年全省发行债务融资工具2864亿元，其中民营企业发行605亿元，占全国民营企业发债量的23%。全省39个债券融资支持工具项目落地，支持发债167亿元，占全国发债量的43%。有效处置一批单体企业突出风险，为全国类似风险处置积累经验。

着力防控上市公司股权质押风险。加快落地各类纾困基金，采取股权、债权和信贷支持等多渠道、多方式实施帮扶。引导并督促上市公司及时处置非主业资产，增加现金流，降低股权质押比例。主动协调银行、证券、保险、资产管理及私募基金等金融机构，参与重点企业纾困。

着力防控困难企业资金链、担保链风险。发挥银行债权人委员会会商等机制作用，加大化旧控新、化圈解链力度，推进市场化法治化债转股，加快不良贷款处置，全省连续4年不良贷款处置额大于新发生额。至年末，全省不良贷款比例下降到0.91%。

着力防控P2P网络借贷风险。坚持以市场出清为工作目标，以退出为主要方向，加大风险出清力度，深入推进追赃挽损工作。全省"以退为主"的相关做法得到国家互联网金融风险专项整治工作领导小组、网络借贷风险专项整治工作领导小组充分肯定并以简报形式在全国推广，并多次在全国有关会议上做经验介绍。

加快推进"天罗地网"监测防控体系建设。运用数字化智能化手段，线上线下相结合开展金融风险排查处置，通过"天罗"归集各方数据、建成一批功能模块，通过"地网"形成省、市、县、乡四级联动工作格局、发挥基层网格员作用，为精准监测和有效防控重大风险奠定基础。

二、精准脱贫有力有效

2019年，全省上下全面落实党中央、国务院和省委、省政府关于精准扶贫精准脱贫决策部署，紧扣新阶段新要求，紧盯硬任务硬指标，全力实施低收入农户高水平全面小康计划，全面打造解决相对贫困先行省，扶贫工作力度持续增强、方式持续创新、精度持续聚焦，低收入农户获得感幸福感安全感不断增强，集体经济薄弱村增收机制日趋健全，全省26个县发展水平加快提升，主要发展指标增速高于全省平均水平。全省消除家庭人均收入7600元以下的困难户，低收入农户人均可支配收入达12546元，比上年增长13.1%，低收入农户人均可支配收入与全省农民平均收入之比缩小，省定集体经济薄弱村基本消除。

（一）解决相对贫困机制不断完善。浙江顺应全面进入解决相对贫困新阶段新形势，紧扣缩小发展差距和全面发展新目标新任务，着力健全解决相对贫困长效机制。出台《浙江省社会救助家庭经济状况认定办法》，简化低收入农户构成分类为低保户、其他经济困难户。完善申请受理、家庭经济状况核查、初审、公示、审批、结果公布的认定程序，认定全省有低收入农户55.85万户、88.65万人。不断健全数据共享机制。建成浙江省大救助信息平台，实现低收入农户申报对象省内11个部门、20类数据、73家商业银行个人财产信息统一比对。录入符合条件的困难农户，调出不符合条件人员，实现扶贫对象动态调整。进一步健全全过程评估体系。应用全国扶贫信息系统，基本实现对低收入农户基本情况、资金管理、项目实施的全过程管理。不断健全大扶贫工作机制。省扶贫开发领导小组成员单位从24个增加到30个。4次召开全省扶贫办主任会议、市扶贫办主任座谈会。配套制定异地搬迁、产业增收等政策30多个。举办国家扶贫日浙江主场活动，首次在浙江农业博览会上开设精准扶贫馆，全省加快构建党政主导、各方参与的大扶贫格局。

（二）低收入农户创业就业增收明显。坚持多措并举、精准施策，紧扣扶贫、扶志、扶智三条主线，着力增强增收致富能力，全省低收入农户创业就业收入持续增长。扶贫项目有序落地。年内安排省以上财政专项扶贫资金12.2亿元，其中中央、省级财政产业扶贫资金6.5亿元，落地产业帮扶项目931个。"26+3"县(26个加快发展县和金华婺城区、兰溪市、台州市黄岩区部分乡镇)投入资金14.9亿元，实施农业产业帮扶项目1735个。就业稳定性持续增强。全年各地培训低收入农户6.1万人次，从事农家乐、来料加工的分别有3.7万人和6.5万人，工资性收入持续较快增长。发展环境加快改善。全省培养扶贫带头人1.02万人，带动创业增收3.1万人。发放扶贫小额贷款2.06亿元，受益低收入农户8560人次。制定扶贫异地搬迁负面清单，全年完成搬迁5793户、2.1万人。

（三）"两不愁、三保障"突出问题高质量解决。全省

低保标准提高到814元/月，居全国各省区第一位。乡村小规模学校、乡镇寄宿制学校全部达到基本办学条件，实现乡村小规模学校"互联网+义务教育"全覆盖，义务教育入学率、巩固率分别达99.99%和100%。"雨露计划"惠及低收入农户子女6024人，兑现补助资金1087万元。全省在低收入农户医疗保险、大病保险、医疗救助全覆盖基础上，将高血压等12种常见慢性病纳入门诊规定病种范围，率先推行低收入农户医疗补充政策性保险。开展新一轮情况调查，滚动推进危房改造，消除农村困难家庭D级、C级危房。全年新增农村居民饮用水达标提标522万人，达标人口覆盖率提高到92.9%。

（四）消除集体经济薄弱村三年行动收官。省定薄弱村年收入均达到10万元且经营性收入5万元以上，自主造血功能持续增强，发展进入加速期。全省6920个省定薄弱村集体经济收入49.91亿元，2017—2019年年均增长78.1%，其中经营性收入占比从2017年的16.7%提高到26.4%。全省构建民主监督、会计监督、审计监督、网络监督和责任追究"五位一体"监督体系，完成农村集体资产和财务管理专项检查、村级资产资源合同专项清理，完善村级合同5.47万份，挽回和增加经济收入3.78亿元。安排消除集体经济薄弱村省级财政资金4.1亿元，农信系统发放贷款125亿元，安排建设用地指标356公顷。有3712家企业结对3739个村，落实帮扶项目3199个，到位资金11.5亿元。

（五）26县加快发展动能持续增强。26个县加快发展县域经济，稳步提升民生水平，资源优势加快向竞争优势转变。召开全省山海协作工程推进会，新设立17个山海协作生态旅游文化产业园，新签订山海协作产业项目340个，项目资金450亿元，落实社会事业项目200个，援建资金8600万元。召开全省结对帮扶暨驻村工作组派驻动员会，全年落实帮扶项目999个，协调落实资金8.2亿元，驻村帮户、联乡带县工作全面推进。26个县城乡居民收入等指标增速高于全省平均水平，第三产业比重提高到55%。深入实施"小县大城、内聚外迁"战略，行政村调减到9000多个，城镇化率稳步提高。铁路里程数、高等级公路里程数分别达401千米、1340千米，26个县均通过国家义务教育发展基本均衡县评估，"双下沉两提升"深入实施，民生保障水平稳步提升。

（六）问题整改和干部作风建设成效显著。坚持即查即改、举一反三、注重长效，切实以问题有效整改推进长效机制建设和干部作风转变。以高度政治责任感，督促指导天台县、莲都区严肃高效办好中央领导关于异地搬迁重要批示件，开展扶贫领域信访事项"回头看"，完成交办信访件201件，中央"两学一做"学习教育活动督导组、国务院扶贫办督查组对办理工作表示满意。逐项抓好巡视审计问题整改，高质量完成省委脱贫攻坚专项巡视发现的5个方面14个主要问题和审计发现的4个大类73个问题整改，并对24个县48个乡镇开展巡视发现问题"回头看"。举办市县党政领导乡村振兴和解决相对贫困专题研讨班，组织3期"26+3"县乡镇党政正职扶贫轮训，1000多人参训；市县开展培训301期，梯次培训2.2万人次。开展扶贫领域腐败和作风问题专项治理督导调研。省纪委牵头，6个扶贫领导小组成员单位负责人带队，对25个县47个乡镇开展督导调研，发现问题73个，提出针对性意见建议39条。

三、污染防治成效明显

2019年，浙江省在"八八战略"和"绿水青山就是金山银山"理念指引下，坚定不移实施生态省建设方略，高标准打好污染防治攻坚战，高质量推进"美丽浙江"建设。承办联合国世界环境日全球主场活动和中国环境与发展国际合作委员会年会，生态省建设试点率先通过国家验收，全面推进长江经济带"共抓大保护、不搞大开发"和长三角一体化发展国家战略，高标准完成千岛湖临湖地带综合整治任务。省委、省政府召开美丽浙江建设领导小组会议和全省高质量建设美丽浙江暨高水平推进"五水共治"大会。全省设区市PM2.5平均浓度为31微克/立方米，日空气质量优良天数比例达88.6%。国家"水十条"考核断面I—III类水质比例达96.1%。生态环境公众满意度连续8年持续上升。

加快形成绿色发展方式。全省推进大湾区、大都市区、大花园、大通道建设，统筹绿色发展格局，编制完成长江经济带战略环境评价"三线一单"。优化产业结构，加快传统产业优化提升，实施绿色低碳循环发展。深化"亩均论英雄"改革，规模以上工业亩均税收增长8.9%，增加值增长16.5%。完成17个城市建成区重污染企业搬迁改造或淘汰关停、1755家企业落后产能淘汰和过剩产能压减。

全力打好治气硬仗。实施102家重点工业园区大气污染治理，完成239个臭气异味治理项目、1048个挥发性有机物治理项目、1.12万家涉气企业"散乱污"综合治理。淘汰"国三"及以下营运柴油货车2.39万辆，新增清洁能源公交车、出租车1.67万辆，新建岸电设施84套，铁路水路货运比例比上年提高0.9个百分点。推进绿色矿山建设和废弃矿山生态修复三年行动，完成23家矿山绿色评估，矿山治理恢复面积2718.78公顷。加强重污染天气应对，全年全省未发生重污染天气。

全力打好治水保卫战。制订长江保护修复攻坚战浙江实施方案，全面开展全省长江经济带生态环境问题排查、整治。持续推进"五水共治"，深化"河长制"。完成52个工业园区和966个生活小区"污水零直排区"建设、146条"美丽河湖"建设。制订城镇污水处理提质增效三年行动方案，完成109座污水处理厂清洁排放技术改造、1833.9千米城镇污水管网建设改造。新增饮用水达标提标农户522.5万户、农村生活污水治理设施标准化运维站点2019个。印发杭州湾综合治理攻坚战实施方案，入海排污口在线监测设施实现全覆盖，13个入海河流考核断面均达到水质目标要求，完成5352艘400总吨以下船舶生活污水收集柜改造。

全力打好净土清废保卫战。农用地详查首个通过国家技术审查，在全国率先开展农用地土壤超标点位"对账销号"。五类重金属污染物排放完成年度减排任务。制定实施高水平推进生活垃圾治理工作意见，新增生活垃圾处理能力270万吨/年，各设区市城区生活垃圾分类收集覆盖率达88%。建成全省固体废物管理信息系统，编制全域“无废城市”建设工作方案，绍兴市列入国家“无废城市”创建试点。全省新增危险废物利用处置能力83.7万吨/年，对1463家企业工业固体废物产生情况进行核查。

加快生态保护与修复。开展全省生态保护红线评估调整，率先全面开展生态保护红线勘界定标。组织开展“绿盾2019”自然保护地强化监督检查，推进钱江源国家公园体制试点，成立钱江源国家公园管理局。推进钱塘江源头区域山水林田湖草修复工程，制定实施修复资金管理办法。开展海洋生态修复，完成94.08千米海岸线整治修复，累计完成海域海岛整治修复20个。

推进生态环境治理能力和治理体系建设。以“最多跑一次”改革和数字化转型为牵引，深化生态环境重点领域改革。省级以上各类开发区和省级特色小镇基本实现“区域环评+环境标准”改革全覆盖，全面实施环评审批代办制度，建立环评管理“领跑者”制度。深化生态环境损害赔偿制度改革和“湾（滩）长制”国家试点，设立淳安特别生态功能区，成立全国首家公益诉讼（环境损害）司法鉴定联合实验室，推进垂直管理改革和综合执法改革，完成污染源普查数据核定。探索建立新型生态环境咨询服务体系，优化生态环境监管服务，实施省、市、县三级企业环保咨询日制度。

健全生态环境保护社会行动体系。推进省部共建“美丽中国”示范区建设，新增国家“绿水青山就是金山银山”实践创新基地2个，国家生态文明建设示范市县8个，数量居全国第一，新增省级生态文明建设示范县7个。累计创建省级生态文明教育基地210个、绿色学校1822所、绿色家庭3668户。强化政府和企业环境信息公开，实时发布环境自动监测信息，定期发布空气、地表水质量、饮用水源水质月报和违法企业黑名单，2182个重点排污单位全部安装自动监控设施并联网，企业违法和查处信息公开率达100%。“蚂蚁森林”项目获联合国“地球卫士奖”。

（省地方金融监管局　范俊浩　省农业农村厅　杨天慧　省生态环境厅　杨志新）

浙江省成功创建首个生态省

Zhejiang Constructed the First Ecological Province

浙江是习近平生态文明思想和“绿水青山就是金山银山”理念的发源地。2003年，在时任浙江省委书记习近平的亲自决策部署和直接领导下，浙江将生态省建设试点作为“八八战略”的重要内容，提出到2020年建成生态省的目标。16年来，浙江沿着习近平总书记亲自擘画的生态省建设蓝图，坚定不移砥砺前行，一张蓝图绘到底，一任接着一任干，提前全面完成生态省建设目标任务。2019年6月，浙江生态省建设试点正式通过生态环境部验收，成功创建全国首个生态省。

一、浙江生态省建设战略的提出和全面部署推进

浙江在21世纪初率先遭遇“成长中的烦恼”，其中的一个突出的表现，就是粗放型的增长方式使浙江的经济发展遭遇资源和环境的瓶颈压力。统筹区域生态环境与经济社会发展的关系，以发展方式的全面转型实现经济发展和生态优化的良性循环，成为浙江创新发展的重大现实课题。

2002年6月，浙江省第十一次党代会提出建设“绿色浙江”的奋斗目标。2002年12月，省委十一届二次全会提出，要积极实施可持续发展战略，以建设“绿色浙江”为目标，以建设生态省为主要载体，努力保持人口、资源、环境与经济社会的协调发展，由此开启浙江生态省建设的新征程。在省委高度重视和大力推动下，浙江于2003年1月成为全国第5个生态省建设试点省。2003年6月，省第十届人大常委会第四次会议通过《关于建设生态省的决定》。2003年7月，省委十一届四次全会把“进一步发挥浙江的生态优势，创建生态省，打造‘绿色浙江’”纳入“八八战略”，将其确立为指导浙江生态文明建设的总纲。2003年8月，省政府印发《浙江生态省建设规划纲要》，全面启动生态省建设。

为推进生态省建设，成立由习近平任组长的浙江生态省建设工作领导小组。习近平从方案起草、体系设计、规划论证到建设推进整个过程，亲力亲为，全程参与。浙江生态省建设由生态环境保护、生态经济发展、生态文化建设等子系统构成的综合性极强的系统工程。浙江充分发挥现有生态优势，以生态省建设为主突破口，以五大体系建设为主要内容，掀起了一场全方位、系统性的绿色变革。

生态省建设是浙江省域生态文明建设的总抓手。2005年8月15日，习近平在安吉县余村考察时，首次提出“绿水青山就是金山银山”的科学论断。在“两山”理念指引下，浙江从政治、经济、文化、社会等方面推进生态文明建设。

一是以统筹城乡为支点，拓展生态文明建设空间布局。习近平指出：“建设生态省，打造‘绿色浙江’，农村是重点，是难点，也是主战场。”2003年6月，省委、省政府召开专题会议，对实施“千村示范、万村整治”工作做出专门部署。按照统筹城乡经济社会发展的要求，以村庄规划为龙头，加大村庄环境整治力度，完善农村基础设施，加强农村基层组织和民主建设，加快发展农村社会事业。该工程成为生态省建设的重要引擎。生态文明建设在空间上不限于广大农村，厚植城市建设的“生态本底”也是生态文明建设的题中之义。浙江生态文明建设在空间上逐步实现“美丽乡村”、“绿色城镇”、生态城市建设的联动，形成生态省、生态市、生态县（市、区）、生态乡（镇、街道）、生态村的创建体系，并在各个层面、各个方面开展生态文明建设，成

为全国生态文明先行示范区。

二是坚持以人民为中心，解决突出生态环境问题。2004年10月11日，浙江省“811”环境污染整治行动正式实施。全省上下对八大水系和11个省级环境保护重点监管区实行环境污染整治，各地开展重点流域、重点区域、重点行业、重点企业及农业农村面源污染综合整治，甬江、曹娥江、飞云江、椒江、鳌江、钱塘江、太湖、瓯江8个流域的污染整治扎实推进，每年均有一批环境污染重点监管地区实现“摘帽”。经历3轮“811”环境污染整治行动，全国环境污染和生态环境破坏趋势基本得到控制，突出的环境污染问题基本得到解决，并在全国率先全面建成县以上城市污水、生活垃圾集中处理设施，率先建成环境质量和重点污染源自动监控网络，促使全省环境污染防治能力明显增强，环境质量稳步改善，为第四轮“美丽浙江”建设奠定重要基础。

三是大力发展循环经济，建设节约型社会。2005年，习近平在全省循环经济工作会议上提出要大力发展循环经济，积极探索科学发展的新路子，把浙江建设成为全国循环经济发展示范区。同年，浙江出台《浙江省循环经济发展纲要》，纲要提出实施循环经济“991行动计划”，即发展循环经济九大重点领域、“九个一批”示范工程和100个重点项目。同时，全面实施工业循环经济“4121”工程和“733”工程，开展工业循环经济示范园区和示范企业、“绿色企业”、资源综合利用企业评定。在习近平亲自推动下，全省循环经济发展取得显著成效，循环型产业形成较大规模，资源利用效率和再生资源利用水平显著提高，基本形成具有浙江特色的循环经济发展模式，全面完成循环经济试点省建设。

四是以科技与制度创新为内在驱动，为生态文明建设注入强劲活力。浙江推进生态省建设注重发挥科技和制度创新的驱动力量。习近平在浙江省生态省建设动员大会和浙江自主创新大会上的讲话中反复强调加强科技进步和自主创新的重要性。全省无论是新昌县传统制药产业转向绿色制药产业，还是长兴县铅酸蓄电池产业转向锂电池产业、东阳市污染型产业转向高新技术产业，关键都是靠绿色科技的支撑。推进生态文明建设的制度建设，全省大力推动由单一制度的创新转向制度体系的构建，形成别无选择的强制性制度、权衡利弊的选择性制度、道德教化的引导性制度相结合的制度结构。大力推动由重视制度建设转向制度建设和实施机制建设并举，并实施差异化考核制度，为全国政绩考核制度的改革与创新提供经验。

二、浙江生态省建设战略的持续和深化

历届省委、省政府坚持以“八八战略”为总纲，始终沿着习近平总书记指引的生态文明之路砥砺前行，不断基于时代和人民的需求变化及时调整深化战略部署，从“绿色浙江”到“生态浙江”，再到“美丽浙江”，一以贯之、层层递进，形成一系列创新理念和做法。

2010年6月，省委召开十二届七次全会，专题研究浙江省生态文明建设情况，审议通过《中共浙江省委关于推进生态文明建设的决定》。会议提出要坚持生态省建设方略、走生态立省之路，打造“富饶秀美、和谐安康”的生态浙江。

2013年11月，省委召开十三届四次全会，做出实施“五水共治”的重大决策。会议提出“五水共治”总目标”和分阶段解决突出问题时间表。“五水共治”作为美丽浙江建设的重要抓手和主要工作，实施以来取得显著成效，极大地推动全省经济转型升级，显著改善水环境质量，极大提升人民群众幸福感和获得感。

2014年5月，省委召开十三届五次全会，会议通过了《中共浙江省委关于建设美丽浙江创造美好生活的决定》，《决定》明确建设“美丽浙江”、创造美好生活的主要目标。

2017年6月，省委第十四次党代会提出“两个高水平”浙江和“六个浙江”的战略部署，强调浙江生态文明建设必须以“绿水青山就是金山银山”重要思想为指导，明确“美丽浙江”是包括“美丽生态环境”“美丽生态经济”“美丽生态文化”和“美丽生态人居”在内的综合美丽，在提升生态环境质量上更进一步、更快一步，确保不把违章建筑、污泥浊水、脏乱差环境带入全面小康。

2018年5月，省委、省政府印发《浙江省大花园行动计划》，省政府印发《浙江省生态文明示范创建行动计划》，要求把建设省域大花园作为富民强省十大行动计划的重要组成部分，在更高水平上推进“美丽浙江”建设和生态文明示范创建，继续当好美丽中国示范区的排头兵。

三、浙江生态省建设取得的成效

通过16年的生态省建设，浙江省生态文明建设的协调性、系统性、创新性、示范性全面提升，浙江的生态变革取得显著成效。经济结构明显优化。全省国内生产总值从2002年的8003.67亿元增长到2018年的56197.2亿元，三次产业结构由8.6∶51.1∶40.3调整为3.5∶41.8∶54.7，进入以服务业为主导的发展阶段。全省高耗能产业增加值比重逐年下降，以新产业、新业态、新模式为特征的“三新经济”约占全省GDP的四分之一，循环经济、数字经济、康养休闲、生态农业等产业成为浙江绿色发展的新动能。资源要素投入产出效率明显提升。至2018年，浙江万元GDP能耗、水耗分别下降61.3%、88.1%，万元GDP二氧化硫、化学需氧量排放量分别下降96.9%、90.4%；资源消耗低、环境污染少的生产方式基本形成。三是生态环境质量持续改善。空气质量在全国重点区域率先达标，二氧化硫、氮氧化物和PM10平均浓度2018年比2002年下降64%、17.9%和45.9%，设区市PM2.5平均浓度2018年比2013年下降44.3%；劣V类水质断面全面消除，环境空气质量在全国重点区域率先达标，生态环境状况综合指数稳居全国前列。

（省生态环境厅　俞昀肖）

省政府十方面民生实事全面完成

The Achievement of The Wellbeing Projects of the Provincial Government

2019年,省委、省政府高度重视十方面民生实事工作,切实加强组织领导,明确目标任务,完善推进机制,强化督促检查。各地各部门加强组织协调,层层压实责任,细化政策措施,狠抓各项工作落地见效。通过全省上下共同努力,省政府十方面民生实事全面完成。

一、建设"美丽河湖"100条(个)以上,完成500千米中小河流整治,清除淤泥3000万立方米,建设无违建河道6500千米。

印发《浙江省美丽河湖建设行动方案(2019—2022年)》,部署"美丽河湖"建设行动,落实年度任务,出台验收管理办法及评价标准。举办第二届浙江省亲水节暨"美丽河湖"展活动和业务培训班,通过浙江经视专题解读"美丽河湖"建设,《人民日报》《浙江日报》等主流媒体相继报道部分典型经验做法。全年建成"美丽河湖"146条(个),完成615.13千米中小河流整治,清除淤泥3437.56万立方米,建设无违建河道6594.18千米,分别完成年度目标任务的146%、123%、114.6%和101.5%。

二、推进农村饮用水达标提标工程,新增410万户农村居民饮用水达标提标,达标人口覆盖率提升至90%以上;新增1500个日处理能力30立方米以上农村生活污水处理设施,实行标准化运维。

(一)农饮水达标提标工程。召开专题工作会议和现场会,部署工作推动落实。印发《进一步加强村镇供水工程规范化建设与管理的通知》和《浙江省农村供水工程建设导则》,规范工程建设标准。以县为单位明确统一管理职责,规范水质自检服务,基本建立经费保障制度。出台《浙江省农村供水工程水费收缴工作方案》,积极探索水费定价与收缴机制,水费收缴实现从无到有。在省内外主流媒体开展宣传,形成良好舆论氛围,淳安县在全国农村饮用水安全脱贫攻坚技术培训会上做典型发言。全年新增522万户农村居民饮用水达标提标,达标人口覆盖率提升至92.9%,分别完成年度目标任务的127.3%和103.2%。

(二)农村生活污水处理设施标准化运维。出台《浙江省农村生活污水管理条例》,落实县域农村生活污水处理设施运维管理"五位一体"职责。召开现场推进会,编制《浙江省农村生活污水处理设施标准化运维评价导则》。召开现场观摩会,充分发挥典型引领、示范带动的作用。全年新增2019个日处理能力30立方米以上农村生活污水处理设施标准化运维,完成年度目标任务的134.6%。

三、新增清洁能源公交车、出租车各5000辆;新增停车位10万个。

(一)新增清洁能源公交车5000辆。充分发挥统筹协调作用,紧盯目标任务落实。加强对各地工作指导,完善工作进度信息报送和通报督促机制,实行常态化跟踪,强化督促推进。全年新增清洁能源公交车6491辆,完成年度目标任务的129.8%。

(二)新增清洁能源出租车5000辆。建立工作机制,加强实地督查督导,积极推广典型经验做法。各地加大财政资金扶持力度,落实补贴政策,确保新增出租汽车为清洁能源车辆。开展存量出租汽车的清洁能源化改造,助力"蓝天保卫战"。全年新增清洁能源出租车10211辆,完成年度目标任务的204.2%。

(三)新增停车位10万个。组织修编《浙江省城市建筑工程停车场(库)设置规则和配建标准》,提高学校、医院、商业中心等场所配建停车位比例。推进"智慧城管"平台建设,加强与省政府民生实事智慧督查系统数据共享共联。全年新增停车位13.38万个,完成年度目标任务的133.8%。

四、全面推进"互联网+义务教育",推进1000所中小学校结对帮扶,让城乡孩子共享优质教育资源。

印发《"互联网+义务教育"1000所中小学校结对帮扶民生实事工作方案》,丰富城乡学校结对形式,实现乡村小规模学校结对帮扶全覆盖。开通专项网络空间,实现优质教育资源在线共享。印发《浙江省"互联网+义务教育"城乡结对帮扶学校教学教研基本要求(试行)》,开展以城乡同步课堂为主,远程专递课堂、教师网络研修、名师网课集体观摩等丰富多样的帮扶形式。全年推进1458所中小学校结对帮扶,完成年度目标任务的145.8%。

五、建成300家综合供能服务站,实现供油、供电、供气、供氢、供水一体化,加快补齐能源基础设施短板,便利群众生产生活。

印发《关于贯彻落实2019年建成300座综合供能服务站省政府十方面民生实事任务的通知》等文件,将任务分解到市、县。省、市、县均成立工作专班,强化工作协调推进,层层压紧压实责任。各部门加强协同,多措并举强化要素保障。多次召开推进会,组织开展实地检查,确保项目进度。以"最多跑一次"改革为牵引,优化项目审批流程,探索实施事前明确标准、事后强化监管的模式。全年建成综合供能服务站438家,其中新建185家、改建253家,完成年度目标任务的146%。

六、启动15个县(市、区)的生活垃圾分类系统和200个垃圾分类省级高标准示范小区建设,全省设区市城区垃圾分类收集覆盖率达85%以上,县以上建成区垃圾分类收集覆盖率达55%以上;推进530个省级农村生活垃圾分类处理项目村建设,生活垃圾分类处理建制村覆盖率达65%。

(一)城镇生活垃圾分类建设。制定全省工作要点、考核评价办法及评分细则,建立月报制度,实时掌握各地工作进度。印发《关于高水平推进生活垃圾治理工作的意见》等文件,配套开展源头减量、回收利用、能力提升、制度创制、文明风尚等"五大"专项行动。颁布全国首部城镇生活垃圾分类省级标准，统一标志标识，规范各分类环节的操作流程。全年有27个县(市、区)基本建立生活垃圾分类系统，338个垃圾分类省级高标准示范小区完成创建，全省设区市城区垃圾分类收集覆盖率达88%，县以上城市建成区垃圾分类收集覆盖率达78%，分别完成年度目标任务的180%、169%、103.5%和141.8%。

(二)推进530个省级农村生活垃圾分类处理项目村建设。印发《2019年省政府民生实事农村生活垃圾分类处理工作实施方案》《2019年农村生活垃圾分类处理工作重点》，明确目标任务，统筹推进项目建设。加大资金投入，完善基础设施建设，推进垃圾转运站的改造，推动收运作业模式转型升级，垃圾分类终端模式呈多样化态势，产业链向可回收资源加工利用进一步延伸。全年完成省级农村生活垃圾分类处理项目村530个，100%完成年度目标任务。

(三)生活垃圾分类处理建制村覆盖率达65%。加大宣传引导力度，提高群众垃圾分类意识和分类投放准确率。开展明察暗访，对全省村庄环境卫生进行抽查，并做好问题督促整改工作。全年生活垃圾分类处理建制村覆盖率达76%，完成年度目标任务的116.9%。

七、将高血压、糖尿病、肺结核等12种常见慢性病纳入城乡居民门诊规定病种范围，允许城乡居民在药店刷卡购买规定病种药品，全面推进医保慢性病药品第三方配送服务。加强出生缺陷防治工作，对2万余例筛查可疑患儿开展心脏超声检查。设立送药上山进岛便民服务点300个。

(一)慢性病医保工作。将高血压、糖尿病、肺结核等12种常见慢性病纳入医保门诊保障范围。与全省6家医药连锁集团签订协议，全面推进慢性病药品第三方配送上门服务。在全省范围内指定6340家连锁药店作为城乡居民医保门诊慢性病保障服务药店，全部开通刷卡结算服务，基本做到每个乡镇街道至少有1家，完成年度目标任务的110.6%。

(二)出生缺陷防治工作。印发《2019年度出生缺陷防治民生实事项目实施方案》，明确工作目标，逐级分解任务，全面部署推进。下发先天性心脏病筛查、诊断操作指南，建立健全服务体系。全年对4.24万例筛查可疑患儿开展心脏超声检查，完成年度目标任务的212%。

(三)送药上山进岛工作。印发《2019年浙江省送药上山进岛便民服务点建设工作方案》，明确工作目标、阶段安排、建设模式和职责分工，有序推进送药上山进岛工作。召开全省工作推进会，总结交流经验，解决突出问题，加快推动便民服务点落地。结合各地实际情况，开展针对性指导服务，探索便民服务点纳入医保定点、参与慢性病药品配送等政策。全年设立送药上山进岛便民服务点395个，完成年度目标任务的131.7%。

八、提升居家养老服务能力，建成350个乡镇(街道)示范型居家养老中心。

印发《关于抓好2019年乡镇(街道)居家养老服务中心建设的通知》，部署年度工作任务，明确标准要求。召开全省养老服务工作现场会，部署启动乡镇(街道)示范型居家养老中心建设工作。召开讲评通报会，推广典型经验，加大工作推进力度。加强督导督促，组织力量赴各市开展实地督导，确保工作落实落细落到位。全年建成387个乡镇(街道)示范型居家养老中心，完成年度目标任务的110.6%。

九、加强助残服务能力建设，建设1000家规范化乡镇、社区残疾人庇护中心，为2万名重度残疾人提供庇护服务。

成立工作领导小组，制定工作方案，科学分解任务。印发《浙江省"残疾人之家"星级评定办法(试行)》和《关于推进"残疾人之家"规范化建设的意见》，明确规范化建设要求，为全省开展建设提供政策保障。组织开办培训班，推动人才队伍建设。全面开展"残疾人之家"星级评定，发挥积极示范作用。全年建设1090家规范化乡镇、社区残疾人庇护中心，为22588名重度残疾人提供庇护服务，分别完成年度目标任务的109%和112.9%。

十、全面完成"除险安居"三年行动各项任务，基本消除重大地质灾害隐患点，核销地质灾害隐患点500处。建设3000个规范化避灾安置场所，完成500个老旧小区消防设施增配改造，培育100支社会化救援队伍。

(一)基本消除重大地质灾害隐患点，核销地质灾害隐患点500处。明确地质灾害隐患点核销完成标准、核销条件及质量监管要求。按照《浙江省地质灾害隐患点核销管理办法》要求，开展省、市、县分级核销审查，有效推进工作实施。全年消除重大地质灾害隐患点468处，核销地质灾害隐患点681处，分别完成年度目标任务的100.9%和136.2%。

(二)建设3000个规范化避灾安置场所。制订工作推进计划，层层分解目标任务。召开现场推进会，建立动态监督检查和月度通报机制，定期通报进展情况和主要问题。全年建设3218个规范化避灾安置场所，完成年度目标任务的107.3%。

(三)完成500个老旧小区消防设施增配改造。各地统筹推进工作开展，将消防车通道、消防给水管网、电气线路、消防设施(器材)配置、电动自行车管理、微型消防站等作为老旧小区消防安全管理提升重点内容，强化消防安全措施，有效消除火灾隐患。结合"消防安全社区"建设活动，引导老旧小区加强消防宣传教育培训和应急演练，提高老旧小区消防安全自我管理水平和居民的消防安全意识。全年完成511个老旧小区消防设施增配改造，完成年度目标任务的102.2%。

(四)培育100支社会化救援队伍。印发《关于培育支持社会救援力量发展的指导意见》和《进一步加强对社会应急力量参与救援活动管理的通知》，为社会化救援队伍建设提供制度保障。综合考虑各地区主要风险分布，社会应急力量专业类型、救援次数、救援难度、救援投入、救援成效等因素，给予相应资金支持，鼓励社会应急力量做大做强。通过搭建多种平台，切实加强队伍间交流合作，提升社会化救援队伍水平。全年培育103支社会化救援队伍，完成年度目标任务的103%。(省政府督查室　邹文明)

温州新时代“两个健康”先行区创建

"Healthy Growth of the Non-public Sector and Non-public Sector Individuals Zone" Construction in Wenzhou City

2015年5月20日，习近平总书记在中央统战工作会议上强调，非公有制经济的健康发展和非公有制经济人士的健康成长，不仅是重大经济问题，也是重大政治问题。2016年3月4日，习近平总书记看望参加全国政协会议的民建、工商联委员联组会时，专门就坚持中国基本经济制度问题发表重要讲话，阐明党和国家对待民营经济的方针政策，首次系统阐述“两个健康”（促进非公有制经济健康发展和非公有制经济人士健康成长）主要内涵。2017年10月31日，“两个健康”被正式写入党的十九大报告，明确提出“要构建亲清新型政商关系，促进非公有制经济健康发展和非公有制经济人士健康成长”。

温州是中国改革开放先行区、民营经济重要发祥地。温州民营经济从无到有、从小到大、从弱到强，走过一条艰难曲折又十分辉煌的道路，形成享誉全国的“温州模式”，成为实践中国特色社会主义理论和改革开放基本路线的成功典范。温州的民营经济对温州经济社会贡献近90%的税收、92%以上的工业增加值、95%以上的外贸出口、93%以上的就业人员、99%以上的企业数量。经过改革开放40多年的历程，温州民营经济在寻求变新变优、变大变强的同时，面临着模式创新、技术变革、产业升级、企业家接班等现实考验。推动温州民营经济持久、健康、高质量发展，事关温州的前途命运，更是重大的时代命题。2018年，温州以强烈的危机意识、机遇意识、改革意识，谋划推出新时代“两个健康”先行区这一最具开创性、标志性、引领性的举措，于8月经中央统战部同意、全国工商联批准，着手创建全国唯一的新时代“两个健康”先行区，坚定地扛起新时代改革开放探路者的使命担当。2019年，温州新时代“两个健康”先行区创建工作取得阶段性成果。

一、系统谋划政策体系

温州市委、市政府印发《关于创建新时代“两个健康”先行区，加快民营经济高质量发展的实施意见》和配套政策举措，其中，实施意见41条，配套政策举措80条。制定146项具体责任清单，在产业发展、金融、科技、上市、营商环境和企业家关爱等方面提出可操作的办法。目标指向明确。通过3到5年的努力，推动民营经济质效提升、结构优化、动能转换等六大高质量发展指标总体水平明显提升，到2022年初步把温州建设成为引领民营经济高质量发展的先行区、创造一流营商环境的先行区、弘扬新时代优秀企业家精神的先行区、培育和发展中国特色商会组织的先行区。通过10年左右的努力，六大指标全面领先，把温州打造成为面向“两个一百年”、具有国际竞争力的新时代民营经济之都。坚持先行先试。出台的具体措施中，有22条属于突破性、探索性的，在现有条件下需要克服重大障碍的举措；有61条属于引领性、先行性的，即走在全省甚至全国前列的举措。紧扣痛点难点。所有的意见、政策、清单均锁定民营企业发展现实难题，均为“人无我有”、行之有效的硬招实招。

二、建立强有力的组织架构

温州将项目化管理的理念融入创建工作各个环节，搭建全过程全链条的有效机制，实行实体化运作。成立由省委常委、市委书记陈伟俊任组长的领导小组，市委副书记、市长姚高员任第一副组长，市委副书记、纪委书记、统战部部长和分管经济工作的副市长担任副组长，51个重点单位领导为成员。在此基础上，专设“两个健康”先行区创建办公室和7个工作组实现实体化运作，运作班子由一位市政府副秘书长专职负责，并在市政府办公室专门设立“两个健康”创建处，配备6名工作人员。全市各地统一参照，形成“专人负责，上下联动”一盘棋格局。制度化推动。建立例会、工作流转、督查考核、信息通报和市县联席会议五大制度，协调解决工作推进中遇到的各种问题，年内召开领导小组会议5次，“一办七组”例会36次。持续性造势。按照“月月有举措、季季有亮点、半年有总结、年年出成果”的要求，对全年重点工作做系统谋划，基本做到每个月、每个阶段都有重点和亮点。组织举办世界青年科学家峰会、中国（温州）“两个健康”论坛、首届民营企业家节系列活动等。

三、大胆开展行之有效的先行探索

（一）用制度保障对民营企业家“高看一眼、厚爱三分”。在全国首个通过法定程序立法，将每年11月1日设立为“民营企业家节”，让民营企业家有自己的节日。在市区核心地段建设5万平方米的世界温州人家园和民营经济博物馆，让天下温商有共同家园。率先实施企业家参与涉企政策制定，让企业家有更多话语权。

（二）构建温州版的“亲清”新型政商关系。创办温州“民营经济学院”，在全国率先成立民营企业家“新时代讲习团”，举办“亲清政商学堂”“青蓝新学”第一期主体培训班，150名党政干部和企业家“同上一个班、亲清共成长”。实施“青蓝接力培养行动”，让“创二代”一起培训、相互感染。选派首批54名新生代企业家赴发展改革、经信、科技、商务、市场监管等涉企部门挂职。创新“三清单一承诺”制度，推出政商交往“正面清单”“负面清单”和清廉民企建设“引导清单”各7条，3.5万名领导干部书面签订“反对不按规则办事行为承诺”，改变“不按规则找熟人办事”的路径依赖。与市长热线12345整合搭建企业维权服务平台，设立“企业维权接待日”，实现企业维权“只进一扇门”“最多跑一次”。

（三）最大限度保障企业家生命财产安全。建立企业家紧急事态应对制度，实行重大涉企案件风险报告制度，政府通过依法适时适度的介入，防止因企业家个人危机处置不当而引发严重的企业危机影响社会稳定。全面推行涉企柔性执法制度，全市梳理3000多项涉企轻微违法行

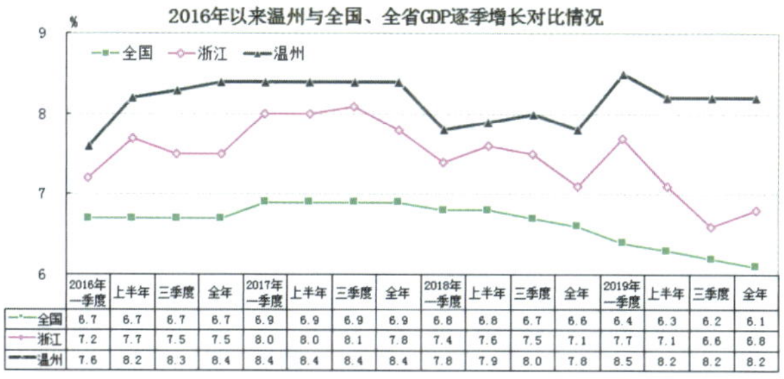

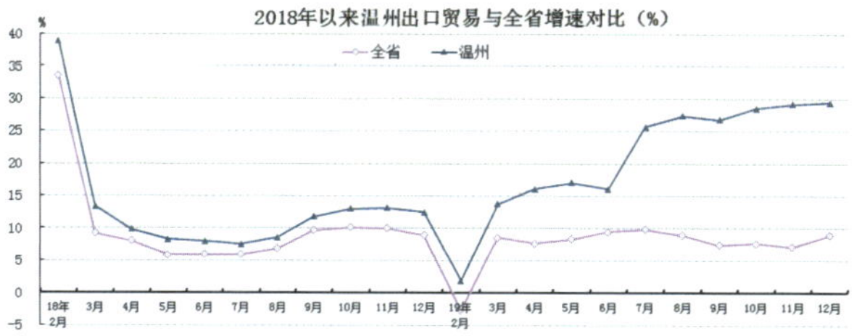

为首次不罚，实现执法“尺度”和“温度”相统一。大胆尝试具备个人破产实质功能和相当程序的个人债务集中清理试点，推动全国首例“个人破产”试点破冰，给“诚而不幸”的企业家一个东山再起的机会。

（四）竭尽全力破解民营企业发展中的“急难愁盼”。创新实施“融资畅通工程”，把发展有前景但暂时有困难的企业列入“白名单”帮扶计划，成功帮扶70家企业渡过难关。引导银行发起不盲目抽贷、不乱收费用等“六不”倡议，推出“无还本续贷”、企业共有厂房“按份额抵押贷款”、融资担保基金和上市企业稳健发展基金等融资新政，建设“金融大脑”预判预控金融风险，全年未发生对银行盲目抽贷压贷的投诉，贷款余额和贷款利率实现“一增一降”，防范和化解金融风险工作成效位居全省第一。创新开发惠企政策“直通车”，用时近8个月时间，开展温州历史上最大力度的产业政策大清理，对不顺应发展趋势、不符合产业规律、不适应现实需要、不具备兑现条件、不明确兑现流程等5种情形的条款全面清理，将原有178个政策重新整合成工业、农业、服务业、开放型经济、人才5个新政。同步开发全市统一的产业政策网上兑现系统，实现政策兑现从企业自主申报到政府主动推送、企业上门办理向上网办理、政策跨年度兑现向当年当季兑现甚至实时兑现“三个转变”。全年温州创建的30多项具有引领性的首创经验得到复制推广。

四、推动温州经济发展呈现向上向好态势

2019年，温州一批展现竞争力的关键指标得到有效提升，经济态势向上向好。其中，地区生产总值增长8.2%，温州经济总量（GDP）进入全国“30强俱乐部”，比上年提升5位，排名超过沈阳、石家庄、哈尔滨等省会城市，人均GDP首次突破1万美元。在全国297个城市中营商环境排到第26位，小微企业环境满意度列浙江第一。温州“不叫不到、随叫随到、服务周到”的做法受到全国政协副主席、全国工商联主席高云龙肯定。营商环境提振创业者和企业家信心。温州通过试行有限度自由经营区创建，有效激发培育一大批创业者，成为浙江省第2个市场主体破百万的设区市，每天新设市场主体520家、企业150家。对8483家企业生产经营景气状况调查显示，全市企业景气指数为124.88，企业家信心指数为125.60，两项指数环比分别回升2.37个和2.61个百分点，处于“较为景气”区间。

（温州市政府办公室　厉希超）

良渚古城遗址成功列入《世界遗产名录》

Archaeological Ruins of Liangzhu City Included in UNESCO World Heritage List

2019年7月6日，在阿塞拜疆首都巴库举行的联合国教科文组织第四十三届世界遗产委员会会议通过决议，将中国世界文化遗产提名项目“良渚古城遗址”列入《世界遗产名录》。

世界遗产委员会认为，良渚古城遗址展现一个存在于中国新石器时代晚期的以稻作农业为经济支撑、存在社会分化和统一信仰体系的早期区域性国家形态，印证长江流域对中国文明起源的杰出贡献。城址的格局与功能性分区，以及良渚文化和外城台地上的居住遗址分布特征，都高度体现遗产的突出普遍价值。良渚古城遗址为中国及该地区在新石器晚期到青铜时代早期的文化认同、社会政治组织以及社会文化的发展提供无可替代的证据，同时揭示从小规模新石器时代社会向具有等级制度、礼仪制度和玉器制作工艺的大型综合政治单元的过渡，代表中国在5000多年前伟大史前稻作文明的成就，是杰出的早期城市文明代表。遗址真实地展现新石器时代长江下游稻作文明的发展程度，揭示良渚古城遗址作为新石器时期早期区域城市文明的全景，符合世界遗产真实性和完整性要求。

在大会审议阶段，世界遗产委员会21个委员国中乌干达、澳大利亚、挪威、坦桑尼亚、阿塞拜疆、圣基茨和尼维斯联邦、突尼斯、布基纳法索、津巴布韦、巴西等国家代表先后发言，对“良渚古城遗址”的突出普遍价值、真实性和完整性给予高度评价，对其列入《世界遗产名录》表示积极支持。整个审议过程历时约13分钟，世界遗产委员会委员国代表对良渚古城遗址给予高度评价。

文化和旅游部党组成员、国家文物局党组书记、局长刘玉珠代表中国政府发言，表示良渚古城遗址是中国20世纪的重大考古发现，是实证中华5000年文明史的圣地，是全人类共同的宝贵财富。中国加入《世界遗产公约》以来，世界遗产从无到有，类型不断丰富，成为中国向世界展现悠久历史和多元文化的生动窗口，在推动不同文明交流互鉴方面，发挥不可替代的作用。中国将一如既往地做好世界遗产的保护管理工作，同时进一步加强与相关国际组织的深度合作，在世界文化遗产领域承担更多责任，与各国人民一道，共同守护好人类共同的文化家园。浙江省委常委、杭州市委书记周江勇代表遗产地政府表态发言，表示将严格遵守《世界遗产公约》，以世界的眼光、科学的精神，把这一厚重的文化遗产保护好、传承好、利用好。

当天，省委、省政府向第四十三届世界遗产大会浙江代表团致贺电。杭州市委、市政府发出《致全市人民的感谢信》，指出做好良渚古城遗址保护、研究、利用和申遗工作，是习近平总书记和党中央、省委省政府交给杭州的一项光荣任务。杭州将认真贯彻落实习近平总书记重要指示精神和中央重大决策部署，严格按照世界遗产保护的要求，全力做好良渚古城遗址的保护、传承、研究和利用工作，努力打造中华文明“朝圣地”和中国文化“展示地”。

良渚古城遗址位于杭州市，地处中国东南沿海长江流域天目山东麓河网纵横的平原地带，是太湖流域一个早期区域性国家的权力与信仰中心。世界遗产申报范围包括14.3平方千米的遗产区和99.8平方千米的缓冲区，其中遗产区由瑶山片区、城址片区、谷口高坝片区和平原低坝—山前长堤片区四部分组成。

良渚古城遗址申遗成功后，良渚文化宣传与推广活动陆续举行。7月7日，良渚古城遗址公园有限开园。良渚古城遗址公园面积约14.33平方千米，其中有限开放的是城址区的核心部分，面积3.66平方千米。良渚古城遗址公园集考古遗址本体及其环境的保护展示、教育、科研、游览、休闲等多项功能于一体。

9月，人民教育出版社出版的全国统编七年级上册《中国历史》教科书，以一整页篇幅介绍和阐述良渚遗址实证中华五千年文明史的重要地位。人民教育出版社出版的高中历史和高中数学教材加入良渚遗址相关内容。

11月5日，良渚古城遗址展在第二届中国国际进口博览会展出，习近平总书记亲自向各国元首介绍中华第一城——良渚古城，并对良渚古城遗址保护、研究、传承、利用工作给予勉励。良渚古城遗址展是第二届中国国际进口博览会中国馆“美丽中国”单元的重要组成部分，以“良渚古城——实证中华五千多年文明史的圣地”为主题，展示中华文明的源远流长。

〔杭州市委党史研究室（杭州市地方志办公室）蔡建明〕

龙港撤镇设市

Longgang Changed From a Town to a City

2019年8月16日，经国务院批准，民政部复函浙江省政府，同意撤销苍南县龙港镇，设立县级龙港市，以原龙港镇的行政区域为龙港市的行政区域，市政府驻地为镇前路195号。龙港市由浙江省直辖，温州市代管。9月25日，龙港市成立大会在当地举行，省委书记车俊，省委副书记、省长袁家军出席大会并为“中国共产党龙港市委员会”“龙港市人民政府”揭牌。副省长王文序宣读省政府关于撤销龙港镇设立县级龙港市的文件。

温州是中国改革开放的先行区，龙港是中国新型城镇化改革的试验田。龙港因改革而生、伴改革而长，在新型城镇化建设进程中，坚持大胆探索、先行先试。作为“中国第一座农民城”，自1983年建镇以来，龙港历经从小渔村到农民城、从农民城到小城市培育、从小城市培育到撤镇设市三次改革的历史性跨越。35年来，龙港面积从5.2平方千米扩大至183.99平方千米，人口从5000多人激增至38.2万人，下辖171个行政村、3个社区、19个居民区。2018年，龙港地区生产总值299.5亿元，人均地区生产总值7.86万元，城镇化率达63.2%。龙港在经济社会发展、行政体制改革、城市治理创新等方面都取得可喜成就，是温州改革开放的一个缩影，是中国新型城镇化建设的一个样本。

龙港撤镇设市，是党中央、国务院做出的一项重要决策，是深入贯彻习近平新时代中国特色社会主义思想的一项重要改革成果，是尊重人民首创精神、以人民为中心发展思想的具体体现，是新时代浙江“‘八八战略’再深化、改革开放再出发”的创新之举，是践行习近平总书记对温州“续写创新史”期望的重大举措。龙港撤镇设市的成功，得益于国家新型城镇化综合试点的有力推进。2014年12月，龙港获批成为全国首批国家新型城镇化综合试点镇。试点过程中，龙港坚持“简政放权、精简高效，综合配套、循序渐进，政府引导、社会参与”的基本原则，将41个镇级机构整合为15个大部门，承接1575项苍南县下放的县级权限事项，基本具备县级管理能力。

龙港撤镇设市不是传统意义上的区划调整，是新时代新型城镇化的创新举措，是行政区划改革创新的重大突破，是农民就地就近城镇化和城乡融合发展的重要探索，是创新行政管理体制的大胆实践，其最大特色是“大部制、扁平化、低成本、高效率”。龙港在不设乡镇（街道）层级的架构下，通过合理划分片区范围、强化部门力量下沉、有序撤并村居（社区）、完善相关配套设施，构建有别于传统乡镇（街道）的体制，形成扁平化基层管理模式，探索建立机构最精、层级最少、职能最优、成本最低、效能最高、责权利相统一的新型基层管理体制。

车俊在讲话中代表省委、省人大常委会、省政府、省政协对龙港市的设立表示祝贺，祝愿新成立的龙港市能够像自己的名字一样蛟龙出港，闯出更加广阔的新天地，书写更加辉煌的新传奇。车俊希望龙港市深刻领会以习近平同志为核心的党中央的殷切期望，发扬创新创业精神，加快建设成为市场化建城引领区、基层治理改革创新实践区、民营经济创新发展示范区，努力打造新型城镇化的全国样板，不忘初心、牢记使命，担起先行先试的使命、示范引领的使命、造福群众的使命、携手发展的使命，与苍南县一道，推动机制共创、规划共绘、设施共建、产业共兴、环境共保、民生共享，让两地人民共享更多改革发展的成果。

（省民政厅　浙江年鉴编辑部）

2019年浙江大事记

Chronicle of Major Events in 2019

1月 January

2日　钱塘江上游衢江畔的龙游港区桥头江作业区开港。至此，桐庐富春江船闸至衢州市区双港口175千米长的钱塘江中上游航道全线通航，浙江11个设区市全部通江达海。

12日　全国首个保险博物馆——中国保险博物馆在宁波建成开馆。博物馆坐落于近代中国保险发源地之一的宁波老外滩，分15个单元，总面积超过4000平方米，由宁波市政府和中国保险学会共同主办，是国内最具权威性的保险行业博物馆。

23日　全国政协副主席张庆黎率全国政协调研组到浙江调研。省政协主席葛慧君陪同调研并参加座谈会。

26日　省政协十二届二次会议在杭州召开，省政协主席葛慧君做省政协常委会工作报告。

27日　省十三届人大二次会议在杭州开幕，开幕式由大会执行主席、主席团常务主席、省人大常委会主任车俊主持，省长袁家军做政府工作报告。29日，省人大常委会副主任梁黎明做省人大常委会工作报告，省法院院长李占国做省法院工作报告，省检察院检察长贾宇做省检察院工作报告。

是月　甬台温高速公路复线全线贯通。甬台温高速公路复线又称浙江沿海高速公路，工程起于宁波绕城高速公路，途经象山、宁海等14个县（市、区），终于苍南浙闽交界处，与福建省福鼎市的高速公路网相接，全长约380千米，投资近1000亿元。公路全线贯通后，将从南北打通沿海纵向发展的高速通道，北接上海、宁波，南望海西经济区，解决甬台温沿海大交通的瓶颈问题。

2月 February

19日　浙江海港集团和上海港务集团在上海签署小洋山综合开发合作协议。小洋山开发是浙江接轨上海的重大标志性项目，也是浙沪两地全面落实长三角一体化发展国家战略的创新务实之举。根据协议，浙江海港集团和上海港务集团以股权合作方式对小洋山进行开发运营，双方合资后的盛东公司作为小洋山北侧唯一开发、建设、运营和管理主体。

22日　宁夏回族自治区党政代表团到浙江考察。两省区领导在杭州举行座谈。省委书记车俊、宁夏回族自治区党委书记石泰峰出席并讲话。省长袁家军、宁夏回族自治区主席咸辉分别介绍两省区经济社会发展情况。省政协主席葛慧君、宁夏回族自治区政协主席崔波等出席会议或参加调研。

28日　全省第七批扩大有效投资重大项目集中开工仪式举行。集中开工项目600个，总投资7539亿元。省委书记车俊宣布开工，省长袁家军讲话。开工仪式以视频形式举行，主会场设在之江文化中心项目建设现场，10个设区市在分会场报告重大项目开工情况。

△　省政府与中国工程院签署合作协议，共建中国工程科技发展战略浙江研究院。省长袁家军、中国工程院院长李晓红见证签约。

△　文化和旅游部公布2018—2020年度“中国民间文化艺术之乡”名单，在全部175个县（市、区）、乡镇（街道）入选单位中，杭州市西湖区蒋村、嘉兴市秀洲区、湖州市南浔区善琏镇、嵊州市、东阳市湖溪镇和景宁畲族自治县，分别凭借龙舟竞渡、秀洲农民画、湖笔、越剧、罗汉班、畲族歌舞入选。

3月
March

7日　出席十三届全国人大二次会议的浙江代表团在北京人民大会堂举行全体会议，审议政府工作报告。中共中央政治局常委、国务院副总理韩正参加审议。中共中央政治局委员、全国人大常委会副委员长王晨出席。省委书记、省人大常委会主任车俊主持会议，省委副书记、省长袁家军参加审议。

△　《浙江日报》报道：中共中央办公厅、国务院办公厅转发《中央农办、农业农村部、国家发展改革委关于深入学习浙江"千村示范、万村整治"工程经验扎实推进农村人居环境整治工作的报告》，并发出通知，要求各地区各部门结合实际认真贯彻落实。

11日　省委书记车俊、省长袁家军先后走访清华大学和中国人民大学，与学校领导共商深化省校合作大计，携手推进省校共赢发展。

15日　全省市县部门和乡镇(街道)"三定"规定完成制定，标志着市、县、乡三级机构改革全面完成。

18日　省政协主席葛慧君在杭州会见比利时西弗兰德省省长卡尔·德卡卢维一行。

19日　《浙江日报》全文刊登省委办公厅、省政府办公厅印发的《关于全面推进县域医疗卫生服务共同体建设的意见》。

20日　省委书记、省人大常委会主任车俊在杭州会见美国国会众议院"美中工作小组"代表团一行。

22日　全省教育大会在杭州举行。省委书记车俊在会上强调，要优先推进教育高质量发展，率先高水平实现教育现代化。省长袁家军主持并做具体部署。省政协主任葛慧君、省委副书记郑栅洁等出席。

△　《浙江日报》报道，经党中央、国务院批准，同意中国国际日用消费品博览会从2019年起更名为中国—中东欧国家博览会暨国际消费品博览会。据统计，宁波与中东欧国家贸易总量由2014年的24.43亿美元增长到2018年的36.96亿美元，占全国比重由4%提升到4.5%。宁波还在全国开设了33个中东欧商品直销中心，已成为全国最大的中东欧商品集散中心。

△　杭州地铁集团宣布，联合支付宝推出基于区块链技术的电子发票。杭州市民、外来游客通过杭州地铁App、支付宝可一键完成扫码过闸支付、开票和报销的全流程。此举是国内支付宝赋能将区块链技术首次应用于出行，也是杭州地铁打造"智慧出行"全流程服务的又一创新。

23日　世界旅游联盟总部暨世界旅游博物馆建设项目在萧山区湘湖国家旅游度假区启动，项目包括世界旅游博物馆和配套酒店两部分。

25日　省委书记车俊在杭州会见台湾南投县政界人士林明溱一行。

26日　重新编制后的《杭州西湖风景名胜区总体规划》向社会公示。规划期限为2021至2035年。规划中最引人关注的变化在于力求体现鼓励公交优先、绿色出行的理念。规划还对西湖风景区范围进行微调，新增河坊街、南宋皇城遗址、梵村三块保护区，面积约0.2平方千米，使西湖景区面积将增加至59.26平方千米。

27日　民革中央"完善法治建设，优化营商环境"调研座谈会在杭州召开，全国人大常委会副委员长、民革中央主席万鄂湘出席并讲话。

29日　全省建设平安浙江工作会议在杭州举行。省委书记、省委建设平安浙江领导小组组长车俊强调，要站在15周年新起点上再出发，更高质量更高水平建设平安浙江。省长袁家军主持会议并讲话，葛慧君等出席。

△　省委书记车俊在杭州会见捷克总统中国事务特命代表、捷中友协主席雅罗斯拉夫·德沃吉克。

△　浙江首个海上风电场——舟山六横海上风电场海底电缆铺设完工，63台风机机组实现联网发电。风电场规划海域面积50平方千米，规划装机容量252兆瓦。

是月　由宁波大学和宁波天一阁博物馆共同承担的国家社科基金重大项目《天一阁所藏文献分类整理与研究》课题结项鉴定会宣布：天一阁藏有古籍2.2万种、15.8万册，其中善本古籍5313种、34626册。此次是中华人民共和国成立以来对天一阁文献最系统最全面的清理。天一阁建于明朝中期，占地2.6万平方米，是亚洲现存最古老的图书馆和世界最早的三大家族图书馆之一。

4月
April

2日　省政府批复同意设立杭州钱塘新区，标志着杭州大江东产业集聚区和杭州经济技术开发区(下沙)正式整合。新设立的钱塘新区面积531.7平方千米，托管范围包括江干区的下沙、白杨2个街道，萧山区的河庄、义蓬、新湾、临江、前进5个街道，以及大江东产业集聚区规划控制范围内的其他区域。新区将按照"一个平台、一个主体、一套班子、多块牌子"的体制架构，保持原有3个国家级牌子(杭州经济技术开发区、浙江杭州出口加工区、萧山临江高新技术产业开发区)不变。

△　省委书记车俊在杭州会见德国驻华大使葛策。

3日　杭州市人大常委会做出决定：从2019年起，将每年的9月26日设立为"工匠日"，这也是全国首个"工匠日"。1937年9月26日，中国自行设计、建造的第一座双层铁路、公路两用桥——杭州钱塘江大桥建成通车，至今依然是钱塘江上的标志性建筑，也是工匠精神的结晶。杭州为此将这一天设为“工匠日”。

8日　全国人大常委会副委员长、民盟中央主席丁仲礼率调研组到浙江开展关于“推动数字经济与实体经济深度融合，促进经济高质量发展”的重点考察调研。

9日　中央扫黑除恶第11督导组与浙江省第一次通报对接会在杭州召开。督导组组长李智勇通报省级层面督导工作情况，省委书记车俊做表态讲话。省长袁家军主持。

△　全国首个影视产业文联——浙江省横店影视产业文学艺术界联合会在横店成立，标志着广大文艺工作者尤其是“横漂”新文艺群体有了新家。

12日　省政府和国家标准化管理委员会在杭州联合召开2019年标准化工作联席会议。会上，市场监管总局解读的《审批服务便民化工作指南》国家标准披露，由省市场监管局为第一起草单位、以“最多跑一次”改革经验为基础的《审批服务便民化工作指南》国家标准在全国正式实施。其中，重点采纳浙江“最多跑一次”改革的并联审批、多图联审、区域评估、“标准地”、限时联合验收等改革成果，以及浙江数据共享举措、政务服务系统建设模式、无差别全科受理等实践做法，形成可复制可推广的标准文本。

14日　全国人大常委会副委员长陈竺率检查组在浙江检查了解中小企业促进法的贯彻实施情况。

18日　浙江·甘肃两省工作交流会在杭州举行。省长袁家军、甘肃省省长唐仁健分别介绍两省经济社会发展情况并签署战略合作框架协议。

23日　省委书记、省人大常委会主任车俊在杭州会见香港立法会主席梁君彦一行。

24日　省委十四届五次全体（扩大）会议在杭州举行。省委书记车俊在会上强调，要全面落实习近平总书记重要讲话精神，坚决打赢防范化解重大风险攻坚战。省委副书记袁家军、郑栅洁出席。

25日　省委书记车俊在杭州会见奥地利总理库尔茨。省长袁家军等参加会见。同日，车俊还在杭州会见埃塞俄比亚总理阿比。

28日　省政府与中国电信集团、中国移动集团、中国联通集团、中国铁塔公司在杭州举行“5G+”行动联合发布会，聚力共推5G网络建设、产业发展和创新应用，赋能数字经济“一号工程”和高质量发展。活动吸引100多家国内外知名企业及浙江大学、之江实验室等高校科研院所参会参展。四大电信集团和行业龙头企业集中发布展示基于5G技术创新和应用的机器人、无人机、自动驾驶汽车、物流车等5G最新科技成果、数字化应用、解决方案和终端产品。会上，省政府还发布《关于加快推进5G产业发展的实施意见》。

是月　全国人大常委会副委员长、九三学社中央主席武维华率调研组，在浙江就“促进科技型民营企业高质量发展”课题开展调研。

5月
May

5日　省委、省人大、省政府、省政协四套班子领导集体赴省法纪教育基地，参观廉政警示教育展，以此推动全省“警示教育月”活动深入开展。

6日　省推进长三角一体化发展工作领导小组召开第一次（扩大）会议。省委书记车俊要求以更大格局、更高质量、更好环境、更强合力，推进接轨融入上海、推进长三角一体化发展、推进更高起点的深化改革和更高层次的对外开放。

△　由浙江图书馆、浙江师范大学合作编纂，国家图书馆出版社出版的“浙学未刊稿丛编”（第一辑）新书发布暨出版座谈会在杭州举行。“丛编”利用全国古籍普查的最新成果，系统梳理有关浙学的未刊稿抄本文献，主要收录浙江籍人士著作，以及外省人士有关浙学的撰述，全部为1950年后未曾刊印过的稿抄本及价值较高的孤罕印本。“丛编”共五辑，收录130多人著述约413部1870册。

7日　浙江大学社会治理研究院成立揭牌仪式暨《“最多跑一次”改革：浙江经验，中国方案》首发式举行。

8日　天津市党政代表团在浙江考察。中共中央政治局委员、天津市委书记李鸿忠，市长张国清，市人大常委会主任段春华，市委副书记阴和俊等参加考察。省委书记车俊、省长袁家军等省领导分别陪同考察。

9日　《浙江日报》创刊70周年座谈会在杭州举行，省委书记车俊在讲话中充分肯定《浙江日报》70年来的办报历程和发展成就，同时对报社提出新时代展现“四方面新担当”的总要求。

△　博库数字出版传媒集团在杭州揭牌。该集团由博库网络传媒集团、浙江省期刊总社、浙江电子音像出版社、浙江出版集团数字传媒公司整合组建而成，成为国内又一家大型数字出版集团。

10日　由省文化和旅游厅主办的诗画浙江与狂野非洲的亲密接触——浙非文旅交流合作大会暨“万人游非洲”启动仪式在省人民大会堂举行。

13日　全省高质量建设美丽浙江暨高水平推进“五水共治”大会在杭州召开。省委书记车俊在会上强调，要深入贯彻落实习近平生态文明思想，以更高的站位、更严的标准，奋力开辟美丽浙江建设新境界。省长袁家军主持。郑栅洁等出席。一批美丽浙江建设和“五水共治”工作先进单位在会上受到表彰。

14日　全省科学技术奖励大会在省人民大会堂举行。省委书记车俊出席，省长袁家军讲话。会前，省领导接见获奖代表。2018年度浙江省科学技术奖共299项，其中一等奖28项、二等奖95项、三等奖176项。

△ 浙江·四川扶贫协作和对口支援工作联席会议在杭州举行。省长袁家军、四川省省长尹力出席并讲话。两省有关领导参加座谈或考察。

15日 全国政协副主席李斌率全国政协调研组到浙江调研建立生态补偿机制工作，并召开座谈会听取意见建议。省政协主席葛慧君参加有关活动。

17日 以“农业数字化——乡村振兴的动力引擎”为主题的第四届中国—中东欧国家农业部长会议暨第十四届农业经贸合作论坛在杭州举行。农业农村部部长韩长赋出席并做主旨演讲，省长袁家军致辞。来自希腊、阿尔巴尼亚、立陶宛等中东欧17个国家和国内有关地区代表出席。会议审议通过《中国—中东欧国家农业部长会议杭州共同宣言》。

△ 省领导在省人民大会堂看望全国和省自强模范、助残先进代表。省委书记车俊讲话，省长袁家军出席。

18日 浙江树人大学树兰国际医学院在杭州成立。学院是由浙江树人大学与树兰医疗管理集团共建共办、致力于培养具有国际化视野的医学精英人才的实体化国际医学院。

△ 良渚博物院基本陈列“良渚遗址是实证中华五千年文明史的圣地”和浙江省博物馆“越地宝藏——100件文物讲述浙江故事”展览分别获“第十六届(2018年度)全国博物馆十大陈列展览精品奖推介”精品奖和优胜奖，中国丝绸博物馆获最具创新力博物馆称号。

△ 中国阳明心学高峰论坛永久会址落户绍兴后举办的首次论坛——第三届中国阳明心学高峰论坛在绍兴举行。王阳明专题文献数据库建设同时启动。

22日 长三角地区主要领导座谈会在安徽芜湖召开，省委书记车俊、省长袁家军等长三角四省市党政主要领导和有关负责人出席。会议对落实《长江三角洲区域一体化发展规划纲要》的重大事项做出部署。其间举行以“长三角:共筑强劲活跃增长极”为主题的第一届长三角一体化发展高层论坛，召开长三角区域大气污染防治协作小组第八次工作会议暨长三角区域水污染防治协作小组第五次工作会议、长三角地区合作与发展联席会议等重要会议，还举行中国科技大学长三角科技战略前沿研究中心揭牌、长三角地区政务服务“一网通办”和长三角主要城市轨道交通扫码便捷出行互通开通仪式。

23日 省委书记、省人大常委会主任车俊率浙江省代表团分别对捷克、匈牙利、德国三国进行友好访问(31日结束)。

24日 国家一级珍贵文物——“南宋徐谓礼文书”在武义博物馆新馆首次公开与观众见面。出土武义县徐谓礼墓的徐谓礼文书，是国内出土的最为系统完整的宋代纸质文书，具有极高的研究价值。

25日 中国国新控股有限责任公司、浙江省国资委、杭州市上城区政府三方举行国企改革“双百行动”发展基金落地签约仪式，标志着推动国企改革“双百行动”的市场化基金落地浙江。该基金注册地为上城区，总规模600亿元人民币，首期规模300亿元。

26日 省长袁家军在杭州会见尼日尔总统穆罕默杜·伊素福。

28日 由省文化产业促进会与浙江工商大学共建的省文化产业创新发展研究院(智库)揭牌成立。同期，全国首个文旅IP研究中心依托该院同时成立。

30日 由浙江大学、中科院生态环境研究中心、中国(丽水)两山学院共同完成的《遂昌县大田村GEP核算报告》通过专家评审。

△ 在肯尼亚首都内罗毕举行的首届联合国人居大会上，松阳县介绍乡村建设以及统筹城乡创新发展的探索和成就，来自100多个国家和地区的3000多名代表分享该经验。同日，联合国人居署与松阳县签署合作意向书。

6月 June

2日 湖州南太湖新区成立。该新区在原湖州经济技术开发区、太湖旅游度假区的基础上整合提升组建，规划总面积225平方千米，将重点布局发展先进制造、数字经济、生物医药、旅游康养、商务会展、文化创意等绿色低碳循环产业。

3日 中央扫黑除恶第11督导组督导浙江情况反馈会在杭州举行。督导组组长李智勇通报督导情况。省委书记车俊在会上表态，省长袁家军主持，省政协主席葛慧君和有关省领导出席。

△ 浙江中国和平统一促进会第三届理事大会和浙江海外联谊会六届一次理事大会在杭州分别举行。会前，省委书记车俊看望与会代表。省委常委、统战部部长熊建平被选为浙江中国和平统一促进会会长和浙江海外联谊会会长。

4日 以“新时代:迈向绿色繁荣新世界”为主题的中国环境与发展国际合作委员会2019年年会在杭州举行，中共中央政治局常委、国务院副总理、中国环境与发展国际合作委员会主席韩正出席并讲话。省委书记车俊、联合国前秘书长潘基文等出席会议。生态环境部部长李干杰、省长袁家军致辞。

6日 全省“不忘初心、牢记使命”主题教育工作会议在杭州召开。省委书记、省委“不忘初心、牢记使命”主题教育领导小组组长车俊在会上强调，要深入学习贯彻习近平总书记在“不忘初心、牢记使命”主题教育工作会议上的重要讲话精神，以走在前列的政治自觉高标准开展主题教育，引导广大党员干部自觉践行党的初心和使命，加快推进“两个高水平”建设。

7日 第四届中国—中东欧国家海关检验检疫合作对话会在宁波举行。省委副书记、宁波市委书记郑栅洁出席并致辞。来自12个中东欧国家、1个观察员国家和1个特邀国家的海关、检验检疫机构以及中外企业的150多位嘉宾参加对话会。

8日　首届中国—中东欧国家博览会暨国际消费品博览会、第二十一届中国浙江投资贸易洽谈会在宁波开幕。从2019年起，中国—中东欧国家投资贸易博览会更名为中国—中东欧国家博览会暨国际消费品博览会，并升格为国家级涉外展会。9日，中共中央政治局委员、国务院副总理胡春华出席中国—中东欧国家合作论坛并发表主旨演讲。展会吸引1186家境内外企业参展，包括中东欧国家在内的2万余名境内外政府部门负责人和客商参会。

△　省推进“一带一路”建设大会在宁波举行。省委书记车俊出席并讲话，省长袁家军主持。立陶宛政府秘书长斯东凯提斯等致辞。省委副书记郑栅洁等省市领导出席。

△　浙江·吉林对口合作和扶贫协作交流会在宁波举行。浙江省省长袁家军、吉林省省长景俊海出席并讲话。

11日　全国加强乡村治理体系建设工作会议在象山召开，中共中央政治局委员、中央农村工作领导小组组长胡春华出席并讲话。省委书记车俊致辞，中央农办主任韩长赋主持。省委副书记郑栅洁等省区领导和安吉余村负责人做典型发言。

△　省四套班子领导到党的诞生地——嘉兴南湖，以普通党员身份，参加“不忘初心、牢记使命”主题教育第一次集体活动。省委书记车俊出席并讲话。中央第二指导组组长陈际瓦、副组长龙新南，袁家军、葛慧君、郑栅洁和其他副省以上领导干部出席。

12日　杭州至意大利罗马直达航线开通，该航线每周3班往返两地。

13日　中共中央政治局常委、国务院总理李克强在杭州出席2019年全国大众创业万众创新活动周并发表重要讲话，强调要进一步提升“双创”水平，更好发挥稳就业促创新增强新动能作用。省委书记车俊在会上致辞。国务委员、国务院秘书长肖捷，全国政协副主席、中国科协主席万钢和浙江省领导袁家军、郑栅洁等出席。12—13日，李克强分别考察调研杭州拱墅区和睦新村的居家养老和小区改造、梦想小镇“双创工作”、市行政服务中心“最多跑次”改革、杭州跨境电子商务综合试验区和省公共信用信息平台运行等情况。

13日　中共中央政治局委员、国务院副总理刘鹤在杭州调研中小银行服务实体经济情况和加强基础研究工作。省委书记车俊、省长袁家军分别出席座谈会。

15日　省委书记车俊、省长袁家军率省党政代表团赴江西学习考察。在江西省委书记刘奇陪同下，代表团先后瞻仰井冈山革命烈士陵园，参观黄洋界保卫战旧址、八角楼旧居旧址群、井冈山革命博物馆。并在南昌参观小平小道陈列馆、南昌八一起义纪念馆。还考察井冈山神山村、南昌航空工业城、南昌未来科技园等。还举行两省经济社会发展情况座谈会。省领导葛慧君、郑栅洁等参加上述活动。

21日　省推进长三角一体化发展大会在杭州召开。省委书记车俊在会上强调，要紧扣国家规划纲要及浙江行动方案，创造性贯彻落实长三角一体化发展国家战略，全省域、全方位推动长三角高质量、一体化发展。会上，车俊和省长袁家军分别为浙江大学长三角一体化发展研究中心、浙江清华长三角研究院长三角科创与经济融合研究中心授牌。会上还成立省推进长三角一体化发展智库和专家咨询委员会。

△　全省公安工作会议在杭州召开。省委书记车俊在会上强调，要学深悟透习近平总书记关于加强新时代公安工作的重要论述精神，从“三个地”的高度提升站位，为加快“两个高水平”建设提供坚强保障。袁家军、郑栅洁等省领导出席，省委常委、省委政法委书记王昌荣主持会议。

22日　省新四军历史研究会第八届会员代表大会在杭州召开，选举产生新一届理事会成员，程渭山连任会长。

24日　杭州地铁5号线首通段开通，这是杭州正式开通的第4条地铁线路。首通段全长约17.76千米，东西向横穿杭州城北，经过拱墅区、西湖区、余杭区3个城区。5号线首通段通车后，杭州地铁运营里程增加到135.36千米。

25日　省长袁家军率浙江省代表团赴贵州学习考察。26日，浙黔东西部扶贫协作工作会议在贵阳举行，贵州省委书记孙志刚主持会议并讲话。在贵州期间，代表团在贵州省省长谌贻琴等陪同下，深入黔西南州普安县红星村等单位实地考察（27日结束）。

27日　湖北省代表团到浙江考察。两省举行东西部扶贫协作工作座谈会。省委书记车俊，湖北省委副书记、省长王晓东出席并讲话。与会人员观看杭州市对口帮扶恩施州专题片。

△　省政协举行民生协商论坛，围绕“发挥社会组织在基层社会治理中的积极作用”建言资政。省政协主席葛慧君出席并讲话。

28日　省委举行“不忘初心、牢记使命”主题教育专题党课暨担当作为好干部表彰会议，省委书记车俊出席并上专题党课。100名省担当作为好干部受到表彰。

△　省委全面深化改革委员会第四次会议在杭州举行。省委书记、省委全面深化改革委员会主任车俊在会上强调，要出实招硬招，解难题新题，推动改革更好服务发展大局。袁家军、郑栅洁等省领导出席会议。

29日　由上海、江苏、浙江、安徽三省一市政协组成的联动监督调研组，就“长三角区域污染防治协作机制落实情况”专题在浙江开展跨区域调研。省政协主席葛慧君参加调研组在桐乡的相关活动。

30日　“弘扬红船精神 不忘初心使命”座谈会在北京召开。会议由中共中央党校（国家行政学院）中共党史教研部、中央党史和文献研究院第七研究部、光明日报理论部、中共浙江省委宣传部、中共嘉兴市委等单位联合主办。

是月　杭绍台铁路台州中心站在台州开工，中心站是国内首条民资控股高铁PPP项目全线的最大车站。站房规模8万平方米，是杭绍台铁路所有车站中规模最大、难度最高、最为重要的车站，建成后成为台州最大的综合交通枢纽。

7月
July

1日 “学习强国”浙江学习平台全新改版上线。改版围绕学习宣传贯彻习近平新时代中国特色社会主义思想主题，设置“浙里头条”“新思想在浙江”“百灵”“音画视界”等10个栏目，给用户带来更好的阅读、学习和体验。

2日 钱江源国家公园管理局在开化成立。该局由省政府垂直管理，省林业局代管。钱江源国家公园是全国10个国家公园体制试点区之一，也是长三角经济发达地区唯一的试点区，面积252平方千米。

5日 省委书记车俊在杭州会见率团参加第二届海峡两岸青年发展论坛的中国国民党前主席洪秀柱一行。

△ 省委宣传部和台州市委、市政府联合主办的大陈岛垦荒精神理论研讨会在台州举行。2006年8月29日，时任浙江省委书记的习近平到大陈岛考察，凝练概括“艰苦创业、奋发图强、无私奉献、开拓创新”的大陈岛垦荒精神。2016年5月30日，习近平总书记给大陈岛老垦荒队员的后代、台州市椒江区12名小学生回信，提出弘扬传承垦荒精神的殷切期望。

△ 杭州仲裁委员会正式成立全省首家互联网仲裁院——杭州互联网仲裁院。

6日 联合国教科文组织世界遗产委员会第四十三届大会在阿塞拜疆首都巴库举行，中国申报的“良渚古城遗址”被正式列入《世界遗产名录》。至此，中国世界遗产总数达55处。

△ 主题为“携手共创美好未来”的第二届海峡两岸青年发展论坛在杭州省人民大会堂开幕，来自海峡两岸的800多位嘉宾和青年代表相聚一堂，共叙同胞亲情，共谋合作新篇章。省委书记车俊，中共中央台办、国务院台办主任刘结一，中国国民党前主席洪秀柱分别在开幕会上致辞。

9日 由中国互联网协会和中国信息通信研究院联合撰写发布的《中国“智能+”社会发展指数报告2019》显示，浙江省“智能+”公共治理指数位列全国第一位，“智能+”社会发展指数位列全国第三位。

10日 绍兴宁波开通城际列车。沿途有钱清、上虞、余姚等站点，总运营里程128千米，每天开行3对，平均时速为120千米。

12日 国务院新闻办公室在北京举行以“‘八八战略’再深化、改革开放再出发”为主题的庆祝中华人民共和国成立70周年浙江专场新闻发布会，来自境内外30多家媒体的80多位记者，围绕浙江如何坚持丰富发展“八八战略”、深入践行“绿水青山就是金山银山”理念、全面落实长三角一体化发展国家战略、深化“最多跑一次”改革、努力推动民营经济发展继续走在前列、大力推进数字经济“一号工程”和政府数字化转型等问题提问。省委书记车俊做主题发布，省长袁家军回答有关提问。

18日 省农村工作指导员制度实施15周年座谈会在杭州举行。省委书记车俊在会上强调，要坚定不移把农村工作指导员工作引向深入，努力推动“三农”工作继续走在前列。省委副书记郑栅洁主持会议。

23日 省委在平阳县凤卧镇中共浙江省第一次代表大会会址举行座谈会，纪念中共省一大召开80周年。省委书记车俊出席会议并讲话。会前，车俊一行参观中共省一大陈列馆。中共浙江省第一次代表大会是新民主主义革命时期浙江党组织召开的唯一一次全省党代表大会，是浙江党的历史上一个重要里程碑。

26日 《浙江日报》第一版发表长篇报道：《实证中华五千年文明史的圣地——习近平同志关心良渚遗址保护和申遗纪事》。

29日 浙江第九批55名援藏干部人才到达西藏拉萨。

△ 浙江第四批40名干部奔赴青海，开始为期3年的援青之路。

是月 全国哲学社会科学工作领导小组办公室公布2019年国家社会科学基金年度项目（含青年项目）立项结果，最终立项4627项。其中浙江立项数首破300项大关，达305项，创下历史最好成绩。

是月 鲁冠球精神展陈馆在万向公司开馆。曾长期担任万向集团董事局主席和中国乡镇企业协会会长的鲁冠球是闻名全国的著名企业家、改革先行者，并在2018年全国庆祝改革开放40周年大会上，被评为“改革先锋”。

8月
August

10日 凌晨1时45分，第9号台风“利奇马”在温岭市城南镇登陆。此次台风风力超强、雨量超大、范围超广、时间超长、破坏力超大，是1956年以来登陆浙江综合致灾强度最高的台风，给浙江造成的直接经济损失约100亿元。当天凌晨5时，永嘉县岩坦镇山早村发生山洪，22位群众遇难。闻迅后，国务院总理李克强做出重要批示，省委书记车俊立即赶赴永嘉检查指导抢险救灾。

19日 全省深化机构改革总结会议在杭州召开。省委书记车俊在会上强调，要进一步巩固和提升机构改革成果，努力开创全面深化改革新局面，推动治理体系和治理能力现代化。省委副书记、省长袁家军主持会议。

△ 全国第十五届精神文明建设“五个一工程”表彰座谈会在北京举行。在73部入选作品中，浙江的图书《心无百姓莫为官——精准脱贫的下姜模式》和电视剧《可爱

的中国》获特别奖，电视剧《麦香》和歌剧《呦呦鹿鸣》获优秀作品奖，省委宣传部获组织工作奖。

21日　省委书记车俊率省代表团赴吉林学习考察，深入对接浙吉两省对口合作、宁波市与延边州对口帮扶工作，并与吉林省委书记巴音朝鲁、省长景俊海共同出席浙吉两省对口工作交流座谈会。会后两省签订6个重点合作项目。

22日　中国民营企业500强榜单发布，92家浙江企业上榜，其中吉利控股集团排名第11位，继续领跑浙江民企方阵。

29日　由文化和旅游部、浙江省政府主办的第四届国际海岛旅游大会在舟山开幕。25个国家与地区的代表团、近1000名嘉宾与会。开幕式上发布《浙江省海岛大花园建设规划》，提出实施生态护岛、旅游兴岛、绿色用岛、设施联岛、创新活岛五大行动。

30日　省委常委会召开主题教育专题民主生活会。会议聚焦“不忘初心、牢记使命”主题，盘点收获、检视问题、深刻剖析，认真开展批评和自我批评。省委书记车俊主持会议并做总结讲话，中央主题教育第一指导组组长陈际瓦出席并做点评讲话。

△　省政府咨询委员会第七届第一次全体会议在杭州召开。省委书记车俊看望新一届咨询委全体成员。省长袁家军出席会议，为新一届咨询委领导和委员代表颁发聘书并讲话。新一届省咨询委由64人组成。

△　经国务院批准，同意撤销苍南县龙港镇，设立县级龙港市。由建制镇直接升格为县级市，属全国首创。

9月
September

1日　第十届全国残疾人运动会暨第七届特殊奥林匹克运动会在天津闭幕。浙江派出353名运动员，参加游泳、田径、自行车、赛艇等19个大项角逐，斩获137.5枚金牌、104.5枚银牌、46枚铜牌，打破7项世界纪录和17项全国纪录，金牌数、奖牌数双双位居全国35个代表团首位，创造参赛历史最好成绩。

2日　省委党校建校70周年纪念活动暨2019年秋季开学典礼在杭州举行。省委书记车俊到会祝贺并上开学第一课，重点就新时代如何大力弘扬浙江精神、为全省“两个高水平”建设提供强大精神力量，与大家进行交流探讨。会前，车俊考察校史馆。

△　以“知识产权与时代同行”为主题的第十届中国知识产权年会在杭州开幕，全球5大洲40多个国家和地区1万余名参会代表，共同分享知识产权运营之道。

△　全国政协副主席刘奇葆率全国政协调研组，就促进电影产业高质量发展到浙江调研。省政协主席葛慧君陪同调研。

3日　省长袁家军率省政府代表团对沙特阿拉伯进行友好访问，并出席浙江·沙特合作交流会。访问期间，代表团一行实地考察谢巴油田和达曼沙特阿美总部、工业4.0展示厅、贸易公司、阿卜杜勒阿齐兹国王世界文化中心，并参加浙江（舟山）自贸区·沙特阿美合作备忘录签约仪式（5日结束）。

4日　在中华人民共和国成立70周年前夕，省委书记车俊在杭州分别走访慰问了在革命、建设、改革各时期做出突出贡献的徐承楠、曲福仁等8位同志，给他们送上了一份珍贵的礼物——由中共中央、国务院、中央军委颁发的“庆祝中华人民共和国成立70周年”纪念章。

5日　第七届全国道德模范名单揭晓。宁波市鄞州区李惠利小学退休教师周秀芳、省皮肤病防治研究所上柏住院部（麻风病区）护士长潘美儿获此殊荣。

6日　省长袁家军率省政府代表团对卢旺达进行友好访问。其间，袁家军会见卢旺达总统卡加梅，出席中国（浙江）·卢旺达数字经济发展合作论坛并做主旨演讲，还参观浙江援卢科技合作及能力建设成果展，考察阿里巴巴集团、金华职业技术学院援卢成果情况等。

9日　全省“不忘初心、牢记使命”主题教育第一批总结暨第二批部署会议在杭州召开。省委书记车俊主持会议并讲话，强调要全面落实中央“不忘初心、牢记使命”主题教育第一批总结暨第二批部署会议精神，以走在前列的标准开展第二批主题教育，努力实现全程高质量全面高质量。中央主题教育第二巡回督导组组长陈际瓦出席并讲话。省政协主席葛慧君和省委常委出席会议。各设区市市委书记、组织部部长，省直属各单位党委（党组）主要负责人等参加会议。

10日　在第三十五个教师节到来之际，省委书记车俊到浙江师范大学与教师共度教师节，代表省委、省政府向全省广大教师和教育工作者致以节日问候并出席座谈会，与师生代表和金华中小学教师代表共同探讨建设好师范专业、培养好师范生、加强基础教育等问题。

△　国际工业与能源物联网创新发展大会在温州召开。省委书记车俊做出批示。

△　省政协召开十一届九次常委会会议，围绕推动落实长三角区域一体化发展国家战略开展专题协商。省政协主席葛慧君出席并讲话。

11日　省委书记车俊与贵州省委书记孙志刚率领的贵州省党政代表团在杭州进行座谈，就深化合作和共同做好扶贫协作工作进行交流。贵州省省长谌贻琴出席。省委副书记郑栅洁在宁波陪同考察。

△　省长袁家军率省政府代表团在南非进行友好访问。袁家军会见东开普省省长奥斯卡·玛布雅尼，见证杭州余杭区与东开普省萨拉巴特曼区友好交流关系签约，并出席浙江·南非中南青年创新创业交流论坛、中国（浙江）·南非（东开普）经贸交流论坛、“彩虹之约”浙江文旅推广展、浙南合办非洲首个中医类孔子学院揭牌仪式等活动。

12日　省委书记车俊在杭州会见哈萨克斯坦总统托

卡耶夫。

16日　由省委网信办、杭州市委网信办联合举办的“新时代、新形势、新安全”网络安全主题展在省人民大会堂开展，省委书记车俊、省长袁家军参观展览。

△　省委书记车俊、省长袁家军在杭州分别会见前来参加浙江·台湾合作周的两岸企业家峰会台湾方面理事长、台湾地区政界人士萧万长，中国国民党前副主席蒋孝严等台湾客人。

△　在俞秀松诞辰120周年之际，俞秀松纪念馆在诸暨市次坞镇溪埭村俞秀松烈士陵园内开馆。俞秀松是浙江首个共青团组织——社会主义青年团杭州支部的第一任书记，是中国共产党、共青团创立时期的重要人物。

△　省委决定，授予胡兆富“浙江省优秀共产党员”称号，追授金健勇、熊澎桥、李安“浙江省优秀共产党员”称号。胡兆富系常山县人民医院离休医生。战争年代先后参加战役战斗40多次，相继立有特等功2次、一等功7次等26次功勋。转业至地方工作后，淡薄功利，深藏功名，无私奉献，事迹感人。金健勇生前系杭州富阳区公安分局城南派出所所长，熊澎桥生前系宁波市镇海区委常委、区政府党组成员，李安生前系新昌县公安局城东派出所辅警、新昌陆野户外救援队副队长。

17日　杭州西站枢纽暨湖杭铁路工程开工仪式在余杭仓前举行，省委书记车俊宣布开工，省长袁家军讲话。杭州西站枢纽系2022年杭州亚运会重要交通保障工程，汇集高铁、地铁、公交等多种交通方式于一体。

△　省委书记车俊、省长袁家军赴余杭区良渚古城遗址调研。车俊强调，要深入贯彻习近平总书记对良渚古城遗址的重要指示精神，以良渚古城遗址成功申遗为新起点，全力守护好实证中华五千多年文明史的圣地。

△　以“共享机遇、融合发展”为主题的浙江·台湾合作周在杭州开幕。两岸企业家峰会大陆方面理事长郭金龙、台湾方面理事长萧万长，省长袁家军等出席并致辞。与会嘉宾共同见证2018年合作周项目推进情况发布和2019新项目签约，并举行两岸产业融合发展论坛。合作周期间，签约项目32个，投资总额45.8亿美元。

△　省政协发展历程图片展首展式暨《70年·70人》文史图书首发式在杭州举行，省政协主席葛慧君出席并致辞。由省政协主办的“共画同心圆，放歌新时代——庆祝中华人民共和国和人民政协成立70周年书画展”同时在浙江展览馆开展。

△　由省政府地方志办公室和浙江图书馆联合举办的《文化浙江　方志之乡——新中国成立七十周年》展览在浙江图书馆开幕。展览由“方志的起源”“方志的发展”“著名修志人物及修志思想”和“新中国成立以来浙江方志事业成就成果概览”等板块组成，重点展示改革开放以来全省各地方志事业所取得的成就。

18日　省政府与国家统计局在北京签署合作协议，共建统计大数据应用中心。省长袁家军与国家统计局局长宁吉喆举行座谈，并分别代表双方签约。

19日　省政府与国家卫生健康委在北京签署合作协议，共建国家区域医疗中心。省长袁家军与国家卫健委主任马晓伟举行座谈，并分别代表双方签约。

△　“与祖国同行·与时代共进”——浙江省庆祝人民政协成立70周年文艺演出在省人民大会堂举行。省政协主席葛慧君等省领导和各界人士800多人观看演出。

20日　省委书记车俊在杭州看望新当选的省道德模范和亲属代表。第六届浙江省道德模范评选活动评选出助人为乐、见义勇为、诚实守信、敬业奉献、孝老爱亲等五大类28位省道德模范。

24日　省政府任命的国家工作人员宪法宣誓仪式在省人民大会堂举行。省长袁家军监誓。省政府任命的省有关部门和单位的104名负责人依法进行宪法宣誓。

25日　龙港市成立大会举行。省委书记车俊，省委副书记、省长袁家军为“中国共产党龙港市委员会”“龙港市人民政府”揭牌。

△　2019杭州·云栖大会在云栖小镇开幕。省长袁家军出席并发表主旨演讲。阿里巴巴集团董事局主席兼首席执行官张勇做主题演讲。

26日　第四届全省“人民满意的公务员”和“人民满意的公务员集体”表彰大会在杭州召开。大会表彰39位“人民满意的公务员”、20个“人民满意的公务员集体”。

△　浙江广播电视70年成就展在浙江展览馆开幕。省委书记车俊、省长袁家军分别做出批示。

△　省委书记车俊在杭州会见美国印第安纳州州长霍尔科姆一行，双方签署深化友城合作协议。次日，省长袁家军也会见霍尔科姆一行。

△　省委做出关于开展向陈立群学习活动的决定。陈立群原系杭州学军中学校长，退休后远赴贵州省黔东南贫困地区义务支教，任贵州省台江县民族中学校长。先后获贵州省脱贫攻坚优秀共产党员、中国教育十大人物等荣誉。

28日　“我的祖国”——浙江省庆祝中华人民共和国成立70周年大型音乐舞蹈史诗在杭州黄龙体育馆上演。省委书记车俊出席并讲话。袁家军、葛慧君等省党政军领导和全省各界人士代表2500人观看演出。

△　主题为“南孔圣地　衢州有礼”的纪念孔子诞辰2570周年祭祀典礼在衢州孔氏南宗家庙大成殿前举行。

30日　车俊、袁家军、葛慧君、郑栅洁等省领导和杭州市党政军领导与社会各界代表到杭州云居山浙江革命烈士纪念碑前，向人民英雄敬献花篮。

是月　省政府批复同意设立淳安特别生态功能区，这是浙江首创的一个生态“特区”。

是月　省地方志办公室编纂的《浙江通志·大事记》由浙江人民出版社出版发行。这部大事记记载自历史发端至2019年6月特别是中华人民共和国成立70年来浙江的历史巨变，也是浙江历史上第一部贯通古今的大事记。

10月
October

8日　省委书记车俊率浙江省代表团赴重庆学习考察，深入对接对口支援和交流合作工作。在重庆举行浙渝对口支援工作座谈会。中共中央政治局委员、重庆市委书记陈敏尔和车俊出席并讲话，重庆市市长唐良智等出席。

△　省政府与中央广播电视总台在杭州签署深化战略合作协议，合力共建国家级短视频基地，推动媒体融合发展。中央宣传部副部长、中央广播电视总台台长慎海雄，省委副书记、省长袁家军见证签约并讲话。省委常委、宣传部部长朱国贤与中央广播电视总台编务会成员孙玉胜签署深化战略合作备忘录。

9日　省长袁家军在杭州会见比利时西弗兰德省省长卡尔·德卡卢维。

△　交通运输部宣布浙江等13个区域入选首批交通强国建设试点。

△　由国务院新闻办公室监制、中国外文局中国报道社解读中国工作室制作的纪录片《之江故事》在北京举行全球首发仪式。该片记录英国上议院议员麦克·贝茨和夫人李雪琳，用一个月的时间从杭州至温州徒步旅行的精彩故事。以丰富生动的徒步影像和诙谐有趣的镜头语言，传递出生机勃勃、活力洋溢的新时代中国形象。

10日　省委书记车俊率浙江省代表团抵四川学习考察。在成都举行浙川东西部扶贫协作和对口支援工作座谈会，车俊和四川省委书记彭清华等出席。车俊一行先后考察红原县日干乔湿地自然保护区、汶川县映秀镇漩口中学地震遗址、青川县青坪村、浙川扶贫协作产业示范园、娃哈哈集团广元公司、阿坝州特殊教育学校等单位，并看望在川浙商代表。

△　全国政协副主席汪永清率全国政协党外委员专题视察团，就乡村治理创新到浙江开展视察，并召开座谈会听取意见建议。省政协主席葛慧君陪同。

△　浙江启动“农民工学历与能力提升行动”。

11日　首届浙江省国际友城媒体合作传播论坛在杭州开幕。来自亚洲、欧洲、美洲、非洲等67个国家的近120位媒体代表，海外知名智库高层，与浙江主流媒体代表、学者及省内各地代表共叙友谊、共商合作、共谋发展。

12日　全国县域义务教育优质均衡发展督导评估认定启动现场会在海盐召开。教育部部长陈宝生、省长袁家军出席并讲话。教育部副部长郑富芝主持，副省长成岳冲出席，国家督导实地核查组反馈核查意见。

14日　中共中央政治局委员、国务院副总理孙春兰在浙江调研高等教育并出席中国“互联网+”大学生创新创业大赛有关活动。车俊、袁家军等分别参加有关活动。

17日　第四届中国—阿拉伯国家广播电视合作论坛在杭州举行。国家主席习近平致贺信，希望中阿双方携手努力，推动媒体融合发展，打造智慧广电媒体，发展智慧广电网络，为增进中阿民心相通、推动中阿战略伙伴关系发展做出更大贡献。中共中央政治局委员、中央宣传部部长黄坤明出席开幕式，宣读习近平主席贺信并发表主旨演讲。省委书记车俊出席，省长袁家军致辞。论坛由国家广电总局、省政府等共同主办，来自19个国家和地区的300多名中外嘉宾参加。

18日　中共中央政治局委员、中央宣传部部长黄坤明在杭州桐庐县、淳安县、余杭区和嘉兴海宁市调研，他强调要深入学习贯彻习近平总书记在庆祝中华人民共和国成立70周年大会上的重要讲话精神，让高昂的爱国热情、振奋的民族精神成为激励人民一往无前、创造新时代新业绩的强大力量。省委书记车俊等分别参加调研。

△　第三届世界油商大会在舟山开幕。大会现场签约项目21个，涵盖油气储运、贸易、交易、炼化、金融等领域，协议涉及总金额567.6亿元。

20日　第六届世界互联网大会在浙江乌镇开幕。国家主席习近平致贺信。中共中央政治局委员、中央宣传部部长黄坤明出席开幕式，宣读习近平主席贺信并发表主旨演讲。全国政协副主席万钢等出席。省委书记车俊致辞。80多个国家和地区约1500名嘉宾参会。

22日　中央扫黑除恶第11督导组进驻浙江，对扫黑除恶专项斗争和督导整改情况进行“回头看”。督导组在杭州召开“回头看”工作汇报会。督导组组长李智勇传达中央扫黑除恶督导“回头看”总体要求，通报督导组工作安排，省委书记车俊做表态发言。

△　省委举行“建立健全为民办实事长效机制”15周年座谈会。省委书记车俊出席并讲话。省委副书记、省长袁家军主持。

△　安徽省党政代表团到浙江省考察。两省领导在杭州举行座谈。省委书记车俊和安徽省委书记李锦斌出席并讲话。省长袁家军和安徽省省长李国英分别介绍两省经济社会发展情况。

23日　曾任义乌县委书记的“改革先锋”、义乌小商品市场的催生培育者谢高华去世，享年88岁。2018年12月，谢高华被中共中央、国务院授予“改革先锋”称号。

25日　中共中央政治局常委、全国政协主席汪洋在浙江调研。深入杭州、嘉兴的农村、社区、企业园区，了解“委员会客厅”“民生议事堂”等基层政协协商民主生动实践，并主持召开住浙全国政协委员座谈会，听取有关方面意见建议。全国政协副主席兼秘书长夏宝龙参加调研。省委书记车俊陪同调研并做有关工作汇报，袁家军、乔传秀、葛慧君等省领导参加有关活动。

26日　以“汇聚天下英才，共创美好未来”为主题的世界青年科学家峰会在温州召开。国家主席习近平向大会致贺信，希望更多青年科技人才施展抱负、成就梦想，以科技创新引领经济社会发展，共创人类发展的美好未来。全国政协副主席、中国科协主席万钢宣读习近平主席贺信并致辞。省长袁家军致辞。海内外各界人士约800人出席。

△ 浙江警察学院在滨江校区举行庆祝建校70周年大会。

27日 第六届全国残疾人职业技能大赛暨第三届全国残疾人展能节在嘉兴开幕。国务院总理李克强会前就提升残疾人职业技能促进残疾人就业创业工作做出批示。国务委员、国务院残疾人工作委员会主任王勇宣布开幕，省长袁家军致辞。29日活动落下帷幕。浙江代表团以团体总分219分的成绩夺得第一，创历届参赛最好成绩，其中8个单项获得第一名。

28日 由原杭州医学院和浙江省医学科学院合并组建的新杭州医学院正式揭牌。学院组建后，按高等学校建制，管理体制不变。

是月 国务院公布第八批全国重点文物保护单位762处，浙江有50处上榜。

是月 由中国中小城市高质量发展指数研究课题组等单位发布的2019年中国中小城市高质量发展指数研究成果显示，在“2019年度全国综合实力百强县市”“2019年度全国综合实力百强区”“2019年度全国综合实力千强镇前100名”等榜单中，浙江分别有15个入选百强县市、18个入选百强区、17个入选千强镇前100名，继续处于领跑地位。

是月 浙江实现与江苏异地就医门诊费用双向直接结算。其中江苏省试点地区南京、苏州、无锡开通医疗机构461家，浙江试点地区省本级、嘉兴市本级、嘉善县、湖州市本级、安吉县开通医疗机构135家。

11月
November

1日 省委召开常委会会议和常委扩大会议，传达贯彻党的十九届四中全会精神。车俊、袁家军分别传达十九届四中全会有关精神。

△ 长三角生态绿色一体化发展示范区建设推进大会在位于示范区的上海青浦举行。上海市委书记李强、浙江省委书记车俊、江苏省委书记娄勤俭出席并讲话，共同为长三角生态绿色一体化发展示范区、长三角生态绿色一体化发展示范区理事会和长三角生态绿色一体化发展示范区执行委员会揭牌。

2日 以“不忘创业初心、践行‘两个健康’”为主题的中国（温州）新时代“两个健康”论坛在温州召开（“两个健康”是指促进非公有制经济健康发展和非公有制经济人士健康成长）。全国政协副主席、全国工商联主席高云龙出席并致辞。省长袁家军致辞，中央统战部副部长、全国工商联党组书记徐乐江做主旨演讲。

3日 中国唐代文学学会“唐诗之路研究会”在新昌县成立。

4日 省委书记车俊、省长袁家军、省委副书记郑栅洁和省四套班子其他领导到浙江工商大学人民武装学院，集体过“军事日”并出席省委议军会。

5日 省长袁家军出席在上海举行的第二届中国国际进口博览会开幕式并参观部分展馆，随后赴平湖出席全省重大外资项目开工活动。此次开工的项目54个，总投资超过100亿美元，其中中意直升机生产项目总投资128亿元。

△ 浙江演艺集团成立大会暨揭牌仪式在杭州浙江音乐厅举行。该集团由浙江歌舞剧院等单位融合组建。

6日 省委书记车俊在杭州会见塞尔维亚总理布尔纳比奇一行。省长袁家军等参加会见。同日，车俊还会见捷克众议院主席冯德拉切克。

△ 浙江省第十五届大学生运动会开幕式在杭州师范大学举行，有106所高校的1.1万名运动员、教练员参赛。

7日 全省传统制造业改造提升现场推进会在宁波召开。省委书记车俊出席，省长袁家军讲话，省委副书记郑栅洁等参加会议。会上宣读第三批传统制造业改造提升分行业省级试点名单。会前省领导参观全省推进传统制造业改造提升成果展。

8日 全省深化“千万工程”、建设新时代美丽乡村现场会在天台县召开。省委书记车俊出席并讲话。省长袁家军主持。省委副书记郑栅洁宣读命名表彰决定。

△ 第二十五届绍兴黄酒节暨“一带一路”中国（国际）黄酒产业博览会开幕式在绍兴中国轻纺城国际会展中心举行。开幕式上，中国轻工业联合会、中国酒业协会授予绍兴“中国黄酒之都”称号。

9日 中国（浙江）全球科技精准合作交流会暨“一带一路”国际科学组织联盟青年科学家研讨会在杭州召开。省长袁家军、中科院院长白春礼、“一带一路”国际科学组织联盟秘书处代表扎布塔·辛瓦利教授出席并分别致辞。来自30多个国家和地区的专家学者、青年科学家代表、国际科技组织负责人约500人出席。

△ 杭州国际人才交流与项目合作大会在杭州开幕，主会场当日吸引5.7万余名海内外人士共襄盛会。阿里巴巴集团董事局主席、首席执行官张勇，网易公司创始人兼首席执行官丁磊等10人被评为“杭州市杰出人才”。

10日 国务委员王勇在绍兴调研消防救援队伍建设情况并观摩国家综合性消防救援队伍比武竞赛暨灭火救援实战演习。省长袁家军陪同调研并出席活动。

12日 当日零时，第十一个天猫“双11”尘埃落定，数据大屏上显示为2684亿元，又一次刷新了全球商业消费纪录。

△ 江山市泉塘植保专业合作社林德阳申报的甬优12单季晚稻攻关田现场测产验收，测定实收亩产1106.39千克，刷新浙江水稻攻关田亩产纪录。

13日 由省委、省政府主办的第五届世界浙商大会在杭州国际博览中心开幕。省委书记车俊在开幕式上讲话。中央统战部副部长、全国工商联党组书记徐乐江致辞。省长袁家军主持。葛慧君、郑栅洁等省领导和海内外各界来宾2800多人出席。开幕式上，车俊、徐乐江为“高质量发展”领军企业代表颁奖，袁家军和浙商总会会长马云为全球浙商金奖获得者颁奖。车俊、世界500强浙江企业负责人等共同启动“一带一路”战略点线联通仪式，袁家军和浙商代表共同启动“浙商助力长三角一体化”活动。会上举行“四大建设”重大项目签约仪式，有40个项目签约，总投资1764亿多元。

14日　浦江县获第十届中华环境奖优秀奖（城镇环境类）。该奖项由中华环境保护基金会设立，旨在提高全民族环境意识，促进环境保护与可持续发展，是中国环境保护领域最高的社会性奖励。

18日　由国务院新闻办公室、新华通讯社、省政府主办的“中国治理的世界意义”国际论坛在湖州开幕。省委书记车俊、中央宣传部副部长蒋建国出席并分别致辞。来自近20个国家的200多位智库专家、学者汇聚一堂，共同探讨中国治理的世界意义。

19日　全省民政会议暨第六届浙江慈善大会在杭州召开。省委书记车俊、民政部部长李纪恒出席并讲话。省长袁家军主持。会议表彰全省民政系统先进集体和个人、第十届“中华慈善奖”浙江获奖人员、第六届“浙江慈善奖”获奖代表。

△　省长袁家军在杭州分别会见美国科恩集团董事长兼首席执行官威廉·科恩和美国势必锐航空系统公司董事长鲍勃·约翰逊。

△　杭州互联网法院公开在线审理瞿某某通过互联网侵害革命英烈名誉案并当庭宣判，判令被告立即停止侵害行为并在国家级媒体公开赔礼道歉、消除影响。这是全国首例检察机关向互联网法院提起的英烈名誉保护领域民事公益诉讼案。

△　2019年度浙江高新技术企业百强榜单发布，新华三技术有限公司、浙江大华技术股份有限公司、杭州海康威视数字技术股份有限公司等100家企业上榜。全省拥有有效高新技术企业1.2万家。

20日　全省见义勇为先进人物表彰暨见义勇为工作会议在杭州召开。会前，省委书记车俊、省长袁家军看望受表彰的先进人物和家属代表。

21日　省委十四届六次全体（扩大）会议在杭州举行。会议听取和讨论省委书记车俊受省委常委会委托做的工作报告，审议通过《中共浙江省委关于认真学习贯彻党的十九届四中全会精神，高水平推进省域治理现代化的决定》。全会要求以更高的政治站位、更强的责任担当、更大的工作力度，高水平推进省域治理现代化。

△　第二届长三角国际文化产业博览会在国家会展中心（上海）举行。浙江展陈面积4000多平方米，参展企业130家，包含浙报传媒控股集团有限公司、浙江出版联合集团有限公司、浙江华策影视股份有限公司、宋城演艺发展股份有限公司4家“全国文化企业30强”和大丰实业等11家上市文化企业。

25日　《浙江日报》从第一版起，全文刊登《中共浙江省委关于认真学习贯彻党的十九届四中全会精神，高水平推进省域治理现代化的决定》。

28日　全省退役军人工作会议在杭州召开。省委书记车俊做出批示，省委副书记、省长袁家军出席会议，并为全国模范退役军人和全国退役军人工作模范个人颁奖。

29日　省委书记车俊在杭州会见苏里南总统鲍特瑟。省长袁家军出席中国—苏里南工商界午餐会并致辞。

△　福建省委书记于伟国、省长唐登杰和省委副书记王宁率福建省党政代表团在浙江考察。省委书记车俊、省长袁家军和省委副书记郑栅洁分别陪同考察。

△　杭州—开罗航线正式开通。至此，萧山国际机场的国际航点达51个，全省机场的国际航点72个，其中洲际航点16个，形成覆盖五大洲30多个国家（地区）的航线网络。

是月　省政府批复同意设立绍兴滨海新区。新区规划控制总面积430平方千米，空间范围包括现绍兴滨海新城江滨区、绍兴袍江经济技术开发区、绍兴高新技术产业开发区、镜湖新区片区，托管绍兴市越城区皋埠街道、马山街道等9个街道和绍兴市上虞区沥海街道。

12月 December

3日　纪念浙江省人大设立常委会40周年座谈会在杭州举行。省委书记、省人大常委会主任车俊出席并讲话。

4日　省委书记车俊、省长袁家军在杭州看望浙江新当选现两院院士。中国科学院和中国工程院公布的2019年两院院士增选名单中，中国水稻研究所研究员钱前和浙江大学教授叶志镇当选为中国科学院院士。浙江大学教授任其龙、浙江理工大学教授陈文兴、中国水稻研究所研究员胡培松、温州医科大学教授李校堃和阿里巴巴（中国）有限公司王坚当选为中国工程院院士。

5日　世界互联网法治论坛在世界互联网大会永久举办地——乌镇开幕。来自25个国家和地区的首席大法官、大法官、司法官员、专家学者围绕“以法治方式推动建立网络空间命运共同体”主题，共同交流、共商合作、共谋发展。中国最高人民法院院长周强、省委书记车俊、希腊最高民事和刑事法院院长察拉加尼季斯出席开幕式并致辞。论坛主要围绕“网络空间的法治治理模式”“互联网法院的探索与实践”等6个专题进行研讨，并联合发布《世界互联网法治论坛乌镇宣言》。

6日　浙江大学医学院附属第二医院在杭州举行第八届海峡两岸医院院长论坛暨浙大二院建院150周年系列学术活动开幕式。省政协主席葛慧君出席。

10日　省关工委成立30周年暨全省关心下一代工作

"双先"表彰大会在杭州召开。中国关工委主任顾秀莲出席并讲话。会前，省委书记车俊做出批示。

13日　中央全面依法治国委员会办公室第三督察组组长郝赤勇率法治政府建设实地督察组到浙江开展督察。是日，浙江省法治政府建设全面督察工作汇报会在杭州召开，省长袁家军出席并做汇报，郝赤勇讲话。

△　2019国际花园城市竞赛全球总决赛在意大利罗马举行，江山市从全球100多个申报城市中脱颖而出，获"国际花园城市"奖。

15日　第19届亚运会倒计时1000天活动在杭州奥体中心和宁波、温州、金华、绍兴、湖州德清5个分会场举行。亚奥理事会主席艾哈迈德·法赫德·萨巴赫亲王发来贺信。国家体育总局局长苟仲文、省长袁家军、中国残联党组书记周长奎等领导和亚奥理事会终身名誉副主席拉贾·兰德·辛格共同启动倒计时。

26日　省委召开经济工作会议，全面贯彻中央经济工作会议精神，研究部署下一年度经济工作。省委书记车俊讲话，省长袁家军主持并做具体部署。葛慧君、郑栅洁等省领导出席。

27日　根据国家邮政局全国快递业数据监测系统显示，浙江当年快递业务量发件量正式突破130亿件大关，约占全球快递业务总量的11.8%。

28日　中法航空大学项目在杭州市余杭区奠基。该项目落户瓶窑镇，占地100公顷，由北京航空航天大学与法国国立民航大学合作共建。按照"高水平、国际化、新机制"的办学理念，力求打造一所具有民用航空特色的世界一流大学。

30日　全省公安派出所工作会议在杭州举行，30个公安派出所获全省首批"枫桥式公安派出所"称号。此前，浙江有5个公安派出所获评全国首批"枫桥式公安派出所"。会前，省委书记车俊、省长袁家军看望全国、全省首批"枫桥式公安派出所"所长。

31日　浙江省行政争议调解中心揭牌仪式在杭州举行，标志着浙江行政争议调解中心实现省市县全覆盖。省长袁家军、省法院院长李占国为中心揭牌。

（浙江年鉴编辑部）

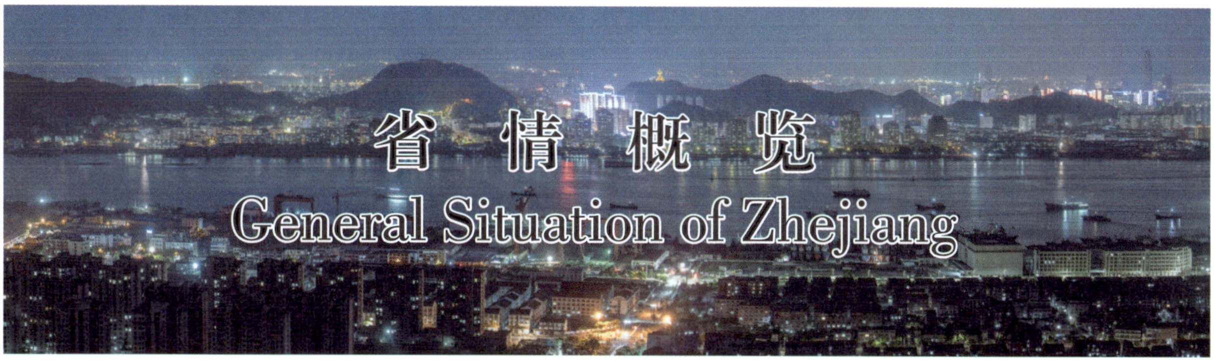

省情概览
General Situation of Zhejiang

历　　史
History

【概况】 浙江历史悠久,是中国古代文明的发祥地之一。据2002年安吉旧石器时代遗址考古发现,大约100万年前在浙江就有远古人类活动。1974年,中国科学院古脊椎动物与古人类研究所和浙江省博物馆专家在建德的乌龟洞中首次发现浙江第一枚远古人类的犬齿化石,被命名为"建德人",其生活年代距今大约10万年前。距今7000年至4000年前,浙江境内人类活动的范围相当广泛。近年来,陆续在浦江县的上山遗址和嵊州市的小黄山遗址发现有近1万年前的新石器时代早期遗址及距今7500年至6500年前的萧山跨湖桥遗址。新石器时代中晚期的遗址发现较多,达100处以上,主要有河姆渡文化(距今7000年至6000年前)、马家浜文化(距今6000年至5000年前)和良渚文化(距今5300年—4000年前)。在余姚市河姆渡遗址出土的文物中,有种类齐全的骨、石、陶、木制成的生产工具和生活用具,大量保存完好的古代稻谷、榫卯结构清楚的木构件、色彩鲜艳的漆碗及能吹出动听音乐的原始骨哨等。良渚文化是继河姆渡文化之后浙江历史文化发展的典型,良渚文化时代的社会、经济和文化发展水平比河姆渡文化时期有长足进步,被誉为"文明曙光"。春秋时期(公元前770年—公元前476年),浙江分属吴、越两国。以会稽(今绍兴)为都城的越国,在越王勾践时期曾经相当富强。战国时(公元前476年—公元前221年)属楚。秦朝(公元前221年—公元前206年)在浙江设置会稽郡。三国时期(220年—280年),浙江富阳人孙权建立吴国。唐玄宗开元二十一年(733年),全国分为十五道,其中江南东道辖今浙江、福建两省。唐肃宗乾元元年(758年),从江南东道中分出两浙道,即浙江东道、浙江西道,浙江作为一个省级行政区的雏形就此成形。公元10世纪初,浙江临安人钱镠据两浙十四州建立吴越国,以今杭州为都城。南宋王朝(1127年—1279年)建都临安(今杭州),历时150多年。元至元二十二年(1285年),江淮行省改为江浙行省,浙江省雏形初具。至正二十六年(1366年),今浙江辖区单独置省。清康熙元年(1662年),浙江等处承宣布政使司改名浙江行省,浙江省省名首次确立。1949年7月29日,浙江省人民政府成立。1955年1月18日,浙江省行政区域全部纳入浙江省人民委员会管辖范围。2019年,全省辖11个设区市,杭州为省会城市。

【经济发达】 历史上,浙江经济较为发达。早在先秦时代,浙江就同东亚、南亚、西亚等地区及国内沿海地区有贸易往来。东汉时(公元25年至184年),浙江已有较大规模的水利工程,煮盐业较为发达,制瓷业达到相当水平。公元3世纪以后,由于北方人口大量南迁,带来先进的生产技术,浙江经济进一步发展。开发较早的平原地区成为田园密迩、物产丰饶之地,原先民户稀少的山区丘陵地带同时得到开发。瓷器烧制初步形成越窑、瓯窑、婺州窑、德清窑4个系统,其中以越窑发展最快、分布最广、质量最佳。商业日渐繁荣。进入公元6世纪,浙江的社会经济快速发展,成为全国工商业发达地区之一。农业产量大幅度提高,杭州、嘉兴成为全国重要粮食产地。丝织、瓷器、造纸等手工业生产发达。商品货币经济活跃,杭州、宁波和温州均为繁荣的商业都市,宁波成为当时中国东南沿海贸易的重要港口。公元10世纪以后,浙江进入封建经济的繁荣时期,"国家根本,仰给东南",浙江成为当时中国富庶的地区之一。粮食产量大幅度提高,经济作物的种类和种植面积有所扩大。丝织、制瓷、造纸、印刷和造船业等在全国居领先地位。商业发达,商业集镇兴起。海外贸易不断扩大,丝绸、茶叶、瓷器成为出口主要商品,宁波、温州成为中国东南部进行对外贸易的重要商埠,海上航行可达日本、朝鲜和东南亚诸国。2019年,全省地区生产总值(GDP)62352亿元,比上年增长6.8%。其中,第一产业增加值2097亿元,第二产业增加值26567亿元,第三产业增加值33688亿元,分别增长2.0%、5.9%和7.8%,第三产业对GDP增长的贡献率为58.9%。财政总收入12267.66亿元,一般公共预算收入7048.58亿元,分别增长4.8%和6.8%。高质量发展势头良好。

【人才荟萃】 在浙江的历史长河中,人才荟萃,群星灿烂,在政治思想、文化等领域,出现不少杰出人物。其中有哲学家、思想家王充、陈亮、刘基、宋濂、王阳明、刘宗周、黄宗羲、龚自珍等，诗人骆宾王、孟郊、朱淑真、周邦彦、陆游、贺知章等，画家黄公望、吴镇、王蒙、徐渭、陈洪绶、马远、任伯年、吴昌硕等，书法家虞世南、褚遂良、赵孟頫等，科学家沈括等，戏剧家李渔、洪昇等，教育家蔡元培等，革命家、中国妇女解放运动的先驱秋瑾及陶成章、章太炎、王国维、马寅初等著名人物。浙江历史上产生《梦溪笔谈》等古代科学名著。自东汉至现代，浙江籍文学家载入史册的超过1000人，约占全国文学家的六分之一。特别是五四运动以来，出现文坛巨匠鲁迅、茅盾及郁达夫、冯雪峰、夏衍、邵荃麟、艾青、丰子恺、徐志摩、吴晗等文学名人。中华人民共和国成立以来的两院院士（学部委员）中，浙江籍的超过五分之一。2019年，浙江省新增两院院士7名。

（浙江年鉴编辑部）

地　理 Geography

【概况】　浙江省位于东南沿海长江三角洲南翼，在东经118°01′16″～123°09′23″、北纬27°02′44″～31°10′57″之间，东濒东海，南接福建，西与江西、安徽相连，北与上海、江苏为邻。境内最大河流为钱塘江，因江流曲折，又称“浙江”，省以江名，简称为“浙”。浙江省东西和南北的直线距离均为450千米左右。全省陆域面积10.55万平方千米，为全国面积的1.1%，是中国面积较小的省份之一。全省面积中，山地和丘陵占70.4%，平原和盆地占23.2%，河流和湖泊占6.4%，故有“七山一水二分田”之说。浙江海域广阔，岛屿星罗棋布。海岸线总长6486千米，居全国首位。

【地形地貌】　浙江地形复杂，整个地势由西南向东北倾斜。西南山地平均海拔高度800米左右，龙泉市境内的黄茅尖高1929米，为全省最高山峰。中部以丘陵为主，大小盆地错落分布于丘陵山地之间。东北部是低平的冲积平原。按地表形态的相似性和地域间的差异性区分，全省可分为浙北平原、浙西中山丘陵、浙东丘陵、中部金衢盆地、浙南山地、东南沿海平原及滨海岛屿等6个地形区。浙江的海域广阔，海岸曲折，形成众多的港湾，其中有杭州湾、象山港、三门湾、台州湾、温州湾、乐清湾。杭州湾是全省最大的港湾，钱塘江河口呈喇叭形，由于潮汐的作用，在海宁附近形成举世闻名的钱江潮。浙江的大陆岸线北起平湖市金丝娘桥，南至苍南县的虎头鼻。沿海岛屿星罗棋布，形同串珠，北自嵊泗县花鸟山岛，南至苍南县七星岛，面积500平方米以上的岛屿有2880个，其中舟山群岛由680多个岛屿组成，是全国第一大群岛。

【江河湖泊】　浙江省河流众多，主要有钱塘江、瓯江、椒江、苕溪、甬江、飞云江、鳌江、京杭运河（浙江段）等8条水系。钱塘江全长668千米，是全省第一大江。全省的湖泊主要分布在杭嘉湖平原和宁绍平原。杭州西湖、宁波东钱湖、嘉兴南湖、绍兴东湖为浙江四大名湖。东钱湖面积22平方千米，为全省面积最大的湖泊。千岛湖即新安江水库，是全省最大的人工湖泊，面积约580平方千米，是国家级风景名胜区。

（浙江年鉴编辑部）

环　境 Environment

【概况】　2019年，浙江省生态环境质量在较高水平上持续改善。全省水质达到或优于地表水环境质量Ⅲ类标准的省控断面占91.4%；跨行政区域河流交接断面水质达标率96.6%；县级以上集中式饮用水水源地水质达标率为96.7%；全省近岸海域水体总体呈中度富营养化状态；县级以上城市日空气质量优良天数比例平均为93.1%；11个设区市日空气质量优良天数比例平均为88.6%；区域环境噪声平均值为54.4分贝，道路交通噪声平均值为67.6分贝；辐射环境质量总体良好，环境电离辐射水平处于本底涨落范围内，环境电磁辐射水平低于国家规定的公众曝露控制限值。全省生态环境状况等级为优，全省生态环境公众满意度平均得分84.09分，连续8年持续上升。成功举行世界环境日全球主场活动和中国环境与发展国际合作委员会年会。

【大气环境】　2019年，浙江省环境空气质量连续第2年总体达标，11个设区市PM2.5平均浓度为31微克/立方米，日空气质量优良天数比例平均为88.6%；县级以上城市PM2.5平均浓度为29微克/立方米，日空气质量优良天数比例平均为93.1%；舟山、丽水、台州、温州等4个城市进入全国168个重点城市空气质量排名前20位。

【酸雨】　2019年，浙江省11个设区市降水pH年均值为5.13，比上年增加0.07，酸雨污染水平有所减轻；平均酸雨率为57.1%，下降1.6个百分点。69个县级以上城市中有56个被酸雨覆盖，其中轻酸雨区41个，中酸雨区14个，重酸雨区1个。从降水化学组成看，全省酸雨类型未发生根本变化，主要致酸物质仍为硫酸盐。

【水环境】　2019年，浙江省水环境质量明显改善，全省地表水总体水质为优。221个省控断面中，Ⅰ至Ⅲ类水质断面占91.4%，比上年上升6.8个百分点。县级以上城市集中式饮用水水源地水质达标率上升2.2个百分点。145个跨行政区域河流交接断面Ⅰ至Ⅲ类比例达到93.8%，上升4.8个百分点；无劣Ⅴ类断面；满足功能要求断面占96.6%，上升6.3个百分点。

【海洋生态环境】　2019年，浙江省近岸海域水质保持稳定。一二类海水占41.4%，三类海水占1.9%，四类和劣四类海水占56.7%，主要超标指标为无机氮和活性磷酸盐。其中，一二类海水比例比上年增加1.8个百分点，三类海水比例减少15.7个百分点，四类和劣四类海水比例增加13.9个百分点。

水体富营养化等级维持在中度。近岸海域海洋生物生存环境质量保持稳定,浮游动物多样性指数为2.41,生境质量等级为一般;浮游植物多样性指数为1.91,生境质量等级为差;底栖生物多样性指数1.10,生境质量等级为差。与上年相比,浮游动、植物和底栖生物生存环境质量等级均持平。潮间带湿地生物生存环境尚可,群落结构基本稳定,生存环境质量等级为差。潮间带生物生存环境总体稳定,多样性指数略有下降。近岸海域表层沉积物85.1%为第一类,14.9%为第二类,质量级别为优良,部分样品铜超标,个别样品滴滴涕超标。第一类沉积物比例上升9.3个百分点,第二类下降7.4个百分点,第三类下降1.9个百分点。全省潮间带湿地沉积物质量级别为优良,75.0%为第一类,12.5%为第二类,12.5%为第三类,部分样品铜、滴滴涕超标,个别样品铅超标,其他指标测值均在第一类标准限值内。潮间带湿地沉积物等级保持优良,各指标均值含量基本稳定,波动较小。

【声环境】 2019年,浙江省11个设区市区域环境噪声平均等效声级在51.5分贝~56.8分贝之间,平均为54.4分贝,比上年上升0.2分贝。在影响城市声环境的各类噪声源中,生活噪声源占54.3%,交通噪声源占30.8%,工业噪声源占7.1%,建筑施工噪声源占3.7%,其他噪声源占4.1%。生活噪声源和交通噪声源仍是主要噪声源,施工、交通和工业噪声平均声级较高。城市道路交通噪声平均等效声级在64.4分贝~69.0分贝之间,平均为67.6分贝,上升0.3分贝,所有设区市均在70分贝控制值内。11个设区市功能区噪声昼间达标率88.2%,夜间达标率63.3%。各类功能区噪声达标率情况不一,一类功能区昼间达标率78.0%,夜间达标率54.5%;二类功能区昼间达标率87.2%,夜间达标率70.8%;三类功能区昼间达标率93.1%,夜间达标率72.4%;四类功能区昼间达标率96.9%,夜间达标率53.9%。

【辐射环境】 2019年,浙江省辐射环境质量总体良好。其中环境电离辐射水平处于本底涨落范围内;环境电磁辐射水平、电磁辐射设施周围环境敏感目标的电磁辐射水平低于国家规定的公众暴露控制限值。全省自动站空气吸收剂量率处于当地天然本底涨落范围内,7个自动站年均值范围为83.6纳戈瑞/小时~102.3纳戈瑞/小时。全省累积剂量测得的空气吸收剂量率处于当地天然本底涨落范围内,11个监测点年均值范围为97.6纳戈瑞/小时~158纳戈瑞/小时。全年全省设区市环境电磁综合电场强度低于《电磁环境控制限制》规定的公众暴露控制限值12伏/米,14个监测点位综合场强测量值范围为0.1伏/米~3.4伏/米,平均值为0.8伏/米。

【土壤环境】 2019年,浙江省主要农区土壤环境质量总体保持稳定。全省持续推进千万亩标准农田质量提升和沃土工程,全省耕地质量等级平均为3.73等,比上年提升0.13等。

【农业农村环境】 2019年,浙江省农业农村环境持续向好。全省农药使用量3.86万吨,比上年下降11.78%,连续7年实现农药用量负增长。全省化肥施用量(折纯)72.5万吨,下降6.76%。农村生活垃圾分类处理建制村覆盖率76%,农村生活垃圾无害化处理率达100%。

【自然生态环境】 2019年,浙江省生态环境状况为优。浙南和浙西区域生态环境状况指数较高,浙北生态环境状况指数相对较低,浙中和浙东南区域介于二者之间。11个设区市的指数分布在62.5~89.4之间,其中丽水最高,嘉兴最低。89个县(市、区)的指数分布在48.1~92.3之间。全省有国家公园体制试点区1个,省级以上自然保护区26个。在长江经济带国家级自然保护区管理评估中,浙江省优良率100%、优秀率77.8%,均名列第一。

【固体废物】 2019年,浙江省印发工业固体废物专项整治行动方案,从"加强数据分析、强化源头管控、发展循环经济、着力畅通出路、持续强化监管"五个方面着力加强工业固体废物管理。全年新增危险废物利用处置能力83.7万吨,有危险废物利用处置能力934万吨,较"十二五"末总能力增加177%。推广全省固体废物监管信息系统应用,完成企业注册3.5万家,运行电子联单15万余条。进口废物184万吨,比上年减少60%;进口废物企业118家,减少6%。

(省生态环境厅　杨志新)

资源·物产 Natural Resources Products

【概况】 至2019年末,全省土地调查面积10.56万平方千米,其中农用地857.27万公顷,占81.2%;建设用地134.01万公顷,占12.7%;未利用地64.56万公顷,占6.1%;耕地面积197.46万公顷,人均耕地面积0.034公顷。全省纳入统计矿产94种。金属矿产中,铁、铜、铅、锌、钼、金、银、钨、锡等矿产地较多,多数为小型矿床或矿点,少数矿产地达到大中型规模。非金属矿产丰富,部分矿种探明资源储量位居全国前列。全省煤炭资源贫乏,陆域尚未发现油气资源。全省区域内的海岸线总长6486千米,海岛岸线4496千米,居全国首位。内水面积3.3万平方千米,领海面积1.1万平方千米,总面积4.4万平方千米。浙江海域有海岛数4350个,面积2022平方千米,是全国海岛最多的省份。全省林地面积660.95万公顷,森林面积607.82万公顷。森林覆盖率(含一般灌木林)61.17%,居全国前列。活立木总蓄积3.67亿立方米,森林蓄积3.3亿立方米。

(省自然资源厅　董川杰)

【水资源】 2019年,浙江省水资源总量1321.36亿立方米,产水系数0.65,产水模数127.3万立方米/平方千米。人均水资源量2280.8立方米。人均综合用水量286.2立方米,人均生活用水量49.6立方米(城镇公共用水和农村牲畜用水不计入生活用水量),其中城镇和农村居民分别为52.6立方米和42.9立方米。农田灌溉亩均用水量325立方米,农田灌溉水有效利用系数0.6。万元国内生产总值(当年价)用水量26.6立方米,万元国内生产总值(可比价)用水量28.8立方米。全省平均水资源利用率12.5%。

(省水利厅)

【海洋资源】 浙江省海域属东海的一部分。全省区域内海岸线总长6486千米,海岛岸线4496千米,居全国首位。内水面积3.3万平方千米,领海面积1.1万平方千米,总面积4.4万平方千米。浙江海域有海岛4350个,面积2022平方千米,约占全国的五分之二,是全国海岛最多的省份。最大的岛屿是舟山本岛,面积502平方千米,为全国第四大岛。浙江省海岸线曲折,海域岛礁众多,底质细软平坦,冷暖海流交替消长,海水营养盐丰富,自然资源集聚明显,种类繁多。全省有适宜开发的岸线761千米,其中可建万吨级以上泊位的深水岸线资源506千米,约占全国深水岸线资源总量的三分之一以上。浙江海域历来是中国最大的渔场,渔业资源蕴藏量205万吨,年可捕量超过105万吨。浙江沿海的海洋生物有1700多种,大部分为鱼类及药用生物,在渔业捕捞对象中,具有较高产量和经济价值的30多种。浙江沿海有可供养殖的浅海400多平方千米,滩涂560平方千米。东海陆架盆地是一个有着良好开发前景的油气资源区,已探明的油气田3处、含油气构造6处、含二氧化碳气构造1处,发现可能含油气构造200多处。浙江沿海有潮间带面积2285平方千米,其中粉砂淤泥质2159.72平方千米。全省沿海潮汐能理论装机容量2896万千瓦,潮流能理论装机容量523万千瓦,波浪能理论装机容量210万千瓦;海岛的有效风能时数大部分在6000小时/年以上。全省有位于海岛上的国家级风景名胜区2处和省级风景名胜区3处。

(省自然资源厅 孙浙英)

【矿产资源】 浙江省非金属矿产资源丰富,金属矿产、能源矿产与水汽矿产资源相对匮乏。2019年,全省开发利用的矿产50种,包括38种非金属矿产、10种金属矿产、1种能源矿产(地热)和1种水气矿产(矿泉水)。非金属矿产的开发利用以普通建筑材料用砂、石、粘土为主。

(省自然资源厅 黑 铮)

【森林资源】 根据《2019年浙江省森林资源及其生态功能价值公告》,2018年末,浙江省林地面积660.23万公顷,森林面积607.56万公顷,森林覆盖率(含一般灌木林)达61.15%,继续位居全国前列;活立木蓄积3.85亿立方米,森林蓄积3.46亿立方米;乔木林单位面积蓄积量80.1立方米/公顷,平均郁闭度0.63,阔叶林和针阔混交林总面积占乔木林的比例上升到64.55%。森林资源质量不断提高,龄组结构、树种结构均朝着逐渐合理分布的可持续经营方向发展。全省森林年吸收二氧化碳总量增加266.01万吨,年释放氧气总量增加194.21万吨,年增率均达3.95%,生态服务功能总价值增加635.28亿元,年增率10.99%,森林生态状况良好,森林生态服务功能增效明显。

(来源《浙江日报》)

气候·水文
Climate·Hydrology

【气候】 2019年,浙江省平均气温18.1℃,比常年偏高0.9℃;年降水量1792.6毫米,偏多20%;日照时数1572.8小时,偏少186.5小时。全年极端天气气候事件频发,气象灾害阶段性集中分布特征明显,综合气象灾害评估为偏轻年景。1—2月,全省出现罕见大范围持续阴雨寡照天气。4—5月,雷电、大风、冰雹等强对流天气频发。6月17日,浙江入梅,比常年偏晚7天,梅雨期暴雨过程频繁,梅雨量比常年同期偏多50%,涝梅冷梅特征明显。7月17日,全省出梅,各地出现阶段性高温。年内有4个台风影响全省,其中,超强台风"利奇马"为1949年以来登陆浙江的第三个超强台风,也是滞留浙江时间最长的超强台风;台风"米娜"10月舟山登陆,是1949年以来第三个在10月份登陆浙江的台风。伏夏至秋季浙中、浙西持续少雨,部分地区伏秋连旱,对农业生产造成较大影响。

气 温 2019年,全省年平均气温18.1℃,比常年偏高0.9℃,比上年偏低0.1℃。各地分布在16.8℃(磐安)~19.7℃(丽水)之间,其中丽水站(监测站,下同)平均温度破历史最高纪录。与常年相比,除平阳偏低0.5℃外,其他地区均偏高,幅度在0.4℃~1.4℃之间。年低温日数(最低气温≤0℃)全省平均5天,比常年偏少16天,低温日数最多为海宁的20天,杭州、萧山、桐庐、淳安、建德、湖州、德清、嘉兴、桐乡、海盐、平湖、金华、永康、遂昌、丽水、余姚、鄞州、北仑、奉化、宁海、石浦、开化、龙游、常山、江山、衢州、绍兴、诸暨、上虞、新昌、嵊州、天台、仙居、洪家、永嘉、平阳等36站破历史最少纪录。年高温日数(最高气温≥35℃)全省平均23天,比常年偏多2天,高温日数最多为丽水的55天,石浦、乐清、泰顺、平阳、嵊泗、普陀等6站破历史同期最少纪录。

降水量 2019年,全省降水量平均为1792.6毫米,比常年偏多20%,比上年偏多221.3毫米,各地降水量分布在1415.1毫米(瑞安)~2446.6毫米(三门)之间,慈溪、宁海、石浦、天台、仙居、定海等6站降水量破历史同期最多纪录。与常年相比,共有60站偏多,偏多幅度在10%~60%之间。共有6站偏少,偏少10%左右。年降水日数全省平均为166天,比常年偏多9天,比上年偏少2天,各地分布在134天(长兴)~221天(泰顺)之间,北仑站降水日数破历史最多纪录。与常年相比,有56站偏多,偏多在1天~35天之间。有10站偏少,偏少在1天~8天之间。

日 照 2019年,全省日照时数平均为1572.8小时,比常年偏少186.5小时,比上年偏少137.4小时。各地分布在1182.4小时(温州)~1931.2小时(海盐)之间,余姚、温州、嵊泗等3站日照时数破历史最少纪录。与常年相比，除海盐偏多133.7小时之外，其他地区均偏少，偏少幅度在1.3小时～443.1小时之间。

【十大气候事件】 “利奇马”重创全省。2019年8月10日1时45分，第9号超强台风“利奇马”在台州温岭城南镇登陆，成为1949年以来登陆浙江的第三强台风，仅次于0608号“桑美”和5612号“温黛”台风。受其影响，临海括苍山过程总降水量达831毫米，破当地台风降水历史纪录。

年初日照之少破纪录。2019年初，全省出现冬季罕见的持续阴雨寡照天气。2019年1—2月，全省平均雨日48天，无日照天数51天，均为历史同期最多；平均累积日照仅137.8小时，为历史同期最少。连续阴雨寡照天气降低蔬菜、水果的品质，对人民生产、生活造成较大影响。

时隔20年再现“冷黄梅”。2019年，全省6月17日入梅，7月17日出梅，均较常年偏晚7天。梅雨期间全省气温总体偏低，比常年同期偏低1.9℃，为1999年以后再次出现的“冷黄梅”。梅雨期全省平均降水量451毫米，比常年偏多5成，全省出现7次较大范围的暴雨过程，主要集中在浙北南部、浙中地区及浙南北部。其中有8个县（市、区）梅雨量超过600毫米，最多为衢江区676毫米。

台风70年来首次在10月登陆舟山。2019年，第18号台风“米娜”（强热带风暴级）于10月1日20时30分在舟山普陀区沈家门登陆，为1949年以来在10月登陆浙江的第三个台风，也是唯一一个在10月登陆舟山的台风。受其影响，浙中北东部地区普降暴雨、大暴雨，局地特大暴雨，定海12小时最大降水量达315毫米，超过当地日最大降水纪录。台风影响期间正值天文大潮，风雨潮三碰头，导致舟山、宁波发生内涝、农田受淹。

秋季降水偏少，浙西干旱严重。2019年9月中旬到12月中旬，全省降水偏少，出现较严重气象干旱。9月11日至12月10日，全省平均降水量127毫米，较常年同期偏少50%。浙江中部、西部地区降水尤其稀少，开化、青田等16个县（市、区）降水量破历史同期最少纪录。长时间的干旱给城乡居民用水和农业生产带来影响。

夏季东风波影响频繁，中北部沿海出现三次大暴雨。2019年夏季受三次东风波影响，省内中北部沿海出现大范围强降水。其中7月2日浙中南沿海出现局部短时暴雨，并伴随雷电大风。8月3—4日，中北沿海出现暴雨，局地大暴雨，最大降水量为嵊泗五龙乡210毫米，并伴随雷电大风，最大风力为象山小东屿22.3米/秒（九级）。9月2日，浙东北地区暴雨，局部大暴雨，最大降水量为镇海岚山193毫米。宁海、象山等地农田受淹，出现山体滑坡等次生灾害。

春寒来袭，早春茶叶受损严重。2019年3月末，受强冷空气影响，全省气温突降。4月1日清晨，浙中北地区最低气温下降至0℃～4℃，局部低于0℃。由于前期气温偏高，茶叶长势良好，气温突降使浙中北部分地区茶叶霜冻害气象指数达到1级，局部地区2级。此次春寒影响明前茶产量，部分茶园早春名优茶绝收。

4月强对流天气频发，闪电次数破纪录。2019年4月，全省出现4次较大范围的强对流天气，分别是9日、21日下午至夜里、23—24日和29—30日。强对流带来雷雨大风、短时暴雨，局部伴有冰雹。根据省闪电监测网监测，全省地闪次数首次在4月超过5万次，为监测网建成以来的最高纪录。其中，23—24日连续两天超过1万次。强对流天气对农业、交通通信等造成不利影响。

“6·6”衢州丽水强降水，多地受淹。2019年6月6日下午至7日上午，衢州、丽水等多地出现暴雨、大暴雨，局部特大暴雨，集中在江山、遂昌等地，平均降水量最大为江山市217毫米，最大为江山贺村镇莲华山333毫米。江山城区6日降水量182毫米，列1956年以来日降水量第二位。强降水造成江山、遂昌等地受淹。

全年气温偏高，降水集中，气象灾害影响严重。2019年全省年平均气温18.1℃，比常年偏高0.9℃，是连续第23个偏高年。全年平均年降水量1792毫米，比常年偏多20%，居1961年以来第六位，各月起伏较大，2月、7月、8月降水异常偏多，9月、11月异常偏少。全年极端天气气候事件频发，气象灾害影响严重，台风、连阴雨、干旱、暴雨、强对流等气象灾害给人民生产生活带来一定不利影响。

（省气象局　汤　赟）

【水文】 浙江受亚热带季风气候影响，降水丰沛，产水量大，多年平均年降水量1603.8毫米，多年平均年陆面蒸发量696.7毫米，多年平均年径流深909.4毫米。降水量、径流量高值区位于东南沿海与西南山区，低值区位于杭嘉湖平原及杭州湾两岸的平原区和舟山群岛，其余地区介于两者之间。陆面蒸发量沿海大于内陆，平原大于山丘。受梅雨和台风暴雨及风暴潮影响，洪涝灾害、风暴潮灾害频发。枯水年份、遭遇“空梅”、梅雨提早或梅雨量少、无台风雨的特殊天气，易发生严重干旱。浙江沿海潮汐主要是太平洋潮波的协振动，分为正规半日潮和不正规半日潮两类，潮流均属正规半日潮流区，是中国的强潮海区之一，杭州湾澉浦站最大实测潮差达9.15米。浙江河流悬移质含沙量较小，各河流多年平均含沙量除曹娥江、江山港、始丰溪和好溪外，其余均低于0.2千克/立方米。

2019年梅雨期间，苕溪、杭嘉湖区、钱塘江、甬江、椒江和瓯江等江河主要（或部分）控制站最高水位超过警戒（或保证）水位。年内，全省有105站次超过警戒水位、25站次超过保证水位（其中，钱塘江兰溪站超过警戒水位2.70米）。特别是7月13日，苕溪、杭嘉湖区、钱塘江和甬江四大水系同日发生超保证水位洪水，属有实测资料以来历史首次。其中，苕溪瓶窑站超保0.20米、杭嘉湖区嘉兴站超保0.20米、钱塘江常山站超保0.40米、甬江余姚站超保0.09米。

8月，受9号台风“利奇马”期间较强降雨等影响，全省主要江河最多时有71站水位同时超过警戒水位（其中45站超过保证水位），部分江河水位创有实测记录以来新高。特别是8月10日，椒江、甬江、苕溪、杭嘉湖区及瓯江（支流楠溪江）五大水系同日发生超警以上洪水，同日发生洪水的流域个数刷新历史纪录。椒江永安溪和支流始丰溪分别发生有实测记录以来第二、第一大洪水，椒江干流临海站实测最高水位10.85米(超过保证水位4.15米，超历史最高0.59米)，创有实测记录以来第一高。甬江余姚站实测最高水位3.13米，列有实测记录以来第二高。

10月，受"米娜"台风等影响，全省河口沿海主要水位和年最高水位均超过警戒水位，超警幅度为0.06米~0.80米。其中，甬江口镇海站出现年最高水位3.10米，列该站1951年以来历史实测第三高，仅次于1997年的3.28米和2000年的3.16米。

(省水利厅)

人口·语言
Population·Dialects

【人口】 2019年末，浙江省常住人口为5850万人，比上年增长2.0%。其中：男性为3004.7万人，占总人口的51.4%；女性为2845.3万人，占总人口的48.6%。性别比为105.6(以女性为100，男性对女性的比例)。居住在城镇的人口4095万人，居住在乡村的人口1755万人，分别占总人口的70.0%和30.0%。0~15岁的人口824.9万人，16~59岁的人口3820.0万人，60岁及以上的人口1205.1万人，分别占总人口的14.1%、65.3%和20.6%。全年全省出生人口60.9万人，人口出生率10.51‰；死亡人口32.0万人，死亡率5.52‰，全年自然增加人口28.9万人，人口自然增长率4.99‰。全省户籍人口5038.91万人。登记在册流动人口2773.9万人，其中来自省外的流动人口2403.3万人，占流动人口总数的86.6%。在浙江居住的人口中包含全部56个民族，世居浙江的少数民族主要是畲族，全省畲族常住人口16.6万人。 (省统计局 胡 东)

【语言】 全省语言均为汉语方言，吴语是省内最主要的汉语方言，俗称"浙江吴语"。此外，境内西部有少量徽语、南部有少量闽语、西北部有少量官话分布，各地方言间的差别明显，存在明显的地域差异和年龄差异。

浙江吴语内部各地区间差异明显，大致可分为浙北片、台州片、温州片、金华片、丽衢片五个方言片。

吴语浙北片 人口约2000多万，共38个区(县、市)。浙北片区域较大，可再分为杭州、嘉兴、湖州、宁波和临绍5个小片。其中杭州小片主要分布在杭州市上城区、下城区、拱墅区街区部分、西湖区街区部分、江干区街区部分和滨江区小部分。嘉兴小片主要分布在嘉兴市秀城区、秀洲区、平湖、桐乡、海宁、嘉善和海盐。湖州小片主要分布在湖州市吴兴区、南浔区、长兴除官话地区、安吉除官话地区和德清，以及杭州市余杭区、拱墅区乡村部分、江干区乡村部分。宁波小片主要分布在宁波市海曙区、江北区、北仑区、鄞州区、镇海区、慈溪县城以外东部地区、余姚县城以外东部地区、象山和宁海岔路以北，以及舟山市定海区、普陀区、岱山和嵊泗。临绍小片主要分布在绍兴市越城区、柯桥区、上虞区、诸暨、嵊州和新昌；杭州市萧山区、滨江区、富阳区、临安区(昌北地区及于潜北部边境除外)、桐庐和建德下包、乾潭、安仁等乡镇，以及宁波市慈溪县城在内西部地区、余姚县城在内以西以北地区，金华市义乌大陈镇北部边境和盘安东北部边境。

吴语台州片 人口约560多万，共12个区(县、市)。主要分布在台州市椒江区、路桥区、黄岩区、临海、温岭、天台、仙居、三门和玉环；宁波市宁海岔路以南地区；温州市乐清清江以北地区，金华市磐安方前镇地区。

吴语温州片 人口约550多万，共13个区(县、市)。主要分布在温州市鹿城区、瓯海区、龙湾区、乐清清江以南、瑞安、永嘉、文成(南田地区除外)、平阳(闽语区除外)、苍南(闽语区除外)、泰顺百丈地区和洞头区大门、麓西、三盘、元觉、霓屿等乡镇，丽水市青田东部的温溪、万山等乡镇；台州市玉环西南部分地区。

吴语金华片 人口约520多万，共11个区(县、市)。主要分布在金华市金东区、婺城区原金华县城及汤溪县、兰溪、东阳、义乌大成镇北部边境除外、永康、武义原宣平县部分除外、磐安方前镇地区除外和浦江；杭州市建德姚村乡、大慈岩镇的檀村、里叶等乡村、丽水市缙云。

吴语丽衢片 人口约462多万，共18个区(县、市)。其内部又分衢州小片和丽水小片。衢州小片主要分布在丽水市莲都区、龙泉、遂昌、松阳、云和、庆元、青田(东部温溪和万山地区除外)、景宁畲族自治县吴语地区，金华市武义县地区；温州市泰顺县城在内罗阳、司前、黄桥等乡镇。丽水小片主要分布在衢州市柯城区、衢江区、江山、常山、开化和龙游；杭州市建德南部边境梅岭等乡村、淳安西南部边界少数乡村如木花坑等。

省内徽语主要分布在西部与安徽省相邻的建德和淳安两县境内，分属徽语绩歙片、休黟片、严州片和祁婺片。省内闽语主要分布在南部与福建省毗邻的苍南、泰顺、平阳、洞头、庆元等县境内，分属闽语闽南片和闽东片。省内的官话集中分布在西北部与安徽、江苏接壤的临安、安吉、长兴等区(县)境内，分属中原官话信蚌片、西南官话鄂北片和江淮官话洪巢片。

随着经济社会的发展，浙江省的汉语方言也在逐步发生重大的变化，各地方言新老派之间的差异越来越明显，老派方言中一些存古的特点新派方言已不再具备，新派方言向普通话靠拢的趋势明显，城镇青少年不会说当地方言的人数日渐增多。

(杭州师范大学 徐 越)

行政区划
Administrative Divisions

【概况】 2019年，浙江省行政区划进一步优化，增设县级市1个，撤并30个乡(镇)，增设15个街道。至年末，全省有11个设区市、37个市辖区、20个县级市、33个县(含1个自治县)，下辖482个街道、619个镇、259个乡。

【行政区划调整】 2019年，浙江省对部分行政区划进行调整。

温州市 撤销苍南县龙港镇，设

立县级龙港市，以原龙港镇的行政区域为龙港市的行政区域，由浙江省直辖、温州市代管。

青田县　撤销祯埠乡建制，设立祯埠镇。调整船寮镇管辖范围，划出仁川、雷石、西村3个行政村。调整瓯南街道管辖范围，划出上岸、白浦、陈学3个行政村。撤销石溪乡建制，设立三溪口街道。调整后，三溪口街道辖14个行政村（原石溪乡的8个行政村、船寮镇划出的3个行政村及瓯南街道划出的3个行政村）。

奉化区　撤销莼湖镇、尚田镇建制，设立莼湖街道、尚田街道。

诸暨市　撤销王家井镇和街亭镇建制，在其行政区域和暨阳街道划出的部分区域（三江新村、城新村、新光村、暨南村）内设立暨南街道。撤销大唐镇和草塔镇建制，在其行政区域内设立大唐街道。撤销店口镇、阮市镇建制，合并设立新的店口镇。撤销江藻镇和直埠镇建制，合并设立姚江镇。

嵊州市　撤销石璜镇、雅璜乡、通源乡建制，合并设立新的石璜镇。撤销谷来镇、王院乡、竹溪乡建制，合并设立新的谷来镇。撤销金庭镇、北漳镇建制，合并设立新的金庭镇。撤销贵门乡和里南乡建制，合并设立新的贵门乡。

上虞区　撤销崧厦镇、沥海镇建制。在原崧厦镇、沥海镇、行政区域内分别设立崧厦街道、沥海街道。

越城区　撤销皋埠镇、陶堰镇、马山镇和孙端镇建制。在原皋埠镇、陶堰镇、马山镇和孙端镇和行政区域内分别设立皋埠街道、陶堰街道、马山街道、孙端街道。

柯桥区　撤销钱清镇、杨汛桥镇、马鞍镇建制。在原钱清镇、杨汛桥镇、马鞍镇行政区域内分别设立钱清街道、杨汛桥街道、马鞍街道。

新昌县　撤销回山镇、双彩乡建制，合并设立新的回山镇。撤销大市聚镇、新林乡建制，合并设立沃洲镇。撤销小将镇、巧英乡建制，合并设立新的小将镇。撤销澄潭镇、梅渚镇建制，在此区域内设立澄潭街道。

2019年浙江省行政区划情况

单位：个

市、县（市、区）	乡	镇	街道	市、县（市、区）	乡	镇	街道	市、县（市、区）	乡	镇	街道	市、县（市、区）	乡	镇	街道
杭州市	23	75	92	**温州市**	26	92	66	**绍兴市**	7	49	47	**舟山市**	5	17	14
上城区			6	鹿城区		2	12	越城区		1	15	定海区		3	10
下城区			8	龙湾区			10	柯桥区		5	11	普陀区		5	4
江干区			10	瓯海区		1	12	上虞区	3	10	8	岱山县	1	6	
拱墅区			10	洞头区	1	1	5	诸暨市	1	17	5	嵊泗县	4	3	
西湖区		2	10	瑞安市	2	9	12	嵊州市	1	10	4	**台州市**	24	61	44
滨江区			3	乐清市	3	14	8	新昌县	2	6	4	椒江区		1	8
萧山区		12	14	龙港市				**金华市**	31	74	42	黄岩区	6	5	8
余杭区		6	14	永嘉县	4	11	7	婺城区	9	9	9	路桥区		4	6
富阳区	6	13	5	平阳县	2	14		金东区	1	8	2	温岭市		11	5
临安区		13	5	苍南县	2	16		兰溪市	3	7	6	临海市		14	5
建德市	1	12	3	文成县	5	12		义乌市		6	8	玉环市	2	6	3
桐庐县	4	6	4	泰顺县	7	12		东阳市	1	11	6	三门县	1	6	3
淳安县	12	11		**嘉兴市**		42	30	永康市		11	3	天台县	5	7	3
宁波市	10	73	73	南湖区		4	9	武义县	7	8	3	仙居县	10	7	3
海曙区	1	7	9	秀洲区		5	4	浦江县	5	7	3	**丽水市**	88	54	31
江北区		1	7	海宁市		8	4	磐安县	5	7	2	莲都区	5	4	6
北仑区			11	平湖市		6	3	**衢州市**	39	43	18	龙泉市	7	8	4
镇海区		2	5	桐乡市		8	3	柯城区	8	2	8	青田县	18	10	4
鄞州区		10	15	嘉善县		6	3	衢江区	8	10	2	缙云县	8	7	3
奉化区		4	8	海盐县		5	4	江山市	5	11	3	遂昌县	11	7	2
余姚市	1	14	6	**湖州市**	6	39	25	常山县	5	6	3	松阳县	11	5	3
慈溪市		14	5	吴兴区	1	5	13	开化县	6	8		云和县	3	3	4
象山县	5	10	3	南浔区		9		龙游县	7	6	2	庆元县	10	6	3
宁海县	3	11	4	德清县		8	4					景宁县	15	4	2
				长兴县	2	9	4								
				安吉县	3	8	4								

（省民政厅）

主要组织机构及其负责人名录

Main Administrative Organs and Corresponding Leaders

（2019年底在任）

中国共产党浙江省委员会

书　记：车　俊
副书记：袁家军　郑栅洁
常务委员：车　俊　袁家军
　　郑栅洁　陈金彪　冯　飞
　　朱国贤　许罗德　黄建发
　　周江勇　熊建平　王昌荣
　　冯文平　陈伟俊
委　员：（81名，按姓氏笔画排序）
　　马小秋　马卫光　马柏伟
　　马晓晖　王文序（女）
　　王文娟（女）　王昌荣
　　王剑侯　王晓峰　王海超
　　王辉忠　车　俊
　　方　敏（女）　尹学群
　　史济锡　冯　飞　冯文平
　　冯波声　吕建楚　朱　晨
　　朱从玖　朱林森　朱国贤
　　朱忠明　乔传秀（女）
　　庄跃成　许罗德　孙贤龙
　　孙景淼　杜世源　李火林
　　李学忠　来颖杰　吴晓东
　　吴海平　吴朝晖
　　何杏仁（女）　汪　瀚
　　沈仁康　张　兵　张　耕
　　张学伟　张雁云　陆发桃
　　陈　龙　陈　浩　陈　新
　　陈伟俊　陈金彪
　　陈奕君（女）　林云举
　　金长征（女，回族）
　　金永辉　周江勇　郑才法
　　郑栅洁　孟　刚　项永丹
　　赵光君　胡海峰　俞东来
　　俞志宏　姚高员　袁家军
　　钱三雄　徐文光　徐宇宁
　　高兴夫　黄建发
　　梁黎明（女）　彭佳学
　　葛慧君（女）　蒋国俊
　　鲁俊（女）　温　暖
　　楼炳文　裘东耀　鲍洪俊
　　褚子育　熊建平　鞠建林
候补委员：（16名，按得票多少排序）
　　徐张艳（女）
　　蓝景芬（女，畲族）
　　蔡袁强　张才方　张晓强
　　郑初一　胡　军　盛秋平
　　王　涛　徐焕明　盛阅春
　　朱重烈　汤飞帆　张　平
　　童亚辉　吴伟斌
秘书长：陈金彪
副秘书长：刘　芸（女）　胡庆国
　　吴伟平　吴信林
　　屠立霞（女）　李　波
　　徐大可　王忠志（兼）

中国共产党浙江省委员会工作部门

省委办公厅（省档案局）

主　任：（暂空）
副主任：王文滋　朱瑞忠
派驻纪检监察组组长：蔡　杭

省委组织部（省公务员局）

部　长：黄建发
常务副部长：张学伟
副部长：鲁　俊（女、兼）　温　暖
　　马小秋　赵雄文
　　胡旭阳　鲍秀英（女、兼）
派驻纪检监察组组长：周鲁明

省委新经济与新社会组织工作委员会

书　记：马小秋
专职副书记：李　强
兼职副书记：陈　浩　江　宇
　　张雪林

省委巡视组

巡视组组长：岑国荣　徐定安
　　万亚伟　赵　克　陈春玉
　　金连山　宋　涛
巡视组副组长：夏一鸣　胡浙金
　　童发根　陈书来　徐其贵
　　李景高　邵向雷　宣新瑞
　　章　伟　何丽娟（女）
　　王　峰（女）　梁山中
　　厉佛灯　胡晓春　洪国良
副厅级巡视专员：林孝双　王正林
　　顾承甫　林华芳　施锦焕
　　陈德毅　叶　鹰　许新光
　　王　蕾（女）

省委宣传部（省政府新闻办公室、省精神文明建设委员会办公室、省新闻出版局〈省版权局〉、省电影局）

部　长：朱国贤
常务副部长：来颖杰
副部长：盛世豪　朱重烈（兼）
　　卢春中　葛学斌　李　杲
　　赵　磊
派驻纪检监察组组长：俞慧敏（女）

省委统战部（省政府侨务办公室）

部　长：熊建平
常务副部长：王晓峰
副部长：陈　浩（兼）　吴振宇
　　楼炳文　张润生　陈　安
　　王利月　谢　辉
派驻纪检监察组组长：庄莉萍（女）

省委政法委员会

书　记：王昌荣
副书记（主持日常工作）：朱　晨
副书记：王双全　朱恒毅　卫中强
　　沈智深
委　员：卢　斌（土家族）　李占国
　　贾　宇　马柏伟　黄宝坤
　　毛善恩
政治部主任：朱巧湘（女）

省委政策研究室

主　任：吴伟平
副主任：朱卫江　杨守卫　童笑柳

省委全面深化改革委员会办公室（省最多跑一次改革办公室）

主　任：陈金彪（兼）
第一副主任：冯　飞（兼）
常务副主任：李岩益
副主任：沈素芹（女）　谢小云
　　董继鸿

省委网络安全和信息化委员会办公室（省互联网信息办公室）

主　任：朱重烈
副主任：季晓斌　马晓军　王尧祥

许　晴(女)
兼职副主任:吴君青　石小忠
徐建华　胡红宪

省委机构编制委员会办公室

主　任:吴伟斌
副主任:余　杰　陈　艳(女)
陈建红　许翰信

省委军民融合发展委员会办公室(省国防科技工业办公室)

主　任:冯　飞(兼)
常务副主任:徐焕明
副主任:严　杰　王叶青
张　文(女)　卢飞云

省委台湾工作办公室(省政府台湾事务办公室)

主　任:庄跃成
副主任:方　颖(女)　何永明
周晁利　章启忠

省委直属机关工作委员会

书　记:陈金彪
常务副书记:郑才法
副书记:鲁维明(女)　王　义
翁春光　吴晓宏
省直机关工委纪检监察工作委员会书记:翁春光

省委巡视工作领导小组办公室

主　任:徐鸣华
副主任:邱志明　王忠民

省委省政府信访局

局　长:王忠志
副局长:邵根宝　王　宏　倪卫东
章朝平

省委老干部局

局　长:鲍秀英(女)
副局长:诸春华　施建荣
王晖玲(女)
林　斌(女、兼)　詹茂伟

省委党校(浙江行政学院)

校(院)长:黄建发
常务副校(院)长:陆发桃
副校(院)长:李盛清　黄华章
徐明华　吴振宇(兼)
吕清民　陈立旭
教育长:(暂空)

省社会主义学院

院　长:姒健敏
常务副院长:吴振宇
副院长:张建明　沈慧虹(女)

省委党史和文献研究室

主　任:胡庆国
副主任:王祖强　曾林平

省档案馆

馆　长:刘　芸(女)
副馆长:张明决　胡元潮　郑金月

浙江省人民代表大会常务委员会

主　任:车　俊
副主任:梁黎明(女)　姒健敏
李卫宁　李学忠　赵光君
史济锡
委　员:(45名,按姓氏笔画排序)
丁祖年　马　以
王文娟(女)　王建康
王敏奇　卢　勇　田宇原
朱林森　朱绍平　任亦秋
苏为华　杜时贵　来颖杰
吴桂英(女)　岑国荣
宋建勋　迟全华　张才方
张必来　张国强　张金如
张学伟　张宝玲(女)
张晓林　陈清玲(女)
范柏乃　林天宁　金兴盛
郑金平　俞　立　袁小强
钱　前　徐　杰　徐伟金
徐纪平　徐鸣华
徐育斐(女)　徐铭恩
郭剑彪　郭清晔　唐睿康
梅新林　章文彪
蔡宛如(女)　臧　平
秘书长:李火林
副秘书长:宋建勋　林天宁　张国强
任亦秋(兼)　陈清玲(女)
徐　杰

省人大法制委员会

主任委员:丁祖年
副主任委员:徐　杰　徐鸣华
任亦秋

省人大常委会法制工作委员会

主　任:任亦秋
专职副主任:田梦海

省人大监察和司法委员会

主任委员:马　以
副主任委员:张晓林　郑孟状

省人大常委会监察和司法工作委员会

专职副主任:郑　军

省人大财政经济委员会(省人大常委会预算工作委员会)

主任委员(主任):张金如
副主任委员(副主任):吴桂英(女)
郑金平　张必来
专职副主任:王柏能　莫红民

省人大教育科技文化卫生委员会

主任委员:金兴盛
副主任委员:来颖杰　梅新林
田宇原

省人大常委会教育科技文化卫生工作委员会

专职副主任:谢国仪

省人大民族宗教华侨外事委员会(省人大常委会外事工作委员会)

主任委员(主任):郭剑彪
副主任委员(副主任):岑国荣
朱绍平　陈清玲(女)
专职副主任:何新国

省人大农业与农村委员会

主任委员:章文彪
副主任委员:王敏奇　迟全华
钱　前

省人大常委会农业与农村工作委员会

专职副主任:(暂空)

省人大环境与资源保护委员会

主任委员:(暂空)
副主任委员:徐纪平　朱林森
　　李小年

省人大常委会环境与资源保护工作委员会

专职副主任:戴均玺

省人大社会建设委员会

主任委员:(暂空)
副主任委员:林天宁　王文娟(女)
　　张才方

省人大常委会社会建设工作委员会

专职副主任:陶　波

省人大常委会代表与选举任免工作委员会

主　任:臧　平
副主任:张学伟　徐　杰、
　　倪永军(专职)

省人大常委会办公厅

主　任:宋建勋
副主任:邵　中　黄玉军　肖鹏青
派驻纪检监察组组长:王　灵

省人大常委会研究室

主　任:张国强
副主任:洪开开　卢群星

浙江省人民政府

省　长:袁家军
副省长:冯　飞　朱从玖　王双全
　　高兴夫　成岳冲
　　王文序(女)　彭佳学
　　陈奕君(女)
秘书长:陈　新
副秘书长:鞠建林　周日星　陈广胜
　　傅晓风　应　雄　董贵波
　　高　屹　蔡晓春　蒋珍贵

浙江省人民政府组成部门和机构

省政府办公厅(省政府参事室)

主　任:鞠建林
副主任:施清宏　李耀武
　　陆伟利(女)　陈新忠
派驻纪检监察组组长:马万里

省发展和改革委员会

主　任:孟　刚
副主任:焦旭祥　徐　幸　吴胜丰
　　胡　奎　陈　伟　陈建忠
　　翁建荣　杜旭亮　谢晓波
派驻纪检监察组组长:范青青

省经济和信息化厅(省中小企业局)

厅　长:徐　旭
副厅长:吴君青　杜华红　岳　阳
　　诸葛建　马锦跃
派驻纪检监察组组长:黄克旭
总工程师:厉　敏

省教育厅

厅　长:陈根芳
副厅长(党委副书记):
　　于武东(党委副书记)、
　　韩　平　于永明　陈　峰
派驻纪检监察组组长:郭丽华(女)

省科学技术厅

党组书记:何杏仁(女)
厅　长:高鹰忠
副厅长:宋志恒　曹新安　章一文
　　孟小军

省民族宗教事务委员会

主　任:楼炳文
副主任:陈振华　莫幸福　钟新章

省公安厅

厅长(督察长):王双全
常务副厅长:毛善恩
副厅长:金伯中　王　建　石小忠
　　刘　静(女)　沈亚平
　　金　志　聂展云　金　捷
　　张阿军(挂职)
派驻纪检监察组组长:陈一行
政治部主任:何小华

省民政厅

厅　长:王剑侯
副厅长:俞志壮　余　强　江　宇
　　方仁表　李　洁
派驻纪检监察组组长:李　谙(女)

省司法厅

厅　长:马柏伟
副厅长:率永利　劳　泓　徐华水
　　蒋建森　王兰青(女)
　　徐晓波
派驻纪检监察组组长:钱国伟
政治部主任:王　争

省财政厅

厅　长:徐宇宁
副厅长:陈焕昌　沈　磊
　　邢自霞(女)　林仁方
　　章忠良
派驻纪检监察组组长:徐首红

省人力资源和社会保障厅

厅　长:鲁　俊(女)
副厅长:刘国富　仉贻泓(回族)
　　陈　中　金林贵　葛平安

省自然资源厅(省海洋局)

厅　长:黄志平
副厅长:马　奇(女)　盛乐山
　　胡　侠(兼)　沈仁华
　　陈远景　夏晓鸿
派驻纪检监察组组长:徐志军
总规划师:暂空

省生态环境厅

厅　长:方　敏(女)
副厅长:虞选凌　张培国　王以淼
　　陈　畅　单锦炎
派驻纪检监察组组长:林金德

省住房和城乡建设厅

厅　长:项永丹
副厅长:应柏平　张清云　张　奕
　　孙哲君　姚昭晖
派驻纪检监察组组长:吕　炯

省交通运输厅

厅　长:陈利幸

副厅长:夏炳荣　王寅中　任　忠　洪秀敏　陈　凯(兼)　蔡　洪

派驻纪检监察组组长:金信地

总工程师:李志胜

省水利厅

厅　长:马林云

副厅长:徐国平　冯　强　蒋如华　杨　炯　李　锐

总工程师:施俊跃

省农业农村厅

厅　长:林健东

副厅长:王通林　童加朝　陈利江　刘嫔珺(女)　孙飞翔　唐冬寿　蔡元杰

派驻纪检监察组组长:傅智超

总农艺师:杨大海

省商务厅

厅　长:盛秋平

副厅长:韩　杰　王　坚　张钱江　房立群(挂职)　张曙明

总经济师:朱　军

省文化和旅游厅

厅　长:褚子育

副厅长:许　澎　杨建武　刁玉泉　叶　菁　卢跃东

省卫生健康委员会

主　任:张　平

副主任(党委副书记):

夏建成(党委副书记)　何保根　孙黎明(女)　夏时畅　曹启峰

派驻纪检监察组组长:郑家淮

省退役军人事务厅

厅　长:林云举

副厅长:金登尚　方金土　宋云峰　郭国松

省应急管理厅

厅　长:凌志峰

副厅长:李会光　赵孟进　王旭昉　李公杭　杨国宏　钱宏丰

省审计厅

厅　长:(暂空)

副厅长:毛子荣　谢永刚　金建培　陈庆忠

总审计师:叶　青(女)

省政府外事办公室(省政府港澳事务办公室)

主　任:金永辉

副主任:彭　波　顾建新　陈江风　姚国文

省政府国有资产监督管理委员会

主　任:冯波声

副主任:陈月亮　朱恒福　刘盛辉　胡信才

派驻纪检监察组组长:白剑峰

总会计师:董正泉

省市场监督管理局(省知识产权局)

局　长:冯水华

副局长:章根明　陈振华　徐润龙(兼)　张雪林　马剑平　卢永福　王状武

派驻纪检监察组组长:卜　敏

总工程师:吴一新

省地方金融监督管理局(省政府金融工作办公室)

局　长:张雁云

副局长:盛益军(女)　潘广恩

省广播电视局

局　长:张伟斌

副局长:单　烈　黄健全　王国富　张广洲

省体育局

局　长:郑　瑶

副局长:鲍学军　吕　林　李　华　胡国平　张亚东

省统计局

局　长:王　杰

副局长:竺　园　方腾高　张兴华　金　川　姚剑平

总统计师:王美福

省粮食和物资储备局

局　长:周维亮

副局长:潘建漳　鲍伟民　李益敏　李武杰

总工程师:叶晓云

省医疗保障局

局　长:杨　烨

副局长:王广兵　龚源昌　艾　川　徐伟伟

省机关事务管理局

局　长:谢济建

副局长:徐樟清　徐建刚　朴芬萍(女)

省人民防空办公室(省民防局)

主　任(局长):肖培生

副主任(副局长):吴家曦　黄运成　方寿祥　严　政

总工程师:王一明

省政府研究室

主　任:应　雄

副主任:俞　征　汪全立

省供销合作社联合社

主　任:邵　峰

副主任:张　建　童日晖　沈省文

监事会主任:张　悦(女)

省政府驻北京办事处

主　任:(暂空)

副主任:毛瑞福　高雪波　倪卫东　杜旭亮

省政府驻上海办事处

主　任:陈东凌

副主任:章春华

省对口支援新疆阿克苏地区和兵团第一师指挥部

指挥长:朱林森

副指挥长:王忠民　陈海涛

省对口支援西藏那曲市指挥部

指挥长:苗伟伦

省对口支援青海省海西蒙古族藏族自治州指挥部

指挥长:蒋伟峰

省地质勘查局

局　长:张金根
副局长:周　艳(女)　严宗保
　　徐　刚　陈启强

中国人民政治协商会议浙江省委员会

主　席:葛慧君(女)
副主席:孙景淼　郑继伟　张泽熙
　　陈小平　吴　晶(女)
　　蔡秀军　陈铁雄　马光明
　　周国辉
常务委员:(88名,按姓氏笔画排序)
　　马永信　马梅芝(女)
　　王　珂　王世民
　　王丽峰(女)　王利月
　　王轶磊　王振滔
　　王淑欣(女)　王喜法
　　仇建平　方向明(女)
　　方法全　计伟荣　帅夔琅
　　叶正波　叶鉴铭
　　田　野(女)　冯仁强
　　冯定献　朱　伟　朱志泉
　　朱法君　华宣奎　庄跃成
　　刘　毅　刘净非(女)
　　汤家友　孙光明　寿剑刚
　　李剑飞　李德麟　杨华勇
　　吴　鸿　吴振宇
　　吴海燕(女)　邱　萍(女)
　　闵　云(女)　张少华
　　张均林　张海萍(女)
　　张润生　陆雅仪(女)
　　陈　忠　陈为能　陈伟华
　　陈仲尼　陈桂秋　陈海啸
　　陈焕昌　陈清莉(女)
　　陈越孟　邵千钧　邵铭法
　　范　渊　林　东　罗建红
　　罗悦明　金　凯　怡　藏
　　宗馥莉(女)　赵如英(女)
　　赵雄文　贲圣林　胡　伟
　　胡少云(女)　段会龙
　　段树民　宦金元　姚少平
　　钱水土　徐志康
　　徐燕峰(女)　郭胜华
　　曹惠婷(女)　章月燕(女)
　　梁细弟　隗斌贤　董中基
　　董建伟　童　健　谢　辉
　　谢永和　谢志坚　楼炳文
　　裘云庆　詹耀良　鲍虎军
秘书长:金长征(女,回族)
副秘书长:帅夔琅　王四清　单志强
　　顾福利　梁细弟
兼职副秘书长:刘净非(女)
　　徐燕峰(女)　刘　毅
　　田　野(女)　章月燕(女)
　　马永信　陶　骏　赵小敏
　　叶　青(女)

提案委员会

主　任:孙光明
副主任:谢　辉　徐燕峰(女)
　　方向明(女)　徐焕明
　　林丹军(女)　陶　骏
　　周剑英(女,专职)

委员工作委员会

主　任:朱　伟
副主任:赵雄文　王利月　马永信
　　宋明顺　程鸿娟(女,专职)

经济委员会

主　任:黄　勇
副主任:邱　萍(女)　陈桂秋
　　仇建平　贲圣林　童亚辉
　　周华富　王春晓(女,专职)

农业和农村委员会

主　任:姚少平
副主任:钱水土　梁细弟　吴　鸿
　　王小龙　应义斌　陈利江
　　王慧琳(女)　孙勤明(专职)

人口资源环境委员会

主　任:华宣奎
副主任:张润生　陈焕昌　张金根
　　王以森　应柏平
　　田　梅(女)
　　叶　青(女,专职)

教科卫体委员会

主　任:杨　敬
副主任:王喜法　吴振宇　叶鉴铭
　　鲍虎军　徐志康　徐润龙
　　章一文　苏长聪

社会和法制委员会

主　任:尚　清
副主任:罗悦明　董建伟
　　刘净非(女)　谢志坚
　　冯仁强　蔡国春　石小忠
　　徐建新　郭　峻(专职)

民族和宗教委员会

主　任:朱志泉
副主任:楼炳文　方法全
　　雷群芳(女,畲族)
　　沈少春(回族)
　　赵　宏(专职)

港澳台侨和外事委员会

主　任:李剑飞
副主任:庄跃成　张海萍(女)
　　章月燕(女)　陈清莉(女)
　　许　勇　郭　东(专职)

文化文史和学习委员会

主　任:潘海生
副主任:寿剑刚　童　健
　　田　野(女)　王轶磊
　　刘　芸(女)　陈东凌
　　柳　河　周　雷(专职)

省政协办公厅

主　任:帅夔琅
副主任:王洪中　袁伟盛　陈振库
派驻纪检监察组组长:张文斌

省政协研究室

主　任:王四清
副主任:黄甲寅

中国共产党浙江省纪律检查委员会浙江省监察委员会

书　记:许罗德
副书记:王海超　罗悦明　暨军民

胡志权
常　委：杜　康　徐鸣华　叶怀贯
陈　欣　孙良根　郑建余
主任候选人：许罗德
副主任：王海超　罗悦明　暨军民
胡志权
委　员：陈　欣　孙良根　郑建余
郭卫东　郑志兵

浙江省高级人民法院

院　长：李占国
常务副院长：朱深远
副院长：何鑑伟　徐建新
陈志君(女)　朱新力
派驻纪检监察组组长：李汉水
政治部主任：黄文斌
审判委员会专职委员：金平强
许惠春　周根才
执行局长：魏新璋

宁波海事法院

院　长：张宏伟
常务副院长：章青山

浙江省人民检察院

检察长：贾　宇
常务副检察长：刘树枝
副检察长：黄生林　陈惠明
高　杰(女)　王祺国
胡东林
派驻纪检监察组组长：郭　敏
政治部主任：胡梅奎
检委会专职委员：钱　华(女)
傅国云　沈雪中

民主党派

中国国民党革命委员会浙江省委员会

主任委员：吴　晶(女)
副主任委员：王建康　叶鉴铭
朱新力　刘净非(女，专职)
段会龙　计伟荣　徐铭恩
朱法君

中国民主同盟浙江省委员会

主任委员：成岳冲
副主任委员：韩　平　罗卫东
方剑乔　许亚南(女)
徐燕峰(女，专职)　唐睿康
苏为华　谢志坚

中国民主建国会浙江省委员会

主任委员：陈小平
副主任委员：张明华　徐育斐(女)
郑亚莉(女)　郭清晔
陈桂秋　陈越孟
计勇强(专职)

中国民主促进会浙江省委员会

主任委员：蔡秀军
副主任委员：谢双成　鲍虎军
张宝珍(女)　陈　忠
刘　毅(专职)　吴国平
卢　勇　王铁磊
王滨梅(女)

中国农工民主党浙江省委员会

主任委员：罗建红
副主任委员：俞　立　蔡宛如(女)
田　野(女，专职)
周智林　陈为能　葛明华
丁列明　徐志康

中国致公党浙江省委员会

主任委员：郑继伟
副主任委员：梁细弟　杜时贵
王　坚　章月燕(女，专职)
裘云庆　胡　伟

九三学社浙江省委员会

主任委员：姒健敏
副主任委员：盛颂恩　罗卫红(女)
马永信(专职)　叶正波
钱　前　方向明(女)
范柏乃

台湾民主自治同盟浙江省委员会

主任委员：张泽熙
副主任委员：胡亚芳(女，高山族)
陈伟华　陈清莉(女)

群众团体

省总工会

主　席：史济锡
副主席、党组书记：张才方
副主席：董建伟　周小兵
张卫华(女)　张兆都
应达伟(挂职)
徐　前(挂职)
陈美芳(女，兼职)
竺士杰(兼职)
叶金龙(兼职)

共青团浙江省委员会

书　记：朱林森
副书记：王慧琳(女)　周苏红(女)
兼职副书记：陈积明　吕义聪

省妇女联合会

主　席：王文娟(女)
副主席：林丹军(女)　童丽君(女)、
陆　英(女)
挂职副主席：李志慧(女)
兼职副主席：方向明(女)
屠红燕(女)　胡朝霞(女)

省科学技术协会

主　席：姚　克(兼)
副主席、党组书记：郑金平
副主席：姜长才　陆　锦　王忠民
挂职副主席：田　梅(女)
兼职副主席：王　涛　李家彪
杨小牛　应义斌　陈剑平
范　渊　蔡袁强

省社会科学界联合会

主　席：蒋承勇(兼)
副主席、党组书记：盛世豪
副主席：陈先春　谢利根
兼职副主席：鲍学军　徐明华
罗卫东　梅新林　蒋国俊
沈满洪　沈　翔　俞世裕
陈利权

省文学艺术界联合会

主　席：许　江(兼)
副主席、党组书记、书记处常务书记：

陈　瑶(女)
副主席、书记处书记:张均林　赵雁君
书记处书记:徐　晓(女)
兼职副主席:茅威涛(女)　麦　家
陈振濂　翁仁康　应雪林
邹跃飞　郁伟年

省工商业联合会

主　席:王建沂
常务副主席候选人、党组书记:陈　浩
副主席:张必来　赵小敏　元成茂
林建良
兼职副主席:励行根　郑坚江
王振滔　潘建清
陈爱莲(女)　李书福
仇建平　胡成中　张天任
姚新义　詹耀良　王世民
冯仁强　熊续强
林俊波(女)　鲁伟鼎

省残疾人联合会

理事长:蔡国春
副理事长:高　翔　黄树良
挂职副理事长:雷绍丽(女,畲族)
兼职副理事长:陈作兵　楼　宝
周佳敏(女)

省归国华侨联合会

主　席:连小敏
副主席:张维仁
兼职副主席:李承成　项芳云(女)
郑　耀　林　东　汤春甫
陈乃科　冯定献　卓旭光
沈　浩　丁列明　杨宝庆
吴超英(女)　詹洪良
尹霄敏　刘光华　季志海
虞安林　王立华(女)
谢树华

中国国际贸易促进委员会浙江省委员会

会　长:陈宗尧
副会长:许　勇　张青山　林　炜

浙江省省属事业单位

杭州纪检监察培训中心

主　任:杜　康
副主任:黄克招
教育长:张旭明

浙江日报报业集团

社　长:唐中祥
总编辑:张　燕(女)
副社长:程为民
副总编辑:周咏南　周天晓　邓　崴
金　波　王水明
纪委书记:钱志富

浙江广播电视集团

总　裁:吕建楚
总编辑:华宣飞
副总裁(副总编辑、纪委书记):
杨　勇　何跃新
胡　戎(副总编辑)
陈立波(副总编辑)
冯钟鸣
傅雪梅(女,纪委书记)
许东良(副总编辑)
郭　庆(副总编辑)

省发展规划研究院

院　长:周华富
副院长:傅金龙　董嘉明
总规划师:徐伟金
总工程师:吴红梅(女)

省农业科学院

党委书记:劳红武(女)
院　长:(暂空)
副院长(纪委书记):杨　华　吴敬华
楼洪志(纪委书记)　戚行江

省社会科学院

党委书记、副院长:俞世裕
院　长:何显明
副院长:胡海良　陈柳裕
陈　野(女)
省地方志办公室主任(省社会科学院党委委员):潘捷军

中国美术学院

党委书记:钱晓芳(女)
院长、党委副书记:许　江
党委副书记:胡钟华　刘　正
副院长(纪委书记):
孙旭东(纪委书记)
姜玉峰　杭　间　高世名
沈　浩

浙江工业大学

党委书记:蔡袁强
校长、党委副书记:李小年
党委副书记:胡　伟　陈　杰
副校长(纪委书记):陈　鹰
顾　玮(纪委书记)
虞晓芬(女)　郑华均

浙江师范大学

党委书记:蒋国俊
校长、党委副书记:郑孟状
党委副书记:沈　希　朱　坚
副校长(纪委书记):李伟健　张根福
钟依均　潘慧炬
傅关福(纪委书记)

宁波大学

党委书记:薛维海
校长、党委副书记:沈满洪
党委副书记:冯志敏
副校长(纪委书记):邵千钧
王杰法(纪委书记)
汪浩瀚　乐传永

浙江理工大学

党委书记:吴锋民
校长、党委副书记:陈文兴
党委副书记:陶伟华　周文龙
副校长(纪委书记):郜正荣　陈文华
孙旭东(纪委书记)
王剑俊　许慧霞(女)
傅　强

杭州电子科技大学

党委书记:王兴杰
校长、党委副书记:朱泽飞
党委副书记:朱　斌　薛晓飞
副校长(纪委书记):郑　宁
牛东红(纪委书记)
吕金海　徐江荣　吴　卿

浙江工商大学

党委书记:金一斌
校长、党委副书记:陈寿灿
党委副书记:李　军　任志国
副校长(纪委书记):苏为华　钱天国
王登先(纪委书记)　赵英军

中国计量大学

党委书记:张土乔
校长、党委副书记:宋明顺
党委副书记:肖　刚　程　刚
副校长(纪委书记):俞晓平
　　王小华(纪委书记)
　　葛洪良　金尚忠

浙江中医药大学

党委书记:孙秋华(女)
校　长:陈　忠
党委副书记:张元龙　陈　刚
副校长(纪委书记):李俊伟　张光霁
　　赵　峰
　　章建生(纪委书记)　温成平

浙江海洋大学

党委书记:严小军
校长、党委副书记:陈建孟
党委副书记:叶　舟　王　捷
副校长(纪委书记):徐十元(满族)
　　徐汉祥　谢永和　吴承亮
　　刘秀丽(女,纪委书记)
　　王瑞飞

浙江农林大学

党委书记:周国模
校长、党委副书记:应义斌
党委副书记:冯尚申　施美红(女)
副校长(纪委书记):
　　钟　平(纪委书记)
　　沈月琴(女)　胡祖吉
　　吴家胜　徐爱俊

温州医科大学

党委书记:吕　帆(女)
校长、党委副书记:李校堃(满族)
党委副书记:吕一军　程锦国
副校长:王良兴　曹建明　陈培根
　　金胜威　吕文革

浙江财经大学

党委书记:李金昌
校长、党委副书记:钟晓敏
党委副书记:黄建新　余建森
副校长(纪委书记):
　　陈金方(纪委书记)
　　王奎泉　励如孟　李占荣
　　李永友

浙江科技学院

党委书记:龚建立
院长、党委副书记:赵东福
党委副书记:符宁平　周加敏
副院长(纪委书记):冯　军　单胜道
　　郑友取
　　陆爱华(女,纪委书记)
　　万　健

嘉兴学院

党委书记:黄文秀
院长、党委副书记:卢新波
党委副书记:吕延勤　严从荃
副院长(纪委书记):费建文
　　周　珊(女)　周亚新
　　胡俊云

浙江传媒学院

党委书记:杨立平(女)
院长、党委副书记:徐小洲
党委副书记:宣裕方　汤兆武
副院长(纪委书记):杨荣耀　姚　争
　　张　梁
　　徐伟标(纪委书记)
　　李文冰(女)

浙江广播电视大学

党委书记:徐公芳
校长、党委副书记:叶　宏
党委副书记:卢　方
副校长(纪委书记):卢文辉
　　唐远彤(女,纪委书记)
　　顾蓓熙(女)

浙江外国语学院

党委书记:宣　勇
院长、党委副书记:洪　岗
党委副书记:曹仁清　赵文波
副院长(纪委书记):
　　邱卫东(纪委书记)　赵庆荣
　　张环宙(女)　李　安
　　柴改英(女)

浙江警察学院

党委书记:蒋珍明
院长、党委副书记:丁　宏
党委副书记:黄兴瑞
副院长(纪委书记、政治部主任):
　　沈慧敏
　　周　钦(政治部主任)
　　金　诚、余丽芬(女)
　　江锡华(纪委书记)

浙江水利水电学院

党委书记:史永安
院长、党委副书记:华尔天
党委副书记:吴小英(女)　严齐斌
副院长(纪委书记):徐金寿　邹　冰
　　姜翰照　赵　玻
　　徐旭东(纪委书记)

浙江音乐学院

党委书记:胡建新
院长、党委副书记:王　瑞
党委副书记:张建国　贾秀英(女)
副院长(纪委书记):张建国
　　方培新(纪委书记)
　　杨九华(白族)　张伟波

杭州医学院

党委书记:姜建鸿
院长、党委副书记:吕建新
党委副书记:吕杭军　娄小娥(女)
副院长(纪委书记):吕杭军　黄东胜
　　何贤晨　郑公寿(纪委书记)

杭州师范大学

党委书记:陈春雷
校长、党委副书记:尚永丰
党委副书记:张志军　王利琳
副校长(纪委书记):胡　华　杨　磊
　　李泽泉(纪委书记)
　　陈永富　方　亮

温州大学

党委书记:谢树华
校长、党委副书记:赵　敏
党委副书记:吴金法　王北铰
　　庄兴忠
副校长(纪委书记):薛　伟　徐和昆
　　蔡曙光　钱　强　王　立
　　杨林书(纪委书记)

绍兴文理学院

党委书记:汪俊昌
院长、党委副书记:王建力
党委副书记:沈　赤　郝敬习(女)
副院长(纪委书记):寿永明　柳国庆

柯　羽(女,纪委书记)
张　宏　黄　坚

湖州师范学院

党委书记:金佩华
院长、党委副书记:张立钦
党委副书记:蒋云良　陈永华
副院长(纪委书记):叶金云
朱鸿(纪委书记)　马志和
陈亚明　舒志定

台州学院

党委书记:崔凤军
院长、党委副书记:陈光亭
党委副书记:潘通天　金先龙
副院长(纪委书记):赵小明　王　正
吴国庆(纪委书记)　胡韶光
李钧敏(女)

丽水学院

党委书记:廖思红(女)
院　长:(暂空)
党委副书记:邵国平　郭献进(回族)
副院长(纪委书记):徐德钦　李俊杰
徐国强(纪委书记)　蒋黎红
叶沙平

宁波工程学院

党委书记:苏志刚
院长、党委副书记:吕忠达
党委副书记:陈方猛　冯杰
副院长(纪委书记):鲍吉龙
王菁华(女)　陈　炳
戴志伟　叶　伦(纪委书记)

衢州学院

党委书记:杨　玲(女)
院长、党委副书记:谢志远
党委副书记:杨　政
副院长(纪委书记):李江波
方正则(纪委书记)　郑文山
吾国强　徐须实

浙江省省属企业单位

浙江出版联合集团有限公司

董事长、党委书记、总裁:鲍洪俊
董事、党委副书记:虞汉胤
董事、副总裁:朱勇良　吴雪勇
何成梁
纪委书记:端木义生

物产中大集团股份有限公司

董事长、党委书记:王挺革
总经理:宋宏炯
副董事长:张　波(女)
董事、党委副书记:宋宏炯　许　强
副总经理:王露宁(女)　高秉学
纪委书记:高建军
工会主席:许　强
监事长:刘纯凯

浙江省机电集团有限公司

董事长、党委书记:谢　平(女)
总经理:杨震宇
董事、党委副书记:杨震宇　葛伟民
副总经理:楼国庆　陈存法　叶健松
纪委书记:任延飞
工会主席:葛伟民

浙江省二轻集团有限责任公司

董事长、党委书记:虞岳明
总经理:吴　敏
董事、党委副书记:吴　敏　陈怀义
副总经理:蔡玉林　来　涛　郦几宁
纪委书记:赵秉凰
工会主席:陈怀义

浙江省建设投资集团有限公司

董事长、党委书记:沈德法
总经理:陈　桁
党委副书记:陈　桁　陈光锋
董事:陈　桁　陈光锋　赵伟杰
副总经理:赵伟杰　刘建伟　吴　飞
纪委书记:陈理泉
工会主席:陈光锋
监事长:方霞蓓(女)
总工程师:蒋　莹

浙江省旅游集团有限责任公司

董事长、党委书记:方敬华
总经理:陈祝毅
董事、党委副书记:陈祝毅　王　剑
副总经理:刘文波　蔡　耘(回族)
刘一灵
纪委书记:徐建良
工会主席:王　剑

浙江省国际贸易集团有限公司

董事长、党委书记:楼　晶
总经理:孙建华
董事、党委副书记:孙建华　郑　伟
副总经理:黄道领　骆敏华(女)
姜巨舫
纪委书记:盛跃星
工会主席:帅长斌

浙江冶金集团(杭州钢铁集团有限公司)

董事长、党委书记:张利明
总经理:林　亮
董事、党委副书记:林　亮　殳黎平
副总经理:李　凯　杨静波　章建成
吴东明
纪委书记:严卫华
工会主席:娄解民
总会计师:吴东明

巨化集团有限公司

董事长、党委书记:胡仲明
总经理:周黎旸
党委副书记:周黎旸　朱林辉
董　事:周黎旸　朱林辉　徐建新
副总经理:徐建新　李　军　邓建明
雷　俊(畲族)　王晓宇(女)
纪委书记:姜增平
工会主席:朱林辉
总工程师:吴周安

浙江省能源集团有限公司

董事长、党委书记:童亚辉
党委副书记:詹　敏　陆　翔
董　事:詹　敏　陆　翔　范小宁
赵建林　孙玮恒
副总经理:詹　敏　范小宁　赵建林
徐小丰　朱松强　王建堂
纪委书记:龚　平
工会主席:胡　斌

浙江省交通投资集团有限公司

董事长、党委书记:俞志宏
总经理:詹小张
党委副书记:詹小张　黄伟建
董　事:詹小张　黄伟建　陈　敏
陈　江
副总经理:陈　敏　陈　江　姜扬剑
汪东杰　邵文年

纪委书记:沈秋明
工会主席:柴云妹(女)

浙江省机场集团有限公司(杭州萧山国际机场有限公司)
董事长、党委书记:王　敏
总经理:郑向平
党委副书记:郑向平　王安平
董　事:郑向平　王安平　王恭裕
副总经理:王恭裕　朱　潜　徐树雄　蒋福敏　魏建根　金胜昔
纪委书记:朱君明
工会主席:郑智银

浙江省海港投资运营集团有限公司、宁波舟山港集团有限公司
董事长、党委书记:毛剑宏
副董事长、总经理:蔡申康
党委副书记:蔡申康　陶成波
董　事:陶成波　宫黎明　倪成钢
副总经理:倪成钢　向坚刚　王　峥　孙大庆　汤宝林
纪委书记:黄清波
工会主席:陈国潘

浙江省农村信用社联合社
理事长、党委书记:王小龙
主　任:金丽丽(女)
党委副书记:金丽丽(女)　潘天灵
副主任:江丕贤　陈博恺　林梅凤　吴　斌
派驻纪检监察组组长:祝昌联

浙商银行股份有限公司
董事长、党委书记:沈仁康
行　长:徐仁艳
董事、党委副书记:徐仁艳　张鲁芸(女)
副行长:徐蔓萱　吴建伟　刘　龙　张荣森
派驻纪检监察组组长:王诗贤

浙江省农村发展集团有限公司
董事长、党委书记:施小东
董事、总经理、党委副书记:吴高平
董事、党委副书记、工会主席:张　城
副总经理:冯洪山　毛利豪　傅德荣　张　勇
纪委书记:许尚金

财通证券股份有限公司
董事长、党委书记:陆建强
董事、总经理:阮　琪
董事、党委副书记:胡国华
副总经理:夏理芬　方铁道
派驻纪检监察组组长:李昌忠
监事长:叶元祖

浙江省国有资本运营有限公司
董事长、党委书记:桑均尧
董事、党委副书记:任潮龙
纪委书记:李天平
工会主席:余显勇

浙江省文化产业投资集团有限公司
董事长、党委书记:姜　军
董事、总经理、党委副书记:蒋国兴
纪委书记:施　扬

驻浙机构

省国家安全厅
厅长、党委书记:黄宝坤
副厅长:施淼炎　叶东大　宋　刚
派驻纪检监察组组长:朱凤生
政治部主任:吴砚群(女)

国家税务总局浙江省税务局
局长、党委副书记:劳晓峰
副局长、党委书记:龙岳辉
副局长:崔成章　王　平　徐敏俊　郑力坚
纪检组组长:陈红卫
总经济师:刘炳荣
总会计师:许祖原

财政部浙江监管局
局长、党组书记:何振国
副局长:辜东方　朱　犇
纪检组组长:朱　犇

杭州海关
关长、党委书记:马建哲
副关长:陈孟裕　田德明　孙荣燕(女)　郑自强　张　翼
纪检组组长:殷玎玓
政治部主任:刘　旭

宁波海关
关长、党委副书记:顾　勤
副关长、党委书记:吕小斌
副关长:董　超　孙向阳　苏　铁
纪检组组长:唐永飞
政治部主任:王继蓬

新华社浙江分社
社长、分党组书记:何玲玲(女)

浙江海事局
局长、党组书记:何易培
副局长:周荣祥　梁永铭　唐伟明
纪检组组长:王士锋

省通信管理局
局长、党组书记:徐建华
副局长、纪检组组长:董　艳(女)

省邮政管理局
局长、党组书记:陈　凯
副局长:黄立群(女)　王德奔

省气象局
局长、党组书记:苗长明
党组副书记、纪检组组长:薛根元
副局长:王仕星　王东法　顾骏强

省地震局(中国地震局干部培训中心)
局长、党组书记:宋新初
副局长:赵　冬　陈乃其　王秋良
纪检组组长:王　剑(女)

国家统计局浙江调查总队
总队长、党组书记:张　斌
副总队长:沈国良　王　萍(女)
纪检组组长:车艳萍(女)

中国银行保险监督管理委员会浙江监管局
局长、党委书记:包祖明

中国证券监督管理委员会浙江监管局
局长、党委书记:田向阳

国家开发银行浙江省分行

行长、党委书记:刘　新

中国农业发展银行浙江省分行

行长、党委书记:樊　荣

中国工商银行浙江省分行

行长、党委书记:戴春林

中国农业银行浙江省分行

行长、党委书记:冯建龙

中国银行浙江省分行

行长、党委书记:郭心刚

中国建设银行浙江省分行

行长、党委书记:邵斌

中国人民财产保险股份有限公司浙江省分公司

总经理、党委书记:岑志刚

中国人寿保险股份有限公司浙江省分公司

总经理、党委书记:林守道

国网浙江省电力有限公司

董事长、党委书记:尹积军
董事、总经理:杨　勇
党委副书记:杨　勇　单　人
副总经理:单　人　赵光静　吴国诚
　　黄晓尧　王凯军
纪委书记:姜启亮
工会主席:杨玉强
总工程师:凌卫家
总会计师:陈树国

杭 州 市

市委

书　记:周江勇
副书记:张仲灿
常　委:佟桂莉(女)　陈擎苍
　　戚哮虎　许　明　戴建平
　　毛溪浩　任明龙　金　志
　　陈新华　张振丰

市人大常委会

主　任:于跃敏(女)
副主任:许勤华　张建庭　郑荣胜
　　陈红英(女)　罗卫红(女)

市人民政府

市　长:(暂空)
副市长:戴建平　柯吉欣　缪承潮
　　王　宏　胡　伟
　　陈国妹(女)　陈卫强

市政协

主　席:潘家玮
副主席:翁卫军　汪小玫(女)
　　叶鉴铭　谢双成　陈永良
　　王立华(女)　周智林
　　冯仁强

市纪委、市监委

书记、主任:陈擎苍

市中级人民法院

院　长:斯金锦

市人民检察院

检察长:陈海鹰

上城区

区委书记:陈　瑾(女)
人大常委会主任:袁建强
区　长:金承涛
政协主席:占仁义

下城区

区委书记:刘　颖
人大常委会主任:杨国琴(女)
区　长:柴世民
政协主席:陈　晨

江干区

区委书记:滕　勇
人大常委会主任:蔡建云
区　长:楼建忠
政协主席:黄爱芳(女)

拱墅区

区委书记:朱建明
人大常委会主任:吴才敏
区　长:章　燕(女)
政协主席:周志辉

西湖区

区委书记:高国飞
人大常委会主任:施迎利(女)
代区长:董毓民
政协主席:叶伟平

滨江区

区委书记:王　敏
人大常委会主任:韩建中
区　长:李志龙
政协主席:俞少平

萧山区

区委书记:佟桂莉(女)
人大常委会主任:裘　超(女)
代区长:章登峰
政协主席:洪松法

余杭区

区委书记:张振丰
人大常委会主任:阮文静(女)
区　长:陈如根
政协主席:沈　昱

富阳区

区委书记:朱党其
人大常委会主任:汤金华
区　长:吴玉凤(女)
政协主席:陆洪勤

临安区

区委书记:卢春强
人大常委会主任:李文钢
区　长:骆安全
政协主席:张金良

建德市

市委书记:童定干
人大常委会主任:叶万生
市　长:朱　欢
政协主席:吴铁民

桐庐县

县委书记:方　毅
人大常委会主任:游　宏
县　长:齐　力
政协主席:王金才

淳安县

县委书记：黄海峰
人大常委会主任：董文吉
代县长：张鸿斌
政协主席：刘小松

宁 波 市

市委

书　记：郑栅洁
副书记：裘东耀　宋越舜
常　委：万亚伟　梁　群　胡　军
　　　　李　军　钟关华（畲族）
　　　　施惠芳　黎伟挺　傅祖民
　　　　陈仲朝　褚银良　沙忠明

市人大常委会

主　任：余红艺（女）
副主任：翁鲁敏（女）　王建康
　　　　王建社　俞　雷　李　谦

市人民政府

市　长：裘东耀
副市长：陈仲朝　李关定　卞吉安
　　　　许亚南（女）　陈炳荣
　　　　沈　敏

市政协

主　席：杨戌标
副主席：林静国　张明华
　　　　崔秀玲（女）　郁伟年
　　　　陈安平　陈为能　叶双猛
　　　　叶正波

市纪委、市监委

书记、主任：傅祖民

市中级人民法院

院　长：周招社

市人民检察院

检察长：戎雪海

海曙区

区委书记：褚孟形
人大常委会主任：陈志国
区　长：褚孟形
政协主席：毕东华

北仑区

区委书记：梁　群
人大常委会主任：邬志刚
区长：孙旭东
政协主席：陈召华

江北区

区委书记：丁晓芳（女）
人大常委会主任：费伟华
区　长：傅贵荣
政协主席：邹宇明

镇海区

区委书记：林雅莲（女）
人大常委会主任：顾国芳
区　长：何黎斌
政协主席：胡祖友

鄞州区

区委书记：褚银良
人大常委会主任：杨慧芳（女）
区　长：王兆波
政协主席：郑坤法

奉化区

区委书记：高浩孟
人大常委会主任：周　涛
代区长：胡永光
政协主席：（暂空）

余姚市

市委书记：奚　明
人大常委会主任：诸晓蓓（女）
市　长：潘银浩
政协主席：陈长锋

慈溪市

市委书记：高庆丰
人大常委会主任：孙百南
代市长：盛　悠
政协主席：陈杰锋

宁海县

县委书记：林　坚
人大常委会主任：徐真民
代县长：滕安达
政协主席：尤玲娟（女）

象山县

县委书记：叶剑鸣
人大常委会主任：金红旗
代县长：包朝阳
政协主席：俞　骏

温 州 市

市　委

书　记：陈伟俊
副书记：姚高员　陈浩
常　委：胡剑谨（女）　方　向
　　　　施艾珠（女）　罗　杰
　　　　马永良　王　军　陈建明
　　　　靳卫东
　　　　姜　军（满族，挂职）

市人大常委会

主　任：葛益平
副主任：仇杨均　徐育斐（女）
　　　　任玉明　王祖焕（回族）
　　　　潘孝政　厉秀珍　张洪国

市人民政府

市　长：姚高员
副市长：陈建明　苗伟伦　汪　驰
　　　　殷志军　孙维国（挂职）
　　　　娄绍光　李无文
　　　　汤筱疏（女）

市政协

主　席：陈作荣
副主席：郑朝阳（女）　王振滔
　　　　黄寿龙　徐有平　鲍小瓯
　　　　诸葛启钏　王丽峰（女）
　　　　林亦俊　陈胜峰

市纪委、市监委

书记、主任：方　向

市中级人民法院

院　长：徐亚农

市人民检察院

检察长：程曙明

鹿城区
区委书记：姜景峰
人大常委会主任：王易进
区　长：白洪楞
政协主席：徐　强

龙湾区
区委书记：陈应许
人大常委会主任：周　赟
区　长：周一富
政协主席：张纯芳

瓯海区
区委书记：王振勇
人大常委会主任：吴宏儒
区　长：曾瑞华
政协主席：林宝新

洞头区
区委书记：王蛟虎
人大常委会主任：叶国胜
区　长：林　霞(女)
政协主席：汪慧平

瑞安市
市委书记：麻胜聪
人大常委会主任：叶建辉
代市长：秦　肖
政协主席：管秀云(女)

乐清市
市委书记：方　晖
人大常委会主任：胡成剑
代市长：徐建兵
政协主席：潘云夫

龙港市
市委书记：郑建忠
人大常委会主任：(暂空)
代市长：何宗静(女)
政协主席：(暂空)

永嘉县
县委书记：王彩莲(女)
人大常委会主任：谢崇福
县　长：林万乐
政协主席：陈建良

平阳县
县委书记：董智武
人大常委会主任：许益伟
县　长：黄　慧(女)
政协主席：曾上俊

苍南县
县委书记：黄荣定
人大常委会主任：黄锦耀
代县长：张本锋
政协主席：陈国苗

文成县
县委书记：刘中华
人大常委会主任：郑建华
县　长：章寿禹
政协主席：刘金红(女)

泰顺县
县委书记：陈永光
人大常委会主任：胡荣登
县　长：王慧杰
政协主席：卢　嫦(女)

嘉 兴 市

市　委
书　记：张　兵
副书记：毛宏芳　王　涛(挂职)
常　委：祝亚伟　陈利众　徐　森
张建明　张仁贵
龚和艳(女)
姜　波(挂职)
于　昕　洪湖鹏

市人大常委会
主　任：刘冬生
副主任：武亮靓　沈利农　朱海平
王马青　张永红(女)

市人民政府
市　长：毛宏芳
副市长：徐　森　姜　波(挂职)
盛全生　邢海华
沈晓红(女)　江海洋
叶忠华

市政协
主　席：高玲慧(女)
副主席：朱静绮(女)　柴永强
马玉华　薛佳平　李　跃
孙建华　敖考权　戴　铭
赵如英(女)

市纪委、市监委
书记、主任：张建明

市中级人民法院
院　长：姚海涛

市人民检察院
检察长：杨劲松(女)

南湖区
区委书记：朱　苗
人大常委会主任：吴　健
代区长：邵潘锋
政协主席：赵建峰

秀洲区
区委书记：吴　燕(女)
人大常委会主任：董苗虎
代区长：刘德威
政协主席：滕根林

平湖市
市委书记：祁海龙
人大常委会主任：胡水良
市　长：仲旭东
政协主席：徐春林

海宁市
市委书记：朱建军
人大常委会主任：姚敏忠
市　长：曹国良
政协主席：周红霞(女)

桐乡市
市委书记：盛勇军
人大常委会主任：张林洪
市　长：于会游
政协主席：蒋惠玲(女)

嘉善县
县委书记：洪湖鹏

人大常委会主任:郑　明
县　长:徐鸣阳
政协主席:何全根

海盐县
县委书记:陈玲芳(女)
人大常委会主任:黄江莺(女)
县　长:王碎社
政协主席:蔡志昌

湖　州　市

市　委
书　记:马晓晖
副书记:王　纲
常　委:夏文星　梁雪冬
范庆瑜(女)　李上葵
江宏勋　杨六顺　徐仲仪
沈铭权

市人大常委会
主　任:胡菁菁(女)
副主任:董立新　曹德平　喻运鑫
胡国荣　沈志华　张兰新
熊全龙

市人民政府
代市长:王　纲
副市长:杨六顺　闵　云(女)
施根宝　蒋伟峰　朱留沙
项乐民　许继清(女,挂职)
夏坚定

市政协
主　席:杨建新
副主席:方新旗　魏　明　钟　鸣
高　东　叶理中
竺　鸽(女)　李　红(女)

市纪委、市监委
书记、主任:梁雪冬

市中级人民法院
院　长:李章军

市人民检察院
检察长:孙　颖(女)

吴兴区
区委书记:吴炳芳
人大常委会主任:吴　旭(女)
区　长:陈　江
政协主席:潘　华

南浔区
区委书记:杨卫东
人大常委会主任:梅爱祥
代区长:温建飞
政协主席:孙根祥

德清县
县委书记:王琴英(女)
人大常委会主任:罗国建
县　长:敖煜新
政协主席:张林华

长兴县
县委书记:周卫兵
人大常委会主任:叶白云
县　长:石一婷(女)
政协主席:潘华明

安吉县
县委书记:沈铭权
人大常委会主任:陆为民
代县长:宋　波
政协主席:叶海珍(女)

绍　兴　市

市　委
书　记:马卫光
副书记:盛阅春　陈　澄
常　委:陈　灿　徐晓光
叶卫红(女)　柴祥群
徐国龙　徐良平　丁如兴
陆　维　栾国栋(挂职)

市人大常委会
主　任:谭志桂
副主任:杨文孝　丁晓燕(女)
王继岗　徐挺富　阮坚勇
孙云耀　傅陆平

市人民政府
市　长:盛阅春
副市长:徐国龙　栾国栋(挂职)
顾　涛(女)　陈德洪
邵全卯　俞流江

市政协
主　席:魏　伟
副主席:冯建荣　胡少云(女)
黄文泽　倪善贵　徐青松
何小玲(女)　余利明(女)
陈国阳　华小洋

市纪委、市监委
书记、主任:陈　灿

市中级人民法院
院　长:唐学兵

市人民检察院
检察长:翁跃强

越城区
区委书记:金晓明
人大常委会主任:章　烽
区　长:袁　建
政协主席:金百富

柯桥区
区委书记:沈志江
人大常委会主任:(暂空)
区　长:赵如浪
政协主席:孟柏干

上虞区
区委书记:陶关锋
人大常委会主任:陈　坚
代区长:徐　军
政协主席:顾世明

诸暨市
市委书记:徐良平
人大常委会主任:姚汉松
代市长:胡华良
政协主席:郭浩良

嵊州市
市委书记:徐建役

人大常委会主任:(暂空)
市　长:严　钢
政协主席:(暂空)

新昌县

县委书记:李　宁
人大常委会主任:求子平
县　长:黄旭荣(女)
政协主席:罗国安

金　华　市

市　委

书　记:陈　龙
副书记:尹学群
常　委:陈　晓　郎文荣　郑余良
林　毅　王振勇　吕伟强
张伟亚　吕　兵(挂职)
郑敏强　李恩华(挂职)

市人大常委会

主　任:黄锦朝
副主任:金中梁　张荣贵　陶国兴
王丁路　周剑敏　陈志身
董巧娟(女)

市人民政府

市　长:尹学群
副市长:陈　晓　吕　兵(挂职)
邵国强　祝伦根　黄　敏
陶叶萍(女)　王　健
董旭斌

市政协

主　席:陶诚华
副主席:傅利常　傅路红　张跃进
许章才　胡锦全　荣安华
邱建中　杨坚明　金　政

市纪委、市监委

书记、主任:郎文荣

市中级人民法院

院　长:汤海庆

市人民检察院

检察长:毛建岳

婺城区

区委书记:蔡　艳(女)
人大常委会主任:朱利群(女)
区　长:黄国钧
政协主席:张茹先(女)

金东区

区委书记:李雄伟
人大常委会主任:邱银泉
代区长:高　峰
政协主席:王瑞海

兰溪市

市委书记:陈峰齐
人大常委会主任:刘成芝
市　长:王新锋
政协主席:徐建祥

东阳市

市委书记:傅显明
人大常委会主任:(暂空)
代市长:楼琅坚
政协主席:(暂空)

义乌市

市委书记:林　毅
人大常委会主任:(暂空)
市　长:王　健
政协主席:葛国庆(女)

永康市

市委书记:金　政
人大常委会主任:陈美蓉(女)
代市长:张群环
政协主席:朱世道

浦江县

县委书记:程天云
人大常委会主任:虞振贤
县　长:俞佩芬(女)
政协主席:郑文红(女)

武义县

县委书记:姚激扬
人大常委会主任:(暂空)
县　长:章旭升
政协主席:何俊有

磐安县

县委书记:王志强
人大常委会主任:陈国标
代县长:金　艳(女)
政协主席:陈剑波

衢　州　市

市　委

书　记:徐文光
副书记:汤飞帆
常　委:傅根友　胡仲明　陈锦标
钱伟刚　蔡旭昶　林晓峰
林建敏

市人大常委会

主　任:居亚平
副主任:马梅芝(女)　俞顺虎
余广宇　朱建华　项瑞良
吴招明

市人民政府

市　长:汤飞帆
副市长:陈锦标　王良春　王顺大
田　俊(女,土家族)
廉　俊　徐利水

市政协

主　席:吴国升
副主席:刘炳炎　金召卫
吕玉茹(女)　吴江平
徐静旋(女)　周　庆
徐旭卿(女)

市纪委、市监委

书记、主任:蔡旭昶

市中级人民法院

代院长:危辉星

市人民检察院

检察长:叶伟忠

柯城区

区委书记:徐利水
人大常委会主任:徐登富
代区长:蒋国强
政协主席:徐连土

衢江区
区委书记:周向军
人大常委会主任:耿建新
区　长:朱素芳(女)
政协主席:赵建新

江山市
市委书记:童炜鑫
人大常委会主任:毛江妹(女)
代市长:王光华
政协主席:郑朝基

龙游县
县委书记:张晓峰
人大常委会主任:周中民
县　长:祝建东
政协主席:洪一舟

常山县
县委书记:叶美峰
人大常委会主任:徐建华
县　长:张少华
政协主席:林红汉

开化县
县委书记:项瑞良
人大常委会主任:张伟刚
县　长:鲁霞光
政协主席:华寿军

舟　山　市

市　委
书　记:俞东来
副书记:何中伟　华　伟
徐张艳(女)
常　委:周　峰　魏　明　刘永艺
宝音太(蒙古族,挂职)
沈国通　唐春所　许小月
蒲晓斌

市人大常委会
主　任:钟　达
副主任:钱　军　李善忠　张　明
周松宽　夏亚红(女)
徐良波

市人民政府
市　长:何中伟
副市长:宝音太(蒙古族,挂职)
许小月　姜建明
方　维(女)
俞晓丹(女,挂职)　陈　隆
毛江平　韩　峻

市政协
主　席:江建国
副主席:忻海平　夏文忠　道　慈
谢永和　邬振悦
孙小晓(女)　张伟平
贝璐国

市纪委、市监委
书记、主任:周　峰

市中级人民法院
院　长:孙公幸

市人民检察院
检察长:黄　辉

定海区
区委书记:庄继艳(女)
人大常委会主任:余河通
区　长:侯富光
政协主席:(暂空)

普陀区
区委书记:张立军
人大常委会主任:戴灵芝(女)
区　长:潘晓辉
政协主席:张禾波

岱山县
县委书记:周国岭
人大常委会主任:(暂空)
代县长:孙志龙
政协主席:陈雅君(女)

嵊泗县
县委书记:方　敏
人大常委会主任:周振海
县　长:邵　雷
政协主席:狄承勇

台　州　市

市　委
书　记:李跃旗
副书记:吴海平　芮　宏
常　委:蔡永波　叶海燕(女)
单　坚　吕志良　周厚江
张加波　经希军(挂职)
徐仁标　蒋华江(挂职)

市人大常委会
主　任:元茂荣
副主任:赵跃进　程　进　李志坚
沈宛如(女)　周先苗

市人民政府
代市长:吴海平
副市长:蔡永波　经希军(挂职)
赵海滨　吴丽慧(女)
蒋冰风　伍建利　林先华

市政协
主　席:陈伟义
副主席:郑米良　陈海啸　徐林德
张锐敏　邵先富　褚义军
曹　羽　李立飞

市纪委、市监委
书记、主任:张加波

市中级人民法院
院　长:王中毅

市人民检察院
检察长:扎　埠

椒江区
区委书记:陈挺晨
人大常委会主任:王国平
代区长:吴华丁
政协主席:严灵章

黄岩区
区委书记:陈建勋
人大常委会主任:蔡　康
代区长:包顺富
政协主席:柯善辉

路桥区

区委书记:潘建华
人大常委会主任:蒋　临
代区长:潘军明
政协主席:戴冬林

临海市

市委书记:梅式苗
人大常委会主任:朱坚国
市　长:王　丹(女)
政协主席:张招金

温岭市

市委书记:徐仁标
人大常委会主任:陈　辉
市　长:王宗明
政协主席:黄海斌

玉环市

市委书记:吴才平
人大常委会主任:施红兵
代市长:周　阳
政协主席:林成辉

天台县

县委书记:管文新
人大常委会主任:林　峰
代县长:杨玲玲(女)
政协主席:陈政明

仙居县

县委书记:林　虹(女)
人大常委会主任:李建平
县　长:颜海荣
政协主席:章维青

三门县

县委书记:杨胜杰
人大常委会主任:蔡周钧
县　长:李昌明
政协主席:吴善灵

丽　水　市

市　委

书　记:胡海峰
副书记:吴晓东　李　锋
常　委:任淑女(女)　方文军
　　　　方健忠　杜兴林　王小荣
　　　　陈　重　赵存志　徐光文

市人大常委会

主　任:虞红鸣
副主任:陈建波　朱继坤　戚永远
　　　　沈根花(女)　杜光旻
　　　　邹培书　郑力平

市人民政府

市　长:吴晓东
副市长:杜兴林　卢彩柳(女)
　　　　杨秀清　毛建国　戴邦和
　　　　楼志坚

市政协

主　席:陈瑞商
副主席:韦铁民　金爱武　朱山华
　　　　邝平正　汤家友　丁绍雄
　　　　丁岳清

市纪委、市监委

书记、主任:方文军

市中级人民法院

院　长:蒋卫宇

市人民检察院

检察长:过孟超

莲都区

区委书记:徐光文
人大常委会主任:陈元龙
区　长:陈　豪
政协主席:谷江南

龙泉市

市委书记:王顺发
人大常委会主任:叶石玄仙
市　长:吴松平
政协主席:刘赤波

云和县

县委书记:叶伯军
人大常委会主任:叶晓勇
县　长:上官国明
政协主席:王新荣

庆元县

县委书记:蓝伶俐(女,畲族)
人大常委会主任:吴青松
县　长:胡献如
政协主席:叶丽娅(女)

青田县

县委书记:戴邦和
人大常委会主任:季力华
县　长:周和平
政协主席:李飞林

遂昌县

县委书记:张壮雄
人大常委会主任:尹建中
县　长:胡　刚
政协主席:华治武

松阳县

县委书记:王　峻
人大常委会主任:(暂空)
县　长:李汉勤
政协主席:毛建南

缙云县

县委书记:李一波(女)
人大常委会主任:周保龙
县　长:王正飞
政协主席:刘旭标

景宁县

县委书记:陈　重
人大常委会主任:严铁华
县　长:钟海燕(女,畲族)
政协主席:张　峰

(省委组织部　提供)

新任省领导
Newly Appointed Provincial Officials

许罗德 男,汉族,1962年5月出生,湖南湘阴人。1983年8月参加工作,1982年6月加入中国共产党。大学学历,经济学学士。

曾任中国人民银行印制总公司财务处干部、主任科员、副处长,中国印钞造币总公司海南华森实业公司总经理,中国印钞造币总公司办公室副主任,中国人民银行办公厅秘书一处处长、秘书处处长、办公厅副主任,中国人民银行支付结算司司长,中国银联股份有限公司副董事长、总裁、党委书记,上海黄金交易所理事长、党委书记,中国银行副行长、党委委员,中央纪委驻海关总署纪检组组长、海关总署党组成员,中央纪委国家监委驻海关总署纪检监察组组长、海关总署党组成员,中央纪委国家监委驻海关总署纪检监察组组长、海关总署党委委员等职。2019年9月任浙江省委常委、省纪委书记,2020年1月在浙江省第十三届人大第三次会议上当选为省监察委员会主任。

陈奕君 女,汉族,1967年3月出生,浙江宁波人。1989年7月参加工作,1985年4月加入中国共产党。在职研究生学历,管理学硕士,讲师。

曾任宁波大学团委干事、副书记、书记,宁波大学学工部副部长、学生处副处长,宁波团市委副书记、党组成员,宁波团市委书记、党组书记,宁波市北仑区委副书记(副厅级),宁波市海曙区委副书记、代区长、区长、区委书记、区人大常委会主任,宁波市副市长,宁波市副市长、鄞州区委书记,宁波市委常委、鄞州区委书记,宁波市委常委、常务副市长,宁波市委副书记、政法委书记,台州市委书记等职。2019年9月任副省长,10月任省政府党组成员。 (省委组织部)

新当选两院院士
New Members of the Chinese Academy of Sciences and Chinese Academy of Engineering

叶志镇 男,汉族,1955年4月出生,浙江苍南人。中共党员。浙江大学材料科学与工程学院教授。长期从事半导体薄膜材料与发光器件研究,开展中国氧化锌p型掺杂研究,开发一批具有自主知识产权的p型掺杂核心技术,在国际上首次用MOCVD技术研制出ZnO-LED原型器件。发展氧化锌透明导电膜技术,应用于国家大型的节能高科技企业,自主创新纳米氧化锌与薄膜设备,为微纳光电子产业发展做出原创工作。发表SCI论文300多篇,发明专利52项。获国家自然科学二等奖1项,省部级科学技术奖一等奖2项、二等奖3项。2008年入选浙江省特级专家。2019年11月当选中国科学院院士。

钱 前 男,汉族,1962年3月出生,安徽安庆人。九三学社社员。中国水稻研究所副所长、研究员。在水稻种质资源的发掘创新、遗传群体构建、重要农艺性状基因克隆与分子育种等领域开展系统深入的研究,将遗传资源和生物技术渗透到水稻育种中,形成鲜明的研究特色,在农学应用基础研究领域取得显著成绩。发表论文140多篇,其中SCI论文90篇,多篇论文发表在Nature、Nature Genetics等杂志上,申请发明专利20多项。获2017年国家自然科学一等奖(排名第三位),国家科学进步二等奖、自然科学二等奖各1项,浙江省科学技术重大贡献奖等。2008年入选浙江省特级专家。2019年11月当选中国科学院院士。

任其龙 男,汉族,1959年1月出生,浙江东阳人。中共党员。浙江大学化学工程与生物工程学院教授、生物质化工教育部重点实验室主任。主要从事化工分离技术研究,在天然活性物质/同系物的分子辨识分离、吸附分离、萃取等领域取得系列创新成果。开发高活性天然维生素E、羊毛脂中的活性成分(去氢胆固醇、胆固醇等)、长春瑞滨等多种天然活性物质及衍生物的工业化生产技术。研发腈纶溶剂硫氰酸钠的工业色谱分离净化技术和固定床吸附法净化硫氰酸钠技术。开展氢等离子体裂解煤制乙炔、等离子体处置危废物等的研究,取得阶段性成果。发表学术论文190多篇,授权发明专利80多项。

获国家技术发明二等奖、中国发明创业奖、优秀中国专利奖各1项，浙江省科学技术奖一等奖2项。2011年被评为浙江省有突出贡献的中青年专家。2019年11月当选中国科学院院士。

胡培松 男，汉族，1964年5月出生，浙江桐庐人。中国水稻研究所所长、研究员。主要从事水稻品质遗传改良研究。建立大规模育种材料品质高效评价技术体系，品质育种效率提高4～5倍；发掘创制D50等品质育种骨干材料，广泛应用于育种实践；育成中鉴100、中嘉早17等主导(推)品种10个，其中6个获国家优质品种补助，中优早3号、中鉴100、中嘉早17等分别居各年代同类品种应用前列。育成品种累计推广1000万公顷，创造经济效益70亿元。发表SCI论文32篇，出版专著1本，获发明专利12项。获国家科技进步奖二等奖2项、浙江省科技进步奖一等奖1项，以及省部级二等奖以上奖励9项。2018年入选浙江省特级专家。2019年11月当选中国工程院院士。

李校堃 男，汉族，1964年2月出生，陕西渭南人，中共党员。温州医科大学校长、教授。长期致力于以成纤维细胞生长因子(FGFs)为代表的生物药物的基础与应用研究。在国际上率先解决FGF蛋白成药过程中的系列基因工程技术难题，研制出具有自主知识产权的3个国家生物制品一类新药(rFGF2、rhFGF2、rhFGF1)和一个III类医疗器械，为治疗严重创伤和难愈性溃疡提供具有主动修复功能的创新药物。发表SCI论文169篇，出版FGF及生物药物专著7部，获得授权发明专利30项，实现成果转化5项。2015年入选浙江省特级专家。2019年11月当选中国工程院院士。

陈文兴 男，汉族，1964年12月出生，浙江绍兴人。浙江理工大学校长、教授。长期从事纺织、丝绸和化纤领域研究工作。提出蚕丝丝胶蛋白质湿热变性变质理论，发明蚕茧高温触蒸前处理新技术并获得广泛应用。针对室内空气中有机化合物和印染废水中染料等有机污染物难降解的特点，提出用环境催化纤维降解有机污染物的新思路。研究开发聚酯液相增黏新技术，实现涤纶工业丝熔体直纺产业化应用。主持承担国家和省部级科研项目20多项，发表SCI/EI论文85篇，授权国家发明专利21项。2011年入选浙江省特级专家。2019年11月当选中国工程院院士。

王　坚 男，汉族，1962年10月出生，浙江杭州人。阿里巴巴集团技术委员会主席。杭州大学工业心理学博士、美国俄亥俄州立大学访问学者，先后任职于原杭州大学、浙江大学、微软亚洲研究院，2008年加盟阿里巴巴集团。作为阿里云的创始人，率先提出计算作为基础公共服务的产业模式，首创以数据为中心的分布式云计算体系结构；攻克计算资源调度、存储管理、多源异构数据计算等多个关键技术，建成中国首个大规模分布式计算系统“飞天”；首次提出城市大脑作为城市新的数字基础设施，开辟以数据资源为关键要素的城市发展路径。获中国电子学会科技进步奖特等奖。2014年当选央视十大科技创新人物。2019年11月当选中国工程院院士。（省科协　耿　介）

全国五一劳动奖章获得者
Recipients of the May First Labor Medal

徐川子 女，汉族，1985年10月出生，浙江杭州人。中共党员。国网浙江杭州市富阳区供电有限公司调控(供服)分中心副主任。十几年如一日在少有女孩问津的电力计量岗位上苦干，30岁成为浙江计量专业的领军人。她原创的电量退补工作法在浙江省范围内推行，近10年未发生一起退补差错，以卓越成绩将“全国电力行业满意服务明星”称号收入囊中。她带领团队获得国家级创新成果5项、申请发明专利41项，获得多项省级及以上荣誉，成为国网公司专家、“全国电力行业技术能手”。她独立研发的运维故障采集设备“E路小黄蜂”成果填补国内空白。她作为唯一的女性“浙电工匠”，以精湛的技艺赢得国家质检总局等部门的肯定，在全国“我身边的计量人”网络投票活动中名列前三甲。曾先后获得“国网公司劳动模范”“杭州市劳动模范”等称号。2019年获全国五一劳动奖章。

蒋建蓉 女，汉族，1964年12月出生，浙江绍兴人。无党派人士。国家税务总局杭州市税务局财务管理处(装备和采购处)处长。在工作中带头深入一线，了解掌握纳税人需求，创新推出“同城通办”、自助办税及网上办税等开创全国纳税服务先例的举措，助推“最多跑一次”改革取得明显成效。杭州市在2016—2018年全国纳税人满意度调查中连续三年位列第一位。在大项工作推进过程中，她身先士卒，勇挑重担，曾累倒在办公桌前，被120紧急送往医院进行手术，住院期间，仍在各个工作联络群为基层干部答疑解惑。因其勇于创新、甘于奉献的突出事迹，被省国税局授予全省国税系统首届“最美国税人”称号。2018年到财务处任职后，带领全处干部完成新旧机构财务衔接，做好新机构资产清查、划转、预算编制、年终决算等工作，构建形成新机构经费保障机制，为全市税务机构改革顺利推进提供有力保障。2019年获全国五一劳动奖章。

周爱芬 女，汉族，1969年1月出生，浙江杭州人。无党派人士。杭州市竞舟小学校长、杭州市周浦小学校长，中学高级(副高)职称。作为省特级教师，近10年来，周爱芬一直致力于推进教育优质均衡工作。为各地培养骨干教师，联合全国各地名师开展教学研讨活动50多次，承担或参与省内外100多个师资培训项目，工作室有14名学员晋升为副高职称，工作室被评为省巾帼文明岗，学校被评为省首批示范性教师发展学校。作为校长，周爱芬坚持党的教育方针，立德树人，培养德智体美劳全面发展的学生。努力办好每一所学校，不论是担任求是教育集团副总校长、翠苑一小校长，还是担任竞舟小学校长、周浦小学校长，都致力于探索多种路径促进西湖教育的优质均衡，近5年来学校获得全国省市荣誉30多项，办学水平不断提升。周爱芬从2001年起一直担任西湖区人大代表（政协委员），2016年至今担任市、区知联会理事，始终做到积极建言献策，关心关注教师队伍建设，助推西湖区教育事业发展，发挥代表应有的作用。2019年获全国五一劳动奖章。

张文其　男，汉族，1971年3月出生，浙江杭州人。中共党员。浙江富春江通信集团有限公司生产车间负责人。30年来通过理论学习、实践探索和大胆创新，使项目设计施工更趋合理。通过对设备进行技术改造，节约人量成本，为公司直接创效近3亿元。带领团队对多项生产设备进行技术创新，获得专利20多项。其研发的“高压混合式并联型静止同步补偿装置”，每年节约电费300多万元。利用“省级技能大师工作室”平台，培养高技能人才50多人。2019年获全国五一劳动奖章。

张锡波　男，汉族，1979年4月出生，浙江宁波人。宁波新胜中压电器有限公司研发中心主任，高级技师。多年来，与班组骨干制订各类产品的规程、制度，确保各类新产品快速投入生产。公司智能生产线的投用成为企业走向智能制造的标志，在不增人的情况下增效20%以上。牵头负责企业科技创新项目，协调主持各项新产品的研发、试制、高压试验，每年为公司增收1000多万元。中心24项研发技术专利获授权，7项软件获著作权。作为一名来自基层一线的省、市两级人大代表，利用与群众朝夕相处、“零距离”接触的优势，认真履行代表职责，累计领衔提交建议23件，其中1件被列为省人大常委会重点督办建议并获评省优秀建议。2019年获全国五一劳动奖章。

王以科　男，汉族，1972年5月出生，浙江江山人。中共党员。中海石油宁波大榭石化有限公司首席工艺工程师。主导发起生产全过程达标竞赛活动，公司加工吨油能耗由131千克标油下降至113千克标油，相对设计值降低18.4千克标油，公司各装置能耗达到行业先进水平。带领团队提出并实施高低瓦及氢气系统优化、碳五流程优化改造、轻重污油系统优化等技术革新项目20多项，有效解决影响企业安全生产的瓶颈问题，为企业创效1.2亿元。牵头成立大榭石化劳模创新工作室和职工创新工作室，实施“全厂氢气资源及管网优化”“二甲苯制乙苯技术研究”“污水汽提及焚烧炉尾气治理研究”等技术创新和技术攻关项目51项，为企业增效2亿余元。2019年获全国五一劳动奖章。

叶辽宁　男，汉族，1965年12月出生，浙江余姚人。中共党员。舜宇集团有限公司董事长、党委书记。带领舜宇集团全体员工坚守产业定位，深入实施名配角战略和转型升级发展规划，整个集团经营业绩逆势而上，连创历史新高。坚持做深做精优势业务，持续优化客户结构和产品结构，使三大事业稳步发展。舜宇集团车载光学镜头、光学玻璃镜片居全球第一位，手机镜头、手机摄像模组居全球第二位，连续6年蝉联余姚市纳税大户。“管、做、送”智能系统方案在航空航天、民用市场等领域成功应用，全景相机模块、运动相机模块、虚拟现实模块、生物识别模块等新产品受到国际客户好评。公司先后获评“全国双爱双评先进单位”“全国模范职工之家”“浙江省创建和谐劳动关系先进单位”。2019年获全国五一劳动奖章。

张　悦　女，汉族，1971年1月出生，上海市人。中共党员。宁波市效实中学副校长。她热爱教育、热爱学生，践行“学生成长以德为先”理念，教育学生求真知、做真人，拥有爱国大情怀，视学生成长为职业生涯的最大幸福。用春风化雨的教育方式感召学生，用知行合一的教育理念激励学生。她热爱课堂，业务精湛，践行“师生相向而行是最好的教育”理念，潜心钻研、虚心向学。致力于探索理想课堂，以“教给学生一生有用的知识”为己任，孜孜以求，坚信奉献是教育生命的终极品质。她热爱学习，教研相长，践行“教师就是课程”理念，勤奋好学、着力创新。积极发挥教师风格的正向引导力，激发学生成长正能量，以教师专业修养为事业进步的永恒追求。2019年获全国五一劳动奖章。

刘　毅　男，汉族，1970年1月出生，浙江瑞安人。华联机械集团有限公司研发中心工程师。曾获1999年温州市科技进步奖二等奖；2015年6月相关研发成果入选浙江省发布的第一批“机器换人”先进设备推广目录；2016年研发的智能化重袋流水线获中国包装联合会二等奖。成立华联机械集团刘毅高技能人才创新工作室。华联集团作为和各高等学院合作的研究生培养基地，他担任研究生校外导师，带领多名研究生开展产教结合。先后被温州市评为名师名家，被浙江大学聘请为工程硕士研究生校外导师。2019年获全国五一劳动奖章。

李建兴　男，汉族，1978年4月出生，浙江瑞安人。中共党员。瑞安市公安局交警大队科技中队指导员。长期负责指挥室整体运作，投入大量心血，率先推出智慧交管集成平台，在城市交通管理中发挥重要作用。创办“瑞安交警”官方微信平台，5年来编制、审核、推送各类宣传图文信息5000多篇，该平台关注用户超过27.8万人，连续4年被评为“浙江省十大最具影响力政法微信”公众号。工作以身作则，任劳任怨，每天早高峰第一个上岗，晚高峰最后一个离岗。致力于推进全市交通管理科技建设，实施信号灯实时调控，为全市交通有序畅通做出积极贡献。2019年获全国五一劳动奖章。

俞为民　男，汉族，1951年2月出生，浙江余杭人。温州大学人文学院教授。主持国家社科基金重大项目、重点项目各1项，国家级科研项目4项，省部级科研项目5项；出版专著19部，整理古籍15部，发表论文160多篇。《历代曲话汇编》获全国古籍出版一等奖、第三届（2013）“中国出版政府奖图书奖”；《中国古代曲体文学格律研究》《中国古代戏曲理论史通论》分别入选2012年度和2015年度“国家哲学社会科学成果文库”。2016年，温州大学中国语言文学学科被确定为浙江省一流A类学科建设单位。2017年，俞为民组建的“浙江传统戏曲研究与传承中心”获批浙江省哲学社科A类重点研究基地。2019年获全国五一劳动奖章。

卢中秋　男，汉族，1964年8月出生，浙江嵊州人。中共党员。温州医科大学附属第一医院副院长、温州医科大学护理学院院长。在抗击SARS等重大疫情和救治汶川大地震、金温铁路动车事故伤员等突发救援事件中做出突出贡献。2013年，志愿加入雅安地震救援队伍；2018年，实施万米高空抢救心脏骤停患者，被多家权威媒体报道。在国内较早开展急诊重症监护等学科体系建设。率先开展创伤弧菌脓毒症研究，制订中国“创伤弧菌脓毒症诊治方案”，患者病死率下降45%左右。规范和引领急性中毒的诊疗。领衔学科入选省医学创新学科、高校重点学科、中医药重点学科项目。参编中国急诊危重病诊治“专家共识”和“指南”16部，主持和参与国家级课题5项，发表论文300多篇，获省部级科研奖励4项（主持）。带领团队20年坚持为基层单位和群众普及急救知识，惠及人群3万余人次。2019年获全国五一劳动奖章。

王为明　男，汉族，1968年11月出生，浙江嘉兴人。中共党员。浙江威能消防器材股份有限公司创新工作室负责人。热爱学习，通过自学取得大连理工大学机械设计制造及其自动化毕业证书和高级技师（一级技师）资格证书。2012年参加浙江省“金蓝领”高技能人才培训班并赴德国培训。承担“中容积铝合金气瓶”“半自动液压式钢印机项目”等项目设计、研发和生产，先后攻克薄壁筒体焊接技术、空呼器疲劳试验、铝瓶旋压收口等难题。成功开发国内同行业第一台半自动钢印机、铝瓶自动齐口机、自动中频加热收口机等自动流水线，提升工作效率，降低生产成本。研发出第一台内壁打磨机、肩部打磨机等，并取得发明专利。言传身教，培育技师5名、高级工10名、中级工15名，获得发明专利3项、实用型专利6项。2019年获全国五一劳动奖章。

朱永唯　男，汉族，1966年8月出生，浙江嘉兴人。民主党派。嘉兴市中医院眼科主任。从事眼科工作29年，2003年起担任嘉兴市中医院眼科主任。善于传承眼科传统技术并引进新技术，推动白内障诊疗技术日渐成熟。开展复杂白内障超声乳化术、人工晶状体悬吊术及高端人工晶体（多焦点人工晶体、矫正散光型人工晶体）植入术、微切口白内障手术及相关联合手术，熟练开展25G微创玻璃体切割术，每年手术量达300多例。开展近视激光手术，引进全飞秒近视激光手术，每年主刀三四类手术1000多例。2018年眼科门诊量达18.08万人次、住院7121人次、手术量7470例。2018年获评“嘉兴市劳动模范”，该院眼科被认定为“浙江省中医眼底病治疗建设基地”“浙江省中医临床眼底病医疗中心”和国家“十一五”“十二五”重点建设专科，以及国家中医临床重点建设专科、浙江省重点专科、嘉兴市重点科技创新团队等。2019年获全国五一劳动奖章。

钱敏才　男，汉族，1963年11月出生，浙江湖州人。中共党员。湖州市第三人民医院党委书记、院长。30多年来，为抢救病人，无论是节假日还是深夜，总是随叫随到，毫无怨言。“5·12”汶川大地震时担任浙江省医疗救援队心理危机干预队队长，带领队员克服各种困难，对灾区群众实施心理援助，提供医疗咨询和医疗服务。担任院长后，严于律己，率先垂范，在清廉医院建设、“最多跑一次”改革、学科发展、服务提升、全市精神病防治等各方面履职尽责，务实创新，不断提升医院学科水平和服务能力。为满足病人需求，每周抽出半天时间开展专家门诊。实施多项科研项目，获省、市级各类科技进步奖7项，承担6个国家级继续医学教育项目、2个省级继续医学教育项目，发表学术论文70多篇。多项研究成果在全省医疗机构和政府部门中推广应用。2019年获全国五一劳动奖章。

徐应林　男，汉族，1963年11月出生，浙江德清人。中共党员。德华兔宝宝装饰新材股份有限公司装饰材料事业部副总经理。全面负责企业装饰新材料的生产管理、技术开发、质量管控等工作。攻克无醛级环保板材、板材胶粘强度与甲醛释放矛盾、科技木单板渗透染色等9项生产技术难题。开发的“仿真珍贵木工艺开发及产品”成为省级新产品，获省市科技进步奖，科技木产品、阻燃装饰板、环保无醛级装饰板的开发3项技术获国家发明和实用新型专利。参加各类专业技术培训，获质量、环境审核员和安全员、能源管理员证书。心系安全生产和环境管理，深入生产一线开展督查指导，公司安全事故发生率大幅下降。2019年获全国五一劳动奖章。

沈百庆　男，汉族，1962年8月出生，浙江绍兴人。中共党员。索密克汽车配件有限公司总经理。坚持以创新驱动发展，带领团队开发轻量化铝合金摆臂、转向节、拉杆等新能源汽车配套产品，并申请汽车铝合金底盘核心部件产业化项目，为实现汽车轻量化做出积极贡献。受国家发展改革委委托，负责制定《汽车独立悬架球头销总成台架试验方法及技术要求》和《汽车转向拉杆总成台架试验方法及技术要求》两项国家行业标准。提出在切削、锻造、冲压等生产设备上安装安全光栅，保障员工生命安全。公司连续10年纳税总额位居柯桥区前六位，平均每年纳税1.5亿元以上。2018年,公司实现销售近16亿元、税收2.1亿元,累计向社会公益事业捐款2000多万元。2019年获全国五一劳动奖章。

顾美华　男,汉族,1978年11月出生,浙江嵊州人。中共党员。浙江蓝翔机电设备制造有限公司研发中心主任。20年如一日,自觉践行劳模精神、工匠精神,始终保持劳动者本色。凭着一股子不断钻研的韧劲、永不放弃的精神,从一名普通技术工做起,逐步成长为全省电机行业的领军人物。多项科技成果获发明专利和省级奖励,成为新时代产业工人的楷模。坚持潜心钻研,争先创优,从高效永磁电机、永磁热牵伸辊电机,到万向调角度电机、航空碳纤维自动热成型机等,其研发的产品逐渐迈向中高端市场。其中,自主研发的航空碳纤维自动热成型机,为航空领域装备首台(套)相关设备,获浙江省机械工业科学技术二等奖和国家发明专利,为公司直接创造经济效益2000多万元,新增产值7000多万元。不忘为企业培养人才,组织成立创新工作室,开展各类学习培训和技术攻关。在精心传帮带下,6名员工参加市级技能大赛分别获第二、第三名。2019年获全国五一劳动奖章。

李秀瑜　女,汉族,1975年10月出生,浙江绍兴人。民主党派。绍兴文理学院教师。潜心研究合唱训练法、视唱练耳体系,不遗余力培养合唱教学人才。12年来,带出近1000名音乐教师在中小学及艺术团体从事合唱教学工作,为繁荣艺术文化提供人才支撑。全力投入合唱排练、教学,指挥校合唱团获第五届、第六届、第七届世界合唱比赛6个组别金牌、两次冠军;一次获全国大学生艺术展演合唱专业组一等奖;七次获浙江省合唱比赛一等奖。发挥自身专长,服务社会,积极参与兰亭艺术节、公祭大禹等全市重大公益活动。在公祭大禹典礼上,演唱并录制的《大禹纪念歌》获省委领导批示并在全省推广;指挥校合唱团合唱组歌《大禹颂——九个乐章》首演成功,得到社会各界好评。2019年获全国五一劳动奖章。

项建明　男,汉族,1969年6月出生,浙江金华人。中共党员。金华市金东区赤松镇中心卫生院副院长。身残志坚、以院为家,把一个只有10多名员工的乡镇卫生院发展成为浙江省首批甲等卫生院。他刻苦钻研,在主攻儿科业务的同时,大力推广适宜医疗技术,开展内科业务特别是社区老年病和慢性病诊治、急性及危重病人抢救,让群众有地方看病、能看得起病、能看得好病,卫生院年门诊量1.5万人次以上,收治手术和住院病人200人次以上,20多年没有发生过一起医疗纠纷和事故。他爱岗敬业、乐于助人,把病人当亲人,为病人排忧解难。他走街串巷,下村入户,为村民治病解答,宣传健康理念,帮助患者改变不良生活方式,村民们视他为自己的"健康守护神"。2019年获全国五一劳动奖章。

郭　慧　女,汉族,1971年8月出生,浙江兰溪人。中共党员。兰溪市教育局教研室主任。自1989年走上教育岗位以来,对教育充满理想、笃学力行,以满腔热情投身教育事业,被评为浙江省第九批小学数学特级教师,主持和参与的两项课题获浙江省基础教育科研成果一等奖,两项课题获金华市一等奖。曾赴甘肃、贵州支教,全市所有乡镇都有她讲课的身影。10多年来,每一次培训都坚持亲自给家长们讲课。2011年在担任聚仁学校校长期间,创建兰溪第一个教育集团,她舍弃休息日,每天早出晚归,在3个校区之间奔波,到2015年集团发展为4个校区、6000多名学生。到教研室工作后,她的足迹踏遍全市所有中小学,开展的"党建+深耕式"调研,得到省、市有关部门充分肯定,2018年被评为"浙江省第十二批特级教师"。2019年获全国五一劳动奖章。

朱卫东　男,汉族,1971年8月出生,浙江武义人。中共党员。浙江寿仙谷医药股份有限公司基地部中药种植场场长。坚持刻苦学习科学文化知识,不断提高专业技术能力和业务水平。凭借扎实的业务专业技能,参与并成功选育香菇、铁皮石斛、灵芝等多个新品种,并在浙江、江苏、安徽等20多个省市推广,取得较好的经济效益和社会效益。针对植物的生长习性,开创仿野生有机栽培新技术,有效解决以往铁皮石斛种植过程中造成农田沙石化、不易复耕的问题。注重建立规范生态农业循环模式与产业化推广技术,提高灵芝孢子粉产量,确保产品安全高效。帮助基地实现连年增产30%、产值增长25%的佳绩,寿仙谷有机国药基地为全省唯一通过中国和欧盟双认证的栽培基地。2019年获全国五一劳动奖章。

叶土良　男,汉族,1975年3月出生,浙江衢州人。中共党员。衢州元立金属制品有限公司技能大师工作室主任。凭着一股子强烈的责任感和敬业精神,独自扛起全厂近百台设备的维护保障重任。为提质增效、争创一流,先后完成20多项发明创造,获专利6项,解决技术难题100多项,创造价值1300多万元。组建焊工、车工、钳工、电工、行车工等培训基地,培养400多名"元立班"学员,使公司高技能人才比例达48%,开创全省首个企业自主评价体系。注重校企合作,在岗培训大中专毕业生60多人,获师生好评。通过比武切磋,提升技艺,先后获各类技能奖20多项,个人获省、市荣誉20多项,并带出省、市技术能手各1名。志愿参加车工技术服务队,加入"金蓝领"工作室,助推小微企业发展。坚持参加义务献血,获"省无偿献血奉献奖"。2019年获全国五一劳动奖章。

徐君江　男,汉族,1977年9月出生,浙江舟山人。舟山海中洲国际大酒店有限公司中餐厨师长。立足本职,踏实工作,精益求精,把"顾客至上"奉为座右铭,主动研究顾客消费心理,在实践中不断探索总结,大胆创新菜肴,本着对舟山海洋饮食文化的执着热爱,厚积薄发。其创作的"金瓜大虾"获评"中国海鲜流行菜",

“家常蟹骨浆”获评“舟山名菜”，“三吃梭子蟹”被评为“中国名菜”。具有强烈的爱心与社会责任心，常年主动参加义务献血和社会慈善捐款活动。2019年获全国五一劳动奖章。

胡培阳 男，汉族，1969年10月出生，浙江天台人。中共党员。天台县人民医院副院长。他是医院公认的“胡铁人”，日均工作时间超过11小时，节假日经常加班，抢救病人随叫随到。他努力提升业务，是集外科技能与DSA技术于一身的创伤专家，严重创伤的救治成功率达95%以上。他是全国创伤医师专委会委员兼老年创伤副主委、浙江省创伤医师分会副会长、台州市名医工作室领衔人、台州市重点学科带头人。为全国35名中国创伤救治培训师之一，年受邀专题讲座20多场，多次获浙江省创伤公益巡讲杰出贡献奖。主持或参与国家级及省市级课题12个，参与制定国内创伤相关的“专家共识”“指南”11项，参编《外科学》等书籍，主编《多发伤100例精选》。撰写论文20多篇，SCI刊文4篇。勤于创新，打造“中国县域创伤救治体系——天台模式”。在国内较早提出创伤的早期镇痛、早期心理干预、早期康复理念。倡导的“生命急救零距离”做法受到省政府领导肯定。他的团队入选2018年台州市重点技术创新团队，其救治模式受到国内顶级专家的认可。2019年获全国五一劳动奖章。

戴江南 男，汉族，1981年7月出生，浙江临海人。无党派人士。台州广播电视总台台州数字电视有限公司副总经理。他是台州广播电视总台的技术尖兵、服务先锋、轻伤不下火线的“拼命三郎”。带队实现全国首个广电网络改造“MSTAR500”方案，打破国外的垄断；推进台州市广电与陕西省广电网络的战略合作，并推动“国家广电总局有线数字电视应用技术实验室实验基地”落户台州。牢记为人民服务宗旨，将老百姓报障修结时间从24小时缩短到3小时，将运维时效性提升至全国领先水平。2014年带病负责应急广播、天网工程等重点项目建设工作，以实际行动诠释一名基层干部“干在实处、走在前列”的时代风采。2019年获全国五一劳动奖章。

卢　娜 女，汉族，1982年9月出生，浙江玉环人。中共党员。玉环普天单向器有限公司工会主席、办公室主任。她热爱集体、密切联系职工，对工作认真负责，恪尽职守。担负外贸主管执着认真，诚实守信，通过深入了解客户需求获取国外大型主机公司客户信任，对外出口大幅增长。担任总经办主任开拓创新，敢于担当，大胆探索人力资源管理，建立以胜任力为模型的聘用体系，实施科学、灵活、实用的用人机制，推行目标管理机制和激励机制，提升企业产品与市场竞争力。担任公司党支部书记、工会主席期间，抓住党建带工建、发展和谐劳动关系主线，坚持以人为本，开展工资集体协商，突出“职工之家”的宣传引导、维权保障、组织活动等功能。深化“安康杯”竞赛活动，提高企业安全生产管理水平和职工安全意识，维护公司职工生命安全和身心健康。注重职工技能成长，制订“十三五”劳动竞赛五年规划，开展职工技能比武和技能培训，取得良好成效。2019年获全国五一劳动奖章。

史永健 男，汉族，1975年12月出生，浙江长兴人。中共党员。浙江多迪斯泰保健器材有限公司党支部副书记、办公室主任。他把招募培养科技人才工作放在首位，以加强培养中高层管理技术人员为重点，为企业的发展做出突出贡献。组织申报的“A07型休闲按摩椅的研发”“A09型前移式按摩椅研发”等项目被列为青田县科技计划项目（工业类），科技成果转化率达95%以上，企业产销增长30%以上，公司获各类专利70多项，获批国家高新技术企业。维护职工合法权益，热心参与公益事业，2018年当选中国工会十七大代表。中国工会十七大后督促企业在安全、环保、劳动防护等方面增加投入，同时做好大会精神的宣传，履行好代表职责。工作中发挥好工会劳动保护监督委员会和监督检查员的作用，加强生产现场的监督检查，落实安全生产责任制。组织员工为“五水共治”活动捐款1万余元。2019年获全国五一劳动奖章。

黄金娟 女，汉族，1964年12月出生，浙江绍兴人。中共党员。国网浙江省电力有限公司电力科学研究院高级工程师、高级技师。从业33年来，以事业为重，长期两地分居，舍小家顾大家，在电力计量检定一线，带头参加示范项目建设、抗台抢修电表应急配送等任务。研发全世界首套全自动计量检定系统，实现计量检定从人工操作向智能化作业变革，创新成果在国内全面应用，并推广到丹麦、韩国等9个国家，实现经济效益20多亿元，获2017年国家科技进步奖二等奖，其事迹在央视《大国工匠》栏目专题报道。她将自己的技术经验和成长经历毫无保留地传授给年轻人，带出一支特别能战斗、特别能吃苦、特别能奉献的电力计量骨干团队。牵头编制15万余字的“电力计量管理体系标准”，出版专著4部，形成系列技术标准11项，累计获得发明专利授权63项，取得智能化计量仓储系统、计量SIM卡智能管理系统等实用化成果20多项。2019年获全国五一劳动奖章。

高　翔 男，汉族，1968年10月出生，浙江杭州人。中共党员。浙江大学能源工程学院院长、党委副书记。他攻克燃煤污染治理难题，取得燃煤电厂烟气污染高效治理技术装备创新的系统性成果，为推进大气污染防治重大科技革新做出重要贡献，获国家技术发明奖一等奖1项（排名第一位）、二等奖1项（排名第二位），国家科技进步奖二等奖1项（排名第一位）。以产学结合，实现超低排放等技术在燃煤电厂规模化应用，推动环保产业优化升级，为打赢“蓝天保卫战”提供支撑，并向“一带一路”国家输出相关产品，获2018年何梁何利基金科学与技术创新奖(产业创新奖)等。潜心教学、甘于奉献，创建创新人才培养新模式，培育一批优秀人才，获国家级教学成果二等奖2项（排

名第一位和第二位），被评为浙江省“第五届师德先进个人”。2019年获全国五一劳动奖章。（省总工会）

2019年浙江省劳动模范
Zhejiang Provincial Model Workers in 2019

雷建土 杭州电缆股份有限公司
王红彦 中策橡胶集团有限公司
余 亮 阿里云计算有限公司
贾文花 杭州市公共交通集团有限公司第五汽车分公司
竺恩惠 杭州市燃气集团有限公司
王水根 浙江华日实业投资有限公司
王荣栋 杭州娃哈哈集团有限公司
郭 华 时空电动汽车股份有限公司
陈 发 杭州简悦服饰有限公司
葛晓刚 浙江杭州湾建筑集团有限公司
竺小烘 浙江米家汽车销售服务有限公司
赵勇祥 浙江中天智汇安装工程有限公司
胡爱军 浙江美浓世纪集团有限公司
刘克敏 杭萧钢构股份有限公司
罗观华 浙江佳力科技股份有限公司
邱长法 杭州东华链条集团有限公司
袁健华 杭州方圆塑机股份有限公司
张玉红 浙江春江轻纺集团
杨 军 浙江万马股份有限公司
陶菊明 杭州福斯特应用材料股份有限公司
郑玉英 浙江龙生汽车部件科技有限公司
叶志清 杭州千岛湖发展集团有限公司
王国平 浙江大洋生物科技集团股份有限公司
张剑锋 杭州顶益食品有限公司
陈慧群 富丽达集团控股有限公司
金美英 杭州五洋宾馆有限公司
谢传雪 杭州市粮食收储有限公司
邱承浚 华数传媒网络有限公司
陈 捷 杭州银行股份有限公司
许美群 杭州市上城区南星街道社区卫生服务中心
高艳芳 杭州市江干区笕桥街道社区卫生服务中心
张国军 杭州市卫生和计划生育监督所
金 涛 杭州市公安局网络警察分局
王天喜 杭州市拱墅区城市管理应急抢险中心
何 芳 杭州市西湖区三墩镇社区卫生服务中心
曾富贵 新华三技术有限公司
唐卫芳 淳安县千岛湖镇社区卫生服务中心城中站
孔建平 建德市第一人民医院
黄卫成 杭州安费诺飞凤通信部有限公司
姚建红 杭州市旅游职业学校
冯伟群 杭州市人民政府机关幼儿园
沈国正 杭州市农业科学研究院
刘志华 杭州市大关小学
金明强 杭州江南实验学校
高丽娟 杭州市萧山区第九高级中学
孙晓安 浙江诺尔康神经电子科技股份有限公司
唐 伟 杭州可靠护理用品股份有限公司
吕桐军 浙江省桐庐县实验小学
金茶娟 杭州市下沙第一小学
唐卫东 杭州市富阳区第一人民医院
王海佩 浙江华丰纸业集团有限公司
叶淦平 杭州市水务控股集团有限公司
傅利泉 浙江大华技术股份有限公司
方能斌 胜达集团有限公司
高德康 德意控股集团有限公司
赖国贵 浙江春风动力股份有限公司
朱权华 杭州市港航管理局
毛巍鑫 杭州交投建设工程有限公司
裘雄伟 杭州市公安局萧山区分局进化派出所
何 军 浙江省公羊会公益救援促进会
沈新华 杭州益乐股份经济合作社
楼法庆 杭州农法生猪专业合作社
顾志山 杭州市萧山区宁围街道丰北村
杜文高 杭州径山妙高茶叶有限公司
方文英 杭州市余杭区农业技术推广中心
陈梅芳 临安元生粮油专业合作社
潘陆根 杭州市临安区潜川镇生态农庄
王良忠 桐庐县旧县街道西武山村
郑有根 淳安县临岐镇临岐村
欧阳立明 建德市天羽茶业有限公司
孙国灿 杭州大江东产业集聚区新湾街道创建村
方云辉 宁波永耀电力投资集团有限公司
孙威君 狮丹努集团股份有限公司
王志裕 敏实集团宁波信泰机

械有限公司
周　波　浙江吉利汽车有限公司
李雪梅　宁波盛威智能安防科技有限公司
胡林勇　宁波圣龙汽车动力系统股份有限公司
周英芳　奉化区恒正金属材料制造厂
符志祥　宁波长振铜业有限公司
徐　青　慈溪市自来水有限公司
刘坚钢　宁波耀华电气科技有限责任公司
储为统　如意股份有限公司
李　姣　宁波兄弟服饰有限公司
范　武　吉利汽车研究院(宁波)有限公司
王仕文　中海石油宁波大榭石化有限公司
龚　韬　宁波市政工程建设集团股份有限公司
李　伟　宁波港集团北仑第三集装箱有限公司
费万淼　中银(宁波)电池有限公司
梅建国　宁波明星科技发展有限公司
胡一卫　中策动力机电集团有限公司
袁小红　国电浙江北仑第一发电有限公司
郑建梓　国网浙江省电力有限公司宁波供电公司
胡文豪　杭钢集团宁波钢铁有限公司
鲁佳鹏　宁波市公共交通总公司
沈霞波　宁波公运汽车客运服务中心
李　强　宁波市公安局海曙分局鼓楼派出所
方红珠　江北区文教街道北岸琴森社区
王　斌　宁波金洋化工物流有限公司
宋玉琳　工行奉化东郡支行
陈柱良　余姚市马渚镇总工会
施　珍　慈溪市上越陶艺研究所
郑莲亚　宁海前童旅游发展有限公司
庞祥富　中国农业银行股份有限公司宁波市分行
郑仕平　宁波市非凡发型设计室
李培红　中国人民财产保险股份有限公司宁波市江北支公司
王露莺　浙江素豪律师事务所
樊丽渊　宁波市住房保障管理中心
张兴岳　宁波市公安局巡(特)警支队
张海英　宁波市旅游质量监督管理所
汪三涵　宁波海事局海巡执法支队
孙陆军　宁波市交通工程质量安全监督站
朱励民　宁波市镇海龙赛医院
俞碧霞　宁波市北仑区人民医院
王　欣　宁波市第六医院
黄颂敏　象山县中医医疗集团
胡勤勇　宁波市鄞州区钱湖医院
陈安儿　宁波市妇女儿童医院
王光远　宁波市文物考古研究所
谢圣松　宁波市水上运动训练基地
戴世勋　宁波大学
方征平　浙江大学宁波理工学院
崔蓉英　宁波市甬江职业高级中学
施　云　斐戈集团股份有限公司
徐锡广　宁波麦博韦尔移动电话有限公司
虞文进　浙江中烟工业有限责任公司宁波卷烟厂
洪国年　宁波市海曙区龙观乡李岙村
张望舒　宁波浩丰农业科技有限公司
朱明章　宁波市镇海区蛟川街道清水浦村
李建民　宁波市北仑食品有限责任公司
李德龙　宁波市鄞州区云龙镇上李家村
沈静波　宁波市奉化区滕头村
张志灿　余姚市梁弄镇横坎头村
陈沸沸　宁波市慈溪市崇寿镇傅家路村
陈刚满　宁海县海山丰水产专业合作社
徐　阳　象山县林业特产技术推广中心
朱选峰　浙江新邦建设股份有限公司
戴国强　浙江戈美其鞋业有限公司
宋玉兴　中广核俊尔新材料有限公司
包飞霞　温州市文泰笔业有限公司
张寂荧　温州佳韵服饰有限公司
王贤俊　温州市维日康生物科技有限公司
滕宝贵　浙江迪特高强度螺栓有限公司
晏文曲　华仪电气股份有限公司
郑建丽　浙江奥光工艺品制造有限公司
吕　洋　亚龙智能装备集团股份有限公司
黄华宽　文成县华鑫金属精密铸造有限公司
龚伟伟　浙江金萨克服饰皮具有限公司
张素平　浙江省星炬科技有限公司
郑志虎　新雅投资集团有限公司
张　克　温州图盛控股集团有限公司
方建中　温州长江汽车电子有限公司
周列芽　温州市交通投资集团有限公司
童姝娟　温州市市政工程建设开发公司

王朝亮　温州市铁路与轨道交通投资集团有限公司
蔡起要　国网浙江省电力有限公司温州供电公司
王淑芬　温州市鹿城区莲池社区卫生服务中心
王建东　温州市龙湾区永中街道市容环卫管理所
李　林　温州市瓯海区公安分局指挥中心
庄丽燕　乐清市人民检察院
陈万敏　瑞安市人民法院
吴振我　泰顺县筱村镇农业公共服务中心
史伟强　中国民用航空温州空中交通管理站
许秀俊　温州市港航管理局
陈立冲　温州海事局
柯向东　中国农业银行股份有限公司温州梧田支行
陈振仕　温州广播电视传媒集团
水旭娟　温州市人民医院
林彩霞　温州市中级人民法院
杜　涛　温州市机关后勤发展中心
徐　显　乐清人民医院
戴海林　瑞安中学
滕琼琼　永嘉县瓯北第五中学
万晓萍　浙江省平阳中学
金双燕　苍南县龙港高级中学
陈　聪　温州市第十七中学
倪　彤　温州市实验中学教育集团
徐丹阳　温州第二高级中学
潘建中　巨一集团有限公司
吴利朋　南洋电气集团
陈万早　浙江新力新材料股份有限公司
金国平　温州设计集团有限公司
叶秀青　温州市瑶溪杨梅专业合作社
姜育州　温州市瓯海区丽岙街道杨宅村
林忠锋　浙洞渔1447-1448船
吴呈勇　温州雁圣源铁皮石斛有限公司
王仲达　浙江百强乳业有限公司
李星涛　原野农业集团有限公司
赵东远　浙江天湖旅游股份有限公司
朱立科　浙江一鸣食品股份有限公司
蓝学许　泰顺县司前畲族镇左溪村
华允将　苍南县璞城葡萄专业合作社联合社
陈勇兵　温州科技职业学院（温州市农业科学研究院）
盛明健　湖州老恒和酿造有限公司
王秋艳　浙江达峰汽车技术有限公司
徐金明　湖州市交通工程建设集团有限公司
杨小东　国网浙江省电力有限公司湖州供电公司
费咏梅　湖州新利商标制带有限公司
屠春生　浙江美生橱柜有限公司
周春义　长兴新城环保有限公司
石星星　浙江普特医疗器械有限公司
胡天瑜　国网浙江德清县供电有限公司
王福林　浙江永达电力实业股份有限公司
胡春强　湖州市公安局南浔区分局
沈建斌　湖州吴兴农村商业银行股份有限公司
陈德蓉　安吉县梅溪镇经济发展办公室
刘德林　湖州市环境卫生管理处
蔡如松　湖州市交通建设管理局
许亚萍　德清县妇幼保健计划生育服务中心
傅瑞阳　湖州市中医院
郑根强　湖州市第五中学
钱建英　湖州市吴兴区妙西卫生院
钱　江　浙江巨人控股有限公司
潘国平　安吉丰陵燃气有限公司
沈孔鸿　湖州市援疆指挥部
杨祥春　湖州市南浔区双林镇向阳村
孙国文　德清阜溪街道五四村
潘文革　安吉县天荒坪镇余村
陈小究　长兴城山沟桃源山庄生态农业开发有限公司
孙新江　湖州市吴兴区八里店镇尹家圩村
金志良　嘉善县水务管道安装工程有限公司
杨春平　浙江神州毛纺织有限公司
潘建乔　国网浙江平湖市供电有限公司
张小红　浙江景兴纸业股份有限公司
肖　丰　中国邮政集团公司浙江省海盐县分公司
曹爱兵　浙江万凯新材料有限公司
钱　栋　国网浙江桐乡市供电有限公司
沈甫香　浙江新澳纺织股份有限公司
廖洪德　浙江生辉照明有限公司
徐明阳　浙江蓝特光学股份有限公司
曹华俊　合盛硅业股份有限公司
严安翔　嘉兴市国鸿汽车运输有限公司
沈永福　中国邮政集团公司嘉兴市分公司凤桥邮政所
许东良　浙江豪声电子科技股份有限公司
丁秋美　平湖市公安局林埭派出所
许惠芬　桐乡市公安局刑侦大队
姚哲若　中国建设银行股份有限公司桐乡支行公司
张红燕　嘉兴市南湖区新兴街道明月社区
沈春燕　嘉兴市食品药品检验

检测院
王贤萍 嘉兴市规划设计研究院有限公司市政园林院
陈丽雅 嘉兴旅游发展有限公司
芮金良 平湖市实验小学
刘中瑛 海盐高级中学
张雪良 海宁市第一中学
沈明芳 嘉兴市秀洲区康安医院
时美芳 嘉兴市第二医院
黄　维 嘉兴市第四高级中学
时沈祥 浙江友邦集成吊顶股份有限公司
潘建清 天通控股股份有限公司
俞保云 嘉兴新嘉爱斯热电有限公司
孙　军 嘉善尚品农业科技有限公司
钮向中 嘉兴劳利辛现代农业科技有限公司
朱小勤 海盐县土肥植保站
许国初 海宁市袁花镇长啸村
张继东 桐乡市崇福张继东家庭农场
王高锋 嘉兴市南湖区绿农植保合作社
徐红雨 浙江卡拉扬集团有限公司
王国忠 浙江方圆电气设备检测有限公司
俞小虎 国网绍兴供电公司
朱先康 浙江宝业建设集团有限公司
施可成 绍兴市基础设施建设投资有限公司
陈　刚 绍兴市交通建设有限公司
刘　剑 浙江古越龙山绍兴酒股份有限公司
薛建平 绍兴市天龙锡材有限公司
涂传喜 浙江绿宇环保股份有限公司
刘中华 浙江精工钢结构集团有限公司
张　勤 三力士股份有限公司
顾伟娣 浙江闰土股份有限公司
陶建国 浙江龙盛集团股份有限公司
范艳林 浙江俏尔婷婷服饰有限公司
陈国东 浙江万丰科技开发股份有限公司
黄新龙 国网浙江诸暨市供电有限公司
朱金林 浙江医药股份有限公司
王　鸽 浙江富润纺织有限公司
陈　琼 诸暨市街新泉润农业有限公司
金顺泉 绍兴市曹娥江引水工程管理处
秦善奎 绍兴市中级人民法院
吴双涛 绍兴市文化馆
魏泽宇 绍兴市公安局柯桥区分局巡特警大队
丁来富 绍兴市越城区迪荡街道世禾社区
徐东萍 新昌县人民医院
郑杨炜 嵊州市公安局黄泽派出所
倪锦锦 嵊州市越剧艺术保护传承中心
杜灿娟 绍兴第二医院医共体稽东分院
石国成 诸暨市中医医院
骆燕琼 诸暨市实验小学教育集团
赵振华 绍兴市人民医院
周凤娟 绍兴市城市规划设计研究院
蒋慧娟 绍兴市鲁迅小学
徐健萍 绍兴市上虞区下管镇中心卫生院
方　敏 绍兴市妇幼保健院
金银燕 绍兴市民乐粮油专业合作社
沈建斌 绍兴市兰花科研所
刘建明 绍兴市柯桥区漓渚镇棠棣村
厉高中 绍兴上虞三丰富硒粮油专业合作社
陈照米 浙江米果果生态农业集团有限公司
周鸿义 浙江省诸暨市对外贸易有限公司
楼红文 浙江瑞丰农业开发股份有限公司
石志辉 新昌县西山碧芽茶叶专业合作社
丁　强 新昌县小将镇岭脚村
陈建成 卧龙控股集团有限公司
朱张泉 浙江海亮股份有限公司
金　耀 巴贝集团有限公司
吕　钢 浙江京新药业股份有限公司
陈立光 金华市公交集团有限公司
陈立平 浙江美保龙种猪育种有限公司
梁朝阳 浙江绿源电动车有限公司
洪丽琴 浙江双灯家纺有限公司
章丽清 兰溪市裕欣纺织有限公司
付　涛 浙江海森药业有限公司
吴志民 义乌市输变电工程有限公司八方电气分公司
金莉莉 浙江稠州商业银行股份有限公司
许建毅 浙江顺虎铝业有限公司
凌晓秋 永康市环境卫生管理处
周黎明 浙江省浦江县汽车运输有限公司
张利东 浦江宏盛工艺有限公司
蓝晓溪 武义县宣平溪水电工程管理处
朱三莲 磐安县安文街道上章社区
王东哲 金华市环境卫生管理处
周　娟 浙江金华成泰农村商业银行股份有限公司
何艳芝 金华市婺城区妇幼保健计划生育服务中心
陈　红 金华市公安局金东分局多湖派出所

陈建军 金华市婺城区汤溪镇黄碧垅村
张永平 东阳市将军殿农林开发有限公司
陈元生 浦江县水晶产业园区管理委员会
张光伟 磐安县盘峰乡人民政府
杜志金 浙江金华第一中学
张根兵 金华市金东区曙光小学
滕闽军 金华市宾虹小学
楼群英 金华市东苑小学
胡天高 横店集团控股有限公司
骆淑英 义乌市疾病预防控制中心
宋伟勇 永康市第一人民医院
李建生 武义县壶山小学
葛炳灶 浙江今飞凯达轮毂股份有限公司
李国平 浙江李子园食品股份有限公司
邵君芳 浙江花园生物高科股份有限公司
钱玉军 金华市婺城区竹马乡联民村
邵炳良 兰溪市女埠街道焦石村
冯泽宝 义乌市义宝农庄
李汝芳 永康市三农菌业专业合作社
徐德华 武义县履坦镇履三村
傅珍洪 磐安县盘峰乡溪下路村
谢义生 浙江国光生化股份有限公司
陆利红 衢州杭甬变压器有限公司
胡飒斌 实达实集团有限公司
王励稼 浙江金昌特种纸股份有限公司
胡红良 浙江常山金雄有限公司
徐永忠 浙江昕达科技有限公司
叶立峰 浙江巨化技术中心有限公司
陈林峰 浙江衢州衢江农村商业银行股份有限公司
杜越明 衢州市公安局交通警察支队
陈　玮 衢州市柯城区人民医院
周慧琛 农行衢州市龙游县十里坪支行
姜　雄 浙江江山三友电子有限公司
舒　萍 开化县新闻中心
金　瑛 衢州市中医医院
柴宏良 浙江省衢州第一中学
何建红 衢州市兴华中学
王燕飞 衢州市第二人民医院
叶志卿 浙江隆基乐叶光伏科技有限公司
张林松 光明铁道控股有限公司
黎耀富 衢州市柯城区衢化街道缸窑村、衢州市柯城区花园农场
张双其 浙江龙和水产养殖开发有限公司
魏雨生 常山招贤镇纱帽山村
郑明海 开化县农业科学研究所
黄良水 常山县食用菌办公室
余耀康 浙江巨化股份有限公司氟聚厂
张　杰 中化（舟山）兴海建设有限公司
吉淑平 舟山中远海运重工有限公司
李　斌 神华国华（舟山）发电有限责任公司
陈进旺 中海石油舟山石化有限公司
黄耀棉 舟山纳海油污水处理有限公司
沈明杰 浙江飞鲸新材料科技股份有限公司
孙素文 恒尊集团有限公司
傅根清 常石集团（舟山）造船有限公司
刘明辉 浙江石油化工有限公司
徐玲玲 舟山市人民检察院
李屹东 舟山市特种设备检测院
谢支芬 舟山市定海社会福利院
贺娜珍 普陀区妇幼保健与计划生育服务中心
赵明珠 岱山县高亭小学
余　杰 定海第一中学
王松国 嵊泗县人民医院
蔡志敏 舟山市通达客运轮船有限公司
林坚定 森森集团股份有限公司
王沛国 普陀区朱家尖街道莲花社区村樟州股份经济合作社
张全武 定海区白泉镇温室大棚草莓种植户
汤根法 岱山县衢山镇万南社区村
王孔存 嵊泗县花鸟乡灯塔社区村
李从撑 浙江海正药业股份有限公司
陈小兵 永高股份有限公司
李定云 浙江亿利达风机股份有限公司
黄承勇 台州市路桥豪达汽车电器有限公司
陈加月 浙江大洋建设集团
王芊芊 国网浙江温岭市供电有限公司
董　强 浙江大元泵业股份有限公司
胡再贵 浙江诺贝家具有限公司
杨　杰 玉环凯凌机械集团有限公司
陈丽芳 中国邮政集团公司浙江省天台县分公司
娄立武 浙江银轮智能装备有限公司
顾金伟 浙江仙琚制药股份有限公司
张开天 台州维多离合器有限公司
杨性晓 浙江尔格科技股份有限公司
陈玻琳 浙江森川家具有限公司
刘晓晓 浙江东亚手套有限公司
廖云飞 浙江台绣服饰有限公司

屠文耀 黄岩区西城街道巡防直属二中队
张秀娟 张秀娟剪纸博物馆、临海市城西中学
夏海荣 温岭市殡仪馆
陈宝福 玉环市审计局
叶文杨 浙江天皇药业有限公司中药研究所
王喜明 台州市仙居县南峰街道小南门社区
杨加华 三门县亭旁镇人民政府
章良红 三门县环境卫生管理处
王海宝 台州市立医院
徐香云 台州市第一中学
朱丹阳 台州市第一人民医院
刘海燕 台州章氏骨伤医院
李小冬 浙江临海市回浦中学
周小靖 浙江福立分析仪器有限公司
金小敏 玉环市环山小学
陈卫庆 天台县中医院
姚永庭 仙居县人民医院
黄军民 台州银行
王云富 东港工贸集团有限公司
潘巨林 浙江豪情汽车制造有限公司
张新建 台州市机关事务管理局
李克才 台州市椒江区农业技术推广中心
李德兴 台州市黄岩区富山乡李家山村
许子兵 仙居县东横街村
颜丽菊 临海市特产技术推广总站
辛宏权 温岭市吉园果蔬专业合作社
王油沣 玉环锦旺花卉专业种植合作社
吴卿敏 台州市路桥区横街镇马潘村
章双林 丽水市汽车运输集团股份有限公司
应炎鑫 浙江畅尔智能装备股份有限公司
高厚建 浙江新宏钢制品有限公司
黄良伟 遂昌金矿有限公司
曹世亮 松阳三鑫工程有限公司(松阳县公路应急抢险中心)
胡培武 浙江双枪竹木有限公司
陈　庚 浙江汉威阀门制造有限公司
纪晓燕 浙江维康药业股份有限公司
郦元婷 丽水市人民检察院
陈金勇 丽水市市场监督管理局
章勇军 丽水市生态环境局
叶伟娟 龙泉市水利局
杨特雄 景宁畲族自治县城市建设发展有限公司
章　程 云和县公安局
纪建松 丽水市中心医院
金伟建 丽水市莲都区处州中学
管廷勇 庆元县人民医院
陈旭东 丽水市鱼跃酿造食品有限公司
丁泽林 浙江晨龙锯床股份有限公司
金林美 丽水郎奇农家乐农产品专业合作社
叶小林 青田县瓯南街道水南村村民委员会
叶火香 松阳县农业农村局茶叶产业办公室
张小宝 景宁畲族自治县鹤溪街道三枝树村
柯映林 浙江大学
严　义 杭州电子科技大学
吴小华 中国美术学院
黄坚钦 浙江农林大学
屠杭平 浙江宾馆
潘小健 浙江省建材集团有限公司
南　洋 中建八局浙江建设有限公司
胡　骏 中国能源建设集团浙江火电建设有限公司
叶建群 华东勘测设计研究院柬埔寨桑河二级水电站
戚宏昶 中核核电运行管理有限公司
杜　量 浙江省机电设计研究院有限公司
李圭昊 宁波北仑第一集装箱码头有限公司
何行洲 三门核电有限公司
尹军峰 中国农业科学院茶叶研究所
吴明国 中国水稻研究所
徐东娥 浙江省立同德医院
潘劲松 浙江省气象台
惠铁军 浙江省人民政府联络办公室
胡永成 浙江省水文局
潘飞鸿 浙江省水上运动管理中心
方向红 浙江广播电视集团
李雅辽 浙江省戒毒管理局
谭小兵 浙江省送变电工程有限公司
赵　波 国网浙江省电力有限公司电力科学研究院
杨广辉 中国电信股份有限公司浙江分公司
潘红梅 中国电信股份有限公司浙江分公司
楼丁阳 浙江省邮政信息技术局
戎　成 浙江交通职业技术学院智慧交通学院
陈征海 浙江省森林资源监测中心
樊锡银 浙江省第七地质大队
王志廷 杭州航天电子技术有限公司
颜财盛 杭州海康威视数字技术股份有限公司
陈忠良 浙江省十里丰监狱
陈　钢 中国联合网络通信有限公司浙江省分公司
董书剑 泰顺县烟草专卖局
岑曙炜 中国移动通信集团浙江有限公司杭州分公司
王渭清 浙江外事旅游股份有限公司
郑如春 金丽温高速公路有限公司龙丽温高速公路指挥部
吴　华 铁路上海局集团有限公司杭州站

（省总工会）

抗灾英雄·革命烈士
Disaster Relief Heroes·Martyrs

余书辉　男，汉族，1991年11月出生，浙江淳安人，共青团员。现任安吉县天荒坪路消防救援站消防员。2019年8月14日，湖州市安吉县递铺街道鹤鹿溪下码头发生2名群众落水事故。接警后，安吉中队迅速出动前往救援。余书辉作为头车战斗员，在湍急的河流中，凭借自身过硬的素质和良好的水性，与中队长吕挺一起救出被困群众1名，以实际行动展现新时期消防队员的风采。9月，被浙江省消防救援总队记个人二等功1次。

王焕勇　男，汉族，1989年2月出生，江苏兴化人，中共党员。现任临海市古城消防救援站副站长。2019年，王焕勇在抗击超强台风"利奇马"期间，作为一线指挥员，带队深入受灾最严重、环境最复杂的区域开展救援，连续奋战48个小时，成功营救300多名被困群众。"利奇马"台风过境后，他主动克服身上长满疱疹、自家被淹受灾、妻儿无人照顾的实际困难，立即投入灾后重建工作，为最大限度减少台风带来的损失做出突出贡献。9月，被浙江省消防救援总队记个人二等功1次。

刘　靖　男，汉族，1984年12月出生，浙江温岭人，中共党员。现任省消防救援总队作战训练处一级助理员。2019年，刘靖在"7·22"磐安县隧道槽罐车溴乙烷泄漏事故处置中，科学指挥，勇挑重担，第一时间赶赴现场，一直奋战到最后一刻，先后2次冒着爆炸情况不明和现场剧毒的双重危险，背负2具空呼、携装15千克的专业装备，徒步深入隧道内1.5千米开展内攻侦查行动。在内部恶劣环境下，每次侦查时间持续1个小时，全面掌握了解隧道内事故现场变化情况。其间，发挥自身业务特长，提出最优解决对策，为事故的成功处置发挥重要作用。11月，被应急管理部消防救援局记个人二等功1次。

杜　鹏　男，汉族，1989年2月出生，浙江兰溪人，中共党员。现任磐安县安文消防救援站政治指导员。2019年，杜鹏在"7·22"磐安县隧道槽罐车溴乙烷泄漏事故处置中，作为首战力量的指挥员，身先士卒、沉着冷静、英勇顽强、不怕牺牲，冒着随时会爆炸和有毒的巨大风险，先后三次深入事故核心区侦察灾情，给现场指挥部提供最宝贵的第一手资料，为事故的成功处置做出突出贡献。9月，被浙江省消防救援总队记个人二等功1次。

吕　挺　（1990年5月12日—2019年8月14日），男，汉族，浙江东阳人。中共党员。生前系浙江省消防救援总队湖州支队安吉中队中队长，三级指挥员消防救援衔。2019年8月14日，安吉县鹤鹿溪村西苕溪水域2名群众落水。为解救被困人员，吕挺主动下水救援，克服湍急水流、暗流、漩涡等多重困难，成功将一名受困群众推上赶来增援的冲锋艇。随后，他在继续搜寻另一名被困人员的过程中被急流冲走，不幸英勇牺牲。8月17日，被应急管理部批准为烈士，被应急管理部消防救援局追记个人一等功。

（省消防救援总队　王哲锐）

陈　奔　（1988年12月7日—2018年12月1日），男，汉族，浙江温岭人。中共党员。生前系温岭市环境监察大队副大队长兼大溪中队中队长。2018年12月1日，陈奔和同事在依法查处污染环境团伙犯罪时遭到嫌疑人及其所乘车辆驾驶员的暴力抗法，被撞倒在嫌疑人所乘车辆的引擎盖上，后被甩落至快车道上，壮烈牺牲。2019年1月17日，省政府评定其为烈士。

王　歆　（1987年11月15日—2019年10月2日），男，汉族，浙江椒江人。中共预备党员。生前系台州市公安局路桥分局金清派出所民警，二级警司。2019年10月2日凌晨，接群众报警，王歆带领辅警梁峰、林新志在路桥区金清镇坦头沈村4区212号处置警情，其间遭遇犯罪嫌疑人持枪袭击。为保护现场群众和同事，王歆不顾个人安危，与嫌疑人殊死搏斗，被嫌疑人数次开枪击中头部，壮烈牺牲。2019年10月15日，省政府评定其为烈士。

梁　峰　（1989年11月3日—2019年10月2日），男，汉族，浙江路桥人。生前系台州市公安局路桥分局金清派出所辅警。2019年10月2日凌晨，接群众报警，梁峰在王歆带领下，与另一名辅警林新志在路桥区金清镇坦头沈村4区212号处置警情，其间遭遇犯罪嫌疑人持枪袭击。为保护现场群众和同事，梁峰不顾个人安危，与嫌疑人殊死搏斗，被嫌疑人开枪击中头部和腰腹部，壮烈牺牲。2019年10月15日，省政府评定其为烈士。

周锦勇　（1978年2月9日—2019年7月3日），男，汉族，浙江鹿城人。中共党员（追认）。生前系温州市鹿城区山福镇专职消防队班长。2019年7月3日傍晚，山福镇茅垟自然村受暴雨侵袭，15名群众因不熟地形被困山中。当日18时26分，周锦勇与同事孙海兵、白洪章等5人接到警情后立即赶赴现场。抵达现场后，周锦勇不顾个人安危冲锋在前，遭遇山洪暴发，被洪流冲入一个落差为4至5米的深涧，不幸罹难。2019年12月31日，省政府评定其为烈士。

（省退役军人事务厅　徐　舜）

全国道德模范获得者
National Ethical Role Models

周秀芳　女，1948年6月13日出生，宁波市鄞州区李惠利小学退休教师。2014年，周秀芳放弃退休安逸生活，不远千里到湖南溆浦山区支教助学，被亲切称为“支教奶奶”。4年多来，她将数万市民的爱心源源不断地“搬运”到溆浦山区，共捐建希望小学27所，近400名贫困生得到结对帮扶，累计捐款捐物折合近3000万元。她拖着严重腿疾，积极为山区脱贫努力奔走，帮助溆浦当地铺路造桥、发展产业，远赴吉林省延边州和龙市成立周秀芳爱心驿站，完成128名贫困学生结对助学。她的事迹受到新华社、《人民日报》《光明日报》、中央广播电视总台等中央、省、市50多家主流媒体报道，她先后获“中国好人”、全国脱贫攻坚“奉献奖”、全国“最美志愿者”、“最美浙江人·浙江骄傲”2018年度人物、宁波市“道德模范”等荣誉。2019年9月5日，被评为全国道德模范。

潘美儿 女，1976年11月出生，中共党员，浙江省皮肤病防治研究所上柏住院部（麻风病区）护士长，第十三届全国人大代表，获第四十二届“南丁格尔奖”。1996年，潘美儿从湖州卫校毕业后，被分配到省皮防所麻风住院部，并常年工作在德清县一个被称为“麻风村”山沟之中。23年来，她以过人的勇气和无私的爱心，把病人当成亲人，凭借精湛的技术，为平均年龄73岁的残老麻风病人进行精心护理，同时开展心理疏导、人文关怀，让病人感到被尊重、理解和关爱。她在国内外权威杂志上发表多篇论文，还参加国际麻风大会进行学术交流。在她和她同事的努力下，浙江省麻风病的患病率由1973年的27.75/10万人降至2018年的0.12/10万人。2019年9月5日，被评为全国道德模范。

（省委宣传部 凌 晨）

全国公安系统二级英模
Second Level Paragons of National Public Security System

颜曰春 男，1978年12月出生，浙江玉环人。大学文化，中共党员，1999年9月参加公安工作，生前任玉环市公安局刑侦大队民警。2018年10月27日，颜曰春执行解救人质任务时，被驾车逃窜的犯罪嫌疑人拖行200多米并遭多次撞击，致颅脑严重损伤，经抢救无效牺牲，年仅40岁。颜曰春曾受到嘉奖5次。2018年11月，颜曰春被省政府追认为烈士。2019年3月，被公安部追授“全国公安系统二级英雄模范”称号。

鄢 航 男，1984年11月出生，浙江龙游人。大学文化，中共党员，2007年10月参加公安工作，生前任龙游县公安局交警大队副大队长。2019年8月28日，鄢航与同事在320国道龙游县横山镇下西山路段勘察一起交通逃逸事故现场过程中，面对货车撞击危险，推开战友，自己遭货车撞伤，经抢救无效因公殉职，年仅35岁。鄢航曾立三等功1次，受到嘉奖5次。10月，被公安部追授“全国公安系统二级英雄模范”称号。

王 忠 男，1978年10月出生，浙江龙游人。大学文化，中共党员，2006年10月参加公安工作，生前任龙游县公安局交警大队横山中队代理中队长。2019年8月28日，王忠与同事在320国道龙游县横山镇下西山路段勘察一起交通逃逸事故现场过程中，面对货车撞击危险，不顾自身安危，搡住其身后的辅警往田里跳，自己失去最佳逃生机会，被货车撞伤，经抢救无效因公殉职，年仅41岁。王忠曾立三等功1次，受到嘉奖5次。10月，被公安部追授“全国公安系统二级英雄模范”称号。

吴承良 男，1970年8月出生，浙江义乌人。大学文化，中共党员，1995年8月参加公安工作，生前任义乌市公安局经侦大队大队长。吴承良先后在派出所、治安、公安部门经侦等岗位工作，埋头苦干、任劳任怨。在法制战线工作期间，他推出并实施执法办案积分、办案流程监控等特色工作方法，牵头制订近100项办案指南，提高执法效率，为义乌市公安局获评全国公安机关执法示范单位、连续12年获全省公安机关执法质量优秀单位做出积极贡献。吴承良曾立三等功2次，获评全省优秀农村工作指导员、全省公安优秀教师教官、全省“千名好民警”等荣誉。2019年8月9日，吴承良突发疾病倒在工作岗位上，经抢救无效因公牺牲，年仅49岁。10月，被公安部追授“全国公安系统二级英雄模范”称号。

（省公安厅 徐 锋）

中国共产党浙江省委员会

Zhejiang Provincial Committee of the Communist Party of China

综　　述

【**概况**】　2019年，浙江省委坚持以习近平新时代中国特色社会主义思想为指导，全面贯彻落实党中央重大决策部署，自觉践行习近平总书记赋予浙江的新期望，更好扛起浙江是中国革命红船起航地、改革开放先行地、习近平新时代中国特色社会主义思想重要萌发地"三个地"的使命担当，奋力推进"八八战略"再深化、改革开放再出发，全面实施富民强省十大行动计划，保持经济持续健康发展和社会和谐稳定，推动"两个高水平"建设取得新的重大进展。

【**深入学习贯彻习近平新时代中国特色社会主义思想**】　2019年，省委坚持学思用贯通、知信行统一，坚决把落实"两个维护"体现在维护意识、维护行动、维护能力、维护效果的高度统一上，推动"两个维护"扎根铸魂、落细落小。深入学习、大力宣传、全面贯彻习近平新时代中国特色社会主义思想。及时传达学习、宣传贯彻习近平总书记发表的重要讲话、做出的重要指示，并对标对表、校准偏差。省委理论学习中心组召开14次学习会，省委常委会会议69次传达学习贯彻习近平总书记重要讲话、重要指示和中央重大决策部署精神。组织全省广大党员干部认真学习党史、新中国史，通篇深读、反复研读《习近平关于"不忘初心、牢记使命"重要论述选编》《习近平新时代中国特色社会主义思想学习纲要》和《干在实处 走在前列》《之江新语》等学习书目，切实筑牢"四个意识""四个自信""两个维护"的信仰之基。省委常委会成员在与兄弟省(区、市)党政代表团交流座谈、接待各国政要和出访活动中，把宣传介绍习近平新时代中国特色社会主义思想在浙江的生动实践作为主要内容。坚决彻底、不折不扣落实习近平总书记重要指示精神。省委常委会召开专题会议，听取贯彻落实习近平总书记对浙江做出的30次重要指示精神情况，并于年内组织开展两轮"回头看"，逐一对照检查，逐条细化落实，不断校正纠偏。根据习近平总书记在天台县和丽水市莲都区异地搬迁群众信访件上做出的重要指示，在全省开展移民搬迁问题大整治，进一步健全规范异地搬迁工作的相关政策和制度。贯彻落实习近平总书记对良渚古城遗址保护工作的重要指示精神，做好良渚古城遗址的发掘、保护、研究等工作，推动良渚古城遗址申遗成功。全省各地各部门对照习近平总书记重要指示精神，举一反三、见微知著，有力推动全省工作大提升，发展大跨越。

【**高质量高标准开展"不忘初心、牢记使命"主题教育**】　2019年6月起，按照中央统一部署，省委分两批开展"不忘初心、牢记使命"主题教育。全省19万个基层党组织、370多万名党员参加。在主题教育中，省委坚持规定动作、自选动作贯通结合，确保主题教育充分彰显"红船味""浙江味"。主题教育一开始，省委常委会全体成员就做出"五个始终""六个带头"的公开承诺。省四套班子领导集体到嘉兴开展初心之行，瞻仰南湖红船，重温入党誓词。专门在平阳县召开座谈会纪念中共浙江省第一次代表大会召开80周年，追忆革命岁月，传承革命精神。组织理论学习中心组专题学习3次共8天，重点围绕8个专题集中研讨。举办两批4期主题教育专题读书班，对1861名省管干部进行集中培训，带动第一批单位举办专题读书班1849个、专题学习研讨9500多场次，各级党员领导干部讲专题党课2.1万场。注重把主题教育与自觉践行习近平总书记赋予的新期望结合起来，与推进"八八战略"再深化、改革开放再出发结合起来，与开展"服务企业服务群众服务基层"活动结合起来，与推进地方治理现代化结合起来，与加快建设清廉浙江结合起来，争当新时代大力弘扬"红船精神"的排头兵，争当新时代改革开放的排头兵，争当学懂弄通做实习近平新时代中国特色社会主义思想的排头兵。把"8+1"专项整治作为重点，抓整改，整治形式主义、官僚主义问题。抓好"基层减负年"各项任务落实，制定实施浙江整治形式主义突出问题切实减轻基层负担的"二十条"意见，专门召开县(市、区)委书记工作交流会，纠治形式主义、官僚主义，切实减轻基层负担。对开会发文实行严格配额管理，省委、省政府及工作部门合计发文比上年削减35%，召开会议次数下降

41%。把“三服务”活动作为主题教育的重要载体，解决企业、群众、基层反映强烈的突出问题。全省各级党员干部开展“三服务”活动30多万次，收集问题50.92万个，办结50.79万个，落实率达99.75%。

【全力推动经济高质量发展】 2019年，省委有效应对严峻复杂的外部环境和经济下行带来的影响，坚持凝神静气办好自己的事，聚焦聚力高质量发展、竞争力提升、现代化建设，实施新动能培育、传统产业改造双轮驱动。深入实施科技、人才、投资“三大新政”，全面加快创新驱动。全省R&D（研发）经费投入占GDP的2.68%。加快推进省市县长项目工程，持续扩大有效投资，全省全社会固定资产投资增长10.1%。坚持人才引领发展，谋划实施“鲲鹏行动”计划，加快集聚全球顶尖人才，全省11个设区市中高端人才均实现净流入。杭州、宁波、嘉兴中高端人才净流入率稳居全国第一、二、四位。实施职业技能提升行动，第四十五届世界技能大赛获得一金两银一优胜的好成绩。瞄准数字经济、生命健康、高端制造三大主导产业，全力推进“腾笼换鸟”“凤凰涅槃”。11月，召开全省传统制造业改造提升现场推进会，加快培育数字安防、现代纺织、汽车制造、绿色石化、智能电器等世界级先进制造业集群，加快建设提升小微企业园。全省新增小微企业园204个，淘汰落后产能企业1755家，整治“低散乱”企业26701家。实施数字经济五年倍增计划，率先开展5G商用，推动数字大湾区、“城市大脑”、移动支付之省等标志性引领性项目建设，推广工业机器人应用，深化“企业上云”行动，新增上云企业8.84万家。实施新材料产业发展行动计划，推动产业基础高级化。首个国家新型互联网交换中心试点落户浙江。浙江省获批国家数字经济创新发展试验区，杭州、德清获批国家新一代人工智能创新发展试验区。数字经济核心产业增加值比上年增长14.5%，占地区生产总值的10%。打出减负、活血、赋能“三记重拳”，全面振兴实体经济。认真落实大规模减税降费政策，出台减征文化事业建设费、停征小型水库移民扶助基金、取消政府采购投标保证金三项“减负新政”，全年为企业减负2280亿元。基本完成清欠工作，清欠率全国第一。创新实施融资畅通工程，建立需要帮扶纾困的企业名单、需要支持的优质企业名单和量大面广经营正常又需要资金的中小微企业名单，新建金融综合服务平台，打通民企融资“最后一公里”。全年全省新增贷款1.58万亿元。召开全省产业创新服务综合体建设现场推进会，创建省级产业创新服务综合体53家。实施“凤凰行动”“雄鹰行动”“雏鹰行动”，全面推进市场主体升级。首批科创板上市企业3家。全省境内外上市公司达578家，数量居全国第二位。物产中大集团股份有限公司、阿里巴巴集团控股有限公司、浙江吉利控股集团有限公司、青山控股集团有限公司、海亮集团有限公司入围2019年“世界500强”。实施小微企业三年成长计划，市场主体突破700万家，新增小微企业40.81万家、“小升规”企业5598家。

【坚决打好三大攻坚战】 2019年，省委围绕经济社会发展的突出短板和薄弱环节，坚决打好防范化解重大风险、精准脱贫、污染防治三大攻坚战。省委严密防范、主动化解重大风险，组织全省各级各部门逐级摸排、汇总统计重大风险隐患，明确5个方面35项防范化解重大风险重点任务和责任分工。4月，召开省委十四届五次全会，出台《中共浙江省委关于坚持底线思维着力防范化解重大风险的意见》，并在会后举办为期2天的防范化解重大风险专题培训班，由省领导授课，省直机关和市县主要负责人全部参加听课。省政府每两月召开一次稳企业防风险专题会议，持续完善“五张清单、九项措施、五个一机制”的工作体系，着力防范化解部分民营企业流动性风险、“两链”风险和P2P网络风险。有序化解地方政府隐性债务风险，有力处置企业违约债券，有效遏制P2P网络借贷风险高发态势，金融风险总体可控。全省不良率降至0.91%，为全国最低的省份之一。做好东西部扶贫协作和对口支援、对口合作工作，省领导带队主动到吉林、重庆、四川、西藏、贵州、湖北、新疆、青海等省（区、市）进行沟通对接，筹措资金56.02亿元，选派187名党政干部、1609名专业技术人才到对口地区开展帮扶工作。浙江省和杭州市、宁波市2018年东西部扶贫协作工作均获国家考核“好”等次。巩固和发展全省扶贫攻坚成果，深入实施低收入农户高水平全面小康计划，低保标准实现城乡同标，最低生活保障标准达到每人每年7980元。打好蓝天、碧水、净土、清废“四大战役”。各设区城市PM2.5平均浓度为31微克/立方米，日空气质量优良天数比例平均为88.6%；省控断面Ⅰ～Ⅲ类水质占比达91.4%。完成千岛湖临湖地带综合整治，设立淳安特别生态功能区。成功承办世界环境日全球主场活动。高质量推进生活垃圾分类处置工作，积极开展“无废城市”创新试点。

【全面深化改革开放】 2019年，省委坚持深化市场化改革、扩大高水平开放双管齐下，不失时机推进重大全局性改革，加快在关键领域和重要环节取得新突破，着力再创体制机制新优势，争当改革开放排头兵。全面落实长三角一体化发展国家战略，率先召开推进长三角一体化发展大会，率先编制实施浙江省推进长三角区域一体化发展行动方案，全省域全方位参与长三角高质量、一体化发展。与上海签署《小洋山港区综合开发合作协议》，推进长三角生态绿色一体化发展示范区建设，全面取消高速公路省界收费站。全面深化“最多跑一次”改革，围绕群众从出生到身后、企业从准入到退出两个全生命周期，梳理41件“一件事”，以部门联办的方式为群众和企业办事提供“打包服务”。其中40件实现线下一窗受理，28件实现线上运行。实施优化营商环境“10+N”行动，深化“亩均论英雄”改革。全省企业开办实现1日办结，企业投资项目竣工验收前审批实现“最多90天”，省级以上产业平台实现“标准地”供地。推动政府数字化转型，全面推行“一证简化办”“无证刷脸办”“掌上移动办”。推进“最多跑一次”改革向公共服务、司法服务、中介服务等领域延伸，向党委部门、人大、政协、群团组织、社会组织等主体覆盖。杭州火车东站“未来枢纽”加快建设；电子健康卡和电子社保卡实现“两卡融合、一网通办”，省、市级医院高峰期排队时间从8.3分钟减少到2.8分钟；全省87.5%的机关内部办事事项实现“最多跑一次”。全力打造“一带一路”重要枢纽。中国(浙江)自贸试验区总体方案明确的改革任务100%启动，探索形成83项制度创新成果，其中34项属全国首创。宁波“一带一路”综合试验区、“17+1”经贸合作示范区和义乌国际贸易综合改革试验区建设加快推进。宁波舟山港全年货物吞吐量11.2亿吨，连续11年居全球港口第一位；集装箱吞吐量2753.5万标箱，居全球第三位。“义新欧”班列运行528列。率先开展资本项目收入结汇支付便利化试点，率先启动进口货物“两步申报”改革试点。服务国家总体外交，成功举办第五届世界浙商大会、首届中国—中东欧国家博览会暨国际消费博览会、第三届世界油商大会、第三届中国国际茶叶博览会，省代表团成功访问捷克、匈牙利、德国、沙特、卢旺达和南非等国家。召开全省稳外贸稳外资工作现场会，出台浙江省稳外贸新政20条，推动“订单+清单”监测预警响应系统迭代升级，全省上线企业5.2万家。深入开展精准服务外贸企业专项活动，对447家骨干企业实行“一对一”跟踪服务。新设外商投资企业3580家，比上年增长1.47%；实际利用外资135.6亿美元，增长8.7%。进出口总额突破3万亿元大关，其中出口增长9.0%，占全国份额提高到13.4%，对“一带一路”沿线国家出口增长16.8%。

【高水平推进平安浙江建设】 2019年，召开省委政法工作会议和全省公安工作会议，总结部署高水平推进平安浙江建设工作。坚持和发展新时代“枫桥经验”，用好“基层治理四平台”，在全省范围内推进县级社会矛盾纠纷调处化解中心建设，推动企业和群众有矛盾纠纷需要化解时“只进一扇门”“最多跑一地”，有效减少信访量，化解一大批信访积案。全省来信走访总量下降10.4%，进京走访总量下降42%；交办信访积案化解率88.4%，县级走访在四级走访中占比81.3%；全省法院收案下降4.6%，为全国唯一收案出现负增长的省区。深入开展“枫桥式公安派出所”创建活动，做到“矛盾不上交、平安不出事、服务不缺位”，成为全国公安战线的一面旗帜。深入推进扫黑除恶专项斗争，全省累计打掉黑恶团伙3128个，“深挖根治”涉黑涉恶案件背后的“保护伞”1776起，处理2712人，党纪政务处分1248人，组织处理1468人，查处充当“保护伞”的党员干部1136人。全省刑事发案、命案分别下降10.2%、17.4%。持续提高和改善民生水平。召开“建立健全为民办实事长效机制”15周年座谈会，推动新时代为民办实事新实践。切实办好老旧小区加装电梯等民生实事。实施就业优先政策，新增就业人数125.7万人。建立城乡居民基础养老金正常调整机制。健全农村留守儿童、妇女、老年人关爱服务体系，建立残疾儿童康复救助制度。召开全省教育大会，对率先高水平实现教育现代化进行部署。全面推行县域医共体建设，基本形成整合型医疗卫生服务体系框架，在全国率先建立覆盖全体城乡居民的医保门诊慢性病保障制度。严格落实“菜篮子”市长负责制，做好生猪稳产保供稳价工作。召开第十八次全省民政工作会议，制定出台推动新时代民政事业高质量发展的意见。深化安全生产综合治理三年行动，推进道路交通、危险化学品、消防、涉海涉渔和城乡危旧房等重点领域治理，推进以防为主、防抗救一体化的应急管理体制机制建设。全省生产安全事故起数下降35.7%，死亡人数下降34.2%；火灾事故起数下降25%，死亡人数下降23.3%；道路交通事故起数下降12.2%，死亡人数下降15.8%。群众安全感满意率达97.1%。以对人民群众高度负责的态度，全力做好超强台风“利奇马”抢险救灾和灾后重建工作，努力把灾害造成的损失降到最低限度。受灾地区重建、异地搬迁等工作积极开展。按照“四个最严”要求，抓好食品药品安全监管工作。深入贯彻落实食品安全责任制规定，在全国率先出台地方党政领导责任清单，大力度开展整治食品安全问题联合行动并取得重大成果，全省食品药品安全形势稳定向好，未发生重大食品药品安全事件。

【全面深化法治浙江建设】 2019年，省委充分发挥总揽全局、协调各方的领导核心作用，坚持民主集中制，集中精力谋大局、把方向、定政策、抓大事，细致做好各班子领导干部思想政治工作，把全省几套班子紧紧凝聚在以习近平同志为核心的党中央周围，形成同心同德、团结奋斗的良好局面。大力发展社会主义民主政治。认真学习贯彻党的十九届四中全会精神，召开省委十四届六次全体(扩大)会议，提出建设省域治理六大体系，打好“省域治理现代化十招”，争当省域治理现代化排头兵。召开省委人大工作会议，出台关于高水平推进新时代人大工作和建设的意见。围绕促进民营经济高质量发展工作、深化“最多跑一次”改革和打好“三大攻坚战”等开展监督，并就民营经济高质量发展组织专题询问。建立省人大常委会领导与列席人大常委会会议的省人大代表座谈机制，在全国省级层面率先出台制度规范。加强对县乡人大工作的指导，推进全省街道人大工作和建设试点。制定街道人大工作条例。学习贯彻中央政协工作会议精神，组织开展全省政协工作情况专项督查，召开省委政协工作会议，制定关于新时代加强和改进人民政协工作的实施意见。深化拓展“请你来协商”、委员会客厅、“同心”系列宣传平台建设。完善落实主席会议成员联系走访约谈委员制度，首次组织通报政协常委年度履职情况。加强政协系统党的建设，省政协专委会设立分党组，县级政协全部建立机关党组。加强统战工作，引导各民主党派、无党派人士开展“不忘合作初心，继续携手前进”主题教育。鼓励统一战线成员围绕民营经济高质量发展开展民主监督。巩固深化“五个一百”(市、县党政主要领导与民营企业百场座谈、百名厅局长精准服务百家龙头企业、百名处长下基层宣讲政策、百名行长进企业和百家民营企业结对服务)活动，推动构建亲清政商关系。推进少数民族地区

"双百村结对行动",加强全国民族乡村示范建设。召开浙江省欧美同学会一届一次理事大会。以涉侨行政事务"最多跑一次"改革为牵引,建设为侨服务"全球通"平台,扎实开展新乡贤工作。着力服务国家大局,积极做好港澳台统战工作。召开省委全面依法治省委员会第一次会议,推进智慧政法建设。注重挖掘浙江作为中华人民共和国第一部宪法(草案)起草地的独特资源,依托"五四宪法"历史资料陈列馆,组织开展具有浙江特色的系列宪法宣传贯彻活动。开展法治政府示范创建和全面督查工作,深化综合行政执法体制改革。浙江省率先完成党政机构改革,全面完成五大领域综合行政执法队伍组建和乡镇(街道)人员履职能力专题培训工作,初步形成优化协同高效的机构职能体系,启动部署、扎实推进事业单位改革。积极探索诉源治理,加快行政争议调解中心建设,浙江移动微法院上升为中国移动微法院。持续推进刑事检察、民事检察、行政检察、公益诉讼检察"四大检察",全面协调充分发展。加强党对群团工作的领导,坚持党建带群建,深化群团改革,增强群团的政治性、先进性、群众性,推动群团围绕中心、服务大局。坚持党管武装原则,召开省军区党委十二届四次全会和省委议军会议。推动军民融合深度发展,解决部分退役士兵社会保险接续问题,做好退役军人工作。

【大力推进文化浙江建设】 2019年,省委坚持大力弘扬"红船精神"、浙江精神,加强和改进宣传思想文化工作,不断增强文化自信、文化活力、文化软实力,使全省人民在思想上精神上紧紧团结在一起。坚持省领导赴高校和基层做形势报告制度,压紧压实意识形态工作主体责任,做细做好高校思想政治工作,守住守牢网络意识形态主阵地。深化"习近平新时代中国特色社会主义思想在浙江的萌发与实践"重大课题研究,实施第二期浙江文化研究工程。深入开展"我最喜爱的习总书记的一句话""我在之江学新语"等主题宣讲,加强"学习强国"平台建设,推动习近平新时代中国特色社会主义思想"飞入寻常百姓家"。精心组织庆祝中华人民共和国成立70周年主题宣传,举办第二届红船论坛、"浙江精神与新时代新使命"理论研讨会,制作电视理论节目《中国共产党为什么能——浙江精神》8集,推出动漫微视频《漫说浙江精神》。拓展新时代文明实践中心试点建设。深化农村文化礼堂"建管用育"一体化建设,全年新建农村文化礼堂3282个。推进"最美浙江人"宣传,开展"最美奋斗者"、全国道德模范和省道德模范学习宣传活动。推进大运河文化带(浙江)和之江文化产业带建设,加快浙东唐诗之路等"四条诗路"建设。全省文化产业增加值4600亿元,比上年增长10%。县级融媒体中心实现全覆盖,推出以短视频传播为特色的"天目"新闻客户端。深化《之江新语》多语种翻译出版工程,加快美丽浙江国际新媒体传播平台建设。积极筹办2022年杭州亚运会。成功承办第六届全国残疾人职业技能大赛,获团体总分第一名。参加第十届全国残疾人运动会,金牌数、奖牌数居全国第一。成功举办第六届世界互联网大会、第四届"中国—阿拉伯国家广播电视合作论坛"。

【统筹推进城乡一体和山海协作】 2019年,省委着眼于保持和发展浙江城乡之间、区域之间发展差距较小的优势和特色,坚持拉高标杆、补齐短板,下更大功夫营造城乡之间融合发展、区域之间联动发展的良好态势。加快大湾区大花园大通道大都市区建设。设立杭州钱塘新区、湖州南太湖新区、宁波前湾新区、绍兴滨海新区,实现龙港撤镇设市。启动未来社区建设试点。全面完成小城镇环境综合整治,全面启动美丽城镇建设。全省城镇化率达70%。开展交通强国建设试点,推进海港、陆港、信息港、航空港"四港"联动,加快打造"三个1小时"交通圈,实现全省陆域"县县通高速"。推进"十大名山公园""十大海岛公园"建设。加快打造山海协作工程升级版,25个省级山海协作产业园完成固定资产投资228亿元,比上年增长90%。深入实施乡村振兴战略。召开全省深化"千万工程"建设新时代美丽乡村现场会、全省乡村产业高质量发展推进会。推动工商资本、科技和人才"上山下乡",加强耕地保护,稳定粮食生产,高水平建设"四好农村路",实施农村饮用水达标提标工程,深化农村土地制度改革三项试点,推进"三位一体"改革,基本完成村级集体经济三年"消薄"任务,加快打造美丽乡村建设升级版。

【高质量建设美丽浙江】 2019年,省委牢固树立绿水青山就是金山银山的理念,把经济社会发展同生态文明建设统筹起来,不断优化省域生态环境。做好中央环保督察、国家海洋督察、中央办公厅作风建设督查组反馈意见的整改落实。第一轮中央环保督察反馈的46项整改任务完成35项,其余11项整改任务达到序时进度,交办的6920件信访件完成6905件。深入开展海洋生态环境整治,入海排污口全部安装在线监测设施并完成联网,实现入海排污口数字化动态监管,用最严的制度措施把海洋环境保护好发展好。浙江省通过国家生态省建设试点验收。成功承办2019年世界环境日全球主场活动。高标准完成"大棚房"清理整治任务。深入推进国家清洁能源示范省建设,推进全省燃煤锅炉和燃煤设施淘汰改造计划,做好能源"双控"和"减煤"工作,全省规模以上工业企业单位工业增加值能耗下降3.1%。实施绿色制造工程,创建省级节水型企业490家,完成清洁生产审核企业935家。全面推进自然资源资产化管理,丽水获批首个国家级生态产品价值实现机制试点。高质量推进生活垃圾分类处置和"无废城市"创新试点。深化钱塘江源头山水林田湖草生态保护修复工程试点。推进千岛湖临湖地带综合整治,设立淳安特别生态功能区。谋划制定"三线一单"生态空间管控制度,加快矿山整治修复,推进海域海岛海岸带保护与整治修复、围填海历史遗留问题处置。推进美丽河湖建设。开展"新植1亿株珍贵树"和"一村万树"为重点的乡村绿化美化。依法严厉打击环境违法行为。全年全省共查处环境违法案件9829件,力度位居全国前列。

【深化清廉浙江建设】 2019年，省委坚持党员干部思想观念、工作作风同步转变，以自我革命的精神加快推进清廉浙江建设，推动全面从严治党向纵深发展、向基层延伸、向每个支部和党员覆盖。突出抓好党的政治建设这个根本性建设，严明党的政治纪律和政治规矩，推动全省党员干部增强“四个意识”、坚定“四个自信”、做到“两个维护”。省委常委会召开专门会议，听取省人大常委会、省政府、省政协、省法院、省检察院党组工作汇报。制定《贯彻落实〈中共中央关于加强党的政治建设的意见〉若干措施》《重大事项请示报告清单》。严格执行党内政治生活准则，加强对党的十九大精神和党中央决策部署贯彻落实情况的监督检查。坚持新时期好干部标准，加快锻造忠诚干净担当的高素质干部队伍。制定《浙江省领导干部政治素质考察办法(试行)》，分两批对374名市县党政正职、省直单位主要负责人进行政治素质考察，结合主题教育开展领导班子政治建设调研分析。坚持和完善县(市、区)委书记工作交流会制度，首次举办省直单位厅局长工作交流会。树立重实干重实绩的鲜明导向，评选表彰“浙江省担当作为好干部”100名、“浙江省担当作为好支书”300名。2019年元旦后，在全省组织开展“服务企业服务群众服务基层”活动，并持续形成品牌。制定出台干部为事业担当、组织为干部担当良性互动“二十条”，组织开展干部不担当不作为专项整治，严肃问责不担当不作为干部1473名，对受到不实举报的担当作为干部及时澄清保护。省、市、县三级纪委监委为1388名受到不实举报的党员干部澄清，组织部门为1073名党员干部做澄清正名。做好优秀年轻干部集中调研，加强和改进选调生工作。深入开展《中华人民共和国公务员法》学习贯彻，开展人民满意的公务员和公务员集体表彰，稳妥实施公务员职务与职级并行制度。召开全省党委(党组)书记抓基层党建和人才工作述职评议会。深入实施组织力提升工程，高标准落实农村基层党建“浙江二十条”，持续抓好“整乡推进、整县提升”工作。高质量抓好村级班子整固提升、村级集体经济“消薄”攻坚提升、村级活动场所建设提升三大提升行动，稳步推进村党组织书记、村委会主任“一肩挑”。6920个省定集体经济薄弱村全部实现“消薄”目标。推进行政村规模调整，以此撬动农村资源整合、空间拓展、活力提升、产业发展。行政村数量从2017年的27248个调减到20402个。推动社区党建向业委会党建和物业企业党建延伸，加强“两新”组织党建工作，着力提高发展党员质量。召开省纪委十四届四次全会，对纪检监察工作做出部署。强化政治监督，确保党中央有关打好三大攻坚战、高质量发展等重大决策部署、重大战略举措和习近平总书记重要指示批示精神落到实处。严格执行中央八项规定及其实施细则精神，深入开展领导干部违规兼职取酬问题集中督查，深化违规收送礼品礼金、违规房产交易、违规借贷、领导干部利用名贵特产特殊资源谋取私利等专项治理，深入开展违规收送礼品礼金、违规发放津(补)贴或福利问题自查自纠。深入开展基层选人用人不正之风、违规因私出国境等专项整治，集中规范领导干部配偶、子女及其配偶经商办企业行为，深化干部人事档案问题整治。全省查处违反中央八项规定精神问题2160起，处理党员干部3247人，其中党纪政务处分2101人，分别比上年增长21.3%、9.6%和15.9%。坚持无禁区、全覆盖、零容忍惩贪除恶，重点查处政治问题和经济问题相互交织的腐败案件，深入整治群众身边的不正之风和腐败问题，“深挖根治”涉黑涉恶案件背后的“保护伞”723件932人，深入推进追逃追赃工作。全省各级纪检监察机关受理检举控告43293件次，下降20.4%；立案18867件次，增长7.5%；党纪政务处分17394人，增长4.5%；移送司法机关907人，增长27.9%。高标准开展三轮政治巡视。在全省深入开展“警示教育月”活动，有390名涉嫌违纪违法的党员干部主动向各级纪委监委投案。深化纪检监察体制改革，率先完成省级层面深化派驻机构改革。省委常委会重视自身建设，带头增强“四个意识”、坚定“四个自信”、做到“两个维护”；带头落实加强和维护党中央集中统一领导若干规定，贯彻民主集中制；带头参加主题教育和“三服务”活动；带头弘扬斗争精神，妥善应对各种风险挑战；带头执行中央八项规定精神和廉洁自律准则，努力为全省党员干部做表率。

(省委办公厅　夏勇鹏)

重　要　会　议

【省委十四届五次全体(扩大)会议】 2019年4月24日在杭州举行。出席全会的省委委员75名，候补委员14名。省委常委会主持会议。省委书记车俊讲话，袁家军、郑栅洁、任振鹤、陈金彪、冯飞、朱国贤、黄建发、周江勇、熊建平、王昌荣、冯文平出席。全会以习近平新时代中国特色社会主义思想为指导，全面贯彻落实党的十九大和十九届二中、三中全会精神，深入系统学习贯彻习近平总书记关于防范化解重大风险的重要论述和在省部级主要领导干部坚持底线思维着力防范化解重大风险专题研讨班上的重要讲话精神，听取和讨论车俊受省委常委会委托做的工作报告，研究部署防范化解重大风险工作，审议《中共浙江省委关于坚持底线思维着力防范化解重大风险的意见》。全会强调，党的十八大以来，以习近平同志为核心的党中央高度重视防范化解重大风险工作。特别是习近平总书记就防范化解重大风险发表一系列重要讲话，深入回答防范化解重大风险的方向性、根本性、战略性问题，给全党上了深刻生动的形势判断政治动员课、底线思维专题辅导课、风险防范斗争艺术课。要学深悟透习近平总书记的重要论述精神，拿起历史“望远镜”来深刻把握“为什么要防范化解重大风险”，对标战略实施“路线图”来深刻把握“我们遇到的重大风险是什么”，用好实践“教科书”来深刻把握“如何防范化解重大风险”，对照政治“责任状”来深刻把握“以怎样的使命担当防范化解重大风险”，不断增强防风险、守底线的思想自觉和行动自觉。全会指出，这些年来，浙江在防范化解重大风险上进行探索和实践，积累宝贵经验、深化规律性认识，为进一步做好防范化解重大风险工作提出原则要求，主要是：坚持把发展作为防范化解重大风险的首要前提，坚持把抓基层、打基础作为防范化解重大风险的重中之重，坚持把源头治理作为防范化解重大风险的有效抓手，坚持把健全体制机制作为防范化解重大风险的固本之策，坚持把现代科技作为防范化解重大风险的强大支撑，坚持把以人民为中心作为防范化解重大风险的出发点和落脚点，坚持把党员干部担当有为作为防范化解重大风险的关键所在，坚持把党的领导作为防范化解重大风险的根本保证。全会就防范化解政治、意识形态、经济、科技、社会、党的建设等领域重大风险做出深刻分析、提出明确要求。全会指出，当前全省总体形势是好的，但防范化解重大风险的形势依然严峻、任务依然繁重。必须不断增强防范化解重大风险的敏锐性，做到眼睛亮、见事早，心中有数、知事知源，加强对策研究，推出有针对性的实招硬招、新招高招，坚决消除一切重大风险隐患。全会强调，要集中精力办好自己的事，在“八八战略”再深化、改革开放再出发中坚决打赢防范化解重大风险攻坚战。要大处着眼、小处着手，既善观大势、常思大局，又见微知著、一叶知秋，进一步强化防范化解风险的意识。要着眼平时严阵以待、战时一招制胜，进一步健全防范化解重大风险的机制。突出科技手段的运用，不断提高对各类风险发现、研判、响应、处置的信息化水平；定期开展日常演练和测试，加强监管和应急力量建设；善于运用法治思维和法治方式，努力实现对风险的发生诱因与事前防范、风险的事中演进与有效控制、风险的化解与事后治理等进行全方位管理、全过程监控。要讲究策略、注重方法，进一步把好防范化解重大风险的时度效。既猛药去疴又固本培元，既抓住要害又统揽全局，既消除内因又阻断外因，确保把矛盾问题全部化解。要增强斗争精神、加强斗争历练，进一步提高防范化解重大风险的本领，切实消除防范化解重大风险的“恐惧症”“无能症”“浮躁症”“麻木症”。要全员上阵、共同担责，进一步形成防范化解重大风险的合力。各级党委、政府要扛起防范化解重大风险的主体责任、领导责任、属地责任，统筹兼顾、突出重点，结合实际、精准施策，真正打好防范化解重大风险的人民战争，为“两个高水平”建设提供坚强保障。全会充分肯定2018年以来省委常委会的工作。

【全省“不忘初心、牢记使命”主题教育工作会议】 2019年6月6日在杭州举行。省委书记、省委“不忘初心、牢记使命”主题教育领导小组组长车俊主持会议并讲话，“不忘初心、牢记使命”主题教育中央第二指导组组长陈际瓦出席会议并讲话，袁家军、葛慧君、陈金彪、冯飞、朱国贤、黄建发、熊建平、王昌荣、冯文平出席会议。会议强调要全面对照党中央部署要求，紧密结合浙江实际，以勇立潮头的姿态推动全省主题教育走在前列。要着力在三方面下功夫：要在一体谋划推进上下功夫，确保主题教育一鼓作气、一气呵成。坚持系统思维、统筹谋划，对照“守初心、担使命，找差距、抓落实”总要求落实重点措施，做到两个批次紧密衔接，把学习教育、调查研究、检视问题、整改落实贯穿主题教育全过程。同时，与省委中心工作紧密结合起来，与正在做的事情紧密结合起来，实现主题教育和各项工作两不误、两促进；要在创新工作载体上下功夫，确保主题教育彰显“红船味”“浙江味”。各地各部门要激发创造性、增强针对性、突出实践性，把开展主题教育与自觉践行习近平总书记赋予的新期望结合起来，推动“八八战略”再学习再解读。从“红船精神”、浙江精神中汲取营养、激发斗志，不断深化“最多跑一次”改革，全面落实清廉浙江建设要求，常态化开展“大学习大调研大抓落实”活动，努力实现理论学习有新进步、思想政治有新加强、干事担当有新作为、为民服务有新提升、清正廉洁有新形象、推动发展有新成效的“六个新”目标；要在解决实际问题上下功夫，确保党员干部受到触及灵魂的教育、人民群众看到实实在在的变化。坚持问题导向，主动把自己摆进去、把职责摆进去、把工作摆进去，翻箱倒柜再查摆、全面彻底再剖析，深挖思想根源，把“改”字贯穿始终。立查立改、即知即改、能改全改，逐条逐项列出清单、明确时限，坚决确保取得实际效果、解决实际问题。会议强调，要强化落实之功、执行之力，坚持以上率下，省委常委会全体同志承诺做到“五个始终”“六个带头”(始终高举思想旗帜、始终秉持政治忠诚、始终担当履职尽责、始终坚持人民至上、始终恪守务实清廉，带头参加学习研讨、带头深入调查研究、带头听取群众意见、带头检视查摆问题、带头抓好整改落实、带头反对形式主义官僚主义)。要压紧压实领导指导责任，各级党委(党组)书记亲自抓、负总责，班子成员履行“一岗双责”，加强对分管领域的指导督促。要坚持求真务实，严格落实中央和省委关于解决形式主义突出问题、为基层减负的要求，确保以好作风抓出好效果。

【省推进长三角一体化发展大会】 2019年6月21日在杭州举行。省委书记车俊出席会议并讲话，省委副书记、省长袁家军主持会议，郑栅洁、陈金彪、冯飞、周江勇出席。会议指出，长三角一体化是习近平总书记多年来关心、谋划、部署、推动的。总书记关于推动长三角一体化发展的重要思想，既是一脉相承、也是不断深化发展的。全省要牢记总书记的嘱托和期望，深刻领会长三角一体化上升为国家战略的方位，深刻领会长三角是中国最有条件率先实现现代化的地区之一、最有条件实现一体化的区域的战略判断，深刻领会长三角一体化“一极三区一高地”(“一极”指全国发展强劲活跃增长极。“三区”指全国高质量发展样板区、率先基本实现现代化引领区、区域一体化发展示范区。“一高地”指新时代改革开放新高地)的战略定位，深刻领会“一体化”和“高质量”两个关键，深刻领会树立“一体化”意识和“一盘棋”思想的内在要求，深刻领会上海龙头带动和苏浙皖各扬所长的推进格局，以“三个地”的政治自觉和责任担当，切实肩负起推进长三角一体化发展的历史使命。要强化组织领导，讲求推进方法，坚持稳中求进，弘扬奋斗精神，弘扬新时代浙商精神、科学家精神、工匠精神和专业精神，汇聚起推进高质量一体化发展的磅礴力量。会议强调，全力实施国家规划纲要及省行动方案，必须坚持和落实新发展理念，集成优势、扬长补短，使优势更优、长板更长、短板补长，推进长三角高质量一体化发展。要落实创新共建，下好转型升级先手棋。既要借力合作创新，又要凸显特色创新，抓住上海全球科创中心建设机遇，携手共建跨区域多层次产业创新合作平台，同时大力实施数字经济"一号工程"，深入推进"大众创业、万众创新"。要落实协调共进，推进区域间的协同合作。重点要主动服务上海并承接上海辐射，发挥长三角生态绿色一体化发展示范区和自贸区的示范引领作用，加强与苏皖闽赣毗邻区域合作，在长三角区域一体化框架下加速省域一体化。要落实绿色共保，开辟绿水青山就是金山银山新境界。坚持"共抓大保护、不搞大开发"，共同保护好长三角可持续发展生命线，打好跨区域污染防治攻坚战，捧好绿色发展金饭碗。要落实开放共赢，提升资源配置能力和市场竞争力。着力提升营商环境装修好"门面"，用好载体擦亮"门牌"，立好引进来、走出去的"门槛"，让长三角这扇开放大门越开越大。要落实民生共享，努力在交通便民、教育利民、医疗惠民、文化育民上实现更大突破，让"长三角人"共享一体化高质量的美好生活。

【省委人大工作会议】 2019年8月13日在杭州举行。省委书记车俊出席会议并讲话，省委副书记、省长袁家军主持会议，葛慧君、郑栅洁、陈金彪、冯飞、朱国贤、黄建发、周江勇、熊建平、王昌荣、冯文平、陈伟俊出席会议。会议指出，习近平总书记关于坚持和完善人民代表大会制度的重要思想，科学阐述国家根本政治制度的历史必然、特点优势、实践要求，回答新时代坚持好完善好人民代表大会制度的重大课题。习近平同志在浙江工作期间，对人大制度、人大工作和依法治国、治国理政等重大问题的系统思考和深入实践，是总书记留给浙江人大工作的宝贵精神财富。要以更高政治站位、更强政治担当、更足政治自信，与时俱进丰富拓展人民代表大会制度在浙江的生动实践。会议强调，要以贯通历史现在未来的大视野大格局，更加坚定地恪守人民代表大会制度的初心和使命，更加深刻认识人民代表大会制度的巨大优越性，更加充满信心做好新时代人大工作，增强开创新时代省人大工作新局面的责任担当。更好把党的领导和人民意志结合起来，把"两个维护"体现到人大工作的全过程各方面，扩大人民群众对人大立法、监督等工作的有序参与；更好把制度规范与改革创新结合起来，加快形成符合地方国家权力机关职能特点的运行机制和工作方式，推进讨论决定重大事项工作常态化，加大创制性立法力度，创新监督的方式方法，加强和规范街道人大工作；更好把代表工作与群众工作结合起来，把党的群众路线贯穿到代表工作中，把人大工作做到群众的心坎上，健全代表履职监督和约束机制；更好把做强优势与补齐短板结合起来，总结好做法好经验，进一步健全地方支持和保证人大工作的考核机制、人大与政府及有关方面的统筹协调机制。会议强调，人大工作是人大及其常委会的工作，是党委的重要工作。要树立"全局一盘棋"的理念，把各方面的力量凝聚起来，齐抓共管、形成合力，进一步强化对人大依法履行职能的支持保障，强化各级人大及其常委会自身建设，积极营造推进人大工作的良好社会氛围，努力形成在党委统一领导下人大工作与中心工作同频共振的生动局面。

【全省美丽城镇建设工作会议】 2019年9月6日在建德市举行。省委书记车俊出席会议并讲话，陈金彪、周江勇、陈伟俊参加会议。会议指出，建设新时代美丽城镇，是新时代浙江省城镇工作的总抓手，其根本任务就是要做好服务城市、带动乡村两篇文章，构建工农互促、城乡互补、全面融合、共同繁荣的新型城乡关系。各地各部门要坚持上下联动，规划引领，聚力改革，激发基层，发动群众，努力把美丽城镇这幅画卷描绘好。会议强调，推进新时代美丽城镇建设，必须牢牢把握小城镇高质量发展的工作导向，尊重规律，处理好城镇与城市、乡村的关系，推动城乡高质量融合发展；以人为核心，处理好人、产、城、文、景的关系，走出一条"人产城文景"深度融合的路子；统筹兼顾，处理好样板与整体的关系，实施好"百镇样板、千镇美丽"工程；因镇制宜，处理好共性与特色的关系，按照都市节点型、县域副中心型、特色型、一般型四大类分别引导、精准施策，形成各美其美、美美与共的新形态；稳中求进，处理好积极作为与循序渐进的关系，坚决不搞形象工程，形成开发建设可持续、群众获得感强的城镇发展新模式。会议指出，推进新时代美丽城镇建设，总的目标要求是：环境美、生活美、产业美、人文美、治理美。环境美，关键是塑造既有清丽山水、又有净美人居的城镇风景。生活美，关键是创造既有城市文明、又有田园诗意的城镇品质。产业美，关键是培育既有特色集群、又有新兴业态的城镇经济。人文美，关键是讲好既有乡愁古韵、又有文明新风的城镇故事。治理美，关键是实现既有党建统领、又有"三治融合"的城镇善治。有条件的小城镇要高标准落实"五美"要求，打造美丽城镇样板；一般小城镇要优先补齐短板、增强功能，稳步朝着"五美"目标前进，确保到2022年所有小城镇达到美丽城镇基本要求，到2035年高质量全面建成美丽城镇。

【省委政协工作会议】 2019年10月17—18日在杭州举行。省委书记车俊出席会议并讲话，省委副书记、省长袁家军主持第一次全体会议，葛慧君、郑栅洁、陈金彪、许罗德、黄建发、周江勇、王昌荣、冯文平、陈伟俊出席会议。会议指出，习近平总书记关于加强和改进人民政协工作的重要思想，为做好新时代人民政协工作指明前进方向、提供根本遵循；习近平总书记的五个"首次阐明"，是对发展党的人民政协理论做出的创造性贡献。要不断从人民政协70年不平凡历程中汲取前行的智慧和力量，找到最大公约数、画出最大同心圆，答好时代之问，确保政协工作不忘初心、牢记使命，始终沿着正确政治方向前进。会议强调，浙江必须以排头兵姿态推动新时代政协工作高质量发展，奋力谱写人民政协制度在浙江的崭新篇章。重点做到"坚持四个相统一"：坚持建言与资政相统一，在党委中心工作的大局下思考、谋划、行动，练好调查研究基本功，建设好协商议政平台，努力做到建言精准、资政有效；坚持求同与存异相统一，把握好尊重包容和坚守政治底线、主动引领与广开言路的关系，加强交往交流交融，增进对中国共产党和中国特色社会主义的政治认同、思想认同、理论认同、情感认同；坚持守正与创新相统一，继承和发扬已有的经验做法，进一步完善相关制度，激励委员更好担当作为，创新政协工作流程方法和联系群众的长效机制；坚持监督与支持相统一，加强和改进政协民主监督，坚持问题导向精准发力，寓监督于支持之中。全省各级党委要加强对政协工作的全面领导，把政协工作纳入党委工作全局，切实加强政协系统党的建设，强化政协领导班子和干部队伍建设，形成加强和改进人民政协工作的合力，大力营造新时代人民政协事业发展的良好环境。

【"建立健全为民办实事长效机制"15周年座谈会】 2019年10月22日在杭州举行。省委书记车俊出席会议并讲话，省委副书记、省长袁家军主持，陈金彪、朱国贤、周江勇出席会议。会议指出，建立健全为民办实事长效机制，是对中华民族传统民本思想的继承和发扬，是对马克思主义民生观的坚持和发展，以实际行动彰显"人民群众对美好生活的向往就是我们的奋斗目标"。这一机制强调"为民办实事"，坚守的是共产党人的初心和使命；强调"民呼我应"，彰显的是以人为本的价值取向；强调"以基本公共服务均等化为重点"，体现的是共享发展的理念；强调"重在落实贵在坚持"，秉持的是善作善成的务实作风。要深刻感悟习近平总书记深挚的为民情怀，更多为群众办实事、解难事、谋福事。会议指出，浙江15年为民办实事，民生建设很多方面走在全国的前列，城乡居民收入年年保持省区最高、收入倍差始终列于省区最低，群众获得感和幸福感不断提升。15年的成功实践，关键在于旨在为民、重在办事、成于务实。旨在为民，就是始终突出为民办实事对象是民，问需于民、问计于民、问情于民，做到让人民群众参与、让人民群众做主，让人民群众受益、让人民群众满意。重在办事，就是坚持尽力而为、量力而行，聚焦聚力解决民生热点问题，建立健全责任落实和投入保障机制。成于务实，就是注重抓落实，建立健全督察考评机制，确保实事见实效。会议强调，当前，民生关切点呈现由数量向质量、传统向新型、物质向精神转变的趋势。新时代坚持和完善为民办实事长效机制，就要顺应这一变化，从"实效""长效"上下功夫。重点要做到"四个再发力"：要聚焦热点难点再发力，既做好就业再就业、社会保障等基础性民生重点的提升质量文章，又要解决好垃圾分类、老小区加装电梯等"关键小事"，也要加快智能化产品与服务的供给；要强化实事办实再发力，积极探索并掌握为民办实事的规律，坚持具体抓、抓具体，抓住不放、一抓到底，建立民生实事动态跟踪机制，不断优化项目实施，确保做一件成一件；要完善长效机制再发力，深化"三服务"活动，用好现代信息技术和信息化平台，进一步完善征集筛选、科学决策、群众参与、民意沟通、风险预警、资金保障、绩效评估等制度和民生实事项目人大代表票决制，确保实事项目成为民心项目；深化改革创新再发力，以深化"最多跑一次"改革引领撬动各方面各领域改革，特别要创新人性化的公共服务体系，围绕群众全生命周期"一件事"，推动群众实现办事更方便，最大程度释放改革红利，促更好发展、惠更多民生。

【省委十四届六次全体(扩大)会议】 2019年11月21—22日在杭州举行。出席全会的省委委员67名，候补委员15名，省委常委会主持会议。省委书记车俊讲话，袁家军、郑栅洁、陈金彪、冯飞、朱国贤、许罗德、黄建发、周江勇、熊建平、王昌荣、冯文平、陈伟俊出席。全会以习近平新时代中国特色社会主义思想为指导，深入学习贯彻党的十九届四中全会精神，听取和讨论车俊受省委常委会委托做的工作报告，研究部署高水平推进省域治理现代化，审议通过《中共浙江省委关于认真学习贯彻党的十九届四中全会精神，高水平推进省域治理现代化的决定》。车俊就认真学习贯彻党的十九届四中全会精神，高水平推进省域治理现代化做讲话。全会指出，党的十八大以来，以习近平同志为核心的党中央深刻把握中国发展要求和时代潮流，把国家制度建设和国家治理能力建设摆在更加突出位置，干了许多突破性、奠基性、开创性、标志性的大事，推动中国特色社会主义在新时代展现出越来越蓬勃的生机和活力。党的十九届四中全会对新时代坚持和完善中国特色社会主义制度、推进国家治理体系和治理能力现代化做出科学完备的顶层设计。要学深悟透习近平总书记重要讲话精神，牢牢把握坚持和完善中国特色社会主义制度、推进国家治理体系和治理能力现代化是关乎全局、着眼长远、纲举目张的战略谋划，牢牢把握中国特色社会主义制度和国家治理体系具有深刻的历史逻辑、理论逻辑、实践逻辑，牢牢把握坚持和完善党的领导制度体系是关键和根本，牢牢把握中国国家制度和国家治理应该"坚持和巩固什么、完善和发展什么"，牢牢把握进行制度创新和治理能力建设既要积极主动、又要遵循党中央统一部署和国家法律制度规定，切实增强贯彻落实党的十九届四中全会精神的思想自觉和行动自觉。全会指出，改革开放以来特别是21世纪以来，浙江省在"八八战略"指引下推进省域治理，深化对省域治理规律性的认识，创造干在实处、走在前列、勇立潮头的显著成就，积累许多宝贵经验。实践证明，"八八战略"作为习近平新时代中国特色社会主义思想在浙江萌发和实践的集中体现，蕴含着中国特色社会主义制度的实践要义和价值追求，体现着治理现代化的基本规律和发展方向，是中央精神和浙江实际相结合的省域治理思想举措的大集成，是符合发展规律、符合时代要求、符合浙江实际的省域治理总方略。必须在习近平新时代中国特色社会主义思想指导下，坚定不移沿着“八八战略”指引的路子走下去，不断把“八八战略”蕴含的治理思想转化为治理效能。全会指出，“最多跑一次”改革秉承“八八战略”蕴含的治理宗旨观和方法论，是“八八战略”再深化、改革开放再出发的牵动性举措，是引领改革创新、推进省域治理现代化的关键路径。必须坚持把“最多跑一次”的理念方法作风运用到省域治理各方面全过程，聚焦把制度优势转化为治理效能，突出省域治理关键环节和具体制度，重点健全党的领导制度体系、现代法治体系、高质量发展制度体系、社会治理体系、基层治理体系和治理能力保障体系。会议强调，浙江作为“三个地”，有基础有条件、也有责任有使命在深入学习贯彻党的十九届四中全会精神、推进省域治理现代化上走在前列。要坚持以习近平新时代中国特色社会主义思想为指导，全面加强党的领导，以“八八战略”为统领，以“最多跑一次”改革为牵引，着力固根基、扬优势、补短板、强弱项，争当省域治理现代化排头兵，成为展现中国特色社会主义制度优越性的重要窗口。到中国共产党成立100周年时，实现“最多跑一次”牵引各领域改革全面突破、全面见效，数字化变革全面推进、全面深化，在省域治理上积累形成一整套更加完善的制度体系，为高水平全面建成小康社会提供更有效能的坚实保障；到2035年基本实现省域治理现代化，到中华人民共和国成立100周年时，高水平全面实现省域治理现代化。全会强调，高水平推进省域治理现代化，要聚焦关键处、打开突破口，重点打好省域治理现代化十招：深化“最多跑一次”改革，完善治理制度体系；推进社会治理领域“最多跑一地”，有效化解矛盾纠纷；加强信用浙江建设，优化治理环境，防范化解重大风险，守住治理底线红线；加快数字浙江建设，提升治理效能；弘扬与时俱进的浙江精神，增强治理软实力；夯实基层基础，打通治理的“神经末梢”；常态化开展“三服务”活动，提升治理获得感。全面推进美丽浙江建设，增强治理的绿色动能；强化对权力运行的制约和监督，激励党员干部在推进治理现代化中担当作为。会议强调，高水平推进省域治理现代化，贵在行动、重在落实。全省各地各部门和广大党员干部要在学深悟透上花更大功夫，推动党的十九届四中全会精神贯彻到底，推动省委十四届六次全会精神落实到位。全会充分肯定2019年省委常委会的工作。

【全省县级社会矛盾纠纷调处化解中心建设现场推进会】 2019年11月26日在杭州市余杭区举行。省委书记车俊出席会议并讲话，陈金彪、周江勇、王昌荣出席会议。会议指出，建设县级社会矛盾纠纷调处化解中心（信访超市），是贯彻落实党中央和省委决策部署的自觉担当，是发挥县级在治理中承上启下关键作用的重要一招，是“最多跑一次”改革理念、方法、作风在社会治理领域的创新运用。年内，全省各地积极探索县级社会矛盾纠纷调处化解中心建设，初步实现矛盾纠纷化解从碎片治理向集成治理、被动治理向主动治理、突击治理向长效治理、单向治理向多元治理转变，为社会治理领域“最多跑一地”改革奠定坚实基础。但这项工作仍处于从空间整合向机制集成融合的推进阶段，要着力在完善运行机制、提升质效、优化服务上下功夫，推动县级社会矛盾纠纷调处化解中心发挥更大作用。会议强调，加快打造县级社会矛盾纠纷调处化解中心（信访超市），重点要抓好“四个一”：“一扇门进出，事情全办清”，推动县级相关各类平台成建制入驻；“一个窗口”为群众提供全覆盖、全领域、全过程的优质服务；“一揽子调处，全链条解决”，构建人民调解、行政调解、司法调解有机衔接的调解体系，完善诉调、警调、检调、专调、访调“五调联动”，打造联合调处、多元化解的矛盾解决工作模式；“一体化联动，全方位延伸”，加快构建社会治理共同体，高质量抓好县级“一中心”和基层治理“四平台”建设，构建村（社区）“全科网格”，巩固深化信访代办制；“一把手主抓，全要素保障”，把中心建设纳入全局工作来谋划推进，各有关部门各司其职、齐抓共管，推动形成共建共治共享的良好局面。

【省委经济工作会议】 2019年12月26日在杭州举行。省委书记车俊出席会议并讲话，省委副书记、省长袁家军主持并做具体部署。葛慧君、郑栅洁、陈金彪、冯飞、朱国贤、许罗德、黄建发、周江勇、熊建平、王昌荣、冯文平、陈伟俊出席会议。会议指出，面对国内外风险挑战明显上升的复杂局面，全省上下全面贯彻党中央决策部署，奋力推进“八八战略”再深化、改革开放再出发，在较困难的环境下实现稳企业、增动能、保平安。“最多跑一次”牵引各领域改革向纵深推进，长三角一体化等国家战略得到全面落实，三大攻坚战取得关键性进展，群众获得感幸福感持续提升，全省高质量发展取得新进展。会议强调，2020年是高水平全面建成小康社会和“十三五”规划的收官之年，既是决胜年，又是攻坚年，也是为现代化长远打基础的关键一年。各地各部门要切实把思想和行动统一到中央经济工作会议的决策部署上来，客观全面辩证积极看待形势，坚定发展信心、明确目标要求，齐心协力、主动作为，趋利避害、化危为机，确保经济运行在合理区间，确保完成高水平全面建成小康社会目标任务。会议强调，做好2020年经济工作，要稳字当头、稳中求进，紧紧扭住新发展理念推动高质量发展，坚持争取率先发展与为全国大局多作贡献相统一，坚持集中精力办好自己的事，坚持担当作为抓落实，保持战略定力，坚定不移推进改革开放，坚定不移践行绿水青山就是金山银山的理念，坚定不移走高质量发展之路。要以管用实招稳企业，把“六稳”（稳就业、稳金融、稳外贸、稳外资、稳投资、稳预期）落脚点建立在稳企业的基础上，深化融资畅通工程，在扶持壮大龙头骨干企业的同时推动中小微企业健康成长，实施环保服务高质量发展工程，强化新产品推广应用，支持企业拓市场，进一步优化营商环境，为企业解忧、助力、赋能。要供需两端结合发力增动能，坚定推动制造业高质量发展，深入实施数字经济“一号工程”，全面实施科技新政、人才新政，着力扩大内需，推进新旧动能加快转换。要对标对表补齐短板，坚决打赢防范化解金融风险攻坚战、污染防治攻坚战和低收入百姓增收攻坚战。要推动改革开放走深走实，进一步擦亮“最多跑一次”改革金名片，把“最多跑一次”改革蕴含的理念方法作风运用到各方面体制机制创新中，深入推进“一带一路”枢纽建设，构建高水平开放体制机制。要扎实推进长三角一体化高质量发展，举全省之力推进长三角生态绿色一体化发展示范区建设，进一步接轨上海、对接苏皖，大力推进省域一体化。要确保社会大局平安稳定，促进高质量就业，加强基本民生商品稳价保供和公共服务能力建设，促进房地产市场平稳健康发展，深化平安浙江、法治浙江建设。要谋好“十四五”规划（2021—2025年）和现代化发展新篇章，加强对完善省域空间布局、集聚吸引高素质人才、提升产业基础能力和产业链现代化水平、优化营商环境等重大问题、重大政策、重大改革、重大项目的研究，制定好“十四五”规划。会议强调，各地各部门要巩固运用好“不忘初心、牢记使命”主题教育成果，牢牢扛起落实新发展理念的责任担当，把党建工作始终抓在手上，坚持全面从严治党，深化清廉浙江建设；把经济工作牢牢抓在手上，专心致志打攻坚、集中精力谋发展。要继续推进“大学习大调研大抓落实”，常态化开展“三服务”活动，抓开局破难题、抓作风转理念、抓体系建平台，奋力推动高质量发展。会议强调，要坚持新发展理念，“稳”字当头、“进”字为重、“好”字为本、“俭”字为要，强化政府过紧日子，统筹抓好稳企业、增动能、补短板、保平安，谋划实施一批重大改革、重大项目、重大平台、重大政策，高水平全面建成小康社会，为全国发展大局做出更大贡献。要以“绣花功夫”精准服务企业，支持民营企业做强做大，巩固和拓展减税降费成效，加大资金、土地、能源等要素保障力度；要积极促投资扩内需，突出抓好未来社区等具有乘数效应的投资项目、长三角一体化发展重大标志性工程，提速提质“四大”建设；全力强创新增动能，深入实施数字经济“一号工程”，大力实施科技攻关计划，引导企业加大创新投入，纵深推进传统产业改造提升。要联动推进“最多跑一次”改革、政府数字化转型、“亩均论英雄”改革、国资国企改革、“一带一路”战略枢纽和信用浙江建设，全面整合开发区（园区）和产业集聚区；加快推动生态文明示范创建，坚决打好污染防治攻坚战，启动实施一批生态修复工程；扎实推进富民惠民安民，扎实推进乡村振兴，深化平安浙江建设，提高全面小康成色。要健全逆周期调节机制，全力抓好2020年开局起步，努力实现一季度“开门红”。

（省委办公厅　夏勇鹏）

组织工作

【概况】 2019年，浙江省组织深入学习贯彻习近平新时代中国特色社会主义思想，深入践行新时代党的组织路线，以改革创新精神全面推进组织工作。贯彻实施《浙江省组织工作高质量发展规划纲要(2018—2022)》，突出“浙江味”“红船味”，分两批牵头开展“不忘初心，牢记使命”主题教育，全省先后有4.18万名县处级以上领导干部和19.2万个基层党组织、374.2万名党员参加主题教育。在主题教育中深入做好“三服务”，全面开展调研解难和包乡走村工作，推动党员干部实打实帮助企业、群众、基层解决困难问题。各地各单位共收集问题45.47万个，年内办结45.1万个，落实率99.3%。

【领导班子和干部队伍政治建设】 2019年，浙江省组织部门聚焦“两个维护”根本政治保证，抓深抓实干部队伍政治建设，有效引导党员干部增强“四个意识”、坚定“四个自信”、做到“两个维护”。用好“三个地”资源，推动全省党员干部读原著、学原文、悟原理，跟进学习习近平总书记最新重要讲话精神，学习党史、中华人民共和国史。举办4期专题读书班，对省管干部进行封闭式培训。全省各级举办专题读书班2800多个、专题研讨会1.33万场、专题党课21.8万场。在省委党校主体班首次设立“习近平新时代中国特色社会主义思想系列理论进修班”，保证学员有足够时间和精力深入研读习近平新时代中国特色社会主义思想。全面开展“百名组织部长进党校听课”专项行动，不断提高教育培训课程质量。围绕推进长三角一体化发展、数字经济“一号工程”、大湾区大花园大通道大都市区建设等中心工作，抓好专题培训和境外培训，提高干部专业能力专业素养。全年培训领导干部7900人次。开展政治素质考察，制定《浙江省领导干部政治素质考察办法（试行）》，分两批对市县党政正职、省直机关正职以及设区市领导班子成员、省属企业和本科高校正职进行政治素质考察，着重考察干部的政治信仰、政治忠诚、政治态度、政治担当、政治自律、政治素养，把好选人用人政治关。开展机构改革后省直班子运行情况“回头看”，重点跟踪研判新组建省直单位班子运行情况。从严监督管理干部，把政治监督贯穿干部监督全过程。注重通过巡视、专项整治、经济责任审计、个人有关事项报告抽查核实等途径，甄别干部政治忠诚。深入整治基层选人用人、干部违规因私出国（境）等突出问题，规范领导干部配偶、子女及其配偶经商办企业行为，结合巡视开展三轮选人用人专项检查。开展优秀年轻干部集中调研，选派优秀干部服务保障长三角一体化、舟山群岛新区建设等重大国家战略。稳妥推进援藏援青援疆及东西部扶贫协作干部人才轮换。统筹做好女干部、党外干部、少数民族干部培养选拔工作。实行省直机关干部人事档案集中管理。

【干部担当作为制度体系建设】 2019年，省委组织部推进全省组织部门上下联动，合力开展促进形成“干部为事业担当、组织为干部担当”良性互动机制专题调研。在充分吸收调研成果基础上，省委制定实施《关于建立健全“干部为事业担当、组织为干部担当”良性互动机制的意见》。坚持把促进“两个担当”良性互动作为干部工作关键，深入落实七大机制、20条举措，旗帜鲜明为担当者担当、为负责者负责。深化党的建设制度改革，认真贯彻新修订的《干部任用条例》《干部考核工作条例》，制定出台浙江省干部选拔任用、干部考核、事业单位领导人员管理等办法，做好基层治理“四平台”干部管理考核工作，树牢实干实绩的鲜明导向。选优配强各级领导班子，制定出台《浙江省领导干部跨地区跨部门制度性交流工作实施办法（试行）》，稳步推进省级机关、市县、国企、高校干部交流任职，积极推进政法单位领导干部交流。加大专业化人才引育选任力度，从部属高校、其他省（市）属高校引进高层次领军型人才担任省属本科高校校（院）长，审慎有序推进市场化选聘职业经理人工作。完善提升县委书记工作交流会制度，首次举办省直单位厅局长工作交流会，搭建交流打擂平台。评选表彰100名“浙江省担当作为好干部”、300名担当作为好支书，选树宣传抗击超强台风“利奇马”先进集体110个、优秀党员干部217名，总结挖掘三门县城西村8任党支部书记接力践初心重大典型。探索建立容错裁定机制，全省各级组织部门主动为受到不实举报的干部澄清正名。针对履行管党治党责任不力、深化改革攻坚不力、化解矛盾危机不力等问题，深入开展不担当不作为专项整治。

【公务员管理】 2019年，浙江省组织部门认真贯彻新修订的《中华人民共和国公务员法》，全力推动公务员工作融入组织工作大局。全面实施公务员职务与职级并行制度，研究制定《浙江省公务员职务与职级并行制度实施方案》，牢固树立职级晋升正确导向。推进公务员分类管理改革，深化法官、检察官单独职务序列改革，创新开展聘任制公务员工作。做好公务员考录和培训工作，完成2019年全省四级联考，协同做好中央机关及其直属机构招录工作，推进长三角地区公务员考录一体化工作。强化公务员正向激励，组织开展全国全省“人民满意的公务员”和“人民满意的公务员集体”推荐、评选和表彰工作。制定出台《浙江省公务员及时奖励办法（试行）》，完善落实公务员工资福利政策。全面清理规范“一票否决”和签订责任状事项。在省级机关全面推开公务员职业生涯全周期管理“一件事”改革，相关业务平均办理时限压缩至1~2个工作日，在此基础上加快向市县机关延伸、向事业单位拓展，成为全省机关内部“最多跑一次”改革标志性项目。

【基层组织建设】 2019年，省委组织部突出增强政治功能，聚力推进“五个提升”，高标准落实“浙江二十条”，不断深化“整乡推进、整县提升”工作。抓实农村党建，实施村级班子整固提升行动，实行村党组织书记县级党委备案管理，对不称职村干部进行“歇职教育”。深入实施村级集体经济“消薄”攻坚提升行动、村级活动场所建设提升行动，从严从实开展后进基层党组织集中整顿，抓好行政村规模调整。整体推进城市社区、国有企业、机关、学校等领域党建工作，加强公立医院党的建设。深入贯彻中央、省委机关党建工作会议精神，进一步完善机关工委领导体制，压实机关党建工作责任，加强机关党建力量配置。召开全省高校党的建设和思想政治工作推进会，印发《关于深化推进新时代高校党建工作的意见》，在高校部署开展“抓院促系、整校建强”铸魂行动。专题召开省属企业党的建设工作座谈会，为进一步提升企业党建质量、推动省属企业做强做优做大提供保证。在省级层面率先制定出台《关于高质量推进新时代党建带群建工作的意见》，实现政治上带强、组织上带全、队伍上带优、服务上带实，引导广大群团组织听党话、跟党走。全面推进“两新”党建整园建强、整楼推进、整线突破、全面提升“三整一全”建设，组织开展“双覆盖集中攻坚行动”、“两新”党组织“联企送服务”专项行动。深入实施新生代企业家政治和事业“双传承”计划，办好“红色传承”班和“创新转型”班。深入开展学会协会党建工作管理责任落实不到位问题专项整治，理顺脱钩后行业协会商会党建工作体制机制。制定实施《进一步提高发展党员质量的指导意见》，有效解决人才市场等挂靠党员问题。紧扣中心大局，抓实党员远程教育基层学用工作。

【人才发展生态优化】 2019年，浙江省坚持“抓人才就是抓发展、抓创新、抓未来”的理念，深入实施人才强省战略。全年11个设区市均实现人才净流入。推进人才平台建设，全力支持西湖大学、之江实验室、阿里达摩院等重大平台建设，在人才引进、项目评审、服务保障等方面开辟绿色通道。促进全省人才均衡发展，制定出台杭州、宁波服务全省人才发展的意见，启用浙江人才大厦先导区块、浙江创新中心一期，支持各地在杭州、宁波建设“人才飞地”。推进长三角人才一体化。出台政策鼓励引导人才到艰苦地区和基层一线建功立业。健全人才发展体制机制，出台高层次人才绩效奖励计划，加大对院士专家的支持力度。不断优化人才服务保障。深化人才服务领域“最多跑一次”改革，建设人才服务云平台。（省委组织部　王鹏任）

宣传工作

【概况】 2019年，浙江省结合“不忘初心、牢记使命”主题教育，把学深悟透习近平新时代中国特色社会主义思想作为突出主线。省委理论学习中心组举行14次集中学习的专题学习会。省委宣传部组织编写《解读“二十六个如何”》《读懂基本方略》《读懂“两山”理念》等通俗读物，《习近平新时代中国特色社会主义思想学习纲要》发行量达357万册。聚焦习近平新时代中国特色社会主义思想在浙江的生动实践，组织开展“习近平科学的思维方法在浙江的探索与实践”课题研究，完成“从‘八八战略’到习近平新时代中国特色社会主义思想”系列课题研究。加强浙江精神研究宣传，9月5日，省委理论学习中心组在《光明日报》刊发《在新时代大力弘扬“求真务实、诚信和谐、开放图强”的浙江精神》，《浙江日报》推出系列理论评论文章，浙江卫视播出《中国共产党为什么能》之“浙江精神”专题对话节目，制作《勇立潮头的精神密码》动漫微视频。大力弘扬红船精神，举办第二届红船论坛，召开“建立健全为民办实事长效机制”15周年座谈会、践行“真”“情”“实”“意”构建中国特色哲学社会科学理论座谈会、浙江省高质量发展智库论坛。实施第二期浙江文化研究工程,共立项19项重大课题、111个重点课题。深化新型智库建设,制定浙江省新型智库评估指标体系。组织"千支宣讲团、万名宣讲员"进基层,推广"王金法广播""李家播报""乡音宣讲""8090理论宣讲团"新时代博士生宣讲团等宣讲品牌。开展"不忘初心、牢记使命""我和我的祖国"、党的十九届四中全会精神等宣讲活动,深化"我最喜爱的习总书记的一句话""我在之江学新语"等主题宣讲。组建浙江省微型党课宣讲团,举办省第十届微型党课大赛,开展"思政星课堂"——我最喜爱的思政课老师推介宣传活动。推广"学习强国"学习平台,全年全省学习平台注册用户数达460万人。

【庆祝中华人民共和国成立70周年宣传教育活动】 2019年,浙江省做好庆祝大会、阅兵游行、联欢活动等国庆重要庆典宣传报道。开展"壮丽70年·奋斗新时代""爱国情 奋斗者"等集中宣传活动,推出"壮丽70年·奋斗新时代"之"国企、老区、标志性项目"三大系列主题采访报道,推出《浙江日报》"来自'三个地'的报告"、老中青三代新闻人"同走新闻路"和浙江卫视"一起翱翔"等重点报道,策划"我为祖国点赞""精神的力量"等网络主题宣传。7月12日,国务院新闻办举行"'八八战略'再深化、改革开放再出发"为主题的庆祝中华人民共和国成立70周年浙江专场发布会。组织"潮涌之江"主题展览展映活动,制作展出国庆70周年浙江省"潮涌之江"彩车,获由庆祝中华人民共和国成立70周年大会服务保障和群众游行指挥部颁授的"华美奖"。举办"红船精神万里行"大型图片展全国巡展、省一大召开80周年图片展等,推出"担当作为好干部""最美奋斗者"等典型宣传,20名浙江籍代表入选"最美奋斗者"。开展"我和我的祖国"群众性主题宣传教育活动,举办"我的祖国"——大型音乐舞蹈史诗、"十月的阳光"广场文艺演出,开展"我的中国时光"诗歌征集、"浙江记忆·我家70年"征文活动。加强革命历史题材和现实题材主题创作,实施"百年追梦"浙江美术创作精品工程(三期),推动电视剧《红船》、电影《我在原地等你》、舞台剧《红船往事》等创作,推出《习近平生态文明思想问答》《钱学森的求知岁月》等主题图书,电视剧《可爱的中国》《麦香》在央视一套黄金时段播出,《在远方》《外交风云》在一线卫视播出。

【新闻宣传和媒体融合】 2019年,浙江省深入开展"不忘初心、牢记使命"主题教育宣传报道,组织"最多跑一次"改革、"服务企业服务群众服务基层"、高质量发展、长三角一体化发展等重大主题宣传,生动展示浙江实践、浙江经验。统筹做好第六届世界互联网大会、全国"大众创业、万众创新"活动周、世界环境日主场活动、第二届中国国际进口博览会、全国加强乡村治理体系建设工作会议等重大会议活动宣传报道。加快移动传播重大平台建设,浙江日报报业集团优化"浙江新闻""小时新闻"客户端,推出以短视频传播为特色的"天目新闻"客户端;浙江广电集团常态化运行"中国蓝融媒体中心",打造"中国蓝新闻""中国蓝TV""喜欢听"客户端,上线运营"美丽浙江"抖音号。全省17件新闻作品获第二十九届中国新闻奖。中央广电总台与浙江省共建国家级短视频基地。年内,全省90个县(市、区)全部挂牌成立县级融媒体中心。组织开展习近平新时代中国特色社会主义思想等网上宣传,策划"在身边"系列主题网上传播活动。

【社会主义核心价值观弘扬】 2019年,浙江省扎实推进新时代文明实践中心试点建设。实施《浙江省新时代文明实践中心试点工作指导方案》,全省有全国试点27个、省级试点27个,建立实践所、站、点4.5万多个。深化"最美浙江人"学习宣传,推进"最美行业""最美家庭"等创建,开设"浙里最美"抖音号。打造"浙里好人 德润之江"品牌,选树218位"浙江好人",其中38人入选"中国好人"。潘美儿、周秀芳获评第七届全国道德模范,陈立群、"和平方舟号"医院获"时代楷模"称号。命名第十一批省级爱国主义教育基地11家。深化群众性精神文明创建,推进文明城市、文明村镇、文明单位、文明校园、文明家庭创建,金华、衢州、舟山在全国文明城市提名城市(地级)2018年度测评成绩优异。完善《浙江省城市文明程度指数测评体系》,出台《关于开展文明校园创建的意见》。持续推进移风易俗,加强好家风建设。深化小城镇文明行动,"礼让斑马线"全省联动。实施《关于加强新时代志愿服务工作的实施意见》,开展"万朵鲜花送雷锋"活动,举办"美丽浙江 志愿同行"首届志愿服务最美(最佳)典型展示交流活动。全省实名注册志愿者逾1446万人。

【精品创作和公共文化服务】 2019年,浙江省文艺创作成果丰硕,电视剧《可爱的中国》《麦香》、歌剧《呦呦鹿鸣》、图书《心无百姓莫为官》获全国第十五届精神文明建设"五个一工程"奖,71个项目入围省第十四届精神文明建设"五个一工程"奖,68个项目入选2019年度国家艺术基金资助项目。组织创作电视剧《人民总理周恩来》、电影《老师·好》,推出长篇小说《人生海海》《杭州往事》、报告文学《东极之光》《大国治村》等。设立浙江文化艺术发展基金,举办浙江国际青年电影周、2019中国大运河国际钢琴艺术节,深受社会各界好评。年内,4部作品入选中国作协网络文学排行榜。公共文化服务加快完善,推进公共文化服务标准化均等化,完成107个重点乡镇、1228个薄弱村建设任务。良渚古城遗址成功申遗,向世界展示中华5000年文明史的实证。加快建设之江文化中心,小百花艺术中心建成并投入运营。制定《浙江省大运河世界文化遗产保护条例》,筹建大运河国家文化公园。开展国家级非遗代表性传承人传习活动评估试点,3个项目入选全国非遗优秀实践案例。农村文化礼堂建设持续推进,出台《健康素养进农村文化礼堂三年行动计划》《社区教育进农村文化礼堂三年行动计划》,举办农村文化礼堂"我们的村晚",全年新建农村文化礼堂3282个,累计建成14341个。组织"放歌新时代、文化进万家""我们的节日"等文化惠民活动,开展农村电影放映、电影海报展等活动。

【文旅产业改革发展】 2019年，浙江省文化体制改革工作坚持以“最多跑一次”改革为牵引，推进县级融媒体中心建设试点、新时代文明实践中心建设试点、网络综合治理体系建设3项重点突破改革项目以及文化市场综合执法改革等12项重点改革项目。建立文旅融合部省共建、省市（县、区）共建机制，推进文旅融合改革试验区创建。开展省属文化集团薪酬制度改革和绩效考核，推动浙江出版传媒股份有限公司上市。深化文艺院团改革，组建浙江省演艺集团。推进大运河国家文化公园（浙江段）、之江文化产业带、“四条诗路”建设，设立横店影视文化产业集聚区，开展“诗画浙江·百县千碗”系列活动，加快世界旅游联盟总部、世界旅游博物馆等项目建设。宋城演艺、华策影视、浙江出版联合集团、浙报传媒入选第十一届“全国文化企业30强”。浙报传媒控股集团有限公司、咪咕数字传媒有限公司、浙江大丰实业股份有限公司获评国家文化和科技融合示范基地。加快国家全域旅游示范省建设，认定首批25个省级全域旅游示范县（市、区），设立全国首个文旅IP研究中心。推进“万村千镇百城”景区化建设、旅游风情小镇创建、红色旅游和乡村旅游发展，14个村入选全国乡村旅游重点村。修订《浙江省数字文旅建设行动计划》《浙江省文化与旅游标准化建设三年行动计划》等文件，制定旅游民宿国家标准，推动更多地方标准上升为国家标准或行业标准。

【出版业监管和版权保护】 2019年，省委宣传部制订主题出版重点选题年度计划，完善重点项目库。《“创新报国70年”大型报告文学丛书》《“画说初心”丛书》《强国逻辑》《红色家书》入选中央宣传部2019年主题出版重点选题目录，《东方启动点：浙江改革开放史》《权力清单：三十六条》入选中央宣传部“优秀现实题材文学出版工程”，《颜料坊的孩子》入选“中国好书”，10部浙版文学作品入选“原动力”中国原创动漫出版扶持计划。深化“书香浙江”建设，举办第五届中国数字阅读大会、浙江省全民阅读节，承办全国农家书屋数字化建设现场会。开展出版物“质量管理2019”专项工作。探索建立国产游戏属地预审查机制。组织开展版权主题宣传活动，举办省第七届“知识产权杯”创意设计大赛、浙江版权贸易图书展、中国纺织面料花样版权保护论坛。开展打击网络侵权盗版“剑网2019”专项行动。

【对外宣传和文化交流】 2019年，浙江省深入开展习近平新时代中国特色社会主义思想对外传播，《之江新语》西文（古巴版）、德文、英文版成功首发。编制《潮起浙江》双语图册，推进《红船精神》多语种全球出版推广。参与举办“中国治理的世界意义”国际智库学术论坛，承办中阿国家广播电视合作论坛，举办首届国际友城媒体合作传播论坛、大运河文化带京杭对话系列活动。以“美丽浙江”为主题，制作推出“中国推介——浙江篇”系列节目和“诗画浙江”宣传片，举办“我和我的祖国”海外浙籍华人征文，组织“外国人看浙江”融媒体宣传报道、《我在浙江》外国人短视频和微纪录片摄制展播等活动。出台《关于进一步加强和改进中华文化走出去工作的实施意见》，实施越剧音乐诗画剧《牡丹亭》赴波兰、“湖山胜概——西湖版画展”赴捷克等6个中华文化走出去重点任务项目，组织开展法国、西班牙、葡萄牙、俄罗斯、芬兰等文化影视交流项目。开展浙江文化印记暨“浙江文化金名片”征集评选活动，建立浙江外宣资源库。澳门“西泠学堂”揭牌，“万家海外中餐馆同讲中国好故事”项目扩面提质，“中国·浙江英文网”连续3年获评“最具影响力外文版政府网站”。新闻发布工作有序有效，省政府新闻办举行新闻发布会75场，推出《有请发言人》第二季电视节目。“浙江发布”获评全国“新媒体舆情回应优秀奖”。

【宣传文化人才培育】 2019年，浙江省开展增强脚力、眼力、脑力、笔力“四力”教育实践，推进“学在前列、争当表率”活动等9个重点项目。年内，“三分钟理论快讲”宣讲团、“绿水青山就是金山银山”宣讲团、谢建龙、《洛舍农民造世界一流钢琴》分别获中央宣传部理论宣讲先进集体、先进个人及优秀微视频。省委宣传部牵头实施高层次人才绩效评价，完成2019年文化名家暨“四个一批”人才、国家“万人计划”哲学社会科学领军人才、青年拔尖人才和宣传思想文化青年英才评审选拔，全年入选国家级人才工程30人。

（省委宣传部　朱越岭）

统战工作

【概况】 2019年，省委统战部坚持以习近平新时代中国特色社会主义思想为指导，引导统一战线广大成员进一步增强“四个意识”，坚定“四个自信”，做到“两个维护”。4月19日，省委统一战线工作领导小组会议在杭州召开，省委书记车俊主持会议并讲话，会议审议通过《中共浙江省委统一战线工作领导小组成员单位2019年重点工作任务》，领导小组成员单位从27个调整为18个。11月17日，上海、江苏、浙江、安徽等三省一市统战部在上海召开学习贯彻习近平总书记关于加强和改进统一战线工作的重要思想研讨会，就共同推动构建新时代长三角大统战工作格局、助推长三角高质量一体化发展形成思想共识，并建立协同交流机制。紧扣庆祝中华人民共和国成立70周年暨多党合作和政治协商制度确立70周年主题，在统一战线成员中开展形式多样、符合领域特点、体现统战特色的主题教育活动，激发统一战线的爱国热情。牵头协调各民主党派省委会、省工商联和无党派人士围绕民营经济高质量发展开展专项民主监督，持续打造浙江省多党合作的“金名片”。12月20日，省长袁家军出席民营经济高质量发展专题协商座谈会，对专题协商工作取得的成效给予肯定。依托全省统一战线暑期读书会、之江同心讲堂、《和合天下——浙江统一战线风采》电视栏目等思想政治引领工作平台，夯实共同思想政治基础。认真谋划新乡贤工作，鼓励各地开展探索实践，推进省域治理现代化和破解基层统战工作薄弱环节，省委书记车俊做出重要批示。全省统战系统分2批高质量开展“不忘初心、牢记使命”主题教育，创新组织“好书分享学习会”“铭记我们的初心”主题党日等活动，彰显“红船味”“浙江味”“统战味”。组织开展“三服务”活动100多次，解决问题90个。推进民族宗教工作信息化建设、宗教活动场所规范化管理。全年接待港澳台代表人士和社团20多批近千人。12月5日，省统一战线助推嘉善“双示范”建设专题活动在嘉善举行。

【多党合作和政治协商制度落实】 2019年1月29日，省委办公厅印发《中共浙江省委2019年度政党协商(会议协商)计划》，省委统战部会同相关部门按计划组织实施，召开相关政党协商座谈会。8月22日，全省统一战线暑期读书会在杭州举行，省委书记车俊出席会议并讲话。其间，各民主党派省委会、省工商联新老主委(主席)代表、无党派人士代表围绕“不忘合作初心、继续携手前进，为‘两个高水平’建设画出最大同心圆”主题，深入座谈交流。落实情况通报、对口联系、谈心交友等制度，召开省直有关单位与民主党派对口联系工作和特约人员工作座谈会，举办“同舟·知情明政大讲堂”4期。制定《关于支持浙江省各民主党派开展“不忘合作初心、继续携手前进”主题教育活动的指导意见》，推动各民主党派成员深入学习贯彻习近平新时代中国特色社会主义思想。围绕庆祝中华人民共和国成立70周年暨多党合作和政治协商制度确立70周年主题，举办全省各民主党派“风雨七十年·肝胆长相照”系列活动，引导各民主党派建功立业新时代。协助各民主党派省委会开展“我为‘三服务’献一策、办一事”活动，支持各民主党派创设“同舟·经济圆桌论坛”、深入开展“同舟·名医大讲堂”“同舟·法律大讲堂”等社会服务工作。召开全省各民主党派“双百村”结对工作推进现场会，推动成立“浙江省民主党派企业扶贫帮扶消费联盟”。支持各民主党派省委会提升机关建设水平，召开各民主党派省委会机关建设工作会议，举办民主党派中青年骨干培训班，组织各民主党派省委会专职干部赴广东、吉林考察学习。

【民族宗教工作】 2019年，省委统战部会同省民宗委推进民族乡村振兴示范建设工作。6月13日，在金华武义召开浙江省民族乡村振兴示范建设动员会。推进全省民族乡村振兴“双百村结对行动”，全年结对帮扶民族村172个，实施帮扶项目168个，落实帮扶资金3276万元。7月30—31日，在温州召开全省宗教工作基层基础建设现场会，全面推广“三人驻堂小组”和重点乡镇民宗所建设。指导宗教界开展“我爱祖国·五教同行”活动，全省宗教界组织各类活动150多场次，受众30多万人次。完成对省佛教协会、省道教协会、省伊斯兰教协会、省基督教“两会”、省天主教“两会”班子年度考核工作。举办宗教界中青年骨干培训班。组织浙江省代表团参加第十一届全国少数民族传统体育运动会，浙江省少数民族运动员获一等奖2个，二等奖6个，三等奖23个。持续开展民族团结进步创建活动，9月27日，在全国民族团结进步表彰大会上，浙江省有13个先进集体和19名先进个人获表彰，丽水市景宁县作为唯一的模范集体代表在大会上发言。实施全省民族团结进步“石榴籽”工程，举办全省少数民族代表人士培训班，开展少数民族特色服务窗口标准化建设，加强城市少数民族流动人口服务管理，推广宁波“米娜工作室”经验。全省首个民族工作省级标准化试点项目——宁波市北仑区民族工作“四微”(微组织、微热线、微窗口、微平台)建设通过验收。

【港澳台海外统战工作】 2019年，省委统战部立足港澳台青年工作体系，持续推进和深化联谊交流、基地建设、骨干培育3个层面工作。完成“万名香港青年浙江行”活动，接待香港励进教育中心教师访问团等青年团组800多人。8月，举办“美丽中国·相约浙江”浙港澳青年共庆中华人民共和国成立70周年交流活动，400多名港澳青年相聚浙江，共庆祖国华诞。深化港澳台青年实践实习创业基地建设，召开港澳台青年实践实习创业基地建设推进会，创业基地陆续投入使用。会同浙商总会抓好港澳青年骨干人才培养工作，举办第二期“港澳青创·西湖实训”班。年内，分别召开浙江中国和平统一促进会第三届理事大会、浙江海外联谊会六届一次理事大会，选举产生新一届理事会领导班子、秘书长和常务理事。省委书记车俊看望与会代表。完成浙江海外联谊会和浙江省海外交流协会的合并工作。发挥省黄埔军校同学会作用，做好反“独”促统工作。举办浙江海外联谊会第二十一届新春团拜会，派员赴港澳出席香港浙联会新一届理事会就职典礼、香港苏浙沪各界人士庆祝中华人民共和国成立70周年、澳门苏浙沪同乡会庆祝中华人民共和国成立70周年暨澳门回归祖国20周年等活动。加强思想政治引领，首次推选15名海外侨领列席省人大全体会议，邀请80多名海外侨领参加海外中青年侨领研习班等研习活动，认定21家浙江省海外示范性侨团。充分发挥侨智侨资优势，举办“发挥华侨华人优势，推进‘一带一路’建设”论坛，推进浙江(宁波)“侨梦苑”侨商产业集聚区建设，精心举办2019“相聚长三角”华侨华人专业人士浙江(绍兴)行活动，助推“一带一路”建设、长三角一体化发展等国家战略实施。

【第五届世界浙商大会】 2019年11月13—14日，第五届世界浙商大会在杭州召开。大会以“聚力高质量、共筑中国梦”为主题，由省委、省政府主办，省委统战部、省工商联、浙商总会承办，37个省直单位和11个设区市政府共同参与。邀请全球浙商代表、全国知名央企和世界500强企业代表、知名华商、外商代表、海外高层次人才、重要国际组织和“一带一路”沿线国家社会组织负责人等2800多人参加。旨在团结引导广大浙商为“两个高水平”建设贡献智慧和力量。大会开幕式上举行“一带一路”战略点线联通仪式，开通浙江为侨服务全球通平台、浙江省金融综合服务平台、浙江省企业服务综合平台，表彰一批“高质量发展”领军企业，并颁发2019全球浙商金奖。大会期间，共举办“金融服务实体经济”论坛、打造“全国数字经济第一城"项目推介会等12场专题活动、主体活动，共拟签约项目124个，协议总投资3486亿元。

【非公有制经济统战工作】 2019年4月16日，省委办公厅、省政府办公厅印发《关于建立"五个一百"服务企业活动工作机制的通知》，省委统战部按照工作部署要求，进一步深化"五个一百"活动，重点围绕助推稳企业防风险、促进政策落地生效、帮助企业充分受惠、缓解融资难融资贵问题，着力构建服务民营企业高质量发展的长效机制。5月9日，省委办公厅、省政府办公厅印发《关于促进工商联所属商会改革和发展的指导意见》，省委统战部会同省工商联，稳步推进13个试点地区和单位的改革任务及商会规范化建设。5月17日，亲清新型政商关系宁波试点工作现场会在宁波北仑召开，宁波亲清政商关系体系建设获中央领导批示肯定。8月29日，在第五届全国非公有制经济人士优秀中国特色社会主义事业建设者表彰大会上，浙江有7位非公有制经济人士被评为"全国优秀建设者"，温州华妹百货店负责人章华妹作为获奖代表在表彰大会上发言。围绕庆祝中华人民共和国成立70周年主题，省委统战部会同省工商联开展全国"两会"精神宣讲会、"我和我的祖国"主题宣讲会、浙江省民营企业歌唱祖国文艺晚会、"不忘初心听党话，牢记使命跟党走"初心之行等活动。支持温州举办2019中国（温州）新时代"两个健康"论坛，温州创建"两个健康"先行区获评2019中国改革十大年度案例。组织开展"光彩事业阿坝行"活动，为四川阿坝捐款捐物折合人民币共计175万元。动员民营企业参与乡村振兴，组织民营企业赴吉林考察对接，为吉林新一轮振兴发展注入浙商资源。

【党外知识分子和新的社会阶层人士统战工作】 2019年，省委统战部在丽水松阳建立省知联会首个同心服务实践基地，并组织省知联会各领域专家学者和企业家开展义诊、农技服务、企业投资考察等"三服务"活动。按照"组织起来、活动起来、作用发挥出来"的工作要求，推进新的社会阶层人士统战工作实践创新基地建设，确定第二批省级实践创新基地33家。牵头组建高校党外知识分子宣讲团，开展以"弘扬爱国奋斗精神、建功立业新时代"为主题的巡回宣讲，首次实现35所本科高校宣讲全覆盖。9月11日，浙江省党外知识分子爱国奋斗报告会在杭州举行。推进省直机关、高校、国有企业统战工作，深入实施全省高校无党派人士培养"青苗计划"，与省教育厅联合举办全省高校二级院系统战委员培训班，推动省国资委出台《关于做好新形势下省属企业统一战线工作的通知》。

【浙江省欧美同学会一届一次理事大会】 2019年9月18日，浙江省欧美同学会一届一次理事大会在杭州召开，中央统战部发来贺信。会议审议通过《浙江省欧美同学会章程》，选举产生第一届理事会领导班子，中国科学院院士、西湖大学校长施一公当选会长。第一届理事会有278名理事，其中研究生以上学历学位的251人，占理事总数的90%；90名常务理事中，"两院"院士、长江学者、省特级专家等高层次人才30人，占33%。会后，浙江省欧美同学会在杭州市上城区举行挂牌仪式。

【浙江省中华职业教育社工作】 2019年5月24日，浙江省中华职业教育社第二次代表大会在杭州召开，大会审议通过《浙江省中华职业教育社第二次代表大会决议》，选举产生以省政协副主席、民建省委会主委陈小平为主任的第二届社务委员会。举办首届浙江省中华职业教育社社员代表培训班。开展"推进产教融合探索实践，助力经济高质量发展"主题调研，服务浙江省职业教育改革发展和经济高质量发展。承办"黄炎培杯"全国大学生投资理财技能大赛，来自全国26个省（区、市）的193所院校、12084人和163个团队报名参赛。组织浙江省职业院校参加中华职业教育创新创业大赛，获3块金牌、4块银牌、2块铜牌，浙江省中华职业教育社获优秀组织奖。组织参加首届"黄炎培杯"中华职业教育非遗（非物质文化遗产）创新大赛，获二等奖1个。

【党外代表人士队伍建设】 2019年，省委统战部持续实施党外代表人士队伍建设"三大计划"，全面加强党外代表人士队伍建设。健全组织部、统战部联席会议机制，印发《省委组织部省委统战部党外干部工作联席会议纪要》，指导推进全省党外干部使用工作。深入开展党外代表人士集中"双走访"工作，组织4个小组赴11个设区市开展"双走访"工作，走访党外代表人士147名。协助省委制定《中共浙江省委关于贯彻落实〈社会主义学院工作条例〉的实施意见》。省社会主义学院充分发挥统一战线人才教育培养主阵地作用，全年举办各类培训班113期，办学质量走在全国前列。

（省委统战部 吴 敏）

政策研究

【概况】 2019年，省委政研室深入学习习近平新时代中国特色社会主义思想，全面贯彻党的十九大和十九届二中、三中、四中全会精神，紧扣省委重大决策部署，发挥省委"第一智库"作用，完成文稿起草、课题研究、政策拟订、信息服务、推动落实等任务。全年除起草省委、省政府文稿外，编发《浙江政研》66期，编辑《政策瞭望》12期，省委政研室报送的调研建议材料获省委、省政府领导批示103件次，其中，省委、省政府主要领导批示44件次。

【省委重要文稿起草工作】 2019年，省委政研室围绕省委研究推动防范化解重大风险、省域治理现代化等重大部署，做好省委十四届五次全会、六次全会等有关文稿起草工作，起草《关于坚持底线思维，着力防范化解重大风险的意见》《关于认真学习贯彻党的十九届四中全会精神，高水平推进省域治理现代化的决定》等政策文件。围绕省委推进实施长三角一体化发展国家战略，做好长三角地区主要领导座谈会、长三角生态绿色一体化发展示范区揭牌仪式暨推进示范区建设大会、省推进长三角一体化发展大会等会议有关文稿起草工作。围绕省委研究推动教育高质量发展、率先高水平实现教育现代化的重要部署，起草全省教育大会、高考改革工作专题会议、教师节座谈会等有关文稿。围绕省委推进“一带一路”建设、金融工作、国资国企改革、产业创新服务综合体建设、美丽浙江建设、美丽城镇建设、大运河文化带（浙江段）建设等重要部署，做好有关文稿起草工作。

【履行省委财经办职能】 2019年，省委政研室履行省委财经委员会办公室职能，做好省委财经委员会5次会议服务工作，就财政预算、投资项目、土地保障、能源保障、环境保障等重大安排和重大产业项目、融资畅通工程、高水平全面建成小康社会补短板等重大事项开展前期调研，对实施融资畅通工程、财税工作、减税降费政策、稳外贸稳外资、环境保障等会议议定事项进行跟踪落实。跟踪做好经济形势分析研判和社会形势调研，深入各部门、市县和重点企业，开展分层分类调研，加强与省发改委、省统计局等主要经济部门工作衔接，做到数据分析和实证研究相统一。做好省委经济工作会议、省委常委会经济形势分析会等有关文稿起草工作。

【推动省委重要工作部署落实】 2019年，省委政研室紧扣省委研究推进长三角生态绿色一体化发展示范区建设，谋划提出举全省之力支持嘉善示范区建设的建议，推动相关工作开展。总结浙江省打好以提振民营企业为重点的稳中求进组合拳、“订单+清单”监测预警体系全覆盖等做法，提出研究谋划结构性改革方案、优化完善经济政策、加强对企服务等建议，为省委研判抓好中美经贸摩擦应对工作提供服务。加强与金融监管部门和相关金融机构等的协调，提出实施融资畅通工程，建立融资三张名单、建好一个平台、探索多条路径等建议，为破解中小微企业融资难提供服务。提出高度关注财税增长可持续性问题的建议，推动相关部门调整优化一般预算收入增速预期目标。围绕习近平总书记在浙江工作时提出建立健全为民办实事长效机制15周年，组织省直相关部门、11个设区市和部分县开展调研和理论研究，提出进一步完善为民办实事长效机制的建议。围绕纪念“省一大”召开80周年，提出以省委名义召开座谈会等建议。围绕做好“十四五”规划前期工作，研究提出省委“十四五”规划建议起草工作建议方案和“十四五”规划重点调研课题。围绕谋划建设绍兴滨海新区、嘉兴推进市域一体化发展、宁波推进“246”(2个万亿级产业集群、4个五千亿级产业集群、6个千亿级产业集群)和“225”(进出口总额达2万亿元、跨境电商、数字贸易、服务贸易、优质商品出口、转口贸易分别达2000亿元 、机电及高新技术产品出口、能源及大宗商品进口分别达5000亿元)行动、设立乌镇世界互联网创新示范区等省委领导交办重要事项提出意见建议，均获重视和采纳。

【课题研究与信息服务】 2019年，省委政研室落实省委开展“大学习大调研大抓落实”活动和“服务企业服务群众服务基层”活动部署，坚持室领导带队调研与处室自行调研相结合，全年开展各类调研149批次，其中深入县乡基层、企业一线调研96批次，形成一批有重要参考价值调研成果，提出的意见建议被省委决策吸收采纳或推动相关工作开展。牵头开展省委书记车俊主持的重点课题研究，参与其他省委、省政府领导重点课题研究，完成省委、省政府领导重点课题选题汇总、成果汇编等工作。健全与省直部门、科研院所横向协作机制和省、市、县（市、区）政研工作互动机制，完成国务院发展研究中心委托的民生入户调查任务，委托有关科研院所和高校开展专项课题研究。做好调研成果转化工作，组织开展2017—2018年度全省党政系统优秀调研成果评选；《政策瞭望》编校质量在省出版产品质量监督检测中心组织的抽检中获评优秀；审核修改《浙江通志·中国共产党志》“政策研究”章节，出版《2018浙江民生发展报告》《省领导重点调研课题汇编（2018）》等文献。

【全面从严治党主体责任落实】 2019年，省委政研室全面加强机关党的建设，组织室务会议、室理论学习中心组学习18次，举办“政研论坛”和全室集中学习8次。把开展“不忘初心、牢记使命”主题教育与调查研究、起草省委重要文稿等结合起来，边学边研边查边改。梳理习近平同志在浙江工作时关于省委政研室的重要指示批示精神。制定和修订《公务员职务与职级并行制度实施细则》《委托课题管理办法》《因私出国（境）管理工作若干规定》《整治形式主义官僚主义突出问题若干措施》《各处室（中心）廉政风险与防控措施》《保密须知》等制度。开展“警示教育月”活动，组织党员干部参观省法纪教育基地、观看警示教育片、剖析违纪违法案件警示录。

（省委政研室　黄　翔）

网　信

【概况】 2019年，浙江省网信系统坚持以习近平新时代中国特色社会主义思想为指导，深入学习习近平总书记关于网络强国的重要思想，贯彻落实省委十四届五次、六次全会精神，组织开展“不忘初心、牢记使命”主题教育，全面落实中央和省委重大决策部署，认真履行网信工作职能，为推进“‘八八战略’再深化、改革开放再出发”和“两个高水平”建设提供网上舆论支持、网络安全保障和信息化支撑。省委网信办网上重大主题宣传工作获中央网信办年度突出贡献奖、网络扶贫工作获中央网信办优秀组织奖。省委网信办获评中央网信办网络公益组织工作先进集体。

【网上重大主题宣传】 2019年，省委网信办组织全省网络媒体聚焦习近平新时代中国特色社会主义思想，持续更新“治国理政学习进行时”“领航新征程 学习贯彻十九大精神”“弘扬红船精神，走在新时代前列”等专题专栏，刊发报道近9万篇次，累计阅读量近45亿人次。组织全省网络媒体做好“不忘初心、牢记使命”主题教育网上宣传，推出专题专栏160多个，转载

2019年5月25日，第五届中国网络正能量——江山论坛在台州举行

（省委网信办　供图）

相关报道1.3万篇次，其中原创报道超过2000篇次。策划开展“精神的力量·初心在身边”“新时代民营经济和高质量发展”等网络主题宣传活动，邀请中央网络媒体赴温州、嘉兴、丽水等地农村、社区和企业，运用故事和案例解读习近平新时代中国特色社会主义思想的生动实践，微话题“初心在身边”总阅读量超5800万人次，《嘱托激发活力 初心指引发展 ——从浙江嘉兴看红船精神的新时代实践》等稿件被全网推送。围绕中华人民共和国成立70周年、“网聚美丽浙江 献礼七十周年”主题，运用短视频、H5等形式创新开展一系列网上主题宣传活动，推出专题专栏近500个，稿件6.7万篇次，阅读量约35亿人次。深化“在身边”网上宣传品牌建设，让党的创新理论通过互联网在基层落地生根。组织参加中央网信办第四届“五个一百”网络正能量精品评选，全省31个网络正能量榜样和作品入选。全年设置网上正能量互动话题32个，策划线上线下活动28场，刊发原创网评文章600多篇，“钱江潮评”获批全国先进网评栏目。指导中国网、《浙江日报》组织开展“评‘浙’70年”网络评论大赛，开展全省“阳光跟帖”行动，承办中央网信办“丝路人丝路情”中外专家学者交流活动、“中国吸引力”活动，组织参与中央网信办“人民记忆：70年70城”活动，杭州、绍兴、衢州、台州、丽水等城市作品被全网推送。

【网络阵地和文化建设】 2019年，省委网信办加强网络阵地建设，修订网上重点稿件推送规范，探索加强全省互联网信息内容算法推荐、区块链等新技术规范管理，优化完善全省网络媒体传播力测评系统，加大对浙江在线等5个国有互联网新闻信息服务单位的评价考核力度。上线浙江网信网，全新改版“网信浙江”微信公众号，打造全省网信工作权威发布平台。开展商业网站违规采访专项治理、商业网站地方频道违规从事新闻信息服务清理整顿，排查处理违规财经信息1600多条、违规科技信息454条，处置违规网站和用户账号273个，约谈相关负责人30多人。优化网络传播队伍，举办全省网络媒体总编辑培训班，全面落实总编辑负责制，进一步加强从业人员管理。推动成立“新莓圈”浙江新媒体联盟。温州市依托温州肯恩大学、文成网络文化海外传播基地，加强海外传播工作。长兴传媒集团发布全国首个县级融媒体中心建设地方标准。

省委网信办策划组织第十届网络文化活动季，全面呈现70年来浙江的发展变化和浙江人民的爱国情怀，活动期间线下参与人数超过45万人次，微博话题阅读量超过7000万人次。探索属地网络名人工作新路径，建立网络名人数据库。在台州温岭举办第五届中国网络正能量一江山论坛，论坛以“网聚正能量 展现新作为”为主题，邀请全国各地专家学者、网络正能量群体代表参加。深入实施网络公益工程，丁香园健康赋能计划和温州BRT城市书巢获评网络公益年度创新项目，阿里巴巴集团“天天正能量”项目获评网络公益年度优秀传播项目。举办“第四届争做中国好网民接力活动”，开展“文润同心·争做网上好职工”“争当新时代红船好儿女，争创高水平巾帼新业绩——巾帼好网民”微视频征集、“金融知识普及月 金融知识进万家 争做理性投资者 争做金融好网民”等活动。印发《全省网络文化家园建设标准（试行）》，建设网络文化家园矩阵群。评选全省第二批“文润同心”工程示范基地7个。

【网络综合治理体系建设】 2019年，浙江省网络综合治理体系建设被列为省委常委会工作要点，纳入全面深化改革重点突破项目，列入文化发展指数绩效考核和“平安浙江”考评指标。12月30日，省委办公厅、省政府办公厅印发《关于加快建立浙江省网络综合治理体系的实施意见》。高质量完成温州试点工作，系统梳理、总结推广“511”（“五大机制”“十大工程”“十大改革项目”）网络综合治理体系建设试点经验。召开全省网络综合治理工作座谈会和现场推进会，省委常委、宣传部部长朱国贤分别出席并讲话。金华以建设“和美乡村”百姓群为切入点，初步形成具有市域特色的乡村治网之路。衢州常态化办好“通衢”网络问政平台，及时回应网民关切。台州不断丰富和创新网络“理事长”制度。全省各地加强对属地网站、电商平台、应用程序、微博客、即时通信工具等网络平台的日常监管。承办中央网信办金融信息服务管理座谈会，研究属地金融信息服务管理措施。研究制定区块链信息服务管理工作有关规定，规范全省区块链信息服务活动。以衢州市、金华义乌市为试点，推动信用管网治网工作落地落实。举办县级融媒体中心互联网新闻信息服务许可工作培训班，建立健全省、市、县三级审核机制，为省内51家县级融媒体中心颁发互联网新闻信息服务许可证，湖州、舟山2市实现互联网新闻信息服务许可全覆盖。与有关部门联合印发《浙江省互联网新闻信息服务单位管理办法

(试行)》,制定考核细则,进一步规范全省互联网新闻信息服务活动。推进执法规范建设,梳理制作省、市、县三级网信行政处罚权力事项清单、行政监管事项清单。加快省、市两级网络执法队伍建设,健全完善全省互联网信息内容行政执法协调机制,发挥网络治理法律顾问委员会作用,“分业监管、联合执法”做法入选全国“网信创新工作50例”。打造“清朗侠在行动”工作品牌,开展或参与网络生态治理、场外配资有害信息、打击整治枪爆违法犯罪等37项专项行动,全年下架App510多款,关闭违法账号800多个,约谈160多家重点网站及280多个账号持有人,暂停更新网站20个,注销关闭180多个网站。

【网络安全保障能力建设】 2019年,省委网信办研究制定数据安全、信息服务等多项管理办法,不断完善网络安全工作制度体系。全面规范网络安全检查工作,建立省级“两库两清单”(随机抽查事项清单、随机抽查监管责任清单、执法检查人员名录库、随机抽查对象名录库),构建网信部门牵头、涉网监管部门和行业主管部门紧密协作的工作格局。精心组织中华人民共和国成立70周年、全国和省“两会”、第六届世界互联网大会等重大会议活动网络安全保障工作及网络安全检查,全年整改默认口令、弱口令等低级错误和重大风险2万余个。建立与重点互联网企业对接机制,排查并整改“云平台”用户风险350多个。组建应急处置专家组,认定20支技术支撑队伍,全年参与现场应急处置30多次。开展“护网2019”实战演练,妥善处置感染新型勒索病毒、重点“云平台”服务中断等各类网络安全事件100多起。进一步夯实全省三级网信技术体系建设基础,完成省网络安全协调指挥平台二期建设和网信专网及其配套机房建设,推进并完成11个设区市和安全中心浙江分中心12个节点专线铺设、指挥通讯系统和视频会议系统部署应用。联合阿里巴巴集团开展互联网新技术监管研究,支持浙江省区块链技术研究院开展区块链技术应用研究,参与中央网信办区块链监管平台建设。加强产学研合作和新技术新应用试点,扶持网络安全产业发展、技术创新和人才培养。4月20—21日,西湖论剑·网络安全大会在杭州举行,大会以“安全:赋能数字新时代”为主题,举办主论坛、院士圆桌、14个分论坛等活动,评选10项创新成果,副省长高兴夫到会并致辞,来自全国各地党政部门负责人、重点高校及科研院所专家学者、重点网信企业负责人约4500多人参加会议。9月,举办“网络安全宣传周”“新时代、新形势、新安全”网络安全主题展和网络安全宣传周,省委书记车俊、省长袁家军等省领导及4200多名机关干部参观主题展和启动仪式,其间,发放各类宣传资料33万余册,线下覆盖人数超过1000万人次;各级各类媒体刊发报道2000多篇。举办第二届数据安全峰会、网络安全高峰论坛等活动,组织重点高校、网络安全企业参加第二届强网杯网络安全竞赛,支持浙江大学建立网络空间安全联合实验室和工业控制系统信息安全靶场。嘉兴联合周边地区举办长三角一体化示范区网络安全大赛,开展网络安全区域合作。

【信息化发展统筹推进】 2019年,省委网信办会同有关部门完成国家信息经济示范区终期评估,协调国家有关部门启动国家数字经济创新发展试验区建设。加快推进政府数字化转型,做好国家电子政务试点总结工作并在全国试点总结会上发言。宁波推进移动微法院建设,率先开展“跨域立案”移动诉讼模式。推进全省数字乡村建设发展,加快实施网络扶贫五大工程,联合四川有关部门主办“牵手阿坝 你我同行”活动、开展网络扶贫东西部协作暨试点工作推进活动,做好结对泰顺县帮扶工作。杭州全力打造数字经济第一城,培育壮大核心产业基础。全省部署建设根服务器,F根服务器浙江镜像节点对外广播,省内平均访问响应时间缩短近50%。探索基于RISC-V(第五代精简指令集处理器)架构的芯片技术研发和生态建设,推动浙江大学等开设RISC-V课程。联合之江实验室举办“第二届之江杯全球人工智能大赛”,跟进“人工智能社会治理实验”工作。跟踪全省网信企业IPv6改造应用情况。推进5G技术率先商用,对三大运营商、中国铁塔股份有限公司开展5G专题调研,形成浙江省5G发展情况调研报告。

【第六届世界互联网大会在乌镇举行】 2019年10月20—22日,第六届世界互联网大会在乌镇举行。大会由国家互联网信息办公室和浙江省政府共同主办,以“智能互联 开放合作——携手共建网络空间命运共同体”为主题,研判网络空间发展大势,展示信息技术创新成果,共商网络空间开放合作途径。习近平总书记专门发来贺信。中共中央政治局委员、中宣部部长黄坤明出席大会并发表主旨演讲。来自83个国家和地区的政府代表、国际组织负责人、互联网企业领军人物、互联网名人和专家学者近1500人集聚乌镇。大会设置20个分论坛和1场闭门会议,其中浙江分论坛以“产业数字化引领制造业高质量发展”为主题,吸引海内外专家学者及企业代表等1200多人参加。世界互联网领先科技成果发布活动发布15项世界互联网领先科技成果。“直通乌镇”全球互联网大赛首次纳入大会总体板块,形成“1+3”大会总体架构,博览会展期延长至5天。601家企业和机构参展“互联网之光”博览会,117家企业发布展示新技术新产品,观众超过10万人次。举办数字经济产业合作大会、“资本相亲会”和10场专题对接会,参与人数超过5000人次,招聘数字经济人才2400多人。发布《世界互联网发展报告(2019)》《中国互联网发展报告(2019)》《乌镇展望》《携手构建网络空间命运共同体》《网络主权:理论与实践》等成果性文件。大会期间,签约项目资金达755亿元。

【网信系统政治建设】 2019年10月27日,省委印发《中国共产党浙江省委员会领导网络安全和信息化工作规定》,在全国网信领域首次以党内法规的形式对省委领导网信工作做出全面系统的制度安排。首次以省委名义开展省委网信工作专项督查,省委网信办会同有关部门,重点围绕防范化解重大网络风险工作情况，对11个设区市和47个省级有关单位发现、研判、处置、驾驭网络风险的能力水平进行督查，发现各地各单位网络风险隐患700多个并督促整改落实。2月21日，省委网络安全和信息化委员会召开第一次全体会议，省委书记车俊主持并讲话，省长袁家军出席。全省网信系统开展"不忘初心、牢记使命"主题教育，将学习教育、调查研究、检视问题、整改落实贯穿始终。成立浙江省互联网行业党委，统筹推进全省互联网业党建工作。宁波加快推进互联网业党建工作，15家会员单位成立党支部。推动省委网信办主管的协会党建工作全覆盖，向省网络空间安全协会、网络文化协会选派党建工作指导员。推进省、市、县三级网信工作体系建设，在机构改革中，省、市、县党委均成立网络安全和信息化委员会并相应设立网信办。深入开展省委"服务企业服务群众服务基层"活动，开展"调研解难题、深化'三服务'"活动，制定《省委网信办"五个一批"调研工作方案》，深化"亮学习清单、看谋划项目，亮问题清单、看创新项目，亮任务清单、看落地项目"活动，全年赴基层、企业开展"三服务"活动141次，解决问题清单198项。制定《省委网信办关于整治形式主义突出问题切实减轻基层负担的实施意见》，做好减文减会工作，合并优化信息简报，在中央网信办《网信动态》刊用信息连续2年位居全国第一。制订年度干部教育培训计划，组织全省网信办主任培训班等11个网信工作培训班，培训全省网信领域工作人员近1400多人次，安排干部参加各类培训100多人次，开展网信大讲堂8次。（省委网信办　张志鹏）

机构编制

【概况】 2019年，浙江省委编办贯彻落实习近平总书记关于机构编制工作的一系列重要讲话和指示精神，严格按照中央编委第一次会议精神和两次省委编委会议部署要求，紧扣省委中心工作，深入开展"不忘初心、牢记使命"主题教育活动。高质量完成全省机构改革，启动事业单位改革，推进机关内部"最多跑一次"改革、五大领域综合行政执法改革和综合行政执法改革。实施机构编制供给侧结构性改革，助力构建县乡一体、条抓块统的基层治理体系，协调省级有关部门进一步明确细化职责边界。贯彻实施《中国共产党机构编制工作条例》，推进机构编制法定化。机构编制工作服务保障全省发展大局能力得到提升，市县机构改革、经营类事业单位改革、机关内部"最多跑一次"改革等重大改革任务取得阶段性成效，管理效能实现全方位提升。

【机构改革】 2019年，浙江省一体推进省、市、县、乡机构改革。1月上旬，完成省级机构改革。3月中旬，全面完成市县乡机构改革，浙江省成为提前全面完成省、市、县、乡机构改革的省份、唯一对省、市、县、乡所有党政部门均重新制定"三定"方案的省份。开展机构改革后乡镇（街道）工作人员专题培训5654次，培训44.6万人次，实现改革后乡镇（街道）人员培训全覆盖。实施五大领域（市场监管、生态环境保护、文化市场、交通运输、农业）综合执法改革。改革后，省属11家执法机构精简为2家。制定出台五大领域综合行政执法改革的实施意见，锁定执法人员编制底数。指导市、县加快组建五大领域综合执法队和落实改革任务，年内，全省实现执法队伍组建和机构挂牌全覆盖。推动机构改革成效落实落细。组织开展省级单位权力清单集中梳理调整，形成新的统一的省、市、县三级目录，包含56个业务条线、11325项权力事项和804项公共服务事项。开展全省机构改革实施情况督查评估和市、县、乡机构改革暗访，指导各地开展机构改革"回头看"。

【事业单位机构改革】 2019年，浙江省稳妥推进省属事业单位清理规范整合。提升事业单位规范化管理水平，出台《省属事业单位清理规范整合工作方案》和《关于规范事业单位领导职数管理的实施意见》《省属事业单位编制周转管理办法》。基本完成全省经营类事业单位改革。至年末，省属52家经营类事业单位中，完成改革方案批复49家，其中转企改制35家、撤销建制14家。市、县497家经营类事业单位改革方案全部批复，其中转企改制49家、撤销建制265家、退出序列105家、重组合并（剥离职能）78家。加强和规范编外聘用人员管理。出台《关于加强和规范省级机关事业单位编外聘用人员管理的意见》，明确编外聘用人员管理总体要求，确保财政经费支出有效规范。

【重点领域体制机制改革】 2019年，省委编办开展机构编制工作服务高质量发展政策研究工作。起草《机构编制工作服务高质量发展实施意见》，做到省委有部署、体制机制有保障、编制资源跟得上。印发《浙江省事业单位法人公示信息"双随机"抽查管理办法（试行）》，稳妥推进"统一登记"试点工作。做好事业单位法人信用信息数据对接交互、数据共享工作。推动小城市、开发区（园区）管理体制改革。第一时间做好龙港"撤镇设市"后机构编制服务保障工作。做好国家公园管理体制试点相关工作。支持杭州钱塘新区、湖州南太湖新区、绍兴滨海新区、宁波前湾新区、钱江源国家公园、义乌国际贸易综合改革试验区等一批平台和管理机构设置，摸清全省开发区（园区）机构编制底数。牵头做好机关内部"最多跑一次"改革。研究起草《加快机关内部"最多跑一次"改革实施方案》和《机关内部"最多跑一次"改革各系统部门间办事事项规范统一工作指南》，会同省委办公厅等16个单位开展机关内部"最多跑一次"改革试点，省级74个部门共梳理部门间办事事项952项，省级单位材料精简率达31.5%、时间压缩率达44.3%。推动重点领域改革。做好司法体制改革、跨军地改革、省级纪检派驻机构改革、国税地税征管体制改革及群团单位改革，深化医疗卫生和教育领域改革，全面推进县域医共体建设。

【基层治理体系】 2019年，省委编办建立健全干部担当尽职的权责优化机制，统筹县级部门和乡镇（街道）功能、职责、编制、人员力量以及条块运行机制，加速推进机构编制资源力量往一线集中、向基层倾斜，推动乡镇（街道）工作重心向党的建设和公共服务、公共管理、公共安全聚焦。强化审批服务便民惠民，牵头推进基层整合审批服务执法力量，建立省市县贯通的协调推进工作体系，明确32项重点任务责任分工，完善适应基层的办事指南和工作规则，推动"最多跑一次"改革向基层延伸。坚持赋能与减负并举，起草《关于科学规范乡镇街道"属地管理"的意见》，谋划"城乡一体，条抓块统"的基层管理模式，强化"基层治理四平台"能力建设。

【机构编制监督检查】 2019年，省委编办加大机构编制问题整改力度。推进全省机构编制问题自查和消化整改，对全省17个类别1143起机构编制违规问题进行分析梳理，完成整改1067起。开展合规性审查，对122个省直单位和市、县申报的机构编制审核审批事项进行合规性审查，强化刚性约束。做好省委第六轮巡视选人用人专项检查发现的机构编制问题整改工作，14个地区（单位）中完成整改7个。夯实机构编制实名制管理，制定《浙江省机构编制实名制管理实施办法》，全面推行省级部门实名制月报，实名制库与省工资统发库数据一致率提升至99%。省、市、县三级实现业务培训、数据核查全覆盖，督促高校医院落实事业编制报备员额管理制度。

（省委编办　贾毅琦）

机关党建

【概况】 2019年，浙江省直机关工委着力加强思想政治引领，部署推进清廉机关建设、模范机关创建，扎实开展"不忘初心、牢记使命"主题教育，推动学习贯彻习近平新时代中国特色社会主义思想不断走深走实，进一步深化"跟着总书记读好书"活动，"两个维护"不断落细落实落具体。持续推进机关党的建设向纵深发展。针对机构改革情况，同步完善基层党组织体系，9个新建单位完成机关党委、机关纪委设置，31个单位换届，62个单位届中调整，培训党务干部1300多人；深入实施党支部建设提升工程，培育先锋党支部103个，发展党员3032名，培训新党员、发展对象5700多名；坚持党建带群建，做好关心关爱工作，带动600多个职工兴趣小组开展文体活动，推动落实职工带薪年休假等制度，用好党内关爱资金和职工大病医疗互助机制，帮扶慰问困难党员3165名。发挥红色引擎作用，省直机关党组织带头推进机关内部"最多跑一次"改革，77个单位在"浙政钉"上公布办事流程图，基层党组织创建最佳制度创新、最佳服务项目、最佳组织举措"三个最佳"成果182项。开展"三服务"9747批次，解决问题10536个，形成调研报告410篇。深化机关党建理论研究，召开全省机关党建理论研讨会，交流调研报告165篇，获全国机关党建研究成果一等奖2项、二等奖1项，浙江省向第二届全国党建创新成果展示会推荐的案例获奖总数位列各省之首。围绕主题教育9项专项整治，组织开展8轮明察暗访，检查单位32个，查找并督促整改问题60多个。在元旦、春节等重要节日开展明察暗访4次，检查单位32个、停车场所20个；全年审理和查办省直单位处级干部违纪违法案件56件。开展省直机关作风建设万人民主评议，对提出的意见建议梳理归并后，逐条反馈相关部门整改落实，推动政治生态激浊扬清。至年末，党组织关系隶属省直机关工委的单位共111个（不含援青、援川和互联网行业党委）；省直机关党的基层组织总数为6161个，其中党委457个、党总支314个、党支部5390个；省直机关有党员86347人，其中预备党员3039人、少数民族党员986人、女党员28535人。

【述职评议】 2019年1月10日，省直机关工委召开2018年度省直单位机关党委书记抓基层党建述职评议会议，12个省直单位的机关党委书记对抓基层党建工作情况进行述职并接受民主测评。省委常委、秘书长、省直机关党建工作领导小组组长陈金彪到会讲话。省直各单位机关党委负责人、省直机关"两优一先"代表、工委班子成员、工委和纪检监察工委各部门负责人130人参加会议。

【机关党建工作会议】 2019年3月11日，省直机关党建工作会议召开。会议深入学习贯彻习近平新时代中国特色社会主义思想和党的十九大精神，以及中共中央《关于加强党的政治建设的意见》《关于加强和改进中央和国家机关党的建设的意见》，回顾总结2018年工作，分析形势任务，布置2019年主要工作，表彰省直机关第五届道德模范，通报2018年省直机关党建工作综合考评情况。工委班子成员、副巡视员、省直各单位机关党委专职副书记及工委、纪检监察工委各部门负责人150多人参加会议。5月14日，省直机关工委召开省部属事业单位党建工作交流会，学习贯彻习近平总书记关于机关党建工作重要论述和中央《关于加强和改进中央和国家机关党的建设的意见》、全省高校党的建设和思想政治工作会议精神，总结推广党的十九大以来省部属事业单位党建工作取得的好经验、好做法，研究分析面临的新情况、新问题，部署推进省部属事业单位党建工作。浙江日报报业集团、浙江广电集团、省农科院等7个单位党委负责人做交流发言。省直机关和中央在浙机关有关单位机关党委专职副书记、省部属事业单位党委负责人、机关党委（党办）负责人、省直有关单位所属院校党组织负责人等70多人参加会议。

【主题党日活动】 2019年6月27日，省直机关工委组织开展省直机关"不忘初心、牢记使命"主题党日活动。省委常委、秘书长陈金彪出席并与党员代表集体谈心。主题党日活动以"铭记我们的初心"开篇，举行机关党员集体"政治生日"仪式。仪式上，在中华人民共和国成立前、改革开放、新时代3个历史时期入党的4名机关党员畅谈入党初心，7名省直机关"担当作为好干部"代表讲述自己的"政治生日"感言，4名机关党务干部朗诵创作的诗歌《信仰的力量》，与会党员集体重温入党誓词。主题党日活动中并举行"改革先锋"谢高华先进事迹报告会。

省直机关、中央在浙机关单位和省属有关事业单位新党员代表、省直单位机关党委专职副书记等300多人参加活动。

【全省机关党建工作座谈会】 2019年11月25日，全省机关党的建设工作座谈会在杭州举行，省委书记车俊出席并讲话。车俊充分肯定近年来浙江省机关党建工作所取得的积极成效，并指出，机关党建是机关建设的根本保证，要进一步提高政治站位，把机关党建放在全局中思考、摆在重要位置谋划，切实抓紧抓实抓好，努力在展示“三个地”的形象上走在前、作表率，在推进“八八战略”再深化、改革开放再出发上走在前、作表率，在清廉机关、模范机关建设上走在前、作表率。省委常委、秘书长陈金彪主持会议，省委常委、组织部部长黄建发出席。会上，省纪委省监委机关，省卫生健康委、省农业农村厅、省法院机关，温州市委、宁波市直机关工委、嘉善县委、拱墅区直机关工委有关负责人围绕高质量推进新时代机关党建、更好服务群众促进发展做交流发言。

（省直机关工委　路　曼）

信　访

【概况】 2019年1月10日，省委办公厅、省政府办公厅印发《中共浙江省委浙江省人民政府信访局职能配置、内设机构和人员编制规定》，明确省信访局是省委、省政府负责全省信访工作的职能部门，列省委工作机关序列，为正厅级。11个设区市信访局为市委独立工作部门。全省信访系统自觉践行习近平总书记关于加强和改进人民信访工作重要思想，认真贯彻落实省委、省政府的系列决策部署，坚持和发展新时代“枫桥经验”，盯紧“六个聚焦”（聚焦政治建设、聚焦作风建设、聚焦制度建设、聚焦队伍建设、聚焦重大项目、聚焦专项治理）不放松，加强信访工作基层基础建设，打造良好信访生态。全省来信和来访总量25.7万件人次，比上年下降10.4%，其中来信8.4万件次，下降6.2%；来访6.2万批次17.3万人次，分别下降6.5%和12.3%；网上信访占比74.1%，上升18.5个百分点；县级走访占比81.3%，上升15.1个百分点，信访秩序进一步好转。完成中华人民共和国成立70周年大庆、全国和省“两会”、第二届中国国际进口博览会、第六届世界互联网大会等重要节点信访安保工作。

【县级“信访超市”建设】 2019年，省委书记车俊，省委常委、政法委书记王昌荣分别通过全省县级社会矛盾纠纷调处化解中心建设现场推进会、全省信访重点工作推进会，2次专题部署“信访超市”建设工作，明确将县级“信访超市”建设作为省域社会治理的“牛鼻子”工程。至年末，全省89个县（市、区）全面建成实体平台，推动县级综治中心、来访接待中心、诉讼服务中心、公共法律服务中心等相关各类平台成建制入驻，实现空间格局统一、人员机构归并，建立健全“即接即办、教育疏导、会商研判、协调办事、公开监督、考核管理”六大机制，做到“一揽子调处，全链条解决”，真正使“信访超市”成为维护群众合法权益，畅通社情民意，促进社会和谐稳定的综合平台，实现矛盾纠纷化解“只进一扇门”“最多跑一地”。

【信访积案化解】 2019年，省信访局开展下山异地搬迁工作短板问题彻查工作。4月29日，省信访工作联席会议办公室召开全省下山异地搬迁信访事项“回头看”交办会。9月，所有交办件全部办结，化解率92%。推行重大信访事项“一事双交”（信访事项办理“既交属地，又交部门”）新举措，6月，省信访工作联席会议首次向省直单位集中交办303件突出信访问题，年内全部办结。开展实现“无信访积案县（市、区）”创建工作，全省各级交办信访积案8007件，化解7075件，化解率88.7%；新增积案率1.6%；81个县（市、区）达标。

【领导干部接访下访】 至2019年，浙江省连续17年开展省领导下访接访工作。1月9日，省委书记车俊到杭州市江干区接待群众来访。全年省领导接待群众44批次85人次，包案化解疑难复杂信访事项42件，并督导调研信访工作。各地坚持“接访在县里”导向，做实县级领导接访下访工作，推动县级领导干部养成会接访、会断案、会做群众工作的从政习惯，全年有19676名县级领导驻点值班接访，接访到位率达92%，推动一批疑难复杂信访问题的解决。12月5日，省信访局在浦江县召开深化领导干部下访接访工作理论研讨会，进一步深化对习近平总书记关于加强和改进人民信访工作重要思想的研究，努力为省域治理现代化提供强大思想动力和理论支撑。

【信访工作重要会议】 2019年1月29日，在省“两会”期间召开全省信访工作座谈会，省委书记车俊、省长袁家军与11个设区市市委书记、市长签订2019年度浙江省各市党委政府信访工作责任书，带动市、县、乡层层签订责任书，强化属地属事责任。2月13日，全省信访局长会议在杭州召开，会议总结2018年工作，研究部署2019年全省信访工作任务。会议对全省首批基本实现“无信访积案”的县（市、区）进行表彰。6月13日，全省信访工作联席会议在杭州召开。会议审议通过《浙江省信访工作联席会议工作规则》。

【信访制度完善】 2019年，省信访局出台《浙江省信访代办工作指导意见》，推动各地在乡镇、村（社区）普遍设立信访代办点，让“群众信赖的人”办“群众操心的事”，解决群众不会访、无序访等深层次问题。实施信访信用管理和依法终结办法，出台《浙江省实施信访信用管理的指导意见》《关于加强信访事项依法终结的通知》，并在舟山市召开全省信访信用管理工作推进会暨信访事项依法终结工作部署会，舟山市率先出台信访人信用管理实施办法，对5名失信信访人进行评定。完善督查督办和复查复核机制，出台信访督查工作规则，全面规范信访督查工作原则、方法、程序，组建专项督查组，对督查工作实行统一计划、组织、实施，调整省信访事项复查复核专家库成员，聘任各方面专家32人。

【信息应用水平提升】 2019年，省信访局围绕“政务百度”“智能客服”“智能分派”等七大模块，推进统一平台智能化，网上“智能客服”日均咨询超过1.5万件，热线“智能客服”日均咨询超过5000件，“智能分派”系统日均处理信件近1万件，全年网上信访件流转时间从2.24天缩短至1.7天。依托统一平台大数据，自动生成业务指数报表、固定数据报表50多张，实现由问题解决的被动应对处置向预测预警预防转变。5月，省“12345”热线与上海、江苏、安徽政务服务热线正式联通，全年承接该2省1市转入话务1134件，受理959件，转出话务532件。 （省信访局 张一帆）

老干部工作

【概况】 2019年，浙江省有离休干部10848人，其中党政机关3891人，事业单位3211人，企业3746人；享受省部级以上待遇（含享受单项待遇）离休干部58人，享受厅（局）级待遇423人，享受县（处）级待遇5346人；平均年龄90.8岁。全省有退休干部75.69万人。建立离退休干部党支部12701个，有离退休干部党员43.06万人。

【政治思想组织建设】 2019年，省委老干部局以“三个地”的政治担当，引导老干部做红船精神的坚定守护者、做习近平新时代中国特色社会主义思想的忠实践行者，努力把对党的深厚感情转为忧党兴党护党的实际行动。开展主题教育，充分发挥各级老干部党校、老年大学、老干部活动中心的主阵地作用，不断深化学习习近平新时代中国特色社会主义思想和总书记关于老干部工作重要论述。搭建“初心故事”大讲坛、打造“思政精品课”，筑牢思想政治根基。认真落实老干部政治待遇，全年省委、省政府共举办老干部情况通报会4次；组织老干部各类情况通报会1726次，老干部读书会1005次，参加老干部人数共13.85万人次。面向全省老干部遴选千名红色讲师，联动组建百个讲师团，走进机关、校园、社区、企业、军营，讲述担当奋斗的红色故事，宣讲“两山”“两鸟”理论、“千万工程”、红船精神等。省级红色讲师团走进浙江工业大学、浙江警察学院等高校，与青年学子开展“80后与00后”信仰对话。聚焦“点赞七十年，逐梦新时代”主题，全省联动开展“红旗下的奋斗”老干部典型寻访，编印《红色典藏》书籍，全省编辑出版反映红色故事的书籍近50本，让老干部重温革命荣光、让年轻一辈接受革命洗礼。深化离退休干部“双先”推荐评选，全省联动评选一批最美“共和国同龄人”“银耀志愿者”“离退休干部党支部”“银耀志愿服务团队”“银耀志愿服务项目”。国庆前夕全省联动走访慰问离休干部。省委书记车俊走访慰问老战士曲福仁、老红军贾少山、老公安蔡杨蒙、推动杭州经济体制改革的亲历者湛青等各条战线上做出突出贡献的老干部，为其送上“庆祝中华人民共和国成立70周年”纪念章，送上党中央和总书记的问候。深入挖掘宣传老干部典型，传播典型事迹，带动全社会学习老英雄、学习老模范、学习老先进，共忆初心、共担使命、共话担当。省委连续发文在全省开展向“时代楷模”陈立群、“最美退役军人”胡兆富等学习活动。深化组织生活模式创新，普及推广“离退休干部党建服务中心+共享基地”模式，全省建立临时党组织1452个，建立老党员驿站163个、共享基地130个。将离退休干部党建与城市基层党建、社区党建相融合。选优配强党组织带头人，推行在职干部党员担任支部副书记或联络员。把支部书记培训班纳入各级党校的主体班次，组织离退休干部党支部骨干政治理论和党建知识学习培训，12.3万人次参训。深入实施“五百工程”，充分发挥离退休干部优秀党组织、老干部品牌工作室、创新案例的示范效应。全省党建共享基地、老党员驿站、品牌工作室等串点成线，建成多条精品示范带和党建大走廊。推进“党建+”模式，深化“支部+团队”“支部+志愿服务”“支部+工作室”等特色做法，形成“百支部百花开”局面。宁波市深化“1+1”社区银辉党建，杭州、丽水等市依托党建示范基地开展红色教育，嘉兴市出台社区党建工作实施意见和细则等。探索联盟党建模式，构筑离退休干部党建与街道社区党建、单位党建、行业党建互联互动格局，为老干部创造“关系在单位、活动在区域、奉献在社区”的条件。

【老干部志愿服务】 2019年，省委老干部局充分发挥“银耀之江”品牌效应，开展“三服务三助力”活动，组建老干部民营企业助力团，开展“进千企”“大调研”“促党建”三大行动，为民营企业健康发展献智出力；组建老干部乡村振兴助力团，深入开展“五结对”行动，助力乡村善治、乡村人才队伍建设、集体经济发展、乡村文化兴盛和困难帮扶；组建老干部社会治理助力团，引领老干部聚焦建言献策、协同参与、示范带动，争做政策精神宣传员、社区建设推进员、社会和谐调解员。全省老干部献计献策4420条，破解难题1510个。湖州等地的工作案例，入选全省“三服务”活动月度10个好典型。实施“十百千万”工程，全省联动评选10个优秀志愿服务项目、培育百个正能量示范基地、寻找千名“最美志愿者”、吸纳万名银色人才。开发符合志愿汇App平台，丰富“银色人才数据库”，实现志愿服务管理即时化、便捷化。至年末，全省有老干部志愿者组织2574个、98418名志愿者在“志愿汇”上注册，长期开展志愿活动。坚持志愿服务组织化、项目化、品牌化，五级联动、协同推进。全省建立4231个老干部志愿服务团队，吸纳老干部志愿者16万人。郭口顺、杨光照、周秀芳3位老干部被评为“最美浙江人·浙江骄傲”人物。全省联动组织“‘3·5’进社区”“端午话传统”“重阳做孝子”等活动。创设杭州“三和工作室”、建德“特爱工作室”、镇海“新三宝”服务社、吴兴“王金法广播”等1000多个老干部工作室。举办浙江省老干部庆祝中华人民共和国成立70周年大型活动，省委常委、组织部部长黄建发，省人大常委会副主任赵光君，副省长王文序，省政协副主席马光明参加活动。落实中央组织部在离退休干部中开展“我看新中国成立70周年新成就”专题调研任务，分批组织省级老干部赴台州、衢州和萧山等地考察，调研报告获省委书记车俊肯定，并在《浙江日报》上刊发。

【服务管理工作】 2019年，省委老干部局遵循“康乐、阳光、奉献、风范”理念，倡导“价值养老”“乐活生活”养老观念、养老方式，全省联动开展寻找“银尚达人”和“银尚之家”活动。联合温州有关部门举办首届康养产品博览会，展示100多款国际前沿的康养产品，搭建供需双方互动平台。推动3400个社区“互联网+护理服务”签约，推广“一键通”“家政社”“民情E通”等智慧化养老服务。坚持以活动学习阵地内涵式发展推进文化养老，全年全省活动学习阵地新增面积6.7万平方米。浙江老干部活动中心探索“本部+活动点+基地”模式，丰富活动项目，创新活动方式，拓展新活动点，全年共接纳省级老干部活动132批次、1653人次。落实好中央和省委关于离休干部生活待遇政策。落实重大节假日走访慰问等制度，将走访慰问易地安置离休干部由2年改为1年。全年省委老干部局走访慰问老同志1890人次。省、市、县联动普遍走访全省131位易地安置离休干部。省级投入经费243.5万元，通过安装电子呼叫器、配备助老员、发放家政服务券等，为3001位离休干部提供居家养老保障和应急服务。以领导小组成员单位办实事机制为牵引，推进十大惠老实事落地见效。启动新浙江老干部活动中心项目建设，开辟保健基地医院离休干部绿色通道，参与推进老旧小区住宅加装电梯，开展社区医护人员与离休干部结对签约，建设563所“家门口老年大学”等。拓展帮扶渠道，出台“离退休干部特殊困难帮扶”等办法。落实好《省级单位职工医疗保险办法》等政策文件，让老干部共享政策红利和改革发展成果。全年全省共投入1600万元，帮扶特殊困难老干部6200人。做到来电来访件和批示件，件件有着落、事事有回音。

(省委老干部局　陈瑞策)

党校教育

【概况】 2019年，浙江省委党校高举习近平新时代中国特色社会主义思想伟大旗帜，深入学习贯彻习近平总书记关于党校办学治校系列重要指示精神和《党校(行政学院)工作条例》，认真贯彻落实中央、省委重大决策部署，聚焦服务中心大局，聚力打造红色阵地、红色熔炉、红色智库、红色校园“四块红色招牌”。坚持质量立校，着力提高教学、科研、咨询和管理水平，发挥干部培训、思想引领、理论建设、决策咨询作用。先后在全国党校校长会议暨研讨班、全省机关党的建设工作座谈会做交流发言。全年举办主体班次65个，培训学员9500多人次，对外培训班次204个，培训学员2.1万人次。连续10届获全国党校系统科研组织奖，6项成果获省政府奖，1门课程获全国党校系统精品课奖并获教学管理优秀奖，10门课程入选省委组织部“30门新思想精品课程”。“习近平同志在浙江”等特色资源库项目上线运行，“网上大党校”建设入选第五届全国基层党建创新典型案例。

【学习研究宣传习近平新时代中国特色社会主义思想工作】 2019年，省委党校坚持以学习研究宣传习近平新时代中国特色社会主义思想为中心内容和首要任务。完善新思想“1+1+6+X”(“1+1”即总论+“八八战略”，“6”即经济、政治、文化、社会、生态文明、党的建设等分论，“X”即根据不同班次的特点开设总书记关于全面依法治国等重要论述的课程)课程体系，用好19条新思想精品现场教学线路，开发“习近平全面深化改革重要论述”等系列新课程。挖掘新思想在浙江的生动实践，新开发10多个现场教学点，让学习新思想的课堂遍布浙江。运用浙江“三个地”的宝贵资源，深入研究新思想在浙江萌发与实践的思想脉络和发展轨迹，组织编写出版《伟大思想从何而来》等专著。编写出版“读懂”系列读本，其中《读懂浙江精神》获省委书记车俊批示肯定。举办“发挥萌发地优势，推动浙江经济高质量发展”研讨会。推出《新浙江现象》等连载文章。成立“青年博士服务团”，深入企业、农村开展新思想宣讲100多场次。用好各项外事交流活动，积极宣讲中国故事、浙江经验。深化与《学习时报》《人民论坛》《浙江日报》战略合作，发表重要理论文章40多篇。

【中央和省委重大决策部署贯彻落实】 2019年，省委党校聚焦省委、省政府中心工作，助推重大决策部署落地见效。第一时间组织学员和教职工学习贯彻党的十九届四中全会和省委十四届六次全会等重要会议精神。认真学习全国党校校长会议精神，推动全省各级党校深入学习贯彻《党校工作条例》。积极服务全省主题教育开展，承办省委理论学习中心组主题教育专题学习会、省管领导干部主题教育集中轮训，承担完成省直和市县20多个单位的主题教育培训任务。开发“牢记共产党人的初心使命”等系列课程，编写出版《红色基因——浙江早期共产党员的初心》，成为开展主题教育的重要参考读物。开发、提升“最多跑一次”改革教学案例，打磨“新时代大力弘扬浙江精神”专题课程。参加省委“浙江精神与新时代使命”理论研讨会，入选论文篇数居全省社科理论界首位。组织开展庆祝中华人民共和国成立70周年、省委党校建校70周年系列工作。省委书记车俊等领导出席省委党校建校70周年暨秋季开学典礼。车俊高度肯定党校工作，提出打造“四块红色招牌”殷切希望。

【教学工作】 2019年，省委党校聚焦质量立校，不断增强教育培训的时代性、针对性、有效性。改革完善教学评估体系，省、市、县三级党校校长走讲课堂一线把脉教学，推动“用学术讲政治”落地见效，《中央党校工作通讯》予以专题报道。组织实施样板课和经典原著教学专题招标，修订《关于加强集体备课的实施办法》，集中打造精品课和样板课。“《社会主义从空想到科学的发展》及其当代启示”获全国党校(行政学院)系统第五届精品课奖。加大党史、中华人民共和国史课程开发力度，打磨形成《新中国70年的光辉历程与伟大实践》等核心课程。加大案例开发和教学力度，制定《加强案例开发和案例教学的实施意见》，开发一批经典教学案例。实行案例教学团队招标，打造5个教学专题。组织“改革先锋”南存辉等先进典型走进课堂现身说法。

【科研咨政】 2019年，省委党校服务省委、省政府重大决策部署，更好担负起理论建设和决策咨询重要使命。着力提高理论研究质量，科研生产能力位列全国省级党校第二，国家课题立项数居全国省级党校第三位。撰写出版《建设伟大工程》《新浙江现象》等理论著作。学报《治理研究》成功入选“全国高校社科精品期刊”“浙江现象与经验”栏目，入选“全国高校社科期刊特色栏目”。着力提升实践研究水平，组织开展全省改革创新最佳案例评选，组织编写《领跑者——“最多跑一次”实践案例》等读本，助推“最多跑一次”改革向纵深发展。出版《数字经济》等“数字”系列研究丛书。着力增强咨政研究能力，实行校领导牵头年度重点调研课题和重点咨政项目制度，发挥教研人员、学员和高端智库专家作用，围绕乡村振兴、长三角一体化、民营经济高质量发展等推出一批高质量咨政成果。全年报送《决策参阅》51期，获省领导批示47人次，其中获省委、省政府主要领导批示16人次。

【对外培训和研究生教育】 2019年，省委党校突出项目引领，实现对外培训层次规模“双提升”。完成中央组织部、自然资源部国土空间规划引领绿色发展专题研修班、蒙古国人民党干部研修班、澳门社团研修班等高层次培训班次，教学优秀率超过90%。切实办好研究生教育，完成硕士学位点建设迎评抽评工作，参评的5个一级学科硕士点全部通过合格评估、MPA专业学位点通过专项评估。首次招生MSW专业学位研究生5名。研究制定《研究生教育质量评估办法》，健全完善研究生“211”评估操作体系，不断提升研究生教育水平。

【全省党校系统建设】 2019年，省委党校加强市、县党校业务指导，推动全省党校办学治校水平持续提升。推进第二批办学质量创优评估，对25个市县党校开展实地评估，并对第一批评估整改反馈意见持续跟踪落实。年内，12个县级党校完成校园改扩建或新建。统筹抓好分校建设，成立省委党校平阳分校，省委书记车俊为平阳分校成立揭牌，省委党校制定《支持平阳分校八项举措》。制定印发《关于进一步加强分校建设的若干意见》，实行校领导联系分校制度，形成义乌、四明山、南湖、平阳“一商一山一湖一源”的分校办学格局。推进全省党校资源统筹，共建共享师资库、专题库、基地库、案例库。制定《2019—2022年市县党校师资培训规划》，举办市、县党校校长专题培训班，帮助市、县提高办学治校能力水平。 （省委党校　邵　茜）

党史和文献编研

【概况】 2019年，省委党史和文献研究室深入开展习近平新时代中国特色社会主义思想在浙江萌发的研究，服务省委重点工作。深入挖掘中华人民共和国成立70年来浙江发展的伟大成就、宝贵经验和深刻启迪，服务中华人民共和国成立70周年暨浙江解放70周年庆祝活动。指导推进全省地方党史基本著作编纂工作，地方党史一、二卷本(新民主主义革命时期、社会主义革命和建设时期)编纂取得新进展。年内，重点推进全省地方党史三卷本(改革开放和社会主义现代化建设新时期)编写工作。至年末，4个试点单位全部完成初稿撰写；全省92个任务单位有62个启动编写。

【党史专题研究】 2019年，省委党史和文献研究室跟进研究习近平新时代中国特色社会主义思想在浙江的生动实践，推出《“八八战略”再深化 改革开放再出发——2018年省委、省政府科学决策、推进发展纪事》等研究成果。编辑出版《聚焦核心决策—回望浙江发展改革之路》一书。推进《浙江通志·中国共产党志》编审工作，并形成终审稿预审本。全面推进《浙江革命烈士传略(新民主主义革命时期)》编写及《浙江工业化的起步》《浙江知识青年上山下乡》2本省级重点专题书籍的编纂工作。启动实施第二期浙江文化研究工程第五批立项课题“红船精神研究”的子课题“红船精神与改革开放新时代”的研究。编辑完成省规划办立项课题《见证七十年巨变:新中国·新浙江》一书。编辑《“不忘初心、牢记使命”—浙江革命烈士书信摘编》，选登23位浙江革命烈士书信，为各单位开展主题教育提供素材，获副省长王文序批示肯定。组织编写的“党领导下的浙江革命武装斗争史”丛书获评浙江省第二十届哲学社会科学优秀成果一等奖。

【党史资政】 2019年，省委党史和文献研究室牵头承担省委“法治浙江”建设重点项目“加强习近平总书记在浙江工作期间有关法治建设论述的收集、汇编、研究”工作任务，研究成果获省委书记车俊和省委常委陈金彪、王昌荣批示肯定。持续推进习近平新时代中国特色社会主义思想在浙江的萌发历史研究，重点围绕习近平同志在浙江工作期间“关心支持民营经济发展”“加强基层治理”“建立健全为民办实事长效机制”等方面开展研究并形成成果。帮助丽水市提炼“浙西南革命精神”，在阐述浙西南革命斗争历史、提炼和发布“浙西南革命精神”内涵表述语上发挥作用；与中央宣传部理论局、中央党史和文献研究院第七研究部、省委宣传部、丽水市委联合主办“浙西南革命精神”学术研讨会。

【党史宣传教育】 2019年，省委党史和文献研究室会同省教育厅、团省委、浙江日报报业集团组织开展“浙江省红色故事会”活动，历时9个月。先后走进嘉兴、杭州、金华、丽水、舟山、绍兴、宁波、衢州、台州9市的学校、红色教育基地开讲。利用浙江党建网、浙江新闻客户端和《浙江共产党员》杂志微信公众号等线上传播渠道，开展红色音视频展播。线上线下观众累计超过200万人次。相关做法获中央党史和文献研究院的肯定，《光明日报》等主流媒体予以点赞。与浙江电子音像出版社合作出版《红色家书》音频，作为中央宣传部2019年主题出版重点出版物供大家学习。配合主题教育，到机关、企事业单位、学校开展党史、中华人民共和国史、改革开放史宣讲80多场次。编辑出版《纪念浙江解放70周年图片集》，供全省学习宣传使用。全年“浙江党史和文献”网站更新内容1300多篇近300万字，“浙江党史”微博、微信分别更新内容640多条、240多条。《足迹》杂志刊发6期；《党史工作信息》发布12期；《党史研究参考》出版8期，其中3期内容获6位省领导批示肯定。在“浙江党史和文献”网站上专设的“党建视窗”栏目，增加“跟进学习”子栏目。持续加强对党史教育基地和纪念场馆建设的指导，主动参与地方红色旅游和农村文化礼堂建设等工作。

【党史资料征编和文献编研】 2019年，省委党史和文献研究室完成《中国南方地区侵华日军细菌战研究（浙江地区）》项目中省级和相关市县档案资料整理工作，编辑出版《日军侵浙细菌战档案资料汇编》（第七册、第八册、第九册、第十册），到湖南文理学院细菌战罪行研究所征集细菌战相关史料。完成中央党史和文献研究院布置的全省抗战时期口述资料的征集和上报工作。完成党和国家领导人在浙江活动的部分史料及省委、省政府领导2016—2017年音像资料的收集整理工作。全省党史资料征集暨党史资料数字化工作取得积极进展，7月，“浙江党史和文献资料数据库”正式上线试用，完成约10万页的文字资料数字化工作、初步完成约42万页的抗损资料数字化工作，各地资料数字化和入库工作同步有序推进，全省党史和文献资料数据库得到进一步丰富和完善。

【党史纪念活动】 2019年，省委党史和文献研究室围绕中华人民共和国成立70周年暨浙江解放70周年，编辑出版《信仰的力量——浙江英烈七十人》一书；编辑完成立项课题《见证七十年巨变：新中国·新浙江》一书；在浙江老年电视大学开设《共和国历史中的浙江记忆》系列课程，3—6月分10讲授课；与《今日浙江》杂志社联合推出庆祝中华人民共和国成立70周年专辑；与中新社浙江分社、浙江大学联合举办“献礼新中国成立70周年”党史知识竞赛；指导省当代史学会组织开展“看变化铭记党恩、学讲话砥砺奋进”纪念中华人民共和国成立70周年学术研讨活动。围绕“省一大”召开80周年，参与主办“纪念省第一次党代表大会召开80周年图片巡展”；指导温州市平阳县做好“省一大”电视纪录片拍摄、“省一大”陈列馆展陈等工作。围绕纪念周恩来同志视察浙江抗战80周年，组织撰写《烽火东南之行 历史丰碑永存——周恩来1939年视察浙江抗战纪实》纪念文章，会同中国新闻社浙江分社、省新四军历史研究会在杭州市临安区和绍兴市联合举办纪念周恩来同志视察浙江抗战80周年系列活动。围绕纪念五四运动100周年，会同教育部高等学校中国共产党革命精神与文化资源研究中心在嘉兴市联合举办“五四运动与中国共产党创建”学术研讨会。启动实施庆祝中国共产党成立100周年重点研究宣传项目，包括简史、大事记、百名英烈、图集、电视专题片5个子项目及党和国

2019年浙江省委党史和文献研究室主要成果

成果形式	成果名称	出版单位/发表刊物	出版时间/发表期数
著作	《日军侵浙细菌战档案资料汇编》（第七册）	浙江人民出版社	5月
	《日军侵浙细菌战档案资料汇编》（第八册）	浙江人民出版社	5月
	《信仰的力量——浙江英烈七十人》	浙江古籍出版社	9月
	《日军侵浙细菌战档案资料汇编》（第九册）	浙江人民出版社	11月
	《日军侵浙细菌战档案资料汇编》（第十册）	浙江人民出版社	11月
	《聚焦核心决策——回望浙江发展改革之路》	浙江人民出版社	12月
	《见证七十年巨变：新中国·新浙江》	浙江人民出版社	12月
论文	《“八八战略”再深化 改革开放再出发——2018年省委、省政府科学决策、推进发展纪事》	《足迹》	第1期
		《党史研究参考》	第2期
	《钱江欢歌——浙江解放概况》	《党史研究参考》	第3期
	《烽火东南之行 历史丰碑永存——周恩来1939年视察浙江抗战纪实》	《足迹》	第2期
	《中共浙江省第一次代表大会》	《党史研究参考》	第5期
	《“不忘初心、牢记使命”——浙江革命烈士书信摘编》	《党史研究参考》	第6期
	《富强路 复兴梦——70华诞看浙江之一红船起航 引领梦想》	《足迹》	第5期
		《今日浙江》	第18期
	《富强路 复兴梦——70华诞看浙江之三思想萌发 践行梦想》	《足迹》	第5期
		《今日浙江》	第18期
	《迎来春色换人间——浙江解放综述》	《今日浙江》	第18期
	《江华和浙江社会主义建设》		
	《浙江70年大事记》		
影视音像制品	《红色家书》（音频）	浙江电子音像出版社	9月

家领导人(毛泽东、周恩来、刘少奇、朱德、邓小平、陈云)在浙江丛书(共6册)。会同团省委、诸暨市委在诸暨市联合举办“纪念俞秀松诞辰120周年研讨会”,指导俞秀松纪念馆建成开馆;组织力量携文参加在上海举办的“纪念俞秀松诞辰120周年暨俞秀松与近代中国革命学术研讨会”。

(省委党史和文献研究室　冯　玥)

关心下一代工作

【概况】 2019年,省委办公厅、省政府办公厅印发《浙江省关工委改革实施方案》。根据机构改革要求,省关工委机关与省委老干部局合署办公,仍按原章程开展工作。开展“不忘初心 牢记使命”主题教育,围绕青少年思想道德建设、“五老”关爱服务、结对帮扶等内容,开展全省性关心下一代工作大调研,进一步提高关工委组织服务青少年、服务企业、服务乡村振兴等工作水平。全年全省各级关工委撰写调研报告450篇。省关工委报告团编写《新中国成立70周年》等辅导材料,新星网、《新星》杂志和各地工作网站、两微平台开辟专栏,深入宣传贯彻习近平新时代中国特色社会主义思想。年内,全省乡镇(街道)实现关工委组织全覆盖,村(社区)覆盖率90%以上。1500多个机关事业单位、7700多家企业、6000多所学校建立关工委。全省近50%基层组织达到“五好”(领导班子好、党员队伍好、工作机制好、工作业绩好、群众反映好)标准。全省关工委持续创新改革思路,依托信息化手段,建好“五老”骨干数据库;加强“关工委+协会+工作团队”等“五老”组织形式探索,全省参加关心下一代工作的“五老”37万余人。杭州市江干区、宁海县、海宁市获全国关心下一代工作先进县(市、区)称号。

【省关工委成立30周年暨全省关心下一代工作“双先”表彰大会】 2019年12月10日,表彰大会在省人民大会堂召开。中国关工委主任顾秀莲出席会议并致辞,省委书记车俊做出批示,省委常委、组织部部长黄建发宣读批示并讲话,副省长王文序主持会议,省关工委主任徐宏俊做工作报告,省直有关部门领导及各市、县(市、区)关工委主任等200多人参加会议。会上,表彰汪国云等10位“最美五老”。宁波市、海宁市关工委以及“最美五老”代表俞明德、邹先定等做交流发言。年内,省关工委联合省文明办评选浙江省关心下一代工作先进集体90个、先进个人180名。制作《不忘初心正芳华》纪念画册和短片,编撰完成全省各地关工委实践成果汇编。

【青少年主题教育活动】 2019年,省关工委开展“辉煌70年·我心中的祖国”主题教育活动,教育引导全省青少年坚定“四个自信”,厚植爱国主义情怀,为实现中华民族伟大复兴的中国梦不懈奋斗。会同省委宣传部、省教育厅等在全省中小学生中开展“我爱您,祖国”爱国主义主题读书教育活动,共收到征文5万余篇。联合中国广播电影电视社会组织联合会有声阅读委员会等单位,在全省中小学生中开展“我心中的祖国”有声阅读大赛活动,评选出一等奖2名、二等奖8名、三等奖18名、鼓励奖259名。会同团省委、省教育厅等,开展浙江省大学生志愿者“辉煌七十年·我心中的祖国”暑期社会实践活动,组织浙江大学等12支队伍寻访英雄楷模,宣讲中国故事和浙江精神。全省关工委组织1800多个“五老”报告团、宣讲团,走进学校、社区、乡村、企业,在纪念馆、博物馆、档案馆等青少年爱国主义教育基地,结合本地改革开放40多年来取得的历史性变革,以家乡人说家乡事,编印主题读本和乡土教材46万份,举办宣讲报告1.6万场次,增进青少年政治认同、思想认同、情感认同,受教育人数360万人次。

【青少年“七五”法治宣传教育】 2019年,省关工委开展“未成年人安全保护与健康发展”公益律师进校园活动,组织省关心下一代网上“律师事务所”轮值律师分赴各地学校,开展公益讲座,通过以案释法、以法论事,教育青少年维护合法权益,养成自觉守法、遇事找法、解决问题靠法的思维习惯和行为方式。10月,省关工委、省司法厅、省普法办、省食安办等在全省青少年中组织开展食品安全与健康成长法治宣传教育活动。通过编写专题读本、组织开展网上答题、征集“金点子”等活动,推动社会各界共同营造有利于青少年健康、安全的成长环境。各级关工委与学校、社区及公安、检察院、法院等共建宣传实践平台,编写案例教材,拍摄微视频,开展“法在心中”“宪法好声音”、模拟法庭等体验教育。全省2600多名“五老”担任法制学校副校长,举办近1万场报告会,受教育400多万人次。

【青少年公益助学活动】 2019年,省关工委、省福利彩票发行中心、浙江电视台钱江频道联合开展“福彩暖万家”系列活动,共投入公益金2000多万元,资助生活困难家庭中小学生4120名和大学生1500名,为他们送上社会各界的关爱。浙江省关心下一代基金会联合金华、衢州、丽水等地关工委和杭州睿蓝生物科技有限公司、杭州娃哈哈集团有限公司、荣怀教育集团等单位,举办“爱心圆梦”系列助学活动,投入240万元公益金和价值20多万元物资,资助850名生活困难家庭中小学生。全省关工委带动223个关心下一代基金会(基金)牵线搭桥,募集公益金9800多万元,惠及困难学生近20万名。

【农村青少年关爱工作】 2019年,全省关工委围绕“乡村振兴”战略,深入开展“十万‘五老’结对关爱农村未成年人”活动。各地“五老”担任的“代理家长”“成长导师”“校外辅导员”等走进农村学校、乡村少年宫、村文化礼堂,与10万名农村青少年结对,开展思想引导、文化辅导、心理疏导、行为指导和困难帮扶。针对困境儿童、病残青少年、服刑人员子女等群体,组织力量走村入户、进校排查,建立帮扶对象信息库。农村“五老”发挥乡情、亲情优势,创办“五老”工作室、爱心书屋、亲情服务站等,为农村青少年营造充满关爱的成长环境。

【特殊青少年群体帮教】 2019年，全省关工委推进帮教队伍社团化、关爱项目化、服务专业化，组织1万名“五老”担任调解员、社会关护员。3100多个“五老”关爱团带动社会志愿者，全面参与青少年社区矫正、庭前调查、观护帮教、法律援助等公益活动，创建“阳光驿站”“宋大姐帮教室”“老杨调解中心”等帮教关爱基地，结对1.7万名失足失范、涉罪涉毒青少年，帮助其疏导心理，解决生活、就业、婚恋等实际困难。主动与政法系统各单位建立联系指导机制，协助构建青少年权益保护社会体系，全省逐步形成专业化、精细化、社会化的关心下一代帮教模式。

【青少年科教帮扶】 2019年，全省街道、社区等关工委开办7700多所假日学校、“四点钟学校”，丰富双职工子女、随迁子女、小候鸟们的假期精神文化生活。教育系统关工委发挥“青蓝工程”“银龄讲学”等传帮带平台作用，促进城乡义务教育均衡发展。围绕培养技能人才，全省6000多名老科教专家，组成800多个科教服务团，进乡入企开展“百名科技专家联百村”“工匠进校园”“院士回母校”等活动，帮助青年农民、企业青工、创业大学生等群体。

【青少年教育基地建设】 2019年3月，省关工委开展全省乡镇(街道)以上的关心下一代教育基地建设情况调查统计，逐一建立信息数据库。4月，开展“浙江省关心下一代基地”申报推选，命名“杭州长乐青少年素质教育基地”等12个基地为首批省级示范基地。推荐上报的“五四”宪法历史资料陈列馆、大陈岛垦荒精神青少年教育基地被中国关工委命名为“全国关心下一代党史国史教育基地”。6月，省关工委在长兴召开全省关心下一代教育基地建设推进会，研究全省基地建设工作，总结基地建设新模式，推广长兴“英雄体验营”、大陈岛垦荒精神青少年教育基地、诸暨青少年乡村教育体验基地等关心下一代教育基地新经验。会上，下发《关于进一步加强关心下一代教育基地建设的意见》，对省级示范基地进行授牌。至年末，全省各级关工委共创建关心下一代教育基地2300多个，基地涵盖青少年思想道德教育、身心素质、社会实践、法治体验、关爱帮教、技能培训等内容，全年参与基地活动青少年800多万人次。

（省关工委　蔡　杰）

浙江省人民代表大会
Zhejiang Provincial People's Congress

综　述

【概况】 2019年，浙江省有各级人民代表大会979个。其中，省人民代表大会1个，设区市人民代表大会11个，县(市、区)人民代表大会89个，乡镇人民代表大会878个。各级人大代表8.3万名，其中，全国人大代表90名，省人大代表626名，市级人大代表4500多名，县级人大代表2.1万名，乡镇人大代表5.7万名。浙江省十三届人大常委会组成人员58名。其中，主任1名、副主任6名，秘书长1名，委员50名。省十三届人大设法制、监察和司法、财政经济、教育科技文化卫生、民族宗教华侨外事、农业与农村、环境与资源保护、社会建设8个专门委员会。省人大常委会下设办公厅、研究室2个办事机构，以及法制、监察和司法、预算、教育科技文化卫生、外事、农业与农村、环境与资源保护、社会建设、代表与选举任免9个工作委员会。

【省委人大工作会议精神贯彻落实】 2019年8月13日，省委召开人大工作会议，对加强和改进新时代浙江人大工作进行研究部署。省人大常委会及早研究谋划，强化组织协调，配合做好督查调研、沟通协调、文件起草等筹备工作。8月9日，省委出台《关于高水平推进新时代人大工作和建设的意见》，对全省人大工作继续走在前列的方向、重点、任务和举措加以明确。省人大常委会第一时间召开党组会议和全省各级人大常委会主任学习会，分解任务责任，推动会议精神落地落实；各地相继召开党委人大工作会议，贯彻落实会议精神，合力推动全省人大工作高质量高水平发展。

【地方人大设立常委会40周年纪念活动】 2019年12月3日，省人大常委会召开纪念省人大设立常委会40周年座谈会，传达学习全国人大常委会纪念座谈会精神。年内，省人大常委会通过举行理论研讨、立法座谈，开展“五个一百”(100个立法监督决定创新案例、100个优秀代表履职故事、100个优秀议案建议故事、100个优秀代表联络站故事、100个民生实事票决故事)系列宣传报道，推出《浙江人大》纪念地方人大设立常委会40周年专辑，参加长三角三省一市研讨会等活动，回顾40年来人大常委会的工作，展示人大制度的优越性和生命力，增强国家根本政治制度的自信。

【人大制度宣传教育研究】 2019年10月12日，省人大常委会办公厅与省委宣传部联合出台《关于加强和改进新时代人大新闻宣传工作的意见》，指导开展新形势下人大新闻宣传工作。10月16日，全省人大宣传工作培训班在杭州举行，培训班组织学员深入学习习近平总书记坚持和完善人民代表大会制度的重要思想和加强党的新闻舆论工作的重要论述。11月19日，召开习近平总书记关于坚持和完善人民代表大会制度的重要思想专题研讨会，开展“十个坚持”(坚持中国共产党的领导，坚持走中国特色社会主义政治发展道路，坚持和完善人民代表大会制度，坚持人民当家作主，坚持全面依法治国，坚持民主集中制，坚持全面贯彻实施宪法，坚持以良法促进发展、保障善治，坚持正确监督、有效监督，坚持民有所呼、我有所应)理论研究。对毛泽东同志在杭州起草“五四宪法”稿的历史进行总结。办好《浙江人大》杂志、微信公众号、门户网站，推进人大媒体融合，拓展人大宣传阵地。部署推动门户网站、微信公众号、客户端、信息期刊等融合发展，组织策划常委会重点工作宣传。组织开展浙江省人大新闻奖评选，推送8件优秀作品分别获中国人大新闻奖特别奖和一、二等奖。

【街道人大工作和建设】 2019年，省人大常委会在11个县(市、区)29个街道部署开展街道人大工作和建设试点，推进基层民主政治建设，健全基层治理体系。加强联系指导，以点带面推进试点工作取得重大成效，凝聚广泛共识，形成完善机制，打造担当队伍，出台创新法规，构建人大工作与人大建设同步推进、基层创造与制度设计同步深化的生动局面。11月29日，省人大常委会制定《浙江省街道人大工作条例》，条例规定人大街道工委在县级人大常委会和街道党工委领导下开展工作，明确人大街道工委的职责和组织建设要求，以及街道居民议事组织的性质和作用，为全面推进新时代街道人大工作和建设提供法制保障。(省人大常委会办公厅　金　炜)

重要会议

【概况】 2019年，省人大召开人民代表大会会议1次、常委会会议8次、主任会议23次、主任办公会议6次，以及省人大常委会党组会议26次；健全省人大常委会党组和主任会议学习制度，召开全省各级人大常委会主任学习会1次，举办常委会专题讲座9次，深入学习贯彻习近平总书记关于坚持和完善人民代表大会制度的重要思想，以及对浙江工作的一系列重要讲话精神。

【省十三届人大二次会议】 2019年1月27—31日在杭州举行，出席会议代表620名。会议听取和审查省长袁家军所做的政府工作报告、省人大常委会副主任梁黎明所做的省人大常委会工作报告、省法院院长李占国所做的省法院工作报告、省检察院检察长贾宇所做的省检察院工作报告，审查省发展改革委、省财政厅受省政府委托分别提请的关于浙江省2018年国民经济和社会发展计划执行情况及2019年国民经济和社会发展计划草案的报告，关于浙江省2018年全省和省级预算执行情况及2019年全省和省级预算草案的报告，并做出各项决议，批准各项报告及浙江省2019年国民经济和社会发展计划、2019年省级预算。会议依法选举任振鹤为省监委主任，选举张才方、林天宁为省十三届人大常委会委员；会议通过省第十三届人民代表大会监察和司法委员会、社会建设委员会组成人员名单，马以为监察和司法委员会主任委员，钱建民为社会建设委员会主任委员。会议收到代表10人以上联名提出的议案19件。大会主席团决定将19件议案交省人大有关专门委员会审议，由专门委员会提出审议结果报告，提请省人大常委会会议审议通过。收到代表提出建议、批评和意见701件，交有关机关和组织研究处理并负责答复。省政府组成人员，在浙全国人大代表，省级有关机关、单位和省军区、部分设区市党委、政府负责人，市、县(市、区)人大常委会负责人，市监察委员会主任、市法院院长、市检察院检察长及宁波海事法院院长等245人列席会议。省部属有关企业主要负责人和兄弟省(区、市)驻浙办事处负责人到会听取报告。

【省人大常委会会议】 2019年，省十三届人大常委会举行常委会会议8次。

省十三届人大常委会第九次会议于1月25日在杭州举行，会议为省十三届人大二次会议做准备。省委书记、省人大常委会主任车俊出席并讲话，副主任梁黎明主持会议。会议审议提出省十三届人大二次会议主席团和秘书长名单草案，提请省十三届人大二次会议预备会议选举；审议提出省十三届人大二次会议议程草案，提请省十三届人大二次会议预备会议通过；审议通过省人大常委会工作报告稿，提请省十三届人大二次会议审查；审议通过关于个别代表的代表资格的报告。省人大常委会其他副主任、秘书长及委员出席，省政府和省监委、省法院、省检察院有关负责人列席会议。省十三届人大常委会第十次会议于2月26日在杭州举行。省委书记、省人大常委会主任车俊出席并讲话，副主任梁黎明主持会议。会议表决任命省人大有关专门(工作)委员会组成人员。郑金平为省人大财政经济委员会副主任委员、省人大常委会预算工作委员会副主任，张必来为省人大财政经济委员会副主任委员、省人大常委会预算工作委员会副主任，李小年为省人大环境与资源保护委员会副主任委员，郑军为省人大常委会监察和司法工作委员会副主任，陶波为省人大常委会社会建设工作委员会副主任。会议通过其他人事任免事项。省人大常委会其他副主任、秘书长及委员出席，省政府和省监委、省法院、省检察院有关负责人列席会议。

省十三届人大常委会第十一次会议于3月26—28日在杭州举行。省委书记、省人大常委会主任车俊出席并讲话，副主任梁黎明主持会议。会议听取和审议《关于2018年全省环境状况和环境保护目标完成情况的报告》；审议通过《浙江省测绘地理信息条例》《浙江省无人驾驶航空器公共安全管理规定》《浙江省实施〈中华人民共和国反恐怖主义法〉办法》；批准报批法规7件；表决通过有关人事事项。省人大常委会其他副主任、秘书长及委员出席会议，省政府和省监委、省法院、省检察院有关负责人列席会议。

省十三届人大常委会第十二次会议于5月28—31日在杭州举行。省人大常委会副主任梁黎明、赵光君分别主持各次全体会议，梁黎明讲话。会议听取和审议关于促进民营经济高质量发展工作情况的报告并组织专题询问；听取和审议省政府关于海洋环境保护"一法一条例"贯彻实施情况的报告和省人大常委会关于检查海洋环境保护"一法一条例"实施情况的报告；听取和审议省公安厅、省检察院、省法院、省司法厅4个机关开展扫黑除恶专项斗争工作情况的报告；审议批准浙江省2019年省级新增地方政府债务预算调整方案；审议通过《浙江省教育督导条例》；批准报批法规6件；初次审议《浙江省反走私综合治理规定(草案)》《浙江省家庭教育促进条例(草案)》《浙江省精神卫生条例(草案)》《浙江省宗教事务条例(修订草案)》;审议通过关于个别代表的代表资格的报告;表决通过有关人事任免事项。省人大常委会其他副主任、秘书长及委员出席会议,省政府和省监委、省法院、省检察院有关负责人列席会议。

省十三届人大常委会第十三次会议于7月29日至8月1日在杭州举行。省委书记、省人大常委会主任车俊出席并讲话,副主任梁黎明、李学忠分别主持各次全体会议。会议听取和审议省长袁家军所做的关于上半年全省经济社会发展情况和下半年政府工作的报告,听取和审议关于浙江省2019年1—6月财政预算执行情况、上半年全省国民经济和社会发展计划执行情况与下半年主要工作、2018年财政总决算和省级财政决算草案、2018年度省级预算执行和全省其他财政收支的审计工作、2018年财政总决算和省级财政决算草案审查结果的报告,批准2018年省级财政决算;听取和审议省政府关于《浙江省学前教育条例》执行情况的报告和省人大常委会关于检查《浙江省学前教育条例》实施情况的报告;审议通过《浙江省反走私综合治理规定》《浙江省宗教事务条例》《浙江省人民代表大会常务委员会关于耕地占用税适用税额的决定》;批准报批法规9件;初次审议《浙江省农村生活污水处理设施运行维护条例(草案)》;审议通过关于个别代表的代表资格的报告;会议决定接受任振鹤辞去省监察委员会主任职务的请求,接受陈伟俊辞去省政府副省长职务的请求,并通过其他人事事项。省人大常委会其他副主任、秘书长及委员出席会议,省政府和省监委、省法院、省检察院有关负责人列席会议。

省十三届人大常委会第十四次会议于9月24—27日在杭州举行。省委书记、省人大常委会主任车俊出席并讲话,副主任梁黎明、李卫宁分别主持各次全体会议。会议听取和审议关于全省消除集体经济薄弱村工作情况、安全生产工作情况的报告;审议做出《关于批准2019年重大自然灾害调入预算稳定调节基金省级预算调整方案的决议》;听取和审议省公安厅、省人民检察院、省高级人民法院、省司法厅4个机关关于依法履职公正司法(执法)情况的报告;审议通过《浙江省精神卫生条例》《浙江省农村生活污水处理设施管理条例》《浙江省家庭教育促进条例》;批准报批法规5件;初次审议《浙江省民营企业发展促进条例(草案)》《浙江省非机动车管理条例(草案)》《义乌国际贸易综合改革试验区条例(草案)》《浙江省街道人大工作条例(草案)》;审议通过《浙江省人民代表大会常务委员会关于新设立的龙港市人民代表大会若干问题的决定》;会议决定任命陈奕君为浙江省人民政府副省长,并通过其他人事免职事项。省人大常委会其他副主任、秘书长及委员出席会议,省政府和省监委、省法院、省检察院有关负责人列席会议。

省十三届人大常委会第十五次会议于11月26—29日在杭州举行。省委书记、省人大常委会主任车俊出席并讲话,副主任梁黎明、史济锡分别主持各次全体会议。会议审议《浙江省人民代表大会常务委员会关于召开省十三届人民代表大会第三次会议的决定》;听取和审议省政府关于促进科技成果转化"一法两条例"审议意见落实情况的报告和省人大常委会关于跟踪检查促进科技成果转化"一法两条例"审议意见落实情况的报告,并组织专题询问;审议关于2018年度全省行政事业性国有资产管理情况专项报告、全省国有资产管理情况综合报告、2018年度省级预算执行和全省其他财政收支审计查出问题整改情况的报告;审议通过《浙江省街道人大工作条例》《义乌国贸易综合改革试验区条例》;批准报批法规8件;二次审议《浙江省民营企业发展促进条例(草案)》《浙江省电子商务条例(草案)》,初次审议《浙江省公路条例(草案)》;审议关于《浙江省保障"最多跑一次"改革规定》执行情况、台湾同胞投资保障"一法一条例"执法调研的报告;审议通过省人大有关专门委员会关于省十三届人大二次会议主席团交付审议的代表议案审议结果的6个报告,省政府、省高级人民法院、省人民检察院关于省十三届人大二次会议代表建议、批评和意见办理情况的3个报告;审议通过关于个别代表的代表资格的报告;表决通过有关人事事项。省人大常委会其他副主任、秘书长及委员出席会议,省政府和省监委、省法院、省检察院有关负责人列席会议。

省十三届人大常委会第十六次会议于12月19—20日在杭州举行。省人大常委会副主任梁黎明主持会议并讲话。会议决定将《浙江省民营企业发展促进条例(草案)》提交省十三届人大三次会议审议;会议审议通过《浙江省第十三届人民代表大会第三次会议列席人员名单》;审议省人大常委会工作报告稿,征求对政府、省高级人民法院、省人民检察院3个工作报告稿的意见;审议关于2019年备案审查工作情况的报告;会议决定接受王毅等辞去浙江省人大常委会委员等职务的请求,并通过其他人事事项。省人大常委会其他副主任、秘书长及委员出席会议,省政府和省监委、省法院、省检察院有关负责人列席会议。

(省人大常委会办公厅　金　炜)

立　法　工　作

【概况】 2019年,省人大常委会完善人大主导立法工作机制,抓好重点立法项目的组织实施,发挥地方立法的引领保障作用,提高科学立法、民主立法、依法立法水平,健全立法工作制度机制。2月19日,省人大常委会出台《关于进一步完善立法工作机制做好新时代地方立法工作的若干意见》,进一步完善立项、起草、审议、论证、评估等工作机制,强化立法工作制度建设。实行重要法规草案起草"双组长"制(省人大常委会联系相关专门委员会的副主任和省政府法规草案起草部门的分管副省长共同担任"双组长"),加强人大和政府之间法规起草沟通协调。制定《省地方性法规草案征求企业和行业协会商会意见若干规定》《关于提高省人大常委会会议审议质量的办法》等规定,扩大立法民主,提高立法质量。制定《关于加强新时代规范性文件备案审查工作的若干意见》,推进备案审查制度和能力建设。

【立法计划编制实施】 2019年2月，省人大常委会编制立法计划实施方案，与省司法厅联合印发《2019年立法计划初次审议项目进度安排表》，加强组织协调，督促有关责任单位按计划落实法规草案起草工作。8月起，研究编制2020年立法计划，在广泛征求意见后，筛选项目30多件，组织召开座谈会、论证会、协调会，提出2020年立法计划草案，按程序经省人大常委会主任会议、党组会议研究通过后，报省委全面依法治省委员会审定。

【法规草案审议质量提高】 2019年，省人大常委会对17件法规草案和法规性决定草案进行调研、修改和统一审议。其中，12件法规草案和法规性决定草案审议通过；《浙江省民营企业发展促进条例（草案）》提请省十三届人大三次会议审议；审议《浙江省地方金融条例（草案）》《浙江省电子商务条例（草案）》《浙江省非机动车管理条例（草案）》《浙江省公路条例（草案）》等法规。年内，6件重要法规草案经省人大常委会党组研究后报请省委常委会会议研究。完善法规审议机制，加强与专门委员会的沟通配合，发挥人大及其常委会立法主导作用。通过起草小组“双组长”制加强对重大问题的研究协调，发挥政府重要依托作用。依靠代表主体作用和社会各界参与作用，对法规草案中涉及的重大制度安排和各方关注重点问题，开展调查研究，科学设计制度措施，增强法规的针对性、及时性和可操作性。

【法规审查指导】 2019年，省人大常委会强化对设区市立法计划的协调，从源头上减少重复立法，推动聚焦重点领域、符合立法权限的立法。对42件设区市法规草案加大审查指导力度，通过口头沟通、实地调研与书面指导等方式，在法规通过前解决问题。对35件报批法规进行合法性审查，深化委托第三方协助审查机制。密切与设区市联系，为加强立法工作经验交流、做好立法宣传等提供服务和支撑，组织立法工作研讨与培训，帮助提升立法能力和水平。

【备案审查能力增强】 2019年，省人大常委会向全国人大常委会、国务院报送备案地方性法规39件，接收备案规范性文件72件，全部按规定进行主动审查，推进落实规范性文件备案“最多跑一次”改革。重点审查7件政府规章和规范性文件，对审查发现不适当问题转送制定机关研究处理。对全国人大常委会法工委转送的12件审查异议和公民提出的2件审查建议进行审查研究，逐一进行答复说明。创新第三方参与审查工作机制，委托浙江工商大学法学院对政府规章进行预审查。加强备案审查衔接联动，深化对市、县（市、区）备案审查工作的指导，升级完善规范性文件备案审查系统。（省人大常委会办公厅　金　炜）

人大监督

【概况】 2019年，省人大常委会围绕中心、服务大局，认真行使人大监督职能，提高监督工作实效，全年听取和审议专项工作报告28项，对15部法律法规执行情况开展检查。建立实施政府向本级人大常委会报告国有资产管理情况制度，深化审计查出问题整改机制，加强经济运行和计划执行情况的监督，助力防范化解重大风险。

【推动经济高质量发展】 2019年，省人大常委会联动开展促进民营经济高质量发展专项审议。以“服务企业、服务群众、服务基层”活动为载体，在全省各级人大同步开展专题调研，对2200多家民营企业进行问卷调查，省人大常委会主任会议成员带队重点走访100多家企业，收集和梳理问题253个，其中54个问题送省级有关部门协调，年内基本得到解决。开展专项审议和专题询问，就政策落实落地、加大降本减负力度、破解融资难题、加强科技创新服务、保护企业合法权益等方面提出意见。围绕稳增长、促改革、调结构、惠民生、防风险、保稳定，开展深化经济运行和计划执行情况监督，听取和审议省政府经济社会发展情况及预算执行、决算、审计工作、审计查出问题整改情况等报告，组织重大事项专题视察，配合全国人大常委会开展中小企业促进执法检查，推动经济高质量发展。

【助推全面深化改革】 2019年，省人大常委会开展《浙江省保障“最多跑一次”改革规定》执行情况调研，针对基层反映比较集中的7方面51个重点问题，就进一步加大宣传和贯彻实施力度，着力破解规定实施中堵点难点等方面提出意见建议。贯彻创新驱动发展战略，通过听取和审议报告、开展专题询问等方式，跟踪监督审议意见落实情况，注重加强政策协同、落实激励政策、完善多元投入机制、强化企业主体地位、培育中介服务机构，促进科技成果向现实生产力转化。6—8月，省人大常委会调研台湾同胞投资保障“一法一条例”执行情况，推动台胞投资便利化。

【助力“三大攻坚战”】 2019年，省人大常委会围绕打好防范化解重大风险攻坚战，加强国有资产管理监督，听取和审议全省行政事业性国有资产管理情况报告，出台建立省政府报告国有资产管理情况制度五年规划，推动建立全口径、全覆盖的国有资产管理情况报告制度；加强地方政府债务监督，审查和批准新增地方政府债务预算调整方案，参与防范化解地方政府隐性债务专项行动，首次开展重点财政支出绩效评价，助推防范化解地方政府债务风险。围绕打好污染防治攻坚战，听取和审议2018年度环境状况和环境保护目标实现情况报告，推动该制度在乡镇基本实现全覆盖；开展海洋环境保护“一法一条例”执行情况检查，重点检查中央环保督察、国家海洋督察、全国人大执法检查反馈意见的整改落实情况，推动政府加大对近海海域环境治理的力度；开展水资源管理和节约用水专题调研；受全国人大常委会委托，开展水污染防治、可再生能源执法检查。围绕打好精准脱贫攻坚战，开展消除农村集体经济薄弱村工作专项监督，就加大扶持力度、规范资产运营等提出审议意见。

【依法保障和改善民生】 2019年，省人大常委会采取全省上下联动的方式，针对群众反映集中的全省学前教育普惠性均等化不足、“入园难、入园贵”等问题，开展学前教育条例实施情况检查。5—7月，省人大常委会主任会议成员带队到14个县(市、区)29所幼儿园调研，对全省学前教育发展情况进行全面摸底，推动解决学前教育优质资源供给、幼儿园建设规划布局、公共财政保障、师资队伍建设等方面问题。加强安全生产专项监督，听取和审议关于安全生产工作情况报告，提出整改要求，对加强全民安全生产教育、完善综合监管机制、落实企业主体责任、保障群众生命财产安全起到推动作用。6—7月，配合全国人大常委会开展高等教育法、就业促进法实施情况检查。

【开展执法和司法领域监督】 2019年，省人大常委会推进全省扫黑除恶专项斗争，听取和审议公安、检察、法院、司法等部门专项报告，要求有关机关善于运用大数据等信息化手段，做深做细线索摸排核查工作，加大黑恶案件侦办力度，依法按期审结和执行；加强执法司法队伍建设，提升履职能力，坚持和发展“枫桥经验”，筑牢法治底线。推进执法司法责任制落实，提升执法司法质量效率和公信力，听取和审议公安、检察、法院、司法部门依法履职公正司(执)法情况报告。全年受理、转办群众来信来访3453件次，做好信访综合分析，督办化解重要信访件，维护人民群众合法权益。

(省人大常委会办公厅　金　炜)

决定任免

【概况】 2019年，省人大常委会做出重大事项决议决定5个。根据中共中央、浙江省委的人事安排建议，按照党管干部和依法任免相结合的原则，任免国家机关工作人员161人次，组织59名国家机关工作人员进行宪法宣誓。

【依法讨论决定重大事项】 2019年，省人大常委会做好龙港撤镇设市有关筹备指导工作，就成立龙港市第一届人民代表大会筹备组、代表和常委会组成人员名额等事项做出决定。就耕地占用税适用税额事项做出决定，进一步落实税收法定原则。针对超强台风“利奇马”引发的自然灾害，批准重大自然灾害调入预算稳定调节基金省级预算调整方案，保障灾区恢复重建。9月16日，省人大常委会出台《关于深化民生实事项目人大代表票决制的指导意见》，推动票决制工作制度化、规范化、常态化，推进街道民生实事项目票荐工作，全省市、县、乡三级票决(票荐)民生实事项目9919件。

【依法行使人事任免权】 2019年，省人大常委会坚持党管干部原则与依法选举任免相统一，确保党组织推荐的人选经过法定程序成为国家机关工作人员。做好任前法律知识考试、任职表态发言、颁发任命书、宪法宣誓等工作，推动“一府一委两院”及政府部门落实宪法宣誓制度。加强对提请任命的审判人员、检察人员任前资格审查把关，在人大媒体进行公示。做好代表出缺补选和资格审查等工作。

(省人大常委会办公厅　金　炜)

人大代表工作

【概况】 2019年，省人大常委会聚焦代表主体地位，发挥人大代表接地气、察民情、聚民智作用。全年常委会组成人员联系代表930多人次，开展代表中心组、代表小组活动130多场次，处理代表议案19件，办理代表建议925件，代表分专业分重点参与立法、监督等工作870多人次。

【联系机制完善】 2019年，省人大常委会建立常委会领导与列席常委会会议的人大代表座谈机制，进一步密切与代表的联系，自觉接受代表监督。省委书记、省人大常委会主任车俊等领导主持召开5次座谈会，就立法、监督、代表工作等重要议题，面对面听取71位基层代表意见建议。健全“双联系”制度，推动领导干部代表进联络站机制成为常态化。5月20日，省人大常委会出台《关于深化全省人大代表联络站工作和建设的指导意见》，优化空间布局，推动联络站点进村庄、进社区、进楼宇，实现线上线下联系群众有机融合，构建代表全天候联系群众的网络体系。

【代表主题活动】 2019年，省人大常委会完善代表活动组织体系，扩大代表对常委会工作的参与面，夯实常委会工作基础。组织发动全省各级人大代表开展“最多跑一次”改革主题监督活动，参与活动3.6万人次，提出意见建议4100多条。围绕推动中国(浙江)自由贸易试验区创新发展，组织省内全国人大代表开展专题视察，提出意见建议。参与长三角地区全国人大代表跨区域联合调研，对长江口至杭州湾近海水环境保护、区域交通基础设施建设和运营管理一体化进行视察；协同开展三省一市人大代表专题调研，推动太浦河水污染防治、大运河文化带建设和新安江生态保护。

【议案审议和建议办理】 2019年，省人大常委会落实政府负责人领办、人大重点督办、上门督办等制度，推进代表议案建议办理工作。年内，省十三届人大二次会议主席团交付的议案全部审议完毕。其中，通过法规2件，提请审议法规草案1件。健全建议办理工作机制，强化督办工作力度，省政府、省法院、省检察院重视办理工作，省长袁家军等省领导领衔办理《关于进一步加强金融支持实体经济的建议》等重点建议9件，省人大常委会主任会议成员带队督办重点建议16件，有关推进数字经济高质量发展、构建产学研创新体系、加快医疗保障体系改革等重点建议取得较好办理成效。

【履职服务保障】 2019年，省人大常委会坚持以政治建设为统领，加强履职能力建设。以服务保障代表依法履职为重点，落实代表知情知政举措，多层次开展履职经验交流。8月20日，出台《关于浙江省人大代表活动经费管理使用的意见》等制度，加强和规范代表活动经费管理。11月18日，省人大常委会出台《浙江省人民代表大会代表履职管理办法（试行）》，强化履职登记，规范履职报告，严格履职管理。做好全省全国人大代表学习培训、视察调研等保障工作。举办保障“最多跑一次”改革、深化预算审查监督培训班，全年培训人大代表380多人次。

（省人大常委会办公厅　金　炜）

浙江省人民政府 Zhejiang Provincial People's Government

综　述

【概况】 2019年，浙江省有乡以上人民政府997个。其中，省人民政府1个，设区市人民政府11个，县（市、区）人民政府90个，乡（镇）人民政府895个。县以上政府工作部门2578个。其中，省政府设置工作部门42个（办公厅和组成部门24个，直属特设机构1个，直属机构10个，部门管理机构7个），市级工作部门376个，县级工作部门2160个（不含街道及其他派出机构）。

省政府坚持以习近平新时代中国特色社会主义思想为指导，全面贯彻党的十九大和十九届二中、三中、四中全会精神，坚决落实习近平总书记对浙江工作的重要指示，坚持稳中求进工作总基调，坚持以供给侧结构性改革为主线，坚持“八八战略”再深化、改革开放再出发，认真执行省委各项决策部署和省十三届人大二次会议决议，深入实施富民强省十大行动计划，突出稳企业、增动能、保平安，聚焦聚力高质量发展、竞争力提升、现代化建设，以“三服务”的非常之功全力做好“六稳”工作，全面完成年初确定的十方面民生实事，经济社会发展再上新台阶，“两个高水平”建设取得新进展。

全省地区生产总值62352亿元，比上年增长6.8%。其中，第一产业增加值2097亿元，第二产业增加值26567亿元，第三产业增加值33688亿元，分别增长2.0%、5.9%和7.8%，第三产业对GDP增长的贡献率为58.9%。人均GDP为107624元。财政总收入12268亿元，增长4.8%；一般公共预算收入7048亿元，增长6.8%，其中，税收收入5898亿元，增长5.6%，占一般公共预算收入的83.7%。一般公共预算支出10053亿元，增长16.5%，民生支出占财政支出的76.2%。全省居民人均可支配收入为49899元，增长8.9%，扣除价格因素增长5.8%。按常住地分，城镇和农村居民人均可支配收入分别为60182和29876元，增长8.3%和9.4%，扣除价格因素分别增长5.4%和6.0%。规模以上工业企业利润总额4759亿元，增长5.4%。社会消费品零售总额27176亿元，增长8.7%。固定资产投资增长10.1%。非国有投资增长6.8%，占66.0%；民间投资增长7.2%，占61.5%。货物进出口总额30832亿元，增长8.1%。其中：出口23070亿元，增长9.0%，出口占全国的13.4%，份额提高0.5个百分点；进口7762亿元，增长5.8%。

【全面落实习近平新时代中国特色社会主义思想】 2019年，省政府围绕守初心、担使命、找差距、抓落实的总要求，认真开展“不忘初心、牢记使命”主题教育，把学习习近平新时代中国特色社会主义思想与学习习近平总书记对浙江的重要指示精神、党章党规、党史中华人民共和国史、“八八战略”紧密结合起来，全面系统学、突出重点学、联系实际学、笃信笃行学，深入理解和把握贯穿其中的马克思主义立场观点方法。全年召开党组会议20次、常务会议19次，第一时间传达、学习、贯彻习近平总书记重要讲话、指示批示精神和党中央做出的重大决策部署。特别是坚决贯彻落实习近平总书记对浙江做出的29次重要指示批示精神，落实省委两轮“回头看”部署，逐一对照检查、逐条细化落实，举一反三，扎实推进千岛湖临湖综合整治工作，打好违建别墅清查整治硬仗，抓好移民搬迁问题大整治和“大棚房”问题专项整治，推动良渚古城遗址申遗成功。

【着力深化改革开放】 2019年，省政府深入推进“最多跑一次”改革。全面实施“10+N”优化营商环境便利化行动，41件个人和企业全生命周期事项实现“一件事”全流程办理，政务服务事项“掌上”可办率80.5%、“跑零次”可办率97.4%、“一证通办”民生事项达91.4%；企业开办实现一日办结，一般企业投资项目实现竣工验收前审批“最多90天”；推进机关内部“最多跑一次”改革，推动普惠金融、税收征管、土地征收和事业单位、国有企业等改革；建成全省统一的公共信用信息平台和行政执法监管平台，推进“信用+”十大场景应用，“互联网+监管”工作走在全国前列。“亩均论英雄”改革持续深化。开展亩均效益领跑者行动，全面实施亩均效益评价；改造提升亩均税收1万元以下低效企业11453家；新批工业用地基本实现“标准地”出让。对外开放进一步扩大。宁波“一带一路”综合试验区、“17+1”经贸合作示范区和义乌国际贸易综合改革试验区建设扎实推进；捷克站、迪拜站和12个境外经贸合作区建设稳步推进，全年“义新欧”班列开行528列，增长65%；成功举办第六届世界互联网大会、第五届世界浙商大会、世界油商大会、世界青年科学家峰会，中国—中东欧博览会升格为国家级展会。

【科技制造业创新赋能】 2019年，省政府深化实施科技新政、人才新政。全省科技研发投入比上年增长14%，全年新增高新技术企业4700家、科技型中小微企业1.1万家；启动建设超重力离心模拟与实验装置；之江实验室建设成效明显；杭州作为主办城市成功举办全国“双创”活动周；中国（浙江）知识产权保护中心建成投用；新增发明专利3.4万件；新增两院院士7名；11个设区市全部实现人才净流入。制造业转型升级明显提速。实施块状特色经济质量提升三年行动；新增“浙江制造”标准565个、“品字标”企业345家；建立“1+N”工业互联网平台体系，年内全省新增上云企业6万家，在役工业机器人8.9万台。数字经济发展势头强劲。数字经济核心产业增加值增长15%,占地区生产总值比重10%;率先开展5G商用,全省建设5G基站15770个;首个国家新型互联网交换中心试点落户浙江,浙江省获批国家数字经济创新发展试验区。

【稳企业稳增长工作推进】 2019年,省政府坚持把主动应对困难风险挑战作为第一取向,建立完善"五张清单、九项举措、五个一机制"的稳企业防风险工作体系。出台实施民营企业高质量发展31条政策,制定实施新一轮减负措施,全面落实增值税率下调、小微企业和科技型初创企业普惠性税收减免、困难企业社会保险费返还、电价和气价下调等政策措施,全年为企业减负2280亿元。实施融资畅通工程,企业融资难融资贵问题得到有效缓解。全省基本完成清欠工作,清欠率全国第一。深入实施投资新政,全年固定资产投资增长10.1%,其中交通投资、高新技术产业投资、民间项目投资分别增长16.3%、21.8%和13.7%。年内省、市、县长项目工程开工建设335个,开工率68.4%。外贸外资稳中有增,建立健全"订单+清单"监测预警系统,出台实施稳外贸20条政策,加快建设国际贸易"单一窗口";出台扩大进口政策,积极参与第二届中国国际进口博览会。温州、绍兴获批跨境电商综合试验区。促进消费稳中有升,全省培育放心消费示范单位2.79万家、无理由退货承诺单位1.43万家,建设城乡放心农贸市场382家。

【三大攻坚战取得积极进展】 2019年,省政府重大风险防控有效推进。健全金融风险"天罗地网"监测防控体系,完善市场化法治化违约处置机制,有序化解部分民营企业流动性风险、"两链"风险、非法网络借贷风险、部分上市公司股权质押风险,稳步化解政府隐性债务风险,不良贷款率降至0.91%,P2P存量机构、未兑付金额和投资者人数大幅下降,全省政府债务风险等级由橙色降为黄色;金融风险总体可控。精准脱贫有力有效。低收入农户收入增长13%;低保标准实现城乡同标,最低生活保障标准达到每人每年7980元;因病致贫纳入社会救助范围;基本消除集体经济薄弱村;签订山海协作产业项目340个、450亿元;扎实做好东西部扶贫协作、对口支援和对口合作。污染治理成效明显。做好中央环保督察、国家海洋督察和长江经济带环保检查问题整改,浙江首个通过国家生态省建设试点验收;设区市PM2.5平均浓度为每立方米31微克,达到国家二级标准;省控断面Ⅰ~Ⅲ类水质占比91%,大花园核心区和重点生态功能区的出境断面水质全部达标,县级以上集中式饮用水水源地水质达标率96.7%;入海排污口自动在线监测实现全覆盖;设立淳安特别生态功能区;推进重点污染地块治理修复和重金属污染防治,全面推进"垃圾革命",全省新增危险废物利用处置能力83.7万吨/年。

【"四大"建设推进】 2019年,浙江省全面开展"四大"(大湾区、大花园、大通道、大都市区)建设年活动。大湾区建设明显提速。打造杭州钱塘新区、宁波前湾新区、绍兴滨海新区、湖州南太湖新区等高能级平台,全面启动首批7个"万亩千亿"新产业平台建设。大花园建设全面开展。制定实施诗路文化带发展规划,推进浙东唐诗之路、钱塘江诗路、瓯江山水诗路、大运河(浙江)文化带建设,谋划建设十大名山公园和十大海岛公园,打响"百县千碗"品牌,"诗画浙江"影响力不断扩大。大通道建设全面加快。建成铁路杭州南站,杭州湾大桥北接线二期、甬台温沿海高速公路复线如期通车。建成地铁103.6千米。全面取消高速公路省界收费站。宁波机场三期建成投用。杭州萧山国际机场客流量突破4000万人次。大都市区能级加快提升。一批标志性工程开工建设。杭绍甬一体化示范区加快建设,推动甬舟、嘉湖一体化发展。推进城市、乡镇、园区有机更新。开展首批24家未来社区试点,城镇老旧小区改造列入全国试点,完成"三改"1.5亿平方米、拆违1.3亿平方米。全面完成小城镇环境综合整治,推进30个传统开发区(园区)改造提升。龙港撤镇设市。

【乡村振兴战略深入实施】 2019年,浙江省全面深化农村改革。深化"三权到人(户)、权跟人(户)走"改革,推进资金进乡村、科技进乡村、青年回农村、乡贤回农村。启动创建国家乡村治理体系试点县10个、示范乡镇6个、示范村61个,加强民族乡村建设。高标准建设现代农业园区和粮食生产功能区,增加优质绿色农产品供给,加强猪肉市场保供稳价工作;深化数字乡村建设,累计建成电商专业村1720个。全面创建新时代美丽乡村。全省新增A级以上景区村庄3018个、中国历史文化名镇7个、名村16个。实施乡村全域土地综合整治与生态修复7.6万公顷;新建和改造提升农村公路1.2万千米,新植珍贵树木2400万株;新增522万农村人口喝上达标饮用水。

【民生保障改善】 2019年,浙江省教育、医疗、体育事业持续发展。高规格召开全省教育大会,加快补齐教育短板;依法规范民办学校办学行为;开展3岁以下婴幼儿照护服务试点,全面实行小学放学后校内托管,开展青少年近视防控,普惠性幼儿园覆盖率达90%,"互联网+义务教育"中小学校结对1458所。全国首批区域医疗中心落户浙江;开展"互联网+医疗健康"示范省创建,加快推开"刷脸就医""医后付"等智慧医疗项目,全省建成县域医共体161家,建立覆盖全省的城乡居民慢性病门诊保障制度;开展全民健身活动,杭州亚运会、亚残会筹备有序推进。就业、养老、社保、住房等保障能力加快提升。实施就业创业促进工程,做好重点群体就业帮扶,完善公益性岗位托底安置机制,实施青年就业启航计划,成功承办全国残疾人职业技能大赛并取得优异成绩。建成乡镇居家养老服务中心387个,新增机构养老床位3.7万张;基本医疗保险参保人数达5461万人,基本养老保险参保人数4230万人;棚户区改造新开工22.2万套,建成11.95万套,提前完成国家棚户区改造新三年攻坚任务。全省全面建成退役军人事务工作"五级五有"(省、市、县、乡、村五级,有机构、有编制、有人员、有经费、有保障)的服务保障体系。

【平安建设深入有力推进】 2019年，省政府加强信访工作。深入开展“枫桥式公安派出所”创建活动，推广“龙游通”，完善“基层治理四平台”，推进社会矛盾纠纷调处化解中心建设，全省信访量比上年下降10.4%。推进扫黑除恶专项斗争，严厉打击“套路贷”，全年打掉黑恶团伙1040个。全力以赴防御超强台风“利奇马”，做好抢险救灾、灾后重建和防灾减灾能力提升工作。推进百项千亿防洪排涝工程。全年全省完成农村危房治理改造1.83万户。实施安全生产综合治理三年行动，打赢消防安全三年翻身仗，生产安全事故起数下降35.7%、死亡人数下降34.2%；火灾事故起数下降25%、死亡人数下降23.3%；道路交通事故起数下降12.2%、死亡人数下降15.8%。群众安全感满意率达97.1%。

【政府履职能力持续提升】 2019年，省政府进一步增强“四个意识”，坚定“四个自信”，做到“两个维护”，高标准开展“不忘初心、牢记使命”主题教育。全面实施政府“两强三提高”（强谋划、强执行，提高行政质量、效率和政府公信力）行动计划，认真办理人大代表建议和政协委员提案。政府数字化转型取得突破性进展，掌上办事之省和掌上办公之省加快建设，“浙里办”用户超过3000万，“浙政钉”用户数达123万。深入开展法治政府示范创建，行政复议机构和行政争议调解中心率先实现省、市、县三级全覆盖，创新“互联网+执法”机制。抓好“基层减负年”各项任务落实，严格执行减轻基层负担20条，大力整治“文山会海”，年内压减会议41.8%、文件35.6%。完善集中财力办大事体制机制，一般性支出压减6.9%。（省政府办公厅）

重要会议

【省政府全体会议】 2019年，第十三届省政府举行全体会议2次。会议均由省长袁家军主持。

第十三届省政府第三次全体会议　2月19日在杭州举行。会议强调，全省政府系统要以“八八战略”再深化、改革开放再出发为主题，以实施富民强省十大行动计划为抓手，聚焦聚力高质量发展、竞争力提升、现代化建设，突出稳企业、增动能、保平安，强化改革创新，激发社会活力，坚决打好三大攻坚战，全力打好高质量发展组合拳，确保完成全年目标任务。

第十三届省政府第四次全体会议　7月22日在杭州举行。会议强调，要坚持以习近平新时代中国特色社会主义思想为指导，以自我革命精神扎实开展政府系统“不忘初心、牢记使命”主题教育，全面激发干事创业强大动力，聚焦聚力高质量发展、竞争力提升、现代化建设，突出稳企业、增动能、保平安，精准有效抓工业、稳外贸、防风险、优环境、扩投资、强创新、惠民生，全力打好高质量发展组合拳，确保全面完成全年目标任务。

【省政府常务会议】 2019年，第十三届省政府举行常务会议19次。会议均由省长袁家军主持。

第十三届省政府第十六次常务会议　1月11日在杭州举行。会议审议通过《浙江省实施〈中华人民共和国种子法〉办法（送审稿）》《浙江省水域保护办法（送审稿）》《关于浙江省2018年国民经济和社会发展计划执行情况及2019年国民经济和社会发展计划草案的报告（送审稿）》，研究《2019年政府工作报告》。

第十三届省政府第十七次常务会议　2月14日在杭州举行。会议研究2019年省政府工作报告重点工作和十方面民生实事责任分解情况、2018年度省政府部门绩效考核评价情况、省政府行政规范性文件全面清理情况。

第十三届省政府第十八次常务会议　3月1日在杭州举行。会议审议通过《浙江省“4+1”重大项目建设计划2019年实施计划（送审稿）》《2019年省级政府投资项目计划和预算（送审稿）》，研究申报创建金融支持乡村振兴改革试验区有关情况、清理拖欠民营企业中小企业账款第一阶段完成情况和下一步工作安排、2018年度浙江省科学技术奖励评审情况。

第十三届省政府第十九次常务会议　3月18日在杭州举行。会议研究浙江省2019年全国五一劳动奖推荐工作。

第十三届省政府第二十次常务会议　3月28日在杭州举行。会议审议通过《落实农业农村优先发展总方针推动“三农”高质量发展的若干意见（送审稿）》《统一规划体系更好发挥省发展规划战略导向作用的实施意见（送审稿）》《完善促进消费体制机制进一步激发居民消费潜力的实施意见（送审稿）》《扩大进口促进外贸健康稳定发展的实施意见（送审稿）》《2019年浙江省食品安全工作要点（送审稿）》《全面加强儿童青少年近视综合防控工作的意见（送审稿）》《做好浙江省城镇小区配套幼儿园治理工作的通知（送审稿）》，研究全省公安机关扫黑除恶专项斗争工作情况，同意为在环境保护执法过程中牺牲的温岭市环境监测大队副大队长兼大溪中队中队长陈奔追记个人一等功。

第十三届省政府第二十一次常务会议　4月19日在杭州举行。会议审议通过《关于加快推进5G产业发展的实施意见（送审稿）》，研究一季度全省经济形势、习近平总书记重要批示件核查办理情况、淳安县水功能区水环境功能区优化调整情况、贯彻落实地方党政领导干部食品安全责任制规定有关情况、2019年浙江省劳动模范和省模范集体等推荐评选工作，学习第十四次全国民政会议精神。

第十三届省政府第二十二次常务会议　5月10日在杭州举行。会议审议通过《加快新一代人工智能创新发展的实施意见（送审稿）》《大运河（浙江）文化保护传承利用规划（送审稿）》《浙江省深化科学技术奖励制度改革方案（送审稿）》《浙江省反走私综合治理规定（草案）》，研究浙江省2018年法治政府建设和2019年重点任务安排情况、全省行政村规模调整有关情况、2018年度省科学技术奖增选工作和起草情况。

第十三届省政府第二十三次常务会议　5月31日在杭州举行。会议学习《中华人民共和国外商投资法》，学习习近平总书记在解决“两不愁三保障”突出问题座谈会上的重要讲话精神，研究2019年长三角地区主要领导座谈会贯彻落实工作、2018年全国东西部扶贫协作考核情况及浙江省贯彻落实意见、全国违建别墅问题清查整治专项行动会议情况及浙江省贯彻落实意见、首届中国—中东欧国家博览会暨国际消费品博览会和第二十一届中国浙江投资贸易洽谈会筹备工作情况、省级公立医院医疗服务价格改革有关情况，审议通过《浙江教育现代化2035行动纲要(送审稿)》《加快推进浙江教育现代化实施方案(2018—2022年)(送审稿)》。

第十三届省政府第二十四次常务会议　6月10日在杭州举行。会议学习《长江三角洲区域一体化发展规划纲要》和推动长三角一体化发展领导小组第一次会议精神，审议通过《浙江省推进长三角区域一体化发展行动方案(送审稿)》。

第十三届省政府第二十五次常务会议　7月5日在杭州举行。会议审议通过《高水平推进美丽城镇建设的意见(送审稿)》《在市场监管领域全面推行部门联合“双随机、一公开”监管推动企业信用建设的实施意见(送审稿)》《深化温州金融改革服务民营经济实施方案(送审稿)》《浙江省非机动车管理条例(草案)》《义乌国际贸易综合改革试验区条例(草案)》《浙江省农村生活污水处理设施运行维护条例(草案)》《浙江省反间谍安全防范办法(草案)》《浙江省耕地占用税适用税额方案(草案)(送审稿)》。

第十三届省政府第二十六次常务会议　7月19日在杭州举行。会议审议通过《浙江省人民政府关于修改〈浙江省城市建设档案管理办法〉等5件规章的决定(草案)》《关于浙江省2018年财政总决算和省级财政决算草案的报告》《关于浙江省2019年1至6月财政预算执行情况的报告》《关于2018年度省级预算执行和全省其他财政收支的审计工作报告》，研究上半年浙江省经济形势，学习第七次全国对口支援新疆工作会议精神。

第十三届省政府第二十七次常务会议　8月16日在杭州举行。会议审议通过《浙江省诗路文化带发展规划(送审稿)》《加快推进浙江省生活垃圾治理体系和治理能力现代化的意见(送审稿)》《浙江省人民政府质量奖管理办法(2019年修订)(送审稿)》，研究省政府系统“三服务”活动情况和下一步工作、前一阶段防御超强台风“利奇马”工作情况、长江经济带浙江省生态环境问题整改情况、全国禁毒工作会议精神及浙江省贯彻意见和国家毒品实验室浙江分中心建设有关情况、浙江省新一轮稳外贸政策举措制定情况，通报省政府领导赴灾区检查指导灾后恢复重建工作情况。

第十三届省政府第二十八次常务会议　9月20日在杭州举行。会议审议通过《全面加强基础科学研究的实施意见(送审稿)》《浙江省民营企业发展促进条例(草案)》《关于修改〈浙江省人口与计划生育条例〉的决定(草案)》《推进新时代民政事业高质量发展的意见(送审稿)》《打好防范化解重大金融风险攻坚战实施方案(送审稿)》《加强国土空间规划体系建设并监督实施的意见(送审稿)》《推进生猪产业高质量发展的意见(送审稿)》《关于2019年重大自然灾害调入预算稳定调节基金省级预算调整方案的报告(草案)》。

第十三届省政府第二十九次常务会议　10月12日在杭州举行。会议传达贯彻《中央生态环境保护督察工作规定》，审议通过生态省建设评估和编制新时代高质量建设美丽浙江深化生态文明示范创建规划纲要、《浙江省科学技术奖励办法(修订草案)》《浙江省国有企业退休人员社会化管理工作方案(送审稿)》，研究推进新时代社会救助体系建设有关情况、迎接第二轮中央生态环境保护督察有关情况、在桐庐县分水镇等5个乡镇(街道)开展综合行政执法试点有关情况，对第十届全国残疾人运动会相关单位和个人给予行政奖励情况。

第十三届省政府第三十次常务会议　10月21日在杭州举行。会议审议通过《浙江省人民政府关于修改〈浙江省政府信息公开暂行办法〉的决定(草案)》，研究浙江省前三季度经济形势、提升台风洪涝灾害防控能力专题调研情况、温岭“5·12”农用车侧翻重大事故调查处理情况、迎接法治政府建设全面督察相关工作。

第十三届省政府第三十一次常务会议　11月15日在杭州举行。会议传达学习部分省份经济形势和保障基本民生座谈会精神，审议通过《建立健全城乡融合发展体制机制和政策体系的实施意见(送审稿)》《浙江省公路条例(草案)》，研究浙江省开展“证照分离”改革全覆盖试点工作、规范异地搬迁工作有关情况、省政府记功奖励见义勇为先进人物工作有关情况。

第十三届省政府第三十二次常务会议　12月6日在杭州举行。会议审议通过《浙江省中小学生减负工作实施方案(送审稿)》《加快推进3岁以下婴幼儿托育服务发展的实施意见(送审稿)》《关于建立完善罕见病医疗保障机制的通知(送审稿)》，研究《2020年政府工作报告》起草工作情况和主要框架内容、国家组织药品集中采购和使用试点扩大区域范围工作有关情况。

第十三届省政府第三十三次常务会议　12月20日在杭州举行。会议传达学习习近平总书记在中央政治局第十九次集体学习时关于应急管理的重要论述和为国家综合性消防救援队伍授旗训词精神及国务院有关安全生产重要会议精神，审议通过《进一步深化生产供销信用“三位一体”改革推动农合联更好服务乡村振兴的若干意见(送审稿)》《2019年全省和省级预算执行情况及2020年全省和省级预算草案的报告(送审稿)》《2020年省级财政预算及重点项目资金安排建议》，研究贯彻落实药品安全“两法两意见”情况。

第十三届省政府第三十四次常务会议　12月27日在杭州举行。会议审议通过《浙江省全域“无废城市”建设试点工作方案(送审稿)》《2019年浙江省国民经济和社会发展计划执行情况与2020年国民经济和社会发展计划草案的报告(送审稿)》，研究2020年省政府工作报告起草情况、完善绿色发展财政奖补机制建议。

【省政府学习会】 2019年，第十三届省政府举行专题学习会5次。会议均由省长袁家军主持。

第十三届省政府第五次专题学习会 2月26日在杭州举行。浙江大学互联网金融研究院院长贲圣林、中国人民银行杭州中心支行行长殷兴山受邀讲解金融形势与改革发展问题。

第十三届省政府第六次专题学习会 4月30日在杭州举行。中国信息通信研究院副院长王志勤、中国移动浙江公司董事长郑杰受邀讲解5G创新与发展。

第十三届省政府第七次专题学习会 7月1日在杭州举行。中国中共党史学会常务副会长、中共中央党史研究室原副主任李忠杰受邀讲解中国共产党浙江历史。

第十三届省政府第八次专题学习会 9月29日在杭州举行。清华大学国学研究院院长陈来受邀讲解中华民族爱国主义精神。

第十三届省政府第九次专题学习会 11月29日在杭州举行。清华大学国家治理研究院院长王振民受邀讲解推进政府治理体系治理能力现代化问题。

【大湾区规划建设领导小组会议】 2019年2月26日在杭州召开，省长袁家军出席会议并讲话。会议强调，规划建设大湾区是落实长三角一体化发展国家战略的浙江行动，是推进“八八战略”再深化、改革开放再出发的重大举措。各地各部门要聚焦聚力高质量发展、竞争力提升、现代化建设，按照省委、省政府关于开展“四大”建设年活动的决策部署，全面实施大湾区建设行动计划，全力推动大湾区十大标志性工程取得实质性进展，高标准高质量打造长三角“金南翼”。

【全省数字经济发展领导小组会议】 2019年3月29日在杭州召开，省长袁家军出席会议并讲话。会议强调，数字经济是一场深刻的新经济革命，是推动浙江高质量发展的“一号工程”。各地各部门要以创建国家数字经济示范省为目标，深入实施数字经济五年倍增计划，高标准高质量推进各项工作，不断擦亮数字经济“金名片”。要强化省、市、县协同，聚焦重点领域，加强政策供给、龙头带动、典型示范，大力支持杭州创建全国数字经济“第一城”，加快形成全省推进“一号工程”的强大合力，确保数字经济“一号工程”落地见效。

【全省深化“亩均论英雄”改革工作领导小组会议】 2019年4月2日在杭州召开，省长袁家军出席会议并讲话。会议强调，“亩均论英雄”改革，是贯彻落实习近平总书记“腾笼换鸟、凤凰涅槃”理论的重大改革实践，是政府有为、市场有效、企业有利、百姓受益的最佳结合点，是深化资源要素配置市场化改革、倒逼企业转型升级最务实最管用最有效的抓手，也是高质量发展组合拳最重要的招法。要坚持新发展理念，坚持供给侧结构性改革主线，强化正向激励和反向倒逼工作机制，高效能推广“提高亩均效益十法”，扎实推动“亩均论英雄”改革从点到面、变“盆景”为“风景”，成为浙江经济发展的一张“金名片”。

【省信用浙江建设领导小组会议】 2019年4月12日在杭州召开，省长袁家军出席会议并讲话。会议强调，信用浙江建设是集成创新的系统工程，也是全面深化市场化改革、推进治理体系和治理能力现代化的关键支撑，已进入体系化、标准化、数字化的新阶段。各地各部门要统一认识、提高标准，高质量推进社会信用体系建设，以政府信用为表率、企业信用为重点、个人信用为基础，一步一个脚印推进信用浙江建设。

【中国(浙江)自由贸易试验区建设领导小组会议】 2019年5月20日在杭州召开，省长袁家军出席会议并讲话。会议强调，要深入学习贯彻习近平总书记重要指示精神，进一步解放思想、改革创新，压实主体责任，突出服务国家能源战略大局，突出首创性差异化制度创新，突出改革开放带动，突出竞争力提升，切实抓好重大项目落地，高标准高质量推进自贸试验区建设。

【健康浙江建设领导小组暨医改联席会议】 2019年8月22日在杭州召开，省长袁家军出席会议并讲话。会议强调，健康是促进人的全面发展的必然要求，是“两个高水平”建设的基础条件，必须坚持把人民健康放在优先发展的战略地位，把健康融入所有政策。各地各部门要深入贯彻习近平总书记关于推进健康中国建设和深化医药卫生体制改革的重要论述，聚焦打造“医学高峰”，聚力推进医保、医疗、医药、医院、中医、医生“六医统筹”，全面落实预防为主方针，全方位全周期保障人民健康，努力实现健康服务高质量，努力提高健康产业竞争力，努力推进健康事业现代化。

（省政府办公厅）

政府数字化转型

【概况】 2019年，浙江省把推进政府数字化转型作为深化“最多跑一次”改革、打造最佳营商环境、推进高质量发展的着力点和突破口，在制度设计、重点项目、数据平台、数字化应用等方面精准发力。持续迭代完善政府数字化转型指标体系、工作体系、政策体系、评价体系，编制《政府数字化转型工作指南》，制定业务协同、数据共享、数据集成三大模型标准，掌上办事迭代完善推进政府数字化转型的理念、方法、路径、工具。各地各部门全面梳理核心业务，建立横向联动、纵向协同的工作机制，组建工作专班，跨部门、跨层级协同推进，政府数字化转型从“探索起步、夯基垒台”阶段转入“重点攻坚、综合集成出成果”阶段。在中国社科院信息化研究中心等机构发布的2019年中国数字政府建设指数报告中，浙江省名列各省(市、区)第一。

【营商环境持续优化】 2019年，浙江省实施优化营商环境“10+N”便利化行动，围绕企业准入到退出全生命周期，梳理形成企业“一件事”17件。建设浙里办“营商服务”专区，实现350多项涉企政务服务网上办、“掌上办”。上线全国首个综合型“互联网+督查”平台“浙里督”。全省企业开办全面实现1日办结，竣工验收前审批实现“最多90天”，实现40个跨部门“一件事”网上、“掌上”联办。全国率先建成横向到边、纵向到底的统一行政执法监管平台，并完成与国家平台对接，监管平台覆盖省、市、县三级3563个执法部门、5.7万名在册执法人员，累计实施掌上执法检查260多万次。建成全省一体化公共信用信息平台，推动“信用+”联动十大场景应用。

【“掌上办”有效突破】 2019年，“浙里办”用户超过3000万，网上可办率100%，“掌上”可办率80.5%，“跑零次”率97.4%，352项民生事项实现“一证通办”，占民生事项总数的91.4%，各项指标均居全国前列。10月15日，全省统一“好差评”系统上线运行，率先对接国家平台，全面覆盖省、市、县三级政务服务部门、线上线下六大评价渠道，实现“1日回访、15日整改反馈”，建立差评处理闭环管理机制。“掌上办公”浙政钉注册用户123万户，建立政务群18万个，开发集成“钉”应用988个。建成机关内部“最多跑一次”协同办事系统，省级部门间办事事项99%实现“最多跑一次”。

【数字化转型重大项目应用】 2019年，浙江省“8+13”重大项目（“浙政钉”掌上办公平台、“浙里办”一体化在线政务服务平台、基层治理四平台、统一政务咨询投诉举报平台、经济运行监测分析数字化平台、公共信用信息平台、生态环境协同管理系统、统一行政执法监管平台8个平台和“之江汇”教育广场系统、政府采购云、统一公共支付平台、欠薪联合预警系统、国土空间基础信息平台、工程建设项目全流程审批管理系统、散装水泥专用车辆安全共治系统、诗画浙江智慧旅游信息服务系统、居民电子健康卡系统、危险化学品风险防控系统、审计监督大数据示范工程、金融风险“天罗地网”监测防控系统、国际贸易“单一窗口”系统13个重大项目）实现全省全贯通、市县全覆盖，取得积极应用成效。启动10个防范化解重大风险应用、6个省级重大新项目建设，规划数字化管理平台、网络交易监管平台被国家发展改革委、国家市场监管总局等部委在全国复制推广。杭州“城市大脑”，温州“惠企政策直通车”、医学影像云，金华、湖州、宁波等无证明（证件）城市，湖州“厨房革命”数字化平台，台州区块链电子票据改革等基层最佳实践陆续涌现。

【公共数据平台夯实】 2019年，浙江省、市两级架构的政务“一朵云”基本建成，省公共数据平台归集全省数据205.4亿条，问题数据比例从上年末的0.11%下降到0.06%。全年数据共享调用15.5亿次。以民生领域高频事项为试点，与江西开展跨省数据共享应用，在全国率先实现身份证、户口簿等11本证照跨省“亮证”。浙江省数据开放列“中国开放数林指数”全国第二位。

【数字浙江技术运营有限公司成立】 2019年11月7日，数字浙江技术运营有限公司成立。该公司由阿里巴巴集团、浙江金融控股集团、浙江日报报业集团、浙江广播电视集团共同出资，是一家国资控股的混合所有制公司。公司为浙江数字化转型提供顶层设计、平台建设、业务创新、运维保障及运营等服务。注册资本5亿元，经营范围包括大数据基础设施服务、数据处理与存储服务、信息技术咨询服务等。

（省大数据局）

应急管理

【概况】 2019年，浙江省应急管理系统深入学习贯彻习近平新时代中国特色社会主义思想和习近平总书记关于应急管理工作的重要论述，谋划推进“构建体系、压实责任、安全治理、灾害防治、应急救援、减灾救灾、监管执法、基层基础、数字应急、锤炼铁军”等10项应急工作，建立健全应急管理体系，加强安全生产监管执法，推进防灾减灾救灾，开展“综合减灾示范社区”创建等工作，全面履行应急管理部门各项职责。浙江省获国务院安全生产委员会首次开展的安全生产和消防工作考核优秀等次。

【危险化学品安全防控】 2019年，浙江省应急管理部门聚焦涉及硝化工艺企业、固体危险废物储存处置企业等10个方面重点内容，全力打好危险化学品安全整治攻坚战。全省共计发现危险化学品企业安全隐患问题4.7万多个，其中，重大隐患827项，停产停业企业248家，立案查处企业1166家。全年共计完成656处油气管道高后果区安全风险评估及管控措施落实，完成8个重点化工园区“五个一体化”建设、33家城镇人口密集区危险化学品企业搬迁改造，推进18个危险化学品重点县专家指导服务工作全覆盖。全面落实风险防控大数据平台功能应用。全省7个子系统32个一级模块全面上线，实现市县数据贯通，归集各类危险化学品企业和单位超过7.1万家，全年累计监测各类生产性动态风险131万次，实施企业安全风险研判与承诺公告日志62万次，并全面落实实施线上监测预警，强化线下靶向检查，切实提升危险化学品风险在线监测防控能力。

【工矿商贸行业安全监管】 2019年，浙江省应急管理部门开展涉爆粉尘、钢铁煤气安全和喷涂作业场所3个重点行业领域整治。省应急管理厅公布22家省级工矿商贸企业重大事故隐患名单，年内全部完成各时间节点的整治任务并销号。全省应急管理部门部署开展工贸行业小微企业整治，至年末，全省小微企业排查32万家。开展矿山安全生产专项执法检查，发现事故隐患1474项，责令停产5家，实施行政处罚23家，暂扣安全生产许可证3家；全省工贸行业涉及危险化学品使用企业登记3.8万家。推进安全标准化提质增效。组织二、三级达标企业“回头看”150家，达标企业抽查合格率87.3%，比上年提升20个百分点。全省11个设区市全部出台城市安全发展实施意见。杭州市主动试点探索，在全市开展风险辨识、评估并绘制风险空间分布图。

【消防安全】 2019年，浙江省应急管理部门聚焦人员密集场所、老旧小区、电动自行车等重点区域，完成98.9万户户均居住3~9人和所有户均居住10人以上的出租房排查整治；完成511个老旧小区消防设施增配改造。开展"防风险保平安迎大庆"消防执法检查专项行动。以医院、学校、校外培训机构、博物馆、文物建筑等14类重点对象为基础，全省应急管理部门督促整改突出风险7.49万处。开展小微企业消防安全综合治理。将小微企业"三自主两公开一承诺"制度（自主评估风险、自主检查安全、自主整改隐患，公开消防安全责任人、管理人及其职责，承诺本场所不存在突出风险或者已落实防范措施）纳入风险报告和管控承诺机制，加大消防安全问题和违法行为曝光力度，督促指导企业开展消防培训演练和新员工岗前培训。强化单位消防安全管理和火灾事故责任追究。全省应急管理部门全年挂牌督办重大火灾隐患单位（区域）571家，并在各级媒体集中曝光；督促39.3万家社会单位按要求落实"三自主两公开一承诺"；对43起死人、有重大影响的火灾事故实施责任追究。

【重点行业领域安全】 2019年，浙江省应急管理部门以深入实施安全生产综合治理三年行动为主线，全面推进道路交通、消防、危险化学品、渔业船舶、建设施工、城市安全六大攻坚战和特种设备、旅游安全、校园安全三项整治。突出重大隐患挂牌督办整改工作，省安委办逐一筛选各行业领域上报的挂牌隐患单位，先后挂牌督办146个交通事故多发点段、15个重大火灾隐患单位区域、2批46家重大隐患企业、22家重大隐患企业、涉及海上交通安全的4处重大隐患及69艘存在重大隐患的涉案渔船、10个重大火灾隐患文物保护单位等行业重大隐患，并严格实施闭环销号管理。省应急管理厅制订"平安护航新中国成立70周年"公共安全治理攻坚战任务125项，逐一落实工作进度计划图；省级层面组织11个暗访组，检查企业（场所）231家，发现隐患722个，并全部整改到位。

【自然灾害风险监测】 2019年，省应急管理厅建立相关部门会商研判机制。梅雨和台风期间，每日组织气象、水利、自然资源等部门和重点地区会商研判，重要节点加密会商并直接预警提示到县，第一时间指导受影响地区的灾害防御工作。协调气象、自然资源、水利、地震等部门，推进自然灾害监测预警信息化工程，与气象部门合作签署加强气象防灾减灾联动合作框架协议，着力提供气象监测预报预警技术支撑。与省气象局、杭州市气象局协商制订运用静止卫星开展林火监测实施方案。制订森林航空消防"两个全覆盖"（航护时段覆盖全年，巡护扑火范围全覆盖）目标建设方案，提升全省航空应急救援能力和林火监测水平。对接省气象局、省广电集团等单位，统筹电视、广播、短信等信息发布资源，构建预警信息发布"一个窗口"对外机制。

【地震与地质灾害救援】 2019年，省应急管理厅与省自然资源厅、省地震局对接协调，以会商纪要形式明确各自职责，并就应急响应和处置、地质灾害防治、预报预警、灾险情统计报送等形成联合工作机制。会同自然资源部门做好地质灾害风险调查和隐患排查，推动落实地质灾害综合治理和避险移民搬迁工程。会同地震部门开展地震易发区房屋设施加固工程摸底调查，形成初步工作方案。根据地质灾害灾险情实际，加强与省自然资源厅、省气象局和省地震局积极会商，在梅汛期、台风期间共启动地质灾害应急响应7次，其中Ⅲ级2次，Ⅱ级1次。实地调查研判宁波海曙M(magnitude，震级)2.8级地震震情，"6·6"强降雨和"利奇马"超强台风等灾害发生后，指导江山、临海和临安等地做好处置地质灾害救援工作。

【减灾救灾】 2019年，省应急管理厅组织实地走访20个乡镇（街道）、39个行政村，察看150多户因灾倒损房屋，指导各地做好救灾物资和抢险救援装备的调拨、回收、紧急采购等工作，并会同省水利、粮食物资等部门调拨9.88万件物资装备支援受灾地区，协调中央和省级财政下拨自然灾害生活救助资金4.6亿元。推进避灾工程规范化建设。省应急管理厅把避灾安置场所规范化建设纳入民生实事项目，会同省财政部门专项安排3500万元资金补助各地，年内全省建成规范化避灾安置场所3218个，规范化率39%。省应急管理厅制定《省级应急物资和装备储备调拨使用管理办法》，推进应急物资保障管理信息系统建设，全省水利和粮食物资部门、部分中央在浙江机构和省属企业及部分市县的应急物资储备信息导入系统数据库。加强综合减灾示范社区建设，省应急管理厅会同气象、人民防空和消防等部门推进创建国家级示范社区40个、省级示范社区60个。在"利奇马"台风影响期间，全省开放避灾场所1.4万个，集中安置灾民59.7万人。

【应急救援体系建设】 2019年，省应急管理厅完成应急指挥平台建设指导意见编制、应急管理综合指挥平台项目一期建设可行性研究报告和项目建设方案编制，设置"应急一张图、数据中心"2个应用专题和"防范防治、应急救援、减灾救灾"3个业务专题，重点完成"数据中心交换平台、灾害风险感知预警、隐患排查、值班值守、协同指挥和数字化预案管理"等13个子模块开发建设。年内，应急指挥系统接入省水情雨情信息展示系统、省水利厅实时卫星云图、省大型水库GPRS通讯水情自动报汛系统、电信全球眼防汛视频调度系统、森林防火监测系统、地质灾害管理信息系统和浙江气象防灾减灾决策服务云平台等相关部门的业务系统，进一步提升系统的综合统筹能力。加强应急救援力量建设。省应急管理厅出台《关于进一步加强省级安全生产应急救援专业骨干队伍建设和管理工作的通知》《浙江省社会救援力量培育指导意见》，协调省财政厅落实专项资金1000万元，分类分级、规范培育完成省级专业骨干队伍7支、社会救援力量103支（包括11支省级社会救援力量），培训社会组织专业人员5000人，打造立体化救援力量体系。开展跨区域消防救援拉练20多次，组织危险化学品安全生产事故应急演练和防汛防台、地质灾害、防灾减灾、森林灭火等专项预案演练,举办安全生产应急救援技能竞赛。省消防救援队伍获全国首届"火焰蓝"消防救援技能对抗比武第一名,获全国冬训考核"全优",社会应急力量参加首届全国社会应急力量竞赛成绩优异。省应急管理厅出台《关于进一步加强对社会应急力量参与救援活动管理的通知》,规范应急救援力量参与救援工作;全额出资50万元为全省社会救援一线队员购买人身意外保险,完善救援补助、快速通行等系列救援保障制度。与中国航空器材集团有限公司、上海正阳集团有限公司等应急救援航空基地建立合作机制,推进首批航空应急救援体系建设试点省建设。

【法治体系建设】 2019年,省应急管理厅全面梳理应急管理审批事项,完成核心业务3项、一级业务模块10个、二级业务事项34个、业务事项梳理108个。省本级97项事项网上办理实现率、"跑零次"实现率均为100%,办事时限压缩78.6%,办事事项数、网上办理实现率、"跑零次"实现率、承诺时限压缩比、材料电子化率5项指标领跑全国。省应急管理厅制定出台《浙江省应急管理厅全面推行行政执法公示制度 执法全过程记录制度 重大执法决定法制审核制度实施方法(暂行)》,进一步推进执法信息公示及时准确全面、执法过程留痕可溯有效、法制审核依法规范明确。省应急管理厅全面推行"浙政钉·掌上执法",梳理出执法监管事项主项18类、执法监管事项子项256类、1000多个检查项目的54张检查表单,推进清单式、流程化检查执法。全省应急管理部门责令停产停业整顿生产经营单位584个,提请关闭生产经营单位42个,罚款收缴率98.2%。省应急管理厅开展执法"回头看"活动,对2018—2019年35起死亡2人及以上生产安全事故实施"回头看",倒逼事故查处到位、责任追究到位、信息公开到位、整改措施到位。省应急管理厅做好大案要案查办查处,完成对温岭"5·12"农用车侧翻重大事故、G15沈海高速猫狸岭隧道"8·27"货车起火事故的调查工作。

【科技信息化建设】 2019年,省应急管理厅组织开展《浙江省应急管理数字化工程总体规划(2019—2021)》编制工作,制定规划概要版并下发全省实施。根据应急管理核心业务事项,省应急管理厅完成"监管防治、统筹协调、预案管理、指挥调度、评估救助、灾害普查"等10个一级业务模块、34个二级业务模块、130个业务事项数据的需求确认及共享模型和业务流程图设计。根据应急管理部关于相关应急数据对接和汇聚的工作部署,省应急管理厅完成25项114万余条数据汇聚,监管行为数据涉及的监管事项覆盖率60%以上,相关应急数据对接汇聚工作获应急管理部认可。

【应急管理宣传】 2019年,省应急管理厅与《人民日报》、新华社、《浙江日报》等主流媒体联动,刊发宣传报道40多篇。发挥微信公众号宣传作用,"浙江应急管理"微信公众号关注人数突破15万人次,增长近100%,在全省政务微信中居前十位。做好"5·12"防灾减灾日、"安全生产月"等主题宣传活动,全省应急管理部门组织专题讲座和论坛200多场。6月21日,省应急管理厅举办安全宣传咨询日活动,常务副省长冯飞出席,1000多名干部群众代表参加现场活动、80.3万人通过网络观看直播。创新宣教模式,围绕重点行业领域制作推出动漫片、微电影、警示教育片等影视科普产品,全省应急管理部门拍摄安全文化宣传教育片100多部,建设应急管理宣教体验馆215家。

(省应急管理厅 郑 亮)

政府参事

【概况】 2019年,省政府参事室围绕省委、省政府中心工作,以建设有特色、高水平政府咨询机构为目标,立足工作职能定位,充分发挥省政府参事室参政议政、建言献策等作用、主动谋事,担当作为。组织参事列席省领导领办的重点议案提案办理工作座谈会15次30人次,组织15名参事列席省政协十二届二次会议,咨政建言献策,反映社情民意。深入实地调研、抓好成果转化。加强协作交流,全年省政府参事室接待国务院参事和兄弟省市政府参事到浙江调研32批205人次,组织省政府参事赴省外调研11批49人次。

【建言献策】 2019年,省政府参事室围绕省委、省政府中心工作和重大决策部署,确定13个重点调研课题,结合参事个人专业特长,开展调查研究,提出有针对性的对策建议。全年上报参事件25篇,省领导批示率156%,创历史新高。许多意见建议转化为省委、省政府及相关职能部门的决策和措施,推动部门工作开展和民生问题解决。参事夏海伟牵头撰写的《关于中国(浙江)自贸实验区争取更大改革自主权和扩区的建议》,获3位国家领导人批示,省委书记车俊、省长袁家军给予高度评价。特约研究员孙厚军牵头撰写的《关于加快政府数字化转型的几点建议》,获省长袁家军批示和肯定。参事赵彦年、赵兴泉、管竹伟等牵头撰写的建议件获省委、省政府主要领导及分管领导批示,并被相关部门采纳。

【国务院参事室支持】 2019年,省政府参事室针对浙江发展中遇到的问题,组织相关参事和部门研究讨论,选定"政府数字化转型"和"浙江省创建跨境电商创新示范区"2个课题,借助国务院参事室的力量,争取国家对浙江的支持。选定"亩均论英雄"和"东西部扶贫"2个课题,邀请国务院参事来浙江调研,帮助总结经验并在全国推广复制。9月,省政府办公厅就有关事项与国务院参事室对接。至年末,"政府数字化转型"和"浙江省创建跨境电商创新示范区"课题列入国务院参事室重点调研课题。其中"政府数字化转型"课题国务院参事室调研后,形成调研报告。"亩均论英雄"和"东西部扶贫"课题列为国务院参事室2020年重点调研课题。主动对接国务院参事室，帮助浙江呼吁的做法，获省领导肯定。

【调研模式创新】 2019年10月，省政府参事室组织全体参事到安吉县考察，采取"现场调研+主题研讨+成果转化"模式，助推乡村振兴战略实施。实地考察安吉县大竹园村、蔓塘里村、鲁家村后，召开乡村振兴研讨会，听取安吉县推进乡村振兴战略的成效、困难和建议。省政府参事结合调研情况，围绕乡村振兴主题开展现场研讨，从深化乡村改革、促进农民增收、发展乡村旅游等角度提出意见与建议。11月5日，《浙江日报》理论版以"凝心聚力推进乡村振兴"为主题，整版刊登7位参事的调研成果。浙江在线网站宣传报道研讨活动，国内数十家网站进行转载。调研形成乡村振兴主题系列参事件，报送省委、省政府领导，均获批示，调研成果得以转化。

【协作交流】 2019年，省政府参事室主动参与国务院参事室组织的"长江经济带建设""自贸试验区建设""医联体建设"3个重点课题的联合调研，牵头撰写调研报告5篇，汇总上报国务院参事室。天津、黑龙江、浙江3省市参事室合作开展"民营经济发展"课题联合调研，并召开专题研讨会，调研成果上报国务院。上海、江苏、浙江、安徽4省市政府参事室签订《沪苏浙皖政府参事室长三角一体化发展合作协议》，建立区域参事合作机制，搭建长三角区域参事合作交流平台。全年省政府参事室组织参加国务院参事室组织的工作会议、参事室负责人座谈会、"国是论坛"、专题研讨会、业务培训会等活动7次，以及上海、天津、四川等兄弟省市参事室组织的活动5次。

（省政府参事室　袁　峰）

中国人民政治协商会议浙江省委员会

Zhejiang Provincial Committee of the Chinese People's Political Consultative Conference

综　述

【概况】 2019年，浙江省有各级政协组织机构101个，其中省政协1个，副省级市政协2个，设区市政协9个，县（市、区）政协89个。各级政协有委员2.59万人。其中，在浙全国政协委员35人，省政协委员629人，副省级市政协委员987人，设区市政协委员3571人，县（市、区）级政协委员20667人。省政协设常务委员会，由主席、副主席、秘书长和常务委员组成。设有提案委员会、委员工作委员会、经济委员会、农业和农村委员会、人口资源环境委员会、教科卫体委员会、社会和法制委员会、民族和宗教委员会、港澳台侨和外事委员会、文化文史和学习委员会10个专门委员会。全年召开全体会议1次、常委会会议6次、主席会议18次、主席办公会议12次。

【汪洋到浙江调研政协工作】 2019年10月25—26日，中共中央政治局常委、全国政协主席汪洋在浙江调研政协工作。省委书记车俊陪同调研并做有关工作汇报，省委副书记、省长袁家军，省政协主席葛慧君和省委常委、秘书长陈金彪，省委常委、杭州市委书记周江勇，副省长、省公安厅厅长王双全等省领导参加有关活动。其间，汪洋到嘉兴海宁市长安镇视察政协委员"民生议事堂"现场协商活动，到杭州余杭区视察未来科技城海创园委员会客厅，到杭州江干区视察"请你来协商"平台。26日，汪洋出席并主持在浙全国政协委员座谈会，强调要深入学习贯彻习近平总书记在中央政协工作会议暨庆祝人民政协成立70周年大会上的重要讲话精神，在思想理论武装上不断有新收获，在加强和改进政协工作上不断有新探索，在为民族复兴凝聚智慧和力量上不断有新作为，确保党中央关于人民政协工作的各项决策部署落地见效。

【中央和省委政协工作会议精神学习贯彻】 2019年，省政协协助省委开展政协工作专项督查，做好省委政协工作会议有关筹备工作。通过召开省政协党组会议、主席会议、常委会会议、全省三级政协视频宣讲会等各类会议，以及采取集中学习、专题辅导、座谈交流、委员培训和"浙江政协·掌上履职"平台"大家谈"等形式，推动中央和省委政协工作会议精神层层学深悟透。根据会议和文件精神，抓好重点任务责任分解。梳理确定重点课题12项，由主席会议成员牵头负责开展研究。11月22日，召开政协工作务虚会，谋划思路举措，把中央和省委政协工作会议精神转化为推进全省政协工作创新发展具体行动。

【主题教育活动】 2019年，省政协按照中央和省委统一部署，紧扣"守初心、担使命，找差距、抓落实"总要求，做好"不忘初心、牢记使命"主题教育各项工作。省政协党组加强统筹领导，突出示范引领，指导带动省政协机关党组、专门委员会分党组主题教育一体谋划、一体推进。紧扣主题主线，学原著、读原文、悟原理，重点围绕"党的政治建设""全面从严治党""担当作为"等8个专题开展集中研讨和专题党课活动。采取基层调研、个别走访、新媒体留言等渠道方式，征集意见建议789条。做好对照检视工作，高质量开好专题民主生活会，制定检视剖析问题清单，组织开展专项整治和整改落实情况"回头看"，确保各项整改任务落地见效。

【助推经济高质量发展】 2019年，省政协围绕优化营商环境推进民营经济高质量发展，深入开展调查研究，形成1个总报告和29个分报告，召开专题议政性常委会会议，分8个专题进行分组讨论，提出减负降本、营造公平竞争市场环境等具体建议。围绕支持民营企业各项政策落实情况开展民主监督，采取实地走访、问卷调查等方式，了解惠企政策知晓度、落实率、获得感，就抓好现有政策落地、新一轮政策谋划等方面提出针对性意见。围绕打造山海协作工程升级版、之江文化产业带建设等议题，开展对口协商和界别协商。围绕全省民营制造业投资形势、鼓励发展私募创投基金等议题进行调研，并形成专题性经济分析报告4期。围绕“未来社区”试点建设、率先建成移动支付之省等主题，做好重点提案办理协商工作，推动相关问题有效解决。

【助推长三角一体化高质量发展】 2019年9月10日，省政协围绕推动落实长三角区域一体化发展国家战略，召开专题议政性常委会会议，就产业与创新深度融合、公共服务便利共享等提出对策建议。6—7月，省政协围绕长三角区域污染防治协作机制落实情况，持续开展跨省联动监督，设置5个分专题，针对跨界和共性问题建言献策，助推长三角区域生态环境共保联治。7月，省政协围绕加强交通基础设施互联互通、统筹建设，开展跨省联合调研，牵头承担“促进长三角区域港航协同发展”专项调研任务并形成分报告，助力长三角区域交通运输体系一体化发展。

【助推“美丽浙江”建设】 2019年3—6月，省政协围绕淳安特别生态功能区建设，开展专项集体民主监督，采用蹲点调研、小分队督查等方式，实地察看点位22个，就推进临湖地带综合整治、完善共治共保机制等提出建议。3—9月，省政协围绕加强农村饮用水水源保护组织重点课题调研，就科学划定保护区、完善依法管水制度等提出对策建议，助力深化农村饮用水达标提标行动。3—11月，省政协围绕城乡生活垃圾分类处理，持续开展省、市、县三级政协联动监督，查看点位1.96万个，提出意见建议6600多条。6月，省政协围绕深化“千万工程”、推进美丽乡村和大花园建设等，开展委员视察。

【助推省域治理现代化】 2019年3—11月，省政协围绕省委十四届六次全会重大决策，组织开展推进基层治理现代化重点课题调研，以统分结合、蹲点解剖等方式，深入全省120多个乡镇（街道）进行调研，形成1个总报告和13个分报告；召开常委会会议进行专题协商，提出加快建设一体化公共信用平台、运用区块链技术提升治理效能等意见建议。聚焦深化“最多跑一次”改革，通过课题调研、提案督办、委员视察等方式全面做好各项工作。着重围绕医疗卫生服务领域“最多跑一次”改革，开展专项集体民主监督，深入乡镇社区和不同层级医院等单位走访调研，提出建立全省健康医疗大数据中心、深化医共体建设等具体建议，助推“最多跑一次”改革向纵深推进。

【服务民生福祉】 2019年，省政协深入开展“三服务”活动，主席会议成员分别选定1个县（市、区），确定1个主题，形成蹲点调研情况专题报告，建立完善“三服务”工作机制，及时梳理反映问题，跟进反馈办理情况，帮助企业、群众和基层解决困难和问题，制定实施省政协整治形式主义、减轻基层负担20条措施。5月，省政协组织“六送下乡”“两走进”活动月活动，到缙云、松阳、常山、开化、仙居、青田6个县和浙江树人大学开展服务，签署合作协议38个，落实服务项目195项。全年组织民生协商论坛7次，研究落实进一步提高民生协商论坛工作质量具体措施12条，着力增强论坛开放度、实效性和影响力，助力民生热点难点问题解决。组织开展寻找民生领域短板重点课题调研，主席会议全体成员和82名省政协委员共同参加，分11个组到各设区市开展蹲点调研，参与网络调查问卷1.1万人次，形成1个总报告和11个分报告，梳理出全省医疗卫生、教育、社会保障等民生领域10方面30个短板问题，向省委、省政府报送为民办实事具体建议23项。综合运用“寻找民生领域短板”调研成果，举行“为民办实事•请你来协商”专题协商会，为省委、省政府提供民意民智参考。

【界别工作】 2019年，省政协建立委员联系界别群众制度，组织委员围绕党政中心工作建言资政，引导委员协助党委政府做好政策宣传、关系协调、解疑释惑、矛盾化解等工作，广泛凝聚共识。支持和保障省级各民主党派、工商联、无党派人士履职活动，优先安排大会发言、联合开展调研。4—6月，省政协着眼推动少数民族地区加快发展，就全省贯彻落实《关于进一步支持民族乡村加快发展的意见》情况组织专项监督调研；4月3日，与省民宗委联合举办第二期民族乡村“百村论坛”。9月，省政协围绕宗教工作有关情况开展专题调研，组织宗教界、无党派人士界别委员到红色基地开展以自我教育为主旨的视察活动。采用“委员会客厅”等载体和谈心谈话等方式，拓展同党外知识分子、非公有制经济人士、新的社会阶层人士等沟通联络。以凝聚海内外共识为目标，建立“同心汇”委员讲堂师资库，全年开展宣讲活动4场。办好“同心”系列宣传平台，与《钱江晚报》合办“同心桥”专栏，全年刊发28期；与浙江卫视合办《同心树》栏目，全年播出26期；由联谊报社主办“同心苑”微信公众号，影响力和活跃度在全国省市政协新媒体中位居前列。10—11月，省政协组织首届“人民政协好新闻”推选活动，上线运行浙江政协融媒体平台。发挥社情民意信息直通车作用，全年收到社情民意信息5683件，编报《政协信息（专报）》231期。

【“请你来协商”平台建设】 2019年3月26日，省委出台《县（市、区）政协开展“请你来协商”平台建设工作的指导意见》，省政协协助做好有关工作。4月2日，全省县（市、区）政协“请你来协商”平台建设工作推进会在宁波鄞州区举行，会议对试点工作做法和经验进行总结交流，在全省89个县级政协全面推开“请你来协商”平台建设。5月20日，在全国地方政协工作经验交流会上，省政协主席葛慧君代表省政协以“创建‘请你来协商’平台、发挥专门协商机构作用”为主题做大会发言。11月15日，全省各设区市政协及部分县(市、区)政协"请你来协商"平台建设座谈会在杭州举行,会议要求11个设区市政协和89个县级政协在提高认识站位、推进规范运行、着力提质增效、强化工作指导上下功夫,把"请你来协商"平台打造成全省政协工作"金名片"。

【委员会客厅创建】 2019年3月,省政协在香港、澳门创建委员会客厅。4月16日,省政协出台《建立委员会客厅保障协调机制的意见》,进一步发挥委员会客厅团结联谊、桥梁纽带、建言资政作用。5月10日,省政协委员会客厅创建工作现场会在杭州举行,会议强调要持续深化委员会客厅创建工作,努力变"盆景"为"风景"、化"样品"为"品牌",推进建管用一体化,更好发挥委员会客厅作用,省政协主席葛慧君为第三批38个委员会客厅集中授牌。12月11日,省政协印发《第四批政协委员会客厅挂牌名单》,决定第四批创建逸夫医康政协委员会客厅等57个政协委员会客厅。至年末,全省分四批创建委员会客厅105个。

(省政协研究室　陈光廉)

重要会议及活动

【概况】 2019年,省政协召开全体会议1次、常委会会议6次、主席会议17次、主席办公会议11次,以及省政协党组理论学习中心组学习会7次、党组会议18次;参加长三角地区政协主席联席会议1次,举行全省政协主席暑期读书会暨市、县(市、区)政协工作经验交流会1次,举办崇学讲坛9期。

【省政协十二届二次会议】 2019年1月26—30日在杭州举行。省政协主席葛慧君,副主席孙景淼、郑继伟、张泽熙、陈小平、吴晶、蔡秀军、陈铁雄、马光明、周国辉出席。省委书记、省人大常委会主任车俊,省委副书记、省长袁家军,以及省委、省人大常委会、省政府、省军区其他领导出席全体会议开、闭幕式,参加座谈、小组或联组讨论,听取意见建议,与611位委员共商浙江"两个高水平"建设大计。省直有关部门负责人到会听取委员意见建议。十二届全国政协住浙委员,省委、省政府有关部门主要负责人,各市、县(市、区)政协主席等列席大会。会议审议通过葛慧君代表十二届省政协常委会所做的工作报告和郑继伟所做的十二届省政协常委会关于提案工作情况报告。会议以大会与小组讨论、联组讨论、座谈会相结合,围绕袁家军所做的政府工作报告等开展协商讨论,各委员小组均提出界别集体协商意见建议。委员和列席会议人员围绕政府工作报告提出意见建议共10个方面54条,并对省法院工作报告、省检察院工作报告进行协商建言。会议对十二届一次会议以来优秀提案进行表彰。

【省政协常委会会议】 2019年,省政协第十二届委员会召开常委会会议6次。

十二届六次常委会会议于1月4日在杭州举行。会议决定省政协十二届二次会议召开时间调整为1月26日,会期5天。审议通过省政协十二届二次会议议程(草案)和日程及有关人事事项,十二届省政协常务委员会工作报告及报告人、提案工作情况报告及报告人,关于授权主席会议审议省政协十二届六次常委会议未尽事宜的决定。审议通过省政协专门委员会通则、提案工作条例。协商讨论《政府工作报告》(征求意见稿),听取省政府系统办理省政协十二届一次会议后提案工作情况通报。

十二届七次常委会会议于1月29日在杭州举行。会议审议通过政协第十二届浙江省委员会提案委员会关于十二届二次会议提案审查情况的报告(草案),政协第十二届浙江省委员会第二次会议决议(草案)。

十二届八次常委会会议于6月4日在杭州举行。会议传达学习全国地方政协工作经验交流会精神,围绕优化营商环境推进民营经济高质量发展开展专题协商。省委常委、常务副省长冯飞到会听取意见并讲话,省直有关部门负责人到会听取意见。部分省政协常委、委员做大会协商发言。会议审议通过《关于进一步提高协商议政质量的若干意见(试行)》,通报省政协常委2018年履职情况,审议通过有关人事事项。

十二届九次常委会会议于9月10日在杭州举行。会议围绕推动落实长三角区域一体化发展国家战略开展专题协商。会议分6个专题进行分组讨论,部分常委、委员做大会协商发言。副省长朱从玖到会听取意见并讲话,有关部门负责人到会听取意见。会议审议通过有关人事事项。

十二届十次常委会会议于11月14—15日在杭州举行。会议学习贯彻中共十九届四中全会精神,学习贯彻习近平总书记在中央政协工作会议上的重要讲话精神和中央、省委政协工作会议精神,学习贯彻中共中央政治局常委、全国政协主席汪洋在浙江调研时的讲话精神,围绕省委十四届六次全会重大决策开展专题政治协商。省委书记车俊出席并讲话,强调要在推进省域治理现代化中书写政协事业新篇章。省政协主席葛慧君主持,省委常委、秘书长陈金彪,省政协副主席、秘书长出席。会议进行分组讨论,举行大会发言2场,8位政协常委、委员围绕学习贯彻党的十九届四中全会精神、高水平推进省域治理现代化做大会发言。会议审议通过有关人事事项。

十二届十一次常委会会议于12月27日在杭州举行。会议决定,省政协十二届三次会议于2020年1月11日在杭州召开。会议审议通过省政协十二届三次会议议程(草案)、日程和有关人事事项,审议通过十二届省政协常委会工作报告、提案工作情况报告及报告人,协商讨论《政府工作报告》(征求意见稿),听取省政府系统办理省政协十二届二次会议后提案工作情况通报。审议通过有关人事事项,授权省政协主席会议审议省政协十二届十一次常委会会议未尽事宜。

【中华人民共和国和人民政协成立70周年系列纪念活动】 2019年9月17日,浙江省政协发展历程图片展首展式暨《70年·70人》首发式在杭州举行。图片展用经典论述、光辉历程、领导关怀、发展历程、履职亮点等七大篇章、300多张照片，串连起省政协历史发展轨迹。同日，"共画同心圆 放歌新时代——庆祝中华人民共和国和人民政协成立70周年书画展"在浙江展览馆开幕，画展由省政协主办，以书画艺术形式讴歌新时代、反映新成就，献礼人民政协70华诞。9月19日，"与祖国同行·与时代共进"——浙江省庆祝人民政协成立70周年文艺演出在浙江省人民大会堂举行，回顾人民政协70年光辉历程，展现人民政协在各个时期的重大作用，讴歌中华人民共和国成立70年伟大成就。9月22日，省政协历史专题片《同心同向砥砺奋进》在浙江卫视《同心树》节目中播出，以电视镜头记录全省人民政协事业与时俱进、创新发展实践历程。

【全国政协调研组到浙江考察】 2019年1月23—25日，全国政协副主席张庆黎率全国政协调研组到杭州、宁波等地，围绕省政协建立习近平总书记关于加强和改进人民政协工作的重要思想研究基地、基金小镇委员会客厅、中国网络作家村委员会客厅、江干区政协"请你来协商"平台、余姚市政协助力打造全国乡村振兴示范区等工作情况进行调研。4月22—25日，全国政协副主席汪永清率全国政协调研课题组到浙江，就人民政协70年历史经验、人民政协在中国政治体制中的重要作用，新时代加强和改进人民政协工作的目标要求、基本原则和着力重点，人民政协作为专门协商机构的特点和优势，发挥人民政协作为国家治理体系重要组成部分作用的主要途径和措施等专题开展调研。9月2—5日，全国政协副主席刘奇葆率全国政协调研组，就促进电影产业高质量发展到浙江调研，举行座谈会听取意见建议。10月10—12日，全国政协副主席汪永清率全国政协党外委员专题视察团，就乡村治理创新工作到浙江视察并举行座谈会。

【互访考察】 2019年4月23日，内蒙古自治区政协主席李秀领一行到浙江考察经济高质量发展和政协工作提质增效。4月26日，辽宁省政协主席夏仁德一行到浙江考察推进"美丽乡村"建设和以创新为引领加快民营经济发展情况。11月19日，重庆市政协主席王炯一行到浙江考察生态文明建设、乡村振兴战略实施和政协工作创新实践等。5月21—24日，省政协主席葛慧君率考察团，围绕"更好发挥人民政协专门协商机构作用，加强政协系统党的建设，健全完善学习体系，促进政协工作提质增效"主题，到北京、重庆两市考察政协创新特色工作、经济高质量发展情况和革命传统教育基地等，学习借鉴经验做法。

【开展"新时代人民政协的新样子"专题讨论】 2019年6月，省政协结合开展"不忘初心、牢记使命"主题教育，围绕"五个如何"（如何把新时代人民政协的政治责任担当起来、如何把新时代人民政协的价值作用发挥出来、如何把新时代人民政协的履职能力提升起来、如何把新时代人民政协的为民情怀体现出来、如何把新时代人民政协的精神风貌焕发出来），在全省政协系统组织开展"新时代人民政协的新样子"专题讨论。全年省、市、县三级政协委员和机关干部1.6万人次参与"六个一"活动（开展一次"政协人新时代新风貌"笔谈、组织一次"新样子•金点子"征集活动、开展一次"我和我们的政协"主题活动、组织一次"学习新思想、树立新样子"专题研讨、集中查找一次"新时代人民政协的新样子"存在问题、召开一次以"新时代人民政协的新样子"为重要内容的全省政协主席暑期读书会暨市县政协工作经验交流会），收到"政协人新时代新风貌"笔谈文章787篇，在《联谊报》刊登并向省政协"同心苑"公众号和门户网站同步推送243篇，并将其中207篇文章汇编成册；征集到"金点子"449条。通过专题讨论，有效激发奋发有为的担当精神，进一步强化走在前列的工作导向，更好展现人民政协的时代气质。

【全省政协主席暑期读书会】 2019年8月13—15日，全省政协主席暑期读书会暨市、县（市、区）政协工作经验交流会在杭州举行。会议学习贯彻习近平总书记关于加强和改进人民政协工作的重要思想，以及全国地方政协工作经验交流会和省委十四届五次全会精神，以"进一步把牢新时代人民政协的新方位新使命和树立新时代人民政协的新样子"为主题开展学习、研讨和交流。会议听取省委副书记、省长袁家军做全省经济社会形势发展报告；14个市、县（市、区）政协做大会交流发言，86个市、县（市、区）政协提交书面交流材料并进行分组讨论。省政协主席会议成员，各市、县（市、区）政协主席等参加会议。会议要求深入贯彻落实习近平新时代中国特色社会主义思想，学习贯彻习近平总书记关于加强和改进人民政协工作的重要思想，以新时代的担当、奋进者的姿态、高质量的履职，回答好新时代人民政协的新样子这一时代命题。

【长三角地区政协主席联席会议】 2019年11月20日，省政协主席葛慧君出席在合肥举行的第三次长三角地区政协主席联席会议。会议听取长三角区域合作发展、长三角地区政协开展联合调研和联动民主监督等情况介绍，审议通过《加强交通基础设施互联互通、统筹建设，促进现代综合交通运输体系的一体化高质量发展》联合调研总报告和《长三角区域污染防治协作机制落实情况》联动民主监督总报告，协商下一年度重点工作。

【浙江政协·崇学讲坛】 2019年，省政协举办"浙江政协·崇学讲坛"9期。3月16日，传达贯彻全国政协十三届二次会议精神和省委部署要求会议暨"浙江政协·崇学讲坛"第一讲在杭州举行。4月16日，"浙江政协·崇学讲坛"第二讲在杭州举行，围绕"人民政协70周年的历史"开展专题讲座。6月3日，"浙江政协·崇学讲坛"第三讲在杭州举行，围绕"奋斗精神与传统文化"开展专题讲座。7月23日，全国政协重大专项工作委员宣讲团浙江宣讲报告会暨“浙江政协·崇学讲坛”第四讲在杭州举行，宣讲解读习近平总书记对台工作的重要论述，诠释“和平统一、一国两制”基本方针。8月14日，在全省政协主席暑期读书会暨市、县(市、区)政协经验交流会期间，举行“浙江政协·崇学讲坛”第五讲，省委副书记、省长袁家军做全省经济社会形势发展报告，重点通报交流全省经济社会发展7个重大热点问题。8月29日，“浙江政协·崇学讲坛”第六讲在杭州举行，围绕“国际战略形势”开展专题讲座。9月9日，“浙江政协·崇学讲坛”第七讲在杭州举行，围绕“推动落实长三角区域一体化发展国家战略”开展专题讲座。11月12日，“浙江政协·崇学讲坛”第八讲暨专题宣讲会以视频会议形式举行，会议学习贯彻中央、省委政协工作会议精神，学习贯彻中共中央政治局常委、全国政协主席汪洋在浙江考察调研时重要讲话精神。11月14日，在省政协十二届十次常委会会议期间，举行“浙江政协·崇学讲坛”第九讲，围绕“区块链技术发展现状和趋势”举办专题讲座。

【全省政协工作“创新案例”评选活动】 2019年8—11月，全省政协系统开展政协工作“创新案例”评选活动。经评审并报省政协十二届三十二次主席会议审定，湖州市政协《创设界别工作载体，着力发挥界别优势》、杭州市江干区政协《线上线下协商，集众智聚共识》、宁波市鄞州区政协《完善基层政协协商的制度机制》、温州市鹿城区政协《创立“海外传播大使”，汇聚侨心侨智侨力》、安吉县政协《制定全国首个基层政协协商工作规范》、海宁市政协《创新基层政协协商于民、协商为民新机制》、临海市政协《探索界别工作“四机制”》、青田县政协《发挥侨乡优势，助力公共外交》8个案例入选全省政协工作“创新案例”。

【港澳台侨团结联谊活动】 2019年3月26—28日，省政协主席葛慧君率浙江省政协代表团赴香港，出席委员会客厅揭牌仪式和“同心汇”委员讲堂等活动。9月9—12日，省政协组织79名港澳华侨委员和港澳台侨代表人士开展“我和我的祖国”视察活动，突出“看”“谈”“引”，围绕浙江“三个地”(中国革命红船起航地、改革开放先行地、习近平新时代中国特色社会主义思想重要萌发地)组织参观考察，省政协主席葛慧君主持召开庆祝中华人民共和国成立70周年和人民政协成立70周年港澳华侨委员和港澳台侨代表人士“我和我的祖国——‘家乡行看巨变’”考察活动座谈会，参会人员结合实际谈心得，宣讲中华人民共和国成立70年光辉历程和祖国建设取得的伟大成就。支持在港政协委员参加“反暴力、撑警队、护法治、保安宁”等活动，坚定维护“一国两制”原则底线，坚定支持香港特别行政区政府和行政长官依法施政。

(省政协研究室　陈光廉)

协　商　议　政

【概况】 2019年，省政协注重完善协商议政格局体系，健全以全体会议为龙头，以专题议政性常委会会议和专题协商会、民生协商论坛、远程协商会等为重点的政协协商议政格局，把服务推进“八八战略”再深化、改革开放再出发，加快“两个高水平”建设作为履职主线，把促进民生改善作为履职重要着力点，开展履职活动，促进决策优化，推进决策实施。全年开展对口协商9次、界别协商19次、远程协商5次，举行民生协商论坛7次。

【专题协商】 2019年，省政协召开十二届八次、九次、十次常委会会议，围绕优化营商环境推进民营经济高质量发展、推动落实长三角区域一体化发展国家战略、省委十四届六次全会重大决策开展专题协商。9月，省政协围绕2020年省政府为民办实事候选项目，开展寻找民生领域短板重点课题调研；12月12日，召开“为民办实事·请你来协商”专题协商会，省政协主席葛慧君主持，副省长彭佳学出席会议听取协商发言并讲话，17名委员代表界别和专门委员会做协商发言，6位部门负责人做回应交流，会后形成协商纪要报送省委办公厅和省政府办公厅。

【对口协商】 2019年，省政协经济委员会、社会和法制委员会等7个专门委员会牵头，中共界别活动组、省工商联界别活动组等10个界别活动组参与，分别围绕司法助力民营经济高质量发展、加快推进打造山海协作工程升级版、助推绿色物流示范省建设、完善0～3岁托幼服务体系、“加强革命文物保护，促进红色旅游发展”等议题，与省法院、省检察院、省经信厅、省司法厅、省发展改革委、省财政厅等部门开展对口协商9次。

【界别协商】 2019年，浙江省民革、民建、民进等19个省政协界别活动组，围绕加强自贸区建设、未来社区建设、“互联网+教育”、信息化助推“清廉医院”建设、创新发展“枫桥经验”推进基层社会治理、以科技创新为驱动推进经济高质量发展、乡土文化的传承与高质量发展等议题，与省商务厅、浙江自贸区管委会、省发展改革委、省教育厅、省卫生健康委等部门开展界别协商19次。

【民生协商论坛】 2019年，省政协围绕促进民宿和农家乐健康规范发展、充分发挥农村文化礼堂作用、发挥社会组织在基层社会治理中的积极作用、加强小学放学后校内托管、推进快递外卖业绿色发展、持续推进城市智慧交通建设、提升乡镇(社区)卫生医疗机构服务水平等议题开展专题调研并进行协商议政，举行民生协商论坛7次。探索运用网络议政、远程协商新形式，在浙江在线新闻网站开设“浙江政协·网上议政厅”，发布民生协商论坛信息，听取网民意见；依托“钉钉”开设“浙江政协·掌上履职”平台，组织委员主题议政11期，收集建议1100多条；以视频连线方式开展远程协商5次。论坛均由省政协主席葛慧君主持，省政协委员、界别群众代表参加协商并建言献策。

(省政协研究室　陈光廉)

提案办理

【概况】 2019年，浙江省各级政协提案立案772件，按照提案主体划分，集体提案143件，委员个人提案589件。其中：经济建设方面提案317件，主要有优化营商环境助力民营经济高质量发展、加强关键核心技术攻关抢占产业技术制高点、深化“千万工程”建设“美丽乡村”升级版、促进全省民宿经济健康发展的建议等；政治建设方面提案48件，主要有治理“文山会海”、完善“服务企业服务群众服务基层”活动督导机制、深化“放管服”改革全面推进“无证明城市”创建、推动建立大侨务工作格局的提案等；文化建设方面提案122件，主要有加快公共文化与文化产业融合推动全省文化消费能级提升、加快推动农村网络教育促进城乡教育均衡发展、完善0～3岁托幼服务体系建设的提案等；社会建设方面提案239件，主要有尽快启动全省“未来社区”试点建设、大力培育社会组织推进社会治理体系建设、全面推进县域医共体建设、加快多元化社区养老照护机构建设的提案等；生态文明建设方面提案46件，主要有加强钱塘江流域生态建设保护浙江“母亲河”、加强饮用水水源地保护、健全财政金融政策助推生态产品价值高效实现的提案等。

【提案、立案与交办】 2019年，浙江省政协委员和省政协参加单位、专委会、界别组提交提案878件，经审查立案800件，并案后772件，不立案78件。做好交办工作，通过提案管理系统对立案提案进行预交办，配合省政府督查室召开预交办协调会，调整完善部分提案主(会)办单位。4月2日，省委办公厅、省人大办公厅、省政府办公厅、省政协办公厅在杭州举行省十三届人大二次会议代表建议和省政协十二届二次会议提案交办会，省政协副主席郑继伟参加会议并提出办理要求。提案分别送交102个单位办理，年内772件提案全部办复。其中，409件提案被采纳，353件提案被部分采纳或列入计划采纳，因条件所限未能采纳或做参考10件。

【重点提案办理】 2019年，省政协坚持省委书记阅批重要提案、省级领导领办重点提案、网络直播民生类重点提案办理等制度，经推荐、评审和省政协主席会议审定，省政协确定32个方面37件提案作为重点提案，由主席、副主席分工协办和督办。年内，领办重点提案的省委、省政府领导率队调研15次，协办、督办重点提案的省政协主席、副主席率队调研29次；省委、省政府、省政协领导主持召开重点提案办理协商会35场，当面听取提案者、与提案主题相关的政协委员、界别群众代表意见建议，部署推进办理工作。其中，由省委副书记、省长袁家军领办，省政协主席葛慧君协办的省政协84号重点提案“关于尽快启动我省‘未来社区’试点建设的建议”于9月27日在省政府举行省政协重点提案办理工作座谈会，袁家军就“未来社区”建设等问题听取省政协委员意见建议并进行交流和沟通，葛慧君出席并讲话。

【提案办理改革创新】 2019年，省政协做好选题引导工作。11月5日，知情明政座谈会在杭州举行，商请办理单位提供选题参与目录，及时将高质量议政建言成果转化为平时提案，畅通提案来源渠道。做好办后评议工作。省政协组织提案者参与网络评议，对提案办理工作提出意见建议，到有关办理单位开展提案办理评议，总结办理经验，研究提高办理实效的方式方法。注重加大提案及办理复文公开力度。在省文化旅游厅开展试点，省政协协同其对主办的30件提案，通过部门网站公开25件提案及答复内容，接受群众监督。

【提案工作提质增效】 2019年，省政协修订《中国人民政治协商会议浙江省委员会提案工作条例》，制定《中国人民政治协商会议浙江省委员会关于提高提案质量的实施意见》，推行提案文本和办理复文标准化，倡导委员在调研基础上每年提交1～2件高质量提案。于5月14日和10月30日召开设区市政协提案委员会主任会议2次，并分11次深入各市、县(市、区)政协开展提案工作调研，总结各地经验做法，研究提出提案工作提质增效的方法举措，推动全省政协提案工作高质量发展。10月23日，省政协副主席郑继伟出席在福建平潭举行的华东六省一市政协第二十六次提案工作座谈会，研讨提案办理工作新思路新举措。年内，省政协开展优秀提案评选，根据省政协提案工作条例和优秀提案评选表彰办法，组织全体政协委员、参加单位、专门委员会和界别组“海推海选”年度优秀提案，经评审小组评选、主席会议审议，评选出42个方面55件优秀提案进行通报表扬，充分发挥优秀提案示范引导作用。

(省政协研究室　陈光廉)

文史工作

【概况】 2019年，省政协编纂出版《70年·70人——庆祝中华人民共和国、人民政协70华诞史料专辑》，联合有关部门开展“浙江文化印记”征集评选活动。支持省政协之友社、诗书画之友社、企业家之友社等社团开展团结联谊工作。支持长三角(浙江)民营经济研究会开展课题研究。支持浙江树人大学建设发展。

【“三亲”史料文章采写】 2019年，省政协以讲述浙江历史文化好故事、改革发展好故事、政协委员好故事为主线，征集“三亲”(亲历、亲见、亲闻)史料190多篇、历史文化文章70篇，在《浙江文史资料》刊发70多篇、39万多字。《忆政协工作二三事》《不远万里深入调研精准提案议国是》《一次大会发言推进中国电影体制改革》《我当政协委员那些事儿》等15篇文章被全国政协庆祝人民政协成立70周年文史专辑录用，录用数位列地方政协之首。

【庆祝中华人民共和国·人民政协70华诞史出版】 2019年9月，由省政协文化文史和学习委员会编纂的《70年·70人——庆祝中华人民共和国、人民政协70华诞史料专辑》由浙江人民出版社出版。全书按照“报国志——与国家命运同频共振”“政协情——与政协事业同舟共进”“委员心——与人民脉搏一起律动”三大版块70篇口述文章，用48万字、300张图片呈现70个精彩历史片段，通过亲历者的口述故事，展现全省各级政协委员亲历国家特别是浙江改革发展的重大事件和在人民政协舞台上履职有为的生动实践，展示社会主义协商民主在浙江的探索与实践。

【“浙江文化印记”征集评选启动】 2019年5月5日起，省政协联合省委宣传部启动“浙江文化印记”征集工作。通过层层筛选梳理出参评文化精品项目10类399个，编印成《浙江文化印记集》，总计39万余字。10月底，经过3轮专家评审，初步形成《浙江文化印记候选项目》30项。11月25日至12月1日，通过省级媒体进行为期一周的社会公示投票，《钱江晚报》“小时新闻”公众号阅读量95.3万，公众投票数达12.5万。年内，省政协联系省委宣传部共同向省委报送首批“浙江文化印记”建议名单。金华、湖州、嘉兴、台州篇在《浙江文史资料》分期集纳刊发。

【专题视察和专题调研】 2019年，省政协参与“推进大运河文化带建设”协同调研。围绕助推落实中央办公厅、国务院办公厅印发的《大运河文化保护传承利用规划纲要》，于4—5月组织委员对大运河（浙江段）进行考察调研，就浙东运河保护利用开展委员视察，提交关于大运河文化带（浙江段）建设推进情况报告，以社情民意信息呼吁加快推进浙东运河文化带建设。年内，围绕“充分发挥农村文化礼堂作用”和“发挥优秀传统文化在基层治理中积极作用”开展专题调研2次。

（省政协研究室　陈光廉）

中国共产党浙江省纪律检查委员会 浙江省监察委员会

Zhejiang Provincial Committee for Discipline Inspection of the Communist Party of China·Zhejiang Provincial Supervisory Committee

综　述

【概况】 2019年，浙江省纪检监察机关坚持以习近平新时代中国特色社会主义思想为指导，不忘初心、牢记使命，忠实履行党章和宪法赋予的职责，切实增强“四个意识”、坚定“四个自信”、做到“两个维护”，一体推进形成不敢腐、不能腐、不想腐的局面，一体推进纪检监察“三项改革”（纪律检查体制改革、国家监察体制改革、纪检监察机构改革），一体推进更深层次、更高水平的“三转”（转职能、转方式、转作风），各项工作稳中有进、稳中有效，失责必问、问责必严成为新常态。国家统计局浙江调查总队独立实施的民意调查结果显示，全省被访者评价浙江全面从严治党的成效度为97%。

【省纪委全体会议】 2019年1月17—18日，中共浙江省第十四届纪律检查委员会第四次全体会议在杭州举行。出席会议的省纪委委员43人，列席298人。省委书记车俊出席全会并讲话。全会深入学习贯彻习近平新时代中国特色社会主义思想，全面贯彻落实党的十九大和十九届二中、三中全会精神，按照十九届中央纪委三次全会和省委十四届三次、四次全会的部署，回顾总结2018年全省纪检监察工作，部署2019年任务。全会由省纪委常委会主持。会议审议通过省委常委、省纪委书记任振鹤代表省纪委常委会所做的《忠于职责使命、勇于担当作为，奋力谱写纪检监察工作高质量发展的浙江篇章》的工作报告。

（省纪委省监委　潘海啸）

监　督　执　纪

【强化政治监督】 2019年，浙江省纪检监察机关自觉践行“两个维护”，推动党中央重大决策部署进一步落地见效。把党的政治建设摆在首位，强化政治监督，坚决纠正政治意识淡化、党的领导弱化、党建工作虚化等突出问题，自觉担负起“两个维护”的重大政治责任。紧扣坚持稳中求进、贯彻新发展理念、实现高质量发展等重大决策，深化供给侧结构性改革、打赢三大攻坚战、服务民营经济发展、减税降费、“最多跑一次”改革、违建“大棚房”和违建别墅清查整治等重大部署加强监督，确保习近平总书记重要指示批示精神和党中央、省委决策部署落到实处。全省查处贯彻落实党的路线方针政策、中央重大决策部署政策方面问题17起，党纪政务处分5人。加强对党的政治纪律和政治规矩执行情况的监督检查，全年立案审查违反政治纪律案件189件，处分329人。深化政治生态动态评估，定期开展分析研判，为精准把握“树木”“森林”关系提供重要支撑。加强对全面从严治党主体责任落实情况的监督，协助省委开展专项检查，对11个设区市和11家省属单位开展重点检查。贯彻落实《中国共产党问责条例》，精准用好问责利器，全省对846起落实主体责任和监督责任不力的问题进行追责，50个党组织、1085名党员领导干部受到问责，252人受到党纪政务处分。

【加强日常监督】 2019年，浙江省纪检监察机关注重发挥纪律监督、监察监督、派驻监督、巡视监督“四个全覆盖”的权力监督格局作用，综合运用各类监督形式，进一步提升监督工作的系统性、科学性、实效性。加强对函询结果的抽查核实，对如实说明问题的予以采信，对欺瞒组织的严肃处理，切实让监督“带电”“长牙”。坚持惩前毖后、治病救人，深化运用监督执纪“四种形态”，综合考虑事实证据、思想态度和量纪执法标准，精准适用每一种形态特别是“第一种形态”，做到抓早抓小、严管厚爱。全省各级纪检监察机关处置问题线索6.33万件，比上年增长19.6%；运用“四种形态”处理6.41万人次，增长16.4%，其中第一、第二、第三、第四种形态分别占71.2%、19.2%、4.7%和4.9%。省纪委监委回复党风廉政意见1543人次。严格把握“三个区分开来”的要求，探索开展“及时澄清问题、支持干部干事创业”工作。省市县三级纪委监委对涉及1388名干部的有关问题线索进行澄清，同步查处诬告陷害行为29起31人，取得良好政治效果、纪法效果和社会效果。

【“四风”问题纠治】 2019年，浙江省纪检监察机关认真贯彻习近平总书记“锲而不舍、持续发力、再创新绩”重要批示精神，严格落实中央八项规定及其实施细则精神和省委“36条办法”，作风建设取得新进展新成效，相关做法在中央纪委国家监委召开的深入落实中央八项规定精神电视电话会议上做经验交流。继续盯紧重要节点，深挖细查顶风违纪、隐形变异问题，坚决防止“四风”反弹回潮。全省查处违反中央八项规定精神问题2160起，处理党员干部3247人，党纪政务处分2101人，分别比上年增长21.3%、9.6%和15.9%。开展违规收送礼品礼金、违规发放津补贴或福利问题自查自纠，进一步摸清底数、督促整改。聚焦15类浙江名贵特产名录，深入推进领导干部利用名贵特产特殊资源谋取私利问题整治，严肃查纠违规违纪行为。深入整治形式主义、官僚主义，出台《关于做好“基层减负年”监督执纪问责工作的意见》，在全省设立12个监测点进行动态监督，推动解决文山会海、督查检查考核过多过频、过度留痕等问题。全省查处形式主义、官僚主义问题1865起，处理3154人，党纪政务处分987人。建立标本兼治长效机制，督促推动津（补）贴发放、防止领导干部违规房产交易和民间借贷等方面制度规定落到实处。

（省纪委省监委　潘海啸）

惩治腐败

【概况】 2019年，浙江省纪检监察系统始终保持惩治腐败高压态势，着力减存量、遏增量，全年各级纪检监察机关受理检举控告43293件次，比上年下降20.4%；立案18867件，增长7.5%，其中查处厅级干部39人、县处级干部595人；党纪政务处分17394人，增长4.5%；移送司法机关907人，增长27.9%。严肃查处嘉兴市委原常委、经济技术开发区党工委原书记何炳荣，衢州市人大常委会原副主任诸葛慧艳，台州市人大常委会原副主任陈祥荣，丽水市政府原副市长林康，湖州市政协原副主席葛伟，绍兴市政协原副主席陈建设，省文化产业投资集团有限公司原副总经理倪政伟，浙江建设职业技术学院原党委书记宋立等一批涉及党员干部的大案要案。开展人防系统腐败问题专项治理，全省立案查处问题90起，党纪政务处分18人，移送司法机关3人。持续开展追逃追赃“天网行动”，追回外逃人员249人，其中党员和国家工作人员102人，追回赃款11.76亿元，成功追回“百名红通人员”莫佩芬，中央追逃办挂牌督办的浙江外逃党员和国家工作人员从35人减少到6人，其中“百名红通人员”从8人减少到3人，追逃绩效居全国省（区、市）前列。参加国家监委首次赴境外集中缉捕行动，追回2名涉嫌职务犯罪的外逃监察对象。持续深化标本兼治，打通不敢、不能、不想的内在联系，注重从典型案件中查找管理监督的薄弱环节和制度漏洞，督促发案单位开好专题民主生活会，完善监管体制机制，推动以案为鉴、以案促改。深化警示教育，在全省开展以“七个一”为主要内容的“警示教育月”活动，累计组织181批次1.5万名党员干部到省法纪教育基地观看警示教育展、26.8万人次观看《以案为鉴、警钟长鸣》警示教育片。在强大震慑和政策感召下，全年全省有390名党员干部主动向纪委监委投案。加强案件审理工作，在全国率先研发并投入使用“审理辅助信息系统”，有效提升审理工作质量和效率。开展党纪政务处分决定执行情况检查，切实抓好发现问题的整改。推进申诉复查工作，保障申诉人权利。严格落实审查调查安全责任制，全面规范留置执行工作和“走读式”谈话做法，牢牢守住安全底线。

【专项整治】 2019年，浙江省纪检监察机关结合“三服务”活动，牵头开展扶贫、民生领域不正之风和侵害群众利益问题专项整治，会同14个职能部门，围绕23个整治项目，精准施治、持续发力，取得阶段性成效。深化扶贫领域专项治理，制定印发“六个一”工作方案，督促开展东西部扶贫协作情况交叉检查。全省查处扶贫领域腐败和作风问题420起，处理755人，移送司法机关31人。坚决查处集体“三资”管理、土地征收、强农惠农等民生领域侵害群众利益问题，全省累计查处侵害群众利益问题2492起，处理3666人，党纪政务处分2218人，移送司法机关443人。对中央纪委国家监委和中央督导组移交的长春至深圳高速公路江苏无锡“9·28”特别重大道路交通事故等7起问责案件涉及的浙江责任人员开展问责工作。

【涉黑涉恶腐败和“保护伞”问题查处】 2019年，浙江省各级纪检监察机关制订“打伞破网”攻坚行动实施方案，健全与政法机关会商协作机制，落实联点包案、查否背书报告、提级管辖等制度。全省查处涉黑涉恶腐败和“保护伞”问题1776起，处理2712人，党纪政务处分1248人，组织处理1468人，移送司法机关402人；查处充当“保护伞”的党员干部1136人。对中央督导组移交的10件问题线索全部实行提级办理。做好以杭州滨江区虞关荣为首的涉黑涉恶腐败和“保护伞”案件后续处置工作。严肃查处金华东阳市陈元宝恶势力犯罪集团背后的腐败和“保护伞”，并做实“后半篇文章”。

【信访举报工作改进】 2019年，省纪委监委制定《关于整治当前信访举报工作中的形式主义官僚主义问题的十条意见》《浙江省纪检监察干部处理信访举报“十不准”》。开展“三清”（思想观念“清障”、初次举报“清零”、重复举报“清淤”）行动，对182件多年多层多头重复举报件进行跟踪督办。推进覆盖纪检监察系统的检举举报平台建设，高质量开展分级录入扫描、子平台处置、检举举报平台基层版3个试点。推进市、县（市、区）两级纪检监察机关来访接待场所标准化建设，从安全保障、工作规范、完备制度、突发响应4个层面，制定具体的细化标准，包括处理来访举报工作办法、来访接待规范用语等。 （省纪委省监委 潘海啸）

巡视巡察

【概况】 2019年，浙江省巡视巡察机构贯彻落实习近平总书记关于巡视巡察工作重要论述和全国巡视工作会议、全国市县巡察工作推进会精神，坚守政治巡视定位，按照“六围绕一加强”要求，聚焦“四个落实”，扎实开展政治体检，坚决纠正政治偏差。高质量组织开展3轮巡视，完成61个地区（单位）党组织的巡视，发现党的观念淡薄、组织涣散、纪律松弛、管党治党宽松软等问题2101个，巡视组向纪检监察机关移交问题线索208个，推动查处一批违纪违法案件，其中涉及厅级干部12人、县处级干部49人。

【巡视整改监督】 2019年，浙江省巡视整改工作压实整改主体责任，严格审核巡视整改方案和整改报告，对20个被巡视的党组织开展巡视整改情况回访检查，加强对整改落实情况的日常监督，年内，39名被巡视党组织负责人被省领导和设区市党委主要负责人或有关部门主要负责人约谈。重点加强对基层落实党中央大政方针不到位不到底问题、群众身边有腐败和作风问题、基层党组织软弱涣散问题的监督，市县两级巡察基层党组织10607个，发现问题86949个，移交问题线索6193个。

【巡视巡察工作规范化建设】 2019年，浙江省巡视巡察工作制定出台巡视中期会商、巡视工作领导小组集中交办问题线索、整改约谈、巡察工作规程等制度，不断提高巡视巡察工作规范化水平。配强市、县巡察办和巡察队伍，巡察机构编制人员到位率98%以上。坚持巡视巡察一体谋划、一体推动，推进市、县（市、区）巡察工作，提高巡视巡察全覆盖质量。

（省纪委省监委 潘海啸）

纪检监察体制改革

【强化纪委监委双重领导】 2019年，浙江省各级党组织加强反腐败工作的集中统一领导，坚持重大事项、重要工作第一时间向中央纪委国家监委和省委请示报告。充分发挥省委反腐败协调小组作用，协助制定《省委反腐败协调小组工作规则》，强化工作协同。加强上级纪委监委对下级纪委监委的领导，全面落实《关于加强省纪委省监委对市纪委市监委领导的若干意见》，完善对下级纪委监委“两为主一报告”、对派驻机构“三为主一报告”的工作机制。

【深化国家监察体制改革】 2019年，浙江省纪检监察机关根据监督执纪工作规则、监督执法工作规定精神，修订完善《浙江省监察业务运行工作规程》《浙江省监察留置措施操作指南》等制度。主动对接以审判为中心的诉讼制度改革，健全检察机关提前介入等机制，完善纪检监察机关提请公安机关协助采取搜查、留置、通缉措施的操作流程，推动涉刑案件电子卷宗接入省政法一体化案件平台，打通纪法贯通、法法衔接堵点。全年全省对957名被调查人采取留置措施。加强对监察措施使用情况的监管，制定省属企业、省属金融企业、本科高校纪检监察机构监督检查、审查调查措施使用管理办法等制度。充分发挥乡镇（街道）监察办公室作用，出台《浙江省乡镇纪检监察工作规程》《浙江省乡镇纪检监察组织查办案件协助审理工作办法》，推动依法、精准、高效履职。

【深化派驻机构和内设机构改革】 2019年，浙江省纪检监察机关分类推进高校、省属企业、省属金融企业纪检监察体制改革，明确领导体制，健全工作机制。指导督促市、县两级完成新一轮派驻机构调整和人员调配，改革后省、市、县三级纪委监委设派驻机构1228个，其中金融企业派驻机构12个，省、市两级监委派出省属、市属企业监察专员98人；省监委派出本科高校监察专员30人。在全省推进纪委监委机关和派驻机构“六个一体化”，制定省纪委省监委派驻机构工作办法、派驻机构及其主要负责人年度考核办法，强化统一管理，增强监督效能。省直派驻机构全年处置问题线索407件，开展审查调查84件，党纪政务处分67人，分别比上年增长50.2%、23.5%和45.7%。深入推进省纪委省监委内设机构改革，增加监督检查力量，设立信息技术保障室，整合下属事业单位，进一步理顺工作关系，优化运行机制。 （省纪委省监委 潘海啸）

纪检监察队伍建设

【高标准开展“不忘初心、牢记使命”主题教育】 2019年，浙江省纪检监察机关扎实开展“不忘初心、牢记使命”主题教育，认真学习习近平新时代中国特色社会主义思想，跟进学习习近平总书记重要讲话、指示批示精神，省纪委常委会分专题开展12次集体学习和研讨交流。省纪委省监委领导带头深入基层调查研究，围绕清廉浙江建设等13个主题开展课题研究，省纪委省监委机关形成调研报告76篇。认真检视问题，全面整改落实，确保件件有着落、事事有回音。选优配强各级纪检监察机关领导班子，省纪委省监委领导赴11个设区市开展专题调研和谈心谈话，全面落实提名考察办法，全年调整和配备设区市纪委常委、监委委员35人。

【推进全员培训】 2019年，浙江省纪检监察机关学习贯彻监督执纪工作规则和监督执法工作规定，学好用好中央纪委国家监委下发的培训课程光盘和讲义，全省组织各类学习2523课次，培训16.8万人次。开展全省纪检监察系统“锻钢铸魂大比武”活动，营造互学互比、共进共促的良好氛围。认真落实新进人员结对指导、干部双向挂职锻炼制度，推动干部在实战中提高素质、增强本领。

【加强内部监督管理】 2019年，浙江省纪检监察机关认真检视不担当、不作为和不精准、乱作为两大风险，修订省纪委省监委干部管理工作办法，出台省纪委省监委机关各部门及其主要负责人年度考核办法，建立纪检监察干部容错正面清单和不担当不作为负面清单。在全国省一级率先建立特约监察员队伍，主动接受各方面的监督。积极探索片组化管理、人性化服务的机关党建一体化发展新模式，着力建设模范机关、清廉机关。坚持刀刃向内，严防“灯下黑”，全省受理反映纪检监察干部问题线索669件，谈话函询257人，立案查处37人，党纪政务处分34人，组织处理13人。

（省纪委省监委　潘海啸）

民主党派·工商联

Democratic Parties·Federation of Industry and Commerce

中国国民党革命委员会浙江省委员会

【概况】 2019年，浙江省有民革市级地方组织11个、县（市、区）级地方组织6个、基层组织446个，党员7440人，其中新发展561人。党员在各级政府和司法机关担任处级领导职务75人，处级以上干部247人，省政府参事2人，特邀（约）人员180人。中国国民党革命委员会浙江省委员会（简称民革省委会）设理论研究与学习、经济、教育科技、文化卫生体育、社会法制、祖统联谊、“三农”、人口资源环境、妇女儿童、青年发展10个专门委员会。民革省委会以思想政治建设为统领，围绕“五大民革”（同心民革、智慧民革、博爱民革、活力民革、网上民革）推进各项工作。

【“同心民革”思想政治基础巩固】 2019年，民革省委会将思想政治建设和“不忘合作初心，继续携手前进”主题教育活动相融合，落实凝聚共识和同心履职两方面工作。民革省委会领导班子举行专题民主生活会1次，领导班子成员带头进行读、学、讲、写；各级组织采用多种形式，提升主题教育活动政治性、时代性、针对性和实效性。举行庆祝活动。4月18日，民革省委会在嘉兴乌镇举办嘉兴起义70周年纪念大会及学术研讨会；9月17日，在杭州举办“相随70年”文艺演出及“同心同行70年”摄影书画展，承办民革中央首届“风雨同舟”民革全国书画展浙江巡展。7月19日，全省“庆祝中华人民共和国成立70周年”演讲比赛在杭州举行，民革省委会选派1名选手参加民革中央演讲比赛。选送朗诵节目参加由省委统战部牵头举办的“风雨七十年肝胆长相照”经典回声活动。结合“观故居，走多党合作之路”赴广东等地开展“不忘合作初心，继续携手前进”主题教育考察活动。建设党员之家。全省有民革党员之家71个，各级组织实现“建家”“管家”“理家”“兴家”“旺家”五举并重，健全完善党员之家各项制度，明确工作职责，制定日常管理、定期学习、信息公开、财物管理等制度，确保党员之家作用发挥常态长效。民革省委会制定“五有”“五好”“示范五好”党员之家评选标准，编印《全省党员之家信息手册》。全年举行诵读会、故事会、祖统沙龙等各类活动122场次。全省10个党员之家被民革中央评为“全国优秀党员之家”。开展线上线下宣传。10月，与浙江卫视教育科技频道合作完成“和合天下——浙江统一战线风采”专题播出。全年在《团结报》《浙江日报》、人民政协网等媒体平台上刊发宣传稿600多篇，《浙江民革》内刊完成改版。团结报记者站获年度发行征订工作突出贡献集体（省级）三等奖，1人获团结报社优秀特约通讯员一等奖。开展浙江民革骄傲人物评选与表彰，2人获首届民革中央“民革榜样人物”称号。做好省统一战线“同舟共济七十载——浙江民主党派70人访谈”节目征稿工作，年内完成8人史料采编撰写。浙江省孙中山研究会开展学术交流活动2次。

【“活力民革”组织建设效果彰显】 2019年，民革省委会加强领导班子建设。组织召开省委会领导班子民主生活会2次，落实领导班子成员联系市委会等制度，全年召开主委会议13次、常委会议4次、全会1次。做好人才队伍培养工作。全年举办省直属新党员培训班、全省骨干党员培训班、参政议政研修班等主体班次4期，200多人参加培训。推荐40多名党员参加中共中央组织部、中共中央统战部、民革中央、中共浙江省委组织部、中共浙江省委统战部等举办的各类培训班。注重组织发展工作。走访各大高校完成民革中央下达的高层次人才发展指标。推行以“五个一”为主要内容的新党员入党仪式。开展首届“伯乐奖”评选表彰活动，25人受到表彰。强化基层组织建设。召开常委会组织建设专题会议，提升基层组织建设标准化和规范化水平，推进示范支部创建活动。15个支部获评全国示范支部，获奖支部数列全国省级组织第一位；25个支部获评省级示范支部。全年新增基层组织22个。完善内部监督工作。通过定期发放警示案例和廉政教育进制度、进课堂、进会议等形式，增强领导班子成员的廉政意识。做好市级组织届中、届末述职、民主评议及民主生活会等制度监督。对主题教育活动等工作进行集体监督。对民革省委会各类重大活动进行专项监督。

【“智慧民革”凸显参谋助手作用】 2019年，民革省委会履行议政建言职责。参加各类协商会10多次。在省政协十二届二次会议上提交团体提案16件、大会书面发言12件、大会口头发言4件，其中列入重点提案3件；3件团体提案和2件委员个人提案获评优秀提案。全年编报社情民意信息238期，被采纳94条次，1篇专报得到中共浙江省委主要领导批示。民革省委会获年度民革中央参政议政工作先进集体、民革中央信息工作先进集体称号；3人获“为民革中央参政议政工作作出贡献先进个人”称号，2人分别获评民革中央反映社情民意信息工作优秀组织者和优秀工作者。履行协商监督职责。开展“民营经济高质量发展”“最多跑一次”改革等专项民主监督，报送专题报告5份。对“基层减负”、消防体制机制、卫生护理事业发展、“城乡教育均等化同步课堂”、省域现代治理等主题进行协商调研。围绕“完善法治建设，优化营商环境”和“中医药传承保护发展”重点课题，与民革中央开展联动调研，形成“智慧政府建设与优化营商环境”“进一步加强中药材安全体系建设几点建议”等调研成果，被民革中央综合采用，得到中共中央领导批示。9月23日，第二届“助力乡村振兴共建美好家园——莫干山会议”在湖州德清举行，首届会议论文集于9月出版。通过“同舟·经济圆桌论坛”、全省参政议政工作会议、参政议政研讨会等载体，发挥各级组织和骨干党员作用，全年建言162篇。11月29日，民革省委会参政议政专题常委会在杭州召开，会议收到材料27篇。

【“博爱民革”社会服务功能突出】 2019年，民革省委会助推脱贫攻坚工作。民革省委会主要领导带队调研贵州省纳雍县董地乡定点扶贫工作，完成“八个一”帮扶计划并部署实施第二轮12个帮扶项目。举办中学生夏令营、驾驶员培训班和电梯维修工培训班，开展送教义诊、苗绣扶贫、乡村规划指导等活动，推出用工岗位1925个，捐赠课桌椅2000套，筹款改造董地中学理化生实验室。开展省委统战部部署的民族乡村振兴“双百村结对行动”。发挥经济、医卫、教育、三农、科技、文化、法律、省直属综合服务团八大社会服务团作用，开展“送医疗、送教育、送文化、送科技、送信息、送服务”系列活动，向松阳县三都乡中心小学发放逸仙奖学金并捐赠羽绒衣230件。组织民革党员主讲文澜讲坛3期（总41期）。抓好医疗服务基地长效建设，新增医疗服务基地1个。助推嘉善县域科学发展示范点建设。6名党员企业家与德清县签订合作项目。全年开展各类社会服务活动59次，服务群众6700多人次。向民革中央企业家联谊会推荐会员52人，为《奋斗新时代共圆中国梦——优秀民革党员企业家风采录》推荐优秀企业家6人。推荐3名党员企业家参加民革中央第四期民革非公经济人士培训班。全省民革法律援助工作站规范管理，常年开展法律咨询、宣传、法制文艺演出和“法律六进”活动，其中开展助力民企法律讲座活动25次，组织党员律师在监狱开办讲座9次。2人获“乔司监狱阳光法制大讲堂优秀律师”称号，3人参加民革中央首期法律服务工作骨干培训班。推进杭州长征业余学校（浙江长征财经进修学院）规范化建设。浙江长征职业技术学院保持招生、就业良好态势。充分发挥浙江省逸仙书画院和浙江民声业余京剧研究社优势作用。推荐2人参加民革中央画院培训班。加强涉台工作调研，向民革中央提交《着力加快生产性服务业，助推台资企业发展》提案。完成国家和浙江省惠台政策措施落实情况年度重点课题调研。全年编辑上报涉台社情民意信息9篇，其中，被民革中央采用5篇，被全国政协《每日社情》采用1篇。促进两岸交流。9月18日，承办由民革中央、中共宁波市委主办的第三届海峡两岸经济社会发展（宁波）论坛。全年接待中国台湾团组4个，组织赴中国台湾团组2个、赴欧洲团组1个。举办“两岸一家亲”祖统沙龙4期。民革省委会获评民革全国祖国统一工作先进集体，3人获民革全国祖国统一工作先进个人称号。4月，民革省委会选派4名骨干参加由民革中央举办的第一期民革祖国统一干部培训班。

2019年7月21日，“博爱牵手，前程锦绣”红色主题夏令营开营，来自贵州省纳雍县董地中学的19名少年学子参加 （民革省委会 供图）

【“网上民革”宣传服务渠道拓展】 2019年，民革省委会推进“民革e家”、民革网站、微信公众号、网络版党籍管理软件、数字化档案室、钉钉办公系统多元融合信息化平台建设。根据党员结构层次及时代需求的变化，分类分级推进，实现全国各级组织交流、全省党员信息、社情民意收集、省委会机关办公一网通办，数据闭环，进一步扩大互动范围，提升履职效率。“浙江民革”微信公众号在时效、精准、融合、题材上下功夫，建成微信宣传矩阵，全年发布文章350多篇，其中38篇点击量过1000，3篇点击量过1万，公众号关注用户数突破5000人次。做好“民革e家”建设、使用和推广工作，提高“民革e家”利用率、辐射率和覆盖率。3月28日，印发《“民革e家”信息交流平台建设使用综合考评办法（试行）》，开展先进评比，推广新功能使用，规范提高平台使用效能。6月18日，召开全省网上民革建设工作专题研讨会，明确网上民革建设新阶段的任务和目标。

（民革省委会　黄　鹂）

中国民主同盟浙江省委员会

【概况】 2019年，浙江省有民盟市级地方组织11个、县（市、区）级地方组织7个，基层委员会67个，总支部委员会36个，支部委员会190个，盟员1.44万人，其中新发展804人。全省盟员中有“两院”院士2人、“长江学者”特聘教授3人、青年“长江学者”3人、大专院校校级领导14人；担任县级以上人大代表248人、县级以上政协委员1115人；担任各级人大、政府、政协及司法机关副处级以上干部129人，受聘担任各级特邀（约）人员133人。中国民主同盟浙江省委员会（简称民盟省委会）设高等教育、基础教育、文化、科技、经济、医药卫生、社会与法制、生态环境、金融9个参政议政专门委员会。

【思想建设】 2019年，民盟省委会开展“不忘合作初心，继续携手前进”主题教育活动，成立以主委为组长、副主委为副组长的领导小组，专题研究制订活动方案，细化“一场主题教育活动部署推进会、一场榜样人物引领教育活动”等20项活动安排。7月9—10日，民盟省委会在杭州召开暑期读书会暨专题常委会议。在杭州召开主题教育活动部署推进会。成立学习委员会，开展习近平新时代中国特色社会主义思想宣讲，组织开展中共十九届四中全会和中共浙江省委十四届六次全会精神专题学习。民盟省委会领导班子举行“赓续优良传统”“担使命履职责”集中学习研讨，开展理论中心组学习8次，分别带队赴民盟各市委会开展“走基层、访盟员、听意见”活动，做主题教育活动专题宣讲，征集意见建议93条，形成问题清单及整改措施。全省各级民盟组织举行各类学习培训、报告会、专题讲座651场次，参与盟员9800多人次；各级领导班子开展宣讲135次，参与盟员2600多人次。超过1500名盟员参与在杭州举行的“见证·初心”故事汇活动。9月11日，民盟省委会庆祝中华人民共和国成立70周年、中国共产党领导的多党合作和政治协商制度确立70周年大会暨2019年浙江民盟榜样人物颁奖典礼在杭州举行，会议表彰榜样人物及提名奖、入围奖盟员34人。全年开展榜样人物宣讲活动8次。9月19日，民盟省委会承办的民盟中央庆祝中华人民共和国成立70周年美术作品展开幕。全年全省各级民盟组织开展故事汇、主题画展、文艺演出等活动242场，参与盟员7500多人次。12月9日，民盟省委会参政党理论研究会在杭州召开“民盟与新型政党制度确立70周年”专题研讨会，“谈家桢——中国遗传学事业的创建者”课题获民盟中央理论研究课题一等奖。全省各级组织向盟员发放由中共中央、国务院、中央军委颁发的“庆祝中华人民共和国成立70周年”纪念章，并开展慰问活动。加强教育基地和盟员之家建设。6月10日，民盟省委会印发《民盟浙江省委会关于进一步加强教育基地和盟员之家建设的意见》，新增吴晗故居、王伯敏艺术史学馆、温州数学名人馆3个中国民主同盟传统教育基地，新增千家驹藏书阁、王启东展示馆2个浙江省盟员传统教育基地，创建五星级盟员之家17个。年内，微信公众号开辟宣传专题10个，推出专题报道160多篇，《浙江日报》《联谊报》《团结报》等媒体报道249次，《“天使”海岛情》获评浙江省首届人民政协好新闻优秀作品。

【组织建设】 2019年，民盟省委会做好组织发展工作，加强自身建设。开展文化界组织建设调研，与160多位文化界盟员面对面交流。开展“双十佳”（十佳示范基层组织、十佳特色基层组织）基层组织创建活动，评选示范基层组织19个、特色基层组织20个。贯彻落实《民盟中央关于加强高校基层组织建设的意见》精神，杭州电子科技大学委员会等5个基层组织获评全盟高校基层组织盟务工作先进集体。推进人才队伍建设，民盟省委会领导班子成员带队开展“百名盟员大走访”活动，了解盟员思想政治素质、岗位履职表现和自身发展潜力。实施中青年干部培训计划、新任基层主委培训计划、省直属新盟员培训计划、机关专职干部培训计划和主题班次“4+X”培训计划，全年参加民盟省委会举办的各类培训350多人次，选派28人参加上级组织培训。推荐优秀盟员3人担任省级特邀（约）人员。开展省直属新盟员培训班延长三年集中活动，提升新盟员政党意识和履职能力。

【参政履职】 2019年，民盟省委会参与政党协商、政协协商等14次。参与中共中央委托民盟中央开展的年度重点课题，提交的《关于数字经济与实体经济深度融合的若干建议》被民盟中央政策建议信吸收采纳，政策建议信获习近平、李克强、王沪宁等中共中央领导重要批示。重点调研课题报告《关于加快推进浙江文化开放的若干建议》被民盟中央政策建议信吸收采纳，政策建议信获李克强、孙春兰等中共中央领导重要批示。围绕中共浙江省委十四届六次全会决定、高质量发展等重大议题建言献策，《久久为功，以出租房治理为突破口建设宜居浙江》基层治理专题报告获车俊、袁家军等省领导批示。民盟省委会领导班子成员参加全国政协双周协商座谈会，围绕促进就业议题出谋划策。2篇稿件列入全国政协十三届二次会议团体提案。在省政协十二届二次会议上，提交大会发言5件，其中2篇被选为大会口头发言，团体提案14件，《关于进一步优化我省营商法治环境的建议》列入重点提案，2件提案获评优秀提案。全年完成重点调研课题11个、重要调研课题14个、委托调研课题31个。《关于加快推进我省突发中毒事件卫生应急体系建设的建议》等3期参政议政专报获中共浙江省委、省政府领导批示6次。全年有1085名盟员报送信息2082件，被民盟中央、省政协、省委统战部等采用120件，其中，全国政协采用36件，全国政协单篇采用2件，中央统战部采用4件，省委、省政府领导批示6件。深化盟声议政品牌，开展经济论坛、教育论坛、法治建设研讨会、民生发展研讨会等系列活动。参与民盟中央论坛活动，报送论文150多篇，其中获评优秀论文11篇。响应中共浙江省委“三服务”（服务企业、服务群众、服务基层）活动，围绕“民营经济高质量发展”开展民主监督，民盟省委会领导班子分组带队赴地市、厅局等开展监督调研，省、市联动开展“进百企、访百家、解百困”访谈调研，对700家民营企业进行面对面深度访谈，参与人数1500人次，回收700份企业和1600份个体工商户有效访谈问卷，收集各类意见建议305条。《提升小微企业减税降费融资政策靶向度，打通小微企业全生命周期成长三大瓶颈》调研报告获袁家军、高兴夫、王文序等省领导批示。发挥同心名医服务站和专家工作站作用，加强对结对社区服务。全年开展各类“三服务”活动251场次，盟内外专家参与649人次，受益群众7718人次，受益企业79家。

【社会服务】 2019年，民盟省委会成立社会服务委员会，加强社会服务工作整体谋划和指导。对6所“烛光行动”结对学校开展帮扶活动38场次，举行家庭教育等培训讲座300场次，受益群众11万余人次。深化“黄丝带”帮教行动，盟员出资200万元，在省未成年犯管教所建立实训基地，面向未成年犯开展职业技能培训。“博问学堂”开展系列讲座51场次，服务群众1.3万人次。“博爱专项基金”安排立项资金80万元，用于在开化城东小学等新建4个留守儿童“雏鹰·关爱之家”等工作。助力全省脱贫攻坚工作。推进兰溪范院坞村帮扶工作，落实民盟中央等帮扶资金115万元，制定乡村振兴总体规划，种植精品果苗3公顷，完成水泥道路硬化620米。推进嘉善枫南村乡村振兴工作，开展送文化、送健康等系列活动。做好贵州、甘肃两省对口帮扶工作，与贵州毕节市撒拉溪中学等4所学校开展教育帮扶结对，举行黔西南州义诊及甘肃产业扶贫项目调研活动，为甘肃积石山县300名骨干教师举办10场专题讲座。各级组织和广大盟员参与抗击超强台风“利奇马”和灾后重建工作，“博爱专项基金”及企业家联谊会成员为临海灾区捐助35万元。

（民盟省委会　葛　颖）

中国民主建国会浙江省委员会

【概况】 2019年，浙江省有民建市委员会10个，市工委1个，省直属工委1个，县（市、区）委员会3个，基层委员会49个，总支17个，支部481个，会员1.01万人，其中新发展会员558人，年净增长率5.2%。会员中经济界人士及相关专家学者占80%，企业高级管理人员占33%，民营经济人士占25.8%，大专以上学历占86.5%；“长江学者”3人，青年“长江学者”1人，国家“万人计划”2人，国家“千人计划”5人。担任政府及司法机关处级以上干部115人，其中设区市副市长1人，副厅级干部3人。担任省属高校、社团、国企领导职务6人。担任各级人大代表、政协委员1390人。人大代表、政协委员中，全国人大代表、全国政协委员各2人；省人大代表11人，其中省人大常委会委员2人；省政协委员31人，其中省政协副主席1人，省政协常委8人。中国民主建国会浙江省委员会（简称民建省委会）设参政议政（下设经济委员会、农业农村委员会、财政金融委员会、城建环保委员会、社会法制委员会、教科文卫委员会）、理论研究、妇女、老龄工作4个专门委员会，以及浙江民建企业家协会、浙江民建书画艺术院、浙江民建青年企业家工作委员会。

【思想建设】 2019年，全省各级民建组织开展“不忘合作初心，继续携手前进”主题教育活动。9月21日，中共浙江省委常委、宣传部部长朱国贤到民建省委会做专题学习辅导报告。全年民建省委会理论学习中心组开展集中学习2轮，民建省委会常委每人提交学习交流材料并做交流发言。全省举办各类学习、报告、培训会408场次，各级理论学习中心组学习会65次；开展会史宣讲91场次，参加人数3376人次；组织赴各类传统教育基地134次，参加会员3073人次；树立各类先进典型54人，其中受省部级以上表彰6人。民建省委会领导班子成员带队走访调研11次，召开座谈会13次。收集意见建议171条，汇总成意见建议和整改措施清单7个方面45项，开展专题研究落实整改措施。各级民建组织围绕庆祝中华人民共和国成立70周年、中国共产党领导的多党合作和政治协商制度确立70周年，开展主题征文和座谈会、艺术作品展等系列活动。11月12日，纪念施复亮诞辰120周年座谈会在金华举行，故居被命名为浙江省首批多党合作教育基地、浙江省爱国主义教育基地。12月10日，包达三生平陈列馆被命名为民建中央爱国主义教育基地，民建中央主席郝明金出席揭牌仪式。全年形成参政党理论研究成果62篇，其中，3篇分别获民建中央理论研究奖一、二等奖，6篇获评民建中央工匠精神优秀征文，5篇成果被省委统战部信息采用。12月17日，经民建浙江省九届十五次常委（扩大）会议投票，评选出“浙江民建年度人物”10人。开展《浙江民建》创刊30周年征文活动，推出“献礼70周年”系列报道70多篇。全年民建省委会在省级以上各类媒体刊登报道790多篇，获民建中央新闻宣传工作先进单位一等奖。

【组织建设】 2019年，民建省委会推动集体领导分工负责制度和议事规则进一步完善。制订实施《民主生活会（谈心会）方案》。全年召开主委会议7次、常委会会议6次、全会3次。省委会班子成员联系走访市委会37次，参加基层组织活动151次。领衔完成民建省委会重点课题9个。指导10个设区市民建市委会开展领导班子民主生活会。届中增补民建省委会委员1人、常委1人，专职副主委1人。指导金华市委会完成换届、丽水市委会主委届中调整、舟山市工委增补主委。制定实施《2018—2022年新会员发展规划》《2019年度会员发展指导计划》。实施新一轮《会员教育培训规划》。全年举办各类培训班6期，参加培训315人次。举办省、市两级培训班（学习会）28场次，参加培训2609人次。全省建成“民建之家”78个。其中，省直属工委“民建之家”1个，市级组织“民建之家”9个，县级组织“民建之家”40个。湖州、嘉兴、衢州、丽水实现市、县两级

"民建之家"全覆盖。6月25—26日，全省"民建之家"建设推进现场会在江山举行。9月9—10日，民建省委会在民建全国组织建设工作会议上做题为"建好'民建之家'共筑精神家园"的交流发言。在民建中央"坚持强基固本，推进基层组织建设"主题征文活动中，民建省委会获优秀组织奖。

【参政议政】 2019年，民建省委会负责人参加中共浙江省委、省政府高层协商会、省政协专题协商会、省"两院"(省法院、省检察院)协商会、省纪检通报会等协商会议10多次，围绕推动落实长三角区域一体化发展国家战略、优化营商环境推进民营经济高质量发展、推进省域治理现代化重大决策、"最多跑一次"改革等议题建言献策。《创新体制机制推动开发区、工业园区基层治理现代化的建议》《以更大的改革力度打造市场化法治化国际化的一流营商环境的建议》《关于推进政府数字化转型 提升治理能力现代化的建议》3篇专题调研报告获省委书记车俊、省长袁家军等省领导批示。向民建中央推荐报送优秀调研成果18篇，其中6篇成果被民建中央综合录用转化为在全国政协会议上的团体提案。向全国"两会"提交建议22件、提案6件，其中《关于扩大高等职业教育招生规模的建议》列入教育部办理重点建议，有关代表在教育部高职扩招专项工作集中办公会上做专题发言。向省"两会"提交建议26件。其中，3件列入省人大重点建议，分别由袁家军等省领导领办；3件入选省政协大会发言。提交团体提案11件、民建界别提案2件、委员提案44件。其中，7件团体和委员提案入选省政协十二届一次会议以来优秀提案，3件团体提案和3件委员提案列入省政协重点提案，该6件提案和1件个人提案入选十二届二次会议以来优秀提案。重点提案《关于尽快启动我省"未来社区"试点建设》由省长袁家军领办、省政协主席葛慧君协办；民建省委会经过深入调研提出的《关于深化推进我省未来社区建设的建议》得到袁家军、葛慧君批示；就土地等方面改革创新设想向民建中央报送专报，助推全省未来社区建设。3位委员获省政协"履职成绩突出委员"称号。围绕民营经济高质量发展监督主题，撰写多份调研报告和信息，报送民建中央和省级部门。关于民营经济高质量发展的专报获省委书记车俊批示。6月4日，在省长袁家军主持的"民营经济高质量发展"专题协商会上，民建省委会相关负责人做题为"关于推进小微企业园高质量发展，打造小微企业发展新生态的建议"发言。9月17日，"促进小微企业园建设""同舟·经济圆桌论坛"在杭州举行。开展深化"最多跑一次"民主监督。全年收到稿件1056篇，编发报送信息820篇，被上级录用和领导批示302篇次。其中，46篇信息被全国政协采用，10篇信息被中央统战部《零讯》采用并报送中央领导。《提高环保税实施的专业及智慧化程度的建议》获中共中央政治局常委、国务院副总理韩正批示。《温岭5·12农用车侧翻事故教训深刻，建议报废淘汰变型拖拉机》得到省委常委、常务副省长冯飞批示，被有关部门采纳，进入省政府决策部署。信息专报《关于设立之江创投研究院的建议》得到副省长朱从玖批示。年内，民建省委会获民建中央反映社情民意信息工作一等奖。

【社会服务】2019年，民建省委会完成贵州黔西县化屋村、元庆村对口帮扶脱贫攻坚任务。协调会员企业设立助学基金50万元，实施产业扶贫项目4个，带动当地农户脱贫致富。对河北丰宁县开展帮扶，以消费扶贫方式采购农副产品15万元；投资80万元，帮助黄旗镇乐国窝铺村培育果蔬产业和整治提升"美丽乡村"。与龙游沐尘乡梧村和遂昌三仁乡好川村签订帮扶协议，落实有关部门支持修建好川村通村道路，投入10万元，为梧村建设红花油茶基地13.33公顷。组织参加抗台救灾。民建省委会向永嘉县山早村捐助20万元，组织全省会员及会员企业通过各种方式捐款捐物价值1000多万元。会员企业杭州东华链条有限公司连续7年开展资助困难会员活动，累计资助资金120多万元。青年企业家工作委员会筹措资金12.3万元，资助困难会员41人。民建省委会和1名个人获民建中央脱贫攻坚突出贡献奖，8个集体和22名个人获民建中央表彰。12月18日，全省社会服务工作交流研讨会在杭州举行，会议表彰浙江民建"思源工程"社会服务品牌项目优秀奖12个、鼓励奖9个、提名奖10个。民建省委会组织青年会员企业家到金华婺城、金东区，湖州吴兴区、衢州开化县考察调研、对接项目。建立促进"两个健康"法律服务团，全年开展法律咨询服务活动10多次，专项法律对接20多次，帮助处理法律维权等各类案件20多件。引进创业创新项目20多个，其中民建企业4家。7

2019年7月12日，浙江民建企业未来科技城创新中心在中国(杭州)人工智能小镇揭牌成立
(民建省委会 供图)

月12日，浙江民建企业未来科技城创新中心在中国(杭州)人工智能小镇揭牌成立。全年全省组织600多人次分别参加中国风险投资论坛、非公经济论坛、长三角民营经济论坛等各类高端讲座和论坛。民建省委会与北京、上海、江苏、江西、福建等省(市)民建组织联合举办“建华课堂”企业家培训交流活动。9月26日，民建衢州市委会企业家协会成立，基本实现民建企业家协会全覆盖。11月16日，与浙江金融职业技术学院联合举办“不忘初心、共赢未来”创新创业论坛。全年组织会员企业科创板上市辅导讲座3次，参加辅导200多人次，2家会员企业科创板上市；组织会员企业家参加“浙江—奥地利”商务洽谈活动、“浙江—静冈”投资座谈会；接待外省民建企业家10多批次；协调会员企业合盛硅业股份有限公司与云南省政府签署战略合作框架协议，打造绿色水电硅材加工一体化基地。连续3年与香港包达三基金会联合举办“共创未来”香港大学生到内地公益交流活动。民建省委会获评民建中央社会服务工作优秀单位。　（民建省委会　张菊萍）

中国民主促进会浙江省委员会

【概况】 2019年，浙江省有民进省辖市委会11个，县级委员会8个，基层委员会37个，总支委员会19个，支部委员会534个，会员1.11万人，其中新发展634人，发展率6%。新发展会员中，主界别发展占65.4%，浙江医药卫生特色界别占7.8%。全省会员中担任县以上各级人大代表、政协委员1241人，其中，全国人大代表3人、全国政协委员2人、省人大代表14人、省政协委员32人。担任政府和司法部门副处以上领导职务58人。获省部级以上奖项52人次；获“庆祝中华人民共和国成立70周年”纪念章82人。中国民主促进会浙江省委员会(简称民进省委会)参政议政工作机构有参政议政咨询委员会及教育、文化出版、医卫、经济科技、农业环资、社会法制6个工作委员会；宣传研究工作机构有宣传平台编辑指导委员会、会史研究会、参政党理论研究会；会员管理服务机构有妇女、老龄、青年3个会员联谊会及省直属基层组织工作委员会；社会服务工作机构有企业家联谊会、开明画院、联络委员会、医卫专家服务团、开明艺术团。

【思想建设】 2019年，民进省委会深入推进“不忘合作初心，继续携手前进”主题教育活动。8月，民进省委会通过《民进浙江省委会关于开展“不忘合作初心，继续携手前进”主题教育活动的实施方案》并开始实施；9月11日，主题教育活动部署推进会在杭州召开。全年民进省委会理论学习中心组组织集中学习5次，通过座谈、调研、走访、宣讲，撰写署名文章和学习体会等多种形式指导各级组织开展主题教育活动。8月22日，参演由中共浙江省委统战部牵头举行的“风雨七十年，肝胆长相照——中华人民共和国成立70周年、多党合作和政治协商制度确立70周年”经典回声活动，先后举行“初心·筑梦”民进青年行、民进巾帼风采演讲、“开明礼赞‘正道辉煌”全省开明画院美术作品联展等活动。9月10日，民进省委会在杭州举办“在正道上行”主题晚会，会上表彰首批获得“开明先锋”称号的会员16人。开展省统一战线“同舟共济70载——浙江多党合作70人访谈”民进人物访谈活动，发起并征得“我与祖国共成长”主题征文95篇。10月，在浙江卫视新闻频道《和合天下》栏目推出“70年记忆”特别节目(民进篇)。注重增强宣传力度，“浙江新闻”客户端“浙江民进启航号”和“澎湃新闻”客户端“浙江民进政务号”先后开通，两者与《开明》会刊、“浙江民进”网站、“浙江民进”微信公众号协同运作。全年在省级以上媒体发稿170多篇次，被民进中央宣传平台选用文稿30篇。民进省委会理论研究征文活动收到征文56篇，在全国政协、省政协、省委统战部、省社科联、省统一战线理论研究会等开展的各类理论征文、课题招标活动中，论文成果中标2项，《民进基层组织与中共基层组织的比较研究》作为民进中央立项课题结题。开展会史资料抢救、挖掘和利用工作，推动民进创始人和领导人宁波故里故居系列会史教育基地建设，充实郑振铎纪念馆民进展陈内容，完成周建人生平展览布展文案，“多党合作历史传统记录工程”形成口述实录初稿。11月1日，马叙伦历史资料陈列馆在杭州建成开放，民进中央主席蔡达峰出席开馆仪式。

2019年9月10日，民进省委会在杭州举行“在正道上行”主题晚会。会上对获评“开明先锋”者进行表彰　（民进省委会　供图）

【组织建设】 2019年，民进省委会完成全省组织工作调研，落实基层组织建设主题年工作。5月17日，召开基层组织活动场所建设推进会，印发《开明嘉苑》图片集，全省建成“开明嘉苑”237个，占全省基层组织总数40.4%；开展基层组织创新案例征集、表彰、宣讲，编印《开明之基》创新案例集。11月7日，召开全省组织工作会议。12

月，开展"我向民进话初心"主题活动。全年举办骨干会员培训班2期、全省组工干部培训班和全省专职干部培训班各1期。推荐骨干会员参加民进中央、省委统战部等举办的各类培训，参加培训346人次。向省委统战部推荐优秀代表人士15人，推荐省级特约人员6人，推荐省欧美同学会理事6人及省直属机关党外知识分子联谊会理事1人，充实民进省委会各工作机构14人。

【参政议政】 2019年，民进省委会领导参加中共浙江省委、省政府、省政协召开的各类协商座谈会、情况通报会、征求意见会等20多次；提交《加强和创新基层治理》《加快高技能人才体系建设》《破解中小企业融资难题》《深化文化服务领域"最多跑一次"改革》《优化大气污染治理协作机制》《推进"区块链+信用浙江"建设》等建议提案，为中共浙江省委、省政府科学决策和有效施策提供支撑。民进监督组赴省人力社保厅、省自然资源厅、浙江银保监局和湖州市政府4个对口监督单位开展"民营经济高质量发展"专项民主监督，调研成果《关于推进我省政策性融资担保体系一体化改革、更好服务小微企业和"三农"经济发展》建议案得到省长袁家军批示。在省政协十二届二次会议上，民进省委会提交大会发言12件、团体提案8件和民进组提案5件。其中，2件提案列入重点提案，3件提案入选大会口头发言。在各地政协会议上，民进各市级组织提交集体提案107件，列入重点提案20件，入选大会发言55篇。民进省委会配合民进中央完成的《关于深化"放管服"改革，激发微观主体活力的建议》《关于深入推进公益一类事业单位文创产品开发经营的建议》提案得到中共中央领导批示。《关于弘扬书法传统文化，坚定文化自信的提案》在全国"两会"期间作为民进中央界别组提案选送，列入全国政协重点提案。全年确定立项委托课题21项，征收自由申报课题53项，征集新时代乡村教育创新发展论文75篇，获民进中央参政议政优秀成果表彰一等奖4篇、二等奖5篇、三等奖10篇。6月22日，在衢州举办主题为"新时代背景下乡村教育的创新发展"的第三届浙江开明教育论坛，论坛征集论文75篇。6月24—28日，在省社会主义学院举办参政议政工作研讨班。8月8—10日，召开全省信息工作培训会。全年编报社情民意信息363期，全国政协单篇采用1篇、综合采用5篇，《每日社情》采用14篇、转送12篇，民进中央采用110篇，省政协采用35篇，省委统战部采用52篇。《基层反映我省天然气价格过高供应不稳极大增加企业运营成本影响竞争力》《建议借亚运东风推进我省民间帆船运动缩小省际差距》等信息得到省领导批示。民进省委会获民进中央信息工作先进单位称号。

【社会服务】 2019年，民进省委会组织开展各类社会服务活动近100次，获民进中央社会服务工作先进单位称号。7月16日，由民进省委会承办，民进中央、省、市、县四级联动"精准扶贫"乡村振兴培训班在安吉开班，贵州安龙县基层干部25人参加培训。7月24日，"民进浙江省委会安龙县社会服务基地"挂牌成立，全年为安龙县栖凤二幼"幼教援教"项目募集资金40万元，并协助完善课程和考核管理体系；推动安龙一中结对宁波镇海中学，开办"镇海中学班"4个；在安龙县龙山镇设立开明助学点；对接落实安龙县骨干医生赴浙江三年轮训计划和先心病患儿免费诊疗计划；为安龙农产品开设"互联网+"助农服务直播室。11月1日，"民进深化'同心·彩虹行动'西部幼儿教师教学实践基地"在杭州成立，民进中央主席蔡达峰为基地揭牌。深化省内帮扶工作。民进省委会与云和县雾溪乡坪垟岗畲族村签订"双百村结对行动"备忘录，落实财政帮扶资金30万元，坪垟岗村成为丽水市爱国主义教育基地，入选浙江省十佳少数民族特色村寨。"民进浙江省委会医卫专家工作站"在遂昌县中医院挂牌成立，并举行大型义诊。嘉善县域科学发展示范点建设工作继续推进。举行"春联万家"公益活动56场，持续开展"关爱病残孤儿"公益活动、"在水一方老年公寓"医药卫生服务、"浙大教师金秋义诊"、"名医下乡送健康"大型义诊、"民进法制大讲堂"等品牌活动。 （民进省委会　李星樵）

中国农工民主党浙江省委员会

【概况】 2019年，浙江省有农工党省辖市委会11个，县(市、区)委员会10个，基层委员会41个，总支部委员会33个，支部委员会490个。党员总数1.15万人，其中重点领域党员占59.9%。新发展党员566人，平均年龄38岁。党员中，医药卫生界占38.9%，人口资源和生态环境界占6.7%，教育界占1.6%，科技界占2.3%。大学以上学历占95.8%，中高级职称占68.4%。担任全国人大代表、全国政协委员各3人，担任省人大代表14人、省政协委员30人，担任政府、司法机关、高校、科研院所、社会团体及国有企业领导职务的143人。中国农工民主党浙江省委员会(简称农工党省委会)设有医药卫生与人口资源、农业水利与环境资源、经济、社会法制、科技教育文化、青年与联络、妇女、理论与党史研究、老龄9个专门工作委员会。

【政治建设】 2019年，农工党省委会通过召开常委会扩大会、暑期读书会、全体会议，举办之江前进讲堂等方式，以深入学习贯彻习近平新时代中国特色社会主义思想为主线，围绕学习中共十九届四中全会及省委十四届六次全会精神、农工党中央工作会议精神等进行集中学习、专题研讨、交流体会。开展"不忘合作初心，继续携手前进"主题教育活动，推动深化学习教育、开展纪念活动、开好民主生活会、加强代表人士队伍建设、强化基层组织建设、深入调查研究、积极履职尽责、抓好整改提高、注重典型教育、强化宣传交流10项重点工作取得阶段性成果。农工党省委会领导班子带头领学，农工党省委会向全省各级党组织印发学习书籍和资料，全年开展专题活动10多次。9月17日，农工党中央在杭州召开主题教育活动座谈会，会前农工党省委会领导班子成员赴部分市级组织召开座谈会，并进行书面征集意见建议。年内，农工党省委会围绕中华人民共和国成立70周年、新型政党制度确立70周年主题，举办“风雨同舟七十载，携手奋斗新时代”文艺会演、“携手共进·筑梦中华”书画作品巡展等主题活动，编演履职小话剧《苕溪新传》，开展“新中国70年浙江多党合作70人物访谈”活动。组稿选送作品参加农工党中央“美丽中国美术作品展”“同心共祝祖国好”随手拍摄影、微视频大赛及理论征文等活动，其中农工党杭州、宁波、临海市委会选送的3件微视频名列前10位，3篇征文分别获一、二、三等奖，7幅“随手拍”摄影作品分别获二、三等奖，农工党省委会获优秀组织奖。依托《浙江农工》、浙江网站、微信公众号宣传教育平台，开展主题宣传、形势宣传、政策宣传、成就宣传、典型宣传。全年农工党浙江革命活动史料陈列馆接待33批次771人次参观学习，成为农工党中央党史教育基地、首批浙江省多党合作传统教育基地。

【组织建设】 2019年，农工党省委会领导班子成员分赴11个设区市和省直属基层组织开展“忆往昔，铭初心”暨“三服务”活动，走访慰问中华人民共和国成立前入党老党员、省市农工党组织历任主委、基层农工党组织及党员创办的中小企业。省委会专题组织学习《关于加强中国特色社会主义参政党建设的意见》《民主党派代表人士队伍建设规划2018—2027年)》《各民主党派中央关于新时代组织发展工作座谈会纪要》等文件。12月20日，农工党省委会召开领导班子民主生活会，查摆3方面问题并进行深刻剖析，制订8条整改措施。重视党员培养，推荐6名党员担任省级特约人员，推荐党员任省欧美同学会副会长、中华职教社副主任等职。全年举办各类培训班7期；组织党员参与中央和省委统战部举办的培训班、中医科学大会、人口发展研讨会等。年内，1名党员获全国五一劳动奖章，4名党员获省劳动模范称号，2名党员获“白求恩式好医生”称号，1名党员获“浙江慈善奖”志愿服务奖，4名党员入围浙江省“最美统战人物”候选人。2名党员科研成果获国家科技进步奖二等奖、国家技术发明二等奖，18名党员获省部级科研奖励。在全省开展基层组织规范化建设年活动，推进基层组织绩效量化考核的动态管理机制建设，推动培育一批有特色、有亮点的基层组织，并加以总结推广。10月，组织省直属基层组织负责人赴江苏农工党省委会学习交流。深化“农工党党员之家”建设。根据省委会《关于进一步加强“农工党党员之家”建设的指导意见》，为更好地在“农工党党员之家”中展示农工党元素，规范党史、组织沿革等图文资料，印发党史宣传资料参考模板。抓好省直属基层新党员培训，通过对新党员进行党史党章、民主党派初心使命和历史道路的专题教育，加深新党员对农工党和自身职责的认识，93名党员正式成为省直属基层新党员孵化营新一批“营员”（孵化营是一个给新党员搭建的提高理论素养、促进互相交流、进行自我提升和成长的开放平台）。进一步做好发展对象的前置教育工作，召开2次发展对象座谈会，让发展对象提前以“准党员”身份体验组织生活，对加入农工党有更深刻的感悟和理解。年内，省委会机关开展“走基层，听心声，推进‘六型’机关建设”调研，着力推进全省“六型”干部队伍建设。完善机关重大事项决策程序，落实月度工作计划，实行项目方案制度。

【履职议政】 2019年，农工党省委会主要负责人参加协商会、通报会、谈心会、座谈会，围绕中共省委常委会工作、“一府两院”工作报告、民营经济高质量发展、长三角一体化、省域治理现代化等专题建言献策。在省政协十二届二次会议上，省委会提交团体提案10件、大会发言8篇；提交界别组提案3件、大会发言1篇。其中6篇列入大会口头发言；重点提案《健全财金政策体系，助推生态产品价值高效实现》获中共浙江省委书记车俊、省长袁家军等领导批示。2件提案入选中央团体提案提交全国政协。提交全国“两会”提案12件、议案建议23件。发挥建言“直通车”优势，3篇调研专报获车俊等省领导批示。在省政协十二届八、九、十次常委会分别作题为“持续优化营商环境 加快我省生物医药产业高质量发展”“加快流域跨界水污染协同治理 共建绿色美丽长三角”“大力提升协商能力 深入推进协商民主”口头发言，并就“近岸海域污染防治”进行对口联系和界别协商。围绕中共浙江省委“三服务”活动部署，将“三服务”与“民营经济高质量发展”专项民主监督相结合，就“优化生物医药企业营商环境”主题深入省直属部门及宁波、台州等地进行监督调研。5月17日，农工党省委会在杭州举办“同舟·经济圆桌论坛”暨“生物医药产业高质量发展”议政沙龙，形成民主监督专项报告。配合中央“制造业高质量发展”重点课题，赴多地调研，梳理“三服务”问题清单。全年编报信息338篇，其中10篇被全国政协录用，10篇在中央统战部期刊《零讯》刊登，93篇被农工党中央录用，81篇被省委统战部录用，20篇被省政协录用，2篇得到国家领导人批示，1篇得到省领导批示。农工党省委会社情民意信息工作以总分第一的成绩荣获“2018-2019年度农工党中央社情民意信息工作先进单位”“2019年度全省统战系统信息工作成绩突出单位”称号。

【社会服务】 2019年，农工党省委会负责人带队赴云南西双版纳傣族自治州勐腊县瑶区乡开展脱贫攻坚民主监督，监督组一行走进农户进行访谈，同行的医疗组开展手术示范带教及业务培训。捐赠200万元援建贵州大方县理化乡卫生院业务用房，20万元援建理化乡营盘村卫生室。1月，农工党省委会为省农科院、嘉善县政府和浙江一里谷农业科技有限公司牵线，促成3个单位签订“推进乡村振兴战略合作协议”。4月13—18日，农工党省委会会同杭州市委会和宁波市委会在贵州大方县开展精准医疗爱心行动、捐赠帮扶资金、为基层医务人员开展临床带教、培训科普、考察调研等活动，落实精准扶贫工作。推进省内定点帮扶，落实首期项目帮扶资金30万元，结合新春走访慰问开展健康帮扶、产业帮扶论证，为丽水莲都区富山头村发展规模种植油茶树献智出力。5

月，农工党省委会为浙江中医药大学附属一院支部和嘉善县陶庄镇卫生院牵线，设立“蒋氏小针刀工作站”，助推建立远程会诊终端平台。整合省市资源，全年建成省级社会服务基地4个。9月17日，省委会联合有关单位在安吉举办定点扶贫工作培训班暨大方县“乡村振兴发展”专题培训班，要求全省农工党组织聚焦“贫困人口精准医疗爱心服务”计划，发挥联系广泛等优势，动员和联络社会各界力量帮扶大方县经济社会发展。农工党省委会并举办“践行‘两山’理念·助力乡村振兴”研讨会，农工党中央副主席兼秘书长曲凤宏应邀出席会议，省内外乡村振兴理论专家学者及来自定点扶贫工作培训班暨大方县乡村干部培训班的学员等200多人参加。9月，农工党省委会与安吉县政府签订支持新时代浙江(安吉)县域践行“两山”理念综合改革创新试验区建设框架协议，助力实施乡村振兴战略。全年全省各级组织捐赠帮扶资金427.42万元，捐赠物资折价190.3万元，向受台风“利奇马”影响严重地区捐款50.3万元，引进投资项目资金150万元，手术带教、义诊、业务培训等受益8.99万人次。农工党省委会被评为农工党中央扶贫大方县先进集体和农工党中央脱贫攻坚民主监督先进集体。

(农工党浙江省委会　楼巧英)

中国致公党浙江省委员会

【综述】　2019年，浙江省有致公党市级委员会4个(杭州、宁波、温州、嘉兴)、省直属委员会2个，基层组织105个，党员2130人，其中新发展98人。党员中，中上层人士占85.7%；有“侨海”关系的占79.6%。中国致公党浙江省委员会(致公党省委会)设经济、社会发展、环境保护、海外联谊、社会服务、理论研究6个专门委员会。

【思想建设】　2019年，致公党省委会深入开展主题教育活动，8月，主题教育活动领导小组成立，发布活动方案，并召开动员部署会和集中学习会。9—12月，致公党省委会领导班子带头开展主题教育宣讲，各地分别通过“三服务”、走访基层支部基层党员、开展调研、专题讲座等形式投入主题教育活动，推动主题教育活动深入开展。将主题教育活动与“我和我的祖国”系列庆祝活动相结合，全年全省各级致公党组织开展主题教育集中学习164次，举办各类大型特色活动122场次。参与“风雨七十年，肝胆长相照”经典回声活动，举办“我爱我的祖国”老、中、青年党员访谈会，开展“我和我的祖国”主题征文，举办新时代新姿态——庆祝中华人民共和国成立70周年接力跑活动，组织常委会集体赴陈望道故居开展现场学习，组织撰写“新中国70年浙江多党合作70人”人物专稿。加强宣传阵地建设，发挥“浙江致公”网、《浙江致公》期刊、“浙江致公”微信公众号三大宣传阵地作用。全年，“浙江致公”网发布稿件、文件700多篇；《浙江致公》期刊6期，刊登文章128篇；“浙江致公”微信公众号推送新闻200篇。新媒体宣传工作考评位居致公党全国各省级组织第二位。

【组织建设】　2019年，致公党基层组织发展加快，新建丽水市委会筹委会、温州瑞安支部。规范基层组织阵地建设。12月4日，致公党省委会印发《关于开展创建“致公之家”活动的通知》。加强党员学习培训，举办全省基层组织负责人、中青年骨干培训班、参政议政和宣传骨干培训班4次，110多人参加，选送15名党员参加上级部门举办的培训班。推进代表人士队伍建设，推荐骨干党员使用和安排，5名党员当选浙江省欧美同学会第一届理事会理事，其中1名为副理事长。各专委会通过召开座谈会、组织调研、撰写报告等形式，发挥专业团队作用，提升工作成效。全年致公党省委会领导班子召开民主生活会2次，开展批评与自我批评。健全党内监督制度，出台《省委会监委会委员联系市委会、参加市委会重大活动制度》，监委会成员参加各市委会领导班子民主生活会、届中述职和民主评议等活动，分组检查各级组织主题教育活动开展情况，突出政治监督，履行好重点工作的监督职责。年内，致公党省委会、杭州市委会获致公党中央“先进集体”称号，6名党员获“优秀党员”称号，1名机关干部获“优秀组织工作者”称号。

【参政议政】　2019年，浙江省各级致公党组织和广大党员围绕召开一次专题讨论会、建立一个参政议政人才智库、主委(主任)领衔一个重点课题、搭建一个交流平台、形成一批高质量参政议政成果、举办一次成果展示会等工作任务，开展调查研究，全年立项调研课题74个。整合参政议政资源，建立经济金融、科技创新、规划生态、教育文化、社会法治、医疗健康6个智库群，涵盖党员专家300多人。11月12日，致公党省委会召开课题评审会和精品课题展示会，邀请专家现场评审，履职能力和水平得到提升。致公党省委会重点围绕中共浙江省委十四届六次全会，省政府、省法院、省检察院工作报告开展协商建言。21项参政议政成果获致公党中央表彰，获奖数量列各省级组织第一位。9篇材料被致公党中央采用并提交全国政协会议。向省政协全会提交团体和界别提案7件、大会发言9件，4件入选大会口头发言，2件列入重点办理提案。3件团体提案、3件个人提案获评优秀提案。《2020年底前实现乡村农贸市场星级全覆盖的建议书》得到中共浙江省委书记车俊、副省长王文序批示，建议被采纳并写入政府工作报告和相关工作实施意见。上报社情民意信息150篇，被上级部门采纳77篇。其中，全国政协采用1篇，中央统战部采用7篇，致公党中央采用17篇，省政协采用16篇，省委统战部采用36篇。有关环保税实施后提升企业应对能力的建议和长三角论坛成果获国家领导人批示。

【社会服务】　2019年，浙江省各级致公党组织开展定点扶贫工作。5月6—9日，致公党定点扶贫地区基层干部乡村振兴战略专题培训班在杭州举行，培训班学习贯彻习近平总书记在浙江省倡导的“千村示范、万村整治”先进经验和“绿水青山就是金山银山”发展理念，对3个特色乡镇和3个乡村振兴示范村进行考察学习。5月，致公党省委会主要领导带队赴四川省广元市开展脱贫攻坚民主监督调研，总结经验直面问题，形成调研报告提交致公党中央。8月，启用“浙江省致公党红十字公益专项基金”，对受台风“利奇马”影响严重地区进行援助。9月，致公党省委会协助贵州毕节市七星关区媒体中心与浙江长兴集团联系对接，双方就学习合作展开对话。通过“浙江省致公党红十字公益专项基金”落实产业帮扶资金，用于四川青川县红光乡陶龙村“同心奔康示范基地”建设农用蓄水池项目，给当地特色农业发展提供帮助。推进100位企业家帮扶100个村消除集体经济薄弱村行动计划。制定每月消费扶贫(社会各界通过消费来自贫困地区和贫困人口的产品与服务，帮助贫困人口增收脱贫的一种扶贫方式)行动计划，组织全省各级组织赴遂昌县石练镇迎新村开展帮扶，实现消费扶贫8.5万元，并落实各类项目资金和设备资源价值55万元，推动迎新村集体经济实现“消薄”任务。

【对外联络】 2019年，致公党省委会以“侨海”工作(归侨、侨眷、留学、访问学者或港澳台属等工作)为重点，于5月13日举办致公党海归企业家座谈会，6月17日举办全省侨海工作会议等进行专题研究，7月4日出台《致公党浙江省委会关于进一步加强侨海工作的若干意见》。与省委统战部、省侨联联动开展工作，调研走访各市委会和基层组织，细化责任分工。年内，致公党省委会首次作为主办单位之一参与浙江省“第五届世界浙商大会涉侨专场活动”，参加省委统战部组织的侨领研习班，组织开展“引凤工程之海外博士浙江行”系列活动，推动“改良型新药治疗代谢疾病项目”在嘉善归谷产业园落地。发挥党派优势，全年确立“侨海”课题13个，重点关注反映侨情侨意、海归人员创业创新、“一带一路”倡议下全方位对外开放等问题，突出致公党省委会参政履职“侨海”特色。致公党省委会获致公党中央“对外联络工作优秀集体”称号；杭州市委会、温州市委会被评为“对外联络工作先进集体”，4名党员获评“对外联络工作先进个人”。

(致公党省委会　何　晨)

九三学社浙江省委员会

【概况】 2019年，浙江省有九三学社市级地方组织11个，县级地方组织7个，基层委员会69个，支社委员会498个，直属小组2个，社员1.27万人，其中高、中级职称占92.3%。全年新成立基层组织27个，新发展社员586人，新社员平均年龄37.5岁。主体界别社员占78.9%，其中，科学技术界占39.6%，医药卫生界占23.3%，高等教育界占16%。担任县级以上人大代表、政协委员1170多人，其中，全国人大代表4人，全国政协委员2人；省人大代表21人，省政协委员30人。担任副厅级以上干部22人。九三学社浙江省委员会(九三学社省委会)设协商议政专家委员会、科技教育工作委员会、医药卫生工作委员会、农村工作委员会、经济工作委员会、文化工作委员会、青年工作委员会7个工作委员会，设立履职委员会，协调各工作委员会履行职能。

【思想建设】 2019年，九三学社省委会开展“不忘合作初心，继续携手前进”主题教育活动。全年编印主题教育活动简报6期，在省委会网站上开设主题教育专栏，发文110篇。8月22日，参加由中共浙江省委统战部牵头举行的“风雨七十年肝胆长相照——新中国成立70周年、多党合作和政治协商制度确立70周年经典回声活动”。9月11—12日，召开九三学社浙江省第36次思想政治工作会议，其间举办庆祝中华人民共和国成立暨中国共产党领导的多党合作和政治协商制度确立70周年大型主题书画摄影展和演讲比赛，并编撰印制相应主题征文、书画和摄影纪念集。8月20—23日，承办九三学社全国传统教育基地工作研讨会，以此为契机提升全省4个“九三学社全国传统教育基地”(梁希纪念馆、褚辅成史料陈列室、陈桥驿先生史料陈列馆、严济慈陈列馆及故居)建设水平。11月20日，褚辅成史料陈列室和梁希纪念馆入选首批浙江省多党合作传统教育基地。年内，九三学社省委会通过网站、杂志、微信公众号等平台讲好“九三故事”；网站开设专题7个，发稿600多篇，其中九三学社中央采用557篇；《浙江九三》杂志出刊6期；微信公众号推送文稿152篇，总阅读量30多万人次；在《人民政协报》《团结报》《民主与科学》《联谊报》等统战类主流媒体刊登文章290多篇。

【组织建设】 2019年，九三学社省委会加强领导班子建设，推进代表人士队伍建设，提高组织发展质量。建立民主生活会制度。3月25日，九三学社省委会召开首次领导班子民主生活会，开展批评与自我批评，达到“红脸出汗”效果。加强社员培训工作。全年推荐骨干社员参加九三学社中央、省委统战部等组织的各类培训23人次；在省社会主义学院举办培训班4期，培训骨干社员、新社员197人。九三学社省委会召开省直属单位党委恳谈会，加强省委会与省直属基层组织所在单位党委之间联系。按照组织程序，完成九三学社浙江大学委员会等20个基层组织换届和届中调整。推进省直属基层组织与县级组织结对共建工作，完善省直属基层工作大格局。结合“不忘合作初心，继续携手前进”主题教育，九三学社省委会监督委员会对杭州、嘉兴、湖州市委会开展制度建设专项检查，以内部监督推动市级组织制度化建设；对宁波、温州、嘉兴、绍兴、舟山5个市委会届中述职评议进行督导。5月19—22日，与湖南大学合作，首次在高校举办全省九三学社机关专职干部培训班，提升专职干部素养和能力。8月19—22日，九三学社省委会和3个市委会机关以较好成绩通过九三学社中央机关正规化建设交叉检查。落实机关公务员职务职级并行改革，全年完成职级套转14人、初次晋升11人。

【参政议政】 2019年，九三学社省委会领导班子成员带头开展调查研究，向中共浙江省委、省政府报送调研报告5篇。其中，《扶持民营企业战略创业，重构数字经济竞争优势》《浙江自贸试验区如何走在前列和勇立潮头》《大力推广宁海“审批法庭”机制，全面深化“最多跑一次”改革》3篇调研报告得到省委书记车俊批示，相关意见建议被中共浙江省委、省政府作为决策参考。九三学社省委会围绕促进民营经济高质量发展、长三角区域一体化发展、高水平推进省域治理现代化等主题建言资政，就中共浙江省委常委会工作、省政府工作报告、党风廉政建设和反腐败工作、全省法检工作等提出多项意见建议。在省政协十二届二次会议上，提交集体和界别提案12件、大会发言10篇，其中2件集体提案和1件个人提案列入省政协重点提案，2篇发言入选大会口头发言。重点提案《“文山会海”愈演愈烈，统筹治理刻不容缓》得到车俊批示，由省委常委、秘书长陈金彪领办，对推动整治形式主义突出问题、减轻基层负担具有积极意义。《构建科学有效的激励机制，全面激发我省基层党政干部队伍活力》由省委常委、组织部部长黄建发领办，为推动全省建立健全“干部为事业担当、组织为干部担当”良性互动机制发挥积极作用。《加快推进农村网络教育，促进城乡教育均衡》《关于完善我省农村小水电报废退出和生态激励机制的建议》等提案建议，分别被省教育厅、省水利厅等有关部门采纳落实。九三学社省委会重点课题成果《完善区域信用监管机制，助力长三角区域信用一体化建设》入选省政协十二届九次常委会议发言材料。向九三学社中央报送参政议政材料《关于健全科技下乡长效机制的建议》和《关于推进影视文化产业持续健康发展的建议》均作为全国政协十三届二次会议上九三学社中央名义提案。3月30日至4月2日，九三学社中央主席武维华带队到浙江开展“促进科技型民营企业高质量发展”课题调研，九三学社省委会配合做好相关工作，其间承办九三学社中央第20次科学座谈会。6—9月，九三学社省委会主委、副主委带队分赴宁波、温州、金华、台州、丽水等地，和省发展改革委、省大数据局等部门开展“民营经济高质量发展”专项民主监督调研和相关工作督查。6月4日，在省政协十二届八次常委会会议上做题为“加快开放式创新体系建设，全面推进浙江民营经济高质量发展”的发言。11月25—26日，参加省委统战部组织的嘉兴“最多跑一次”改革联合监督。12月20日，在省长袁家军主持召开的专题协商会上做题为“优化创新创业环境，促进科技型民营企业高质量发展”的发言。做好社情民意信息工作。全年九三学社省委会编发信息531篇，其中，全国政协录用16篇，九三学社中央录用66篇，省政协录用26篇，省委统战部录用52篇；九三学社省委会获九三学社中央信息工作先进单位一等奖。

【社会服务】 2019年，九三学社省委会推进社会服务示范基地建设，挖掘整合资源，做深做精社会服务品牌。10月17日，召开全省社会服务工作会议，出台《九三学社浙江省委员会关于加强社会服务基地建设的指导意见》，明确基地建设标准，评选出第一批九三学社省级社会服务示范基地9个，并在会上举行授牌仪式。深化“九桐合作”（九三学社与桐庐县合作），重点助推桐庐县莪山畲族乡乡村振兴工作，在莪山乡开展彩色水稻景观种植和稻鱼共生生态系统建设，以科技助力乡村振兴。11月8日，在桐庐举办“着力乡村振兴，推动产业兴旺”高峰论坛，社内外专家学者近100人为桐庐乡村振兴出谋划策。推进“九善合作”（九三学社与嘉善县合作），以嘉善归谷智造园社会服务基地为平台，加强与九三学社上海市委会联系，推动园区与上海相关资源对接。年内，举办九三学社浙江省首届农业科技论坛，九三学社中央主席武维华出席论坛开幕式。年内，九三学社省委会响应九三学社中央和统战部门号召，参与贵州毕节威宁县、黔西南州、六盘水等地脱贫攻坚工作。开展科普宣传工作。九三学社省委会“院士专家行”活动连续走进宁波、德清、新昌等地，取得良好社会效益。全年全省九三学社组织开展各类科普活动621场次，参加科普服务专家1740人次，发放科普资料4.6万份，受益群众近10万人次。

（九三学社省委会　赵　威）

台湾民主自治同盟浙江省委员会

【概况】 2019年，浙江省有台盟省直属基层支部8个。全省盟员总数128人，其中中上层人士58人，占45.3%，年度新发展盟员9人。全省盟员中全国政协委员1人，省级人大代表1人，省级政协委员9人。台湾民主自治同盟浙江省委员会（简称台盟省委会）加强自身建设，主动参政议政，开展社会服务，各项工作取得新实效。

【思想建设】 2019年，台盟省委会围绕学习中共十九届三中、四中全会精神，中共浙江省委十四届五次、六次全会精神，习近平总书记在《告台湾同胞书》发表40周年纪念会上重要讲话精神等主题，召开各类学习会20多次。开展“不忘合作初心，继续携手前进”主题教育活动，成立以主委为组长的主题教育领导小组。8月21日，印发《台盟浙江省委会关于开展“不忘合作初心，继续携手前进”主题教育活动的通知》及活动方案，确定学习中共十九大报告、中共十八大以来习近平总书记关于加强和改进统一战线工作重要论述等五方面学习内容。台盟省委会理论学习中心组、各支部每月至少开展一次集中学习。领导班子成员赴各支部巡回宣讲，台盟省委会主委张泽熙做专题辅导报告2次。在全省台籍政协委员中开展“新时代人民政协的新作为”交流学习活动，收集整理并印发《习近平总书记关于加强和改进人民政协工作的重要思想专题摘编》等学习资料，台盟省委会领导下沉一线分组指导研讨。联络推动台盟中央授予金华酒坊巷台湾义勇队旧址为全国首个台盟爱国主义教育基地。全国政协副主席、台盟中央主席苏辉参观台湾义勇队旧址并为基地揭牌。开展庆祝中华人民共和国成立70周年系列活动。8月22日，参演中共浙江省委统战部牵头举行的“风雨七十年，肝胆长相照——新中国成立70周年、多党合作和政治协商制度确立70周年经典回声活动”。《历经10年抢救台湾义勇队旧址》入选省政协文化文史和学习委员会编撰的《70年·70人——庆祝中华人民共和国人民政协70华诞史料专辑》。2位盟员作为全省统一战线代表性人物接受浙江电视台新闻频道《和合天下——浙江统一战线风采》栏目专访,访谈材料入选省社会主义学院《纪念多党合作70周年70人访谈》专辑。开展台盟省委会、省台联"身边人·身边事"评选、宣传活动,在浙江台盟台联微信公众号和网站陆续进行图文推送。全年浙江台盟台联微信公众号与浙江台盟台联网站分别发布宣传报道200多篇、图片900多幅。浙江台盟台联微信公众号在《团结报》、团结网每月评选的"台盟省级组织微信公众号影响力排行榜"上居前三位。

【组织建设】 2019年,台盟省委会开展基层组织建设年活动,修订完善《台盟浙江省委员会基层组织工作细则》和《台盟浙江省委会基层支部年度考评办法(试行)》,对基层支部年度工作进行监督评价。在台盟中央组织"我为台盟自身建设献一策"活动中提交征文10篇,获奖8篇,台盟省委会获优秀组织奖。重视和创新盟员培训方式。5月28—30日,浙江、安徽、重庆台盟台联红船精神培训班在浙江红船干部学院举行,来自浙江、安徽、重庆的54名学员参加培训。10月24—28日,浙江、上海、江苏、安徽4省(直辖市)台盟组织在湖南大学联合举办"长三角地区台盟组织培训班",浙江省选派盟员骨干12人参加培训。全年选派盟员4人分别参加台盟中央举办的台盟基层组织负责人培训班和省委统战部举办的民主党派中青年骨干培训班。做好人才队伍储备工作,对全省从事台湾问题研究中高级知识分子进行初步摸底。做好温州支部、杭州第二支部班子成员届中调整。监督委员会开展盟内监督,加强对各基层支部主题教育开展情况、工作落实、制度执行等情况监督检查。修订完善《台盟省委会省台联机关制度汇编》,为"六型"机关建设提供制度保障。年内,台盟省委会根据《各民主党派关于从严加强省委会机关建设工作座谈会纪要》精神,就加强政治建设、教育培训、管理监督、廉政建设等方面,明确牵头领导、责任人、责任单位与目标要求。

【参政议政】 2019年,台盟省委会围绕中共浙江省委、省政府中心工作,做好参政议政工作。在全国政协"推动落实惠台利民政策措施"重点关切问题情况通报会、全国政协第十三届常委会第八次会议"办好人民满意的教育"专题协商议政会上发言。年内,台盟省委会负责人参加中共浙江省委、省政府、省政协等各类意见征求会、座谈会、协商会、通报会8次,就"深化浙台金融业合作""建议对R&D经费相关指标进行补充表述"等议题建言并做会议发言。全年提交全国政协委员个人提案3件,省人大代表建议2件,省政协团体提案7件,委员个人提案15件。在省政协十二届二次会议上,2篇材料入选大会口头发言;3件提案列入重点提案。《关于深化浙台金融业合作促进来浙台企台胞金融服务便利化的建议》得到副省长朱从玖批示,"支持在浙江设立两岸合作合资商业银行"建议纳入"省领导领衔的重点改革项目"。6件提案获评省政协十二届一次、二次会议优秀提案。开展"民营经济科技创新""长三角科技成果交易市场一体化""社区工作队伍建设""台师台生在浙学习工作情况"等课题调研,全年提交调研报告37篇。开展"民营经济高质量发展"专项民主监督、"最多跑一次"改革民主监督、重点提案办理督办工作,形成民营经济高质量发展民主监督总报告递交省委统战部。全年向上级有关部门提交各类信息建议40条,其中全国政协、中央统战部、台盟中央等部门采用16条次;省政协、省委统战部、省委办公厅等部门采用21条次。台盟省委会获台盟中央参政议政先进集体二等奖及参政议政突出进步奖。

【社会服务】 2019年,台盟省委会根据省内外帮扶对象各自情况,因地制宜、全方位开展工作,实施对口民主监督和定点帮扶。连续3年承办台盟中央"筑梦乡村"行政管理干部培训班,来自甘肃、贵州、重庆等10个省、市的行政管理干部160多人参加培训。"六一"儿童节前夕向贵州赫章县儿童送去慰问金。台盟省委会2次牵头开展对甘肃甘南藏族自治州临潭县石门乡脱贫攻坚民主监督调研工作,走访近30户贫困家庭了解情况,开展问卷调查。年内,台盟省委会获台盟中央社会服务工作进取奖及脱贫攻坚民主监督工作进取奖。做好省内帮扶工作,邀请台湾专家考察嘉善、德清、开化3个县,就现代农业、民宿产业发展等进行指导交流。做好结对村开化县池淮镇油川村帮扶工作,会同松下住宅电器设备(杭州)有限公司工会,赴油川村慰问困难学生11人,困难家庭9户。会同浙江宗泰农业发展股份有限公司开展实地考察调研,为油川村精准制订"互联网+企业+农户"模式的增收致富整体方案。10月13日,举行助推开化农业发展交流服务活动暨开化·台湾农业发展交流研讨会,与会台湾农业专家围绕发展休闲农业与乡村旅游、茶叶多元化产品开发与利用等专题进行辅导,开化县有关部门负责人、农业大户代表等近100人参加会议。

【对台交流】 2019年,台盟省委会接待台胞11批次273人次。邀请台湾高校在职教授12人赴杭州、嘉兴、宁波、绍兴及湖州安吉等地,开展农业农村经济文化发展交流。与省台办、省教育厅联合举办"浙里寻梦·遇见横店——2019在浙台湾大学生影视文化体验营",扩大"浙里寻梦"品牌效应,推动在浙江台湾大学生更好地了解浙江、融入浙江。完成"2019浙江·台湾合作周"18名两岸经营者俱乐部嘉宾在浙江参访期间保障任务。5月起,由省委统战部牵头,协同多个单位对全省两岸婚姻家庭现状进行调研。全年完成《关于促进大陆高校台湾老师在地化发展的建议》《"九合一"选举透露台湾政治社会新动向》等台情研究文章7篇。(台盟省委会 赵晓华)

浙江省工商业联合会

【概况】 2019年,浙江省有县级以上工商联组织101个。其中,省级组织1

个，市级组织11个，县级组织89个。全省工商联有会员34.03万人，商会组织4249个，县以上工商联执委11591人，县以上人大代表、政协委员3882人。年内，省委、省政府主要领导对省工商联工作批示41次。9月，在全国工商联公布的2018年全国首届省级工商联工作评价中，省工商联居第一位。

【思想建设】 2019年，省工商联创新改进思想政治工作，组织浙江民营企业家新时代讲习团，围绕全国“两会”精神等主题开展集中宣讲4次，举办浙江省民营企业歌唱祖国文艺晚会等庆祝中华人民共和国成立70周年系列活动，与省委组织部共同举办浙江·清华大学新时代民营企业“强信心、增动能”专题研修班，开展“优秀企业家进校园”“浙商领读人走基层”活动11场。围绕“不忘初心、牢记使命”主题开展学习教育，带动民营企业家一起学习，树立“守初心、担使命”意识。6月19日，组织民营企业家代表赴浙江省革命烈士纪念馆开展“初心之行”活动，该信息刊登在新华社《国内动态清样》第2491期上。加强宣传教育阵地建设，优化浙江省商会微信公众号、《浙江工商》杂志采编播报方式，成立浙江民营企业记者采风团，设立首批“浙江省民营经济人士理想信念教育基地”4个，全年基地接待参观人员300多人。加强网络舆情管理引导。省工商联与省委网信办联合举办新时代民营企业网络舆情管理培训班，提升企业正确辨别各类舆情性质、合理防范化解风险的意识和能力。对恶意攻击浙江民营企业的自媒体账号开展摸排整治行动，依法依规整治自媒体账号乱象，先后梳理出30多个重点问题，一一开展查证、分析、研判和处置。组建工商联系统网络舆情工作队伍、重点企业舆情员队伍，全年处置应对重大涉企舆情12件。加强商协会和民营企业党建工作。省工商联出台《中共浙江省工商业联合会社会组织委员会关于直属商协会党组织建立、党组织和党员关系转接工作的暂行规定》，对新组建商协会党组织、商协会党员的组织关系接转、整建制接转党组织等事项加以明确。8月30日，省工商联社会组织党委第一次党员大会在省人民大会堂举行，大会选举产生新一届社会组织党委。指导省工商联直属商协会党组织抓好第二批主题教育，推进非公企业党建创新工作试点，支持嘉兴开展非公党建试点工作。年内，全省有7位非公有制经济人士获“第五届优秀中国特色社会主义事业建设者”称号。

【组织建设】 2019年3月和5月，省委办公厅、省政府办公厅分别印发《浙江省工商联深化改革实施方案》《关于促进工商联所属商会改革和发展的指导意见》。省工商联通过多项举措推进深化改革方案落实，开展市、县工商联工作评价，指导温州全域推进县级工商联改革。发挥企业家主体作用，由14位企业家领衔开展省工商联课题调研，拓宽企业家参与工商联工作事务渠道，提升课题调研的深度和准度。抓好省工商联所属商会改革发展，在全省13个地方或单位开展商会改革试点；制定省外浙江商会建设指导意见和异地商会管理办法，开展省外异地商会工作评价。12月11日，省工商联启动“新时代工商联的新样子”大讨论活动，针对“如何把新时代工商联的政治责任担当起来”“如何把新时代工商联的履职能力提升起来”“如何把新时代工商联企业家的主体作用发挥出来”等6个方面问题，在为期3个月的时间里，组织全省民营企业家、商协会代表和工商联干部开展笔谈、研讨、访谈等活动。

【参政议政】 2019年，省工商联围绕重点工作议政建言，参与《浙江省民营企业发展促进条例(草案)》起草，精准反映商会、民营企业和立法联系点的意见诉求。聚焦稳企业防风险、中美经贸摩擦等主题，做好企业调研、动态分析。参与开展全省民营经济高质量发展工作情况专项督查和民主监督活动，推动全省进一步促进民营经济高质量发展的相关政策举措落实落地。7—10月，省工商联组织1978家民营企业参与全国工商联万家民营企业评价营商环境调研，浙江省营商环境满意度总体排名全国第二位，其中政务环境位居第一位。4篇调研报告获全国工商联系统优秀调研成果一等奖，《浙江省企业投资项目“最多跑一次”改革评估报告》获评全省党政系统优秀调研成果一等奖，《关于精准服务促进民营企业稳定发展的建议》团体提案被省政协十二届二次会议列为1号提案。

【助推经济发展】 2019年11月13日，省工商联举办以“聚力高质量、共筑中国梦”为主题的第五届世界浙商大会。其间，联动举办29项主题活动

2019年9月12日，浙江省大湾区建设知名企业家圆桌会在湖州举行

（省工商联　供图）

和“一带一路”建设点线联通仪式、浙商助力“长三角一体化”仪式。浙商大会约70%参会嘉宾为浙商代表，大会表彰15家“高质量发展”领军企业，达成拟签约项目124个，协议总投资3486亿元。开通浙江为侨服务全球通平台、浙江省金融综合服务平台、浙江省企业服务综合平台。全年全省有92家民营企业入围中国民营企业500强，连续21年位居全国首位。推动实施融资畅通工程。省工商联与省商务厅建立外经合作机制，共同搭建经贸交流合作平台，建立信息交流机制，开展“一带一路”浙商行等活动，推进境外经贸合作区建设，提升全省民营企业跨国经营的能力和水平。5月16日，省工商联在宁波市举办构建亲清政商关系宁波试点工作现场会，推进清廉民企建设。5月31日，省工商联印发《浙江省工商联围绕“最多跑一次”改革提升服务企业能力行动方案》，深化“三服务”活动，全年全省各级工商联开展“三服务”活动1176次，向相关部门报送问题2346个，推动解决企业问题1367个。8月，省工商联会同中国人民银行杭州中心支行开展“万家民企评银行”活动，组织1.47万家民企对1000多家银行机构开展评价，评出“民营企业最满意的银行”100家。9月12日，省工商联在湖州举办浙江省大湾区建设知名企业家圆桌会，助推民企参与长三角一体化建设。支持温州创建新时代“两个健康”先行区，推动将省级层面服务改革事项落实情况列入省级单位年度改革考核体系。10月，省工商联与省委组织部共同举办促进民营企业健康发展专题研讨班，首次邀请知名民营企业家代表为市县党政分管领导授课。组织引导民营企业投身重大发展战略，开展“携手浙商——境外产业园区行”系列活动，达成合作意向16个。11月2日，省工商联与温州市共同承办第二届中国(温州)新时代“两个健康”论坛，温州“两个健康”创建工作获中国改革十大年度案例奖。12月，省工商联会同浙江银保监局等部门召开银企调研座谈会，缓解民企融资难融资贵问题，为民企解决融资需求1857亿元。推动构建“亲清”政商关系。年内，省工商联组织41位民营企业家参加省委经济工作会议，推荐10位优秀省外浙江商会会长代表列席省政协十二届二次会议。全年省工商联举办民营企业境外投资贸易风险防范培训班1场、重要涉外经贸活动30多场，与20多家境外工商社团和经贸机构建立合作联系。省工商联联合相关部门举办浙商品牌创建、推进智能化改造、“凤凰群英汇”助企上市、浙江省先进技术转化应用大赛等活动17场，组织461家民营龙头企业和商会会长企业与846家产业链上的中小微企业结对服务，组织1057家民企参与劳动关系监测专项调研。

【企业合法权益维护】 2019年，省工商联依靠党委政府和司法机关，构建商会调解组织网络体系，帮助企业协调解决疑难复杂案件，化解企业危机，维护企业合法权益，全年开展涉非公经济案件立案监督和羁押必要性审查专项活动11次。年内，省工商联联合省委政法委、省检察院、省司法厅等部门，对10.8万家(个)民营企业和商协会开展法治体检，解决法律问题6.26万个，推动5件涉及政府产权纠纷列入省市重点督办案件。

【引导企业履行社会责任】 2019年，省工商联组织引导浙商积极履行社会责任，主动投身“三大攻坚战”。引导民营企业防范化解金融风险。全年全省三级工商联联动开展稳企业防风险大调研4次，走访企业5094家、商协会453个，召开座谈会422次，形成稳企业防风险系列调研报告，有关意见建议转化为部门政策举措，并在省政府第五次稳企业防风险专题会议上做汇报。引导民营企业投身精准脱贫攻坚战和乡村振兴战略，开展“东西协作浙商助力”产业帮扶活动，推进“万企帮万村”精准帮扶行动，与省供销社等部门联合推出“浙里汇”——浙江省消费扶贫购销平台。浙江民企参与东西部扶贫协作和对口支援地区结对2852个，建档立卡贫困村2566个，投入资金5.56亿元。推进“千企结千村、消灭薄弱村”专项行动，全年全省有3715家企业结对3746个村，落实帮扶项目3248个，到位资金12.7亿元。组织开展光彩事业活动，浙江民企捐款捐物价值1.81亿元。引导民营企业参与污染防治攻坚战。组织198家民营企业参与污染防治攻坚战专题调查，普及宣传污染防治有关政策举措，压实压紧企业主体责任。11月29日，承办第一期全国民营企业家及工商联干部污染防治专题培训班，深入学习贯彻习近平生态文明思想和总书记在民营企业座谈会上的重要讲话精神，引导民营企业参与污染防治攻坚战，支持服务民营企业绿色发展。年内，省工商联通过上门走访、座谈交流、跟踪督促、组织企业编写履行社会责任报告等方式，引导和推进1081家民营企业争绿色发展典型。

（省工商联　袁爱国）

群众团体
People's Organizations

浙江省总工会

【概况】 2019年，省总工会坚持以习近平新时代中国特色社会主义思想为指导，努力践行习近平总书记赋予浙江的新期望，全面贯彻中央、省委和全国总工会的决策部署，服务大局，推进改革。结合“不忘初心、牢记使命”主题教育，开展“当一周工人、体工会初心”活动，省总工会机关组织首批14名年轻干部到企业与一线工人同吃同住同劳动，市、县工会机关1448名干部参加，中国工会网推出32篇稿件专题报道，省委书记车俊做出重要批示。开展“三服务”活动20次，现场解决各类困难问题29个。各级工会组建劳模工匠技术服务队深入一线抗击9号超强台风“利奇马”，下拨救灾款350万元。举办全省职工庆祝中华人民共和国成立70周年系列文体活动，组织一线劳模工匠和工会干部到11个设区市开展“我和我的祖国”主题巡回宣讲活动1万余场次，受众100

多万名职工。

【劳模工匠精神弘扬】 2019年，浙江省大力弘扬劳模精神、劳动精神、工匠精神。4月30日，浙江省召开庆祝五一国际劳动节暨劳模先进表彰大会。大会表彰2019年浙江省劳动模范496名、省模范集体98个，表彰浙江2019年4个全国五一劳动奖状获得集体、30名五一劳动奖章获得者、29个全国工人先锋号获得集体及2017—2018年建设“两美”浙江立功竞赛浙江省劳动模范。省委书记车俊向受表彰的先进劳模表示祝贺，并向战斗在全省各条战线上的工人阶级和广大劳动群众致以节日问候。7月19日，省总工会举办首次工匠沙龙暨启动仪式、浙江工匠发布仪式，来自全省各地和省产业劳模工匠代表参加。国庆节前，开展第三届“浙江工匠”选树活动，选树“浙江工匠”100名，完成2名“大国工匠”的推荐。联合省科技厅开展第九批省级高技能人才(劳模)创新工作室命名工作，聚焦70位劳模工匠和一线工人的先进事迹拍摄“劳动最光荣、致敬70年”系列纪录片，黄金娟获2019年全国“最美职工”称号，并受邀出席国务院新闻办举行的产业工人与中外记者见面会。组织劳模工匠赴阿克苏开展技术服务。做好全国和省劳模的春节慰问金、低收入生活困难补助金、特殊困难帮扶金发放工作，慰问1000名中华人民共和国成立70年来做出重要贡献的省级(含)以上劳动模范、全国五一劳动奖章获得者及其遗属。组织全国劳模8批133人、省劳模20批526人疗休养。

【服务中心工作】 2019年，省总工会建立健全新时代浙江产业工人队伍建设改革工作体制机制，召开省协调小组第一次会议，研究制定《协调小组工作规则》《协调小组办公室工作细则》《2019年工作要点》《2019年省级部门任务清单》，进一步明确协调小组、小组办公室及各相关单位的工作职责和工作任务。省协调小组在巨化集团召开新时代浙江产业工人队伍建设改革工作现场推进会，会议总结产业工人队伍建设改革阶段性成果，部署全省推进产业工人队伍建设改革工作，确定15个县(市、区)、12家国有企业开展试点，推动各市及省级相关部门出台实施意见和配套措施。助推浙江经济高质量发展，围绕“最多跑一次”改革、“三大攻坚战”、大湾区大花园大通道大都市区建设、数字经济“一号工程”等省委、省政府的中心工作，举办省重点工程立功竞赛推进会，开展2019-2020年建设“两美”浙江重点工程立功竞赛，组织杭州亚运会场馆建设等省级参赛项目14项；联合开展82项省级职工职业技能竞赛，214名参赛选手获“浙江金蓝领”称号。开展师徒结对、技能比武、岗位练兵、技能培训等职工技能提升工程，建设高技能人才(劳模)创新工作室、技术服务队，推广先进操作法、品牌服务法。助推长三角更高质量一体化发展，举办长三角地区民营企业劳动竞赛现场交流会暨纺织行业职工职业技能竞赛；组织工匠参加长三角工匠论坛，参加首届长三角地区劳模工匠创新工作室创新成果交流展示评审，并推荐省第二批劳模工匠创新工作室；中国劳动关系学院长三角学院落地绍兴。助推民营经济健康持续发展；出台并落实助推民营经济发展15条举措，就中美贸易摩擦形势下职工就业情况开展第二次专项集中调研，及时下拨500万元技能培训补助经费，开展困难企业万名职工转岗再就业技能培训活动；开展“助企业、稳就业、促创业”专项服务活动，全省11个设区市总工会联动开展“浙江省就业创业服务月—春风行动专场招聘会”活动，组织招聘会280多场，参加招聘的企业1.6万家、职工35万余名；继续落实工会经费缓减20%的政策，全年为企业减负近10亿元。助推乡村振兴战略实施。联合省教育厅、省人力社保厅、省财政厅出台《浙江省“农民工学历与能力提升行动”实施意见》，推进农民工“求学圆梦行动”，计划至2022年每年资助1万人提升学历、2万人提升技能；开展职工疗休养基地命名工作，引导职工到乡村开展疗休养；年内，新增省级农民工文化家园80个；常态化开展送文艺、送电影、送图书、送培训等下基层进乡村活动，推动工会职工服务和活动阵地、职工书屋等职工文化服务设施与农村文化礼堂等共建共享。

【维权维稳工作】 2019年，省总工会着力防范化解重大风险。召开各市总工会党组书记参加的维权维稳工作会议，开展全省工会系统做好平安护航中华人民共和国成立70周年大会战工作；研究制定全省工会维稳和信访工作意见、处置突发事件应急预案，建立和完善市、县(市、区)、乡镇(街道)三级重要时期信访维稳信息报送制度，夯实全省工会信访维稳工作责任体系和制度；开展工会组织防范化解重大风险的专题调研，全面排查化解职工队伍矛盾风险，全省共排查化解各类矛盾风险1457件；强化网络舆情监测，刊出舆情参考月报9期、网络舆情专报14期。全省建立工会法律服务队伍250个，着力完善维权体系建设；以工会法律服务为抓手，走进工业园区、中小微企业开展劳动用工法治宣传、“劳动法律体检”等活动，深入开展“尊法守法•携手筑梦”服务农民工法治宣传行动，开展各类法律公益服务活动1500多场次，惠及农民工20多万人，协助全国总工会举办“宪法进企业”启动仪式主场活动，以“最多跑一次”改革为支点，撬动规范信访、法律援助等工作改革，开设网上咨询解答、投诉受理、领导信箱、网上信访流转等网络渠道，全面开设法律援助窗口，建成工会法律援助一小时服务圈，全省职工信访人次和案次分别比上年下降19.6%和22.9%。着力构建和谐劳动关系，推进劳动关系和谐园区创建工作，指导22个省级特色小镇开展创建工作；研究制定全省“集体协商质效评估三年规划”方案，开展集体协商要约行动，承办全国城市集体协商技能竞赛；积极参与省政府“浙江无欠薪”行动，开展重点领域专项督查；完善工会劳动争议调解与劳动仲裁院仲裁相衔接的调处机制，联合省仲裁院开展全省劳动人事争议调解技能竞赛，参与省级劳动争议案件调处20多件；完善劳动关系和职工队伍状况监测制度，及时调整优化监测指标，定期监测全省3000家企业。开展劳动保护和安全隐患“随手拍”活动，联合省卫健委、省民政厅、省人力社保厅开展2019年《中华人民共和国职业病防治法》宣传周活动，协同省卫健委、省应急管理厅开展全省病媒生物防制员职业技能竞赛、安全生产应急救援竞赛。

【帮扶服务】 2019年，省总工会开展困难职工精准帮扶。加强工会帮扶与社会救助体系的有效衔接，印发《关于进一步做好困难职工档案精准识别和动态管理工作的通知》，全省全国级和省级困难职工户数由上年末的4600多户减至2904户；出台帮扶资金使用管理细则，开展全省帮扶资金、送温暖资金专项审计及解困脱困工作第三方绩效评估，制定出台《浙江省工会送温暖资金使用管理办法（试行）》，全省工会系统联动开展元旦、春节送温暖活动，重点解决困难职工、困难劳模和一线职工及受中美贸易摩擦影响的困难企业等实际问题，全省累计发放慰问款物折合人民币6800多万元。省总工会开展各类服务职工工作，加快推进职工医疗互助保障“最多跑一次”改革；加强职工服务中心、工人文化宫、职工文化中心、职工学校、工人疗休养院等职工服务阵地建设，完成文化宫、疗养院清理整改“三年行动计划”；组织全省2000名一线职工疗休养；开展“浙工缘”青年职工交友系列活动，探索“公益托班”模式，全省建立“妈咪暖心小屋”4426家；开展“送清凉、送安全、送法律”高温慰问活动，全省共慰问职工600万人次，发放慰问金9000多万元。

【基层工会建设】 2019年，省总工会不断深化基层工会改革。先后召开全省基层工会改革现场推进会、全省工会基层工作布置会暨“基层组建、基层改革”现场推进会、全省工会推进“基层组建、基层改革”工作视频会议，推进288家市、县两级群团改革试点单位的工会改革，培育30家试点改革单位；建设完善省、市、县统一的工会改革创新项目库网上平台，召开首次工会改革创新项目推广交流视频会议，入库229个工会改革创新项目，选树和培育一批创新性强、可复制、可推广的样板，不断深化基层工会建设；集中开展工会组建专项行动，重点推进100人以上未建会企业的建会工作，全省1140家100人以上未建会企业基本建会；推进新经济新技术新业态建会入会工作，“司机之家”建设、互联网企业和房产中介机构建会等工作取得新进展，全省互联网企业工会组建率达88.8%，新增14家全国“司机之家”建设试点单位，5家试点单位全部通过交通运输部和全国总工会的验收；加大民宿、农家乐、农村专业合作社、农村电商平台等涉农组织和行业的工会组建力度；推进工会组织和工会会员实名制数据库建设；深化以“六个有”（有依法选举的工会主席，有独立健全的组织机构，有服务职工的活动载体，有健全完善的制度机制，有自主管理的工会经费，有会员满意的工作绩效）为标准的基层工会规范化创建活动，强化288家基层群团改革试点单位和省、市两级359家特色小镇创建单位的工会规范化建设，推进《县级及以下工会工作规范》系列地方标准的制定工作。加强“三平台一中心”智慧工会建设，制定《浙江“智慧工会”集约化建设的意见》，深入开展“争做网上好职工”活动，省总工会和宁波市总工会被中央网信办、全国总工会授予2019年“网聚正能量、争做中国好网民”活动优秀组织奖。推动出台《关于完善和加强社会化职业化工会工作者队伍建设的实施意见》，明确全省工会系统统一开展招聘考试；加大志愿者队伍建设力度，激活基层工会活力。

（省总工会　姜晓蓉）

共青团浙江省委员会

【概况】 2019年，浙江省共有14-35周岁青年1624.24万名，其中团员331.92万名；基层团组织17.97万个，其中：基层团委6560个，团工委978个，团总支3233个，团支部11.45万个；专职团干部4739名，挂职团干部199名，兼职团干部18.81万名。全省共青团组织贯彻学习习近平总书记在纪念五四运动100周年大会上的重要讲话和致中国少年先锋队建队70周年的贺信等重要精神，开展《习近平关于青少年和共青团工作论述摘编》《习近平的七年知青岁月》等专题学习。全年召开团省委党组理论学习中心组专题学习12次。举办全省团干部“不忘初心、牢记使命”专题培训班。团省委“午间诵读”学习品牌在全省各级团组织中推广。对标习近平总书记关于为基层减负的重要指示批示精神，制定出台共青团“基层减负”5条举措，全年团省委印发至县级团委的文件和召开的全省性会议（活动）数量比上年均减少30%。开展“深化三服务、调研大走访、联青解难题”活动，班子成员带头赴基层开展专题调研，发放问卷6371份，征求意见建议132条，形成调研成果4份。依托“青春浙江”微信公众号等团属新媒体矩阵，线上征集青年意见建议517条。各级团组织联动开展“三服务”活动8302次，“百团进万企”活动覆盖企业8665家，直接服务基层青年13万余名、基层团组织6879个。

【青少年思想政治引领】 2019年，浙江省团组织组织开展“青年大学习”网上主题团课，参与青年314万人次。举办各级党团知识竞赛1503场，直接参与团员青年19万人次。组建“青年讲师团”，开展各类主题宣讲活动2100多场，覆盖团员青年115万人次。开展全省大中学校团员青年“不忘初心、牢记使命”思想政治公开课巡讲活动497场，覆盖青年学生95万人次。以“我和我的祖国”为主题，开展“缅怀革命先烈、传承红色基因”等各类青少年教育实践活动1.7万场，参与青少年450万人次。全省各级少先队组织开展爱国主义教育等活动3400多场。选树“浙江青年五四奖章”“向上向善好青年”“新时代好少年”等青少年典型156名。选拔招募246名大学生志愿者参与浙江省大学生志愿服务中国西部计划、浙江欠发达地区计划“两项计划”，组织2万支团队、46.5万名大中学生开展“三下乡”暨“双百双进”暑期社会实践活动。分层推进共青团思政品牌建设。建成各级红领巾学院705个，开展少先队教育培训1889次，累计培训少先队员18.5万余人次。全省中学生“青苗工程”、大学生“青马工程”稳步实施。守牢网上舆论阵地，深化青年网军“1155”工程，举办示范培训班3期，培训核心网评员200人。持续做大做强“青春浙江”全IP，做好微信、微博、B站等青年集聚的网络平台新媒体思想引领。落实产品化战略，创作推出《爱国是最燃的事》《星星火炬耀70》等原创视频9部，全平台浏览量超过1000万次。承接完成并推广《中国共产主义青年团支部工作条例（试行）》新媒体宣传产品制作。

【服务发展大局】 2019年，团省委在全国率先将“最多跑一次”改革纳入“青年文明号”创建地方标准，动员15.4万名“跑小青”(参与助力“最多跑一次”改革的青年)开展专项志愿服务。以杭州东站常态化志愿服务助推“最多跑一次”改革向公共服务领域延伸扩面。会同上海、江苏、安徽等省级团委签署实施合作框架协议，主办长三角一体化青年发展论坛，组团参加长三角青商高峰论坛等活动，推动长三角地区青年深度交流、融合发展。举办新时代青年企业家发展论坛、浙江—瑞士青年企业家创新论坛，联合西湖大学启动实施“青年企业家西湖发展计划”。围绕数字经济“一号工程”，联合云栖小镇创办“青年数字经济云栖班”。承办第十届中国青年创业奖颁奖仪式及“创青春”“振兴杯”等国家级赛事活动，推进“挑战杯”赛事改革，推动青年创新成果转化落地，全省参加“创青春”“振兴杯”“挑战杯”等国家级比赛均创历史最佳成绩。大学生“新苗人才计划”落实财政资金1000万元，培育大学生科技创新项目2000个。落实科技进乡村、资金进乡村，青年回农村、乡贤回农村“两进两回”要求，深入推进青春助力乡村振兴专项行动，全省累计培养各类“新农人”近2万名，创建省级示范性青创农场100个。通过实施“扬帆工程”精准帮扶计划，扶持返乡青年创业项目424个，撬动银行优惠利率贷款1.12亿元。做好东西部扶贫协作、对口支援和对口合作工作，落实帮扶项目215个，累计投入物资资金1300多万元。牵头做好省级扶贫结对帮扶苍南团组工作。贯彻落实习近平总书记寄语希望工程实施30周年重要精神，全力办好希望工程事业，全年资助希望工程4386万元，资助家庭经济困难学生5748名，救助患病青少年920人，关爱留守儿童近万人。推进“千校万岗”精准就业帮扶行动，为建档立卡贫困家庭大中专毕业生提供就业岗位1.9万个，直接受益2061人。

【青少年成长发展机制完善】 2019年8月，团省委召开省青年工作联席会议第一次全体会议和《浙江省中长期青年发展规划（2017—2025年）》新闻发布会，部署和推动《浙江省中长期青年发展规划（2017—2025年）》落地实施。认真履行省青年工作联席会议办公室职责，明确联席会议成员单位工作职责和年度重点工作任务，推动市、县两级建立青年工作联席会议制度。依托“亲青”品牌提升精准帮扶实效。“亲青筹”平台发布公益项目1042个，筹集善款4381万元，参与捐赠78.9万人次。借助“亲青恋”平台常态化开展“浪漫小屋”等品牌活动，服务单身青年30多万人。“亲青帮”平台入驻专家1.9万人、机构177个，对接办结帮扶个案211件。“亲青创”平台发布创业创新活动和政策导读236项。稳步推进青年人才培养凝聚工作，实施“青春领航”系列人才培养计划，举办“青科协前沿畅享汇”“青春领航青年科技人才培训班”等活动。举办青工创新创效大赛，选树省级青年岗位能手232人。举办青年社会组织骨干培训班3期，培训骨干185人。探索开展未成年人检察工作社会支持体系建设试点，认真做好预防青少年违法犯罪和特殊群体青少年帮扶工作，切实维护青少年合法权益。深化“共青团与人大代表、政协委员面对面”活动，省、市、县三级团组织形成提案、建议和大会发言286件。开展浙江志愿者关爱农村留守儿童专项行动，动员各级团组织开展结对帮扶。围绕“快递小哥”、海归青年等群体开展调研，形成调研成果56份。

【青年志愿服务】 2019年，团省委贯彻落实习近平总书记关于志愿服务系列重要指示精神，实施浙江省青年志愿者服务社区专项行动，组织20多万名志愿者参与社区志愿服务，累计服务时长445.8万小时。推动出台全国首个大型赛会志愿服务省级地方标准，完成第六届世界互联网大会、世界浙商大会等10项大型赛会志愿服务工作。

【共青团基层组织改革】 2019年，团省委指导宁波市鄞州区、义乌市开展全国共青团基层组织改革综合试点，同步推进省级试点10个，在人员配备、阵地建设、经费保障等方面创新体制机制。实施组织力提升“潮头工程”，开展“两新”团建“百日攻坚行动”，全年新增非公企业建团5593家、社会组织建团955家、园区建团125个，网易公司等重点互联网企业建团实现突破。依托“智慧团建”系统持续开展基层组织规范化建设，做实“双百双提升”[指浙江省每年在乡镇（街道）、中学领域各确定100个团建工作整顿提升点]行动，完成组织体系和基层团支部整理整顿工作。推进全面从严治团。以先进性建设为重点，探索实施共青团员“三亮三比”(亮身份、亮承诺、亮业绩，比学习、比先进、比贡献)亮分制管理，健全“推优入党”工作机制，探索建立出国（境）团员管理和不合格团员处置工作机制，发布全省高校主题团日活动8条标准。加强团干部教育培训，各级团组织累计培训团队干部9518人次。加强团县（市、区）委书记队伍建设，常态化分片区开展交流活动。 （团省委　金珍珍）

浙江省妇女联合会

【概况】 2019年，浙江省各级妇女联合会认真学习贯彻党的十九届三中、四中全会精神和省委十四届五次、六次全会精神，学习贯彻习近平总书记关于妇女和妇女工作的重要论述，团结带领全省妇女始终围绕政治引领这一主线，构建家庭建设、创业创新两大平台，突出妇女发展、妇女维权、妇联改革3个重点，做到传统工作展优势、拓展工作有特色，较好完成省妇联十四届二次执委会确定的各项工作任务，推进省妇女事业迈上新台阶。

【妇女思想政治引领】 2019年，全省各级妇联开展“不忘初心、牢记使命”主题教育，全面落实“守初心、担使命，找差距、抓落实”总要求，全年县以上妇联共组织专题学习1352次，交流研讨498次；完成专题党课436场次，覆盖党员群众5.6万人次；开展基层调研7365次，对群众反映问题办结率98.2%。以“争当新时代红船好女儿，争创高水平巾帼新业绩”为主题，省妇联牵头组织全省100场“三八”节庆祝活动、省妇联建会70周年专题纪念活动，用妇女的发展进步讲好浙江妇女与祖国同命运、共成长的故事。制作《奋斗有我 追梦建功——浙江巾帼故事》电子书，开展“我的祖国我的家”家庭摄影大赛、“我和祖国共成长”演讲比赛等活动，营造共庆祖国华诞、共享伟大荣光、共筑复兴伟业的浓厚氛围。各级妇联组织开展“巾帼心向党 礼赞新中国”群众性宣传教育活动，以群众喜闻乐见的形式，讴歌70年来的巨大变化和光辉成就，进一步激发广大妇女爱党爱国的热情。组织各界优秀女性成立“红船女儿”宣讲团，进基层、进高校、进村居、进家庭、进企业，联动全省各级妇联开展“百千万巾帼大宣讲”活动2.37万场，覆盖人群404万人次。加强与日本、中国台湾地区妇女与家庭交流，赴西班牙、葡萄牙开展国际妇联交流，举办中德妇女论坛，参加中阿妇女论坛并做主旨发言，展示浙江妇女工作成就和浙江女性风采。12月18日，成立浙江省三八红旗手(集体)联盟，为全国首家由全国、省级三八红旗手和三八红旗集体自愿组建成立的省级联盟。探索三八红旗手工作室试点。挂牌成立巾帼美好生活实践基地11个。推进网上妇联建设，开通运营“浙江女性”快手和抖音号，“红船女儿”微信号，推出“浙里e家”线上服务，推动浙江女性元素融入“学习强国”“浙政钉”等平台，以“浙江女性”为标识的新媒体矩阵直接联系妇女群众72万人次。推进高校和新兴领域妇联组织建设。与省教育厅联合制定《关于加强新时代高校妇联组织建设的意见》，推动新建省属高校妇联10个。全省各级妇联在“四新”领域建立妇女组织4万余个，联系女性社会组织9000多个。在全省启动百个示范乡镇(街道)妇联、百个示范新领域妇联组织、百个示范“妇女微家”“三个一百”示范建设，并把“打造100个示范新领域妇联组织”列入省委“两新”工委党建项目清单，推动基层妇联和基层妇女活动阵地对标提升。全省建立“妇女微家”7660多个。开展执委、挂兼职妇联干部、新领域妇联组织负责人等各类妇联干部和女性人才培训，全省各级妇联共培训妇联干部6.4多万人次，其中省妇联举办各类培训班77个，参训学员5100多人次。探索发挥妇联执委作用的长效机制，落实省妇联执委履职制度，完善省妇联执委网上履职平台，带动全省各级妇联推行执委分工制、议事制、代表联系制等制度。制定《浙江省妇联“最多跑一次”改革行动方案》，用“最多跑一次”的理念推进妇联改革、推动妇联工作。深化妇联“三服务”活动，妇联干部进村入企到户开展调研，做到“四必访四必到”(生产经营遇到困难的创业女性必访、困难家庭必访、空巢老人及留守妇女儿童家庭必访、涉及婚姻家庭矛盾纠纷的家庭必访)。推进省妇联事业单位改革，为进一步深化妇联改革提供支撑和保障。依托“浙政钉”等网络平台发布巾帼文明岗申报、三八红旗手评选等办事事项，提高办事服务效率。

2019年5月9日，“最美浙江人·最美家庭”发布会在嘉兴海盐举行（省妇联　供图）

【家庭建设综合平台打造】 2019年，省妇联贯彻落实习近平总书记关于家庭工作的重要论述，将家庭工作作为妇联服务大局和服务妇女的重要落脚点，制定并实施《浙江省家庭建设综合平台行动计划》，立体式推进家庭文明、家庭教育、家庭平安、家庭发展、家庭服务各项工作，构建具有浙江特色的妇联家庭工作新格局。加强家庭教育指导服务，推动省人大出台《浙江省家庭教育促进条例》，成为全国范围内第6个出台相关条例的省份。推进家庭教育指导服务站点规范化建设，联合认定135所中小学、幼儿园家长学校，65个村(社区)家长学校(家庭教育指导站点)为省示范家长学校(家庭教育指导站点)。联合浙江少儿频道制作播出《家庭教育圆桌会》电视栏目，开设“家庭教育百日谈”网络专栏，推送精品微讲座视频235个，在线访问量870万次。开展“家庭家教家风”大讲堂基层巡讲77场，受众2万余人次。创新家庭文明建设方式，把“最美家庭”年度发布会办到农村文化礼堂。开展“千村万户亮家风”“万个家庭讲最美”“好家风·助清廉”等活动，引领更多家庭涵育美德善行，弘扬文明新风。联合中国建设银行省分行推出“好家庭信用贷”项目，向各类先进家庭提供金融优惠服务，全年发放信贷资金2.01亿元。与省发展改革委等部门共同开展深化提升“百城万村”家政扶贫工作，推广“常山阿姨”等巾帼家政品牌。成立省巾帼家政服务联盟，实施全省妇联系统"家政培训提升行动"，全省建立巾帼家政培训基地114个，培训家政从业人员4万人次。承接政府高端家政人才培训项目，累计培训335人次。助推健康浙江建设，把"建立低保家庭女性健康关爱机制"纳入健康浙江建设考核体系。

【妇女建功立业】 2019年10—11月，浙江省举办首届妇女创业就业节，创业就业节通过十大活动助推妇女投身大众创业、万众创新活动。关注普通妇女、生活困难妇女的创业增收，设计家政服务、电子商务等门槛较低、就业形式活、参与面广的项目，举办省妇女创业创新大赛，吸引400多名女创客携带114个项目参加大赛，获235万人点赞关注。举办"妈妈的味道·民间美食巧女秀"活动，全省推出美食品种2.1万个，让"妈妈的味道"成为美丽乡村建设的温暖符号，推动"妈妈美食"转化为"妈妈经济"。依托中国义乌国际小商品博览会平台举办浙江省妇女创业就业展示展洽会，成交业务1590项，金额2800多万元。浙江省农产品博览会推出以"巾帼助力乡村振兴 巧女秀出美好生活"为主题的妇联展馆。与省农业农村厅联合签署巾帼助力乡村振兴工作合作备忘录，并召开省巾帼助力乡村振兴工作现场会。全省创建"美丽庭院"示范户28.3万户。全省2万多个巾帼文明岗开展"垃圾分类、巾帼先行"行动，带领城乡妇女营造"垃圾分类就是新时尚"的氛围。注重在各领域培养选树一批致富女带头人。寻找认定100个省级"最美庭院"、100个省级巾帼示范民宿（农家乐）、100位省最美民宿女主人、100位省"女红巧手"，成立全国首个省级最美民宿女主人联盟，带动更多妇女创业创新。

【维护妇女儿童合法权益】 2019年，省妇联综合运用省妇女儿童发展"十三五"规划中期监测评估督导成果，抓好18个规划民生实事和15个规划示范项目落地实施。全面推行妇联主席兼任妇儿工委办公室主任工作制度，推进落实年度重点工作责任制和重点指标责任清单制。召开11个设区市妇联主席维权工作座谈会，专题研究部署女童权益维护工作。完成《浙江省实施<中华人民共和国妇女权益保障法>办法》评估工作，为法规修订提供实践依据。建立多部门联动维权机制，与省高级法院联合建立妇女儿童权益保护机制，联合省人力社保厅等单位出台《关于促进妇女平等就业工作的意见》，进一步形成大维权工作格局。加大对家暴典型案件、婚姻纠纷突出案件的关注和跟踪力度，最大限度减少因婚姻家庭纠纷引发的"民转刑"案件发生。省女律师联谊会探索成立"浙江省律师妈妈保护未成年人权益法律服务团"，在预防青少年犯罪、制止家庭暴力等方面发挥作用。坚持发展新时代"枫桥经验"，深化"平安家庭"建设，进一步完善婚姻家庭纠纷预防化解机制，推动基层妇联组织、巾帼网格员、巾帼志愿者深度参与婚姻家庭纠纷排摸化解、舆情收集、法治宣传等工作，培养选树"湖州德清嫂""绍兴嵊州村嫂"等一批服务平安建设的巾帼志愿队伍。金华市妇联推进民情民访代办工作制，发展妇女民情民访代办员1.1万人，代办案例2600多件，办结率达98.8%；台州市妇联推行"网格+妇联"维权模式，全市建立网格妇联和网格妇女小组4000多个，引导妇女主动参与基层社会治理。全年全省基层妇联排摸婚姻家庭纠纷32633件，化解率95.9%。抓住反家暴日、"三八"维权周、国家宪法日等重要节点，开展主题法治宣传活动2000多次，覆盖群众43万人次。联合浙江电视台经视频道推出《娘家人》普法栏目24期，以案释法教育引导妇女群众自觉学法尊法守法用法。动员广大妇女和家庭积极参与禁毒工作，努力构建禁毒人民战争家庭防线。

【关爱服务工作体系构建】 2019年，省妇联紧扣"三大攻坚战"目标任务，落实省财政资金500万元，用于支持26个加快发展县的基层妇联开展关爱"三留守"人员工作，在磐安、常山、开化、景宁4县开展试点，组织留守妇女参加农业技术、家政服务、民宿餐饮、电子商务培训，提高劳动技能和就业能力，挖掘培养选树"山妹子互助队""姐妹帮帮团"等志愿者帮扶品牌，实施系列关爱行动。在60个村（社区）"儿童之家"开展规范化建设试点工作，为留守儿童提供生活照料、学业辅导、心理疏导、安全教育等服务。发动全省68所高校1.4万名大学生开展"关爱儿童·相伴成长"暑期实践活动，与10.9万名留守儿童、生活困难儿童结对帮扶。各地妇联用好省级妇女儿童发展专项资金，推进妇女儿童实事项目有效实施。连续2年实施女性健康公益保险项目，为5524名低保妇女免费投保，提高低收入妇女抵御大病风险的能力。开展"焕新乐园·家庭陪伴"公益项目，带动213家社会组织、11万人次志愿者，帮助5707名贫困留守儿童、生活困难家庭儿童改善居住和学习环境。开展"圆梦助学"项目，资助学生943人。实施"木兰计划"，免费为100名贫困女大学生提供职前素养培训。 （省妇联 胡华英）

浙江省科学技术协会

【概况】 2019年，浙江省有省级学会（协会、研究会、促进会）179个，团体会员9381个，个人会员25万人，学会涵盖全省理、工、农、医和综合类学科；有省、市、县三级科协组织101个，乡镇（街道）科协1340个，村（社区）科协组织24966个，企业科协2845个，高校科协67个，农村专业技术协会875个。省科协致力于服务创新驱动发展，院士专家工作站建设、"浙江院士之家"创建、科普信息化等工作。承办2019年全国大众创业万众创新活动周杭州主场活动，国务院总理李克强出席启动仪式并发表重要讲话。举办企业创新大家谈、中国创新创业先锋论坛等活动，15项国家部委活动、271场地方活动集中展示浙江创新创业特色。海智基地和离岸创新创业基地建设有序推进，杭州在乌克兰新建基辅海外联络站，宁波在海外建立合作基地5家，举办海外学子浙江行、海外英才项目对接会等活动，组织海外科技工作者来浙开展技术服务。海智长兴国家大学科技园工作基地获批。实施《学会协同创新服务站管理和评价规范》浙江标准，争取国家级示范项目2个，培育省级示范项目15个，新增丽水森林康养产业、长兴新能源产业、兰溪纺织产业等学会企业联合体，嘉善、苍南、开化等地新建省级学会服务站。

【"浙江院士之家"建设】 2019年，省科协贯彻落实中共中央办公厅、国务院办公厅《关于进一步弘扬科学家精神加强作风和学风建设的意见》精神，打造"浙江院士之家"智力集聚新平台，确定杭州萧山、宁波东钱湖、湖州德清、嘉兴桐乡、绍兴柯桥、金华义乌、衢州开化、台州仙居8个"浙江院士之家"建设首批试点，举办"两院"（中国科学院和中国工程院）国际论坛、专委会议、产业对接活动7场。全年新建市级以上工作站139家，评定第十一批省级站24家，全省累计建站1059家。8个试点开展各类院士活动30多次，集聚院士100多人次；召开党政领导与院士专家座谈会10多次，10多位院士专家成为当地政府的专家顾问，落地具体合作项目10多个。德国国家科学与工程院院士罗德尔领衔的"下一代无铅信息功能陶瓷材料与器件"项目正式落地嘉兴桐乡。

【科普信息化建设】 2019年5月27日，省科协在杭州举办中国—巴基斯坦科学传播交流活动。10月8日，开展以"建生态文明·助乡村振兴"为主题的全国科普日活动。省委常委、组织部部长黄建发，副省长高兴夫批示肯定。5月，牵头提出人大科普立法工作建议，召开粤浙2省科普立法座谈会，起草完成6个分项15万字的调研报告及《浙江省科学技术普及条例》草案。构建完善"科学+"科普品牌体系，《加油！科学+》科普情景剧全省巡演32场，《冲刺！科学+》全民益智竞赛吸引28万人次参与海选答题，"科学+"举办活动36场。统筹推进新时代文明实践中心科技志愿服务，舟山市组建25支专业化科技志愿服务团队，湖州市大力开展科技志愿"三服务"活动。全省建立健全现代科技场馆体系，全年省科技馆接待观众91万人次，流动科技馆、科普大篷车分赴17个县区完成31个站点巡展。11月，浙江省代表团参加全国科技馆辅导员大赛取得创历史最好成绩。助力乡村振兴发展战略，高质量参与省政协"六送下乡"服务，省农业函授大学推进农民培训工作与提高全民科学素质相结合，评选出155名农民高级技师。充分发挥浙江科普传播融媒体联盟作用，《都市快报》开辟科普专栏40期，网易科普直播总人数超过1260万人次，与科协组织深度交融的互联网媒体传播集群稳步形成。科学与艺术进一步融合，科普剧"最后一滴眼泪"新板块成功开发，聚焦"防诈骗"等社会问题的农村科普小剧进驻文化礼堂。12月，原创科普动漫《百变小加》入选"典赞·2019科普中国"十大网络科普作品。省科协围绕前沿科技和社会热点编撰浙江科学文化素质丛书，《科学24小时》杂志年发行量近百万份。

2019年，省科协组织专家团队赴缙云开展"三服务"科技帮扶活动（省科协　供图）

【科协基层组织建设】 2019年，省科协加大与基层科协战略合作力度。全省基层组织"3+1"（"3"指吸纳医院院长、学校校长、农技站站长"三长"进入县乡镇科协领导机构兼职挂职、发挥作用，"1"指加强上级科协指导试点范围不断扩大）试点范围不断扩大，建立"三长"履职机制，各类基层科协组织建设规范提质。台州市科协推出"三长"领衔制，金华市科协"三长"履职经验被全国推广，余姚市科协入选全国十佳深化改革县级科协。宁波市科协参与第二届世界"宁波帮·帮宁波"发展大会，组织甬籍院士座谈会。湖州市科协服务"湖州人•大会"获工作集体嘉奖。举办嘉兴"百名院士嘉兴行"、绍兴"融杭联甬接沪"、衢州"院士专家衢州行"等活动。6月11日，由浙江省科协与金华市政府共同主办，金华、衢州、丽水3市科协联合承办的第十届浙江中西部科技论坛在金华举行。

【开展"三服务"活动】 2019年，省科协深入开展"服务企业服务群众服务基层"活动，发动党员干部深入基层一线访民情、访企情、访政情。对口帮扶开化大溪边村，邀请农业专家深入基层提供技术支持，促进当地种养植业和休闲旅游业科学发展。围绕省委创新驱动发展战略，4月，启动开展"千名专家进万企"专项行动，省、市两级科协组织对接各级学会723家、专家6584人次，服务企业4992家，解决难题3217个。嘉兴市推进"暖心扶企"专项行动，228名科协干部与7100名科技工作者建立联系，丽水市"百名专家连百村"活动组织专家下乡1220人次，获副省长高兴夫批示肯定。

【学术交流】 2019年8月，省科协联合宁夏自治区科协开展浙江院士专家宁夏行活动，推动两地建立交流合作机制。9月25日，以“跨界融合 再塑生态——科技期刊发展的新动力”为主题的第十五届中国科技期刊发展论坛在杭州举行。中国科学院院士吴朝晖、杨卫、朱作言、张泽、贺林，中国工程院院士陈建峰、黄璐琦、杨华勇等出席论坛。论坛发布《中国科技期刊发展蓝皮书》《科技期刊出版伦理规范》等系列成果，中国科协党组书记、常务副主席、书记处第一书记怀进鹏，浙江省委常委、常务副省长冯飞，中央宣传部出版局副局长冯士新出席开幕式并致辞。年内，省科协举办省大湾区建设院士专家顾问团年会、中国工程院水污染控制国家高端论坛、中英智慧城市研讨会等高层次学术研讨活动。与省社科联全面合作，推动自然科学与社会科学跨界融合成为全国典范。院士行业科技战略咨询项目和重点软课题研究进展顺利，各类课题成果有效转化，编报科技工作者建议6期。

【跨界合作】 2019年2月，省科协出台科技智库建设意见，启动之江科技智库筹建，发起并成立长三角科技智库联盟，开展高端智库服务长三角一体化战略研究。4月30日，省科协与开化县签订全面合作协议，与开化县大溪边村开展结对帮扶。省科协先后与德清县、景宁县、开化县签署全面战略合作关系，重点围绕产业提升、资源引进、乡村振兴、人才培养、科普宣传、决策咨询等6方面开展合作。8月29日，省科协与省社科联签订战略合作协议，推进浙江省自然科学界与哲学社会科学界首次跨界合作。同月，上海、江苏、浙江、安徽3省1市地科协在上海共同签署《关于服务长三角一体化发展战略合作框架协议》，浙江提出依托院士专家等高端人才智力，建设“之江科技智库”。9月，省科协与省发展改革委联合推选杨玉良、杨华勇、杨小牛、朱利中4位院士为浙江省大湾区建设院士专家顾问团第二批成员。专家顾问团成员包括中国工程院院士、中国工程院原常务副院长潘云鹤等37位院士专家。

【服务科技工作者】 2019年5月30日，“全国科技工作者日”浙江主场活动在杭州举行。省科协启动“寻找科技追梦人”，全省350多场主题活动联动，庆祝科技工作者自己的节日。在中国科协官方微信公众号“改革进行时”上开设“走进之江”专栏，刊发60多篇讲述基层科协、基层科技工作者的“浙江故事”。健全联系科技工作者制度，梳理3张服务清单，走访科研院所、医院、学校、学会，建成“科学会堂”为科技工作者提供高质量服务。组织人才举荐表彰活动，推荐中国工程院院士候选人、中国青年科技奖、女科学家奖、“优秀中外青年交流计划”、求是杰出青年成果转化奖等奖项候选人42人次，评选表彰浙江省突出贡献青年科技人才20人。加强青年科技后备人才培育，与省教育厅联合开展“院士结对培养青年英才计划”，邀请52位院士对首批优秀青年教师进行“带徒授艺”式培养，完成“育才工程”立项及验收工作。

【世界青年科学家(温州)峰会】 2019年10月26—27日在温州开幕。峰会由中国科学技术协会与浙江省政府共同举办，以“汇聚天下英才 共创美好未来”为主题，包括1个开幕式、12项核心子活动和22项延伸活动。习近平主席向峰会致贺信。全国政协副主席、中国科协主席万钢、省长袁家军等领导出席，诺贝尔奖获得者、海内外院士专家、著名青年科学家代表以及国际科技组织负责人等800人参加，覆盖102个国家和地区、17个国际科技组织。峰会共签订高能级创新平台10个、科技创新项目78个、战略合作协议17个。峰会设立世界青年科学家创业园，发布总规模20亿元、一期规模2亿元的世界青年科学家科创基金。

（省科协　耿　介）

浙江省社会科学界联合会

【概况】 2019年，浙江省社科联下属《浙江社会科学》杂志社1个事业单位。联系指导11个市社科联、89个县社科联和81个高校社科联；管理指导178家社科类社会组织，其中业务主管社团68家、民办社科研究机构43家，会员社团67家。省社科联深入实施第二期浙江文化研究工程，深化习近平新时代中国特色社会主义思想研究阐释；主动服务省委省政府中心工作，组织开展重大委托课题研究，报送《浙江社科要报》105期，获省领导批示129件(次)；进一步加强新型智库建设，有254项智库成果获省部级以上领导批示和部门采纳；国家社科基金年度项目立项数列全国第二；第二十届省哲学社会科学优秀成果奖评奖完成，《浙江社会科学》杂志入选《世界学术期刊影响力指数WAJCI年报》Q2区中国社科期刊。举办主管社会组织“不忘初心、牢记使命”主题教育暨第二期党务培训班、全省社科骨干研修班、市县社科联负责人培训班等各类培训10期，培训1000多人。

【习近平新时代中国特色社会主义思想研究】 2019年，省社科联完成《从“八八战略”到习近平新时代中国特色社会主义思想》系列研究课题，完成《领袖与浙江》《红船精神研究》《中共创建文献整理与研究》等课题立项，推出《见证七十年巨变：新中国·新浙江》等重要成果。谋划设立“习近平总书记关于新时代党的建设重要论述研究”“浙江‘三个地’的使命担当和实现路径研究”等纪念建党100周年研究专项课题。与省人大、省政协等联合开展“关于坚持和完善人民代表大会制度研究”“习近平总书记关于加强和改进人民政协工作的重要思想在浙江的探索实践研究”等专题研究。组织全省社科界开展“新中国成立70周年”“红船精神的实践价值”“大陈岛垦荒精神”等主题征文、研讨活动，全年征集理论文章800多篇，部分文章在《人民日报》《浙江日报》等国家级、省级主流媒体发表。

【服务中心工作】 2019年，省社科联组织广大社科工作者围绕省委、省政府中心工作，开展长三角一体化、高质量发展、“最多跑一次”改革、全域有机更新等重大对策课题研究，为省委、省政府中心工作和重大决策提供理论支撑。相关研究成果通过《浙江社科要报》报送105期，获省领导批示129件

（次）；254项智库决策咨询成果得到省部级以上领导和部门批示采纳；社团、民营科研机构政策咨询要报获省领导批示90多件（次）。支持市县社科联开展应用对策研究，累计编发社科成果要报240多期，获国家和省领导批示19件（次）。联合召开“浙江精神与新时代新使命”理论研讨会，举办首届“高质量发展智库论坛”，发布浙江县域高质量发展报告和民营企业高质量发展报告。召开“十四五”前期研究系列专题研讨，为省委、省政府谋划制定“十四五”规划提供参考。联合主办首届长三角江南文化论坛，为长三角高质量一体化发展提供文化动力和理论支撑。开展“三服务”活动，向全省社科界印发《关于开展增强“四力”教育实践工作 深化“三服务”活动的实施方案》，组织之江青年学者开展大学习大调研大练兵活动，围绕100多个调研主题深入基层开展调研，成果获省级以上领导批示35件（次），其中国家领导批示2件（次）。组织社团、民营科研机构等深入企业、群众、基层开展“三服务”调研，覆盖1270个乡镇（街道）、1706个行政村（社区）、4691家企业，共形成调研报告99篇、100多万字，获多位省领导批示肯定。组织机关干部深入市、县社科联、新型智库和重点研究基地开展调研，形成《浙江基层社科联建设现状及对策研究》《浙江省主要高校跨学科、新兴学科研究现状调研》等研究报告。

【实施浙江文化研究工程】 2019年，省社科联加强优秀成果推介，组织召开《浙学未刊稿丛编》（第一辑）发布暨座谈会、《龙泉司法档案选编》出版座谈会、纪念中华人民共和国成立70周年“改革开放与浙江经验”学术著作外译丛书发布会等，《中国历代绘画大系》入展庆祝中华人民共和国成立70周年大型成就展，进一步提升浙江文化研究工程影响力。围绕诗路文化带建设、良渚文化、浙学名著及其意义阐述等主题，召开《浙江诗路研究》项目座谈会、史前文明研究项目座谈会、良渚文化学术外译著作遴选会等，全年设立《浙江诗路珍稀文献整理与研究》《浙江史前文化与中华文明起源研究》《浙江婺剧口述史》等19项重大课题和111个重点课题。引导支持市、县社科联开展地方历史文化和特色文化研究。

【课题立项及成果评奖】 2019年，省社科联组织发动高校、科研单位做好国家社科基金项目申报工作，全年共受理有效申报材料2557项，上报2081项，获国家社科基金项目立项439项，比上年增加120项，获资助经费1.14亿元。申报总量和立项数均为历年最高，实现年度项目超过300项、全年项目超过400项以及获资助经费超过1亿元三大新跨越。组织2019年度省哲学社会科学规划课题、社科联研究课题、科普课题和各类专项课题等申报评审工作，全年共收到各类项目申报4800多项，年内立项、结题均为1000多项。优化省社科规划课题设置，新增设冷门绝学重点资助项目、市县社科联专项课题。开展并完成课题清理工作，撤项和终止367项。修订完善《浙江省哲学社会科学优秀成果评奖办法实施细则》，优化奖项比例，加大奖励力度，完成第二十届省哲学社会科学优秀成果奖评奖。共受理申报成果1360份，评出优秀成果奖200项，其中一等奖50项。50名青年学者获优秀成果奖。

【学术研讨】 2019年，省社科联推动“浙学”研究不断深化，举办“浙学论坛2019：浙学新视野暨‘东南三贤’国际学术研讨会”，组织评选“青年学者浙学研究优秀论文奖”。聚焦学术前沿热点，创新开展跨学科研讨交流，推出“认知科学与思维发展”“治理现代化：价值与技术”“人工智能与社会趋势”3场高层次系列研讨，参与专家学者400多人次。组织“新中国成立70周年”座谈会、第七届“社会建设与法治中国论坛”等，举办“互动相生：新中国文学创作与批评七十年”“行政公益诉讼理论与实践”等学术研讨会。支持社团、民研机构举办学术研讨会190多次、学术沙龙200多次，参与人数2.7万余人次，参与交流论文3300多篇。支持市、县社科联组织开展国际性、全国性、全省性论坛和研讨会200多场次。

【新型智库和重点研究基地建设】 2019年，省社科联印发《浙江省新型智库建设管理办法（试行）》和《浙江省新型智库评估指标体系》，举办全省新型智库建设专题培训班，开展“一带一路”国别和区域研究机构遴选工作，共有7家研究机构入选。修订完善《浙江省哲学社会科学重点研究基地管理办法》，完善基地定位、项目管理、经费管理等相关制度。组织开展第一批重点研究基地评估工作，启动新一轮重点研究基地中期检查。

【社会组织管理】 2019年，省社科联制定《浙江省社会科学界联合会业务主管社团、民办社科研究机构管理办法》《浙江省社科联会员社团管理办法》，完善社会组织学术研讨活动报备制度，指导9家社团完成换届，新批准设立2家、撤销1家、正式注销2家。配合省民政厅抽查5家主管社会组织财务情况。编制《省社科联“最多跑一次”办事指南》，优化社会组织的年检、设立、换届、变更、注销等业务工作流程，推进社会组织管理体系建设。

【社科品牌建设】 2019年，省社科联以“讴歌光辉岁月，谱写时代篇章”为主题举办2019年社科普及周活动。与浙江卫视公共新闻频道合作，编播第二季“文化浙江·大讲堂”45期，重点讲解浙东唐诗之路和浙江段大运河文化；与《都市快报》合作推出14期“人文守望——越地藏歌70年”专题报道，与《钱江晚报》合作推出6期“诗画江南人文纪行”主题宣传；推出29期“红色基地巡礼”，向公众展示以党史、革命史等铭记红色历程为主题的社科普及基地。年内，新命名54个省级科普基地，全省省级科普基地累计260个，各级科普基地总数达2300多个，全年开展各类社科普及活动2600多场次。

【社科人才引进和培养】 2019年，省社科联加大对国内外高层次哲学社会科学人才的培养和引进力度，全省12名专家学者入选国家“万人计划”、全国宣传文化系统文化名家暨“四个一批”人才等国家高层次人才计划，浙江大学等高校引进哲学社会科学领军人才和资深教授6人。推进社科人才团队建设，支持开展跨学科学术研讨系列活动等，促进跨团队、跨学科的交流合作。召开之江青年学者协会工作座谈会、之江青年“经典与当代”学术研讨会等，组织之江青年理论学习高级研修班，支持之江青年协会召开学术会议22场，举办各类学术工作坊、沙龙、茶座、学术讲座，推选2名之江青年学者入选省“万人计划”青年拔尖人才。开展社科立法和人才规划调研工作，组织召开“繁荣浙江社科”座谈会、青年学者座谈会、在沪浙籍学者座谈会等，听取专家学者的意见建议，研究制订《浙江省哲学社会科学促进条例》和《浙江省哲学社会科学人才发展规划》。（省社科联　胡逢阳）

浙江省文学艺术界联合会

【概况】 2019年，浙江省有文联团体会员37个，其中省级文艺家协会13个、市级文联11个、行业企业文联13个。省文联系统组织开展“不忘初心、牢记使命”主题教育和“三服务·强四力”实践活动，团结带领全省文艺界勇担“举旗帜、聚民心、育新人、兴文化、展形象”的新使命。围绕庆祝中华人民共和国成立70周年主线和“八八战略”再深化、改革开放再出发等主题，合力唱响主旋律，推动文艺创作繁荣。在第二届“中国美术奖”评选中，全山石获终身成就奖，4件作品获银奖、3件获铜奖，占获奖总数的17.9%；53幅（组）摄影作品入选第二十七届全国摄影艺术展，占入选总数的14.97%，连续五届在全国摄影艺术展中夺魁；蔡浙飞获第二十九届中国戏剧梅花奖，歌剧《呦呦鹿鸣》获全国第十五届“五个一工程”奖，姚剧《童小姐的战场》被评为第十六届中国戏剧节优秀剧目；2件作品获第十四届中国民间文艺山花奖；3篇文章获第四届“啄木鸟杯”中国文艺评论年度优秀文艺评论文章；周正平获PQ2019第十四届布拉格演出设计与空间四年展“最佳灯光设计奖”，系首位世界华人获此奖项。

【重要会议】 2019年2月15日，省文联八届四次全委会在杭州召开。会议总结2018年工作，提出2019年工作思路和主要任务。同日，浙江省文艺界2019年新春联欢会在杭州举行。省委常委、宣传部部长朱国贤，省人大常委会副主任姒健敏，省政协副主席张泽熙等省领导和文艺界代表欢聚一堂，喜迎新春，共话文艺。朱国贤代表省委和省委宣传部向现场的艺术家及全省广大文艺家、文艺工作者致以诚挚的问候和新春的祝福。同日，省文联文艺工作者职业道德建设委员会成立大会在杭州召开，会议审议通过《浙江省文联文艺工作者职业道德建设委员会章程（草案）》，推举省文联主席许江为首届委员会主任，首届委员共29名。5月15日，全省文联深化改革工作座谈会在诸暨召开。会议交流各地文联深化改革工作经验，提出县（市、区）级文联改革方案出台的工作目标。至年末，全省11个设区市文联均出台深化改革方案，89个县（市、区，不含龙港）中，新组建文联5个。11月25日，省文联机关第五次党员大会暨机关党（纪）委换届大会在杭召开，116名党员参会。会议回顾总结省文联过去5年的机关党建工作，提出新的工作思路和要求，选举产生省文联机关第五届委员会和第三届纪律检查委员会。

【重要活动】 2019年1月3日，省委宣传部、省文明办、省文化和旅游厅、省广播电视局、省文联联合在杭州萧山举行浙江省2019“放歌新时代 文化进万家”启动仪式，并组织文艺小分队开展送“福”送春联、举办文艺演出、民间手工艺展演等活动，向基层单位、农村文化礼堂赠送书法作品。元旦、春节期间，省文联动员组织全省文联系统共派出文艺小分队772支，开展3074场文艺志愿服务活动，参与文艺工作者2.4万人次，惠及基层群众约104万人。3月5日，省文联召集专题学习会，党组书记处成员、各省级文艺家协会秘书长和艺术家代表共同学习习近平总书记看望参加政协会议的文化艺术界、社会科学界委员时的重要讲话，并展开讨论。3月7日，“崇德尚艺，做有信仰、有情怀、有担当的新时代文艺工作者”全省巡回宣讲活动在杭州启动。全年宣讲12场次、36人次参加宣讲，全省3000多名文艺工作者现场聆听，推动全省文艺界明大德、树正气，营造昂扬向上、奋发有为的新时代行业新风。3月14日，省委常委、宣传部部长朱国贤走访调研省文联，了解学习贯彻习总书记关于文艺工作系列重要讲话精神、文艺精品生产、人才队伍培养、文联履职发展等情况，并看望慰问12个省级文艺家协会的驻会工作人员。3月22—24日，习近平新时代中国特色社会主义思想培训班（第一期）在省委党校开班，开启浙江省文联省级文艺家协会会员常态化培训工程，全省各县区的省书法家协会骨干会员近350人参加培训。全年共举办习近平新时代中国特色社会主义思想轮训班10期，培训省级文艺家协会会员1927人。3月27日，浙江省横店影视产业文联在横店成立，成为全国首个影视产业文联组织。5月24日至6月10日，之江国际青年艺术周在杭州象山艺术公社及相关院校各校区、各艺术场馆举行。艺术周以“青春·观·世界”为核心意念，共举办主题项目近40个，用“展、演、坊、论、市”五大版块探索时代青年的“世界观”和“青春观”。5月30日，省“新峰计划”优秀青年艺术家作品展览在杭州开展。从218名“新峰计划”入选人员中挑选80名成绩突出的“新峰人才”创作参展，展出400件作品代表展示“新峰计划”实施6年来的成果。7月17日至8月29日，艺术与生活——第二届优秀艺术设计作品展暨2019中国设计智造大奖作品展在浙江展览馆展出。参展作品均为经过层层遴选的2019年中国设计智造大奖参赛作品。展览集实物展示、视听观摩、互动体验于一体。9月2日，由省委宣传部、省文明办、省文联主办的“浙里好人，德润之江”第六届浙江省道德模范事迹巡演在萧山首演，随后在全省各地巡演。9月20—21日，第五届中国青年文艺评论家“西湖论坛”在杭州举行。论坛以“致敬70年：青年文艺与国家形象”为主题，就“造型艺术与新时代中国形象”内容等进行交流探讨。9月24日，“百年追梦”浙江美术创作精品工程（三期）在浙江展览馆结题评审。会议对17件作品进行评审，选出合格作品16件。其中，优秀作品6件，特别优秀作品3件。10月29日，“TOP20·2019中国当代摄影新锐展”在杭州开幕。此届展览共收到来自全国613位创作者投送的参评作品和资料。21位摄影师作品入选参展。10月3—30日，“葵颂——大型雕塑影像展演”在杭州武林广场展出。展演的核心内容由葵园雕塑主体、建筑立面影像与“葵颂”音舞表演组成，通过音乐、舞蹈、雕塑、光影等形式以史诗剧场的形式向中华人民共和国成立70周年献礼。10月18日，第八届中国民间艺人节在杭州举行，来自北京、河北、江苏、安徽、江西、福建等21个省、直辖市、自治区的百多位民间艺术家，携数千余件民间手工艺品亮相南宋御街。11月6日，第二届中国民间工艺精品双年展暨第四届浙江工艺美术双年展在杭州开幕。来自全国各地的民间文艺家展出300多件艺术精品。12月23日，“江山多娇：庆祝新中国成立七十周年浙江书法篆刻刻字系列大展”在杭州开展。展览以呈现历代名人咏浙江的诗词名篇为主题，展出全省500位书法家代表作品，其中书法400件、篆刻70件、刻字30件。12月6日，“从历史目光到时代语境”2019浙江纪实摄影大展在桐乡开幕。组委会分别从340组投稿专题摄影作品、41本摄影手工书中选出25组、12本入选作品进行展出。

【“献礼祖国”系列文艺演出】 2019年6月21日，“同唱祖国好”青年歌唱家全省巡回演唱会在杭州首演，开启省文联“献礼祖国”系列文艺活动。全年“同唱祖国好”演出11场，现场观看演出1万人次，网上直播观看400多万人次。9月3日，“说唱颂祖国”曲艺名家走基层在绍兴柯桥首演。4日、5日，分别在温州、宁波等地演出，浙江曲艺老中青三代演员同台用说唱的形式讲述中华人民共和国成立70年的沧海桑田和春华秋实。9月23日，“与祖国同行·浙江杂技70年回眸展览展演”活动在杭州举行。活动展演部分系浙江优秀杂技节目，展示刚柔相兼的表演风格，展览部分精选中华人民共和国成立至2019年浙江杂技与祖国同呼吸、共命运的各类活动照片，见证70年的发展历程。9月27日，浙江省“百年追梦”美术书法创作精品展览在杭州开展，展出“百年追梦”美术书法创作精品工程一、二、三期成果作品41件。9月30日，省文联“献礼祖国”系列文艺活动——“浙舞江南”浙江优秀舞蹈作品展演在省人民大会堂上演。展演中华人民共和国成立70年来的浙江舞蹈经典作品。

【创作评奖】 2019年“大潮涌进”—浙江省第十四届美术作品展览共收到来自全省美术家创作投稿4015件，选出中国画、油画、版画、雕塑、水彩·粉画、漆画、陶艺、艺术设计、实验艺术、综合画种·动漫、综合材料绘画、壁画等作品624件入展。评出浙江美术奖金奖作品10件、银奖20件、铜奖30件和优秀奖72件。并评选出中国画60件、油画45件送全国展出。“浙江书法奖·沙孟海奖”第十届全浙书法篆刻大展共收到投稿作品4733件，评出获奖作品16件、优秀提名作品15件。书法入展作品309件、入选作品183件，篆刻入展作品43件、入选作品28件。2019年王国维戏曲论文奖收到论文276篇，20篇作品获奖，获奖者以青年学者居多。第七届浙江民间文艺“映山红奖”评选表彰优秀民间文学作品5件，优秀民间文艺学术著作奖4个，优秀民间文艺表演奖7个，优秀民间工艺美术奖14个。第二十九届浙江省电视“牡丹奖”收到符合申报要求的参评电视剧16部、电视动画片16部。评出最佳电视剧作品奖1部、优秀电视剧作品奖10部、电视剧最佳编剧、最佳导演和及最佳制片人各1名；最佳动画片、优秀动画片作品奖分别为1部和5部。

【文化交流】 2019年1月25日，“行走·观察：第二届影像西湖艺术现场”在中国美院美术馆开幕。美国摄影艺术家Michael Cherney（中文名秋麦）作为“碧水·丘壑”风景摄影展单元参展艺术家之一受邀参加。摄影展围绕“行走·观察”主题，为浙江摄影界会员和影友提供学习平台和展示机会。8月21日，省美协参与举办的“丽水巴比松国际研讨会暨2019古堰画乡小镇艺术节”论坛在丽水举行。意大利卢尼加纳大区市长联合会主席兼奥拉市市长罗伯特·瓦兰蒂尼，法国经济和财政部新闻和媒体关系办公室前主任、法国国家旅游局前秘书长让·路易·巴兰朵，意大利卡拉拉国立美术学院院长马萨里·卢西亚诺，亚洲美术家协会主席、马来西亚森洲艺术协会会长杨六南等国外友人和艺术家参加主旨论坛。活动以“你好，巴比松”为主题，以研讨会、论坛为主体，聚焦丽水巴比松。分论坛邀请法国、德国、伊朗、马来西亚等国家的美术家参加。10月29日，“TOP20·2019中国当代摄影新锐展”系列活动在浙江美术馆开幕。英国策展人凯伦·史密斯应邀出席专家见面会。（省文联　汤学君）

浙江省作家协会

【概况】 2019年，浙江省作家协会（简称省作协）有会员2716人，其中中国作家协会会员497人。省作协深入学习贯彻习近平新时代中国特色社会主义思想和党的十九大、十九届四中全会精神，认真学习习近平总书记关于文艺工作的重要论述，按照省委、省政府重大部署，围绕庆祝中华人民共和国成立70周年主线，发挥联系广大作家、文学工作者的桥梁纽带作用，举办浙江作家服务营活动6次；向各地农村书屋、文化礼堂赠书800多册；走进学校、新文学群体聚集地、乡村文化礼堂开展讲座6次，共有1200多位基层文学爱好者参与讲座等活动。组织浙江作家看浙江采风活动16次，浙江作家参与采风活动420人。举办浙江省基层作协骨干培训班，参加培训近100人。省作协获中国作家协会颁发的全国创作联络工作先进集体称号。

【文学精品扶持助推】 2019年，省作协围绕中华人民共和国成立70周年等重大时间节点，举办“共和国记忆·

我家70年”“我和我的祖国：中华人民共和国成立70周年”征文活动、“我的中国时光”诗歌征集活动、“我和我的祖国——网络文学界庆祝中华人民共和国成立70周年采访活动”等。配合做好中国作家协会向从事文学创作70年老作家致敬活动，任明耀等9位浙江老作家获颁“从事文学创作七十周年”荣誉证书。作家作品《茶人三部曲》《日出东方》《暗算》《大江东去》入选“新中国70年70部长篇小说典藏”丛书。《东方启动点——浙江改革开放史（1978—2018）》《东极之光——“里斯本丸”事件纪实》《那山，那水》《雪精来过》《守艺》等5部作品获省第十四届精神文明建设“五个一”工程奖，《大陈岛密码》等6部作品入选中国作家协会重点作品扶持项目；浙江作家5人获中国作家协会2019年定点深入生活项目扶持，20人入选2019年度省作协定点深入生活项目；30位省作协会员获浙江省作协会员重要文学期刊发表成果补贴。年内，省作协向中国作家协会上报当代文学创作工程规划项目5部作品。做好浙江省文化艺术发展基金预申报工作，省作协共报送文学项目八大类110部作品。召开浙江文学精品创作工作座谈会，与各市作家协会、各行业作家协会、各专门委员会联络沟通，统筹组织10场研讨改稿活动。为文学作品影视化搭建平台，举办“重点影视文学作品创作研修班”，共形成影视作品大纲37份，助推4部作品落地签约。实施“当代浙江文学译介计划”。与企鹅兰登合作出版英文版《浙江作家小说选》，包括《回故乡之路》《跑路》《斧头剁了自己的柄》《苏静安教授晚年谈话录》《邮递员》5部作品翻译出版，推动浙江当代文学走出去。

【人才培养】 2019年，浙江省作协会员加入中国作协32人，省作协吸收会员199人。省作家蒋胜男入选2019年文化名家暨“四个一批”人才（文艺界），李虎入选2019年宣传思想文化青年英才（文艺界），张凤翔被评为2019年中国作家协会“深入生活、扎根人民”主题实践先进个人，黄咏梅被授予2019年度浙江省有突出贡献中青年专家称号，张凤翔、俞云灿被评为浙江宣传思想文化系统“五个一批”人才。有46位青年作家进入第七批“新荷计划”人才库，入库总人数达365人。出版“新荷文丛”4部、“文学新浙军文丛”5部。举办《2019年新荷文丛》作品研讨会暨青年作家评论家对话会、2019年浙江青年作家研修班。选派青年作家赴省外培训，推荐作家参加鲁迅文学院高级研修班学习。

【文学阵地建设】 2019年，作为北大中文核心期刊的《江南》杂志围绕重要节点推出红色题材系列作品、“先锋文本”小说栏目、“海外华语小说小辑”等。全年《江南诗》有18部（篇）作品被转载27次。《诗江南》改版，增加页码16个。举办第三届“江南诗歌奖”“中国诗歌之岛·首届国际海洋诗歌节”等活动，进一步拓展刊物影响力。《浙江作家》杂志加强对浙江作家作品的评论和推介。“浙江作家网”系统升级。“浙江作家”微信公众平台推出围绕“深入生活、扎根人民，加强现实题材创作”的作家作品。举办2019年浙江省基层文学编辑工作联盟成员培训班。实施浙江文学馆项目基建工程。省作协成立文学馆筹备建设领导小组及筹建办公室，研究制定《浙江文学馆建筑设计任务书》《文学馆项目平面设计图》《浙江文学馆布局功能方案书》，对接反馈文学馆有关项目文本，优化文学馆室内规划设计方案。注重“网上作协”建设。在“浙政钉”开通在线办理业务，探索线上线下互动工作模式，健全作协会员申报、文学创作基地申报等部门间办事项目，简化规范办理流程，让更多文学工作者和群众能在网上获得快捷、精准服务。

【网络文学活动】 2019年5月，第二届中国网络文学周活动在杭州举办。其间，举办开幕式与成果发布、网络文学论坛、产业对接、作家签售、采风采访五大板块共26场活动。网络文学博览会吸引近1.5万人次进场观展、交流。年内，位于杭州的中国网络作家村有来自全国的网络作家村民199位，并成立党、团组织和妇联组织，成为统战部新的社会阶层示范点。中国作家协会网络文学研究院出版《网络文学论丛》60万字，开展8个重点扶持课题，举办“白马湖”网络文学评论大赛。搭建网络文学国际传播平台。中国作家协会与省政府将中国网络文学周升格为国际网络文学周。10月20—22日，在乌镇互联网大会期间，中国作家协会网络文学中心、浙江省作协举办2020中国国际网络文学周新闻发布会暨网络文学海外传播圆桌会。全年省、市、县级网络作家协会共增至20家，网络文学创作基地新增2个。举办第三届“网络文学双年奖”，25部作品获奖。举办第二届两岸青年网络文学大赛，中国大陆、中国港澳地区、中国台湾地区共有32位作家作品获奖。编辑出版《华语网络文学研究杂志第五辑》。浙江网络作家作品入选国家新闻出版总署年度优秀网络文学原创作品榜单4部，省网络作家协会扶持优秀网络文学原创作品10部。启动培育网络文学“新时代、新生代、新力量”的“新雨计划”，组建第一期人才库，开展首批人才培训。全年全省举办各类网络文学培训活动9次，参加培训300多人次。

（省作家协会办公室）

浙江省残疾人联合会

【概况】 2019年，浙江省残疾人联合会（简称省残联）紧紧围绕“全面建成小康社会，残疾人一个也不能少”和残疾人工作“走在全国前列”目标，不忘初心、牢记使命，高质量推进工作落实，圆满完成各项目标任务，许多工作取得开创性、突破性、历史性成绩，受到省委、省政府和中国残联充分肯定。全省残疾人全面小康实现程度达95.5%；城乡残疾人家庭人均可支配收入达38293元和25058元，分别比上年增长9.1%和9.2%。先后召开2019年省政府残工委全体会议暨省残联主席团会议、第六届全国残疾人职业技能竞赛浙江省筹备工作会议等重要会议，推动出台《关于调整重度残疾人护理补贴标准的通知》《关于推进“残疾人之家”规范化建设的意见》《关于印发残疾儿童康复服务制度工作细则的通知》《关于全省助残服务"一件事"的通知》等重要助残惠残政策。省委书记车俊、省长袁家军等省领导看望全国和省自强模范、助残工作先进单位代表。全省共有6名自强模范、6名助残先进、3个残疾人之家、1名残联工作者获第六次全国自强模范暨助残先进表彰大会表彰。举办"自强与助残先进事迹"巡回报告会，传播正能量。会同省委组织部、省委宣传部等10部门举办"新时代 共奋斗"特殊艺术百场巡演，先后在省人民大会堂、宁波市、温州市和监狱系统等地开展巡回演出。创设"残疾人之家"政协委员会客厅，为全省唯一一家在残疾人群体中落地的政协委员会客厅，省政协党组副书记、副主席孙景淼出席首场活动。省残联机关首次开设"知行讲坛"（每月举办一期）和"崇学大讲堂"（每季度举办一期）等平台。

【康复医疗服务】 2019年，省残联会同省卫生健康委等部门出台全省残疾人基本康复服务目录，省级层面增加25项高于全国标准服务内容；并出台残疾儿童康复服务细则、政府购买服务准入标准和基本型辅具服务指南。全年各级康复医疗机构为85.1万名残疾人提供基本康复服务，残疾人基本康复服务率99.8%。8420名残疾儿童获康复补贴发放。全省享受基本辅具适配7.9万人，辅助器具适配服务率99.5%；精神残疾人免费服用基本抗精神病药物10.4万人。残疾人家庭医生签约率78.33%。

【教育就业扶持】 2019年，省残联为3.3万名残疾学生及残疾人家庭子女提供助学资金6092.7万元；为全省1229名残疾人大学生免除学费住宿费，落实资金1324.76万元。全省持证残疾儿童入学率学前教育段达90.9%，义务教育段98.3%，高中教育段81.5%。会同省教育厅设立"国家通用手语浙江推广研究中心"。浙江特殊教育职业学院残疾学生录取人数居全国同类院校第一，毕业生就业率连续2年超95%。全省开展残疾人职业培训2.6万人次，新增残疾人就业1.3万人，其中新增按比例就业4411人。推进高校残疾毕业生"一生一台账"和"一对一帮扶"工作，发放求职补贴121.2万元。继续推动党政机关、事业单位和国有企业带头安置残疾人就业，全省单考单招残疾人公务员和事业编制人员32人。启动与阿里巴巴集团新一轮电商助残合作。全省征收残疾人就业保障金60.69亿元（其中省级2亿元）。举办东西部残疾人职业技能与农村种养业技术等培训班45期，培训1200多人次，筹措计划外资金490万元，实施扶贫项目带动贫困残疾人脱贫3.25万人。

【政策扶持】 2019年，省残联会同省财政厅、省民政厅出台政策，将一、二级听力、言语残疾人纳入护理补贴发放范围，提高集中托养重度残疾人护理补贴标准。全年发放"两项补贴"95.05万人，投入资金27.1亿元。推进符合条件的残疾人按单人户施保，全省有29.4万名残疾人纳入最低生活保障。继续实施慈善助残危房改造项目和农村残疾人家庭危房改造工作，惠及残疾人家庭2370多户。

【残疾人文化体育活动】 2019年，省残联组织开展首届"最美残疾人工作者"评选。围绕全国第十届残疾人运动会、全国残疾人技能大赛、全国助残日、国际残疾人日等重要节点开展宣传报道。选送新闻作品在全国残疾人事业好新闻评选中全部获奖，获奖数居全国第一。全国自强模范、嘉兴盲人中医师朱丽华当选2019年度"感动中国"十大人物、"中国残疾人事业新闻人物"和"浙江骄傲"年度人物。全省文化助残"五个一"工程和"康复体育进家庭"分别服务残疾人5.26万人和6377户。全国第十届残疾人运动会上浙江代表团首次以非东道主身份实现金牌数、奖牌数全国第一，创历史最好成绩。

【依法维权】 2019年，省残联抓好省政协重点提案办理，推进杭州火车东站、杭州萧山机场等重要交通枢纽和工程项目无障碍设施建设。会同省司法厅开展残疾人专项法律援助，打造"法援惠民生·关爱残疾人"服务品牌。全省建成残疾人法律救助站102个，办理残疾人法律援助案件1200多件，解答法律咨询1.3万人次。省残联信访接待办结率为99.5%，"12385"残疾人服务热线接听来电1.5万余次。浙江在全国残联系统继续保持无信访积案记录。全年全省发放残疾人机动轮椅车燃油补贴1.2万人次，落实资金505.3万元。推出信息产品优惠政策，惠及21.3万名残疾人，优惠金额6385万元。

【助残服务】 2019年，省残联联合团省委开展助残结对帮扶活动，全省有7.3万名志愿者、2350个志愿者团队结对35周岁以下残疾青少年10.7万人，结对率76%。全省有注册助残志愿者4.16万人。"阳光助残"项目在省青年志愿服务项目大赛中获2项金奖、8项银奖、17项铜奖。省残疾人福利基金会深化实施"爱心助残1+1接力行动"项目，惠及困难残疾人家庭10万余户，全年接受捐赠3800多万元，被省政府授予"浙江慈善奖"。中国狮子会浙江代表处组织广大狮友参与服务1.25万人次，累计服务时间20万小时，受益人数30万人，捐赠款物合计价值1446万元。

【残疾人工作者队伍建设】 2019年，省残联改革动员会召开，全面梳理改革任务，逐一落实57项改革举措。整合更名的省残疾人就业服务指导中心、省残联信息和对外交流中心、省残疾人文化体育指导中心等3个事业单位正式挂牌。联动推进市县残联改革，11个设区市、82个县（市、区）出台改革方案。出台《关于推进清廉残联建设的实施意见》，首次召开全省清廉残联建设工作会议。会同省委组织部等部门出台加强乡镇（街道）、村（社区）残疾人工作者队伍建设意见。建立省残联班子领导联系各专门协会制度，建立各专门协会功能性党支部，探索"1+1+1"（每1个协会功能性党支部由1名省残联领导班子成员联系指导和1个机关党支部共建开展活动）党建工作模式，得到中国残联肯定。梳理助残服务"最多跑一次”事项，建立“1+X”（“1”指残疾人证办理，“X”指助残服务事项）集成联办机制。会同省人力社保厅、省民政厅、省医保局建立助残服务“一件事”机制。

【残疾人服务设施建设】 2019年，省残联首次开展残疾人服务能力提升工程财政专项激励资金竞争性分配工作，全省有22个县（市、区）纳入省级财政专项支持范围，年内，下达补助资金1.2亿元。省级安排26个加快发展县残疾人事业专项补助资金4950万元。全省新开工或建成残疾人康复托养服务设施12个。省级和中央经费落实残疾人服务设施建设补助资金3011万元。全年创建第二批省级无障碍社区111个，完成1.21万户困难残疾人家庭无障碍改造，浙江在全国无障碍环境建设成果展示应用推广会上做经验介绍。全省有各级残疾人综合服务设施88个，总建筑面积59.5万平方米，总投资2.6亿元；建成各级残疾人康复设施44个，总建筑面积32.6万平方米，总投资1.32亿元；年内竣工的各级残疾人托养服务设施49个，总建筑面积33.1万平方米，总投资1.28亿元。

【助残民生实事】 2019年，省残联推动将“加强助残服务能力建设，建设1000家规范化乡镇、社区残疾人庇护中心，为2万名重度残疾人提供庇护服务”列入省政府十方面民生实事。会同省财政厅等部门下发“残疾人之家”规范化建设意见，明确“八个有”(有合法登记注册或者依托合法的主体设立、有统一的名称和标识、有稳定的服务对象、有适宜的服务场所、有配套的设施设备、有完善的服务功能、有专业的管理服务团队、有健全的管理制度）建设要求。首次制定“残疾人之家”星级评定办法并组织评定。全年全省完成规范化建设“残疾人之家”1090家，庇护智力、精神和其他重度残疾人2.26万人。

【省部合作】 10月29日，中国残联与浙江省政府举行助推高等特殊教育和特殊艺术高质量发展合作框架协议签署仪式。中国残联副主席、副理事长程凯和副省长王文序代表双方签约。省政府副秘书长傅晓风主持签约仪式。中国残联、浙江省有关部门和嘉兴市政府负责人参加签约仪式。

【浙江代表团获第十届全国残疾人运动会金牌和奖牌“双第一”】 2019年9月，浙江代表团在第十届全国残疾人运动会上获得金牌137.5枚、银牌104.5枚和铜牌46枚，打破世界纪录7项和全国记录17项，金牌数、奖牌数均居全国35个代表团首位，创造浙江残疾人运动员参赛历史最好成绩。9月27日，省长袁家军在省人民大会堂接见第十届全国残疾人运动会浙江代表团。随后，省政府召开第十届全国残运会浙江代表团总结座谈会，副省长王文序出席并讲话，省残联理事长蔡国春通报浙江省参赛情况。省财政厅、省体育局、省残联等单位有关负责人出席座谈会。

【第六届全国残疾人职业技能大赛在嘉兴举行】 2019年10月27日，第六届全国残疾人职业技能大赛暨第三届全国残疾人展能节在嘉兴开幕。中共中央政治局常委、国务院总理李克强就提升残疾人职业技能促进残疾人就业创业工作做出重要批示。国务委员、国务院残疾人工作委员会主任王勇宣布开幕，省长袁家军致辞。中央和国家有关部委负责人、副省长王文序等出席开幕式。大赛由人力资源社会保障部、中国残联主办，省政府承办。全国约900名各类别残疾人参加信息通讯、美术、手工业、工业和服务等五大类26个项目竞赛。同期举办的第三届全国残疾人展能节通过成果展览、技能展示和产品展销等方式，集中展现近年来残疾人就业创业成就。浙江代表团以总分219分的成绩夺得团体第一，创历届参赛最好成绩，其中8个单项获第一名。陈丁等50位残疾人被授予“全国技术能手”称号。闭幕式上，副省长王文序为获奖团体颁奖。

【省首届“最美浙江人·最美残疾人工作者”评选】 2019年11月29日，省委宣传部、省残联在浙江广电集团演播大厅举行省首届“最美浙江人·最美残疾人工作者”评选结果发布会。省残联理事长蔡国春和省委宣传部、浙江广电集团等有关单位负责人出席发布会并为“最美残疾人工作者”颁发证书和奖杯。此前，省残联通过宣传发动、各地各界推荐和专家评审等环节，评选出何国荣等16人为“最美浙江人·最美残疾人工作者”，王文香等12人为“最美浙江人·最美残疾人工作者”提名人物。

（省残联　郑江来）

浙江省归国华侨联合会

【概况】 2019年，浙江省各级侨联全面贯彻党的十九大和十九届四中全会精神，坚持以习近平新时代中国特色社会主义思想为指导，以习近平总书记关于侨务工作重要论述为遵循，着力加强思想政治引领、海外联谊、服务大局、服务侨胞，激发广大归侨侨眷和海外侨胞爱国爱乡热情，凝聚侨心、侨力、侨智，助推“两个高水平”建设。年内，50多名海外华侨华人应邀列席省“两会”献计献策。11月15日，中国华侨历史学会会长会议在温州市世界温州人家园召开。中国华侨历史学会理事及来自全国各高校和科研机构的专家学者等50多人参加。

【浙江省侨联九届八次全委会】 2019年1月21日在杭州召开。中国侨联副主席、省政协副主席吴晶、省委常委、统战部部长熊建平对全委会议召开表示祝贺。省侨联党组书记、主席连小敏代表省侨联做工作报告。总结2018年侨联工作，对下一步侨联工作提出“坚定信念、深化服务、联络联谊、凝侨聚侨、服务发展、抓好换届”六方面的工作要求。会议期间，对2018年度全省侨联系统“最具影响力工作”、2018年度全省基层侨联先进个人、先进组织等进行表彰；举行北京再佳学科技有限公司捐赠仪式；

省侨联与中国农业银行浙江省分行、中国建设银行浙江省分行、中国海洋战略论坛一带一路投资基金会、桐乡市政府签订战略合作协议。

【“三服务”活动】 2019年1月3—14日，省侨联领导班子走访调研侨企和基层侨联。1月3日，省侨联党组书记、主席连小敏等一行调研杭州乐富·海邦园，深入了解园区企业经营状况，询问企业发展遇到的困难和问题。4日，连小敏一行调研杭州市萧山区侨企哈兔中文网络学院、浙江华瑞集团有限公司，希望哈兔中文网络学院发挥自身人才和技术优势，整合侨界优秀资源，融入“一带一路”建设大局，在海外华文教育、传播中华文化上发挥积极作用。8—9日，连小敏一行到衢州调研侨联工作，走访侨资企业，慰问侨界群众。7月20日，连小敏出席三溪口街道乡贤联谊会、归国华侨联合会成立大会，为三溪口街道“华侨之家”授牌。

【浙江省侨联民族村振兴暨“百个侨团扶百村”现场会】 2019年4月4日在青田县章村乡黄山头畲族村召开。中国侨联秘书长、办公厅主任陈迈到会祝贺并宣布活动启动。省侨联党组书记、主席连小敏，丽水市领导及海外侨团负责人出席。活动现场举行黄山头畲族村乡村振兴基金捐赠和“浙江省侨联乡村振兴战略联系点”揭牌仪式。省侨界青联常务副会长、柬埔寨浙江总商会会长施永平代表商会捐款20万元，助推章村乡和黄山头村乡村振兴。

【第二届华侨进口商品博览会暨青田进口葡萄酒交易会】 2019年11月16日在青田侨乡进口商品城开幕，来自50多个国家的1100多名参展商和3000多名全国各地的专业采购商参加开幕式。中国侨联副主席隋军到会祝贺，斯洛伐克驻华大使杜尚·贝拉，中国侨联副主席、省政协副主席吴晶，省商务厅和省侨联、中国侨联副主席、宁夏侨联主席朱奕龙等领导出席开幕式。开幕式上，与会领导共同宣布第二届侨博会启动，并举行青田“世界超市”揭牌、青田侨乡进口商品城“走出去”战略合作协议文本互换、全球葡萄酒大赛百款发布、青田侨乡进口商品城十佳“百城名店”授牌仪式及“青田洋货”防伪标识发布等活动。

【首届“侨界精英强国论坛”在杭州举行】 2019年3月29日，浙江省侨资企业与西湖大学项目对接洽谈会暨首届“侨界精英强国论坛”在杭州举行。活动由省侨联主办，省侨商会承办，杭州市侨联和中国农业银行浙江省分行协办。中国侨联秘书长陈迈出席并致辞。会议邀请中国科学院院士、西湖大学校长施一公做题为《结构之美》的主旨演讲。省侨联党组书记、主席连小敏主持会议，并就发挥侨商企业和侨界海归人才作用，助力浙江高质量发展提出要求。

【“一带一路”发展论坛】 2019年6月1日，首届“一带一路”华侨华人与华文教育研讨会在浙江师范大学举行。十二届全国政协副秘书长、教科文卫体委员会副主任张秋俭，中国侨联秘书长、办公厅主任陈迈，省侨联党组书记、主席连小敏，浙江师范大学校长郑孟状等出席开幕式并致辞。会上，陈迈、郑孟状为中国华侨华人(浙师大)研究中心揭牌。6月26日，由省侨界青年联合会、柬埔寨浙江总商会联合主办的首届“一带一路”侨商论剑暨浙江侨界青年海外合作论坛在柬埔寨首都金边举行。论坛以“汇聚海外浙商力量，助推‘一带一路’发展”为主题，来自浙江省侨联、柬埔寨投资发展理事会、柬埔寨旅游部、东盟十国浙籍商会等相关领导及全球28个国家和地区的近200名浙江侨界青年代表参加。会上，柬埔寨浙江国际经济特区有限公司、杭州郝姆斯食品有限公司、省侨界青年联合会、蒙古国中信建设集团等浙江侨企(侨团)与在柬企业(社团)签订4个项目合作协议，实际投资额4.6亿元。会上举行浙江泰普森(柬埔寨)休闲用品有限公司新厂落成揭牌仪式。12月11日，浙籍华侨华人“一带一路”欧洲(葡萄牙)合作论坛在葡萄牙里斯本举行。论坛由省侨联主办，省侨商会、省侨界青年联合会、葡萄牙中华总商会、葡萄牙中国侨商会、环球伊比利亚传媒联合承办。论坛以“汇聚海外浙商力量，助推‘一带一路’发展”为主题，来自中国驻葡萄牙大使馆、葡萄牙对外投资贸易局、美国商务部、浙江省委党校等单位负责人和专家学者，以及来自欧洲21个国家和地区的近180名浙籍侨界代表参加。省侨联党组书记、主席连小敏代表主办方致辞。世界浙商总会等发来贺电。美国商务部前部长助理黄建南，省委党校工商管理教研部副主任陈愉瑜先后做主旨演讲。葡萄牙对外投资贸易局原主席佩德罗.赖斯，新加坡浙商总会会长李国生，中欧班列(义乌—马德里)运营方义乌市天盟实业投资有限公司董事长冯旭斌，葡萄牙华人联合会执行主席、平湖国际进口商品城董事长陈坚，欧洲宁波总商会会长、美麟控股集团有限公司董事长李永平等嘉宾，围绕“五通”共同探讨欧洲沿线国家融入“一带一路”倡议的发展前景；分享浙商在参与“一带一路”发展过程中的实践和感悟，交流侨界参与“一带一路”发展的使命与担当，并就侨界如何成为助推“一带一路”发展的探路者和模范生提出建议。

【浙籍侨界企业家考察嘉善、上海证券交易所】 2019年4月28—29日，省侨联党组书记、主席连小敏率9个国家和地区的30多名浙籍侨界企业家考察嘉善县与上海证券交易所，了解企业上市和并购重组情况。连小敏充分肯定嘉善县以开放型经济为特色，内外资经济融合发展的做法。要求各级侨联积极发挥桥梁纽带作用，引领广大侨商企业争当转型升级的“领头羊”。其间，考察团一行参观嘉善县规划馆、歌斐颂巧克力项目及上海证券交易所。

【2019“寻根之旅”夏令营浙江营开营】 2019年7月3日，2019“寻根之旅”夏令营浙江营在台州学院开营。此次夏令营以“共寻‘根、魂、梦’，共筑家国情”为主题，分4个篇章开展台州市区之旅、临海古城文化之旅、天

台山文化之旅、国学之旅。3日，温州营开营，省侨联党组书记、主席连小敏出席仪式并讲话，温州市委常委、统战部部长施艾珠宣布开营并向营员代表颁授营旗。7月4日，“中国寻根之旅”夏令营浙江传媒学院营开营。开营前，省侨联党组成员、副主席张维仁到浙江传媒学院就筹备工作开展座谈。7月25日，“中国寻根之旅”夏令营温州肯恩大学营开营仪式在温州肯恩大学举行。省侨联党组成员、秘书长周松一，温州肯恩大学党委书记、理事长王北铰，温州市侨联副主席翁蔡恩出席开营仪式。其间，省委书记车俊与参加2019年“中国寻根之旅”华裔青少年夏令营温州肯恩大学瓯越文化营的小营员进行互动。

【“侨爱心光明行”活动】 2019年11月10日，由省侨联和爱眼公益基金会联合开展、爱尔眼科医院具体实施的“侨爱心光明行”慈善活动在丽水市青田县人民医院举行，来自章村乡的7名老年白内障患者接受免费手术治疗。

【培训】 2019年5月21—24日，省侨联在浙江红船干部学院举办第10、11期基层干部培训班。中国侨联基层建设部部长张毅出席开班仪式并做《侨联基层组织建设》专题辅导报告，省侨联党组书记、主席连小敏做开班动员。其间，培训班近200人在嘉兴开展“不忘初心·重走‘一大’路”的体验式党性教育活动。6月24—28日，浙江省侨界青年跨境电商培训班在杭州举行。培训班由省侨联联合浙江商业职业技术学院、中国（杭州）跨境电子商务综试区领导小组办公室共同主办。来自30多个国家和地区的80多名侨界青年参加。培训班邀请杭州市电子商务综合实验区、杭州海关、淘宝、天猫、网易和亚马逊的老师，为学员讲授杭州跨境电商的现状、商业模式政策举措等课程。8月14—15日，省侨联在杭州新侨饭店召开习近平总书记关于侨务工作重要论述研讨会暨全省侨联主席读书会。省侨联党组书记、主席连小敏做开班动员。9月23日，中国侨联第七期青年干部培训班在嘉兴市红船干部学院开班。中国侨联副主席齐全胜出席开班式，并做题为《做有信念有担当有作为的侨联干部》的报告。省侨联党组书记、主席连小敏出席开班仪式，来自全国侨联系统的70多名青年干部参加为期1周的培训。11月13日，中国侨联2019年全国主要大中城市基层侨联建设经验交流暨业务培训在杭州举行。连小敏代表省侨联做典型发言。会上，全国组织统一社会信用代码数据服务中心主任宿忠民介绍基层侨联组织统一社会信用代码制度的建立情况，并为部分基层侨联组织颁发第一批统一社会信用代码证书。12月11—15日，全省侨联干部和归侨侨眷技能培训班开班仪式在杭州举行。培训为期4天，邀请有关专家教授通过课堂讲授与研讨相结合的方式，对学员进行党的路线方针政策和国学、摄影、养生等方面的培训。全省各级侨联干部、各侨联所属社团负责人和社团专干人员、全省国际文化交流基地负责人、各地“侨胞之家”负责人及热心于侨联事业的归侨侨眷130多人参加培训。

2019年4月28日，省侨联组织30名浙籍侨界企业家走访上海证券交易所

（省侨联　供图）

【联谊交流】 2019年5月8日，来自全球25个国家80多名浙江侨界名媛相聚杭州，参加以“相约春天·和谐家国”为主题的“2019侨界名媛浙江活动”。中国侨联副主席、省政协副主席吴晶出席启动仪式并讲话，省侨联党组书记、主席连小敏等参加活动。5月17—24日，应意大利北部华侨华人餐饮业协会等邀请，省侨联组织“亲情中华”厨艺团到意大利等国开展“亲情中华·味道浙江”系列交流活动，推介浙菜，弘扬中华美食文化。出访期间，厨艺团在荷兰阿姆斯特丹、鹿特丹和意大利米兰、佛罗伦萨、罗马等城市开展多场烹饪表演、厨艺培训和美食品鉴等活动；并走访意大利罗马华人华侨联合总会等侨界社团；进一步了解海外侨胞从事中餐业的现状，听取海外侨胞对弘扬中华美食文化的意见和建议。5月20—30日，应意大利维罗纳华侨华人总商会邀请，省侨联党组成员、秘书长周松一率省侨联“亲情中华·走进意大利”艺术团一行到意大利米兰、维罗纳等城市开展慰侨演出，受到当地华人社团、华侨华人欢迎。

【侨界赈灾】 2019年8月10日凌晨，第9号超强台风“利奇马”在浙江台州温岭沿海登陆。8月11日，省侨联倡议广大归侨侨眷、海外侨胞全力支持灾区人民重建家园。8月13日，荷兰瑞安教育基金会会长林德芳等侨领为受灾群众捐赠爱心款18万元。24日，沙特华商联合会、米兰浙江华人华侨联合会、佛罗伦萨华侨华人商贸联谊会及意大利米兰代表团、意大利中部文成同乡会等到访省侨联，向灾区捐赠人民币102万元，其中，沙特华商联合会、米兰浙江华人华侨联合会、佛罗伦萨华侨华人商贸联谊会及意大利中部文成同乡会分别捐赠人民币10.58万元、1.35万欧元、1.8万欧元、人民币22.22万元。截至23日下午17时，全省侨界组织收到爱心捐款3560多万元。

（省侨联　孟晨啸）

浙江省台湾同胞联谊会

【概况】 2019年，浙江省台湾同胞联谊会(简称省台联)以习近平新时代中国特色社会主义思想为指导，学习贯彻习近平总书记对台工作重要思想和党中央对台大政方针、决策部署，助力浙江省“两个高水平”建设。开展“不忘初心、牢记使命”主题教育，强化台联组织的政治引领。继续汇聚促进统一力量，根据台湾重大舆情、民情的变化，改革创新台联工作方式，持续推动两岸经济社会融合发展。对台交流、参政议政、社会服务等各项工作力求实效。全年接待台胞11批次、273人次。11月11日，“筑梦温州”台湾青年联谊会杭州分会成立仪式在杭州举行，来自杭州各大高校的台湾大学生和创业青年70多人参加活动。

【两岸民间交流】 2019年，省台联围绕“龙脉相传•青春中华”主题，与浙江海外联谊会联合举办“2019年台湾大学生浙江夏令营”，来自台北浙江同乡会等7个社团、高校组织的81名营员参加。着力打造“浙里寻梦”两岸青年交流品牌活动，与省台办、省教育厅，浙江横店影视职业学院举办“浙里寻梦•遇见横店—2019在浙台湾大学生影视文化体验营”活动，浙江大学、浙江师范大学、宁波大学、浙江工商大学、浙江理工大学、宁波诺丁汉大学、杭州爱尔堡教育集团、杭州台湾大学生志工队的126名师生参加。组织参加以“新机遇 新连接 新融合”为主题的两岸电商协作高峰论坛暨“就爱你”两岸电商台湾精品购物活动启动仪式，见证两岸电商协作联盟的成立，承接两岸经营者俱乐部18位重要嘉宾在浙江参观访问的保障任务。接待台湾屏东科技大学段兆麟教授、台湾高雄科技大学朱国光教授分别带队的台湾专家学者来浙江交流访问，先后考察了解杭州、嘉兴、宁波、绍兴、湖州等地的农业农村变化和经济文化发展情况。

【建言献策】 2019年，省台联主要领导参加中央层面协商座谈2次，省级层面协商发言3次。省政协专题协商会议、省人大及其他部门座谈征询会议口头发言6次。浙江省台籍政协委员向全国政协会议提交《关于强化应急管理顶层设计，统筹提升应急能力的建议》《关于支持加快长三角交通一体化发展的政策建议》《将在大陆的台湾居民纳入个人征信系统的建议》3件提案。在省“两会”上，台籍人大代表向省人大提交建议案2件，其中《关于建立企业法人法律知识普及教育机制，护航民营经济稳定健康发展的建议》被列为重点督办建议。台盟台联界别组向省政协提交团体提案7件、委员个人提案16件，其中，被省政协列为重点提案的《关于深化浙台金融业合作，促进来浙台企台胞金融服务便利化的建议》获副省长朱从玖批示，《新形势下新金融风险防控建议和措施》《关于高标准推进全省无障碍环境建设，助力办好2022年杭州亚残运会的建议》被选为大会口头发言。《规范互联网租赁自行车发展，为绿色出行加码》被评为省政协十二届一次会议优秀提案。市、县(区)级“两会”上，台籍人大代表、政协委员分别提交建议1件、个人提案37件。全年省台联共向上级有关部门提交各类信息建议40条，其中，全国政协、中央统战部、台盟中央等部门采用16条次，省政协、省委统战部、省委办公厅等部门采用21条次。

【评选活动】 2019年，省台联在全省范围内开展“身边人•身边事”评选活动，评选出赖中和、陈昭典、张泽熙、陈清莉、吴亮、刘胜欣、王言芳7位典型“身边人”，“历经十年抢救台湾义勇队抗日遗址”“浙江省台湾同胞联谊会成立”“台湾大学生浙江夏令营”“助力改善困难台胞生活质量”“强化建言献策，积极推进浙南地区接轨海峡西岸经济区建设”“发挥特色，引智帮扶”“久久为功，深化对台联谊交流广度与深度”“在浙里寻梦——在浙高校台湾大学生系列活动”等10件典型“身边事”。推荐2人分别参加浙江省“最美统战人物”评选和省委统战部、浙江电视台“和合天下——浙江统一战线风采”节目录制，该节目入选省社会主义学院《纪念多党合作70周年70人访谈》专辑。全年省台联在新媒体平台发布各类宣传报道235篇，图片900多张。浙江台联微信公众号在团结报团结网每月评选的省级组织微信公众号影响力排行榜上稳居前3位。

【服务台胞】 2019年，省台联继续为省内困难台胞家庭争取全国台联专项帮扶款，并鼓励支持各地台胞组织开展互帮互助活动。开展两岸婚姻家庭及定居大陆两岸婚生子女信息普查工作要求，在全省范围内推进调研工作，至年末，有9个设区市上报普查数据。开展“三服务”活动，坚定台商留在大陆创新发展的决心。加强与浙江大学、宁波大学、温州大学、浙江工业大学等高校合作，促进两岸知识分子之间沟通互动。

【学习培训】 2019年，省台联将委员学习教育列为界别活动的重要内容，在全省台籍政协委员中开展“新时代人民政协的新样子”交流学习活动。其间，在总研讨会上，会长张泽熙围绕习近平总书记在《告台湾同胞书》发表40周年纪念会上的讲话精神，结合“一国两制”港澳实践成就及其启示，做题为《学深悟透“初心、使命”，树立台籍委员的新样子》的主题发言,5位省、市、县三级政协委员代表做典型发言。牵头在浙江红船干部学院主办2019年浙皖渝台联(台盟)红船精神培训班,来自浙江、安徽、重庆的54名学员参加,其中浙江有26名台胞骨干和机关干部参加。10月,推荐12名优秀台胞参加上海、浙江、江苏、安徽四地联合在湖南大学举办的"长三角"培训班。选派6名台胞骨干参加中央和省级有关部门组织的3次专题培训。台湾大学生浙江夏令营活动期间,组织机关干部、夏令营贵州省赫章县教师志愿者和浙江师范大学学生志愿者及来自浙江医院的夏令营医护人员开展2次集中学习,提高团队的政治意识和协同合作能力。

【台联改革】 2019年,省台联根据《浙江省群团改革总体方案》,结合年度重点工作,推进各项改革。调整优化台联机关内设机构职责,进一步提升部室之间协作配合能力;优化与省台办、省教育厅、杭州市台湾同胞投资企业协会的沟通联动机制;加强台联系统横向联合,丰富长三角区域兄弟省市合作交流形式,在对台交流、调查研究、教育培训等领域展开立体式合作;持续打造"浙里寻梦"品牌活动,带领在浙江高校台湾大学生走进横店,体验影视文化乐趣;依托有关高校学者和研究机构,提高研究台湾社情民意水平;依托微信公众号等平台,加快推进网上台联建设等。省台联以改革目标为导向,梳理修订各项规章制度共计7大类、41条。

【社会服务】 2019年,省台联做好贵州黔西南州、嘉善县天凝镇洪溪村、开化县池淮镇油川村的帮扶工作。多次组织赴结对点开展慰问帮扶,并会同有关专家和台商企业代表开展扶贫调研,就发展特色旅游、传承乡村历史等"美丽乡村"建设工作提出意见建议。会长张泽熙带队到缙云、常山、开化等地,开展"送文化下乡"和"送体育下乡"活动。邀请台湾屏东科技大学农企业管理系教授段兆麟等4位岛内专家赴开化开展农业发展交流服务活动,举办专题辅导,开化县农口干部、种养大户等近百人参加。

(省台联　王英特)

浙江省青年联合会

【概况】 2019年,浙江省青年联合会(简称省青联)有团体会员25个,包括13个省级青年团体和各市、省直机关青年联合会;省青联委员534人,分属科学技术、教育、农业、经济管理、金融商贸、法律、文化艺术和体育、新闻出版和新媒体、医药卫生、社会组织和社会中介、宗教、技能人才、台港澳及海外等13个界别;设主席1人、副主席11人,常委94人。

【青联改革推进】 2019年,省青联全面落实全国青联改革要求,通过召开会议、下基层调研、个别走访等形式,对省青联系列制度广泛征求意见。5月,省青联常委会审议通过《浙江省青年联合会委员履职考核制度》《浙江省青年联合会委员直接联系青年制度》等相关制度,对所有省青联委员参与青联工作和活动的情况形成量化考核,进一步规范省青联组织运行。推动杭州市青联、宁波市鄞州区青联的改革试点,通过沟通协调,形成试点细化方案,重点探索基层青联组织培育和吸纳青年社团的路径和方法,为深化改革提供有益经验。

【省青联第十一届二次常委(扩大)会议】 2019年5月5—6日在绍兴召开,会议增补省青联委员56人,其中新兴领域青年12人,占比21.4%。增补后,省青联委员共计534名,委员中专业技术人员和一线劳动者比例显著提升,其中来自基层和一线的委员比例超过70%(一线劳动者比例超过17%)。

【服务青年人才】 2019年,省青联首次开设"青年大讲堂"大型演讲活动、"青春酷跑"及"青春酷读"等常态化活动,为委员展示自身风采和参与青联活动搭建舞台。全年共开展"青年大讲堂""青春酷跑""青春酷读"等活动10次,参与委员600多人次,线上参与人数超过50万人。省青联发挥育人引智的优势。实行新联系新兴领域青年花名册月报制,动态更新青年库,各级团组织新增重点联系青年563人。到杭州滨江区、丽水青田县调研青年网络作家、侨乡青年等重点群体,新吸纳6名社会组织骨干成为省青联委员。依托省青联科技界别组,举办"青科协前沿畅享汇""中国科学院创客之夜""青春领航青年科技人才培训班""世界青年科学家(温州)峰会大数据与人工智能论坛"等青年科技活动。配合团省委统战部,起草浙江省青年文艺工作者联盟章程和筹建方案,设置文学创作、戏剧表演、音乐、舞蹈、美术、新闻传媒、手工艺等7个专委会,组织召开青年文艺工作者代表务虚会2次,明确各领域入会标准、骨干人选。

【助推脱贫攻坚】 2019年,省青联坚持围绕党政大局助力脱贫攻坚。开展"青力扶贫 联创梦想"青联委员走基层服务月活动,各级青联委员参与550多人次,结对贫困村26个、贫困户282多户,捐助的爱心物资价值216万元。举办励志公开课26场,覆盖学生3000多人。在"99公益日"等时间节点,发起"青联暖心行动""爱心助学宝贝出村"等面向对口地区青少年成长发展需求的捐助活动。

【青年交流】 2019年,省青联协助宁波市、义乌市承办第三届"未来之桥"中国—中东欧青年研修交流营,来自中东欧16个国家的80多名青年代表应邀参加。活动期间,分别协助举办中国-中东欧青年发展论坛和"一带一路"青年创客国际论坛。组织代表团赴香港参加庆祝中华人民共和国成立70周年暨香港青年联会第二十七届会庆及会董会就职典礼。走访吉利汽车控股有限公司(香港)等港区企业,并接受央视新闻联播、新华社、《文汇报》《大公报》等媒体访问,组织大型支持特区政府、爱国爱港的集会活动,累计参与97.2万人次。分别同新加坡全国青年理事会、匈牙利匈中友好协会签署青年合作谅解备忘录和《关于深化青年交流的合作谅解备忘录》。

（省青联秘书处）

浙江省红十字会

【概况】 2019年，浙江省有红十字基层组织1.48万个，其中，乡镇（街道）红十字会1266个，学校红十字会4932个，村（社区）红十字会8337个。团体会员单位4267个，成人会员32.72万人，青少年会员205.76万人。志愿服务组织1677个，注册志愿者6.87万人。全年全省募集社会捐赠款物价值3.43亿元，比上年增长42.5%；投入使用款物3.12亿元，增长44.3%。受助困难群众37.3万人。培训红十字救护员24.13万人，开展普及培训212.36万人次，超额完成“健康浙江”建设年度目标任务。实现造血干细胞捐献90例，增长32.4%。完成人体器官捐献239例，增长7.2%。近10项工作在全国性会议上做经验交流。

【红十字会改革】 2019年，省红十字会贯彻落实《浙江省红十字会改革实施方案》，分解细化改革任务130多项，年内完成近100项。11个设区市和39个县（市、区）印发属地红十字会改革方案。推动完善内部治理结构，召开省红十字会第七届理事会第三次（扩大）会议，7个市和25个县（市、区）红十字会成立监事会。深化“最多跑一次”改革，梳理规范涉民涉企及机关内部办事流程，人体器官捐献“最多跑一次”改革制度获评2019年度省直机关“最佳制度供给”优秀案例。

【救灾救援工作】 2019年，浙江省有红十字救援队105支，其中国家级救援队1支、省级4支、市级11支、县级89支，救援队数量居全国首位。组织参加全国首届社会应急力量技能竞赛，省3支红十字救援队入围决赛，其中省红十字（仙居）应急搜救队获绳索组亚军。5月8日，由中国红十字会总会主办、省红十字会及绍兴市政府共同承办的“同心协力——2019中国红十字会应急救援综合演练”活动在绍兴举行。承办中国红十字会总会2019年尼泊尔紧急搜救培训班，举办省、市级救援技能培训9期。首次开展省、市、县三级应急物流联动演练，以实战标准检验备灾救灾能力。面对“利奇马”超强台风侵袭，第一时间组织73支红十字救援队、3500多名队员参与抗台救灾，转移受灾群众1.9万多人，全系统共接受台风救灾捐赠款物价值1514.48万元，争取总会支持款物价值315.54万元。

2019年5月8日，由中国红十字会主办、省红十字会及绍兴市政府共同承办的“同心协力——2019中国红十字会应急救援综合演练”活动在绍兴举行

（省红十字会　供图）

【人道救助品牌打造】 2019年，省红十字会开展首届十佳“红十字公益品牌项目”评选，举办“人道公益品牌项目”推介会，签约总额6300多万元。参与腾讯“9•9公益日”网络众筹活动，省级和7个市、1个县发起筹款项目，募集善款217.57万元。推进实施“母婴平安”“康心基金”“康恩贝健康之旅”等公益项目，与省民盟、省致公党、省农工党等党派的合作，实施红十字公益项目537个，使用资金2.28亿元。连续20年组织开展“情暖浙江·红十字博爱送万家”活动，全省投入款物价值3144.99万元，慰问困难群众3.82万户。召开对口支援和东西部扶贫协作工作会议，投入扶贫款物价值5933.45万元，居全国首位。做好新一轮省内扶贫结对工作，援助武义县款物价值61.41万元。全省自筹资金新建“博爱家园”项目点45个，累计建成455个，总投资1166.88万元。参与建设养老志愿服务基地113个、服务点320个，开展老年人公益援助项目48个。

【应急救护培训】 2019年，浙江省红十字系统深入开展应急救护培训“五进”（进社区、进农村、进学校、进机关、进企事业单位）活动，助力“健康浙江”建设。联合省卫生健康委、省委宣传部等部门印发《浙江省健康素养进农村文化礼堂三年行动计划》，推进“万村救护培训进礼堂”活动，年内进文化礼堂5077个，培训1.2万场次。7月17—19日，省红十字会联合省人力社保厅、省卫生健康委、省应急管理厅、省总工会举办第三届全省红十字应急救护大赛，舟山市代表队获团体一等奖，30名选手获单项操作个人奖，其中3人经申报获“浙江金蓝领”称号。湖州市、长兴县代表中国红十字会总会通过红十字会与红新月会国际联合会的应急救护培训国际认证评估。年内，全省新建红十字应急救护培训基地260个，培训救护师资3061人，累计救护普及培训率26%、救护员取证率4%以上。推进人群密集场所设置自动体外除颤仪（AED）工作，新增投放1282台，为历年投放总数的1.65倍。为各类赛事活动提供应急救护保障78场次，红十字救护员（师）成功施救案例61例。

【造血干细胞捐献】 2019年，浙江省造血干细胞捐献新增入库8138人份，累计入库8.69万人份；新增捐献90例，其中涉外捐献5例，累计捐献540例，库容使用率位居全国前列。9月12日，来自江山市的林均成功捐献造血干细胞，成为全省第500例造血干细胞捐献者。组织开展造血干细胞捐献突破500例暨第五个世界骨髓捐献者日主题宣传活动，召开第十一届"红十字公益之星"座谈会。推进捐献服务改革，在宁波市设立造血干细胞采集爱心工作室。全年省造血干细胞捐献志愿服务队护送造血干细胞35次，累计护送111次。

【人体器官捐献】 2019年，浙江省实现人体器官捐献239例，捐献大器官719个、角膜292只；累计实现人体器官捐献1312例，捐献大器官3991只、角膜1374只。实现遗体捐献149例，眼组织捐献145例；累计实现遗体捐献563例，眼组织捐献469例。与浙江大学医学院合作，首次开展脑组织捐献工作，年内实现捐献60例。宣传引导群众通过网络平台登记捐献人体器官（遗体、组织），全年新增登记捐献志愿者3.49万人，是历年登记总人数的2倍多。10月13日，由中国人体器官捐献管理中心、省红十字会联合主办的"生命之约•大爱传递"人体器官捐献知识进校园活动走进温州医科大学，3000多人参加。推进"生命礼赞"纪念园和"生命礼敬"主题文化公园建设，浙江省、杭州市和江干区红十字会共建的"生命礼赞"主题文化公园基本完工。温州市在全国首创将人体器官捐献登记信息纳入市民电子健康医保卡。

【红十字会组织建设】 2019年，省红十字会落实中国红十字会总会组织建设试点任务，推动"红十字强基工程"和规范会员管理两项工作提质扩面。召开全省红十字基层组织建设工作推进会，制定出台《关于加强新时代红十字基层组织建设的意见》，明确基层组织建设和会员发展三年行动计划。年内，全省基本完成会员重新登记工作。探索建立县（市、区）会员服务中心、乡镇（街道）会员之家，举办优秀基层红十字会会长培训班。启动实施第四轮"情暖浙江•红十字志愿服务"培育发展计划，资助项目31个。开展"三服务"活动，实施"千家爱心企业大走访、百支志愿服务队送服务、万村救护培训进礼堂"活动，全系统走访爱心企业2400多家，组织各类志愿队送服务28万余小时。引导全省1600多家志愿服务组织，参与基层社会治理。推动红十字青少年工作深入开展，先后举办"探索人道法"项目师资培训班、大学生青年骨干训练营，开展"红十字点亮青春高校行"活动，组织评选浙江省首届红十字事业突出贡献青少年。

【红十字精神传播】 2019年，浙江省红十字系统通过举办红十字公益宣传片大赛、开展公益海报（宣传画）征集、创作《红十字之歌》MV、拍摄公益宣传片、组织"红十字在基层"系列采风等方式，广泛传播红十字精神文化，弘扬向善向美正能量。加强传播阵地建设，全省建成集知识展示与学习、情景模拟与体验等多功能于一体的生命教育体验馆50多个，建成红十字文化公园、展示带229个，红十字服务站点4392个。加大典型宣传，推荐红十字捐献者、捐赠者、救护员、志愿者参与各级"最美人物"评选，年内，全省新增红十字领域"中国好人"5人、"浙江好人"15人。2个红十字领域典型入选全国学雷锋志愿服务"四个100"先进典型。省造血干细胞捐献志愿服务队、绍兴市红十字会1人分别获评全国红十字系统先进集体和先进工作者。

（省红十字会　范海萍　汪　旦）

法　治
Legal System

人大立法

【概况】 2019年，浙江省人大常委会围绕改革发展和社会治理的重大问题，加强重点领域立法，深抓立法工作重点环节和关键步骤，推进科学立法、民主立法、依法立法，着力提升地方立法质量和效率，以高质量地方立法引领和推动浙江高质量发展。全年省人大常委会审议地方性法规草案17件，通过12件，批准报批法规35件，审查规范性文件72件。

【高质量发展立法】 2019年，省人大常委会围绕解决制约民营企业发展中的瓶颈问题，营造民营企业发展的良好法治环境，3次审议《浙江省民营企业发展促进条例（草案）》，并决定提交省十三届人大三次会议审议。该条例草案固化和升华过往做法经验，注重从制度设计上加以创新，重点就平等准入、保障措施、权益保护、规范发展等方面，做出具有浙江特色的创制性规定。11月29日，省十三届人大常委会第十五次会议通过《义乌国际贸易综合改革试验区条例》，该条例对试验区的管理体制机制、规划建设与产业发展、贸易便利与监管创新等做出规定，保障试验区在国际贸易重要领域和关键环节发挥先行先试作用；会议审议《浙江省电子商务条例（草案）》，旨在进一步规范电子商务行为，维护市场秩序，促进电子商务持续健康发展；审议《浙江省地方金融条例（草案）》，强化地方金融监督管理。

【民生保障立法】 2019年5月31日，省十三届人大常委会第十二次会议通过《浙江省教育督导条例》，进一步理顺教育督导体制，对督导内容和实施、督学管理等做出规定。9月27日，省十三届人大常委会十四次会议通过《浙江省家庭教育促进条例》，明确家庭、政府、学校、社会的职责任务，推动构建完整、优质的家庭教育指导服务体系；通过《浙江省精神卫生条例》，规范精神卫生服务，维护精神障碍患者的合法权益。开展乡村振兴立法调研，为地方立法做好准备。

【社会治理立法】 2019年3月28日，省十三届人大常委会第十一次会议通过《浙江省实施〈中华人民共和国反恐怖主义法〉办法》。该办法明确反恐职责分工、安全防范、情报信息、调查处置等内容，着眼于维护国家安全、公共安全和人民生命财产安全；会议通过《浙江省测绘地理信息条例》，加强测绘地理信息管理，保障地理信息安全；会议通过《浙江省无人驾驶航空器公共安全管理规定》，对无人驾驶航空器的范围、登记、禁飞区域等做出规定。8月1日，省十三届人大常委会第十三次会议通过《浙江省反走私综合治理规定》，明确部门职责分工，有效打击走私活动，维护全省进出口秩序；会议修订《浙江省宗教事务条例》，规范宗教事务管理，维护宗教和睦与社会和谐。11月29日，省十三届人大常委会第十五次会议通过《浙江省街道人大工作条例》，审议《浙江省非机动车管理条例（草案）》《浙江省公路条例（草案）》，保障道路交通安全、有序畅通。

【生态环保立法】 2019年9月27日，省十三届人大常委会第十四次会议通过《浙江省农村生活污水处理设施管理条例》，明确污水处理运行维护目标、管理体制和收费制度，推动“美丽乡村”建设。根据全国人大常委会法工委要求，对2018年生态环保法规全面清理报告提出的需要修改的5件法规做好跟踪清理，研究提出处理意见。

（省人大常委会办公厅　金　炜）

政法委与综治

【概况】 2019年，浙江省各级政法机关贯彻中央政法委和省委、省政府的决策部署，结合“不忘初心、牢记使命”主题教育，坚持和发展新时代“枫桥经验”，推进平安浙江、法治浙江建设，全面打赢“平安护航新中国成立70周年大庆”等一系列重大活动安保维稳硬仗，推动衡量社会平安稳定的重要指标持续好转，有效解决一些影响群众获得感幸福感安全感的问题，为维护全省社会大局持续稳定提供有力保障。全年全省刑事案件总量、命案数分别比上年下降10.2%和17.4%，新发命案连续3年全破；信访总量由增转降，下降10.4%；人民群众安全感、满意率97.14%、上升0.3%，连续16年位居全国前列。内视信息省高级人民法院对11个设区市中级人民法院、宁波海事法院及基层法院开展政治督察。省人民检察院对21个市、县（市、区）检察院党组开展巡视巡察。省司法厅开展正风肃纪检查59次，严查违纪违法行为。全省政法队伍涌现全国“最美基层民警”、CCTV2019年度法治人物毛卓云，2019年度人民法院十大亮点人物梁健，“最美浙江人——2019年度浙江骄傲人物”提名人物“七色花”未检团队，“新时代司法为民好榜样”金厚桥、林新法等先进集体和先进个人。

【省委政法工作会议】 2019年2月14日在杭州举行。省委书记车俊出席并讲话，省委常委、政法委书记王昌荣主持会议，并具体部署2019年政法工作，陈金彪、王双全、李占国、贾宇出席会议。会议强调，要把认真学习贯彻习近平总书记在中央政法工作会议上的重要讲话精神与深入践行总书记赋予浙江的新期望紧密结合起来，增强底线思维，发扬斗争精神，开拓创新、锐意进取，推动平安浙江、法治浙江建设向更高质量、更高水平发展，要把防范化解重大风险作为重中之重来抓，推动新时代全省政法工作稳中求进、以进固稳、继续走在前列，以优异成绩迎接中华人民共和国成立70周年。同日上午会议以视频形式召开，各市、县（市、区）设分会场。

【全省建设平安浙江工作会议】 2019年3月29日在杭州举行。省委书记、省委建设平安浙江领导小组组长车俊出席并讲话，省委副书记、省长袁家军主持会议，葛慧君、陈金彪、冯飞、王昌荣、梁黎明、王双全出席会议。2004—2019年15年间，浙江沿着习近平总书记开创的平安浙江建设道路砥砺前行，取得实践、制度和理论成果，为平安中国建设贡献浙江力量。会议全面部署新时代浙江省政法工作。省领导为2018年度平安市县和平安建设工作突出单位授鼎授牌，省公安厅、台州市、宁波市镇海区、杭州市余杭区临平街道负责人做典型发言。会议以视频形式召开，各市、县（市、区）设分会场。

2019年2月14日，省委政法工作会议在杭州举行　（省委政法委　供图）

2019年3月29日，全省建设平安浙江工作会议在杭州举行　（省委政法委　供图）

【全省县级社会矛盾纠纷调处化解中心建设现场推进会】 2019年11月26日在杭州市余杭区召开。省委书记车俊出席并讲话。陈金彪、周江勇、王昌荣、李卫宁、王双全、马光明、李占国、贾宇出席会议。年内，全省各地探索县级社会矛盾纠纷调处化解中心建设，初步实现矛盾纠纷化解从碎片治理向集成治理、被动治理向主动治理、突击治理向长效治理、单向治理向多元治理转变，为社会治理领域"最多跑一地"改革奠定基础。会前，省委书记车俊到余杭区社会矛盾纠纷调处化解中心，考察信访接待大厅、综治中心、公共法律服务中心等，对信访代办、领导下访、联合调处等做法表示肯定。会上，杭州市、金华市、温州市瓯海区、舟山市普陀区负责人做交流发言。

【重大风险防范化解】 2019年，浙江省政法机关按照中央政法委和省委、省政府部署要求，以防范化解重大风险为主线，立足底线思维研判形势，聚焦突出风险精准防控，推进各项维稳安保工作，完成中华人民共和国成立70周年等系列重大活动的维稳安保任务。部署平安护航系列活动，开展矛盾纠纷和风险隐患大排查大调处大整治，严密重点人、重点事、重点部位、重点物品管控，及时有效解决各类问题隐患。健全完善反恐怖工作体系，推进邪教和非法传教突出问题综合治理。开展P2P网贷平台风险化解处置，维护投资受损群体合法权益。组织开展信访积案化解集中行动，全年交办积案8007件，化解7075件，化解率88.4%，81个县（市、区）基本实现"无信访积案县"目标。集中开展矛盾纠纷调处、风险隐患清零、治安安全整治等专项行动，全省共排查化解各类矛盾纠纷和风险隐患75.71万起。

【平安浙江建设突出问题专项整治】 2019年，浙江省政法机关按照项目化推进、清单式管理的方式，组织实施以扫黑除恶专项斗争为重点的15个平安建设突出问题专项整治，初步实现发案减少、事故下降、社会稳定、群众满意的目标。全省打掉涉黑组织92个、涉恶犯罪集团346个、涉黑涉恶犯罪团伙602个，破获刑事案件2.38万起。在全国率先全面部署防范打击"套路贷"违法犯罪，全省打掉"套路贷"犯罪团伙766个，抓获犯罪嫌疑人6780人，破获案件2.12万余起，实现"传统'套路贷'基本扫除、注册地在浙江的'套路贷'放贷公司基本打掉、新增'套路贷'案件实现断崖式下降"的目标。持续开展毒品突出问题专项整治，破获案件2486起，缴获毒品203.06千克。开展交通安全专项整治，突出工程运输车等重点车辆安全监管，加强电动自行车安全管理，道路交通事故起数比上年下降12.2%，涉及电动自行车交通事故死亡人数下降15.15%。开展消防安全专项整治，火灾事故起数、死亡人数分别下降25%、23.3%。开展新型网络犯罪专项整治，破获电信网络新型犯罪案件4.28万起，刑拘犯罪嫌疑人1.89万余人，追缴涉案资金3.27亿元，返还冻结资金2.45亿元。

【社会治理领域"最多跑一次"改革】 2019年，浙江省政法机关学习贯彻党的十九届四中全会和省委十四届六次全会精神，以县级社会矛盾纠纷化解调处中心（信访超市）建设为牵引，将"最多跑一次"改革理念、方法、机制延伸到社会治理领域。健全完善"全省一盘棋、市级抓统筹、县区负主责、基层强执行"的社会治理机制，拟制贯彻"党委领导、政府负责、社会协同、公众参与、法治保障"要求的工作规程，初步实现"党委领导更加有力，政府负责更加主动，社会协同更加紧密，群众参与更加广泛，法治保障更加健全"的目标。健全完善"一中心、四平台、一网格"县域社会治理体系，出台《"基层治理四平台"数字化建设指南》，规范提升全科网格建设，推进矛盾纠纷"全链条解决"。创新完善信访工作和矛盾纠纷解决机制，压实县级主体责任，深化领导干部下访接访，推动县级领导每天到县级社会矛盾纠纷调处化解中心接访成为常态。

【法治化营商环境建设】 2019年，浙江省政法机关坚持权利平等、机会平等、规则平等，依法平等保护民企合法权益，及时兑现民企胜诉权益，着力加强涉外权益保护，让民营企业家专心创业、放心投资、安心经营。依法打击涉黑涉恶犯罪、民企内部人员犯罪、侵犯知识产权、虚假诉讼等犯罪，惩处经济犯罪案件3927起，挽回经济损失98.4亿元。探索采用柔性司法手段，审慎处理破产清算和"执转破"案件，保证"僵尸"民企（是指丧失自我发展能力，必须依赖非市场因素即政府补贴或银行续贷来维持生存的民企）"软着陆"。深化"三服务"活动，建立经常性联系企业制度，加大困难企业帮扶力度，做好"走出去"企业安全防范，深入一线开展民企法治体检、金融风险防范法律服务、参与“一带一路”建设法律服务等十大专项活动，提升民营企业的信心。

【诉源治理“浙江模式”推进】 2019年，全省政法机关贯彻习近平总书记“坚持把非诉讼纠纷解决机制挺在前面，从源头上减少诉讼增量”的重要指示精神，围绕“将案件数量降下来”要求，探索推进诉源治理“浙江模式”。强化矛盾纠纷诉前调解，全面落实重大决策社会风险评估制度，出台《重大决策社会风险评估实施办法》，全年完成重大工程项目建设、重大行政决策、重大活动、重大敏感案事件社会风险评估5792件。健全“社会调解优先、法院诉讼断后”的递进式矛盾纠纷分层过滤体系，完善“五调联动”（诉调、警调、检调、专调、访调）工作机制，全省法院新收诉讼案件168.6万件，比上年下降4.6%，系全国唯一收案出现负增长的省份。推广应用在线矛盾纠纷多元化解平台，受理调解申请72.5万件，调解成功63.9万件，成功率88.7%。完善行政争议解决机制，设立全国首个省级行政争议调解中心，实现省、市、县三级行政争议调解中心全覆盖，协调化解近30%的行政案件，一审行政案件调解撤诉率高于全国6个百分点。推进民商事案件源头治理，推行“职业放贷人”利息征税协作机制，推动民间借贷案件持续下降。开展打击虚假诉讼专项行动，查处涉虚假诉讼案件2109件，罚款处理425件。完善分流、调解、速裁、快审等机制，全省不捕率不诉率领先全国。建立刑拘直诉等快办工作机制，9.7%的刑事案件10日内办结，67.9%的治安行政案件当日办结。

【政法领域改革推进】 2019年，浙江省政法机关贯彻落实《中央办公厅关于政法领域全面深化改革的实施意见》，推进司法体制综合配套改革，全面落实司法责任制。法院系统健全审判权力运行监督制约机制。检察系统贯彻省委加强检察机关法律监督工作意见，推进刑事、民事、行政检察和公益诉讼工作全面协调充分发展。推进政法公共服务，建成浙江政法公共服务平台，统一纳入浙江政务服务网。法院系统发布全国首个《人民法院诉讼服务规范》省级标准，推进“一站式”诉讼服务中心建设，全面推行网上立案、跨域立案，实现诉讼服务跨区域远程办理、跨层级联动办理。检察系统深化12309检察服务中心、公益损害与诉讼违法举报中心等检察为民服务信息化平台建设，受理群众举报线索23290件，发出纠正违法通知书、检察建议书14144件，纠正整改13842件。公安系统推广“互联网+可信身份认证”应用，“一证通办”“网上办”实现率分别达94.1%、98.3%，144个高频民生事项实现“掌上办”，车辆上牌“一件事”年惠及群众200多万人。司法行政系统深入实施公共法律服务体系建设提升工程，健全完善12348浙江法网，实现市、县、乡、村四级公共法律服务实体平台全覆盖。

【政法智能化建设】 2019年，浙江省政法机关以打造政法信息化建设示范省为目标，统筹推进政法智能化建设。全年通过应用政法机关一体化办案系统办案14.84万余件，协同交换数据38万余次。启动单轨制办案试点，至年末，单轨制办案覆盖11个设区市、31个县（市、区）。统筹抓好“雪亮工程”（以县、乡、村三级综治中心为指挥平台、以综治信息化为支撑、以网格化管理为基础、以公共安全视频监控联网应用为重点的“群众性治安防控工程”）建设，推进公共安全视频监控建设联网应用，全省建立视频监控252.9万个，重点公共区域联网率达99.7%。深化智安小区、智安单位、智安乡镇（街道）创建活动，建成智安小区4237个。深化杭州互联网法院建设，首创异步审理模式，推进移动微法院迭代升级，浙江移动微法院上升为中国移动微法院。检察系统推广智慧公诉办案辅助系统应用，盗窃、危险驾驶两类案件办理效率提升70%以上。公安系统推广“云上公安、智能警务”应用，实现“情指行”一体化融合。司法行政系统完善法律援助、司法鉴定等应用系统，建成司法行政五大主题库10个业务标准库。

【法学会工作】 2019年，浙江省法学会按照中国法学会第八次全国会员代表大会和省委政法工作会议部署，全面深化法学会改革。开展应用法学研究，召开以民间借贷与“套路贷”法律问题、“套路贷”新规适用为主题的系列研讨会，举办建设平安浙江15周年余杭论坛、第十六届“长三角法学论坛”、第九届海洋经济发展法治论坛、首届“枫桥经验”高峰论坛、第二届中国（浙江）自贸区法治论坛等。新成立党内法规、案例法学研究会，为100多部法律法规、政府规章提供立法意见。组织“4·26世界知识产权日”宣传、“百名法学家百场报告会”法治宣讲活动，开展“青年普法志愿者法治文化基层行”“2019浙江中小微企业法律服务月”活动。省法学会贯彻落实《省委政法委关于加强新时代法学会建设的若干意见》，推动各市法学会深化改革，推进网上法学会建设。组织“基层法学会工作推进年”活动，加快“一县一品”县域特色法学会建设。

（省委政法委　张爱平）

法治政府建设

【概况】 2019年，浙江省各级政府部门深入学习贯彻习近平总书记全面依法治国新理念、新思想、新战略和宪法修正案，贯彻落实中央依法治国委员会第一次、第二次会议精神，聚焦“高水平推进省域治理现代化”，根据《法治政府建设实施纲要（2015—2020年）》要求，加强法治政府组织领导，依法规范重大行政决策，抓牢抓实各项执法监督，统筹推进政府工作法治化、规范化、科学化。对标《市县法治政府建设示范指标体系》，细化评分标准，完善实施方案，推动法治政府示范创建工作，推荐宁波、湖州、桐庐等市县参评全国法治政府建设示范地区，推荐金华市打造全域“无证明城市”等做法参评单项示范，全省培育形成法治政府建设“最佳实践”单位。

【法治建设第一责任人职责履行】 2019年，省委十四届六次全会对法治政府建设做出部署。省委常委会专题听取法治政府建设自查情况汇报，及时研究解决法治政府建设中的重大问题。召开省委依法治省委员会第一次会议，研究部署年度法治浙江建设工作任务，推动省、市、县三级党委法治建设议事协调机构全面运行。省政府常务会议专题听取法治政府建设情况汇报，研究审议法治政府建设年度工作要点和考核办法，出席省法治政府建设全面督察工作汇报会并向中央依法治国委员会办公室做专题汇报，对法治政府建设进行具体部署。省政府与省法院共同成立浙江省行政争议调解中心，推动促进行政与司法良性互动。启动党政主要负责人履行推进法治建设第一责任人职责情况列入年终述职内容的试点工作。

【法治督察】 2019年12月，根据中央依法治国委员会办公室统一部署，浙江省开展法治政府建设全面督察和食品药品监管执法司法执法、营造法治化营商环境保护民营企业发展两项专项督察活动，坚持问题导向、效果导向，通过座谈交流、明察暗访、案卷评查、督察预告等方式汇总形成问题清单，指导各地对照差距、补齐短板，提高督察工作质量和效率。配合做好中央依法治国委员会办公室到浙江开展法治政府建设实地督察工作，相关经验做法得到中央督察组肯定。

【营商环境法治化打造】 2019年，浙江省在全国率先实现省、市、县三级公平竞争审查制度全覆盖，先后清理排除限制竞争的存量政策文件17722件，废止、修改832件。制定《浙江省企业竞争合规指引》，为全国首个企业竞争合规指引，实施重点企业反垄断辅导机制。实施优化营商环境"10+N"行动，制定促进民营经济发展31条举措，搭建惠企服务一站式平台，持续释放市场主体活力。11月13日，在嘉善县召开的2019年上海、江苏、浙江、安徽司法厅(局)构建长三角法治化营商环境建设区域协同机制座谈会上，三省一市司法厅(局)共同发布《进一步优化长三角法治化营商环境宣言》。开展促进民营经济高质量发展"十大专项活动"和法治化营商环境优化专项活动，为维护企业合法权益提供全方位服务，全年清理涉及不利于民营经济健康发展的行政规范性文件600件。加强企业海外法律服务，指导企业应对来自美国、印度等25个国家和地区发起的贸易摩擦案件132件。

【依法行政制度体系完善】 2019年，省政府加强重点领域立法。组织实施省政府2019年立法计划，围绕促进经济社会健康有序发展，提请省人大常委会审议《浙江省民营企业发展促进条例》《义乌国际贸易综合改革试验区条例》等地方性法规，制定《浙江省反间谍安全防范办法》《浙江省科学技术奖励办法》等规章3件，修订《浙江省城市道路管理办法》等规章5件。完善立法工作机制。落实党领导立法工作的有关要求，推动建立立法项目提请省政府常务会审议前，呈报分管省长提前审查把关，建立立法工作民营企业联系点144个，拓宽民营企业参与行政立法渠道。加强行政规范性文件管理。争取地方改革权限，形成拟提请中央审议需要在浙江省暂时调整实施的事项13项，取消"石油成品油批发经营资格审批"事项，"符合条件的经济发达的县(市)设立仲裁机构"等12项事项上报国务院。组织修订《浙江省行政规范性文件管理办法》，清理公布省本级58家制定主体清单，全面清理省政府行政规范性文件1689件，废止和宣布失效516件。加大行政规范性文件合法性审核力度，全年审核拟发行政规范性文件、合同等322件，收到省级部门和设区市政府报备行政规范性文件534件，督促纠正42件。

【重大行政决策机制健全】 2019年，省司法厅实施重大行政决策能力提升专项行动，对省级部门和市、县、乡三级政府重大行政决策目录化管理，推动重大行政决策合法性审查和集体讨论100%覆盖，提高重大行政决策质量。编制印发《重大行政决策执行情况第三方评估实施办法(试行)》，对重大行政决策规定落实情况进行"回头看"。建立省、市、县三级重大民生决策民意调查机制，实施重大行政决策终身责任制及责任倒查机制，从源头上把牢行政行为合法关。8月，省委、省政府出台《浙江省重大决策社会风险评估实施办法》，对涉及公共安全、社会稳定、环境保护方面且意见分歧较大的重大决策事项，实现风险评估100%覆盖。对涉及重大公共政策、重大改革举措、重大工程项目等重大事项，严格做到应评尽评。围绕省委、省政府重大发展战略，组织政府法律顾问对高速公路土地资产作价增资、浙江省部分行业放开中长期电力交易基本规则(试行)等政府涉法事务开展合法性论证，推动政府法律顾问从有形覆盖向有效覆盖转变。修订《浙江省公职律师和公司律师管理办法(试行)》，全面推行公职律师制度，完善公职律师履职保障机制。全年省、市、县、乡四级共聘请政府法律顾问9000多名、公职律师2200多名。

【综合行政执法改革】 2019年，浙江省以机构改革为契机，深化综合行政执法改革。6月22日，省委、省政府印发《关于深化综合行政执法改革的实施意见》，在全国率先推进城乡统筹的跨部门跨领域综合行政执法改革。10月17日，省委、省政府召开全省法治政府建设暨综合行政执法改革推进会。11月12日，省政府批复同意在杭州市下城区长庆街道、桐庐县分水镇、湖州市南浔区练市镇、义乌市佛堂镇、江山市贺村镇5个镇(街道)开展综合行政执法试点，以镇(街道)名义相对集中行使行政处罚权及与之相关的行政检查权。年内，制定完成业务主管部门和综合行政执法部门的监管事项清单、处罚事项清单、职责边界清单，建立浙江省综合行政执法重大事项报告、年度工作考评、网络舆情应对和综合行政执法人员执法行为基本规范等制度，全省11个设区市和所有县(市、区)五大领域综合行政执法队伍全部挂牌，"综合行政执法+部门专业执法+联合执法"的行政执法体系，全省执法事项、执法力量的整合基本成形。至年末，全省综合行政执法基层中队（所）1329个、派驻执法队员9888人，基本实现乡镇（街道）综合行政执法力量全覆盖。

【行政权力制约监督】 2019年，省政府自觉接受党内监督、人大监督、民主监督、司法监督、审计监督，主动向省人大常委会报告全省经济社会发展、环境状况和环境保护目标完成情况及安全生产工作情况。办理省人大代表建议869件，省政协提案696件。支持人民法院依法受理和审理行政案件，组织开展行政机关"旁听百场庭审"活动，全省1043名厅、处级干部、7000多名行政执法人员旁听案件庭审；加大行政机关败诉典型案例通报力度，加强败诉过错责任追究。支持检察机关加强公益诉讼。加强审计监督，推进审计管理体制改革，狠抓审计发现问题整改落实，启动审计整改追责程序。推进诚信政府建设。开展涉政府产权纠纷问题和政府失信问题专项整治，对全省100个地方政府、4753家政府部门开展政府机构公共信用评价，形成政府诚信指数模型。建成全省一体化公共信用信息平台，推进"信用+"十大场景应用，在40个领域建立失信"黑名单"、联合惩戒制度。全年省政府网站向社会公开信息40839条、解读回应288条。发布首期《浙江省政务公开指数报告》，深化基层政务公开标准化规范化试点。

【社会矛盾纠纷化解】 2019年，浙江省各级政府推动实现矛盾纠纷调处化解"最多跑一地"。加强县级社会矛盾纠纷调处化解中心建设，强化"基层治理四平台"运行管理，规范提升"全科网格"建设，探索构建"一中心、四平台、一网格"上下联动、左右协调的县域社会治理新模式。部署开展诉源治理专项行动，深化"三调联动"（人民调解、行政调解、司法调解）机制，开展律师调解、律师参与信访等试点工作，全年全省人民调解组织化解矛盾纠纷50多万件，其中涉民营企业纠纷3.3万件。经省政府同意，以省建设法治政府（依法行政）工作领导小组办公室名义印发《浙江省行政复议规范化建设实施方案》，开展行政复议工作规范化建设专项活动，着力发挥行政复议化解行政争议、强化层级监督和维护人民群众合法权益的制度功能。省行政复议局新收行政复议案件1050件，直接纠错率10.5%，办理新收行政应诉案件519件（其中省政府应诉案件418件），成功劝导当事人撤诉54件。

【法治宣传和阵地建设】 2019年，省政府严格落实"谁执法谁普法"普法责任制，深化融媒体普法平台建设，打造全省"以案释法"案例库，提升普法宣传的针对性和实效性。加强青少年普法宣传，全省建有各类青少年法治教育基地2400多个，中小学法治副校长配备率100%。推动"三治融合"，推广小微权力清单、"村民说事"制度等经验，实施全省民主法治村（社区）建设三年行动计划，全年全省创建国家级民主法治村（社区）149个、省级2121个。实施公共法律服务提升工程，建成具备网上法律咨询、法律服务、法治宣传、行政审批等服务功能于一体的"12348"浙江法网，并与"浙里办""支付宝"对接，实现法律服务人员机构查询、法律援助申请、司法鉴定预约等移动应用服务。

（省司法厅　肖　峰）

公　安

【概况】 2019年，浙江省公安机关以开展"不忘初心、牢记使命"主题教育为契机，以"践行新使命、忠诚保大庆"实践活动为主题，以防范化解重大风险为主线，以创建"枫桥式公安派出所"活动为主抓手，落实防风险、保安全、护稳定各项措施，确保全省社会大局持续稳定。坚决打击敌对势力渗透破坏，完善反恐防恐工作体系。开展打击涉税犯罪、侵犯知识产权犯罪、扫黑除恶百日追逃专项行动。成立涉网新型犯罪研究中心，打好禁毒"两打两控"（打击制毒犯罪、打击贩毒犯罪，管控制毒物品、管控高危吸毒人员）"三清一创""云战""护网2019"系列专项行动，深化"创文明交通、治秩序乱象"系列行动，推进"最多跑一次"改革。省公安厅制订精简会议和文件措施15条，全年会议和发至县级文件分别比上年减少51.5%、49.08%，检查考核减少89%。推动全省"情指行"（情报、指挥、行动）一体化体系建设，实施"云上公安、智能警务"大数据规划，深化执法规范化建设。开展"枫桥式公安派出所"创建和"大走访大排查大化解"专项行动，深化平安共同体建设。制订全面深化从严管党治警10项措施和减轻基层负担关爱基层民警16条措施。全年全省侦破刑事案件10.73万起，新发命案连续第三年保持全破；全省全口径交通事故起数、死亡人数分别下降12.2%、15.8%。全省社会治安领域群众安全感98.5%，对公安工作认可度96.5%。省公安厅被评为全国扫黑除恶专项斗争先进单位，全省公安机关有1人被追授"全国公安系统一级英雄模范"称号、4人被追授"全国公安系统二级英雄模范"称号，9个集体、21名个人立一等功，130个集体、261名个人立二等功。

【全省公安工作会议】 2019年6月21日在杭州召开。省委书记、省人大常委会主任车俊出席会议并讲话，强调要学深悟透习近平总书记关于加强新时代公安工作的重要论述精神，从"三个地"的高度来提升政治站位，从建设更高质量、更高水平平安浙江的维度放大工作格局，从全省公安工作进入系统性重塑、整体性变革阶段的角度谋划发展思路，努力推动新时代浙江公安工作干在实处、走在前列、勇立潮头，为加快"两个高水平"建设提供坚强保障。省领导袁家军、郑栅洁、陈金彪、周江勇、王双全、陈伟俊、贾宇出席会议，省委常委、政法委书记王昌荣主持会议。

【全省公安局长会议】 2019年2月15日在杭州召开。会议学习习近平总书记在中央政法工作会议上的重要讲话精神，贯彻落实全国公安厅局长会议和省委政法工作会议精神，回顾总结2018年工作，部署2019年全省公安工作。副省长、公安厅厅长王双全强调，要践行防风险、保平安、护发展新使命，以优异成绩庆祝中华人民共和国成立70周年。会上播放主题为"精准防范风险、全力维护稳定"的视频片。省委组织部、省委政法委、委办省编、省财政厅、省人力社保厅、省审计厅等单位相关负责人参加会议。会议以电视电话形式召开。

【护航经济社会发展】 2019年，浙江省公安机关加强P2P网贷平台风险化解处置，推进资金研判、追赃挽损、缉捕追逃"三大会战"。关注中美经贸摩擦带来的金融和稳定风险。开展打击涉税犯罪"百城会战"、打击侵犯知识产权犯罪护航企业发展"蓝剑2019"专项行动，"猎狐2019"专项行动综合绩效全国第一。拓展"三服务"活动，收集问题490个，办结468个。持续优化营商环境，制定支持大湾区新区发展意见等文件，深化居住证积分量化制度供给，实施12条移民与出入境新政及宁波航空口岸144小时过境免签政策。健全完善多部门警种联勤联动、合成作战的常态化安保维稳机制。

【服务平安浙江建设】 2019年，浙江省公安机关深化扫黑除恶专项斗争，打掉涉黑组织92个、涉恶犯罪集团346个、涉嫌恶势力团伙602个，抓获团伙成员1.4万名，侦破案件2.38万起。省公安厅成立涉网新型犯罪研究中心，完善案件快打、人员劝投、跨省驻点打击机制。全省公安机关开展打击"套路贷"、民族资产解冻类诈骗犯罪和禁毒系列专项行动，推进国家毒品实验室浙江分中心建设，全省缴获毒品203.06千克。开展"净网2019"专项行动，发起侵犯公民个人信息等十大集群战役。落实网络安全等级保护制度。深化"创文明交通、治秩序乱象"系列行动。完成"智慧监管"建设任务，实施监所安全"铁桶工程"。

【"猎狐2019"专项行动】 2019年，浙江省公安机关开展缉捕在逃境外经济犯罪嫌疑人专项行动。年内，抓获在逃境外经济犯罪嫌疑人274名，缉捕率65.1%，其中公安部在册逃犯119名，在册缉捕率44.7%；从美国劝返"百名红通人员"莫佩芬，协助杭州市上城区检察院、宁波北仑海关抓获外逃人员各1名。

【打击涉众型经济犯罪专项行动】 2019年，浙江省公安机关开展打击涉众型经济犯罪专项行动，做好预警监测、风险排查、分类处置、打击震慑、维稳处置等工作。各地公安机关应对处置网贷平台风险，建立健全风险主体、接警受理、在侦案件"三张清单"，落实"挂图作战""一案一表"工作要求，实行"专案+专班"工作模式，开展资金分析、缉捕追逃、追赃挽损"三大会战"。全年侦破涉众型经济犯罪案件909起，抓获犯罪嫌疑人2971名，其中，侦破网贷平台涉嫌非法集资案件74起，抓获犯罪嫌疑人400多名，冻结资金20亿元及涉案资产。

【扫黑除恶专项斗争】 2019年，省公安厅贯彻省委政法委关于扫黑除恶攻坚年的决策部署，组织4次集中统一行动，以及开展百日追逃、打击涉互联网黑恶犯罪、"套路贷"等涉黑涉恶犯罪专项行动。年内，全省公安机关打掉黑恶团伙1040个，抓获团伙成员1.4万余名，侦破案件2.38万起，查扣非法资产价值124.03亿元。侦破杭州市下沙董氏涉黑案、武义县杨某某涉黑案等重大案件。

【严打电信网络新型违法犯罪】 2019年，浙江省公安机关应对涉网新型犯罪高发态势，开展打、防、管、控各项工作。省公安厅发挥省打击治理电信网络新型违法犯罪联席会议作用，挂牌督办重大案件81起。对舟山、宁波、金华等地电信网络诈骗案件涉及源头治理的问题开展"一案双查"，约谈整改问题不到位的三大电信运营企业及有关第三方支付机构单位负责人。研究制订电信网络新型犯罪案件初侦初查操作指引，规范线索查证、证据获取、侦查经营等流程。组织开展"反诈宝典"进高校、"普及金融基础知识 防范电信网络诈骗——连心公益行""最美反诈人暨防范电信网络诈骗集中宣传月"等宣传防范活动。湖州市公安局推出"防诈热线"，获省委书记、省人大常委会主任车俊和副省长、公安厅厅长王双全批示肯定。全年全省公安机关回访、劝阻受骗人员10多万人次，避免、挽回群众经济损失2500多万元。侦破公安部督办的温州市"12·5"特大"杀猪盘"电信网络诈骗案、台州市椒江区"6·26"网络兼职诈骗案、金华市"7·26"特大虚拟币诈骗案、嘉兴市"1·21"冒充公检法跨境电信诈骗案等重大案件。

【"净网2019"网上秩序打击整治专项行动】 2019年，浙江省公安机关开展重点打击整治网络黑客攻击、侵犯公民个人信息等突出网络违法犯罪专项行动。侦破各类新型网络犯罪案件5301起；建立网络犯罪"三预"(预警、预测、预防)工作机制，开展网络犯罪情报侦查专项会战，处置案件171起，抓获犯罪嫌疑人197名。监督检查互联网企业1.6万家次，查处违法网站栏目74个，责令限期整改互联网企业462家，违法信息自主发现率和处置率分别为99.4%、99.9%，整治移动应用App70批次。

【"三清一创"暨"云战"系列行动】 2019年3月5日，省禁毒委员会印发工作方案，组织开展以清查隐性吸贩毒人员、清理毒品源头、清除涉毒隐患和创建禁毒示范为重点的"三清一创"工作。6日，召开全省禁毒"三清一创"工作暨"云战1号"(以"打贩、查吸、挖隐、防制、控外"为重点)专项行动视频部署会。3—8月，全省公安机关开展"云战1号"专项行动。其间，刑拘毒品犯罪嫌疑人3781名，查获吸毒人员1.23万人次，缴获毒品146.2千克。8—10月，开展"云战2号"专项行动，开展吸毒人员管控、重点物品管理以及涉毒舆情应对处置等工作，排查管控吸毒人员20.2万余名，实现"零滋事、零出事、零流失、零舆情"。

10—12月，开展以打集群、控新型、追逃犯、治毒驾、大比武为重点的“云战3号”专项行动，侦破毒品犯罪案件504起，抓获毒品犯罪嫌疑人877名，缴获各类毒品31.22千克。

【出入境管理】 2019年，浙江省公安机关批准公民因私出国192.93万人次，比上年上升5.9%；批准内地居民赴港澳台461.65万人次，下降7.5%；制作签发各类出入境证照304.28万本，下降18.5%。侦破妨害国(边)境管理刑事案件35起，侦破外国人贩毒、诈骗、盗窃、抢劫等犯罪案件194起。

【全面深化公安改革】 2019年，浙江省公安机关推进“最多跑一次”改革，重点攻坚“一证办、网上办、掌上办”，一证通办实现率94.7%，网上办实现率97.9%，144个高频民生事项实现“掌上办”，在“浙里办”上线公安专区，其中73个事项实现全流程“跑零次”。省政府组织第三方民意调查，公安窗口办事“最多跑一次”实现率96.7%，满意率98%。全省公安机关贯彻公安部关于公安机关服务经济社会发展、服务群众、服务企业60项措施、出入境证件“全国通办”新政、交管部门“放管服”改革10项措施及车辆上牌“一件事”惠及群众200多万人。推进政务服务向基层延伸，进驻乡镇便民服务中心450个，各类社会化代办点4118个。推进长三角区域公安政务服务一体化，上线运行“警侨在线”“警侨驿站”。实施“云上公安、智能警务”大数据规划，完善公安公共数据共享交换平台，为基层民警提供数据服务1200万余次。在全国率先建成全省统一的移动警务平台，上架各类移动应用365个。深化执法权力运行机制改革，完成改造执法办案管理中心36个，在县级公安机关执法办案管理中心设立检察官办公室，实行涉案财物网上管理，探索简单案件网上全流程“单轨制”办案机制，推进刑拘直诉等快办机制建设。

【基层社会治理创新】 2019年，浙江省公安机关实施“百所示范、千所提升”工程，进一步推动重心下移、警力下沉、保障下倾，全省派出所实有警力占县级公安机关总警力的49.4%。探索“互联网+社会治理”新模式，推进“智安小区”“智安单位”“智安乡镇(街道)”建设，打造“无案村(社区)”示范点，建成“智安小区”4237个，其中2371个实现零发案。开展“大走访大排查大化解”专项行动，排查化解各类矛盾纠纷和风险隐患42万余起。实施“警调衔接”“警律联调”“拘调衔接”和网上调解等机制，调解成功率超过95%。建立信访诉求“最多访一地”和“代跑代办”机制，网上信访事项办结率99.8%。新建平安类社会组织4188个、23.87万人，群防群治队伍231万余人，探索建立以保安队伍为骨干的社会安保力量区域安防组织。

【“枫桥式公安派出所”创建】 2019年3月12日，省公安厅印发《全省公安机关创建“枫桥式公安派出所”实施方案》，在全国率先组织开展“枫桥式公安派出所”创建活动。全年全省公安机关投入创建资金24.9亿元，推广枫桥警务模式，培育示范样板。7月10日，全国公安机关创建“枫桥式公安派出所”活动推进会在绍兴召开。11月28日，国务委员、公安部部长赵克志在北京会见参加全国公安机关创建“枫桥式公安派出所”活动座谈会的诸暨市公安局枫桥派出所第10任所长。同日，诸暨市公安局枫桥派出所、杭州市公安局下城区分局长庆派出所、岱山县公安局罗家岙派出所、德清县公安局阜溪派出所、义乌市公安局上溪派出所被命名为全国首批“枫桥式公安派出所”。12月28日，省委办公厅、省政府办公厅通报表扬首批30个全省“枫桥式公安派出所”。

【“创文明交通、治秩序乱象”忠诚保大庆系列行动】 2019年4月22日至12月31日，浙江省公安机关推进“创文明交通、治秩序乱象”忠诚保大庆系列行动，开展道路安全隐患清零行动、重点企业和车辆安全隐患清零行动、路面秩序净化行动、宣传警示曝光行动、社会协同共治行动。其间，全省查处酒驾9.8万起(其中醉驾2.4万起)、开车使用手机160.7万起、高速公路实线变道42.9万起。

【全省见义勇为先进人物表彰暨见义勇为工作会议】 2019年11月20日在杭州召开。会上，被省政府记(追记)一等功22人，其中:被授予(追授)“浙江省见义勇为勇士”10人，被授予(追授)“浙江省见义勇为先进分子”12人。会前，省委书记、省人大常委会主任车俊，省委副书记、省长袁家军看望慰问受表彰的先进个人和家属代表。省委常委、秘书长陈金彪参加看望。省委常委、政法委书记王昌荣，省人大常委会副主任李学忠，副省长、公安厅厅长、省见义勇为工作联席会议召集人王双全，省政协副主席孙景森参加看望并出席会议。

(省公安厅　徐　锋)

检　察

【概况】 2019年，浙江省检察机关坚持以习近平新时代中国特色社会主义思想为指导，自觉践行习近平总书记赋予浙江的新期望，围绕省委“推进‘八八战略’再深化、改革开放再出发”决策部署和最高人民检察院“稳进、落实、提升”工作主基调，以“三个地”的使命担当，把握省委出台《进一步加强检察机关法律监督工作的若干意见》历史机遇，开展法律监督行动年、检察业务建设年、智慧检务提升年“三个年”活动，全力服务保障大局，全面加强法律监督，持续推进转型发展。在省十三届人大三次会议上，省检察院工作报告以97.88%的赞成率获得通过。

【深化法律监督】 2019年，浙江省检察机关立足法律监督机关宪法定位，推进“四大检察”(刑事、民事、行政和公益诉讼)全面协调充分发展。全年批准和决定逮捕各类刑事犯罪55228人，提起公诉110818人。推进认罪认罚从宽制度实施，适用办理案件53347件70889人，人数适用率从年初的20.3%升至12月单月的85.3%。以侦查监督活动为重点，推进检察官办公室实质化运作，省检察院联合省公安厅出台《关于加强刑事侦查法律监督工作的若干意见》,全省纠正漏捕、漏诉1678人,纠正侦查活动违法953件。实现监狱巡回检察全覆盖,探索看守所和社区矫正场所巡回检察。强化民事生效裁判监督,审查民事案件5392件,提起抗诉364件,提出再审检察建议1561件。查办虚假诉讼案件2861件,涉案金额12亿余元。加强民事执行监督,立案1758件,发出检察建议1483件,纠正1466件,以监督支持法院破解"执行难"。以行政诉讼监督为基石,受理行政生效裁判监督案件530件,比上年上升71%;提出再审检察建议10件,上升233%。受理行政审判程序监督397件,上升557%,向法院提出检察建议357件。以行政非诉执行监督为抓手,受理执行活动监督案件2650件,提出检察建议2529件,分别上升5.1倍、5.4倍。衢州市衢江区检察院办理的杜某违法占地监督案入选最高人民检察院首批行政检察指导性案例。推动行政争议实质性化解,省检察院联合省法院出台《加强行政审判与行政检察衔接 促进行政争议实质性化解的意见》,与省司法厅就受案渠道、线索移送、信息互通等工作达成共识,最高人民检察院首批8件行政争议实质性化解典型案例中浙江入选3件。公益诉讼办案规模持续稳升,全年办理公益诉讼案件9061件,上升63.2%。通过诉前检察建议等形式督促行政机关依法履职8311件,诉前整改率居全国首位。省检察院出台全国首个公益诉讼重特大案件标准,建立重点案件领办制。组织开展"回头看",积极促进行业治理。台州两级检察机关聚焦服刑人员养老金违规发放问题开展监督,推动全国养老金发放规范化进程。建立健全工作机制,省检察院联合省生态环境厅成立全国首个公益诉讼(环境损害)司法鉴定联合实验室。探索互联网公益诉讼新模式,开展民事公益诉讼案件诉前赔偿试点。浙江检察公益诉讼作为检察公益诉讼唯一样本,入选全国首部司法制度发展报告法治蓝皮书。

【扫黑除恶专项斗争推进】 2019年是扫黑除恶攻坚年,浙江省检察机关坚持"坚决打击、坚决依法",批准逮捕黑恶势力犯罪嫌疑人4271人,提起公诉5202人,虞某某、陈某某等一批重大涉黑涉恶组织、团伙受到严惩。严把办案质量,对不构成犯罪或证据不足的,不批准逮捕396人、不起诉16人;对涉黑恶案件监督立案161人,纠正漏捕漏诉犯罪嫌疑人200人。聚力"破网打伞",对黑恶势力"保护伞"批准逮捕96人,提起公诉135人,向有关部门移送线索1046条,成案131件。深入"打财断血",引导侦查机关查封、扣押、冻结涉黑恶财产和违法所得2.4亿余元。注重综合治理,向有关单位发出检察建议116件,协力铲除黑恶犯罪滋生土壤。省人民检察院连续2年被评为全国扫黑除恶先进集体。

【服务保障民营经济发展】 2019年,省检察院联合省工商联、检察日报社等单位举办"保障民营经济健康发展"法治论坛,联合省法院、省公安厅召开知识产权刑事司法保护研讨会。全省检察机关坚持惩治与保护并重,在依法惩治涉企犯罪的同时,开展涉非公有制经济案件立案监督和羁押必要性审查专项活动,对犯罪情节轻微的企业家依法解除或变更强制措施170件,坚决防止"办理一个案件,垮掉一个企业,下岗一批职工"。桐乡、永康等地检察院通过依法审慎办案,推动蚕丝棉、走步机等行业标准出台。省检察院会同上海、江苏、安徽三省(市)检察院建立依法服务保障长三角区域民营经济健康发展等协作机制。

【服务保障国家战略实施】 2019年,浙江省检察机关持续助力打好防范化解重大风险、精准脱贫、污染防治"三大攻坚战"。重点防范网贷平台引发的金融风险,挂牌督办"金诚集团""鑫合汇""温商贷"等重大非法集资案件,与有关部门协作加强探索涉P2P网贷平台非法集资案件的追赃挽损工作机制,妥善做好信访矛盾化解工作。立足职能依法从严打击扶贫领域犯罪,部署开展根治欠薪冬季攻坚行动。深化司法救助,为1172人发放救助金1411万元。深入惩治破坏环境资源犯罪,批准逮捕528人,提起公诉2209人。查办生态环境和资源保护公益诉讼案件4039件。全省多地检察机关开展"守护海洋""守古树、护名木"等专项行动,共护蓝天碧水青山净土。加强长三角司法协作。省检察院出台"服务保障长三角一体化发展13条",会同上海、江苏、安徽三省(市)检察院建立长三角生态环境司法保护等协作机制,杭州、嘉兴、衢州等地相继与周边省份检察机关共同出台青(上海市青浦区)嘉(浙江省嘉兴市嘉善县)吴(江苏省苏州市吴江区)、新安江、京杭大运河和钱江源等跨区域公益诉讼协作办法。

【助力清廉浙江建设】 2019年,浙江省检察机关加强监检工作衔接,以省委反腐败协调小组名义签发会议备忘录,落实互相配合、互相制约工作原则。全年受理监委移送审查起诉案件1032人,比上年上升51.1%,提起公诉835人。对重大复杂案件依法提前介入,严把审查关,退回补充调查73件,依法不起诉20人,由监委撤回案件1件。对355人适用认罪认罚从宽制度,彰显宽严相济的反腐政策。完善对司法人员利用职权实施的玩忽职守、滥用职权等14种罪名的查处机制,全年自行立案查办37件41人。

【诉源治理推进】 2019年,浙江省检察机关以"少捕慎诉"、认罪认罚从宽为抓手,优化司法资源配置,能在检察环节化解的矛盾和问题不推诿。全省刑事不捕率和不诉率分别为27.2%和18.3%,领先全国水平。省检察院联合省法院、省公安厅出台办理"醉驾"案件会议纪要,加强对"醉驾"问题的综合治理。全省检察机关结合办案调研形成个人信息保护、果品领域安全等16篇调研报告,推动相关行业、领域的源头治理。

【检察民生实事办理】 2019年,浙江省检察机关聚焦涉民生犯罪从网下向网上蔓延的现实,联合公安机关开展打击治理电信网络新型违法犯罪和利用网络侵犯公民个人信息专项行动。落实食品药品安全"四个最严"(最严谨的标准、最严格的监管、最严厉的处罚、最严肃的问责)要求,批准逮捕危害食品药品安全犯罪300人,提起公诉1120人;办理食品药品领域公益诉讼案件1920件。全面加强未成年人司法保护,依法妥善办理温州瑞安校园杀害儿童案等恶性案件,对罪错未成年人探索分级干预制度,联合省委宣传部、团省委等12个部门出台未成年人犯罪记录封存实施办法。三级检察院检察长带头担任法治副校长,全省干警在1295所学校开展法治宣讲1633场,受众51万余人。深化公益损害与诉讼违法举报中心工作,畅通群众诉求渠道,全年受理举报23290件,发出纠正违法通知书、检察建议14144件,纠正整改13842件。全省实现群众来信7日内程序性回复、3个月内办理过程或结果答复均为100%。

【检察改革创新】 2019年,浙江省三级检察机关全面完成内设机构重塑性改革,人员、机构和编制配置向业务一线倾斜,加强民事、行政、公益诉讼检察力量。落实领导干部带头办案、检察长列席审委会制度,各级检察院检察长带头办理大案难案2157件。回应各界对司法责任制改革后办案质量的关切,制定案件质量核心指标体系,健全案件质量评查、检察官联席会议、同步审查等内控机制,力争不让一起案件“带病起诉”。深化智慧检务建设。牵头做好政法一体化办案系统提质拓面工作,全省138617件案件实现网上协同办案。注重科技引领监督办案。推广绍兴市检察院研发的“民事裁判智慧监督系统”,为全省和全国部分省份地毯式排查虚假诉讼提供有效线索79批,核查成案2877件,向法院抗诉或提出再审检察建议630件。宁波市检察院建设“两法(行政执法与刑事司法)衔接”信息共享平台,实现对200多个单位行政处罚案件全程、有效监督。研发推广浙江检察移动检务平台,为代表委员、律师及当事人等提供检察便民服务22项,全面构建“掌上检察院”。 (省检察院 高 柠)

法　院

【概况】 2019年,浙江省各级法院高举习近平新时代中国特色社会主义思想伟大旗帜,自觉践行习近平总书记赋予浙江的新期望,扛起浙江“三个地”的使命担当,坚持司法为民、公正司法,努力让人民群众在每一个司法案件中感受到公平正义。以“三个建设年”(思想建设年、质量建设年、作风建设年)活动为载体,在开展“不忘初心、牢记使命”主题教育中,把学习教育、调查研究、检视问题、整改落实贯穿始终。严格落实“基层减负年”活动要求,全省性的督查、考核、评比一年统筹开展一次,会议、文件比上年均减少50%以上。在省十三届人大三次会议上,省法院工作报告以96.7%的赞成率获得通过。全年全省法院新收各类案件168.6万件,办结172.3万件(含历年案件),法官人均结案336件。全省法院34个集体、49名个人受省级以上表彰,杭州西湖区法院获评“全国模范法院”,叶科技、叶飞、王建强获“全国模范法官”称号。

【开展“三服务”活动】 2019年,全省法院以开展“三服务”活动为抓手,着力提升服务大局、司法为民、公正司法的实效。省法院主动对标世界银行营商环境评价指标,联合省有关部门制订提升执行合同质效、办理破产便利化2个行动方案,着力营造法治化营商环境。全省法院新收一审民商事案件72万件,审结73.9万件(含历年案件),其中涉企纠纷35.5万件,涉案金额3794.6亿元。注重平等保护各类市场主体合法权益,办案中灵活运用“活封活扣”等手段,做到不中断企业的指挥系统、不中断企业的资金往来、不影响企业的生产经营、不扩大对企业声誉的负面影响,避免发生“办一个案子,垮一个企业”的情况。绍兴某建设集团因未及时履行裁判义务,被多地法院限制高消费,省高级人民法院调查后发现其主营业务良好、还款计划可行,遂解除“限高”措施,并在全省范围内指定集中执行该集团案件,企业得以快速恢复正常经营,近5个月新接业务量70亿元,为全面履行债务创造条件。注重发挥知识产权司法保护主导作用,加强知识产权“三合一”审判(由专业的知识产权审判庭统一审理涉及知识产权的民事、行政和刑事案件),审结知识产权案件2.9万件,助力打造知识产权生态最优省。乐清某液压公司、某电气公司和丁某未经日本SMC株式会社许可,擅自使用其驰名商标并生产销售产品,温州市中级法院依法支持原告的诉讼请求,判决侵权人赔偿损失300万元,体现中国法院制裁恶意侵权、平等保护知识产权的一贯立场。注重发挥破产审判市场拯救和净化功能,增设杭州、温州破产法庭,提升专业化审判能力,全省审结破产案件1704件,通过司法程序盘活企业存量资产385.8亿元,释放土地资源1800公顷、房屋面积1080.4万平方米,促进市场主体新陈代谢、经济发展迭代升级。上虞法院历时15个月,促成绍兴金盾系企业破产重整,成功引入世界500强企业等优质投资人,化解债务84亿元,有效化解区域性风险。温州、台州等地法院探索个人破产制度试点,为个人经营失败者重新创业探索法治新路径。深化司法领域“最多跑一次”改革,发布《人民法院诉讼服务规范》省级标准,加快一站式多元解纷机制建设,实现诉讼服务跨区域远程办理、跨层级联动办理。全省法院当场登记立案率达96%,网上立案51万件,跨区域立案2852件,其中跨省域立案927件。

强化民生权益保障,审结抚养、赡养、婚姻等家事案件6.1万件,保障幼有所育、老有所养、弱有所扶;审结涉教育、医疗、劳动争议等案件2万件,保障学有所教、病有所医、劳有所得;办结涉军案件133件,依法维护军人军属合法权益,巩固国防和军队改革成果;办理司法救助案件1536件,发放司法救助金4678万元,传递社会主义司法温暖。省高级人民法院针对全省人民法庭设置偏少、服务半径过大问题,经省委研究制定印发《改革和优化人民法庭布局加强人民法庭建设的实施意见》,加强新时代人民法庭建设,年内增设人民法庭34个。全省人民法庭坚持"注重办案"和"参与治理"并重，审结案件28.5万件，指导调解组织诉前化解各类纠纷5.9万件。各地法院加强与基层政法单位、自治组织、调解组织的对接，开展巡回审判、以案说法、送法下乡进企等普法宣传，助力提升基层治理法治化、专业化水平。

【推动平安浙江建设】 2019年，全省法院以扫黑除恶专项斗争为牵引，推动建设更高水平的平安浙江。全年新收一审刑事案件7.1万件，审结7.2万件，判处罪犯11.3万人。其中，审结故意杀人、抢劫、绑架等严重暴力犯罪案件1.3万件；审结重大责任事故、危险驾驶等危害公共安全犯罪案件1.7万件；审结毒品犯罪案件4307件；审结生产、销售有毒有害食品药品犯罪案件652件。依法判处"乐清滴滴顺风车司机杀人案""慈溪网红女教师被杀案""西湖飞来峰景区杀人案"等罪犯死刑、剥夺政治权利终身，对严重刑事犯罪形成强大震慑。落实宽严相济刑事政策，推进认罪认罚从宽制度改革，对初犯、偶犯、未成年犯等3.8万名被告人适用非监禁刑，337人被依法免除刑事处罚。推进律师辩护全覆盖，为3.1万名未聘请律师的被告人通知援助律师到庭辩护。严格落实罪刑法定、疑罪从无原则，依法宣告1名公诉案件被告人和11名自诉案件被告人无罪。做好特赦实施工作，依法裁定特赦2785人。

全省各级法院坚持把扫黑除恶专项斗争作为重大政治任务来抓，省高级人民法院加强统筹协调，印发指导案例，开展专题培训，制定黑恶案件办案规程、问题线索发现移送等指导性意见，统一政策尺度和裁判标准，确保专项斗争在法治轨道上推进。全省法院审结黑恶案件1425件，认定构成黑恶犯罪分子3968人，判处5年以上有期徒刑1198人，判处财产刑3096人5.4亿余元；发现并移送涉黑恶线索1528条2033人、涉"保护伞"线索174条176人。杭州市滨江区虞某某特大涉黑案，涉及被告人66人、被告单位5个，金华两级法院开庭审理历时25天，判处3名首要分子无期徒刑，判处其余63名被告人二十五年至一年二个月不等有期徒刑，判处包庇、纵容黑社会组织的杭州市公安局原党委副书记朱某某等26名"保护伞"十四年至二年不等有期徒刑。

全省法院一审审结贪污贿赂、渎职等职务犯罪案件599件723人，其中被告人原为县处级52人、厅局级以上11人。依法审理中央宣传部原副部长鲁某受贿、索贿案，陕西省原副省长冯某某受贿案，衢州市人大常委会原副主任诸葛某某受贿案，丽水市原副市长林某受贿案等社会高度关注的重大职务犯罪案件。

【省域治理现代化推进】 2019年，全省法院以改革创新为动力，推进省域治理现代化。坚持发展新时代"枫桥经验"，主动把法院调解工作置于党委政府大治理格局中，全面推广"龙山经验""普陀模式""在线矛盾纠纷多元化解平台"，健全"社会调解优先、法院诉讼断后"的递进式矛盾纠纷分层过滤体系，源头治理矛盾纠纷效应显现，全省法院收案比上年下降4.6%。嘉兴市开展"无讼村(社区)"创建工作，推进纠纷联调、问题联治、工作联动，构建基层社会多元共治格局，为诉源治理工作提供经验。坚持把防范化解重大风险作为贯穿全年工作主线，妥善审理各类金融民事案件12.6万件，审结集资诈骗、非法吸收公众存款等涉众型经济犯罪案件886件，有力防范因金融不良债权、"P2P爆雷"可能引发的金融风险传递，维护金融安全。会同有关部门深化民间借贷协同治理，在全省推行"职业放贷人"利息征税协作机制，对454件421名职业放贷人的利息收入补征个人所得税3691万元；审结"套路贷"犯罪案件484件2097人，涉案金额10亿元，非法借贷案件明显减少，全省新收民间借贷案件15.2万件，下降29.6%。

全年全省法院新收一审行政案件1.9万件，审结1.9万件，依法监督行政机关行使职权。深化司法与行政良性互动，开展行政机关"旁听百场庭审"活动，1043名厅处级干部、7000多名执法人员旁听案件庭审，促进提升依法执法规范化水平。联合省政府设立全国首个省级行政争议调解中心，实现省、市、县三级行政争议调解中心全覆盖，协调化解近30%的行政案件。践行"两山"理念，与上海、江苏、安徽省市高级人民法院签署《长三角地区人民法院环境资源司法协作框架协议》，合力保护生态环境，全年审结破坏环境资源刑事案件1157件，判处罪犯2369人；审结环保部门申请强制执行污染环境案件1277件，准予执行率95.7%。贯彻修复性司法理念，湖州、衢州、丽水等市发出"生态补植令""土壤修复令"等司法生态令状102份，补植面积35.25公顷。落实生态环境损害赔偿制度改革，全年审结环境公益诉讼案件117件。巴拿马"佐罗"号轮船在嘉兴乍浦港发生碰撞，导致40万千克矿物油泄漏，宁波海事法院依据国际公约裁定设立6400万元的油污损害赔偿基金，维护中国海洋环境安全。承办世界互联网法治论坛，举办国内首届互联网法治论坛，审结涉网纠纷1.9万件，推进网络空间依法治理、服务数字经济健康发展。深化杭州互联网法院建设，上线首个区块链智能合约司法应用。推进移动微法院迭代升级、扩容增效，让当事人和法官充分感受"指尖诉讼、掌上办案"的便利，累计流转案件136万件次，惠及47万名当事人、9万名律师。宁波移动微法院上升为中国移动微法院，为推动建设全球领先的移动电子诉讼体系贡献浙江经验。

【"三个建设年"活动】 2019年，全省法院开展"三个建设年"活动。开展"政治大学习"，读原著、学原文、悟原理，进一步增强"四个意识"，坚定"四个自信"，坚决做到"两个维护"。开展"理论大培训"，举办全省法院领导班子成员培训班，集中轮训616人次，全面提升领导干部的理论素养和专业能力。举办"思想大讲堂"，围绕习近平总书记关于新时代政法工作的重要论述，邀请专家学者授课，不断推动政治建院、思想强院。开展"认识大讨论"，举办全省法院院长论坛，三级法院院长围绕"法治是最好的营商环境""努力让人民群众在每一个司法案件中感受到公平正义""不忘初心、担当作为""善于学习，就是善于进步""全面从严治党永远在路上"等主题谈体会、谈认识,结合实际提出贯彻措施,提高真信笃行、知行合一的能力。深化司法体制综合配套改革,全面落实司法责任制。全年全省法院入额院庭长办结各类案件65.6万件,占结案总数的38.1%,发挥院庭长办案的示范作用。开展司法质量监督大检查,组成由法官、资深律师、法学专家参加的检查组,集中评查发回重审、改判、长期未结、投诉举报等重点案件2.1万件,发现各类问题935件次,运用批评教育、诫勉谈话、调整岗位、纪律处分等方式问责725人,其中拟入额人员被取消入额资格10人,被责令退出员额6人。开展打击虚假诉讼专项行动,以虚假诉讼罪判处99件158人,分别比上年上升98%和52%。嘉兴某建材有限公司实际控制人范某某伪造借款合同及相应转账流水,起诉要求某公司承担1000多万元的担保责任,被海盐法院以虚假诉讼罪判处有期徒刑三年三个月,对恶意利用诉讼谋取不当利益者形成有力震慑。依法严惩扰乱诉讼秩序行为,司法拘留54人次、罚款166万元。丽水一民事案件当事人江某某故意提供不实信息给案外人吴某某在网上散布,恶意诽谤基层法院院长,意图通过网络舆论向法院施加压力,2人被丽水中院司法拘留15日、罚款10万元,其涉嫌犯罪问题被依法移送公安机关立案侦查。杭州、湖州等法院依法审理"侵害黄继光、董存瑞名誉权案""侵犯消防烈士名誉权案"等民事公益诉讼案件,判决侵权人公开赔礼道歉、消除影响,以公正裁判弘扬正气。严肃执纪问责,从按时上下班、规范着装、会风会纪、庭审礼仪等问题抓起,从严教育、从严管理、从严监督,支持派驻纪检监察部门依法履职,查处违纪违法案件112件127人,分别上升166.7%、182.2%。

【深化"基本解决执行难"】 2019年,全省法院巩固深化"基本解决执行难"成果,构建"自动履行为主、强制执行为辅"的长效工作机制,自动履行率48.2%,比上年上升2.7个百分点;财产报告率由不足1%提高到56.6%;新收执行案件62.4万件,下降4.1%,执结64.4万件,执结率上升1.8个百分点,执行到位金额1125亿元。坚持制裁与激励相结合,省法院出台进一步强化强制执行措施的13条意见,加大失信惩处力度,罚款19.4万件,拘留6.6万人,分别上升144.6%、92.5%;以拒执罪判处734件833人,分别上升70.3%和64.6%。宁波总结推广镇海法院守信履行正向激励机制,对自动履行裁判义务的当事人,给予减免诉讼费、财政资金扶持、授信融资支持、纳税信用评价等10项红利,镇海某建设集团自动履行裁判金额9620万余元,获当地银行"诚信履行贷"1800万元,向社会传递守信激励、失信惩戒的导向。

【自觉接受监督】 2019年,省法院依法接受人大监督。落实省十三届人大二次会议决议,逐项分解交办,加强跟踪督办,按期办结人大代表建议31件。接受依法履职公正司法和扫黑除恶年度专题监督,并根据审议意见抓好整改落实。改进代表联络工作,将走访代表作为省高级人民法院班子成员下基层调研的规定动作。组织全省法院开展"代表开放日"活动,邀请代表视察法院、旁听庭审、见证执行等1.5万人次。主动接受政协民主监督。向省政协、各民主党派、工商联、无党派人士通报情况,听取意见建议,改进自身工作。办理政协委员提案22件。聘请政协委员担任特邀监督员。贯彻省委《进一步加强检察机关法律监督工作若干问题的若干意见》,自觉接受检察机关对审判执行工作的监督,落实检察长列席审委会制度,认真办理检察建议,审结抗诉案件699件,其中改判和发回重审257件,共同维护司法公正。坚持把司法公开作为接受各方面监督的重要抓手,主动发布重大部署、重大工作、重大案件信息。在中国社科院发布的中国司法透明度指数中,省法院司法透明度列全国高级法院首位。全省上网裁判文书661万余份、直播庭审49万余场,分别居全国第一、第二位。建立律师与法官互评机制,充分发挥律师在帮助改进司法作风、维护司法公正方面的作用。

(省法院　宋国峰)

司法行政

【概况】 2019年,浙江省司法行政系统坚持以习近平新时代中国特色社会主义思想为指导,开展"不忘初心、牢记使命"主题教育,贯彻落实省委、省政府和省委政法委决策部署,按照"抓改革、添活力,弘良法、促善治,保安全、护稳定,强服务、优环境,铸铁军、提能力"的工作思路,以高度负责的态度抓好每项工作。加强法治浙江建设目标举措研究谋划,形成一系列重要调研成果。认真做好监狱戒毒、社区矫正、安置帮教、法律服务、信访等重点领域安保维稳工作,圆满完成中华人民共和国成立70周年大庆安保维稳工作任务,依法完成特赦实施工作,加强强制隔离戒毒、社区矫正、安置帮教、法律服务队伍教育管理、诉源治理专项行动、司法行政信访、网络安全等工作。切实履行司法行政各项职责,为浙江"两个高水平"建设提供坚强法治保障和精准法律服务。

【民营企业发展立法推进】 2019年,省司法厅加强重点领域立法,为改革和经济社会发展提供制度保障,与省经信厅共同组建以2个单位主要领导任组长的条例起草小组,完成《浙江省民营企业发展促进条例》等法规规章项目。将立法调研与"三服务"活动、人大监督、提案议案办理等工作有机结合,起草小组围绕民营经济发展中存在的土地、融资、人才等瓶颈问题,深入一线,收集第一手资料。通过上门走访、召开企业座谈会、书面征求意见等形式,听取10位省人大代表、69名立法志愿者和144家民营企业立法联系点的意见,集中民智,夯实立法工作群众基础。

【监狱会见服务中心实现全覆盖】 2019年,全省各单位全力打造集会见(办案)登记、家属(律师)会见、狱务公开、法律咨询、开庭提审等多功能于一体的监狱会见服务中心,实现"只跑一次""只跑一地"。开发"浙江监狱执法便民服务"微信平台和亲属关系核实系统，实现浙江省人员“无证明”会见，打通“网上申请预约、云上智能比对、线上审核反馈、线下刷脸会见”全流程。与全省各地司法局开通远程视频会见，罪犯家属在“家门口”即可申请预约，切实解决偏远地区、老弱病残等群众到监狱会见路途遥远、行动不便等问题。

【科学戒毒工作推进】 2019年，全省司法行政戒毒工作以“科学戒毒深化年”为主线，健全“产学研用”一体化机制，建立全国首个省级专业戒毒研究院——浙江戒毒研究院和首个省级戒毒标准化技术委员会。全省司法行政系统有3家戒毒所获司法部首批“智慧戒毒所”命名，“四四五”（四个区域、四式管理、五大专业中心）戒毒模式国家标准化试点项目通过国家标准化管理委员会验收。《强制隔离戒毒人员体能康复训练规范》《强制隔离戒毒诊断评估工作规范》正式发布，《经颅磁刺激戒毒康复应用技术规范》《强制隔离戒毒人员营养配餐指南》《生理脱毒评估标准（阿片类物质）》完成立项，进一步牵引科学戒毒新技术应用，浙江戒毒工作领跑全国。

【“智慧矫正”体系建设】 2019年5月，全国首家“智慧矫正联合实验室”在浙江警官职业学院建成。年内，杭州市余杭区等6个县（市、区）部署开展部级“智慧矫正中心”创建工作，平湖市等4个县（市、区）试点省级社区矫正数字卷宗单轨制协同办案模式，台州市黄岩区建成全省首家“智慧矫正”“VR教育基地”。完成全省电子腕带统招分签工作及全国首个省级地方标准《智慧矫正：电子监管规范（征求意见稿）》起草工作。落实巡视整改意见，针对设区市司法局信息平台设置过多现象，研究整改方案，指导开展相关整改工作。

【融媒体普法平台建设】 2019年，省司法厅联合华数集团打造社会大普法融媒体平台，汇集多方法治资源，让全省人民足不出户即可接受普法教育。“@浙江普法”微博连续8年策划“我们一起学宪法”网络学法品牌，并打造“我爱读宪法”创意朗读、“全民寻找护旗手”角色扮演类普法H5等融媒体普法平台活动。在“@浙江普法”微博、杭州地铁1号线等推出“谁在保护我”宪法宣传主题海报，覆盖人群1000多万人次。“浙江普法”微信公众号发布法治信息万余篇，累计阅读量1.1亿人次，入围“之江号”矩阵省级部门政务新媒体前10名。“浙江普法”抖音号全年发布原创抖音短视频132支，播放量960万余次，获点赞量38.1万余次，播放量进入全国抖音司法行政榜前10名，被省委政法委评为“浙江政法十佳优秀抖音号”。

【“枫桥式”司法所建设】 2019年，省司法厅深入基层专题调研司法所体制机制、人员队伍配置、信息化建设等情况，研究起草《关于进一步加强司法所建设改革的意见》。6月16—18日，司法部人民参与和促进法治局局长罗厚如到杭州市萧山区、湖州市安吉县调研指导基层司法行政工作。10月28日，在绍兴召开全省司法所工作会议，全面部署“枫桥式”司法所建设工作。印发《“枫桥式”司法所建设实施方案》，打造一批立得住、叫得响、有特色的“枫桥式”司法所。全年全省被司法部评为全国模范司法所7个、全国先进司法所15个、全国模范司法所所长23名。命名省级“文明规范公正”司法所25个。

【公共法律服务提质增效】 2019年，省委依法治省办公室出台《关于进一步推进公共法律服务体系建设的实施意见》《浙江省基本公共法律服务指导标准》《浙江省公共法律服务发展指标》，确定公共法律服务体系建设目标任务。推进县级公共法律服务中心规范有序入驻社会矛盾纠纷调处化解中心，分级推动仲裁、行政复议进驻公共法律服务平台。启动12348浙江法网，通过增设服务功能、改进服务方式，进一步提升服务能力；开展法律服务行业专项警示教育活动，建立领导干部公共法律服务接待日制度和群众意见收集报告制度，推行公共法律服务随单评价制度，出台省级标准《人民调解工作规范》，促进公共法律服务质量有效提升。

【“名所名品名律师”培育工程持续推进】 2019年，省司法厅制定《浙江省建立律师专业水平评价体系和评定机制试点工作实施办法（试行）》，指导省律师协会研究制定相关评价指标体系，探索在部分地市启动试点。会同省高级人民法院印发《关于建立律师与法官互评机制的实施办法（试行）》，促进律师与法官良性互动，助力律师行业提升服务能力。加强涉外高端律师人才培养、储备，助力最佳法治营商环境建设，组织律师编撰106个法律风险点及162个典型案例，服务保障民营经济高质量发展。自实施“名所名品名律师”培育工程以来，执业律师100人以上的律师事务所比2015年增长220%，执业律师24184人，增长55.2%。

【“数字法治 智慧司法”信息化体系建设】 2019年，省司法厅修订《“数字法治 智慧司法”信息化体系建设重点工作任务表》，督促、指导相关单位根据分解的工作任务要求，制订工作计划，分阶段、分步骤抓好落实，在司法部“数字法治 智慧司法”信息化体系建设进展暨信息化检查中，浙江被司法部评为“数字法治 智慧司法”信息化建设工作成绩突出集体。至11月，省司法厅办事事项总数、材料电子化率、即办率、事项完备情况等指标领跑全国，实现90%以上许可事项的“网上办”和“掌上办”。

【行政复议规范化建设】 2019年，经省政府同意，以省建设法治政府（依法行政）工作领导小组办公室名义印发《浙江省行政复议规范化建设实施方案》，并召开全省行政复议规范化建设推进现场会，在设区市全面部署实施行政复议规范化建设，有条件的县（市、区）推行。全省行政复议“一个口子”对外的机制全面覆盖，“一支队伍”办案力量显著增强，“一套机制”办案保障持续优化。内部管理不断规范，基础设施建设得到改善，大多数设区市和县（市、区）将行政复议咨询立案窗口入驻群众来访接待中心、公共法律服务中心等,体现“复议为民”的宗旨。加强与法院良性互动,12月31日,挂牌成立浙江省行政争议调解中心,实现省市县三级全覆盖。全年全省各级行政复议局新收行政复议申请10768件,直接纠错率13.1%,终止等协调调解率26.9%。

【法治化营商环境】 2019年,浙江省司法系统深入开展民营企业法治体检、法规规章制度立改废、金融风险防范法律服务等“十大专项活动”,推动全省民营经济高质量发展。积极参与P2P网络借贷风险应对工作,深化“金融风险防范法治宣传教育专项行动”,主动服务省内网贷平台合规性整改。9月,在充分调研的基础上,研究制订《浙江省司法厅法治化营商环境优化专项行动方案(2019年)》和8个具体实施方案,推动浙江省营商环境持续好转,让法治真正成为浙江核心竞争力的重要组成部分。

【“无证明化”改革】 2019年,省司法厅以打造“‘办事不求人’省份”为目标,牵头组织开展证明事项清理工作。编制证明事项清单,实现清单之外无证明,推动证明事项告知承诺制试点和“无证明化”改革等工作领跑全国,进一步优化营商环境。对依法保留的证明事项,指导各地各部门通过告知承诺制、信息共享、政府部门内部核查和部门间核查等方式,使企业和群众在办事时不再需要提交证明,实现由“多证明”向“无证明”转变。至年末,台州、金华、湖州等市已基本建成“无证明城市”。 (省司法厅 肖 峰)

出入境边防检查

【概况】 2019年,根据中共中央《深化党和国家机构改革方案》,原公安边防部队不再列入武警部队序列,全部退出现役,转入人民警察体制。2019年1月1日,浙江出入境边防检查总站(以下简称浙江边检总站)正式挂牌成立,为正局级,受国家移民管理局垂直领导管理,主要履行组织领导所属出入境边防检查站实施出入国(边)境人员、交通运输工具出入境边防检查、口岸限定区管理、审核签发外国人临时入境许可、实施边控工作、防范查处非法入出境活动等职责。浙江边检总站坚持以中华人民共和国成立70周年大庆安保维稳工作为主线,以服务国家发展大局为中心,严格落实各项管控措施,着力提升服务管理水平,确保浙江口岸通关顺畅和安全稳定。全年全省边检机关检查出入境人员868.85万人次(出境432.00万人次,入境436.85万人次),比上年增长9.1%;出入境飞机52879架次(出境26344架次,入境26535架次);出入境船舶22706艘次(出境10122艘次,入境12584艘次)。

【重大活动安全保卫】 2019年,浙江省边检机关坚持把中华人民共和国成立70周年大庆安保作为贯穿全年的政治任务来抓,强力推进“捍卫2019”系列专项行动,增派20%警力下沉一线,运用大数据实现对“三非”(非法入境、非法居留、非法就业)外国人,涉恐等重点人员提前预警、精准打击,全力抓实“防回流”“打派遣”“三非”外国人治理等工作,夯实口岸管控基础。针对反恐严峻挑战,制订《变换身份人员核查典型案例》,100%实施飞机清舱和船舶登轮检查。加强与公安反恐、国保、出入境、海事等部门的协作,形成口岸管控合力。全年圆满完成中华人民共和国成立70周年大庆、澳门回归20周年庆典、第二届中国国际进口博览会、第六届世界互联网大会等系列重大活动期间的边检安保任务,口岸未发生失控漏管案(事)件。

【防控体系构建】 2019年,浙江边检总站立足沿海口岸点多、线长、面广的特点,完善锚地管控预警系统,实现宁波舟山港重点锚地动态化、无死角监管。针对锚地管控难度大、风险高的问题,在全国首创直升机锚地巡航边检勤务模式,探索锚地管理新路子。全年共预警各类船舶1400多艘次,列管重点船舶142艘次。推进大数据研判中心建设,推行空港口岸API“双预查”、海港口岸船情全程核查等实战技战法,筛查出入境人员130多万人次,发现违法嫌疑人30多人次。严格落实应对国家重大突发事件响应机制,制定25类《口岸突发事件应急处置预案》及工作指南,提升各级应急处突能力。全面启用“港口边检综合管理信息系统”,实现船舶风险自动预警,执勤警力精准投放。

【服务重大战略】 2019年,浙江边检总站围绕长三角一体化发展国家战略部署,与上海、江苏、安徽边检总站联合签署《关于深入推进长三角出入境边防检查工作高质量一体化发展的实施意见》,推动建立健全重大安保活动常态化合作、边检信息互通共享、边检培训深度融合、智慧边检一体化建设等制度机制。支持中国(浙江)自由贸易试验区建设,制订重点项目“同步跟进”、新建企业“点对点帮扶”、航空产业“提前介入”、修造船舶“直通停靠”等10项服务新举措,上线应用“单一窗口”船舶联合登临检查系统,推动保税燃料油加注“一口受理”窗口建设,服务保障普陀山机场临时开放、国际油品交易中心建设等重点项目。主动跟进义乌国际贸易综合改革试验区建设,开展“边检进市场”活动,为在义乌外商解答出入境等注意事项,营造良好营商氛围。全力推进广西三江县脱贫攻坚任务,投入帮扶资金1202万元,邀请中国社科院茶叶研究所定制“三江茶叶专业生产线”,在国家移民管理系统内部率先完成招商引资和年度扶贫任务。

【通关服务】 2019年,浙江边检总站服务保障杭州口岸24小时无障碍通关,新建启用自助查验通道8条,扩大自助通关人群范围、规模,提高边检通关智能化、便利化、人性化水平,确保全航班、全时段出入境旅客顺畅通关。配合推动宁波口岸出台实施外国人144小时过境免签政策,完成宁波机场T2航站楼边检场地转场工作。结合义乌“国际性展会多、外籍参展商多”的实际,把中国公民30分钟通关政策扩大到外籍旅客范围。持续优化“专用通道”、一站式通关等举措,为中国—中东欧国家博览会、中国—阿拉伯广播电视合作论坛、杭州世界环境日全球主场活动、世界青年科学家（温州）峰会等重大活动，以及苏里南总统、俄罗斯外长、斯洛伐克副总理等外国政要专机提供优质高效的出入境边检通关服务，展示浙江形象和国门风采。深化宁波舟山港边检一体化服务举措，推出“一证通”、锚地共管等措施，主动前移边检服务，为出入境港船舶、人员提供“预约服务、夜航服务、保障服务、延伸服务”，实行每周7天工作制及“不眠报检厅”24小时全天候通关服务。试点应用“边检行政许可网上窗口系统”，实现口岸边检上下外国船舶许可和船舶搭靠外轮许可网上申请、审批、签发、监管等业务功能的一体化。在宁波国际航运服务中心设立浙江边检总站宁波指挥部，选拔10名业务骨干组建执勤队，实现边检服务窗口前移，进一步便利服务对象，提升服务质效。

【边检“诚信化”管理模式探索】 2019年，浙江边检总站推进新时代“枫桥经验”在口岸实践运用，探索建立集“驻企民警管理”“诚信风险等级评定”“差异化管理运用”“结果信息共享”四大功能于一体的海港口岸“信息化+诚信体系”管理机制，并配套开发“诚信评定管理”系统。通过个性化设置评定规则、标准化建立诚信等级、差异化运用诚信结果和系统性构建省域协作，实现诚信“白名单企业”一路绿灯，“黑名单企业”处处受限，提升管理对象本身的自管能力，丰富新时代“枫桥经验”的精神内涵。

（浙江边检总站　戴　毅）

仲　裁

【劳动人事争议调解仲裁体制机制创新】 2019年，浙江省有劳动人事争议仲裁委员会110个；劳动人事争议仲裁院107个，其中独立办公74个；有仲裁庭208个，其中标准仲裁庭133个。仲裁机构实际在岗在编工作人员544人，辅助人员245人；实际办案专职仲裁员477人，兼职仲裁员482人。乡镇、街道劳动人事争议调解中心1374个，设立派出庭202个。企业调解委员会41732个，事业单位等其他调解委员会1488个。全年全省各级劳动人事争议仲裁委员会（简称仲裁机构）及基层调解组织处理劳动人事争议案件123252件，比上年下降5.7%；涉及劳动者144152人，下降28.1%；涉案金额33亿元，下降18.3%。全省仲裁机构立案受理案件61530件，上升9.3%；涉及劳动者76873人，其中农民工60094人，占78%；审结案件63414件，涉案金额20亿元，其中裁决结案13322件，占结案数的21%；以调解等方式结案50101件，占结案数的79%。仲裁机构和调解组织案外处理案件61722件，下降17%，涉及劳动者67279人，涉案金额13亿元，其中达成调解协议59667件。年内，通过仲裁机构法律援助工作站，为14039名农民工等提供法律援助，涉及经济标的额4.06亿元。加强劳动人事争议仲裁体制建设。1月，省劳动人事争议仲裁委出台《浙江省劳动人事争议仲裁简易处理暂行办法》，对事实清楚、争议标的不大的案件，实行快速处理。4月，省人力社保厅会同省邮政管理局印发《以仲裁专递方式邮寄送达劳动人事争议仲裁文书实施方案》。5月，印发《关于建立仲裁员分片联系督导指导制度的通知》，建立仲裁员分片联系基层、联系企事业单位制度。同月，浙江省劳动人事争议仲裁委员会开展首届全省劳动人事争议优秀文书、优秀案例评选，发布优秀文书10篇和精品案例10个。5月30日，全省劳动人事争议调解仲裁制度改革创新现场会在安吉召开，推进劳动人事争议基层预防化解。全省各地整合基层调解、监察、仲裁力量，“三位一体”灵活处理劳动争议，并将劳动纠纷处理纳入综治平台，联动多方力量处理重大纠纷，促进争议就地化解。会同省法院联合印发劳动争议案件处理疑难问题解答（五），对16个问题统一裁审标准。9月，省劳动人事争议仲裁委召开全体会议，修改完善仲裁委议事规则、兼职仲裁员聘任管理规定、仲裁委员会案件管辖规定。同月26日，在温州牵头召开长三角区域劳动人事争议疑难问题联合研讨会。12月5日，会同省法院在金华召开全省劳动人事争议疑难问题裁审衔接与网络审理研讨会。

（省劳动人事争议仲裁委　常　宽）

【推进“劳动人事争议调解仲裁+互联网”建设】 2019年11月，“浙江劳动人事争议调解仲裁网络平台”上线运行，实现劳动人事争议全流程在线办理。升级改造调解仲裁案件管理系统，实现调解仲裁案件线上、线下均能办理，线上、线下灵活转换办理。实现浙江省劳动人事争议调解仲裁信息管理系统在全省仲裁机构和乡镇（街道）调解组织运行全覆盖。乡镇（街道）调

2019年9月26日，长三角区域劳动人事争议疑难问题联合研讨会在温州召开

（省劳动人事争议仲裁委　供图）

解组织和仲裁机构办理案件100%实时录入系统，实现办案全程留痕、全程可查、全程监督。年内，乡镇（街道）“1+X”劳动纠纷多元化解机制被列为浙江省社会事业领域专项改革重点项目，相关指标列入平安建设过程性考核指标。6月，浙江省人力资源和社会保障厅印发《乡镇（街道）“1+X”劳动纠纷多元化解机制建设推进方案》。至年末，省乡镇（街道）“1+X”（“1”指人力社保部门劳动纠纷调处力量，包括乡镇（街道）劳动人事争议调解组织、劳动保障监察中队、仲裁派出庭等；“X”指司法行政、住建、公安、法院、工会等部门劳动纠纷调处力量）劳动纠纷多元化解机制建成单位1153个，覆盖全省11个设区市。通过乡镇（街道）“1+X”劳动纠纷多元化解机制调处劳动纠纷59722件，涉及劳动者66190人、涉案金额13亿元。

（省劳动人事争议仲裁委　常　宽）

【浙江知识产权仲裁调解中心开展维权和协同保护工作】　2019年，浙江知识产权仲裁调解中心处理涉及电商领域专利案件168486件，其中发明、实用新型、外观设计案件分别占53%、22.9%和24.1%。知识产权专利案件中，根据《知识产权系统电子商务领域专利执法维权协作调度机制运行协调会议备忘录》要求，省市进行合作处理的案件23753起。调解中心主动对接司法系统，发挥知识产权侵权纠纷检验鉴定技术专家调解员作用，开展浙江省知识产权保护交流基地（省知识产权法官科技交流基地）相关工作，派驻调解员进驻杭州知识产权法庭，探索网络环境下知识产权保护机制优化新途径。围绕知识产权生态优化目标，承担省领导领衔的“在省域治理体系下完善浙江省知识产权保护机制研究”部分研究课题撰写工作，以及国家知识产权局“知识产权服务业集聚区标准化研究”等课题。

（浙江省知识产权研究与服务中心　范　理）

【杭州仲裁委推进仲裁智能化国际化建设】　2019年，杭州仲裁委员会深入贯彻中央办公厅、国务院办公厅印发的《关于完善仲裁制度提高仲裁公信力的若干意见》精神，以加强仲裁文化建设为主线，坚持“规模化、规范化、智能化、国际化”的工作方针，强化“服务仲裁”理念，全面提升仲裁工作能力和水平。全年受理案件10311件，受案标的126.02亿元，标的额在全国250多家仲裁机构中排名第十位。探索仲裁机构体制机制改革。以落实党中央、国务院确定的事业单位改革和仲裁改革发展任务为主线，对标国内仲裁机构最高标准、最好水平，围绕完善仲裁管理机制、提高仲裁公信力，着力增强杭州仲裁机构整体实力和竞争力，提高杭州仲裁国际影响力。杭州仲裁办整体退出事业单位序列，杭州仲裁委员会实行实体化运行，探索和实践全国仲裁机构体制机制改革“杭州经验”。加快推进仲裁智能化建设。以电子书面审理为突破口，稳步启动互联网仲裁工作。7月5日，杭州互联网仲裁院揭牌成立。杭州在全国率先推出《杭州仲裁委员会智慧仲裁平台简易案件电子书面审理仲裁规则》，并以此为依托进行线上案件审理的研发工作。开发建设拥有自主知识产权的“中国杭州智慧仲裁平台”，实现全流程线上书面审理功能，案件的申请、受理、送达、调解、举证、质证、结案等仲裁审理各环节均在线上完成。建立互联网仲裁专业队伍。组建一支近20人的涉网案件专业仲裁员队伍，从组织上保障互联网仲裁工作的有序推进。全年审理案件28件，其中审结8件，均在30日内结案。杭州国际仲裁坚持“走出去”和“引进来”并重，扩大与国际仲裁机构的交流与合作，推进仲裁国际化建设。进一步扩大国际仲裁员队伍，全年新聘国际仲裁员28名，境外仲裁员占涉外仲裁员总数的35%。起草《关于加强仲裁国际化建设、积极参与国际仲裁事务的规定》。联合国际商会仲裁院编辑国际仲裁案例及国际仲裁程序教材，并联合举办杭州国际仲裁全景式研习会。参加《“一带一路”仲裁机构北京联合宣言》签订，与杭州市台湾同胞投资企业协会签署合作备忘录，与在杭高校举办“联合国贸法会活动日”讲座活动。全年受理涉外类案件402件。以金融领域为突破口，启动“诉源治理”工作，与市金融办、市司法局联合制定印发《关于加强金融领域案件资源治理建立科学合理多元纠纷解决机制的若干意见》，推进诉源治理工作向各领域纵深发展。杭州仲裁委员会萧山分会实行委员会管理制度，由萧山区政府聘任组成人员并印发《杭州市萧山区人民政府关于聘任第一届萧山仲裁分会组成人员的通知》，实现萧山区政府与仲裁委员会管理的有机结合。贯彻落实整合人民调解和仲裁市场调解资源的精神，加强交通事故赔偿调解中心建设。加强保险商事仲裁调解工作，新增设大江东人保受理处。全年杭州仲裁调解中心调处案件7422件。加强仲裁员分类管理，创制组庭全记录制度。仲裁员参与办案率提升至80%以上。加强仲裁员执业纪律和职业道德建设，将信访投诉案件与仲裁员管理相结合，坚持仲裁员考核及诫勉谈话制度，全年诫勉谈话17人次。进一步加强审批时限管理。提高30日内结案比率，年度结案率、当年新立案件结案率分别达95%和55%。全年举行专家论证会36次。加强仲裁论坛建设，全年举办论坛28次，受众2800多人次。

（杭州仲裁委　曹　宇）

【宁波仲裁委案件办理】　2019年7月18日，宁波仲裁委员会举行互联网在线仲裁平台暨全国首个仲裁电子证据平台运行发布会。金融仲裁、国际航运仲裁、互联网仲裁三大平台同时运行，标志着宁波三大特色仲裁平台布局正式形成。全年宁波仲裁委受理各类民商案件2616件，比上年增长70.7%；争议标的额52.01亿元，增长228.1%。其中受理普通案件393件、争议标的38.10亿元，分别增长46.1%、上升192.9%，受理案件标的在1000万元以上案件20件，标的总计36.04亿元，其中标的超过1亿元的8件。受理各类金融案件2180件，上升72.6%，收案标的13.91亿元，增长389.79%。互联网仲裁平台受理案件43件，争议标的16.51万元。案件数量与争议标的均创历史新高。受理民商案件类型69类，除涉及传统的买卖合同、物业、建设工程、租赁、加工等纠纷外，还涉及对赌协议、私募基金投资、委托理财、特许经营合同、技术合同、网络交易纠纷等新类型案件，展现宁波仲裁工作的新活力。案件当事人区域范围分布广，除西藏自治区和澳门特别行政区外遍布32个省级行政区。当事人双方为外地的占59.3%。全年调撤案件1002件，调撤率45.6%。收到ODR(在线矛盾纠纷多元化解平台)平台分配调解案件93件，办结91件，其中调解成功78件，调解成功率为85.71%。管理员、调解员响应率均为100%，全年办结各类案件2197件，增长50.7%。其中裁决案件1195件，裁决率54.4%。当事人向法院申请撤销案件14件。被法院裁定不予执行案件3件。案件平均审理天数指标为82天，其中审结金融类案件1792件，平均审理天数指标仅为28.3天。案件审理质效进一步提高。年内，宁波仲裁委被司法部评为全国公共法律服务工作先进集体。

（宁波仲裁委　刘春燕）

【温州仲裁委员会仲裁质效提升】 2019年，温州仲裁委员会受理各类民商事仲裁案件1214件，比上年增长4%，受案标的额46.8亿元，增长148%。其中：建设工程纠纷123件，标的额23.59亿；金融纠纷363件（包括网上仲裁案件306件），标的额为10.35亿元，增长近10倍；受理知识产权纠纷17件，涉外纠纷4件，物业纠纷411件。案件类型构成相对合理，优质案源有上升趋势。全年办结案件935件，增长25.8%，其中：裁决形式结案406件；调解和解形式结案529件，调解和解率56.6%。11月4日，"一带一路"温商国际仲裁院在温州世界温州人家园成立，为全国首个以本土商事群体为主要服务对象的专业仲裁院。成立大会作为温州市"首届民营企业家节"活动之一，省市领导和省内外仲裁机构、市县有关部门、律师事务所、高校等单位代表300多人参加。"一带一路"温商国际仲裁院在温州大学、温州市市民中心设2个仲裁厅，在意大利罗马、都灵、普拉托设3个工作室。中国法学会国际经济法学研究会年会专门以"温商域外保护与争端解决创新"为题开设分会场，研讨温商国际仲裁院运行机制。12月10日，温州建设工程仲裁院成立，并向社会发布《建设工程纠纷问答》《建设工程案件典型案例选编》，深化仲裁法律制度在建设工程纠纷领域定分止争的职能作用。完成微仲裁2.0版本更新，实现"微仲裁"与仲裁案件信息内部管理系统的完全贯通，仲裁服务"掌上办""指尖办""马上办"。全年办理微仲裁案件200多件。与温州市金融办对接，以苍南联信小额贷款公司为试点，在网络金融平台另设端口，试行小额贷款纠纷仲裁绿色通道。全年网络金融平台共办理网络金融仲裁案件150多件。8月28日，省司法厅批准温州仲裁委员会为浙江省唯一仲裁机构改革试点。12月12日，温州市委全面深化改革委员会第五次会议审议通过《温州仲裁委员会内部治理结构改革试点实施方案》，进一步发挥仲裁机构在服务民营企业、优化营商环境、维护社会稳定等方面的作用。

（温州仲裁委　孙雪峰）

案例选介

【永康市"9·04"虚开发票案侦破】 2019年7月，金华市公安局联合税务、人民银行、外汇管理等部门，抽调市、县两级人员组成"百城会战"联合研判工作专班。通过研判发现1个以广东省饶平籍人员为主的犯罪网络，涉及团伙6个、犯罪嫌疑人50多人、空壳公司1100多家。该犯罪网络在2016年后收取的开票费达4亿余元。12月5日，在公安部经侦局、省公安厅、省税务稽查局的指挥下，金华市公安局会同金华市税务局，联合东阳、永康两地相关单位共抽调304人组成抓捕团队，分赴上海、江苏、浙江、山东、江西、广东、贵州等地开展打击涉税犯罪"百城会战"第二十四号战役集中收网行动，抓获涉嫌虚开、买卖公文印章及洗钱的犯罪嫌疑人55人，打掉犯罪团伙6个，捣毁犯罪窝点14个，冻结一批涉案账号，查扣电脑、手机、发票、公司财务账册等涉案物品。

【部督"1·28"特大制售假币案侦破】 2019年6月13日，金华市公安局组织警力160多人，在四川、广东、云南、浙江、山东、湖北等地开展部督"1·28"特大制售假币案统一收网行动，抓获犯罪嫌疑人28人，捣毁制假窝点1个、假币藏匿窝点10个，当场扣押假币8500万美元，查扣大型印刷设备12台、假币模板数10套、胶片数十卷及用于生产假币所需的大量原材料、半成品等。该案系中华人民共和国成立后全国最大的伪造假外币案。

【"麻花影视App"侵犯著作权案侦破】 2019年春节期间，《流浪地球》《飞驰人生》《疯狂的外星人》等多部贺岁电影遭盗版侵权。中央领导做出批示，要求组织封堵查处，部署专案打击。3月1日，根据公安部指定管辖，浙江省公安厅、杭州市公安局成立联合专案组，对系列专案中的"麻花影视App"侵犯著作权案开展侦查。至9月30日，共抓获犯罪嫌疑人18人，上网追逃18人，查实涉嫌侵权盗版影视剧作品15万余部。该案被公安部列入2019年十大典型案例。

【部督"长城行动"特大电信诈骗案侦破】 2016年7月至2019年6月，中国和西班牙警方联合侦办"长城行动"特大电信诈骗案，摧毁在西班牙的电信诈骗窝点13个，抓获犯罪嫌疑人237人，先后分批引渡回国229人，其中中国台湾籍222人。2018年5月17日，中国和西班牙警方在西班牙马德里进行案件证据移交。2019年6月4日，在马德里举行犯罪嫌疑人交接仪式。其间，在抓捕行动中，浙江行动小组捣毁窝点4个，当场抓获中国台湾籍人员126人，其中被西班牙警方羁押70人；浙江省公安机关先后出动警力180人，分16批将73名犯罪嫌疑人押解回浙江，其中中国台湾籍66人、大陆籍7人。8月，宁波市公安局将2个窝点的中国台湾籍犯罪嫌疑人50人全部移送起诉，核破案件80多起，涉案金额300多万元。8月19日、9月5日，杭州市公安局先后将引渡回国的中国台湾籍犯罪嫌疑人16人移送起诉，核实案件30多起，查明团伙诈骗所得共计420万元。

（省公安厅　徐　锋）

【衢州市国土资源局申请强制执行杜某非法占地处罚决定监督案】 衢江区某镇村民杜某未经批准占用村里土地681.46平方米，衢州市国土资源局依法做出行政处罚，后申请法院强制执行该处罚决定第三、四项。衢江区检察院在办理其他案件中发现，衢江区法院未就处罚决定第四项罚款作出裁定，某镇政府未在法定期限内执行裁定组织实施拆除，遂依法发出检察建议并督促整改到位。针对农村违法占地行政处罚未执行到位问题突出，衢江区检察院、衢州市检察院先后部署开展国土资源领域行政非诉执行专项监督。截至2019年2月活动结束，全市整治拆除各类违法建筑物及设施45.5万平方米，恢复土地原状23万平方米，退还非法占用土地21.7万平方米。衢州市法院针对专项监督中发现的问题，开展专项评查，有效规范行政非诉执行的受理、审查和实施。该案例入选最高人民检察院第十五批指导性案例。

【盛春平正当防卫案】 山东莱州人盛春平在网上结识传销人员郭丽，2018年7月30日，被郭丽骗至杭州桐庐传销窝点，遭到“洗脑”、恐吓、体罚等威逼。在多次请求离开被拒并遭成某某等人逼近时，盛春平拿出随身携带水果刀警告，在争夺中刺中成某某致心脏破裂。当晚，成某某被传销人员送医，后未遵从医嘱继续治疗，于8月11日突发昏迷死亡。10月24日，桐庐县公安局以盛春平涉嫌故意伤害罪（防卫过当）将该案移送审查起诉。杭州市检察院经审查认为，成某某等人对盛春平实施行为属于现实、紧迫的不法侵害，盛春平捅刺成某某一刀的防卫措施未明显超过必要限度，成某某最终死亡还存在其本人未遵医嘱的介入因素，认定盛春平的行为属于正当防卫，依法做出不起诉决定。该案例入选《最高人民检察院第十二批指导性案例适用指引（正当防卫）》。

【台州市基本养老保险金流失公益诉讼系列案】 针对履职中发现部分被判处拘役、有期徒刑的刑事案件当事人，社保部门未按规定及时停发其收监执行期间的基本养老金致使国有财产流失问题，台州市人民检察院以仙居县人民检察院办理的首批基本养老金流失公益诉讼案件为依托，部署开展全市基本养老保险领域公益诉讼专项监督。至2019年5月，共办理案件475件，涉及城乡居民、企业职工、机关事业等三类人员447人，并推动台州市人力资源与社会保障局在全市两级社保经办机构开展涉刑退休人员基本养老金发放、调整的全面核查，台州市人民检察院联合市中级人民法院、公安局、司法局、人力社保局出台《台州市涉刑退休人员养老保险待遇处置联合工作机制》，全面加强源头预防。该案多次获中央及省委领导批示，台州市检察院第五检察部被最高人民检察院记集体一等功。

【刘某生产、销售伪劣产品案】 2017年11—12月，浙江某工贸有限公司通过研发创新产品智能平板健走跑步机，对外以健走跑步机名义销售，销售金额达701万余元。经检测，上述走步机符合固定式健身器材国家标准，但有3项指标不符合跑步机国家标准，被认定不合格。2018年12月，永康市公安局以该公司经营者刘某涉嫌生产、销售伪劣产品罪将该案移送审查起诉。

永康市检察院经审查认为，涉案走步机属创新产品，不应认定为伪劣产品，而且该企业属于创新型企业，正处于升级发展关键期。综合考虑各因素，永康市人民检察院依法对刘某做出相对不起诉决定，并主动商请市场监管部门层报国家标准化管理委员会请示走步机的标准适用问题，最终确立走步机行业适用标准，为该行业的健康发展提供国家规范。该案例入选2019年度全国检察机关十大法律监督案件、2019年度全省检察机关服务保障民营企业健康发展十大典型案例。

（省检察院　高　柠）

【乐清滴滴顺风车司机杀人案】 被告人钟元在乐清市从事滴滴顺风车营运期间，因嗜赌欠债，产生劫取女乘客钱财之念，并准备尖刀等作案工具。2018年8月23日，钟元通过滴滴软件接到女乘客林某订单后伺机抢劫，因林某察觉提前下车未果。次日，钟元接到女乘客赵某某（被害人，殁年19岁）的订单，途中抢得赵某某支付宝账户中的9000元钱，后又对其强行奸淫。因恐罪行败露，钟元将赵某某杀害，抛尸于路边悬崖斜坡下，弃车逃离。此案受到社会公众及媒体舆论的高度关注。2019年2月1日，温州市中级人民法院一审以抢劫罪、强奸罪、故意杀人罪数罪并罚判处被告人钟元死刑，剥夺政治权利终身。钟元不服，提出上诉。省法院二审裁定驳回上诉，维持原判。经最高法院依法核准，2019年8月30日，钟元被执行死刑。

【杭州市滨江区虞关荣特大涉黑案】 以被告人虞关荣为首的黑社会性质组织成员多达66人，存续时间长达9年，非法控制杭州市滨江区一带土方、市政工程等相关行业，攫取巨额非法经济利益，以暴力、威胁等手段，“以黑护商”“以商养黑”，有组织实施走私枪支2支、非法买卖枪支1支、非法持有枪支2支；实施寻衅滋事66起、强迫交易22起；串通投标21起、非法拘禁10起、敲诈勒索和开设赌场各8起、聚众斗殴7起、其他犯罪29起，触犯罪名26个，涉案金额40多亿元，造成14人轻伤、8人轻微伤等严重后果，严重破坏当地经济秩序、社会生活秩序和公共管理秩序。该组织拉拢、腐蚀国家工作人员为其实施违法犯罪活动提供庇护，共计行贿42起，合计700多万元。2019年12月30日，金华市中级人民法院一审判处首要分子虞关荣、戴国松、王观成无期徒刑，剥夺政治权利终身，并处没收个人全部财产；其余63名被告人被判处二十五年至一年二个月不等有期徒刑；另外，金华市婺城区等基层法院判处包庇、纵容黑社会组织的杭州市公安局原党委副书记朱伟静等26名“保护伞”十四年至二年不等有期徒刑。

【中央宣传部原副部长鲁炜受贿案】 2002年至2017年，被告人鲁炜曾先后担任新华社党组成员、秘书长、副社长，北京市委常委、宣传部部长、北京市副市长、国家互联网信息办公室主任，国务院新闻办公室副主任，中央网络安全和信息化领导小组办公室主任，中央宣传部副部长等职务，其利用职务上的便利及职权、地位形成的便利条件，为有关单位和个人在网络管理、企业经营、职务晋升及工作调动等事项上提供帮助，直接或通过他人非法收受、索取相关单位和个人给予的财物，折合人民币共计3200多万元。2019年3月26日，宁波市中级人民法院一审以受贿罪判处鲁炜有期徒刑十四年，并处罚金人民币300万元，犯罪所得予以追缴。宣判后，鲁炜当庭表示服从判决，不上诉。

【"侵害黄继光、董存瑞名誉权案"】 被告瞿某某系淘宝网店"某某画坊"店主，其通过"某某画坊"淘宝店发布明显带有否定英烈黄继光、董存瑞为国献身伟大精神的贴画，且剩余库存数量巨大。该贴画在网上被社会公众广泛阅见，为众多不特定人知悉，严重侵害英烈名誉，造成恶劣的社会影响，损害社会公共利益。2019年11月19日，杭州互联网法院组成7人合议庭，通过在线方式公开审理杭州市西湖区检察院提起的被告瞿某某侵害烈士荣誉互联网公益诉讼案，当庭判决被告瞿某某立即停止侵害英雄烈士董存瑞、黄继光名誉权的行为，即销毁库存、不得再继续销售案涉贴画，并在国家级媒体公开赔礼道歉、消除影响。

【巴拿马"佐罗"号轮船油污案】 2018年12月24日，巴拿马主权荣誉公司所有的"佐罗(EL ZORRO)"轮从韩国大山港运载4978.767吨油品至中国嘉兴乍浦港。同日，"佐罗"轮在嘉兴乍浦港陈山锚地锚泊等待靠泊卸货期间，被起锚过程中的新加坡籍"埃林顿(ELLINGTON)"轮碰撞，造成"佐罗"轮右舷6号货舱破损，所载SHELL-500N基础油泄漏，船长报称泄漏400吨左右。事故发生后，嘉兴海事局在第一时间赶赴事故现场进行查勘，并立即启动应急预案，同时指示嘉兴市洁洋环保服务有限公司等单位进行海上应急清污作业。因所泄漏油品对海洋生态环境造成严重破坏，申请人巴拿马主权荣誉公司在评估损害后，于2019年3月20日，向宁波海事法院提出设立油污损害赔偿责任限制基金申请。该院依照《1992年国际油污损害民事责任公约》的规定，5月31日，裁定同意申请人设立数额为6743109特别提款权(折合人民币6400多万元)的油污损害海事赔偿责任限制基金。

(省法院　宋国峰)

【外籍人员持用伪造签证被查获】 2019年12月24日，浙江省边检机关在对来自卡塔尔多哈的QR890航班进行预排查时发现1名持乌干达护照的旅客行程存在疑点。执勤民警前台检查时发现该名旅客护照中的尼日利亚签证和验讫章存在伪假嫌疑，经深度核查，确认护照中的尼日利亚签证、入境章均为整版伪造，随后在对其进行人身行李物品检查时发现另有1张整版伪造乌干达身份证。经询问，该名旅客承认其伪造个人信息骗领乌干达护照企图偷渡入境。边检机关依法阻止其入境，注销其中国签证，并处以罚款2000元的行政处罚。

【变换身份涉嫌偷渡人员被查获】 2019年5月2日10时00分许，浙江省边检机关在执行温州至曼谷FM883出境航班检查中，查获冒用他人证件出境人员李某。经核查，李某所持用的中国普通护照为其姐姐的证件，因长相与姐姐酷似，企图蒙混过关偷渡出境，被边检执勤民警当场查获。根据《中华人民共和国出境入境管理法》有关规定，对李某做出罚款人民币5000元处罚，收缴其冒用证件，并阻止出境。　(浙江边检总站　戴　毅)

重点领域改革
Reform in Key Areas

综　述

【概况】 2019年，浙江省深入推进"最多跑一次"改革，加快政府数字化转型，抓住统筹谋划、项目突破、典型引领、改革督察等关键环节，增强改革的系统性、整体性、协同性，引领撬动各方面各领域改革取得新的进展。深化省领导领衔重大改革项目制度，落实"一个项目、一名领导、一个团队、一抓到底"要求，36位省领导全员参与、领衔45个重点改革项目。其中，省委书记车俊领衔建立健全"最多跑一次"改革扩面提质机制、建立健全推进长三角区域一体化发展机制两项重大改革；省长袁家军领衔推动建立健全稳企业防风险体制机制、深化"最多跑一次"改革推进政府数字化转型两项重大改革。省直各部门和各市、县(市、区)担当起主体责任、属地责任，创新举措推动改革任务落到实处。配合实施《浙江省保障"最多跑一次"改革规定》，出台商事登记、事中事后监管等一系列配套制度，促进改革与法治良性互动。全面开展梳理法律法规规章条款工作，聚焦投资审批、市场准入、国际贸易等重点领域，从各地900多条"破法改革"建议中，逐一研究论证，梳理上报在浙江暂时调整实施相关法律法规规章条款的事项12项。

【改革组织体系完善】 2019年，浙江省调整省级改革专项小组设置，指导各市、县(市、区)优化改革工作机构设置，全省上下深化改革的组织体系更加完善、工作力量进一步加强。完善改革决策和协调会议机制，全年召开省委改革委会议6次，对全省改革做出总体部署，研究事关全局的重大改革问题，听取改革落实情况汇报和审议改革方案81项。印发《关于做好2019年全面深化改革工作的通知》和

《2019年浙江省全面深化改革重点任务清单》，列出9个领域182项重点改革任务，逐一明确目标要求、责任主体、进度安排。

【全省"最多跑一次"实现率92.9%】 2019年，浙江省全面完成年初确定的各项改革任务，推动"最多跑一次"从服务理念上升为治理理念。全省"最多跑一次"实现率92.9%，群众满意率达97.1%。8月26日、10月18日，李克强总理分别在省委改革办上报的《浙江率先树起企业开办全流程"一日办结"新标杆》《浙江推进群众全生命周期"一件事"全流程"最多跑一次"改革》上做出重要批示，给予充分肯定。全年全省梳理省、市、县三级办事事项主项1925项，细化"最优颗粒度"情形9258项。从群众和企业实际办事需求出发，把政务办事"最优颗粒度"集成组装为"一件事"，围绕个人从出生到身后全生命周期梳理形成"一件事"24件，围绕企业从准入到退出全生命周期梳理形成"一件事"17件。取消"税收票证遗失"等28项事项媒介刊登声明环节，方便企业和群众。在夯实数据基础上，打通数据壁垒，贯通数据孤岛，归集全省2009亿条数据，统筹建设全省统一的人口综合库、法人综合库、信用信息库、电子证照库，累计共享调用数据15.5亿次。制定《浙江省公共数据治理工作细则》，问题数据比例从上年末的0.11%下降到0.06%。加快数据开放，浙江省在体现地方政府数据开放水平专业指数"中国开放数林指数"中位列全国第二。加强行政服务中心标准化建设，实施《专用标志图形、管理和使用》《服务大厅现场管理》等地方标准。推进"一窗受理、集成服务"改革向乡镇（街道）、村（社区）和银行、邮政网点延伸，50%以上的民生事项在乡镇（街道）便民服务中心可办，银行、邮政网点政务服务代办点和综合性自助终端机实现乡镇（街道）全覆盖。

【经济高质量发展体制机制构建】 2019年，浙江省全面落实促进民营企业高质量发展31条，建立促进民营经济高质量发展"1+11+N"（"1"指省委办公厅、省政府办公厅出台进一步促进民营经济高质量发展的实施意见，"11"指11个设区市出台配套落实举措，"N"指若干个省直单位出台配套政策）政策体系。实施融资畅通工程，落实小微企业信贷"增氧"计划和"滴灌"工程，小微企业贷款余额、增量、户数保持全国首位。出台20条企业减负降本措施，全年为企业减负2280亿元。支持温州创建新时代"两个健康"先行区。完成惠企政策省级信息平台建设，打通省、市、县三级联动咨询渠道，形成全省各级政府部门协同解答企业难题的工作流程和机制。完善"产学研用金、才政介美云"十大联动创新创业生态系统（指产业、学术界、科研、成果转化、金融、人才、政策、中介、环境、服务10个方面因素融合提升），杭州、宁波—温州两个国家自主创新示范区建设进展顺利。全面深化"亩均论英雄"改革，形成涵盖工业、服务业、开发区、特色小镇等"亩均效益"评价体系。新批工业用地基本实现"标准地"出让。推进数字经济"一号工程"，加快新一代人工智能创新发展，完善高水平建设西湖大学、之江实验室的支持机制，数字经济核心产业增加值增长15%。深化传统制造业改造提升试点，在13个县（市、区）开展第三批分行业省级试点，宁波等市积极创建国家制造业高质量发展示范区。

【城乡融合发展体制机制构建】 2019年，浙江省推进三项农村土地制度改革试点。开展创建国家乡村治理体系试点县10个、示范乡镇6个、示范村61个，加强民族乡村建设。增加优质绿色农产品供给，打造"丽水山耕""三衢味""景宁600"等生态品牌。深化数字乡村建设，累计建成电商专业村1720个。推进城市、乡镇、园区有机更新。特色小镇建设继续走在全国前列。开展首批24家未来社区试点，城镇老旧小区改造列入全国试点。小城镇环境综合整治全面完成。8月26日，全国十三届人大常委会第十二次会议决定对《中华人民共和国土地管理法》做出修改，立法部门将德清、义乌改革试点经验吸纳其中。

【文化体制机制创新】 2019年，浙江省各级新闻、出版等部门管理职责转隶至宣传部门。国有文艺院团改革到位。深化新时代文明实践中心试点。至年末，全省有全国文明实践中心试点县（市、区）27个，数量位列全国第三。实施由中央宣传部和国家广播电视总局联合发布的《县级融媒体中心建设评估标准》，年内，全省县级融媒体中心实现全覆盖。推动农村文化礼堂"建管用育"一体化，全省农村文化礼堂达11万家。制定《关于加快建立浙江省网络综合治理体系的实施意见》，"全省一盘棋"的网络综合治理体系得到完善。推进之江文化产业带建设，全年全省有4家企业跻身全国文化企业30强，3家企业成为国家文化和科技融合示范基地。深化文化旅游融合发展，全省初步形成以机构融合带动文化旅游一体化发展的工作格局。深化省属国有文艺院团改革，浙江省演艺集团成立。

【基层治理体系健全】 2019年，浙江省整合行政资源、司法资源和社会资源，建成实体化县级社会矛盾纠纷调处化解中心89个，推动矛盾纠纷化解"只进一扇门""最多跑一地"。探索实施信访代办（代跑）制，由"两代表一委员"、基层干部、网格员或志愿者为有需要的群众代办（代跑），打造信访"流动超市"，全年全省信访量比上年下降10.4%。多措并举推进诉源治理取得实效，全省法院收案1686万件，下降4.6%。深入开展"枫桥式派出所"创建活动，"基层治理四平台"进一步升级完善。纵深推进扫黑除恶专项斗争。实施安全生产综合治理三年行动，生产安全事故起数下降35.7%、死亡人数下降34.2%；火灾事故起数下降25%，死亡人数下降23.3%；道路交通事故起数下降12.2%、死亡人数下降15.8%。

【美丽中国示范区创建】 2019年，省政府批准设立淳安特别生态功能区，千岛湖临湖地带综合整治完成。7月9日，浙江省出台《新时代美丽乡村建设规范》省级地方标准，启动首批5000个新时代美丽乡村创建。推进安吉县域“两山”理念转化综合试验区建设、浙江(丽水)生态产品价值实现机制试点。深化“湾(滩)长制”试点,试运行浙江省湾(滩)长信息管理平台。推进垃圾革命,出台垃圾分类制度体系、设施设置规范和技术标准。深化生态环境损害赔偿制度改革,全面推行“区域水资源论证+水耗标准”改革,推进钱江源国家公园体制试点、国土资源节约集约示范省创建等工作。编制领导干部履行自然资源资产管理及生态环境保护责任负面清单。4月27日,浙江、安徽、福建、江西4省在浙江义乌签署《关于加快推进浙皖闽赣国家生态旅游协作区建设合作协议》,提出将协作区作为一个大景区,完善公共服务设施。6月5日,世界环境日全球主场活动在杭州举行,会上,“蚂蚁森林”获联合国地球卫士奖。

【党的建设制度改革】 2019年10月22日,省委举行“建立健全为民办实事长效机制”15周年座谈会,会议强调建立健全为民办实事长效机制是习近平总书记以人民为中心发展思想的生动实践和重要源泉,要求建立“服务企业服务群众服务基层”长效机制。年内,浙江省分2批对374名市、县(市、区)党政正职、省直单位主要负责人进行政治素质考察,结合主题教育对领导干部政治素质进行调研分析。出台《关于建立健全“干部为事业担当、组织为干部担当”良性互动机制的意见》,提出20条具体举措激励干部担当作为。探索干部容错裁定机制,建立不实信访举报澄清制度。健全优秀年轻干部发现培养机制,推动各领域、各系统、各层级干部大交流,加强和改进选调生工作。设立运行干部人事档案管理中心,78个省直机关干部档案纳入集中管理。全面实施公务员职务与职级并行制度,完成15.2万名公务员职级套转、2.5万名公务员职级晋升。开展省级公务员职业生涯全周期管理“一件事”改革,公务员出入编、工资、公积金等“一件事”实现“一张表单申请、一个平台联办、一次不跑办成”。开展行政村规模调整,全省行政村数量减少25.5%。健全完善学校党建工作机制,实施高校“抓院促系、整校建强”铸魂行动,534所中小学校开展党组织领导下的校长负责制试点。完善机关工委领导体制,明确省、市、县(市、区)委直属机关工委书记全面实行同级党委常委兼任。推行非公企业10%党建绩效考核等做法,制定新生代企业家政治、事业“双传承”计划指导意见。

【纪检监察体制改革】 2019年,浙江省一体推进党的纪律检查体制、国家监察体制和纪检监察机构“三项改革”。加强党对反腐败工作全过程领导,建立省委反腐败协调小组工作例会制度。分类推进高校、国有企业纪检监察体制改革,明确省纪委、省监委对高校、省属企业纪委书记提名和考察、查办腐败案件、履职专项考核的“三为主”要求。健全党内监督和国家监察统一决策、一体运行、相互制约的执纪执法工作机制。完善政治生态评估体系。高质量推进巡视全覆盖,探索实施“巡视带巡察、省市县大联动”模式,形成巡视巡察上下联动监督网。

(省委改革办 供稿)

“放管服”改革

【概况】 2019年,浙江省推进“八八战略”再深化、改革开放再出发,以“最多跑一次”改革贯穿“放管服”各领域改革,加快推进政府数字化转型,有力推动政务服务、公共服务和营商环境持续优化,重点领域和关键环节取得突破性进展。推动简政放权,进一步激发企业活力,为企业提供便利。11月27日,省政府印发《浙江省开展“证照分离”改革全覆盖试点工作实施方案》,以国务院“证照分离”改革试点事项目录为蓝本,全省涉及试点事项518项,在自贸试验区范围内,直接取消审批13项、审批改备案8项、告知承诺61项、优化审批服务436项;除自贸试验区外的全省其他区域,直接取消审批7项、审批改备案2项、告知承诺40项、优化审批服务294项,另有175项事项因法律法规、审批层级原因暂时无法在自贸试验区外区域实施。实施智慧监管,做到监管公平,提升工作效率。全年全省39个部门全面实施“双随机、一公开”(在监管过程中随机抽取检查对象,随机选派执法检查人员,抽查情况及查处结果及时向社会公开)监管,有效入库检查对象403万个,检查人员5.75万人;利用掌上执法检查260多万次,掌上执法检查率99.2%。优化政府服务,提高服务品质。10月8日,省政府办公厅印发《浙江省建立政务服务“好差评”制度工作方案》,政务服务“好差评”系统覆盖省、市、县177个线下大厅和4513个部门,全年汇集评价数据2900多万条,差评单位按期整改率97.6%。

【市场准入限制放宽】 2019年,浙江省全面清查市场准入性质负面清单,清理清单之外的准入许可,严禁各地各部门自行发布市场准入行为性质负面清单。3—10月,省市场监管局、省司法厅联合开展滥用行政权力限制市场准入专项整治,对1.19万件新制定文件实行合法性审查,审查后修改或暂缓出台315件。对1.77万件存量文件实行复查,清理废止714件、修改118件。至年末,全省178部地方政府规章均无市场准入限制性壁垒。推进招投标领域公平竞争。9月20日,省发展改革委牵头印发《浙江省工程项目招投标领域营商环境专项整治工作方案》,部署开展包括招投标领域的滥用行政权力排除、限制竞争行为专项执法行动,发现问题项目1393个,累计移交政法机关线索和案件173条(件),其中涉黑涉恶线索45条,查处行政垄断案件71件。推进政府采购公平竞争。全面清理政府采购领域妨碍公平竞争的规定和做法92项(个),并向社会公开清理结果。推动政府采购营商环境评价,处理政府采购质疑问题,对政府采购代理机构加强监管。

【企业开办时间进一步压减】 2019年,浙江省全面实现企业开办全流程“一件事”一日办结。4月15日,省委改革办、省市场监管局、省公安厅、省人力社保厅、省税务局、省大数据局、中国人民银行杭州中心支行七部门印发《浙江省优化营商环境企业开办全流程“一件事”一日办结便利化行动方案》，打造“一窗、一网、一日、一次”新模式（线下推行“一窗受理、集成服务”，线上推进“一网通办、全程网办”，推进企业开办“减事项、减环节、减材料、减时间、减费用”）。将涉及企业开办的事项集中进驻行政服务中心，税控设备服务单位同步进驻，实现企业设立登记、公章刻制、银行开户预约、申领发票、社保参保登记等事项“一窗受理、同步办理”。开发全省统一的“企业开办全程网上办”平台，申请人在完成企业设立电子化登记时，可同步申请公章刻制、银行开户、发票申领、参保登记等业务，实现信息共享互认、全程留痕、各环节办理结果信息回推的全流程网上闭环管理。全年全省70%以上印章刻制单位和93%的银行网点纳入平台，全省企业开办网办率94.2%。加强前置事项清理，凡没有法律法规依据的登记前置审批事项，一律取消；实行企业名称自主申报，取消名称预先核准环节；全面落实银行账户开户许可改备案制度；整合社会保险单位参保登记、员工信息采集，在企业设立登记时同步办理。至年末，全省企业开办平均办理环节为2.9个，比上年减少3.6个；平均办理实际用时均在一日之内，减少5天；平均办理材料为5.5份，减少9.4份。全省新登记企业49.8万户，增长12.3%，日均新设企业数1992户。该项工作得到国务院总理李克强、国务委员王勇等领导批示肯定。11月28日，全国压缩企业开办时间工作推进会在杭州召开，会议总结推广浙江、北京、上海压缩企业开办时间做法。

【市场主体退出机制完善】 2019年，浙江省推进企业退出便利化。7月3日，省委改革办、省市场监管局、省人力社保厅、省商务厅、省大数据局、省税务局、杭州海关七部门印发《浙江省优化营商环境企业注销便利化行动方案》，对企业注销“一件事”按照普通注销、简易注销和特殊类企业注销等情形，分类精准施策。推动普通注销简化办，通过取消清算组备案登记、报纸公告改为国家企业信用公示系统公告、免办清税手续等举措，实现申请材料简化75%、办理时间提速47%、制度性交易费用“零成本”。推动简易注销当场办，在杭州、宁波、义乌开展简易注销试点，对符合简易注销条件的企业，只需审查承诺书及相关表格签署情况，即可实现“一次提交，当场办理”。简易注销申请材料由28份减至3份，办理环节由7个减至2个，办理时间由86天减为21天。至年末，全省通过简易注销程序注销企业25.9万户，占注销企业总数的50.6%。针对因历史遗留问题、特殊情况导致注销困难的企业，实施依法灵活办理注销手续，实现“一事一议、特事特办”，全年全省依法强制注销各类企业4.7万户。推出全省统一企业注销“一网服务”平台，打通市场监管、税务、人力社保、商务、海关等相关部门业务系统，实现企业注销业务并联办理。全年全省有3.69万家企业通过“一网服务”平台申请办理注销登记手续。建立办理破产工作协调机制，在杭州、温州设立破产法庭。4月26日，省法院印发《关于切实推进执行移送破产审查工作巩固“基本解决执行难”成果的通知》，完善企业破产启动程序，持续推进“执转破”工作。至年末，全省执行移送破产审查案件2266件，比上年上升4.0%；审查后正式立案受理1895件，上升9.7%。

【工程建设项目审批制度全流程改革】 2019年，浙江省推进工程建设项目审批制度全流程、全覆盖改革。7月31日，省发展改革委印发《浙江省投资项目行政审批事项目录（2019版）》，审批事项主项压减至49项，子项压减至92项。7月31日，省发展改革委印发《浙江省投资项目审批中介服务事项清单（2019年）》，中介服务事项压减至49项。融合建成并运行全省统一的投资项目在线审批监管平台3.0（工程建设项目审批管理系统2.0），以及浙江网上“中介超市”，实现网上审批全流程、全覆盖。年内，省政府办公厅印发《浙江省深化工程建设项目审批制度改革工作实施方案》，省发展改革委印发《浙江省一般企业投资项目审批“最多90天”工作指引（试行）》，推动全省928个完成竣工前审批的项目全部实现竣工验收前审批“最多90天”。取消施工图审查（或缩小审查范围）、实行告知承诺制和设计人员终身负责制，加强事中事后监管。印发《关于加快推进工程建设项目综合测绘改革的通知》和《建筑工程建筑面积计算和竣工综合测量技术补充规定》，落实测验合一（由测绘、检测评估等中介机构对竣工核实验收必要的数据进行联合测绘和专业检测评估，有关部门依据中介服务技术成果办理竣工阶段规划核实、用地复核验收、消防验收和防雷装置验收等行政核实验收手续）工作。全省综合测绘实现率85%，时间压缩30%以上，中介服务收费下降30%。推进“区域评估”改革，探索推进“标准地”“标准海”（项目用海“材料清单、审核流程、审核要点”的标准化，提高已填海区域建设项目用海审批效率）试点。国家建设项目环境影响评价分类管理名录外的建设项目，除环境影响或环境风险较大的新兴产业外，无需履行环评手续；环评审批负面清单外且符合准入环境标准的项目，报告书简化为报告表，报告表简化为登记表，实现环评审批申请材料减少至4项，备案时间减至1个工作日，环评报告书、报告表审批时间分别减至15个工作日和7个工作日。全年全省有136个省级以上各类开发区和109个省级特色小镇实施改革，环评编制时间平均缩减65%，编制费用平均降低55%。推动“标准地”改革，全年省级以上平台出让工业项目“标准地”1101宗、3500公顷，100%实现“标准地”供地。实施“标准海”改革，围绕材料清单、审核流程、审查要点“三个标准化”要求，推动项目用海审批流程再造，进一步缩减项目生态评估和用海报批时间。推进用地规划“多审合一、多证合一”改革。省自然资源厅印发《关于全面推行建设项目规划选址和用地预审合并办理的实施意见》，办理时限减至不超过15个工作日。研究制定《浙江省建设项目规划选址和用地预审论证报告编制技术指南（试行）》，将项目立项阶段涉及自然资源主管部门的规划选址论证报告、耕地保护暨占用和补划永久基本农田踏勘论证、节地评价报告和修改土地利用总体规划方案统一整合成1份论证报告,只需一次技术论证,推动规划用地"多审合一、多证合一、多评合一"。

【推进减税降费】 2019年,浙江省推进减税降费工作。省财政厅、省税务局印发《关于浙江省贯彻实施小微企业普惠性税收减免政策的通知》和关于落实自主就业退役士兵创业就业有关税收政策的通知,省财政厅、省税务局、省人力社保厅、省扶贫办印发《关于落实重点群体创业就业有关税收政策的通知》等一系列"浙江版"减税政策,推进增值税降税、留抵退税等改革。在全省范围内开展涉企收费专项清理,通过取消、停止或降低各类收费,全年为企业减负1.2亿元。根据《交通运输部、国家发展改革委关于修订印发〈港口收费计费办法〉的通知》,自4月1日起,将货物港务费、港口设施保安费、引航费、拖轮费分别下调15%、20%、10%和5%,全年为企业降低港口收费2.39亿元。专项治理银行不合理收费。省委改革办督促银行业金融机构按照《商业银行服务价格管理办法》落实收费公示制度,组织开展小微企业融资收费专项检查和银行违规涉企服务收费专项治理。全年对不规范收费问题做出行政处罚6件,处罚金额757.45万元,整治服务收费质价不符、违规转嫁抵押评估费等问题。

【信贷便利化机制完善】 2019年,浙江省优化信贷续贷、转贷环节,完善信贷便利化机制。3月14日,浙江银保监局印发《关于深化中期流动资金贷款服务科学匹配企业生产经营周期的指导意见》,将流动资金贷款期限由1年延长到3年,增加中长期信贷资金投放,减少企业周转资金压力。全年全省中期流动贷款余额5425.22亿元,比年初增加1360.91亿元,增长33.5%,为企业节约转贷成本50多亿元。推出续贷沟通机制,减轻企业转贷负担,至年末,全省银行业无还本续贷余额1814.96亿元,增长109%。畅通小微企业融资渠道。4月17日,浙江银保监局出台《浙江"4+1"小微金融差异化细分工作方案》,全年全省小微企业贷款余额3.71万亿元,新增4303.98亿元,增长13.8%。规范企业融资收费。引导省内贷款利率整体下降,让金融机构以"保本微利"确定小微企业贷款利率,将普惠型小微企业贷款利率下降到6.75%,下降0.45个百分点。

【监管制度规则建设】 2019年,浙江省全面梳理论证涉企现场检查事项,进一步压减重复或不必要检查事项。修订完善监管规则。8月2日,省政府出台《浙江省人民政府在市场监管领域全面推行部门联合"双随机、一公开"监管优化营商环境的实施意见》,全省39个部门全面实施"双随机、一公开"监管,全年入库检查对象403万个,出动检查人员5.75万人次。在市场监管、生态环境保护、交通运输、农业农村、文化市场等行政执法领域分别制定规范执法自由裁量权的办法,明确法律依据和处罚标准。研究制定监管机制。3月29日,省政府办公厅印发《浙江省关于全面推行行政执法公示制度执法全过程记录制度重大执法决定法制审核制度的实施方案》,在省、市、县三级行政执法机关全面推行行政执法公示制度、执法全过程记录制度、重大执法决定法制审核制度。全省建立部门联合"双随机、一公开"监管议事协调推进机制,推动部门联合"双随机、一公开"监管工作常态化。

【重点领域监管】 2019年,浙江省在疫苗、药品、特种设备、危险化学品等涉及到人民生命安全和社会关注度高的领域,进一步建立健全违法严惩制度、惩罚性赔偿和巨额罚款制度,实行全主体、全品种、全链条严格监管。强化危险化学品风险防控大数据平台应用。3月,全省部署开展危险化学品质量安全风险隐患排查和专项整治工作,建设危险化学品风险防控大数据平台,7个子系统、32个一级模块全部上线运行,全年注册政府用户1134个,危险化学品企业和单位用户6.32万个。建立覆盖全省危险化学品生产企业的动态风险日志管理系统,全年监测各类生产性动态风险267万次,实施企业安全风险研判与承诺公告日志101万次,线下处置监测异常859家次。推行疫苗生产企业检查全覆盖。省药品监管局印发《浙江省向疫苗生产企业派驻检查员实施方案》,向3家疫苗生产企业派驻6名检查员。全年省市场监管局出动检查人员565人次,对137家中药饮片生产企业开展监督检查。

【社会信用体系建设】 2019年,浙江省实施信用"531X"工程(聚焦企业、自然人、社会组织、事业单位和政府机构5类主体,构建公共信用指标体系、信用综合监管责任体系、公共信用评价及信用联合奖惩体系3大体系,完善全省统一的公共信用信息平台,推进信用体系在若干重点领域创新应用)。全省一体化公共信用信息平台建成,省、市、县(市、区)315个信用相关业务系统全部打通,基本实现信用评价、信用档案、红黑名单等信息的实时调用,以及激励、惩戒措施的自动推送和反馈,形成"一处守信、处处受益,一处失信、处处受限"的业务协同格局。规范市场主体信用"黑名单"认定程序。抓好《浙江省公共信用信息管理条例》《浙江省公共信用修复管理暂行办法》贯彻实施工作,依法建立健全规范统一的信用修复、异议申诉等机制。建立健全主体全覆盖的公共信用产品体系。依托信用"531X"工程,开发形成信用评价、信用档案和红黑名单3类公共信用产品。其中,信用评价和信用档案覆盖258.6万家企业、4188.1万个18周岁以上自然人、6.1万个社会组织、3.2万个事业单位和4753个政府机构,基本实现"全覆盖,无死角";全国信用信息共享平台归集红名单2类233.6万条(涉及浙江33.3万条)、黑名单22类118.9万条(涉及浙江13.1万条),稳步实现信用监管数据可比对、过程可追溯、问题可监测。

【"互联网+监管"加快推进】 2019年,浙江省推进全省一体化执法监管平台建设,建成全省统一的执法监管数据中心汇聚整合全省公共信用信息、市场信用信息、投诉举报信息和互联网及第三方信息总计177类、1.38亿条数据,形成监管事项、监管对象等16个主题数据库,实现监管数据"一网共享"。全面实施"掌上执法",形成“互联网+监管”模式。通过掌上执法系统，全省所有执法监管信息“掌上可查”、部门执法监管事务“掌上可办”、各类监管事项“掌上可管”。至年末，全省有5.47万名执法人员使用掌上执法系统，日均在线人数1.35万人，利用掌上执法检查次数260多万次，掌上执法检查率99.2%。

【新兴产业包容审慎监管】 2019年，浙江省积极探索对新兴产业实施包容审慎监管，为国家市场监管总局代建全国网络交易监测平台，实现与淘宝、天猫等5个电商平台网店数据在线交互，提升对电商平台的监管能力。实行新兴行业名称动态管理，对国民经济行业分类中没有列入的新兴行业，及时补充名称库行业表述。鼓励各市、县（市、区）探索适应新业态特点、有利于公平竞争的公正监管办法，更好支持新业态发展。

【政务服务“好差评”制度出台】 2019年10月8日，省政府办公厅印发《浙江省建立政务服务“好差评”制度工作方案》，上线运行全省统一“好差评”系统，并率先对接国家平台。至年末，政务服务“好差评”系统全面覆盖省、市、县的177个线下大厅和4513个部门，开通线上线下6个评价渠道，实现“1日回访、15日整改反馈”和差评处理闭环机制，汇集评价数据2900多万条，差评按期整改率97.6%。

【不动产登记“最多跑一次”改革深化】 2019年7月16日，省委改革办、省自然资源厅、省发展改革委、省公安厅、省民政厅、省财政厅、省建设厅、省市场监管局、省大数据局、省税务局、浙江银保监局11个部门联合印发《浙江省优化营商环境不动产登记“一件事”便利化行动方案》，推进“一窗云平台”“抵押联办平台”、信息共享应用等信息化建设，实现不动产登记“网上办”“掌上办”。年内，全省进一步压缩办理时间和环节，实现一般登记4个工作日、抵押登记2个工作日内办结；一般商品房交易登记1个工作日内办结，提交的申请材料压缩至4件以内，群众办理环节压减至1个以内；异议登记、查封登记、抵押权注销、地役权注销、预告登记注销等事项实现“即时办理”。推动不动产登记与水电气、数字电视、网络宽带等过（立）户业务联动办理。

【跨境贸易便利化水平提升】 2019年，浙江省加强国际贸易“单一窗口”应用。国际贸易“单一窗口”实现与银行、保险、民航、铁路、港口等相关行业机构合作对接，在全国率先实现主要申报业务100%应用“单一窗口”。开展“两步申报”（第一步概要申报，第二步完整申报）试点。8月23日，全国首票进口货物“两步申报”改革试点业务在舟山落地。至年末，全省进出口整体通关时间分别为36.67小时和3.90小时。推广“提前申报”制度。杭州海关、宁波海关自5月起全面实施提前申报，杭州海关、宁波海关进口和出口提前申报率分别达30%、60%和48%、65%，走在全国海关前列。

【社会保险和医疗保险实现“一网通办、异地可办”】 2019年，浙江省推行社保关系转移接续“一件事”改革。按照“一件事”全流程“最多跑一次”要求，推动流程再造、业务协同和跨部门信息共享，构建“统一收件、平台推送、联动办理、统一反馈”的政务服务办事模式，实现全省社保关系转移接续“一件事”“网上办、掌上办”。推行社保信息在线查询打印。实现社保个人权益查询、参保证明打印、养老保险关系转移凭证打印、养老保险待遇测算等功能全面进驻全国统一的社会保险公共服务平台。推进异地就医直接结算。至年末，全省开通异地就医定点医疗机构1383家，跨省住院1109家，长三角地区门诊1297家，其中新增异地定点机构948家。全省所有统筹区实现与上海市定点医疗机构门诊费用双向直接结算。

【“无证明化”改革有序推进】 2019年，浙江省推进证明事项清理工作，全年全省清理地方设定证明事项61项。开展证明事项告知承诺制试点。年内，温州、湖州等7个市开展证明事项告知承诺制改革试点，对依法保留的证明事项，通过告知承诺制、信息共享、政府部门内部核查和部门间核查、网络核验等方式，使企业和群众在办事时不再需要提交证明，实现“无证明”成为常态。改进和规范基层群众性自治组织出具证明工作。以推动基层减负为契机，组织开展规范社区盖章证明专项治理行动，打造“无证明社区”。

【“只进一扇门”“最多跑一次”全面实现】 2019年，浙江省推进办事事项迭代升级。按照“一窗办、网上办、掌上办、一证办”要求，在办事事项“八统

2019年，省农信联社各基层信用社与公积金管理中心合作代办公积金查询、提取等6项政务服务，切实解决群众办事“多头跑、跑多次”的问题　（省委改革办　供图）

一”(主项名称、子项名称、适用依据、申请材料、办事流程、业务经办流程、办理时限、表单内容8个统一)基础上,开展办事事项“最优颗粒度”梳理。至年末,省、市、县三级有办事事项主项1925项,“最优颗粒度”情形9258项。推进“一件事”全流程“最多跑一次”。围绕公民个人出生到死亡、企业准入到退出2个生命周期,梳理形成个人“一件事”24件、企业“一件事”17件。至年末,41件“一件事”全部实现“一窗通办”“网上办”“掌上办”。推进政务服务向基层延伸。深化“一窗受理、集成服务”改革,整合银行、邮政网点等资源,推进政务服务“就近能办”。至年末,50%的民生事项延伸到乡镇街道“就近可办”,938个邮政网点、5535个银行网点可代办车管业务和驾管业务、医保社保、公积金等事项。

【服务垄断性事业单位和公共服务机构便利化水平提升】 2019年7月22日,省委改革办、省电力公司、省发展改革委、省公安厅、省自然资源厅、省建设厅、省交通运输厅、省水利厅、省大数据局、省能源局、省林业局11个部门联合印发《浙江省优化营商环境获得电力便利化行动方案》《浙江省优化营商环境用水用气报装便利化行动方案》,进一步精简用电报装和用水用气报装环节。年内,高压电客户用电报装手续办理时间压缩至40个工作日以内;低压电客户用电报装办理时间压缩至17个工作日以内。创新“互联网+供电服务”,开发推广“掌上电力”App,实现用电业务“一网通办”。全年办理用电报装申请147.76万笔,线上交费420.67万笔,发放电子账单8亿张,线上渠道电子发票开票193万笔,减少群众跑腿1004.67万次。通过开发水气报装管理系统,实现居民、小微企业、工程建设项目用水用气报装全流程网办,申请材料精简至1份以内,环节精简至3个以下,时间压减至4个工作日内。优化电信服务,规范套餐设置,降低电信收费。至年末,全省中小企业宽带平均资费比上年下降26.3%,中小企业专线平均资费下降23.0%。1月1日起,中国电信股份有限公司浙江分公司、中国移动通信集团浙江有限公司、中国联合网络通信有限公司浙江省分公司3家电信基础运营企业开通手机卡异地销户服务。推进天然气购销体制创新,实施“管网独立、管销分离”市场化改革,鼓励天然气领域上下游直接交易,管网设施逐步向所有市场主体公平开放。全省各地开展公共场所服务大提升试点项目141个,实现省、市、县三级全覆盖。年内,杭州火车东站实现高铁至地铁免检换乘,旅客从到达处至地铁站内闸机的平均通行时间从8分30秒减少至5分30秒,旅客高峰时段等候时长从8分钟减少至2分钟;“先离场后缴费”实现车辆5秒出库,通行效率提高5倍,地下车库日均泊车量增长13.6%,车位平均周转率提升13.8%;进出站主要交通干道通行效率提升约30%,乘坐出租车平均等候时间降低50%。

【“互联网+公共服务”模式加快发展】 2019年,浙江省推动“最多跑一次”改革向公共服务领域延伸。推进“互联网+义务教育”。全省各县(市、区)100%开通入园入学网上报名渠道和学后托管服务,6636所学校实现教育费用“扫码可缴”;1458所学校开展“互联网+义务教育”结对帮扶。上线入学入园报名平台实现“报名一张表、缴费扫码办、一次不用跑”。推进“最多跑一次”改革向医疗服务领域延伸。实施电子健康卡和电子医保卡“两卡融合、一网通办”,全年申领健康医保卡180万张,使用健康医保卡44.88万人次;全省291家医疗机构开通线上门诊,全年问诊量14.6万次,复诊量111.6万次,处方量105.3万次。推行网上挂号,分时段预约诊疗等服务,城市三甲医院排队平均时间从8.3分钟缩短到2.6分钟,门诊和病区智慧结算率分别达76.4%和67.9%。实施“出生一件事”联办,建成全省统一的出生“一件事”联办系统,支持电子证照跨层级、跨系统流转和身份、户口、婚姻等信息调阅共享。推进“最多跑一次”改革向文化、体育、养老等领域延伸。建设文旅服务一站式集成平台,实现文旅资源导航导览“一张图”、文旅资讯智慧服务“一张网”、诗画浙江消费体验“一张卡”、文博服务“一平台”。建立全民健身公共服务系统,加强公共体育场地设施、全民健身活动、体育社会组织、科学健身指导等方面的信息化、智能化建设,为群众提供方便快捷的菜单式服务。加快建设“浙里养”智慧养老服务平台,拓展人工智能、物联网、大数据等技术和智慧产品设备在养老领域应用,鼓励和支持社会力量参与养老服务。

(省委改革办 刘守业)

“标准地”改革

【概况】 2019年,浙江省“标准地”改革坚持全域全局、提质增效工作主线,推进改革扩面、提质、提速、提效,推动实现一般企业投资项目审批“最多90天”,提升企业获得感和满意度。全年

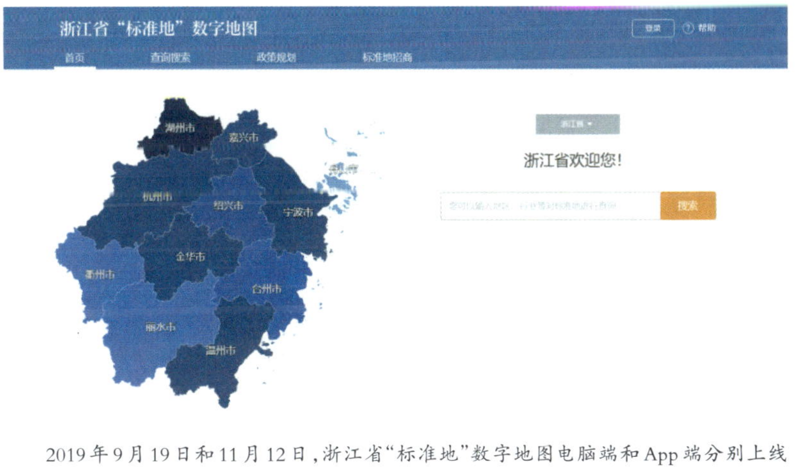

2019年9月19日和11月12日,浙江省“标准地”数字地图电脑端和App端分别上线

(省发改委 供图)

省级以上平台工业项目100%按“标准地”出让，全年出让1251宗4020公顷；省级以下平台出让1326宗0.22公顷，分别占新批工业用地的99.5%、99.7%；落地“标准地”项目计划总投资约7500亿元。按照“标准地”出让要求，全年全省工业项目投资强度平均达到316.7万元/亩、亩均税收平均达到33.1万元/亩、单位能耗增加值平均达到4.9万元/吨标煤、单位排放增加值平均达到3741万元/吨，体现高质量发展要求。根据浙江大学发布的第三方评估报告显示，97%的企业认为“标准地”出让信息更加透明、公平。

【“标准地+”集成模式推行】 2019年，浙江省发挥“标准地”制度与区域评估、代办制、承诺制的改革叠加效应，推动投资项目审批提速。“标准地”项目从赋码到获取施工许可证全流程平均用时37天，比改革前平均192天大幅压减。推行“标准地+区域评估”。实施区域能评、规划环评、水土保持等10类区域评估，变“单个项目评”为“区域整体评”，变“企业付费评”为“政府买单评”。推行“标准地+代办制”。政府为“标准地”项目提供无偿代办服务，审批中“全程代”，项目开工后“跟到底”，降低企业审批工作劳动成本。至年末，全省有5254名代办员从事无偿代办服务。推行“标准地+承诺制”。鼓励各地叠加推行承诺制，通过政府定标准、企业做承诺、过程强监管、信用有奖惩，加快项目落地开工。

【“标准地”数字地图上线】 2019年9月19日和11月12日，浙江省“标准地”数字地图电脑端和App端分别上线，公开透明提供各地“标准地”准入要求、出让信息、政策规划等服务。年内，省发展改革委通过打造“标准地淘宝城”、推行“标准地”招商等方式，实现土地资源和项目资源精准对接、高效配置，推动要素配置模式、供地模式、招商模式变革。至年末，全省有1500多名政府工作人员应用“标准地”数字地图。

【“标准地”事中事后监管机制完善】 2019年，省发展改革委强化“标准地”事中事后监管制度保障。加强改革创新与依法行政有效衔接，将浙江首创的“标准地”制度纳入省级地方性法规《浙江省保障“最多跑一次”改革规定》。2月11日，省发展改革委出台《浙江省企业投资工业项目“标准地”负面清单(2019年)》。开展试点工作。7月5日，省发展改革委批复金华市开展企业投资工业项目“标准地”事中事后监管试点。金华市将“标准地”监管与亩均效益评价、信用评价、“数字政府”建设相结合，指导德清县深化“标准地”项目信用监管试点，构建“标准地”项目信用评价指标，对企业从登记报名招拍挂、项目建设、项目竣工、项目达产、项目运行等全过程进行信用评价和结果应用。12月6日，德清县纳奇科化妆品有限公司医用护理产品项目成为全省首个通过竣工核验的“标准地”项目。

（省发展改革委　刘　畅）

现代供应链建设

【概况】 2019年，浙江省抓住重要战略机遇期，围绕特色产业供应链现代化、供应链核心企业培育、供应链平台培育等重点领域，以主链现代化引领供应链服务繁荣发展，以产业供应链现代化带动产业集群高质量发展，以核心企业创新带动全链中小企业应用，以平台化引领供应链服务全程化，以标准化加快新模式快速复制推广，推进开放共享、全省统一的公共服务平台建设。围绕供应链现代化，提出“供应链+”计划，即通过供应链+互联网，实现跨时空资源整合，推动全链高效协同；通过供应链+物联网，实现万物互联全程数字化，推动供应链智能化；通过供应链+区块链，实现基于金融科技的客观信用评价，推动供应链金融普及；通过供应链+数据智能，实现全维应用实时同步，推动智慧供应链生态建设；通过供应链+标准，实现优质商业模式复制推广，推动供应链企业加快跨区域、跨境布局。

【政策体系建设】 2019年7月31日，省政府出台《关于积极推动供应链创新与应用的实施意见》，明确全省供应链工作方向，量化“七个一批”目标(形成一批特色鲜明、模式先进、国际竞争力强的示范城市，建设一批营销驱动、多元协同、高效运作的现代供应链平台，培育一批整合能力强、协同效率高的现代供应链重点企业，聚集一批技术先进、场景丰富、运营规范的供应链金融服务机构，建设一批布局合理、智慧互联、高效便捷的供应链基础设施重点项目，汇聚一批专业性强、全方位、多层次的现代供应链人才，形成一批可复制推广的跨部门、跨区域、扁平化供应链治理新模式)，确定“十大工程”任务(城市现代供应链体系建设工程、现代供应链平台建设工程、供应链

2019年8月30日，由物产中大集团股份有限公司、菜鸟网络科技有限公司等企业发起的省现代供应链发展联盟成立
（省商务厅　供图）

企业培育工程、供应链创新体系建设工程、全球供应链构建工程、供应链金融体系建设工程、绿色供应链推广工程、重点设施项目推进工程、供应链人才体系建设工程、政府治理模式创新工程），落实35个部门职责及分工。省商务厅将现代供应链工作纳入传统产业改造提升和培育发展新动能两大行动计划，会同省财政厅、省经信厅、省农业农村厅、省人力社保厅、省生态环境厅、浙江银保监局、省市场监管局、省供销社、中国人民银行杭州中心支行等部门，分别出台省级试点、供应链金融、专项激励、人才培育等专项政策。杭州、湖州、舟山、金华、长兴、义乌等10多个市、县（市、区）出台地方供应链政策，形成省政府高调推进、跨部门协同探索、地方积极落实的多维政策体系。

【治理体系建设】 2019年，浙江在全国率先确立供应链“三大联动”治理机制，形成政府、企业、学校、科研院所合力推动供应链创新发展的协同治理体系，以及省级工作领导小组成员部门参与的供应链工作领导机制，跨部门协同推动供应链创新发展。8月，由物产中大集团股份有限公司、菜鸟网络科技有限公司等龙头企业自愿发起的省现代供应链发展联盟成立，旨在加强政企沟通、行业交流、资源对接、人才培训、统计监测。省供应链专家委员会同期组建，委员会由省内外学者和一线业务专家组成，着力加强供应链理论及实践研究。

【试点工作推进】 2019年，浙江以试点作为破局供应链工作的重点，在全国率先推出“十城百企”梯度试点培育体系。参照国家试点，确定5个省级试点城市和96家省级试点企业。4月，省商务厅与浙江银保监局联合在全国率先开展供应链金融支持小微企业发展试点，对试点企业实行“一企一策”对接服务。12月，省商务厅与省财政厅联合推出试点专项激励政策，按3年每年拨付4000万元，用于激励试点城市及企业。年内，省商务厅获2亿元中央财政专项资金支持，用以加强农产品供应链建设。推进杭州、宁波两市实施国家现代供应链体系建设试点。试点城市做好建立台账、自评总结、案例选编、活动组织等基础工作，并制订省级试点台账制度和示范考评机制。8月30日，浙江省现代供应链发展联盟、浙江省供应链专家委员会成立大会暨浙江省供应链+金融资源对接会在杭州召开，供应链企业与金融服务机构进行现场对接，分别与平安银行杭州分行、中国银行浙江省分行、杭州银行、人保财险浙江省分公司等金融机构达成初步合作意向。全年举办供应链+资源主题座谈10多次。11月，省商务厅遴选8家企业参加全国供应链试点成果展，并组织试点企业100多人赴厦门参观试点成果展示，开展试点城市和试点企业经验交流，加快复制推广成熟经验和做法。

【供应链创新应用】 2019年，浙江省培育一批供应链创新应用标杆案例，带动集群企业降本增效，助推浙江产业集群高质量协同发展。年内，浙江菜鸟供应链管理有限公司应用无人仓、无人车及人工智能等各类物流技术产品设备，实现重体力、重复性劳动岗位的机械化换人、自动化减人。利用信息化系统连接供应商、经销商、物流服务商，实时采集和反馈货物的物流信息，引导供应链各环节加强协同，减少货物积压、提高货物周转率。浙江心怡科技股份有限公司专注智慧仓建设运营，形成覆盖全国、辐射全球的电商物流供应链。物产中大集团股份有限公司发挥“原料集采+供应链金融”等优势，重构经编产业集群供应链体系。浙商中拓集团股份有限公司采用“本地化金属粗加工+供应链金融”等方式，推动海盐紧固件产业集群降本增效。浙江天畅供应链管理有限公司整合上游资源，促进长兴新能源电池产业的原材料采购成本大幅度下降。舟山远洋基地推出“鱿鱼指数”和摘牌交易制度，扩大舟山海鲜品牌知名度和市场辐射范围。

（省商务厅　秦琪文）

国资国企改革

【概况】 2019年，浙江省加快实施国有企业公司制改制工作。省国资委做好改革方案细化落实工作，对照全面深化国企改革“1+6”行动方案（《浙江省全面深化国有企业改革行动方案》及配套的六大攻坚工作方案），细化提出31项改革攻坚重点任务，逐项明确进度安排和责任单位。做好混合所有制改革工作，全年全省9家企业员工持股试点基本完成，5家国家混合所有制改革试点、7家“双百行动”企业综合改革及40个混合所有制改革项目稳步推进，总规模600亿元国企改革“双百基金”落户浙江。省属企业混合所有制改革率达73.4%。推进资产证券化，落实“凤凰行动”计划〔经过4年（2017—2020年）努力，进一步巩固提升浙江在资本市场上的全国领先地位，建设金融强省，企业上市和并购重组工作促进经济转型升级成效显著〕，推进企业上市和并购重组，发布“浙江国资创新发展指数”，全年省属企业新增4家控股上市公司，实现再融资109亿元。年内，省属企业中有上市公司18家，资产证券化率达62.8%。提升公司治理能力，出台《关于加强省属企业总部机构建设的指导意见》《浙江省省属国有独资公司董事会及董事评价办法（试行）》，扩大外部董事试行范围，新增2家企业开展职业经理人选聘。出台《浙江省全面完成全民所有制企业公司制改制工作实施方案》，推动省属企业完成改制，市县企业改制进度达63.2%。开展社会职能移交工作。年末，全省国企职工家属区“三供一业”分离移交工作全面完成。出台《浙江省国有企业退休人员社会化管理工作方案》，启动实施社会化管理各项工作，完成省能源集团长广煤矿牛头山矿区整体撤出和管理移交等工作。

【混合所有制改革】 2019年5月7—9日，省国资委在杭州举办全省国有企业混合所有制改革业务培训班，促进省属企业和各设区市混合所有制改革取得阶段性成果。全省完成3家国家第三批混合所有制改革企业试点和9家员工持股企业试点，推进40个混合所有制改革项目落地、启动7家国企实施“双百行动”（国务院国有企业改革领导小组办公室选取百家中央企业子企业和百家地方国有骨干企业，在2018—2020年期间实施“国企改革双百行动”），其中浙商资产列入全国20家重点“双百企业”之一，省属企业混合所有制改革面达73.4%。实施“凤凰行动”计划，以资产证券化为混合所有制改革重要抓手，完成浙江省建设投资集团股份有限公司借壳上市、物产中大集团股份有限公司定向增发，形成依托资本市场深化国企改革的良好态势。至年末，省属企业资产证券化率达62.8%。

【解决国有企业历史遗留问题】 2019年，浙江省推进国有企业退休人员社会化管理。11月11日，省委办公厅、省政府办公厅印发《浙江省国有企业退休人员社会化管理工作方案》，省国资委建立协调联络机制、月度跟踪通报机制，督促11个设区市出台实施办法，同步开展移交工作。督促省属企业做好“三供一业”剩余的部分维修改造和资产划转工作任务，解决历史遗留问题；完成全省国有企业有关医疗、市政、消防等机构剥离工作，推进国有企业教育机构改革；推动浙江省和安徽省签署省能源集团长广煤矿牛头山矿区整体撤出协议。

【国有资本授权经营体制改革】 2019年，省国资委完善授权经营体制，深化国有资本投资、国有资本运营两类公司试点，探索国有资本充分授权和强化监管的有效模式，打造专业化投资运营平台。推动3家省级两类公司完成阶段性试点任务，省国有资本运营公司对4家子公司实施授权管理。年内，浙江省试点工作得到中央改革办督察组肯定，省国有资本运营公司、省交通集团试点经验分别在国务院国资委《国企改革简报》上刊发，国有资产运营“浙江模式”得到国务院领导批示肯定。

【省属企业重组整合】 2019年4月17日，省国资委印发《关于推进省属国有资本重组整合专项工作的通知》，加快推进国有资本优化配置，打造省属优势龙头企业，更好服务全省重大战略，推进化工、旅游、农业、产权交易等6个产业领域整合重组，组建专项工作小组，明确省级有关部门责任分工，逐项研究提出整合方案后向分管省领导汇报。至年末，化工板块整合方案经省政府同意付诸实施，旅游、农业、产权交易板块整合方案完成审核修改。

【省属企业法人治理】 2019年10月31日，省国资委出台《浙江省省属国有独资公司董事会及董事评价办法（试行）》，推进省属国有独资公司董事会建设。年内，省国资委选取10家省属企业组织开展省属国企党建工作“十大样本”建设，着重开展“把方向、管大局、保落实”样本建设、总部机构样本建设、以董事会为重点的公司法人治理结构样本建设，打造一套可看、可学、可借鉴的新样本，省国资委在“之江国企党建论坛”对样本建设成果进行推广，进一步指导企业完善法人治理结构。（省国资委　姜钰苗）

生态文明体制改革

【概况】 2019年，省生态文明体制改革专项小组认真贯彻落实省委、省政府全面深化改革和建设“美丽浙江”的决策部署，22项年度改革任务全面完成，一些重点领域改革取得新突破。4月15日，省委办公厅、省政府办公厅印发《浙江省生态环境保护工作责任规定》。5月13日，全国首家环境损害司法鉴定联合实验室成立。6月，浙江生态省建设在全国16个试点省份中首个通过国家验收。9月，省政府批复同意设立淳安特别生态功能区。11月1日，全国首部城镇生活垃圾分类地方性标准《浙江省生活垃圾分类标准》正式施行。

【生态空间保护开发】 2019年9月，省政府批准设立淳安特别生态功能区。9月29日，举行淳安特别生态功能区建设推进大会暨千岛湖配供水工程通水仪式，会议就相关工作提出要求。10月，在衢州市召开首届浙江、安徽、福建、江西4省国家生态旅游协作区推进会，协作区建设形成常态化推进机制。10月21日，省治水办、省生态环境厅联合印发《关于进一步加强湾（滩）长制试点有关工作的通知》，形成省治水办统筹推进、生态环境部门具体配合、相关部门各负其责的新架构。省财政厅、省自然资源厅、省生态环境厅联合印发《浙江省钱塘江源头区域山水林天湖草生态保护修复资金管理办法》，推进山水林田湖草生态保护修复工程试点工作。年内，生态保护红线、环境质量底线、资源利用上线和环境准入清单基本编制完成。实施重点区域自然资源统一确权登记，杭州市滨江区、临安区，湖州市安吉县，温州生态园4个试点单位的自然生态空间用途管制试点工作进入实施阶段。

【生态环境治理改革】 2019年4月15日，省委办公厅、省政府办公厅印发《浙江省生态环境保护工作责任规定》，完善生态环境保护“党政同责、一岗双责”的责任体系。推进领导干部自然资源资产离任（任中）审计，形成领导干部履行自然资源资产管理及生态环境保护责任负面清单。5月13日，全国首家环境损害司法鉴定联合实验室成立，生态环境损害赔偿制度改革进一步深化，全年办理生态损害赔偿案件64件。10月，省生态环境厅出台《关于推进全省生态环境咨询服务体系建设的意见》，省、市、县三级联动的生态环境咨询服务体系进一步完善。年内，省生态环境厅指导湖州市开展环境治理体系改革试点，推进生态环境治理体系和治理能力现代化。全省扩大绿色产品市场供给和评价标准的认证范围，推动绿色产品认证体系改革试点。

【资源管理和节约制度完善】 2019年，省自然资源厅完成国土资源节约集约模范县（市）创建活动实施效果评估工作，研究建立全省统一的城乡建设用地市场。深化“区域水资源论证+

水耗标准”管理改革。省水利厅印发《关于全面推进“区域水资源论证+水耗标准”改革的指导意见》《区域水影响评价报告编制技术要求》。实施排污权储备调配与考核机制，省生态环境厅在杭州召开排污权交易指数新闻发布会，启动浙江省排污权交易指数，该指数为全国首创。8月7日，省农业农村厅、省财政厅印发《关于试行农业投入化肥定额制工作的意见》，推动全省农药实名制购买基本实现全覆盖。深化林权制度改革，推动公益林补偿收益权质押贷款工作，推进钱江源国家公园体制试点。矿业权出让制度改革取得成效，具有地方特色的矿地综合开发利用模式初步形成。11月1日，全国首部城镇生活垃圾分类地方性标准《浙江省生活垃圾分类标准》正式施行，垃圾分类制度体系进一步完善，全省设区市城区生活垃圾分类收集覆盖率88%，县（市）建成区生活垃圾分类收集覆盖率78%。

（省生态环境厅　杨志新）

信用体系建设

【概况】 2019年4月12日，省长袁家军主持召开省信用浙江建设领导小组会议，部署全省信用体系建设工作。年内，全省一体化的公共信用信息平台基本建成，五类主体公共信用评价不断迭代完善，信用综合监管体系和联合奖惩体系初步构建，“信用+行政审批”“信用+执法监管”“信用+公共服务”“信用+公共资源交易”“信用+其他政务事务”“信用+社会治理”“信用+风险监控”“信用+融资服务”“信用+行业监管”“信用+政府自身建设”信用十联动场景落地应用，为全省“放管服”改革提供支撑。6月13日，李克强总理在浙江调研期间对浙江信用“531X”工程建设工作给予高度肯定。

【信用体系体制机制建设】 2019年，省发展改革委印发《浙江省公共信用信息目录（2019版）》《浙江省五类主体公共信用评价指引（2019版）》《关于推进信用应用业务协同的实施意见》《浙江省实施信用联合奖惩措施清单（2019版）》《浙江省行业信用监管责任体系构建工作方案》等规范性文件，以制度建设推动部门及设区市参与信用体系建设工作。3月1日，省信用浙江建设工作联席会议办公室（简称省信用办）组织召开全省省级部门信用应用业务协同工作部署会，推进33个省级部门信用业务协同工作。6月5日，省信用办组织召开全省地方信用建设推进会，推进设区市信用业务协同工作。至年末，信用“531X”工程总体框架基本落地生效，并获得2019年度省政府部门改革创新案例第一名。

【全省一体化的公共信用信息平台建成】 2019年6月，全省一体化的公共信用信息平台建成。平台集成信用档案查询、信用评价查询、红黑名单查询、信用数据共享接口、信用修复、政务服务网信用服务栏目、信用异议、信用中国（浙江）网站、大屏展示九大模块，基本实现信用评价、信用档案、红黑名单等信息的实时调用，以及激励、惩戒措施的自动推送和反馈，为信用数据深度共享和业务精准协同提供技术支撑。

【公共信用三大体系建立】 2019年，省发展改革委以《浙江省公共信用信息目录（2019版）》为依据，归集涵盖46个省级部门、169个信息项、2648个数据项，合计24亿条数据，纳入信用档案1.04亿条，形成标准化公共信用指标体系。开发形成信用评价、信用档案和红黑（严重失信）名单3类公共信用产品。信用评价按照“做成白盒子，不做黑盒子”（即评价指引公开透明，评价实现动态更新）的要求，建立更加完善公开透明的公共信用评价体系，使评价结果分布更加合理，区分度更加明显。至年末，评价覆盖企业255.2万家，18周岁以上自然人4254.3万人，社会组织5.4万个，政府机构4853个，事业单位3.4万个，基本实现公共信用评价全覆盖。信用档案由基础信息、守信信息、不良信息及其他信息构成，实现企业、自然人、社会组织、事业单位、政府机构五类主体全覆盖。通过在信用浙江、浙江政务服务网上对企业红黑名单进行动态公示，构建信用联合奖惩机制。全省公共信用指标体系、评价体系和联合奖惩体系进一步确立。

【部门、地市信用业务大协同格局形成】 2019年6月，省、市、县三级系统（平台）改造完成，省公共信用信息平台上设置嵌入信用数据共享接口，在全省审批服务、行政监管、公共服务、公共资源交易和其他政务事务五大领域实现公共信用与政府履职深度融合，使信用成为行政管理、社会治理重要支撑。年内，省公共信用信息平台与全省32个省级部门和11个设区市317个信用相关业务系统（平台）全部打通，并开展信用业务协同应用。全年全省三级系统（平台）接入权力事项7.75万件，调用（核查）810.54万次，其中：33个省级部门接入系统57个，事项1341件；11个设区市接入系统260个，事项7.62万件。

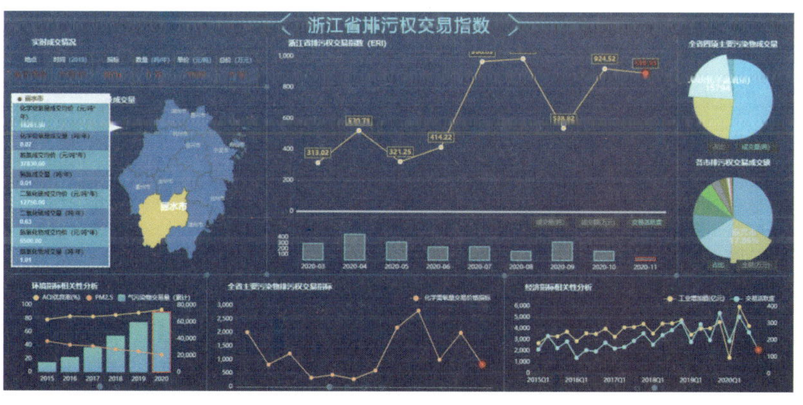

2019年11月14日，全国首个“排污权交易指数”在浙江发布　（省生态环境厅　供图）

【信用综合监管体系建立】 2019年，浙江省初步建立以信用为基础的新型监管机制。强化信用在行政管理领域高效应用。将主体信用状况作为提供便利和惩戒措施及纳入监管名单的依据，推进“信用+审批服务”“信用+公共资源交易”“信用+公共服务”“信用+其他政务事务”。推进行业（领域）主管部门融合公共信用信息、基础信息和行业监管数据，形成行业（领域）信用监管评价指标体系和模型，对监管对象实施信用分级分类，采取针对性的监管措施，实现精准监管、有效监管。至年末，第一批涉及省生态环境厅企业环境信用监管领域、省自然资源厅地矿领域等8个部门12个领域完成行业信用监管责任体系构建。

【“信用+”十大联动场景应用开发】 2019年，浙江省推进“信用+行政审批”“信用+执法监管”“信用+公共服务”“信用+公共资源交易”“信用+其他政务事务”“信用+社会治理”“信用+风险监控”“信用+融资服务”“信用+行业监管”“信用+政府自身建设”十大联动场景应用。省信用办组织各设区市、省级部门开展创新性应用，通过比对筛选、专家评审、现场演示汇报等环节遴选确定“宁波口岸领域应用信用数据优化分级分类制度”“建设企业环境信用评价管理系统完善生态环境行业信用监管机制”等14个十大联动场景典型案例。开放公共信用数据和产品，鼓励支持地方和第三方信用服务机构结合特色数据，根据不同场景开发应用产品，拓展信用应用范围。

【“信用长三角”区域合作推进】 2019年，浙江省联合上海市、江苏省、安徽省，按照“品牌共铸、规制共建、监管共为、市场共育、信息共享”原则，完善区域信用合作推进机制，推进长三角区域信用建设一体化。配合上海推动“信用长三角”平台建设，以生态环境、旅游、产品质量、食品药品等领域为重点开展跨区域信用联合奖惩。年内，三省一市签署《长三角地区环境保护领域实施信用联合奖惩合作备忘录》，建立数据清单，深化信用联合监管，形成全国首例“失信行为标准互认、信用信息共享互动、惩戒措施路径互通”的跨区域信用联合奖惩模式。

（省发展改革委　喻　伟）

民族·宗教
Ethnic Minorities·Religion

民　族　事　务

【概况】 2019年，浙江省有户籍少数民族人口55.8万人。有少数民族流动人口262万余人，仅次于广东，居全国第二位。畲族为浙江主要世居少数民族，有23万余人，主要分布在浙南、浙西南山区。浙江设有全国唯一畲族自治县——景宁畲族自治县，该县是华东地区唯一少数民族自治县。全省有畲族乡镇（街道）18个、民族村382个，其中畲族村376个、回族村6个。全省民族工作围绕贯彻落实《浙江省人民政府办公厅关于进一步加大力度支持民族乡村加快发展的意见》，加大对民族乡村发展的支持力度。4月26日，国家民族事务委员会批复支持景宁开展全国民族地区城乡融合试点建设。8月26日，省委全面深化改革委员会第五次会议审议通过《景宁畲族自治县全国民族地区城乡融合发展试点建设方案》。推进“双百村结对”工作，启动“新一轮少数民族低收入群众增收帮扶计划”，全省所有民族村与全省同步实现全面“消薄”（消灭薄弱村），少数民族农村居民人均可支配收入达2.37万元。组织开展第二批“浙江省少数民族十佳特色村寨培育名录”推选工作，杭州桐庐县莪山畲族乡龙峰村等10个民族村列入省级“少数民族特色村寨”培育名录。杭州桐庐县莪山畲族乡获中国民族品牌文化委员会授予的“中国畲族第一乡”称号。举行第二届中国（浙江）民族服饰设计展演、首届浙江少数民族微电影展演、首届全省民族舞蹈展演等民族文艺活动。以“培训班、工作室、服务窗、回民墓、白名单”为重点，开展流动少数民族人口服务管理工作。全省13个国家通用语言培训班开班，参训少数民族学员1000多人次。推广宁波“米娜工作室”少数民族学生服务经验，在全省新疆籍少数民族较为集中的高校、企业和社区，建设工作室18个。开展“不忘初心、牢记使命”主题教育，全年省民宗委下基层调研40多次，走访调研基层单位150多个、宗教活动场所200多个，问计干部群众2000多人，帮助基层群众和服务对象解决问题22个。

【考察调研】 2019年，国家民族事务委员会领导和省领导先后调研浙江民族工作，对做好全省民族工作进行指导。

2月13日，省政协副主席陈铁雄一行到省民宗委调研。观看宗教信息化管理系统演示，听取省民宗委负责人汇报有关工作情况。陈铁雄就省民宗委与省政协民宗委加强沟通、共享资源、形成工作合力等方面提出要求。8月19—20日，陈铁雄到景宁畲族自治县调研民族村乡村振兴工作，要求全县增强加快民族地区发展责任感、使命感和紧迫感，全力推动民族村经济社会跨越式发展。

2月26日，省委常委、统战部部长熊建平到桐庐县莪山畲族乡调研民族乡村振兴工作，对莪山畲族乡经济社会发展、小城镇综合环境整治、民族文化发展等工作给予肯定，并就进一步发展提出希望。5月23日，熊建平一行到嘉兴市秀州中学专题调研民族团结进步教育“七色光”工程，并就秀州中学进一步完善内地与新疆籍学生交往交流交融机制体制，打造“七色光工作坊”工作室品牌等工作提出希望。

3月25—29日，国家民族事务委员会副主任刘慧一行，围绕民族地区乡村振兴和民族团结进步创建工作到浙江开展调研。其间，刘慧深入企业、社区、商贸城、校园，了解少数民族居民生产生活情况。

5月8日，省政协副主席郑继伟一行到杭州市下城区新颜苑社区调研城市民族工作，参观新颜苑社区民族文化阵地。在出席座谈会期间，就推进杭州同心少数民族服务中心培训实习就业基地建设、帮扶少数民族村经济增收、做好同心少数民族服务中心委员会客厅工作提出建议。

6月11—14日，国家民族事务委员会副主任赵勇一行到浙江调研，其间，出席浙江省民族乡村振兴示范建设动员会。调研组一行到丽水、金华、绍兴等地，就民族乡村振兴、城市民族工作听取意见，对浙江民族乡村发展、主攻产业支撑、打造“一村一品”即在一定区域范围内，以村为基本单位，按照国内外市场需求，充分发挥本地资源优势、传统优势和区位优势，通过大力推进规模化、标准化、品牌化和市场化建设，使一个村(或几个村)拥有一个(或几个)市场潜力大、区域特色明显、附加值高的主导产品和产业，从而大幅度提升农村经济整体实力和综合竞争力的农村经济发展模式给予肯定。12月18日，赵勇在宁波调研，要求宁波深化民族团结融合发展工作。

7月23—24日，省长袁家军到联系点景宁畲族自治县蹲点调研，要求景宁县委、县政府深入领悟习近平总书记以人民为中心的发展思想，全面准确把握宗旨意识，以群众口碑为坐标践行初心使命，全面提高服务群众、组织群众、宣传群众、教育群众、领导群众的能力，实实在在解决群众最关心最现实的利益问题，不断增强人民群众获得感、幸福感和安全感。

11月27日，省政协主席葛慧君带队到景宁畲族自治县调研，走访景宁东坑镇白鹤村、深垟畲族村和雅景多肉植物种植基地，了解民族乡村村民增收情况，勉励返乡创业青年投身民族乡村振兴事业。葛慧君并调研景宁畲乡政协委员会客厅，听取景宁县委、县政协工作汇报，对景宁的发展变化给予肯定。

【重要会议】 2019年，全省召开民族工作会议3次，对全省民族工作进行部署和推动。

浙江省少数民族知识分子联谊会第六次会员大会于3月17日在杭州举行。会议听取第五届理事会工作报告，选举产生第六届理事会及领导机构。

浙江省民族乡村振兴示范建设动员会于6月12—13日在金华武义举行。国家民族事务委员会副主任赵勇出席并讲话，省委常委、统战部部长熊建平出席并做动员讲话。省发展改革委、省财政厅、省交通运输厅、省建设厅、省农业农村厅、省文化旅游厅等单位分管负责人，各设区市市委统战部、市民宗局和市工商联主要负责人，以及31个辖有民族村的县(市、区)委统战部、县(市、区)民宗局和县(市、区)工商联主要负责人参加会议。

景宁全国民族地区城乡融合发展试点建设动员大会于11月12日在景宁举行。省人大常委会副主任李卫宁出席并讲话。会议提出通过3年时间，全面建立城乡资源要素合理流动机制、特色产业创新发展机制、基本公共服务城乡均衡发展机制、农村居民收入较快增长机制、民族文化繁荣发展机制，深入推进民族地区城乡融合发展。

【活动培训】 2019年，浙江省围绕民族工作开展各类培训30多场，举办活动80多场，对加强民族团结、弘扬民族文化、提升全省民族工作能力起到积极作用。

全省第二届民族乡村“百村论坛”于4月3日在武义举行。省政协副主席陈铁雄出席并讲话。会议宣读“助力民族乡村振兴”倡议书，举行武义—海宁山海协作产业园招商项目推介，部分与会畲族村代表、企业代表进行交流发言，与会专家围绕民族乡村振兴提出建议和对策，并与现场观众互动。

第二届中国(浙江)民族服饰设计展演活动暨第十届“三月三”畲族文化节于4月9日在桐庐举行。展演以“民族的节日·服饰的盛会”为主题，通过设计、评比和展演，推动民族服饰文化的传承和弘扬，促进民族文化的繁荣发展。活动收到来自全国20多个省(市、区)及海外留学生参评作品700多件，设计服饰涉及52个民族。经过严格评选，有41件作品参加展演晚会。

全省首届少数民族微电影优秀作品展演颁奖晚会于6月12日在武义举行。展演作品中，有21部以不同视角、不同故事、不同形式反映全省少数民族和民族地区新面貌。

全省首届少数民族舞蹈优秀作品展演颁奖晚会于7月25日在遂昌举行。展演活动征集到少数民族题材优秀舞蹈作品45件，精选16件作品向观众展示。

全省城市民族工作培训班于8月19—23日在宁波市北仑区举行。各设区市民宗局分管领导或业务处室负责人、全省13个城市民族工作重点县(市、区)民宗局负责人、第二批省级民族团结进步创建重点培育单位负责人，以及省直有关单位处室负责人参加。

全省民族文化工作培训班于11月25日在杭州举行。来自14个辖有民族乡村的县(市、区)、18个民族乡及58个民族村基层民族文化工作者90人参训。

第三届中国畲族发展景宁论坛于12月26—28日在景宁举行。论坛以“聚力乡村振兴、逐梦畲族发展”为主题，来自杭州、温州、金华、衢州、丽水等地专家学者和民族乡镇代表100多人参加。其间，举行专家讲座、现场调研、《中国畲族大辞典(浙江卷)》编撰工作说明和辅导等活动。

【全国民族团结进步模范集体和模范个人受表彰】 2019年9月27日，全国民族团结进步表彰大会在北京举行。中共中央总书记、国家主席、中央军委主席习近平出席大会并发表重要讲话。浙江省有13个单位和19名个人分别获全国民族团结进步模范集体和模范个人称号。景宁县委书记陈重作为唯一的模范集体代表在大会上做典型发言。

【浙江少数民族运动员获佳绩】 2019年9月8—16日，第十一届全国少数民族传统体育运动会在河南郑州举行。浙江少数民族运动员在竞赛项目中获二等奖2个、三等奖19个，在表演项目中获一等奖2个、二等奖4个、三等奖4个。浙江代表团及参加秋千、蹴球、民族健身操3个竞赛项目的63名参赛选手获体育道德风尚奖。

【第二批"浙江省少数民族十佳特色村寨培育名录"公布】 2019年4月3日，省民宗委公布第二批"浙江省少数民族十佳特色村寨培育名录"。杭州市桐庐县莪山畲族乡龙峰村、温州市泰顺县彭溪镇玉塔村、苍南县岱岭畲族乡富源村、洞头区东屏街道寮顶村、金华市武义县桃溪镇锦平村、衢州市龙游县詹家镇浦山村、丽水市莲都区老竹畲族镇沙溪村、遂昌县三仁畲族乡好川村、云和县雾溪畲族乡坪垟岗村、景宁畲族自治县澄照乡金邱村10个村入选十佳特色村寨培育名录。

（省民宗委　林臣波）

宗 教 事 务

【概况】 2019年，浙江省有可统计宗教信徒209万人，其中基督教信徒180多万人、天主教信徒17万人、伊斯兰教信徒12万余人。全省经认定备案宗教教职人员1.3万人，经批准登记的宗教活动场所9784处，经国家宗教事务局批准的宗教院校6所。有省级爱国宗教团体7个，市、县两级爱国宗教团体341个。全省宗教工作部门从提升宗教工作法治化水平、夯实宗教工作基层基础、推进宗教中国化进程三个方面做好工作。省人大常委会发布新修改的《浙江省宗教事务条例》，条例从20个方面对原条例进行补充和修改。全年举办宣传贯彻条例轮训班2期，每期100多人。全省宗教领域实施"十百千万"普法工程，加强省级宗教普法示范点和省级宗教法治宣传教育基地培育。召开全省宗教工作基层基础建设现场会，会议提出宗教工作基层基础建设"七项举措"和"六个创新"。在全省范围内建立"三人驻堂小组"工作机制（乡镇街道领导干部、驻村干部、村居民区党组织书记组成3人小组定期走访联系宗教活动场所）。年内，全省建立"三人驻堂小组"8223个。推进平安宗教活动场所创建和网格化管理，宗教工作纳入基层网格化管理覆盖率达99.6%，宗教活动场所纳入平安创建考核覆盖率达97.9%。全省开展"五进"宗教活动场所（宪法和法律、国旗国歌、社会主义核心价值观、中华优秀文化和民族团结进步创建活动进宗教活动场所）工作，"五进"工作覆盖率达98%。组织省级宗教团体负责人和宗教界代表人士前往山东参加"传统文化·五教同行"活动，让宗教界人士接受传统文化的浸润。组织五大宗教团体负责人，在各教的重要节日期间互相走访祝贺，促进各教和谐共处。组织宗教界开展"我爱祖国·五教同行"活动，全年组织形式多样的活动150多场，参加活动30多万人次。

【省领导调研宗教工作】 2019年，省领导多次调研浙江宗教工作。3月1日，省政协副主席陈铁雄一行到普陀山调研佛教协会工作。5月15日，省政协副主席、党组副书记孙景淼一行到舟山调研观音文化园观音法界项目，对项目建设进度给予肯定，并提出要求。8月1日，省委常委、统战部部长熊建平一行到新昌调研宗教活动场所规范化管理工作，并就做好《浙江省宗教事务条例》宣传贯彻工作、加强宗教活动场所规范化管理提出要求。9月3日，熊建平一行在天台山天童禅寺调研灾后恢复重建情况，开展"三服务"活动。其间召开现场会，听取相关部门和寺院抗灾自救情况汇报。8月20日，省政协主席葛慧君到洞头调研，走访洞头区中普陀寺，了解中普陀寺佛教文化园建设情况，要求重视佛教作用，大力弘扬佛教文化。省委常委、温州市委书记陈伟俊陪同调研。9月20日，陈伟俊一行到文成县安福寺调研佛教文化建设工作，了解安福寺整体建设规划、建筑特色和佛教文化，并就挖掘和利用本地文化资源优势、提炼传统文化精髓和现代价值、提升寺院建设和管理水平等方面提出要求。

【重要会议】 2019年，全省召开有关宗教工作会议5次，部署宗教事业健康发展各项工作。

2月13日，浙江省宗教界人士新春座谈会在杭州举行。省委常委、统战部部长熊建平出席并讲话，副省长王双全出席。全省五大宗教团体负责人参加。熊建平对各宗教团体推进宗教中国化、深化宗教工作法治化、展示服务社会新形象、加强宗教团体班子建设等工作提出要求。

4月28—30日，浙江省道教协会第三次代表会议在杭州举行。全省设区市代表和特邀代表157人参加。会议总结并部署有关工作，审议通过《浙江省道教协会二届理事会工作报告》，修订通过《浙江省道教协会章程》等文件，选举产生新一届领导机构。会后，熊建平会见浙江省道教协会新一届领导班子。

7月30—31日，全省宗教工作基层基础建设现场会在温州举行。各市、县两级民宗局负责人110多人参加。杭州市、温州市、台州市、绍兴市上虞区等代表分别做交流发言。

10月24日，《浙江省宗教事务条例》宣传贯彻座谈会在杭州举行。省人大常委会党组副书记、副主任李卫宁出席并讲话。会议强调要准确理解把握条例的精神实质和主要内容，切实抓好条例的学习宣传和贯彻实施工作，并加强条例实施情况的监督检查。省人大常委会及省级相关单位部门负责人、部分设区市民宗局有关负责人及宗教界代表参加。

12月12—13日，全国民间信仰工作经验交流会在嘉兴举行。会议深入学习习近平总书记重要讲话精神和中央关于民间信仰工作要求，研究做好新形势下民间信仰工作举措。会议通报全国各地民间信仰工作情况。浙江省民宗委及福建省民族宗教厅、广西壮族自治区防城港市民宗委、湖南省浏阳市委统战部、嘉兴市委统战部做大会交流发言。

【活动培训】 2019年，全省宗教部门举办业务培训和文化活动700多场，推进全省宗教工作更好地坚持正确的方向，宗教领域实现持久的和谐稳定。4月21—23日，全省伊斯兰教代表人士培训班在杭州举行。各设区市民宗局分管负责人和业务处（室）负责人，经许可穆斯林礼拜点的县（市、区）民宗负责人及穆斯林礼拜点教职人员，省伊斯兰教协会副秘书长以上人员，各地伊斯兰教活动场所负责人和教职人员等100多人参加。

5月8日，"和谐宗教·法在心中"

宗教法治论坛在杭州举行。论坛由省民宗委和省司法厅主办，杭州市民宗局、司法局和杭州灵隐寺承办，以“宗教信仰自由与依法管理”和“推进基层宗教工作法治化”为主题，组织2场分论坛。省人大常委会党组副书记、副主任李卫宁出席并讲话。全省民宗、司法系统干部，依法治省委员会守法普法协调小组成员单位负责人、宗教界人士及专家学者200多人参加。

5月16—17日，省级宗教团体财务人员培训班在桐庐举行。全省五大宗教团体财务人员参加。培训以财务管理服务平台应用、宗教组织主要业务会计核算、宗教组织财务管理为主要内容。

8月17日，第五届中华慈孝文化节在杭州举行。全国政协文化文史和学习委员会副主任叶小文、省政协副主席陈铁雄出席开幕式。活动期间，举行“中华慈孝文化节开幕式暨慈孝人物颁奖盛典”“第五届中华慈孝文化论坛”“中华慈孝感恩音乐会”等活动。

8月19—21日，省天主教“两会”委员（扩大）培训班在杭州举行。省天主教“两会”常委、委员及杭州教区神长教友代表，重点设区市民宗干部70多人参加。

8月20日，“互联网+监管”系统专题培训班在杭州举行。省市场监管局有关部门负责人到会介绍“互联网+监管”系统建设情况，省大数据局和义乌市民宗局在现场进行“互联网+监管”系统运行情况演示及有关问题说明。全省各市、县（市、区）民宗干部100多人参加。

8月26日，“我爱祖国·五教同行”浙江省暨杭州市宗教界庆祝中华人民共和国成立70周年书画展在杭州举行。省政协副主席陈铁雄出席开幕式。省委统战部、省民宗委、省政协有关委办负责人，全省五大宗教团体负责人及信众300多人参加。书画展征集作品400多件，遴选参展作品166件，作品涵盖书法、绘画、篆刻、剪纸等种类。

9月2—12日，全省民宗干部新修订的《浙江省宗教事务条例》轮训班在杭州举行。轮训班以习近平新时代中国特色社会主义思想为指导，贯彻落实全国宗教工作会议精神及国务院新修订的《宗教事务条例》和《浙江省宗教事务条例》，坚持宗教中国化方向，推进宗教事务规范化管理和社会化治理，提高宗教事务管理法治化水平。全省各市、县（市、区）民宗局负责人、业务骨干及省宗教工作协调小组成员单位干部260人参加。

9月23—27日，省级宗教团体负责人“传统文化·五教同行”主题教育活动在山东曲阜举行。活动通过儒家传统文化专题讲座及曲阜孔子思想、孟子思想教学点学习考察与现场教学，加深宗教界对宗教中国化的认识。

10月8—12日，全省佛教道教重点场所负责人培训班在杭州举行。各佛教道教重点寺院宫观负责人、佛教道教中青年教职骨干等80多人参加。

10月20—25日，浙江省统一战线民族宗教工作干部培训班在北京举行。全省各级统战、民宗部门干部95人参加。培训分理论授课、分组讨论交流、现场教学、学习体会交流等环节，组织参训人员系统学习习近平总书记关于统一战线和民族宗教工作的重要论述。

10月27日，首届新时代佛教中国化方向（普陀山）论坛开幕式暨2019年中国佛教名山名寺法治化管理研讨会在舟山举行。论坛突出佛教中国化方向和法治化管理两大主题，梳理佛教中国化发展历程，探讨佛教法治化管理思路和做法，共商新时代普陀山佛教及中国佛教发展方向和道路，提升和开创佛教中国化新境界。

11月26—28日，全省宗教反邪工作专题培训班在舟山举行。培训班由省民宗委和省委政法委联合举办。省委统战部、省委政法委、省民宗委、省教育厅、省公安厅有关部门负责人，各市、县（市、区）政法、统战、民宗部门负责人和相关负责人，以及全省五大宗教团体负责人参加培训。

【“浙江省民族宗教办事系统”上线】 2019年11月29日，由省民宗委与建设银行浙江省分行合作建设的“浙江省民族宗教办事系统”上线仪式在浙江省宗教大数据智慧管理中心举行。建设“浙江省民族宗教办事系统”是省民宗委深化“最多跑一次”改革、推进政府数字化转型的一项重要举措，是实现省民宗委数字化转型的重要一步。通过该系统的建设，实现全省范围内民族宗教事务网上办，减少行政相对人到政府办事的环节和办事材料，压缩办事时间。

（省民宗委　林臣波）

外事·侨务·港澳台事务
Foreign Affairs·Overseas Chinese Affairs·Hongkong, Macao and Taiwan Affairs

外　　事

【概况】 2019年，浙江省外事工作坚持以习近平外交思想为指导，贯彻落实中央和省委、省政府决策部署，服务国家总体外交大局和全省经济社会发展，加强统筹协调和工作指导，利用外事、友协工作渠道，以重要外宾团组到访接待和省领导出访为契机，积极宣介党的十九大精神和习近平新时代中国特色社会主义思想。健全全省党委外事工作委员会机构设置，全面落实省委外事工作委员会第一次全体会议提出的政治上要坚持高站位、遵守外事纪律要做到高标准、外事服务要保证高质量、队伍建设要瞄准高素质“四个高”的要求，将全省外事资源转化为发展资源，努力营造良好的国际环境，推动浙江外事工作继续走在前列。2—10月，省外办积极做好中俄印三国外长会晤、落实《南海各方行为宣言》第17次高官会和第25次中国—东盟高官磋商、首届中国—中东欧国家博览会暨国际消费博览会、第六届世界互联网大会等重要会议和多边外交活动服务工作。先后接待尼日尔总统、奥地利总理、埃塞俄比亚总理、第73届联合国大会主席等贵宾及重要团组165批1958人、省部级以上团组38批803人。聚焦“一带一路”，统筹安排省领导出访,以高层互访为引领,深化与“一带一路”沿线国家务实合作,全面拓展浙江省对外开放新格局。办好浙江省“一带一路”建设推进大会,成功举办乌兹别克斯坦纳沃伊州经贸推介会、芬兰乌西玛大区科技对接会、浙江省—东开普省经贸对接会等,实现精准对接,促进项目落地。持续提升友城交往广度深度,在友好省州捷克皮尔森州、匈牙利巴兰尼亚州、德国石荷州、韩国忠清南道等举办和参加文化艺术交流活动10多场;加大与重点友城美国印第安纳州、澳大利亚西澳州的交流合作力度,重点培植双方具有互补优势和交流意愿的务实合作领域。全年全省新增友城和友好交流关系城市9对,总数506对。参与组织中美建交40周年庆祝招待会、中日少年足球友谊赛、浙江省·静冈县友好交流乒乓球大赛等民间友好交往活动,增进民意沟通,深化民间友好。举办第三届“未来之桥”中国—中东欧青年研修交流营、“海外名校学子走进金华古村落”等特色活动,推进人文各领域交流合作。承办亚太区2019执行局会议暨“一带一路”国际城市经贸合作对话会,形成“义乌倡议”,加强全球化背景下的地方和城市经贸合作。

【浙江省代表团访问捷克、匈牙利和德国】 2019年5月23日至6月1日,省委书记、省人大常委会主任车俊率浙江省代表团访问捷克、匈牙利和德国。在捷克,车俊会见捷克总统泽曼、捷克第一副总理兼内务部长哈马切克等。双方就推进“一带一路”捷克站建设、深化义新欧班列运营和能源开发合作等深入交换意见。在皮尔森州,车俊会见副州长格律能·德里乔娃,希望双方充分利用中国—中东欧博览会平台,加强先进制造业、高新技术产业的合作。在捷克,车俊与捷克工贸部第一副部长易洛德克法、捷中友协执行副主席穆哈莱克共同出席中国计量大学和布拉格金融管理大学联合成立的“浙江捷克人文交流中心和中东欧研究院”揭牌仪式,并向布拉格金融管理大学孔子学院和人文交流中心赠送一批汉语教材、提供10个省政府奖学金名额。在出席浙江(宁波)—捷克经贸科技合作交流会期间,双方签订合作项目22个,项目涉及现代物流、智慧城市、能源开发、跨境电商等领域,签约总金额3.8亿美元。在匈牙利,车俊会见匈牙利前总理迈杰希、国会副主席希莱尔、国有资产管理不管部部长巴尔特法伊、外交与对外经济部副部长乐万特等。车俊和巴尔特法伊等共同出席浙江(宁波)—匈牙利经贸科技合作交流会并致辞,200多位浙江、匈牙利客商开展对接,现场签订合作项目13个,项目涉及商贸物流、安防、汽车制造等领域,总投资2.8亿美元。在巴兰尼亚州,车俊会见州长佐尔坦,双方签署进一步深化两省州务实合作协议书。其间,代表团出席两省州企业家经贸交流会、“湖山胜概——诗画浙江”书画展开幕式、“大音希声——美丽浙江”专场音乐会等活动。在德国,车俊会见德国联邦参议院议长、石荷州州长君特,并共同启动“美丽浙江,诗画江南”非遗文化展。出席浙江—德国数字经济和高新技术产业高峰论坛,浙德双方现场签订合作项目21个,项目涉及政府机构间合作、工业材料、港口物流、技术研发等领域,总投资7.7亿美元,代表团并考察正泰集团欧洲公司、基尔造船厂。

【浙江省政府代表团访问沙特、卢旺达和南非】 2019年9月3—12日,省委副书记、省长袁家军率浙江省政府代表团访问沙特、卢旺达和南非。在沙特,袁家军分别会见沙特能源部部长哈立德·法利赫、沙特国家投资总局局长易卜拉欣·阿勒欧摩尔、沙特国际战略伙伴关系中心执行主席费舍尔·阿勒苏盖尔和沙特阿美石油公司总裁兼首席执行官阿敏·纳瑟尔,出席浙江·沙特合作交流会。实地考察谢巴油田和达曼沙特阿美总部、工业4.0展示厅、贸易公司、阿卜杜勒阿齐兹国王世界文化中心,并出席浙江(舟山)自贸区·沙特阿美合作备忘录签约仪式。在卢旺达,袁家军会见卢旺达总统卡加梅。出席中国(浙江)·卢旺达数字经济发展合作论坛并做主旨演讲,双方签订合作项目7个,项目涉及跨境电商、工业园区建设、人员培训、物流仓储、农产品贸易等领域。代表团参观浙江援助卢旺达科技合作及能源建设成果展,考察阿里巴巴集团、金华职业技术学院援卢成果情况,为浙卢竹业研发科技合作示范基地揭牌,并向卢旺达竹业技术培训学员颁发结业证书。在南非,袁家军与东开普省省长奥斯卡·玛布雅尼等参加浙江省杭州余杭区与东开普省萨拉巴特曼区签订《建立友好交流城市关系备忘录》仪式。在曼德拉大学,代表团出席主题为“共享数字经济新机遇、激活创新创业新动能”浙江·南非中南青年创新创业交流论坛。访问期间,代表团一行考察南非科学与工业研究理事会3D打印实验室及小型科技成果展,出席中国(浙江)·南非(东开普)经贸交流论坛、“彩虹之约”浙江文旅推广展、浙南合办的非洲首个中医类孔子学院揭牌仪式,见证南非金伯利国家钻石孵化器与杭州西联集团、杭州钱塘新区与库哈工业园区合作协议的签署,以及浙江安邦护卫集团与南非安兰医院有关项目合作协议的签署。

【浙江省代表团访问阿联酋、坦桑尼亚和津巴布韦】 2019年7月17—26日,省政协主席葛慧君率浙江省代表团访问阿联酋、坦桑尼亚和津巴布韦。在阿联酋,代表团分别会见阿联酋“拥抱中国”组委会主席、皇室成员谢赫马吉德,迪拜皇室成员谢赫穆勒·阿勒马克图姆特别顾问阿卜杜拉,迪拜环球港务集团首席运营官马修·李,双方就互派联合考察团组共同开拓科技、健康、文娱、教育等领域合作达成共识。举办浙江“一带一路”迪拜站推进座谈会及浙江在阿联酋海外政协委员及商会代表座谈会,走访浙江执御信息技术公司在阿布扎比的无人智慧商店和杭州海康威视数字技术股份有限公司在迪拜总部公司。在坦桑尼亚,代表团分别会见坦桑尼亚国会委员会主席哈桑·尊古、桑给巴尔第二副总统赛义夫·阿里·伊迪、坦桑尼亚共和国外交及东非合作部部长帕拉马甘巴·卡布迪等。举办浙江(金华)—坦桑尼亚贸易投资论坛、浙江(金华)·桑给巴尔贸易投资论坛,走访浙江师范大学在达累斯萨拉姆大学的孔子学院。坦桑尼亚贸易与工业部部长巴尚瓜、国家旅游局主席米哈约及民营企业基金会首席执行官戈弗雷等坦方高层及150多位坦桑尼亚企业代表出席投资论坛。在津巴布韦，代表团会见津巴布韦总统姆南加古瓦并，共同出席浙江(金华)·津巴布韦贸易投资论坛及东阳市与奇诺伊市结好仪式。访问期间，葛慧君分别接受坦桑尼亚国家电视台、津巴布韦国家电视台、《英雄报》《哈拉雷日报》等30多家主流媒体的专访报道。

【宁波市代表团访问挪威、瑞典和德国】 2019年10月22—31日，省委副书记、宁波市委书记郑栅洁率团访问挪威、瑞典和德国。在挪威，郑栅洁会见斯塔万格市市长凯丽、副市长赫尔格及挪威爱克发公司董事长伯格、陶朗集团总裁史岱峰。在瑞典，郑栅洁会见哥德堡市市长约瑟夫森、瑞典环境科学研究院院长斯万伯及沃尔沃汽车集团首席行政官萨姆雷森，考察吉利中欧技术研发中心、品牌中心和造型中心。在德国，郑栅洁出席在汉堡举办的宁波(德国)投资合作交流会，会见汉堡市政府办公厅主任科琳娜、德国社会民主党经济顾问委员会主席弗兰克、劳恩堡市市长安德烈•梯德等德方人员，出席6个经济合作项目签约仪式。在亚琛市，郑栅洁会见亚琛市市长菲利普、副市长施艾德，签署《两市关于进一步深化友好关系备忘录》，并参观考察亚琛工业大学等高校和科研机构及戴姆勒集团，与集团董事会成员、大中华区总裁唐仕凯洽谈项目合作事宜；会见欧洲信保公司首席财务官、合伙人阿尔肯佩尔，商讨贸易分拨中心项目建设等事宜，签署《出口跨境保理项目合作备忘录》；参观位于柏林的费森尤斯集团赫利奥斯医院，交流后续合作事项；访问浙江万里学院汉堡校区，出席新校区启用仪式。其间，郑栅洁分别会见中国驻挪威大使易先良、驻瑞典大使桂从友和驻哥德堡总领事顾晖、驻德国大使吴恳。

【苏里南总统访问浙江】 2019年11月29—30日，苏里南总统鲍特瑟夫妇一行50人访问浙江。29日，省委书记、省人大常委会主任车俊会见鲍特瑟。车俊说，习近平主席与鲍特瑟总统共同宣布中苏建立战略合作伙伴关系，推动两国关系迈上新台阶。这为浙江与苏里南深化友好关系注入新动力。浙江作为对外开放和民营经济大省，将认真贯彻两国元首达成的共识，积极参加与苏里南的交流合作，希望以此为契机，在“一带一路”框架下加强各领域的交流合作，更好发挥浙籍华侨的桥梁纽带作用，携手谱写浙苏友好关系新篇章。鲍特瑟说，70年来中国在经济、社会、文化等各个领域取得举世瞩目的成就。浙江有许多好做法好经验值得苏方学习借鉴，愿与浙江开展更大力度的务实合作，欢迎浙江的朋友赴苏投资兴业、旅游观光。省委常委、秘书长陈金彪，省委常委、杭州市委书记周江勇，副省长朱从玖，致公党省委会主委、省政协副主席郑继伟等参加会见。是日，省委副书记、省长袁家军在中国—苏里南工商界午餐会上致辞时表示，要认真落实习近平主席和鲍特瑟总统达成的共识，鼓励更多浙江企业赴苏投资兴业，推动两地在基础设施、经贸、数字经济、能源、人文旅游等领域交流合作再上新台阶，为共建“一带一路”做出浙江贡献。朱从玖等省领导参加午餐会。

【浙江省推进“一带一路”建设大会】 2019年6月8日在宁波举行。省委书记、省人大常委会主任车俊出席会议并讲话。车俊指出，“一带一路”是促进中国同世界共同开放的大舞台，也是通向共同繁荣的大机遇。浙江希望与沿线国家和地区深化交流合作，高质量共建“一带一路”。立陶宛共和国政府秘书长斯东凯提斯、印尼海洋统筹部副部长利德万、土库曼斯坦驻华大使杜尔德耶夫等致辞。省委副书记、省长袁家军主持。省委副书记、宁波市委书记郑栅洁，省委常委、秘书长陈金彪，省委常委、常务副省长冯飞，省委常委、杭州市委书记周江勇等出席。会上，浙江省一批企业和政府机构与“一带一路”沿线12个国家和地区的企业签订合作项目20个，项目涉及汽车生产、智能制造、能源开发、园区建设等领域，总投资143亿美元。

【海外领事保护工作】 2019年，省外办举办领事保护宣传进机场暨安全文明出境游宣传活动，启动浙江省“境外旅游安全工作专项治理年宣传月”活动。参加“全面推进精准服务外贸企业专项行动”省级服务组，深入基层开展实地调研和政策培训，向企业宣讲海外领事保护政策。妥善处理海外领事保护和省内涉外案(事)件。配合外交部和驻外使领馆协调处理包括埃塞空难、劳务纠纷、远洋渔业等各类海外领事保护案(事)件92起。稳妥处置省内涉外突发案(事)件55起，及时处置率均为100%。

【外事服务管理】 2019年，浙江省外事服务管理坚持以任务为导向把好审核关，有效控制党政出访团组总量。启动因公出国(境)审批“最多跑一次”改革，通过重点项目申报制度、扩大高校“备案制”审批、争取国有企业外事审批权、建立绿色通道制度等手段，精简手续、优化流程，重点保障围绕省中心工作任务的团组“走出去”。推进信息化升级改造，因公赴中国港澳、邀请外国人来华实现在线审批和申办单位自行打印批件，提升外事综合管理质量效益。推广APEC商务旅行卡，办卡量比上年增长41%；签证代办、领事认证业务稳步发展。主动邀请外国驻华使节到嘉兴和杭州实地参观考察、与企业家面对面交流座谈，通过建立驻外使节与浙江企业的直接联系，助力浙江企业“走出去”。

(省外办 沈国权)

侨务

【概况】 2019年，浙江省侨务工作围绕中心、服务大局，以制度建设和机制创新为重点，加强全省涉侨工作的统筹协调，推动形成大侨务工作新格局。充分发挥侨智侨资优势，助推“一带一路”建设、长三角一体化发展等国家战略实施。开展侨法宣传，维护侨胞合法权益。加强侨务文化交流，增进相互了解。

【省侨务工作联席会议】 2019年，省委健全完善省侨务工作联席会议制度，由省委常委、统战部部长担任省侨务工作联席会议召集人，省委统战部(省侨办)、省人大民宗侨外委、省政协港澳台侨和外事委、省侨联、致公党省委会和省委网信办、省教育厅、省公安厅、省司法厅、省外办等10个单位为成员单位。5月17日，省委常委、统战部部长、省侨务工作联席会议召集人熊建平主持召开机构改革后第一次省侨务工作联席会议，研究审议2019年全省涉侨重点工作、重大活动安排和省侨务工作联席会议成员单位工作职责。会后，省侨务工作联席会议办公室印发《浙江省涉侨重大事项统筹工作制度(试行)》等文件，加强侨务工作的顶层设计、统筹协调、整体推进和监督落实等工作。建立省直涉侨部门单位工作例会等工作机制，落实落细各项工作任务。

【熊建平率团赴克罗地亚、罗马尼亚、意大利交流访问】 2019年7月9—18日，应克罗地亚中国和平统一促进会、罗马尼亚华人华侨联合会、意大利罗马华侨华人联合总会邀请，省委常委、统战部部长、浙江海外联谊会会长熊建平率团访问克罗地亚、罗马尼亚、意大利。此次访问是由统战部统一管理侨务工作后，省委统战部首次组团出访。访问团深入侨社，考察侨企，慰问侨胞，全面了解克罗地亚、罗马尼亚、意大利三国侨情；组织召开侨领座谈会，宣传解读《浙江省华侨权益保护条例》，认真听取侨胞意见建议；赴米兰华侨华人工商会、米兰文成同乡会实地考察海外服务中心运行情况，深入了解涉侨事务“最多跑一次”改革落实情况；看望慰问意大利佛罗伦萨中文学校浙江省外派教师，详细了解浙江省华文教育援教结对情况；与中国驻外使领馆官员和当地侨领座谈交流，应邀出席侨团有关活动，介绍浙江经济社会发展情况，鼓励侨商回归发展。7月16日，在意大利罗马组织召开“发挥华侨华人优势，参与‘一带一路’建设”座谈会，鼓励海外侨领、华商积极参与“一带一路”建设，来自意大利、法国、德国、英国、西班牙、葡萄牙、奥地利、希腊等20多个欧洲国家的100多位浙籍侨团负责人和代表参加；会后，与会侨领代表还共同宣读《“一带一路”，我们同行——浙江籍华侨华人参与“一带一路”建设行动宣言》。欧洲各大华文媒体报道座谈会相关内容。

【浙江省海外示范性侨团建设】 2019年9月25日，省委统战部修订《浙江省海外示范性侨团认定办法》，健全完善海外示范性侨团的认定范围、程序、标准和保障措施。根据“控制数量、提高质量、区域平衡、防止类同”的原则要求，聚焦服务“一带一路”建设，结合全省海外侨情特点和侨务工作实际，按照有关程序，省委统战部认定21个浙江省海外示范性侨团。11月12日，省委统战部(省侨办)联合其他涉侨部门单位在第五届世界浙商大会涉侨专场活动——“发挥华侨华人优势，推进‘一带一路’建设论坛”上统一为海外示范性侨团授牌。

【侨务法治建设】 2019年6月27日，省侨办、省公安厅印发《关于进一步简化华侨在本省落户工作的通知》。全年公安部门为符合条件的2592名海外侨胞办理落户手续，解决一批历史遗留问题。举办“红船引领·同心追梦”全省贯彻实施《浙江省华侨权益保护条例》活动，通过制作动漫短片、组织知识竞赛、编印涉侨法规政策选编等形式，开展各类侨法宣传活动，不断提高侨法的知晓度和覆盖面，努力营造维侨护侨氛围。

【海外中青年侨领研习班在浙江大学举行】 2019年8月14—17日，由国务院侨办、中华海外联谊会主办，省侨办、浙江海外联谊会承办，浙江大学协办的第72期海外中青年侨领研习班在浙江大学紫金港校区举行，来自法国、意大利、西班牙、奥地利等23个国家的49名中青年侨领参加学习培训。省委常委、统战部部长熊建平，浙江大学党委书记任少波，中央统战部九局局长刘玉江出席开班式并讲话。研习班重点围绕“一带一路”倡议与中国外交、中国经济新常态与热点问题开展研讨学习，安排社团管理与领导能力建设、外事礼仪、演讲与表达等课程，并组织学员参观访问宁波等地。

【首期浙江省海外华商青年企业家经济研修班在杭州举行】 2019年5月27—30日，由省委统战部主办，浙江中华文化学院承办的首期浙江省海外华商青年企业家经济研修班在杭州举行，20个国家的36名海外华侨华人青年企业家参加。研修班聚焦“一带一路”建设、长三角一体化发展、长江经济带发展等国家战略，开设企业法务、财务、专利、税务管理等课程，并安排学员在学习结束后参加嘉兴“2019侨商家乡(嘉兴)行”活动。

【省侨商会科技创新委员会年会在宁波举行】 2019年5月24日，省侨办指导省侨商会以“创新发展·开辟未来”为主题，在浙江(宁波)“侨梦苑”举行省侨商会科技创新委员会年会活动，全省200多家涉侨科技型企业、重点侨资企业负责人参加活动。浙江(宁波)“侨梦苑”是2017年由国务院侨办授牌的侨商产业集聚区，以打造全产业链高新技术企业集聚平台为特色，吸引一批国际国内业界领军人才在“侨梦苑”创业发展。该集聚区在新材料、高端装备制造等领域形成相对完整产业链。

【“相聚长三角”华侨华人专业人士浙江(绍兴)行活动】 2019年11月25—28日在绍兴举行。来自英国、美国、法国等11个国家的51名华侨华人高层次人才携60多个创新项目应邀参加，项目涉及生物医药、环保、新材料、信息产业、机械制造等领域。绍兴市80多家高新开发区、科技园区、科研机构和企业参加项目对接洽谈，有39个高新科技项目达成合作意向。活动期间，部分专业人士在绍兴注册公司发展事业。

【“发挥华侨华人优势 推进‘一带一路’建设”论坛在杭州举行】 2019年11月12日在杭州举行。该论坛是第五届世界浙商大会12项高质量发展专题活动之一，由省委统战部、省人大民宗侨外委、省政协港澳台侨和外事委、省侨联、致公党省委会联合举办，省委常委、统战部部长熊建平，省政协副主席、致公党省委会主委郑继伟出席，来自71个国家和地区的400多位港澳台同胞、海外侨胞代表参加。省发展改革委和温州、丽水市政府负责人分别介绍浙江省"一带一路"建设推进情况。国际货币基金组织秘书长林建海就世界经济形势和"一带一路"倡议的长远意义做专题报告。通过论坛，港澳台同胞、海外侨胞进一步了解浙江推进"一带一路"建设的具体举措，对融入"一带一路"建设的路径有更加明晰的认识。

【"中华文化大乐园—西班牙巴塞罗那营"举行】 2019年12月19—31日，受国务院侨办委派，由省侨办和巴塞罗那中文教育基金会共同主办的"中华文化大乐园—西班牙巴塞罗那营"，在西班牙巴塞罗那孔子文化学校举行。省侨办组织浙江省华文教育基地、艺术院校和师范院校等11个单位的12位老师，开设中国文化、古诗诵读、中国历史地理、中国书法、中国画、珠心算、民族音乐、民族舞蹈、民族器乐、中华武术10个门类的课程，计384课时的教学，吸引当地150多名华裔青少年参加。

【欧洲版小学《中文》教材编写完成】 2019年，受国务院侨办委托，由省侨办组织，省教育厅教研室统领，浙江省华文教育基地相关学校骨干教师组成编写组，历时3年，完成欧洲版小学《中文》教材编写任务，教材含课本6册，学生练习册12册和教学参考书6册，年内通过由国务院侨办组织的专家组终审，并交暨南大学出版社出版。

【意大利意中文化教育交流访问团访问浙江】 2019年10月25—31日，应中央统战部（国务院侨办）邀请，意大利意中文化教育交流访问团一行17人在意中文化教育交流研究中心主席玛利亚带领下到访浙江。访问期间，省侨办与意中文化教育交流研究中心、意大利佛罗伦萨中意文化交流协会续签合作备忘录，双方表示进一步加强文化教育方面交流合作。

【8位优秀教师赴海外教学】 2019年，受国务院侨办委派，省委统战部从杭州、台州、金华、嘉兴等地的中小学校选派8位优秀教师，赴意大利佛罗伦萨中文学校、厄瓜多尔基多思源学校、瓜亚基尔思邈维华国际学校3所中文学校进行为期1年的教学工作。

（省委统战部　周涌青）

港澳事务

【概况】 2019年，浙江省港澳办做好港澳代表团到访工作，宣传推介全省经济社会发展情况和改革开放成果，搭建浙港澳教育交流平台，推动构建浙港澳全方位交往新格局。全年接待、协调安排港澳到访团组21批367人次，其中省部级2批83人次。联合相关部门出台"浙里办"App实名认证、企业注册登记等多项便利服务措施。9月26日，澳门国际银行杭州分行开业揭牌。

【内地高校优秀澳门学生访问浙江】 2019年1月21—26日，由就读北京大学、清华大学、中国人民大学等高校30名澳门学生组成的第三十届内地高校优秀澳门学生访问团赴杭州、嘉兴参访交流。此次活动由国务院港澳办、澳门中联办、澳门新青协共同组织。通过访问，代表团直观了解中国共产党的奋斗历程和浙江省改革开放和经济社会发展情况。

【"2019浙江—香港现代服务业高端人才招聘会"在香港举行】 2019年3月19—26日，由浙江省政府、浙江省人力社保厅主办的"2019浙江—香港现代服务业高端人才招聘会"在香港会议展览中心举行。副省长王文序出席开幕式并致辞，浙江省国际贸易集团有限公司、物产中大集团股份有限公司、浙江省交通投资集团有限公司、吉利控股集团有限公司、杭州海康威视数字技术有限公司等81家企业，以及浙江大学、西湖大学、之江实验室等26所高校、科研院所等机构单位参加。活动推出职位1600多个、实习岗位100个、人才合作项目16个。其中，岗位招聘以经营管理型、营销管理型和研发型为主。招聘会吸引香港大学、香港中文大学、香港科技大学等高校毕业生及社会人才4800多人入场，其中，浙籍人才占42%，硕士研究生以上学历人才占72%。招聘会上最受求职者欢迎的行业为互联网、金融、媒体和教育。会后与用人单位达成初步意向960人。

【香港中级公务员代表团访问浙江】 2019年4月7—13日，香港中级公务员访问团一行33人访问杭州、宁波。访问团参观考察支付宝（中国）网络技术有限公司、宁波舟山港、吉利汽车工厂、雅戈尔集团股份有限公司等企业，了解浙江省数字经济、农村电子商务发展情况。访问团成员在总结交流会上表示，此访让他们切身感受到祖国内地日新月异的发展成就，希望与浙江进一步扩大交流合作。

【香港立法会主席访问浙江】 2019年4月23—24日，香港立法会主席梁君彦一行74人访问浙江。省委书记、省人大常委会主任车俊会见访问团。车俊表示，希望浙港两地进一步加强政府、人大、立法会之间的高层往来，推动两地在经贸、科技、金融、教育等更广领域、更高层次的交流与合作。其间，访问团参观阿里巴巴集团、杭州高新技术产业开发区、杭州市民中心等，通过参观，加深对浙江省科技创新、智慧城市建设及经济社会发展情况的了解。

【澳门特区政府高级公务员研修班代表团访问浙江】 2019年5月21—24日，由澳门劳工事务局局长黄志雄任团长的澳门特区政府高级公务员研修班代表团访问浙江。代表团参观考察乌镇世界互联网大会会址、阿里巴巴集团、杭州市交警城市大脑实践基地和杭州气象局中控数据平台。

【"看·见香港摄影展"在杭州举行】 2019年10月15—28日，由香港特区政府驻浙江联络处主办的"看·见香港摄影展"在杭州举行。40张摄影作品分"城市魅力""自然美景""常民生活"

三大主题，展现香港的城市及自然景观、社会生活面貌和人文精神，用影像诉说香港故事。香港特区政府驻上海经济贸易办事处、省港澳办负责人出席摄影展开幕式。（省外办　沈国权）

台　湾　事　务

【概况】 2019年，浙江省台办系统以习近平总书记在《告台湾同胞书》发表40周年纪念会上的重要讲话为根本遵循和行动指南，按照中央对台大政方针和省委决策部署，提高政治站位，妥善应对复杂严峻的台海形势，精准施策、克难前行。开展“不忘初心、牢记使命”主题教育，重点抓好学习研讨、调查研究、检视问题、整改落实4项举措。高质量打造对台青年交流平台，全年组织两岸青年交流活动150多场，台湾青年参加近7000人次。举办面向市、县（市、区）分管领导的全省对台工作专题研讨班和全省台办主任培训班。

【全省对台工作会议】 2019年2月28日在杭州召开。省委常委、统战部部长熊建平出席会议并讲话，副省长朱从玖主持会议，省台办负责人做工作报告。会议学习习近平总书记关于对台工作的重要论述，总结2018年全省对台工作，部署2019年对台工作任务。会议要求，2019年要全面开展惠台“76条实施意见”落实年活动，增强台商台胞在浙江的获得感和归属感。发挥浙台合作周综合平台作用，推进浙台经贸交流合作，服务浙江省高质量发展。举办第二届海峡两岸青年发展论坛等活动，以青年交流为重点持续推进各领域交流合作，促进两岸同胞心灵契合。坚持党对对台工作集中统一领导，配置工作力量，展现新时代浙江对台工作的新担当新作为。

【“东引台资”战略实施】 2019年，全省签约台资项目总额超过500亿元。在上海举行的“台商聚力长三角、两岸共享新机遇”活动开幕式上，签约台资项目4个，总投资128亿元。年内，全省新增台资企业386家，总投资55.7亿美元，实到资金14亿美元。

【浙江·台湾合作周】 2019年9月17日在杭州开幕，省委书记车俊会见出席合作周的台湾嘉宾，省长袁家军出席开幕式并致辞。活动首次邀请两岸企业家峰会支持参与，以“共享机遇、融合发展”主题，按照“1+3+X”（“1”指杭州主场活动；“3”指宁波、温州、嘉兴市专场活动；“X”指其他市及省级有关单位发挥各自优势，举行相关专题交流合作活动）方式组织，聚焦长三角一体化发展，关注数字经济对接合作，搭建青年和文化交流平台，吸引1600多名台商台胞参加。其间，举办包括“光影瞬间、映像两岸”摄影作品展、两岸艺术院校优秀毕业作品联展、首届海峡两岸大学生摄影大赛、第二届两岸青年网络文学大赛等各类交流对接活动55场。

【惠台政策落实年活动】 2019年，浙江省联动开展《关于促进两岸经济文化交流合作的若干措施》《浙江省贯彻〈关于促进两岸经济文化交流合作的若干措施〉的实施意见》及其他各项惠台政策措施的落实年活动。省台办与财通证券股份有限公司签订服务推进台企上市合作协议。2月25日，省农信联社推出台胞专属银行卡“台融卡”，最高授信额度100万元，破解台胞台青“办信用卡难”问题。5月25日，全省9个台商协会在台湾南投县举办联合征才现场咨询活动，57家在浙江的台湾企业参加，面向台湾青年推出高端就业岗位418个。利用创业创新推进会等方式，全年举办各类辅导培训101次，参加台胞3375人次，累计帮助1164家台企享受减税降负或用地优惠，减少税费和用地成本5.43亿元。

【第二届“海峡两岸青年发展论坛”】 2019年7月6日在省人民大会堂开幕。省委书记车俊，中央台办、国务院台办主任刘结一，中国国民党前主席洪秀柱在开幕会上致辞并出席主论坛。论坛围绕“携手共创美好未来”主题，根据青年人特点，通过“主论坛+分论坛+嘉年华+特色参访”的形式，邀请海峡两岸各界青年代表800多人共论新时代两岸青年责任使命。开幕会上，车俊宣布为台湾青年提供3000个实习就业岗位和不少于1000个免费电子商务培训名额等5条浙江省惠及台湾同胞特别是台湾青年的具体措施。

【台胞台企合法权益维护】 2019年，省台办宣传贯彻《浙江省台湾同胞投资保障条例》，配合省人大开展“一法一条例”执法检查，结合“三服务”活动开展走访调研，梳理解决一批台胞权益保护案件。创新调处方式解决纠纷案，获省委领导批示肯定。省台办推动建立全省首个涉台合议庭，为台商台胞提供优质法律服务。

【文化交流】 2019年2月，浙江省应台湾南投灯会组委会邀请，由金华婺剧、永康“九狮图”和长兴“百叶龙”三大非物质文化遗产项目组成的“诗画浙江”灯彩艺术表演团赴台参加南投元宵灯会。“诗画浙江”灯彩艺术表演团在南投县的鱼池、名间、集集、埔里等乡镇巡演，为民众呈现浙江非物质文化遗产艺术。2月23日，由省非物质文化遗产保护协会、温州半屏山两岸旅游经贸文化发展促进会、泰顺廊桥文化协会等民间组织捐建的浙江泰顺廊桥，在南投县集集镇举行“圆桥”暨交接仪式，两岸嘉宾和当地民众3000多人到场观礼。10月7日，海峡两岸共祭轩辕黄帝大典在缙云仙都黄帝祠宇举行，大典以“同根同祖、两岸共祭”为主题，300多名台胞及70多名海外侨胞参加。

【涉台宣传工作】 2019年，浙江省台办系统以学习贯彻习近平总书记对台重要讲话精神、宣传各项惠台政策措施、展示浙江省经济社会发展成就及台胞台商创业创新成果等为重点，开展“落实惠台政策、促进融合发展”系列主题采访、“聚焦浙江大湾区”两岸新媒体采风等活动，加大对台宣传力度，全年全省刊发涉台新闻稿件3000多篇，在台媒刊登介绍浙江的专栏、专版46个，“浙台微讯”公众号发布166期510篇，阅读总量113万人次，编印

《浙江对台工作》12期。

（省台办 杨 名）

军 事
Military Affairs

浙江省军区

【概况】 2019年，浙江省军区坚持以习近平新时代中国特色社会主义思想为指导，深入贯彻习近平强军思想和新时代军事战略方针，坚决贯彻中央军委、军委国防动员部和东部战区党委以及浙江省委决策部署，高举旗帜铸军魂，全神贯注谋打仗，改革创新促转型，担当作为抓落实，各项工作富有成效，部队全面建设向上向好、稳步发展。

举旗铸魂坚定自觉。省军区始终把维护核心体现在思想与行动的高度统一上，大抓强军思想学习贯彻，严格落实学习制度，反复研读"两本纲要"，习近平主席发表重要讲话后及时传达学习，先后23次组织省军区党委常委学习讨论、2次师团干部理论轮训。大抓"传承红色基因、担当强军重任"主题教育，实施"红色资源挖掘工程"，开展庆祝中华人民共和国成立70周年系列活动，探索"省军区统资源、军分区上大课、人武部搞活动、干休所讲传统"的教育路子。大抓军委主席负责制贯彻落实，严格执行"三项机制"，要讯工作持续走在前列。大抓政治纪律刚性约束，定期开展政治纪律警示教育，严密抓好隐蔽斗争综合防范，部队始终保持高度集中统一和纯洁巩固。

练兵备战不断深化。全面贯彻军委军事工作会议精神，持续抓好"两季"练兵，分级分类组织群众性岗位练兵比武，结合全省第二届练兵比武进行应急救援能力检验评估，完成超强台风"利奇马"抗击救援任务，全省组织指挥民兵应急分队193支1.56万人参加抢险救灾，协助地方转移群众4.84万人、抢运物资268吨，抢通道路368.9千米。部队应急应战能力稳步提升。台州、宁波、丽水、衢州4个军分区被评为年度应急救援能力一级单位，温州军分区新任专武干部集训综合成绩全省第一。

国防动员创新发展。着眼构建新时代国防动员体系，注重军地合力，深化改革创新，推动转型发展。严格落实党管武装制度，军地联合出台《关于构建完善新时代浙江国防动员体系的意见》，组织省委议军会、省领导过"军事日"和全省国防动员工作会议，有效形成管武强武的军地合力。持续深化民兵调整改革，巩固拓展"民兵+民间"应急力量建设，稳步推进民营企业民兵建设试点，严格按比例优化退伍军人、党员和新质力量队伍结构，省军区接受军委国防动员部检查考评实现"两连冠"，省军区本级和余姚市人武部的考评成绩分别位列全国省、县第一。继续抓好国防教育、兵员征集等工作，杭州警备区推动征兵宣传进地铁、嘉兴军分区聘请著名影视演员担任征兵宣传形象大使等做法富有成效，舟山警备区承办全省大学生征建用融合工作会议完成任务出色，全省新兵征集质量进一步提高，大学生比例和大学毕业生比例分别达到85%、17%。

后装保障坚强有力。探索固化依托军供资源融合式保障路子，推动建立应急救援民兵后装勤务保障分队，综合保障能力得到有效提升。持续抓好停止有偿服务工作，49个委托管理项目全部移交，训练场地整合和土地置换有力推进。狠抓服务保障水平提升，推广被装精准发放和通用物资网上采购模式，推行远离军队医疗机构部队商业医疗保险，按时换发新式军车号牌和通用装备。从严规范行业秩序，严密组织后勤重点领域整肃治理"回头看"，抓好留存名贵特产类物品清理，制定经费结算报销、民兵事业经费和和兵器室管理暂行办法，建立财务人员每月集中办公制度，实施后勤重点敏感领域人员定期轮岗，后装保障更加集约高效。

部队建设坚实牢固。着眼实现治军方式"三个根本性转变"，大力纠治形式主义、官僚主义，研究制定为基层减负"四项机制"，持续实施每周文电摘报、每月大项工作统筹等制度，对基层反映的具体问题逐一拿出措施进行答复。大力推进正规化建设，区分三种类型单位，分类制定规范意见，组织部队管理工作集训，采取"三评"方式强化安全防范，圆满完成"第二届中国进口博览会"专项警备任务，金华军分区正规化建设试点取得较好成效。大力加强服务帮带，制定落实省军区党委常委挂钩基层"六帮"措施，稳步推进干休所居家养老照料中心试点建设、"五化"建设经验在国防动员系统推广，采取"捆绑打包、集中建设"方式，基层建设稳步发展。湖州军分区以季度召开党委全会的形式帮带团单位、绍兴军分区协调设立30万元专项救助基金等做法受到部队好评。持续抓好仙居十都英村、河北店房村的精准扶贫，在军地产生良好反响。

党的建设有力有效。深入贯彻中央军委党的建设会议精神，制定《新时代加强省军区党的领导和党的建设措施》，推动全面从严治党向纵深发展、向每个支部和党员覆盖。开展"不忘初心、牢记使命"主题教育，区分两个批次，抓实规定动作，省军区党委常委先后3次集中组织12天的专题学习，2次组织研讨交流，推出6个方面的问题整改措施。接受中央军委常规巡视，以绝对忠诚的政治态度抓好反馈问题整改，专题召开任务部署会、整改推进会，49个具体问题基本整改完成。从严抓好党纪党规落实，严格各级党委纪委书记上纪律党课制度，开展"坚决刹住违规喝酒之风"专题教育整顿，组织师团单位纪委书记培训和述职，坚持不打招呼常态化明察暗访，保持正风肃纪高压态势。

【全面深入贯彻中央军委主席负责制】 2019年，省军区认真学习贯彻中央军委关于全面深入贯彻军委主席负责制的《意见》和《监督问责规定》，第一时间传达学习习近平主席一系列重要讲话、批示、指示精神，深入抓好习近平主席在中央军委扩大会议上的重要讲话精神贯彻落实。

结合开展“不忘初心、牢记使命”“传承红色基因、担当强军重任”主题教育，组织中央军委主席负责制有关内容的学习，安排常委围绕贯彻军委主席负责制进行研讨交流。抓好“请示报告、信息服务、督促检查”3项机制落实，坚持重大问题、重要事项该请示的请示、该报告的报告；注重提高信息服务的针对性、时效性，要讯刊用数量位列国防动员系统前列；坚持重点工作限时办结和跟踪督导机制，定期汇总进展情况，跟踪抓好督导问效。

【军地土地置换整合】 2019年，省军区会同东部战区海军和省委军民融合办，协调建立军地协调领导小组及运行机制，搭建沟通对接平台，组织现场勘察和军地磋商。先后2次担负保障中央军委后勤保障部、训练管理部和自然资源部领导带工作组到浙江调研任务，完成中央军委后勤保障部与浙江省政府有关军地土地置换整合框架协议的签订保障工作。

【住房整治改造】 2019年，省军区根据中央军委住房整治工作要求和省军区党委常委会会议精神，开展住房整治改造前期工作，拟订改造实施计划。会同杭州市和有关单位征求住户意见，并组织开展现地勘察、施工方案研究论证和施工图深化设计。召开相关住户座谈会，宣讲政策规定，明确纪律红线和有关要求。推进本级有关住房遗留问题处理，协调地方办理产权手续。完成4个地下车位出售，签订出售协议，办理车位移交。指导宁波、温州、金华军分区梳理上报有关住房项目遗留问题，并以温州有关项目为试点审核上报售房方案。

【5批外国军事代表团访问浙江】 2019年，省军区坚持“外事无小事”原则，提高政治站位，抓好外事各项工作，完成“四国机制”联合工作组阿富汗军事代表团、国防大学国际防务学院第42期防务与战略英语2班、非洲青年军官代表团、第四届加勒比和南太平洋国家高级防务论坛代表团、第五期古巴青年军官研修班5批外国军事代表团207人到浙江参观访问的接待保障任务。

【机关营院引入社会化物业管理】 2019年，省军区着眼提升营院社会化、精细化、集约化保障水平，在赴北京和长沙实地考察、登门入户广泛征求住户意见基础上，科学制定机关营院社会化物业保障方案，采取公开招标方式，聘请浙江绿升物业有限公司为省军区机关营院提供物业服务，项目涵盖绿化、保洁、维修、保安、消防等方面。

【“八一光荣榜”发布】 2019年建军节前后，省、市、县三级主流媒体分别在重要版面或黄金时段设立“八一光荣榜”专栏和专题节目，张榜公布荣立二等功和荣立三等功的浙江籍官兵。其中，《浙江日报》、浙江卫视、浙江之声、省人民政府网站、浙江发布公布31名荣立二等功的浙江籍官兵，其他媒体公布181名荣立三等功的浙江籍官员，旨在强化军功章的激励褒奖效能，营造关心国防、热爱国防、建设国防、保卫国防的社会氛围。

【编志工作】 2019年，省军区做好《浙江通志·军事志》终审稿的编纂工作，先后召开8次业务会讨论修改，2次协调省方志办人员到省军区进行审查把关，并邀请浙江师范大学教授驻点办公指导。做好《浙江省海防志》《中国军事地理志·浙江卷》(简称“两志”)的编撰工作。对接地方志部门和涉海单位研拟编纂纲目，组织收集资料，协调地方有关部门提供有关史料，同步组织精干力量撰写初稿。组织完成《军事年鉴(2018)》编撰工作，参与编写《浙江人物志》中军事人物的资料。

【重要会议】 2019年1月9—10日，省军区党委十二届四次全体(扩大)会议在杭州召开。省委书记、省军区党委第一书记车俊出席并讲话。省委常委、省军区司令员冯文平讲话，省军区党委书记、政委杨笑祥代表省军区党委常委会做工作报告。会议表彰省军区2018年度先进单位和个人。省军区党委常委，党委委员和有关部队单位负责人参加会议。

3月18日，省军区协调浙江省、杭州市两级公安机关和有关单位召开省军区外事工作军地联席会议，通报新体制运行以来省军区外事工作开展情况，会商研讨提升省军区外事保障质效的对策措施。会议就建立“交流会商、信息通报、协调配合、资源共享、人才共育”5项机制达成共识。

3月28日，省国动委组织召开全省国防动员潜力统计调查工作任务部署电视电话会议，部署国防动员潜力数据统计调查工作任务。省国动委副主任、省军区副司令员周少锋，省国动委副秘书长兼综合办主任、省政府副秘书长兼办公厅主任到会并分别讲话。省国动委各专业办公室和省级有关部门负责人、联络员，市、县两级相关人员3400多人参加。

6月21日，省政府、省军区在杭州之江饭店组织召开2019年度征兵工作启动发布会，提前部署年度征兵工作。省政府、省军区领导，省征兵工作领导小组成员单位领导，各军分区(警备区)、县(市、区)人武部主官，新闻媒体、适龄青年代表及家长约300人参加。省委宣传部、省教育厅、省退役军人事务厅、衢州市政府领导及青年、家长代表分别发言。省军区司令员冯文平、常务副省长冯飞到会并分别讲话。

7月24日，省军区组织召开全省征兵工作电视电话会议。常务副省长冯飞和省军区司令员冯文平就贯彻落实全国征兵工作电视电话会议精神、完成全年征兵任务分别讲话。省政府副秘书长宣读2018年度全省征兵工作成绩突出单位和个人的表扬通报。省级有关部门及部分驻军单位领导，省军区机关、市、县两级政府、有关单位分管领导和征兵办成员，各军分区(警备区)、人武部主要领导，乡镇(街道)武装部部长参加会议。

12月18日，省军区组织召开全省国防动员工作会议，围绕国防动员体系构建、“十三五”规划贯彻落实等重点，集中交流国防动员建设成果和新年度工作打算，省国动委秘书长、省军区副司令员刘建伟对下步工作提出要求。省国动委各办公室主任、各设区市国动委秘书长和相关人员参加。

【重要活动】 2019年4月17日，省军区、省教育厅在浙江工商大学举办浙江省暨杭州市征兵宣传教育进高校活动。优秀退役大学生代表、应征大学毕业生代表发言。省军区副司令员周少锋和省教育厅、浙江工商大学领导分别讲话，现场组织征兵图片展，开设咨询服务站，发放宣传手册。杭州市41所高校1500多名师生参加。活动全程依托"浙视频"进行网上直播，并分发推送至央视新闻、今日头条、腾讯新闻等主流媒体。

6月17—28日，省军区选调部分师团单位业务骨干组成3个检查组，采取统一部署、集中培训、同步展开、现场反馈、量化评分的方式，对军分区(警备区)机关、人武部、干休所和民兵装备仓库进行检查考评，并对部分单(点)位"禁酒令"落实情况进行检查，下发整改通知单55份，促进安全管理制度末端落实。

8月1日，省军区组织开展征兵"首检日"巡查活动，司令员冯文平带队，赴杭州市余杭区检查指导工作，看望慰问体检医生和应征青年，听取杭州市征兵工作汇报。活动全程依托"浙视频"进行网上直播，并分发推送至央视新闻、今日头条、腾讯新闻等主流媒体。

8月24—28日，军委国防动员部安全检查组到省军区本级机关和直属单位、杭州第二干休所、温州军分区机关及民兵装备仓库、温州市龙湾区人武部进行检查，指出人员、车辆、武器装备、安全保密管理等方面存在的6类42个具体问题，并下发整改通知单。检查结束后，省军区及时整理下发情况通报，研究制定整改措施，指导各单位举一反三抓好整改落实。

8月，省军区司令员冯文平围绕"深入落实改革要求、充分释放新体制效能"主题，先后赴杭州警备区、衢州军分区开展调研，并书面征求舟山、宁波、绍兴、丽水有关单位主官意见建议。根据调研情况，冯文平以"不忘初心、矢志强军，不断开创新时代省军区建设发展新局面"为题给官兵上专题党课。

9月17—20日，省军区副司令员刘建伟率机关干部前往宁海，组织指挥当地处置施工现场出土的不明老旧弹药。

10月27—29日，中央军委国防动员部工作组对全省深化民兵调整改革情况进行检查考评，检查省军区本级工作落实情况，抽查杭州警备区本级和余姚市人武部，实地查看杭州光预科技有限公司民兵工作落实情况。省军区司令员冯文平、副司令员刘建伟、副政委张晓林参加检查考评。经考评综合排名，省军区综合成绩排名全国第一。

11月26—28日，中央军委第6改革督查组一行10人到省军区督查改革工作落实情况。省军区司令员冯文平专题汇报并提出9个方面36条具体建议。

11月27—28日，省军区组织全省第二届岗位练兵比武暨应急救援能力检验评估，全省11个设区市民兵代表接受实战化检验。比武首次实现大背景联动，按照"一点有灾、全域响应"原则，构设山林灭火、防汛抗洪、海上搜救3类任务背景，各设区市以跨区救援的方式，直接投入救灾行动。台州、衢州、丽水温州军分区分别获海上搜救、防汛抗洪和山林灭火、应急保障岗位练兵比武第一名。

11月28日，省军区第一招待所(华北饭店)正式移交给中国融通资产管理集团有限公司，更名为"杭州融通华北饭店有限责任公司"，实行市场化、社会化运营。

4月至12月，全省各地以"赞颂辉煌成就、军民同心筑梦"为主题，组织"爱我国防"大学生主题演讲比赛，集中展示当代大学生的时代风貌和青春风采，激发新时代大学生崇军尚武、参军报国的政治热情。经自下而上逐级推荐、现场比赛、综合评定，评选出优秀组织奖4个、一等奖4名、二等奖6名、三等奖10名、先进个人5名。 (省军区 徐 林)

人 民 防 空

【概况】 2019年，浙江省人防系统聚焦备战打仗主责主业，深入开展"改革创新，提质增效"行动，人防指挥部常态化建设进一步深化，人防规划融合不断推进，人防工程扩量提质增效。以"最多跑一次"改革为牵引的人防政务服务建设、重要经济目标防护和演习等工作得到国家人防办肯

2019年10月22日，人民防空实战化演习在舟山举行。图为省人防应急专业队伍在现场进行演习后的环境消除处理 (省人防办 供图)

定,全省城市人口疏散能力进一步增强,重要经济目标防护建设成果进一步巩固。

【人防改革创新】 2019年,浙江省推进人防"最多跑一次"改革,优化提升人防"互联网+政务服务"水平,不断激发人防改革创新发展活力。全省人防部门34个办事事项全部实现"最多跑一次",实现网上办理全覆盖,绝大部分掌上可办。建成全省人防服务系统,打通省、市、县三级审批服务信息共享通道。推进工程建设项目审批制度改革,与省发展改革委、省建设厅等部门密切协作,开展人防工程施工图联审,在人防工程竣工备案中全面推行"竣工测验合一"模式。开展人防工程产权制度改革试点,编制出台深化改革试点指导意见,在18个县(市、区)进行试点,试点取得阶段性成果。推进人防创新示范城市建设,杭州市先行先试,率先探索平时战时深度融合、地上地下统筹规划、防空防灾统筹建设的方法路子,年内创新示范城市建设形成初步框架。推进理论科研创新,人防门安装技术综合比较研究和技术规程研制、人防疏散基地建设标准、防空地下室防护功能平战转换技术、人防固定警报设施管理规范等课题研究有序推进,并形成初步研究成果。

【人防组织指挥体系能力建设】 2019年,浙江省深化人防指挥部常态化建设,不断提升组织指挥体系能力。完善指挥部编成和平时职责。省、市、县三级人防指挥部结合政府机构改革,全部调整完成指挥部编成工作和明确平时职责。各级人防指挥部门在统筹协调人防平时建设、组织实战化演训方面充分发挥作用。5月,省人防指挥部在宁波统一组织"5·12"人口疏散演练暨人防宣传周活动,全省11个设区市、62个县(市、区)、174个镇(街道)、423个社区、2536所学校和43个重要经济目标单位五级联动、全程联网、同步展开,约160多万人参加,扩大人防工作知晓度。省和11个设区市人防指挥部先后组织开展系列演习,通过演习,检验指挥方案,锻炼人防队伍,创新防护手段。省人防指挥部在舟山组织以重要经济目标防护为主题的演习,在重要经济目标毗邻区人口和海上船只疏散、库存减容减产、重要物资装备转移等方面进行有益探索,取得重要突破。推进人防指挥场所建设。省和所有设区市及超过70%的县(市、区)均建成基本指挥所和机动指挥所,省、市、县三级人防应急指挥中心全面建成。人防专业队伍建设进一步规范。全省有人防专业队员3万余人,人防志愿者2.37万人,人防应急救援队伍347支8300多人。有40多支人防应急救援队伍参与"利奇马"台风等救灾行动。全省建成疏散基地132个、应急救援物资储备库170多个,战时可安置疏散1900多万人。省人防指挥部参与长三角区域人防一体化建设,与上海、江苏联合开展按纲施训,对接交流和跨区域人口疏散演练20多次。省、市、县三级人防警报与国家突发事件预警信息发布平台对接任务全部完成。

【城市综合防护能力建设】 2019年,省人防指挥部推动城市综合防护工程扩量提质增效,进一步提升城市综合防护能力。坚持规划领先,集中力量组织省人防专项规划编制导则修编。积极参与城市控制性详细规划编制,开展规划融合数字化管理试点,把人防要求落到规划设计条件和土地出让环节。至年末,全省人防系统参与控制性详细规划编制项目400多个,有5个设区市在土地出让方案中落实人防设施配置要求。坚持依法结建,出台结建审批和易地建设费征缴政策,规范统一结建审批和收费行为。注重自建工程资金投向,提高人防专业队和医疗救护工程比重,进一步优化人防工程结构布局。全省所有地铁和单建掘开式地下空间全部落实兼顾人防要求。加强人防工程维护管理,编制防空地下室维护管理操作规程,开展社会化、专业化维护管理试点,进一步提高人防工程维护管理水平。加强质量监督,开展人防工程质量监督导则试用,落实质量监督属地化管理,属地化覆盖率提高到95%。加强行业整治,全省完成人防工程防护(化)设备企业资质和甲级人防设计企业设计质量核查。浙江省地下建设设计研究院通过国家人防办资质复查。加强平战结合,充分开发利用人防工程,出台《早期坑、地道人防工程结构性安全性评定规程》,组织对全省早期人防工程的安全性进行评估。全省近30处人防工程向社会开放,用于群众避暑纳凉和车辆停放,提供人防停车泊位100多万个,取得较好社会效益。

【重要经济目标防护建设】 2019年,省人防指挥部加强重要经济目标防护建设,提升重要经济目标防护能力。科学制订政策标准,会同省发展改革委出台加强重要经济目标防护建设意见、分级分类标准与分级分类目录,确定全省重要经济目标800多个,为重要经济目标防护建设提供政策和标准支撑。组织11个设区市在11个不同类别的目标单位进行防护建设试点,编制供水、燃气类等行业防护导则,形成"重要经济目标伪装防护理论研究与实践探索"和"城市人民防空网电防护理论研究与实践探索"两项科研成果。组织防护演练,全省各地均把重要经济目标防护作为系列演习重点,检验重要经济目标防空方案可行性。省人防指挥部结合重要经济目标防护演习召开现场推进会,总结工作,交流经验,进一步推动重要经济目标防护破题开路,并取得重要进展,为全省全面推动重要经济目标防护建设提供可复制、可推广的实践经验。

【人防支撑保障能力建设】 2019年,省人防指挥部深入推进全民人防宣传教育。深化人防宣传教育"五进"工作,编制完成中小学人防宣传教育及社区人防知识读本,发放中小学人防教材40多万册,在1200多所中小学开展宣传教育,组织4期人防教师培训。"3·1"国际民防日、"5·12"人防宣传周期间,全省200多个社区通过各种形式受到人防教育。加大与主流媒体合作,在全省开展"最美人防人"评选活动,新华社、《浙江日报》等主流媒体进行跟踪报道，为全省人防系统树立标杆。深入推进法治人防建设。研究起草省人防工程管理办法，该办法列入省政府二类立法计划。配合国家人民防空法修改，做好《浙江省实施〈中华人民共和国人民防空法〉办法》修订前期准备工作，并集中开展行政规范性文件的立项、修改、废除、解释等工作。制定重大行政决策程序规定，编制公布重大行政决策事项目录清单，重大行政决策合法性审核覆盖率100%。全面加强综合行政执法，制定人防综合行政执法事项指导目录，编制监管事项清单、处罚事项清单、职责边界清单3张清单。掌上执法全面推开，开通率100%，应用检查率98%，"双随机一公开"监管覆盖率100%。全年组织应用信用规范工作抽查20多次。

【全省人防系统工作视频会议】2019年3月7日在杭州召开。会议深入贯彻习近平新时代中国特色社会主义思想，传达贯彻全国人防工作会议精神，总结2018年工作，部署2019年工作任务。要求全省人防系统深入推进融合发展、创新发展、高质量发展，加快人防发展方式转变，加快建设强大巩固的现代人民防空体系，进一步增强浙江人防工作活力。

【全省人民防空指挥部会议】 2019年3月14日在杭州召开。会议通报全省人防指挥部和人防建设工作情况。省人防指挥部指挥长、副省长彭佳学，省军区副司令员周少锋出席会议并分别讲话。会议要求深刻领会习近平总书记关于人民防空的战略思想，切实用习近平总书记对新时代人民防空新定位、新目标、新决策统一思想，统筹抓好人防指挥部常态化建设，推动全省人防事业实现更好质量、更高效益、更可持续发展。

【省政协调研考察】 2019年5月31日，省政协副主席周国辉调研人防工作，在实地考察人防指挥工程、听取工作汇报后，对全省人民防空工作给予肯定，要求全省人防系统贯彻好总体国家安全观和军民融合发展战略，把保护人民群众生命财产安全作为出发点和落脚点，着力在融合一体、联动协同、人防技防、常态化规范、改革创新上下功夫，为浙江"两个高水平"建设做出贡献。要求省政协有关部门加强对口联系，在人防改革等重难点问题上给予支持，助推全省人防事业发展。

【人防系统专项巡视】 2019年12月2日，省委第十一巡视组专项巡视省人防办党组工作动员会在杭州召开。第十一巡视组组长就专项巡视工作做动员讲话，省委巡视工作领导小组办公室负责人就配合做好巡视工作提出要求，省人防办主要负责人做表态发言。省委第十一巡视组副组长及巡视组其他成员，省纪委、省监委驻省建设厅纪检监察组负责人，省人防办党组领导班子成员出席；各设区市人防办党组书记、主任，省人防办中层以上干部参加动员会。

【人防系统长三角区域一体化发展协议签订】 2019年7月30日，上海、江苏、浙江、安徽人防系统在上海签订长三角区域一体化发展协议，明确人防工作发展方向、指导思想、建设原则及具体内容，旨在贯彻落实习近平总书记重要讲话精神和长三角一体化发展目标战略要求，发挥长三角优势，推进军民融合发展，提升人民防空改革创新水平，有效履行"战时防空、平时服务、应急支援"职能使命。发展协议的签署标志着长三角人防一体化建设正式启动。国家人防办主任殷勇，上海市委常委、常务副市长陈寅，上海警备区副司令员王文立出席签约仪式。三省一市人防办主任参加签订协议，共同达成推进长三角区域人防一体化发展上海共识。

【"5·12"人民防空人口疏散演练】 2019年5月12日，浙江省暨宁波市"5·12"人民防空人口疏散演练暨人防宣传周广场宣传活动在宁波鄞州公园举行。演练以"聚焦实战铸人防金盾，关注民生建名城名都"为主题，省、市、县（市、区）三级人防指挥部实时同步联动组织人口疏散演练，省人防指挥部统一指挥全省2400多台警报器和200多家市县电视台、广播电台进行防空防灾警报统一试鸣。各地组织在校学生和社区居民进行防空防灾应急疏散演练。

【人民防空演习】 2019年10月22日，浙江人民防空演习暨全省重要经济目标防护建设推进会在舟山举行。国家人防办副主任唐玉俊，省委常委、省军区司令员冯文平，省人防指挥部指挥长、副省长彭佳学出席并分别讲话，省人防指挥部通报全省重要经济目标防护建设情况。全省在全国率先建立人防指挥部常态化运行机制后，省、市、县三级人防指挥部每年均组织"5·12"人民防空疏散演练和系列演习。年内，省人防指挥部在宁波组织"5·12"人口疏散演练暨人防宣传周活动，全省11个设区市和若干重要经济目标单位160多万人参加。演习以人口疏散行动为课题，以检验人民防空方案修编和重要经济目标防护建设为重点，其经验做法得到国家人防办、国家粮食物资储备局等有关部委肯定。

【"最美人防人"先进事迹报告会】 2019年12月17日在杭州召开。报告会以"致敬最美、铸盾护民"为主题，30位"最美人防人"候选人受表彰，被评为"最美人防人"的6位典型代表现场进行汇报发言。每个人经历的故事、做出的贡献、展现的形象各有不同，但均体现浙江人防系统披荆斩棘、锐意改革的初心使命，诠释浙江人防人的创新、担当、为民情怀。省人防办组织全省"最美人防人"评选，经各地推荐、省人防指挥部审查，全省评出首届"最美人防人"30人，并进行通报表彰。

（省人防办　唐凤鸣）

万亿产业
Trillion Industry

信息产业

【概述】 2019年，浙江省电子信息行业实施数字经济“五年倍增计划”，加快培育新一代信息技术产业，推进新产业、新技术、新服务、新模式的创新发展，成为引领全省经济高质量发展的新引擎。全省电子信息行业拥有规模以上企业5735家，从业人员119.9万人。全年完成增加值6228.94亿元，比上年增长14.5%，占全省GDP的比重10%。规模以上电子信息制造业实现总产值9280.7亿元、出口交货值2115.8亿元、营业收入9902.4亿元，分别增长9.8%、4.8%和10.5%。电子信息制造业规模跃居全国第三位。

【电子信息制造业引领增长】 2019年，浙江省规模以上电子信息制造业高出规模以上工业和上年7.7个和2.5个百分点，增加值占全省规模以上工业12.8%，对规模以上工业贡献率25.9%，拉动规模以上工业增长1.7个百分点。电子制造业引领全省新兴产业增长，高出八大万亿产业中的高端装备、时尚、节能环保、健康和文化制造业等产业增速9.1、10.1、8.6、6和9.9个百分点。产销衔接良好，全年规模以上电子信息制造业实现总产值9280.7亿元、销售产值9032.5亿元，分别增长9.8%和9.3%，产销率97.3%。数字程控交换机、卫星导航定位接收机、光纤、太阳能电池、光电子器件、集成电路等产品产量分别增长27.4%、285.7%、153.2%、26.7%、80.1%和21.3%。全年生产智能手机4359.2万部、智能电视117.7万台、液晶模组8757.3万套。

全年全省电子信息行业主动应对中美贸易摩擦，积极开拓海外市场，出口回升向好。全年规模以上电子信息制造业实现出口交货值2115.8亿元，增长4.8%，比规模以上工业出口增速高3.5个百分点。新一代信息技术产品出口增长14%，高出一般工业产品出口5个百分点。其中，太阳能电池出口增长45.8%，手机模组、光电子器件等出口呈现较快增长，出口市场呈多元化发展趋势。宁波市实现出口交货值714.9亿元，增长12.4%，占全省比重三分之一以上，拉动全省出口交货值增长3.9个百分点；杭州市出口增长1.2%。

全年规模以上电子信息制造业实现利税总额876.1亿元、利润总额661.2亿元，分别增长7%和13%，高出规模以上工业6.5和7.6个百分点。电子信息制造业利润占全省工业利润的13.9%，对工业利润增长的贡献率31.3%，拉动全省规模以上工业利润增长1.7个百分点；营业收入利润率6.7%，高于规模以上工业0.4个百分点；每百元营业收入中营业成本为82.8元，低于全省规模以上工业0.8元；电子制造业劳动生产率为25.1万元/人，增长16.7%，增速比规模以上工业高7.4个百分点。

全省通信、计算机、广播电视、智能硬件设备、电子专用设备总产值分别增长16.1%、48.7%、23.5%、13.6%和17%，增速均高于行业平均水平；电子器件、电子信息机电等行业平稳增长，增速保持在6%～10%；电子元件及材料、数字视听增长趋缓或呈下降态势。全年通信设备行业实现营业收入2320.5亿元、利润总额237.5亿元，分别增长17.2%和22.1%。通信设备收入对行业贡献率超过三分之一以上，通信设备行业利润对全行业贡献率56.3%，直接拉动行业利润增长7.7个百分点。集成电路制造业推进“强芯”行动，整体生产运行稳步增长。全年规模以上集成电路制造业总产值145.3亿元、营业收入144.1亿元，分别增长37.4%和32.0%。光伏行业向规模化和“专、精、特、新”方向发展。全省规模以上光伏行业工业总产值726.1亿元、营业收入729.4亿元、利润28.5亿元，分别增长18.5%、20.5%和115.7%。晶科能源有限公司、东方日升新能源股份有限公司、浙江正泰新能源开发有限公司和爱旭太阳能科技有限公司等龙头企业引领全行业增长，中小企业受产能过剩、融资困难、技术迭代等因素影响，生产经营较为困难。

【软件和信息技术服务业发展】 2019年，浙江省软件和信息技术服务行业实施软件能力提升行动，产业规模不断扩大，盈利水平、融合应用水平持续提升。杭州国际软件名城、宁波特色软件名城等加快建设。全年软件和信息技术服务业实现软件业务收入6101.8亿元，比上年增长17.6%。增速高于全国平均2.2个百分点，产业规

2019年规上电子信息制造业增加值增长情况

单位:亿元、%

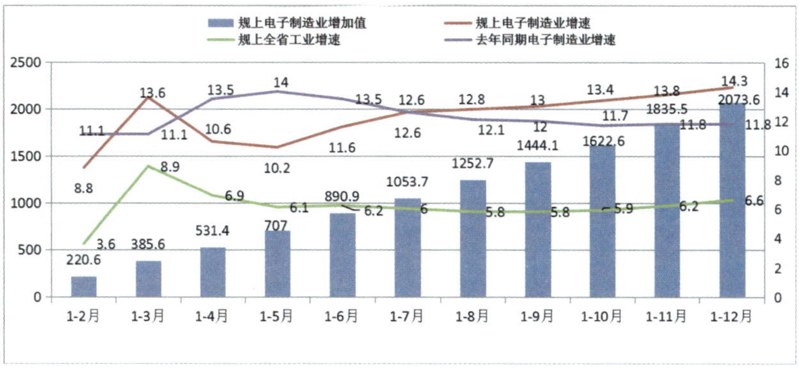

2019年规上电子信息制造业出口交货值增长情况

单位:%

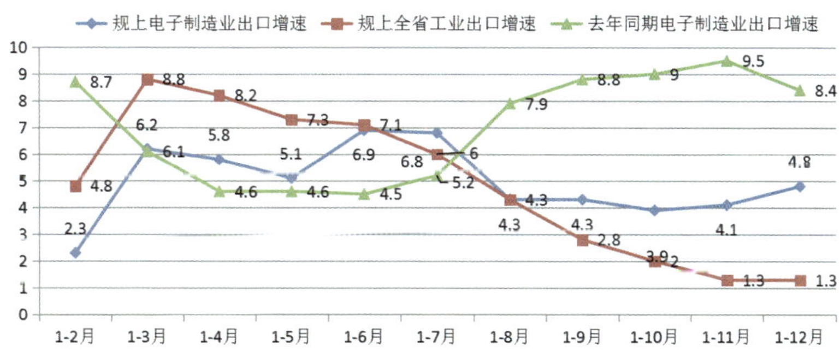

2019年规上电子信息制造业利润总额增长情况

单位:%

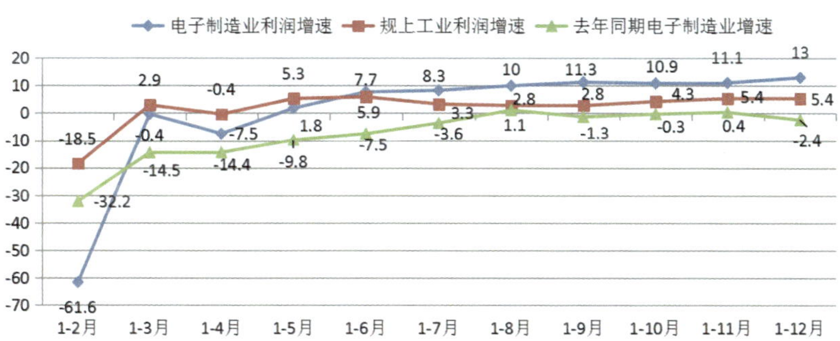

模居全国第四位。增速快于广东、北京、江苏和上海,居全国第二位。软件产业实现利润1752.4亿元,增长11.0%,增速高于全国平均1.1个百分点。销售利润率28.7%。杭州是全省软件产业主要集聚区,软件业务收入4980.9亿元,增长16.2%,占全省比重81.6%;宁波软件业务收入819亿元,增长25.1%,占全省比重13.4%;嘉兴、金华等9个设区市软件收入占全省比重5%。全年浙江省软件产业综合发展指数居全国第三位。全省软件20强企业软件业务收入3267.6亿元,增长17.6%;实现利润1457.8亿元,增长17.3%,分别占全省软件行业的53.6%和83.2%,龙头企业拉动作用明显。

【信息产业科技创新】 2019年,浙江省信息产业管理部门聚焦增强创新力,全力推进之江实验室、阿里达摩院等高能级创新平台建设。支持之江实验室开展智能感知、智能计算、智能网络、智能系统四大方向的基础前沿研究,之江实验室园区一期建设工程顺利推进。达摩院量子实验室正式投入使用,形成“蚂蚁共享智能平台”“区块链平台BAAS”等一批自主研发的创新成果。全省电子信息制造业新产品开发和研发投入等指标高于规模以上工业,创新发展势头良好。全年全省规模以上电子制造业实现新产品产值5833.3亿元,增长13.1%,高于规模以上工业1.9个百分点;新产品产值率62.9%,高出规模以上工业24.7个百分点。列入国家“三新”统计的新产品10种,其中光纤、太阳能电池等电子行业新产品快速增长。全年全省信息行业投入技术研发经费391.4亿元,增长14.7%;研发费用占营业收入的3.95%,高出规模以上企业1.69个百分点。全年全省电子信息行业国际专利申请量2525件,增长63.0%;新引进行业领军创新创业团队9个,占全省三分之一;杭州微光电子股份有限公司、宁波江丰电子材料有限公司和宁波杉杉新材料科技有限公司被认定为第四批全国单项冠军示范企业;浙江中控技术股份有限公司和宁波激智科技股份有限公司被认定为国家技术创新示范企业。年内,全省信息行业新认定高新技术企业4806家、科技型中小企业1.28万家。

【新兴产业培育】 2019年,浙江省信息行业推进产业结构优化升级。实施云计算、大数据、人工智能、物联网、5G和超高清视频等产业行动计划,促进新动能加快集聚。新一代信息技术产业实现增加值1008.9亿元,比上年增长18.4%。高出战略性新兴产业8.6个百分点,对战略性新兴产业贡献率三分之一以上,拉动战略性新兴产业增长3.5个百分点。全年全省规模以上人工智能产业增加值增长21.3%;杭州市、湖州德清县获批国家新一代人工智能创新发展试验区;海康威视数字技术股份有限公司“视频感知”入选国家新一代人工智能开放创新平台。全省信息行业推动区块链和经济社会深度融合发展,杭州区块链领域全球专利数量居全国第三位。推进杭州数字安防产业集群发展和超高清视频产业发展,国家短视频基地成功落户杭州,海康威视数字技术股份有限公司、浙江大华技术股份有限公司等企业在国际数字安防的领先地位进一步提升。加速推进5G产业发展,全省建成5G基站1.58万个,在智能制造、智慧医疗、5G+工业制造等10多个领域开展140多个试点应用。

【重大项目建设】 2019年，浙江省信息行业聚焦集成电路、云计算、大数据、物联网、人工智能等领域，强化产业基金引导，联动国家集成电路产业基金支持，多措并举推进100个数字化重大项目建设。全年规模以上通信电子工业投资、工业技术改造投资分别比上年增长21.5%和12.0%，高出规模以上工业11.8和5.7个百分点；新签约1亿元以上集成电路项目18个，“鲲鹏智能计算”“龙芯智慧产业园”等落户浙江，中芯集成电路制造（绍兴）有限公司、杭州中欣晶圆半导体股份有限公司、金瑞泓科技（衢州）有限公司等集成电路重大项目建成并投产。杭州、绍兴、嘉兴、湖州等市提升平台承载能级，加大重大项目招引力度并取得一定成效。杭州紧盯补短板推进“大好高”项目建设，推进中电海康集团有限公司、紫光恒越技术有限公司、矽力杰半导体技术有限公司、平头哥半导体有限公司等一批“芯”项目加快落地。绍兴对接集成电路产业项目61个，意向投资额超过2000亿元，其中签约落户项目20个，“长电科技”“两岸集成电路创新产业园”等11个项目实质性落地，总投资58.8亿元“中芯国际”绍兴项目完工。嘉兴招引项目总投资170.45亿元，完成年度任务的113.6%。湖州引进超1亿元数字经济项目43个，总投资71.64亿元，创历史新高。

【龙头企业培育】 2019年，浙江省电子信息制造业30强企业实现主营业务收入3131.1亿元，比上年增长20.7%；利润总额316.9亿元，增长23.5%，分别占全省规模以上电子信息制造企业的31.6%和47.9%，对全行业营业收入和利润增长贡献率分别为63.5%和71.2%。30强企业的营业收入利润率达10.1%，高出全行业平均利润率3.4个百分点。年内，电子信息行业主营业务收入超100亿元企业25家，其中超1000亿元企业1家，超200亿元企业11家，14家企业入选年度全国电子信息行业百强企业，入选企业数居全国第二位。新增电子信息行业境内外上市企业19家，累计111家。

【平台载体建设】 2019年，浙江省电子信息产业以环杭州湾高新区、科技城等为依托，加快集聚高端要素，推进一批产业平台载体建设。推进杭州、宁波温州国家自主创新示范区、杭州城西科创大走廊、宁波甬江科创大走廊、沪嘉杭G60科创大走廊等建设，打造一批支撑电子信息产业发展的创新平台。着力推进杭州、宁波、嘉兴、绍兴等6个省级集成电路产业基地建设；推动杭州镓谷、芯火创新平台、智能硬件及虚拟现实产业联盟等一批公共服务平台建设。推进22个省级信息经济发展示范区、37个数字经济类特色小镇建设。全省形成通信和计算机网络、软件和信息技术服务、通信电缆及光缆、电子信息机电和新型电子元器件及材料等5个超1000亿元产业集群，产业集群分别完成营业收入2807.2亿元、6101.8亿元、1304.9亿元、2722.3亿元和1721.3亿元，分别增长20.5%、17.6%、5.8%、11.1%和3.1%。一批创新能力突出、辐射带动力强的融合发展新基地加速形成，产业集聚发展趋势加快。

（省经信厅　郑闽红）

环保产业

【概况】 2019年，浙江省推进节能环保产业壮大规模、集聚发展，环保新兴领域龙头企业引领产业快速增长。全年全省节能环保产业实现增加值1709亿元，比上年增长5.7%。“十三五”期间，国家环保政策密集出台，环境保护力度进一步加大。全省生态环境管理从单一的强制性行政手段向法律、行政和经济措施相结合的综合治理推进，第三方治理污染的积极性和主动性进一步调动。陆续推出环保税、排污许可证等市场化管理措施，全省通过实施大气、水、土壤、固体废物污染防治行动，为环保产业发展形成良好的市场环境。全省通过强化执法监管、引导集聚发展、培育龙头企业、建设创新载体、发展环境服务业等举措，推进环保产业发展。发挥行业协会作用，鼓励民营和社会资本进入环保领域，更多地依靠市场力量推进污染治理。

【产业集聚发展】 2019年，浙江省初步形成新能源装备、新能源汽车、环保产品装备、再生资源等节能环保优势产业。产业集聚集群化发展框架基本建立，全省形成以杭州大江东产业集聚区、金华经济开发区和永康经济开发区为核心的新能源汽车产业基地；形成余杭水泵及水处理设备、诸暨电除尘器、海宁布袋除尘器等一批环保装备基地；形成衢州氟硅新材料、嘉兴乍浦化工新材料、湖州水处理膜材料等环保新材料产业基地；形成杭州高新技术开发区、宁波高新技术开发区等环保信息技术产业集群。诸暨电除尘器产业集群的大气治理设备市场份额占全国的40%。聚光科技（杭州）股份有限公司等5家企业进入全国环保装备行业百强企业行列。

【龙头企业引领】2019年，浙江阳光照明电器集团股份有限公司成为中国最大的节能灯生产出口基地之一；浙江吉利控股集团有限公司、万向集团公司、众泰控股集团有限公司在新能源汽车领域占有一席之地；浙江正泰新能源开发有限公司在全球建设光伏电站3500兆安的生产基地。宁波金田投资控股有限公司居“中国再生能源行业百强企业”榜首，杭州水处理技术研究开发中心渗透海水淡化技术全国领先，杭州锦江集团为国内拥有垃圾焚烧电厂最多、处理垃圾能力最大的企业集团之一，浙江菲达环保科技股份有限公司系世界上燃煤电站电除尘器最大供应商。浙江的环境监测、大型电除尘、垃圾焚烧、工业废物综合利用等技术装备接近或达到国际先进水平。高效节能照明、脱硫除尘、海水淡化等技术装备保持国内领先水平，“联网+回收”等节能环保产业发展新业态加快增长。

【环保服务体系建立】 2019年，浙江省推进环境服务业加快发展，成为国民经济转型升级增长点。全省从事环境服务企业985家，主营业务收入968.17亿元。各设区市均建有环保服务企业，环杭州湾地区具有较高的区域集中度，半数以上的环保企业集聚于该地区。全省81.6%以上的企业营业收入来于杭州和绍兴，其中杭州625.9亿元，绍兴163.7亿元。杭州具有省会城市的地缘优势，经济基础雄厚，公众环境意识较强。绍兴环保服务业集聚发展，具有一定的规模效应。全省环境服务业以小微型企业为主体，营业收入排名前20位的企业以非国有企业为主，其营业收入占全行业总收入的63.4%。全省有水污染治理企业298家，营业收入前10位企业占该领域营业总收入的51.5%。全年大气污染治理企业营业收入109.2亿元，危险废物治理企业营业收入152.2亿元，噪声与振动控制服务企业营业收入3.4亿元。全省环境服务领域不断扩大，环境服务模式不断创新，以行政区域、河流水域、工业园区、生活小区、环境功能区等为单元或者服务对象的全方位环境服务业加快兴起。环境服务业的服务能力、服务质量得以提高，引领和促进环境保护技术装备和环境投融资金融业的发展。

（省生态环境厅　省发展改革委　供稿）

健 康 产 业

【概况】　2019年，浙江省加快发展健康产业，在省健康服务业发展联席会议制度基础上，建立以常务副省长和分管卫生健康副省长召集的省健康产业发展联席会议制度。出台《关于加快生命健康科技创新发展的实施意见》等政策文件。全年健康产业发展态势良好，医疗医药、养老养生、健体康体、智慧健康等行业快速增长，实现总产值比上年增长约10.0%。健康产业成为全省经济高质量发展新的增长点。

【健康特色小镇创建】　2019年，浙江省推进健康特色小镇建设。建成桐庐健康小镇、杭州东部医药港小镇、椒江绿色药都小镇等省级健康特色小镇12个，其中创建类健康小镇7个、培育类健康小镇5个，拥有国家引才计划入选者50人，健康特色小镇完成全省医药产业总产出的40%。

【健康创新平台打造】　2019年，浙江省累计建成生命健康国家重点实验室2个、国家临床医学研究中心3个、公共科技创新服务平台4个、省级重点实验室（工程技术研究中心）64个、省级重点企业研究院30个。提升健康产业宣传平台效能，组织召开第五届浙江国际健康产业博览会与健康产业项目推介会、“浙江制造精品”——高端医疗设备（产品）推介会和第七届浙江国际老年产业博览会。

【重大项目建设】　2019年，浙江省加快健康产业重大项目建设。266个生命健康项目列入省政府“五个千亿”投资工程，完成投资903亿元，为年度计划的112%。实施“医学高峰”计划，省政府与国家卫生健康委共建国家区域医疗中心、国家传染病医学中心等8个中心，省政府与中科院共建中科院肿瘤与基础医学研究所、中科院大学附属肿瘤医院和杭州临床医学院。全面启动“互联网+医疗健康”示范省建设，全省互联网医院上线运行。

【龙头企业引领产业增长】　2019年，浙江省加强健康产业龙头企业培育。赛诺菲（杭州）制药有限公司、华东医药股份有限公司等11家医药企业被中国医药工业信息中心列入“中国医药工业百强”名录，入围企业数居全国前列；华东医药股份有限公司、浙江新和成股份有限公司、浙江海正集团有限公司等医药企业被省政府列入全省“雄鹰行动”培育企业名单。年内，药品“4+7”（国家组织药品集中采购试点的简化代名词，系4个直辖市和7个省会或计划单列市）带量采购全国扩围开标，浙江医药企业中标企业和品种居“全国双第一”。贝达药业股份有限公司的创新药物埃克替尼成为浙江工业制造领域首个获国家科技进步奖一等奖产品。欧诗漫集团有限公司、杭州珀莱雅化妆品有限公司、寿仙谷药业有限公司、浙江森山生物科技有限公司等一批化妆品保健品行业龙头企业加快崛起。

【人才和资金保障健康产业发展】　2019年，浙江省加快引进和培育生命健康人才队伍，全年引进的人才均占省海外高层次人才引进计划和省领军型团队总数的20%以上。生命健康领域“两院”院士9人。高层次人才创办的生命健康企业累计达100多家，其中贝达药业股份有限公司、杭州启明医疗器械有限公司、浙江东方基因生物制品有限公司等企业在境内外上市。启动实施创新药物研发与精准医疗等生命健康重大科技项目；争取中央预算内资金支持，推进疑难病症诊治能力提升工程和中医药传承创新工程等建设；发挥产业基金引导作用，吸引社会资本投资健康产业，全省政府产业基金累计投资健康产业项目934个，投资金额1259亿元。

（省发展改革委　供稿）

旅 游 产 业

【概况】　2019年，浙江省旅游经济稳中有进，发展态势持续向好。全省全域旅游产业实现增加值4914亿元，比上年增长9%，占全省GDP的7.9%，提高0.1个百分点。旅游产业增加值对全省GDP的综合贡献率18.7%，提高0.2个百分点，旅游产业支柱地位更加巩固。全省有乡村旅游从业人员51.7万人，增长15.8%。全年乡村接待游客4.6亿人次，增长23.2%；乡村旅游经营收入474.4亿元，增长25.6%；带动农产品销售80.3亿元，增长23.8%；乡村旅游经营净收入144.5亿元，增长21.5%。

【旅游收入增长】　2019年，浙江省接待游客7.3亿人次，比上年增长5.5%，实现旅游总收入1.09万亿元，增长9%。全年接待入境过夜游客467.1万人次，增长1.9%；实现国际旅游（外汇）收入26.7亿美元，增长2.9%。接待入境过夜游客人均花费571.2美元，平均停留时间2.48天。全年全省旅行社组织出境游客306.5万人次，增长6.4%。其中：出国游组团人数287.7万人次，增长6.9%；港澳游组团人数14.3万人次，下降10.2%；游组团人数4.2万人次，增长62.7%。全年接待国内游客7.2亿人次，增长5.5%；实现国内旅游收入1.07万亿元，增长9.1%。国内游客人均花费1486元，平均停留时间2.13天。全省星级饭店平均客房出租率55.0%、平均床位出租率53.3%，平均房价359.2元/间·天，增长0.3%。全省A级景区接待游客6.8亿人次，增长11.9%，实现门票收入101.4亿元。全省接待国内旅游人数排名前5位的城市依次是杭州(2.07亿人次)、宁波(1.39亿人次)、金华(1.39亿人次)、温州(1.37亿人次)、湖州(1.32亿人次)；国内旅游收入排名前5位的城市依次是杭州(3953.7亿元)、宁波(2303.1亿元)、金华(1543亿元)、温州(1528.7亿元)和湖州(1518.8亿元)。入境客源国排名前5位的依次是韩国(47.8万人次)、美国(34.8万人次)、日本(27.8万人次)、马来西亚(15.1万人次)、印度(12.8万人次)。接待入境过夜游客人数前5位的城市依次是杭州(113.3万人次)、金华(88.9万人次)、宁波(76.2万人次)、温州(58.4万人次)、嘉兴(57.1万人次)。

【"诗画浙江"旅游文化带建设】 2019年，浙江省文化和旅游厅加快推进建设诗路文化带，启动"浙东唐诗之路""钱塘江诗路""瓯江山水诗路""大运河诗路"建设，打造四大"诗画浙江"旅游品牌。"四条诗路"串联全省63个县(市、区)，融入浙江"美丽乡村"建设，助力建设"浙江大花园"。通过文化与旅游融合，催生一批"欣赏浙江山水、品读浙江文化、感受古越乡愁"的旅游风情小镇和杭州西湖民宿、德清莫干山民宿等民宿集聚区品牌。至年末，全省有73个省级旅游风情小镇、488家等级民宿。浙江被国家文化和旅游部确定为全国第一个民宿等级评定试点省。推进"百城千镇万村景区化"工程建设，全省累计认定A级景区城市19个、A级景区镇135人、A级景区村庄7236个。十大海岛公园、十大名山公园建设全面推开。全年全省在建文化和旅游项目2634个，总投资1.7亿元，实际完成投资1705亿元。全省拥有国家A级旅游景区798个，其中5A级旅游景区18个，排名全国第二位；省级及以上旅游度假区54个，其中国家级4个；星级饭店337家，特色文化主题饭店107家，品质饭店80家；旅行社2805家。（省文化和旅游厅 林 静）

时 尚 产 业

【概况】 2019年，浙江省时尚产业加快由传统加工制造业向创意设计引领的新产业转变，时尚产业呈现快速发展态势。全年全省时尚产业总产出1.05万亿元，比上年增长9.5%。其中，时尚制造业总产出5358.4亿元，增长2.3%。时尚产业实现增加值1252亿元，增长4.2%。全省以纺织服装、皮革制品、家居用品、珠宝首饰与化妆品为代表的时尚产业规模居全国前列。在消费升级、技术创新和数字化转型等新一轮社会变革中，时尚产业从加工制造业为主逐步向设计研发、服务零售两端拓展。全年时尚零售服务业总产出269.8亿元、时尚创新创意服务业营业收入4902.8亿元，分别增长3.8%和19.0%。

【重点领域发展】 2019年，浙江省服装服饰、皮革制品、家居用品、化妆品等重点行业发展较快。全省服装行业形成产值超过50亿元的产业集群14个，宁波男装、杭州女装、温州商务男装、濮院毛衫等特色集群在国内具有较高知名度。全省生产各类服装30亿件，占全国服装总产量的13.4%。皮革制造业规模以上企业1703家，全年皮革、裘皮服装产量占全国三分之一以上，实现销售收入1047.0亿元，居全国前列。海宁成为全球规模最大的皮革产业基地。家电行业规模以上企业729家，全年营业收入1655.8亿元，经济总量居全国第四位，家用电热烘烤器具、吸油烟机、饮水机等优势产品分别占国内市场份额的37.7%、27.3%和42.3%。全省化妆品企业532家，数量居全国第二位，委托生产的品牌企业3900家，备案化妆产品13万种，全年销售收入850亿元，销售规模居全国前三位。杭州珀莱雅化妆品股份有限公司、浙江欧诗漫集团有限公司等民营化妆品生产企业的销售额、品牌影响力均居国内化妆品行业前列，湖州"美妆小镇"成为全国三大美妆产业基地之一。

【时尚设计创新】 2019年，浙江省加快时尚设计创新和公共创新服务平台打造。桐乡毛衫时尚产业创新服务综合体、温州瓯海眼镜产业创新服务综合体等21个创新服务平台被省经信厅列入省产业创新服务综合体创建名单。浙江省先进印染制造创新中心被省经信厅列入省制造业创新中心培育创建名单，浙江先进功能纤维创新中心创建国家级制造业创新中心。湖州织里童装设计中心、宁波智尚国际服装产业园、云裳谷时尚科技园(宁波)3个园区被工业信息化部列入国家级纺织服装创意设计试点园区(平台)。

【智能制造推进】 2019年，浙江省时尚制造行业推进数字化、智能化升级改造。杭州老板电器股份有限公司、雅戈尔服装制造有限公司、浙江奥康鞋业股份有限公司等企业的24个时尚产品生产车间/工厂被省经信厅列入省数字化车间/智能工厂；浙江红蜻蜓鞋业股份有限公司、欧诗漫生物股份有限公司、浙江亿田智能厨电股份有限公司等9家企业被省经信厅列入省大数据应用示范企业名单。浙江报喜鸟服饰股份有限公司开展服装大规模个性化定制试点示范；浙江红蜻蜓鞋业股份有限公司创建个性化定制系统，成为国内首家应用3D量脚制鞋技术的品牌。绍兴袜业行业工业互联网平台成为省级重点工业互联网平台；浙江瓦栏文化创意有限公司印花设计服务"云平台"成为浙江行业"云应用"示范平台；顾家家居生态"云平台"被工业信息化部列入"制造业与互联网融合发展试点示范"项目。

【骨干龙头企业培育】 2019年，浙江省加强时尚产业骨干龙头企业培育工作。雅戈尔集团股份有限公司、森马集团有限公司、顾家集团有限公司等7家时尚企业被省经信厅列入"雄鹰行动”培育企业名单；浙江洁丽雅纺织集团有限公司等27家企业入选全国纺织服装企业竞争力100强企业；杭州娃哈哈集团有限公司等14家企业入选中国轻工业企业综合榜单100强；江山欧派门业股份有限公司、浙江双枪竹木有限公司、浙江天喜厨电股份有限公司等7家企业入选省“隐形冠军”企业名单；广博集团股份有限公司的纸品文具入选省制造业单项冠军产品。

【时尚品牌建设】 2019年，浙江省时尚行业注重品牌效应，着力推进时尚品牌建设。全省120家时尚企业列入“品字标”“浙江制造”企业名单；纺织服装行业22家企业被工业信息化部列入“重点跟踪培育纺织服装品牌”企业，列入品牌企业数量居全国首位；浙江森马服饰股份有限公司、江南布衣服饰有限公司的自主品牌打入国际市场，其中森马服饰的巴拉巴拉童装品牌成为亚洲童装第一品牌。时尚骨干龙头企业建立自有平台或借助“淘宝”“网易严选”等电商平台，实现网上自行销售和线下营销高度融合。

【特色小镇培育】 2019年，杭州的余杭艺尚小镇、绍兴的诸暨袜艺小镇等5个时尚小镇被省政府授予省级特色小镇称号。有22个时尚小镇分别入选省级特色小镇创建名单和培育名单，全省时尚特色小镇建设面积50.1平方千米。全年全省时尚特色小镇产出1213.3亿元，其中特色产业产出957.0亿元；工业企业主营业务收入1215.5亿元，其中特色产业主营业务收入876.6亿元，实现税收77.9亿元；完成固定资产投资283.5亿元，其中特色产业固定资产投资198.5亿元。东阳花园红木家居小镇形成红木家居生产、加工、专业市场销售、现代物流等红木全产业链，成为全国最大的红木交易集散地。时尚眼镜特色小镇总产值超过60亿元，占全国时尚眼镜特色小镇的六分之一。其中太阳镜产量占世界的30%，居全国首位。

（省经信厅　林培珠）

金融产业

【概况】 2019年，浙江省推进区域金融改革创新，实施融资畅通工程，全力打好防范化解重大金融风险攻坚战，加快建设新兴金融中心，提升金融服务实体经济质量和效能。全年全省实现金融业增加值5004亿元，比上年增长10.2%，提高3.2个百分点。金融业增加值占地区生产总值的8.0%。全省银行业实现净利润2006亿元，增长18.3%；证券经营机构和期货经营机构代理交易额分别为42.2万亿元和49.1万亿元；实现保费收入2627亿元，居全国第四位，增长15.6%，高于全国平均水平3.4个百分点，为全省提供风险保障726.25万亿元。

【融资畅通工程推进】 2019年，浙江省推进融资畅通工程建设，聚焦融资总量及增量、融资覆盖面、中长期制造业贷款、融资便捷性、融资成本、流动性风险6个标志性指标，破解抵质押担保难、融资链条长、续贷转贷烦等堵点难点问题，推动解决民营企业特别是小微企业“融资难、融资贵、融资慢”问题。至年末，银行业金融机构存、贷款余额分别为13.13万亿元和12.18万亿元。其中，贷款增加1.58万亿元，增量居全国第三，增长15.1%；民营经济贷款增量和增速为5年来最高；涉农贷款、小微企业贷款和制造业贷款余额均居全国首位；企业综合融资成本稳步下降。

【新兴金融中心建设】 2019年5月13日，省发展改革委、省地方金融监管局、杭州市政府联合印发《杭州国际金融科技中心建设专项规划》。5月30日，省数字经济发展领导小组制订发布《浙江省新兴金融中心建设行动方案》。10月29日，由中国互联网金融协会、世界银行、杭州市政府共同举办的“全球数字金融发展和治理研讨会暨全球数字金融研究中心启动仪式”在杭州举行。全省加快推进钱塘江金融港湾、杭州国际金融科技中心、移动支付之省建设，进一步增强金融资源集聚能力和竞争力。至年末，浙江在中国基金业协会完成登记的私募基金管理人2909家，备案私募基金9364只，管理资产规模（实缴规模）1.2万亿元。

【金融助力“凤凰行动”】 2019年，浙江省组建“凤凰行动”投资基金、上市公司稳健发展基金，以数字经济、高新技术企业为重点，做好科创板上市对接辅导，引导上市公司围绕主业开展并购重组。全年全省新增境内外上市公司47家，其中境内26家。全省境内外上市公司总数578家，总市值9.2万亿元。其中境内上市公司458家，数量居全国第二，总市值4.7万亿元；新三板挂牌企业788家，数量居全国第四；省股权交易中心挂牌企业8055家；147家境内上市公司及控股子公司等实施208次并购（买方交易方式），交易金额971亿元。

【区域金融改革创新】 2019年，宁波市普惠金融改革试验区获国务院批准，温州市、台州市和宁海县获批成为全国首批深化民营和小微企业金融服务综合改革试点城市。温州金融改革服务民营经济实施方案印发实施。6月25日，中国银行保险监督管理委员会在台州召开“不忘初心、牢记使命”小微企业金融服务经验现场交流会，推广以台州中小银行为代表的服务小微企业典型经验。宁波保险创新综合试验区，湖州市、衢州市绿色金融改革创新试验区，义乌国际贸易综合改革试点金融专项改革，丽水农村金融改革试点等改革创新经验。浙江省地方金融监督管理局、浙江自贸试验区管委会、物产中大集团股份有限公司与上海市地方金融监督管理局、上海期货交易所共同签署共建长三角期现（期货与现货）一体化油气交易市场战略合作协议。“浙江国际油气交易中心报价专区”在上海期货交易所标准仓单交易平台成功上线。

（省地方金融监管局　范俊浩）

高端装备制造业

【概况】 2019年,浙江省高端装备制造业规模以上企业实现总产值1.56万亿元,比上年增长2.8%;规模以上企业增加值3802亿元,增长5.2%,低于全省规模以上工业增速1.4个百分点。高端装备制造业增加值占装备制造业比重57.5%,占规模以上工业增加值比重23.5%。高端装备制造业规模以上企业主营业务收入1.58万亿元,增长2.5%;利润1328亿元,增长6.3%,高于规模以上工业利润增速1.4个百分点,利润总额占规模以上工业比重27.9%。

2019年浙江省高端装备制造业增加值及同比增速情况

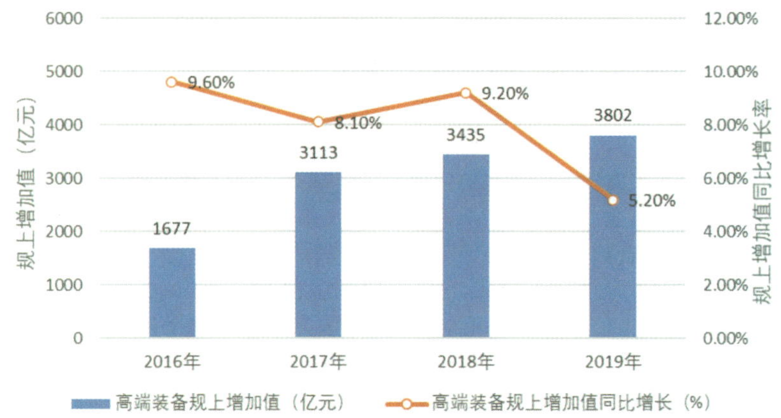

经济指标	2016年	2017年	2018年	2019年
规模以上企业总产值(亿元)	7 871	13 336	14 696	15 645
规模以上企业增加值(亿元)	1 677	3 113	3 435	3 802
增加值增长(%)	9.6	8.1	9.2	5.2
占规上工业总产值比重(%)	12.9	21.5	21.3	21.5
占规上工业增加值比重(%)	9.3	21.6	23.3	23.5
规上企业利润(亿元)	614	1 224	1 211	1 328
规上企业利润增长(%)	21.01	10.44	−1.1	6.3

2019年浙江省高端装备制造业主要经济指标

2019年浙江省高端装备制造业规模以上企业实现利润情况

【产业结构优化】 2019年,浙江省调整优化高端装备制造业产业结构。加快发展高端船舶装备、光伏及新能源装备、高效节能环保设备、智能纺机印染装备、现代物流装备、现代农业装备、现代医疗设备与器械、机器人与智能制造装备等具有国际竞争优势的高端产品和重点企业与优势行业。高端装备制造业与信息技术融合,传统装备机械向数字化、智能化、绿色化转型。涌现浙江吉利控股集团、海亮集团有限公司、万向集团有限公司、天能集团、杭州汽轮动力集团有限公司等31家具有竞争优势的"雄鹰"企业。纺织装备、轻工装备、农业装备基础零部件等优势行业在国内具有较强竞争力。浙江高端装备制造业分布区域集中度较高,主要集中在环杭州湾、甬台温沿海一带。杭州、宁波两市高端装备制造业占40%以上。形成杭州高端装备制造、新昌轴承、舟山船舶修造等示范基地,宁波塑料机械、杭州和台州汽车零部件、绍兴纺织机械等高端装备制造业集群。

【创新能力提升】 2019年,浙江省高端装备制造业投入研发资金507亿元,比上年增长16.8%,占营业收入比重3.2%,比规模以上工业高0.9个百分点。新产品产值8520亿元,增长8.4%。新产品产值率54.5%,增长2.8个百分点,分别高出装备制造业和规模以上工业1.1和16.3个百分点。全年认定高端装备首台(套)产品127项,其中4项为国家首台(套)产品。累计认定999种首台(套)产品,其中国内首台(套)58种,省财政奖励资金5.03亿元。全年新增国家级企业技术中心8个,累计90个;新增5个省级制造业创新中心,累计10个;新增省级产业创新服务综合体20个,累计41个。

【重点领域发展】 2019年,浙江省推进高端装备制造业重点领域发展。全年节能与新能源汽车及先进轨道交通领域实现总产值5247亿元，规模以上工业增加值1259亿元，规模以上企业利润总额447亿元；科研经费支出143亿元，比上年增长9.2%，占营业收入比重2.7%。其中，节能与新能源汽车行业总产值5116亿元，规模以上工业增加值1226亿元，规模以上企业利润440亿元。成立浙江省数字化设计与制造创新中心和浙江省智能网联汽车创新中心。浙江众合科技股份有限公司的“多重安全冗余全自动运行CBTC列车控制系统(BiTRACON)”设计水平达到国际先进水平，产品处于国内领先。被认定为国内首台(套)产品。

高端船舶装备　实现规模以上企业总产值16亿元，增长6.7%；增加值3亿元，增长6.5%；规模以上企业利润1亿元，增长50.2%；科研经费支出0.5亿元，增长2.2%，占营业收入的3.0%。浙江增洲造船有限公司国内首艘2万吨级江海直达船、杭州前进齿轮箱集团股份有限公司500吨级近岸海洋环境监测船主推进系统、扬帆集团股份有限公司7800PCTC汽车滚装船等4种产品获首台(套)认定。其中太平洋海洋工程(舟山)有限公司研发的2.6万立方米天然气储存(独立C型罐)和再气化驳船技术水平达到国际领先。

光伏及新能源装备　实现规模以上企业总产值2779亿元，增长10.1%；增加值587亿元，增长9.9%；利润总额253亿元，增长10.5%；科研经费支出83亿元，增长20.3%。建成浙江智能电气制造业创新中心、浙江省燃气涡轮机械创新中心。成立省级特色小镇—乐清湾电力科技小镇。杭州锅炉集团股份有限公司研发的“适用于光热发电领域、以熔盐为传热介质的关键热力装备及系统”被认定为国内首台(套)产品。

高效节能环保装备　实现总产值1740亿元，增长4.9%；增加值410亿元，增长5.1%；规模以上企业利润132亿元，增长28.2%；科研经费支出55亿元，增长19.6%，占营业收入3.1%。建成浙江省高效电机创新中心。杭氧透平机械有限公司和浙江大学产学研联合研发的“三万到四万空分用高效原料空气压缩机”整机效率接近国际领先水平。

智能纺织印染装备　实现总产值280亿元，下降4.1%；增加值54亿元，下降4.5%；规模以上企业利润17亿元，下降19.0%；科研经费支出9亿元，增长21.3%，占营业收入3.4%。新建成浙江省先进印染制造创新中心。浙江精功科技股份有限公司研发的“JC-TX300型千吨级碳纤维生产线”，达到国际先进水平。

现代物流装备　实现总产值805亿元，增长10.9%；增加值172亿元，增长11.0%；规模以上企业利润69亿元，增长32.7%；科研经费支出23亿元，增长21.1%，占营业收入2.7%。新建成省级特色小镇—开化智驿小镇。

现代农业装备　实现总产值233亿元，增长4.0%；增加值52亿元，增长4.0%；规模以上企业利润8亿元，与上年持平；科研经费支出8亿元，增长11.1%，占营业收入的3.6%。红五环集团股份有限公司研发的“6CSN-400全自动碾茶生产线”超过日本同类生产线水平。星光农机6行采棉机获工业信息化部制造业高质量发展产业链协同创新短板装备专项支持。

现代医疗设备与器械　实现总产值279亿元，增长13.0%；增加值96亿元，增长12.9%；规模以上企业利润36亿元，增长28.6%；科研经费支出14亿元，增长16.7%，占营业收入的5.1%。浙江厚达智能科技股份有限公司研发的“中药智能化煎制系统”中标佰龄天寿中国医学发展中心项目。

机器人与智能制造装备　实现总产值2173亿元，增长8.4%；增加值610亿元，增长9.9%；规模以上企业利润245亿元，增长18.4%；科研经费支出105亿元，增长22.1%，占营业收入的4.8%。建成中国(浙江)机器人及智能装备创新中心。新增瑞安智控装备小镇、平阳高端印包装备智造小镇、婺城飞扬智能制造小镇3个省级特色小镇。奔腾激光(温州)有限公司研发的“20KW光纤激光切割数控机床”、迈得医疗工业设备股份有限公司为主研发的“医用透析器智能装配成套设备”被认定为国内首台(套)产品。

关键基础件　实现总产值2008亿元，增长2.7%；增加值531亿元，增长2.7%；规模以上企业利润131亿元，与上年持平；科研经费支出63亿元，增长18.9%，占营业收入的3.2%。建成省级特色小镇—龙游超精密制造小镇。浙江中柴机器有限公司开发的“4F35四轮驱动电液换挡变速箱”达到国际先进技术水平。江天马轴承集团有限公司的长寿命大中型精密轴承实施方案获工业信息化部制造业高质量发展产业链协同创新工业强基专项资金支持。　(省经信厅　程小辉)

文化产业

【概况】　2019年，浙江省有规模以上文化及相关特色产业企业5842家，比上年增长2.4%；从业人员68.46万人，增长2.6%。全省文化产业总资产1.53万亿元，增长15.1%。全年实现营业收入1.19万亿元，增长14.0%；增加值4600亿元，增长10%；营业利润1709.07亿元，增长15.6%；实现增值税税收234.51亿元，增长2.3%。

【文化产业竞争力提升】　2019年，浙江日报传媒集团、浙江出版联合集团、宋城演艺发展股份有限公司、浙江华策影视股份有限公司4家浙江文化龙头企业入选“全国文化企业30强”名单。浙江日报报业集团连续7年入选“世界媒体500强”排行榜，位列第245名，整体实力居国内首位。浙报数字文化集团股份有限公司作为互联网新媒体行业品牌，首次入选“世界媒体500强”，位列第340名。浙报数字文化集团股份有限公司、华数传媒控股股份有限公司、宋城演艺发展股份有限公司、横店影视、浙江华策影视股份有限公司、思美传媒股份有限公司、华谊兄弟传媒股份有限公司、海伦钢琴股份有限公司等41家浙江文化企业在A股上市。浙江文化产业龙头企业走向集约化、规模化和国际化，有力提升全省文化产业竞争力。

【文化产业平台建设】　2019年，浙江省推进之江文化带建设。通过实施32个重大项目，促进数字文化产业基地、影视产业基地、艺术创作产业基地和动漫游戏产业基地四大产业基地建设。创建西溪创意产业园、运河天地文创园、宁波国家广告产业园、绍兴金德隆文创园等文创园区，为实现文化产业集聚化、规模化发展提供重要平台。培植和建设湖州湖笔小镇、丽水青瓷小镇、绍兴越剧小镇、台州和合小镇等各具文化内涵的特色小镇，推动“产、城、人、文”创新融合，推进新型城镇化和乡村振兴。打造杭州桥西历史文化街区、湖州小西街文创街区、绍兴兰亭文创街区、泰顺石文化创意街区等文化创意街区，促进传统文化与现代产业有机融合，让全省人民共享文化产业发展成果。

【文化重点业态发展】 2019年，浙江省文化和旅游部门重点监测的全省规模以上“文化重点业态”包涵游戏、创意设计、艺术品与工艺美术品、文化传播介质设备制造与销售等15个类别，规模以上企业2771家。总资产1.08万亿元，比上年增长18.4%；营业收入8041.30亿元，增长18.0%。游戏、创意设计、艺术品与工艺美术品3个类别营业收入分别为4286.54亿元、963.82亿元和761.10亿元，占营业总收入的四分之三。文化传播介质设备制造与销售、创意设计、网络文化服务和游戏4类营业收入，分别增长39.5%、33.2%、22.4%和22.3%。全省“文化重点业态”呈现地域集聚分布态势，半数以上的企业集中在杭州、宁波、绍兴等城市。其中杭州为“文化重点业态”最集聚的地区，占总体比重四分之一以上 。

（省文化和旅游厅　林　静）

数字经济
Digital　Economy

综　述

【概况】 2019年，浙江省加快推进国家数字经济示范省建设。实施数字经济“五年倍增计划”，以“五个一百”（100个无人车间无人工厂、100家骨干数字企业、100个数字化重大项目、100个园区改造、100亿产业投资基金）为重点聚力数字产业化发展和产业数字化转型。浙江获批创建全国首批国家数字经济创新发展试验区，数字经济发展呈现规模增长强劲、创新融合驱动加快、新动能发展壮大的良好态势，引领全省经济高质量发展。全年全省数字经济实现增加值2.69万亿元，比上年增长15.6%，占地区生产总值（GDP）的43.3%，提升1.76个百分点。总量和增速均居全国第四位。全省数字经济发展指数达115%，其中基础设施、数字产业化、产业数字化、新业态新模式及政府与社会数字化发展指数分别为120.9%、105.4%、102.4%、128.2%和130.2%。

【数字经济发展统筹谋划】 2019年，省委、省政府加强数字经济发展工作统筹谋划，完善数字经济发展推进机制。组织召开全省数字经济发展领导小组全体会议，部署全省推进数字经济发展工作要点、实施40项重点任务。制订《关于加快数字经济发展的若干政策措施》，省财政安排专项资金100亿元，支持数字经济发展。推进数字经济地方立法，组织起草《浙江省数字经济促进条例（草案）》，列入省人大常委会年度立法预备项目。制订并实施数字科技创新中心、新型贸易中心、新兴金融中心、“城市大脑”、数字大湾区及移动支付之省建设行动方案，加快推进“三区三中心”和标志性引领性项目建设，推进“五个一百”重点任务落到实处。综合运用数字经济发展年度综合评价、政策专项审计、专项督查、考核评估等举措，加强部门协同，建立和健全各地推进数字经济发展工作机制。

【数字产业化发展】 2019年，浙江省组织实施数字产业化提升行动，推进集成电路、软件、云计算、大数据、人工智能等产业发展，数字产业发展势头强劲，规模和能级不断提升。全年全省数字经济核心产业实现增加值6228.94亿元，比上年增长14.5%，高出GDP增速7.7个百分点，占全省GDP的10%，对全省GDP增长贡献率19.6%；全省规模以上数字经济核心产业营业收入1.91万亿元，增长15.6%，高出规模以上工业12.2个百分点。数字产业从业人员119.9万人。加快实施集成电路“强芯”行动，推进杭州、宁波、绍兴等6个省级集成电路产业基地建设，中芯集成电路制造（绍兴）有限公司、杭州中欣晶圆半导体股份有限公司、金瑞泓科技（衢州）有限公司等集成电路项目建成投产，“玄铁910处理器芯片”“含光800人工智能推理芯片”等产品研发成功，设计、制造、封装、测试一体化产业链日益完善，集成电路产业营业收入增长20%以上。加快推进人工智能、智能硬件、虚拟现实、柔性电子、超高清视频等新兴产业发展，制定出台《关于加快新一

2019年10月20日，国家数字经济创新发展试验区启动会在乌镇召开

（省经信厅　供图）

代人工智能创新发展的实施意见》。全年全省规模以上人工智能产业实现增加值475.6亿元，增长21.3%。杭州、德清获批国家新一代人工智能创新发展试验区，海康威视数字技术股份有限公司"视频感知"入选国家新一代人工智能开放创新平台。制定实施《浙江省超高清视频产业发展行动计划（2019—2022年）》《杭州数字安防先进制造业集群培育实施方案》，国家短视频基地成功落户杭州。加快推进区块链技术研发和经济社会融合创新应用，推进杭州区块链产业园、中钞区块链技术研究院等平台建设，蚂蚁金融服务集团推出40个区块链应用场景，杭州区块链领域全球专利数量居全国第三。龙头企业培育成效显现。全年全省业务收入超1000亿元企业1家，超100亿元企业25家，14家企业入选全国电子信息百强企业榜，上榜企业数居全国第二位，新增数字经济领域境内外上市企业19家，总数111家。

【数字经济开放合作】 2019年，浙江省推动数字经济开放合作发展，推进与阿里巴巴集团、华为技术有限公司等知名企业的合作交流与产业对接，谋划华为鲲鹏计算产业生态建设，助力浙江长三角经济发展。推进长三角5G网络一体化建设，建立一体化的长三角卫星定位基准服务系统，联合上海、江苏、安徽两省一市获批合作建设长三角工业互联网一体化发展示范区。办好第六届世界互联网大会、世界数字经济大会、第三届中国（浙江）—欧洲（德国）数字经济和高新技术产业高峰对接会、浙江省数字经济成果展等重要展会和论坛，支持全省各地举办数字经济招商和推介活动，吸引全球数字经济领军企业、优质项目、创新成果和高端资源落户浙江。联合《浙江日报》开设浙江省数字经济网，发布全省数字经济热度排行榜，强化主流媒体对数字经济典型案例和经验做法的宣传与推广，打响浙江发展数字经济的"金名片"。

软件和信息技术服务业

【概况】 2019年，浙江省实施软件能力提升行动，加快建设杭州国际软件名城和宁波特色软件名城，推进全省软件产业持续领跑全国，浙江省软件产业综合发展指数居全国第三位。全年全省实现软件业务收入6101.8亿元，比上年增长17.6%，高于全国平均水平2.2个百分点；产业规模居全国第四位，增速快于广东、北京、江苏和上海等省市，居全国第二位。实现利润1752.4亿元，增长11.0%，增速高于全国平均水平1.1个百分点，销售利润率28.7%，居全国第一位。杭州为全省软件产业主要集聚区，软件业务收入4980.9亿元，增长16.2%，占全省比重的81.6%；宁波软件业务收入819亿元，增长25.1%，占全省比重的13.4%；嘉兴、金华等9个设区市软件业务收入占全省比重的5.0%。

【产业数字化转型】 2019年，浙江省推进互联网、大数据、人工智能等新一代信息技术和实体经济深度融合，促进产业数字化转型，产业数字化发展指数居全国第一位。全省制造业实行数字化转型，实施"十百千万"（分行业智能化技术改造、百项智能制造新模式示范应用、千项智能化技术改造示范项目、万企智能化技术改造诊断计划）智能化改造行动，建立"分行业推进+现场会推广+技术改造考核评价"推进模式，组织实施5000项智能化技术改造项目。完成投资1690亿元，新增应用工业机器人1.8万台，在役机器人8.9万台。实施百个"无人车间""无人工厂"，创建省级数字化车间和智能工厂114个，认定省级数字化示范（试点）园区101个。制造业数字化转型推动传统产业质量效益提升。全年规模以上工业增加值增长6.6%，10个重点传统制造业增长7.1%，呈现"好于预期、高于全国、领先东部"的态势。完善和优化"1+N"工业互联网平台建设，supET平台入选国家十大跨行业跨领域工业互联网平台，培育行业级、区域级和企业级工业互联网平台65个，接入工业设备20万台（套），开发集成工业App1.3万款。建立省工业互联网标识应用推广联盟，推进工业互联网标识解析体系建设，完成省内6家二级节点的上线运行。构建由116家工业信息工程服务机构组成的资源池，形成"平台赋能服务商，服务商服务中小企业"的三级业务模式。新增上云企业6万家，累计37.78万家。制订《浙江省生产性服务业高质量发展行动计划（2019-2022年）》《关于加快工业和信息化领域生产性服务业和服务型制造发展的行动方案》，开展第三批省级服务型制造示范企业（平台）创建工作。新增示范企业67家、示范平台22个，引导企业发展数字化生产性服务业。推动工业设计数字化发展，建立"设计浙江"线上平台，推进生产性服务业数字化、专业化、规模化、高端化发展。推进杭州、湖州等市信息消费示范城市建设，降低信息消费成本，扩大居民、企业信息消费。全年全省智能手机、可穿戴智能设备等新型消费商品零售额分别增长124.0%和85.1%。制订《浙江省数字乡村建设实施方案》，促进数字技术与农业生产、产品流通、公共服务、行政监管、乡村治理等深度融合。全省建成国家级农业农村信息化示范基地9个，确立农业生产经营主体开展数字农业工厂试点示范72家。全省85个涉农县（市、区）全部建成农产品质量安全追溯体系。创建益农信息社2.38万个，实现全省行政村全覆盖，便民服务6235.2万人次。全省拥有涉农网店2.1万个，网络零售额超过1000万的电子商务专业村1720个、电商镇256个，实现农产品网络零售额842.9亿元。

【数字科技创新】 2019年，浙江省推进数字科技创新工作。省政府制订出台《关于加快之江实验室建设的意见》，之江实验室开展智能感知、智能计算、智能网络、智能系统基础前沿研究和人才引进工作，新引进高层次人才50人，完成国家、省级自然科学基金项目38项，之江实验室园区一期建设工程加快推进。达摩院量子实验室投入使用，形成蚂蚁共享智能平台、区块链平台BAAS等一批自主研发的创新成果。实施数字经济标准化战略重大试点项目，制订数字经济领域"浙江制造"标准55项，批准筹建区块链省级专业标准化技术委员会、省数字经济标准创新联盟。加快建设网络信息技术、微纳技术及应用产业、物联网传感器等产业创新服务综合体。全年全省规模以上电子制造业技术研究经费占营业收入4.0%，全省数字经济核心产业有效发明专利4.91万件，比上年增长12.2%，新增高新技术企业4806家、省级科技型中小企业12779家。引进数字经济高端人才，杭州和宁波引进数字经济高端人才分别居全国第一、第二位，新引进数字经济领域领军型创新创业团队9个、"千人计划"数字经济领域外国专家20多人。杭州萧山区创建中国数字经济人才集聚区，建立数字经济产教融合联盟，组织11.3万人次参加数字经济领域职业技能培训。

【新业态新模式创新】 2019年，浙江省推进跨境电商、金融科技、新零售、移动支付等新业态、新模式发展，加快建设新型贸易中心和新兴金融中心。全年全省实现网络零售额1.98万亿元，比上年增长18.4%，占全国网络零售总额的17%。跨境网络零售出口777.1亿元，增长35.3%。全省发生移动支付454.5亿笔、金额51.5万亿元，金额增长44.4%。制订《浙江省新型贸易中心建设行动方案》，谋划新型贸易中心"四大体系"建设，实施重点工作任务46项，创建具有平台交易、资源配置、模式创新和规则制订等功能的新型贸易中心。加快建设杭州、宁波、义乌跨境电商综试区，温州、绍兴入选全国第四批跨境电商综合试验区，全省跨境电商综合试验区增至5个；新增省级产业集群跨境电商试点17个。阿里巴巴世界电子贸易平台(eWTP)境内外布局稳步推进，12月秘书处落户杭州，比利时和义乌、宁波等市试点项目落地，义乌eWTP全球创新中心、eWTP菜鸟号运邮班列及卢旺达数字贸易枢纽等项目建设取得新进展。杭州、宁波、衢州3个城市列入新零售标杆创建城市，52家企业列入浙江省新零售示范企业。全省开设"盒马鲜生"(阿里巴巴新零售业态)17家、"天猫小店"超过700家，阿里巴巴集团首条"口碑街"(本地新零售生活街)在萧山建成。制订《浙江省新兴金融中心建设行动方案》，实施新兴金融中心建设重点任务43项，推进"一湾、一城、一省、多区"新兴金融中心建设。世界银行全球数字金融中心落户杭州。基于人脸识别技术的线下支付应用、宁波大交通金融服务应用等33个项目获批国家金融科技应用试点。台州小微金改的"两平台一基金"(信用信息共享平台、商标专用权质押融资平台和小微企业信用保证基金)等成功经验在全省、全国复制推广。加强金融保障和风险防控，完善金融风险"天罗地网"监测防控系统，持续加大网贷风险出清力度。全省有存量网贷机构29家，涉及未兑付金额310亿元，投资者42万人，分别比上年下降85%、69%和79%。制订《浙江移动支付之省建设工作方案(2019-2022年)》，开展移动支付技术和机制创新，推动移动支付在社会各领域广泛应用。全年全省发生银联标准手机pay和二维码交易2.9亿笔，增长93%，蚂蚁金融服务集团全球服务用户超过12亿户。

【数字化应用发展】 2019年，浙江省推进政务机构和经济领域数字化应用，提升数字普惠水平。加强一体化政务服务平台建设，打造"掌上办事"之省。高标准建设全省政务服务一张网，创建全省统一的移动政务服务平台"浙里办"，提升网上政务服务能力。实名注册用户超过3000万户，日均访问量超过1500万次，全省政务服务网网上可办率100%、掌上可办率80.5%、"跑零次"率97.4%，352项民生事项实现"一证通办"，上线应用40项群众企业"一件事"。推进机关内部"最多跑一次"改革，打造"掌上办公"之省。创建全省统一的在线政务协同平台"浙政钉"，推动网上办公成为常态。推进"互联网+监管"系统建设，打造"掌上执法"之省。强化一体化省级"互联网+监管"平台建设，实现省、市、县三级38个执法领域全覆盖，形成全省统一的监管数据中心。制订《浙江省"城市大脑"建设应用行动方案》，杭州"城市大脑"涵盖公共交通、城市管理、卫生健康、基层治理等11个系统48个应用场景，完成从"治堵"到"治城"的转变。加速推进衢州、湖州、德清"城市大脑"在各领域的示范试点建设与应用。实现电子健康卡和电子社保卡"两卡融合、一网通办"，整合预约挂号、检验检查报告查询、互联网医院、医保支付等高频医疗医保应用。省、市级医院高峰挂号排队时间从8.21分钟缩短至2.76分钟，门诊智慧结算率76.4%。全省4个智慧健康养老基地、13个街道(乡镇)和3家企业列入第三批国家智慧健康养老应用试点示范。1515个结对学校完全满足远程专递课堂、名师网络课堂的技术环境要求。建设之江汇教育广场，入驻教师55万人，平台访问量突破18.6亿人次，获教育部推荐参评联合国教科文组织哈马德国王奖。完成首批"互联网+"智慧能源(能源互联网)示范项目建设并通过国家验收，用能权交易平台建设走在全国前列，实施用能权交易项目652个，交易资金1.76亿元。"诗画浙江·文化和旅游信息服务平台"上线运行、并全省贯通，省、市、县三级推广，汇聚全省100%的AAAA级及以上景区、90%的AAA级以上饭店和80%的旅行社等信息，服务游客1600多万人次。

电子信息制造业

【概况】 2019年，浙江省电子信息制造业实施数字经济"一号工程"，推进数字产业化和产业数字化，大力培育新技术、新服务、新模式、新产业，行业运行平稳向好，新动能培育加快。全省规模以上电子信息制造企业完成增加值2073.6亿元，比上年增长14.3%，分别高出规模以上工业7.7个和2.5个百分点，高出全国电子行业5.4个百分点。电子制造业引领新兴产业增长，高出八大万亿产业中的高端装备、时尚、节能环保、健康和文化制造业等产业增速9.1、10.1、8.6、6和9.9个百分点。规模以上企业实现总产值9281.7

亿元、出口交货值2115.8亿元、营业收入9902.4亿元，利润661.2亿元，分别增长9.8%、4.8%、10.5%和13%。全省形成通信和计算机网络、通信电缆及光缆、电子信息机电和新型电子元器件及材料4个超1000亿元产业集群，分别完成营业收入2807.2亿元、1304.9亿元、2722.3亿元和1721.3亿元；分别增长20.5%、5.8%、11.1%和3.1%。华为鲲鹏智能计算、龙芯智慧产业园、中芯集成电路制造（绍兴）有限公司、杭州中欣晶圆半导体股份有限公司、金瑞泓科技（衢州）有限公司等重大项目先后落地或投产，浙江省电子信息制造业规模跃居全国第三位。

【产业布局优化】 2019年，浙江省进一步优化电子信息制造业产业布局，形成杭州、宁波、嘉兴各具特色的产业集群，实现“一核二优多园”的产业发展布局。依托国家自主创新示范区、杭州城西科创大走廊，加快建设信息经济“六大中心”，培育国家数字安防基地，打造1万亿元级信息产业集聚区，形成辐射和支撑全省发展新一代信息技术产业的创新高地和加快发展信息经济的核心区域。构建宁波、嘉兴环杭州湾南北两岸信息产业两大优势发展区域，与杭州形成错位协同发展格局。宁波重点发展平板显示、通信和计算机产品、集成电路、信息家电、汽车电子、半导体照明、仪器仪表与新型电子元器件；嘉兴重点发展通信电子、光伏、集成电路、物联网、云计算，打造1000亿元级信息产业集聚区，与杭州共同引领全省信息产业发展。在信息经济发展示范区、信息经济特色小镇等产业集聚区，建设一批具有较高品牌知名度和产业集聚度的信息产业园区，创建电子信息产业重要产业集群和创新平台。

【电子新产品研发】 2019年，浙江省加快推进之江实验室、阿里达摩院、数字大湾区、柔性电子省级制造业创新中心等创新载体建设。积极推进集成电路、智能硬件、柔性电子、人工智能、5G等领域的研发创新与应用，新品开发、研发投入强度等指标高于规模以上工业。全省规模以上电子信息制造业完成新产品产值5833.3亿元，比上年增长13.1%。新产品产值率62.9%，高出全省规模以上工业24.7个百分点，在全省列入国家“三新”统计的10种新产品产量中，光纤、太阳能电池分别增长153.2%和26.7%。规模以上电子制造业的研发经费391.4亿元，增长14.7%，占主营业务收入的3.95%，高出全省规模以上工业1.69个百分点。企业为主体的创新体系加快建设，一批创新能力强的高新技术企业加快发展。推进5G商用和5G产业培育，全省以5G应用实践带动产业发展，在超高清直播、5G无人机直播、远程医疗急救、5G无人驾驶汽车、智能制造等领域集聚一批新产品，形成一批应用示范项目成果。推进中国移动5G联合创新中心、滨江物联网小镇5G实验室、5G创新园等创新平台建设。浙江在超高清视频监控安防应用、内容制作、节目播出等领域形成比较优势，其中5G+超高清视频直播率先在重要会议、重大赛事中应用。嘉兴实施4K超高清地面数字电视广播实验网络项目建设，浙江超高清视频产业发展进一步加快。

【电子信息产业科技创新】 2019年，浙江省推进电子信息核心关键技术攻关。聚焦关键技术与产品，形成重点产业关键核心技术清单。以企业为主体，依托和联合浙江大学、西湖大学、清华长三角研究院等重点高等院校，签订关键核心技术攻关任务书，年内一批关键核心技术取得突破。全年全行业投入研发经费391.4亿元，比上年增长14.7%。重点骨干企业成为电子信息制造业研发投入的骨干力量。半导体材料领域、通信设备及光学光电子领域研发投入强度最高。全省电子信息制造业国际专利申请量2525件，增长63.0%。电子信息制造业细分领域中通信设备、电子器件制造、电子元件及电子专用材料制造三大领域的发明专利占电子信息制造业的大部分。

2019年11月11日，浙江省鲲鹏计算产业联盟正式成立　　（省经信厅　供图）

信息基础设施

【概况】 2019年，浙江省加快新型信息基础设施布局，推进基础设施智能化转型，夯实信息产业最优发展基础。全省拥有固定互联网宽带接入用户2782.05万户，每100户家庭中有固定互联网宽带48.5户；移动互联网用户7047.19万户，移动电话普及率152.3部/百人。全省建立各类数据中心190多个，其中大型和超大型数据中心5个。建成5G基站1.58万个，IPv6（互联网协议第6版）用户9269万户，其中移动互联网用户6847万户。全省行政村实现4G网络和光纤网络全覆盖。

【新型基础设施发展】2019年，国家（杭州）新型互联网交换中心获批建设，成为全国首个国家新型互联网交换中心试点项目。年内完成杭州国家级互联网骨干直联点网间带宽扩容300G，网间总带宽增至560G。建成桐乡市国际互联网数据专用通道。根据《关于浙江省数据中心优化布局建设的意见》，加快启动杭钢大型数据中心、阿里云超大型数据中心建设。推动浙江根镜像服务器项目和国家域名服务节点项目建设应用，推动F根服务器浙江镜像节点上线发布。

【网络升级与推广普及】2019年，浙江省组织实施“5G+”行动计划，支持杭州建设全球5G先行城市，5G创新园和5G创新谷开工建设，杭州、宁波、温州、嘉兴主城区及县市城区和乌镇实现连续覆盖，建成交付5G基站15770个。5G示范应用全面铺开，在高清视频、智慧交通、工业制造、智慧医疗等10多个领域开展140多项场景应用，并呈现加速扩展和深度发展的态势。推动IPv6规模部署应用，全省IPv6覆盖用户9269万户，其中移动互联网用户6847万户，移动互联网活跃度为94.3%；开通IPv6专线30条。建成基站4万余个，发展物联网终端用户1.19亿户，物联网终端覆盖乡镇和大部分行政村。加快农村地区网络基础设施建设，提高偏远行政村、边疆、海岛等地区网络覆盖水平，全省行政村100%实现4G网络和光纤网络覆盖。

【网络安全保障】 2019年，浙江省完成省级网络安全协调指挥平台二期建设，实现对全省5109个重要信息系统实时监测和重大事件联动处置。出台《浙江省政务数据安全管理办法》《浙江省信息技术服务外包网络安全管理办法》，制订《浙江省党委（党组）网络安全工作指标体系》，加强网络安全预警监测。加强工业控制系统信息安全保障体系建设。建设工业控制系统在线监测预警平台，支持30多种工业控制系统专用端口和通信协议的识别监测，实现与国家平台数据对接与共享。

（省经信厅　郑闽红）

通信服务

【概况】 2019年，浙江省完成电信业务总量6716.44亿元，比上年增长63.8%；完成电信业务收入805.89亿元，下降2.5%；电信业务总量和电信业务收入均列全国第三位。电信业务收入中，移动通信业务收入544.05亿元，占主营业务收入的67.5%；固定通信业务收入261.84亿元，占主营业务收入的32.5%。全年全省新增电话用户583.89万户，总数10046.13万户。其中：固定电话用户增加156.26万户，总数1309.75万户；移动电话用户增加427.63万户，总数8736.38万户，普及率152.3部/百人。移动电话用户中，3G用户总数119.64万户，占移动电话用户的1.4%，4G用户总数6912.67万户，占移动电话用户的79.1%。全省电信固定资产投资171.32亿元，其中，4G投资56.11亿元，5G投资24.80亿元。固定互联网宽带接入用户2782.05万户，互联网宽带用户数居全国第五位。其中：20兆以上宽带接入用户2766.40万户，占99.4%；100兆以上宽带接入用户2411.29万户，占86.7%；1000兆以上宽带接入用户14.25万户，占0.5%。光纤接入用户2509.22万户。移动互联网接入流量76.2亿万G，户均移动互联网接入流量10.13G，户均手机上网流量9.82G。

【农村网络基础设施维护】 2019年，省通信管理局印发《浙江省信息通信行业加强农村网络日常维护 保障用户正常使用专项整治工作方案》《关于进一步深入开展农村网络使用和维护问题专项整治工作的通知》《关于进一步加强农村网络用户申投诉处理工作的通知》，加强农村网络基础设施维护工作。召开全省通信行业动员部署会议。开展农村网络使用专项整治行动。省通信管理局由领导带队，深入台州、丽水、杭州等4个市9个行政村进行调研，查阅整治工作资料和台账，针对检查发现的问题，督促相关单位限期完成整改，并在省通信管理局网站公布整改工作进度。试行农村网络基础设施集中维护模式。提高网络设施工程施工标准，将网络故障修复时间从72小时缩短到48小时。

【5G产业发展】 2019年，浙江省5G产业应用工作加快推进。出台《浙江省人民政府关于加快推进5G产业发展的实施意见》，举办工业和信息化部、省政府和四大电信企业集团共同参加的“5G+行动”发布会。全省10个设区市相继出台推进5G产业发展的政策性文件。杭州、宁波、温州、嘉兴

2019年4月28日，省政府、工业信息化部与四大电信企业集团在杭州共同举办“5G+行动”发布会　（省经信厅　供图）

等市开展大规模5G网络建设，建成5G基站1.5万余个。其中杭州实现主城区5G基站全覆盖，基站规模超7600个。全省5G产业联盟发展会员138个，发布5G创新应用示范项目50项，第二届“绽放杯”5G应用大赛浙江获奖总数全国第一。

【国家新型互联网交换中心试点落户杭州】 2019年10月，工业和信息化部批复同意在杭州开展国家新型互联网交换中心试点，国家(杭州)新型互联网交换中心正式挂牌。10月19日，工业和信息化部副部长陈肇雄与浙江省副省长高兴夫共同为交换中心揭牌。交换中心集中汇聚网络资源和互通流量，实现“一点接入，全网联通”，促进网络资源开放共享。省通信管理局、省经信厅作为试点工作责任主体。

【工业互联网标识解析体系建设】 2019年，省通信管理局加快推进省级工业互联网标识解析体系建设，积极探寻新的增长动能和发展路径。出台《关于加快推进浙江省工业互联网标识解析体系建设的实施意见》，编制《浙江省工业互联网标识解析节点体系规划部署研究报告》，建立省级工业互联网标识解析建设和运营机构评估机制。年内，初步形成工业互联网标识解析服务体系，组成由17名专家参加的省级工业互联网标识解析专家库，开展工业互联网标识解析体系建设业务培训2次，推动二级节点建设和标识应用取得阶段性成果。

【助力政府数字化转型】 2019年，全省通信管理部门简化通信办事流程，通信业务实现网上办理或邮寄办理，业务经营许可审批、电信网码号资源业务审批等35个事项入驻浙江政务服务网，办结时限缩减40%以上。优化网络报装服务，网络报装平均时间压缩至2个工作日内，该项业务入驻浙江政务服务网和“浙里办”App，实现网络报装网上办、掌上办。稳步推进“携号转网”工作，按期保质完成网络建设、联调联测、上线试运行三个阶段工作任务，于11月27日正式投入运营服务。

【应急通信保障体系建设】 2019年，省通信管理局加强应急通信保障体系建设。完善各类重大任务和防汛防台等应急通信保障方案，组织“不忘初心筑基础、牢记使命保畅通”全省通信保障应急演练、公共互联网网络安全应急演练和网络安全技能竞赛，完成全国和省“两会”、国庆70周年系列活动、第六届世界互联网大会、防御“利奇马”台风等通信保障任务，无重大通信网络运行故障发生。防范和打击通信信息诈骗，电信企业累计拦截“黑名单”号码通话468.86万次，处置关停疑似涉诈号码880个，推送公安线索9.17万条，阻断境外恶意网址访问27.6亿次。开展“骚扰电话”综合整治，会同13个省级部门建立多部门联合工作机制，对全省11个设区市进行全覆盖专项检查，全省骚扰电话被举报量月均降幅69.5%。推进行风纠风行动，规范用户申诉处理流程，完善申诉处理、上门接待、服务质量检查、考核奖惩、现场管理等流程。

（省通信管理局　朱　锐）

【浙江电信公司信息化建设】 2019年，中国电信股份有限公司浙江分公司(简称浙江电信公司)发挥信息化建设主力军作用，为浙江经济发展办实事、做贡献。全年完成主营业务收入233.73亿元，比上年下降4.1%。其中云、物联网、大数据等新兴业务收入占28.5%，下降2.4个百分点。手机用户规模1620万户。销售泛智能终端100万台，发展泛智能合约用户6万户，自有渠道智慧生活终端销量排名全国第5位。推进11个设区市5G网络共建共享，其中杭州主城区基本实现5G全覆盖。全省光网城镇FTTH(光纤到户)覆盖率、农村FTTH(光纤到户)光改率均达99%。业务开通自动化率达84%。全面提供携号转网服务。提升客户服务能力，宽带业务实现“当日装、当日修、慢必赔”，履约率超过95%。政企服务实现专线开通大提速，客户经理全流程设计专票寄送服务。营业服务实行“仪容仪表规范、服务行为规范、服务用语规范、服务礼仪规范、投诉处理规范”标准化服务运营。“10000”热线实施“最多拨一次”服务，人工一次解决率提升0.7个百分点，用户满意度达98.3%。浙江电信公司圆满完成庆祝中华人民共和国成立70周年、第六届世界互联网大会、防御超强台风“利奇马”等重大通信保障任务。

【浙江电信公司提速降费】 2019年，浙江电信公司深入推进提速降费行动。自5月1日起，对中小企业互联网专线标准资费下调15%，50M以下互联网专线用户免费提速至50M；100M以下商务专线和标准宽带用户免费提速至100M。中小企业普通宽带平均资费比上年下降22.5%，普通专线下降23.1%。降低移动网络流量平均资费，国内手机流量单价下降39.8%。推出放心用流量包、港澳台漫游流量包等大流量产品，满足用户多元化流量需求。改造提升远程教育和远程医疗网络。开展“数字校园天翼行”助力学校联网行动，100M以下中小学校网络全面提速。配合各级卫生健康委推进远程医疗网络建设，县级以上医院和医联体医疗专网建设进度加快。

【浙江电信公司农村网络维护】 2019年，浙江电信公司制订加强农村网络日常维护保障用户正常使用专项工作实施方案，成立“落实漠视侵害群众利益问题专项整治工作”领导小组和工作小组，向农村用户发送公益短信12万条，定期向当地政府报告农村网络专项整治情况，对偏远农村网络进行专业巡检和支撑保障。全年新建农村宽带端口88万个，行政村光网覆盖率达99%，农村4G网络覆盖率基本与城市同等。建立涉农网络故障快速解决和升级处理机制，全年处置各类网络故障1.96万个，整治损坏线路1546千米，培训农村维护人员2822人。对乡镇政府所在地、医院(卫生院)、中小学、养老院社区等区域实施分等分级网络保障。农村网络故障处理时限下降至3小时，修复及时率98.7%。全年浙江电信公司投入农村网络建设资金5亿元，完成54个对口贫困村光纤、4G覆盖及衢州、丽水1233个行政村光宽带"村通"建设,1.8万用户享受"致富包"业务扶贫优惠。

(浙江电信公司　任　捷)

【浙江移动公司主营业务收入增长】 2019年,中国移动通信集团浙江有限公司(简称浙江移动公司)完成主营业务收入475.6亿元,比上年增长5.4%;净利润100.2亿元,增长5.3%。公司主营业务收入增速、市场综合能力、手机上网流量份额、新增客户份额等均居集团第一位。客户服务工作全面达标,4G应用、家庭宽带满意度、网络运行维护水平均保持领先,网络运行维护连续3年获集团一等奖。浙江移动公司被国务院国资委授予"深化人才发展体制机制改革示范企业"称号。

【浙江移动公司网络建设】 2019年,浙江移动公司加强网络建设,促进市场客户增量与存量协同发展,手机上网流量显著增长,通话客户份额继续提升,家庭融合率集团排名第一位,有线宽带客户份额集团排名第二位,专线收入规模、物联网收入与连接数规模均居集团前列。加快新动能培育,"咪咕爱看"、宽带电视等新业务有较大增长,行业视频接入总数、ICT收入规模分别居集团排名第一位和第三位,小微企业园区大脑平台项目获省智慧城市建设最高奖。打造服务领先优势,家庭宽带、宽带电视和营业厅满意度等均居集团前列,客户投诉总量继续下降。加快5G发展,浙江移动公司建成全球首个基于SDN(软件自定义网络)的5G SA(独立电网)预商用网络、全球首个基于ARM(英国芯片设计公司ARM处理器技术)架构的网络云,5G网络规模集团排名第二位,杭州、宁波、温州、嘉兴4个市城区连续覆盖。推动5G+AICDE融合创新,完成5G商城整体架构研究和系统设计,5G手机用户规模居集团前列。区块链服务网络BSN全球运维中心落户杭州。浙江移动公司被中国移动通信集团授予5G创新实训基地称号。推进"最多跑一次""马上就办"专项行动,优化办事流程26项,为各类大型活动、雨雪洪涝等重大灾害提供通信保险。

【浙江移动公司重点领域改革】 2019年,浙江移动公司统筹推进重点领域改革和智慧项目运营。完善无线投诉集中化支撑体系,率先实现家庭客户支撑体系"五集中"(业务工单集中调度、服务质量集中管控、客户投诉集中处理、端到端质量集中分析、IT系统集中支撑)、集客(集团客户)支撑"六集中"(售前产品集中支撑、售中工单集中调度、售后投诉集中处理、业务与服务质量集中管控、IT系统集中支撑、支撑合规性集中稽核),公司获全国首批、运营商首个"卓越级"云MSP认证。加快政企运营体系改革,初步构建"1+6"的组织运营体系。推进基层网格化改革,推行"自有人员看管+渠道承包结对协同"的网格化模式,该模式获中国移动通信集团年度业务服务创新金奖。率先建成物联网端到端支撑保障体系,该体系获中国移动通信集团年度科技进步一等奖。完成重点领域低效无效资产清理,公司实现降本增效。开展"啄木鸟行动"(发动员工上报采购产品的质量问题),提高采购集中度,完善逆向物流体系。完成庆祝中华人民共和国成立70周年全国和省"两会"、第六届世界互联网大会等重大活动网络安全保障任务。

(浙江移动公司　马　红)

【浙江联通公司主营收入增长】 2019年,中国联合网络通信有限公司浙江省分公司(简称浙江联通公司)主要经营指标保持平稳增长,全省实现主营收入99亿元,比上年增长4.6%,排名全国第九。7个设区市收入增幅领先全行业,其中舟山收入增幅超过20%,绍兴新昌县、温州文成县、舟山普陀区、绍兴越城区等县区分公司收入增幅超过40%。手机用户规模持续提升,出账用户超过1000万户。面向智慧家庭构建泛终端融合运营体系,全年销售泛智能终端14万台,发展泛智能合约用户8万户,自有渠道智慧生活终端销量排名全国第二。7个领域率先实施细分行业专业化运营。完成义乌智慧城市网络建设顶层方案设计。年内签约:亿元级项目3个、千万元级项目30个、百万元级项目265个,合同金额16亿元,增长21.3%,"百县千家"完成率114%。发布全球首个全5G工业互联网端到端应用方案,开通全球首条5G自动微公交,全省275个营业厅建成5G智慧生活体验区。公司获软件著作权22件、实用新型专利2件,取得发明专利受理号15个。

【浙江联通公司体制机制改革】 2019年,浙江联通公司深入推进全生产场景划小改革。全省正式运营划小单元279个,省、市本级部门人员分别比上年减少15%和20%。引进高素质人才400多人,全省全口径劳动生产率达111万元/人。员工薪酬晋档率达29.5%、职级晋级率达17.5%。网运成本下降6.8%。启动资源跨域共享,大力盘活固定资产,全年节约折旧成本1200万元。法治化建设明显提升,防范打击通信信息诈骗,督促企业加强管理,落实用户真实信息登记相关规定,为用户挽回经济损失1.89亿元。

【浙江联通公司核心能力建设】 2019年,浙江联通公司加强核心能力建设,4G网络良好覆盖率达95%,比上年提高1.7个百分点;VoLTE(长期演进语音承载)良好覆盖率达95.7%,居全国第三位;视频、游戏、支付三大主流业务感知指标全国领先。全省建成5G基站3600多个,实现杭州市主城区连续覆盖,宁波、温州、嘉兴、绍兴等市热点区域全覆盖。政企业务端到端开通能力显著提高,完成全国首个虚拟化移动交换中心入网商用。有序推进系统架构升级,资源云化率达60%。垃圾短信举报率保持低位,诈骗电话和骚扰电话举报率分别下降44.8%和57.8%。实施大服务体系重塑、服务互联网化、网络NPS(净推荐值)跨越行动等措施,客户申诉受理率下降60.1%。

(浙江联通公司　汪旭栋)

【浙江铁塔公司通信网络建设】 2019年,中国铁塔股份有限公司浙江省分公司(简称浙江铁塔公司)推进优质移动通信网络建设。全年交付客户宏站(移动电话通讯设备)需求2.47万个,建成微站点位2093个。为省内3家电信企业攻克历史疑难站点1161个,单站造价下降2.6%。建成室分面积

2327万平方米，新增立项地铁项目3个、总里程43千米，新增立项高铁项目2个、总里程436千米。全力推进省内5G网络统筹建设。承接省内5G网络基站建设需求1.67万个，交付1.12万个。5G建设规模居全国前列，促进省内5G商用提速。推进行业降本增效工作，积极实施峰谷电改造、电费精细化管理等措施，全年电费下降5.8%。深化信息基础设施共建共享，单站电信企业租户增长3.8%。新建地面宏站和微站社会资源利用率分别达11.7%和72.7%。全面提升省内信息通信基础网络质量，全省站址达9.08万座，增长3.2%。

【浙江铁塔公司科技创新】 2019年，浙江铁塔公司设立5G创新实验室，深入开展5G创新研究。实施5G智能电源、智能配电、5G创新塔房、5G高铁、地铁隧道覆盖等科技创新项目，推进5G网络快速全面覆盖。12月30日，浙江铁塔公司牵头联合40多家行业领头企业，成立浙江省智慧杆产业联盟，在杭州、绍兴、嘉兴等设区市推进智慧杆建设。其中，嘉兴市区将中环南路杆塔减杆率达70%。主动参与物联网、车联网、工业互联网、智慧城市、人工智能、边缘计算等项目建设，提供“5G+AI+物联网”端到端综合解决方案。为全省环保、国土、水利、公安、应急、电力、林业、地震、海事等32个行业领域、771个单位提供社会资源共享服务。 （浙江铁塔公司 叶茂锹）

【浙江通服公司业务收入增长】 2019年，浙江省通信产业服务有限公司（简称浙江通服公司）实现业务收入138.7亿元，比上年增长9.8%。其中海外业务收入增长21%，公司中标沙特国家电力公司智能电表项目。助推行业信息化建设，创建四大创新产品基地（云工程、智慧运维、智慧小镇和云展厅研究基地），打造综合性智慧类平台产品。拓展中东、非洲及菲律宾三大海外重点市场，国外业务收入增长21%。主动参与全省“智慧城镇”“美丽乡村”建设，发挥通服企业“顾问+雇员”模式优势和一体化服务能力，获省委、省政府颁发的全省小城镇环境综合整治行动“突出贡献集体奖”。组建5支专业保障团队，完成第六届世界互联网大会乌镇峰会通信线路建设改造、5G网络安装调测、“互联网之光”博览会设计布展、分论坛筹备服务等任务。主动参与2022年杭州亚运会信息化建设，编制发行《亚运会信息技术及通信保障设计导则》，该导则成为第19届亚运会信息技术和通信系统建设和保障的规范性指导手册。公司先后参与亚组委新大楼智能化设计施工、导视系统设计、智慧云展厅等场馆信息化建设。 （浙江通服公司 许继康）

【中移铁通浙江分公司加快发展】 2019年，中移铁通有限公司浙江分公司（简称中移铁通浙江分公司）围绕“高质量、智能化”发展要求，构建价值经营体系和高效协同的组织运营体系，加强专业人才队伍建设。全年实现营业收入42.3亿元，比上年增长12.9%。行业信息化系统开发从移动通信、铁路拓展至政府部门、房地产开发、广电等领域。公司拥有全省注册一级建造师32人，建造师专业涵盖通信广电、铁路、机电等5大专业。围绕公司战略发展规划要求，开展各类业务培训1200多场、参加培训3.55万人次，员工整体素质进一步提升。

（中移铁通浙江分公司 王珊珊）

农业 Agriculture

综述

【概况】 2019年，浙江省深入推进农业供给侧结构性改革，着力强化农业特色化发展、产业化经营、品牌化运作、数字化改造，进一步增强农业发展动能与活力。全年全省实现农林牧渔业增加值2135.25亿元，比上年增长2.0%。其中：农业增加值1143.59亿元，增长2.5%；林业增加值133.88亿元，增长2.3%；牧业增加值176.28亿元，下降5.7%；渔业增加值632.34亿元，增长2.2%；农林牧渔服务业增加值49.16亿元，增长10.0%。农村居民人均可支配收入2.99万元，增长9.4%，扣除价格因素，实际增长6.0%。粮食总产量592.15万吨，下降1.2%。其中：春粮47.50万吨，下降7.0%；秋粮484.33万吨，下降0.3%。蔬菜产量1878.06万吨，下降2.4%。茶叶产量17.72万吨，下降4.8%。中药材产量26.22万吨，增长6.7%。蚕茧产量1.97万吨，下降9.0%。水产品总产量600万吨，增长0.8%。其中：海水产品产量467万吨，下降0.4%；淡水产品产量133万吨，增长5.3%。肉类总产量111.62万吨，下降4.24%；生猪出栏918.02万头，下降8.91%；年末生猪存栏441.98万头（其中能繁母猪39.6万头），下降15.5%。

【农业园区与农产品品牌创建】 2019年，浙江省创建杭州富阳区新桐省级现代农业园区、宁波镇海区省级现代农业园区等省级现代农业园区11个。培育国家级骨干农业龙头企业9家，创建省级特色农业强镇29个。平阳县南麂镇、杭州西湖区转塘街道上城埭村等12个村镇成为全国“一村一品”示范村镇，示范村镇总数97个。全省实施耕田保护政策，严格保护粮食生产功能区54.05万公顷，完成提标改造3.7万公顷，建成高标准农地9.63万公顷。新建成单条10亿元以上农业全产业链12条，累计培育安吉白茶、诸暨珍珠等单条产值10亿元以上示范性农业全产业链80条。推荐公布农业区域公用品牌、农业企业品牌各50个。庆元香菇等3个特色农产品优势区入选“中国特色农产品优势区”。全年全省建成农家乐集聚村912个、农家乐22476户、农家乐特色点1233个，全省休闲农业总产值442.7亿元，接待游客2.6亿人次，带动销售农副产品122.9亿元。

【农产品质量安全监管】 2019年，浙江省加大农产品质量安全监管力度。加快推进农业标准化建设，发布浙江农产品质量地方标准14项。新增绿色食品420个、农产品地理标志35个、绿色食品基地1.05万公顷，认定现代农业园区、粮食生产功能区无公害农产品种植面积1.53万公顷，主要食用农产品中绿色优质农产品占55.6%。全年省、市、县、乡定量抽检各类农产品200万批次(含瘦肉精速测)，其中省级定量抽检2.2万批次，纳入考核的农产品监测合格率98.7%，不合格样品处置率100%。开展农药、“瘦肉精”、兽用抗生素、生猪屠宰、生鲜乳和农资打假六大专项行动，检查各类生产经营主体10.5万家次，查处问题1281件，责令整改782件，取缔无证企业19家，立案1059件，涉及金额1024.55万元，移送司法机关案件54起，全省农产品质量安全可控。

【农业安全生产监管】 2019年，浙江省农业安全生产呈现平稳态势。全年发生拖拉机道路交通事故67件，死亡18人，分别比上年下降44.2%和50.0%。发生农机道路外事故7件，增加4件；死亡2人，增加1人。未发生较大以上农机事故。发生渔船安全生产事故34件、死亡(失踪)38人，分别下降12.8%和17.4%。开展救助海难事件820件，救助遇险渔民6836人，挽回经济损失2.54亿元。渔业互助保险保额1886.3亿元，增长13.5%；赔付金额5.14亿元，下降1.2%。主要农作物病虫害为中等程度发生、局部偏重程度发生，发生程度重于上年。

【农业经营新型主体培育】 2019年，浙江省重视新型农业主体培育工作。全年新增家庭农场5000多个，发展纯粮食生产家庭农场的同时，探索粮食生产经营与基地农产品生产经营的结合发展。农民专业合作社4.73万个，合作社成员122.1万人，带动从业农户383.2万户；建成农民专业合作社联合社318个。农民专业合作社和联合社通过企业信用信息系统报送年度报告。培育农业生产社会化服务组织1.09万个，培训农村实用人才16.4万人、高素质农民2.8万人，转移就业培训4.7万人。省农业广播电视学校招收农民中专生4000人。

(省农业农村厅　杨天慧)

重要农产品生产

【概况】 2019年，浙江省推进农业高质量、现代化发展，加快发展高效生态农业。全年粮食播种面积977.44千公顷，比上年增长0.2%；粮食总产量592.15万吨，下降1.2%。油菜籽播种面积117千公顷，增长11.3%；蔬菜646千公顷，增长1.1%；花卉苗木162千公顷，增长2.2%；中药材53.5千公顷，增长6.3%；果用瓜99千公顷，下降1.0%。“菜篮子”产品产量稳定，蔬菜、水果、肉类、奶类产量分别为1878.06万吨、744.11万吨、93.91万吨、17.37万吨。农产品产销两旺，供给平稳有序，出口全面回升，农产品市场活跃。

【粮食生产】 2019年，浙江省粮食播种面积97.74万公顷，比上年增长0.2%；粮食总产量592.15万吨，下降1.2%；单位面积产量6058.2千克/公顷，下降1.3%。全省春粮播种面积12.74万公顷，下降1.8%；单位面积产量3729千克/公顷，下降5.3%；总产量47.5万吨，下降7.0%；全省早稻播种面积9.88万公顷，增长1.8%；单位面积产量6104.4千克/公顷，下降4.6%；总产量60.32万吨，下降2.9%。秋粮播种面积75.12万公顷，增长0.3%；单位面积产量6447千克/公顷，下降0.6%；总产量484.33万吨，下降0.3%；全省春粮、早稻和秋粮的总产量分别占全年粮食总产量的8.0%、10.2%和81.8%。全省谷物播种面积79.13万公顷，增长0.2%；产量528.57万吨，下降1.3%。稻谷面积62.75万公顷，下降3.6%；产量462.06万吨，下降3.2%。玉米面积7.64万公顷，增长54.9%；产量32.32万吨，增长56.6%。全省豆类播种面积11.87万公顷，增长5.0%；产量30.58万吨，增长8.4%。薯类播种面积6.74万公顷，下降7.3%；产量33.00万吨，下降6.2%。谷物、豆类和薯类的总产量分别占全年粮食总产量的89.2%、5.2%和5.6%。

(省农业农村厅　杨天慧)

【蔬菜生产】 2019年，浙江省蔬菜瓜果播种面积74.5万公顷，比上年增长0.5 %；总产量2161.8万吨，下降0.6%；实现产值634.68亿元，增长7.1 %。其中：蔬菜播种面积64.6万公顷，增长1.1%；产量1878.06万吨，下降2.4%；实现产值563.4亿元，增长8.1%。全省蔬菜出口3.91亿美元，下降0.6%。全省24个县(市、区)240个蔬菜监测点的25种蔬菜平均产地批发价4.14元/千克，增长10.7%。全省推进“放心菜园”建设，围绕“产地环境优、装备设施齐、生产管理精、质量管控严、产品品质佳、田园环境美”目标要求，建成省级“放心菜园”示范基地56个。推广蔬菜集约化育苗技术，培育具有一定规模的集约化育苗中心100个，全省培育蔬菜瓜果秧苗10.2亿株，大田应用面积6.67万公顷。推进蔬菜绿色高效生产技术集成与示范应用，全年推广蔬菜新型种植模式面积8.59万公顷，其中水旱轮作面积6.17万公顷。推广蔬菜病虫害绿色防控技术面积7.23万公顷，其中统防统治面积2.72万公顷。应用微灌技术面积3.28万公顷，其中应用水肥一体化技术面积2.32万公顷；应用机械化技术面积4.21万公顷，其中采用数字化、信息化装备面积1800公顷。实施蔬菜重大技术协同推广计划项目，建立示范点36个，进一步推进连作障碍土壤生态修复、植株抗性诱导、茭白薹管育苗、瓠瓜甜瓜番茄高品质栽培等方面的技术研发与示范。组织举办浙江省农商对接大会暨知名品牌农产品展示展销会、中国·浙江瓜菜种业博览会及精品番茄、精品西瓜评选活动，推进蔬菜产业品牌化、优质化发展。

(省农业农村厅　杨天慧)

【油料生产】 2019年，浙江省油料播种面积14.04万公顷，比上年增长9.3%；总产量31.93万吨，增长8.5%。其中：油菜播种面积11.68万公顷，增长11.3%；总产量25.66万吨，增长9.96%。花生播种面积1.66万公顷，增长5.0%；总产量5.03万吨，增长6.0%。余姚市马渚庆德农机服务专业合作社直播油菜亩产241.92千克、攻关田亩产250.41千克，创造浙江直播油菜亩产新纪录。海宁市林源油菜籽专业合作社移栽油菜攻关田亩产321.39千克、杂交油菜制种亩产170.32千克、杂交油菜攻关田亩产180.69千克,创造浙江移栽油菜和杂交油菜亩产新纪录。财政支持油菜生产发展,建德市、兰溪市、衢州衢江区、龙游县、开化县等获产油大县奖励569万元。

(省农业农村厅　杨天慧)

【食用菌生产】 2019年,浙江省食用菌生产规模11.62亿棒(袋、平方尺),比上年下降1.0%;总产量77.08万吨,下降1.9%;总产值59.14亿元,增长2.9%。全省食用菌主要产区丽水市和金华市食用菌总产量、总产值分别为54.06万吨和37.49亿元,分别增长2.8%和9.9%。食用菌出口额8996.2万美元,下降3.4%。主要出口日本、韩国、美国等国家。其中丽水市出口量最多,占总出口额的66.8%。受"南菇北移""东菇西扩"、生产成本上涨等影响,香菇、黑木耳、金针菇、蘑菇四大传统食用菌生产规模持续减小。金针菇、蘑菇生产由自然栽培转向工厂化栽培发展,珍稀新兴食用菌品种生产规模扩大。四大传统食用菌与新兴食用菌比例由上年的71.9:28.1调整至69.8:30.2。全省新兴食用菌品种增加到18种,并出现区域集聚发展趋势。金华市海鲜菇种植面积占全省海鲜菇种植面积92.1%;秀珍菇主产区衢州市种植面积占全省秀珍菇种植面积72.9%;杏鲍菇主产区宁波奉化市和丽水市莲都区占74.6%。全省有食用菌工厂化企业46家,减少20.6%;年生产能力7.5万吨,增长13%。全省农业技术推广部门引进和开发食用菌新菇种3种,推广食用菌生产新技术、新模式16项,建成示范基地17个,示范规模944.87万袋(平方尺),增加收入1244.64万元。省农技推广中心和省农科院承担的"设施香菇工厂化高效调控技术研究"获得重大进展,实现优质香菇周年化生产。武义创新食用菌有限公司等23家企业的生产基地被省农业农村厅认定为"特色菌园"。20个食用菌品种被省农技推广中心评为"浙江精品鲜菇"。"浙江庆元香菇文化系统"被农业农村部推荐向联合国粮农组织(FAO)申报全球重要农业文化遗产(GIAHS)。

【食用菌科技援疆扶贫】 2019年,浙江省助力新疆阿克苏地区实施"阿克苏生态化高效利用果枝栽培黑木耳技术试验示范"项目。帮助该地区建成黑木耳生产基地87个,并派出技术人员到阿克苏驻点指导,结合阿克苏地区核桃树、苹果树、红枣树等废弃枝条资源丰富的实际,根据废弃枝条的特性和黑木耳生长特点,研究制定不同枝条栽培黑木耳的高产高效基质配方和菌棒高效生产工艺技术。根据当地自然资源现状,提出林荫地拱棚设施生产和宽幅林带露地生产两种黑木耳栽培模式。全年种植黑木耳977.87万棒,收获黑木耳干品485.16吨,惠及193个贫困村5287户贫困户,户均增收5970多元。

【中国·丽水国际食用菌大会】 2019年11月10—12日,由中国食用菌协会、浙江省供销合作社、丽水市政府主办,浙江省食用菌协会、丽水市农业农村局、庆元县政府承办的中国·丽水国际食用菌大会暨第十一届庆元香菇文化节在庆元举行。中国食用菌协会会长顾国新、国际蘑菇学会主席格雷格·西莫等出席开幕式。大会以"香菇的世界,世界的香菇——新时代、新机遇、新市场"为主题,来自俄罗斯、日本、韩国等36个国家和国际组织负责人及国内省、市、自治区政府领导、专家学者、企业代表等1547人参会。大会举行中国食用菌发展形势报告会、国际食用菌产业振兴峰会、国际灵芝产业发展峰会、国际香菇发展峰会、国际食用菌工厂化栽培技术培训会等活动,共同探索食用菌新技术、新业态、新模式,推动食用菌产业转型升级。500多家食用菌行业企业、农民专业合作社等参会,签约合作协议投资金额5.2亿元,现场交易额2300万元。

(省农业农村厅　杨天慧)

【茶叶生产】 2019年,浙江省茶园总面积20.40万公顷,比上年增加0.35万公顷,增长1.8%;茶叶总产量19.0万吨,增长2.4%;茶叶总产值225.5亿元,增长9.0%。其中名优茶产量9.6万吨,增长7.8%;产值197.3亿元,增长8.7%;名优茶产量产值分别占全省茶叶总产量和总产值的50.4%和87.5%。茶叶出口受美国对中国茶叶征收15%关税、最大茶叶进口国摩洛哥实施进口茶叶农药残留限量新标准、欧盟增加农药残留检测项目等影响,数量和价格下滑。全年全省茶叶出口量15.9万吨,下降5.8%,占全国出口总量的43.3%。出口额4.84亿美元,下降7.5%,占全国出口总额的29.4%。其中:绿茶出口量15.21万吨,出口额4.46亿美元,分别下降6.5%和

香菇菇伞上因温差风化开裂,香味浓郁,又称花菇　(浙江日报　供图)

9.7%,占全国绿茶出口总量和总额的50.0%和33.8%;红茶出口量3404吨,出口额0.2亿美元,分别增长54.7%和81.8%;乌龙茶出口量1462吨,出口额0.06亿美元,分别增长4.4%和21.7%;花茶出口量1489吨,出口额0.11亿美元,分别下降17.3%和7.2%。出口平均单价每吨3048美元,下降1.8%,低于全国平均价格44.7%。全省春茶提前10天开采,采摘旺季天气适宜,产量增长7.4%。春茶茶青价格整体上涨,且一直维持较高水平。全年全省茶叶市场交易总量16.57万吨,交易总额238.2亿元,分别比上年增长6.0%和8.4%。浙南茶叶市场交易总量8.38万吨,交易总额68.3亿元,分别增长5.9%和17.9%;新昌茶叶市场交易总量1.75万吨,交易总额55.7亿元,分别增长3.5%和6.9%。

【茶叶主产地扶持政策出台】 2019年,上虞区、诸暨市、天台县等茶叶主产地出台新的茶叶生产扶持政策。其中上虞区政府安排1000万元专项资金用于生产基础提升、公用品牌发展、茶文化建设;诸暨市政府对新建(提升)连片13.3公顷以上无性系良种茶园,其基础设施、生产设施投资,以项目立项的形式给予50%的财政补助;天台县政府对生态种植、现代化加工、品牌建设、科技与文化兴茶等工作予以扶持,重点发展和推广天台黄茶种植,凡种植"中黄1号"达到一定规模的补助2000元/亩,在域外开设天台黄茶或云雾茶专卖店的补助5万元/个。

【茶叶多品类多业态发展】 2019年,全省小茶类茶叶生产处于良好发展态势。黄茶、乌龙茶、红茶、白茶产值分别比上年增长39.1%、23.6%、14.0%和13.8%。花茶、黄茶产值增长放缓。全省有白茶试制县11个。茶叶精深加工企业增至100家,全年消化茶叶17.6万吨,实现产值33.0亿元,分别增长4.7%和11.5%。抹茶、碾茶生产线投入运营,抹茶原料基本实现自给;碾茶价格出现下降。推进茶产业多业态融合发展。衢州被中国国际茶文化研究会授予"中国茶机之都";绍兴市全力创建"美丽茶园";嵊州市泉岗辉白茶文化旅游景区被评为国家AA级风景旅游区;柯桥区日铸茶文化体验风情线、新昌县禅茶休闲养生之旅获评全国茶乡旅游精品线;柯桥南部山区茶产业集聚区成为省级茶产业集聚样板区。全年全省茶叶第三产业增加值80.0亿元,增长16.0%,其中绍兴市茶叶第三产业增加值增长35.9%。

【生态茶园建设】 2019年,全省第二批69个面积为2213.33公顷基地完成生态茶园省级示范基地创建,生态茶园省级示范基地总数增加至109个,面积达4506.67公顷,示范基地面积占全省茶叶种植面积的2.2%。省农业农村厅启动实施第二轮农业重大技术协同推广计划项目和年度"三农六方"项目,进一步探索和研究生态茶园病虫害精确绿色防控、智慧茶园建设等技术,为全省生态茶园发展提供技术支撑和典型示范。茶园低温保险覆盖面增加,全省启动重点产茶县茶园低温保险试点,8个市43个县(市、区)1.413万公顷茶园投保,保费5958万元,分别比上年增长48.3%和170.8%。

【中国国际茶叶博览会在杭州举行】 2019年5月15—19日,农业农村部和省政府共同在杭州举办第三届中国国际茶叶博览会。博览会全面展示70年来中国茶产业发展成就,30多个国家和地区1563家企业的2万余个茶叶产品参展,汇聚46个国家和地区的3425家采购商。博览会期间,举办中国—中东欧国家农业部长会议暨农业经贸论坛、中国茶业国际高峰论坛、国际茶咖对话、中国茶产业T20峰会、国际茶学院所长会议等系列活动。博览会实现交易额1.86亿元、意向交易额54亿元,网上专场交易额突破1亿元。12月12—16日,省农业农村厅在深圳举办浙江(深圳)绿茶博览会,浙江绿茶博览会首次进入华南地区。其间,举办浙江绿茶深圳推介会,省农业农村厅与茶叶主产地主要负责人共同推介浙江名茶,参加推介会的146家茶叶企业实现销售额577万元,签订意向交易额6207万元。

(省农业技术推广中心 冯海强 罗列万)

【中药材生产】 2019年,全省中药材种植面积5.35万公顷,比上年增长6.3%;总产量26.2万吨,增长6.7%;总产值63.8亿元,增长6.5%。中药材主要产区丽水市种植面积1.95万公顷,增长4.9%;总产值9.41亿元,总产量2.66万吨,均有所增长。全省"浙八味"(浙贝母、元胡、杭白菊、白术、浙麦冬、温郁金、玄参、杭白芍)种植面积1.44万公顷,总产量5.2万吨,均比上年下降2.0%。浙贝母收获面积4133公顷,增长17.0%;总产量1.26万吨,增长12.3%。杭白菊种植面积3600公顷,产量0.95万吨。元胡收获面积3040公顷,下降18.5%;总产量0.66万吨,下降12.1%。白术种植面积1333公顷,单产2700千克/公顷。浙麦冬种植面积400公顷,单产1200千克/公顷。玄参种植面积133公顷,单产9000千克/公顷。温郁金种植面积1067公顷,单产6375千克/公顷,总产量0.68万吨。杭白芍种植面积354公顷,增长15%,单产5100千克/公顷。"新浙八味"(铁皮石斛、衢枳壳、乌药、三叶青、覆盆子、前胡、灵芝、西红花)种植面积1.8万公顷,增加1333公顷。其中,铁皮石斛种植基地面积3333公顷,鲜品产量1.2万吨。西红花种植面积350公顷,总产量3672千克。灵芝种植面积200公顷。前胡种植面积1266公顷,增长31.4%。覆盆子种植面积8587公顷,增长5.8%;产量0.39万吨,下降18.9%。三叶青种植面积847公顷,增长18.8%。乌药种植面积267公顷。衢枳壳种植面积7000公顷。黄栀子种植面积6200公顷。黄精种植面积3000公顷,增加667公顷。

【"中药材特色乡镇"与"道地药园"创建】 2019年,全省着力打造一批特色鲜明、优势集聚、竞争力强的特色道地药材优势区。杭州胡庆余堂药材种植有限公司等28个单位被评为省级"道地药园"示范基地。丽水市拨付中药材产业发展专项资金115万元,用于市级"道地药园"和中医药旅游养生示范基地创建。磐安县整合农业农村、市场监管、科技等部门相关职能,组建成立县中药产业发展促进中心,实行对中药全产业链服务与管理。并投入4000万元用于中药材产业发展、示范基地建设和乡村振兴发展。淳安临岐镇举办中国千岛湖第五届覆盆子节暨第三届乡村振兴产业发展论坛，举行“淳六味”品牌发布、临岐镇中药材产学研人才(博士)工作站揭牌、淳六味道地药材科普宣传站授牌、覆盆子鲜果销售启动等活动，并进行中药名镇产业项目集中签约、开工投产活动，推进国家级中药材特色强镇创建。

【中药材生产技术标准制定和科研技术推广】 2019年4月2日，由浙江寿仙谷药业主导制定的2项国际标准《灵芝》《铁皮石斛》及浙江制造团体标准《铁皮枫斗颗粒》发布。省中药材产业协会组织联合制订的浙江省食品安全地方标准《干制铁皮石斛叶》《干制铁皮石斛花》通过省食品安全委员会专业委员会评审，上报国家卫健委备案。组织开展《杭白菊菊花脱毒种苗生产技术规程》《白花前胡生产技术规程》省级地方标准制定，组织实施铁皮石斛全产业链标准化生产示范项目。由浙江红石梁集团天台山乌药有限公司实施的国家级“乌药种植与加工综合标准化示范区”等3个项目通过验收。省农业农村厅组建第二届浙江省中药材产业技术创新与推广服务团队，采用“产业+团队+项目+基地”的创新推广模式，组织实施重大技术协同推广项目。省中药材产业协会联合浙江农艺师学院分别在淳安县和衢州市举办两期“全省中药材产业带头人培训班”，来自全省各地及会员单位的中药材产业带头人200人参加培训。

【中药材行业重大推介活动】 2019年3月29日，“第五届中国·雁荡山铁皮石斛文化节暨中国雁荡山铁皮石斛产业创新发展论坛”在杭州举行。5月19日，“浙产名药”助力乡村振兴发展大会暨中医药养生文化节在武义寿仙谷药业总部开幕，并确定武义为“浙产名药”永久性会址。11月21日，中国·建德首届西红花文化节暨产业推介会在“中国西红花之乡”建德市三都镇举行。淳安县临岐中药材产业协会制订的“淳木瓜”“淳萸肉”“淳覆盆子”“淳半夏”“淳前胡”商标申请被国家知识产权局授予地理标志证明商标注册证。杭白菊、遂昌三叶青、温栀子、淳安白花前胡、慈溪麦冬等成功申报国家农产品地理标志登记保护。“雁荡山铁皮石斛”入选中国农业品牌目录农产品区域公用品牌。省中药材产业协会等单位联合开展“浙产好药”“浙产名药”品牌产品和中药材“三无一全”品牌产品(无硫加工、无黄曲霉毒素、无公害及全程可追溯)推荐活动；寿仙谷铁皮石斛、寿仙谷灵芝、桐君堂白及3款产品获中药材基地共建共享联盟“三无一全”道地品牌称号。

【中药材行业交流与合作】 2019年4月11日，省中药材产业协会四届五次理事会在江山召开，会上省中药材产业协会与省保险公司签订战略合作协议，并举行全国首家道地药材科普基地“浙江道地药材科普基地”授牌仪式。8月2—3日，全国中药材基地共建共享联盟扶贫现场会在云南曲靖市沾益区召开，现场会由康恩贝云南希康生物科技有限公司承办。12月4日，省中药材产业协会等单位联合举办中医药传承创新发展研讨会，会上成立浙江省中医药大健康联合体筹备组，发布“振兴浙江中医药行动倡议”，实施“名医好药”计划。

（省农业技术推广中心　何伯伟）

“数字三农”建设

【概况】 2019年，浙江省推进数字乡村建设，促进现代数字技术与乡村生产、生活、生态全面融合，打造“数字三农”的浙江样版，全省农业农村数字化发展走在全国前列。德清、乐清、桐乡等20个县(市、区)被农业农村部授予“全国县域数字农业农村发展水平评价先进县”称号，占全国100个先进县的20%；松阳县“茶叶双卡溯源信息化监管系统全程可追溯”项目、遂昌县“绿色惠农卡平台建设”项目等12个项目获评“全国县域数字农业农村发展水平评价创新项目”，占全国创新项目总数的12.5%。

【数字农村基础建设】 2019年，浙江省完成数字乡村顶层架构设计。省农业农村厅、省大数据管理局联合编制《浙江省数字乡村建设实施方案》，明确构建数字乡村业务应用、应用支撑、数据资源和基础设施“四大”体系，建设浙江乡村智慧网，建立农业农村大数据中心等重点任务。构建数字乡村省级平台。建立数字乡村省级基础平台——浙江乡村智慧网，初步建成1个大数据中心、1张全域地理信息图。开发上线智慧畜牧、精准扶贫、渔船安全救助、农产品质量可追溯等核心业务应用系统，提升农业农村信息服务

农业物联网　耕种在“云”上　　（浙江日报报业集团　供图）

基础。至年末，全省宽带村通率98.4%，电话村通率、移动通信信号覆盖率100%；建成农业信息网站139个、行政村（社区）网站2.7万个，网站建站率100%，镇（街道）全部建立农业信息服务站。深化“浙江农民信箱”应用，信箱集公共政务、农业咨询、农产品商务等服务功能于一体，有实名注册用户290万户，全年发送农业短信96.7亿条次、邮件53.4亿封。

【乡村数字经济发展】 2019年，省农业农村厅推进传统产业数字化改造，加快数字技术与乡村资源要素融合，培育创意农业、认养农业、订单农业等新业态。浙江庆渔堂农业科技有限公司利用数字技术为湖州市、嘉兴市、杭州萧山区等地2000多户养殖户提供智慧养殖管家服务，总面积3333.33公顷，亩均增收1000元以上。天台修缘果业公司利用微信、App、电商平台创建集产品订制、托管代种于一体的现代化共享农场，推出全程参与式的“认种认养”新模式，发展订单农业。年盈利30多万元，收益为传统模式的1倍以上。实施电子商务进万村工程，加快培育“互联网+”现代农业新主体。至年末，全省涉农网店2.2万个。杭州临安区白牛村拥有“淘宝店”68个，通过农村电商渠道销售农产品收入3.5亿元。

【乡村数字化治理】 2019年，省农业农村厅加快政府数字化转型。梳理“最多跑一次”政务服务事项173项，实现省级办理事项100%网上办，做到“一次不用跑”。推进行业数字化监管，全省85个涉农县（市、区）全部建成农产品质量安全追溯体系，6.3万个规模主体纳入省追溯平台主体信息库管理。建成涵盖生产、流通、屠宰、无害化处理、监督执法等环节的全链条智慧畜牧监管体系，全省807家兽药经营企业产品可追溯，关键环节实现在线实时监控。建成用于海洋渔船救助的渔船安全救助信息系统、用于近岸外省渔船和“三无”渔船管控的小物标雷达系统、用于渔业数据分析的大数据分析系统。探索乡村治理数字化平台。德清县实施“三治融合”（自治、法治、德治）“五位一体”（乡村规划、乡村经营、乡村环境、乡村服务和乡村治理）社会治理体系建设，探索“一图全面感知”乡村智治新模式，为村民实时提供便民服务，让村干部实时掌握村情民意，让重大事件得到实时预警处置。

【网络扶贫】 2019年，省农业农村厅推进扶贫信息管理工作。全省60多万户低收入农户、101万低收入人群详细信息全部纳入动态管理系统，并实现实时更新。该系统与国家及省民政系统实现对接。创新网络扶贫体系，构建形成遍布县、镇、村的网络扶贫服务体系，有效破解农村销售、消费、创业、产业集聚、城乡一体化等问题，促进低收入农户增收。各地探索创新资源整合型的“遂昌模式”“一村一品”的“龙游模式”等“互联网+产业”的精准扶贫模式。深化网络扶贫平台建设，在政采云上开设扶贫馆，减少产销中间环节。新疆农产品通过浙江省“政采云”平台实现销售额42.5亿元。省农业农村厅举行网上农博会，设置“扶贫专区馆”，销售贫困地区农产品10多万元。中国农民丰收节期间，举办“我丰收我购物”网上系列行动，销售浙江农产品41.8亿元。

（省农业农村厅　杨天慧）

“美丽乡村”建设

【概况】 2019年，浙江省持续深化“千村示范、万村整治”工程，全面开启新时代“美丽乡村”建设新征程。高水平提升农村人居环境，实施乡村全域土地综合整治与生态修复76万公顷。推进农村生活垃圾分类处理，生活垃圾集中收集有效处理实现乡村全覆盖；新增农村生活垃圾分类处理建制村1775个，农村生活垃圾分类处理行政村覆盖率达76%；生活垃圾回收利用率、资源化利用率、无害化处理率分别达46.6%、90.8%和100%。改造农村卫生户厕2.6万户，全省农村无害化卫生户厕覆盖率99.1%。规划保留村农村生活污水有效治理实现全覆盖，日处理能力30立方米以上的处理终端设施实现标准化运行维护管理。全省建成新时代“美丽乡村”示范县11个、示范乡镇100个、特色精品村300个、新时代“美丽乡村”6155个、“美丽乡村”风景线151条、“美丽庭院”60多万户。建设“美丽河湖”176条，长度2088千米，基本实现全域“美丽河湖”。新增522万农村人口喝上达标饮用水。高水平推进“四好农村路”建设，新建和改造提升农村公路1.2万千米，新增珍贵树木2400万株，建成绿道1200多千米，“美丽乡村”风景线内农村道路全面实现硬化、绿化和美化。推进城乡公共服务均等化，乡村基本实现等级公路、客运班车、油站、电话、宽带村村通，广播电视村村响，农村用电户户通，基本形成农村30分钟公共服务圈，20分钟医疗卫生圈。新增A级以上景区村庄3018个，其中3A级429个。新增中国历史文化名镇7个、名村16个。全国重要农业文化遗产8个。在建省级历史文化村落重点村、一般村746个。培育创建美丽乡村示范乡镇100个、特色精品村300个、历史文化（传统）村落保护利用示范村20个。

【农村人居环境改善】 2019年，浙江省对11个设区市的132个村庄开展农村人居环境整治情况检查，所涉区域村庄环境优良率90%以上。推进530个农村生活垃圾分类处理项目村和167个资源化站点建设，全省农村生活垃圾分类处理覆盖率达76%。落实中央财政奖补资金1575万元，集中用于未完成改厕任务的30个县（市、区），全年完成公厕改造3.45万座，全省农村卫生厕所普及率99.9%，无害化卫生厕所普及率99.1%。结合交通项目实施，建成“四好农村路”1.2万千米。深化“河（湖）长制”工作，全面启动万里安全生态水系和综合治水建设。开展村容村貌提升行动，省、市、县农业农村部门选派干部和科技特派员驻村帮扶，引导农民做好房前屋后净化、绿化，拆除乱搭乱盖、清理乱摆乱放。健全农村住房规划、建设、管理长效机制，深入开展农村通信基础设施专项整治，实施规模养殖场标准化升级改造，开展种植、养殖污染治理。将农村文化古迹、文化资源保护与农村人居环境整治工作结合起来，实现乡村环境整治与旅游产业融合发展。

【农村生活垃圾分类】 2019年，浙江省全面实施农村生活垃圾分类处理工作。以“减量化、资源化、无害化”为导向，全面推行分类投放定点、分类收集定时、分类运输定车、分类处理定位的“四分四定”模式。开展农村生活垃圾源头减量和农户分类、回收利用、设施提升、制度建设、文明风尚和长效管理五大专项行动，落实健全的组织体系、科学的治理设施、稳定的保洁队伍、长效的要素保障和完善的监管制度等要求，全面提升农村生活垃圾分类处理能力与水平。全省完成530个农村生活垃圾分类处理项目村和167个资源化站点建设，农村生活垃圾分类处理行政村累计1.87万个，覆盖率76%。

【农业文化遗产保护】 2019年，浙江省农业农村部门注重对农业文化遗产的挖掘和保护。组织开展第五批中国重要农业文化遗产申报工作。宁波黄古林蔺草-水稻轮作系统、安吉竹文化系统、黄岩蜜橘筑墩栽培系统和开化流水养鱼系统4项农业遗产被列入第五批中国重要农业文化遗产名录，累计列入12项。新列入和累计列入名录数量均居全国首位。全省拥有农业文化遗产资源103个。

【全省深化“千万工程”建设新时代美丽乡村现场会】 2019年11月8日，全省深化“千万工程”建设新时代美丽乡村现场会在天台召开，省委、省政府主要领导出席会议。与会人员实地考察天台县后岸村、张思村、塔后村新时代美丽乡村建设情况；对全省美丽乡村示范县（市、区）进行授牌。省委书记车俊在会上讲话，强调要深化“千万工程”，高水平推进新时代美丽乡村建设。

【新时代美丽乡村系列创建】 2019年，全省农村推进新时代美丽乡村系列建设。实施新时代美丽乡村示范县、示范乡镇、风景线、精品村和美丽庭院“五美联创”，建设“绿不断线，景不断链、移村换景、村村见景”美丽乡村大景区、大花园。从一家一户入手，以“环境卫生清洁美、摆放有序整齐美、庭院设计协调美、种树栽花绿化美，文明和睦家风美”为标准，发动千家万户把庭院建成精致小品，用家的小美聚焦成村的大美，使全省农村美在家家户户。以乡镇全域为单元，打破村界，以精品村、特色村、中心村、历史文化村落为支点，开展片区化、组团式美丽乡村建设，打造一批主题鲜明、功能多样、别具韵味的风景线、示范乡镇。全年创建新时代美丽乡村示范县11个、示范乡镇100个、新时代美丽乡村6155个、风景线152条、特色精品村300个和美丽庭院30万户，“一户一处景，一村一幅画，一线一风光、一县一品牌”的美丽乡村创建格局正在形成。全省有农业文化遗产资源103处，其中8处是中国重要农业文化遗产，3处是全球重要农业文化遗产，数量位居全国前列。年内，全省推荐6项农业文化遗产申报中国重要农业文化遗产。 （省农业农村厅 杨天慧）

2019年11月，集茶产业、文化创意、非遗传承、乡村旅游于一体的杭州余杭径山禅茶第一村景区开园迎客。（浙江日报报业集团 董旭明 供图）

农业扶贫开发

【概况】 2019年，浙江省深入推进解决绝对贫困工作，探索解决相对贫困的长效机制。全省各地坚持社会保障性扶贫与开发性扶贫并重，完善解决相对贫困阶段扶贫开发体制机制，实施低收入农户高水平全面小康计划，增强低收入农户自我发展能力，壮大重点帮扶村集体经济，加快推进26个发展县培育成区域经济新的增长点。全年全省消除农村家庭人均收入7600元以下绝对贫困现象，低收入农户人均可支配收入达1.25万元，比上年增长13.1%。与全省农民平均收入之比从上年的2.46∶1下降至2.38∶1。基本消除集体经济薄弱村，26个发展县主要发展指标增速高于全省平均水平。全省低保标准实现城乡同一个标准，平均771元/人/月，居全国第四位。

【扶贫资金投入与管理】 2019年，浙江省加大对扶贫财政资金投入。全年安排省级财政扶贫资金28.19亿元。其中，专项扶贫资金8.91亿元，“两山（一类）”（一个专项政策和专项项目，特别扶持12个最困难县）财政专项激励资金18亿元，扶持经济薄弱村专项资金1.28亿元。争取中央财政专项扶贫资金3.25亿元。各级财政专项扶贫资金主要用于扶贫异地搬迁、扶贫小额信贷、“光伏小康工程”“雨露计划”和扶持低收入农户发展产业等。年内，省农业农村厅、省财政厅、省扶贫办公室联合出台《浙江省扶贫产业增收项目管理办法》等扶贫资金与项目管理办法，明确各级各部门扶贫项目资金监管职责，提高扶贫资金管理规范化、精细化水平。落实财政专项扶贫资金使用目标管理、绩效监控，组织开展综合评价。根据减缓相对贫困阶段新形势、新要求，出台《浙江省低收入农户医疗补充政策性保险工作实施方案》等配套政策文件。

【扶贫样版打造】 2019年，浙江省推进丽水扶贫改革试验区工作。试验改革包括农房、林权、水域使用权、农村承包土地经营权、集体经济组织股权、生态公益林补偿收益权等农村产权制度改革。根据试验区改革要求，构建“政银保”“村级奖金互助会”“丰收爱心卡”“商业保险”四大金融扶贫模式，加强低收入农户兜底保障。培育缙云烧饼师傅、云和师傅(云和县政府颁发证书的知识技术型劳动者)、松阳茶师等一批“丽水农师”，激发农民创新活力。打造“丽水山耕”生态产品、“丽水山居”田园民宿、“丽水山景”乡村旅游品牌，增加农民就业岗位，拓宽农民增收渠道。全年全市农村常住居民人均可支配收入2.19万元，比上年增长10.1%，增幅全省第一。低收入农户人均可支配收入1.07万元，增长14.5%。

【扶贫对象动态调整】 2019年10月11日，省民政厅、省农业农村厅等10部门联合印发《浙江省社会救助家庭经济状况认定办法》。11月，根据该办法，全省开展低收入农户认定调整工作。至年末，全省调出不符合低收入农户认定标准的农户(包括增收脱贫、户籍外迁、死亡农户等)50.22万人，调进新出现的低收入农户(包括因病因残因学因灾致贫、低收入家庭新增人口农户等)37.46万人。审核认定低收入农户55.85万户、88.65万人，其中低保户40.59万户、59.40万人，其他经济困难农户15.26万户、29.26万人；淳安县等26个加快发展县和金华婺城区、兰溪市、台州黄岩区认定低收入农户27.85万户、44.94万人。

【社会保障完善】 2019年，浙江省平均低保标准每人每月771元，全年全省困难群众基本生活救助支出(含低保、特困、临时救助)58.8亿元，其中，中央补助8.59亿元，省级财政安排16.1亿元(含困境儿童补助1.22亿元)。全省城乡居民社会养老保险参保1199万人，其中60周岁及以上领取养老金待遇537万人，全年新增首次参保45万人，基础养老金省定最低标准155元。参加养老保障制度的被征地农民654万人，其中156万人参加被征地农民基本生活保障，68万人领取基本生活待遇；498万人参加职工基本养老保险，279万人领取基本养老待遇。城乡居民基本医疗保险参保人数3035万人，筹资标准1252元/人，其中财政补助838元，政策范围内住院报销比例68.05%。农村特困人员基本生活标准平均1387元/月。全年临时救助困难群众8.6万户、15.3万人次，其中低保对象2.66万户、4.22万人。各地发放临时救助金1.98亿元，户均救助2302元，人均救助1294元。

【教育、医疗、文化扶贫】 2019年，浙江省学前教育等级幼儿园比例达96.9%，比上年提高3个百分点；义务教育入学率99.99%；高中段毛入学率97.6%，提高0.3个百分点；15年基础教育普及率99.1%，义务教育标准化学校比例96.8%。农村义务教育阶段学校年生均公用经费标准小学650元、初中850元。农村小学低收入家庭子女爱心营养餐标准1000元/人•年，受益学生占义务教育阶段学生总数的3%。享受本省涉农专业免费就读政策的大中专学生3.2万人。全省有村卫生室1.16万个，所有县(市)均建成至少一所二级甲等以上医院。全年新建农村文化礼堂3282个，累计1.43万个，全省500人以上行政村覆盖率74%。组织送文艺演出下乡2.49万场次，送书下乡345.22万册次，送讲座送展览1.5万场次，组织文化走亲活动2045场次。

【产业扶贫】 2019年，全省农业农村部门扶持农村帮扶对象发展各类高效生态特色产业。全年落实产业项目931个，投入项目资金6.5亿元。扶持发展新经济业态，重点支持帮扶对象发展农家乐、农村电商等二、三产业。至年末，全省创建农家乐休闲旅游特色村(民宿集聚村)1162个、农家乐特色点(农庄)2100个，农家乐经营户2.22万户，带动就业超过100万人；接待游客4.56亿人次，休闲农业收入527.4亿元，其中直接营业收入404.6亿元，出售农产品等收入122.8亿元，分别比上年增长14.5%、12.1%、20.0%和35.4%。全省拥有涉农网店2.2万个，实现农产品网络零售额842.9亿元，网络零售额增长26.3%。

【社会扶贫】 2019年，浙江省推进社会力量参与结对帮扶精准扶贫。全省由省直部门、事业单位(科研机构、高等院校、城市医院)、国有企业、金融机构及经济强县组成26个省级扶贫结对帮扶团队，分别搭配组合成252个驻村工作组，对淳安县等26个发展县的306个扶贫重点帮扶村实行精准帮扶。全年实施帮扶项目1088个，筹措落实帮扶资金8.4亿元。实施扶贫小额信贷，推动低收入农户增收。建立风险防控机制，加强信贷后续管理和预警监测。全年全省发放扶贫小额贷款2.06亿元，受益低收入农户8560户次，贷款贴息616.93万元。鼓励偏远贫困乡村实施整村搬迁，促进扶贫异地搬迁融入农村城镇化建设和“美丽乡村”建设。创新搬迁方式，全年完成农户搬迁5793户、2.1万人。

【扶贫工作督查】 2019年9月，省纪委、省扶贫开发领导小组组织开展扶贫领域腐败和作风问题专项治理。省农业农村、财政、民政、教育、建设、卫健、医保等部门32人组成6个调研组，对25个县(市、区)47个乡镇50个行政村244户农户开展深入调研，发现问题73个，提出有针对性意见建议39条。针对存在问题，督促有关县(市、区)纪检部门规范监督管理，严格执纪问责，提升项目绩效，推动扶贫开发工作健康发展。

(省农业农村厅　杨天慧)

乡村创新创业

【概况】 2019年,省委、省政府出台《关于落实农业农村优先发展总方针推动"三农"高质量发展的若干意见》《关于实施"两进两回"行动的意见》("两进两回"指:科技进乡村、资金进乡村,青年回农村、乡贤回农村),提出全力畅通人才、科技、资金"上山下乡"通道,使农村成为"进得来、稳得住、干得好"的创业创新乐园。全省各市、县抓紧编制乡村产业高质量发展规划,积极搭建乡村振兴投资基金融资平台,大力拓展农村创新创业领域。推动返乡人才、资金向农业生产新领域、科技攻关新领地集中。年内,全省建成省级现代农业园区、省级农业特色乡镇各10个,培育省级农业产业化联合体50个。新增农产品地理标志30个、农业绿色食品500种。

【农村创新创业样版引领】 2019年,杭州临安区、宁波鄞州区、嘉兴平湖市、湖州德清县列入全国农村创业创新典型县。11月19—22日,全国新农民新技术创业创新博览会在江苏南京举行,博览会聚焦全国农业农村领域最新现代信息技术、生物技术、工程技术和机械技术,集中展示"新农人"采用的先进实用技术。浙江展区展出德清县等4个全国农村创业创新典型县、桐乡市和青田县2个农业孵化实训基地、2家数字化服务企业及5名"农创客"(青年农场主)的事迹与经验。其中,德清县乡村治理数字化平台建设工作受到农业农村部部长韩长赋、江苏省省长吴政隆等领导关注。9月,省农业农村厅推荐4个优秀创业项目参加第三届全国农村创业创新大赛,11月,有2个项目获奖。

【"农创客"培育】 2019年,浙江省推进"农创客"培育工作。全年全省回乡创业青年4166人,其中一半为"农创客"。全省"农创客"从事农业规模经营主体1534个,占新增农业规模经营主体的36.8%;年营业额2000万元以上的"农创客"从事规模经营主体176个。实施"两进两回"行动,进一步畅通人才、科技、资金等下乡通道,使乡村成为创新创业的热土。举办两期全省千名"农创客"培训,培训采取课堂教学与实地考察、线下与线上学习相结合的方式,参加培训200人。年内,全省有5人被推荐申报全国农村双创优秀带头人,10人被评为全省十佳"农创客"标兵。省级以上主流媒体刊播浙江农村创业创新报道120多篇,其中中央媒体40多篇。开通"农创客"微信公众号,宣传报道农村创业创新典型。

【创业创新平台搭建】 2019年,浙江省加快农村创业创新基地建设。全省建立农村创业创新园区(基地)448个,吸引3112个主体入驻,占农村创业创新主体的30.3%。举办全省大学生创新创业大赛和全省农村创业创新大赛,展示高校创新创业教育成果,遴选一批优秀农村双创项目。推进全国农村创新创业典型县、示范园区、孵化基地的申报推荐工作,按主体活跃程度、双创园区建设、实训基地建设和政策重视支持等情况对申报对象进行量化评价,全年成功申报全国农村创新创业典型县4个、双创示范园区4个、双创孵化实训基地6个。

(省农业农村厅　杨天慧)

农业绿色发展

【概况】 2019年,浙江省贯彻"创新、协调、绿色、开放、共享"发展理念,坚持"六个绿色"(产业、资源、产品、乡村、制度、增收)定位,打造农业绿色发展的"浙江样版"。优化农业产业布局,实现生产与资源环境融合发展。发展"农家乐""渔家乐"等休闲观光、农业家庭电商等农村新业态,减轻自然资源承载力。创建生态茶园、精品果园、放心菜园、特色菌园、道地药园和"美丽牧场",提高农业发展质量。推行标准化生产、绿色生产。推广水稻基质育秧、果蔬避雨栽培等五大种植技术,以及测土配方施肥、水肥一体化等施肥技术和农药减量增效技术。实施畜禽粪污资源化、土壤污染治理、有机肥替代、秸秆资源化利用等控源治污措施。推进农牧对接循环体建设,强化农业外源性污染的有效控制和内生性污染的有效治理。实施新型农业经营主体提升行动,培育示范性家庭农场、规范化农民专业合作社、农业龙头企业、示范性专业化服务组织、"农创客"等,发展绿色产业。推进绿色农产品基地建设,加快发展绿色优质农产品。加强农产品追溯体系建设,强化监管措施,提高农产品质量安全水平。推进农产品品种、品质、品牌建设,选育绿色优质品种,提高绿色农产品市场竞争力。

【农业绿色发展计划实施】 2019年4月15日,省农业农村厅发布《农业绿色发展试点先行区2019年实施计划》,明确实施农业绿色发展先行区创建、化肥农药负增长、畜禽养殖综合治理再深化等"六大行动"。制定畜禽养殖生态治理、农田土壤污染防治、化肥农药减量增效等系列方案,全面落实农业绿色发展措施。出台畜牧业转型升级、现代生态循环农业发展、商品有机肥生产与应用、农药管理、秸秆综合利用、农村清洁能源开发、农药废弃包装物回收处置等政策意见和办法,形成绿色生态农业政策清单53个,基本构建农业绿色发展的政策制度体系。

【农业绿色发展先行县建设】 2019年,浙江省推进农业绿色发展先行县建设。浙江是第一批国家农业可持续发展试验示范区暨农业绿色发展试点先行区,是全国唯一以整省推进方式实施的省份。省农业农村厅出台农业绿色发展指标体系评价办法,全面构建多层共进、协同发力的试点县、示范区、示范项目"三级联创"新格局。年内,全省创建绿色发展先行县15个,加快淳安县等26个县农业绿色发展,开展农业绿色发展先行示范项目建设。指导安吉、黄岩2地成功申报国家绿色发展支撑体系试点县。

【农业污染源控制】 2019年,全省农村率先全面建设粪污治理设施,全年畜禽粪污资源化利用率89%,高出全国14个百分点,病死猪工业化集中处理率90%以上。化肥农药施用量实现“零增长”。推进秸秆综合利用,秸秆肥料化、饲料化等“五化”利用率95%,高出全国10个百分点。农药废弃包装物回收率90%,限用农药全面退市。新建畜牧业绿色发展示范县9个、省级“美丽牧场”265个、农牧对接的绿色循环体206个。推动水产养殖绿色发展,创建渔业健康养殖示范县10个、水产健康养殖示范场220个。耕地质量进一步提升,标准化农田比例占72.5%以上。

【“肥药两制”改革】 2019年11月9日,由省农业农村厅举办的全省农业绿色发展暨“肥药两制”(化肥农药实名制购买、定额制使用)改革现场推进会在台州黄岩举行。会议出台全省农村化肥定额制施用、农药实名制购买实施意见。全省7000多个农资经营门店运用纸质台账或电子信息化记录方式,实现农药实名购买全覆盖。全年推行统防统治农地50.67万公顷、绿色防控农地53.33万公顷,创建省级绿色防控示范区125个,减少化学农药使用1668吨。完成化肥定额施用实施试点县30个,全省46个县(市、区)出台关于化肥定额施用的实施方案。全年全省推广商品有机肥116万吨,实行测土配方施肥农田223.53万公顷。 (省农业农村厅 杨天慧)

农村改革

【概况】 2019年,浙江省加强农村综合集成改革顶层设计和基层创新,为乡村振兴提供制度保障。全省11个设区市各择优确定1个县作为新时代“美丽乡村”综合集成改革试点。试点县实施村经济合作社股份合作制改革,推动农村金融体制改革,推进花园村乡村振兴改革试点和“三位一体”农合联(农民合作经济组织联合会)改革。岱山县试点实施农村土地制度改革,完善农村承包地制度。加快推进温州、绍兴柯桥、嘉兴海盐、金华义乌4个国家级改革试验区试验工作。支持试验区自主拓展、深化改革试验。杭州江干区“股社分离”改革试点经验在全国推广。

【农村确权赋权改革】 2019年,浙江省做好土地承包经营权确权登记颁证“回头看”工作。全省实测承包经营耕地111.81万公顷,完善承包合同668.57万份,颁发承包经营权证659.91万本,颁证率97.4%。全面推进承包地“三权分置”改革,全省土地流转率60.7%。推广实施土地流转风险保障金制度,全省9个县(市、区)建立土地流转风险保障金4000万元。深化林业综合改革,全省累计建立林业股份合作组织200多个。加快推进农村不动产统一登记,全省发放农民宅基地和住房不动产权证550万本。省政府印发《关于推进农村产权流转交易体系规范化建设的指导意见》,建立市、县、乡三级农村产权流转交易市场,实现农村产权交易3.3万宗,交易额超过120亿元。推进农业转移人口市民化,全省建立城乡统一的户口登记制度和新型居住证制度。至年末,全省累计有834.6万农业转移人口落户城镇,全省户籍人口城镇化率50.5%。

【农村集体产权制度改革】 2019年,浙江省推进第三批3个市、20个县(市、区)全国农村集体产权制度改革试点工作。组织实施农村集体经济组织赋码和清产核资,全省6920个薄弱村总收入与经营性收入分别超过10万元和5万元。推广德清县全国集体资产股份权能改革试点经验,支持各地开展集体资产股份的占有、收益、有偿退出、抵押、担保、继承等权能改革。全省30%以上的市、县制订放活股权权能的相关政策,53个县(市、区)将股权纳入农村集体资产信息管理系统。

【农业经营体制创新】 2019年,浙江省持续推行农业经营机制创新。全省纳入市场监管部门注册登记的家庭农场4.6万个,平均每家经营土地4.86公顷,农产品年销售额41.7万元。有示范性家庭农场4099个,其中省级家庭示范农场1419个。全省有农民专业合作社4.72万个、联合社318个,合作社成员122.1万人,带动从业农户383.2万户。有县级以上农业龙头企业5357家,开展农业社会化服务的机构1.7万个,从事农业生产托管服务的机构7550个。建成国家级田园综合体—安吉县“田园鲁家”和柯桥区“花香漓渚”,以及省级田园综合体14个。实施“科技进乡村、资金进乡村、青年回农村、乡贤回农村”行动计划,培育“农创客”5073名、“青创农场”434个。

【闲置农房盘活利用】 2019年,浙江省各设区市相继出台盘活农村闲置宅基地和农房的相关政策,因地制宜开展盘活利用工作。绍兴盘活闲置农房1.42万幢、241.88万平方米,增加村集体收入1.73亿元、农民收入2.07亿元。温州盘活闲置农房3131幢、80.85万平方米,增加村集体收入3842.66万元、农民收入2.08亿元,带动农户就业1.08万人。台州流转闲置农房1.23万幢、111.2万平方米,流转率58.1%。衢州以“三地一房”改革为核心,创新具有衢州特色的宅基地和农房活权改革之路。

【“三位一体”农合联改革】 2019年7月29—30日,全省深化“三位一体”农民合作经济组织联合会(简称农合联)改革现场会在衢州衢江区召开。会议提出开展生产、供销、信用“三位一体”改革,构建新型农民合作经济组织体系。省农业农村厅依托省乡村振兴投资基金,成立省农合联农民合作基金,各市县成立农合联合作基金和资产经营公司。年内,合作基金和资产经营公司投资项目33个、投资额4.9亿元。全省建成区域性现代农业服务中心188个、具有服务平台的产业农合联128个。农业服务中心开展测土配方、统防统治、农机作业16.87万公顷。农合联向2.1万个农合联会员授信157.2亿元,为会员提供担保贷款1.4万笔、贷款金额31.4亿元,农业服务中心培育运营区域公共品牌26个。

【农村改革试验项目拓展】 2019年,湖州德清县、金华义乌市农村土地制度改革3项试点经验被吸纳,上升为国家相关法律法规。集体经营性建设用地和宅基地使用权抵押贷款办法被国家银监会和自然资源部吸纳,成为全国抵押贷款管理暂行办法蓝本。“按类别、有级差”的土地增值收益调节金征收办法被吸纳至财政部、自然资源部联合出台的调节金征收管理办法。入市收益分配办法写入《浙江省农村集体资产管理条例》。德清县、义乌市农村集体经营性建设用地入市后，农村集体经济组织和农民获得入市净收益5.97亿元，惠及农民22万余人，解决农村新产业新业态和农村发展用地111.66公顷。义乌市改革宅基地分配和使用方式，通过集聚建设城镇新社区解决农户居住问题，节约使用土地50%以上。德清县建立城乡统一的建设用地市场，农村集体经营性建设用地实现与国有建设用地“同价同权”，提高土地利用效率。推进德清县农业供给侧结构性改革集成示范试点，建立农村改革试点协同推进机制，促进全域土地整治、“美丽乡村”与村庄经营融合建设、农作制度创新。

（省农业农村厅　杨天慧）

“三治”结合乡村治理体系

【概况】 2019年，浙江省聚焦全面实施乡村振兴战略，推进自治、法治、德治“三治”结合乡村治理体系建设，确保农村人口安居乐业、乡村社会安定有序。打造乡村综合治理浙江样版。年内，全省完成村级组织换届，村党支部书记、村委会主任、村经济合作社负责人实行“一肩挑”。加强村级集体经济组织建设，培训和提升农村基层干部治理能力和水平。发挥农民主体作用，加强村民议事会、理事会、监事会等村民自治组织建设。培育乡村振兴促进会等社会组织，规范乡贤理事会等乡贤组织，参与乡村多元治理。推进农业综合执法机构规范化建设，加强农村法治宣传，增强农民守法、用法意识。健全监督防范机制。推进乡村社会治理、资源管理、生态环境保护、公共服务数字化平台建设，全省开展10个国家级乡村治理体系建设试点和2000个善治示范村创建工作。

【全国加强乡村治理体系建设工作会议在象山召开】 2019年6月8—9日，全国加强乡村治理体系建设工作会议在宁波象山召开，中共中央政治局委员、国务院副总理胡春华出席会议并讲话。会议充分肯定浙江省在乡村治理方面的探索实践和经验做法，要求全国学习推广浙江乡村治理经验。6月9日，中央电视台《新闻联播》频道播出《浙江乡村治理新思路：“三治融合”》报道，介绍浙江省“自治、法治、德治”“三治融合”乡村治理体系建设经验和做法。

【乡村治理实施方案引领】 2019年12月30日，省委、省政府印发《浙江省加强和改进乡村治理工作实施方案（2020—2022年）》，提出以党建为统领，以自治为基础，以法治为根本，以德治为引领，走中国特色社会主义乡村善治之路。根据省委、省政府部署，全省各地加强农村基层组织建设，健全村级议事协商制度，完善乡村治理体系，探索创建一批乡村治理示范典型，形成现代乡村治理的制度框架。年内，全省基本形成“党建统领、人民主体、三治融合、四防并举、共建共享”的浙江特色基层治理体系。桐乡“自治法治德治融合”、宁海“小微权力清单‘36条’”、象山“村民说事”被中央农业农村办公室、农业农村部认定为首批全国乡村治理典型案例。中央和省级主流媒体刊播浙江乡村治理典型案例和经验做法274篇。其中安吉余村村坚持党建引领、自治为基、法治为本、德治为先，通过“支部带村、发展强村、民主管村、依法治村、道德润村、生态美村、平安护村、清廉正村”带动乡村治理的经验受媒体特别关注。年内，建德市等10个县（市、区）被列入全国乡村治理体系建设试点县，瑞安市曹村镇等6个镇被认定为全国乡村治理示范镇，萧山区浦阳镇灵山村等61个村被认定为全国乡村治理示范村。2003个村被认定为省级善治示范村。

（省农业农村厅　杨天慧）

“三农”人才培养

【概况】 2019年，浙江省加强高素质“三农”人才培养和乡村人才队伍建设。创新人才培育体制机制，完善政策措施，优化工作环境，构建乡村人才培养、评价、使用、流动、服务政策体系。3月，省委人才办制订《关于支持乡村人才振兴的实施意见》，提出24条具体举措，着力培养造就“一懂两爱”（懂农业、爱农村、爱农民）乡村人才队伍，为高水平推进农业农村现代化建设提供人才支撑。11月25日，省政府印发《关于实施“两进两回”行动的意见》，提出“科技进乡村、资金进乡村、青年回农村、乡贤回农村”行动计划实施方案。全省加强引导各类人才下乡参与农村建设，加大乡村人才培养开发，畅通智力、技术、管理下乡通道，让各类人才在乡村施展才华、创新创业。全年有4166名大学生青年回乡参加乡村创业。全省培训各类农村实用人才11万人，其中“农创客”（青年农场主）2800多人。实施基层农技人员素质提升工程，培训基层农技骨干5000多人。依托省、市、县和乡村实训基地四级农民培训体系，实施千万农民素质提升工程。年内，4名“农创客”获“全国农村青年致富带头人标兵”称号，2名学员获农业农村部农民教育培训“百名优秀学员”称号。

【乡村振兴人才培养机制完善】 2019年，浙江省按照高端引领、分类培育、整合资源的原则，逐步完善乡村振兴人才培养机制。重点推进农业经营人才和农业技术人才培养。实施万家新型农业经营主体提升工程，重点培育“农创客”“新农人”等新型农业创业主体，全年培训农村实用人才11万人。其中省、市中高层次农村实用人才1万余人。搭建交流合作平台，注重培训后的跟踪服务。建设“农创客”小镇，举办“农创客”研讨会，为“农创客”提供学习交流机会。全省乡村人才总量增加、结构优化、能力提升，乡村人才总量达109.69万人，培育大学生“农创客”2200多人。

【乡村人才引进体系健全】 2019年，浙江针对乡村缺技术、缺信息、缺服务、缺人才的现状，集聚有关部门资源，引导鼓励各类人才到农村、下基层。完善农业首席专家和农业技术带头人制度，建成产业技术团队425个，聘任首席专家1100多人，选拔省农业技术带头人100人。实施基层农技人员培养计划，全省定向招生669人，其中372人毕业后到基层一线农技推广机构工作。实施科技特派员制度和农村工作指导员制度，实现“乡乡都有科技特派员、村村都有农村工作指导员”，各级科技特派员累计推广新品种、新技术1.4万项次，牵头或入股兴办农业科技企业432家，建立利益共同体1632家，培训新型农民670多万人次。健全高校毕业生到基层工作长效机制，组织实施大学生到村任职、“三支一扶”计划、农技特岗计划等基层服务项目，累计选聘大学生村官3.2万人。实施“希望之光”计划，省级财政累计拨款8000多万元，专项用于26个加快发展地区人才培养开发工作。实施乡村医生队伍建设计划，招聘2万余名医学毕业生到基层工作。大胆探索乡村振兴职业经理人制度，淳安县下姜村、安吉县鲁家村率先以市场化方式，在全国范围内为村集体经济招聘专业经营人才，推动乡村建设向乡村经营转变。

【“两进两回”推进】 2019年，浙江省实施“两进两回”（科技进乡村、资金进乡村，青年回农村、乡贤回农村）行动计划，建立“两进两回”机制，畅通智力、技术、资金、管理下乡通道，吸纳各地人才引进创新做法，结合实际引进各类急需人才，激发农业农村创业创新活力。实施农业科技领军人才“乡聚工程”、农业科技中青年骨干人才“青蓝工程”，建设科技专家、乡土农技人才的智力资源库和后备军。鼓励青年回乡创业创新，培育青年“农创客”“新农人”，完善大学生农业定向培养机制，推动1万名以上大学生从事现代农业。以乡情乡愁为纽带，吸引在外企业家、专家学者、经商者、离退休人员等新时代乡贤，带理念、带智力、带产业、带资金、带项目回归家乡投资兴业，参与乡村综合治理。

【高素质农民培育】 2019年，浙江省推进乡村人才培训体系建设，将涉农高校、地方职业技术院校、科研院所等优质教育资源纳入乡村人才培养教育平台，确立浙江农艺师学院为高层次产业带头人培养基地。研究制订农村实用人才分类分层评价标准，全面开展初、中、高级乡村人才评定工作，推进人才评价科学化、规范化。创建省级农创客创业园，汇聚农创客创业基地。打造“乡村工匠”品牌，全年全省分级分类培训乡村人才20万人，重点加强对农村专业大户、农产品经纪人、农民专业合作社负责人培养，提升乡村人才综合素质。

（省农业农村厅　杨天慧）

畜　牧　业

【概况】 2019年，浙江省畜牧业总产值312.82亿元，比上年下降5.7%，占农业总产值的9.7%；畜牧业增加值139.55亿元，下降5.7%。肉类总产量93.59万吨，下降9.9%。其中猪肉产量60.16万吨，下降18.6%；禽肉产量29.86万吨，增长13.1%；牛肉产量1.30万吨，增长4.8%；羊肉产量2.27万吨，下降0.9%。禽蛋产量33.57万吨，增长6.6%。牛奶产量15.48万吨，下降1.6%。受非洲猪瘟疫情影响，生猪生产下降明显，全年全省生猪饲养量1183.35万头，下降17.2%。其中，存栏427.30万头、出栏756.05万头，分别下降17.3%和17.1%。羊存栏117.46万头、出栏134.46万头，分别下降6.7%和0.4%。牛存栏13.24万头、出栏8.61万头，分别下降3.4%和增长5.6%。家禽存栏8616.65万只、出栏1.95亿只，分别增长3.6%和增长13.4%。

【绿色畜牧业发展】 2019年，浙江省持续实施《创建全国畜牧业绿色发展示范省三年行动方案(2017—2019)》，衢州、温州、宁波、金华4个市和34个县（市、区）开展成建制畜牧业绿色发展示范市（县）创建，年内建成宁波奉化区、金华婺城区、舟山定海区、乐清市、临海市、桐乡市、泰顺县、安吉县、常山县等9个畜牧业绿色发展示范县（市、区）。推进“美丽牧场”创建，全省通过考核验收省级“美丽牧场”265个，取消核查不合格的13个养殖场省级“美丽牧场”称号。年内，农业农村部组织专家对浙江畜牧业绿色发展示范省创建工作进行评估。评估组认为，浙江省畜牧业绿色发展示范省建设“理念超前、方法科学、机制创新、措施有力、成效显著”，圆满完成三年行动方案的目标任务。金华金东区大地生态养殖场、慈溪正大蛋业有限公司、遂昌县恒兴康畜禽养殖有限公司被农业农村部列入畜禽养殖标准化示范场。浙江荷鹭牧场、浙江美丽健德清生态牧场、浙江一景生态牧场入选农业农村部全国休闲观光牧场。

【生猪生产恢复】 2019年7月26日，省政府印发《关于进一步促进生猪生产保障市场供应的通知》，对养殖企业引进种猪给予每头500元补贴。9月26日，省政府出台《关于推进生猪产业高质量发展的意见》，推出用地、财政、金融、保险、贴息等“一揽子”扶持政策，提出“3+1”（新建一批、改扩建一批、挖潜释放一批和建立跨市合作机制）的增产保供实现路径。至年末，全省上报拟新建年出栏10万头以上猪场43个、出栏1万头以上猪场58个，设计年出栏量710万头。改造提升年出栏万头以上猪场112个，扩建年出栏5000头以上猪场43个。全年新增种猪6万头。全省建立覆盖90个县（市、区）的价格监测机制，每周通报1万头以上规模养猪场新建情况。

【奶业生产振兴】 2019年7月11日，省农业农村厅出台加快推进浙江奶业振兴保障乳品质量安全的实施意见，重点实施中小奶牛场提升改造和奶牛冻精补贴政策，推动全省奶牛养殖场改善生产设施设备，提升养殖管理水平，增加奶牛存栏数量。全年全省有持生鲜乳收购许可证的奶站39个，其中乳制品生产企业自建奶站10个、养殖场自建16个、合作社自建13个；有持生鲜乳准运证运输车41辆。全年未发生生鲜乳质量安全事件。

【饲料兽药产业发展】 2019年，浙江省饲料和饲料添加剂总产量595.85万吨，与上年基本持平。其中饲料产品（配合饲料、浓缩饲料、预混料）392.42

万吨,单一饲料184.51万吨,饲料添加剂18.92万吨,分别下降3.2%、增长4.0%和下降6.1%。饲料和饲料添加剂总产值394.23亿元,增长1.3%。其中饲料产品、单一饲料、饲料添加剂产值分别为153.47亿元、123.85亿元和116.91亿元,分别下降4.0%、增长41.0%和下降17.4%。全省兽药生产企业62家,兽药总产值39.8亿元,增长0.7%。其中,原料药产值20.82亿元,兽药制剂产值18.98亿元。产值超1亿元的兽药企业13家,占企业总数的21.0%;产值29.9亿元,占兽药企业总产值75.1%。全省有兽药经营企业816家,其中兽用生物制品经营企业73家。

【畜牧业发展财政支持】 2019年,浙江省安排中央畜牧业项目建设资金1.08亿元,其中,预算内基建投资2600万元,畜禽粪污资源化利用整县制推进续建项目6176万元;丽水市蜜蜂产业提升改造项目500万元,中小奶牛养殖场提升改造项目1500万元。安排省级畜牧业项目建设资金1.44亿元,其中,畜牧业转型升级经费9132万元,畜禽定点屠宰企业改造升级经费3530万元。下达中央、省级各类专项经费3.89亿元,其中,病死猪无害化处理专项经费1.75亿元,屠宰环节病害猪无害化处理专项经费5565.35万元,基层动物防疫经费2000万元,25个县13481头后备母牛补助经费371万元,萧山、龙游等国家生猪调出大县省级奖励经费2010万元。

【非洲猪瘟防控】 2019年,省农业农村厅实行省外生猪产品定点调运管理制度,全力阻断输入性疫情风险。对63家省外屠宰企业及省内经营企业实行"双暂停"。从2月18日开始,允许符合条件的屠宰企业从省外"点对点"调入屠宰用活猪,全省58家符合条件A证屠宰企业申报开展活猪调运。全面落实屠宰环节官方兽医派驻和非洲猪瘟自检制度,全省134家屠宰企业经农业农村部审核确认为符合条件的达标企业。组织开展生猪产业全链条严管"百场引领、千场提升"行动,全年全省有1022家规模养猪场和屠宰企业完成"一场一策"改造提升。全省存栏5000头以上的规模养猪场均通过配置仪器设备或委托有资质机构开展非洲猪瘟自检。全年全省监测非洲猪瘟各类样品3519批次、7.95万份。开展全省非洲猪瘟防控应急演习和非洲猪瘟防控巡回讲座,编制《非洲猪瘟防控八例》宣传册。全省60个非洲猪瘟防控工作表现突出集体和146名表现突出个人受到省政府表彰。

【重大动物疫病防控】 2019年,省农业农村厅制订重大动物疫病强制免疫计划,实施四季重大动物疫病防控和2次强制免疫抗体飞行检测。全年全省免疫口蹄疫1166万头、猪瘟1020万头、高致病性猪蓝耳病566万头、羊小反刍兽疫205万头、高致病性禽流感2.72亿羽,应免畜禽的免疫密度均为100%,免疫合格率达70%以上。推进重大动物疫病强制免疫"先打后补"政策,全省34个县(市、区)的139个畜禽规模场试点申请开展"先打后补"。持续开展家畜布鲁氏菌病基线调查,全年1305个场点实施布病采样监测,检测各类样品9.45万份,监测发现阳性家畜55头,全部扑杀并作无害化处理。强化历史疫区耕牛血吸虫病监测查治,监测各类场点150个,检测家畜血清样品3556份,未检测到阳性样品。对603头犬进行狂犬病血清学监测,抗体阳性率77.1%。继续推动动物疫病净化工作。桐庐无规定马属动物疫病区建设方案获批并启动建设。全年建成动物卫生监督规范化所站53个,累计183个。发布区域禁调通告310次,查验入境动物及动物产品27.22万批次,截获并按规定处置3起疑似重大动物疫情。

【畜禽养殖科技创新】 2019年,省农业农村部门推介发布长白猪、嘉兴黑猪、梅岭土鸡、绍兴鸭等畜牧业主导品种24个,推介发布"母猪高产节本配套技术""畜禽养殖节水减排技术"等17项畜牧业主推技术,制定推广《生猪产业高质量发展"六化"规范》《浙江省生猪高质量规模养殖场建设指南》等标准规范,推动生猪产业高质量发展。制订《家禽养殖环节中兽药制剂综合替抗方案(试行)》,建立示范场3个,推广中兽药制剂在家禽养殖中综合应用技术。制订《畜禽粪污异位生物发酵床处理技术规范》地方标准。组织编印《八大科学生态养猪技术视频光盘》《规模猪场恢复生产技术要点》《畜禽污染防治标准规范选编》,推广科学生态养殖技术。年内,省农业农村厅公布浙江灯塔种猪有限公司、杭州航大生态农业有限公司等省级高水平数字化牧场10个。组织实施科技项目35个、推广技术36项、典型模式19个,科学生态养殖项目获省科技进步三等奖和农业农村厅科技进步一等奖各1个,申报实用新型专利1个。浙江省家禽H7N9流感防控技术,获全国农牧渔业丰收奖成果奖三等奖。组建第二届浙江省畜牧产业技术创新与推广服务团队,团队吸纳有关专家66人,组织专业技术培训6期。制订《王一成畜牧产业团队工作方案(2019-2021)》,启动全省中青年骨干畜牧兽医培养计划。

【畜禽种质资源管理】 2019年,浙江省实施畜禽遗传资源保护协议制度,落实省级保护经费587.5万元。省农业农村厅认定并公告诸暨市国伟禽业发展有限公司为省级水禽基因库。省财政专项支持全省畜禽遗传资源抢救性保护工作,启动地方猪备份场建设,采集保存9个地方猪品种80个家系合格精液和84个家系合格体细胞。年内,经审核和现场评审,杭州庞大农业开发有限公司、长兴永盛牧业有限公司被农业农村部遴选为国家肉羊核心育种场。

【兽医队伍建设】 2019年,浙江省推进兽医队伍建设。全省参加全国执业兽医资格考试2065人,其中达执业兽医师和执业助理兽医师合格分数线944人。经审核认定,获执业兽医师证书550人,获执业助理兽医师证书104人。年内,全省开展兽医系统实验室检测能力比对,全省50个兽医实验室参与。实施市县级兽医实验室考核续展评审,全省2个兽医实验室通过续展评审,累计通过81个,通过率93.1%。省动物疫病预防控制中心动物生物安全三级实验室通过中国合格评定国家认可委员会的实验室生物认可，获农业农村部口蹄疫和高致病性禽流感等高致病性动物病原微生物实验活动许可。

【屠宰行业监管】 2019年，浙江省进一步规范生猪屠宰场所、生猪及其产品运输车消洗及屠宰废弃物无害化处理等行业行为，完成对30家屠宰企业的生物安全水平改造提升。全省生猪定点屠宰企业134家，比上年减少33家，屠宰生猪905万头；认定肉牛集中屠宰点13个、肉羊集中屠宰点11个，设区市认定的家禽定点屠宰企业21家。全面落实生猪屠宰场所非洲猪瘟自检和官方兽医派驻工作，对在规定期限内自检制度不到位、不符合排污许可和动物防疫条件要求的生猪屠宰企业，依法取消定点屠宰资格。

【畜禽粪污资源化利用】 2019年，省农业农村部门推进15种抗生素减量和环保型饲料推广应用示范场创建工作，有效减少畜禽粪污重金属和抗生素残留，提升资源化利用安全水平，全省基本形成畜禽养殖场水气土并治模式。全年全省新建农牧结合绿色循环体206个，畜禽粪污资源化综合利用率89%，建成农牧对接绿色循环体206个。参加网格化巡查35万人次，巡查覆盖乡镇1077个。

【畜产品质量安全】 2019年，浙江省完成兽药饲料和畜产品等各类监测5700批次，完成年度目标任务的114%。其中，兽药饲料监督抽检和例行监测1585批次，合格率94.6%。查获17批次43头省外调入“瘦肉精”阳性牛，均采取销毁措施。推进兽药质量监管和兽药减量化工作，组织开展第一轮兽药生产企业GMP检查和第二轮兽用抗菌药使用减量化试点，全省落实建成部级试点养殖场7个，3家企业通过部级兽用抗菌药减量化试点验收。 （省农业农村厅 杨天慧）

渔　业

【概况】 2019年，浙江省水产品总产量600万吨，比上年增长0.8%。其中：国内海洋捕捞产量272.37万吨，下降5.2%；海水养殖产量127.0万吨，增长5.0%；内陆捕捞产量16.0万吨，增长22.4%；淡水养殖产量117.1万吨，增长3.4%；远洋渔业产量67.9万吨，增长11.2%。全省渔业经济总产值2232.6亿元，增长2.4%，渔业一、二、三产占比49:25:26。全省水产品批发市场72个不同品种（规格）综合均价监测表明，主要水产品综合均价下降3.2%。全省拥有机动渔船2.96万艘，减少2252艘；总功率448.6万千瓦，减少1.5万千瓦。全省水产品进出口总量32万吨，进出口贸易总额12.7亿美元，分别下降19.2%和24%。全省渔民人均纯收入2.99万元，增长8%。

【水产养殖】 2019年，浙江省深入推进水产健康养殖和规范化管理。实施养殖水域污染整治一揽子举措和渔业水域生态保护，污染较大的养殖主体逐渐退出，全省水产养殖面积总体下降。全年水产养殖面积25.5万公顷，比上年减少2.2%。其中海水养殖面积8.2万公顷，增长1.4%；淡水养殖面积17.3万公顷，减少3.7%。省农业农村厅出台《关于加快推进水产养殖绿色发展的实施意见（2019-2022）》《浙江省渔业健康养殖示范创建实施方案》《浙江省稻渔综合种养百万工程（2019-2022）实施意见》，建成国家级健康养殖示范县5个、省级渔业健康养殖示范场300个，启动创建首批省级渔业健康养殖示范县14个。清理整顿违规海水养殖面积1.16万公顷，养殖尾水处理面积4.67万公顷。建设省级新型稻渔综合种养示范基地25个，核心示范面积633.33公顷，辐射推广2.77万公顷。实施配合饲料替代幼杂鱼行动，全年推广配合饲料面积1.41万公顷、海水网箱8.4万只，减少投喂幼杂鱼重量32.5万吨。推广池塘内循环流水养殖模式，发展全省“跑道”养鱼主体169个、“跑道”905条，其中海水“跑道”55条，总体发展规模保持全国第二。

【国内海洋捕捞】 2019年，全省国内海洋捕捞产量272.37万吨，比上年下降5.2%。全年海洋捕捞渔船减少715艘，累计减少2991艘，压缩功率43.2万千瓦，提前1年完成国家下达的五年压减产能任务。渔民人均燃料及冰费支出1.46万元，增长2.8%。主要捕捞产品产量下降。其中：梭子蟹产量16.3万吨，下降5.2%；带鱼产量37.6万吨，下降3.1%；对虾产量6.6万吨，下降16.3%；毛虾产量16万吨，下降10.7%。

【远洋渔业】 2019年，全省持有远洋渔业捕捞资格企业44家。远洋渔业总产量67.9万吨，比上年增长11.2%。加快舟山国家远洋渔业基地建设，推动远洋渔业企业“走出去”。成立舟山远洋渔业基地（南美）服务有限公司，新建基里巴斯远洋渔业和水产养殖基地，入渔国家12个。发展以东南太平洋、西南大西洋为主的大洋性鱿钓作业，拓展北太平洋、印度洋公海围网作业，发展伊朗、安哥拉、乌拉圭等过洋性远洋项目，增加远洋作业类型，生产区域布局和产业结构更加优化。台州2家远洋企业整体迁往舟山，汇聚集群发展优势。受大洋性冷热洋流影响资源减少，加上作业渔船猛增等叠加因素的影响，西南大西洋鱿鱼产量减产，东南太平洋鱿钓产量相对较好。市场刚性需求提高远洋水产品鱿鱼价格。赤道鱿鱼均价达11600元/吨，比上年提高2000元/吨，增长20.8%；西南大西洋鱿鱼平均价格30000元/吨；北太平洋鱿鱼平均价格14000元/吨。

【渔港建设】 2019年，全省渔港建设完成投资4.20亿元。沈家门中心渔港扩建、路桥金清港渔船避风锚地建设、苍南石砰渔港升级改造、象山石浦中心渔港改扩建等21个续建项目速度加快；开工新建嵊泗洋山大岙渔港、临海东矶二级渔港、象山高塘林门二级渔港等6个升级改造项目；玉环鸡山渔港、瑞安北麂渔港等5个项目通过竣工验收。4月19日，全国渔船渔港综合管理改革现场会在温岭举行，现场会推广台州渔船渔港综合管理“港长制”改革试点经验。年内，全省202座渔港均建立“港长制”，创建“依港管渔、依港促安、依港管船、依港兴业”渔业综合管理新模式。

【渔业资源养护】 2019年，浙江省首次全面实施钱塘江干流禁渔和“生态修复百亿放流”行动。全省投入资金8000多万元，放流各类水生生物苗种40.6亿单位。推进海洋牧场建设，椒江大陈海域人工鱼礁建设项目获批国家级海洋牧场示范区。开展水生野生动物救助保护，全年收缴、处理水生野生动物56头(尾)，救护、放生天然水生野生动物125头(尾)。组织实施“海上安全攻坚战”“伏休成果保卫战”“幼鱼资源保护战”行动，清理取缔涉渔“三无”船(筏)和违禁渔具，对各类违反伏休管理行为进行坚决打击。全年检查渔船5.2万艘，清缴违禁渔具27.2万顶(张)，查处各类违法违规案件6381件、违禁渔获物57.9万千克。其中，清理取缔涉渔“三无”船(筏)1278艘，移交刑事处理案件610起、涉案人员1033人。

【渔业安全生产监管】 2019年，浙江省完善基层渔业应急指挥体系。成立浙江省渔业应急处置指挥中心，沿海市县也相继建成19个渔业应急处置指挥中心，有效实现渔业应急事件“全天候、全时段、全区域”实时监管。打赢海上渔船防台攻坚战。全年“利奇马”等6个台风影响浙江沿海，省渔业应急处置中心均第一时间启动应急响应，按照应急预案实施防台应急值班、渔船回港避风，严管“抢跑道”等行为，台风期间渔民无一人死亡。提升渔业安全监管服务水平。制订“海上安全事故专项整治”“预防海上安全事故专项督查”行动方案，组织实施海上安全“铁拳”整治行动，全面开展渔船安全隐患排查整治，省级挂牌督办的68艘涉氨渔船整治任务全面完成。

（省农业农村厅　杨天慧）

林　业
Forestry

综　述

【概况】 2019年，浙江省林业部门践行“绿水青山就是金山银山”的理念，围绕乡村振兴、大花园建设等省委、省政府中心工作，深入推进林业综合改革，开展国土绿化美化，加强森林、湿地生态系统保护修复和野生动植物保护，推进自然保护地体系建设，发展绿色富民产业，进一步提升林业现代化水平，加快推进高质量森林浙江建设。全省森林面积607.56万公顷，森林覆盖率61.2%，林地面积660.23万公顷。活立木蓄积(包括森林蓄积、疏林蓄积、散生木蓄积和四旁树蓄积)3.85亿立方米，森林植被碳储量2.7亿吨，森林生态服务功能总价值6413.94亿元。全年实现林业总产值6646亿元，比上年增长7.1%。

【国土绿化美化】 2019年，浙江省推进“美丽浙江”建设，加强省域绿化造林工作。全省林业系统完成造林更新面积1.43万公顷，其中，人工造林6200公顷，封山育林300公顷，迹地更新7800公顷。全年全省参加义务植树800万人次，植树2062.3万株。全面实施“一村万树”三年行动，建设示范村433个、推进村3673个，447个村庄获国家森林乡村称号。举办全国乡村绿化美化研修班、“绿色中国行—乡村绿化美化系列宣传活动”，实施村庄绿化调查试点，全省乡村绿化美化工作被国家林业和草原局向全国推广。实行“新植1亿株珍贵树”行动，完成新植珍贵树2399.5万株。建成珍贵树种“局长示范林”192个、“示范点”205个和“示范单位”198个。推进彩色健康森林和木材战略储备林项目建设，完成彩色健康森林和木材战略储备林1.98万公顷。

【天然林、公益林保护管理】 2019年，省林业局贯彻落实中央、国务院《天然林保护修复制度方案》，研究制定全省天然林保护修复规划。加强天然林保护，完成天然商品林年度区划落界任务18.05万公顷。开展天然林保护情况县级调查和省级复查，配合做好国家核查。实施《浙江省公益林和森林公园条例》，制订出台公益林采伐管理、变更调整、资金补偿等配套政策。强化公益林建设管理，省政府公布省级以上公益林面积303.24万公顷，其中，国家级公益林93.12万公顷。完成森林生态效益补偿资金发放，会同省政府新闻办公室向社会发布《浙江省公益林建设与效益公报》。

【古树名木保护】 2019年，浙江省林业部门完成全省古树名木资源普查，全省现有古树名木27.49万株，隶属77科206属482种。其中香榧、香樟和枫香等树种数量居多，区域分布主要集中在绍兴、丽水、金华、杭州等市。全年省财政投入古树名木保护专项资金2775万元，保护古树名木1895株，建立古树名木主题公园65个。实现全省古树名木电子挂牌全覆盖，实体挂牌10.2万块，设置新树碑及宣传标志古树名木主题公园5.4万个。全省各地探索创新古树名木体检、保险、认捐认养、责任制等保护措施。浙江古树名木保护经验作为专题教案在全国古树名木保护会议做交流发言。

【生态文化建设】 2019年，浙江省推进森林城市建设，创建国家森林城市2个，建成省级森林城镇98个。金义都市区森林城市群被国家林业和草原局列为国家森林城市群建设试点，成为维护城乡生态安全、增进百姓生态福祉的样版城。全省林业系统启动森林古道保护工程建设，投入省级保护资金，启动森林古道保护工程建设。省生态文化协会、省林业局联合命名省级生态文化基地56个，7个行政村被中国生态文化协会评为全国生态文化村。4月28日至10月7日，中国北京世界园艺博览会在北京延庆区举行，浙江展园模拟浙江“七山一水二分田”的自然山水格局，运用丰富的园艺资材和浙派园林的造景手法，以“源起、诗画、富美、花园、起航”五大篇章，打造新时代《富春山居图》，呈现“这山这水浙如画这乡这愁浙人家”的美好画境，呈现“两山”理念指引下浙江大地的生产美、生活美、生态美。向世界展现浙江生态与经济并重的绿色发展之路，赢得与会国际友人和社会各界赞誉。浙江展园、展区分别获“中华展园大奖”“中国省区市展区大奖”，大奖数量并列全国第一。

林业产业

【概况】 2019年，浙江省林业系统实现林业产业总产值6646亿元，比上年增长7.1%。经济林产品产量5153.6万吨，其中山核桃产量2.6万吨，香榧产量8500吨，均居全国之首；主要林产工业产品中，锯材和人造板产量991万立方米，木竹地板产量9720万平方米，均创历史新高。出台政策支持工商资本“上山入林”投资林业产业，优化林业产业发展环境。出台《浙江省林地经营权证管理办法》，发放林地经营权证1522本，强化林地经营权权益保障。全省林业第一产业产值1062亿元，第二产业产值2754亿元，第三产业产值2830亿元，林业第一产业、第二产业、第三产业产值比例为16:41:43，林业产业结构进一步优化。其中森林康养和生态旅游产业占全省林业总产值的三分之一，成为全省林业第一大产业。全省涌现现代林业经济示范区103个。

【树种苗木保障】 2019年，浙江省林业部门加强珍贵彩色树种容器苗培育和结构优化工作。组织16处省级林业保障性苗圃培育容器苗566万株，二三类苗比例提高至81.8%。举行珍贵彩色树种赠苗植树活动，与省广电集团联合开展珍贵树种进校园、进社区、进军营、进乡村等系列植树活动16次。全省11个设区市69个县开展近200次赠苗植树活动，累计赠送珍贵树苗20多种80万余株，参与人员13万人次。

【林木良种选育推广】 2019年3月11日，省林业局印发《浙江省林木品种审定办法》，加强和规范林木良种选育推广工作。全年审（认）定林木优良品种27个，获国家林业和草原局植物新品种保护授权66个。推进种质资源库建设和管理，新增林木种质资源库3个。完善林木种质资源信息管理系统建设，累计完成登录种质资源收集登记信息2.4万条，保存登记信息1.6万条，鉴定评价信息1.3万条。加强林木良种基地建设和良种种子采收，采集柏木、浙江楠、浙江樟、赤皮青冈等林木良种种子2000千克。

【林业科技创新】 2019年，省林业局加强科技创新平台建设。建成首个国家林业草原局科研基地，新增重点实验室1个，建立温州城市生态系统定位观测研究站和浙西北竹林生态系统定位观测研究站2个国家级定位观测研究站，获批“竹笋产业”“竹林碳汇”“长三角森林生态产业化”等11个林业和草原国家创新联盟。全省林业部门制订林业国家标准4项，林业行业标准28项，林业省地方标准5项，“浙江制造”标准19项。“油茶林下仿野生中药材栽培”国家农业标准化示范区项目作为典型案例列入《2019年浙江省标准化工作白皮书》。年内，全省林业科技项目获省科技进步奖10项，获“第十届梁希林业科学技术奖”27项，获省科技兴林奖52项。全省林业系统获聘全国林业和草原乡土专家12人，获聘省级林业乡土专家100人。“竹产业振兴”“美丽村镇绿化”“天地空一体化森林资源监测”等10项省林业局与中国林业科学研究院林业科技合作项目立项，完成26项省院合作项目验收。开展林业科技周等科技服务活动，推广林果新品种和新型实用技术。

【林业龙头企业发展】 2019年，浙江省有国家林业重点龙头企业29家，省级林业龙头企业292家，联结农户119万户，联结基地27.07万公顷，提供就业岗位10万余个。江山市有木门、人造板、家具、机制炭等龙头企业63家，其中产值超1亿元的16家，木材加工专业化程度高、产业链不断完善。全省有国家经济林产业区域特色品牌建设试点4个，省优秀农产品区域公用品牌9个，“浙江名牌”产品90个，“冠军”香榧和“茶之语”山茶油获“中国森林食品示范品牌”称号，临安山核桃、天目雷笋、嵊州香榧等16个林业品牌列入浙江知名农产品品牌百强榜。

【“一亩山万元钱”行动】 2019年，浙江省林业部门实施“一亩山万元钱”5年行动。建设“一亩山万元钱”示范辐射基地2.98万公顷、累计6.56万公顷，参与企业（合作社）3164家、农户4万户，培训林农3.8万人次，实现总产值91.22亿元。按照“壮大一产、发展二产、培育三产”的思路，全省林业科技专家挖掘土壤、气候和生物潜能，对土地、物种、时空进行科学配置，探索总结易学、易懂、易操作的“一亩山万元钱”十大林业科技富民模式，发挥科技在现代林业生产中的“乘数效应”，提高林业生产的综合经济效益。推进林下种养、产品加工、森林康养等“三产”融合。开通“浙江省林技通”微信公众号、建立“一亩山万元钱”智慧云平台，为基层林农提供“林技服务”。

【森林康养产业发展】 2019年5月22日，省林业局制订《关于加快推进森林康养产业发展的意见》，提出构建森林康养产业体系。培育森林康养新生业态、提升森林康养的发展质量和综合效益的产业发展思路。10月18日，浙江、江苏、上海、安徽4省市林业局联合签署战略合作协议，共同谋划森林旅游和康养区域一体化发展。全省创建国家森林旅游示范市县7个，认定国家森林康养基地、养生基地和体验基地9个；创建省级森林休闲养生试点县7个，建立省级森林康养基地18个、森林氧吧114个、森林人家328个。全年全省森林康养和旅游产值2348亿元，成为浙江林业第一大产业。磐安县森林康养全年游客量1569万人次，综合收入152.2亿元。

【林事活动】 2019年，台州天台县、金华磐安县、丽水松阳县、衢州常山县等林业部门大力推进森林休闲养生产业发展，举办森林旅游节或文化节，推广倡导森林旅游健康养生。3月28—30日，中国(萧山)花木节暨首届花木艺术博览会在萧山举行，来自全国10多个省、市、区的1600家花木企业参会，成为全国规模最大、影响最广、档次最高、效益最好的绿化苗木品牌展会，销售额达67亿元。10月10—12日，中国(长兴)花木大会暨第三届园林产业新优产品推介会在长兴举办。11月1—4日，第十二届中国义乌国际森林产品博览会在义乌举行，博览会设置主题展馆9个、展位3662个，32个国家(地区)和25个省(区、市)的3049家企业参展，到会客商27.56万人次，成交额51.67亿元，博览会期间开展项目推介和投资签约活动，签约金额108亿元。11月26—28日，第十七届中国(金华)花卉苗木交易会暨首届金东农展会在金华澧浦举办。

林业资源保护

【概况】 2019年，浙江省林地和森林质量稳步提高，林分结构改善，生态服务功能进一步增强。全省林地面积660.23万公顷，其中森林面积607.56万公顷；活立木蓄积3.85亿立方米，其中森林蓄积3.46亿立方米；毛竹总株数31.8亿株。全省乔木林单位面积蓄积量80.10立方米/公顷，其中天然乔木林77.45立方米/公顷，人工乔木林87.37立方米/公顷。乔木林分平均郁闭度0.63，毛竹林每公顷立竹量3581株。全省活立木蓄积总生长量与总消耗量之比为2.56∶1，保持生长量显著大于消耗量的趋势，活立木蓄积量持续稳定增长。全省森林覆盖率61.2%，居全国前列。森林生态服务功能总价值6413.94亿元。

【林地林木保护管理】 2019年，浙江省基本建成森林资源“一张图”平台，建立平台成果分析展示系统、野外数据采集移动端、“掌上林业”App及营造林、征占用林地、林木采伐系统“落地上图”功能，进一步完善数据更新系统与森林督查模块，实现“一张图”数据集成和业务协同。推进林地管理服务“定额管控”，落实林地保护利用规划，引导节约集约使用林地资源，优先保障重点项目建设、基础设施建设、公共和民生项目，严格管控工矿开发和商业性开发项目，合理调控城镇建设项目。全年全省审批使用林地项目5500件，面积7695.55公顷，征收森林植被恢复费14.53亿元。聚焦“放管服”改革，推进集体人工商品林采伐管理改革，林木采伐“最多跑一次”改革成果被国家林业和草原局发文推广，推进林木采伐数字化转型被列为全国林木采伐数字化服务和监管平台建设试点。严格执行限额采伐管理制度，全年核发林木采伐蓄积205万立方米。开展“绿卫2019”专项执法、森林督查、违建别墅整治和涉林垦造耕地清查整改等行动，完成2.95万个遥感变化图斑清查任务。

【湿地保护管理】 2019年，浙江省加强重要湿地的保护管理。梳理和收集全省80个重要湿地名录、面积、保护方式和矢量数据，完成划界工作；实现各地县级湿地保护名录及相关数据收集和整理。开展杭州西溪湿地等5个国家级湿地公园和永嘉楠溪江等21个省级湿地公园清淤、巡护道建设、退耕还湿、设备购置等湿地保护和修复工作。全面完成全省红树林资源和适宜恢复地的调查，掌控全省红树林资源和适宜地现状情况。推进湿地公园建设，嘉兴运河湾省级湿地公园晋升为国家湿地公园，浙江天台始丰溪国家湿地公园(试点)和浙江云和梯田国家湿地公园(试点)通过国家湿地公园建设试点验收。全年新增桐乡白荡漾、瑞安平阳坑、永康杨溪源、临海红杉林、海宁长水塘、开化金溪6个省级湿地公园。完成杭州西溪湿地、镇海九龙湖湿地、桐庐南堡湿地等湿地公园范围内相关工程项目占用湿地进行审核，完成相应的功能区和范围调整工作。

【自然保护地管理】 2019年，浙江省推进钱江源国家公园管理体制试点工作，钱江源国家公园管理局挂牌成立，创建钱江源—百山祖国家公园“一园两区”管理模式。其集体林地役权改革、跨区域合作保护、科研监测和宣传等多项工作经验成为国家公园体制试点的亮点。推进自然保护地建设，新建省级森林公园1个、省级湿地公园6个、海洋特别保护区2个，晋升国家级森林公园1个、湿地公园3个。全省林业管理部门实施“十大名山公园”提升行动，投资31.5亿元，完成景区提质扩容、景点改造建设、森林提质增量、休闲康养游等项目建设。拍摄专题宣传片宣传推广“十大名山”，并在中国北京世界园艺博览会和第十二届中国义乌国际森林产品博览会期间播放，提升“十大名山”品牌形象和影响力。省林业局制订《浙江省自然保护地融合发展示范镇(村)建设指标体系(试行)》，推进自然保护地与城镇、乡村融合发展。开展“绿盾”自然保护地大检查和评估，加强自然保护区规范化建设。天目山、清凉峰、古田山等9个国家级自然保护区被生态环境部、自然资源部、国家林业和草原局评定为优良等级。

【森林灾害防控】 2019年，浙江省林业系统全力打好松材线虫病防治攻坚战，投入资金3.6亿元、人工121万人次，实施除治面积24万公顷，清理枯死树490万株。会同相关部门实行连续8个月松材线虫病疫木检疫执法专项行动，检查企业7049家，查处案件262件，关停非法加工经营松木企业151家。开展“3·19”森林防火宣传日活动，发送手机提醒信息1354.74万条，发放宣传资料181万份，悬挂大型横幅和张贴宣传标语9.34万条，出动宣传车1.3万辆次。推行“双禁”(禁止销售和燃放烟花爆竹)做法加强火源管理，实行党员分片包干等制度，出动管护人员74.67万人次，设立检查点2.76万个，收缴火种10.46万件，制止野外违章用火行为1.69万起。创建以水灭火工程建设示范县11个，新增蓄水池3887个、蓄水量2.79万立方米，铺设森林消防管网2.55万米、消防栓1322个，新增高压接力水泵420台、森林消防水罐车30辆。全年发生森林火灾30起，比上年下降33.3%；受灾面积115.54公顷；24小时扑灭率100%，森林火灾发生率和受害率维持历史低位水平。

【平安林区建设】 2019年，浙江省林业系统推进林区"警长制"治理体系建设，严厉打击涉林违法犯罪行为。实施"禁种铲毒""2019雷霆行动""扫黑除恶""打击野生动物资源违法犯罪"等专项行动，处理各类案件3461件，其中刑事案件444起，侦破大要案件29件，打掉犯罪团伙7个，打击处理各类违法犯罪人员3823人。

野生动植物保护

【概况】 2019年，浙江省有高等植物5500多种，其中木本植物1400种，国家一级重点保护野生植物11种、国家二级重点保护野生植物41种，省级重点保护野生植物139种，百山祖冷杉、普陀鹅耳枥、天目铁木等28种被列入浙江特有树种名录。有百年以上古树及名木27.49万株。全省有兽类、鸟类、爬行类、两栖类野生动物689种，其中国家一级保护动物18种，主要有梅花鹿、黄腹角雉、白颈长尾雉等；国家二级保护动物97种，主要有穿山甲、黑熊、斑羚等。扬子鳄、朱鹮、黑麂、梅花鹿、黄腹角雉、白颈长尾雉等系浙江濒危保护动物。

【野生动植物资源调查】 2019年，浙江省林业部门推进野生动植物动态监测，基本完成第二次陆生野生动植物资源调查。查清浙江省国家和省级调查物种的种群数量、分布与所处群落（生境）类型等资源现状，结合综合评价资源状况，分析目的物种动态变化原因及受威胁的各种因素，提出保护管理建议和监测方案。调查发现国家目的物种县级新分布33个、省级目的物种县级新分布52个，新分布点488个。省级以上植物地理新分布多达100多个，如浙江新记录科3个；华东新记录属1个、浙江新记录属11个；中国新记录种6个、中国大陆新记录种2个、华东新记录种6个、浙江新记录种60多个。野生动物调查研究发表动物新种3个（丽水树蛙、丽水异角蟾、北仑姬蛙），全省新分布记录种12个。实施水鸟调查及鸟类环志工作，环志鸟类49种1076只，隶属9目15科。

【野生动物保护管理】 2019年，浙江省林业部门实施珍稀濒危野生动物保护工程。华南虎、安吉小鲵、义乌小鲵、镇海棘螈等繁育和放归取得明显成效。朱鹮种群数量增至406只，居全国前三位。象山等地招引中华凤头燕鸥83只，繁殖雏鸟32巢。扬子鳄种群数量6700多条，其中，野外种群数量840条，属自然产卵繁殖。海南鳽记录繁殖巢100多个，繁育幼鸟170多只。华南梅花鹿放归6只，黄腹角雉放归5只，獐放归39只。筹建野生动物收容救护体系，收容救护野生动物5000只。发动和鼓励社会力量，加强候鸟源头保护，开展候鸟志愿者护飞行动，巡护里程3.65万千米，清除鸟网等猎捕工具972件，救助鸟类1363只，配合森林公安查处偷猎案件112件。

【野生植物保护管理】 2019年，浙江省通过人工辅助促进百山祖冷杉天然更新，原生境保存幼苗240多株。普陀鹅耳枥野外回归4000多株，在景宁发现天台鹅耳枥229株。在海南岛等8个地方实施天目铁木迁地试验。景宁木兰野外回归1000多株。建立伯乐树培育研究基地2个、原地迁入点1个，繁育幼苗500多株。迁地保护羊角槭等物种15种。

（省林业局　钱卫军）

水　利
Water Conservancy

综　述

【概况】 2019年，浙江省水利系统推进水利高质量发展。水利工程建设投入保持高位增长，全年完成水利工程建设投资565亿元，为年度计划的113%；完成水利管理业投资420亿元，比上年增长15.8%。积极应对多轮强降雨、多流域洪水和超强台风"利奇马"等自然灾害，全省水库无一垮坝，主要江河堤防与标准海塘无一决口。落实民生水利建设，全年完成522万农村人口饮用水达标提标建设任务，建成146条（个）美丽河湖。强化行业监管，浙江省连续5年获水利部建设质量工作考核A级优秀，"河（湖）长制"工作获国务院通报激励。深化改革创新，开展长江经济带小水电清理整治，推进农业水价综合改革试点。推动水利领域数字化转型，水管理平台和钱塘江流域防洪减灾数字化平台提前上线运行，"互联网+政务服务""互联网+监管"5项核心指标持续领跑全国。

【水旱灾害防御】 2019年，浙江省经受长达30天的梅雨天气、7轮强降雨，以及超强台风"利奇马"、台风"米娜"等袭击，椒江、甬江、苕溪、杭嘉湖及瓯江支流等流域同时发生超警戒水位。面对灾情，省防汛指挥部提出明确要求，各地开展汛前检查巡查。2—4月，全省水利系统出动4.3万人次，检查工程3.36万处（点），对发现的风险隐患实行销号管理，逐一落实整改措施。强化人员物资保障，调整充实防汛抢险和洪水调度专家，全省水利系统储备防汛抢险物资总价值2.48亿元。5月9日，浙江省暨金华市防汛防台应急综合演练在兰溪、婺城、武义等地同步举行。加强监测预警，全年省水利厅组织发布省级洪水预警单43期、山洪灾害预警单18期，地方发布山洪灾害预警1.43万次，发送预警短信224万条。防御梅雨和台风期间，水利部门统筹调度全省大中型水库拦蓄水量95.8亿立方米、河网排水49.9亿立方米。8月，浙江省防汛技术中心抢险队员赶赴受"利奇马"超强台风袭击的临海老城区进行排涝。抓好抗旱工作，及时完善抗旱应急预案，发生旱情的地区采取各种应急措施，将旱灾损失降到最低。

【水利依法行政】 2019年，浙江省完成7个方面21项水利改革工作，梳理汇总108个市、县水利部门改革创新案例。推进"互联网+政务服务"事项扩面提质，省级纳入"互联网+政务服务"办事事项增至154项，所有事项落实减材料、减环节、减时间等要求，承诺时限压缩比率90.7%，即办率达

67.6%，“跑零次”率为100%。省水利厅印发《关于推行区域水影响评价改革的通知》《区域水影响评价技术导则》，为全面推行区域水影响评价工作提供政策和技术保障。配合省人大开展《浙江省水资源管理条例》立法调研。全年省水利厅印发规范性文件16件，清理废止规范性文件34件。组织开展“世界水日”“中国水周”普法宣传活动，编印发放《浙江省水域保护办法》单行本并制作解读视频，进一步凝聚全社会治水、节水、爱水、护水共识。会同省司法厅联合举办全省在杭大学生水利普法“六进”志愿者实践活动，传播法治文化，弘扬法治精神。进一步加大水行政执法力度。省水利厅组织开展以陈年积累清理为重点的河湖执法工作，年内全省巡查河道总长度29.18万千米、水域面积3.15万平方千米，查处水事违法案件400件。

【水利系统数字化转型】 2019年，全省水利系统按照“统筹协调、分类归口、依责落实”原则，分解落实省政府年度数字化转型考核81项指标任务，明确“互联网+政务服务”“互联网+监管”等综合性工作的牵头部门，构建齐抓共管、各司其责的工作格局。8月26日，省水利厅印发《浙江水管理平台总体方案》，加强水利数字化转型顶层设计，明确水利数字化转型的总体思路和实现路径。推进“浙江省水管理平台”和“钱塘江流域防洪减灾数字化平台”开发建设，8个设区市和19个县（市、区）被列为“浙江省水管理平台”试点，加快“钱塘江流域防洪减灾数字化平台”1.0版本成果推广应用。12月，省水利厅向水利部推荐智慧水利优秀应用案例和典型解决方案，案例和方案包括提出的省级水利部门全行业统一工作平台、“五统一+双中台”应用支撑体系及省、市、县协同高效分级建设模式，对各省、市水利部门开展智慧水利建设具有一定的推广价值。全省加快建设统一水利数据仓，形成水利基础数据目录、业务数据资源目录V1.0版。9月30日，省水利厅印发《浙江水利数据资源管理暂行规定》，进一步规范全省水利数据资源管理。建立“一数一源、一源多用、按职维护”的数据管理责任体系，提升水治理能力和公共服务水平。加强水利网络安全管理，省水利厅与直属单位签订网络安全责任书。至年末，浙江省水利工程建设管理平台有1082个在建水利工程进入在线监管。

【水利科技创新项目管理】 2019年，省水利厅组织开展全省水利科技研究现状调研，修订印发《浙江省水利科技创新项目管理办法》，强化科技创新在水利现代化建设中引领作用。以水利发展实际需求和应用为导向，加强重大研究项目储备，全年水利科技项目申报数量创历史新高，累计遴选162个项目列入年度省水利科技计划，其中重大项目13项，重点项目34项。组织省公益性科研项目验收2项、省水利本级项目验收19项、项目结题31项，成果登记26项。全省水利科技项目获2018年度浙江省科学技术进步奖三等奖2项。加强技术示范项目管理，编制水利科技成果公报，做好2018年水利科技统计工作。组织全省水利科技专家库专家、中国大坝工程学会第三届理事会理事和第四届通信专业委员会人选推荐等工作。围绕“农村饮用水达标提标行动”“美丽河湖建设行动”等中心工作，遴选28项技术（产品）发布推广指导目录。年内，全省水利系统新增水利新技术推广应用示范点6个，推广应用水利新技术10项。 （省水利厅 供稿）

水利建设

【概况】 2019年，浙江省完成水利投资565亿元，其中，“百项千亿防洪排涝工程”完成投资212.7亿元，引调水、病险水库除险加固等其他工程84亿元。全省水利工程建设总体进展顺利，全年完成水库除险加固工程119座，实施主要江河干堤加固137.1千米。全省水利工程建设未发生质量事故，连续5年获水利部建设质量工作考核A级优秀。

【水利规划完善】 2019年，省水利厅推进年度规划编制，钱塘江、瓯江、浦阳江三大流域防洪规划经省政府同意印发，规划成果纳入浙江省水管理平台。9月18日，省水利厅印发《水利高质量发展行动计划（2019—2022）》，明确7个方面29项主要任务；起草“十四五”水安全保障规划思路，初步完成全省防汛抗旱水利提升工程总体方案、补短板实施方案、杭嘉湖区域防洪规划等编制工作。围绕长三角区域一体化发展战略和全省“十四五”规划、国土空间规划，完成相关专题研究和年度任务。“利奇马”台风后，省水利厅组织全省开展洪水调查，解剖重点地区防洪排涝问题，完成平原地区防洪排涝能力调研，提出全省防洪能力提升思路和举措。加强规划实施监管，制定《浙江省水利规划实施评估制度》，推进规划数字化建设，将“十一五”以来省级55个水利规划全部录入系统，推动钱塘江流域防洪减灾数字化平台、全省水管理平台中的规划数字化建设。

【水利工程建设】 2019年，浙江省以“年度农饮水达标提标建设任务、‘美丽河湖’建设任务和全省水利投资计划‘三个百分百’完成、力争增长10%”为目标，推进水利工程建设。全年完成水利投资565亿元。全省水库除险加固和主要江河干堤加固均超额完成重点工作绩效考核目标任务。10月21日，省水利厅出台《浙江省水利工程建设质量责任主体终身责任管理办法》，压紧压实参建各方主体责任，水利建设质量管理体系进一步完善。落实项目法人负责制，因地制宜推行以设计为主的工程总承包建设模式，全省新增21个采用EPC总承包模式（公司受业主委托，按照合同约定对工程建设项目的设计、采购、施工、试运行等实行全过程或若干阶段的承包模式）水利建设项目，合同总额44.4亿元，比上年增长30%。抓好水利工程验收，全年完成16个省级负责验收的大中型水利工程竣工验收。

（省水利厅 供稿）

水利管理

【概况】 2019年，省水利厅成立水利督查工作领导小组，并印发《浙江省水利厅监督工作规则(试行)》，其中督查检查考核事项减少23.3%，暗访比例提升至50.3%。在全国水利系统范围内率先实现公司负责人、项目负责人和专职安全生产管理三类人员证书电子化。组织开展小型水库管理体制改革示范县创建，完成水利工程标准化管理创建1万多处，完成水库大坝、水闸、泵站、堤防海塘等工程安全鉴定552个。全省建成“美丽河湖”146条(个)，“美丽河道”总长度1700多千米。

【水利行业监管】 2019年3月，省水利督查工作领导小组成立，统筹协调全省水利行业监督检查工作。8月28日，省水利厅印发的《浙江省水利厅监督工作规则(试行)》中，对监督工作原则、内容、要求、方式、程序、结果运用等加以明确。制订《浙江省水利厅2019年度督查检查考核计划》，督查检查考核事项由30项缩减为23项，减少23.3%；暗访比例由20%提升至50.3%。全年对3118个工程(单位)开展检查，其中采取暗访1568个，针对检查发现的问题，实行闭环销号管理。推进“互联网+监管”工作，对照水利部监管目录清单，结合浙江实际开展监管事项梳理，制定统一检查表单，实现全省水利系统执法监管统一标准、统一内容、统一流程。完善监管对象库，全年入库监管对象信息1.58万条；制定41类监管对象标签编码，提高监管对象辨识度。加强省内水利施工企业负责人、项目负责人和专职安全生产管理人员考核与管理，全年分2批组织水利水电施工企业安全生产管理三类人员考试，5043人考试通过。其中，第二批考试为全省水利系统首次实行现场计算机考试，网上审核考试报名资料，考试结束即时显示考试成绩。9月，“浙江省水利水电施工企业安全生产三类人员管理系统”上线运行，该系统集单位注册、人员管理、证书管理、证书考核、证书延期等功能于一体，并与大数据平台和浙江政务服务网等平台互联共享数据，实现企业证书变更、延期、注销等日常办事“跑零次”。年内，省水利厅印发《浙江省水利工程重大生产安全事故隐患治理挂牌督办制度(试行)》《浙江省水利厅生产安全事故应急预案(试行)》，组织开展安全生产责任制落实评价、水利工程建设安全生产专项整治、“防风险保平安迎大庆”消防安全整治、“安全生产月”等活动，强化安全生产责任落实。省水利厅获年度安全生产和消防工作目标管理责任考核优秀，在省级部门中排名第三。

【水利工程运行管理】 2019年，浙江省做好水利工程运行管理工作，发挥水利工程防洪排涝、供水灌溉、改善生态等作用，全年大中型水库拦蓄洪水106亿立方米，提供生产生活生态用水137亿立方米。落实水利工程安全运行管理责任制。5月28日，省水利厅出台《浙江省水库安全管理“三个责任人”履职标准(试行)》，公布水库大坝、水闸、泵站和堤防海塘等水利工程的“三个责任人”。全年全省举办水库安全管理责任人、堤闸信息管理和水利工程运行管理等培训220场，其中小型水库巡查管护人员业务培训100多场，参训人员1.2万人。推进水利工程标准化管理创建工作。修订完善《小型水库管理规程》《堤防工程管理规程》《海塘工程管理规程》，并以地方标准正式发布实施。组织开展“深化小型水库管理体制改革”“水库堤塘工程保险”等调研。深化小型水库管理体制改革示范县创建，淳安县、余姚市和绍兴市柯桥区3个县(市、区)申报水利部全国示范县。9月3日，全国水利工程管理体制改革座谈会在杭州召开，会议就水利工程管理体制改革、深化小型水利工程管理体制改革示范县创建、小型水库工程设施维修养护相关工作、小型水库巡查管护人员业务培训等工作进行研讨。11—12月，省水利厅组织开展水利工程管理考核，分别有2家和4家水利工程管理单位通过水利部考核验收和复核，分别有3家和4家水利工程管理单位通过省水利厅考核验收和考核复核。加强水利工程科学调度。省水利厅组织编制核准水库、水闸和泵站等水利工程管控运行计划，针对个别水库汛限水位设置不合理问题，在科学论证基础上，合理调整汛限水位。利用水库协同管理平台和实时水雨情平台及时掌握水库水位情况，加强督促提醒，避免发生违规超蓄现象，全年全省大中型水库未发生擅自超汛限水位运行情况。做好水利工程安全鉴定工作。年内，省水利厅针对安全鉴定超期问题，组织开展安全鉴定情况摸底调查，全面掌握水库大坝、水闸、泵站、堤防海塘等工程鉴定情况，谋划安全鉴定超期存量“清零”行动，全年完成安全鉴定项目552个。强化水利工程运行管理督查。组织开展水利工程安全隐患大排查、险工险段排查和海塘安全管理专项行动，配合水利部开展小型水库“四不两直”专项检查，建立问题清单式管理和定期销号制度，对突出问题进行跟踪督办。

【“河(湖)长制”工作推进】 2019年5月13日，省委、省政府召开全省高质量建设美丽浙江暨高水平推进“五水共治”(河长制)大会，对深入推进“五水共治”和“河(湖)长制”工作进行全面系统部署，优化细化各地各部门工作任务，进一步明确目标、责任、措施和标准，确保各项工作可量化、可落地、可考核。省级河(湖)长以身作则，带头履行河(湖)长职责，召开相关会议研究协调解决重大问题，推进流域治理工作。深化推进全省饮用水水源地保护，加大黑臭水体整治力度，严防黑臭水、劣V类水反弹。全面铺开“美丽河湖”建设，至年末，全省建成“美丽河湖”146条(个)，“美丽河道”总长度1700多千米。坚持营造良好河湖秩序，集中部署开展河湖乱占、乱采、乱堆、乱建清理工作，各级河(湖)长深入一线，逐河逐湖建立目标清单、问题清单、举措清单、责任清单，挂图作战、对账销号，全面推动排查整改。推进河湖水域管理范围划界工作，全省累计完成河道管理范围划界1.8万千米，占计划数的103%。坚持治河富民理念，启动“百江千河万溪水美”工程，全年完成中小河流治理685千米，清淤3700万立方米。

（省水利厅　供稿）

农村水利水电

【概况】　2019年，浙江省完成522万人农村饮用水达标提标建设任务，实现年度计划的127%。全省有农村饮用水提标建设任务的83个县（市、区）全部明确县级统管机构。全年完成农业水价改革面积84.6万公顷，累计完成112.2万公顷。开展屋顶高坝山塘综合整治和安全度汛工作，抽查山塘3317座、圩区33处，综合整治山塘529座、圩区1.69万公顷；完成62座绿色小水电创建和13座电站增效扩容改造。

【农村饮用水安全】　2019年，浙江省建立农村饮用水达标提标行动指标体系、工作体系、政策体系、评价体系，推进民生实事工程，提前3个月实现年度目标。按照"先建机制、后建工程"要求，以县为单位全面落实政府主体责任、行业监管责任、运行管理责任，全省有农村饮用水提标建设任务的县（市、区）中，61个由县水务公司统管，22个成立专管机构。全省有8600多人参与负责近1.3万处工程的日常运行管理。在政府指导价基础上，明确农村供水价格，制订《浙江省农村供水工程水费收缴工作方案》。至年末，全省有农村饮用水提标建设任务的县（市、区）全部制定农村供水工程水价相关政策制度，统一政府定价或制定政府指导价。通过"四不两直"（不发通知、不打招呼、不听汇报、不用陪同接待，直奔基层、直插现场）方式进行暗访11轮，暗访工程883处，对发现的问题通过"一县一单"方式进行反馈并跟踪落实整改。

【农业水价改革】　2019年是浙江省农业水价改革大范围攻坚之年。全省通过示范引领、以奖代补、加强管护等措施，推进完成改革面积84.6万公顷，累计完成112.2万公顷。11月，全省评选出4个示范市、20个示范县、303个示范村。省政府有关部门联合出台价格和补贴政策，建立"以奖代补"机制，对绩效评价优秀的33个县（市、区）给予奖励。建立分级、分类和分档水价，初步算清管护账、用水账。全年各级财政安排精准补贴2.51亿元、节水奖励3329万元，基本做到管护有钱、节水有奖。落实村级水利设施管护权，全省完成确权2.17万处，发放确权证1.64万本。全省有村级用水组织1.46万个、管水管护人员近4万人。有76个县（市、区）将农业用水指标分解到村，安装直接计量设施2563套、间接计量2万多处，农业节水基础进一步夯实。

【农田水利建设】　2019年，浙江省做好碗窑灌区、铜山源灌区2个大型灌区和上塘河灌区二期、芙蓉水库灌区2个中型灌区年度项目建设工作。11月，省水利厅组织开展全省大中型灌区名录梳理及需求统计，为大中型灌区"十四五"现代化改造规划夯实基础。开展屋顶高坝山塘综合整治和安全度汛工作，全省各级水利部门于汛期组织抽查山塘3317座、圩区33处，全年综合整治山塘529座、圩区1.69万公顷。复核落实大中型灌区、泵站、山塘、圩区、农村供水工程标准化管理创建名录，推进泵站、农村供水工程管理规程升地标工作。

【农村水电转型发展】　2019年3月，浙江省成立小水电清理整改联合工作组，印发《浙江省小水电清理整改工作实施方案》《浙江省小水电清理整改综合评估指导意见》《浙江省小水电清理整改"一站一策"指导意见》，全力打好长江经济带小水电清理整改攻坚战。全年完成水电站退出141座、整改824座。指导各地逐站核定生态流量，督促安装生态流量监测设施，统筹建立小水电生态流量监管信息平台。全年开展不定期安全现场检查，针对检查发现的问题及时督促整改。抓好老电站安全检测，完成234座运行25年以上的农村水电站的检测。开展水电站标准化创建，完成6座水电站标准化创建和210座水电站标准化复评。开展绿色小水电创建，指导解决水电站在创建中遇到的困难和问题，完成62座绿色小水电创建工作。推进农村水电增效扩容改造，全年完成电站改造13座。至年末，全省纳入"十三五"增效扩容改造实施方案的140条河流、204座电站、148项河流生态改造项目全部完工。开展生态水电示范区建设，生态修复（含退出）农村水电站117座，建成生态水电示范区11个。

【水土保持工作】　2019年9月，《浙江省生产建设项目水土保持管理办法》完成修订印发。全省新增水土流失治理面积463.7平方千米，超额完成《全国水土保持规划（2015—2030年）》《浙江省水土保持规划》确定年度治理目标，全年减少土壤流失量14.37万吨。浙江省在水利部等部委组织的全国水土保持规划年度实施情况评估中，成绩名列前茅。杭州闲林水库工程、仙居抽水蓄能电站入选国家水土保持生态文明示范工程。推进水土保持信息化建设，省水利厅按照水利数字化转型工作部署，迭代升级全省水土保持管理信息平台，完成全国水土保持管理信息系统4.0信息录入工作。

（省水利厅　供稿）

海洋经济
Marine Economy

综　述

【概况】　2019年，浙江省统筹推进浙江海洋经济发展示范区、舟山群岛新区、舟山江海联运服务中心和浙江省大湾区等建设，海洋经济发展各项工作取得明显成效。按照省委统一要求，高规格保留浙江海洋经济发展示范区工作领导小组及舟山群岛新区工作领导小组。浙江海洋经济发展示范区工作领导小组编制印发年度浙江省海洋强省行动重点任务清单，梳理形成年度重点工作任务105项，做好督促推进工作。全年全省海洋经济增加值8739亿元，比上年增长9.7%，占全省地区生产总值的14%以上。

【舟山群岛新区建设】 2019年，浙江省发挥海洋海岛资源优势，落实新区涉海涉港战略，岱山县大小鱼山绿色石化基地一期投产，甬舟铁路前期、宁波舟山港主通道等重大项目建设有序推进。全年舟山群岛新区实现生产总值1371.6亿元，比上年增长9.2%，增速超过全省2.4个百分点，新区海洋经济增加值占地区生产总值的65%，增速超过全省2个百分点。浙江自贸试验区、舟山江海联运服务中心建设取得明显成效，围绕油气全产业链发展，基本建成国内最大的保税燃料油加注中心、华东最大的油品煤炭等大宗物资储运基地。

【宁波、温州两大国家级示范区建设】 2019年7月，省政府正式批复实施宁波、温州两大国家级示范区总体建设方案。省发展改革委与省级有关部门推进国家赋予的示范区建设任务，宁波、温州2市政府坚持边谋划边建设，印发配套实施方案及年度任务清单，及时建立统筹推进机制，各方面建设取得阶段性成效。宁波示范区推动航天科工集团启动浙江军民融合商业航天发射场综合技术论证工作，第19届亚运会分赛区场馆建设加快，中国海洋论坛、数字海洋(渔业)智慧发展论坛等会展活动相继开展。温州示范区编制《蓝色海湾指数评估技术指南》。发挥民营经济支撑作用，吸引民间投资21.62亿元参与海洋经济建设，其中5.6亿元民间资本参与受损沙滩生态修复。

【全省港口一体化成果巩固提升】 2019年，全省沿海港口生产呈现先抑后扬态势。一季度，沿海港口货物吞吐量比上年同期下降0.2%，宁波舟山港外贸货物仅增长0.8%；二季度开始逐渐回升。全年全省沿海港口货物吞吐量13.5亿吨，比上年增长0.8%；集装箱吞吐量3063万标准箱，增长3.0%。其中，宁波舟山港货物吞吐量11.2亿吨，增长3.7%；完成集装箱吞吐量2753.5万标准箱，增长4.5%，增速有所放缓，货物吞吐量、集装箱吞吐量分别保持全球第一位和第三位。

【现代海洋产业体系建设】 2019年，浙江省推进实施现代海洋产业发展规划，聚焦现代海洋产业发展“55340”行动(做大做强临港先进制造、绿色石化、港航物流与大宗商品贸易、滨海旅游、现代海洋渔业五大“优势产业”，做足做优高端航运服务、海洋信息与科创服务、海洋医药与生物、海水淡化及综合利用、海洋新能源五大“潜力产业”，做准做实海洋新材料、海洋环保、深海资源勘探开发三大“未来产业”，培育建设40个左右国家级海洋经济示范区和省级海洋特色产业功能区块)，推进现代海洋产业集约发展、集群发展，为打造“大湾区”临港产业带夯实基础。发挥沿海产业集聚区对海洋经济发展支撑作用，推进全省开发区(园区)整合提升工作。依托大湾区建设和沿海地区临港产业发展，全省布局打造35个海洋经济特色功能区块，其中12个区块印发建设实施方案，形成传统产业、特色优势产业、未来产业统筹推进的海洋产业发展格局。实施海洋经济发展重大建设项目计划，计划投资项目302个，总投资7504.2亿元，年度计划投资871.4亿元。省发展改革委会同省财政厅修订海洋(湾区)经济发展专项资金管理办法，安排拨付年度专项资金20亿元，并做好绩效跟踪评价工作。

【海洋生态文明建设】 2018年1月19日，省生态环境厅、省发展改革委联合印发《浙江省近岸海域污染防治实施方案》，自当年起纳入省政府对沿海各市针对海域特点分区进行差异化考核。率先在全国开展近岸海域水质四季监测，严格环保准入。发挥海洋环保海陆联动体制优势，强化入海排污口规范整治，实现在线监测全覆盖。加强海洋生态红线管控和海洋保护区监督管理，进一步推进“湾(滩)长制”试点并被全国推广。全省七大入海河流(苕溪、甬江、灵江、飞云江、鳌江、瓯江、钱塘江)水质稳定向好，其中，4条水质保持稳定，3条水质提升。至年末，全省地表水水质优良比例达87.8%，基本无劣五类水，近岸海域除无机氮和活性磷酸盐外，其余指标基本符合一类海水水质标准。全省沿海沿湾地区生态环境质量改善，有效支撑海洋渔业、滨海旅游业等海洋产业发展。

【海洋科教水平全方位提升】 2019年，省科技厅、省自然资源厅、省发展改革委等部门组织实施大型海洋工程装备、海洋信息化、海洋新材料、海洋潮流能等领域省级科技重点研发项目，加大涉海涉港科技平台载体扶持力度，涉海涉港高新技术企业、科技型中小企业发展良好。年内，全省实施《浙江省高校海洋学科专业建设与发展规划》，加快推进浙江海洋大学和浙大海洋学院建设，加大涉海类人才培养力度，提升涉海类人才培养质量。推进涉海类教学平台建设，立项建设涉海类省级大学生校外实践教育基地3个，立项建设涉海类省级重点实验教学示范中心3个、涉海类省现代化成人学校项目3个。实施中等职业技术教育质量提升行动计划，评选涉海类省级创新创业教育实验室项目1个，舟山市定海区被评为省级示范学习型城市项目。12月，浙江国际海运职业技术学院获批成为浙江省海洋与船舶工程技术国际科技合作基地。

(省发展改革委　林　见)

海洋综合管理

【概况】 2019年，浙江省坚持尊重自然、顺应自然、保护自然的理念，以生态文明建设为核心，按照生态优先、节约集约、绿色发展的原则，严格海域使用管理，加强违法用海查处，规范海域海岛管理制度，开展海岸线修测，推进围填海历史遗留问题处置，着力加强海洋资源保护与综合利用，全面提升海洋综合管理能力。

【海域管理】 2019年，浙江省管辖范围省级及省级以下政府新批准用海1.09万公顷，征收海域使用资金4.96亿元。通过遥感影像、海域使用权属、区域用海规划和往期疑点疑区对比分析，完成疑点疑区遥感甄别图集2册，核查全省疑点疑区59个区块，面积29.03公顷。现场核查疑点疑区34处，出具核查报告25份，核查面积12.26公顷，建立核查成果数据集。省自然资源厅会同省财政厅印发《浙江省自然资源厅关于进一步明确疑似违法用海核查工作有关要求的通知》和《浙江省自然资源厅关于进一步遏制违法用海行为的通知》，推进疑似违法用海核查工作的规范化、制度化，查处违法违规用海行为。6月17日，省自然资源厅联合省财政厅印发《浙江省财政厅 浙江省自然资源厅关于调整海域无居民海岛使用金征收标准的通知》，综合考虑海域资源禀赋、自然条件、区位条件、资源利用条件、生态环境条件和用海适宜条件等因素，对全省海域进行定级。省自然资源厅海域和无居民海岛使用项目审核委员会成立，全年审核省级审批的海域项目、海域招拍挂出让方案14件。

【海岛管理】 2019年8月2日，省政府378号令公布实施新修订《浙江省无居民海岛开发利用办法》。此前，浙江省地方标准《无居民海岛估价规程》发布实施，将生态价值纳入无居民海岛价格，进一步规范海域、无居民海岛出让价格评估。年内，省自然资源厅开展《浙江省无居民海岛使用金征收使用管理办法》修订，完成初稿编制、意见征求和基层调研。开展无居民海岛开发利用疑点疑区核查，规范无居民海岛管理。完成年度浙江省领海基点海岛常态化监视监测外业调查及数据分析。

【海岸线管理】 2019年8月1日，省自然资源厅印发《浙江省大陆海岸线调查监测技术导则(试行)》，组织各县(市、区)开展海岸线修测工作，年内完成外业核查测量、内业数据处理、系统填报、报送国家审查等工作。开展对全省海岸线的位置、长度、类型及开发利用现状等基本信息调查。沿海县(市、区)海岛海岸线调查数据集成应用，系统掌握全省海岛海岸线分布情况。组织苍南三澳核电等用海项目的岸线利用审查，对占用的自然岸线要求按照“占用与修复平衡”的原则，开展同址修复或异地修复，确保自然岸线保有长度不减少。

【围填海历史遗留问题处置】 2019年4月24日，省自然资源厅和省发展改革委联合印发《浙江省加强滨海湿地保护严格管控围填海实施方案》，明确全省严管严控围填海总体要求，提出“严管严控新增围填海”“加快处理围填海历史遗留问题”“加强海洋生态保护修复”“全面提升沿海空间监管能力”4项举措。5月27日，全省围填海历史遗留问题处置工作推进会在杭州召开，省委常委、常务副省长冯飞出席并讲话，会议总结前期全省围填海管控工作开展情况，就做好围填海历史遗留问题处置工作进行全面部署。年内，全省完成围填海历史遗留问题生态评估报告和生态修复方案评审，对59个生态评估单元制订退填还海、拆除堤坝、修复滨海湿地、建设生态化海堤等内容的全域生态修复方案。完成全省围填海历史遗留问题处理方案编制并上报自然资源部，按照“60%产业建设、25%生态空间、15%基础设施”的空间功能布局原则，合理规划生产、生活、生态空间，统筹推进生态保护与资源节约利用。组织单个围填海历史遗留问题处理方案上报自然资源部审批，镇海新泓口东侧区块、台州集聚区区块、苍南江南涂区块、平阳新兴产业园区块、乐清北港区区块5个区块处理方案获批，总面积4410公顷；经备案区域批准项目围填海11个，面积120.92公顷。

（省自然资源厅　孙浙英）

海洋产业

【概况】 2019年，浙江省深化供给侧结构性改革，推进海洋经济提质增效，主要海洋产业保持稳步增长，产业结构不断优化。服务业在海洋经济发展中的引擎作用持续增强，其中，海洋服务业比上年增长13.2%，海洋科研教育管理服务业增长10.9%。海洋第三产业比重继续增大，从2018年的59.1%上升为2019年的60.5%。海洋生物医药业、海水利用业等新兴产业成为海洋经济转型升级的新动能，海洋新兴产业增长8.0%。

【远洋渔业】 2019年，浙江省远洋渔业总产量67.9万吨，比上年增长11.2%，全省有远洋渔业资格企业44家。生产区域布局持续优化，发展以东南太平洋、西南大西洋为主的大洋性鱿钓作业，拓展北太平洋、印度洋公海围网作业，发展基里巴斯、乌拉圭等过洋性远洋项目，丰富远洋作业类型，产业结构更加多元。舟山国家远洋渔业基地集聚优势突显，引进多家省内外远洋渔业企业。

【海洋船舶工业】 2019年，浙江船舶工业推进供给侧结构性改革，引导行业向绿色、智能、高效的高质量发展转变，涌现浙江扬帆船舶集团有限公司、舟山长宏国际船舶修造有限公司、舟山中远海运重工有限公司等为代表的龙头企业。全年全省规模以上造船企业完成工业总产值251.2亿元，比上年增长3.5%，完成主营业务收入231.7亿元，增长25.4%；规模以上企业船舶完工量304.8万载重吨，增长10.8%，新承接订单203.1万载重吨，下降34.9%。手持订单总计580.8万载重吨，下降31.1%。受国内外传统航运市场低迷、市场竞争压力增大的影响，浙江省造船完工量、新承接订单量、手持订单量三大造船指标占全国比重分别下降至8.3%、7.0%、7.1%。

【滨海旅游】 2019年，浙江推进万村景区化和全域旅游产业发展，打造“诗画浙江”品牌。舟山市推进国家全域旅游示范区建设，于8月28—30日举办国际海岛旅游大会。全省沿海城市接待游客9.2亿人次，实现旅游总收入13103.9亿元。接待入境过夜游客349.8万人次，接待国内游客9.2亿人次，实现国内旅游收入12967.4亿元。滨海旅游形成以杭州、宁波、温州等7个沿海城市为核心，以国家级和省级旅游功能区为支撑的旅游供给体系。

【港口发展与海水淡化】 2019年，浙江省沿海港口货物吞吐量13.5亿吨，比上年增长8.3%，其中，宁波—舟山港完成货物吞吐量11.2亿吨，增长7.9%。宁波舟山港在浙江海洋经济发展中处于引领地位，240多条航线连接全球600多个港口，年货物吞吐量连续11年居世界第一位，集装箱吞吐量稳居全球港口第三位。作为浙江省海洋港口一体化发展的"龙头"，宁波舟山港带动浙北嘉兴港、浙南温州港和台州港、浙中义乌港及省内各内河港口共同发展，推进支线中转、海河联运等业务发展。12月，舟山市发展改革委与自然资源部天津海水淡化与综合利用研究所签订战略合作框架协议，计划在舟山设立"国家海水利用工程技术研究（舟山）中心"。至年末，舟山市建成海水淡化项目29个，淡水生产能力达32万吨/日。

（省自然资源厅　赖　瑛）

海洋环境保护

【概况】 2019年，浙江省加强近岸海域污染防治和海洋生态保护修复工作，为"美丽浙江"建设提供良好的海洋生态环境保障。全年浙江近岸海域水质保持稳定。一、二类海水面积占41.4%，比上年上升1.8个百分点；三类海水占1.9%，下降15.7个百分点；四类和劣四类海水占56.7%，上升13.9个百分点。主要超标指标为无机氮和活性磷酸盐；水体富营养化等级维持在中度。近岸海域海洋生物生存环境质量保持稳定。浮游动、植物和底栖生物生境质量等级均与上年持平，潮间带生物生存环境总体稳定，多样性指数略有下降。近岸海域表层沉积物85.1%为第一类，14.9%为第二类，质量级别为优良。潮间带湿地沉积物质量级别为优良，75.0%为第一类，12.5%为第二类，12.5%为第三类。

【近岸海域污染防治】 2019年4月17日，省生态环境厅等9部门联合印发《杭州湾污染综合治理攻坚战实施方案》，杭州湾区域的杭州、宁波、嘉兴、绍兴市分别印发市级杭州湾污染综合治理攻坚战实施方案，细化工作措施，落实工程项目。组织实施近岸海域污染防治实施方案，落实生态环境部定期调度制度，组织沿海各设区市和省级相关部门定期上报工作进展情况。组织开展《浙江省近岸海域污染防治实施方案》实施情况中期评估，分析研判方案执行情况和目标的可达性。围绕"入海河流氮磷减排、排海污染源规范整治、沿岸生态修复扩容"三大重点，编制《近岸海域水污染防治攻坚三年行动计划》（报批稿）报送省政府。全年全省入海排污口在线监测达标率99.5%，传输有效率98.3%，13个入海河流考核断面均达到水质目标考核要求，全省直排海化学需氧量、总氮和总磷入海通量分别下降30.1%、39.4%和68%。

【海洋水环境工作考核】 2019年，由浙江省"五水共治"工作领导小组办公室牵头，印发《2019年度浙江省海洋水环境质量工作考核评价指标体系及评分细则》，涵盖海水质量等五大类19个具体指标，基于海域特点，对沿海7个设区市分三大区域开展差异化评价，纳入"五水共治"工作考核体系一并考核。嘉兴市和台州市排名靠前。为研究分析跨区域输入性污染对近岸海域海水水质影响，省生态环境厅组织科研力量开展台州近岸海域区域分界断面水质监测评价体系探索试点。

【陆海统筹治理】 2019年10月21日，省美丽浙江建设领导小组、"五水共治"（河长制）办公室和省生态环境厅联合印发《关于进一步加强湾（滩）长制试点有关工作的通知》，将"湾（滩）长制"纳入"五水共治"和"河（湖）长制"工作体系，推动河（湖）长制与湾（滩）长制的衔接。全年全省划定责任湾（滩）1139个，覆盖岸线超过3000千米。全省有湾（滩）长及协管员2007人，全年完成巡查1.39万次，自查发现问题112件，及时劝阻或制止48件。建立App巡查平台，加强岸滩生态环境监管。

【海洋生态环境监管】 2019年，浙江省加快构建省、市、县三级海洋生态环境监督管理工作体系。推进陆源排污监管，全省122个入海排污口在线监测设施完成安装，备案在用入海排污口在线监测设施安装实现全覆盖，在线监测数据在"浙政钉"环境地图模块对外公开展示，实现入海排污口数字化监管。推进涉海工程监管，结合一体化在线政务网建设，深化"最多跑一次"改革，完成海洋工程建设项目环评管理等相关职能"八统一"（统一主项名称、子项名称、适用依据、申请材料、办事流程、业务经办流程、办理时限、表单内容）、投资项目、权力事项、颗粒度梳理等相关工作。开展海洋生态保护红线区建设项目准入监管，根据海洋生态保护红线管控措施要求，逐项审查涉海工程建设项目对海洋生态保护红线影响分析。启动海洋生态环境保护"十四五"规划编制，将海洋生态环境保护"十四五"规划纳入全省"十四五"规划体系。建立跨部门协调联络机制，成立规划编制组，制定工作方案、技术大纲和调研方案。针对近岸海域海洋生态环境突出问题，设立7个专题开展研究。

（省生态环境厅　杨志新）

工　业
Industry

工业经济综述

【概况】 2019年，浙江省有规模以上工业企业4.39万家。其中，国有及国有控股企业828家，集体企业29家，外商及港澳台商投资企业4586家，民营企业3.85万家。规模以上工业企业中，大型企业580家，中型企业3956家，小型企业3.93万家。从业人员653.3万人，全员劳动生产率24.7万元/人·年，比上年增长9.6%。全省规模以上工业实现营业收入7.5万亿元，增长9.2%。完成工业增加值1.62万亿元，增长6.6%，比全国高出0.9个百分点。出口交货值1.2万亿元，增长1.3%。利润总额4759亿元，增长5.4%，比全国高出8.7个百分点。主营业务收入利润率6.4%。省政府出台一系列企业减负降本政策，助推企业加快释放潜能。全年为企业减负2280亿元，规模以上工业企业每100元营业收入成本降为83.57元，比上年低0.38元，比全国低0.51元。开展清理拖欠民营中小企业账款专项行动，建立部门协同、上下联动的清欠推进工作机制，实行清欠工作销号管理，年内偿还拖欠账款94.13亿元，率先在全国实现无争议欠款100%偿还，清偿率居全国第一。

【工业投资增长】 2019年，省经信厅制订"百项万亿"重大制造业项目、"四个百项"重点技术改造示范项目、智能化技术改造项目清单。组织推进390项总投资5亿元以上的重大制造业项目和5000项智能化技术改造项目，全年完成工业投资2790亿元。全省工业投资比上年增长9.7%，其中制造业投资增长12.9%，工业投资和制造业投资分别比全国高出5.4个和9.8个百分点。

【"百网万品"与"三服务"行动】 2019年10月，省经信厅会同省商务厅、省市场监管局推出浙江制造"百网万品"（百家电商平台浙江制造产品网上专项集中推介活动）拓市场专项行动，集中推介"浙江制造精品""老字号"企业和"品字标"品牌产品。出台增强企业出口竞争力政策措施，与杭州海关紧密合作，加强对美国出口企业、产业链非正常转移和行业性风险监测。全省开展工业"三服务"活动。建立重点市县、重点项目、重要平台、重点企业"四联系"制度，开展制造业重点项目大走访，推进475个投产项目年度新增产值1394亿元。精准帮扶89家困难企业脱困，帮扶受"利奇马"台风影响的2.77万家企业10天内实现复工复产。建成省企业服务综合平台，实现政策咨询、业务办理、意见建议等网上办理。全年省市县三级中小企业公共服务平台举办服务活动1029场，服务企业10万家次，发放服务券金额4931.5万元。

【制造业高质量发展】 2019年，浙江省推进制造业高质量发展。11月7日，省政府在宁波召开全省传统制造业改造提升现场推进会，出台相关政策措施，全省分二批开展传统制造业改造升级试点，参加省级试点县（市、区）48个。通过试点，17个传统制造业增加值增长，对规模以上工业增长的贡献率达58.8%。制订培育先进制造业集群行动计划，新增国家新型工业化产业示范基地3个，累计24个。淘汰落后和过剩产能涉及企业1755家，整治"低散乱"企业（作坊）2.67万家。实施精准靶向扶持，采用目录引导、"揭榜挂帅"方式，推动关键核心技术产品的产业化及应用，确定供给目录（第一批）90项，新增首台套产品127项、"浙江制造精品"269项。提升创新平台能级，新增国家企业技术中心13个、国家技术创新示范企业3家，入围国家人工智能产业创新"揭榜挂帅"企业11家。全年全省规模以上工业企业研发经费投入增长22.1%，占营业收入的2.26%，比上年提高0.34个百分点。制订汽车产业高质量发展行动计划、智能网联汽车产业发展行动方案，增强汽车产业竞争力。制订加快新材料产业发展行动计划，推行首批次新材料应用示范指导目录和保险补偿政策，新材料产业增加值增长8.8%。制订促进时尚产业改革发展行动方案，28家企业入围中国服装行业百强。推动生物医药产业高质量发展，通过仿制药一致性评价的品种规格数、入选国家药品集中采购的企业数均居全国第一。推进服务型制造创新发展，新创建省级服务型制造示范企业67家、示范平台22个；新增省级工业设计中心64个、国家级工业设计中心8个、国家级工业设计研究院培育对象2个。实施绿色制造工程，新增国家绿色园区4个、绿色企业57家，完成清洁生产审核企业830家，创建节水型企业490家。

【工业数字经济发展】 2019年，浙江省工业数字经济核心产业增加值6229亿元，比上年增长14.5%，占GDP的比重10%，对GDP增长的贡献率19.6%。实施数字经济5年倍增计划，出台加快数字经济发展若干政策意见，促成"浙江省数字经济促进条例"列入预备立法项目。统筹推进"三区三中心"（全国数字产业化发展引领区、产业数字化转型示范区、数字经济体制机制创新先导区和具有全球影响力的数字科技创新中心、新型贸易中心、新兴金融中心）和城市大脑、移动支付之省等标志性项目建设。浙江通过国家信息经济示范区终期评估，获批国家数字经济创新发展试验区。设立浙江省数字经济产业投资基金，组建5G、"敏华未来汽车""长电科技"等产业基金。培育省级数字化智能工厂（车间）114个、示范（试点）数字化园区101个，推进127个数字化重大项目建设。全省扶持骨干数字企业100家，入围全国电子信息百强企业14家。实施集成电路"强芯"行动，设计、制造、封装、测试一体化产业链日益完善，集成电路产业营业收入增长20%以上。深化软件名城和软件产业基地建设，全年软件业务收入6102亿元，增长16.7%。推进人工智能、5G、区块链、超高清视频等数字产业化提升行动，杭州、德清获批国家新一代人工智能创新发展试验区，杭州区块链领域全球专利数量居全国第三位。全省工业上云企业超过35万家。新增工业机器人1.8万台，累计8.9万台。国家网信办发布浙江省产业数字化指数18.66，居全国第一位。制定加快推进5G产业发展实施意见，年内建成5G基站1.58万个。全国首个国家新型互联网交换中心落户杭州。

【市场主体升级】 2019年，浙江省着力培育具有全球竞争力的一流企业。全省确定首批"雄鹰行动"培育企业68家。制造业领域新增世界500强企业2家，入围全国民营企业500强92家、全国民营企业制造业500强94家。出台培育隐形冠军企业的实施意见，新增隐形冠军企业54家，入选国家专精特新"小巨人"企业19家，新增国家制造业单项冠军企业（产品）28家，累计102家，总量全国第一。实施新一轮"小升规"专项行动，"小升规"企业5598家。浙江率先开展民营企业地方立法，省经信厅起草形成《浙江省民营企业发展促进条例（送审稿）》。全年全省规模以上工业民营企业实现增加值1.01万亿元，比上年增长7.9%，比规模以上工业高出1.3个百分点；民营企业出口1.84万亿元，增长11.5%。确定小微企业园建设提升重点县(市、区)20个；认定小微企业园204个，累计777个。获评国家小型微型企业创业创新示范基地6个、国家中小企业公共示范服务平台9个、国家大中小企业融通型特色载体1个。

【工业领域改革】 2019年，省经信厅深化“最多跑一次”改革。编制政务服务事项、“最多跑一次”事项等清单，实现146项政务服务事项100%“网上办”“掌上办”“零次跑”“材料无纸化”；5项机关内部事项100%“网上办”“跑零次”，精简办事材料30%以上、办事时间压缩40%以上；“互联网+政务服务”全部7项指标领跑全国。推进“数字经信”建设，建成工业经济运行监测分析等数字化平台10个，构建基于大数据的经济分析和调节机制，实现“掌上办事、移动办公”。全面开展“亩均效益”综合评价，形成涵盖整个工业领域“亩均效益”评价体系，完成11万家工业企业“亩均效益”综合评价。分领域分行业实施“亩均效益”领跑者行动，发布制造业“亩均效益”领跑者100强。深化制造业企业资源要素优化配置，加大优质企业正向激励，全年减免企业城镇土地使用税31.1亿元。落实分类帮扶制造业领域低效企业改造提升行动，完成1.34万家低效企业改造提升或依法关停。推动电力、税务等20个部门、35大类数据交换共享。全年全省规模以上工业亩均税收、亩均增加值分别增长8.9%和16.5%。启动长三角工业互联网一体化发展示范区建设，联合举办长三角两化融合发展大会、工业互联网高端论坛等活动，成立智能制造产业联盟，全省工业部门招引投资1亿元以上合作项目939个。(省经信厅　胡志浩)

纺织服装工业

【纺织行业生产经营下滑】 2019年，浙江省纺织行业受中美贸易摩擦、劳动力成本上升等因素影响，行业生产经营下滑。全省有纺织企业3334家，

2019年浙江省规模以上工业企业增加值和出口交货值增长情况

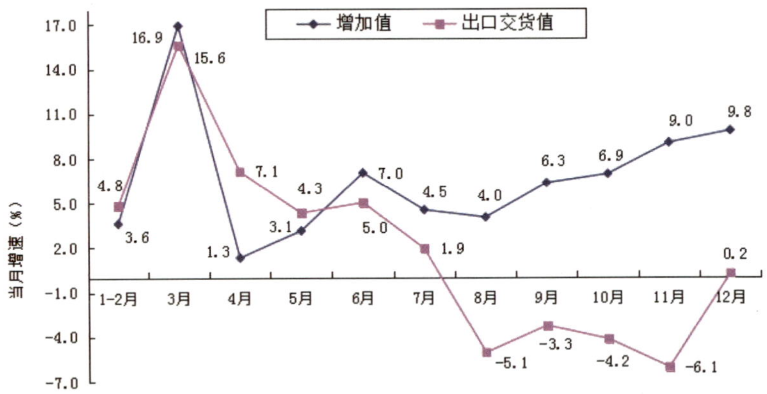

2019年浙江省规模以上工业企业主要产品产量

产　品	单　位	产量	产　品	单　位	产量
发电量	亿千瓦时	3 351.0	丙烯	万吨	290.3
生铁	万吨	835.5	涂料	万吨	109.4
粗钢	万吨	1 350.7	合成氨(无水氨)	万吨	61.2
钢材	万吨	3 468.2	农用化肥	万吨	41.8
十种有色金属	万吨	63.1	化学农药原药	万吨	20.8
铜材	万吨	292.4	橡胶轮胎外胎	万条	8 881.9
铝材	万吨	218.1	塑料制品	万吨	1 307.6
石灰石	万吨	5 938.9	化学药品原药	万吨	25.1
纱	万吨	149.1	中成药	万吨	2.6
布	亿米	76.4	家用电冰箱	万台	567.9
印染布	亿米	305.4	家用冷柜	万台	350.0
蚕丝	吨	5 578.8	房间空气调节器	万台	1 939.2
化学纤维	万吨	2 822.8	家用洗衣机	万台	1 118.5
服装	亿件	31.7	两轮脚踏自行车	万辆	406.6
皮革鞋靴	亿双	6.4	家用吸排油烟机	万台	982.6
复合木地板	万平方米	5 050.9	家用吸尘器	万台	2 332.3
家具	万件	23 964.4	汽车	万辆	99.2
机制纸及纸板	万吨	1 768.4	摩托车整车	万辆	114.4
多色印刷品	万对开色令	5 957.1	民用钢质船舶	万载重吨	350.3
冷冻水产品	万吨	99.0	工业锅炉	蒸发量吨	26 002.8
罐头	万吨	45.9	电焊机	万台	375.6
啤酒	万千升	226.8	泵	万台	7 411.1
乳制品	万吨	73.2	医疗仪器设备及器械	万台	11.9
饮料	万吨	897.8	金属切削机床	万台	9.1

续表

2019年浙江省规模以上工业企业主要产品产量					
精制茶	万吨	20.9	交流电动机	万千瓦	6 850.6
卷烟	亿支	933.7	光缆	万芯千米	3 043.4
水泥	万吨	13 399.9	锂离子电池	万只	27 717.5
平板玻璃	万重量箱	4 494.9	彩色电视机	万台	193.4
钢化玻璃	万平方米	7 150.3	移动通信手持机	万台	4 652.6
硫酸（折100%）	万吨	304.0	笔记本计算机	万台	197.2
烧碱（折100%）	万吨	200.8	程控交换机	万线	104.6

（省经信厅　提供）

其中规模以上纺纱企业334家，规模以上织造企业669家。全年生产纱149.09万吨，比上年下降7.8%，纱产量占全国的5.2%。其中，纯棉纱50.62万吨，下降8.6%；棉混纺纱33.27万吨，下降8.3%；化纤纱65.2万吨，下降7.0%。实现利润9.90亿元，下降39.5%。生产布76.36亿米，下降1.4%，布产量占全国的16.7%。其中：纯棉布29.97亿米，增长1.1%；棉混纺布13.2亿米，下降3.5%；化纤布33.19亿米，下降2.7%。实现利润21.01亿元，下降26.3%。全省规模以上纺纱企业库存产品46.75亿元，增长2.4%。规模以上织造企业库存产品67.48亿元，下降5.1%。浙江湖州威达集团股份有限公司、浙江七星纺织有限公司分别被中国棉纺织行业协会评定为“色纺纱行业主营业务收入十强企业”“营业收入及竞争力百强企业”。浙江鑫海纺织有限公司、浙江云山纺织印染有限公司被省科技厅认定为高新技术企业。浙江鑫海纺织有限公司“李渔”牌纯棉本色布被中国棉纺织行业协会认定为“行业最具影响力产品品牌”，舟山4806工厂ZJ1798E全数字化环锭细纱机被省优秀工业产品评选委员会评为“浙江省优秀工业产品”。浙江玉帛纺织股份有限公司“全棉芯弹纱弹力面料关键技术研发与产业化项目”获中国纺织工业联合会科技进步奖二等奖，浙江春江轻纺集团有限责任公司的“抗菌保暖涤纶天丝混纺纱”和“远红外保暖粘腈混纺纱”2个产品获省科技厅颁发的科学技术成果登记证书，“一种熔融粘结纱生产工艺及其在免烫面料中的应用”项目获国家知识产权局颁发的专利发明证书。

【绿色制造推进】 2019年，浙江省纺织行业推进纺织绿色制造建设。建立一批用地集约化、原料无害化、生产洁净化、废物资源化、能源低碳化的绿色工厂。绿色工厂优先选用绿色原料、工艺、技术和设备，满足行业标准的综合要求，并进行持续改进。全省纺织行业重点推进纺织生产环节的绿色改造升级，构建绿色制造体系。华孚时尚股份有限公司、浙江春江轻纺集团有限责任公司、湖州威达集团股份有限公司、浙江金梭纺织有限公司等企业推进智能化绿色制造改造升级行动，参与国家标准、行业标准制定，推动行业高质量发展。提升中小企业标准化能力。华孚时尚股份有限公司、浙江春江轻纺集团有限责任公司、湖州威达集团股份有限公司、浙江金梭纺织有限公司等纺织企业参与制订浙江“品字标”工作。加快绿色制造技术的创新与产业化应用，推广纺织业清洁生产、废旧纺织品循环利用、节能减水、降低污染物排放等绿色生产技术。年内建立省纺织技术创新中心1个，制订行业标准9个。建立绍兴市柯桥区纺织行业工业互联网示范基地。全省形成湖州织里镇、海宁许村镇、绍兴柯桥区、桐乡濮院镇、诸暨大唐镇等纺织产业集群，促进纺织产业集约化发展和改造升级。

（省纺织行业协会　姜华飞）

【化纤产量增长】 2019年，浙江省有化纤企业608家，从业人员11.04万人。全年实现工业总产值2591.16亿元，比上年增长1.6%；实现主营业务收入2900.26亿元，增加3.3%；完成化纤产量2822.84万吨，增长16.2%；实现利税144.77亿元，下降15.7%，其中利润103.72亿元，下降20.2%。亏损企业114家，增长35.7%；亏损额11.09亿元，增长4.7%。实现出口交货值178.82亿元，下降1.4%。投入技术开发资金44.04亿元，增长39.9%；实现新产品产值1195.37亿元，增长7.7%。

【重大项目建设】 2019年，浙江省化纤行业加快产业结构调整和优化升级。桐乡市中益化纤有限公司年产120万吨智能化、低碳差别化纤维项目通过评审，项目建设期2年。浙江恒逸聚合物有限公司年产140万吨功能性纤维新材料综合产能的升级改造项目通过评审，项目采用国产化大容量柔性化聚合技术、聚酯熔体直纺技术、智能制造技术，具备年产110万吨聚合纺丝、30万吨加弹丝的综合产能。浙江嘉化特种尼龙有限公司的“智能化年产12万吨高性能环保锦纶纤维”项目通过节能评审，项目总投资15.61亿元，采用先进的智能化节能设备。浙江古纤道绿色纤维有限公司年产120万吨差别化工业聚酯技改项目通过节能评审，项目总投资3.8亿元，采用液相增粘加工工艺和智能自动化设备。年内，桐昆集团股份有限公司年产30万吨绿色智能化纤维项目聚酯装置投产，项目总投资9.7亿元，采用大容量柔性化聚合技术、聚酯熔体直纺技术、绿色智能制造技术。桐昆集团股份有限公司年产30万吨POY（预取向丝）项目和年产30万吨POY技改项目投产运行，投资19.21亿元的年产50万吨智能化超仿真纤维项目开工建设。恒逸集团有限公司总投资24.79亿元，年产40万吨己内酰胺扩能改造项目投产运行。独山能源有限公司年产220万吨PTA一期项目竣工投产，该项目选用英国BP公司最新PTA工艺技术和专利设备，实现产业运行绿色、低碳、安全、环保。浙江石油化工有限公司炼化一体化项目（一期)工程年产2000万吨炼油和140万吨乙烯装置项目投入试运行,新增对二甲苯(PX)、乙烯、丙烯、石脑油等炼化产品15种。

【异地、境外投资】 2019年3月,桐昆集团股份有限公司与江苏如东洋口港经济开发区签订投资协议,共同投资160亿元,建设年产2×250万吨PTA项目、90万吨FDY项目、150万吨POY项目。7月,恒逸集团有限公司与广西钦州市政府签订投资合同,建设生产己内酰胺-锦纶、PTA-聚酯等项目,总投资450亿元。其中年产120万吨己内酰胺-聚酰胺产业一体化及配套工程项目年内开工建设,总投资220亿元。8月,三鼎控股集团有限公司己内酰胺-聚合-锦纶产业一体化项目落户宁夏宁东市,项目总投资200亿元,主要研发高端锦纶丝。9月,桐昆集团与广西钦州市政府签订投资合同,投资510亿元,在钦州建设年产280万吨芳烃、500万吨PTA的绿色石化一体化产业基地项目,实现东西部产业优势互补和产业链协同发展。10月,在文莱达鲁萨兰国大摩拉岛投资建设的恒逸实业(文莱)有限公司炼化一期项目投产。该项目完全按照中国标准设计。

【化纤"浙江制造"标准发布】 2019年,由浙江汇隆新材料股份有限公司为主制定的《原液着色涤纶低弹丝》团体标准、浙江盛元化纤有限公司为主制定的《有光异形涤纶牵伸丝》团体标准被省品牌建设联合会认定为"浙江制造"标准,并予以发布。恒逸集团有限公司、浙江华欣材料有限公司、桐昆集团有限公司参与维纶、锦纶、涤纶三项"取水定额"(生产、生活用水定额)国家标准主要技术内容和指标的制定研讨工作,取得阶段性成果。

【科技创新】 2019年,新凤鸣集团股份有限公司研发的"基于熔体直纺在线可控多功能高品质聚酯纤维制备技术"、绍兴文理学院和凯泰特种纤维科技有限公司等5个单位共同研发的"基于集成式智能模块控制的多重结构聚酯长丝制备关键技术及产业化"2个项目获省科学技术进步奖二等奖。新凤鸣集团股份有限公司研发的"聚酯长丝高效柔性化及绿色制造产业化技术"项目和由桐昆集团股份有限公司研发的"绿色多功能差别化聚酯纤维制造与应用技术集成创新"项目通过中国纺织联合会评审。桐昆集团股份有限公司等8家企业研发的"绿色多功能差别化聚酯纤维制造与应用技术集成创新"项目通过工业信息化部验收,该项目系国家绿色制造系统集成项目。桐昆集团股份有限公司、新凤鸣集团股份有限公司等企业开发的"高值化聚酯纤维柔性及绿色制造集成技术"、浙江古纤道股份有限公司、浙江理工大学开发的"复合纺新型超细纤维及其纺织品关键技术研发与产业化"项目、恒逸高新材料公司、东华大学开发的"化纤长丝卷装作业全流程智能化与成套技术装备产业化"项目获中国纺织工业联合会科学技术奖一等奖。中国纺织科学院、恒逸石化股份有限公司开发的"熔体直纺高品质深染原液着色聚酯纤维产业化技术开发"项目、浙江精功科技股份有限公司开发的"JCTX300型千吨级碳纤维生产线"获中国纺织工业联合会科学技术奖二等奖。浙江华峰氨纶股份有限公司、浙江海利得新材料股份有限公司获中国纺织工业联合会产品开发贡献奖。桐昆集团股份有限公司"功能性聚酯纤维新材料智能工厂"、嘉兴石化有限公司"PTA智能工厂"、浙江恒滕差别化纤维有限公司"年产60万吨差别化纤维智能工厂"、浙江恒逸高新材料有限公司"化纤智能化工厂"被省经信厅认定为省数字化车间/智能工厂。

(省化纤行业协会　傅燕尔)

【服装行业平稳运行】 2019年,浙江省服装行业积极应对国内外服装产品市场需求下降和贸易风险提升的局面,深化供给侧结构性改革,加快转变生产经营方式,进一步优化产业结构,全行业总体保持平稳发展态势。全年服装行业实现工业总产值2132亿元,比上年增长3.1%;完成营业收入2074亿元,增长0.2%;实现利润91亿元,下降26.6%。投资收益下降52.6%。亏损企业628家,增长34.8%;亏损额14亿元,增长24.3%。完成服装产量31.7亿件,下降4.6%;完成服装及衣着附件出口304.6亿美元,下降1.9%。全省服装行业营业收入、利润总额、产量和出口额占全国同行业的比重分别为13.0%、10.5%、13.0%和19.9%,排序处于全国同行业前列。

【服装行业创新转型】 2019年,浙江省服装行业科技创新活跃。规模以上企业研发费用支出达29.5亿元,比上年增长31.1%,提高18个百分点。研发费用支出占营业收入的比重1.4%,高出0.12个百分点。全省服装行业中,安正时尚集团股份有限公司、温州庄吉服饰有限公司、浙江高氏杰服饰有限公司等38家企业被列入国家高新技术企业;浙江绍兴宏铭制衣有限公司、浙江迪丰服饰有限公司等14家企业被列入省高成长科技型中小企业。安正时尚集团股份有限公司企业技术中心和柳桥集团有限公司企业技术中心被省科技厅列入省级企业技术中心。浙江省罗纳无缝内衣研究院和浙江省立马云山功能性服装织物研究院被省科技厅列入省级企业研究院;浙江雅莹集团有限公司、安正时尚集团股份有限公司被评为浙江省国家高新技术企业创新能力百强;浙江雅莹集团有限公司、安正时尚集团股份有限公司和浙江报喜鸟服饰股份有限公司被评为省高新技术服务10强企业。11月,由浙江理工大学等单位完成的"针织数字化车间智能生产关键技术及其产业化"项目被中国纺织工业联合会授予中纺联科技进步一等奖;浙江敦奴联合实业股份有限公司等单位完成的"基于功能性协同生效机理的多功能复合织物关键技术与产业化"项目、浙江麦地郎领带织造有限公司等单位完成的"领带敏捷生产及高品质功能性产品加工技术示范与推广"和湖州珍贝羊绒制品有限公司等单位完成的"易护理羊绒针织物绿色加工关键技术与产业化"3个项目被中国纺织工业联合会授予中纺联科技进步二等奖;浙江理工大学校长陈文兴被中国纺织工业联合会评为科学技术特别贡献奖,并入选中国工程院院士。

全年全省有23家服装企业的91个项目被列入省级新产品试制计划项目。年内,全省新增服装专利95件,其中发明专利6件,实用新型22件,外观设计67件。宁波太平鸟时尚服饰股份有限公司设计研发中心、浙江森马服饰股份有限公司科技时尚服饰工业设计中心等4个中心被省经信厅列入省级工业设计中心。10月,杭州意丰歌服饰有限公司等8家服装企业的10个产品,被中国纺织工业联合会评为十大类纺织创新产品。东蒙服饰有限公司"东蒙服装智能化生产设备管理平台"、温州庄吉服饰有限公司"全品类服装研发设计云平台"等6个平台被省经信厅列入年度省级工业互联网平台创建名单。义乌市盈云科技有限公司"针织无缝产品供应链平台"获中国纺织工业联合会针织内衣创新贡献奖。汉帛国际集团有限公司发布时尚产业首个工业互联网平台——哈勃智慧云,以智能制造为核心引擎,助力服装领域中小企业实现转型升级。

【"浙江制造"服装标准公布】 2019年,浙江省服装服饰行业《防水透湿冲锋衣》《防蚊虫服装》《桑蚕丝牛仔服装》等18个"浙江制造"标准公开发布。全省服装服饰行业"浙江制造"标准增至41项。11月,雅戈尔服装制造有限公司、卓尚服饰(杭州)有限公司等5家企业的8个企业标准列入第一批企业标准"领跑者"。艾莱依时尚股份有限公司和浙江森马服饰股份有限公司被全国服装标准化技术委员会授予标准化工作特殊贡献奖;江南布衣服饰有限公司、报喜鸟控股股份有限公司、杉杉品牌运营股份有限公司等7家企业被全国服装标准化技术委员会评为标准化工作先进单位。雅莹集团股份有限公司、宁波马骑顿儿童用品有限公司等5家企业获评全国纺织质量管理创新奖。

【浙江服装企业上榜中国企业500强】 2019年,中国企业联合会、中国企业家协会发布"中国企业500强""中国制造业企业500强"榜单,雅戈尔集团股份有限公司入选"中国企业500强";雅戈尔集团股份有限公司、森马集团有限公司、宁波申洲针织有限公司3家企业入选"中国制造业企业500强";太平鸟集团有限公司和万事利集团有限公司入选"中国服务业企业500强";雅戈尔集团股份有限公司以跨国指数29.65%入选"中国100大跨国公司"。8月,全国工商业联合会发布"中国民营企业500强"榜单中,雅戈尔集团股份有限公司、森马集团有限公司、太平鸟集团有限公司、宁波申洲针织有限公司、万事利集团有限公司等9家企业入选。8月,中国服装协会公布的"2019年服装行业百强企业"名单中雅戈尔股份集团有限公司、杉杉控股有限公司、太平鸟集团有限公司等26家企业榜上有名。12月,雅戈尔股份集团有限公司、森马集团有限公司、宁波申洲针织有限公司、太平鸟集团有限公司4家企业列入浙江省首批"雄鹰行动"培育企业。

【浙江服装企业助力国庆阅兵】 2019年,中华人民共和国成立70周年庆典大阅兵彩排期间,宁波博洋服饰有限公司参与阅兵方阵部分礼服的设计与制作。总计设计12个款式,制作200多套,礼服设计以"中华文化"和"美好生活"为主题。杭州雅正纺织品有限公司与中国通用中国纺织科学研究院浙江分院合作,为参与国庆检阅活动的6个群众方阵和2个合唱方队设计服装。浙江森马服饰股份有限公司为"同心追梦"方队2019名少先队员和其他人员专门设计红领巾。该公司设计的红领巾在安全性能上增加致敏、致癌物质的检测,质量完全符合国家标准。

【企业上市】 2019年4月,博尼国际控股有限公司"博尼控股"在香港交易所成功上市,股票代码为1906.HK,发行价0.58港元/股,在香港融资1.12亿港元。该公司成为义乌市首家通过红筹模式赴港上市的企业。5月,慕尚集团控股在港交所挂牌上市,全球发售2亿股,每股售价4.39港元,募集资金8.78亿港元。至年末,浙江服装行业上市企业18家。全年全省服装行业中有"申洲国际""森马服饰"2家上市公司上榜中国上市公司营业收入500强榜单。

(省服装行业协会　蒋　楠)

【丝绸行业效益提升】 2019年,全省丝绸行业运行态势平稳,效益稳中有升。全年78家丝绸骨干企业实现销售收入566.54亿元,比上年增长38.5%;实现利润17亿元,增长30.6%。亏损企业20家,亏损面25.6%。盈亏相抵,盈利17.03亿元。杭州、嘉兴、湖州等16个产茧市(县)蚕茧发种量37.76万张,下降8.7%;蚕茧生产量1.89万吨,下降7.8%;春茧平均收购价格下降9.7%。完成白厂丝1573.20吨,下降25.7%;捻线丝1512.44吨,增长55.4%;绢丝1163.85吨,下降43.7%;真丝绸3228.97万米,增长4.3%;印染绸5.11亿米,增长11.9%;丝针织面料374.8万米,增长50.7%。服装制品1.49亿件,增长2.4%。其中,丝绸梭织服装9601.02万件,丝绸针织服装571.49万件。丝绸家纺128.97万件(套),增长4.1%;真丝领带、头巾4269.66万条,下降0.7%;蚕丝被150.13万条,增长0.14%;床上用品34.06万条,下降26.5%;其他蚕丝制成品168.07万件(套),增长25.5%。全省蚕茧生产受丝价下滑影响继续下降。省内丝绸龙头企业在湖州、淳安、桐乡、海宁等市县建立蚕桑基地。主要项目有浙江凯喜雅集团国际股份有限公司在淳安县实施的"新型蚕桑农场建设"项目和在海宁市实施的"规模化集约化蚕桑示范基地巩固提升建设"项目、浙江巴贝领带有限公司研发的"全龄人工饲料工厂化养蚕产能提升建设"项目、万事利集团有限公司在开化县打造"规模化特种蚕产业示范区"、桐乡市华锋丝业有限公司在桐乡市打造的"集约化规模化优质蚕茧生产示范基地"。

【新兴丝绸企业产品创新】 2019年,浙江省内新兴丝绸企业受益于"一带一路"发展战略、互联网电商和跨界合作,丝绸内外销市场进一步拓展,新兴丝绸企业产品不断创新。浙江凯喜雅集团国际股份有限公司实施全球战略,完善茧丝绸全产业链,在终端丝绸产品开发上跨界合作,新开发的蝴蝶缎系列产品和玻尿酸真丝四件套融入科技元素，受到高端消费者喜爱。万事利集团有限公司深耕丝绸终端产品创新开发，联合微软小冰开发人工智能丝绸笔记本、丝巾等产品，并研发蚕丝蛋白系列护肤品、蚕丝蛋白面料、原液安瓶等衍生品，提升丝绸产品科技含量。浙江巴贝领带有限公司实施工厂化养蚕项目，全年生产蚕茧1710吨；浙江蚕缘家纺有限公司实施标准化战略，建成1.3万平方米标准化厂房，成为全省首家获蚕丝被领域浙江制造认证"品"字标企业。先后开发"24K黄金被""红外恒温蚕丝被"等科技型蚕丝被和"蚕花西施"系列手工DIY蚕丝被等文化型蚕丝被。年内，达利(中国)有限公司、浙江米赛丝绸有限公司、浙江钱皇网络科技股份有限公司、杭州奥罗拉实业有限公司、中国茧丝绸交易市场5家企业获评全国年度创新企业。

（省丝绸协会　陈新琪）

家电五金工业

【家电工业效益提高】 2019年，浙江省有规模以上家用电器企业729家，从业人员19.9万人。全年实现工业总产值1537.3亿元，比上年增长6.4%；主营业务收入1655.8亿元，增长6.2%；工业销售产值1506.4亿元，增长5.4%；利税154.8亿元，增长13.5%；利润107.6亿元，增长16.5%；新产品产值780.3亿元，增长15.4%；出口交货值573.9亿元，增长7.4%。全年全省生产洗衣机1118.46万台，下降3.7 %，占全国总产量的15.0%；吸尘器2332.3万台，下降0.9%，占全国的20.8%；电冰箱567.89万台，增长3.0%，占全国7.2%；冷柜349.96万台，下降0.5%，占全国的16.1%；电风扇1138.29万台，增长4.2%，占全国的5.4%；空调器1939.2万台，增长18.1%，占全国的8.9%；吸油烟机982.56万台，增长3.0%，占全国的27.3%；电饭锅4517.27万台，下降8.3%，占全国的20.7%；饮水机710.64万台，增长1.0%，占全国的42.32%；电热水器164.1万台，增长5.5%，占全国的3.6%；电热烘烤器具8652.96万台，增长12.6%，占全国的37.7%；燃气灶1012.89万台，增长4.9%，占全国的26.2%。洗衣机、家用吸尘器、冷柜、吸油烟机、电热烘烤器具、燃气灶等家电产量均居全国领先地位。全省主要家用电器产品出口增长。电熨斗出口8620.44万台，增长6.3%；面包器4920.56万台，增长4.4%；饮水机475.34万台，增长10.5%；电吹风机5708.5万台，增长9.5%；冰箱压缩机1863.09万台，增长12.5%；洗衣机704.82万台，增长10.9%；吸尘器3281.66万台，增长2.9%；冷冻箱389.35万台，增长11.4%；电炒锅55.68万台，下降22.9%。全省著名厨卫电器企业、领军的配件企业、创始的集成产品发展态势强劲，在全国保持领先地位。浙江华日实业投资有限公司董事长陈励君被浙商论坛主办方授予"工匠浙商"奖；杭州金鱼电器集团有限公司董事长陆鸿敏、宁波新乐电器有限公司总经理陈伟光被省企业联合会、省企业家协会联合授予省优秀企业家称号；加西贝拉压缩机有限公司总经理朱金松和陈励君被授予"庆祝中华人民共和国成立70周年纪念章"。

【家用电器"浙江制造"标准编制】 2019年，宁波方太厨具有限公司编制的《家用燃气快速热水器》、杭州老板电器股份有限公司编制的《嵌入式洗碗机》《反渗透净水机》、卓力电器集团有限公司编制的《增压蒸汽电熨斗》、浙江腾云制冷科技有限公司编制的《扩散吸收式冷藏箱》、浙江超人科技股份有限公司编制的《电推剪》、奇精机械股份有限公司编制的《大容量全自动变频洗衣机减速离合器》7项家用电器"浙江制造"标准获省浙江制造品牌建设促进会认证、发布，并获"品字标"认证证书。

【家电科技创新】 2019年，浙江省家电行业推进数字化、智能化传统家电产业技术改造和数字化、自动化车间建设。1月18日，浙江美大实业股份有限公司企业技术中心被省经信厅、省财政厅、省税务局联合认定为省制造业省级企业技术中心。6月19日，奥克斯集团有限公司自主创新的厨电新品"云幕"牌油烟机首台下线。该品牌油烟机采用革新式精巧工艺和智能操控，吸收油烟效果赢得市场青睐。8月12日，宁波方太厨具有限公司推出厨房家电新品——"集成烹饪中心"，该款产品集成油炸、火烤、蒸烤烹饪、油烟排放等多种厨具功能，满足现代厨房集成化、智能化需求，系一款智慧烹饪平台。年内，浙江绍兴苏泊尔生活电器有限公司和浙江苏泊尔家电制造有限公司被省市场监管局列入全省专利创造十强榜单，其中，浙江绍兴苏泊尔生活电器有限公司均列省企业专利申请量、省企业专利授权量第一位。浙江苏泊尔家电制造有限公司列省企业专利授权量第五位。

【全国百强家电企业公布】 2019年5月20日，宁波方太厨具有限公司、奥克斯空调股份有限公司、浙江绍兴苏泊尔生活电器有限公司等5家家电企业列入"创新中国•民营企业科技创新500强"榜单。6月25日，星星集团有限公司、杭州老板电器股份有限公司、宁波方太厨具有限公司等6家家电企业被中国轻工业联合会列入中国轻工百强企业榜单。宁波方太厨具有限公司、浙江爱仕达电器股份有限公司等3家家电企业被中国轻工业联合会列入中国轻工业科技百强企业榜单。8月27日，杭州老板电器股份有限公司、奥克斯空调股份有限公司列入"亚洲品牌500强"。8月30日，奥克斯集团有限公司被列入"中国企业500强"榜单；星星集团有限公司、宁波方太厨具有限公司等4家家电企业被列入"中国制造业企业500强"榜单。

【家电品牌建设】 2019年1月16日，杭州松下家用电器有限公司的松下ALPHA洗衣机、奥克斯空调股份有限公司的奥克斯空调、杭州老板电器股份有限公司的老板蒸烤一体机和吸油烟机、宁波方太厨具有限公司的智能风魔方油烟机和水槽洗碗机、浙江帅康电器股份有限公司的帅康"潜吸式"吸油烟机等家电产品被全国家用电器工业信息中心认定为中国家电"好产品”。2月2日，京马电机有限公司的油烟机用塑封电机、浙江安德电器有限公司的嵌入式电烤箱、奥克斯空调股份有限公司的变频柜式空调被省经信厅列入“浙江制造精品”榜单。2月，宁波方太厨具有限公司的水槽洗碗机Q7获美国国际厨房卫浴展览会(KBIS)“最具影响力奖”。4月15日，宁波方太厨具有限公司的油烟机和燃气灶被工业信息化部授予“行业第一品牌”称号。5月16日，浙江华日实业投资有限公司的华日冰箱被中国家用电器协会举办的“中国冰箱行业高峰论坛”授予“中国冰箱行业专业科技品牌奖”。5月17日，宁波方太厨具有限公司的JBSD2T-X1S洗碗机、浙江帅康电器股份有限公司的CXW-238-S8505油烟机被中国质量万里行促进会等举办的“厨电行业发展高峰论坛”分别授予“3+X厨房计划洗碗机畅销产品”“3+X厨房计划油烟机畅销产品”称号。年内，奥克斯空调股份有限公司的3款奥克斯空调获有“设计奥斯卡”奖之称的德国“iF设计大奖”；杭州松下家用电器有限公司的松下ALPHA阿尔法洗衣机获艾普兰金奖；杭州老板电器股份有限公司的老板中央吸油烟机获艾普兰智能创新奖；浙江苏泊尔股份有限公司的真空本釜电饭煲获艾普兰创新奖；宁波方太厨具有限公司的方太家用燃气灶获艾普兰设计奖；杭州老板电器股份有限公司的老板中式蒸箱、浙江美大实业股份有限公司的美大集成灶飞龙JJZT-5503Z、浙江帅康电器股份有限公司的帅康潜吸式油烟机获艾普兰产品奖；杭州老板电器股份有限公司的老板燃气灶、奥克斯空调股份有限公司的省电王空调柜机艾普兰环保奖；德意控股集团有限公司的蒸烤一体机获艾普兰金口碑奖。

【家电绿色制造推进】 2019年6月27日，韩电集团有限公司的冰箱产品获国际技术服务供应商德国莱茵TüV集团生态设计能效TUV Mark认证，表明韩电集团有限公司的冰箱产品设计得到欧盟生态设计认可。8月1日，杭州老板电器股份有限公司的老板WQP12-W735强力洗洗碗机通过中式洗碗机A+认证，并入围“高性能家电产品”榜单。奥克斯空调股份有限公司的奥克斯空调(KFR-35GW/BpR3AKA700(A1))被中国标准化研究院、北京中家院检测认证有限公司、威凯认证检测有限公司联合认证为“人类工效学—热舒适”空调，认证信息在“金质共享认证联盟”平台公布。

（省家用电器协会　马国鑫）

【五金工业平稳发展】 2019年，浙江省五金行业呈现平稳发展态势，行业规模保持国内领先地位。全省规模以上五金企业3007家，从业人员40.17万人。资产总值2762.89亿元，比上年增长7.3%。实现工业总产值2952.1亿元，增长5.1%。其中新产品产值1030.64亿元，增长15.6%；利税210.44亿元，增长4.5%；利润126.4亿元，增长10.6%；工业销售产值2877.6亿元，增长4.5%；出口交货值793.61亿元，下降2.0%；工业产品产销率97.5%，下降0.6%；全年五金行业技术开发经费支出62.74亿元，增长33.7%。完成金属门窗制品产量51.75万吨，增长19.1%；电动手提式工具833.4万台，下降3.9%；不锈钢日用制品25.63万吨，增长17.9%；家用吸排油烟机982.56万台，增长3.0%；家用燃气灶具1012.89万台，增长4.9%；家用燃气热水器32.21万台，下降14.5%；阀门234.17万吨，增长10.9%。

【五金品牌建设】 2019年6月5日，宁波长城精工实业有限公司被工业信息化部列入首批专精特新“小巨人”企业名单。11月13日，宁波埃美柯铜阀门有限公司的民用管道控制阀门被工业信息化部授予单项冠军产品称号。12月4日，由中国轻工业联合会主办的“轻工业消费升级与高质量发展”新闻发布会在北京人民大会堂举行。大会发布消费升级重点产品10种，宁波方太厨具有限公司的集成烹饪中心列入其中。发布会并发布第五和第六批“升级与创新消费品指南”。浙江爱仕达电器股份有限公司的健康钛无油烟炒锅、金刚旋风钛不粘无油烟炒锅、德意控股集团有限公司的吸油烟机、宁波方太厨具有限公司的方太极火直喷系列燃气灶、浙江爱仕达电器股份有限公司的不串味蒸鲜汽锅、浙江美大实业股份有限公司的美大集成灶(飞天系列)等13种产品列入第五和第六批“升级与创新消费品指南”名录。12月23日，宁波方太厨具有限公司、杭州老板电器股份有限公司、杭州德意电器股份有限公司和宁波欧琳厨房电器有限公司的6个型号吸油烟机产品被中国五金制品协会授予“高效净化环保之星”称号；浙江亿田智能厨电股份有限公司、浙江帅丰电器有限公司等6家企业7个型号的集成灶产品获集成灶产品“高效净化环保之星”称号。

【五金厨卫产品“浙江制造”标准公布】 2019年，宁波方太厨具有限公司为主制定的《家用快速热水器》、金华市精工工具制造有限公司为主制定的《柜式工具箱柜》、浙江忠恒锁业有限公司为主制定的《机械防盗锁》、浙江飞剑工贸有限公司为主制定的《钛真空杯》、浙江哈尔斯真空器皿股份有限公司主制定的《不锈钢真空旅行壶》、浙江华亚杯业有限公司为主制定的《不锈钢真空饭盒》等27项五金厨卫产品标准被省浙江制造品牌建设促进会认定为“浙江制造”标准并发布。浙江中坚科技股份有限公司的《以汽油机为动力的手持式吹吸机》、浙江东立电器有限公司的《手持式电钻》《石材切割机》《冲击电钻》、浙江超人科技股份有限公司的《手持式电吹风》《旋转式电动剃须刀》等10项外文版“浙江制造”标准由省市场监管局发布，并为相关企业颁发证书。

【五金工业技术创新】 2019年，浙江省五金行业以科技创新引领产业高质量发展。浙江苏泊尔家电制造有限公司的“煮饭器和用于煮饭器的盖体组件”获第二十届中国专利金奖；宁波方太厨具有限公司的“洗碗机(水槽式Q6)”和杭州老板电器股份有限公司的“吸油烟机(CG5610)”获第二十届中国外观设计金奖；宁波方太厨具有限公司的“吸油烟机的扩压引流装置”和杭州巨星科技股份有限公司的“零度两用扳手”获第二十届中国专利优秀奖。浙江天喜厨电股份有限公司工业设计中心被省经信厅认定为省级工业设计中心。浙江苏泊尔家电制造有限公司创新设计中心、杭州桑莱特卫浴有限公司设计中心、杭州巨星科技股份有限公司工业设计中心等13家原省级工业设计中心通过省经信厅复核。杭州老板电器股份有限公司厨用电器智能工厂、王力安防科技股份有限公司防盗安全门智能工厂等6家企业工厂项目被省经信厅认定为省级智能化工厂(数字化车间)。德施曼智能指纹锁高新技术企业研究开发中心、华丰巨箭高性能套筒工具省级高新技术企业研究开发中心、九龙智能节能厨具高新技术企业研究开发中心等20家五金厨卫企业研究开发中心被省科技厅认定为高新技术企业研究开发中心。浙江省德意智慧云厨房研究院、浙江省春江智能阀研究院、浙江省爱仕达生活电器研究院等15家五金厨卫企业研究院被省科技厅、省发展改革委、省经信厅3部门认定为省级企业研究院。浙江天喜厨电股份有限公司、火星人厨具股份有限公司等4家企业被省科技厅列入省创新型领军企业培育名单。新多集团有限公司获省人力资源和社会保障厅"浙江省博士后工作站"授牌。

【展销活动】 2019年5月26—28日,第十届中国(永康)国际门业博览会(简称门博会)在永康国际会展中心举行,门博会历经10年发展,成为中国乃至全球的门业盛会,被业界冠以"中国门业第一展"之称。第十届门博会有9.24万人次参会。现场成交额10.08亿元,比上届增长3.1%;达成意向交易额23.42亿元,增长4.9%。网上门博会访问量69.74万人次,增长3.8%。9月26—28日,第二十四届中国五金博览会在永康国际会展中心举行,博览会汇集国内20多个省、市、自治区和瑞典、意大利、韩国等国家和地区的参展企业1686家,展出面积8.5万平方米。展会实现成交额158.8亿元,增长2.1%。有1100多人参与163项科技合作洽谈,现场达成合作意向57项。 (省五金制品协会　周和平)

皮革、毛皮及其制品业

【概况】 2019年,浙江省有规模以上皮革、毛皮及其制品企业1703家,从业人员24.2万人。全年实现工业总产值1101.58亿元,比上年下降1.7%;销售收入1046.97亿元,下降3.0%;利税64.26亿元,下降13.5%;利润27.04亿元,下降18.2%;出口交货值414.10亿元,下降4.3%;新产品产值439.49亿元,增长17.8%。全行业亏损企业236家,增长34.1%。全年生产轻革9888.21万平方米,下降2.5%;皮革服装2111万件,下降17.3%;衣箱(提箱)8923.2万个,下降5.9%;手提包(袋)2.19亿个,下降10.2%。各类鞋9.43亿双,下降1.5%。其中:皮革鞋靴6.42亿双,下降3.8%;塑料鞋4208.9万双,下降7.1%;纺织面鞋7056.5万双,增长5.5%;胶鞋9368.9万双,增长4.3%。

【皮革业品牌建设】 2019年,浙江省皮革行业推进皮革制品"浙江制造"团体标准制订和"品字标"认证建设。全省有27家皮革企业以第一制定单位参与皮革产品"浙江制造"团体标准制订,皮革制品"浙江制造"标准获批立项30项。海宁森德皮革有限公司的《汽车座垫革》、浙江深梦皮革科技有限公司为主制订的《黄牛皮全粒面沙发革》等25项皮革"浙江制造"团体标准获省浙江制造品牌建设促进会认定发布。浙江卡拉扬集团有限公司等19家企业的23种产品通过"品字标"认证。浙江通天星股份有限公司的"基于进口干坯的生态环保型牛皮家具革技术研究"等77种科技新产品、省级工业新产品通过省经信厅组织的专家鉴定和验收。康奈集团有限公司等6家企业的6种产品被浙江省优秀工业产品评选委员会评为省优秀工业产品。杭州错越新材料有限公司参与制定ISO 20535《鞋类内底和内垫试验方法干湿循环尺寸变化率》国际标准。

【皮革业科技创新】 2019年,浙江省皮革行业加大科技创新投入力度,全年实现新产品产值439.49亿元,占全行业工业总产值的39.9%。浙江澳饰实业有限公司的"高弹性防震夜光豆豆鞋"、康奈集团有限公司的"防水飞织高弹休闲鞋"等77种科技新产品通过浙江联政科技评估中心鉴定和验收。桐乡新时代皮草有限公司参与研究的"细杂皮染整清洁生产集成与产业化"项目获中国轻工业联合会科技进步奖二等奖;巨一集团有限公司技术中心被省经信厅列入省级企业技术中心;奥康集团有限公司获国家知识产权优势企业称号。

【技能和创作大赛】 2019年,浙江省皮革行业协会组织举办第十届"崇福杯"裘(革)皮服装设计大奖赛、第四届"意尔康·工匠杯"鞋靴设计创作大奖赛、第三届"余姚中国裘皮城杯"裘皮服装设计创作大奖赛、第二届"中国温岭·曙光狮杯"鞋靴设计创作大奖赛4项赛事,每项设计创作大奖赛均有来自全国各地相关大专院校学生、企业设计人员参赛,参赛作品2500件。省皮革行业协会组织专家按大赛标准进行评审和奖励。9月9—11日,由省总工会主办,省皮革行业协会和省财贸工会联合承办"'明新旭腾'杯浙江省皮革加工职业技能竞赛暨'达威杯'第三届全国皮革加工职业技能竞赛浙江赛区预赛"。参赛选手通过喷漆技术理论考试、现场实际操作,经评审组专家对参赛作品的制作工艺、材料应用等进行综合评审,最终有10名选手获"浙江省皮革加工职业技术能手"称号,6名选手获"浙江省皮革加工职业技能优秀选手"称号。省总工会并对获得前3名选手授予"金蓝领奖"。10月11—13日,获得浙江赛区前8名选手赴河北无极县参加"达威杯"第三届全国皮革加工职业技能竞赛决赛,其中3名选手获全国技能竞赛前8名,1名选手获得实际操作比赛全国第一名。省皮革行业协会、省财贸工会获全国皮革加工职业技能竞赛优秀组织奖。

【中国(温岭)童鞋产业高峰论坛】 2019年11月2日,中国皮革协会、省皮革行业协会、温岭市政府联合在温岭举办"2019中国(温岭)童鞋产业高峰论坛”。论坛开幕式上，中国皮革协会理事长李玉中、省皮革行业协会理事长李伟娟、温岭市市长王宗明分别致辞，并宣布温岭鞋业智库成立，李伟娟等9位特聘专家为温岭鞋业智库团队成员。开幕式后，业内专家围绕皮革行业发展问题各抒己见，与会200多位企业家共同探讨加快温岭鞋业转型升级、实现品牌化创新发展的路径。

（省皮革行业协会　李伟娟）

造纸工业

【概况】 2019年，浙江省有规模以上造纸企业266家，从业人员4.94万人。全年完成机制纸及纸板产量1768.40万吨，比上年下降7.9%。实现工业总产值843.06亿元，下降11.6%；主营收入832.77亿元，下降11.5%；利润39.78亿元，下降10.6%；税金51.09亿元，下降27.8%。全行业应收账款206亿元，下降7.3%，其中产成品库存货值37.13亿元，下降24.8%。全年投入研发经费18.43亿元，增长10.7%。亏损企业53家，亏损额7.75亿元，增长2.9%。

【造纸行业产业结构调整】 2019年，浙江省造纸行业实施“上大压小、扶优汰劣”和“腾笼换鸟”产业结构调整，淘汰落后产能、扶持优势龙头企业，淘汰关停产能落后、环境污染严重的造纸企业66家，削减落后产能490万吨。杭州富阳区为全省造纸企业主要集聚地，累计关停中小造纸企业95家，腾退造纸产能700万吨。海盐县对中小造纸企业实行负面清单政策，关停海盐海利纸业有限公司、浙江华联纸业有限公司和嘉兴大洋纸业有限公司等造纸企业。

【造纸工业科技创新】 2019年，浙江省造纸行业重视新型纸基材料和造纸工艺的科技创新，全年投入研发经费18.43亿元，比上年增长10.7%。其中，浙江荣晟环保纸业股份有限公司投入研发经费7303.71万元，占公司营业收入的4.4%。仙鹤股份有限公司投入研发费用1.06亿元，增长20.2%，致力于新型纸基材料及相关原材料的研发。浙江景兴纸业股份有限公司，浙江荣晟环保纸业股份有限公司、杭州特种纸有限公司等造纸骨干企业被省科技厅批准设立省级高新技术企业研究开发中心。浙江景兴纸业股份有限公司、浙江山鹰纸业有限公司、浙江荣晟环保纸业股份有限公司被省科技发展战略研究院列入浙江国家高新技术企业创新能力百强榜单。

【造纸行业重点技改项目】 2019年，浙江省造纸行业实行技术改造升级，实施的重点项目有：浙江华川实业集团有限公司40万吨包装纸项目，总投资7亿元，占地4.47公顷，采用芬兰进口纸机，生产高强瓦楞原纸。11月28日投产，日产量1200吨。宁波亚洲浆纸业有限公司30万吨化机浆项目，总投资8.9亿元，建设年产30万吨化机浆车间及相关配套木片输送系统，于7月17日开工建设。仙鹤股份有限公司年产3.5万吨高档食品包装原纸、数码喷绘转印纸项目，总投资1.42亿元，11月建成投产。浙江唐丰特种纸有限公司年产1.2万吨烟用接装纸项目，总投资7976万元，9月建成投产。浙江哲丰新材料有限公司年产22万吨高档纸基新材料项目，年内开工建设。仙鹤股份有限公司年产10万吨纸基新材料技改项目，总投资5.1亿元。10月，年产2万吨的生产线安装完成；年产3万吨的生产线完成设备采购，纸机处于安装阶段。浙江金励环保纸业有限公司年产100万吨环保再生高档包装纸项目，总投资25.56亿元，分两期建设。其中一期建设年产30万吨高强单面灰纸板PM1生产线和年产20万吨低克重瓦楞原纸PM2生产线。浙江家家发纸业有限公司生活用纸项目投资3亿元，利用公司现有厂房进行技术改造，主要生产生活用纸。分两期建设。其中一期第一条生产线投产，采用新月型高速纸机生产各种生活用纸，单机年产1.8万吨。

2019年浙江省造纸行业生产经营情况

项　目	一季度	二季度	三季度	四季度	全年
机制纸及纸板产量（万吨）	403.13	463.11	452.18	449.7	1 768.40
工业产值（亿元）	206.13	226.72	205.35	205.40	843.60
主营业务收入（亿元）	197.93	208.92	206.65	219.77	832.77
上缴税金（亿元）	12.74	11.2	13.76	13.38	51.09
实现利润（亿元）	4.97	10.44	11.39	12.98	39.78

【造纸企业节能减排】 2019年7月18日，浙江景兴纸业股份有限公司、浙江山鹰纸业有限公司、浙江荣晟环保纸业股份有限公司、浙江夏王纸业有限公司4家造纸企业被工业信息化部认定为“绿色工厂”。浙江景兴纸业股份有限公司生产的生活用纸被认定为绿色设计产品。龙游经济开发区被认定为绿色园区。全省多数造纸企业造纸生产线采用磁悬浮透平真空泵，节约用电40%。浙江荣晟环保纸业股份有限公司投入资金1.2亿元，实施纸机生产线废气排放、中水回用、锅炉节能进行升级改造。改造后增加产能12万吨，增加主营业务收入4500多万元。

（省造纸行业协会　陆文荣）

家具工业

【概况】 2019年，浙江省有家具企业4000多家，实现工业总产值2535亿元，比上年增长4.9%。有规模以上家具企业963家，实现工业总产值973.56亿元，略有下降。规模以上家具企业实现工业销售产值945.86亿元；实现出口交货值523.46亿元，下降2.1%。其中，主营业务收入969.07亿元，下降1.8%。实现利税91.82亿元，增长18.7%；实现利润53.90亿元，增长48.8%。实现新产品产值444.72亿元，增长8.8%；产销率97.2%。完成家具产量2.40亿件，下降8.8%。

【特色产业集聚发展】 2019年，浙江家具工业显现集群发展态势，拥有各具特色的产业集群“金字招牌”6张。

其中:中国办公家具产业基地——杭州市有规模以上家具企业90家,实现工业总产值130.72亿元,比上年下降8.2%;利税总额16.12亿元,增长25.7%;利润总额11.24亿元,增长96.3%。完成新产品产值70.38亿元,下降9.0%;出口交货值54.13亿元,下降17.5%。中国出口沙发产业基地——海宁市,有生产企业100多家,其中规模以上家具企业45家,从业人员3万人。实现工业总产值78.57亿元,下降5.6%;利税7.92亿元,增长17.7%;利润3.89亿元,增长38.4%;出口49.79亿元,下降21.5%。中国椅业之乡——安吉县,有规模以上家具企业191家,其中销售收入达1亿元以上企业59家。全年椅业销售收入405亿元,其中规模以上企业销售收入229.6亿元,增长2.1%,占全县规模以上企业销售收入的38.5%,利税贡献值在全县主要行业中排名第一。家具出口190.36亿元,增长7.2%,占全县出口总额的70.9%。中国欧式古典家具生产基地——玉环市有家具企业285家,其中规模以上33家,家具产量93万件,工业总产值44.6亿元,出口值1.51亿美元。年内,浙江大风范家具股份有限公司与南京林业大学家居与工业设计学院共建"欧式家具研究院"。12月,玉环国际精品家具城开业。中国红木(雕刻)家具之都——东阳市,有木雕红木家具企业1336家,其中规模以上55家,从业人员10多万人。工业总产值超过200亿元。"中国红木家具展览会""中国木雕竹编工艺美术博览会"升级成为国家级展会。"东阳木雕"被认证为地理标志证明商标,"东"字标成功注册为集体商标。

【家具品牌建设】 2019年,全省有浙江美生橱柜有限公司的"PORIC"和麒盛科技股份有限公司的"Ergomotion"被新认定为浙江出口名牌,"大康""盛信""强盛"通过浙江出口名牌复核。富邦美品获名家具展金羿奖"最受欢迎品牌奖"。圣奥产品飒姆系列获"德国IF设计大奖",主要产品升降桌、云格智能座椅、飒姆沙发在世界互联网大会展出。柏厨橱柜获"2018—2019年成功设计奖";圣奥、丽博、柏厨、中信产品获浙江省优秀工业产品;顾家家居股份有限公司在"37周年聚惠季"期间,以西安、武汉、郑州、长沙、杭州等主要城市的地标性建筑为载体,举行灯光秀活动;"顾家家居"再度冠名天猫双十一狂欢夜。杭州护童科技有限公司入驻阿里巴巴国际站,并入选天猫无忧购认证首批五星体验店铺。3月1日,由安吉县政府组织的"安吉椅业号"高铁专列上海站首发,永艺家具股份有限公司、恒林家居股份有限公司、大康控股集团有限公司、浙江博泰家具有限公司等9家椅业骨干企业共同参与。

【家具工业科技创新】 2019年,顾家家居股份有限公司、永艺家具股份有限公司的工业设计中心通过国家级工业设计中心标准验收。经省科技厅、省发展改革委和省经信厅认定,浙江省德意智慧云厨房研究院、浙江省乐歌健康办公研究院、浙江省博泰智能健康坐具研究院、浙江省富和办公坐具智能制造研究院、浙江省嘉瑞福高端功能座具及智能制造技术研究院、浙江省盛信智能按摩家居研究院、浙江省川洋生态材料研究院、浙江省慕容智能时尚家居研究院被新认定为省级企业研究院,火星人厨具股份有限公司、浙江亿田智能厨电股份有限公司被认定为浙江省创新型领军企业。

【家具行业助力社会公益】 2019年,浙江金鹭集团有限公司、德华兔宝宝装饰新材股份有限公司等企业开展"爱心助学"结对活动,助力贫困家庭学生完成学业。浙江卡森实业集团有限公司组织3场无偿献血活动,用爱心为生命接力。宁波柏厨集成厨房有限公司推出的"柏爱无疆"系列公益活动,内容包括植树、国学传播等。省家具行业协会理事长、圣奥集团有限公司董事长倪良正入围第十六届中国慈善榜和《2019年胡润慈善榜》,获第六届浙江慈善奖——个人捐赠奖及"年度中国公益人物"称号。

【麒盛科技上市】 2019年10月29日,"麒盛科技"在上海证券交易所上市。麒盛科技股份有限公司主要从事智能电动床及配套产品的研发、设计、生产和销售,产品通过美国子公司销往北美市场,通过国内子公司拓展国内市场。公司拥有专利254项,其中境内专利224项、境外主要专利30项(均为发明专利)。至此,全省家具行业拥有顾家家居股份有限公司、喜临门家具股份有限公司、浙江卡森实业集团有限公司、永艺家具股份有限公司等上市公司14家。

【全国家具制作职业技能竞赛浙江东阳赛区选拔赛】 2019年9月25—27日,由省家具行业协会、东阳市政府共同主办的"全国家具制作职业技能竞赛浙江东阳赛区选拔赛"在东阳中国木雕城国际会展中心举行,旨在促进高技能人才培养和人才队伍建设。全省各地160位木雕能手报名参赛。比赛以《木雕工》国家职业技能标准中的高级技能(国家职业资格三级)为基准,包括理论考试和技能竞赛2部分,图稿涵盖人物、山水、花鸟及其他类的图案和纹理。10月28日,全国家具制作职业技能竞赛总决赛成绩揭晓,职工组前40名获奖选手中,东阳赛区10名选手获奖,院校组前6名中东阳赛区选手占据5席。

【第二届东作红木文化艺术节在东阳举行】 2019年9月29日至11月19日,第二届东作红木文化艺术节在东阳红木家具市场举行。艺术节由省家具协会主办,东阳市商务局、东阳市红木家具协会、东阳红木家具市场等单位承办,来自行业协会、书画界、专业市场、工艺美术行业的专家和能工巧匠,共聚一堂,就破解传统家具行业面临的发展瓶颈献计献策,探讨产业融合、文化赋能和转型升级具体路径,提高东阳红木的知名度和美誉度。

(省家具行业协会 顾佳佳 高锦奇)

装备制造业

【概况】 2019年,浙江省装备制造行业有规模以上企业1.9万家,占全省规模以上工业企业的43.2%。全年全省装备制造业实现总产值2.87万亿元，比上年增长4.6%，比全省规模以上工业提高0.5个百分点；实现工业增加值6612亿元，增长7.8%，高于规模以上工业增速1.2个百分点。装备制造业占规模以上工业总产值、工业增加值的比重分别为39.4%和40.9%，分别提高0.3和0.2个百分点。主要产品产量增长，其中，3D打印设备增长18.3倍，光纤产品增长1.5倍，城市轨道车辆增长69.0%，工业机器人增长8.7%。

全省装备制造业规模以上企业实现营业收入2.95万亿元，增长4.6%；营业成本2.41万亿元，增长4.2%。营业利润1923亿元，增长6.1%，高于规模以上工业1.2个百分点，营业利润增速高于营业收入增速。规模以上亏损企业2755家，亏损额269亿元，增长21.7%。全年完成出口交货值6287亿元，占销售总产值的22.5%，所占比例下降0.4个百分点。

【科技创新发展】 2019年，浙江省推进装备制造业技术创新能力提升。装备制造业规模以上企业科技开发经费支出974亿元，比上年增长12.3%；占规模以上企业工业科技开发经费的57.4%。科技开发经费占营业收入比重3.3%，高出规模以上工业研发投入强度1个百分点。装备制造业规模以上企业新产品产值1.53万亿元，增长10.2%；新产品产值率53.4%，高出规模以上工业15.2个百分点。全省装备制造业投资增长13.2%，增速比工业投资高出3.5个百分点。

全省实施装备制造产业数字化转型工程，深化“两化”深度融合国家示范区建设，推进“1+N”工业互联网平台体系建设，提升supET平台基础服务能力，新培育30家以上省级工业互联网平台，推动10家省级工业互联网平台与supET平台对接合作。推进企业“两化”融合管理体系贯彻国家标准工作，打造100个“无人车间”“无人工厂”，推进100个园区数字化改造。继续实施企业“上云”三年行动计划。

【产业结构调整】 2019年，全省实施《浙江省加快传统制造业改造提升行动计划(2018—2022年)》。推进全省传统制造业改造提升，年内形成10个规模以上工业增加值超500亿元的优势传统制造企业，打造15个产值超1000亿元的产业集群、50家产值超100亿元的行业龙头企业。省经信厅、省科技厅联合制订《浙江省新一代人工智能产业发展实施意见》，重点扶持高端智能装备、新一代信息技术、新能源汽车等十大重点新兴产业发展壮大。推动传统产业改造提升。分行业制定产业转型升级行动计划，推进技术改造和设备更新，推动冶金、建材、医药、石化等传统产业向数字化、网络化、智能化发展。合理调整钢铁、化工行业产业布局，严格把好产业准入关，坚持用市场化、法制化手段化解过剩产能、淘汰落后产能，推进城镇人口密集区钢铁、化学企业搬迁改造，推动产业绿色转型。坚持进退并举打造环境友好型生态产业，实施节能减排技术装备改造升级。创建绿色工厂、绿色园区、绿色供应链管理企业，推动“以亩均论英雄”倒逼企业集约利用资源。全年全省专用设备制造业、交通运输设备制造业、电气机械和器材制造业、计算机通信电子制造业、仪器仪表制造业等行业营业收入增速高于规模以上工业增速，其中铁路、船舶、航空航天等运输设备制造业、电气机械与器材制造业、计算机通信电子制造业、仪器仪表制造业4个行业分别比上年增长11.3%、6.7%、11.9%和10.8%，显示制造业智能化发展趋势对相应行业营业收入的拉动作用。汽车制造业受市场影响呈现负增长，出现下滑趋势。全省除通用设备制造业、专用设备制造业、汽车制造业3个行业外，其余装备制造行业营业利润增速均大于规模以上工业增速。其中交通运输设备制造业、仪器仪表制造业、电气机械和器材制造业分别增长94.4%、37.5%和18.4%。通用设备制造业、专用设备制造业、汽车制造业、计算机通信电子制造业、仪器仪表制造业等行业营业收入利润率均高于规模以上工业水平，通用设备制造业、电气机械和器材制造业和仪器仪表制造业营业收入利润率有所增长。汽车制造业营业利润下降幅度大于营业收入，利润率为8.34%。

2019年浙江省装备制造业增加值及同比增速情况

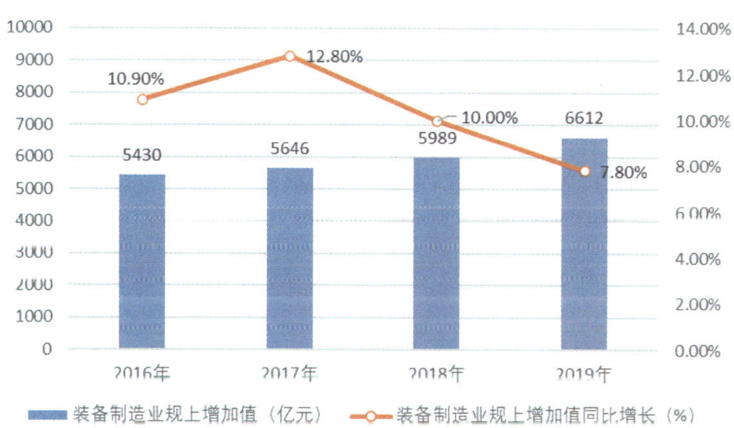

2016—2019年浙江省装备制造业科研经费支出情况

指标名称	2016年	2017年	2018年	2019年
科研经费总额(亿元)	568	697	863	974
增速(非可比价)(%)	—	22.7	23.8	12.3
占营业收入比重(%)	2.4	2.8	3.3	3.3
占规上工业科研经费支出比例(%)	57.8	59.1	58.3	57.4

【“首台(套)”产品推广应用】 2019年，浙江省以首台(套)产品研发和示范应用为突破口，进一步加快首台

2019年浙江省装备制造业分行业生产经营情况

行业 \ 指标名称	营业收入		营业利润		利润率
	总额(亿元)	增速(%)	总额(亿元)	增速(%)	%
金属制品业	2 941	3.1	114	9.0	3.88
通用设备制造业	4 958	3.3	326	4.0	6.58
专用设备制造业	2 008	4.4	146	2.7	7.27
汽车制造业	5 121	-4.4	427	-10.1	8.34
交通运输设备制造业	710	11.3	-0.5	94.4	-0.07
电气机械和器材制造业	7 788	6.7	400	18.4	5.14
计算机通信电子制造业	4 991	11.9	369	6.6	7.39
仪器仪表制造业	1 031	10.8	141	37.5	13.68
金属制品、机械和设备修理业	70	39.4	6	6 253.5	8.6
装备制造业	29 546	4.2	1 923	6.1	6.51
规模以上工业	74 963	3.4	4 457	4.9	5.95

2019年浙江省重点园区石化产业发展情况

园区名称	规模以上化工企业完成总产值(亿元)	比上年(%)
宁波石化经济技术开发区	1 896.3	2.9
北仑石化园区	810.4	-0.1
宁波大榭开发区	585.4	-4.9
杭州湾上虞经济技术开发区	517.0	9.2
杭州钱塘新区	492.1	-7.2
嘉兴港区	637.6	3.1
衢州绿色产业集聚区	486.0	-10.0

(套)产品的推广应用,提升全省装备制造业整体水平。7月24日,省经信厅制订《浙江省首台(套)产品认定奖励及保险补偿办事指南》,完善首台(套)全流程服务机制,构建首台(套)产品大规模市场应用生态系统。全年全省新认定首台(套)产品127项,其中国内首台(套)产品4项,省内首台(套)产品123项。省级财政奖励资金5250万元;支持全省38个县(市、区)64项首台(套)产品实施保险补偿,保障总价值14.58亿元的首台(套)装备推广应用。着力培育数字安防、汽车及零部件、绿色化工等世界级先进制造业集群,打造十大标志性产业链。

(省经信厅　程小辉)

石化工业

【概况】 2019年,浙江省石化行业有规模以上企业4386家,职工55.6万人。全年实现工业总产值1.07万亿元,比上年增长6.1%;销售产值1.04万亿元,增长4.4%。总产值和销售产值均占规模以上工业比重14.7%。主营业务收入1.08万亿元,增长4.5%;利税总额1245亿元,下降0.6%;利润总额804亿元,增长3.1%。其中化学工业、石油加工业和橡塑制品业分别实现利润565亿元、140亿元和98亿元,在省内工业行业中分别居第一、第十和第十五位。出口交货值1186亿元,增长11.8%;新产品产值3455亿元,增长26.9%。

【创新能力提升】 2019年,浙江省石化规模以上企业新产品产值3455亿元,比上年增长26.9%,提高18.2个百分点,高于规模以上工业平均水平15.6个百分点;企业投入研发经费209亿元,增长24.7%。全年生产各类化学品(不含油品)619.3万吨,增长4.4%。列入国家统计局统计的53种石化产品中,产量增长的34个,占64.2%。其中聚丙烯树脂、涂料、乙烯、聚苯乙烯树脂、丙烯等17种品种增幅超过10%。全省石油化工行业实现以生产化工新材料、专用化学品为重点的结构性转变;卤化丁基橡胶、三元乙丙橡胶、电子级氢氟酸等高端化工新材料、特种化学品生产线建成并投产;建立巨化集团有限公司、华峰集团有限公司、浙江新安化工股份有限公司等国家和省(市)级研发中心、企业技术中心和研发平台,全省形成产品门类齐全的现代产业体系。

【石化重点园区建设】 2019年,宁波、嘉兴、上虞、舟山和衢州等石化重点园区建设发展态势良好,规模以上企业产值保持平稳增长。其中,宁波石化经济技术开发区、宁波经济技术开发区和大榭开发区分别完成石化工业产值1896.3万元、810.4万元和585.4万元,三大石化产业集聚区完成工业总产值3292.1万元,占宁波市石化工业总产值的91.2%。在中国石化联合会公布的中国化工园区30强中,浙江有5个园区入围。其中,宁波石化经济技术开发区、大榭开发区和中国化工新材料(嘉兴)园区分列第二、第四和第九位。杭州湾上虞经济技术开发区、杭州大江东产业集聚区和衢州绿色产业集聚区实现平稳发展。

【重点企业引领】 2019年,浙江省石化工业有153家企业营业收入超过10亿元,比上年增加11家。其中,超50亿元的企业27家,增加2家,超100亿的企业有11家,减少3家。石化重点企业占规模以上石化企业总数的3.5%,实现营业收入6584亿元,占全省石化工业营业总收入的60.8%。中石化镇海炼化分公司资产总额515亿元,全年加工原油2200.4万吨,增加

142.9万吨;产出乙烯115.3万吨,创历史新高,在全球超大型炼油厂排名第18位,综合实力居全国前列。全省20家化工企业入选中国民营企业500强;13家化工企业入选中国石化民营企业百强,总数居全国第二;21家化工企业入围全国精细化工百强,居全国第一,其中浙江龙盛集团股份有限公司、浙江新和成股份有限公司、传化智联股份有限公司、联化科技股份有限公司分别列第一、第二、第五和第八位。

【重点项目建设】 2019年,浙江省推进石化工业重点项目建设。浙江石油化工有限公司炼化一体化一期项目竣工投产,全年加工原油400万吨,生产燃料油300多万吨、石脑油60万吨,总产值140亿元。二期项目全面开工建设,三期项目启动前期工作。中石化宁波镇海炼化扩建项目完成乙烯部分总体设计、乙烯裂解、PO/SM(环氧丙烷/苯乙烯)等主装置基础设计,全面展开现场基础施工,至年末,项目完成投资30.5亿元。推进台塑企业在宁波投资的后续项目建设,20万吨/年间苯二甲酸(PIA)项目建成,60万吨/年丙烷脱氢(PDH)项目完成土地招拍挂。

【中国国际石油化工大会在杭州举行】 2019年9月18—20日,第十届中国国际石油化工大会在杭州举行。大会由中国石油和化学工业联合会、浙江省经济和信息化厅、联合国环境规划署、国际化工协会联合会及世界塑料理事会、国际化工安全和安保中心联合主办,浙江省政府为支持单位。大会主题为"扩大对外开放 聚焦高质发展"。有关国际组织及国内外企业代表近2000人参加会议。LG化学首席执行官辛学喆、卡博特公司总裁柯尚恩、沙特基础工业公司副总裁李雷、国际化工贸易协会秘书长罗伯特等做交流发言,与到会代表共同分享产业发展成果。 (省经信厅 叶秉海)

电力工业

【概况】 2019年,浙江省6000千瓦及以上发电装机容量8634.8万千瓦,比上年增长0.8%。其中,水电947.5万千瓦,火电6192.4万千瓦,核电907.6万千瓦,风电159.4万千瓦,太阳能发电427.9万千瓦。年内新投产统调发电装机容量311.98万千瓦。全省6000千瓦及以上装机电厂发电量3398.6亿千瓦时,增加0.17个百分点。其中,华东和省统一调度电厂发电量2914.8亿千瓦时,减少1.79个百分点;非统调电厂发电量483.8亿千瓦时,增加13.85个百分点。全省6000千瓦及以上装机电厂平均利用小时3973小时,减少82小时。全年全社会用电量4706.22亿千瓦时,增长3.8%。其中:第一产业用电20.84亿千瓦时,下降1.53%;第二产业用电3327.87亿千瓦时,增长2.59%;第三产业用电716.57亿千瓦时,增长7.75%。城乡居民生活用电640.95亿千瓦时,增长6.3%。全年浙江电网统调用电量3974.74亿千瓦时,增长2.5%。

【电力运营机制改革】 2019年,浙江省完成市场化交易电量1400亿千瓦时,占全社会用电量的30%,交易电量比上年增长27.3%。降低企业用电成本37亿元,惠及企业5万余家。9月20—26日,浙江现货市场启动首次结算试运行。省内48家符合条件的发电企业、156台发电机组首次参与,7天试运行实时出清电能33.75亿千瓦时,煤机平均价格在243.5元/兆瓦时~280.54元/兆瓦时,与煤电机组边际发电成本接近。9月末,浙江售电市场正式启动,率先在煤炭、钢铁、有色、建材四大行业领域放开电力中长期交易,16家电厂、36家售电公司、34户批发用户和890户零售用户参与,实现电量交易206.7亿千瓦时。增量配网试点稳步推进,年内,纳入国家第四批试点的7个增量配网项目完成规划批复进入实施阶段,第五批增量配网业务改革试点项目启动申报。

【电力工业转型发展】 2019年,浙江电力系统加快淘汰落后产能,全年淘汰7家电力企业14台落后煤电机组,总装机容量29.8万千瓦,超额完成国家下达的淘汰落后产能指标,为舟山绿色石化等新增大项目腾出发展空间。鼓励推行电力发电权交易,落实关停替代发电交易电量44.5亿千瓦时、"以大代小"(以大型、高效、清洁的发电机组代替小机组发电)发电交易电量10.2亿千瓦时。拓展电能替代广度,全年实现替代电量78.6亿千瓦时。完善充电基础设施布局,全年全省建成充换电站2308座、充电桩19.2万个。加快港口岸电建设,在宁波港、台州港、温州港、乍浦港及八大内河水系新建岸电设备100套,宁波港高压岸电服务网络初步形成,大型船舶岸电供给能力全国领先。

【电力建设项目推进】 2019年,省能源局着力推进电力项目建设。全年全省完成电网投资330亿元,核准开工110千伏及以上线路2479千米、变电容量2038万千伏安,投产线路2195千米、变电容量2364万千伏安;舟岱大桥随桥敷缆工程开工,500千伏舟山联网工程全面投运,白鹤滩至浙江特高压直流工程选址选线工作取得积极进展。三澳核电一期核准支持性文件基本齐备,三门核电二期具备核准开工条件,5号、6号机组项目建议书上报国家发改委能源局。

【电力运行安全平稳】 2019年,受高温天气影响,全省全社会用电最高负荷8517万千瓦,创历史新高。省能源局通过增加高峰时段外购电、实施电力需求响应等措施,确保迎峰度夏期间电力供应稳定有序。制订年度电力电量平衡和年度发电计划,落实优先发电、优先购电制度,确保全省电力供需总体平衡,最大限度减少省内发电用煤量。全年统调燃煤机组平均发电利用4654小时,统调发电用煤7654万吨,超额完成削减量66万吨。完善气电协调机制,利用信息系统提高气电保障预测预警能力,促进气源有效利用和气电统筹兼顾。加大电力需求侧响应政策力度,在迎峰度夏、度冬及国庆期间,全省参与需求侧响应用户843户,响应负荷102万千瓦,响应电量1910万千瓦时,有效发挥削峰平谷作用。

【电力营商环境改善】 2019年,省能源局会同省委改革办、省电力公司等

12个部门编制《省优化营商环境用电报装便利化行动方案》,落实电力接入工程联合审批、容缺受理和承诺备案制度,精简和压缩用电报装环节与时间。高压用户办电环节压缩至4个,低压用户办电环节压缩至2个;办电时间压缩至40个工作日以内,其中10千伏普通用户及低压小微供电企业办电时间分别压缩至40天和17天以内。落实供电企业主体责任,完善"获得电力"评价指标体系,全省形成提升"获得电力"的长效工作机制。

【农村用电专项整治】 2019年,省能源局会同国家能源局浙江监管办公室等部门联合制订《浙江省农村用电保障能力提升行动方案》,组织开展农村用电安全知识普及、农村供电服务优化、农村坚强配网建设、农业生产用电降本四大专项行动。针对供电服务、农村配电网运行维护、供电质量、农村电网投资管理,以及农民群众反映强烈、社会舆论关注的其他问题,开展自查自纠、及时整改,确保专项整治工作取得实效。全年完成农村配网投资124亿元,完成"一下降、两普及、三优化、四提升"(适时降低农业生产用电价格,解决与一般工商业用电价格倒挂问题;普及农村安全用电知识,普及剩余电流动作保护器等电力设备设施安装使用;优化农村配网应急抢修服务,优化农业生产用电保障服务,优化农村居民用电报装服务;全年全省农村配网投资124亿元以上,全省农村总保安装率提升至95%、投运率提升至90%,农网绝缘化率提升至91%,线路联络率提升至85%)的整治目标。涌现奉化触电防治专项行动示范、湖州安吉乡村电气化示范县、杭州农村用电表后服务新模式和台州大数据支撑惠民政策等典型。通过专项整治,农村用电保障能力进一步提升。

(省发展改革委　王　伟)

冶金工业

【概况】 2019年,浙江省有规模以上冶金企业1373家,其中黑色金属企业600家,有色金属企业773家。冶金工业总资产2792.38亿元,其中黑色金属工业总资产1423.59亿元,有色金属工业总资产1368.79亿元。从业人员14.51万人,其中黑色金属工业7.11万人,有色金属工业7.40万人。全省拥有炼钢产能1550.17万吨,炼铁产能850万吨,轧材产能4600万吨;10种有色金属冶炼产能115万吨,其中铜冶炼产能65万吨,再生铝冶炼产能40万吨。有色金属加工产能682万吨,其中铜加工产能370万吨,铝加工产能310万吨。铜加工规模居全国第三位,铝加工规模居全国第六位。

【冶金工业生产增长】 2019年,浙江省冶金工业实现总产值4393.49亿元,比上年增长2.6%。全省铁、钢、钢材产量分别为835.48万吨、1350.68万吨和3468.25万吨,分别增长-4.4%、5.8%和3.2%。全省炼钢产能利用率87.1%,提高4.7个百分点。10种有色金属产量63.06万吨,增长1%。其中:铜产量58.84万吨,下降0.2%;黄金产量21.15吨,增长6.3%;白银产量1191.61吨,增长4.4%。铜加工材产量292.24万吨,增长7.1%。铝加工材产量218.07万吨,下降0.9%。

【冶金产品出口放缓】 2019年,中美贸易摩擦持续发酵,浙江省冶金产品出口增幅下滑。重点出口品种中不锈钢产品出口难度加大,有色金属铜加工产品出口稳定。全年冶金工业完成产品出口交货值217.59亿元,比上年增长9.2%,增幅回落9.3个百分点。其中钢铁产品出口交货值56.99亿元,下降8.1%,有色金属产品出口交货值160.6亿元,增长15.4%。

【冶金工业效益下滑】 2019年,浙江省冶金工业实现主营业务收入4924.4亿元,比上年增长1.1%;分别实现利税、利润182.6亿元和111.9亿元,分别下降18.8%和15.3%。其中:钢铁工业实现主营业务收入2101.86亿元,下降0.7%;实现利税、利润分别为105.27亿元和73.89亿元,分别下降25.4%和24.4%。钢铁工业主营业务收入利润率3.5%,减少1.27个百分点。有色金属工业实现主营业务收入2822.54亿元,增长2.5%;分别实现利税、利润77.33亿元和38.01亿元,分别下降9.8%和增长2.1%。有色金属工业主营业务收入利润率1.3%,提高0.12个百分点。

【冶金工业科技投入增长】 2019年,浙江省冶金行业投入科技经费58.81亿元,比上年增长37.3%。其中:钢铁工业科技经费支出36.73亿元,增长44.5%;有色金属工业科技经费支出22.08亿元,增长25.2%。全省冶金工业新产品产值1327.71亿元,增长8.0%。新产品产值率为30.2%,提高1.5个百分点。全年全省长流程钢铁联合企业钢综合能耗492.31千克标煤/吨,下降13.42千克标煤/吨;铜冶炼综合能耗252.13千克标煤/吨,下降10.89千克标煤/吨。

【冶金行业过剩产能化解】 2019年,浙江省冶金工业管理部门贯彻落实《浙江省2019钢铁行业化解过剩产能工作要点》,严禁建设新增钢铁产能项目,实施钢铁项目产能减量置换、坚决淘汰落后产能等政策措施,妥善化解多余钢铁产能。审核确认宁波钢铁有限公司高炉移地改造项目产能减量置换、浙江友谊新材料有限公司产能跨省转移等置换方案。开展去产能和淘汰落后产能自查,配合国家督查组现场检查。组织召开行业传统产业改造提升现场会,宣传推广海亮智造园铜加工智能化改造经验,推动全省有色金属加工向绿色、高端、智能化方向发展。开展钢铁、焦化、铜、铝等行业规范公告企业年度检查,审核完成公告钢铁企业6家、铜冶炼企业4家及铝行业企业3家。对浙江万泰特钢有限公司、丽水华宏钢铁制品有限公司、宁波钢铁有限公司焦化厂、衢州元立焦化厂4家新申报企业组织现场审核,推动行业企业规范化经营管理。

【浙江海亮股份有限公司】 2019年1月28日,浙江海亮股份有限公司与世界最大的铜及铜合金生产商KME公司签署《股权资产购买协议》,收购KME公司位于德国、法国、意大利的3个铜合金棒生产工厂和位于德国、西班牙的2个铜管生产工厂，3月31日股权交割完成。浙江海亮股份有限公司是一家中外合资股份有限公司，拥有国内外生产基地15个，主要从事优质铜产品、导电异型材、铝型材研发、生产、销售和服务，总资产245.22亿元，全年实现营业总收入412.59亿元。

（省经信厅　毛恭忠）

建材工业

【概况】 2019年，浙江省建材行业严格控制水泥、平板玻璃新增产能，推进绿色生态化生产，促进集约集群化发展，发展质量进一步提升。全省规模以上建筑材料生产企业1985家，其中，非金属矿制品企业1862家，非金属矿采企业123家。总资产3458.2亿元，其中非金属矿制品企业资产3190亿元。从业人员19.4万人。全年实现工业总产值3411亿元，比上年增长22.0%，占全省工业总产值的4.7%。其中，非金属矿采企业总产值157亿元，增长20.0%；非金属制品制造企业总产值3254亿元，增长24.6%。实现增加值738亿元，增长30.5%；利润434.4亿元，增长14.4%；产销率98.7%；出口交货值119.8亿元，增长2.0%；新产品产值730亿元，增长23.2%；亏损企业193家，下降5.8%。全省主要建材产品产销两旺。非金属制品制造业涵盖水泥、商品混凝土、水泥制品，平板玻璃、深加工玻璃、玻璃纤维，墙材、瓷砖、防水隔热材料等领域。全年生产水泥熟料5750万吨，增长10.1%，水泥1.34亿吨，增长8.6%，平板玻璃4495万重量箱，增长3.5%；商品混凝土2.7亿立方米，增长20.4%；水泥混凝土压力管产量15.4千米，增长50.3%；深加工玻璃中钢化玻璃、隔热玻璃和中空玻璃均有增长；玻璃纤维纱和布分别为120万吨和8895万米，分别增长15.8%和24.9%；卫生陶瓷制品88.3万件，增长26.1%；瓷质砖8073万平方米，增长17.4%。建筑木制品中人造板321万立方米，增长2.9%；实木地板1096万平方米，增长5.8%。沥青和改性沥青防水卷材8037万平方米，增长26.2%。全省建材行业经济效益明显好于全省规模以上工业行业。

【结构调整】 2019年，全省严格禁止新增水泥熟料、平板玻璃产能，新建项目实施减量置换。全年确认4个水泥熟料项目置换出省，化解水泥熟料产能150万吨/年。关停水泥生产线4条，化解水泥熟料产能370万吨/年。8家企业10条水泥熟料生产线产能指标用于新建项目。关停淘汰落后工艺墙材生产企业95家，去产能26.05亿块标砖。推进传统产业结构调整。长兴县和台州椒江区被列入传统制造业改造提升分行业省级试点。长兴县持续谋划水泥行业战略布局调整，以产能整合集聚为切入点，推进水泥行业“两园一带”建设，创建国际领先的水泥行业集聚区。推动水泥产能向煤山地区集聚。分步推进粉磨产能向码头周边汇集整合，建设360万吨/年水泥粉磨产业基地，全面打造现代水泥粉磨、物流综合产业园。建立星级绿色工厂创建、节能减排技改、清洁生产审核“三张清单”制度，推动水泥企业向低能耗、低排放、清洁化、花园式工厂转型。台州智能马桶小镇入选省级特色小镇第四批创建名单。小镇规划面积341.3公顷，其中工业用地153.0公顷，核心区建设面积113.8公顷。马桶小镇完成固定资产投资15.2亿元，开工建设智能马桶整机企业2家、零部件企业1家，建成小微园2家。其中，国强小微园（慧谷科创园）园区入驻企业80多家，强鹰科创园入驻企业40多家。

【重点项目建设】 2019年，浙江省最大单线规模水泥熟料生产项目—槐坎南方水泥熟料生产线实现当年建设、当年点火。新生产线拥有数字化、可视化、流程化、模型化的全流程生产控制系统，节能降耗效果明显，熟料标准煤耗和熟料综合电耗分别下降10%和20%，操作人员减少60%以上。巨石集团有限公司年产15万吨玻璃纤维、2亿米电子布项目在桐乡智能制造基地建成投产。年产9.6万吨无碱玻璃纤维池窑拉丝生产线在美国南卡罗来纳州投产。红狮集团有限公司在印尼、老挝、尼泊尔、缅甸等“一带一路”沿线国家推进5个大型水泥项目建设，该公司在云南南宁和景谷的2条干法熟料水泥生产线获批开工建设。中国巨石科技中心项目和浙江南方水泥有限公司两条日产5000吨水泥熟料生产线开工建设，全省新建的水泥熟料生产线项目在效率、成本、质量方面均处于领先水平。

【绿色发展】 2019年，浙江省建材生产管理部门推进水泥、平板玻璃过剩产能淘汰、化解和置换工作。江山南方水泥有限公司、常山南方水泥有限公司和德清南方水泥有限公司实施产能出让置换，削减水泥熟料产能120万吨/年，浙江大明玻璃有限公司玻璃产能指标出让，削减平板玻璃产能780万重量箱/年。开展全省轮窑摸底调查，实施墙材轮窑工艺，关停45家轮窑烧结墙材企业，削减产能15亿标砖/年。推进湖州长兴县、台州椒江区传统建材产业改造提升分行业省级试点。开展建材行业规范公告申请、审核、转报工作，全年6家耐火材料企业被工业和信息化部列入建材行业规范公告名单。推行网上新墙材推广应用项目申报和认定，并纳入政府政务网。全年受理审批事项250多项，其中省级在线审查新墙材认定申请87件。实施新墙材专项资金预交款退还工作，全年退还63个项目2357万元预交款。全省建材行业生产新墙材320亿块标砖，新墙材生产和使用比例均达90%，生产能耗下降1%。全年淘汰落后烧结轮窑生产企业95家，去产能20.05亿块标砖。生产应用新墙材促进淤泥和建筑垃圾资源化利用，全年综合利用废弃物4000万吨，节能标煤10万吨。新建建筑垃圾资源化利用企业50家，新墙材企业消纳各类建设废弃物1000万吨，推进全省生态城市建设和循环经济发展，新墙材产业成为重要的节能环保产业。

（省经信厅　杨益民）

食品工业

【概况】 2019年，浙江省食品工业有规模以上企业1228家，从业人员

16.33万人。全省食品工业实现总产值2342.25亿元，比上年增长3.3%；销售产值2271.09亿元，增长3.04%；全行业产销率96.8%，下降0.29个百分点；营业收入2842.06亿元，增长3.5%；工业增加值845.1亿元，增长2.5%。其中，农副产品加工业增加值103.4亿元，下降2.7%；食品制造业增加值148.1亿元，增长3.7%；饮料制造业增加值128.1亿元，增长4.6%；烟草制品业工业增加值465.5亿元，增长2.8%。全年投入技术研发资金20.76亿元，增长35.4%；实现新产品产值355.53亿元，增长10.7%。全年食品行业实现利税640.25亿元，增长2.8%；利润181.53亿元，增长9.2%。其中，食品制造业利润增长11.9%，饮料制造业增长5.5%，烟草制品业增长20.8%，农副食品加工业下降5.6%。亏损企业287家，增长21.6%；亏损额12.99亿元，增长6.6%。出口交货值240.93亿元，下降7.3%。其中：农副食品加工业出口交货值133.39亿元，下降5.5%；食品制造业交货值97.93亿元，下降1.1%；饮料制造业交货值28.73亿元，下降6.1%；烟草制品业交货值3.87亿元，增长0.9%。列入统计的18种主要产品产量实现增长，其中6种增速10%以上。浙江大学、浙江工商大学、杭州娃哈哈集团有限公司等单位协作完成的“功能性乳酸菌靶向筛选及产业化应用关键技术”项目、金字火腿股份有限公司参与完成的“传统特色肉制品现代化加工关键技术及产业化”项目获国家科学技术进步奖二等奖。浙江大学参与完成的“竹笋贮藏与加工关键技术研究及应用”项目获省科学技术进步奖一等奖；浙江省茶叶集团股份有限公司参与完成的“茶制品质量控制关键技术研究与应用示范”项目、宁波铜钱桥食品菜业有限公司参与完成的“腌制蔬菜加工和装备关键技术创新及其应用示范”项目获省科学技术进步奖二等奖。浙江青莲食品股份有限公司企业技术中心、杭州娃哈哈精密机械有限公司企业技术中心和宏胜饮料集团有限公司企业技术中心列入浙江省第二十五批制造业和高技术服务业类省级企业技术中心。

【食品安全治理】 2019年5月13—14日，浙江省食品安全工作会议暨“双安双创”工作现场会在温州瑞安举行。副省长、省食品安全委员会副主任王文序出席并讲话。会议要求健全和落实食品安全责任制，加快推进食品安全领域治理体系和治理能力现代化建设，确保全省食品安全各项工作走在全国前列。12月23日，省委、省政府制订《浙江省食品安全改革重点任务清单》。全省食品安全监管部门和食品生产企业汇聚合力，推进数字化转型改革，构建食品安全数字化智慧化监管体系。完善食品安全追溯体系、标准体系和抽检体系，全力抓好“保健品”市场、农村食品安全、小作坊食品生产、网络食品经营四大整治。

【食品生产企业主体责任履行】 2019年11月4—5日，浙江省食品生产企业履行主体责任报告活动在杭州举行，来自杭州娃哈哈集团有限公司、农夫山泉股份有限公司、贝因美股份有限公司、雅培(嘉兴)营养品有限公司、浙江一鸣食品股份有限公司等71家省内知名食品生产企业代表在《依法履行主体责任，提升食品安全水平》倡议书上签字，承诺承担保障食品安全主体责任。倡议书向全省食品行业发出严格遵守法律法规、建立健全制度体系、加强职工培训考核、完善食品安全追溯机制、强化诚信体系建设等建议。

【食品安全整治联合行动】 2019年12月5日，省市场监管局、省公安厅、省教育厅和省农业农村厅联合举行整治食品安全问题联合行动新闻发布会，发布联合行动总体情况及典型案例。全省自9月开始，省市场监管局等4个部门实施食品安全问题联合整治行动，围绕群众关切的食品生产经营环节违法违规行为、保健食品虚假宣传、校园食品安全及农产品质量安全等重点问题开展大排查。联合行动查处各类食品安全案件1.07万件，罚款8703.02万元，取缔无证窝点116个，移送各类食品案件231件，公安机关立案217起，移送司法机关287人。销毁肉类、保健食品、白酒、啤酒、红酒、配制酒等问题食品239.6吨，货值553.36万元。

【食品安全宣传与推介】 2019年6月，省食品安全管理部门联合有关单位举办“全国食品安全宣传周浙江行”活动。通过各主办单位官网、官微平台和新闻发布会、媒体采访、发布新闻通稿等方式，融合运用传统媒体与新兴媒体优势，营造全社会重视食品安全舆论氛围。11月8日，第二十五届绍兴黄酒节暨“一带一路”中国(国际)黄酒产业博览会开幕式在绍兴举行。绍兴黄酒节以“中国黄酒之都，扬帆一带一路”为主题，由开幕式、“一带一路”中国(国际)黄酒产业博览会、中国(国际)黄酒产业高峰论坛三大主体活动及黄酒COSPLAY节、京东“11·8”黄酒节、美酒与美食节三大配套活动组成。12月21—22日，“长三角食品产业一体化高质量发展峰会”在安徽合肥召开，来自上海、江苏、浙江、安徽三省一市食品科技专家及食品企业、行业协会、监管机构、检测机构代表500多人参加会议。大会期间，三省一市食品行业社团组织共同发起，成立长三角食品行业社团组织协作创新联盟。联盟有10家协会(学会)组成，旨在促进长三角区域内食品企业在生产、原料供应、营销、金融、商贸等领域进行资源对接，在科技研发、人才、技术等领域进行横向合作和信息共享。大会发布长三角地区名优食品名录，浙江的“贝因美”“农夫山泉”“小王子”等43个品牌入围名优食品名录。

（省食品工业协会　安圣康）

制　药　业

【概况】 2019年，浙江省推进制药业结构性改革，优化存量药品品种和药品生产厂家数量，减少医药领域低端供给，淘汰低效产能，优化医药行业竞争环境。政策激励制药企业加大技术改造和研发投入，推进医药制造业高质量发展。全省制药业加快创新发展步伐,实现较快增长。全年规模以上医药工业实现总产值1616.3亿元,增长7.0%;增加值增长8.7%,增幅高于面上工业2.1个百分点;实现主营业务收入1538.8亿元,增长7.2%;利润255.6亿元,增长18.8%;实现出口交货值303.7亿元,增长1.1%,总量居全国第二位。

【科技创新力度增长】 2019年,浙江省规模以上医药工业实现新产品产值716.5亿元,比上年增长15.3%。科技经费支出增长25%,研发费用占主营业务收入的5.0%,提高0.5个百分点,在工业大类中居第二位。浙江医药股份有限公司"新型稀缺酶资源研发体系创建及其在医药领域应用"项目获国家科技进步奖二等奖、教育部科技进步奖一等奖;该公司的"类胡萝卜素的合成新技术"项目获省科技发明奖。浙江医药股份有限公司新昌制药厂"高效脂肪酶催化制备脂溶性维生素关键技术及产业化"项目获省科技进步奖一等奖;明峰医疗系统股份有限公司"CT及PET/CT系列产品核心部件及整机系统研发与国产化"项目获省科技进步奖二等奖。

【药品质量效益提升】 2019年12月13日,省医疗保障局、省经信厅等部门发布《浙江省落实国家组织药品集中采购和使用试点扩大区域范围工作实施方案》。推进落实带量采购、加强全程监控、调整支付标准等措施,促进药品质量提高和保障供应,全面执行联盟地区药品集中采购,改善医药行业生态,降低药品采购价格。全年全省规模以上医药工业全员劳动生产率为40.2万元/人·年,比上年增长8.6%。销售利润率16.6%,居各工业大类第二位,高于全省规模以上工业13.2个百分点。全省推进仿制药质量和疗效一致性评价工作,通过品种规格数居全国第二位。全年全省医药制造企业入围国家组织的药品集中采购和使用试点,入围企业数、中标品种数均列全国首位。

【11家企业入围"中国医药工业百强"】 2019年,赛诺菲(杭州)制药有限公司、杭州华东医药集团控股有限公司等11家企业被中国医药工业百强排行榜专家委员会列入"中国医药工业百强"榜单,入围企业数居全国前列。华东医药股份有限公司、新和成控股集团有限公司、浙江海正集团有限公司等医药企业入选全省第一批"雄鹰行动"培育企业名单。全省医药企业上市和兼并重组步伐进一步加快,在沪深股市主板和创业板上市的生物医药企业数量,占全国同行的1/8。

【医药特色园区集聚发展】 2019年,浙江省着力推进医药特色园区建设。杭州生物产业国家高新技术产业基地、台州国家级浙东南化学原料药基地等医药特色园区及杭州"东部医药港"、磐安"江南药镇"、桐庐"健康小镇"、富阳"药谷小镇"、瓯海"生命健康小镇"、椒江"绿色药都小镇"、临海"国际医药小镇"等医药特色小镇加快发展。杭州钱塘新区高端生物医药平台、绍兴滨海新区高端生物医药产品平台等"万亩千亿"新产业平台加快建设。

【医药企业海外并购】 2019年,浙江九洲药业股份有限公司全资子公司浙江瑞博制药有限公司在美国收购PharmAgra Labs, Inc.和PharmAgra Holding Company, LLC.100%的股权,布局北美研发承接能力。华东医药股份有限公司通过国际并购收购英国Sinclair100%股权,实现医疗美容销售网络全球布局。杭州泰格医药科技股份有限公司与日本Accerise株式会社成立合资公司,在日本开展的国际多中心临床试验服务,为国内制药、医疗设备企业的全球开发提供支持服务。

(省经信厅 周一珉)

浙江省企业入围中国医药工业百强榜名单

企业名称	位次
赛诺菲(杭州)制药有限公司	19
杭州华东医药集团控股有限公司	25
新和成控股集团有限公司	32
康恩贝集团有限公司	36
普洛药业股份有限公司	46
浙江海正药业股份有限公司	48
华立医药集团有限公司	49
浙江华海药业股份有限公司	52
浙江医药股份有限公司	53
浙江仙琚制药股份有限公司	72
京新控股集团有限公司	78

能源管理
Energy Management

综 述

【概况】 2019年,浙江省能源系统开展"服务企业、服务群众、服务基层"活动,全省能源保障举措精准,成效显著。全年全社会用电量4706亿千瓦时,比上年增长3.8%,最高负荷8517万千瓦,增长6.1%。通过外购电量、加强电力运行调度、气电统筹协调等举措,确保全省用电需求。其中,全年外购电量1646亿千瓦时。天然气消费量148亿立方米,增长9.6%,最高日用气量4506万立方米,增长3.7%。实现新疆伊犁新天煤制天然气代输入浙和上海LNG(液化天然气)反输入浙,确保全省用气需求。创新能源治理,全力推进能源大数据管理,浙江省能源管理数字化平台一期上线试运行。做好全省能源运行监测分析预判工作，加强煤电油气运统筹协调，及时提出对策建议。强化能源安全，健全能源行业安全监管机制，完善组织、制度、工作、应急、考核五大体系。

【能源体制改革启动】 2019年，浙江省完成年度市场化交易电量1400亿千瓦时，平均销售电价降低2.2分/千瓦时，全年为企业减负114亿元。增量配电网改革推进有力，7个增量配电网项目落地实施。电力市场建设取得突破，现货市场首次实现连续7天结算试运行，售电市场正式放开，76家售电主体入市。9月30日，省政府办公厅印发《浙江省天然气体制改革方案》，标志着浙江省天然气体制改革正式启动。以管道天然气代输作为管销分离突破口，省内代输试点在新昌率先落地实施。健全省级门站价格调整机制，供暖季省级门站价格比上年下降0.09元/立方米。建立配气价格从严核定机制，压缩非居民用气购销价差0.16元/立方米，为企业减负19亿元。作为全国4个试点省份之一，浙江率先制订相关制度，建立交易平台，全年实施用能权交易项目652个，用能量253万吨标煤，交易金额1.76亿元。

【能源重大项目建设】 2019年，全省列入省“4+1”(实施交通建设、生态环境和公共设施、高新技术产业、民间资本参与政府和社会资本合作项目推介四大工程包，实施省市县长项目工程)建设计划的能源项目完成投资665亿元，完成率103.7%。年内，三澳核电一期项目申请报告和三门核电三期项目建议书报送国家发展改革委，白鹤滩水电至浙江特高压直流工程省内线路选址基本完成。核准磐安抽水蓄能电站及5个海上风电项目，建成投运舟山普陀6号海上风电项目，新增光伏装机201万千瓦。9月9日，省发展改革委印发《宁波舟山LNG登陆中心建设发展规划》，加快启动穿山北、六横等LNG接收站项目前期准备，全省新增嵊州等7个管输通气县，浙沪、浙苏联络线等互联互通、互济互保项目加快推进。

【电网投资与建设】 2019年，浙江省完成电网投资约314亿元，核准开工110千伏及以上线路2479千米、变电容量2038万千伏安，投产线路2195千米、变电容量2364万千伏安。建成500千伏舟山联网二通道、钱江输变电、南麂岛联网等重点工程，积极推进舟岱大桥随桥敷缆工程、白鹤滩水电至浙江特高压直流工程。

【综合供能服务站建设】 2019年，浙江省推进综合供能服务站建设，通过强化工作部署、协调推进、通报督查等举措，以“多部门联动、全覆盖踏勘”的力度克服“布点难”问题，以”指标应保尽保、规划能调尽调”的用地保障机制解决“落地难”问题，以“最多跑一次”的改革要求破解“审批慢”问题。全年全省建成综合供能服务站438个，其中新建185个、改造253个，完成年度目标任务的146%。

（省能源局　供稿）

传统能源和新能源

【全社会用电量4706亿千瓦时】 2019年，浙江省全社会用电量4706亿千瓦时，比上年增长3.8%。其中，行业用电4065亿千瓦时，增长3.4%。按产业分，第一产业用电21亿千瓦时，下降1.5%；第二产业用电3328亿千瓦时，增长2.6%；第三产业用电717亿千瓦时，增长7.8%。城乡居民生活用电641亿千瓦时，增长6.3%。至年末，全省拥有6000千瓦及以上电厂发电设备容量8635万千瓦。其中，水电948万千瓦、火电6192万千瓦、核电908万千瓦、风电159万千瓦、太阳能发电428万千瓦。全年新投产统调发电装机312万千瓦。全省6000千瓦及以上电厂发电量为3398.6亿千瓦时，增长0.17%。其中华东和省统一调度电厂发电量2914.8亿千瓦时，下降1.79%；非统调电厂发电量483.8亿千瓦时，增长13.9%。全省6000千瓦及以上装机电厂平均利用3973小时，减少82小时。至年末，浙江电网有1000千伏变电站3个，变电容量1800万千伏安；1000千伏交流线路10回，长度1187千米；±800千伏换流站2个，换流容量1600万千伏安，±800千伏直流线路4回，长度526千米；500千伏变电站50个，变电容量1.19千伏安，线路总长度9371千米；220千伏公用变电站336个，变电容量1.53亿千伏安，线路总长度1.91万千米。

【电力运行安全平稳】 2019年，浙江省全社会用电最高负荷达8517万千瓦，省能源局采取增加高峰时段外购电、启动实施电力需求响应等措施，确保迎峰度夏期间电力供应稳定有序。省能源局制订年度电力电量平衡和年度发电计划，落实优先发电、优先购电制度，安排各类机组发电计划，统筹统调发电用煤和电力。全年全省统调燃煤机组平均发电利用4654小时，统调发电用煤7654万吨，超额完成用煤削减量66万吨。强化气电协调，完善省气电协调机制，利用信息系统提高气电保障预测预警能力，促进气源有效利用和气电统筹兼顾。加大电力需求侧响应政策支持力度，进一步发挥削峰平谷作用，在迎峰度夏、度冬及国庆期间，参与需求侧响应用户843户，响应负荷102万千瓦，响应电量1910万千瓦时。

【电力体制改革深化】 2019年，浙江省完成市场化交易电量1400亿千瓦时，比上年增长5.7%，降低企业用电成本37亿元左右，惠及企业5万余家。5月30日，浙江省电力市场(现货)启动模拟试运行。9月18—19日，开展调电试运行。9月20—26日，开展首次结算试运行。省内符合条件的48家发电企业156台发电机组全部参与首次结算试运行，7天试运行市场实时出清电能33.75亿千瓦时，煤机平均价格在243.5元/兆瓦时~280.54元/兆瓦时之间，与煤机边际发电成本接近，和市场供需关系保持一致。9月，浙江省售电市场启动，率先在煤炭、钢铁、有色、建材四大行业领域放开电力中长期交易，16家电厂、36家售电公司、34家批发用户和890

家零售用户参与，分2阶段开展电量交易206.7亿千瓦时。增量配网试点稳步推进，纳入国家四批试点的14个增量配网项目有7个完成规划批复并进入实施阶段。年内，省能源局启动第五批增量配网业务改革试点项目申报。

【电力行业转型发展】 2019年，浙江省加快淘汰落后产能，全年淘汰落后产能涉及7家企业14台落后煤电机组，总装机容量29.8万千瓦，超额完成国家下达的淘汰落后产能任务，为舟山绿色石化等新增大项目腾出发展空间。推进电力发电权交易，全年关停替代发电交易电量44.5亿千瓦时，落实“以大代小”发电交易电量10.2亿千瓦时。持续拓展电能替代广度深度，年内替代电量78.6亿千瓦时。完善充电基础设施布局，全省建成充换电站2308个、充电桩19.2万个。加快港口岸电建设，在省内沿海宁波港、台州港、温州港、乍浦港及八大内河水系新建岸电设备100套，宁波港高压岸电服务网络初步形成，大型船舶岸电供给能力大幅提升。

【电力营商环境改善】 2019年7月22日，省能源局与12个部门联合印发《浙江省优化营商环境用电报装便利化行动方案》，落实电力接入工程联合审批、容缺受理和承诺备案制度，精简用电报装环节和时间。高压用户办电环节压减至4个，低压用户压减至2个；办电时间压缩至40个工作日以内，其中10千伏普通用户及低压小微供电企业办电时间分别压减至40天和17天内。落实供电企业主体责任，完善“获得电力”评价指标体系，形成提升“获得电力”（企业办理用电接入所需的环节、时间和费用等）长效工作机制。

【电力发展规划评估与谋划】 2019年2月，浙江省完成“十三五”期间电力发展规划中期评估及调整规划工作。年内完成11个设区市配电网建设改造和33个县农村电网改造升级“十三五”期间规划评审。9月29日，省能源局印发《关于编制“十四五”电力系列规划有关事项的通知》，明确“十四五”期间电力系统规划编制要求、责任分工和时间安排。省能源局推进《浙江省电力发展“十四五”及中长期战略研究》编制工作，提前谋划“十四五”期间重大项目布局，谋划推动第四回输浙特高压直流、省内核电和清洁煤电等重大电力项目建设。

【农村用电保障】 2019年，浙江省将农村用电保障能力提升行动作为专项整治项目。9月20日，省能源局和国家能源局浙江监管办公室联合印发《浙江省农村用电保障能力提升行动方案》，重点开展农村用电安全知识普及、农村供电服务优化、农村坚强配网建设和农业生产用电降本四大行动，全年投入农村配网资金124亿元，实施降低农业生产用电价格举措，解决其与一般工商业用电价格倒挂问题。普及农村安全用电知识和剩余电流动作保护器等电力设备设施安装使用知识。推进优化农村配网应急抢修、农业生产用电保障、农村居民用电报装“三服务”。农村总保安装率、投运率、农网绝缘化率、线路联络率分别提升至95%、85%、90%和91%。涌现宁波奉化触电防治专项行动示范、湖州安吉乡村电气化示范县、杭州农村用电表后服务新模式和台州大数据支撑惠民政策等典型。通过专项整治，农村用电保障能力进一步提升。

【天然气供应与消费】 2019年，浙江省建成石油天然气管道5340千米（不含城镇管网），其中，原油管道854千米，成品油管道1520千米，天然气管道2966千米。新增管输通气县7个，累计68个。全省天然气全部依靠外部输入，全年消费天然气148亿立方米，比上年增长9.6%。其中：管道天然气消费量117.8亿立方米，增长7.1%；液态天然气消费量约30亿立方米，增长20%。按用途分，城市用气116亿立方米，电厂用气32亿立方米，分别增长14%和减少3%。

【煤炭消费减量】 2019年，浙江省煤炭消费总量1.368亿吨，比上年下降3.5%；一次能源消费结构煤炭占45.3%，下降2.1个百分点。印发《关于下达2019年全省能源“双控”和“减煤”目标任务的通知》，分解下达能源“双控”和煤炭消费减量目标任务。进一步加大热电、水泥、钢铁等重点行业“减煤”力度，对水泥、钢铁等重点高耗煤行业实行错峰生产。加大落后企业、产能和设施淘汰力度，全年淘汰落后产能和过剩产能1814家，淘汰和改造燃煤锅炉和燃煤设施410台，淘汰14台落后煤电机组，总装机容量29.8万千瓦。实施清洁能源替代、优质燃煤替代、集中供热替代、电能替代、外购电替代。结合用电需求控制，削减不合理和低效用热需求，实现地方热电企业使用高热值煤炭，入炉煤炭热值不低于5100大卡/千克。实施煤炭消费减量工作联系点制度，召开全省煤炭消费减量形势分析会，联合省级有关部门对11个设区市煤炭消费减量工作进行专项督导。实施预警监察、通报约谈、高耗能行业缓批限批、热电规划限批等措施，将煤炭消费减量替代工作纳入政府“美丽浙江”目标责任内容。

【新能源和可再生能源】 2019年，浙江省可再生能源总装机2860万千瓦（含抽水蓄能），开发利用量2928万吨标煤（含外来水电），约占全省能源消费总量的13.2%；可再生能源电力消纳量946亿千瓦时，约占全社会用电总量的20.1%。全省水电装机712万千瓦，增加9万千瓦，开发利用率80%以上。抽水蓄能电站装机458万千瓦。长龙山、宁海、缙云、衢江等抽水蓄能电站项目建设有序推进。磐安抽水蓄能电站项目获得核准。光伏发电保持快速增长，全省光伏发电装机1339万千瓦，其中新增201万千瓦。光伏发电装机中，屋顶分布式光伏装机925万千瓦，装机规模居全国第一位。全年全省建成风能发电装机161.2万千瓦，增加12.8万千瓦。全省开展陆上风电美丽景观建设和品质提升工程，实现风电与地方美丽环境建设有机结合。加快生物质能发展。全年全省生物质发电装机190万千瓦，增加22万千瓦。生物质成型燃料利用量达90万吨/年，沼气利用量达1.2亿立方米/年。全省垃圾焚烧发电、生物质成型燃料利用和沼气利用均取得较好成效。全省潮汐电站经技术改造，总装机容量达4350千瓦，居世界第四位。 （省能源局 供稿）

能源安全

【能源安全生产五大体系建立】 2019年，省发展改革委围绕组织架构、制度完善、工作落实、考核督查、应急处置5个方面，构建安全生产工作五大体系。2月，省政府主要领导与省发展改革委签订安全生产责任书，省发展改革委主要领导与11个设区市发展改革委、油气管道企业主要领导签订安全生产责任书，层层落实责任。12月26日，省政府印发《浙江省油气长输管道突发事件应急预案》；此前，省发展改革委印发《浙江省发改委（能源局）安全生产管理若干规定（试行）》《油气长输管道隐患分级、处理及挂牌督办规定》，建立信息快速传递机制、安全生产考核督查体系。各设区市开展“平安浙江”考核明察暗访活动，进一步完善应急体系。建立健全应急体系。9月10日，全省天然气管道泄漏应急演练在上虞举行，省、市、县（市、区）发展改革委，以及公安、应急管理、市场监管等部门和油气管道企业代表300多人观摩演练。全年全省举行油气长输管道应急演练15次，参加人员2000多人次。

【安全隐患排查整治】 2019年6—7月，省发展改革委会同省公安厅、省应急管理厅、省市场监管局等部门开展全省油气长输管道大排查大整治行动，4000多人次参加。其间，市、县（市、区）相关部门、管道企业、施工单位等全面深入开展安全隐患自查，省级部门联合开展抽查督查。6月，省级部门组成5个检查组，对各地前期管道保护隐患排查治理情况进行抽查督查。对油气长输管道的重大隐患、较大隐患、一般隐患实行省、市、县三级分类挂牌督办。一般和较大隐患由市、县（市、区）管道保护主管部门督办；重大隐患由省级督办。全省完成80多处油气长输管道隐患点整治。

【油气管道保护】 2019年，浙江省将油气管道保护作为一项重点任务纳入全省天然气体制改革工作方案，认真组织实施。4月24日，省发展改革委印发《2019年全省油气长输管道保护工作要点》，在全国率先开展管道保护职责清单研究，完成《全省油气长输管道保护工作职责清单》编制，进一步明确各级各部门职责。规范提升管道第三方施工管理能力。9月23—25日，省发展改革委举办全省油气长输管道保护专题培训班，邀请有关专家授课。各地发展改革（能源）部门、油气管道企业有关人员150多人参加培训。组织开展“安全生产月”“安全生产万里行”等活动，增强全社会油气长输管道安全保护意识，确保全省长输油气管道安全运行。 （省能源局 供稿）

能源“双控”

【概况】 2019年，浙江省落实缓批限批、节能审查、错峰生产、奖惩问责等措施，严格控制高能源项目建设，健全管理制度，开展用能权改革试点，完善监督机制，推进能源“双控”目标任务完成。全年单位地区生产总值能耗比上年下降3.2%，扣除国家单列项目后，浙江省完成国家下达的单位生产总值能耗强度控制目标任务。

【能源“双控”目标责任落实】 2019年4月18日，省发展改革委分解下达各设区市能源“双控”目标任务，并印发《关于2018年全省能源“双控”工作考核评价情况的通报》《关于对各市2018年能源“双控”目标完成情况实施奖惩的通报》，将考核结果向全社会通报，对各设区市实施3.87亿元的能源“双控”考核财政资金奖罚。配合国家发展改革委做好全省2018年度能源“双控”目标落实情况的检查考核。

【节能用能管理制度健全】 2019年，省发展改革委印发《浙江省“十三五”“百千万”重点用能单位节能目标考核工作实施方案》《关于进一步规范固定资产投资项目节能审查委托事项的通知》《浙江省用能权有偿使用和交易管理暂行办法》《浙江省用能权有偿使用和交易第三方审核机构管理暂行办法》，进一步压实重点用能单位目标责任，推动各项节能措施落到实处。加强节能标准体系建设，完成《热电联产能效能耗限额及计算方法》等11项地方能源标准的制（修）订工作并发布实施。

【国家用能权改革试点】 2019年，浙江省继续稳步推进全省统一的用能权改革试点，全年在用能权交易系统中实施交易项目652个，交易用能量253万吨标煤，涉及资金1.76亿元，国家发展改革委对浙江用能权改革试点给予“进展最快、方案最优、可行性最强”的评价。深化区域能评改革，确保省级以上、省级以下平台区域能评完成率分别不低于80%、30%的年度目标任务，并形成“两机制”（准入机制和退出机制）“三清单”（“标准地”单位能耗增加值标准、区域能评负面清单、“标准地”负面清单）工作机制。建立节能领域的信用信息归集清单、信用监管评价模型，探索加强节能监管与建立信用等级挂钩制度，加快建设信用监管责任体系。

【节能降耗监督机制完善】 2019年，省发展改革委对各设区市能源“双控”和煤炭消费减量目标任务完成情况采取定期通报制度，根据预警通报结果调整高耗能行业项目缓批限批区域。对各设区市能源“双控”和煤炭消费减量工作进行专项督查，推动各项措施的落实和目标任务完成。开展高耗能行业项目节能审查意见落实情况专项检查、单位工业增加值能耗0.5～0.59吨标准煤/万元项目能评专项检查，对发现的问题督促各地整改落实。开展全省节能监察工作，完成1158家工业企业及非工业单位的节能监察。完成37家年耗电1000万千瓦时以上的数据中心能效专项监察，推动数据中心节能降耗工作。

【全国节能宣传周启动仪式在杭州举行】 2019年，全国节能宣传周启动仪式在杭州举行。国家发展改革委副主任张勇、副省长朱从玖参加启动仪式并致辞。此次活动是国家发展改革委首次在北京以外的地区举办。启动仪式上，国家发展改革委环资司发布《绿色高效制冷行动方案》和第二批国际“最佳节能技术和最佳节能实践”清单。国家机关事务管理局发起《公共机构绿色高效制冷倡议》。阿里巴巴集团代表企业发出建设绿色数据中心倡议。海尔集团、美菱集团、网易严选贸易有限公司、苏宁控股集团、天猫网络有限公司、京东集团、居然之家新零售集团股份有限公司等企业，联合推出线上线下绿色消费活动。浙江省在启动仪式上展示用能权交易制度建设进展情况。 （省能源局 供稿）

建筑业·房地产业
Construction and Real Estate Industry

建　筑　业

【概况】 2019年，浙江省有建筑企业1.5万多家，建筑业从业人员620万人，从业人员占全国的11.4%。建筑业总产值2.04万亿元，占全国建筑业总产值的8.2%；建筑业增加值3779.6亿元，占全省GDP的6.1%；建筑业入库税收604.7亿元，增长15.4%，占全省入库税收的5.3%；签订合同金额4.2万亿元，其中新签合同金额2.2万亿元；房屋建筑施工面积18.3亿平方米，占全国房屋建筑施工总面积的12.7%，其中新开工面积5.76亿平方米。按照全国建筑业综合改革要求，浙江省建筑行业加快企业转型升级、优化产业结构，深入推进建筑工业化，加强建筑市场规范化、法制化建设。大力推广装配式建筑，全省装配式建筑占新建建筑面积比例达25.1%。

【建筑企业发展】 2019年，浙江省优化建筑行业企业结构，着力培育大企业，做专做精专业企业，推进民营建筑企业加快发展。全年建筑业新增特级企业2家，累计80家，其中基础设施领域特级企业14家，基础设施类特级企业资质占16.9%，特级企业数量和特级企业资质比例均居全国前列。全省建筑业产值超100亿元企业22家，其中：中天建设集团总产值816亿元，居全省第一；浙江省建工集团有限公司、龙元建设集团股份有限公司等4家企业总产值均超过200亿元。全省14家建筑业企业上榜全国民营企业500强，占全省上榜企业的15.2%。14家企业入选“中国承包商80强”，7家企业入选“中国企业500强”。全省建筑监理企业实现营业收入366.36亿元、监理收入113.49亿元，监理企业中综合资质企业21家，甲级企业249家。

【建筑业改革创新】 2019年，省建设管理部门着力培育工程总承包骨干企业，加快培育工程总承包市场。全年全省694家建筑企业承接工程总承包项目1054个，工程造价822.1亿元。扩大全过程工程咨询试点，试点范围从房建市政行业扩展至交通、水利、能源行业。全年全省208家企业参与实施全过程咨询，实施项目397个，合同额9.4亿元。开展建筑劳务用工改革试点和建筑产业工人队伍培育试点，制订浙江省新时代建筑产业工人培育试点工作方案。

【绿色建筑推进】 2019年，浙江省全面实施绿色建筑专项规划，明确绿色建筑等级、建筑装配化建造和住宅全装修等建筑项目控制性指标要求。实施绿色建筑评价标识，新建民用建筑全部按照一星级以上绿色建筑强制性标准建设。全年全省城镇新增绿色建筑面积1.6亿平方米，新增节能建筑1.2亿平方米，实施高星级绿色建筑示范工程147项，绿色建筑发展规模和水平位居全国前列。新开工装配式建筑7896万平方米，占新建建筑面积的25.1%。其中，新开工装配式住宅和公共建筑（不含场馆）5619万平方米，实施住宅全装修项目3359万平方米。全省拥有建筑工业化基地100个，其中：预制混凝土装配式基地65个，生产线222条，生产能力766万立方米；钢结构基地35个，生产线167条，生产能力329万吨，工业化基地生产能力除满足全省需要外，最大限度向上海、江苏等省市提供建筑预制品服务。在全国率先开展钢结构装配式住宅试点，全省累计建成钢结构装配式住宅304万平方米，在建钢结构装配式住宅111万平方米，其中，累计建成钢结构农房15万平方米，在建钢结构农房6.6万平方米。

【建筑市场监管】 2019年，浙江省建筑行业转变监管模式，由行业监管向信用管理转变。建立全省建筑市场“黑名单”制度，打破信息孤岛，实现数据共享，规范建筑市场信用评价结果在招投标领域的应用。建筑市场监管与诚信信息平台数据库有企业2万余家、从业人员76万人、工程项目8.6万个、进浙备案企业信息7352条、企业良好信息7273条、个人良好信息4123条、企业不良信息70条和个人不良信息140条。省建设厅制订《浙江省建筑工程施工发包与承包违法行为专项整治行动方案》，部署开展发包和承包违法行为专项整治行动，有效打击建筑市场违法发包、转包、违法分包和挂靠等违法违规行为。建立工资保证金、实名制管理、工资款分账核算、工资按月足额支付、银行代发工资、维权信息公示六项配套制度，全年建设领域处理欠薪案件1297件，结案率99.1%。协助人力社保部门查处欠薪案件413件。完善全省建筑工人实名制管理信息平台功能，提高全省建筑工人实名制管理信息数据质量。人力推行建设工程综合保险，完善工程担保制度。全年全省建设工程以保函形式缴纳保证金125.76亿元，保函缴纳比例达22.2%。

【建筑业参与“一带一路”建设】 2019年11月6日，省政府出台《关于推进浙江建筑业开放发展的若干意见》，就建筑产业结构调整、工程项目对接、财政金融支持、国际工程人才培育、工程建设标准、服务保障6个方面提出11条举措，助推全省建筑业参与“一带一路”建设。全年全省完成对外承包工程营业额76.3亿美元，比上年增长3.3%；新签合同额52.1亿元，增长31.0%。在全球工程建设领域权威学术杂志《工程新闻记录》公布年度250家国际承包商榜单中，浙江省建设投资集团有限公司、东阳第三建筑工程有限公司和浙江省交工集团股份有限公司3家入列，比上年增加1家，分别列第89位、194位和204位。其中东阳第三建筑工程有限公司是首次入围国际承包商榜单。

（省建设厅　邵思茗）

房地产业

【概况】 2019年，浙江省继续坚持“房子是用来住的，不是用来炒的”的定位和“稳地价、稳房价、稳预期”的政策，着力防范化解房地产领域风险隐患，推动建立房地产平稳健康发展长效机制。全省贯彻落实国家调控目标要求，坚持因城施策，推出一系列调控举措，全省房地产政策面、市场面保持稳定。杭州推行“限房价、限装修价”调控措施，宁波实施“限房价、竞地价”措施。全年全省房地产开发投资完成1.07万亿元，比上年增长7.4%。商品房销售面积9378万平方米，下降3.9%。

【房地产市场运行平稳】 2019年，浙江省房地产市场总体平稳。商品住宅价格保持基本平稳，全年全省新建商品住宅价格每月环比涨幅0.1%～0.9%。商品房成交量小幅下降，新建商品房销售9378万平方米，下降3.9%，其中新建商品住宅销售面积7804万平方米，下降1.7%。至年末，全省商品房可售面积1.25亿平方米，库存去化周期为15.4个月，其中商品住宅去化周期9.7个月。房地产投资保持平稳增长，全年全省房地产开发投资1.07万亿元，增长7.4%。房地产业实现增加值4357亿元，增长5.0%，占全省地区生产总值的7.0%。房地产业税收收入2199亿元，增长17.7%，占全省税收总量的19.3%。

【防范化解房地产风险】 2019年，浙江省推进房地产市场风险防范化解工作。开展全省房地产逾期交付项目排查和预售资金使用情况检查，对发现的问题制订“一项目一方案”督促整改。省建设厅建立房地产稳控工作领导小组，明确工作例会、信息报送、信息研判和工作检查制度。部署国庆期间房地产稳控工作，健全突发事件报告制度，建立新交付项目、逾期交付项目、涉访涉诉房地产项目清单，全力做好风险隐患化解。持续完善省级多部门房地产市场分析联席会议制度，定期开展月度监测和季度分析。采集土地供应、销售、税收、信贷等数据，实现多源大数据监测分析。上线房地产观星台系统和浙政钉“房地产大数据”应用，提升市场监测分析能力和水平。加强房屋网签备案工作，在全国率先实现省建设厅与住房城乡建设部网签数据联网。建立重点企业监测制度，定期监测全省重点房地产企业经营情况。

【住房租赁市场发展】 2019年，浙江省继续培育和规范发展住房租赁市场发展。开展全省住房租赁中介专项整治，将整治工作纳入“不忘初心、牢记使命”主题教育活动整改内容。全省排查住房租赁中介机构6895个，受理投诉举报592件，调查处理中介机构104个，公布违法违规典型案例4起。省住房租赁监管平台有经纪机构1900多个和320家租赁企业开户备案，40万套房源40万套纳入平台管理。杭州入选中央财政支持的全国住房租赁市场发展16个示范城市之一，获3年24亿元的奖补资金。年内，杭州开工租赁住房6.69万套（间），盘活存量房源6.56万套（间），培育专业化、规模化企业22家，前30名租赁企业运营房源规模占机构持有房源的90%，网签租赁合同17.3万份，平台新增房源租赁合同网签备案率达100%。

【住房民生工程推进】 2019年，浙江省推动既有住宅加装电梯工作。6月，省建设厅召开全省既有住宅加装电梯推进会，推广学习杭州模式。至年末，全省老旧住宅小区加装电梯累计竣工862台，其中当年竣工545台，另有在建加装电梯539台、通过加装电梯方案联审232台。旧住宅小区加装电梯入围年度全省改革创新优秀实践案例。全省城镇危房巡查纳入基层治理“四个平台”范围，实施网格化动态管理。全年完成第二轮城镇危房治理改造6582幢、建筑面积577.3万平方米。

【国有土地上房屋“阳光征收”】 2019年，浙江省加强房屋征收工作。省建设厅印发《国有土地上房屋征收与补偿领域涉法事务清单》，依法规范国有土地上房屋征收行为。全年全省国有土地上房屋决定征收项目186个，涉及住户2.84万户，涉及房屋建筑面积628万平方米。完成征收项目133个，涉及住户1.97万户，涉及房屋建筑面积482万平方米。遗留拆迁项目8个，未签协议户数30户、建筑面积0.3万平方米，较上年均有所下降。

（省建设厅　王　露）

交通运输·邮政业
Transportation and Postal Service

民用航空

【概况】 2019年，浙江省加强民用航空产业高层引领、深化低空空域改革，优化空域资源布局，扶持通航多业态发展，全力打造国际航空枢纽。创建省级通航产业发展平台。浙江省机场集团有限公司（简称省机场集团）与建德市政府合作打造通航产业浙江样板。全年省机场集团保障起降航班52.6万架次，比上年增长4.4%。出入境旅客吞吐量766.56万人次，增长8.7%；货邮吞吐量12.25万吨，增长

19.4%。至年末,民航浙江辖区机场7个,国际国内航线590多条,机场执飞通航点467个。

【机场整合效应发挥】 2019年,省机场集团推进全省机场协同发展,全省机场完成旅客吞吐量7015.1万人次,实现货邮吞吐量90万吨,比上年分别增长7.3%、6.6%。全省机场客、货运量稳居全国第五、第四位。杭州萧山国际机场成为国内第10个4000万级大型机场,全年货邮吞吐量列全国第五位;宁波栎社国际机场全年旅客吞吐量列全国第33位;温州龙湾国际机场全年旅客吞吐量列全国第34位。杭、宁、温三大机场实现稳步发展的同时,快速推进中小机场发展。舟山普陀山机场旅客吞吐量突破150万人次,完成152.19万人次;衢州机场旅客吞吐量突破40万人次,完成40.41万人次,实现2年翻番;台州机场旅客吞吐量继上年突破100万人次,实现138.13万人次,增长24%;义乌机场旅客吞吐量突破200万人次,完成202.91万人次,跨入中型机场行列。

【航点网络优化】 2019年,省机场集团统一协调全省民航机场航班时刻增量分配,增补国内外航线网络空白航点。开通杭州至埃及开罗定期客运航线,全省国际航线覆盖全球五大洲。全省机场累计执飞定期通航点467个,新增国内外定期通航点62个。其中,杭州萧山国际机场新增16个;宁波栎社国际机场新增16个;温州龙湾国际机场新增16个,舟山普陀山机场新增2个;衢州机场新增5个;台州机场新增3个;义乌机场新增4个。全年全省机场完成出入境旅客吞吐量766.56万人次、出入境货邮吞吐量12.25万吨,分别增长8.7%和19.4%。

【安全运行保障】 2019年,省机场集团加强民航安全管控,落实"防风险、保安全、迎大庆"工作举措,完成庆祝中华人民共和国成立70周年安全保障任务,国庆期间全省机场运行平稳有序。全年全省机场未发生航空责任事故,7个机场全部通过国家民航总局"平安民航"考核。12月26日,义乌机场、台州机场国际劳工组织开发的可持续化管理系统项目通过专家评审,该项目为创新民航中小机场安全管理模式提供"浙江样板"。全年7个机场航班放行正常率达77%,其中舟山、衢州、台州、义乌4个中小机场放行正常率超过85%,正常率居华东地区中小机场中前10位。杭州萧山机场双跑道独立运行空域和新辟民航航线调整方案获批复,飞行程序通过民航华东地区管理局审查。衢州、台州、义乌3个军民合用机场协同部队开展防相撞、飞行区管理、净空保护、演练等方面合作。衢州机场与部队签订军民航空飞行保障协议书。全省机场完成与民航消费者事务中心"12326"平台对接,投诉回复率100%。杭州萧山国际机场"最多跑一次"改革向公共场所延伸,推出代客泊车、"无纸化"便捷出行等9项便民措施。

【建设规划推进】 2019年,省机场集团推进以杭、甬、温三大机场为核心的综合交通枢纽建设。6月27日,杭州萧山国际机场三期主体工程提前开工。至年末,新建航站楼桩基完成工程量85%、主体工程完成工程量15%,陆侧交通中心桩基工程基本完成。12月28日,宁波栎社国际机场三期工程T2航站楼投入运行,比计划提前一年。温州龙湾国际机场综合交通中心工程地上部分开工;舟山机场国际航站楼二期工程加快推进,飞行区改扩建工程除排水系统外完成竣工验收。全省机场新一轮总体发展规划编制取得阶段性成果。杭州萧山国际机场、宁波栎社国际机场总体发展规划通过评审,温州龙湾国际机场总体发展规划获批复,舟山机场总体发展规划上报民航华东地区管理局审批。

【关联主业发展】 2019年,省机场集团推进关联主业发展。通用航空获批全国首个低空飞行服务体系建设试点,年内建成并启用低空飞行服务中心,开通华东地区首条横跨浙皖2省、连接3个国家AAAAA级景区的"黄山—建德—舟山"短途运输航班;千岛

2019年杭州萧山国际机场主要航空公司基本情况

航空公司	旅客运输量		货邮运输量		平均客座率(%)
	实绩(万人次)	比上年	实绩(万吨)	比上年	
中国国际航空公司	591.79	7.0%	4.98	-8.3%	84.5
厦门航空公司	508.33	9.6%	4.28	8.4%	84.7
中国南方航空公司	466.31	2.4%	4.07	-4.0%	81
中国东方航空公司	362.17	2.7%	2.34	2.6%	83.2
浙江长龙航空公司	318.59	10.5%	2.81	-11.4%	89.7
海南航空公司	306.03	4.9%	3.11	1.4%	88.6
北京首都航空公司	278.99	3.8%	1.93	25.4%	91.4

2019年杭州萧山国际机场新开通的部分国内航线

航空公司	航线	开通日期	航班号	机型
浙江长龙航空公司	杭州—怀化—丽江	3月31日	GJ8802	A320
河北航空公司	杭州—石家庄—承德	6月25日	NS3334	B737
海南航空公司	杭州—松原—海拉尔	8月2日	HU6531	B737
上海吉祥航空公司	杭州—百色—丽江	10月27日	HO1819	A320
中国国际航空公司、中国东方航空公司、北京首都航空公司、河北航空公司	杭州—北京大兴	10月27日	CA8169等	A321等

(杭州萧山国际机场有限公司 提供)

湖通用机场空域扩大1倍，成为全国最大空域通航机场。航空产学研基地加快建设，主体工程基本建成。杭州萧山国际机场东区国际货站及机坪工程项目配套永久用水、用电、污水处理、临时施工用地选址等方案基本确定。全年投放投融资项目5个，投资额9亿元。（省机场集团　陈之英）

【杭州萧山国际机场】 2019年，杭州萧山国际机场完成航班起降29.1万架次，比上年增长2.1%；旅客吞吐量突破4000万人次，达4010.8万人次，增长4.9%，实现历史性跨越；货邮吞吐量69万吨，增长7.7%，排名升至全国第五位。杭州萧山国际机场旅客吞吐量全球排名保持第56位，货邮吞吐量全球排名上升至第44位。全年航班平均执行率90.2%，客座率86.5%。新增埃及开罗、意大利罗马、俄罗斯圣彼得堡、俄罗斯克拉斯诺亚尔斯克（货运）、日本名古屋、泰国清莱、缅甸曼德勒、老挝万象、菲律宾马尼拉（货运）和孟加拉国达卡（货运）等国际航点10个。有71家航空公司，运营190个定期航点，航线网络通达五洲，国际化水平进一步提升。机场实现24小时无障碍通关。年内，双跑道独立运行飞行程序和新辟航路航线调整方案获相关部门批准。机场三期主体工程有序推进，新建航站楼桩基及基坑围护工程完成85%，主体工程完成15%；交通中心桩基及基坑围护工程全部建成。

2019年杭州萧山国际机场新开通的部分国际航线

航空公司	航线	开通日期	航班号	机型
浙江长龙航空公司	杭州—曼德勒	4月2日	GJ8021	A320
俄罗斯阿特兰联盟航空公司	杭州—克拉斯诺亚尔斯克（货运）	5月9日	V88204	B737F
中国国际航空公司	杭州—罗马	6月12日	CA731	A330
俄罗斯伊尔航空公司	杭州—圣彼得堡	7月4日	IO918	B777
杭州圆通货运航空公司	杭州—马尼拉（货）	7月16日	YG9041	B757F
老挝航空公司	杭州—万象	8月1日	QV852	A320
埃及航空公司	杭州—开罗	11月29日	MS954	B787
泰国亚洲航空公司	杭州—清莱	12月1日	FD889	A320
浙江长龙航空公司	杭州—名古屋	12月2日	GJ8099	A320
杭州圆通货运航空公司	杭州—达卡（货）	12月18日	YG9063	B757F

2019年杭州萧山国际机场定期航点

一、内地航点128个：北京（首都、大兴）、广州、深圳、成都、重庆、西安、昆明、贵阳、哈尔滨、郑州、济南、青岛、南宁、沈阳、大连、太原、福州、厦门、天津、海口、三亚、长春、乌鲁木齐、石家庄、珠海、武汉、兰州、桂林、银川、长沙、揭阳、呼和浩特、丽江、烟台、泉州、西宁、西双版纳、绵阳、赣州、恩施、运城、威海、惠州、临沂、柳州、宜昌、湛江、北海、遵义（新舟、茅台）、常德、包头、榆林、临汾、广元、赤峰、毕节、十堰、保山、泸州、呼伦贝尔、襄阳、腾冲、秦皇岛、汉中、南阳、延安、锦州、鄂尔多斯、阜阳、宜宾、安顺、拉萨、洛阳、阿克苏、日照、衡阳、淮安、信阳、六盘水、张家界、黔江、潍坊、兴义、牡丹江、通辽、岳阳、铜仁、敦煌、大同、武夷山、乌兰浩特、昭通、天水、怀化、凯里、西昌、库尔勒、白山、唐山、延吉、梅县、邯郸、克拉玛依、和田、琼海、嘉峪关、大庆、忻州、万州、达州、佳木斯、乌兰察布、稻城、张家口、承德、伊宁、东营、乌海、大理、百色、格尔木、南充、阿尔山、松原、甘孜、锡林浩特。

二、港澳台航点6个：香港、澳门、台湾桃园、台北松山、高雄、台中。

三、国际航点56个：首尔、济州、釜山、清州、襄阳、东京、大阪、冲绳、静冈、札幌、名古屋、新加坡、吉隆坡、沙巴、曼谷（素万那普、廊曼）、普吉、清迈、素叻他尼、清莱、仰光、曼德勒、金边、暹粒、西哈努克港、万象、马尼拉、卡里波、巴厘岛、斯里巴加湾、岘港、芽庄、胡志明市、富国岛、马累、达卡、多哈、马德里、阿姆斯特丹、罗马、莫斯科（谢列梅捷沃、多莫杰多沃、伏努科沃、茹科夫斯基）、圣彼得堡、新西伯利亚、克拉斯诺亚尔斯克、里加、列日、洛杉矶、塞班、纽约、温哥华、悉尼、墨尔本、开罗。

（杭州萧山国际机场有限公司　提供）

【总体发展规划通过审查】 2019年10月，《杭州萧山国际机场总体规划修编（2019年版）》通过中国民用航空局机场司审查。杭州萧山国际机场定位为“大型机场、区域枢纽机场、未来航空货运及快件集散中心、长三角世界级机场群中心机场之一”。编制完成电力专项规划，持续开展东西出入口交通衔接专项研究。有效衔接所在地相关规划，进一步完善机场集疏运路网体系。

【安全运行平稳有序】 2019年，杭州萧山国际机场安全形势平稳，实现第19个安全年。机场吸取行业内外不安全事件教训，强化风险管控能力和安全督查能力建设。航站楼出入口实行全天候防爆检测，堵塞安全漏洞。组织开展“防风险、保安全、迎大庆”大检查，打赢国庆安全保卫战。机场通过民航局危险品货物航空运输信用管理体系、危险品航空运输安全管理体系建设试点验收。促进出台《杭州萧山国际机场净空保护管理办法》，实现净空管理有据可依。举行航空器应急救援综合实战演练，全面检验应急响应

2019年11月20日，"智利—宁波"东航物流洲际货运航班首航　　（朱希恩　摄）

2019年宁波栎社国际机场主要航空公司基本情况

航空公司	旅客运输量		货邮运输量		平均客座率（%）
	实绩（万人次）	比上年	实绩（万吨）	比上年	
中国国际航空公司	72.90	1.64%	0.50	-3.8%	83
春秋航空公司	159.50	24.7%	0.50	13.6%	83.5
中国南方航空公司	131.22	0.24%	1.07	-3.6%	84.2
中国东方航空公司	261.98	6.87%	1.78	-0.6%	82.1
海南航空公司	98.48	-14%	0.61	-17.6%	85.8
浙江长龙航空公司	78.15	17.29%	0.40	53.8%	87.9
天津航空公司	21.80	25.05%	0.07	-30%	81.5

2019年宁波栎社国际机场新开通的部分国内航线

航空公司	航线	开通日期	航班号	机型
中国联合航空公司	宁波—北京大兴	9月26	KN 2259	73V
南方航空公司	宁波—惠州	3月31日	CZ 8654	37Q
浙江长龙航空公司	宁波—上饶-贵阳	4月2日	GJ 8039	A320
中国东方航空公司	宁波—柳州	3月31	MU 9883	A320
中国东方航空公司	宁波—运城	3月31	MU 9991	A320
成都航空公司	宁波—衡阳—丽江	3月31日	EU1812	A319
多彩贵州航空公司	宁波—茅台—贵阳	7月10日	GY 7164	190
四川航空公司	宁波—三明—成都	11月6日	3U 8442	JET
中国东方航空公司	宁波—运城—鄂尔多斯	8月4日	MU 7565	B737
中国东方航空公司	宁波—信阳—运城	11月6日	MU 9965	A320
中国东方航空公司	宁波—揭阳—西双版纳	10月26日	MU 5669	A320

（宁波栎社机场　提供）

速度、特情处置水平和协调配合能力。

【服务品质优化】 2019年，杭州萧山国际机场实施民航服务质量提升攻坚行动，持续促进服务品质优化。全年机场ASQ（国际机场协会旅客满意度）得分4.83分，对社会公布的31项服务承诺兑现率100%。

推进智慧化应用。机场推行国际自助值机及无纸化便捷出行服务，新增5条边检出境自助查验通道。实施差异化安检项目，安检信息系统运行稳定；新增20台人脸识别自助闸机，大幅度提高过检效率。微信公众号新增"机场畅行"模块，基本实现通过公众号"玩转机场"。

践行品质化服务。启用交通服务中心，推出行李寄送"包给我"、代客泊车、异地货站等9项便民措施和26项"最多跑一次"改革，进一步提升服务品质。成功创建国内民航第一把"金钥匙"服务品牌，打造机场礼宾服务新标杆。设立航站楼"党员初心站"，为特殊旅客提供优质服务。

优化秩序环境。加强公共秩序管理，开展高架桥秩序整治、"黄牛"非法拉客查处、流动商贩治理等行动，细化工程车、网约车、出租车管理，遏制航站楼内"三乱"现象蔓延。优化航班运行环境，升级机场运行管理委员会组织架构，提升为航班保驾护航水平。推进"垃圾革命"，建成华东地区规模最大的固液废弃物转运站，加强分级绿化养护、绿化提升重点区域和节假日花境装扮等工作，不断改善环境品质。

【服务地方发展】 2019年，杭州萧山国际机场全力打造区域发展重要支撑平台和省、市形象窗口的重要角色。拓展航空和非航产业，支持浙江本土的浙江长龙航空公司和其他基地航空公司发展，助推中国·杭州临空经济示范区、中国（杭州）跨境电子商务综合试验区建设。全年机场范围内主要企业缴纳税金9.6亿元，比上年增长12%，其中机场公司及其子公司缴纳税金6.1亿元，增长39%，相关企业和产业为当地提供一批就业岗位，促进所在地开放型经济发展。

（杭州萧山国际机场有限公司　曾宪武）

【宁波栎社国际机场】 2019年，宁波栎社国际机场（简称栎社机场）完成航班起降8.9万架次，旅客吞吐量1241.4万人次，货邮吞吐量10.6万吨，分别比上年增长4.7%、5.9%和0.4%。其中2月6日客运量突破4万人次大关，为4.16万人次，创下宁波民航通航35年

2019年宁波栎社国际机场新开通的部分国际航线				
航空公司	航线	开通日期	航班号	机型
日本春秋航空公司	宁波—东京	4月25日	IJ 102	738
釜山航空公司	宁波—首尔	11月12日	BX 360	A320
长龙航空公司	宁波—襄阳	11月15日	GJ 8755	A320
青岛航空公司	宁波—曼德勒	10月30日	QW 6107	A320
青岛航空公司	宁波—仰光	10月28日	QW 6113	A320
澳洲航空公司	宁波—悉尼	3月29日	QE7535	B767
中国货运航空公司	智利—宁波	11月20日	CK252	B777

2019年宁波栎社国际机场定期航点

一、内地航点76个：北京首都、北京南苑、北京大兴、深圳、青岛、昆明、重庆、长沙、成都、大连、武汉、海口、郑州、西安、哈尔滨、天津、南昌、沈阳、贵阳、三亚、厦门、长春、宜昌、汕头、潍坊、丽江、南宁、石家庄、兰州、银川、珠海、兴义、西宁、临沂、呼和浩特、上海浦东、乌鲁木齐、太原、安庆、桂林、绵阳、铜仁、包头、延吉、济南、威海、东营、烟台、池州、景德镇、黔江、湛江、万州、济宁、淮安、张家界、赣州、洛阳、井冈山、盐城、十堰、北海、宜春、泸州、连云港、上饶、柳州、衡阳、惠州、运城、茅台、三明、信阳、鄂尔多斯、西双版纳。

二、港澳台航点5个：香港、澳门、台北桃园、高雄、台中。

三、国际航点15个：新加坡、芽庄、济州、大阪、静冈、名古屋、暹粒、东京、襄阳、首尔、曼德勒、仰光、普吉、曼谷廊曼、曼谷素万那普、阿姆斯特丹(货机)。

（宁波栎社机场　提供）

2019年温州龙湾国际机场主要航空公司基本情况

航空公司	旅客运输量		货邮运输量		平均客座率(%)
	实绩(万人次)	比上年(%)	实绩(万吨)	比上年(%)	
中国国际航空公司	173.17	10.53	1.43	2.89	81.1
中国东方航空公司	154.28	-4.14	1.14	-4.50	80.6
中国南方航空公司	118.31	-3.83	0.86	-8.47	82.7
上海航空公司	97.17	5.75	0.37	17.95	72.4
海南航空公司	90.95	15.19	0.56	10.47	90.3
深圳航空公司	72.27	24.67	0.78	12.78	78.9
四川航空公司	56.35	-5.05	0.43	-0.01	77.2

（温州机场　提供）

来新高。为全省机场年旅客吞吐量突破7000万人次做出积极贡献。全年新增福建三明、河南信阳、内蒙古鄂尔多斯、云南西双版纳等11个国内通航城市及日本东京、韩国首尔、缅甸仰光、曼德勒4个国际通航城市，其中东京、首尔航线的开通，填补宁波至东北亚主要经济中心城市无定期航班的空白，出入境旅客占比提升至12%，国内外通航城市增至96个。

【栎社机场实现第34个安全年】 2019年，栎社机场全面夯实安全生产工作，制订应急预案39个，启用安全信息管理系统，开展"安全生产月""安康杯"竞赛、"119消防日"等活动，组织各类应急演练85次，实现第34个安全年。提高航班运行品质，完成A-CDM系统改进，经中国民用航空局专家组综合考察和评估，栎社机场A-CDM系统建设获A级评定。与民航宁波空管站完成机坪塔台运行管理移交，航班放行正常率提升至71.7%。提升旅客乘机体验，推出"阳光帮"服务等9项便民服务举措。推进"最多跑一次"改革向公共场所延伸，完成31项服务质量提升工作，栎社机场获评华东地区民航服务质量重点攻坚专项行动先进集体。

【"智利—宁波"东航物流洲际货运航班首航】 2019年11月20日上午10时，中国货运航空航班号CK252的B777型全货机满载着100多吨智利车厘子抵达栎社机场，机场举行"水门迎接"仪式。标志着"智利—宁波"东航物流洲际货运航班顺利首航。智利农产品以往通过海运或转机方式运抵中国，其新鲜度和品质大打折扣。栎社机场开通洲际全货机航线将原产于智利的车厘子、三文鱼等优质生鲜农产品通过东航"原产地直达"模式运抵栎社机场，并分拨至中国及东北亚地区，助推"原产地直采—航空运输—进口贸易—加工—集散—分销"为一体的生鲜农产品全产业链项目实施。扩大两国交流合作，服务"一带一路" 实现合作共赢。

【栎社机场2号航站楼全面启用】 2019年12月10日16时，栎社机场三期工程2号航站楼项目通过竣工验收，三期工程全面具备投运条件。12月28日上午10时，栎社机场三期工程投运仪式在2号航站楼出发厅举行。12月29日，2号航站楼全面启用，当日5时起所有国内、国际及地区进出港航班转场至2号航站楼运营，1号航站楼同步停止运营。三期工程主体项目之一的2号航站楼，总建筑面积11.24万平方米，与1号航站楼长廊屋面自然连接，方便旅客来往和协调航站楼整体形象。

（宁波栎社机场　周　虹）

2019年温州龙湾国际机场新开通的部分国内航线

航空公司	航线	开通日期	航班号	机型
华夏航空公司	温州—衡阳	1月1日	G54339/4340	CRJ
上海航空公司	温州—大庆	1月25日	FM9493/9494	B737-800
中国国际航空公司	温州—临汾	3月31日	CA1997/1998	A319
青岛航空公司	温州—岳阳	3月31日	QW6059/6060	A320
华夏航空公司	温州—池州	3月31日	G52817/2818	CR9
中国东方航空公司	温州—信阳	3月31日	MU2919/2620	B737-800
浙江长龙航空公司	温州—延安	4月2日	GJ8927/8928	A320
中国联合航空公司	温州—佛山	4月7日	KN5751/5752	B737-800
浙江长龙航空公司	温州—黔江	4月17日	GJ6017/6018	A320
青岛航空公司	温州—德宏	4月28日	QW6041/6042	A320
青岛航空公司	温州—南阳	7月2日	QW6043/6044	A320
中国联合航空公司	温州—北京/大兴	9月26日	KN5957/5958	B737-800
山东航空公司	温州—梧州	10月27日	SC2225/2226	B737-800

2019年温州龙湾国际机场新开通的部分国际航线

航空公司	航线	开通日期	航班号	机型
老挝航空公司	温州—老挝万象	2月3日	QV891/892	A320
柬埔寨航空公司	温州—柬埔寨金边	11月8日	KR8903/8904	A319
上海航空公司	温州—日本名古屋	12月27日	FM893/894	B737-800

2019年温州龙湾国际机场实际运营城市

一、内地航点90个：广州、贵阳、北京（首都/南苑/大兴）、成都、昆明、重庆、郑州、西安、上海（虹桥/浦东）、武汉、深圳、青岛、沈阳、天津、南宁、哈尔滨、珠海、长沙、三亚、太原、烟台、海口、石家庄、大连、济南、兰州、乌鲁木齐、宜昌、南充、柳州、惠州、合肥、长春、淮安、临沂、桂林、西昌、湛江、济宁、北海、银川、南通、遵义（新舟/茅台）、阜阳、盐城、丽江、琼海、邯郸、常德、铜仁、泸州、鄂尔多斯、揭阳、黄山、十堰、齐齐哈尔、张家界、汉中、厦门（货机）、运城、绵阳、连云港、衡阳、大庆、丹东、呼和浩特、襄阳、西宁、临汾、岳阳、信阳、池州、延安、佛山、德宏、黔江、南昌、威海、阿坝、南阳、万州、西双版纳、毕节、赣州、徐州、梧州。

二、港澳台航点4个：香港、台北（松山/桃园）、澳门。

三、国际航点19个：首尔、曼谷、罗马、芽庄、巴厘岛、沙巴、富国岛、济州、卡利博、暹粒、西哈努克、万象、宿务、民丹岛、樟宜、金边、大阪、静冈、名古屋。

（温州机场　提供）

【温州龙湾国际机场】　2019年，温州龙湾国际机场（简称温州机场）起降航班9.23万架次，旅客吞吐量1229.17万人次，货邮吞吐量8.11万吨，分别比上年增长6.9%、9.6%和1.1%。其中国际（地区）旅客吞吐量46.75万人次，增长32.0%。全年旅客吞吐量增幅居全国千万级机场前列。营运国内外航线197条，通航城市148个。航班放行正常率76.4%，提高10.4个百分点。机场飞行区等级由4D升至4E。T2航站楼首个春运和国庆70周年期间旅客“零投诉”。温州机场满分通过年度“平安民航”建设工作考核，圆满完成省、市“两会”“国庆70周年”“2019世界青年科学家（温州）峰会”、“2019中国（温州）新时代‘两个健康’论坛”等重要会议和重要活动期间安保维稳任务，实现第30个安全生产年。温州机场总体规划（2019年版）获批。

【温州机场综合交通中心开工】　2019年7月4日，温州机场综合交通中心开工建设，副省长、温州市委书记陈伟俊等出席。综合交通中心项目位于机场T2航站楼西侧，总建筑面积35万平方米，由地下和地上两部分建筑组成。其中，地下部分二层，面积9万平方米，建设内容包括S1线、S2线机场站及3100个配套停车位等。地上部分面积21万平方米，主要建设多条换乘通道及酒店、商务办公楼、配套停车场等。

【温州航空物流园开工】　2019年12月30日，温州航空物流园（一期）举行开工仪式。温州市委副书记、市长姚高员等出席。航空物流园毗邻机场第一跑道，临近S1、S2线和规划中的M2线，以及甬台温高速机场出口，占地面积181.3公顷。航空物流园集聚物流企业、货运代理企业和相关服务机构，打造综合性物流服务平台。先行开工建设的航空物流园区仓储基地（一期）工程，主要扩展货运区规模，满足快速增长的航空物流业务需求。

【温州机场客货运航线增加】　2019年，温州机场新开通国内外航点16个，新增进出港航线54条，其中，国内航点有北京大兴、陕西延安、广东佛山等；国际航点有老挝万象、柬埔寨金边、日本名古屋，并复飞至菲律宾卡利博、日本大阪、静冈等航线，新增承运航空公司8家，新设基地航空公司1家，停场飞机最高达26架次。拓展全货机业务，实现全货机停场零突破。9月28日，温州机场代建的温州轨道交通S1线机场段启用，温州成为省内首个实现航空和轨道交通“零换乘”城市。12月31日，温州机场T2航站楼推出旅客自助安检验证服务和自助行李托运服务。国内始发旅客凭身份证可在专属通道自助完成生物特征采集和证件资料比对识别，自助办理行李扫描、安检和打印行李提取联，实现安检和行李托运流程自动化，大幅度提高通关效率。

【温州机场"平安民航"建设】 2019年，温州机场完成运行管理委员会平台建设，全年放行正常率76.4%，比上年提升10.4个百分点，增幅居千万级机场前列。9月4日，中国民用航空局派出评估工作组对温州机场A-CDM系统建设进行专项评估验收，该系统获最高等级A级的评价。浙江辖区"平安民航"考核组对温州机场年度"平安民航"建设工作进行考核，温州机场以100%符合率通过本次考核。温州机场在提高替代设备使用率、尾气达标改造、"油改电"及场内充电桩建设等方面，取得扎实成效，为机场快速发展奠定基础。12月23日，温州机场变更机场使用许可证申请获民航华东地区管理局批复，温州机场正式步入4E机场行列，飞行区可满足波音747、波音777、波音787、空客A330、空客A340等大型飞机起降的需要。

（温州机场　邱梦洁）

铁　路　运　输

【概况】 2019年，浙江省铁路营业里程2805千米(不含地方铁路)，其中复线2256千米，复线率80.4 %。电气化线路2343千米，电气化率83.5% 。高速铁路1461千米。路网密度266千米，为全国平均水平的1.8倍。全年发送旅客2.41亿人次，比上年增长11.4%；发送货物3968.29万吨，增长6.4%；货物到达4735.76万吨，增长8.8%。旅客周转量743.26亿人次•千米，增长7.0%；货物周转量235.40亿吨•千米，增长6.4%；日均装车2783辆，增长13.0%；日均卸车2602辆，下降0.7%。中国国家铁路集团有限公司(简称中国铁路总公司)和省政府完成铁路基础建设投资109.72亿元，其中，中国铁路总公司投资66.78亿元，省政府投资42.94亿元。主要建设项目14个，其中1亿元以上项目有金华至台州铁路、金华至宁波铁路、湖州至杭州西至杭黄高铁连接线、衢州至宁德铁路(浙江段)、商合杭铁路(浙江段)、宁波穿山港铁路、杭州至黄山铁路(浙江段)、九景衢铁路(浙江段)和杭深铁路苍南站改扩建工程。

【杭州西站枢纽暨湖杭铁路开工】 2019年9月17日，杭州西站枢纽暨湖杭铁路(湖州至杭州西至杭黄高铁连接线)开工仪式在杭州余杭区仓前杭州西站枢纽施工现场举行。车站规模为11台20线，站房地上面积50万平方米。枢纽集高铁、地铁、汽车等陆上交通方式于一体，建成后旅客乘坐机场轨道快线，自杭州西站枢纽至杭州东站时间仅需25分钟，至杭州萧山国际机场约需45分钟。湖杭铁路从宁杭高铁湖州站引出，经湖州南太湖新区、吴兴区、德清县，杭州余杭区、西湖区、富阳区、桐庐县，跨富春江新设桐庐东站后引入杭黄高铁桐庐站，新建线路长136千米，设计时速350千米。全线设车站6座，其中改建1座(德清站)、新建车站3座(杭州西站、富阳西站、桐庐东站)。湖杭铁路是优化杭州铁路枢纽客站与过江通道布局的重要基础设施，与杭黄高铁及拟建的沪苏湖、沪乍杭、衢建、杭临绩和昌景黄铁路等组合形成沪昆通道南昌以东段重要的辅助通道，并与杭温铁路有效衔接，形成国家高速铁路网主骨架商合杭、宁杭高铁的南延通道。

【金华至宁波铁路全线开工】 2019年10月29日，金华至宁波铁路全线开工建设。该段铁路是宁波至浙江中西部腹地金(华)义(乌)都市圈的便捷通道，工程范围为沪昆铁路义乌站至甬台温铁路云龙站，含金华地区、宁波枢纽配套工程等。沿线设云龙、奉化、溪口、新昌、嵊州、南山湖、虎鹿、东阳、苏溪9座车站。金华至宁波铁路将连接义乌和宁波，实现世界小商品之都(义乌)与世界第一大港(宁波舟山港)的互联互通。

【商合杭高铁北段开通运营】 2019年12月1日，商合杭高铁北段(合肥至商丘段)开通运营。商(丘)合(肥)杭(州)高铁全长794.55千米，设计时速350千米/小时。线路北接郑州至徐州高铁，并与北京至福州高铁和沪汉蓉高铁相连，在杭州通过宁杭高铁，与京沪高铁相通。商合杭高铁建成将实现华东第二通道客运与货运的分流运输，并与长三角城际铁路网形成互联互通。1月8日，商合杭高铁安徽段进入试验铺轨阶段。施工中利用机器人收集轨道板定位数据，提前安装钢轨精调扣件，大幅度提高施工效率，日均铺轨最高达6千米。3月20日，随着高铁关键性工程——太湖山隧道贯通，高铁全线隧道完全贯通。4月22日，商合杭铁路重点工程裕溪河特大桥合龙。特大桥主桥全长686米，首次使用钢箱桁梁结构形式，以及在300米以上跨度桥梁中采用无砟轨道结构形式，大桥主跨跨度324米。4月26日，世界首座高低矮塔公铁两用斜拉桥——商合杭高铁芜湖长江公铁大桥钢梁合龙。7月24日，商合杭高铁北段(合肥至商丘段)铺轨完成。

【宁波穿山港铁路开通运营】 2019年12月26日，宁波穿山港铁路开通运行。宁波穿山港铁路工程包括新建穿山港铁路支线工程和北仑支线铁路电气化改造。其中，新建的穿山港铁路支线自北仑大碶站引出，经柴桥、穿山港至中宅，线路全长29.29千米，为单线铁路。开通后，穿山港站开办海铁联运集装箱业务，港口集装箱可直接在码头装上火车。北仑支线铁路电气化改造自宁波东站至北仑站，线路全长30.16千米。北仑支线铁路电气化改造完成后，改为运行能耗低、噪音小的电气化列车，其年远景输送能力将达5000万吨货运量；穿山港铁路支线新建工程，年远景输送能力将达1500万吨货运量。

【绍兴宁波实现市域列车跨市联通】 2019年7月10日，绍兴、宁波2市首次实现市域列车跨市联通。绍兴市民可在绍兴、钱清、上虞3座车站上车前往余姚、宁波。绍兴城际线停靠萧甬铁路既有线车站上，沿途车站位于所在区域中心城区，交通便利。其中，宁波站设在铁路宁波站，站内地铁、高铁换乘便捷。两地城际列车贯通后，全程运营里程为128千米，运行最高时速120千米/小时。

【浙江中欧班列开行数量递增】 2019年1月4日，X8088/7次中欧班列从义乌出发，该班列首次从霍尔果斯口岸出境。自2014年11月18日，开行义乌首趟中欧班列以来，从每周1列，至年内每周五、六列，国内的日用小百货和纺织品等货物通过“钢铁驼队”运往欧洲各国，又将欧洲奶粉、汽车配件、红酒、家电和营养品等货物运回国内。10月9日，满载82个标箱发往比利时列日的“菜鸟号”X8020次列车从义乌西货运站启程，标志着华东地区首条跨境电商班列“菜鸟号”正式开通，“菜鸟号”由义新欧贸易集团、义乌陆港集团、菜鸟网络科技有限公司、中外运物流有限公司等单位共同运营，每周运行2班，由义乌始发，约20天抵达比利时列日，通过配送自提网络，跨境包裹从列日快速分发至德国、法国、荷兰等欧洲国家。年内，装有温州出口货物的X8410次国际货物班列、满载集装箱的“诸暨号”中欧班列相继从义乌西站启程，发往莫斯科。全年义乌西站中欧班列开行数量超过500列，发送标箱超过4万个，比上年增长63.2%，重箱率100%。义乌中欧班列开行线路增至12条，沿线联通亚欧大陆37个国家和地区，其中义乌至马德里成为跨越国家最多、线路最长的中欧班列运营线路。

【金华中亚班列年开行170列】 2019年12月16日，满载集装箱的X9018次中亚班列由金华南站开往乌兹别克斯坦。此次是金华货运中心年内开行的第100列中亚班列。金华南站开行的中亚班列通达5个国家12个城市，基本实现中亚地区主要城市全覆盖，累计开行170列，发运出口货物15.3万吨。货物来自浙江、江西、江苏、上海，涉及出口企业600家，其中浙江出口企业主要集中在金华、衢州、温州、台州和丽水。中亚班列以其发车稳定、运行安全、运价合理等优势，受外贸出口企业青睐。

【铁路与公路、水路接轨联运】 2019年，省交通运输部门和铁路系统推进铁路与公路、水路接轨联运项目建设。1月，长三角地区占地规模最大的铁路货场——湖州西货场投入运营。铁路货场地处湖州市经济技术开发区，南临长兴港、西靠104国道，接轨宣杭线湖州西站，兼具铁路、公路、水路多式联运功能，建筑构件环境呈生态公园式。货场占地93.33公顷，拥有7条货物作业线，近期和远期年货物吞吐量分别为403万吨和700万吨。5月20日，宁波舟山港至皋埠的“返装煤”通过敞顶箱前往浙江绍兴。标志着宁波舟山港“公转铁”铁路敞顶箱运输煤炭项目启动。该运输方式环保、运输成本低廉。湖州生产的地板、服装、转椅、玻璃制品等产品通过快速货运列车由上海芦潮港转海运出口海外。9月25日，宁波远洋“联合21”货轮到达舟山港综合保税区码头，标志国内首个海港铁路集装箱无轨站正式投入运营。

【高铁环境安全隐患整治】 2019年11月20日，全省高铁沿线外部环境安全隐患专项整治行动部署会在杭州召开，副省长彭佳学出席并讲话。会议根据铁路部门和省“三改一拆”办公室梳理的高铁环境安全隐患问题，提出具体整改方案和要求。12月下旬，由杭州铁路办事处、省自然资源厅组成联合专项整治督查组，分别对湖州、嘉兴、绍兴等地高铁沿线安全隐患整治情况进行督查，针对存在问题提出隐患治理要求。并随机抽查8个隐患点位，对其中推进滞后的4个点位进行现场协调。年内，省域内高铁沿线外部环境隐患集中整治取得阶段性成果。

【铁路系统便民服务】 自2019年5月起，长三角地区所有火车站旅客办理乘车临时身份证明时，不需要提供照片，只报身份证号码并签字，民警就可从全国联网系统中调取身份证存档照片并打印到临时证件上，办理过程十分方便。同时铁路候补购票服务扩大到所有列车。旅客通过网站和手机App购票遇到所需车次、席别无票，售票系统会根据旅客购票要求自动进行排队候补，并自动兑现车票。8月，铁路系统客运列车应急药品管理系统运行。每趟客运列车均备有供旅客应急用的小药箱，列车长通过手机App掌握药箱内药品种类、数量及使用期限，及时进行调整和更新。11月20日，华东地区首个集装箱共享挂车服务模式在金华货运中心义乌西站应用。该模式降低集装箱多式联运物流成本，提升铁路运输竞争能力。此前，杭州铁路东站对进站口验证系统进行人脸识别功能升级，旅客经人脸识别就可快速通过；旅客在东站换乘地铁可直接通过到达层6个地铁入口处乘坐，不需经过地铁安检，方便旅客出行。11月5日，杭州火车东站启用5G网络，车站管理服务实现数字化、智能化。

(杭州铁路办事处　叶建明)

公路运输

【概况】 2019年，浙江省新增公路里程1151千米，其中，高速公路222千米。全省公路总里程12.18万千米，其中，国道7864千米，省道4785千米，县道2.92万千米，乡道1.98万千米，专用道600千米，村道5.96万千米。高速公路4643千米，一级公路7383千米，二级公路1.07万千米，三级公路9205千米，四级公路6.69万千米，准四级公路2.29万千米，等外路103千米。全省二级以上公路占公路总里程的18.6%，有铺装或简易铺装的高级和次高级路面占公路总里程的99.4%。全省公路网密度119.66千米/100平方千米。乡镇公路、行政村公路通达通畅率均为100%。桥梁总数5.11万座、360.32万延米，隧道1989个、147.15万延米。全年公路客运量7.28亿人次、旅客周转量378.39亿人千米，分别比上年增长1.1%和下降6.1%。公路货运量17.77亿吨、货物周转量2082.11亿吨千米，分别增长6.7%和6.0%。全年公路交通完成基础设施投资1556亿元，增长7.8%。

【公路运输“最多跑一次”改革】 2019年，省公路与运输管理中心深化“最多跑一次改革”，全面梳理权力清单，所有运政权力事项实现网上办、掌上办，实现“不见面审批”，简单事项即来即办率达100%。着力推进“一证通办”，减少申报材料56%。全面推行“运行车辆‘三检查合一’”、货车“网上年审就近签注”。修订巡游出租车运价定价目录，除基本运价外，全部实行市场调节价。完成与交通运输部网上便民运输政务系统对接，实现长三角地区道路运输经营许可证、从业资格证等7本电子证照数据共享。推进公路运输便民服务，提高服务质量，全省新建普通国道、省道服务站126个。

【公路养护】 2019年，全省高速公路养护工程项目投入35亿元，实施高速公路大中修养护698千米、预防性养护745千米；高速公路桥头跳车处养护337处，维修加固边坡87处，完成养护加固桥梁隧道638座。浙江在交通运输部高速公路路况检测中，高速公路路面技术状况指数（PQI）均值94.17，排名全国第六位。全年全省普通国道省道养护工程项目总投入27.4亿元，实施大中修养护1430千米、公路安全防护223千米、边坡治理项目9个、省级安防工程示范路工程9项。普通国道省道公路路面技术状况指数（PQI）均值91.78，排名全国第一位。

【"四好农村路"建设】 2019年7月9日，省交通运输厅发布全国首个"四好农村路"地方标准，加快推进"四好农村路"（建好、管好、护好、运营好农村路）建设。全省新建和改造提升农村公路1.9万千米，累计完成三年行动计划总目标的82%，公路安防工程实现"三年任务两年完成"。完善农村公路管养体制，全面落实县、乡、村三级"路长制"。淳安县、瑞安市、长兴县创建成为全国"四好农村路"示范县，全省获评"四好农村路"示范县累计9个，示范县数量全国排名靠前。浙江"四好农村路"建设工作在德国莱比锡举行的国际运输论坛峰会上做交流介绍。

【公路安全监管】 2019年，全省公路运输管理部门加大安全监管力度，进一步推进公路安全生命防护工程建设。全年维修改造桥梁隧道675座，建成安防工程基础路段7909千米，实施省级公路示范项目路段237千米，新建农村公路实现安全设施"三同步"，农村公路8米以上落差安防设施实现全覆盖。挂牌联合治理省级公路交通事故多发路段112处。开展评估与排查公路桥梁安全防护、公路隧道质量提升和连续长陡下坡安全通行能力的专项行动，完成2处连续长陡下坡路段、333座公路桥梁护栏加固和36座普通国道省道隧道质量提升。加强对"两客一危"（从事旅游的包车、三类以上班线客车和运输危险化学品、烟花爆竹、民用爆炸物品的道路专用车辆）安全监管，完成2.36万辆汽车智能视频监控报警装置安装，完成1.83万辆城市公交车驾驭室防护隔离装置安装。强化高速公路夜间危险化学品运输管理，制订公路运输领域20项重大安全风险清单及管控措施。加强公路应急抢险能力建设。开展隐患排查治理百日行动、桥梁安全防护专项排查、营运公路桥隧安全隐患排查治理、农村公路交通安全管理等专项治理行动。全年全省营运客车（9座以上）事故起数下降31.6%，死亡人数下降30.9%。

【公路运输管理】 2019年，浙江省实施公路运输服务优化行动，促进公路运输市场健康发展。加快网络货运发展，全省发展无车承运人试点企业79家。加强公路运输车辆节能环保工作，全年淘汰国三（国家第三阶段机动车污染物排放标准）及以下柴油营运货车2.4万辆。加快推进公交车、出租车清洁能源化进程，公交车、出租车清洁能源化比例分别达74%和70%。全省开通定制客运班线180条。甬金高速嵊州服务区"司机之家"、宁波北仑集运基地"司机之家"和杭州传化公路港临江综合物流产业园"司机之家"3个服务区获评全国"品牌服务司机之家"。优化和升级客运出行服务，加快班车、包车融合，将营运客车包车时间放宽至4～10个月。推进"先培后付、计时收费、学员评价"驾驶培训服务模式改革。开展"两客一危"驾驶员职业化培训试点，实施普通货运驾驶员免费继续教育1.7万名驾驶员受惠。完成全省机动车检测与维护制度试点，年内建立检测站271个。全省125个汽车综合性能检测站全部实现"三站合一"和异地检测，为全省37万辆货车节省检测费用2600多万元。调整国家高速公路网命名编号，开展高速公路百日专项整治行动，路政、运政与公安交警联合执法，实施高速公路"违法失信清单"管理，高速公路超限率下降至0.95%。

（省交通运输厅 王国荣 陈鲁达）

水路运输·港口

【概况】 2019年，浙江省完成水路运输建设投资202.7亿元，比上年增长2.2%，其中市场投资主导的港口项目完成投资118亿元，增长9.3%；政府投资主导的航道项目完成投资84.7亿元，下降6.0%。全省港口完成货物吞吐量17.5亿吨，其中沿海港口吞吐量13.5亿吨，集装箱吞吐量3063.1万标箱，分别增长1.4%和5.7%。宁波舟山港货物吞吐量11.2亿吨，集装箱吞吐量2753.5万标箱，分别增长3.3%和4.5%。内河港口货物吞吐量4.0亿吨，增长11.2%。全省水路货运量10.7亿吨，周转量1.01万亿吨千米，分别增长8.8%和7.7%；水路客运量4784.9万人次，增长6.4%。全省地方海事辖区发生水上交通事故251起，上升4.1%；发生人员伤亡事故6起、伤亡6人。全年实施水上搜救行动307次，出动船艇612艘次，搜救人员2305人次，成功救助船舶416艘、人员822人，救助成功率99.3%。完成船舶检验2.16万艘次、吨位1251.5万吨。省航港管理中心细化内河船员实操考试考评标准，聘请第三方对内河船舶船员进行实操评估。全年组织内河船舶船员基本安全考试30期915人次、适任考试10期264人次、特殊岗位培训合格证考试49期794人次。

【水运基础设施建设】 2019年，全省建成绿色石化配套码头等万吨级以上泊位14个，总数254个。建成内河千吨级航道77千米、高等级航道1603千米，高等级航道中千吨级航道400千米。建成萧山义桥作业区等500吨级泊位43个。杭平申线航道、瓯江航道、宁波—舟山港梅山港区6号至10号集装箱码头、台州临海港区头门作业区二期改扩建等重大项目进展顺利。完成航道养护投资3.5亿元,修复建筑物2.6万平方米,新建加固护岸25千米,疏浚土方511万立方米。完成沿海92座航标移交,创建"美丽航道"435千米,其中精品示范航道310千米。服务舟山绿色石化产业基地、温州苍南核电、宁波—舟山铁路等重大项目建设,舟山海运中转混配矿(搭配、混匀的矿石)1390万吨,船用燃料油直供量350万吨,均居全国首位。完成长三角地区电子证照和电子档案数据归集。省港航管理中心建成渔船图纸审查电子化系统,实现渔船图纸审查"零"次跑。完成1300千米电子航道图建设。宁波舟山港成为国内首个集装箱进出口全程"无纸化"通关港口。梅山自动化码头进入试运行阶段。推进高水平"四好农村路"水路建设,创建"美丽渡口"33个。

【水路运输联运发展】 2019年,全省推进水运绿色高质量发展。加快水路运输结构调整,进一步拓展水路运输市场。全年水路货运量占综合运输体系比重37.0%,比上年提高0.5个百分点;内河港口集装箱吞吐量增长23.5%;江海河联运货运量、集装箱江海河联运量、集装箱海铁联运量分别达3.31亿吨、57.4万标箱和80.9万标箱,分别增长12.3%、41%和34.5%。加快发展海河联运。嘉兴市对从事集装箱海河联运业务的内河航运企业、内河港口码头企业,给予100元/标箱补助。绍兴市对水运基础设施建设、新增运力和内河集装箱发展予以资金补助。年内,嘉兴港内河港区48标箱内河集装箱船舶试通航。

【港口危险货物监管】 2019年,省港航管理中心实施港口危险货物储罐检测、危险货物经营企业资质年度核查、企业应急能力建设专项整治。全年实施检测项目100个,涉及全省港口危险货物经营企业308家,根据检查发现的问题,督促相关单位限期完成整改。组织6个设区市交叉检查,检查企业10家,发现问题和隐患48个,督促相关企业抓紧制订整改措施。对10家港口企业进行暗查。

【水运管理】 2019年,省港航管理中心深入推进"最多跑一次"改革。深化简政放权,取消行政事项4项、下放2项,累计取消28项,下放29项。办事事项精准细化为171项,新增公共服务事项21项。承诺时限压缩81%,办事材料精简70%以上,95%以上事项实现"掌上办""跑零次",主要指标居全国前列。全年完成省级港航规范性文件清理40件、废止15件、修订21件。加强信用与许可审批、事中事后监管、联合协同执法管理。推进智慧海事平台二期建设,改造提升数字港航综合管理与服务平台,对接信用浙江平台、行政执法监管平台、交通部水运业务系统平台。全年受理业务事项10.1万件,并全部推送浙江政务服务网。实施长三角电子证照和电子档案数据归集和电子航道图作业。建成渔船图纸审查电子化系统,实现渔船图纸审查"零跑次"。宁波舟山港实现国内首个集装箱进出口全程"无纸化"通关,梅山自动化码头进入试运行阶段。年内,取消杭甬运河船闸及三堡船闸船舶过闸费,为企业减负2.6亿元。实施内河水运多证合一改革,全省发放"多证合一"信息簿2000多本。推进内河船舶"多证合一"在长三角地区内陆水域互认,该提议获上海、江苏、安徽三省一市水路运输部门支持和交通运输部海事局认可。年内,省港航管理中心制定发布《内河水运转型发展评价指标体系》等地方标准15项、示范成果40多项。

(省港航管理中心　陶　旭)

海　事

【概况】 2019年,浙江海事局以"稳定、协同、创新"为基调,推进党的建设、海事履职、服务大局、行政管理"四位一体"建设,加强水上安全监管。全年出动执法人员4.19万人次,完成海事巡航1.52万次,巡航5.82万小时、38万海里。船舶交通管理系统接收船舶报告64.84万艘次,监控船舶81.37万艘次,避免险情1060次。审批水工作业1441件,发布航行通(警)告2750次。办理各项船舶登记6123艘次,比上年增长2.7%。开展港口国监督检查1168艘次、船旗国监督海船检查5564艘次、河船舶检查609艘次。开展航运公司安全管理体系审核381家次,审核船舶845艘次。实施船舶建造重要日期确认131艘次。新注册船员2210人,增长16.5%;培训船员3.55万人,发放各类船员证书4.35万本。审批船载危险货物进出港口8.45万批次。受理涉污作业报告5.31万次,处理污染物3.90万批次。

【海事监管一体化建设】 2019年,浙江海事局对接长三角一体化、全省港口一体化建设等国家和省政府重大决策,优化航运业营商环境,实行海事管理机制创新和流程再造。制订《浙江海事局关于推进海事监管一体化的实施方案》,为全国海事监管一体化提供浙江样版。编制完成全省沿海航路规划、浙北水域通航管理方案、核心港区交通组织一体化暂行办法,规划形成"三纵六横"航路格局。改善船舶进出港通航秩序,提升港口通航效率。宁波舟山港核心港区船舶交通组织实现一体化。全省推行相邻港口区域执法一体化、资源运用一体化、交通组织一体化,实现机制协同、标准统一、信息互通、资源共享。至年末,船舶交通服务平台发布并执行船舶进出港计划5832条,其中虾峙门、条帚门2个主航道进港报告率达99.7%,30分钟内按时通过率达95.5%。

【水上安全保障】 2019年,浙江海事局以"最高政治站位、最佳精神状态、最严工作标准、最实监管举措、最大责任担当、最优工作作风"为目标,加强水上交通安全管理工作。全年各类现场执法任务数、发现违章数、行政处罚数分别比上年增长14.0%、124.0%和37.0%。积极防抗"利奇马""米娜"等强台风,实现"不死人、少伤人、少损失"的防台目标。加强入沪、入汉船舶安全监管,开展长期脱管船舶和国内船舶救生设备等专项整治。全年全省发生一般等级及以上水上交通事故23件,死亡失踪45人,沉船17艘,直接经济损失5556.35万元,分别下降34.3%、11.8%、26.1%和33.1%。

【重点领域监管】 2019年,浙江海事局完善客渡运船舶长效管理机制。全省统一实行"一规定、一手册"(《浙江海事局客渡运船舶安全监督管理规定》《浙江海事局客渡运船舶安全监督管理操作手册》)。推进公交化改革,全年保障7108万人次水上安全出行。保持低标准船舶治理高压态势,严厉惩治内河船舶参与海上运输等违法行为。牵头召开"六区一线"(渤海、长江口、舟山、台湾海峡、珠江口、琼州海峡区域和长江一线)联席会议,加强相邻海事机构安全监管协作联动。推进第四批船舶实施《中华人民共和国船舶安全营运和防止污染管理规则》;浙江海事局船舶联合鉴定机制写入《浙江省反走私综合治理规定》。全年强制扣押"两船"(参与海上运输的内河船、砂石运输船)215艘,依法移送公安机关行政拘留65人次。开展强化防治船舶污染专项整治及船载危险货物安全综合治理"回头看"行动,船舶污染物接收转运处置"联单制度"经验做法在全国推广。运用人脸识别装置,实现船员任职解职远程动态监管,压实航运公司船员管理主体责任。

【海事多元共治】 2019年,浙江海事局融入地方综合治理体系,联合省应急管理厅、省农业农村厅开展全省海上安全铁拳整治行动,有效遏制商船、渔船碰撞事故多发态势。加强水上交通安全风险管理和隐患治理双重预防机制建设,首次实现辖区水上交通重大安全隐患纳入省安委会挂牌督办。全年排查水上交通安全隐患392处,完成整治360处;排查各等级水上交通安全风险问题424个,全部归入海事防控指南制订范围。协同有关部门开展全省内河船舶"清洁行动",在全国率先以政府财政补助方式为省籍内河船舶加装生活污水贮存装置,实现内河船舶生活污水"零排放"。

【水上应急管理体系建设】 2019年,浙江海事局谋划推进浙江辖区水上交通安全应急管理体系和能力现代化建设,强化三级值班指挥体系,打造现代化应急管理新架构。推动建立钱塘江河口水上搜救体系,举行杭州湾杭绍水域海上综合演习。制订《关于落实〈国家重大海上溢油应急能力建设规划〉中期评估意见的整改方案》,从省级层面理顺溢油应急能力建设工作机制。建成舟山绿色石化项目应急设备库和台州溢油应急项目设备库。全年处理海上险情284次,组织协调搜救舰船1556艘次、飞机42架次,成功救助遇险人员2310人、遇险船舶164艘次。

【服务海洋经济发展】 2019年,浙江海事局推进浙江"5211"(5指浙江海洋经济发展示范区、舟山群岛新区、舟山江海联运服务中心、中国浙江自由贸易试验区和义甬舟开放大通道建设五大战略举措;2指海洋强省、国际强港"两强"战略目标;11指十一项重点工作措施)海洋强省行动,助推浙江自贸区建设。"国际航行船舶进出境通关全流程'一单多报'""保税燃料油跨港区供应模式"两项海事创新制度入选国务院第五批自由贸易试验区改革试点复制推广经验。推进全国首个与"单一窗口"标准版相对接的联合登临检查信息化平台建设。出台《深入推进"就近跑一次"政务服务改革实施意见》,全年办理政务事项23.6万件,平均办理时间缩短50.0%。浙江海事局与舟山、台州市政府就推进浙江海洋经济强省国际强港建设达成共识,并商定一系列具体举措;与云南省地方海事局开展结对交流。出台《浙江海事局促进浙江自贸区船员综合产业高质量发展实施方案》,促成舟山市成为全国乃至全球的船员注册、管理、调配及服务中心。与舟山市政府联合举办首届国际海员服务及产业发展论坛、第五届全国海员技能大比武活动。开展浙江海洋经济发展问题调研,推进新奥LNG(液化天然气)、舟山绿色石化基地等重大项目建设。

(浙江海事局 权 薇)

邮政·快递业

【概况】 2019年,浙江省有普遍服务邮政营业场所1861个,邮路2349条,单程邮路总长度30.37万千米。有快递企业1484家,分支机构8865家,末端网点4255个,快递从业人员30万人。全年全省邮政行业实现业务总量3050亿元,比上年增长31.1%;业务收入(不包括邮政储蓄银行直接营业收入)1063亿元,增长13%。全省快递服务企业完成业务量132亿件,增长30.6%。快递业务量占全球快递业务总量的11.8%,占长三角三省一市快递业务总量的55%;快递业务收入911亿元,增长16.9%。

【邮政快递业空间布局规划】 2019年6月26日,省邮政管理局、省发展规划研究院联合完成《浙江省快递物流布局规划》编制。规划提出从服务长三角乃至全国全球出发,突出浙江快递全球性的带动和辐射功能,培育形成超千亿级快递产业集群。规划要求加快推进顺丰创新中心、京东一号仓、中通全球创研中心等基础设施项目建设,支持杭州、宁波跨境电子商务和义乌国际贸易综合实验区建设,增强跨境服务能力。

【快递业"两进一出"工程试点】 2019年10月17日,国家邮政局批准浙江省开展快递业"两进一出"(进村、进厂、出海)全国工程试点。年内,省邮政管理局完成试点方案修改完善,方案并经省政府审核同意。试点工程旨在通过打造全省农村快递物流辐射网、工业互联快递服务网和国际快递智能骨干网,为培育浙江快递产业探索新途径、积累新经验,助力全国快递业发展。根据试点要求省邮政管理局加强与相关业务部门联系对接,立足浙江实际大胆探索,争做高质量发展的践行者,推进邮政强省建设。

【寄递渠道安全监管】 2019年,省邮政管理局严格落实寄递渠道安全管理"三项制度",加强行业安全监管和执法检查。压实属地监管责任,将安全工作纳入全省平安建设考评主要内容,督促指导企业贯彻安全生产和枪爆物品管控工作要求。开展邮政业安全隐患集中排查整治、邮件快件实名收寄专项整治、寄递渠道安全隐患排查整治百日攻坚等专项行动,全年全省开展执法检查6248次,发现寄递企业安全生产隐患问题2019个，约谈告诫寄递企业负责人312次，行政处罚寄递企业342家，实施停业整顿93家，以反恐法处罚31家，罚款541.93万元。强化部门间联勤联动，加快敏感物品线索处理时效，加大打击新兴毒品犯罪力度。开展智能安检设备数据采样，协调省公安厅完成管制刀具和枪爆物品数据采样1848张。

【市县邮政管理机构建设】 2019年，省邮政管理局制订《关于加快推进市级安全中心和县级邮政管理机构建设的实施方案》。根据实施方案，新设立嘉兴市邮政业安全中心，筹建宁波、金华、台州、衢州4个市邮政业安全中心。新增平阳县、宁海市、永康市、余姚市、临海市、海宁市、龙泉市、吴兴区、南浔区9个县级邮政管理局，全省县级邮政监管机构增加到22个，邮政监管基层力量进一步增强。

【邮政惠民行动】 2019年，省邮政管理局在全省2万余个建制村实现直接通邮基础上，加大抽查、核查力度，保持邮政惠民服务稳定性。评选20个"浙江省农村快递服务示范点"。与省商务厅等13个部门联合制订《浙江省多渠道拓宽贫困地区和省内加快发展县农产品营销渠道实施方案》，推进邮政助农行动。全年全省农村地区快递业务量超过23.6亿件，带动农产品销售1310亿元。加快推进智能快件箱建设和自营网点标准化建设，全省建成快递末端综合服务平台3879个、智能快件箱3.93万组，新增信息化功能邮乐购网点1688个。巩固扩大"警医邮"业务，探索开展"税邮合作""法邮合作"等项目。丽水启用全省首个市级电子税务局数据处理发票配送中心；嘉兴与法院试点合作创建"E键送达"系统，率先实现法官送达文书智能下单、实时寄递的高效运作。

【跨境寄递业务增长】 2019年，杭州、宁波2市加快跨境电子商务综合试验区建设。全年宁波保税区跨境货物放行报关单完成7597.6万单，居全国前列。浙江以"义新欧"班列始发站为基础，着力构建航空、铁路、公路多式联运综合服务体系。全年"义新欧"班列运行邮政班列23列，发运邮件15.47万件。10月9日，"菜鸟专列"开通，年内运送量达1100万单，货物总值超过6500万美元。全省邮政企业全球发挥通关优势，新开辟义乌至大阪国际货邮航线，为国际邮包打通快速通道。

【绿色科技发展】 2019年，省邮政管理局加强快递包装废弃物治理，嘉兴、义乌开展全国快递绿色包装试点，全省加快实施国家邮政局"9571"（电子运单使用率达95%，50%以上电商快件不再二次包装，循环中转袋使用率达70%）工程，主要快递品牌企业电子面单使用率达99%。浙江申通快递有限公司、顺丰速运有限公司、圆通速递股份有限公司等品牌企业的循环中转袋的使用率基本实现100%，各级邮政分公司营业网点100%使用新型绿色包装箱，省内快递网点设置包装物回收装置5100个。全省邮政管理系统和邮政快递企业加大科技创新力度，推广应用智能收寄、分拣和投递设备，初步建成省级邮政业远程视频监控平台，全省4500路视频监控全部接入各市邮政管理局。

【人才队伍建设】 2019年6月26日，全省首次开展快递行业高级工程师职务任职资格评审，率先在国内实现快递业高级工程师"零"的突破。至年末，全省11个设区市有1042人获评初、中、高级快递专业技术职称。杭州、湖州、绍兴等地实现快递业工程师"零"的突破。12月23日，省邮政管理局与省人力社保厅、省财政厅联合印发《浙江省快递从业人员职业技能培训方案》，加强快递业从业人员职业技能、通用职业素质等方面培训，培训内容包括职业道德、职业规范、工匠精神、质量意识、法律意识、安全环保等。

【服务质量管控】 2019年，省邮政管理部门抓好"双11"业务旺季、第六届世界互联网大会等重大活动寄递安保，以及物流寄递行业"扫黄打非"专项整治。加强对邮政快递服务质量管理。畅通电话申诉渠道，全省投诉电话接通率从上年的18.2%提高至2019年的94.6%。全年处理消费者申诉7.33万件，为消费者挽回经济损失785.1万元。消费者对企业处理结果满意率为97%，对邮政管理部门满意度为98.2%。（省邮政管理局　赵　晨）

金　融　业
Financial Industry

综　　述

【概况】 2019年，浙江省金融业认真贯彻稳健的货币政策，积极落实逆周期调节工作，围绕供给侧结构性改革和经济转型升级，加大金融服务实体经济力度，全省社会融资和信贷总量较快增长，结构进一步优化，证券和保险业稳健发展，金融风险防范化解工作成效明显，金融改革持续深化。

【银行业运行稳健】 2019年，浙江省银行业金融机构加大支持实体经济力度，积极提升服务质效，信贷总量保持平稳较快增长，信贷投向进一步优化，资产质量明显改善。资产负债平稳增长。至年末，全省银行业金融机构本外币资产和负债总额分别比上年增长11.3%和11.2%，增幅分别提高3.2个和3.7个百分点。存款保持较快增长，住户存款拉动较大。全年全省金融机构本外币存款余额131299亿元，增长12.7%，增速提高4.1个百分点；新增存款14727亿元，增加5535亿元。其中，住户存款余额增长15.7%，高于全部存款增速3.0个百分点；非金融企业存款余额增长14.9%，高于全部存款增速2.2个百分点；广义政府存款增长8.4%，回落3.3个百分点；非银行业金融机构存款减少767亿元，余额下降11.4%。贷款保持平稳较快增长，投向进一步优化。全省金融机构本外币贷款余额121751亿元，新增15808亿元，在上年高基数基础上多增307亿元，余额增长15.1%。信贷投向持续优化，浙江省民营经济贷款、用于小微企业贷款、制造业贷款分别新增5011亿元、4304亿元和1081亿元，分别多增1611亿元、1719亿元和321亿元。制造业贷款增速提高1.4个百分点，个人住房贷款、政府类贷款增幅分别回落2.7个和0.3个百分点。表外理财平稳增长。银行理财等表外业务逐步规范，增长趋稳。全年全省金融机构表外理财资产余额9881.4亿元，增长13.3%。企业贷款利率呈下降趋势。高效稳妥推进贷款市场报价利率(LPR)改革在浙江落地，LPR改革推动“降成本”效果持续显现。年末，浙江省一般贷款加权平均利率为6.02%，下降0.08个百分点。企业贷款平均利率为5.26%，下降0.27个百分点，其中，大、中、小微型企业贷款平均利率分别为4.76%、5.13%和5.63%，分别下降0.17个、0.40个和0.26个百分点。执行LPR及以下利率的贷款占比10.3%，执行LPR加点利率的贷款占比为89.7%。银行业资产质量持续好转。全年处置不良贷款1359.6亿元，减少203.4亿元。不良贷款额下降120.9亿元，对总体企业不良率下降的贡献达76.3%。银行业改革持续深化。政策性银行和国有大型商业银行改革创新持续深化，地方法人金融机构改革取得积极成效，杭州银行和宁波银行理财子公司获批筹建。浙江网商银行、温州民商银行2家民营银行运行总体稳健。跨境人民币业务稳步发展。浙江自贸区跨境人民币结算业务快速发展，结算量增长86%，油品贸易跨境人民币结算便利化试点实施。电子商务跨境人民币结算业务增长14%。

【融资畅通工程实施】 2019年，浙江省深入实施融资畅通工程，聚焦融资总量及增量、融资覆盖面、中长期制造业贷款、融资便捷性、融资成本、流动性风险6个标志性指标，推动解决民营企业特别是小微企业融资难、融资贵、融资慢问题。年末，全省社会融资规模新增2.22万亿元，比上年增加1944.8亿元。本外币贷款新增1.58万亿元；委托贷款、信托贷款和未贴现银行承兑汇票等表外融资增加679.4亿元；直接融资(含企业债券和股票)3011.9亿元。其中，企业发行债券2679亿元，股票融资333亿元。银行业金融机构存贷款余额分别为13.13万亿元和12.18万亿元。其中，各项贷款增加1.58万亿元，增量居全国第三位，增长15.1%；民营经济贷款增量和增速为5年来最高；涉农贷款、小微企业贷款和制造业贷款余额均居全国首位；企业综合融资成本进一步下降。

【证券业发展稳健】 2019年，浙江省证券机构体系持续完善，业务规模回升，企业上市融资与并购稳步推进。全省有法人证券公司3家，证券资产管理公司2家，公募基金管理公司3家，证券公司分公司102家，证券营业部1021家，证券投资咨询机构3家。期货公司12家，期货公司分公司34家，期货营业部216家。证券业务规模快速回升。浙江省证券经营机构代理交易额42.2万亿元，比上年增长30.0%；利润总额29.8亿元，增长121.7%。浙江省法人证券公司实现营业收入75.3亿元，增长49.1%；实现利润总额31.1亿元，增长89.4%。法人证券公司核心监管指标满足监管要求，经营稳健性水平保持良好。期货业务规模有所增长。全年期货经营机构代理交易额49.1万亿元，增长25.4%；实现利润17.6亿元，增长29.2%。浙江省期货公司实现营业收入38.8亿元，增长12.2%；实现利润17.0亿元，增长31.5%。企业上市融资与并购稳步推进。全省新增资本市场融资额4755.7亿元，其中，境内上市公司股权融资1072.4亿元，新三板挂牌企业融资13.2亿元，交易所债券融资3670.1亿元。全省157家上市公司实施并购重组208次，涉及金额971.2亿元。

【保险业平稳发展】 2019年，浙江保险业业务结构持续优化，保障功能进一步发挥，保险服务民生功能不断增强。全省有各类保险机构3928家。其中，总公司6家，农村保险互助社1家，省级分公司129家(财产险67家、人身险62家)。省级以上保险专业中介机构340家。保险销售从业人员45.8万人。保险公司资产6139.5亿元，比年初增加698.0亿元。保险业务平稳增长。全年浙江省保险业实现保费收入2627.3亿元，比上年增长15.6%。其中，财产险保费收入和人身险保费收入分别增长8.9%和19.4%。保险业赔付支出877.6亿元，增加115.7亿元。经济社会保障功能进一步发挥。全省政策性小额贷款保证保险支持12253家次小微企业获得银行贷款30亿元，赔付219家次，支付赔款3202万元。省内大病保险项目涵盖65个县(市、区)的3411.6万名参(投)保人，赔付或报销总额9.8亿元，赔付人次80.9万人次，赔付人数20.3万人。

【社会融资规模平稳增长】 2019年，浙江省社会融资规模比上年多增1944.8亿元。从结构看，本外币贷款多增435.2亿元，委托贷款、信托贷款和未贴现银行承兑汇票等表外融资多增870.6亿元，直接融资(含企业债券和股票)增加1036.8亿元(其中企业债券多发行1087.4亿元，股票融资减少50.6亿元)。民营企业债券融资推进有力。浙江债务融资工具和民企债券融资支持工具发行保持全国领先。全省债务融资工具发行2864亿元，多发48亿元，其中民营企业债务融资工具发行605亿元，发行规模居全国第一；浙江省债券融资支持工具成交额、工具支持的民企债券发行额分别为45亿元和167亿元，均位居全国第一。银行间市场交易保持活跃。全省金融机构在银行间市场现券交易量和债券回购交易额分别增长25%和12%。从市场利率看，现券交易加权平均到期收益率3.26%，下降0.61个百分点；债券回购加权平均利率2.25%，下降0.3个百分点。票据市场需求旺盛，贴现利率下降。至年末，浙江省金融机构承兑汇票余额10306亿元，增长28%；票据贴现余额2255亿元，增长81%。12月，浙江省银行承兑汇票直贴加权平均利率2.99%，同比下降0.48个百分点。外汇交易平稳发展，黄金交投活跃。全年全省外汇交易市场外汇即期交易6084亿美元，增长53%；外汇衍生产品交易4425亿美元。金融机构黄金市场交投活跃，全年场内和场外总成交额30712亿元，增长39%。

2019年浙江省主要存贷款指标

	项目名称 \ 月份	1月	2月	3月	4月	5月	6月	7月	8月	9月	10月	11月	12月
本外币	金融机构各项存款余额(亿元)	120 498.9	120 649.8	123 181.3	123 496.4	124 167.5	126 923.9	125 219.9	126 620.8	128 625.3	128 915.6	130 389.2	131 298.5
	其中:住户存款(亿元)	50 697.6	50 560.6	51 080.4	50 684.6	50 857.2	51 762.8	51 571.9	51 748.7	52 925.0	52 381.2	52 774.6	53 733.3
	非金融企业存款(亿元)	39 581.6	39 030.0	41 083.3	41 159.4	41 334.4	43 220.5	41 844.2	42 363.9	43 594.7	43 568.7	44 840.8	45 375.1
	各项存款余额比上月增加(亿元)	3 927.8	150.9	2 531.5	315.2	671.0	2 756.5	−1 704.1	1 400.9	2 004.5	290.3	1 473.6	909.3
	金融机构各项存款同比增长(%)	8.9	10.3	11.6	11.6	11.7	12.4	11.1	11.1	11.6	11.6	11.4	12.7
	金融机构各项贷款余额(亿元)	108 879.6	109 538.0	111 201.0	111 953.4	113 136.7	114 638.1	115 574.0	117 004.7	118 617.7	119 497.2	120 876.8	121 750.6
	其中:短期(亿元)	43 869.2	43 755.5	44 621.4	44 636.3	44 882.9	45 615.2	45 609.5	46 072.7	46 674.7	46 735.1	47 129.9	47 506.2
	中长期(亿元)	59 258.6	59 749.5	60 580.9	61 315.5	62 052.0	62 703.9	63 471.1	64 197.3	65 075.3	65 769.6	66 720.8	67 577.7
	票据融资(亿元)	3 702.1	3 985.4	3 995.2	3 954.9	4 081.0	4 247.8	4 310.1	4 584.4	4 732.6	4 777.8	4 709.8	4 393.8
	各项贷款余额比上月增加(亿元)	2 936.6	658.4	1 663.0	752.4	1 183.4	1 501.4	935.9	1 430.8	1 612.9	879.6	1 379.6	873.7
	其中:短期(亿元)	882.7	−113.7	865.9	14.9	246.6	732.2	−5.7	463.2	602.1	60.3	394.8	376.3
	中长期(亿元)	1 561.0	490.9	831.4	734.6	736.4	652.0	767.2	726.1	878.0	694.3	951.2	856.9
	票据融资(亿元)	431.3	283.3	9.8	−40.3	126.1	166.8	62.3	274.4	148.1	45.2	−68.0	−315.9
	金融机构各项贷款同比增长(%)	18.1	17.6	18.3	17.8	17.8	17.2	16.4	16.1	15.8	15.3	15.1	15.1
	其中:短期(%)	10.6	9.7	11.4	10.4	10.3	10.5	10.1	10.9	11.0	9.8	9.6	8.8
	中长期(%)	21.2	20.4	20.4	20.1	20.0	19.0	18.1	17.0	16.8	16.9	17.5	18.9
	票据融资(%)	94.9	110.5	112.4	119.4	121.7	113.0	95.7	85.5	77.7	71.0	46.9	34.3
	建筑业贷款余额(亿元)	3 136.0	3 180.4	3 203.5	3 249.8	3 305.3	3 319.6	3 317.2	3 302.8	3 288.4	3 300.3	3 354.6	3 349.0
	房地产业贷款余额(亿元)	5 368.1	5 510.8	5 614.7	5 696.5	5 816.6	5 927.2	5 980.7	6 046.7	6 047.0	6 060.7	6 134.8	6 223.7
	建筑业贷款同比增长(%)	5.9	6.3	7.4	7.7	9.7	10.6	9.8	8.9	7.1	7.9	9.9	10.9
	房地产业贷款同比增长(%)	41.2	39.7	37.1	34.5	33.4	29.8	27.8	27.7	24.9	23.6	21.4	21.6

续表

2019年浙江省主要存贷款指标

	项目名称 \ 月份	1月	2月	3月	4月	5月	6月	7月	8月	9月	10月	11月	12月
人民币	金融机构各项存款余额(亿元)	117 797.1	117 738.3	120 270.8	120 746.4	121 480.4	124 167.4	122 545.6	123 951.4	125 881.8	126 096.9	127 616.2	128 258.1
	其中:住户存款(亿元)	50 077.6	49 931.8	50 448.7	50 051.8	50 223.3	51 144.1	50 961.9	51 153.2	52 328.3	51 786.7	52 175.5	53 132.7
	非金融企业存款(亿元)	37 824.3	37 207.5	39 308.4	39 506.0	39 774.4	41 592.5	40 279.9	40 842.7	42 009.7	41 912.8	43 225.5	43 681.8
	各项存款余额比上月增加(亿元)	4 012.4	−58.8	2 532.4	475.7	734.0	2 686.9	−1 621.7	1 405.8	1 930.4	215.1	1 519.3	641.9
	其中:住户存款(亿元)	4 208.9	−145.8	516.9	−397.0	171.6	920.8	−182.2	191.2	1 175.2	−541.6	388.8	957.1
	非金融企业存款(亿元)	165.0	−616.8	2 100.9	197.7	268.4	1 818.1	−1 312.6	562.8	1 167.0	−96.9	1 312.7	456.3
	各项存款同比增长(%)	9.8	11.0	12.4	12.3	12.3	13.0	11.7	11.7	12.0	11.9	11.7	12.8
	其中:住户存款(%)	21.9	16.6	17.5	19.7	19.1	18.3	18.3	17.9	17.4	16.6	15.6	16.0
	非金融企业存款(%)	4.3	9.6	11.1	9.7	10.5	12.8	11.0	11.5	14.1	13.7	15.0	16.0
	金融机构各项贷款余额(亿元)	107 270.3	107 922.8	109 677.9	110 473.0	111 616.5	113 149.5	114 098.3	115 500.2	117 153.5	118 022.5	119 382.3	120 289.3
	其中:个人消费贷款(亿元)	30 107.6	29 917.0	30 475.5	30 758.9	31 106.4	31 612.3	32 101.6	32 684.4	33 309.1	33 799.6	34 294.8	34 831.6
	票据融资(亿元)	3 702.1	3 985.4	3 995.2	3 954.9	4 081.0	4 247.8	4 310.1	4 584.4	4 732.6	4 777.8	4 709.8	4 393.8
	各项贷款余额比上月增加(亿元)	3 004.4	652.5	1 755.1	795.2	1 143.4	1 533.1	948.7	1 402.0	1 653.3	868.9	1 359.8	907.0
	其中:个人消费贷款(亿元)	530.2	−190.7	558.6	283.4	347.5	505.9	489.3	582.8	624.7	490.5	495.2	536.7
	票据融资(亿元)	431.3	283.3	9.8	−40.3	126.1	166.8	62.3	274.4	148.1	45.2	−68.0	−315.9
	金融机构各项贷款同比增长(%)	18.5	18.0	18.8	18.3	18.3	17.8	17.1	16.7	16.4	15.8	15.5	15.6
	其中:个人消费贷款(%)	28.9	26.7	26.6	25.3	24.2	23.0	22.2	21.7	20.7	19.0	18.3	18.4
	票据融资(%)	94.9	110.5	112.4	119.4	121.7	113.0	95.7	85.5	77.7	71.0	46.9	34.3
外币	金融机构外币存款余额(亿美元)	403.1	435.2	432.2	408.7	389.5	401.0	388.5	376.6	387.9	399.6	394.5	435.8
	金融机构外币存款同比增长(%)	−25.0	−18.6	−17.8	−15.7	−16.9	−12.3	−11.8	−13.2	−8.0	−1.6	−2.3	7.4
	金融机构外币贷款余额(亿美元)	240.1	241.4	226.2	220.0	220.4	216.5	214.4	212.3	207.0	209.1	212.6	209.5
	金融机构外币贷款同比增长(%)	−8.5	−11.5	−14.9	−18.0	−18.4	−21.0	−20.2	−20.2	−21.6	−17.4	−11.3	−14.2

【区域金融改革推进】 2019年，浙江省采取一系列重大区域经济发展战略举措，加快推进长三角一体化进程。1月4日，省委、省政府批复《义乌国际贸易综合改革试验区框架方案》。5月22日，在长三角地区主要领导座谈会重点项目签约仪式上，浙江与上海两地签署“共建长三角期现一体化油气交易市场战略合作协议”。温州市、台州市和宁海县获批成为全国首批深化民营和小微企业金融服务综合改革试点城市。宁波市普惠金融改革试验区获国务院批准。宁波市创建国家文化与金融合作示范区获文化和旅游部、中国人民银行、财政部同意。12月12日，“浙江国际油气交易中心报价专区”在上海期货交易所标准仓单交易平台成功上线，中国(浙江)自贸区在全国率先开展油品贸易跨境人民币便利化政策试点，成功落地首单全国自贸区油品企业便利化支付业务。湖州、衢州两市绿色金融改革深入推进，至年末，两市绿色信贷余额852.2亿元，“两高一剩”(高耗能、高污染、产能严重过剩)行业贷款比重下降近一半。

【信用体系建设深化】 2019年，浙江省有3947.6万自然人和163.7万户企业及其他经济组织的信用信息纳入金融信用信息基础数据库，金融机构月均查询量808.6万次。人民银行杭州中心支行创新搭建保证贷款登记系统，防范企业担保链风险。市场机制更加趋于完善，年末有备案的企业征信机构6家、信用评级机构13家，全年对外提供企业征信服务1.97亿次，完成信用评级评分5000多笔，有效缓解信息不对称问题。小微企业和农村信用体系建设专项工程初具成效。以试验区为核心，以浙江省企业信用信息服务平台和农户信用信息管理系统为抓手，以信用建档、信用评价、成果应用为主线，推进专项工程建设，深化“信用县”创建，优化小微企业和农村金融生态环境。全年应收账款融资服务平台累计帮助浙江小微企业融资2502.2亿元，比上年新增755.8亿元。全省评定信用户1010万户，创建信用村8566个、信用乡367个，评定信用县7个，为已建立信用档案的904万农户累计发放贷款2.95万亿元。支付体系安全高效运行。全年全省大、小额支付系统和网上支付跨行清算系统处理业务16.3亿笔、金额507.5万亿元，分别增长7.8%和7.5%。推进“移动支付之省”建设，加快银行业联网通用标准的移动支付在民生领域的应用。年内浙江省云闪付App累计注册用户1335.7万户，全省所有设区市公交车以及杭州、宁波、温州地铁所有线路支持移动支付；移动支付覆盖全省430家医院、389个社区卫生中心及下属服务站点、506所学校、391个纳税大厅、110个便民服务中心、333个停车场、379个菜场。

（中国人民银行杭州中心支行 姜家杰）

银 行 业

【概况】 2019年末，浙江省银行业资产总额17万亿元，比年初增加1.7万亿元，增长11.3%，增速上升3.2个百分点。净利润2006亿元，增加311亿元，增长18.3%，增速回落31个百分点。非信贷资产规模继续收缩，余额占资产总额的28.1%，下降3个百分点。银行业金融机构存贷款余额分别为13.13万亿元和12.18万亿元。全省银行业中长期贷款余额6.8万亿元，占贷款余额的55.5%，高出1.8个百分点。全省跨境人民币结算量8327亿元，增长42%，跨境人民币结算企业1.8万家，增加3000多家。

【金融改革创新深化】 2019年，浙江省政策性银行和国有大型商业银行改革创新持续深化，地方法人金融机构改革取得新的成效。搭建“浙江省金融综合服务平台”，实现55个部门的数据共享，“信息共享、业务支持、供需对接”三大核心功能模块运行稳定，上线后查询超过70万次。稳步推进农村金融机构改革，全省81家农村信用社中有79家改制为农村商业银行，村镇银行基本实现县域全覆盖。杭州银行和宁波银行理财子公司获批筹建；小微金融“台州模式”经验向全国推广。台州银行发行全国首单城商行永续债，引进澳门国际银行杭州分行，3家国家政策性银行浙江省分行与台州12家法人银行签订“转贷款合作协议”，签约金额330.5亿元。

【银行资产质量提升】 2019年，浙江省银行业贷款增速平稳、结构优化，不良贷款余额和不良贷款率继续保持“双降”态势。年末，全省不良贷款余额1109.8亿元，比年初减少99.1亿元；不良贷款率0.9%，下降0.24个百分点。全年处置不良贷款1359亿元，小企业不良贷款压降效果显著。全省非金融企业及机关团体贷款余额7.1万亿元，新增7970亿元，增长12.7%，高出0.6个百分点；新增非金融企业及机关团体贷款占全部新增贷款的50.4%，高出6.9个百分点。其中，制造业贷款余额2.4万亿元，增加1716亿元。水利、环境、公共设施管理业贷款和租赁、商务服务业贷款分别增加1076亿元和1131亿元。票据融资余额增加1123亿元，增长34.3%。

【金融支持实体经济发展】 2019年，浙江省加大金融政策支撑力度，支持实体经济稳步发展。全省民营企业新增贷款占全部企业新增贷款的近60%。全省用于小微企业贷款余额3.9万亿元，比年初增加4682亿元，增长13.6%，增速高出3.9个百分点。创新推进小微企业无还本续贷、年审制、循环贷款等还款方式，无还本续贷持续增量扩面。年末，全省普惠型小微企业无还本续贷余额1960亿元，增长97%，为企业节约转贷成本近20亿元。中期流动资金贷款快速增长，余额超过5000亿元，占流动资金贷款比例超过五分之一，为企业转贷降低成本50亿元，有效稳定企业融资预期。重点领域保障有力，制造业贷款持续19个月实现正增长，年末余额2.4万亿元，位居全国首位。全省绿色信贷余额8695亿元，增加1372亿元，增长18.7%；科技型企业贷款余额2902亿元，增加213亿元，其中科创企业贷款余额860亿元，增长26.1%。

【金融业务稳定增长】 2019年末，全省银行业表外业务余额11.9万亿元，减少4.1万亿元，下降25.4%，增速下降41个百分点。传统担保类和承诺类表外业务出现恢复性增长。其中，担保类业务余额1.9万亿元，增加3842亿元，增长25.7%。承诺类业务余额1.7万亿元，增加5329亿元，增长45.2%，高出40.9个百分点。金融资产服务类业务保持负增长，下降9.9%，回落22.5个百分点。非保本理财、委托投资、资产托管等业务均出现恢复性增长，增速分别提高15.2、6.1和4.1个百分点。全省各项存款余额13.1万亿元，增加1.5万亿元。其中，住户存款余额5.4万亿元，增加7218亿元，增长15.7%，总量保持较快增长。非金融企业存款余额增加5909亿元，增长14.9%，高出9个百分点。全省银行业负债总额16.2万亿元，增加1.6万亿元，增长11.2%，高出3.7个百分点。同业负债压缩，全省银行业同业负债（同业存款、同业拆放、卖出回购）余额9334亿元，占负债总额的5.8%，下降0.8个百分点。

（浙江银保监局　魏　佳）

保　险　业

【概况】　2019年，浙江省保险业平稳发展，业务结构不断优化，服务民生功能进一步增强。全省保险公司总资产6139.5亿元，比年初增加698亿元，增长13.3%。保费收入2627.3亿元，增长15.6%，全国排名第四位，高出全国增速3.4个百分点。保险公司赔付支出877.6亿元，增加115.7亿元。为社会提供风险保障726.3万亿元，增长9.1%。其中，财产险公司提供风险保障663.5万亿元，增长8.4%；签单236.88亿件，增长2.35倍。人身险公司提供风险保障62.74万亿元，增长17.6%；有效承保2.39亿人次，增长5.4%。财产险公司赔付支出613.7亿元，增长19.4%。人身险公司赔付支出263.8亿元，增长6.4%。人身险赔付支出中，满期给付99.55亿元，增长10.2%；年金给付65.93亿元，减少15.3%；死伤医疗给付45.2亿元，增长29%；赔款支出53.1亿元，增长18.6%。

【为民保障能力提升】　2019年，浙江省构建农业保险省级险种（包括中央补贴品种）共保经营体系。全省有中央险种9个，省定险种13个，地方特色险种63个。推进保险机构承办大病保险项目，大病保险项目涵盖辖区内67个县（市、区）的3702.4万名参（投）保人，赔付或报销总额20.6亿元，赔付人次247.9万人次，赔付人数56.4万人。桐庐、嘉兴、义乌和天台等地开展长期护理保险经办服务，累计参保641.7万人，待遇发放人数1.9万人。辖区内老年人意外险覆盖632.2万人，年度赔付1.4亿元，10.3万人次获得赔付，为辖区内1.1万家养老服务机构提供责任保险557亿元。全省（不含宁波）政策性小额贷款保证保险支持12253家次小微企业获得银行贷款30亿元；出口信用保险支持11549家次企业出口贸易722.6亿美元。首台（套）产品保险补偿机制为工业企业技术创新提供20.5亿元的风险保障。提供支持关键设备研发保险价值39.7亿元，科技类保险为高新技术企业提供风险保障4107亿元。

【险种结构优化调整】　2019年，浙江省保险业务平稳发展，险种结构进一步调整优化。全省非车险业务快速增长，财产险公司非车险业务保费收入299.7亿元，比上年增长22.4%；车险保费收入575.2亿元，增长4.9%，低于非车险17.5个百分点。非车险与车险保费比为34.3∶65.7，非车险比上年上升4.5个百分点。非车险各险种中，其他险、责任险和意外伤害险增长较快，分别增长179%、51.6%和33.5%；工程保险、特殊风险保险分别下降9.4%和10.5%。互联网保险公司快速增长，7家互联网保险公司平均保费增长84.1%。

【财产保险】　2019年，浙江省财产险公司实现承保利润3.91亿元，比上年下降78.3%，全国排名第25位，承保利润率0.6%，高于全国0.54个百分点。车险业务承保利润4.9亿元，减少12.8亿元，下降72.6%。非车险承保利润4.5亿元，减少3.9亿元，下降46.6%。非车险业务各险种中，家庭财产保险、责任保险、信用保险、保证保险实现盈利，工程保险、企业财产险、船舶保险、货运险、特殊风险保险、农业险、健康险、意外险和其他保险亏损。37家财产险公司中14家盈利，盈利面37.8%，下降15个百分点。全年保险综合费用率和手续费用率分别为31.3%和14.3%，分别下降1.82和4.62个百分点。其中，车险综合费用率和手续费用率分别为33.6%和15.8%，下降2.22和6.49个百分点。

【人身保险】　2019年，浙江省人身险公司保费收入1657.63亿元，比上年增长19%，上升16.8个百分点，高于全国5.8个百分点。其中，寿险业务1247.2亿元，增长17.4%，上升16.5个百分点；健康险业务275.2亿元，增长24.9%，上升20.5个百分点；意外险业务36.38亿元，下降18.2个百分点。全省人身险公司支付手续费及佣金207.8亿元，增长18.5%，业务及管理费支出97.2亿元，增长11%。主要成本支出增幅小于保费收入增幅，营业利润亏损221亿元，亏损额减少27.9%。人身险保费收入增速总体保持平稳。寿险和健康险分别增长17.4%和24.9%，意外险减少4.6%。全省普通寿险保费增长32.3%，分红型寿险保费增长10.1%，投连险和万能险增长2.8%和3%。全省人身险公司发生退保金242.1亿元，减少4.7%；赔付支出263.8亿元，增长6.3%。有10家公司退保率高于5%的警戒线。银邮代理和保险专业代理渠道保费收入分别增长26.9%和112.8%，渠道保费占比分别提高1.54和0.57个百分点。

【保险理赔】　2019年，浙江省受"利奇马""米娜"超强台风等自然灾害袭击，造成巨大经济损失。浙江保险业全力应对，迅速开展保险救援理赔复产等工作。年内，全行业（不含宁波）接到各类报案11.54万件，报损总金额57.35亿元，估损总金额39.43亿元。至年末，完成赔付11.48万件，全险种案件结案率99.4%，支付赔款33.91亿元。台州地区年度赔款近22亿元，为当地财险行业上年承保利润的4.6倍。

【保险市场整治】 2019年，浙江省保险中介机构实现近8年数量首降。全年注销10家省级保险分公司和80多家省级以下分支机构，8家机构自行暂停车险业务并进行整改。保险中介主体数量和分支机构总量分别减少7家和28家，中介从业人员减少5万人。保险中介机构车险保费占比69.3%，比上年下降11.2个百分点。

（浙江银保监局　魏　佳）

证券·期货·上市公司

【证券机构及经营】 2019年，浙江辖区（不含宁波，下同）有证券公司5家（含2家证券资产管理子公司）、基金管理公司1家；证券公司设立另类投资子公司2家、私募投资基金子公司2家、境外子公司1家；基金管理公司设立专户资产管理子公司1家。证券公司总资产1325.3亿元，比上年增长14.4%；净资产363.4亿元，增长8.6%。辖区证券公司及其证券资产管理子公司实现营业收入和净利润分别为75.3亿元和25.8亿元，增长49.1%和57.4%。其中，经纪业务净收入17.5亿元，增长26.4%；投资银行业务净收入7.1亿元，增长44.9%；资产管理业务净收入13.1亿元，增长56.9%；实现投资收益24.07亿元，增长30.6%。至年末，辖区证券公司股票质押回购业务规模较上年初启动规范时下降约33%，平均履约保障比例超过300%，风险项目最大或有损失占比不到3%；私募资产管理业务较整改初期的规模降幅约26%。

【证券分支机构】 2019年，浙江辖区有证券公司分支机构（含筹建中）943家，占全国的6.9%，其中分公司80家（含筹建中），营业部863家（含筹建中）。A股证券账户数（沪深交易所分别计算）3238.1万户，比上年增加9.6%；全年代理证券交易额35.7万亿元，增加28.8%；指定与托管证券市值2.6万亿，增加14.3%。全年辖区证券分支机构销售金融产品8800.8亿元，其中代理销售6660.3亿元，增加30.8%，实现代销收入10609.8万元，增加27.8%。证券公司加大推进对投行等重点证券业务部门和资产管理、另类投资等子公司的统一合规风控管理，保障香港子公司稳定运营，精简规范组织架构和下设机构。辖区证券公司2019年分类评级结果均为A类A级。

【国家级证券期货投资者教育基地“零”突破】 2019年，浙江辖区证券经营机构做好“了解你的客户”和“两个适当性”管理工作，充分向投资者揭示风险，将适当的产品和服务提供给适当的投资者。浙江证券业协会组织各会员经营机构做好投资者纠纷多元化解工作，妥善化解各类证券纠纷130多起，为投资者挽回损失110多万元。3家省级投教基地被中国证监会命名为第三批国家级实体及互联网投教基地，实现浙江辖区国家级投教基地“零”的突破。

【证券业务产品创新】 2019年，浙江辖区证券公司积极对接“凤凰行动”计划，推荐优质企业进入资本市场，完成省内外企业IPO项目2单，上市公司并购重组项目8单，融资和交易规模金额44.21亿元。通过私募、另类投资子公司发起产业转型母基金聚集高新技术企业投资、科创企业股权投资，累计投资科创类企业项目100余个，投资金额近10亿元。成立合计规模约18亿元的纾困基金，成功纾解部分上市公司股东股票质押风险。辖区证券公司在债券融资和权益型基金产品创新上取得新的突破，承销全国首单地市级纾困专项债，发行全国首单交易所绿色公司债券和全国首批公积金贷款资产证券化产品，拓展ABS业务并发行全国首单基础设施类REITs产品，创设中证之江凤凰50ETF基金并上市交易。

【证券基金监管】 2019年，浙江辖区监管机构坚持依法、严格、务实、高效、透明的工作原则，建立健全防范化解重大风险的机制，摸清重点业务风险底数基础上，稳步推进股票质押、资产管理以及场外配资等重点领域风险防控工作。落实投资者适当性和销售适当性监管要求，做好科创板开市交易准备工作，持续跟踪指导经营机构科创板两融业务和风险管理。严格检查执法，依法从严查处违法违规问题，盯牢证券公司经理层高管人员、合规风控负责人等关键人员，对违规行为及时进行约谈、提醒。规范整改和风险处置过程平稳推进，没有发生新的重大风险。全年累计对辖区经营机构现场检查52家次，现场走访问询30多家次；下发监管问询函、关注函8件；对违规机构及人员采取行政监管措施19项，其中暂停新增业务措施1项、认定不适当人选措施1项。

【期货经营】 2019年底，浙江辖区（不含宁波市，下同）有期货经营机构214家。其中，期货公司11家，期货分公司25家，期货营业部178家。辖区期货公司设立风险管理子公司7家，公募基金公司1家，在香港设立子公司5家。全年辖区期货公司期货累计代理交易额40.4万亿元，占全国交易额的7%；营业收入37.6亿元，增长11.4%；净利润12.8亿元，增长26.5%。年末，期货公司客户权益589.6亿元，占全国的11.7%。期货公司中，永安期货公司客户保证金250.7亿元，该公司在全国期货公司营业收入和净利润排名均居第一位。7家期货公司风险管理子公司营业收入和利润分别为399.3亿元和2.7亿元，提供服务的交易品种涵盖化工、贵金属、农产品等，服务对象涉及中小微企业和“三农”扶贫领域。在年度分类评价中，4家期货公司获A级以上评级，其中3家获AA评级。南华期货公司成为首家境内IPO上市期货公司。

【期货市场监管】 2019年，浙江证监局深化期货市场“放、管、服”改革，依法设立市场准入制度。加大日常监管力度，全年审阅审核报备材料2040件，对分支机构负责人任职条件不符合规定的期货公司提出整改要求。对新任的期货公司高级管理人员开展集体谈话，全年谈话提醒23人次。持续推进期货资产管理产品整改。依法查处违法违规行为，全年现场检查期货经营机构38家次，对3家期货经营机构和5名责任人员采取行政监管措施。维护投资者合法权益，核查处理举报信访事项30件。推进IPv6规模部署工作。配合开展地方交易场所风险处置，辖区30家地方交易场所中，转型为普通市场主体5家，注销关闭2家，司法处置1家，迁至其他辖区1家。协助地方公安机关开展会商和案情分析，依法出具非法期货性质认定和资质确认22项。

【期货企业社会责任】 2019年，浙江辖区期货公司支持发展特色种植和养殖基地，推动引进电子商务平台，支持农业技术培训，加大教育扶贫投入，助力消费扶贫。全年期货公司实施“保险+期货”项目60多个，涉及苹果、橡胶、玉米、红枣、大豆、白糖等多种类型农副产品，累计赔付金额超过6000万元。永安期货公司被中国期货行业协会评为期货公司扶贫工作第一名。

【上市公司增至458家】 2019年，浙江省境内上市公司总体发展稳健，生产经营平稳，资本市场融资渠道多元化，科创板市场竞争力增强。全省境内上市公司458家，居全国第二位，总市值4.7万亿元。境内上市公司中，主板上市公司219家，占全国主板上市公司总数的11.1%，居全国第一；中小板上市公司142家，占15.1%，居全国第二；创业板上市公司89家，占11.3%，居全国第四；科创板上市公司8家，占11.4%，居全国第五。

【上市公司经营】 2019年，浙江境内上市公司营业收入2.6万亿元（境内上市公司相关财务数据均未包含瀚叶股份的数据，下同），比上年增长9.4%。其中，实现毛利总额6000亿元，增幅略高于营业收入增幅，毛利率提高0.7个百分点。浙江8家科创板上市公司营业收入87.3亿元，增长32.4%，整体毛利率36.1%。全省有147家境内上市公司实施并购重组208次，涉及金额971.2亿元。上市公司现金分红总额572.3亿元；缴纳各项税费1268.3亿元，占全省一般公共预算收入的18.3%；提供就业岗位153.1万个，支付职工薪酬2321.2亿元，人均15.2万元。

【上市公司融资】 2019年，全省境内上市公司新增直接融资1296亿元，比上年增长25.2%。其中IPO融资316.9亿元，增长3.2倍，平均单家公司融资12.2亿元，增长1.7倍。可转债融资保持良好势头，实现融资153.9亿元。55家上市公司成功发行可转债。

【上市公司监管】 2019年，浙江证监局多措并举做深做实上市公司监管。推动企业上市工作走在全国前列。全省全年新增26家境内上市公司，占全国新增上市公司总数的13.5%，位居全国第四。坚持底线思维，打好防范化解重大金融风险攻坚战。化解上市公司大股东股票质押风险，对可能暂停上市的公司做好风险摸排，推进大股东清欠解保。针对资金占用等行为，依法依规从严处理，年内对10多家上市公司采取行政处罚、行政监管措施等。优化工作机制，形成监管合力。对上市公司实行分类差异化监管，对风险类公司重点聚焦、严格监管；运用科技监管系统进行集中统一分析，提升监管效能；加强与相关各单位协同监管。保护投资者合法权益，全年收到投资者实名举报近200件，全部处理完成并答复投资者。

（浙江证监局　周书会　唐成伟　戴宽明）

商贸物流业
Commercial Logistics

综　述

【概况】 2019年，浙江省推进“高端增值、智慧互联、高效便捷”的商贸物流产业体系建设，构建立足大湾区、引领长三角、辐射全球的智能物流网络。全年全省实现社会消费品零售总额2.7万亿元，比上年增长8.7%，零售总额居全国前列。消费市场走势“前高后低”。权重商品增速分化。受成品油价格上调影响，石油及制品类下降1.1 %，汽车类上升2.0 %。网络消费持续呈现快速增长态势。全年网络零售总额1.98万亿元，增长18.4%。服饰鞋包、家居家装、3C数码（计算机、通讯和消费电子产品3类电子产品）三大行业占网络零售总额的37.5%、17.7%和13.1%。全年居民消费价格总指数增长2.9%，提高0.6个百分点。其中食品类价格上涨8.0%。商品零售价格上涨2.5%。七大类食用农产品批发价格平均增长14.5%，七大类重要生产资料中四大类下跌。商贸龙头企业销售额增长较快，其中浙江中国小商品城增长12.5%，浙江省兴合集团有限公司增长11.1%，浙江中国轻纺城增长10.6%。

2018—2019年浙江省限额以上批发零售住宿餐饮企业数量

单位：家

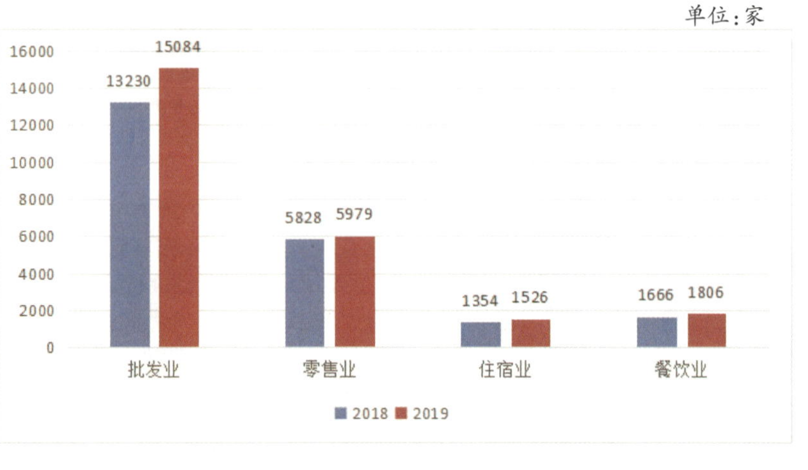

2018—2019年浙江省限额以上批发零售贸易商品销售额增长情况

单位:%

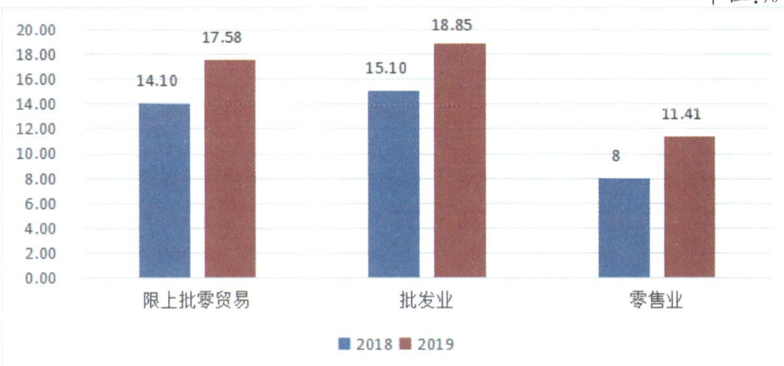

2018—2019年浙江省社会消费品零售总额及分布情况

单位:亿元

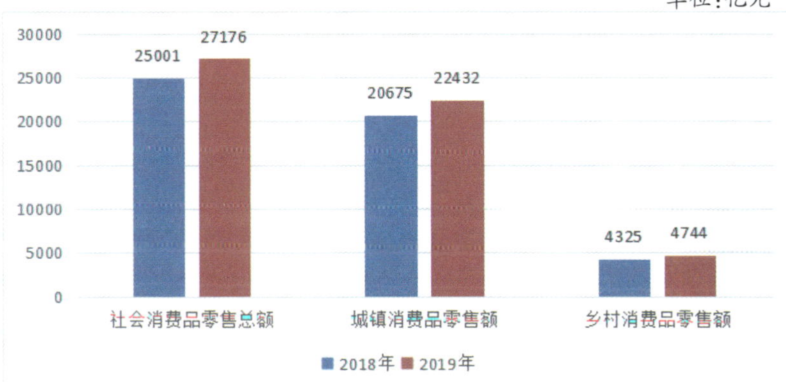

2018—2019年浙江省网络零售情况和居民网络消费情况

单位:亿元

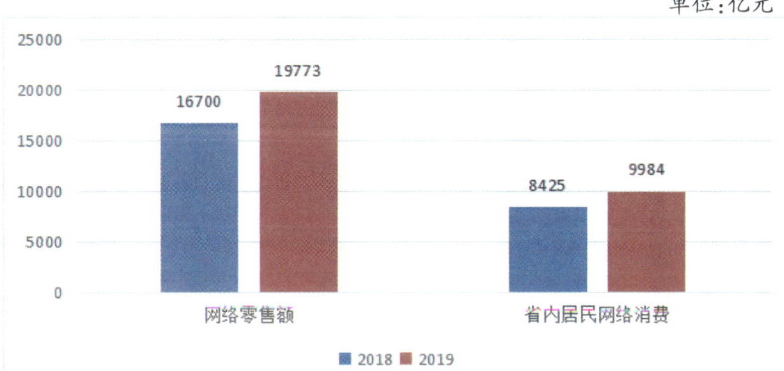

【商品销售总额增长】 2019年，浙江省商品流通业总量稳步增长，全年批发零售商品销售总额13.05万亿元，比上年增长6.3%，增速下降7.2个百分点。其中限额以上批发零售企业商品销售额7.32万亿元，增长11.9%。限额以上批发零售企业商品销售总额占全社会批发零售商品销售总额的56.1%，提高5.4个百分点。限额以上商品销售总额中，批发销售额6.34万亿元，增长12.8%；零售销售额9818.8亿元，增长6.4%。限额以上零售额中，体育娱乐用品、书报杂志、通讯器材、日用品、家具类分别比上年增长54.0%、32.1%、23.6%、21.1%和17.5%。智能手机、可穿戴智能设备、新能源汽车、智能家用电器和音像器材类等新型消费商品零售额分别增长124.0%、85.1%、57.2%和42.6%。限额以上汽车零售额3517.6亿元，上升2.0%，占限额以上消费品零售总额的35.5%。全年全省乡村消费品零售总额4744.3亿元，增长9.7%，比城镇高出1.2个百分点。全省乡村消费品零售总额占全社会消费品零售总额的17.5%，提高0.2个百分点。

【服务消费需求上升】 2019年，浙江省服务消费需求快速释放，餐饮收入增长明显快于商品零售。全年全省餐饮收入2972亿元，增长9.4%，比商品零售额增速高出0.8个百分点。其中，限额以上餐饮企业营业额486.3亿元，增长12.0%。各设区市餐饮企业营业额增速排序依次为绍兴18.5%、丽水17.0%、杭州16.6%、台州15.9%、舟山15.3%、温州14.7%、湖州14.6%、嘉兴14.3%、宁波13.2%、衢州11.8%和金华6.7%。全年城镇居民人均交通通信和教育文化娱乐消费支出分别增长7.1%和17.9%。人均医疗保健支出增长0.6%，比城镇居民人均生活消费支出增速下降7.8个百分点。全省农村居民教育文化娱乐和医疗保健支出分别增长24.5%和9.2%，分别比农村居民人均生活消费支出增速高出16.2和0.9个百分点。（省商务厅　陶洪斌）

批发零售业

【概况】 2019年，浙江省有限额以上批发、零售、住宿、餐饮企业2.44万家，比上年增长10.5%。其中，批发、零售、住宿和餐饮企业分别增长14.0%、2.6%、12.7%和8.4%。从业人员106万人，各类网店直接从业人员220万人。全省继续推进"互联网+"与实体经济融合发展，推进专业市场转型升级，批发零售业保持较快增长态势。其中批发业销售额9.9万亿元，零售业营业额3.83万亿元，住宿餐饮业零售额4992.3亿元，分别比上年增长12.0%、11.2%、13.0%。全年限额以上批发零售业销售额7.32万亿元，增长17.6%，高于社会消费品零售总额增速8.9个百分点。其中，限额以上批发销售额6.34万亿元，增长18.9%；限额以上零售销售额9819亿元，增长11.4%。社会消费品零售总额中，城镇2.24万亿元，乡村4744亿元，分别增长8.5%、9.7%。

2006—2019年浙江省批发零售业和住宿餐饮业增加值情况

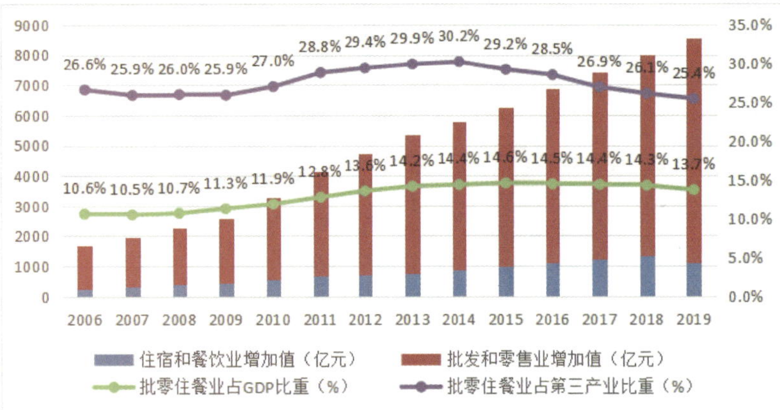

2006—2019年浙江省主要服务行业对经济增长的贡献率

（元/吨）

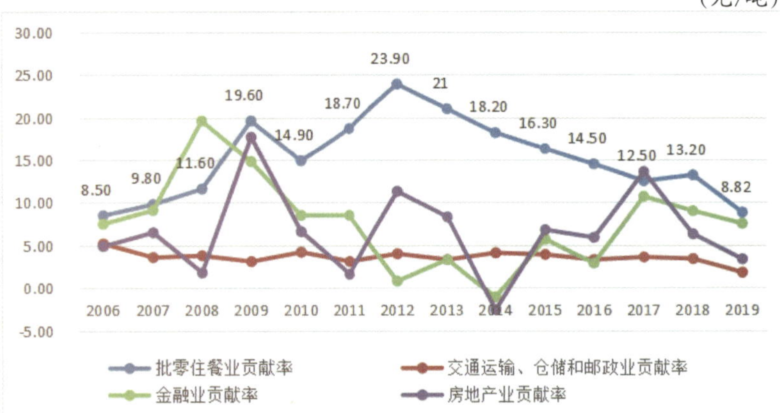

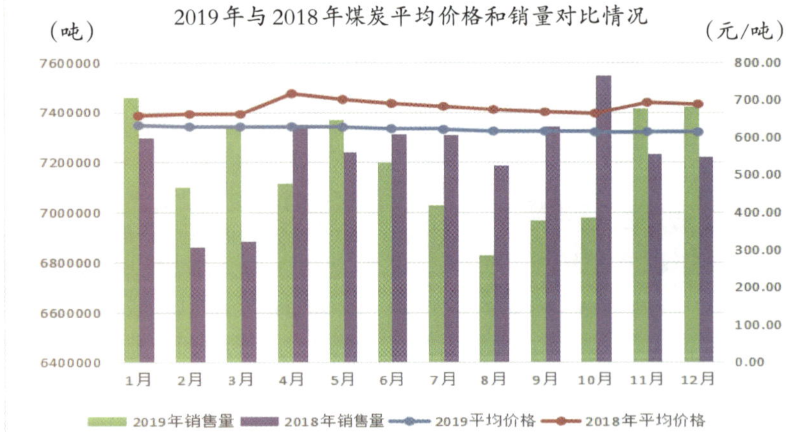

2019年与2018年煤炭平均价格和销量对比情况

（省商务厅　陶洪斌）

【批发零售线上线下融合】 2019年，浙江省进一步推进批发零售业线上线下融合，促进商品销售额快速增长。限额以上批发零售商品中体育娱乐用品、书报杂志、通讯器材、日用品、家具类均比上年增长17.0%以上；智能手机、可穿戴智能设备、新能源汽车、智能家用电器和音像器材类等新型消费商品零售额均增长40.0%以上。限额以上批发零售企业通过公共网络实现的商品零售额增长25.6%。全省网络零售额1.98万亿元，增长18.4%；省内居民网络消费9984亿元，增长18.5%。跨境网络零售增长35.3%，杭州市、宁波市、义乌市跨境电商网络零售出口分别增长45.3%、41.6%和28.3%。网络零售带动快递业快速增长，全省快递业务量（发件量）132.6亿件，增长31.2%。

【批发零售住宿餐饮业拉动经济增长】 2019年，浙江省批发零售住宿餐饮业增加值8562亿元，比上年增长6.8%，占GDP比重连续8年保持14%左右。商贸流通业成为促进全省经济增长的稳定器和压舱石。商贸流通业对经济增长的贡献率在第三产业中居首位。全年批发零售住宿餐饮业对全省经济增长的贡献率8.8%，下降4.4个百分点。交通运输仓储和邮政业、金融业、房地产业等第三产业主要产业的经济增长贡献率分别为1.8%、7.5%和3.4%，分别低于批零住餐业7.0、1.3和5.4个百分点。

（省商务厅　陶洪斌）

【二手车交易和报废汽车拆解】 2019年，浙江省有二手车市场124个，二手车交易量133.3万辆，比上年增长12.7%。有报废汽车回收拆解资质企业14家，回收拆解网点78个。全年回收报废机动车17.4万辆，增长35.9%。其中，汽车15.3万辆，增长48.5%。全省拆解各类报废机动车17.1万辆、28.1万吨。至年末，全省存量未拆报废机动车2.32万辆。

【拍卖活动】 2019年，浙江省举办拍卖会8324场，比上年增长14.6%；拍卖成交额418.95亿元，下降2.9%；佣金收入6.09亿元，增长6.5%。省拍卖行业协会会员单位成交额401.12亿元，佣金收入6.03亿元，分别占全行业的95.7%和99.1%。文化艺术品拍卖佣金收入2.17亿元，下降12.5%；房地产拍卖佣金收入1.71亿元，增长11.92%；股（债、产）权拍卖佣金收入2732万元，增长5.6%；机动车拍卖佣金收入1690.14万元，下降4.32%；无形资产拍卖佣金收入668.11万元，下降17.47%；土地使用权拍卖佣金收入395.97万元，下降66.41%；农副产品拍卖佣金收入86.59万元，下降35.3%。全省拍卖业净资产额15.41亿元。（省商务厅　王金华）

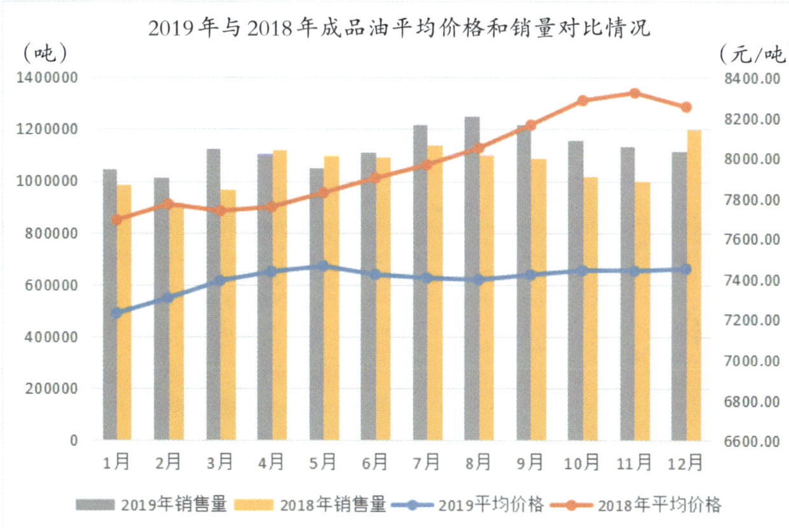

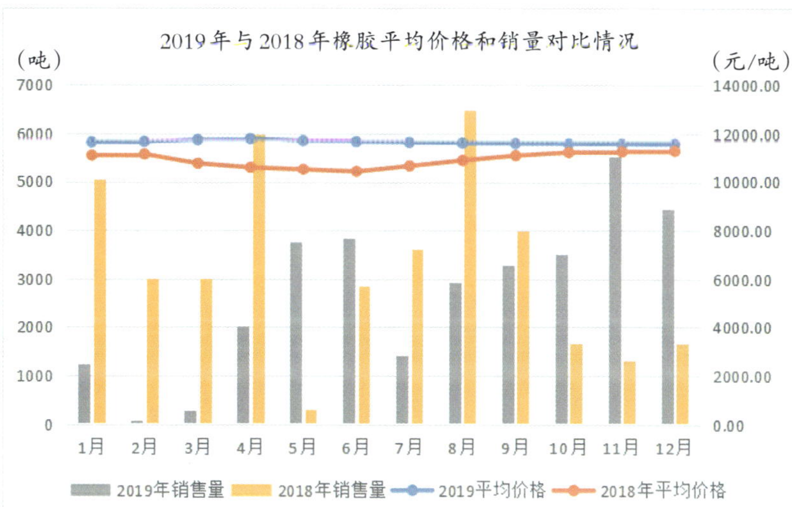

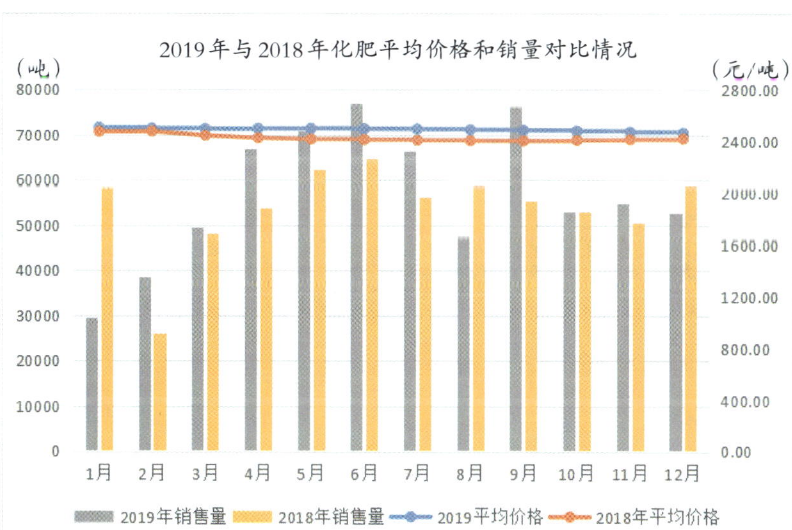

（省商务厅　陶洪斌）

重要商品流通

【概况】 2019年，浙江省重要生产资料市场运行平稳，稳中有进。市场监测系统监测的七大类重要生产资料中，水泥、化肥、橡胶价格分别为454.9元/吨、2466.8元/吨和1.16万元/吨，分别比上年增长10.4%、1.8%和2.5%；煤炭、成品油、钢材、有色金属价格分别为612.9元/吨、7449.7元/吨、4291.7元/吨和2.4万元/吨，分别下降10.9%、9.7%、6.6%和1.8%。大部分重要生产资料销量增长，其中水泥、成品油、有色金属、钢材、化肥销量分别增长33.6%、19.0%、8.6%、50.0%和87.8%；煤炭和橡胶分别下降21.4%和35.8%。

【煤炭市场】 2019年，浙江省煤炭受监测样本企业平均销售价格612.9元/吨，比上年下降10.9%。全省各地实施打赢蓝天保卫战三年行动计划，大力发展清洁能源，并且电厂对市场煤炭需求平平，导致煤炭销量下滑。全年全省煤炭累计销售6617.1万吨，下降21.4%。

【成品油市场】 2019年，浙江省受监测样本企业成品油平均销量价格7449.7元/吨，比上年下降9.7%。全年有25轮油价调整，其中上调13次、下调11次、搁浅1次。全省汽车保有量稳步提升，带动汽油需求增长。供油企业大力开拓海外市场，增加汽油净出口量。全年全省销售成品油1351.6万吨，增长19.0%。

【橡胶市场】 2019年，浙江省受监测样本企业橡胶平均销售价格1.16万元/吨，比上年上涨2.5%。受国内汽车产销量下降、物流运输方式调整、中美贸易争端不确定性大等影响，橡胶市场需求减少，全年全省受监测样本企业累计销售橡胶2.5万吨，下降35.8%。

【化肥市场】 2019年，浙江省受监测样本企业化肥平均销售价格2466.8元/吨，比上年增长1.8%。其中：氮肥

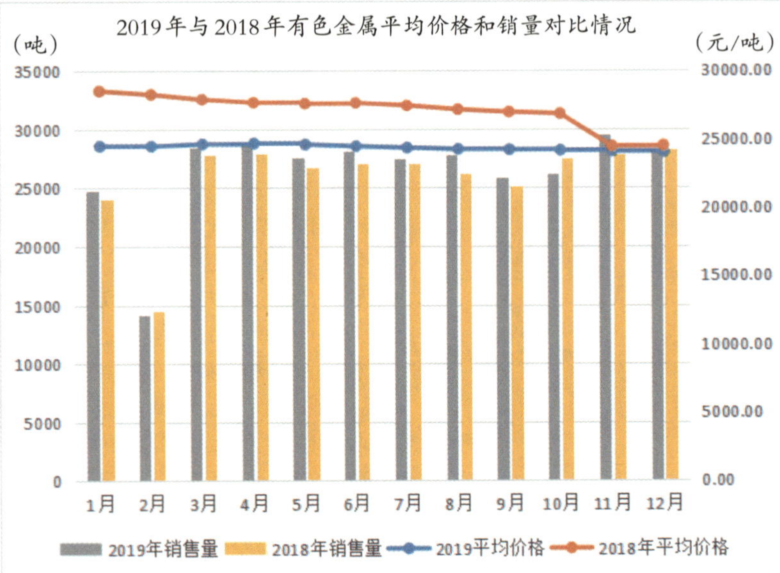

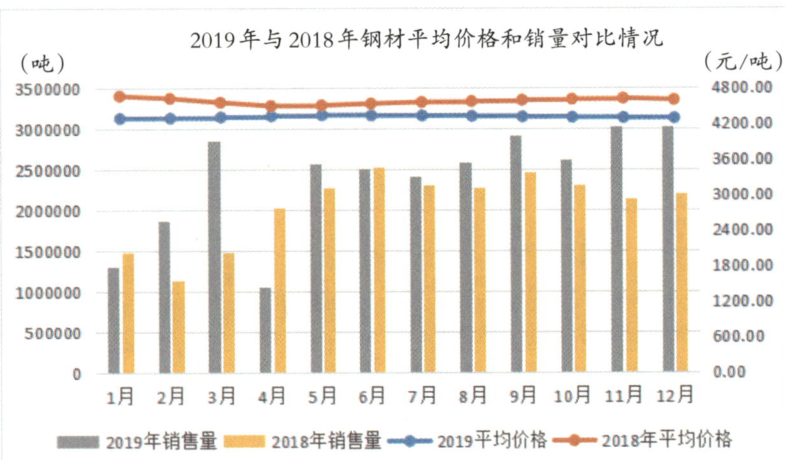

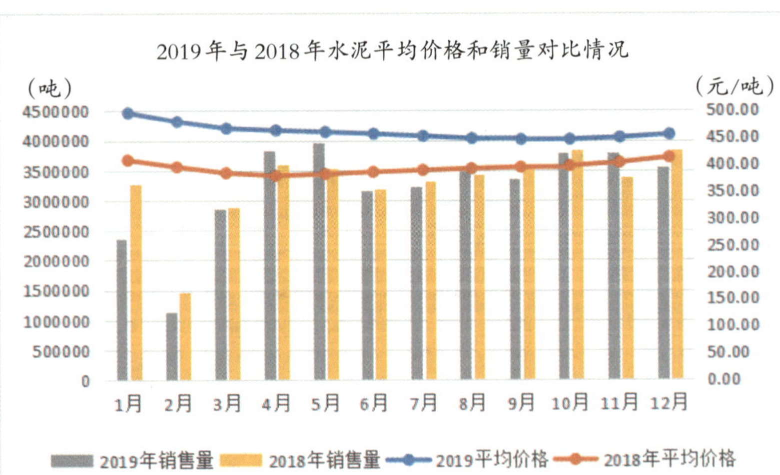

（省商务厅　陶洪斌）

平均价格2085.8元/吨，下降1.3%；磷肥2420.7元/吨，增长6.4%；钾肥2668.6元/吨，增长2.8%；复合肥2692元/吨，下降0.4%。受生产工艺变化、环保政策限制、原料价格上升等因素影响，磷肥、钾肥价格上涨。国际农产品价格持续走高，拉动化肥需求增长。全年全省受监测样本企业累计销售化肥69.7万吨，增长87.8%。

【有色金属市场】 2019年，浙江省受监测样本企业有色金属平均销售价格2.4万元/吨，比上年增长1.8%。其中：铝平均价格1.4万元/吨，下降3.3%；铜4.51万元/吨，下降2.4%；锌2.03万元/吨，下降13.5%；铅1.68万元/吨，下降12.1%。有色金属冶炼投资大幅增长，下游消费增幅放缓，电力行业投资低于预期，家用空调、冰柜、冰箱等增幅下滑，市场整体呈现供过于求格局。有色金属价格持续震荡回落。全年全省受监测样本企业累计销售有色金属31.6万吨，增长8.6%。

【钢材市场】 2019年，浙江省受监测样本企业钢材平均销售价格4292元/吨，比上年下降10.9%。其中：棒线材平均价格4090.4元/吨，下降4.7%；板材4263.7元/吨，下降6.1%；型材4102.8元/吨，下降6.1%；管材4709.9元/吨，下降6.3%。全年房地产投资增速回落，汽车行业表现低迷，粗钢产量连创新高，市场供给过剩矛盾表现突出，导致钢材价格重心不断下移。与此同时轨道交通、铁路工程、高速公路、机场等建设项目陆续推出，带动钢材需求稳步上扬。全年全省受监测样本企业累计销售钢材2967.3万吨，增长50.0%。

【水泥市场】 2019年，浙江省受监测样本企业水泥平均销售价格454.9元/吨，比上年增长10.4%。受环境整治错峰限产、集中停产、优化产能结构和加强产能置换等影响，水泥市场供给收缩，水泥价格整体上升。基建投资增速保持平稳，房地产投资和新开工面积韧性较强，支撑全年水泥需求量稳中向好，全年全省受监测样本企业销售水泥3917.9万吨，增长33.6%。

（省商务厅　陶洪斌）

电子商务

【概况】 2019年，浙江省电子商务网络零售额1.98万亿元，比上年增长18.4%，占全国网络零售总额的18.6%。其中，县及县以下网络零售额

8920.6亿元，占全省网络零售总额45.1%。全省居民网络消费额9984.4亿元，增长18.5%；乡村网络零售额超过1000万元的电子商务专业村新增147个，累计1720个。农村电子商务服务站累计1.78万个，覆盖全省68.2%的行政村。全省有各类网店60.3万个，电子商务直接解决就业约160万人，间接带动就业约430万人。全年全省跨境网络零售出口额777.1亿元，增长35.3%。

【跨境电子商务推进】 2019年8月26日，省商务厅公布浙江省第二批产业集群跨境电子商务发展试点名单，杭州余杭区等26个县(市、区)的34个产业集群列入其中。全省跨境电子商务出口活跃网店增至9.7万个，实现跨境网络零售额1051.5亿元，增长29.8%。其中：出口777.1亿元，增长35.3%；进口274.4亿元，增长16.3%。省商务厅加快推进零售进口商品退货问题处理，历史积压货物获得一次性解决。

【农村电子商务发展】 2019年，全省拥有活跃的涉农网店2.2万个，实现农产品网络零售842.9亿元，比上年增长26.3%。安吉等9个县(市)获批国家电子商务进农村综合示范区，永康市农村电子商务获国务院督查激励。全省商务部门根据农产品对接需求，举办8场地方特色农产品与电子商务精准对接活动，30多家电子商务企业参与服务平台采购，农产品供应商店超市250个。推进农村电子商务示范培育工程建设，全年新增电子商务示范村350个、农村电子商务示范服务站(点)720个。累计建成电子商务专业村1720个，增长37.3%。

【电子商务创新】 2019年，省商务厅审核确定103家重点培育电子商务平台企业名单。建立社交电子商务专业委员会，促进“社交电商”“直播电商”“内容电商”等新模式发展，助力云集共享科技有限公司、杭州如涵控股股份有限公司在纳斯达克(Nasdaq)挂牌上市。6月18日，省商务厅印发《关于开展全省零售模式创新工程工作的通知》，提出支持与全球著名电子商务平台合作，建设新零售标杆城市。利用大数据、云计算、人工智能等核心技术，探索发展零售新业态、新模式。推动电子商务平台和实体商业企业双向融合，培育精准营销、业态融合的新零售企业。杭州、宁波、衢州列入标杆创建城市名单，52家企业列入示范企业名单。推动新零售业态发展，全省开设“盒马鲜生”(阿里巴巴线下超市新零售业态)17个、“天猫小店”(阿里巴巴线下零售店)700多个，阿里巴巴集团在杭州萧山区建立“口碑街”(阿里巴巴本地生活服务平台打造的智慧街区)。推动传统商户上网开店，助推“移动支付之省”建设。

(省商务厅　周梦赉)

现代物流业

【概述】 2019年，浙江省加快传统物流向现代物流转型升级，物流业规模扩大、发展提速、运行平稳、活力增强、环境改善。国家发展改革委、交通运输部发文确定浙江等6个省为国家物流降本增效综合改革试点省，宁波—舟山港口型、金华(义乌)商贸服务型物流枢纽被列入国家物流枢纽建设名单。全年全省社会物流总额17.93万亿元，比上年增长6.5%；实现增加值6044亿元，占全省GDP的9.7%，占全省服务业增加值的17.9%。全省铁路、公路和水运完成货物周转量1.24万亿吨·千米，增长7.4%。规模以上港口完成货物吞吐量17.2亿吨，增长11.0%，其中，沿海港口完成13.5亿吨，增长8.3%。宁波—舟山港完成货物吞吐量11.2亿吨，增长7.9%；集装箱吞吐量2753万标箱，增长4.5%，稳居全球第三位。

【物流业影响力提升】 2019年，浙江省物流业国内外影响力扩大。由宁波出口集装箱运价指数、海上丝路贸易指数、“17+1”贸易指数、宁波港口指数和宁波航运经济指数形成的海上丝路指数体系，2次列入“一带一路”国际合作高峰论坛成果清单，国内外1000家企业和机构参阅该指数体系及相关报告。6月3日，省交通运输科学研究院编制的《加快推进海港陆港空港信息港“四港”联动发展建设方案》经省政府批准发布，省运输管理部门推进“四港”联动，建立由浙江省海港投资运营集团有限公司、浙江省交通投资集团有限公司等10家领军企业组成的浙江“四港”运营商联盟，推动不同运输方式互利合作，提供物流运输全过程解决方案。宁波—舟山港航线总数243条，“一带一路”沿线国家航线增至88条。中欧(义新欧)班列突破500列，首发吉利号、菜鸟号、温州号、诸暨号，金华中亚班列并入“义新欧”序列。5月24日，省商务厅编制的《新型贸易中心建设行动方案》发布，谋划创建国家新型贸易示范区。设立义乌国际贸易综合改革试验区，推进温州鹿城市场采购试点，实现出口额38.44亿美元。台州二手车出口794辆。杭州、宁波、义乌跨境电商综合试验区网络零售出口分别增长45.3%、41.6%和28.3%。温州、绍兴获批国家级跨境电商综合试验区，新增产业集群跨境电商试点34个。

【物流业发展】 2019年，浙江省社会物流总额平稳增长。受光纤、3D打印设备、工业机器人、光电子器件、仪器仪表等高端装备制造业产品物流增长的带动，工业品物流总额达13.5万亿元，比上年增长6.1%；大宗矿产、化工原料、机电等产品进口物流保持较高增速，进口货物物流总额0.78万亿元，增长9.2%；居民消费物流总额3100万元，增长32.2%。全省社会物流总费用8938亿元，增长10.0%。占GDP比重的14.3%，下降0.13个百分点，比全国平均低0.37个百分点。社会物流总费用占GDP的比重连续5年下降，显示物流运行效率稳步提升。运输结构调整和多式联运一体化运输促进物流运输成本进一步降低，全年物流运输环节费用支出3151亿元，占社会物流总费用的35.3%，下降3.7个百分点。城乡配送、流通加工、包装、保险及信息服务支出费用中，保管环节支出3999亿元，增长9.4%，占社会物流总费用的44.7%。管理环节支出1787.73亿元，增长6.1%，占社会物流总费用的20%。

【物流数字化建设】 2019年,浙江省推进物流数字化建设。宁波—舟山港加强与中国铁路上海局集团港口与铁路间的信息、数据对接。12月20日,舟山江海联运公共信息平台上线,进港、出港、海运、江运、港内作业等江海联运15个物流链节点信息贯通,港口装卸、转运效率提升。省发展改革委促成宁波—舟山港与张家港电子口岸、长江南京航道局等港口(平台)实现数据互联共享,推动江海联运信息平台与长三角、长江沿线节点平台数据对接和共享开放。编制海港、陆港、空港、信息港四港联动发展信息港建设方案,确立"1+3+N"的整体框架和建设模式。筹划内河信息TOS码头系统和联运平台的开发建设,加快建设全省现代物流发展数字化监管服务系统,打造集统计监测、决策分析、载体监管和信息发布于一体的省级物流数字化平台,实现物流领域数据的互联互通。

【绿色物流发展】 2019年,浙江省开展省级绿色物流指数编制和发布,加快绿色物流建设。建设城市绿色货运配送示范工程,台州、温州2市被交通运输部、公安部、商务部列入部级城市绿色货运配送示范项目实施城市。省海港集团加快推进港口无纸化作业,提升货物进出港效率。4月,宁波—舟山港在全国港口中首个实施集装箱进出口"无纸化"。全年实施"全程无纸化"可减少集装箱卡车司机作业时间700万小时,节省燃油成本1.2亿,减少二氧化碳排放4.4万吨,减少各类单证用纸6300万张,降低物流成本1.5亿元。

【物流重大项目建设】 2019年,浙江省推进"头门港铁路支线二期"、"公铁联运综合物流园铁路专用线"等物流重大项目建设。畅通铁路运输通道,推广铁路集装箱双层运输,创新铁路货运班列产品供给,集装箱海铁联运量超过100万标箱。深化杭甬运河宁波段三期工程建设方案设计,加快浙北高等级航道网集装箱运输通道等项目建设,增加开通宁波—舟山港至内河港的海运支线。

【物流业降税减费】 2019年,浙江省推行物流业降税减费扶持政策。全省国道公路对使用省内ETC(电子不停车收费系统)的货车实行通行费85折优惠,全年减免车辆通行费8亿元。实施鲜活农产品运输"绿色通道"政策,对符合免费运输政策的车辆做到应免尽免,免收优惠车辆通行费12.7亿元。实行集装箱车辆差异化收费政策,对行驶高速公路霞浦收费站至穿山港区收费站路段的集装箱车辆通行费按25%收取;集装箱车辆进出金塘和沥港收费站—舟山跨海大桥路段的通行费按25%收取,进出舟山跨海大桥其他收费站—舟山跨海大桥路段的通行费按50%收取;舟山跨海大桥金塘大桥路段空载集装箱运输车辆实行分时段优惠。

【物流业转型升级】 2019年7月24日,省发展改革委印发《浙江省生产性服务业高质量发展行动计划(2019—2022年)》,提出将现代物流业列入全省生产性服务业十大重点发展领域,围绕数字化、网络化、国际化方向,提升港航、铁路、公路运输物流发展水平,加快发展航空物流、管道运输物流。推进江海联运服务中心、航空物流多式联运中心等建设,实施"一票到底"联运服务。推进物流园区、物流企业智能化,加快智能仓储、全自动码头、无人场站等设施建设。构建国际化的航运、航空、铁路物流运输网络,培育一群具有全球供应链资源整合能力的综合性物流服务商。现代物流业成为全省生产性服务业十大重点发展领域之一。9月12日,省发展改革委印发《浙江省大湾区物流产业高质量发展行动计划(2019—2022年)》,提出围绕大通道建设,以"三大通道""四大枢纽""四港"联动为重点,加快宁波—舟山港航物流,湖州、嘉兴、金华、衢州现代物流,绍兴智慧物流等重点项目建设。实行运输领域资质证照电子化,推广车辆道路运输证和从业人员资格证电子证照申请。建立重点货运源头单位名单动态调整制度,将普通公路治理超载情况纳入高速公路"违法失信清单"管理。推进危险化学品运输专项整治和长效管理机制建设,制订《浙江省道路危险货物运输管理规定》。与阿里巴巴集团有限公司合作建立"危险货物运输数字化监管平台",省内国道公路对持有ETC的货车和国际标准集装箱运输实行优惠政策,并创新货车ETC的办理、使用,降低货车通行成本。

【物流业促进经济社会发展】 2019年,浙江省物流业聚焦农产品流通"最先一公里",发展"生鲜电商+冷链宅配""中央厨房+食材冷链配送"等冷链物流新模式。开展"海运+冷藏班列""空运+冷藏班列""中欧冷藏班列"等业务,建立产地预冷、冷冻运输、冷库仓储、定制配送等全冷链物流体系。深入实施物流降本增效专项行动。推动物流装备向高端化、智能化、自主化、安全化方向发展,提升供应链智慧化水平。进一步优化快递分拨中心区域布局,采用共同配送、统一配送、集中配送、夜间配送、分时段配送等模式,提升城市快递服务效能。加快发展农村物流,打通"工业品下乡、农产品进城"双向物流通道。发展"移动互联网+众包"模式,优化发展社区电商物流。加强快递末端网络建设,统筹优化配送服务资源,提供集约化配送、网订店取等多样化、个性化服务。

(省发展改革委　洪旭辉　省物流协会　吴　颖)

供销合作

【概况】 2019年,浙江省供销社系统由省供销社、11个市供销社、84个县级供销社、700个基层供销社和2所高职院校、970家社有企业组成。全省供销社系统总经营收入3939.6亿元,比上年增长8.5%;实现利润30.1亿元,增长31.6%。省供销社获全国供销合作总社综合业绩考核一等奖。浙江省兴合集团有限责任公司(简称省兴合集团)是省供销社的全资企业,负责运营省供销社本级经营性社有资产。集团下辖中国茶叶拍卖交易服务有限公司、浙农控股集团有限公司、浙江新大集团有限公司、浙江特产集团有限公司、浙江福士达集团有限公司等16家成员企业和各类经济实体400多个。全年省兴合集团总经营收入1191.4亿元，增长7.8%；利润19.8亿元，增长8.2%。排名“中国企业500强”第169位、“浙江企业100强”第15位和“浙江服务业100强企业”第6位。省供销社下属浙江经贸职业技术学院（挂浙江合作经济管理学院）、浙江农业商贸职业学院分别有全日制在校学生1.06万人和6400多人。

【“三位一体”改革深化】 2019年，浙江省供销社系统履行农民合作经济组织联合会（简称农合联）执委会职责，推动“三位一体”（生产、供销、信用）改革不断深化。推进农合联内部服务资源聚合协同、外部服务资源联合协作。完善农合联运管机制，强化农合联党建引领，提升农合联会员质量。省农合联与省农业农村厅、省农科院、省农信担保公司、省能源集团、人保财险浙江分公司、阿里巴巴集团为农服务合作加强。依托省乡村振兴投资基金，成立省农合联农民合作基金；发挥市、县农合联农民合作基金、资产经营公司作用，全年投资涉农项目33个，投资额4.9亿元。完善执行机构运行机制，进一步健全供销社与农合联执委会组织有机融合。省供销社重新核定“三定”方案，更好履行农合联执委会职责。

【为农服务能力提升】 2019年，浙江省各级供销社依托农合联平台，推进服务主体、服务对象、服务方式、服务内容转型升级。加快农业社会化服务组织和平台建设，新建现代农业综合服务中心66个、标准化庄稼医院45个，发展产业农合联128个，杭州、嘉兴、湖州、台州、丽水等地初步形成“一业一联”格局。推进农资直供直配和肥药专用化、定制化服务。全年全省农业生产资料批发市场实现交易额1187.8亿元，比上年增长19.9%。全省依托农合联培育运营区域公共品牌34个。消费品经营加快转型，新建城乡商贸服务中心48家，全年实现消费品销售额486.9亿元。以农合联为平台，联合农信机构开展“丰收农合通”服务，向2.1万个农合联会员授信157.2亿元；联合省农信担保公司建立基层办事处、代办点72个。34家农信担保公司提供担保1.4万笔，贷款总金额31.4亿元。回收农资废弃包装物1.8亿只，有效消除农业“白色污染”。参与农村生活垃圾分类回收和资源化利用服务，建成分拣中心49个、回收网点4169个。宁波市“搭把手”回收服务体系覆盖市区，金华市低价值物兜底回收成效明显，“永康回收模式”得到推广，绍兴市、县两级开展垃圾分类和回收服务。省供销社成立省农家小吃协会，举办国际食用菌大会、首届美丽中国田园博览会。10月14—15日，全国供销合作社服务乡村振兴暨综合改革专项试点总结交流会在绍兴召开，浙江供销社服务乡村做法获交流会肯定。

【社有经济发展】 2019年，浙江省供销系统深化供给侧结构性改革，社有经济实现稳健发展。全省供销社系统年末资产871.04亿元，所有者权益286.37亿元，分别比上年增长8.4%和17.4%。加强基层组织建设，全年基层供销社实现销售收入283.5亿元、利润1.6亿元，分别增长1.6%和52.6%。全省新增全国百强县级供销社14个、基层社标杆社4个。大型企业基本稳定，全省供销社系统经营规模超过1亿元的社有企业185家。年内，湖州供销集团有限公司、衢州市三衢味品牌发展公司挂牌成立。浙江浙农控股集团有限公司完成绍兴华通商贸集团股份有限公司及其上市子公司“华通医药”并购。

【供销社扶贫协作】 2019年，浙江省供销社系统推进东西部扶贫协作和省内结对帮扶工作。以蓝莓、茶叶、长毛兔为重点的跨省产业扶贫取得新进展，浙江蓝美农业有限公司在四川、贵州等8个省40多个县建设“蓝美1号”原料基地。浙江省茶叶集团股份有限公司在贵州普安县建设“白叶一号”茶产业园，打造“携茶”扶贫公益茶品牌。省供销社与常山县球川镇开展多方面帮扶，帮助球川镇建立80公顷蓝莓原料基地及一批食用菌基地，扶持该镇6个村成功“消薄”，低收入农户普遍增加收入。开展消费扶贫，开办对口地区农产品专店专区专柜专摊156个，《人民日报（内参）》刊发“浙江供销社消费扶贫让贫困户得真实惠”报道。

（省供销社　邵　岚）

粮食购销

【概况】 2019年，浙江省粮食种植面积97.74万公顷，比上年增长0.2%。全年粮食总产量592.15万吨，下降1.2%。全年全省国有（控股）粮食经营企业和重点非国有粮食经营者、转化用粮企业总购进粮食3041万吨，总销售粮食2533万吨，转化用粮457万吨。全年全省粮食消费总量2329万吨，其中，农村口粮320万吨，城镇口粮717万吨，饲料用粮839万吨，工业用粮441万吨，种子用粮12万吨。至年末，全省国有粮食企业242家，国有粮食企业盈利1.99亿元，增长5.9%。

【粮食安全责任制考核】 2019年，全省粮食管理部门全面落实粮食安全责任制各项任务，连续第三年在国家考核中获“优秀”等级。组织做好省政府与各设区市签署《粮食安全责任书》。制订《2019年度粮食安全市长责任制考核方案》《浙江省2019年度落实粮食安全省长责任制工作方案》等文件，明确任务、压实责任。加强粮食安全责任制落实情况督促检查，定期检查和分析各设区市年度目标任务进展情况，督促各地抓好工作落实。

【粮食产业“五优联动”试点】 2019年3月20日，省粮食物资局、省财政厅和省农业农村厅联合印发《关于推进我省“五优联动”试点工作的指导意见》，提出“五优联动”（优粮优产、优粮优购、优粮优储、优粮优加、优粮优销）重点工作责任清单，确定象山、海盐等16个县（单位）开展“五优联动”试点工作，并落实“五优联动”试点工作奖补资金670万元。召开“五优联动”试点工作培训会，开展优质稻谷品种对接、评选等活动。年内，全省优质晚稻订单试点面积达7333.33公顷，优质晚稻产量5万吨，为优化浙江稻米品种结构打下良好基础。

【**粮食收购**】 2019年，省粮食物资局会同省发展改革委、省财政厅、省农业农村厅、省农业发展银行等部门制定小麦、稻谷最低收购价格，以保护种粮农民积极性。年内全省生产的小麦、早籼稻、中晚籼稻和粳稻每50千克最低收购价分别为112元、123元、129元和133元。其中早籼稻、中晚籼稻和粳稻每50千克最低收购价均高于国家收购价3元。继续实施粮食订单奖励、粮食预购定金等扶持政策。仙居县开展"五送"（送订单、送定金、送政策、送科技、送信息）为农服务活动，做好粮食收购政策宣传解读，让种粮农民吃上"定心丸"。全年小麦、早稻和晚稻收购量分别为12万吨、44万吨和122万吨，创10年来新高。组织开展2017—2019年度粮食收购工作先进单位评比，萧山区等25个县（市、区）获评全省先进单位。

【**粮食产销合作**】 2019年，省粮食物资局会同吉林省粮食物资局举办吉林大米浙江文化宣传月、"浙江粮人吉林行"等产销协作活动，召开吉林粮食产销协作会议。6月21日，省粮食物资局组织全省280多名种粮大户代表赴河南郑州参加第二届中国粮食交易大会。会上，浙江与河南、江西2省签订省际粮食产销战略合作协议，浙江粮食机械企业成交粮食机械产品5000多万元。年内，省粮食物资局组团参加第十四届长三角粮食和物资发展与合作会议、"黑龙江第十六届金秋粮食交易暨产业合作洽谈会"、黑龙江嫩江大豆产销对接会、江苏"苏米"推介会等活动，推动全省各地与粮食主产区开展形式多样的粮食产销合作。全年全省投入资金11.4亿元在黑龙江等18个粮食主产省建立粮源基地29.47万公顷、粮食储备加工销售基地70个、粮食加工线45条，年加工粮食275.46万吨。全省调入省外粮食1936万吨，政府储备粮省外代储51.66万吨。

【**粮食应急保障体系建设**】 2019年，全省粮食物资部门推进粮食应急网络建设，增强粮食应急保障能力。全省确定粮食应急加工企业243家，日应急加工能力3.7万吨；应急供应企业2274家、应急配送中心94家、应急运输企业144家，日供应能力38万吨。建立健全粮食应急联动机制。12月，省粮食物资局以铁路直达、公路直达、公水联运、铁水联运4种方式组织开展东北地区代储的省级储备粮应急运输（供应）演练。完善粮食市场预警监测体系，全省建立省级粮油行情直报监测点140个和市县粮油价格监测点606个。

【**粮食仓储建设**】 2019年，全省粮食物资部门加强仓储基础设施建设。全年新开工仓储物流建设项目8个，建设仓容40万吨；竣工仓储物流项目5个，建成高标准储备仓容44.8万吨。创建"星级粮库"136个，其中五星级1个、四星级20个、三星级57个。大力推广"绿色储粮"技术，全省低温准低温储粮仓容达256万吨，气调（调整空气中各种成份的比例达到保鲜效果）储粮仓容达337万吨，应用横向通风技术仓容达51万吨。制定出台《浙江省国有粮食流通基础设施保护清单管理办法》，全省列入保护清单的粮库、军供站、批发市场等基础设施777个。12月5日，国家粮食和物资储备局在杭州召开全国仓储管理交流现场会，现场会组织参观省粮食物资局直属粮油储备库。

【**粮食质量监管**】 2019年，全省粮食物资部门实施"互联网+监管"举措。通过应用行政执法监管平台和掌上执法APP，加强粮食质量监管。全年粮食质量"双随机"抽查609次、专项检查1022次，检验库存样品3147批次，其中，粮食质量安全监测样品501批次，稻谷质量调查样品1714批次，晚稻品质测报样品536批次，"放心粮油"产品样品205批次，主要批发市场成品粮油样品137批次。开展政策性粮食库存数量和质量大清查，大清查历时6个月，参与清查工作人员619人。检查结果显示全省政策性粮食库存数量真实、质量良好、储存安全、管理规范。

【**救灾物资和重要商品储备职能转隶**】 2019年，省、市、县三级救灾物资、猪肉、食糖、棉花重要商品储备和管理职能由民政、商务、供销等部门转隶粮食物资部门，并完成救灾物资接收。年内，省粮食物资局会同省应急管理厅、省财政厅修订《浙江省救灾物资储备管理办法》，该办法经省政府同意发布实施。会同省应急管理厅印发《关于建立救灾物资储备使用管理联动机制的通知》，全省初步建立统一指挥、部门协同、上下联动的保障机制。8月，第9号超强台风"利奇马"正面袭击浙江，全省粮食物资部门出动人员1594人次、汽车380多辆次，进行全力救灾。省粮食物资局先后向台州、温州、舟山、绍兴、杭州等灾区调拨应急生活包、毛巾被、帐篷、折叠床、发电机和冲锋舟等救灾物资9.71万件价值3000万元，保障灾区群众基本生活和社会稳定。（省粮食物资局　陆海萍）

专 业 市 场

【**概况**】 2019年，浙江省探索专业市场转型升级新模式，推动"互联网+"的"智慧市场"建设。全省拥有各类商品市场3783家，比上年增长8.6%。全年实现总成交额2.3万亿元，增长5.1%，市场总成交量保持平稳向好发展态势。年内，举办第十一届中国商品市场峰会。创建"放心农贸市场"382家，35家商品市场获"中国商品市场综合百强"称号。

【**规模型市场发展**】 2019年，全省年成交额1亿元以上市场1187家，占全省市场总数31.4%。实现成交额1.68万亿元，占全省市场成交总额的73%，比上年增长6.2%。其中1000亿元级市场义乌中国小商品城和绍兴中国轻纺城保持领先优势，分别实现成交额1537.4亿元、1379.2亿元，增速均超过13.0%；100亿元级市场39家，实现成交额8600亿元，增长5.8%。省重点市场28家，实现成交额8364.5亿元，增长9.9%。

【**农产品市场价格整体平稳**】 2019年，全省802家城市农贸市场和1405家农村农贸市场实现成交额2263亿元，比上年增长2.3%。全省以创建"放心农贸市场"为抓手，推进农贸市场硬件提升、食品供应充足和物价总体平稳。受部分蔬菜品种价格阶段性冲高的影响,全年蔬菜整体价格小幅走高,成交额增长4.4%。猪肉价格持续上涨,至11月,见顶逐步回落,全省肉类成交额增长20.2%。肉类成交额占全省农产品成交额的2.9%,对整体价格影响不大。粮油、水产等涨幅较为温和。

【农产品批发市场成交额提升】 2019年,全省农产品批发市场提升农产品集散能力,促进全省205家农副产品批发市场实现成交额3280亿元,比上年增长11.2%。其中,嘉兴水果市场新增5.8万平方米的营业场地,市场规模跃居全国三大进口水果集散市场之一,该市场发布的"嘉兴·中国水果指数",成为全国首个进口水果的行情指数,全年实现成交额339.3亿元,增长24.5%。浙江·浙南茶叶市场精准对接西部和西南部省份,输出茶树和技术、代售茶青和茶叶,全年实现成交额66.9亿元,增长26.4%。

【工业消费品市场分化】 2019年,全省752家工业消费品市场实现成交额8422.1亿元,比上年增长6.2%。通用品和易耗品受网络交易分流的影响,呈下降走势。其中,69家日用百货杂品市场、18家家用电器市场和7家体育文化用品市场分别实现成交额220.4亿元、23.9亿元和7亿元,分别下降10.0%、12.0%和22.0%。满足个性化需求和产地型市场仍保持较快增长。其中,全省62家针纺织品市场、76家家具市场、34家食品副食品市场分别实现成交总额2802.8亿元、478.2亿元和489.3亿元,分别增长11.7%、8.9%和7.7%。125家服装鞋帽市场、150家装修装饰材料市场分别实现成交额717.6亿元和702.5亿元,增幅与上年持平。15家收藏品(含工艺美术品、邮票)市场实现成交额124.5亿元,增长43.7%。

【生产资料市场回升】 2019年,全省431家生产资料市场实现成交额8294亿元,比上年增长1.4%,呈现回升态势。全省19家建筑工程材料市场实现成交额210.6亿元,增长22.8%。其中浙江南浔建材市场实现成交额102亿元,增长78.9%。15家化工原材料(含液体化工、石油、塑料等)市场、6家有色金属市场和37家五金(含工具)市场需求旺盛,分别实现成交总额1540.3亿元、120.2亿元和972.3亿元,分别增长6.6%、6.3%和5.7%。39家木材市场和48家钢材市场需求温和,分别实现成交额183.4亿元和3820亿元,与上年持平。新机动车交易小幅回升,旧机动车交易增幅下降,市场需求整体疲软。其中,全省27家机动车市场实现交易额683.2亿元,增长1.5%;127家旧机动车市场实现成交额1025.9亿元,增长2.5%,下降6.1个百分点。

【"放心农贸市场"创建】 2019年,全省推进农村"放心农贸市场"扩面补短板和城镇"放心农贸市场"提质出精品建设,加快民生市场城乡一体化建设进度。全年全省投入市场建设资金5.3亿元,建成省级"放心农贸市场"382家。其中新建乡村"放心农贸市场"188家。全省76.2%乡村农贸市场建成星级文明规范农贸市场,完成省政府"到2019年底全省75%以上的乡村农贸市场建成星级农贸市场"的任务。

【商品市场提升发展五年行动计划实施】 2019年,浙江省推进商品市场提升发展五年行动计划实施。31家商品市场累计投入资金超过20亿元,部分市场提升项目建成投入使用,并取得初步成效。全省商品市场深化数字化应用,集聚创意要素,实施精细化管理,进一步提升市场服务品质。全年31家商品市场完成成交额6114.4亿元,占全省市场总成交额的26.6%。10月21日,省市场监管局在义乌举办"全省商品市场转型提升推进会",全省70多家市场代表出席,共谋商品市场提升发展大计。

【第十一届中国商品市场峰会在义乌举行】 2019年10月22日,由国家市场监管总局、浙江省政府共同主办的第十一届中国商品市场峰会在义乌召开。会上,中国社会科学评价研究院发布"中国商品市场综合百强"榜单,浙江有35家商品市场上榜,数量居全国第一。义乌中国小商品城、浙江天猫网上商城和绍兴中国轻纺城位居榜单前三名。(省市场监管局　徐全英)

会展业
Conference and Exhibition Industry

综　述

【概况】 2019年,浙江省举办展览946个,比上年增长0.5%;展览总面积968万平方米,增长2.2%;举办50人以上专业会议4.54万个,增长2.4%;1万人以上节庆活动589个,增长4.8%。会展业提供就业岗位133.9万人次,增长1.4%。会展业对全省GDP的综合贡献4679亿元,占全省GDP总量的7.5%,占全省第三产业的13.9%;直接收入586.2亿元,增长2.3%。

全省以展出为主业的会展企业80多家。全省出国展览面积39.7万平方米,增长9.7%,出省展览面积133.7万平方米,增长1.7%。省商务厅组织境外自办展35个,其中境外货物贸易自办展24个,境外服务贸易自办展11个。首次在孟加拉、意大利、匈牙利等14个国家举办展览,全省1632家企业参展,现场成交(含意向)金额60亿元。

全省经工商登记的会展企业2万余家(包括组展企业、展示工程企业、会议企业、会议酒店等),其中,与展览直接相关企业3000多家,政府会展机构8个,会展协会9个。全省有会展场馆30个,总面积约130万平方米。全省开设会展专业的院校18所,其中本科院校8所、专科院校10所,招生数和在校生数均居全国第二位。至年末,省内获UFI认证的展览项目13个,分别是中国国际茶叶博览会(杭州)、中国国际家居博览会(宁波)、宁波国际服装服饰博览会(宁波)、中国塑料博览会(余姚)、中国义乌国际小商品(标准)博览会(义乌)、中国义乌国际森林产品博览会(义乌)、中国义乌进口商品博览会(义乌)、中国义乌国际针织及织袜机械展览会(义乌)、温州国际眼镜展(温州)、中国温州国际皮革、鞋材、鞋机展览会(温州)、浙江出口商品(大阪)交易会、浙江出口商品(越南)交易会和浙江出口商品(马来西亚)交易会。

【会展发展政策及活动】 2019年,浙江省重点会展城市政府相继出台会展产业扶持政策,进一步优化产业环境。7月29日,嘉兴市出台《嘉兴市本级会展业重点项目管理办法》。8月5日,绍兴市出台《关于加快现代服务业高质量发展的若干政策》。10月21日,义乌市发布全国首个《绿色展览运营规范》。10月22日,温州市印发《温州市促进会展业发展实施细则(征求意见稿)》。12月25日,宁波市制定《关于加快推动会展业做大做强的若干意见》。

全省各地举办促进会展业发展活动。3月12日,温州市会展行业协会召开温州会展业发展研讨会。3月22日,"杭州—台湾会展业合作交流主题沙龙"在杭州举行。4月11日,浙江省国际会议展览业协会四届三次理事会议在杭州举行。7月29—31日,首届浙江省会展策划师培训班在杭州举行。8月23日,杭州会展业推介会在广州召开。8月30日至9月1日,第十五届中国国际会展文化节在杭州举行。9月24日,中国(绍兴)会展业区域合作与发展论坛在绍兴举行。10月31日,浙江省第九届会展策划创意大赛决赛在杭州举行。11月1日,第四届全球展览浙江论坛在杭州举行。

【会展业区域化发展】 2019年,浙江省各地凭借自身优势和特色,通过专业化运营手段,推进各类展会质量不断提高。

杭州会展业　杭州会展业以数字经济为发展新动力,会展微创新成为竞争优势。随着杭州钱江世纪会展产业园的成立,借力杭州国际品牌会展的溢出效应,加快会展质量进一步跃升。全年杭州市专业展览场馆(室内展览面积6000平方米以上的6家)举办展览184场,展览总面积207.75万平方米。专业场馆举办的展览数量和展览总面积比上年均有增加。

宁波会展业　宁波是华东地区重要的能源、化工、钢铁、机械生产基地,产业优势突出,电子信息、新材料、生物医药等新兴产业发展迅速,为举办各项专业会展提供很好的基础。2019年,宁波市会展业总体发展稳中有升。全市举办各类会展项目330个,比上年增长3.4%。其中,展览项目198个,增长21.5%;展出总面积213万平方米,展览面积2万平方米的展会数量26个。

温州会展业　温州作为民营经济的"先发地",活跃的民营经济带来丰厚的行业资源和商贸优势。2019年,温州市会展中心举办各类展会52个,展出总面积62.28万平方米,其中专业展7个,3万平方米以上展会6个,1~3万平方米展会15个,1万平方米以下展会31个,年参观人数280万人次,温州会展经济呈现平稳发展态势。

义乌会展业　义乌着力推动政府主导型展会的转型升级,加大知名会展机构和优秀项目的引进力度,积极培育壮大本土会展企业和专业品牌展会。2019年,义乌市举办各类会展活动163个。其中,商业性展览63个,会议论坛72个,文化类公益性展览28个。贸易类展览40个,展出总面积86.64万平方米,增长20.4%;参展企业15766家,展位数39349个,展位增长19.7%;观众151.09万人次;成交额148.1亿元,增长15.7%。

嘉兴会展业　嘉兴市(含下辖5个市、县)举办具有一定规模、一定层次的展览、会议、节事活动201个,其中,展览81个,经济型会议15个,节事活动105个,比上年增加13个。规模以上展览(展览面积1000平方米以上)60个,展览总面积61.3万平方米。

绍兴会展业　绍兴市会展地方经济特色突出,中国唯一的纺织品原产地和纺织品集散地专业展会在绍兴柯桥举办。上虞以特色旅游带动会展经济。绍兴加快建设国际会展中心。全年绍兴柯桥轻纺城国际会展中心和嵊州市国际会展中心举办展览42场,展出总面积34.6万平方米。

(省会展业协会　钱新立)

重要会展

【第二十一届中国杭州西湖国际博览会】 2019年10月18—20日,第二十一届中国杭州西湖国际博览会在杭州国际博览中心举行。西博会以杭州特色产业为基础,着眼体验美好生活,由"四博一展"五大核心项目组成,"四博"即首届中国(杭州)国际美食博览会、第四届中国(杭州)国际休闲产业博览会、首届中国(杭州)国际智能产品博览会和第六届中国(杭州)国际电子商务博览会。"一展"为亚洲设计管理论坛暨生活创新展。1400多个国内外企业参展,吸引观众12.5万人次,实现意向成交额4.9亿元。

【中国—中东欧国家博览会】 2019年6月8日,首届中国—中东欧国家博览会在宁波举行。其间,举办中国—中东欧国家合作论坛等20多个会议论坛、经贸洽谈、贸易展览、人文交流活动和中外嘉宾会见活动。通过举办会议论坛等系列活动,深化中国与中东欧国家的合作,全面提升中国与中东欧国家的合作水平和浙江的对外开放水平。

【中国塑料博览会】 2019年11月4—9日,第二十一届中国塑料博览会"塑博周"系列活动在宁波余姚举行。博览会以"新产品、新应用、塑造新未来"为主题,深耕绿色科技,深推智能创新,深化行业聚合。来自海内外的360多家企业参展,吸引客商2.96万人次,实现成交额33.7亿元。

【中国(温州)国际眼镜展览会】 2019年5月10—12日,第十七届中国温州国际眼镜展览在温州举行。展览会通过UFI(全球展览业协会)认证,成为温州首个获得UFI认证的国际性品牌展览会。依托温州"中国眼镜生产基地""国家外贸转型升级专业型示范基地"的优势,温州国际眼镜展联结全国各地眼镜产业集群地和专业市场,吸引众多海内外专业眼镜人士参加展会。

【中国(温州)国际皮革、鞋材、鞋机展览会】 2019年8月23—25日,中国(温州)国际皮革、鞋材、鞋机展览会在温州举行。展会同期举办缝制设备、针织机械、合成革等产业链上下游主题展,覆盖鞋革制造全产业链,展会规模、行业影响力居全国鞋革产业链展会前列,在国际上具有较高知名度。年内,展会成为UFI国际认证品牌展览。

【中国义乌国际小商品(标准)博览会】 2019年10月21日,第二十五届中国义乌国际小商品(标准)博览会在义乌国际博览中心举行。义博会是商务部举办的三大出口商品展之一,并获得国际展览联盟(UFI)的认证。义博会设国际标准展位3700多个,展品涵盖五金、机电机械、电子电器、日用品、工艺品饰品、文化办公、玩具、体育及户外休闲用品、针纺织品九大行业,设主题馆(标准创新展区、"品字标"展区)、市场创新精品展区(五金精品专区、礼品包装专区、义乌好货专区、袜业产业专区、义采宝专区)、妇联手工艺品展区等特色展区。

【中国义乌进口商品博览会】 2019年5月23—26日,中国义乌进口商品博览会在义乌国际博览中心举行。展会以"买全球,卖全球,打造世界小商品之都"为主题,设国际标准展位2012个,参展企业近1000家,展出面积5万平方米,设5个主题馆,参展商来自85个国家和地区包括俄罗斯、波兰、捷克等40个"一带一路"沿线国家和地区,参展商同时在义乌中国进口商品城、义乌中国进口商品城宾王直营中心设立分会场。展会达成各类合作意向1000多项。

【中国(嘉兴)国际集成吊顶产业博览会】 2019年5月30日至6月1日,第五届中国(嘉兴)国际集成吊顶产业博览会在嘉兴举行。博览会展出面积3万平方米。其间,举办首届世界吊顶和幕墙行业大会暨"一带一路"顶墙行业论坛,吸引20多个国家和地区的外商和国外行业协会代表参加,展会现场成交额1.06亿元。

【中国柯桥国际纺织品博览会】 2019年9月28—30日,中国柯桥国际纺织品博览会在绍兴柯桥举行。纺织品博览会设展位1400个,参展企业552家,展览面积2.5万平方米。主要展品为纺织面料(辅料)、家用纺织品、创意设计作品等。

【中国(嵊州)电机厨具展览会暨高新技术交易会】 2019年10月24—25日,第十二届中国(嵊州)电机厨具展览会在嵊州举行。展会展出面积近2万平方米,现场成交额1.06亿元,比上届增长15%;意向成交额3.21亿元。成交额中,境外现场成交额117万美元,意向成交额352万美元。

2019年浙江省重点场馆办展情况

场馆名称	办展数(个)	办展面积(万平方米)
杭州国际博览中心	54	99.82
杭州和平国际会展中心	60	47.97
杭州白马湖国际会展中心	17	35.70
浙江展览馆	45	10.72
杭州萧山新农都会展中心	5	11.50
杭州未来科技城学术交流中心	3	2.04
杭州创意设计中心	42	11.55
宁波国际会展中心	56	110.33
慈溪会展中心	21	20.10
余姚中塑展览中心	13	24.27
宁海国际会展中心	9	8.61
温州国际会展中心	52	62.28
安吉会展中心	7	4.80
德清国际会议中心	13	3.84
嘉兴国际会展中心	32	31.60
桐乡乌镇互联网国际会展中心	2	5.00
海宁国际会展中心	24	20.01
绍兴轻纺城国际会展中心	28	25.00
嵊州国际会展中心	14	9.60
义乌国际博览中心	47	97.95
永康国际会展中心	38	48.72
台州国际会展中心	22	40.10
玉环会展中心	5	4.91
舟山国际会议中心	4	0.57
合　计	613	736.97

(省会展业协会　提供)

【中国·台州电动车及零部件展览会】 2019年3月16—18日,第十六届中国·台州电动车及零部件展览会在台州市举行。作为新国标和电摩标准颁布实施前的首个行业综合性展会,有利于提振行业新形势下的信心,推动中国电动车产业的快速发展。展会中核心与亮点技术达500多项,展出面积3万平方米,设展位近2000个。

【中国塑料交易会】 2019年10月11—14日,第十九届中国塑料交易会在台州举行。展会为台州塑料产业发展带来良好商机。展会设展位1600个,展出面积3.5万平方米,意向交易额达36亿元。

(省会展业协会　钱新立)

旅　游　业
Tourism

综　　述

【概况】 2019年，浙江省全域旅游产业增加值4914亿元，比上年增长9%，占全省GDP的7.9%，提高0.1个百分点。旅游产业增加值对全省GDP的综合贡献18.7%，提高0.2个百分点。全年全省接待游客7.3亿人次，增长5.5%；实现旅游总收入1.09万亿元，增长9%。接待入境过夜游客467.1万人次，增长1.9%；实现旅游（外汇）收入26.7亿美元，增长2.9%；接待入境过夜游客人均花费571.2美元，平均逗留时间2.48天。入境客源国排名前5位为韩国(47.8万人次)、美国(34.8万人次)、日本(27.8万人次)、马来西亚（15.1万人次）、印度(12.8万人次)。全省接待入境过夜游客人数前5位城市为杭州(113.3万人次)、金华(88.9万人次)、宁波(76.2万人次)、温州(58.4万人次)、嘉兴(57.1万人次)。全省星级饭店593家，其中五星级83家、四星级183家。全省旅行社2805家，其中出境旅行社306家、五星级旅行社36家、四星级旅行社236家。全省文化旅游从业人员68.46万人。

【国内旅游市场】 2019年，浙江省接待国内游客7.2亿人次，比上年增长5.5%；实现国内旅游总收入1.07万亿元，增长9.1%。国内游客人均花费1486元，平均停留时间2.13天。其中，全省接待乡村旅游游客4.6亿人次，增长23.2%；实现旅游总收入474.4亿元，增长25.6%；带动农产品销售收入80.3亿元，增长23.8%；实现乡村旅游净收入144.5亿元，增长21.5%。全省乡村旅游从业人员51.7万人，增长15.8%。全省星级饭店平均客房出租率55%，平均床位出租率53.3%，平均房价359.2元/间·天，增长0.3%。接待国内旅游人数排名前5位城市为杭州(2.07亿人次)、宁波(1.39亿人次)、金华(1.39亿人次)、温州(1.37亿人次)、湖州(1.32亿人次)。全省国内旅游收入排名前5位城市是：杭州(3953.7亿元)、宁波(2303.1亿元)、金华(1543亿元)、温州(1528.7亿元)、湖州（1518.8亿元）。

【出境旅游市场】 2019年，浙江省旅行社组织出境游客306.5万人次，增长6.4%。其中：出国游组团人数287.7万人次，增长6.9%；“台湾游”组团人数4.2万人次，增长62.7%；“港澳游”组团人数14.3万人次，下降10.2%。出境游排名前5位目的地国家是日本(68.5万人次)、越南(60.3万人次)、泰国(54.9万人次)、新加坡(16.7万人次)、印度尼西亚(15.4万人次)

【“文旅融合”推进发展】 2019年，浙江省为加快推进“文旅融合发展”，出台《关于加快推进文旅融合IP工程建设的实施意见》，启动“文旅融合改革”试点县（市、区）创建和IP工程建设，全省注册IP地址超过300个。5月29日，在浙江工商大学下沙校区成立全国首个“文旅IP研究中心”。6月11日，农业银行浙江省分行与省文化和旅游厅在杭州签署战略合作协议，成立全国首家农行杭州文旅支行。全年农业银行浙江省分行和杭州银行分别向“文旅融合”项目投放贷款600多亿元。11月3日，由省委宣传部、省发展改革委、省文化和旅游厅等单位主办，省文化产业促进会、省旅游宣传推广中心、永嘉县政府等单位承办的“2019浙江省诗路IP开发推进活动”在温州永嘉启动。至年末，全省有省级乡村旅游产业集聚区8个、省级中医药文化养生旅游基地12个、省级工业旅游示范基地23个、省级生态旅游区10个、省中小学生研学实践教育基地和营地63个。浙江省成为第一批全国文化和旅游资源普查试点省，普查试点首先在宁海县、江山市启动。全省设区市与县（市、区）联合打造文化和旅游融合发展“金名片”82张。金华市入选文化建设军民融合发展试点城市，宁波市获批创建首批国家文化与金融合作示范区。

【文化旅游产品开发】 2019年，省政府出台《浙江省景区城建设指南（试行）》《浙江省景区镇建设指南（试行）》，全面启动“浙东唐诗之路”“钱塘江诗路”“瓯江山水诗路”“大运河（浙江段）文化带”开发，两次召开全省旅游“万村千镇百城景区化”推进会，加快建设国家全域旅游示范省和文化旅游精品文旅线路。全年认定A级景区镇135个、A级景区城19个；A级景区村庄3034个，累计建成A级景区村庄7236个，完成率72.4%。淳安县下姜村等14个村入选全国第一批乡村旅游重点村名录。浙江省被文化和旅游部确定为第一个全国民宿等级评定试点省，年内评定等级民宿183个，认定第二批省级全域旅游示范县（市、区）12个，国家级、省级示范县（市、区）覆盖率41.1%。安吉县、江山市、宁海县入围全国首批国家全域旅游示范区，示范区总数全国并列第一。

【特色小镇创建】 2019年，浙江省公布第三批旅游风情小镇培育创建单位31个，评定省级红色旅游教育基地9个。温州市入选全国首批智慧旅游试点城市，嘉兴市入选第一批全国红色旅游资源普查试点市。全省推进“诗画浙江·百县千碗”工程，出台《“诗画浙江·百县千碗”三年行动计划（2019—2021年）》，全年开展主题活动20多场，遴选各地名菜1088道，培训美食专业人才3000多人次，入选全国优秀红色旅游文创产品12个。在2019年中国特色旅游商品大赛中，浙江获金奖8个、银奖10个、铜奖13个。全省发布首批“非遗”旅游商品100种。12月24日，浙江省公布第五批非物质文化遗产旅游景区名单50个，其中“非遗”主题小镇20个、民俗文化村30个。

【区域文化旅游合作】 2019年5月20日，为贯彻落实长三角一体化发展国家战略，浙江与上海、江苏、安徽三省一市在上海签署《长三角文化和旅游高质量发展战略合作框架协议》，进

2019年8月22—24日，国际海岛旅游大会在舟山举行　（省文化和旅游厅　供图）

一步深化长三角文化和旅游合作与协同发展。根据协议，长三角三省一市共同构建目标统一、行动协同的文化和旅游合作协调机制，打造联合开放、充满活力的文化和旅游市场，提供高效便捷的利民便民文化旅游公共服务，共同推进长三角地区文化和旅游高质量发展战略合作的重点任务25项。10月10—11日，“长三角一体化文旅峰会暨国际滨湖度假大会”在湖州召开。会上发布《浙江大湾区“五湖之约”再出发联合行动宣言》和《长三角一体化文旅联合行动湖州倡议》，成立“长三角国家级旅游度假区（推广）联盟”。“五湖联盟”共同承诺加强滨湖旅游资源生态保护、打造“五湖之约”文旅精品线路，推动滨湖度假品牌建设，建立“五湖之约”议事交流机制。

（省文化和旅游厅　林　静）

旅游规划与项目建设

【概况】 2019年，浙江省旅游文化项目建设投资首次突破双千亿元，达2084亿元，比上年增长15.6%，提高12.7个百分点。全年全省新增“文旅融合型”建设项目964个，占在建项目总数的35%，实际投资923.8亿元，占全省总投资的44.3%。在654个新开工项目中，“文旅融合型”项目占40%；投资额大于10亿元的68个大项目中，36个属“文旅融合型”，占53%。新开工体育旅游项目37个，总投资158亿元，完成投资36.9亿元，增长84%；医疗健康旅游项目21个，总投资195亿元，完成投资15.5亿元；海洋旅游项目16个，总投资50亿元，完成投资12.8亿元。新建项目中有海岛公园、“非遗”馆、旅居车营地、特色民宿等48个类型。全年浙江在建文化和旅游项目2634个，总投资1.7万亿元，实际完成投资1705亿元。

【旅游项目规划】 2019年，浙江省相继出台《诗路黄金旅游带三年行动计划（2020—2022年）》《浙东唐诗之路黄金旅游带规划》《钱塘江诗路黄金旅游带规划》《瓯江山水诗路黄金旅游带规划》，其中有3项规划通过评审。省文化和旅游厅成立“四条诗路”智库，建立“诗路文化带”协调推进工作机制和联席会议制度，完成浙江、安徽、福建、江西4省国家生态旅游协作区总体修订方案，完成青瓷、茶叶、丝绸体验旅游专线规划编制。3月22日，省文化和旅游厅在舟山召开海岛公园建设座谈会，编写完成《浙江省十大海岛公园建设三年行动计划（2020—2022年）》调研报告和创建导则初稿，海岛公园建设全面展开。8月22—24日，由文化和旅游部、省政府主办，省文化和旅游厅、舟山市政府承办的“2019国际海岛旅游大会”在舟山举行，会上发布《浙江省海岛大花园建设规划》。

【乡村旅游建设】 2019年，浙江省全域新开工乡村旅游项目329个，总投资213.4亿元。新开工生态旅游项目183个，投资160.1亿元。“世界旅游联盟总部暨世界旅游博物馆”“仙居文化综合体”“安吉海游天地度假城”等旅游项目开工建设。“长兴龙之梦”“濮院古镇”“宁波滨海健康旅游小镇”等在建乡村旅游项目加快建设。“萧山森泊乐园”“余杭良渚遗址文化公园”“湖州慧心谷”“安吉云上草原”等项目建成开业。

【第四次“百千万”工程现场会在乐清召开】 2019年12月25日，浙江省第四次全域旅游暨“百千万”工程推进现场会在温州乐清召开。省文化和旅游厅、温州市政府负责人出席大会。大会落实文化和旅游部提出的“城、乡、景区三位一体发展”规划，部署抓好“百千万”工程、助推全省大花园建设各项工作。会上对2019年AAA级景区村庄代表进行授牌。温州市文广电旅游局、新昌县、建德市寿昌镇、乐清市大荆镇石斛田园综合体等单位代表做交流发言。

（省文化和旅游厅　林　静）

旅游景区建设

【A级旅游景区建设】 2019年，浙江省推进高等级旅游景区提质升级，实施“放心消费在浙江”行动，命名放心景区180个。金华山风景区226个资源单体、8大主类通过AAAAA级旅游景区资源评估，获准创建AAAAA级景区；丽水市“缙云仙都景区”入选国家AAAAA级旅游景区；新增国家AAAA级旅游景区8个。至年末，全省有国家A级以上旅游景区798个，其中AAA级旅游景区446个，AAAA级旅游景区217个，AAAAA级旅游景区18个，全省11个设区市实现AAAAA级旅游景区全覆盖。有A级景区村庄7236个。全年全省A级以上旅游景区接待游客6.5亿人次，实现营业收入838.1亿元，其中门票收入101.9亿元，

2019年8月17日，环球摄影师走进“诗画浙江”活动正式启动

（省文化和旅游厅　供图）

占总收入的12.2%。

【旅游度假区建设】 2019年，省文化和旅游厅起草《浙江省省级旅游度假区管理办法》，对旅游度假区的管理进一步细化管理规则。年内，宁波市奉化区通过“宁波湾创建旅游度假区”省级资源评估，“宁波松兰山旅游度假区”总体规划和“兰溪旅游度假区”范围调整获省政府批复。千岛湖、莫干山、鉴湖创建国家级旅游度假区。其中，“莫干山度假区”范围内10个行政村创建国家AAAA级景区1个、AAA级景区村庄7个，新增森林酒吧、萤光市集等特色旅游项目12个。至年末，全省有“国家级旅游度假区”4个，“省级旅游度假区”50个。全省旅游度假区拥有客房8万间，五星级酒店25个，全年接待游客1.37亿人次，实现总收入619.65亿元。

（省文化和旅游厅　林　静）

旅游市场开发

【旅游宣传推广活动】 2019年，浙江省加大旅游宣传推广力度，提升“诗画浙江”旅游质量，全年举办各类宣传推广活动350多场次，发送宣传信息7000多条，发放宣传资料6600多份。组织人员赴北美、欧洲、日本及东南亚等国家，开展“美丽中国·诗画浙江”文化交流和旅游推介活动。全年组织“中国—老挝旅游年”“中国—柬埔寨旅游年”“中国—新西兰旅游年”“中国—太平洋岛国旅游年”等重大境外旅游交流推广活动。9月5—7日，在南京举办“诗画浙江·美好共享2019浙江(江苏)旅游交易会”，交易会展会面积1.5万平方米，设七大展区698个展位，参展单位620多个。组织参加中国国际旅游交易会、东盟博览会、亚洲文明大会博览会、世界旅游博览会、海峡旅游博览会、伦敦旅交会等旅游交流活动。举办“甬抱台温、美丽湾区2019浙江沿海高速文旅”主题推广活动、“研学天台山、诗路霞客行”“环浙骑游”“运动休闲旅游节”“景区马拉松”等系列旅游专题活动。

【“诗画浙江”品牌打造】 2019年，浙江省大力弘扬“诗画浙江”品牌，着力推进全省“大花园建设”“四条诗路”“百县千碗”“乡村海岛”等重点旅游工作。依托浙江广播电视集团、《浙江日报》和“阿里巴巴”等媒体平台，举办北京、天津、河北“诗画浙江”大型主题宣传推广活动。开展“浙皖一家亲——名山名湖名江名城”“浙皖黄金旅游线”推广活动。6月25日，由省文化和旅游厅、浙江广播电视集团、中国美术学院联合主办的“华为新影像大赛诗画浙江 ”手机旅拍活动在杭州启动。省文化和旅游厅开启“省级文化旅游”抖音号；组织拍摄“诗画浙江”100秒短视频，制作长三角宣传片并在新媒体平台线上线下滚动播放。浙江旅游业协会与浙江电台音乐频道联合举办“唱响唐诗·畅游浙江”大型音乐会，出版《诗画浙江系列青年少年研学手册》《行尽山水、浙江诗路文旅读本》等旅游书籍，展示全省200多个研学旅游示范基地的创建成果200。

【区域“文旅”合作】 2019年，浙江省全面加强“长三角”“京津冀”(北京、天津、河北)、“粤港澳”(广东、香港、澳门)地区文化和旅游宣传推广联络工作，组织11个设区市参加北京、上海、海南、四川、江苏、福建、广东、西安、江西、新疆等省市举办的各类推介会、展览会、博览会30多场。接待黑龙江、云南、吉林、河南、安徽、福建、新疆伊犁哈萨克自治州、四川阿坝州等省市在浙江开展文化和旅游推介活动20多场。6月10日，启动浙江与吉林文化旅游对口合作“公众互动年”。在文化和旅游部主办的“2019长江旅游博览会线路产品”大赛中，浙江选送的“行大美长江，览湘楚风光”和“最美乡村之旅——村游长江”获得金奖。

【“文旅”媒体企业合作】 2019年，浙江省加大文化旅游宣传力度，与中央电视台、浙江广播电视集团等媒体对接洽谈，在文化旅游宣传推广方面开展战略合作。联合“浙江在线新闻网站”开展“创意诗路·美好生活”为主题的浙江“诗路IP”文创产品大赛。7月6日，良渚古城遗址列入《世界遗产名录》，中央电视台《国宝档案》栏目为良渚古城遗址拍摄的5集专题电视片于10月底在中央电视台播出。浙江旅游企业与杭州娃哈哈集团有限公司、浙江塔牌绍兴酒有限公司等知名企业，在世界浙商大会期间联手推广“诗画浙江”品牌。11月12日，由省文化和旅游信息中心、省旅游宣传推广中心、宁波市象山县政府和浙江吉利控股集团联合主办的“喜迎亚运·吉象如意——2020吉利车主免费游象山”发布会在杭州举行。

（省文化和旅游厅　林　静）

2019年6月29日，“红动浙江2019红色旅游季”暨“万人初心之旅”活动启动

（省文化和旅游厅　供图）

旅游节庆活动

【第十一届中国国际旅游商品博览会在义乌举行】 2019年4月27—30日，由文化和旅游部、中国国际贸易促进委员会、浙江省政府主办的第十一届中国国际旅游商品博览会和第十四届中国义乌文化产品交易博览会在义乌同时举行。文化和旅游部部长雒树刚出席并宣布开幕，省委常委、宣传部部长朱国贤，副省长成岳冲出席会议。博览会以“融·创·美”为主题，展览面积10万平方米，设中心馆、文创馆、“非遗”生活馆、省市馆、美丽乡村馆、电子竞技馆、浙江馆、动漫娱乐馆、保利艺术馆等10个展区，推出标准展位4192个，有1277家企业和机构参展。吸引来自国内29个省（区、市）及德国、匈牙利、拉脱维亚、委内瑞拉、朝鲜等18个国家和地区组团参加展会。

【“文旅”惠民消费季启动】 2019年5月19日“中国旅游日”，由省文化和旅游厅、宁波市政府共同主办，宁波市文化广电旅游局承办，宁海县政府协办的第十七届徐霞客开游节开幕式在宁海西门举行，全省“文旅惠民消费季”活动序幕同时拉开。“消费季”以杭州、宁波2个国家文化消费试点城市为中心，活动主题为“文旅融合、乐享生活”，活动时间至8月31日。“消费季”期间，全省举办“中国旅游达人大会暨游学产业峰会”“诗画浙江·百县千碗——妈妈的味道、民间美食巧女秀”“非遗风情大巡游”“文化旅游惠民活动”等系列活动，发放惠民消费券300万元。省、市两级政府推出“旅游演艺”“文旅最食尚”“数字新文旅”“时尚惠生活”“诗画浙江游”“传统新体验”“欢乐嘉年华”“全民看电影”八大板块旅游项目，有子项目39个。

【“红动浙江”旅游季启动】 2019年6月29日，由省文化和旅游厅举办的“红动浙江2019年红色旅游季”暨“万人初心之旅”活动在永嘉县岵北古村启动。启动仪式上，省文化和旅游厅与武警浙江省总队签订共建协议。“红色之旅”活动推出“浙北精神之旅”“浙南烽火之旅”“浙东山海之旅”“浙西信仰之旅”4条浙江红色旅游精品线路。省文化和旅游厅为浙江省第二批、第三批12个省级红色旅游教育基地授牌。各地市旅行社、投资商与全省15个红色旅游基地分别签约，“永嘉县中国工农红军第十三军军部旧址”红色旅游教育基地发出联合倡议书。

【第十四届浙江山水旅游节】 2019年10月25日，由省文化和旅游厅、温州市政府主办，温州市文化广电旅游局、文成县政府承办的第十四届浙江山水旅游节在文成县刘伯温故里景区百丈漈景点开幕。“浙江山水旅游节”活动主要包括新闻发布会、“山水旅游节暨刘伯温文化节开幕式”“2019文化旅游IP发展峰会”、国际文旅达人“伯温故里山水文化采风行”“诗画浙江·百县千碗”文成美食节等。浙江电视台、《中国旅游报》《中国网》《浙江日报》等30多家主流媒体采访报道旅游节活动。（省文化和旅游厅　林　静）

【第三届民间美食巧女秀总决赛在衢州举行】 2019年11月2—3日，浙江省第三届“妈妈的味道”民间美食巧女秀总决赛在衢州市水亭门历史文化街区广场举行。总决赛由省妇联、省农业农村厅、省供销社、省农村信用社联合举办。有60个参赛项目团队、80个衢州市参展团队参加活动。有60位女性“非物质文化遗产的传人”、女匠人、美食家携60款美食入围总决赛。经大众评议、专家评审、媒体评分并结合网络投票得分，总决赛产生巧手美食奖、特色风味奖、最佳人气奖各10个和优胜奖30个。

（浙江年鉴编辑部）

【旅游饭店服务技能大赛在杭州举行】 2019年11月26—28日，由省文化和旅游厅主办，浙江饭店业协会承办，浙江旅游职业学院协办的“2019年浙江省旅游饭店服务技能大赛”在杭州举行。大赛以“抓标准、提品质、展风采、树标杆”为主题，设客房服务（中式铺床及小景设计）、餐厅服务（中餐宴会摆台）、餐厅服务（西餐宴会摆台）、饭店消防演练技能4个比赛项目，分个人赛、小组赛、团体赛和工装表演赛4个类别。来自全省69支饭店代表队307名选手参加比赛，大赛决出团体一等奖4个，个人一等奖14人。

（省文化和旅游厅　林　静）

旅游行业管理

【概况】 2019年，浙江省加强文化旅游领域执法监督，开展文化旅游“扫黑除恶”活动。全年摸排文化和旅游市场欺诈消费、色情服务、收取保护费、“霸王消费”等疑似涉黑涉恶线索46条，成案线索3条。严厉打击“不合理低价游”，全面加强互联网上网服务营业场所等新兴领域的监管，打造放心消费的文旅市场环境。全年，全省出动执法人员13.51万人次，检查旅行社、星级饭店、景区景点24.11万个次，查办涉旅案件2407件；受理旅游投诉举报5128宗，行政处罚立案1958宗，累计罚款993.04万元，涉旅企业停业整顿吊销许可证79家次。

【景区提升专项行动】 2019年，浙江省开展旅游景区品质提升专项行动。8月19日，省文化和旅游厅发布《浙江省A级旅游景区品质提升专项活动方案》，组织全省各市、县（市、区）文化和旅游部门开展为期2个月的景区提升专项行动。专项行动采取通过第三方暗访、交叉检查和现场明查等形式，对全省806个A级旅游景区进行复核。重点检查A级旅游景区厕所、环境卫生、资源环境保护、安全管理、讲解服务、门票价格、诚信经营7个方面的内容。对存在严重问题的景区，采取摘牌、警告、通报等行政措施。全省取消AAAA级旅游景区5家，警告18家，通报批评9家；取消AAA级及以下旅游景区20家，降级1家，警告19家，通报批评28家，处理景区的总数达100家，处理率12.4%。处理结果首次在公众号“浙江发布”上公布。

【综合行政执法改革】 2019年，浙江省全面推进文化旅游市场综合行政执法改革，推进文旅市场“放管服”改革，建立文旅市场信用体系，打击文旅市场违法违规行为，提升星级饭店服务品质，强化旅行社和导游人员管理，打造放心消费的文旅市场环境。全省11个设区市和89个县（市、区）挂牌成立文化市场综合行政执法队伍；省、市、县三级成立文化市场管理工作领导小组，综合执法经费列入同级政府财政预算。省文化和旅游厅先后出台旅游业《行政执法公示办法（试行）》《行政执法全过程记录办法（试行）》《重大行政执法决定法制审核办法（试行）》3项制度。年内，全省入选2017—2019年度全国文化市场综合执法优秀案卷4个，入选2018—2019年度全国文化市场综合执法重大案件5个。

【旅行社管理】 2019年，浙江省推出“浙江旅行社行业品质提升2019系列活动”。系列活动包括“启动仪式”、“诗路旅游线路设计大赛”、“浙江原创导游词大赛”、制作“摄制活动主题宣传片”、编印《2019年浙江省旅行社行业发展报告》、“浙江省旅行社品质提升系列活动闭幕式暨浙江省旅行社行业年度盛典”6个子活动。加强导游人员培训，举办全省优秀导游集训班。在第四届全国导游大赛上，浙江省获大奖3个，省文化和旅游厅获4个大赛突出贡献奖。杭州百缘旅行社导游邹晓娜获全国银牌导游员称号，杭州市职工国际旅行社导游余云建获全国铜牌导游员称号。全省新评定五星级旅行社3家、四星级和三星级旅行社38家。

【旅游饭店管理】 2019年，浙江省加大对高星级饭店的管理和监察力度。全年暗访检查五星级饭店12家，年度复核四星级饭店54家。其中，6家四星级饭店被取消星级称号。五星级饭店湖州太湖（雷迪森）温泉度假酒店被全国旅游星级饭店评定委员会取消星级称号。省文化和旅游厅出台省级《品质饭店评价规范》地方标准，评定首批“品质饭店”80家、特色文化主题饭店31家。年末，全省有旅游星级饭店593家，其中五星级饭店83家、四星级饭店183家。有绿色饭店337家，其中金树叶级绿色饭店67家、银树叶级饭店270家。有特色文化主题饭店107家，其中金鼎级特色文化主题饭店41家、银鼎级文化主题饭店66家。有品质饭店80家，其中金桂品质饭店37家、银桂品质饭店43家。

【“文旅信用体系”建设】 2019年，浙江省推进文化和旅游领域信用体系建设，全省通过全面梳理，确定纳入信用业务协同应用的权力事项84项、《浙江省守信激励与失信惩戒措施清单》的事项10项。制定“浙江省旅行社信用监管评价指标模型”，开展对高星级饭店、景区暗访检查工作。推广应用“全国旅游监管服务平台”，构建覆盖全面、要求明确的旅行社经营管理体系。监管工作重点规范旅行社组团、信息披露、保证金、在线旅游业务等经营行为。组织开展“文明旅游为中国加分”系列主题宣传活动，发布全国首份省级文明旅游志愿服务指数报告。

（省文化和旅游厅　林　静）

旅游信息化建设

【概况】 2019年，浙江省推动旅游公共服务转型升级，推进旅游信息化建设。省文化和旅游厅专门成立政府数字化工作专班，出台关于深化“最多跑一次”改革推进数字政府建设的实施意见和关于政府数字化转型三年工作计划（2019—2021年），印发有关核心业务流程模型梳理文件。2次召开全省文化和旅游系统数字化工作培训班，发布《浙江省文化和旅游厅政府数字化转型重大项目各地实施指引》《浙江省文化和旅游数据采集规范》，制定“晾晒考核评价细则”。年内，省文化和旅游厅旅游信息化建设的“重点项目落地、文旅数据仓建设、纵向和横向数据共享、业务协同与流程再造、功能应用输出”等方面取得阶段性成效。

【“文旅”系统数字化转型建设加快】 2019年9月3日，省文化和旅游厅委托浙江省成套招标代理有限公司对“诗画浙江·文化和旅游信息服务平台”（简称“服务平台”）进行公开招标。“服务平台”以“数据共享、业务协同”模式，建成“产业管理、行业监管、公共服务、数据中心”四大功能40个应用模块，形成一条从业务申报、监管到公共信息服务的数据链，实现省、市、县三级信息管理一体化。10月24日，为推进“诗画浙江·文化和旅游信息服务平台”的推广应用，省文化和旅游厅在衢州举办200多人的全省“文旅”系统数字化转型培训班。至年末，“服务平台”试营阶段汇集全省211个AAAA级以上景区、978个AAA级以上饭店、

2423家旅行社的信息数据管理，接入全省191个重点景区283个视频数据实时监测，覆盖面惠及全省11个设区市、89个县级行政区、341个景区导游导览，78个上线景区酒店，以及覆盖良渚国家遗址公园、良渚文物博物馆等近20个博物馆，在全国率先建成全域旅游导览一张图。

【"文旅数据仓"建成】 2019年，浙江省建成全国首个"文旅数据仓"，实现文化旅游基础数据"一合二通三畅"(合并、连通、顺畅)的目标，对接各级文化和旅游主管部门，对游客问询、旅店住宿、交通道路、气象等情况提供实时监测和信息服务。至年末，"文旅数据仓"归集数据43类16.95亿条，共享数据5369万条，接口调用次数465万次，汇集18个横向部门32大类、13亿条数据及业务协同。"文旅数据仓"与文化和旅游部初步实现投诉数据和团队监测数据共享。完成杭州、温州、衢州、嘉善、象山等23个市、县(市、区)应用接入市县"一张图"；向公安、交通、应急、工会等部门提供业务数据14.6亿条。

【文旅资讯平台扩展】 2019年，浙江省构建省、市、县、企业4级用户管理及应用体系，纳入各级体系管理用户4000多个，企业用户2万多家，专家用户500多个。建立文旅资源导航导览一张图，覆盖全省341个景区导游导览，依托"浙里办"建设"文化和旅游服务专区"，推出掌上文旅决策服务；民宿管理系统实现民宿在线申报与在线评定。"诗画浙江"文旅"一卡通"吸引景区、酒店、民宿等企业产品的入驻，实现旅游产品多渠道分发与引流。新建"省文化和旅游厅官方微博""文旅头条号""文旅企鹅号"等新媒体平台，累计关注者500万人次。"浙里办·文化旅游服务专区"国庆长假期间访问量28万人次。"诗画浙江文旅资讯"微博关注者366万人次，周均阅读量180万人次，居全国文旅类微博排行榜前五名。全年"诗画浙江文旅资讯"百家号阅读量2600万人次，"诗画浙江文旅资讯"头条号阅读量730万人次。

（省文化和旅游厅　林　静）

开放型经济
Open Economy

融入"一带一路"建设

【概况】 2019年，浙江省贯彻实施关于融入"一带一路"建设的决策部署，全面落实扩大开放的各项举措。全年实现与"一带一路"沿线国家进出口商品贸易额1.05万亿元，比上年增长16.8%。其中：出口7961.1亿元，增长16.8%，占全省出口总额的34.5%，提高2.3个百分点。进口2497亿元，增长16.5%。境外投资备案额81.3亿美元，增长70.1%。对外承包工程营业额42.2亿美元，增长16.4%。3项成果列入第二届"一带一路"国际合作高峰论坛成果清单。召开全省推进"一带一路"建设大会，会上与"一带一路"沿线12个国家和地区签订合作项目20个，项目涉及汽车生产、智能制造、能源开发、园区建设等领域，总投资143亿美元。

【特色优势发挥】 2019年，全省聚焦数字经济"一号工程"，加快建设"数字丝绸之路"。推进杭州"数字丝绸之路"核心区建设。世界电子贸易平台(eWTP)在"一带一路"沿线4个国家布局。全省跨境电子商务综合试验区总数增至5个，居全国前列。由宁波出口集装箱运价指数、海上丝路贸易指数、"17+1"贸易指数、宁波港口指数和宁波航运经济指数5个指数组成的海上丝路指数体系，2次列入"一带一路"国际合作高峰论坛成果清单。以"一带一路"大数据中心、航运大数据中心、应对技术性贸易壁垒信息服务平台、"全球园区"信息服务平台等为支撑的数据服务体系进一步完善。全省在境外投资创业的200多万浙商深度参与"一带一路"建设。全年16个中方投资额在1亿美元以上的项目投向"一带一路"沿线13个国家和地区。构建"义甬舟"开放大通道，围绕"两核一带两辐射"的空间格局，发布十大标志性工程和重大支撑性项目。海港、陆港、空港、信息港"四港联动"取得实质性进展，宁波舟山港年货物吞吐量连续11年居世界第一位，成为全球首个"11亿吨"大港，"义新欧"班列辐射37个国家和地区，省内机场通航"一带一路"沿线城市47个。建立以浙江自贸试验区为龙头的高能级开放平台体系，国家级境外经贸合作区数量居全国第一，省内中外国际产业合作园建设成效明显。推进国家级、省级、市县级交流平台构建，中国—中东欧国家博览会、世界互联网大会、世界浙商大会、世界油商大会、省推进"一带一路"建设大会、海丝港口国际合作论坛等成为浙江省对外开放活动的"金名片"。

【标志性工程建设】 2019年，浙江自贸试验区建设取得明显成效。新增24项制度创新成果，其中4项被国家有关部门推广，4个案例入选浙江自贸试验区第三批"最佳实践案例"。宁波舟山国际枢纽港引领优势进一步扩大。年货物吞吐量达11.2亿吨，集装箱吞吐量达2700万标准箱，通往"一带一路"沿线国家的航线增至88条。枢纽港入选首批国家物流枢纽建设名单。"17+1"经贸合作示范区合作层次全方位提升。以"两馆、两园、两中心"为主体的服务平台框架初步形成。中东欧特色商品常年展馆入驻17个国家。世界电子贸易平台(eWTP)试验区加快在"一带一路"沿线布局，eWTP全球创新中心落户义乌，秘书处落户杭州，全球首个eWTP公共服务平台上线，马来西亚、比利时、卢旺达、埃塞俄比亚等海外试验区加快建设。全年"义新欧"班列开行528列。金华中亚班列开行103列，并并入"义新欧"序列。境外经贸合作区与系列服务站建设取得阶段性进展。12个境外经贸合作区成为浙江省"一带一路"建设亮点。稳步推进中国与印尼产业园合作，"一园多区"模式写入两国签署的《区域综合经济走廊合作规划》。"一带一路"捷克站货运场、物流园、浙江丝路中心投入运营；迪拜站签署框架合作协议，物流商贸城开工建设。引进中国—意大利(宁波)园区等19个国际产业合作园，对应实施合作项目300多个，投资总额超过70亿美元。国际人文交流打响浙江品牌。友城和友好交流关系城市总数达500对。举办“美丽中国·诗画浙江”“丝绸之路上的跨文化对话”“万人游非洲”等大型文旅交流活动，全省在16个国家设立20所“丝路学院”。首次举办“一带一路光明行”活动。世界（温州）华商综合试验区市场采购贸易提前实现“出口30亿美元”目标，创建成为国家级创新试验区。推进浙江（青田）华侨经济文化合作试验区建设，第二届华侨进口商品博览会成交25.3亿元。“浙江一带一路网”中英文版先后上线，“一带一路”综合服务中心挂牌成立，“一带一路”智库合作联盟形成调研评估报告50多篇。

（省发展改革委　陆敏凤）

【自由贸易试验区与经贸合作示范区建设】 2019年，浙江省落实《中国(浙江)自由贸易试验区总体方案》89项试点任务，年内完成87项，有效实施率97.8%。全省自由贸易试验区集聚各类油气企业6000多家，油品贸易额超过3200亿元，成为全国油气企业集聚度最高的地区。围绕推进油气全产业链投资便利化、贸易自由化，创建制度创新成果24项，累计83项。其中4项制度创新成果被国务院复制推广，4个创新实践案例入选商务部第三批“最佳实践案例”。复制、推广国务院“改革试点经验和实践案例”157项。推进“一中心三基地一示范区”（国际油气交易中心、国际油品储运基地、国际石化基地、国际海事服务基地和大宗商品跨境贸易人民币国际化示范区）建设。省政府举办第三届世界油商大会、浙江自贸试验区国际咨询委员会第三次会议、浙江自贸试验区高质量发展推介会等活动。全省加快“17+1”（波兰、匈牙利等17个中东欧国家加中国）经贸合作示范区建设，建立国家级、省级境外经贸合作区12个，其中分布在“一带一路”沿线国家的境外经贸合作区10个。“泰中罗勇工业园”和“文莱大摩拉岛石油炼化工业园区”作为优秀运营主体受邀参加“一带一路”国际合作高峰论坛。捷克站形成“一场多园”（货运场、物流园、商贸园、工业园和综合服务园）的格局，被列入国家中捷合作优先推进项目。迪拜站商贸物流园和和合资源等子项目启动，并被列入第二届“一带一路”国际合作高峰论坛成果清单和省推进“一带一路”建设成果清单。中东欧国家博览会升格为国家级涉外机制性展会，中东欧商品常年馆展示中东欧商品4000多种。全年浙江省与中东欧双边贸易额989.9亿元，比上年增长8.5%；新增双向投资项目48个、投资额1.55亿美元，其中，合同外资1414万美元，实际利用外资393万美元。宁波—舟山港与中东欧5港间集装箱运量达65.2万标箱，增长8.8%。

【世界电子贸易平台（eWTP）创建】 2019年，浙江省实现跨境网络零售额1051.5亿元，比上年增长29.8%。其中：出口777.1亿元，增长35.3%；进口274.4亿元，增长16.3%。“三会”（首届中国—中东欧国家博览会暨国际消费品博览会、第二十一届中国浙江投资贸易洽谈会）期间，省商务厅与宁波市政府联合举办“跨境电商中东欧国家拓市行动”，妥善处置义乌跨境电子商务综合试验区建设中遇到的问题，推进湖州、嘉兴、绍兴、温州、台州5个市申报国家第四批跨境电子商务综合试验区。年内，“eWTP全球创新中心”落户义乌，eWTP菜鸟号运邮班列开通。

【义新欧中欧班列开行突破500列】 2019年，义新欧中欧班列开行突破500列，实际开行528列，发运4.23万个标箱，发运量比上年增长68.7%。至年末，班列开通义乌—马德里、义乌—布拉格、义乌—明斯克、义乌—莫斯科、义乌—列日等11条线路。其中义乌—布拉格线路是浙江与捷克合作的重要线路。年内，“义新欧”温州号首发，标志着“义新欧+”模式进一步推展。举办“一带一路”枢纽建设暨长三角中欧班列高峰论坛，搭建对接和服务平台。

【国际产业合作平台与“一带一路”服务平台建设】 2019年，浙江省推进国际产业合作平台建设，高质量打造外资集聚地。嘉兴市、湖州市高质量外资集聚先行区实际利用外资分别占全省的17.1%和7.9%。绍兴市、义乌市、台州市境外并购产业合作园建设加快推进，引进1亿美元以上项目124个，高技术产业实际利用外资占总量的29.9%。投资128亿元的意大利直升机项目开工建设，引进阿斯利康区域总部、“BP醋酸”“沙特阿美”等大项目。实行开发区产业链“链长制”，建立“九个一”（一个产业链发展规划、一套产业链发展支持政策、一个产业链发展空间平台、一批产业链龙头企业培育、一个产业链共性技术支持平台、一个产业链专业招商队伍、一名产业链发展指导专员、一个产业链发展分工责任机制、一个产业链年度工作计划）一个产业链年度工作计划）工作机制。推进32个开发区整合提升，建立或调整钱江、新昌、德清3个经济开发区。开展开发区“亩均论英雄”和“亩均效益”评价。杭州综合保税区、宁波梅山保税港区、嘉兴综合保税区B区二期通过省联合验收组验收。省商务厅印发《关于加快国际产业合作园发展的指导意见》，启动“美丽园区”建设，全年创建“美丽园区”20个。推进6个开发区海外产业创新服务综合体建设，引进国际合作项目300多个，投资额超过70亿美元。推进“一带一路”跨国服务平台建设。建立德中经济联合会、英国格拉斯哥商会、墨西哥中国中心等20个服务机构。组织企业参与商务论坛、经贸活动、产业合作对接会等，推进“一带一路”重点区域合作。打造信息共享、政策沟通、项目汇集的一体化综合平台。举办第二届浙江—德国数字经济和高新技术产业高峰论坛、第二十一届中国浙江投资贸易洽谈会“国际智能制造投资合作大会”等活动，促进与“一带一路”相关国家间合作交流。

（省商务厅　王嫣娜　梁倩倩）

货物贸易

【概况】 2019年，浙江省外贸进出口值3.08万亿元，比上年增长8.2%，高于全国4.8个百分点。其中：出口2.31

2019年浙江省主要出口商品情况

商品名称	2019年		2018年		比上年	
	出口总额（万美元）	占全省的比重(%)	出口总额（万美元）	占全省的比重(%)	增量（万美元）	增长(%)
10个主要商品合计	**15 949 714**	**47.7**	**15 448 866**	**48.1**	**500 848**	**-8.4**
纺织纱线、织物及其制品	4 226 857	12.6	4 036 863	12.6	189 994	-7.6
服装及衣着附件	2 898 206	8.7	2 977 321	9.3	-79 115	-9.5
塑料制品	1 825 825	5.5	1 643 272	5.1	182 553	-2.1
家具及其零件	1 297 089	3.9	1 314 913	4.1	-17 824	-15.4
电工器材	1 198 467	3.6	1 165 636	3.6	32 831	-8.4
通用机械设备	1 048 846	3.1	953 851	3.0	94 995	-3.9
家用电器	1 000 286	3.0	921 633	2.9	78 653	-8.8
汽车零配件	882 318	2.6	879 722	2.7	2 596	-12.9
鞋靴	871 244	2.6	858 279	2.7	12 965	-3.7
基本有机化学品	700 576	2.1	697 376	2.2	3 200	-18.7

2019年浙江省主要出口市场情况

贸易伙伴	2019年		2018年		比上年	
	出口总额（万美元）	占全省的比重(%)	出口总额（万美元）	占全省的比重%	增量总额（万美元）	增长(%)
10个主要国别合计	**14 948 135**	**44.7**	**14 900 419**	**46.4**	**47 716**	**-12.5**
美国	5 728 750	17.1	6 284 281	19.6	-555 531	-24.0
印度	1 341 314	4.0	1 264 387	3.9	76 927	-10.2
德国	1 307 999	3.9	1 274 078	4.0	33 921	-8.1
日本	1 266 842	3.8	1 269 275	4.0	-2 433	-7.1
英国	1 052 363	3.1	999 556	3.1	52 807	11.0
俄罗斯	946 380	2.8	894 062	2.8	52 318	-5.6
越南	891 124	2.7	721 265	2.2	169 859	3.6
韩国	882 008	2.6	834 717	2.6	47 291	-6.9
巴西	767 647	2.3	702 546	2.2	65 101	-7.2
印度尼西亚	763 708	2.3	656 252	2.0	107 456	-9.5

2019年浙江省主要进口商品情况

商品	2019年		2018年		比上年	
	进口总额（万美元）	占全省的比重(%)	进口总额（万美元）	占全省的比重(%)	增量（万美元）	增长(%)
10种主要商品合计	**6 059 337**	**53.8**	**5 769 355**	**51.8**	**289 982**	**-19.9**
金属矿及矿砂	1 306 424	11.6	1 011 230	9.1	295 194	13.4
基本有机化学品	1 259 637	11.2	1 481 283	13.3	-221 646	-41.8
初级形状的塑料	951 984	8.5	893 726	8.0	58 258	-14.3
成品油	572 574	5.1	686 568	6.2	-113 994	-101.1
电子元件	539 900	4.8	463 004	4.2	76 896	1.0
未锻轧铜及铜材	390 235	3.5	405 029	3.6	-14 794	-49.4
原油	318 379	2.8	51 666	0.5	266 713	559.4
纸浆、纸及其制品	252 299	2.2	296 763	2.7	-44 464	-44.4
木及其制品	245 290	2.2	286 663	2.6	-41 373	-18.9
医药材及药品	222 615	2.0	193 423	1.7	29 192	15.5

2019年浙江省主要进口市场情况

项目名称	2019年		2018年		比上年	
	进口总额（万美元）	占全省的比重(%)	进口总额（万美元）	占全省的比重(%)	增量（万美元）	增长(%)
10个主要国别和地区合计	**6 319 507**	**56.1**	**6 513 520**	**58.5**	**-194 013**	**-24.4**
日本	1 049 930	9.3	1 128 494	10.1	-78 564	-22.8
韩国	968 503	8.6	994 549	8.9	-26 046	-28.7
澳大利亚	876 958	7.8	768 585	6.9	108 373	-2.5
中国台湾	776 468	6.9	867 497	7.8	-91 029	-21.7
巴西	516 176	4.6	431 181	3.9	84 995	-16.8
马来西亚	473 987	4.2	418 593	3.8	55 394	-74.4
美国	464 147	4.1	717 357	6.4	-253 210	-32.9
沙特阿拉伯	462 653	4.1	360 467	3.2	102 186	1.6
印度尼西亚	385 209	3.4	398 944	3.6	-13 735	-42.8
德国	345 476	3.1	427 853	3.8	-82 377	-53.8

（省商务厅　提供）

万亿元，增长9.0%，高于全国4个百分点，居沿海主要省市第一位；进口7762.9亿元，增长5.8%，高于全国4.2个百分点，居沿海主要省市第三位。大力培育外贸竞争新优势，外贸进出口增长领跑沿海主要省市，为全国外贸稳定做出积极贡献。

【宁波、金华出口领跑全省】 2019年，浙江省出口增速超过全省平均增速的城市分别为温州(29.4%)、丽水(18.4%)、舟山(17.7%)、金华(10.3%)、绍兴(10.0%)。其中出口大市宁波、金华分别出口5970.2亿元、4034.8亿元，拉动全省出口增长3.8个百分点。出口增量排名前五位的城市有宁波(420.7亿元)、温州(383.3亿元)、金华(376.6亿元)、杭州(209.3亿元)、绍兴(204.9亿元)，5个设区市对全省出口增长贡献率为83.8%。

【出口商品结构优化】 2019年，浙江省出口商品中机电及高新技术产品占居优势地位。全省机电产品出口增长10.1%，高于全省平均增速1.1个百分点，占全省出口总值的42.8%，提高0.4个百分点；高新技术产品出口增长14.0%，高于全省平均增速5个百分点，占全省出口总值的7.0%，提高0.3个百分点。八大类轻工产品出口增长10.5%，高于全省平均增速1.5个百分点，占全省出口总值的18.3%，提高0.3个百分点。纺织服装产品出口增长6.2%，低于全省平均增速2.8个百分点，占全省出口总值的21.3%，下降0.5个百分点。

【出口方式多样】 2019年，浙江省一般贸易出口1.83万亿元，比上年增长7.6%，拉动全省出口增长6.1个百分点，占全省出口总值的79.1%。加工贸易出口1774.2亿元，下降5.3%，占全省出口总值的7.7%。外贸新业态中，全省市场采购出口2597.9亿元，增长26.5%，占全省出口总值的11.3%。外贸综合服务企业（不含深圳市一达通企业服务有限公司）出口645.7亿元，增长5.1%，占全省出口总值的2.8%。海关跨境电子商务零售出口21亿元，下降47.1%。

【民营企业出口增长】 2019年，浙江省民营企业出口1.84万亿元，比上年增长11.5%，高于全省平均增速2.5个百分点，占全省出口总值的79.7%，提高1.8个百分点。民营企业出口主体地位进一步巩固。国有企业出口总值下降2.1%，低于全省平均增速11.1个百分点，占全省出口总额的4.8%，下降0.6个百分点。外商投资企业出口下降0.9%，低于全省平均增速9.9个百分点，占全省出口总值的15.1%，下降1.5个百分点。

【新兴出口市场拓展】 2019年，浙江省对"一带一路"沿线国家出口7963.6万元，比上年增长16.9%，高于全省平均增速7.9个百分点，占全省出口总值的34.5%，提高2.3个百分点。新兴市场中，对东盟出口增长24.7%，高于全省平均增速15.7个百分点；对非洲国家出口增长18.0%，为全省平均增速的2倍。受中美贸易摩擦影响，对美国出口下降4.8%，低于全省平均增速13.8个百分点，占全省出口总值的17.1%。对欧盟(含英国)出口增长7.6%，占全省出口总值的21.7%。对日本出口增长4.3%，占全省出口总值的3.8%。

【进口市场分布】 2019年，浙江省进口7762.9亿元，比上年增长5.8%，高于全国平均增速4.2个百分点，居沿海6省市第三位。主要进口市场排名前三位的是日本、韩国和澳大利亚，分别进口722.6亿元、668.2亿元和604.2亿元，分别下降2.9%、增长2.0%和19.3%；增速最快的地区为中国香港，增长90.6%，其次为菲律宾，增长46.4%。金属矿及矿砂、基本有机化学品、初级形状的塑料系全省排名前三位的进口商品，分别进口901.6亿元、867.0亿元和655.1亿元。原油、鲜干水果及坚果、自动数据处理设备及其零部件进口增长最快，分别增长543.4%、395.1%和42.2%。

（省商务厅　千　露）

服务贸易

【概况】 2019年，浙江省推进电信、计算机、信息服务等高附加值、高技术含量的新兴服务业对外贸易的发展。全省服务贸易进出口总值3906.36亿元，比上年增长2.4%。其中：出口总值1173.84亿元，增长9.8%；进口总值2732.52亿元，下降0.5%。服务贸易额占全省对外贸易总值的11.3%，居全国前列。其中，技术服务、文化服务、金融服务、服务外包等重点领域服务贸易增幅较大。

【贸易总量稳定增长】 2019年，浙江省服务贸易进出口逆势而上，比上年增长2.4%。其中，出口1173.84亿元，增长9.8%，高于全省货物贸易出口增速0.8个百分点。12大服务贸易行业中有8个行业实现进出口正增长，其中维护和维修服务增长47.0%，居第一位；其次是电信、计算机和信息服务，增长26.2%；文化服务排名第三，增长24.0%。维护和维修服务，电信、计算机和信息服务、文化服务3个行业发展势头强劲，奠定全省服务贸易平稳增长的基础。

【杭州、宁波服务贸易领跑全省】 2019年，杭州市作为服务贸易创新发展试点城市、服务外包示范城市，服务贸易业绩引领全省。全年杭州市服务贸易进出口总值2598.95亿元，占全省服务贸易总值的66.5%，领跑全省。其中，服务外包出口534.1亿元，居全国第二位；杭州高新技术开发区(滨江)物联网产业园列入国家数字服务出口基地榜单；杭州发展服务贸易做法入选国务院深化服务贸易创新发展试点"最佳实践案例"。宁波市为国家服务外包示范城市，服务外包快速增长带动全市服务贸易高质量发展。全年服务贸易进出口总值689.61亿元，占全省服务贸易进出口总额的17.7%，增长3.2个百分点。杭州、宁波2市服务贸易总值占全省服务贸易总值的84.2%。

【服务贸易结构优化】 2019年，浙江省加强服务贸易创新发展试点工作，加快推进服务贸易新兴领域发展。全年电信、计算机、信息服务、维修服务、文化服务、金融保险等新兴领域出口总值占全省服务贸易出口总值的49.4%，比上年提高3.96个百分点。增速最快的是船舶维修燃料油加注服务，增长50%；其次是文化服务，增速高于6个百分点。全年全省签订技术出口合同1011份，金额70.22亿元，增长8.3个百分点。美国为浙江省技术出口第一大市场。签订技术进口合同819份，金额174.19亿元，增长10.3%，瑞典为浙江省技术进口第一大市场。全省文化服务进出口总值20.62亿元，增长24.0%，提高6个百分点。其中：出口1.49亿元，增长1.4%；进口19.13亿元，增长25.8%。文化创意与设计服务和广播影视服务出口总值占全省文化服务出口总值的36.4%。全省金融服务进出口值15.53亿元，增长19.2%。其中，出口4.18亿元，增长168.1%。出口总值中金融中介服务出口3.95亿元，增长352.1%。

全省有服务外包企业5519家，新增491家。全年完成国际服务外包出口总值925.81亿元，增长16.0%。其中，信息技术外包(ITO)出口382.02亿元，占全省服务外包出口总值的41.3%，下降5.7个百分点。业务流程外包(BPO)和知识流程外包(KPO)出口总值分别占总量的16.6%和42.1%，分别提高4.95个百分点和0.8个百分点。业务流程外包增速最快，达87.6%。全省国际外包服务覆盖全球189个国家和地区，美国、日本和中国香港排名前三位，新加坡排名第七位。"一带一路"沿线国家成为浙江服务外包的新兴市场。全年全省服务外包企业与64个"一带一路"沿线国家和地区有外包服务业务往来，离岸合同执行额为219.78亿元，增长24.3%。其中，以新加坡、马来西亚等东南亚国服务外包业务增长最快。

（省商务厅　黄茜鋆）

利用外资

【概况】 2019年，浙江省新设外商投资企业3580家，合同外资436.5亿美元，实际利用外资135.6亿美元，合同外资和实际外资分别比上年增长18.0%和8.7%，实际利用外资完成年度目标的102.0%。其中杭州、宁波、绍兴、嘉兴、湖州5市实际利用外资125.3亿美元，占全省实际利用外资的92.4%。全省新设外商独资企业2559家，合同外资286.3亿美元，实际利用外资100.9亿美元，分别占外商投资企业的71.5%、65.6%和74.4%。外商独资企业成为浙江省外商的主要投资形式。全省累计设立外商投资企业6.77万家，合同外资4423.3亿美元，实际利用外资2309.4亿美元。

【外资项目规模提升】 2019年，浙江省新设立1亿美元以上外商直接投资企业124家，比上年增加17家，投资总额451.5亿美元，合同外资201.5亿美元，投资总额和合同外资分别增长44.0%和64.0%，分别占总量的70.0%和59.3%。投资领域主要涉及生物药品制造、智能制造、新材料、新能源、信息技术等重点鼓励类产业。全年新批世界500强投资企业28家，投资总额38亿美元，合同外资14.6亿美元。德国联邦铁路公司、韩国KB金融集团、德国蒂森克虏伯集团、加拿大布鲁克菲尔德资产管理公司等500强投资企业落户浙江。全省累计187家世界500强企业在浙江设立投资企业642家，投资总额414.5亿美元，合同外资162.2亿美元。

【制造业利用外资】 2019年，浙江省第二产业实际利用外资46.8亿美元，比上年增长10.5%。其中制造业实际利用外资43.7亿美元，增长13.2%，占全省利用外资总量的32.2%，主要由化学原料和化学制品制造业、医药制造业、通用设备制造业快速增长带动。高技术制造业和服务业利用外资稳定增长，实际利用外资40.5亿美元，占全省利用外资总量的29.9%。其中，高技术制造业实际利用外资11.2亿美元，高技术服务业实际利用外资29.3亿美元，分别增长3.6%和3.8%。

【利用外资结构优化】 2019年，中国香港地区和欧洲对浙江投资增长明显。来自中国香港地区的实际利用外资99.8亿美元，比上年增长12.7%，占全省利用外资总量的73.6%。来自欧洲的实际利用外资11.9亿美元，增长57.9%，占全省利用外资总量的8.8%，提高2.8个百分点。中国香港和欧洲投资增长明显。其中爱尔兰、卢森堡、荷兰实际利用外资分别增长25.4倍、5.3倍和2.7倍。来自美国的实际利用外资2.0亿美元，增长0.9%。来自"一带 路"沿线国家的实际利用外资5.8亿美元，下降13.0%。

（省商务厅 李 达）

2019年浙江省利用外资方式

利用外资方式	企业数（家）	占总数（%）	比上年（%）	合同外资（万美元）	占总数（%）	比上年（%）	实际利用外资（万美元）	占总数（%）	比上年（%）
外商直接投资	3 580	100	1.47	4 364 885	100	18.04	1 355 920	100	8.67
中外合资企业	981	27.40	-5.13	1 468 948	33.65	109.40	313 410	23.11	14.76
中外合作企业	3	0.08	0.00	-14 863	0.00	-1 642.44	16 377	1.21	117.29
外资企业	2 559	71.48	3.48	2 862 659	65.58	-1.62	1 008 741	74.40	14.92
外商投资股份制	14	0.39	0.00	25 146	0.58	-71.08	16 949	1.25	-81.01
合伙企业	23	0.64	475.00	22 995	0.53	5 150.00	443	0.03	238.17

2019年浙江省各设区市利用外资情况

地区	商务部口径						省口径			
	美元（万美元）		人民币（万元）		年度实际利用外资目标（万美元）	完成目标（%）	美元（万美元）		年度实际利用外资目标（万美元）	完成目标（%）
	实际利用外资	比上年（%）	实际利用外资	比上年（%）			实际利用外资	比上年（%）		
总计	1 355 920	8.67	9 263 064	12.68	1 330 000	101.95	1 998 110	7.20	1 860 000	107.43
杭州	612 818	14.04	4 184 544	19.38	565 000	108.46	694 057	1.67	680 000	102.07
宁波	236 341	19.72	1 607 634	24.09	210 000	112.54	311 909	-27.8	440 000	70.89
温州	27 914	27	191 055	28.54	25 000	111.66	75 842	44.99	50 000	151.68
嘉兴	231 259	9.75	1 585 744	13.85	220 000	105.12	412 541	31.39	300 000	137.51
湖州	107 156	43.1	730 151	46.04	85 000	126.07	189 881	49.34	125 000	151.90
绍兴	65 739	-40.24	448 225	-39.4	110 000	59.76	152 543	12.88	135 000	112.99
金华	21 657	-1.46	148 205	0.28	25 000	86.63	26 267	-17.54	30 000	87.56
义乌	16 205	89.13	110 358	88.13	12 000	135.04	16 205	10.01	14 400	112.53
衢州	6 191	17.54	41 712	21.46	5 000	123.82	7 779	4.68	7 000	111.13
舟山	14 812	-55.54	102 589	-53.34	47 000	31.51	50 094			
台州	26 857	16.75	187 830	20.38	30 000	89.52	65 118	125.38	35 000	186.05
丽水	5 176	-56.3	35 375	-56.31	8 000	64.70	12 079	12.98	8 000	150.99

注：全国实际利用外资13813462万美元，比上年增长2.35%；按人民币计算为94151682万元，增长5.75%

对外投资与经济合作

【概况】 2019年，浙江省经备案(核准)的对外投资企业(含机构)763家，境外直接投资备案额119.09亿美元，比上年下降35.2%。实际对外投资87.32亿美元，增长1.7%，居全国各省区(市)第三位。全省备案(核准)的对外投资企业累计投资备案额823.92亿美元，覆盖148个国家和地区。“一带一路”沿线64个国家及中国港澳台地区投资备案项目432个，境外直接投资备案额81.29亿美元，增长70.9%。其中，东南亚地区项目214个，占全省投资项目数的28.1%，增长48.6%；中方投资备案额63.6亿美元，增长116.0%，占全省项目备案额的53.4%。至年末，全省在“一带一路”沿线国家投资项目备案总额483.21亿美元，占全省境外投资累计备案额的58.7%。其中，浙江华友钴业股份有限公司投资印尼非铁制基础金属制造项目，投资额12.31亿美元；红狮控股集团有限公司投资印尼东加里曼丹水泥生产线项目，投资额9.09亿美元。全年全省国外经济合作完成营业额78.22亿美元，增长3.3%。其中，对外承包工程完成营业额76.26亿美元，居全国各省区(市)第五位。外派劳务人员实际收入总额1.96亿美元，增长13.9%。对外工程承包行业领域，电力工程、制造加工设施建设行业比重显著提升，打破了房屋建筑业多年来独占鳌头的格局。全年在“一带一路”沿线国家(地区)累计完成营业额42.20亿美元，增长16.4%，占全省对外承包工程营业额的55.9%，提高25个百分点。

【三大重点领域投资增长】 2019年，浙江省境外投资主要集中在制造业、商务服务和电力能源业三大领域，境外投资备案额分别为68.29亿美元、10.81亿美元和8.90亿美元，分别比上年下降52.7%、增长151.0%和1.4%。其中制造业境外投资额占全省境外投资总额的57.3%。投资规模最大的项目为由浙江华友钴业股份有限公司在印尼设立的华越镍钴(印尼)有限公司，投资额12.31亿美元，从事非铁制基础金属制造。其次是青山控股集团有限公司投资的印尼镍铁、不锈钢生产项目，投资额3.83亿美元。

【跨国并购活动】 2019年，浙江省通过跨国并购形式服务全省经济转型升级。全省以并购形式实现的境外投资项目154个，比上年增长2.0%；并购额25.9亿美元，下降74.4%，占全省项目备案额的21.8%。全年实现并购1亿美元以上项目4个，最大项目为浙江省能源集团有限公司2.4亿美元并购锦江环境控股有限公司29.79%股权，从事垃圾发电及相关技术服务。由于美国等发达国家陆续提高外商投资审查门槛，针对中国企业并购活动设置外商投资限制性规定，部分企业跨国并购活动受阻。

(省商务厅　梁倩倩)

2019年浙江省境外投资情况

地区	项目数(个)	比上年(%)	投资总额(万美元)	比上年(%)	中方投资额(万美元)	比上年(%)
全省	**763**	**3.53**	**2 048 462.7**	**−87.73**	**1 190 853.3**	**−35.21**
省属	10	0.00	28 334.0	396.09	28 334.0	397.42
杭州市	228	−7.69	419 701.8	−92.26	188 461.4	−76.90
宁波市	201	4.69	267 003.1	−48.65	171 071.5	−58.71
温州市	38	8.57	80 710.2	14.73	75 087.3	26.70
嘉兴市	84	23.53	488 591.2	89.35	422 293.7	116.19
湖州市	44	−20.00	214 512.9	60.12	42 350.5	11.12
绍兴市	46	48.39	82 530.4	15.77	76 479.6	22.47
金华市	39	8.33	266 599.2	1 037.13	116 414.5	606.33
其中：义乌市	14	0.00	146 978.9	3 842.88	11 610.2	217.17
衢州市	10	0.00	7 004.2	9.76	6 965.0	57.59
舟山市	11	−26.67	26 484.7	33.83	25 957.2	32.87
台州市	42	20.00	161 672.7	−98.41	34 639.1	−83.21
丽水市	10	233.33	5 318.4	2 454.47	2 799.4	1 244.57

2019年浙江省对外承包工程劳务合作情况

地区	营业额及收入总额(万美元)	比上年(%)	对外承包工程		对外劳务合作		外派人数(人)	期末在外人数(人)
			合同额(万美元)	营业额(万美元)	合同工资总额(万美元)	实际收入总额(万美元)		
全省	**782 190**	**3.46**	**520 962**	**762 622**	**17 581**	**19 568**	**17 602**	**32 582**
省属	121 424	−2.29	72 915	120 800	429	624	2 714	3 312
杭州市	279 433	4.58	268 589	278 830	345	603	1 745	4 305
宁波市	191 202	13.35	66 894	191 200	0	2	49	462
温州市	11 279	−6.43	30	11 033	12	246	929	4 692
嘉兴市	18 022	1.22	2 389	17 244	1 684	778	338	427
湖州市	9 664	15.35	2 285	9 256	0	408	202	340
绍兴市	21 012	15.79	0	20 896	0	116	99	590
金华市	37 595	14.20	81 555	37 426	525	169	1 283	1 487
舟山市	79 665	−16.15	25 954	63 043	14 586	16 622	10 190	16 967
台州市	12 894	11.25	350	12 894	0	0	53	0

(省商务厅　提供)

开发区建设

【概况】 2019年，浙江省有国家级经济技术开发区21个，海关特殊监管区8个，省级经济开发区60个，参照省级开发区管理单位7个。开发区加快高质量外资汇集。全年全省经济开发区有投产的外商投资企业1.43万家，经济开发区合同外资219.2亿美元，占全省合同外资的50.2%；实际利用外资88.6美元，占全省实际利用外资的65.3%，实际利用外资比上年增长5.6%。新批3000万美元以上外资大项目235个，世界500强企业投资项目23个。全年经济开发区实现进出口总值2426.4亿美元，占全省进出口总值的47.2%，增长8.3%。其中，出口总值1832.9亿美元，增长16.2%，占全省的47.7%；进口总值593.6亿美元，下降10.1%，占全省的45.9%。实现财政总收入4720.7亿元，增长15.6%，占全省的38.5%，提高3.7个百分点。规模以上企业主营业务利润6030.8亿元，增长9.1%；利润率12.5%。

【经济开发区“亩均效益”提升】 2019年，浙江省79个经济开发区有规模以上工业企业2.67万家，完成开发利用面积28.51万公顷，规模以上工业企业综合能耗6674.4万吨标煤，实现增加值1.11万亿元，主营业务利润6030.8亿元。有18个经济开发区规模以上工业总产值超过1000亿元，其中宁波、嘉兴经济技术开发区规模以上工业总产值超过3000亿元。全年开发区税收收入4720.7亿元。

【创新驱动高质量发展】 2019年，全省经济开发区新增高新技术企业3899家，比上年增长38.9%，占全省新增高新技术企业的81.1%，累计高新技术企业9153家。规模以上高新技术企业实现总产值2.21万亿元，增长18.3%，占全省经济开发区总产值的44.0%，增长7.6%。新增省级以上研发中心487个、省级以上企业技术中心169个，新增院士工作站24个、博士后工作站104个。累计引进院士440人，国家“千人计划”、浙江省“千人计划”人才1939人，外国专家等2248人。全年新增发明专利1.35万件，增长12.8%，占全省新增发明专利的39.7%；新增世界500强企业投资的项目23个，高层次人才项目233个。

【国家级经济技术开发区引领经济发展】 2019年，浙江省国家级经济技术开发区实际利用外资63.9亿美元，占全省利用外资的47.1%，占全省经济开发区的72.1%；引进合同外资136亿美元，占全省经济开发区的62.0%。实现进出口1349.5亿美元，比上年增长12.7%，占全省进出口总值的26.3%，占全省经济开发区进出口总值的55.6%。其中进口397.9亿美元，占全省经济开发区进口总值的67.0%；出口951.6亿美元，增长21.4%，占全省经济开发区出口总值的51.9%。开发利用土地亩均税收11.2万元，亩均税收高于全省经济开发区0.2万元。规模以上工业企业亩均税收59.5万元，比原亩均税收高48.3万元。规模以上企业实现主营业务利润3321.3亿元，增长3.5%；利润率12.0%。税收2898.9亿元，增长15.7%。

（省商务厅　龚俊玮）

自贸试验区建设

【概况】 2019年，浙江自贸试验区全面落实《中国(浙江)自由贸易试验区总体方案》提出的89项试点任务，有效实施率97.8%。杭州海关会同有关部门在推进油气全产业链为核心的大宗商品投资便利化、贸易自由化方面大胆实践，新增24项制度创新成果，累计形成83项制度创新成果，其中全国首创34项。浙江舟山成为全国重要油气产业集聚区，并跻身全球十大船用保税燃料油供应港口之列。4月，4项制度创新成果被国务院复制推广。7月，4个创新实践案例入选商务部第三批“最佳实践案例”。

【“一中心三基地一示范区”建设】 2019年，浙江省加快国际油品交易中心建设。浙江自贸试验区油品贸易比上年增长44.6%，油品电子交易增长19.4%。推进国际海事服务基地建设。船用燃料油(保税油)直供量增长14.2%，结算量增长12.2%。加快国际石化基地建设。5月，中石化浙江分公司4000万吨炼化一体化项目(一期)投产。至年末，该项目加工原油469.6万吨，实现产值161.75亿元。项目二期全面开工建设。推进国际油品储运基地建设，试验区油品储存能力达2790万吨。加快大宗商品跨境贸易人民币国际化示范区建设，全年实现跨境人民币结算额960.36亿元，增长31.9%。

【自贸试验区利用外资】 2019年，浙江自由贸易试验区新增注册企业6927家，其中外商投资企业62家，分别比上年下降6.6%和79.3%。新增注册资本1387.6亿元，其中新增外商投资企业注册资本148.17亿元，分别下降31.2%和76.5%。合同外资17.05亿美元，实际利用外资3.81亿美元。中方协议投资额4005万美元，中方实际投资额1262万美元，分别增长176.2%和5.64倍。

【油气全产业链建设】 2019年，浙江自贸试验区实现大宗商品交易额4793亿元，其中油品交易额3201.8亿元，油品电子交易额1546.60亿元。船用燃料油供应量410.27万吨，外轮供应22.03亿美元，外轮修理产值44.22亿元。至年末，油品储存能力2790万吨。

【营商环境优化】 2019年，省商务厅推进商事登记制度改革，建立商事登记“1+N”综合受理服务体系，制定《浙江自贸试验区营商环境特色指标体系》。自贸试验区企业开办实现常态化4小时办结，企业平均办税时间提速20%以上，在国内率先开展进口货物“两步申报”改革试点。浙江自贸试验区营商环境进一步优化。

【自贸试验区重大活动】 2019年4月24日，国际能源署《石油市场报告(2019)》发布会暨浙江省自贸试验区油品贸易专题研讨会在杭州举行，系国际能源署首次在杭州发布其最新的全球石油市场研究报告。吸引新加坡托克集团、BP石油中国投资有限公司等国际石油化工能源领域一批高端人士与专家学者参加。5月22日，省地方金融监督管理局、浙江自贸试验区管委会等单位与上海市地方金融监督管理局、上海期货交易所等签署“共建长三角期现一体化油气交易市场战略合作协议”，浙江自贸区内3个仓库成为上海期货交易所原油交割库。8月23—24日，浙江自贸试验区高质量发展推介会、浙江自贸试验区国际咨询委员会第三次会议在北京举行。10月17—19日，第三届世界油商大会在舟山举行，大会以“共商油气、共享机遇、共谋发展”为主题，汇聚世界500强企业62家，世界石油50强企业18家，世界化工50强企业16家，现场签约项目21个，总金额567.6亿元。其中：产业项目16个、合作项目1个，协议涉及总金额336.6亿元；采购贸易项目4个，协议采购贸易金额231亿元。浙江自贸试验区对接上海商务委、海南商务厅，研究商讨开展浙沪、浙琼两地自贸试验区的合作事宜，并形成合作框架协议。（省商务厅　马伟峰）

国际贸易促进

【概况】　2019年，省贸促会全面深化改革，推进“浙江企业走进一带一路”对接系列活动，开展国际贸易投资促进工作，提升服务全省对外开放水平。全省贸促系统组织工商界人士出访41批489人次，接待国际经济组织、境外商协会、驻华使领馆等到访团组332批2625人次；增设海外联络机构23个，累计80个，与55个境外机构建立合作关系，友好合作机构达443个；组织1.8万家次企业参加境内外展会652个，展会面积92.84万平方米，签订中外合作投资项目62个，合同金额28.1亿元；签发原产地证109.82万份，商事证明书21.12万份，ATA单证册（国际性通关文件）1288份，通过“单一窗口”签发原产地证5133份，占全国签发量的70%，受理经贸调解案件368件，金额1.22亿元。

【全省贸促会机构改革完成】　2019年9月27日，省贸促会六届一次全会召开，选举产生新一届领导班子，副省长朱从玖当选省贸促会名誉会长。12月6日，成立浙江省国际商事法律服务中心成立，系隶属省贸促会正处级事业单位。各设区市贸促会改革方案均获通过。平湖市、吴兴区、南浔区、青田县、衢江区、柯城区6个贸促会成立，湖州、衢州2市实现县级贸促会全覆盖，全省贸促机构增至96个。

【国际贸促交流合作】　2019年，浙江省贸促系统新增埃塞俄比亚、白俄罗斯、韩国、日本等友好签约机构5个，与全球79个国家和地区的175个经贸机构、商协会签订合作协议；新增设驻意大利和西班牙联络处2个，总数达33个。先后接待包括奥地利总理塞巴斯蒂安·库尔茨、日本原首相鸠山由纪夫、捷克众议院议长拉德克·冯德拉切克、奥地利下奥州州长米克尔·莱特纳、日本静冈县副知事吉林章仁、英中贸易协会主席古沛勤爵士等政界商界人士及海外联络处组织的代表团。与大韩贸易投资振兴公社、英中贸协建立日常工作联系机制；宁波市贸促会组建以国外商协会信息为主的国际联络平台，建立长效化机制，推动中国—中东欧联合商会地方联络办公室正式落地。杭州市贸促会圆满举办APEC（原太平洋工商论坛）工商咨询理事会第三次会议、APEC工商领导人中国论坛2场国际会议。

【对外经贸洽谈促进】　2019年6月，省贸促会组织浙江企业赴日本、韩国举办高新产业对接洽谈交流活动，达成合作项目29个，总金额3.56亿美元，其中萧山开发区与日方合作金额2.23亿美元。11月，组织浙江企业赴西班牙和意大利举办“中国浙江—西班牙经贸交流会暨商务论坛”和“中国浙江—意大利米兰经贸交流会”，达成合作项目24个，金额1340万欧元。参与全省建设“一带一路”枢纽行动，先后举办中国浙江名品（匈牙利）展览会及中国浙江—塞尔维亚经贸对接洽谈会、中国浙江时尚创意精品（泰国）展览会，现场成交意向金额1958万美元。举办“浙江省—下奥地利州商务论坛”，浙奥双方100多个单位开展对接洽谈、研讨交流。组织省化妆品协会与法国巴黎大区工商会代表开展对接并考察德清化妆品小镇。

【省市联动经贸交流】　2019年，省贸促会发布国内外展会目录，统筹谋划省、市、县展会活动。主办或支持20场省内重点展会，继续做好第二届中国国际进口博览会相关工作。省、市、县贸促会联合举办“一带一路”国家商协会经贸合作浙江（台州）行系列活动，24个国家商协会45位代表参加，67家台州企业与外商达成合作意向；宁波市贸促会承办“第六届中国—中东欧国家商协会商务合作大会”，中东欧17个国家和“一带一路”沿线33个国家36个商协会代表参加，签订协议9个，意向成交额580万余欧元，组织行业协会和企业走进中东欧、东南亚、南美开展经贸合作推介会；金华市贸促会继续开展12项“金华品牌丝路行”活动，走进法国、捷克经贸活动反响热烈；绍兴市贸促会举办中日韩“一带一路”工商大会，达成意向项目10多个，金额7.5亿元人民币；衢州市贸促会举办“2019中国（衢州）非洲国际贸易投资洽谈会”，实现签约项目4个，意向金额达5160万美元；温州举办泰顺石文化创意产业推介会、中国浙江-老挝贸易投资会、香港服装展等11个推介展览会；湖州联合举办世界木地板大会和6场国际经贸对接活动；台州举办首届浙江国际贸易孟加拉展、第二届浙江国际贸易波兰展；舟山举办第二届自贸港（区）国际海事法律论坛，承办国际商会中国国家委员会银行委员会年会；丽水承办第二届华侨进口商品博览会暨青田进口葡萄酒交易会。

【国际商事法律服务】　2019年，作为全国唯一选派人员参与中国贸促会对美加征关税专项工作组的地方分会，省贸促会组织81家企业提交对美加征关税商品排除申请，申请税号商品274个，占全国的14.3%，其中39个税号商品被成功排除，浙江受益企业588家，受益进口金额23.51亿元。浙江应对中美贸易摩擦做法在全国贸促系统被复制推广。组织浙江企业参与墨西哥金属拉链反倾销案、海合会（海湾阿拉伯国家合作委员会）钢产品保障措施案等贸易救济案件的行业抗辩并获胜诉，获赔补偿金300万元。开展加拿大、秘鲁等6国WTO贸易政策审议与国内规范性文件征求意见工作，收回企业诉求和建议问卷1855份，向中国贸促会和省政府反馈意见184条。联合中国贸促会首次在杭州、嘉兴、舟山等地为155家企业开展国际化经营合规风险排查工作。编写完成中国贸促会“‘一带一路’国别法律研究”系列丛书的匈牙利、捷克、柬埔寨分册，入选“庆祝中华人民共和国成立70周年大型成就展”。加强与中国贸仲委浙江分会及海仲委（浙江）自贸区仲裁中心分会的协调对接，全年受理仲裁案件17件，比上年增长2.5

倍，涉及金额1亿元。6月，中国贸促会自贸协定浙江服务中心成立。杭州、宁波、嘉兴、绍兴和台州市贸促会相继成立服务中心。

（省贸促会　陈晓雪）

东西部扶贫协作

【概况】 2019年，浙江省与四川、贵州、湖北、吉林4省签订东西部扶贫协作协议，聚焦"两不愁三保障"（农村贫困人口不愁吃、不愁穿；义务教育、基本医疗和住房安全有保障）突出问题和特殊困难群体，在人才支援、资金支持、产业合作、劳务协作等方面综合施策，助力对口帮扶地区高质量脱贫致富。全年全省实施帮扶项目606个，向4省援助财政资金34.11亿元，县均援助财政资金4738万元，社会力量捐款赠物价值9.15亿元。向西部地区选派干部191人、技术人员2919人。转移贫困人员至浙江省就业1.91万人，帮助贫困人员就近就地就业6.25万人；西部地区向浙江选派挂职干部579人、技术人员2367人。

【扶贫协作考察对接】 2019年，浙江省委书记车俊率代表团赴四川、吉林、重庆考察并对接东西部扶贫协作工作。省委副书记、省长袁家军率代表团赴贵州、西藏考察交流。省委副书记、宁波市委书记郑栅洁赴贵州、吉林、新疆、青海考察交流。年内，省委常委、常务副省长冯飞，省委常委、组织部部长黄建发，省委常委、杭州市委书记周江勇分别赴对口支援地区考察对接。全省承担扶贫协作任务的县（市、区）主要领导赴80个结对县考察对接。省、市、县三级领导对西部地区考察交流，有力地推动东西部扶贫协作。

【社会扶贫】 2019年，浙江省449个经济强镇、500个经济强村、1756家企业、300个社会组织、1214所学校、610家医院参与携手奔小康结对和实质性帮扶。开展贫困村创业致富带头人培训1.45万人次，创业成功2770人，带动贫困人口脱贫3.52万人。安吉县贯彻落实习近平总书记重要批示精神，做好"白叶一号"茶苗捐赠后续工作，派出技术人员赴种植地开展技术指导和管理培训，指导四川青川县、贵州沿河县和普安县、湖南古丈县等地栽种茶苗347.8公顷，帮助贵州雷山县扩种茶苗66.67公顷。杭州邀请企业家、社会组织负责人到对口地区担任"名誉村长"，引领带动杭州企业和社会组织与贫困村"一对一"结对帮扶，重点聚焦深度贫困村。宁波以万里学院为基地，筹建宁波万里对口协作和反贫困研究院。浙江龙泉市帮助四川昭化区发展"空中飞峰、坡上种药、林下跑鸡、地里种菌、稻田游鱼、园区共建、全网电商"立体生态产业，带动贫困群众脱贫增收。浙江缙云县扶持四川南江县发展杨梅、烧饼、茭白"红黄白"三色产业，通过传、帮、带，培育一批"三色产业"致富带头人。

【产业合作】 2019年，浙江省协调437家企业在扶贫协作地区投资兴业，实际投资259.95亿元，带动帮扶贫困人口9.59万人。全省与扶贫协作地区共建产业园区67个，引导入驻企业263家。海盐·屏山纺织产业协作示范园引进纺织企业20家，年产值达50亿元。对在当地发展产业难度大的地区，采取共建"飞地"产业园区办法，先后建成"嘉善·庆元·九寨沟""南湖·若尔盖""海宁·黑水""诸暨·金川""新昌·小金"等"飞地"产业园，为对口帮扶地区增加税收收入和分红收入。发挥浙江市场大省优势，帮助对口帮扶地区建设一批专业市场，扩大对口地区特色产品影响力。6月，青田县助力全国首个青花椒交易中心在四川平昌县开业运营，推动平昌花椒走出四川、走向世界。推广浙江来料加工产业培育模式，帮助对口地区建设扶贫车间，全省建成扶贫车间723个。义乌市按照"来料加工—来单加工—产业转移"三步走模式，在四川汶川县建设来料加工车间30个，实现家门口就业863人。

【劳务协作】 2019年，浙江省率先建立东西部扶贫协作动态管理平台，协调解决在浙江建档立卡人员子女入学入托、住房、就医等方面问题，帮助西部地区建档立卡人员"出得来、留得住、能致富"。全省2000多个人力资源服务机构参与东西部扶贫劳务协作，定点定向批量输送贫困劳动人口赴浙江就业。落实企业减负、就业补贴等就业扶贫政策，采取"线上采集用工信息—线下推送就业岗位"方式。组织赴对口地区劳务协作专场招聘会296场，提供岗位20.9万个；开展视频推介活动45次，推送就业岗位信息31万个。根据全省用工需求，组织开展"药乡月嫂""花都美容""宇视启航班"等订单式培训，打造"招工、培训、就业"一条龙服务新模式。全年新增转移结对地区贫困人口至浙江稳定就业1.91万人，帮助贫困人口在结对地区就近就业6.25万人，组织结对地区贫困人口到其他地区就业1.98万人。全省帮助中西部22省贫困人口在浙江就业10.05万人，累计50.68万人。引导帮扶对口地区建档立卡贫困学生到浙江就读职业院校2381人，实现就读就业无缝对接。

【消费扶贫】 2019年6月11日，省政府印发《浙江省深入开展消费扶贫助力对口地区脱贫攻坚实施方案》，开展单位购销、结对助销、企业带销、活动展销、商超直销、电商营销、基地订销、旅游促销、劳务帮销、宣传推销"十大"消费扶贫行动。举办浙江省首届东西部协作消费扶贫农产品展销会、四川扶贫产品产销对接（浙江行）、对口地区农产品推介会、全国消费扶贫购物节（杭州）等活动，推介四川、贵州、湖北、吉林4省农特产品。推进"消费扶贫进机关""消费扶贫进食堂""消费扶贫进社区""消费扶贫进商超""四进"活动，举办"川货来浙里，消费促脱贫"四川省名优特农产品浙江省行政中心展销、"以购代捐、消费扶贫"扶贫农产品进食堂展销、"社区的力量"消费扶贫攻坚战（杭州站）等活动。7月23日，阿里巴巴集团举办"脱贫攻坚直播盛典——电商扶贫浙里行"活动，来自对口地区12位贫困县县长参加，"以网红+县长+直播"的模式推介特色农产品及品牌文化，当天实现销售额2000万元。10月17日，全国首个消费扶贫街区"山丘集市"在宁波市开业，该集市成为"永不落幕的扶贫展销会”。省政府“采购政采云”平台设立“农业扶贫馆”，作为财政预算单位参与消费扶贫的对接平台，全年实现消费扶贫35.71亿元。

【残疾人脱贫】 2019年，浙江省实施“强基工程”“领雁工程”“自强工程”“康复工程”“新苗工程”“暖心工程”六大工程，助推对口地区残疾人脱贫。全省用于残疾人扶贫资金1.6亿元，带动帮扶贫困残疾人3.25万人。浙江省投资1200万元援建的四川汶川县特殊教育学校教学楼落成。义乌市政府部门为陪读家长设置“来料加工”技能课，来自西部地区的30多名家长就近在来料加工扶贫车间就业，月收入达1000元以上，实现陪读、就业两不误。浙江特殊职业教育学院招录对口地区51名贫困残疾学生就读。温州市残疾人联合会发动温商基金会筹集善款1000万元，实施“聪慧计划”，为湖北恩施州贫困听障儿童进行人工耳窝手术。杭州市残疾人联合会创立省级残疾人创业示范点19个、州级残疾人创业示范点36个、县级残疾人创业示范点80个，安置残疾人就业650人。宁波市残疾人联合会组织宁波籍残奥会冠军王益楠到贵州黔西南州开展以“自强不息、勇敢追梦”为主题的励志宣讲，鼓励贫困家庭残疾人自强不息、艰苦创业。宁波市钱海军志愿团队开展“千灯万户”走进贫困残疾人家庭行动，帮助50户建档立卡贫困残疾人家庭改造室内电线。

【民生帮扶】 2019年，浙江省投入民生帮扶资金5.12亿元，帮助解决对口地区义务教育、基本医疗等方面突出问题。引导民营企业、省属国有企业、社会组织和爱心人士参与精准扶贫，打造浙江帮扶品牌。浙江马云公益基金会聚焦贫困地区乡村教育，投入5500万元，实施“马云乡村校长计划”“马云乡村师范生计划”“马云乡村寄宿制学校计划”等公益项目，助力教育脱贫。浙江新湖集团投入2355万元，实施“新华乡村幼儿园计划”，帮助贫困地区发展学前教育。杭州学军中学原校长陈立群，退休后放弃百万年薪，远赴贵州黔东南州台江县支教，担任台江县民族中学校长，被授予全国时代楷模称号和全国脱贫攻坚奉献奖。宁波“支教奶奶”周秀芳古稀之年赴贵州、湖南支教，用大爱情怀为山区孩子圆上读书梦，被授予全国道德模范称号。杭州市在黔东南州台江县民族中学设立“杭州甘霖班”，派出骨干教师前往支教。省有关部门将“学前学会普通话”列入东西部扶贫协作范围，帮助四川乐山小凉山彝区幼儿在学前听懂、会说、敢说普通话。浙江传化集团实施“传化·安心卫生室”健康扶贫行动，在四川仪陇、贵州从江等地投入3000万元，援建贫困村卫生室390所，通过互联网方式培训村医3500人次。浙江青年基金会开展“向阳花基金”脱贫攻坚助医活动，筹措专项资金500万元，为对口地区贫困青少年提供最高2万元的一次性医疗救助金。温州医科大学实施“川藏青健康光明工程”，为四川、西藏、青海3省、区白内障患者实施免费复明手术。台州市椒江区成立7个专家团队工作室，帮助四川峨边县设立短缺医疗专科，开展30多项峨边县首例手术，累计实施“两癌”筛查1033例，完成胃肠镜检查1033例，白内障患者复明手术78例。

（省发展改革委　季跃峰）

对口支援

【概况】 2019年，浙江省进一步完善对口支援工作机制，认真把握“当前和长远”“见物和见人”“硬件和软件”“输血和造血”“全面和重点”的关系，制订对口支援工作计划，加强对口援疆、援藏、援青工作，通过实施产业合作、消费扶贫、就业扶贫等帮扶项目，促进对口地区自主发展能力，助推对口地区经济社会发展。全年实施帮扶项目382个，投入排帮扶资金25.82亿元。较好地完成年度目标任务，浙江对口支援工作走在全国前列。

【干部人才轮换】 2019年，浙江省持续实施援疆、援藏、援青干部人才轮换制度。按人岗相适、人事相适的精准选派原则，除保持一定数量的党政干部外，适当增加专业技术人才比重。选派有担当、有作为、有专业知识的干部人才到边疆艰苦地区锻炼，安排优秀援疆、援藏、援青回浙干部人才到重要岗位工作，形成干部人才轮换的良性机制。年内，浙江在岗援疆干部人才1237人，援藏干部人才85人，援青干部人才46人。

【助推脱贫攻坚】 2019年，浙江省深入实施助力脱贫攻坚三年行动方案，援助对口地区80%的资金约20亿元投向民生实事，资金使用、项目安排向深度贫困地区和建档立卡贫困人口倾斜。实行民生扶贫、产业扶贫、教育扶贫和社会扶贫，助推受援地打赢脱贫攻坚战。在新疆阿克苏地区实施“百村千厂”工程，建设厂房538座，解决就业岗位2万多个，其中建档立卡贫困户近4000人；全年生产1000万个黑木耳菌棒，带动5000个贫困家庭试种示范，户均增收3000元以上。在西藏那曲市以羌塘、噶尔德牧业企业等龙头企业为依托，推广“公司+合作社+牧户”经营模式，带动9518户农牧民脱贫致富，户均增收1575元。在青海海西州实施野血牦牛养殖、青稞精选加工、乡村旅游等项目，发展村级经济，提高农牧民创收技能，惠及农牧民1500多户、5100人。至年末，全省对口支援的13个贫困县（区）全部脱贫摘帽。

【产业对口支援】 2019年，浙江省助推对口支援地区特色农牧业发展。省农发集团、省供销社组织新疆水果进超市、进商场，全年销售水果42万吨，实现销售额45亿元。完善“十城百店”营销网络体系，全年销售网点增至600个。收购加工新疆棉花约5万吨。加大对青海与西藏枸杞、藜麦、牦牛、藏香猪、藏药材等全国地理标志产品的培育与开发力度。杭州市在“双11”期间通过电商平台销售阿克苏特色农产品6785吨，参与电商卖家2800多家，比上年增长40%，实现电子商务零售额8亿元。台州市打造“塔里木区域”公共品牌，建设冬枣种植和南疆最大生猪养殖基地。助推对口支援地区工业发展，加快阿克苏浙江产业园、海西浙江工业园等园区建设。建立援青“飞地经济”工作机制，海西州“飞地”经济园区建设启动。杭州锦江集团有限公司在西藏那曲地区开发地热资源。宁波“年产10万套服装的长荣秀娜制衣”项目在西藏比如县落地。全年全省完成电力援疆21亿千瓦时、电力援青8.64亿千瓦时。助推对口支援地区服务业发展，组织省内职工赴新疆疗(休)养和赴新疆、青海旅游。全年安排赴中西部地区旅游42万余人次，比上年增长30%。浙江旅游集团与阿克苏温宿县签订投资20亿元的战略合作协议。浙江援疆指挥部牵头举办“2019长三角旅游援疆暨南疆旅游扶贫会”，签约旅游投资项目6个，协议资金19.11亿元。

【教育和医疗帮扶】 2019年，浙江省推进对口支援地区教育和医疗帮扶工作。实施浙江教育人才组团援疆“全链式推进、全学科覆盖、全员性培育和名人引领、名师帮带、名校结盟”办法。实施“互联网+教育”的空中课堂教学模式。组织开展送教800多次1500多课时，开设讲座1073场、公开课1588节；结对受援地教师1300多人，依托100个“传帮带”工作室，开展传帮带活动2000多场次。通过组团式援藏教师的传帮带，拉萨那曲高级中学应届毕业生高考上线率达99%。推进对口支援地区“组团式”医疗帮扶。在阿克苏地区成立全国第一个跨省医联体，实施新技术36项、254例，其中二尖瓣置换术等12项技术填补该地区空白。选派21名卫生医疗人才赴那曲地区，完成首例屈肌腱吻接手术；组织眼科专家免费为那曲地区700多名白内障患者实施复明手术；选派职业病专家团队完成那曲地区职业病防治监测项目。加强“组团式”医疗援青力度，为受援地区新建心血管内科等学科2个、胸痛中心等医学中心7个，填补医疗技术空白54项。组织45名农业技术专家赴阿克苏地区和那曲市，开展农村人居环境整治、农产品地理标志申报、藏香猪产业开发等指导工作。全年培训农民专业合作社带头人、科技创新人才665人次。

【经贸交流与民族交融】 2019年，浙江省促进与对口支援地区经贸交流合作。邀请受援地参与“中国浙江投资贸易洽谈会”“中国西部国际博览会”“农业博览会”“长三角地区农产品产销对接洽谈会”“浙江(江苏)旅游交易会”“中国首届田园博览会”“2019中国(甬)食品博览会”等各类展会，扩大受援地品牌影响力。省农业博览会专门设立3000多平方米专馆，8个对口地区的176家企业参展。组织浙江企业与阿克苏地区及新疆建设兵团一师达成合作项目57个，协议资金104.61亿元，实际到位资金86.35亿元。组织浙江企业赴那曲考察，在分布式供暖、服装制造等领域达成投资意向。组织浙江企业赴海西州考察矿产资源，达成合作开发矿产资源意向项目6个，协议投资额14亿元。开展“民族团结一家亲”活动，举办“浙阿同心·牵手融情”青少年夏令营，60多名青少年赴杭州、嘉兴、湖州、绍兴等地开展交流活动。宁波市打造库(新疆库车县)甬“民族团结示范村”，发展库车县乡村文化礼堂和乡村旅游，被国务院表彰为全国民族团结进步模范集体。开展“圆梦那曲 温暖成长路”第二届浙江•那曲爱心牵手、暖冬行动等公益活动，其中组织捐赠活动10多次。组织海西州摄影家赴丽水市参加第三届丽水国际摄影节，青海省天峻县织合玛乡成为“中国摄影小镇”。

【助推平安边疆创建】 2019年，省公安厅投入对口支援专项经费760万元，培训对口支援地区公安机关领导干部、业务骨干和实战教官4065人次。抽调200名警力组成浙江公安援疆警队进驻阿克苏地区，支援反恐维稳工作；与西藏公安厅技侦总队签订“技侦素质强警交流合作协议”，与西藏那曲市公安局签订“车驾管合作协议”。携带无人机驰援四川木里县参与“3.30”森林火灾扑救。台州市公安局和新疆建设兵团一师阿拉尔市公安局签订“实训共同体建设合作协议”。绍兴市公安局赴那曲市实地指导“枫桥式派出所”创建工作。

【支援三峡库区】 2019年，浙江省按照国家对三峡库区后续支援工作的要求，加大对口支援重庆涪陵三峡库区的工作力度。全年实施援助项目27个，投入资金2292万元；培训移民干部、农村致富带头人83人次，互访考察学习15批次137人次；实施经贸合作项目3个，协议合作资金37.6亿元。

(省发展改革委　孙建超)

山海协作

【概况】 2019年，全省以“八八战略”为统领，紧扣“高质量、一体化”发展要求，进一步推动山海协作体制机制创新、平台共建、产业和社会各领域合作迭代升级，打造山海协作工程升级版。全年新签山海协作产业合作项目340个，到位资金450亿元，完成全年任务的112%；25个省级山海协作产业园完成固定资产投资228亿元，完成全年任务的152%。

【山海协作项目推进】 2019年7月25日，全省山海协作工程推进会在丽水召开，省委书记车俊出席并讲话。会议强调山海协作要加快交通等基础设施建设，创新“飞地”(异地投资建设，承担生态补偿、科技孵化、消薄脱贫等功能的经济实体)协作模式，提升各类园区合作层次，依靠科技赋能改造传统产业和发展新产业新业态，消除集体经济薄弱村和地区发展不平衡，推动全省一体化高质量发展。各市、县围绕全年工作目标，进一步完善结对合作机制，商讨重点合作项目，签署卫生、教育、文化、旅游等领域合作项目协议38个。16个省级成员单位按照工作计划清单化推进专题重点工作和重点项目。省财政厅加大省级山海协作产业园建设资金规模，全年拨付产业园建设资金3.77亿元；省自然资源厅对“飞地”园区给予土地要素支持，全年山海协作共建县(市、区)累计调剂补充耕地指标1740公顷、水田指标1660公顷；省发展改革委出台《关于促进山海协作“飞地经济”健康发展的实施意见》，围绕资源要素优化配置、实现生态价值转化和助力消薄消困，规范有序推进消薄、科创、产业三大特色“飞地”建设发展。

【山海协作平台创建】 2019年，各结对市县（市、区）聚力打造高能级产业平台，推动受援地区高质量、绿色发展。大力推进“亩均论英雄”改革和工业产业园转型升级，提升工业产业园区智能化改造水平。引导园区企业加大技改投入和加速“机器换人”进程，培育一批龙头企业、清退一批“低小散”企业。全年9个工业类产业园完成固定资产投资116亿元，招引项目92个，到位资金106亿元，平均亩均税收达20万元，比上年增长36%。按照“一园多点”发展布局，高起点规划、高质量建设，通过引进沿海地区资本和管理运营模式，吸引社会资本参与生态旅游文化产业园投资建设。全年16个文旅产业园完成固定资产投资112亿元，招引项目66个，到位资金74亿元。启动丽水—宁波、淳安—西湖2个山海协作生态旅游文化产业园建设并通过认定。建立健全“飞地”投入、运营管理、收益分配等机制，有效带动26个县经济薄弱村消薄增收。省山海协作领导小组审核认定淳安—西湖等30个山海协作“消薄飞地”，总规划面积81.33公顷，总建筑面积167万平方米，可带动26个县的2700个集体经济薄弱村实现消薄增收。全省各地稳步推进山海协作科技创新和产业“飞地”建设，衢州、丽水分别在杭州、宁波、湖州等发达市启动建设衢州海创园、丽水海创园、柯城未来科技村、甬莲智能制造、庆元—长兴科创园等6个“科创飞地”，金磐扶贫经济开发区、杭千开发区等5个产业“飞地”建设取得新进展。

【人才培训合作加强】2019年，全省山海协作加强人才培训合作。完善合作机制，制订培训计划，重点开展干部交流培训、农村带头人培训及符合当地产业发展需要的劳务职业技能培训等；依托山海协作职业技能实训基地，帮助结对地区实现培训就业6万人次，培训干部3500人次；深化人才引育合作，鼓励高端科技人才为结对地区科技创新和企业发展服务；落实结对地区双方干部人才互派挂职，安排190名干部和专业技术人员到26县挂职。 （省发展改革委 赵黎）

民营经济
Private Economy

综 述

【概况】 2019年，浙江省在册民营企业233.37万家，比上年增长14%，占全部企业总数的92.0%。新设民营企业47万家，增长15.8%，占新设企业总数的94.4%，注册资本1.98万亿元。全省个体工商户464.15万家，增长9.8%，资金数额4777亿元，增长21.1%；新设个体工商户93.55万家，增长18.7%，注册资本1314.08亿元。农民专业合作社5.61万家，减少10.3%。全年全省民营经济增加值增长9%，占全省GDP的65.7%。规模以上工业中，民营企业增加值增长7.9%，增幅比规模以上工业高出1.3个百分点，占62.5%。民营企业数字经济核心产业增加值增长15%。民间投资增长7.2%，占投资总额的61.5%，下降1.7个百分点。其中，民间项目投资增长13.7%；制造业民间投资增长12.6%；高新技术产业投资、生态环保和公共设施投资、交通投资分别增长21.8%、4.1%和16.3%。民营企业出口1.84万亿元，增长11.5%，增幅比全省高出2.5个百分点，对全省出口的贡献率99.8%，占全省出口总额的79.8%，提高1.8个百分点。民营企业对外直接投资企业或机构748家，境外直接投资金额116.07亿美元，减少36.4%，出口业务主要涉及制造业、商务服务业和电力能源等行业。全省民营企业入库税收8470.82亿元，增长5.9%，占全省总税收的74.4%。全省新增上市民营企业39家，增长39.3%，其中境内20家、境外19家。全省注销私营企业18.92万家，增长45.4%，涉及注册资本1.07万亿元，减少41.1%；注销个体工商户52.86万家，增长15.3%，涉及资金数额500.5亿元，减少100%；注销农民专业合作社4793家，增长3.1%，涉及注册金额46.8亿元，增长14.7%。

【传统产业转型升级】 2019年，浙江省加快传统制造业转型升级，坚持分业推进、分类指导，深化工作体系、指标体系、政策体系、评价体系“四大体系”建设。17个传统制造行业规模以上工业增加值比上年增长6.4%，对全省规模以上工业增加值增长的贡献率58.8%，其中10个重点传统制造行业增加值增长7.1%，高出规模以上工业0.5个百分点。17个传统制造行业出口增长1.2%。规模以上工业劳动生产率增长9.8%，高出全省规模以上工业0.1个百分点。研发费用支出增长22.9%，高于全省规模以上工业0.8个百分点；新产品产值增长11.9%，高于规模以上工业0.7个百分点。全省有传统制造业领域世界500强企业2家，年营业收入超1000亿元企业10家，国内主板上市企业220家。传统制造业领域高新技术企业8500多家，产值、增加值和利润分别占传统制造业的40%、50%和60%。在规模以上工业中，高新技术产业、战略性新兴产业分别增长8%、9.8%，数字经济核心产业增长13.8%，增加值增速均高于规模以上工业。

【民营企业数字经济倍增】 2019年，浙江省实施数字经济“一号工程”和“五年倍增计划”，推进国家数字经济示范省建设。全省数字经济核心产业实现增加值6228.94亿元，比上年增长14.5%，高出GDP增速7.7个百分点，占全省GDP总量的10%，对全省GDP的增长贡献率19.6%。其中，规模以上数字经济制造业增加值2073.6亿元，增长14.3%，高出规模以上工业和全国电子行业增速7.7个和5.4个百分点。软件业务收入6101.8亿元，增长17.6%，高出全国软件行业收入增速的2.2个百分点，位居全国第二。全省规模以上数字经济核心产业营业收入1.91万亿元，增长15.6%，分别高出工业12.2个百分点；实现利税2843.7亿元、利润2412.6亿元，分别增长14.3%和17.1%。其中，规模以上信息服务业利润1751.4亿元，增长18.7%，占规模以上核心产业利润的72.6%，对整个核心产业贡献率达78.4%，直接拉动核心产业利润增长13.4个百分点、营业收入利润增长18.9%。

（省经信厅　徐伟军　冯大伟）

【小微企业成长稳健】　2019年，面对国内外经济的复杂局面，省委、省政府坚持"八八战略"再深化、改革开放再出发、突出稳企业、增动能、保平安。全省小微企业逆势而上，稳步发展。至年末，浙江省纳入全国小微企业名录库的在册小微企业222.4万家，占全省在册企业的87.7%，杭州、宁波、金华、温州4个设区市小微企业在册数各占全省的10%以上，在册数分别为58.79万家、36.96万家、30.2万家和24.36万家；规模以上工业小微企业实现总产值3.18万亿元，比上年增长4.6%，占规模以上工业企业总产值的43.7%；规模以上工业小微企业实现增加值6666.8亿元，增长7.4%，占规模以上工业企业增加值的41.3%；外贸小微企业出口总额3048.4亿元，增长28.3%。

【新增"八大万亿产业"小微企业11万家】　2019年，浙江省新设"八大万亿产业"（信息、环保、健康、旅游、时尚、金融、高端装备制造、文化产业）小微企业11万家，在册"八大万亿产业"小微企业71.4万家，带动投资注册资本11.8万亿元，比上年增长10.3%，占全省在册小微企业的32.1%。文化创意和时尚产业的小微企业在册数量增多，在册数分别为13.46万家和11.57万家，占全省"八大万亿产业"小微企业的24.7%和21.2%。金融、健康、数字经济产业的小微企业在册数占全省"八大万亿产业"的比例均超过10%。环保产业和健康产业新设小微企业分别为6116家和2.98万家，增长56.6%和56.3%。新设制造业小微企业4.5万家，增长4.8%，总数为50.4万家。其中，新设高端装备制造业小微企业9050家，增长22.8%，高于制造业18个百分点，总数9.7万家。十大传统制造业（钢铁、煤炭、化工、化纤、纺织、汽车、纸浆、造纸、水泥、家具）加速转型升级，淘汰落后产能，新设小微企业1.9万家，增长15.2%，在册数18.2万家。金融业新设小微企业3548家，减少52.5%；在册数8.6万家，减少16.4%。　（省市场监管局　徐全英）

【中小企业科技创新】　2019年，浙江省推进重大科研基础设施和大型科研仪器设备开放共享。科技大脑集聚各类创新载体1.12万家，整合30万元以上的大型科学仪器设备1.1万台、价值110亿元，其中新增科学仪器设备1000多台、价值近10亿元。浙江加快推进长三角科技创新资源一体化，在上海、江苏、安徽2480家机构的1.8万台（套）仪器设备纳入浙江创新资源地图，全省有1211家企业寻求服务5753家次，发放创新券8038万元。全省发放创新券15.32亿元，使用创新券10.45亿元，1553家创新载体为1.2万家企业提供各类科技服务3.06万人次。全省5年累计发放创新券39.09亿元，使用创新券25.94亿元。3401家创新载体为2.76万家企业提供各类科技服务11.98万人次。浙江省认定备案省级科技型中小企业1.28万家，高成长科技型中小企业1828家。在高成长科技型中小企业中有1631家成为高新技术企业，占新认定的38%。浙江科技大市场发布技术难题5030项、科技成果2.03万项，成交并签约1976项，成交金额62亿元，比上年增长10.7%；技术合同登记额1432.14亿元，增长44.8%。

（省经信厅　徐伟军　冯大伟）

【第五届世界浙商大会】　2019年11月13日，由省委、省政府主办，省委统战部、省工商联、浙商总会承办的"第五届世界浙商大会"在杭州国际博览中心开幕。省委书记车俊出席开幕式并讲话，省长袁家军主持开幕式。中央统战部副部长、全国工商联党组书记徐乐江出席并致辞。葛慧君、郑栅洁等领导及世界卫生组织前总干事陈冯富珍、国际货币基金组织秘书长林建海等出席。车俊与世界500强浙江企业代表共同启动"一带一路"倡议点线联通仪式；省领导与浙商代表共同开通浙江为侨服务全球通平台、金融综合服务平台、企业服务综合平台，并为高质量发展领军企业代表颁奖。会上举行"四大建设"重大项目签约仪式，签约项目40个，总投资1764亿余元。参加开幕式的有全球浙商代表，全国知名央企和世界500强企业代表，知名华商、外商代表，海外高层次人才、重要国际组织和"一带一路"沿线国家社会组织负责人等2800多人。

【浙江92家企业入围"2019年中国民营企业500强"】　2019年8月22日，全国工商联在青海发布"2019年中国

浙江省上榜"2019年中国民营企业500强"名单

序号	企业名称	所属行业	所在地区	2018年营业收入总额（万元）	全国排序
1	浙江吉利控股集团有限公司	汽车制造业	杭州市	32 852 088	11
2	青山控股集团有限公司	黑色金属冶炼和压延加工业	温州市	22 650 146	18
3	海亮集团有限公司	有色金属冶炼和压延加工业	绍兴市	17 364 210	25
4	浙江恒逸集团有限公司	化学纤维制造业	杭州市	14 472 200	28
5	天能集团	电气机械和器材制造业	湖州市	13 212 338	30
6	浙江荣盛控股集团有限公司	化学原料和化学制品制造业	杭州市	12 859 958	33
7	超威集团	电气机械和器材制造业	湖州市	12 032 383	37
8	万向集团公司	汽车制造业	杭州市	11 210 043	44
9	中天控股集团有限公司	房屋建筑业	杭州市	9 008 285	64
10	杭州锦江集团有限公司	有色金属冶炼和压延加工业	杭州市	8 899 377	65

续表

浙江省上榜"2019年中国民营企业500强"名单					
序号	企业名称	所属行业	所在地区	2018年营业收入总额(万元)	全国排序
11	雅戈尔集团股份有限公司	纺织服装、服饰业	宁波市	8 792 583	66
12	奥克斯集团有限公司	电气机械和器材制造业	宁波市	8 600 343	70
13	传化集团有限公司	综合	杭州市	8 513 267	73
14	宁波金田投资控股有限公司	有色金属冶炼和压延加工业	宁波市	8 398 973	75
15	广厦控股集团有限公司	房屋建筑业	杭州市	8 126 846	79
16	浙江桐昆控股集团有限公司	化学纤维制造业	嘉兴市	7 193 504	91
17	正泰集团股份有限公司	电气机械和器材制造业	温州市	7 046 353	94
18	网易(杭州)网络有限公司	互联网和相关服务	杭州市	6 715 645	101
19	中基宁波集团股份有限公司	商务服务业	宁波市	5 764 381	120
20	德力西集团有限公司	电气机械和器材制造业	温州市	5 630 751	125
21	宁波均胜电子股份有限公司	汽车制造业	宁波市	5 618 093	126
22	杭州娃哈哈集团有限公司	酒、饮料和精制茶制造业	杭州市	4 688 838	156
23	和润集团有限公司	农副食品加工业	舟山市	4 588 337	162
24	红狮控股集团有限公司	非金属矿物制品业	金华市	4 518 823	167
25	人民电器集团有限公司	电气机械和器材制造业	温州市	4 321 491	177
26	浙江富冶集团有限公司	有色金属冶炼和压延加工业	杭州市	4 300 130	179
27	浙江前程投资股份有限公司	批发业	宁波市	4 256 698	183
28	浙江中成控股集团有限公司	房屋建筑业	绍兴市	4 168 570	188
29	富通集团有限公司	计算机、通信和其他电子设备制造业	杭州市	4 015 346	196
30	宁波富邦控股集团有限公司	综合	宁波市	3 716 128	222
31	华峰集团有限公司	化学原料和化学制品制造业	温州市	3 696 292	224
32	浙江明日控股集团股份有限公司	零售业	杭州市	3 682 761	225
33	卧龙控股集团有限公司	电气机械和器材制造业	绍兴市	3 653 562	228
34	浙江宝业建设集团有限公司	房屋建筑业	绍兴市	3 614 536	231
35	浙江新湖集团股份有限公司	综合	杭州市	3 573 586	232
36	华仪集团有限公司	电气机械和器材制造业	温州市	3 562 778	233
37	浙江龙盛控股有限公司	化学原料和化学制品制造业	绍兴市	3 502 530	239
38	龙元建设集团股份有限公司	房屋建筑业	宁波市	3 306 628	249
39	新凤鸣集团股份有限公司	化学纤维制造业	嘉兴市	3 265 877	255
40	森马集团有限公司	纺织服装、服饰业	温州市	3 160 129	264
41	万丰奥特控股集团有限公司	汽车制造业	绍兴市	3 110 927	268
42	华东医药股份有限公司	医药制造业	杭州市	3 066 337	274
43	利时集团股份有限公司	橡胶和塑料制品业	宁波市	2 895 648	294
44	海外海集团有限公司	商务服务业	杭州市	2 801 874	301
45	巨星控股集团有限公司	通用设备制造业	杭州市	2 800 590	302
46	得力集团	文教、工美、体育和娱乐用品制造业	宁波市	2 764 200	305
47	浙江升华控股集团有限公司	批发业	湖州市	2 750 607	306
48	浙江元立金属制品集团有限公司	金属制品业	丽水市	2 724 649	312
49	祥生实业集团有限公司	综合	绍兴市	2 705 700	313
50	花园集团有限公司	综合	金华市	2 674 240	314
51	太平鸟集团有限公司	商务服务业	宁波市	2 639 268	320
52	伟星集团有限公司	综合制造	台州市	2 627 213	323
53	舜宇集团有限公司	计算机、通信和其他电子设备制造业	宁波市	2 593 185	328
54	多弗国际控股集团有限公司	综合	温州市	2 576 743	332
55	华立集团股份有限公司	综合制造	杭州市	2 533 227	337
56	三花控股集团有限公司	通用设备制造业	绍兴市	2 529 667	339

续表

浙江省上榜"2019年中国民营企业500强"名单

序号	企业名称	所属行业	所在地区	2018年营业收入总额(万元)	全国排序
57	三鼎控股集团有限公司	纺织业	金华市	2 376 920	358
58	浙江大华技术股份有限公司	软件和信息技术服务业	杭州市	2 366 569	363
59	纳爱斯集团有限公司	其他制造业	丽水市	2 353 330	366
60	西子联合控股有限公司	专用设备制造业	杭州市	2 207 570	394
61	浙江方远控股集团有限公司	房屋建筑业	台州市	2 198 757	398
62	浙江东南网架集团有限公司	金属制品业	杭州市	2 181 759	402
63	德华集团控股股份有限公司	C20木材加工和木、竹、藤、棕、草制品业	湖州市	2 178 868	403
64	海越能源集团股份有限公司	F51批发业	绍兴市	2 141 260	411
65	兴惠化纤集团有限公司	C17纺织业	杭州市	2 131 698	412
66	杭州滨江房产集团股份有限公司	K70房地产业	杭州市	2 111 547	416
67	泰地控股集团有限公司	G59仓储业	杭州市	2 109 148	419
68	浙江宝利德股份有限公司	F52零售业	杭州市	2 101 903	420
69	宁波申洲针织有限公司	C18纺织服装、服饰业	宁波市	2 095 021	421
70	振石控股集团有限公司	L72商务服务业	嘉兴市	2 093 988	422
71	农夫山泉股份有限公司	C15酒、饮料和精制茶制造业	杭州市	2 091 073	423
72	腾达建设集团股份有限公司	E49建筑安装业	台州市	2 087 972	426
73	杭州东恒石油有限公司	F51批发业	杭州市	2 056 202	440
74	天洁集团有限公司	C35专用设备制造业	绍兴市	2 027 783	448
75	华翔集团股份有限公司	C36汽车制造业	宁波市	2 021 156	454
76	浙江富春江通信集团有限公司	C39计算机、通信和其他电子设备制造业	杭州市	2 004 891	457
77	浙江协和集团有限公司	C31黑色金属冶炼和压延加工业	杭州市	1 997 819	459
78	大自然钢业集团有限公司	C31黑色金属冶炼和压延加工业	温州市	1 993 354	460
79	曙光控股集团有限公司	E47房屋建筑业	台州市	1 978 437	466
80	亚厦控股有限公司	E50建筑装饰和其他建筑业	绍兴市	1 973 907	468
81	万事利集团有限公司	C18纺织服装、服饰业	杭州市	1 957 347	472
82	奥康集团有限公司	C19皮革、毛皮、羽毛及其制品和制鞋业	温州市	1 950 224	473
83	浙江中南建设集团有限公司	E47房屋建筑业	杭州市	1 933 820	476
84	万马联合控股集团有限公司	F52零售业	杭州市	1 911 317	482
85	温州法派服饰股份有限公司	C18纺织服装、服饰业	温州市	1 901 532	485
86	胜达集团有限公司	C22造纸和纸制品业	杭州市	1 896 428	487
87	浙江正凯集团有限公司	C17纺织业	杭州市	1 891 611	490
88	鸿翔控股集团有限公司	E47房屋建筑业	嘉兴市	1 880 791	492
89	天颂建设集团有限公司	E47房屋建筑业	台州市	1 877 269	494
90	宁波博洋控股集团有限公司	C17纺织业	宁波市	1 870 652	497
91	浙江建华集团有限公司	F51批发业	杭州市	1 862 655	499
92	浙江国泰建设集团有限公司	E47房屋建筑业	杭州市	1 858 575	500

（省工商联　袁爱国）

民营企业500强"榜单，浙江作为民营经济大省，有92家民营企业入围，占全国500强民营企业总数的18.4%，入围企业数再次位居各省、自治区、直辖市首位。2019年度入围500强企业的营业收入门槛再度提高，由2017年的156.84亿元提高到2018年的185.86亿元，提高29.02亿元。在入围的浙江民营企业中，营业收入总额位列前五位的分别是浙江吉利控股集团有限公司、青山控股集团有限公司、海亮集团有限公司、浙江恒逸集团有限公司、天能集团。其中吉利控股集团有限公司继续蝉联浙江第一，在全国榜单上的排名列第十一位，名次与上年相同。

【浙江省百强民营企业榜单发布】 2019年8月8日，省市场监管局、省工商联和省民营企业发展联合会以企业2018年度营业收入（销售总额）为基本标准，联合发布"2019年浙江省民营企业百强”榜单。百强民营企业2018年度的销售总额达4.23万亿元，比2017年增长14.3％。百强民企中，有9家企业营业收入突破1000亿元。浙江吉利控股集团有限公司、青山控股集团有限公司、海亮集团有限公司占据排行榜前三。其中，浙江吉利控股集团成为首个年销售额突破3000亿元大关的浙江民营企业，达3285.21亿元。百强民企2019年度的净资产总额再次突破万亿，达1.17万亿元，增幅14%。信息、环保、健康等“八大万亿”产业的企业占据名额居多，晶科能源控股有限公司、浙江新和成股份有限公司、浙江和润集团有限公司等11家企业成为新兴产业及高端装备的企业。上榜的大湾区民营企业中杭州市33家、绍兴市18家、宁波市15家，占上榜企业数的66%。

（浙江年鉴编辑部）

【个体户分布趋向集中】 2019年末，浙江省有个体工商户464.15万家，资金数额4777亿元，分别比上年增长9.8%和21.1%。个体工商户占各类市场主体的比例为64.1%，下降1个百分点。新登记个体工商户93.55万家，资金数额1314.08亿元，分别增长18.7%和29.1%。新登记个体工商户占新设各类市场主体的65.2%，提高2个百分点。从产业分布看，新登记个体工商户中，第一产业占1.6%，第二产业占8.9%，第三产业占89.5%。第二产业中，制造业新登记个体工商户7.14万家，下降12.7%；资金数额106.08亿元，下降2.9%。新登记个体工商户金华、杭州、温州、宁波前4个设区市，分别为17.09万家、16.53万家、12.87万家和11.25万家；增长排名前4位的设区市是杭州、丽水、金华和衢州，分别增长51.9%、50.6%、25.3%和24.1%。

（省市场监管局　徐金英）

民营经济发展环境

【概况】 2019年，浙江利用省级市场利率自律机制平台，推动金融机构给予小微企业贷款优惠。全省实施各项降准政策7次，释放基础货币1777亿元，全部用于支持民营企业和小微企业融资。全年全省减免小微企业税费392.99亿元，增长85%。全省用于小微企业贷款余额(小微企业贷款、小微企业主和个体工商户经营性贷款)3.71万亿元，比上年新增4304亿元。小微企业贷款余额(单户授信1000万元以下小微企业贷款、小微企业主和个体工商户经营性贷款)1.77万亿元，新增3530亿元。全省累计发放再贷款、再贴现798亿元，惠及小微企业和农户9.3万家，扩面35%。小微企业贷款加权平均利率5.8%，下降0.23个百分点。全省支持小微企业再贷款为资金来源发放的贷款平均利率5.4%，比小微企业贷款加权平均利率低0.33个百分点。民营企业债务融资工具发行规模、债券融资支持工具创设规模排名全国第一位。31家民营企业发行97单、605亿元债务融资工具，金额占全省民营企业发债总量的81%，占全国民营企业债务融资工具发行量的23%。年末，浙江省小微专项金融债余额748亿元。全省商标权、专利权、排污权质押贷款余额180亿元，增长15.8%。全省促成6585笔、2083.45亿元应收账款质押融资，其中小微企业笔数占38.9%，金额占36.2%。

【中小企业发展平台构建】 2019年，浙江省加快构建政企、研企、校企、企企对接平台，助推中小企业发展。省经信厅、省市场监管局、省工商联等部门(单位)举办多种形式的对接活动，促成一批中小企业与相关科研院所合作。完善中小企业综合服务平台网络体系，建立“浙江省中小企业公共服务平台”网络和“宁波市中小企业公共服务平台网络体系”。全年建成省级平台1个、市级平台10个和县(产业集群)平台56个。全年全省通过平台注册中小企业超过52万家，提供服务产品2.8万个。“宁波市中小企业公共服务平台网络体系”建立以8718平台为核心、10个实体化县级枢纽、100个窗口、1000家以上服务供给机构的企业服务平台网络，服务覆盖全市30多万家中小企业。

【民营企业扶持力度加大】 2019年，浙江省全面落实增值税率下调、实行小微企业和科技型初创企业普惠性税收减免、困难企业社会保险费返还、电价和煤气价格下调等扶持企业政策措施。全年全省为企业减负2280亿元。全省实施融资畅通工程，小微企业融资2502.2亿元，新增755.8亿元。民营企业贷款余额和小微企业贷款余额，分别增长10.6%和13.6%。实施投资新政，民间项目投资增长13.7%。全省开展政府、银行、担保公司、企业“四对接”活动，为中小微企业提供精准有效的服务。

【民营经济发展法律保障】 2019年，省人大开展《浙江省民营企业发展促进条例》立法工作，打造良好的民营经济发展生态环境。在条例起草过程中，省有关部门开展立法调研，召开省、市、县有关单位及不同行业领域的民营企业、相关协会商会、金融机构、法律事务部门参加的座谈会、论证会50多次。年内，该条例形成审定稿，并提交浙江省十三届人大三次会议审议表决。条例是全国第一部促进民营企业发展的省级地方性法规，对破解制约全省民营经济发展的困难和问题，保护和促进民营企业健康成长，提振民营企业家面对复杂形势的信心具有重要意义。加强民营企业权益保护工作。全省律师担任法律顾问企业4.68万家，其中担任中小微企业法律顾问2.63万家。中小微企业法律顾问数比上年增加4575家，增幅21.1%。律师、基层法律服务工作者组建服务团队347个，“法治体检”民营企业5.21万家、产业园区和商业协会2897个，为企业提供“中小企业促进法”培训和“民营经济31条”等法律和政策宣传2.31万家次。

（省经信厅　徐伟军　冯大伟）

科学技术
Science and Technology

综 述

【概况】 2019年，浙江省全面实施“科技新政”，加快建设“互联网+”和生命健康科技创新高地，科技创新支撑引领作用进一步增强。全省实现高新技术产业增加值8804.85亿元，比上年增长8%，对规模以上工业增长的贡献率67.3%；高新技术产业新产品产值2.15万亿元，增长10.4%；技术合同交易额1475.83亿元，增长49.2%；发明专利授权量3.40万件，增长4.3%。全省全社会研究与试验发展经费(R&D)支出1669.8亿元，增长15.5%，占GDP比重2.7%；科技进步贡献率63.5%。浙江区域创新能力居全国第五位，企业技术创新能力居全国第三位，是全国首批技术创新工程建设试点省、全国首批创新型试点省、全国农村信息化建设示范省和全国科技成果转移转化示范省。浙江省在“实施创新驱动发展战略、推进自主创新和发展高新技术产业”“改善地方科研基础条件、优化科技创新环境、促进科技成果转移转化以及落实国家科技改革与发展重大政策”2个领域受到国务院表彰，是全国唯一连续2年获2项科技创新督查激励的省份。

【科技体制改革】 2019年6月24日，浙江省科技领导小组办公室印发《2019年科技体制改革与发展工作要点》，提出全面实施“一强三高新十联动”科技新政，即以创新强省为工作导向，以高新企业、高新技术、高新平台为重点，加快打造“互联网+”和生命健康两大世界科技创新高地，构建“产学研用金、才政介美云”十联动创新创业生态系统，把产业、学术界、科研、成果转化、金融、人才、政策、中介、环境、服务等十方面因素融合提升，为实现高质量发展、高水平全面建成小康社会提供体制机制保障。全年全省R&D经费支出增长12%以上，占GDP比重达2.6%；高新技术产业增加值达6600亿元、增速高于规模以上工业2个百分点，占规模以上工业增加值比重46%；高新技术产业投资增长10%以上；实现技术交易额740亿元，推动2000个授权发明专利产业化；科技进步贡献率达63.5%。

【“促进新一代人工智能发展行动计划”印发】 2019年1月31日，省科技厅、省经信厅印发《浙江省促进新一代人工智能发展行动计划(2019—2022年)》(简称“行动计划”)，提出至2022年，浙江省在关键领域、基础能力、企业培育、支撑体系等方面取得显著进步，成为全国领先的新一代人工智能核心技术引领区、产业发展示范区和创新发展新高地。“行动计划”涉及大数据智能、跨媒体感知计算、混合增强智能、群体智能等比较优势领域的人工智能基础理论研究，并重视企业培育和体系建设。“行动计划”拟培育有国际竞争力的人工智能领军企业10家以上，人工智能行业应用标杆企业100家以上，人工智能细分领域专精特中小企业500家以上。

【之江实验室建设】 之江实验室是省委、省政府举全省之力打造的高能级创新平台，系开放协同、混合所有制的新型科研机构，是创造重大科技成果和培育大科学家的孵化器。2019年，之江实验室承接来自国家互联网信息办公室、国家发展和改革委、工业和信息化部、科学技术部、人力资源和社会保障部等部委批复的国家级项目22个，涉及项目总经费14.6亿元。其中，国家拨之江实验室2.53亿元，6个项目单项经费均超1000万元。之江实验室聚焦人工智能、网络信息等高科技前沿，布局脑机融合、新型构架芯片、先进人工智能算法平台等自主科研项目38项。全年，自设项目立项30项，占项目总数33.7%，项目总预算17.72亿元。先期启动的科研项目取得阶段性进展。“钱江源”人工智能开源开放平台完成验收，实现人工智能平台赛支撑工作；研制完成低空载人飞行器一代样机，初步实现低空悬停、飞行等功能；部署完成工业互联网安全靶场，实现攻防演练和实际培训等功能；生物医疗平台(一期)完成验收并上线，实现多种疾病工具集上线及试用。之江实验室入选省“千人计划”21人，占全省总入选人数8%。

科 技 创 新

【概况】 2019年，浙江省加大科技创新力度，全省科研经费支出1669.8亿元，比上年增长15.5%，占GDP比重2.7%。全年高新技术产业增加值8804.85亿元，增长8.0%，增速比规模以上工业高1.4个百分点，对规模以上工业增长的贡献率67.3%。高新技术产业投资增长21.8%，实现技术交易额1475.83亿元。推动2931个授权发明专利产业化，科技进步贡献率63.5%。加快科技创新融入长三角高质量一体化发展。开展“三服务”活动，助推民营经济和民营企业创新发展。加强科技创新平台建设，发展和壮大企业科技创新主体，提升科技创新水平。

【核心技术攻关推进】 2019年，浙江省加强重要领域关键核心技术攻关。在网络信息、高端装备与工艺、高性能材料、关键零部件、生物医药和军民融合六大技术领域，动态梳理并形成重点产业关键核心技术清单191项，优先部署“急用先行”技术清单92项和前沿技术清单47项。综合运用择优委托、竞争性分配、创新联合体、省市联动等方式，实施省重点研发计划项目272项，占总立项数的73.0%。安排省财政研发经费10.3亿元，带动企业投入31.6亿元。按照“四个体系”(指标体系、工作体系、政策体系、评价体系)要求，明确攻关项目目标体系，制定工作计划，落实政策举措，强化考核评价。实行首席专家负责制，赋予更大科研自主权。建立“月跟踪、季分析、年评估”制度，及时掌握“卡脖子”技术攻关和国产化替代验证情况。

【高新技术产业发展】 2019年7月10日，省委、省政府出台《关于加快新一代人工智能创新发展的实施意见》，增强人工智能领域发展动能，推进高新技术产业稳步发展。全省有人工智能产业企业482家，全年实现营业收入1987亿元，比上年增长22.1%；研发投入158亿元，增长58.5%，研发费用占营业总收入的8.0%；实现利润248亿元，增长20.3%。全年全省规模以上工业增加值的54.5%、增加值增长贡献率的67.3%、新产品产值的77.3%、研发经费的82.9%，均来自高新技术产业。杭州市、德清县获批建设国家新一代人工智能创新发展试验区，杭州海康威视数字技术股份有限公司入选国家新一代人工智能开放创新平台。全省新认定高新技术企业4860家，累计1.63万家；新认定备案科技型中小微企业1.28万家，累计6.37万家。推进产业创新服务综合体建设，创建省级综合体53个。全省高新技术产业开发区（园区）实现规模以上工业增加值5509.15亿元，增长6.9%；高新技术产业增加值4162.62亿元，占全省高新技术产业增加值的47.3%。

【科技创新助推乡村振兴】 2019年，浙江省贯彻实施创新驱动乡村振兴发展三年行动计划。浙江巴贝集团有限公司研发的“高密度全龄人工饲料工厂化养蚕”项目攻克世界性难题并实现产业化。全省新增省级农业科技园区10个、省级星创天地36个，助推乡村经济发展。全省选派团队科技特派员150个（其中工业团队26个），个人科技特派员356人，深入急需科技扶持的基层。10月21日，国务院召开“科技特派员制度推行20周年总结会议”，浙江省有7名科技特派员和3个组织实施单位获通报表彰。全省创建3家省级可持续发展创新示范区。

科技合作与交流

【概况】 2019年，浙江省推进国际、国内科技合作与交流。全省新认定、创建省级国际科技合作基地、海外创新孵化中心等省级国际科技合作创新载体52个。5月9日，浙江省工业和信息化科技全球精准合作大会在杭州召开。大会制定全球科技精准合作行动计划，编制数字经济和生命健康领域全球创新资源分布图。与英国中部发展引擎计划执行机构、南非科学与工业研究理事会、塞尔维亚创新与技术发展部签署科技合作备忘录。有10个国家和地区与浙江建立政府间科技合作关系。10月8—9日，第四届中国—中东欧国家创新合作大会在塞尔维亚首都贝尔格莱德举行，会议由国家科技部主办、浙江省牵头举办。会议期间，中国企业（包括浙江企业）和院校与塞尔维亚签署12项合作协议，合作项目涉及医药、环境保护、智慧城市、共建实验室等领域。11月9日，中国（浙江）全球科技精准合作交流会暨“一带一路”国际科学组织联盟青年科学家研讨会在杭州钱塘新区举行，来自30多个国家和地区的知名专家、青年科学家代表、国际科技组织负责人约500人参加会议，推动全球科技创新合作成果在浙江转化落地。

【长三角地区科技合作】 2019年，浙江省建立由省委书记任组长、省长任第一副组长的领导小组，多层级全方位加强统筹协调，推进落实长三角一体化发展重点任务。推进长三角地区科技合作。省科技厅参与科技部组织的《长三角科技创新共同体建设发展规划》编制，起草《浙江省推进长江三角洲区域一体化发展行动方案》。全省11个设区市实施推进交通、生态环保、市场一体化等专项行动计划。会同上海市、江苏省、安徽省实施国家重大联合攻关项目11项，举办“长三角一体化科创成果展”，开通长三角科技资源共享服务平台，开展创新券通用通兑，推进嘉善县长三角生态绿色一体化发展示范区建设。谋划推进一批能够充分发挥浙江特色优势、对实现高质量发展有重大推动力的长三角一体化标志性工程。浙江列入计划的9条省际断头路全部开工，年内建成1条；白鹤滩输电工程浙江、安徽、江苏分配电量协议达成共识；舟山国际石油储运基地新增石油储备能力180万立方米；全省建成5G基站超过3000个。“城市大脑”在上海、江苏、浙江多个城市布局建设。省政府与清华大学续签合作协议，与浙江清华长三角研究院、中国工程院签订合作协议。引进共建中科院肿瘤与基础医学研究所、长三角柔性电子技术协同创新中心、中国工程科技发展战略浙江研究院、天津大学浙江研究院等高端载体。

【高端科技人才汇聚】 2019年，浙江省有7位科学家当选中国科学院、中国工程院院士，5名外国专家获中国政府友谊奖。有中青年科技创新领军人才10人、科技创新创业人才33人、重点领域创新团队1个和创新人才培养示范基地4个入选国家创新人才推进计划。新入选国家人才计划外国专家20人，连续6年居全国首位。新引进培育省领军型创新创业团队27个、省“万人计划”人才97人，其中，“互联网+”和生命健康两大领域分别占59%和55%。加强青年科技人才培养，全年全省获国家杰出青年科学基金项目12项，比上年增长一倍。

科技成果与奖励

【概况】 2019年，浙江省获国家技术发明奖二等奖5项，其中主持完成2项；获国家科学技术进步奖一等奖3项、二等奖22项，其中主持完成9项。授予浙江省科学技术奖297项，其中浙江科技大奖2项、自然科学奖43项、技术发明奖11项、科学技术进步奖240项、国际科技合作奖1项。在EB级大数据计算平台、射频芯片、类脑芯片、慢性丙肝新药创制等领域取得一批标志性成果，为全省高质量发展提供有力支撑。科技成果中有国家战略需求的关键核心技术，有与老百姓密切相关的民生领域科技创新成果。获奖单位包括浙江大学、浙江工业大学、浙江省农业科学院、中国科学院宁波材料技术与工程研究所、中国水稻研究所等高校与科研院所。推进科技成果转化“一法两条例”执法检查，制订《浙江省技术转移体系建设实施方案》，全年举办科技成果路演、竞价（拍卖）和推介等活动24场，成交项目数316项，成交金额4.05亿元。

【创新动能提升】 2019年，浙江省加强原始创新能力提升，原创科技引领经济社会高质量发展。浙江大学杨德仁院士团队主持完成的"微量掺锗直拉硅单晶技术及其应用"项目和刘旭教授团队主持完成的"超分辨光学微纳显微成像技术"项目分别获国家技术发明奖二等奖。浙江大学医学院附属第二医院姚克教授团队将飞秒激光辅助白内障手术运用到硬核白内障手术，让病人术后不仅"看得见"，更"看得清"。浙江大学医学院方向明教授团队探索脓毒症发病机制，创立围术期救治关键技术，为国际围术期脓毒症的救治提供中国方案。团队自主研发的3D打印抗菌药物效价评估技术，应用于新型抗菌肽效价评定，被国际同行誉为"革命性的药物设计理念"。

【科技惠及民生】 2019年，浙江省获国家科学技术奖成果近半数与民生领域直接相关，科技成果进一步聚焦百姓餐桌上的获得感和安全感。浙江省农业科学院卢立志研究员团队综合运用传统育种和分子育种技术，选育出蛋鸭新品种"国绍Ⅰ号"。新品种蛋鸭产蛋量高，系青壳蛋，不易碎，适宜后续加工。团队还发明推广蛋鸭笼养、网养技术，实现蛋鸭产业环境友好、生物安全、产品优质。浙江大学动物科学学院汪以真教授团队聚焦饲养猪免疫调节、微生态平衡和肠粘膜修复的猪病防治难点，发明猪健康养殖饲用抗生素替代的营养技术体系，该项目可避免养猪过程中排泄的抗生素对环境的影响。中国农业科学院茶叶研究所陈宗懋院士团队在茶叶风险物质最大残留限量标准和农药制剂防治茶园主要病虫害使用准则制定、化学品高通量检测技术国家标准研发等方面取得重要突破。杭州师范大学谢恬教授团队牵头完成的"新型稀缺酶资源研发体系创建及其在医药领域应用"科技成果，采用绿色、低成本的方法从万寿菊等中药材中提取酶，带动中西部地区发展万寿菊种植2万公顷，10多万户农村家庭脱贫增收。

【产学研合作创新】 2019年，浙江省获国家科学技术奖成果中产学研合作项目占很大比例，显示企业创新主体地位和企业创新能力进一步提升。浙江工商大学顾青教授团队主持完成的获奖项目"功能性乳酸菌靶向筛选及产业化应用关键技术"，属于相关高校和杭州娃哈哈集团有限公司、浙江一鸣食品股份有限公司、杭州新希望双峰乳业有限公司等企业10多年产学研协作攻关的成果。该项目团队研发出含有还原性叶酸的酸奶和新型乳酸菌产品，效果优于化学合成的补剂药品。

【科技奖励制度改革】 2019年，省政府公布《浙江省深化科学技术奖励制度改革方案》《浙江省科学技术奖励办法》。奖励办法调整设立浙江科技大奖，新设立国际科学技术合作奖。实行由专家学者、组织机构和相关部门提名的制度，建立诚信承诺和信用管理等配套机制，并提高奖励标准。浙江科技大奖每项300万元，国际科学

2019年度浙江省获国家技术发明奖项目

类别	项目名称	主要完成人	提名单位（专家）	等级
主持	微量掺锗直拉硅单晶技术及其应用	杨德仁(浙江大学)、田达晰(浙江金瑞泓科技股份有限公司)、余学功(浙江大学)、马向阳(浙江大学)	浙江省政府	国家技术发明奖二等奖
主持	超分辨光学微纳显微成像技术	刘旭(浙江大学)、匡翠方(浙江大学)、毛　磊(宁波永新光学股份有限公司)、李海峰(浙江大学)、杨青(浙江大学)、徐良(浙江大学)	中国科学技术协会	国家技术发明奖二等奖
参与	面向突变型峰值服务的云计算关键技术与系统	过敏意(上海交通大学)、张建锋(阿里巴巴(中国)有限公司)、姚斌(上海交通大学)、吴晨涛(上海交通大学)、陈全(上海交通大学)、林昊(阿里巴巴(中国)有限公司)	上海市政府	国家技术发明奖二等奖
参与	高效模数转换器和模拟前端芯片关键技术及应用	杨银堂(西安电子科技大学)、朱樟明(西安电子科技大学)、丁瑞雪(西安电子科技大学)、方伟(浙江大华技术股份有限公司)、胡铁刚(杭州士兰微电子股份有限公司)、朱海刚(浙江大华技术股份有限公司)	陕西省政府	国家技术发明奖二等奖
参与	高压大电流IGBT芯片关键技术及应用	刘国友(株洲中车时代电气股份有限公司)、盛　况(浙江大学)、罗海辉(株洲中车时代电气股份有限公司)、荣震(株洲中车时代电气股份有限公司)、黄建伟(株洲中车时代电气股份有限公司)、肖海波(株洲中车时代电气股份有限公司)	国家铁路局	国家技术发明奖二等奖

2019年度浙江省获国家科技进步奖项目					
类别	项目名称	主要完成人	主要完成单位	提名单位（专家）	等级
主持	蛋鸭种质创新与产业化	卢立志 陈国宏 李柳萌 黄瑜 孙静 沈军达 徐琪 曾涛 李清逸 陈黎	浙江省农业科学院、扬州大学、浙江省诸暨市国伟禽业发展有限公司、湖北省农业科学院畜牧兽医研究所、福建省农业科学院畜牧兽医研究所、湖北神丹健康食品有限公司	浙江省政府	国家科学技术进步奖二等奖
主持	猪健康养殖的饲用抗生素替代关键技术及应用	汪以真 冯杰 江青艳 杨彩梅 胡彩虹 邓近平 李浙烽 刘雪连 杜华华 路则庆	浙江大学、华南农业大学、北京大北农科技集团股份有限公司、浙江农林大学、浙江惠嘉生物科技股份有限公司、杭州康德权饲料有限公司、天邦食品股份有限公司	中国农学会	国家科学技术进步奖二等奖
主持	功能性乳酸菌靶向筛选及产业化应用关键技术	顾青 何国庆 李平兰 李言郡 郦萍 朱立科 阮晖 陈波 赵广生 林枫翔	浙江工商大学、中国农业大学、浙江大学、杭州娃哈哈集团有限公司、浙江一鸣食品股份有限公司、哈尔滨美华生物技术股份有限公司、杭州新希望双峰乳业有限公司	浙江省政府	国家科学技术进步奖二等奖
主持	功率型高频宽温低功耗软磁铁氧体关键技术及其产业化	严密 白国华 包大新 张雪峰 孙蒋平 马占华 杜阳忠 金佳莹 葛洪良 胡军	浙江大学、横店集团东磁股份有限公司、天通控股股份有限公司、杭州电子科技大学、中国计量大学	浙江省政府	国家科学技术进步奖二等奖
主持	新型稀缺酶资源研发体系创建及其在医药领域应用	谢恬 许新德 陈侠斌 王秋岩 殷晓浦 曾昭武 王安明 陈大竞 侯书荣 徐晓玲	杭州师范大学、浙江医药股份有限公司、新昌制药厂	教育部	国家科学技术进步奖二等奖
主持	茶叶中农药残留和污染物管控技术体系创建及应用	陈宗懋 罗逢健 周利 楼正云 郑尊涛 张新忠 赵颖 孙荷芝 杨梅 王新茹	中国农业科学院茶叶研究所、农业部农药检定所、浙江大学	农业农村部	国家科学技术进步奖二等奖
主持	超慢速扩张洋中脊热液硫化物发现与探测关键技术创新	陶春辉 李家彪 李波 席振铢 周建平 刘敬彪 叶瑛 韩喜球 李振清 孙元宏	自然资源部第二海洋研究所、北京先驱高技术开发公司、中国地质大学（北京）、中国地质科学院矿产资源研究所、中南大学、浙江大学、杭州电子科技大学	中国海洋工程咨询协会	国家科学技术进步奖二等奖
主持	白内障精准防治关键技术及策略的创新和应用	姚克 申屠形超 闫永彬 徐雯 汤霞靖 朱亚楠 俞一波 王玮 傅秋黎 陈祥军	浙江大学医学院附属第二医院、清华大学	浙江省政府	国家科学技术进步奖二等奖
主持	围术期脓毒症预警与救治关键技术的建立和应用	方向明 舒强 邓小明 于泳浩 王国林 李金宝 徐志南 薄禄龙 林茹 程宝莉	浙江大学、上海长海医院、天津医科大学总医院	郑树森、沈岩、陈义汉	国家科学技术进步奖二等奖
参与	高层钢-混凝土混合结构的理论、技术与工程应用	周绪红 刘界鹏 傅学怡 张素梅 杨想兵 徐坤 徐国军 杨波 童根树 周期石 林旭川 张小冬 李江 王宇航 刘晓刚	重庆大学、悉地国际设计顾问（深圳）有限公司、中建钢构有限公司、浙江绿筑集成科技有限公司、中冶建筑研究总院有限公司、哈尔滨工业大学、湖南大学、浙江大学、中国地震局工程力学研究所、中南大学	中国钢结构协会	国家科学技术进步奖一等奖

续表

2019年度浙江省获国家科技进步奖项目					
类别	项目名称	主要完成人	主要完成单位	提名单位（专家）	等级
参与	复杂艰险山区高速公路大规模隧道群建设及营运安全关键技术	何川 方勇 王明年 李祖伟 汪波 韩直 晏启祥 吴德兴 林才奎 陈乐生 李玉文 李海鹰 曾忠 王卫平 许金华	西南交通大学、重庆高速公路集团有限公司、招商局重庆交通科研设计院有限公司、四川省交通运输厅公路规划勘察设计研究院、浙江省交通规划设计研究院有限公司、广东省长大公路工程有限公司、四川公路桥梁建设集团有限公司、四川广甘高速公路有限责任公司、四川都汶公路有限责任公司、成都金隧自动化工程有限责任公司	中国公路学会	国家科学技术进步奖一等奖
参与	中国高精度数字高程基准建立的关键技术及其推广应用	李建成 邹贤才 姚宜斌 申文斌 魏辉 王彬 张士柱 刘秀 石强 陈为民 杨一挺 向泽君 张孝成 陈弘奕 李国鹏	武汉大学、湖北省测绘工程院、内蒙古自治区测绘地理信息局、深圳市地籍测绘大队、宁波市自然资源和规划局、浙江省第一测绘院、重庆市勘测院、重庆市国土资源和房屋勘测规划院、山西省测绘工程院、国家测绘地理信息局第一大地测量队（国家测绘地理信息局精密工程测量院）	中国地理信息产业协会	国家科学技术进步奖一等奖
参与	传统特色肉制品现代化加工关键技术及产业化	王守伟 孔保华 乔晓玲 赵燕 李家鹏 陈文华 臧明伍 李莹莹 施延军 宋忠祥	中国肉类食品综合研究中心、东北农业大学、湖南唐人神肉制品有限公司、金字火腿股份有限公司、广州皇上皇集团股份有限公司	中国轻工业联合会	国家科学技术进步奖二等奖
参与	纺织面料颜色数字化关键技术及产业化	张瑞云 忻浩忠 张建祥 沈会良 杨红英 刘淑云 纪峰 王广武 薛文良 葛权耕	鲁泰纺织股份有限公司、东华大学、香港理工大学、中原工学院、浙江大学	中国纺织工业联合会	国家科学技术进步奖二等奖
参与	塑料注射成形过程形性智能调控技术及装备	周华民 张云 赵朋 李德群 陈宇宏 黄志高 饶启琛 徐斌 沈亚强 汪智勇	华中科技大学、浙江大学、博创智能装备股份有限公司、中国航发北京航空材料研究院、瑞声光电科技（常州）有限公司、深圳市兆威机电股份有限公司、群达模具（深圳）有限公司	单忠德、李培根、王振国	国家科学技术进步奖二等奖
参与	面向公共安全的大规模监控视频智能处理技术及应用	李波 朱江 胡海苗 李欣 廖胜才 王蓉 雷震 姜伟浩 刘偲 郑锦	北京航空航天大学、杭州海康威视数字技术股份有限公司、中国科学院自动化研究所、中国人民公安大学	赵沁平、张广军、樊邦奎	国家科学技术进步奖二等奖
参与	长三角地区城市河网水环境提升技术与应用	李云 范子武 唐洪武 吴时强 陈求稳 朱雪诞 顾正华 谢忱 吴修锋 许明	水利部、交通运输部、国家能源局、南京水利科学研究院、河海大学、上海勘测设计研究院有限公司、浙江大学、江河瑞通（北京）技术有限公司、江苏省环境科学研究院、南京瑞迪建设科技有限公司	中国水利学会	国家科学技术进步奖二等奖
参与	车用高性能制动系统关键技术及产业化	张俊智 王丽芳 施正堂 龙元香 燕少德 何承坤 李芳 李立刚 苟晋芳 袁野	清华大学、浙江亚太机电股份有限公司、广州瑞立科密汽车电子股份有限公司、中国科学院电工研究所	中国汽车工程学会	国家科学技术进步奖二等奖
参与	考古现场脆弱性文物临时固型提取及其保护技术	罗宏杰 周铁 容波 韩向娜 房强 黄晓 张秉坚 姜标 王春燕 李伟东	秦始皇帝陵博物院、中国科学院上海硅酸盐研究所、上海大学、中国科学院上海有机化学研究所、浙江大学、北京科技大学	国家文物局	国家科学技术进步奖二等奖

续表

2019年度浙江省获国家科技进步奖项目					
类别	项目名称	主要完成人	主要完成单位	提名单位（专家）	等级
参与	肺癌精准诊疗关键技术研究与推广应用	周彩存 张 艰 范 云 许 川 许亚萍 任胜祥 苏春霞 蒋 涛 何 伟 孙苏彭	同济大学、中国人民解放军空军军医大学第一附属医院、浙江省肿瘤医院、中国人民解放军陆军军医大学、格诺思博生物科技南通有限公司、杭州凯保罗生物科技有限公司	上海市政府	国家科学技术进步奖二等奖
参与	肉品风味与凝胶品质控制关键技术研发及产业化应用	周光宏 徐幸莲 李春保 祝义亮 章建浩 韩青荣 彭增起 朱俭军 张万刚 王虎虎	南京农业大学、江苏雨润肉类产业集团有限公司、嘉兴艾博实业有限公司、浙江华统肉制品股份有限公司	教育部	国家科学技术进步奖二等奖
参与	女性盆底功能障碍性疾病治疗体系的建立和推广	朱 兰 郎景和 徐 弢 鲁永鲜 华克勤 童晓文 金杭美 张晓薇 孙智晶 陈 娟	北京协和医学院、清华大学、中国人民解放军总医院第四医学中心、复旦大学附属妇产科医院、上海市同济医院、浙江大学医学院附属妇产科医院、广州医科大学附属第一医院	教育部	国家科学技术进步奖二等奖
参与	编码摄像关键技术及应用	季向阳 王贵锦 张永兵 刘振宇 杨 艺 李晓波 万鹏飞 张 刚 施陈博 连晓聪	清华大学、清华大学深圳研究生院、凌云光技术集团有限责任公司、淘宝（中国）软件有限公司、厦门美图之家科技有限公司、北京数码视讯科技股份有限公司	工业和信息化部	国家科学技术进步奖二等奖
参与	乙烯装置效益最大化的优化控制技术	杜文莉 钱 锋 张利军 智茂轩 李江利 卫 达 王振雷 田 亮 赵 亮 吴 剑	华东理工大学、中国石化上海石油化工股份有限公司、中国石油化工股份有限公司镇海炼化分公司、中国石油天然气股份有限公司吉林石化分公司、中国石化扬子石油化工有限公司	上海市政府	国家科学技术进步奖二等奖
参与	新型多温区SCR脱硝催化剂与低能耗脱硝技术及应用	杨勇平 陆 强 张东晓 沈明忠 董长青 赵 莉 程俊峰 朱 跃 乔凯荣 曲艳超	华北电力大学、中国华电集团有限公司、中国华电科工集团有限公司、华电电力科学研究院有限公司、北京华电光大环境股份有限公司、北京清新环境技术股份有限公司	教育部	国家科学技术进步奖二等奖

2019年度浙江省科学技术奖获奖名单

浙江科技大奖		
获奖人		工作单位
李兰娟		浙江大学医学院附属第一医院
张建锋团队		阿里巴巴(中国)有限公司
浙江省自然科学奖一等奖		
成果名称	完成单位	完成人员
基于乙型肝炎特异性免疫应答机制的诊治新策略研究	浙江大学医学院附属第一医院	陈　瑜　李雪芬　楼　滨 毛卫林　陈保德
视觉系统中的目标物运动状态分析	浙江工业大学、温州大学、香港城市大学	陈胜勇　张笑钦　周小龙 张剑华　李友福
十字花科蔬菜基因组信息解析与重要性状遗传基础	浙江大学、中国农业科学院蔬菜花卉研究所	张明方　杨景华　王晓武 程　锋　陈竹君
稻瘟病菌附着胞形成和侵入的分子机制研究	浙江大学、浙江省农业科学院	林福呈　刘小红　王教瑜 卢建平　孙国昌
新型DNA损伤响应通路及其调控机制	浙江大学、中国农业科学院生物技术研究所	华跃进　林　敏　田　兵 王　劲　王梁燕
储氢材料双相协同、尺寸效应及非晶化基础理论研究	浙江大学	潘洪革　刘永锋　高明霞 雷永泉　王启东
运动系统软组织疾病的病理机制和再生研究	浙江大学	欧阳宏伟　陈　晓　茵　梓 张　薇　胡嘉洁
浙江省技术发明奖一等奖		
成果名称	完成单位	完成人员
高质高效激光表面改性技术及其工业应用	浙江工业大学、杭州汽轮机股份有限公司、杭州博华激光技术有限公司	姚建华　王　梁　张群莉 董　刚　李　波　叶　钟
大规模塔式太阳能热发电关键技术及产业化	浙江中控太阳能技术有限公司、浙江大学	金建祥　徐　能　黄文君 宓霄凌　周　慧　胡　中
分子筛催化材料的设计合成和绿色制备	浙江大学	肖丰收　孟祥举　王　亮
浙江省科学技术进步奖一等奖		
成果名称	完成单位	完成人员
云原生分布式数据库AnalyticDB	阿里云计算有限公司、之江实验室	李飞飞　占超群　林　亮 陈　哲　魏闯先　潘　岳 彭晓强　刘林豆　苏茂萌 谢小龙　张铁赢　汪　晟 陈毅能
胰腺疾病诊治关键技术研究及其推广应用	浙江大学	梁廷波　白雪莉　章　琦 张　匀　马　涛　支　枭 陈怡文　李　想　粟　伟 傅琦涵　魏　涛　陈　琦 沈艺南
高性能非金属管道设计制造关键技术开发及应用	浙江大学、浙江省特种设备科学研究院、永高股份有限公司、浙江中财管道科技股份有限公司、湖北兴欣科技股份有限公司、中国石油天然气管道科学研究院有限公司	郑津洋　钟海见　施建峰 卢震宇　郭伟灿　李广忠 丁良玉　缪存坚　凌张伟 范工然　孙华丽
无障碍智能信息服务关键技术及应用	浙江大学、之江实验室、阿里巴巴(中国)有限公司、中国残疾人联合会信息中心、浙大网新科技股份有限公司	卜佳俊　张建锋　蔡　亮 戴连君　陈　纯　陈　健 王　灿　郑叶飞　陈　岭 史　烈　周　琴　于　智 王　炜
多域多向多准则成型关键技术与系列装备及应用	浙江大学、合肥合锻智能制造股份有限公司、湖州机床厂有限公司、上海航天设备制造总厂有限公司、湖州绿色智能制造产业技术研究院	冯毅雄　张树有　王玉山 郭立杰　郑建华　高一聪 张兰军　程　锦　吴佳森 郑　浩　刘明芳　崖华青 李锡娟

续表

2019年度浙江省科学技术奖获奖名单		
陆源入海碳通量动态监测关键技术及应用示范	自然资源部第二海洋研究所、浙江大学、厦门大学、国家海洋环境监测中心、国家海洋局东海环境监测中心、南京信息工程大学、浙江海洋大学、山东大学、中国科学院南京地理与湖泊研究所	何贤强 白 雁 刘仁义 郭香会 翟惟东 何宜军 龚 芳 秦榜辉 刘 东 朱乾坤 赵化德 赵淑江 郑 红
高能效高压放电电源的负荷主动匹配技术与产业化应用	浙江大学、浙江大维高新技术股份有限公司	何湘宁 李武华 罗皓泽 施小东 奚永新 邱 祁 施秦峰 刘星亮 郑立成 顾小卫 袁旭光 舒贝利
工业锅炉/炉窑烟气多污染物控制关键技术与催化材料	浙江大学、煤炭科学技术研究院有限公司、浙江天蓝环保技术股份有限公司、上海克硫环保科技股份有限公司	吴忠标 刘 越 孙仲超 王岳军 刘 静 梁大明 王海强 熊银伍 翁小乐 高 珊 傅月梅 莫建松 李雪飞
脓毒症的细菌耐药检测和干细胞诊治的理论创新与新技术研发	温州医科大学附属第一医院	潘景业 李德泉 陈 雷 黄跃跃 余方友 全世超 王 珏 郑尘非 洪万东 马继红 陈 洁 王晓蓉
痛风脾虚浊阻理论体系构建及临床应用	浙江中医药大学、浙江大学医学院附属第二医院、华东师范大学、浙江医院、浙江中医药大学附属第三医院、浙江中医药大学附属第二医院	温成平 谢志军 范永升 吴华香 石铁流 金肖青 高祥福 孙 静 邵铁娟 周 佳 胡长锋 何志兴 许正浩
多模式电磁场可控涂层技术及装备研发	温州职业技术学院、温州大学、大连维钛克科技股份有限公司、建达电气有限公司、兴机电器有限公司、浙江中立集团有限公司	王向红 郎文昌 何林李 高 斌 吴百中 李士本 詹显光 郑有义 马槽伟 章如海
植物源生物活性物质高效提取分离技术装备及产业化	浙江大学、浙江天草生物科技股份有限公司、中国计量大学、宁波新芝生物科技股份有限公司、象山华宇食品有限公司	刘东红 叶兴乾 陈士国 关荣发 刘振锋 程 勇 陈健初 孙玉敬 肖长锦 洪基光 邵云东
含高比例分布式新能源的电力系统灵活负荷控制关键技术及应用	国网浙江省电力有限公司、浙江大学、国网浙江省电力有限公司嘉兴供电公司、杭州源牌科技股份有限公司、国电南京自动化股份有限公司、国网浙江省电力有限公司杭州供电公司	宋永华 丁 一 陈 嵘 叶水泉 殷伟斌 万 灿 叶承晋 严耀良 刘月琴 郑正仙 纪 陵 李靖霞 张劲松
以肠道微生态为基础的脂肪性肝病分子机制创新与临床转化	温州医科大学附属第一医院	陈永平 郑明华 陈达之 陈瑞聪 王晓东 金晓芝 许烂漫 蔡 超 董培红 吴发玲
疏浚淤泥复式真空预压地基处理关键技术	温州大学、浙江工业大学、温州市瓯飞经济开发投资有限公司、江苏鑫泰岩土科技有限公司、浙江省水利水电勘测设计院、上海港湾基础建设(集团)股份有限公司、浙江绩丰岩土技术股份有限公司	蔡袁强 王 军 王 鹏 金海胜 金亚伟 袁文喜 楼晓明 金锦强 马晓华 郭 林 谷 川 林孝悌 符洪涛

续表

2019年度浙江省科学技术奖获奖名单		
高效节能精密-微型注塑成套装备关键技术研发及应用	浙江大学、浙江申达机器制造股份有限公司、杭州科技职业技术学院、杭州索凯实业有限公司	许忠斌 罗晓晔 周巨栋 林　波 周　祥 袁卫明 王金莲 王　珏 苏良瑶 刘国林 林增荣 张本西 梁　刚
高效脂肪酶催化制备脂溶性维生素关键技术及产业化	浙江工业大学、浙江医药股份有限公司新昌制药厂	汪　钊 郑建永 许新德 马文鑫 王升帆 朱金林 章银军 孙　杰 彭永健 晁红娟 叶双明 陈浙蓉
大功率流程离心泵关键技术及产业化	浙江理工大学、嘉利特荏原泵业有限公司、利欧集团股份有限公司、浙江天德泵业有限公司、杭州大路实业有限公司、昆明嘉和科技股份有限公司、烟台龙港泵业股份有限公司、大连罗兰泵业有限公司	朱祖超 李晓俊 曲景田 涂必成 聂小林 薛宽荣 崔宝玲 杨顺银 韩安达 林仁勇 翟璐璐 贾晓奇 李　昳
新型钴系锂电材料绿色制造关键技术及应用	衢州华友钴新材料有限公司、中国科学院过程工程研究所、中南大学、浙江华友钴业股份有限公司	徐　伟 林　晓 张贵清 刘永东 刘晨明 刘秀庆 孙　峙 田礼平 刘人生 夏仙满 胡　雷 向　波 杨　杰
疫苗时代麻疹的流行因素与防控关键技术研究	浙江省疾病预防控制中心	卢亦愚 何寒青 冯　燕 谢淑云 徐昌平 严　睿 陈恩富 王芝芳 陈　寅 严菊英

浙江省国际科学技术合作奖	
获奖人	工作单位
颜松远	浙江师范大学

技术合作奖每项10万元，一、二等奖分别提高至30万元、15万元。优化评审流程，评审由初评、行业评审和综合评审3个程序调整为行业评审、综合评审2个程序，公示时间由15天压缩至7天。规范奖项设置，明确仅由省政府、宁波市政府设立由财政出资的科学技术奖，其他单位不得设立科学技术奖，并鼓励各种社会力量设立科学技术奖。

科技服务

【科技领域“最多跑一次”改革】 2019年，省科技厅推进“最多跑一次”改革，实施“三简三优三支撑”行动，推动科技服务领域减环节、减材料、减次数、减时间。项目审核立项时间减少至45个工作日，减少62%；高新技术企业认定时间减少至80个工作日，减少66%；外国人来华工作许可等事项在全国率先实现“零跑”。推进政府数字化转型，通过业务流程再造和数据共享，构建“政策法规、办事大厅、决策支撑、科技监管”四大模块的“科技大脑”，实现全部科技业务事项的“一网打尽”。省科技厅56个办事事项实现网办率100%、“掌办”率98%、“零跑”率98%、承诺办理时限压缩率63%、材料电子化率100%。

【企业服务优化】 2019年，省科技厅会同省税务、统计部门联合开发和推广“企业研发项目信息管理系统”，解决企业“研发项目鉴定难、研发费用归集难、加计扣除核算难、税收优惠兑现难”问题。至年末，全省使用该系统企业2万多家，享受研发费用加计扣除额370多亿元，促进企业投入研发经费510多亿元。会同杭州海关、省税务局等部门制定“进一步落实稳外贸政策的8条措施”和“进一步落实税收优惠政策的7条措施”等政策，支持企业创新发展。启动运营省创新引领基金，批复第一批子基金公司9家，总规模27亿元，其中省财政认缴金额5.7亿元。省政府与国家自然科学基金委员会共同设立国家区域创新发展联合基金。

【产业创新服务综合体服务实体经济】 2019年，浙江省累计建立集聚技术研发、知识产权、成果转化、检验检测等创新资源要素的省级产业创新服务综合体106个，健全现代产业创新服务体系。全年106个省级综合体服务企业14.1万家、37万次，引导研发资金投入742亿元，相关产业营业收入超过3万亿元。发挥龙头企业核心作用，为上下游企业提供创新服务，带动产业链整体跃升。推动高校、企业等创新主体协同创新。省级综合体集聚创新服务载体5273个，其中重点实验室230个、知识产权服务机构829个、检测机构231个，形成科技服务产业集群。全年相关产业集群增加值6221亿元，新培育国家高新企业1016家、科技型中小企业2400家。综合体把高校、科研院所、科研人员与地方产业技术需求结合，形成产学研用协同创新的“联合体”，科技服务能力显著增强。省级综合体累计引进大院名校共建创新载体955家，产业集群内企业承担省级以上产学研合作项目1721个，解决技术难题1.2万个。

（省科学技术厅　李孙达）

财政·税务

Finance·Taxation

财　政

【概况】 2019年，浙江省财政总收入12268.24亿元，比上年增长4.8%；一般公共预算收入7048.58亿元，增长6.8%。其中税收收入5898.75亿元，增长5.6%。全省一般公共预算支出1.01万亿元，增长7.6%。省级一般公共预算收入343.38亿元，增长5.2%；省级一般公共预算支出639.87亿元，增长5.0%。全省及省级一般公共预算收支平衡。省级财政安排的转移支付1929.03亿元，其中一般性转移支付1278.72亿元，专项转移支付650.31亿元。全省政府性基金预算收入10607.82亿元，增长21.4%；支出10384.69亿元，增长15.1%；省级政府性基金预算收入34.47亿元，下降58.0%；支出196.35亿元，增长106.6%。全省和省级政府性基金预算收支平衡。全省国有资本经营预算收入92.19亿元，增长13.4%；支出58.43亿元，增长16.7%；省级国有资本经营预算收入44.96亿元，增长23.2%；支出31.63亿元，增长39.2%。全省和省级国有资本经营预算收支平衡。全省社会保险基金预算收入（含中央调剂金）5390.91亿元，增长8.9%；支出（含中央调剂金）5419.76亿元，增长18.4%；省级社会保险基金预算收入（含调剂金）684.15亿元，增长65.4%；支出（含调剂金）722.61亿元，增长87.5%。收支相抵，全省和省级社会保险基金收支分别赤字28.85亿元和38.46亿元。

【财政收支管理】 2019年，浙江省加强财政收支管理，提升财政收支运行质量。省财政厅成立财政收支运行保障应急领导小组，建立财政收支分析专项联络员制度和月报制度，关注宏观经济形势，加强收入分析，应对大规模减税降费政策带来的减收效应，确保财政收支在合理区间健康运行。聚焦稳企业稳增长和创业创新，助力制造业高质量发展，激发财政可持续收入动力。全年全省税收收入占一般公共预算收入的83.7%，收入质量较好。推进全省财政收入稳步增长，落实中央财政政策和资金支持，扩大政府可用财力。全省和省级财政预算执行情况良好，保障全省经济社会持续健康发展。省财政厅加强对市县财政收支运行的监测和分析。将税收负增长市县分别纳入高度关注、重点关注、一般关注“三张清单”，实行动态管理，分类指导、分类施策。建立县级“三保”预算编制事前审核机制，防范财政运行风险。实行市县财政困难程度和财政保障能力综合评价，有针对性地加大转移支付力度，确保不发生“三保”支出风险。加强政府非税收入征管，全省96%以上的政府非税收入项目纳入统一公共支付平台。加快资金结算清算进度，完善代收机构、代收渠道的支撑体系。加快推广统一公共支付平台自助缴款业务，实现全省通打通取。开展非税票据电子化改革及试点。加强执收单位退付资金管理，推进资金退付申请网上办理，实现单位财务人员办理资金结算“一次也不用跑”。全年全省实现政府非税收入12020.47亿元，其中纳入一般公共预算管理的非税收入1149.83亿元。全省财政部门统筹推进稳增长、促改革、调结构、惠民生、防风险、保稳定工作，实施积极的财政政策，服务全省经济社会发展大局。实行政府带头过紧日子，压减一般性支出，切实将财政资金用到保障经济社会发展的重大改革、重大项目、重大平台和重大政策上，集中财力办大事。全年全省压减非刚性、非重点项目支出6.9%；省级一般公共预算安排的“三公”经费支出下降0.6%。

【财税政策护航经济平稳发展】 2019年，浙江省实施新一轮减税降费政策。按照“顶格优惠+叠加享受”的原则，落实小微企业普惠性减税、增值税大规模减税、个人所得税改革、社保费减负、增值税留抵退税等政策，全省减税降费2076亿元。取消政府采购投标保证金，鼓励减免履约保证金和推行保函替代现金，为供应商减少资金占用80亿元。实施保障民营经济高质量发展的31条政策举措，优化民营经济发展环境，助力民营经济健康发展。出台促进企业融资财政激励办法，完善国库现金管理指标体系，缓解企业融资难、融资贵问题。制定担保风险补偿办法，全年浙江省担保集团有限公司累计担保225亿元。组建首期规模100亿元的浙江省上市公司稳健发展支持基金，纾解浙江省上市公司股权质押风险，落地纾困项目2个。整合设立省中小企业发展专项资金5亿元，重点支持20个县（市、区）首批小微企业园建设提升及中小企业公共服务体系、中小企业投融资服务体系建设。实施中小微企业政府采购优惠政策，中小微企业合同金额所占比例超过80%。推进政府产业基金2.0版运作，整合设立省转型升级产业基金251亿元，组建数字经济等主题基金7支，引导社会资本加大对省市县长工程等重大产业项目及创业创新领域的投资。支持浙江省金融控股有限公司与中国联合实业有限公司共同创建未来社区建设投资基金100亿元，参与组建国家集成电路基金（二期）、国家制造业转型升级基金、国企改革“双百行动”（100家中央企业子公司和100家地方国有骨干企业深化改革）发展基金。全年发行地方政府债券1538亿元，债券资金全部拨付至项目，支持稳投资、扩内需、补短板等工作。省财政厅安排7.24亿元支持境外外经贸服务体建设、电子商务创新发展等，引导跨境电子商务、外贸综合服务企业等外贸新业态发展。加大对国际性展会、出口信用保险补助、对外贸易诉讼支持力度，推动外贸经济平稳增长。实施外贸发展新政20条，加强外贸预警监测能力。支持传统批发零售业改造提升。省财政厅实施传统产业改造财政专项激励政策，安排资金18亿元，支持18个县（市）推进传统制造业数字化改造和新兴产业发展。安排专项资金2.35亿元，支持“品字标”品牌建设、标准化战略和知识产权保护。落实重点人才项目资金保障，支持实施“千人计划”“万人计划”“绩励计划”。加大政府采购对创新产品支持力度，在政采云平台上线制造（精品）馆，鼓励优先采购创新产品。助推获批国家数字经济创新发展试验区，筹措数字经济财政专项激励资金10亿元，推进数字经济核心产业、制造业数字化改造，以及制造业创新中心、工业互联网平台开发应用等。省转型升级产业基金出资30亿元组建数字经济产业投资基金，支持集成电路、5G、大数据、物联网、人工智能等重大产业项目建设。

【集中财力办大事】 2019年，浙江省财政助力长三角一体化发展战略实施，参与建立长三角一体化发展投资基金。推动政采云平台在长三角地区的推广运用。浙江、安徽2省分别安排资金2亿元，开展第三轮新安江流域上下游生态补偿建设。安排重大科技专项经费9.51亿元，支持全省新兴产业发展和公共领域的重大项目，解决重大关键核心技术与应用问题。安排资金11亿元，支持之江实验室重大基础研究项目实施、大科学装置建设、高层次人才团队引进、基础设施建设等。安排资金7.95亿元，支持两批25个市县创建省级产业创新服务综合体，省市县联动助推块状经济和现代产业集群高质量发展。深化海洋经济示范区建设，支持中国（浙江）自由贸易试验区绿色石化产业发展。加大绿色保险保费补贴力度，推动湖州、衢州绿色金融改革创新试验区建设。落实蓝色海湾整治行动项目中央补助资金5.26亿元，改善海洋环境质量。安排诗路文化带建设资金5亿元，支持浙东唐诗之路、大运河诗路、钱塘江诗路和瓯江山水诗路“四条诗路”建设。争取中央补助资金154.29亿元，省级安排96.95亿元，支持公路、水运、民航等交通基础设施建设和养护，构建省域、市域、城区“1小时”交通圈。增加浙江省交通集团有限公司资本金30亿元，支持大通道建设。安排8亿元支持设区市区域统筹协调发展和基本公共服务均等化，推进大都市区建设。争取中央基建投资71.54亿元，省级安排55.51亿元，支持政府投资基础设施建设。安排46.97亿元，支持城镇保障性安居工程建设，促进城市、乡村、园区有机更新。

【财政助力“三大攻坚战”】 2019年，浙江省财政部门加强防范化解地方政府性债务风险，实施防范和化解政府隐性债务风险专项行动。通过安排财政资金、盘活存量资产资源等举措，稳妥有序化解隐性债务风险。按照融资平台公司转型“四条标准”，推进融资平台公司实体化、市场化转型。建立全口径债务动态监测机制，对全省各级地方政府及其部门、融资平台公司、国有企业的全口径债务进行全面动态监控。助力精准脱贫攻坚战。全省筹措资金61.01亿元，支持东西部扶贫协作和对口支援。安排消除集体经济薄弱村及财政专项扶贫资金10.18亿元，促进发展地区农民收入加快增长、民生水平提升和内生功能增强，全面消除集体经济年收入不足10万元的薄弱村。做好扶贫资金动态监控，提升扶贫资金预算绩效。安排资金3.85亿元，重点支持省级山海协作产业园提升工程9个、山海协作生态旅游文化产业园建设16个。助力污染防治攻坚战。安排绿色发展财政奖补资金116.43亿元，支持生态文明新政实施，助推高质量建设“美丽浙江”。争取中央生态保护资金10亿元，支持钱塘江源头区域山水林田湖草生态保护修复工程国家级试点工作。

【财政民生保障】 2019年，浙江省加大对教育事业支持力度，全省安排教育支出1764.69亿元，比上年增长12.2%。安排30.86亿元，支持省重点高校建设、省一流学科建设、省重点暨优质高职院校建设，提高省属高校学生人均拨款定额标准至1.15万元/年。安排民办教育发展资金3.41亿元，支持各级各类民办学校发展。落实义务教育教师基本工资保障政策，统筹安排义务教育经费保障机制补助34.86亿元；安排学生资助经费5.72亿元。安排7.52亿元，支持各地改善基础教育办学条件。全年全省安排卫生健康支出735.61亿元，增长20.6%。安排城市优质医疗资源下沉奖补资金2.47亿元，新增安排医共体建设奖补资金2.02亿元，支持全省70个县（市、区）组建县域医共体161个。安排农村巡回医疗车补助资金6000万元。安排基本公共卫生服务补助资金15.69亿元，提高财政补助标准至年人均69元。统筹安排公立医院综合改革奖补资金3.45亿元。安排现代养老服务体系建设补助资金8.25亿元，提升社会养老服务能力和水平。全省安排社会保障和就业支出1073.94亿元，增长17.3%。安排10.49亿元，支持就业创业促进工作。全省从失业保险基金结余中统筹安排86.90亿元，支持实施职业技能提升行动计划。安排城乡居民基本养老保险补助资金51.94亿元，实施城乡居民基本养老保险待遇确定和基础养老金正常调整。安排城乡居民基本医疗保险补助资金52.89亿元，提高财政补助标准至年人均540元，提高城乡居民大病保险筹资标准至年人均55元。安排城乡医疗救助补助资金5.81亿元，保障困难群众基本医疗待遇。实行困难群众基本生活价格补贴8次，保障困难群众基本生活水平。安排困难残疾人生活补贴和重度残疾人护理补贴资金9.89亿元，新增安排1.65亿元，支持残疾人事业发展和残疾人服务能力提升。加强退役军人服务保障体系建设，提高部分退役军人优抚对象等人员抚恤和生活补助标准。争取中央资金并筹集省级救灾资金25.01亿元，支持台风“利奇马”等重大自然灾害灾后重建。全省安排文化旅游体育与传媒支出203.26亿元,增长7.6%。安排3.47亿元,支持重大文化体育设施建设。安排文化产业发展专项资金2亿元,推进万亿级文化产业培育。安排省文化产业投资集团资本金6.1亿元,建设文化产业发展投融资平台。组建规模20亿元的省文化产业投资基金。支持世界级文化遗产培育申报,助力良渚古城遗址申遗成功。安排基本公共文化服务专项资金6.77亿元,推进基本公共文化服务标准化均等化建设。落实省财政7.52亿元,推动省乡村振兴投资基金有效运作。安排资金8亿元,支持20个县开展省级乡村振兴产业发展示范建设。安排资金3.53亿元,实施生猪产业等畜牧业转型升级和防疫体系建设。增加省农业融资担保有限公司资本金2亿元,创新"浙里担"(以数字担保为核心,政策协同、抱团合作、相互赋能的担保机制)模式,为1.5万户农业主体提供40亿元的融资担保服务。安排一事一议财政奖补政策资金10.13亿元,支持农村综合改革和"三治融合"的乡村治理体系建设。安排村主要干部基本报酬补助经费12.97亿元,安排村级运转经费补助2.6亿元,安排社区工作经费1.38亿元,安排经费1.49亿元支持各地开展村级组织活动场所(党群服务中心)建设提升行动。安排资金11.12亿元,支持深化"千村示范、万村整治"工程建设。安排资金2.21亿元,支持全省136个村实施"美丽宜居示范村"试点建设。安排省级补助资金37.53亿元,实施"百项千亿防洪排涝工程"项目66个。安排资金9.92亿元,支持完成全省农村居民饮用水新增410万人的达标任务。安排省级造地改田资金38.21亿元,用于土地整治、基本农田保护、垦造耕地等。

【财政改革深化】 2019年,浙江省推进财政数字化转型,政采云平台推广至9省3市496个市县区,交易规模5143.89亿元。统一公共支付平台累计接入收入项目200多项,通过平台办理教育收费、城乡居民社保缴费及交通违法缴款等业务1.71亿笔,金额超过6157亿元,90%以上的缴款业务在网上"零见面"办理。推出全国首个区块链电子票据平台,全省507个公立医疗机构实行医疗电子票据改革,累计开票1.5亿张、565亿元。研发地方政府性债务风险预警与处置系统,对全省7000多家国有独资或控股企业融资情况实行监控,严控新增隐性债务。全省财政部门优化预算编审流程,提高预算编报和审核效率。完善预算执行进度考核办法,建立重点类别项目分类管理机制。调整完善项目支出标准,构建49类166项明细开支范围标准框架。推进预决算公开,全省政府预算、部门预算均实现法定时间内100%公开。谋划实施新一轮绿色发展财政奖补机制,加强淳安特别生态功能区财政体制政策研究,做好龙港撤镇设市收支基数核定和财政体制政策研究工作。完善省属国有金融资本管理制度,优化省属金融企业经营业绩考核,规范省属国有独(全)资金融企业董(监)事会运作,改革省属金融企业工资决定机制。做好国有资产报告工作,完善国有资产报告体例和结构,全省90个县(市、区)建立国有资产报告制度。构建全省集中财力办大事财政政策体系,出台相关指导意见,组织开展"政策宣讲辅导月"活动,全省各市县均制定当地集中财力办大事相关财政政策。制定浙江省全面落实预算绩效管理的实施意见和三年行动计划(2019—2021年),9个设区市、63个县(市、区)党委、政府出台全面落实预算绩效管理实施意见。推进"全方位、全过程、全覆盖"的预算绩效管理体系建设。出台《浙江省事前绩效评估暂行办法》《浙江省财政厅预算绩效管理工作规程》《省级预算绩效指标库管理办法》等制度办法。建立事前绩效评估机制,实现绩效管理关口前移,全年对17项新出台的重大政策和项目开展事前绩效评估。建立覆盖114个部门的12260条绩效指标库,并应用于下一年预算编制。开展彩票公益金和业务费重点绩效评价,将评价范围拓展至政府性基金领域。深化部门整体绩效预算改革,探索建立政府预算绩效管理体系。印发《浙江省深化政府购买服务第三方绩效评价工作试点实施方案》,提出深化政府购买服务第三方绩效评价工作,全面实施政府购买服务绩效管理,提升财政资金使用效益。加强国库集中支付动态监控,防范和控制支付风险。推进行政事业单位内部控制建设,完善省级单位内部控制建设评价指标体系,督促各地加强内部控制监督评价。推进财政资金竞争性存放,省级财政资金竞争性累计操作规模2083.84亿元。

(省财政厅　严　琦)

税　务

【概况】 2019年,省税务局聚焦主业主线实施"六大工程"(党建引领、文化兴税、创新驱动、法治税务、办税提效、数字管税),推进"三个年"(基础年、规范年、融合年)建设,各项工作取得新的成效。坚持依法征收,助推全省实体经济发展。深化税务"放管服"改革,优化税收营商环境,征收管理形成新优势。省税务局在国家税务总局年度绩效考评中位列全国第一,纳税人满意度调查取得"五连冠"。全年全省完成各项税收收入9244.6亿元(含海关代征增值税、消费税,未扣减出口退税),比上年增长4.6%。其中:税务部门组织税收收入8807亿元,增加388.4亿元,增长4.6%;海关代征收入437.6亿元,减少40.5亿元,下降8.5%。全省社会保险费收入入库3256.6亿元,增长6.6%。其中,各项养老保险费收入2102.2亿元;各项基本医疗保险费收入936.4亿元。组织其他非税收入387.5亿元,下降1.1%。全年办理出口退税1655.3亿元,减少15.3亿元,下降0.9%。

【减税降费】 2019年,全省税务部门贯彻落实国家税务总局减税降费工作部署,推进"服务企业服务群众服务基层""万名党员进万企、领导干部下基层"专项活动和"新税务、新服务"便民办税春风行动,助力减税降费政策措施落地。全年各级税务部门走访企业18.5万户。建立"一竿子到底"的省、市、县三级联动机制,制订全省减税降费宣传工作等10项方案,明确215项工作任务清单。举办减税降费专题新闻发布会3场,实体培训3057场,培训纳税人103.3万户次，办税服务厅“面对面”接受纳税人咨询65.1万人次，解答解决政策执行中遇到的问题困难2.17万个，吸纳意见建议1891条。建立“政府领导、税务主导、部门配合、信息共享”的协同共治格局，省委常委会两次召开专题会议研究减税降费工作。省委、省政府领导专门批示指示近50次。举办“为县长讲税课”201期。联合省科技厅、省教育厅、省人社厅、省退役军人事务厅、省工商联等部门，完善信息共享和协作机制，推动税收优惠政策进一步落实。构建“党委统筹协调、税务业务部门深化日常监督、监督部门开展职能监督、纪检机构落实专责监督”的监督工作体系，组织开展减税降费政策落实监督检查750次，其中税务部门纪检机构与地方纪委监委联合开展监督检查185次。优化税收征管信息系统，完善电子税务局功能，研发增值税发票动态监控系统、全省集中版城乡居民“两费”征缴软件、小规模纳税人增值税免税应享未享清册、个人所得税汇算管理平台等系统和功能，确保税收优惠政策应享尽享、应享快享。

【社会保险费和非税收入】 2019年，全省入库社会保险费收入3256.6亿元，增长6.6%，其中：各项基本养老保险费收入2102.2亿元；各项基本医疗保险费收入936.4亿元。组织其它非税收入387.5亿元，下降1.1%。其中，教育费附加收入129.4亿元。全省税收运行与经济发展、减税效果相协调，地方级税收收入保持较快增长。

【税务法治建设】 2019年，省税务局推进法治税务建设，在推行“三项制度”(行政执法公示、执法全过程记录、重大执法决定法制审核制度)、落实减税降费、重大税收执法权的监督、纳税人维权、税务与司法协作等方面取得新的成效。开展取消证明事项的税收规范性文件清理，推行证明事项告知承诺制试点；创新出台支持破产便利化行动6项措施；建立健全税务与司法良性互动机制；探索在税务系统运用“枫桥经验”，加强税务行政调解，预防和化解涉税行政争议。贯彻落实重大税务案件审理工作，全年全省审理重大税务案件2069件。注重发挥税务行政复议功效，将行政争议解决在行政程序内，年内全省税务系统办理行政复议案件50件，审结44件；稳妥做好税务行政应诉工作，全年发生税务行政应诉33件，年末全部完成审结。

【税务重大战略服务】 2019年，省税务局服务国家对外开放战略，维护“走出去”企业税收权益，承办第一届“一带一路”税收征管合作论坛。与省工商联签订服务民营经济高质量发展合作框架协议，探索建立长三角一体化税收合作机制。支持中国(浙江)自由贸易试验区建设，助力市场采购贸易方式试点，加强跨境电子商务综合试验区出口货物免税管理，“单一窗口”出口退税功能成功上线。

【电子税务建设】 2019年，省税务局规范电子税务建设，全面实现涉税资料电子化，256项税务事项实现电子化，11大类140项“最多跑一次”事项实现掌上办。推进大数据平台建设，实现核心征管系统涉税数据“上云”。优化税务工商登记数据共享交换系统，完善共享信息一站式查询平台。构建征期信息系统大运维工作机制，加强网络安全管理。设置10大类49项提醒提示服务项目，将各项优惠政策推送至符合条件的纳税人掌上办税终端。集成多税种申报、智能预填，实现一次登录、一个界面即可完成多税种申报缴纳，有效解决“填单烦、办事难”问题。全面上线城乡居民“两费”征缴软件，“两费”缴纳实现从“跑一次”到“一次不用跑”。

2015—2019年浙江省税收情况

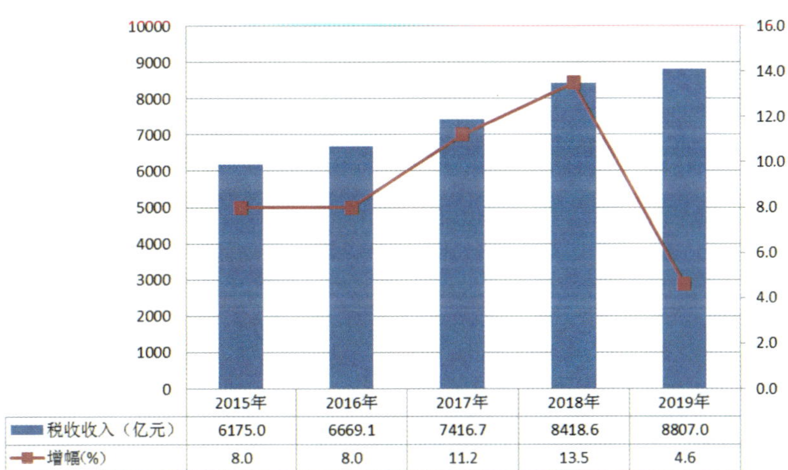

2019年浙江省税收收入分税种结构

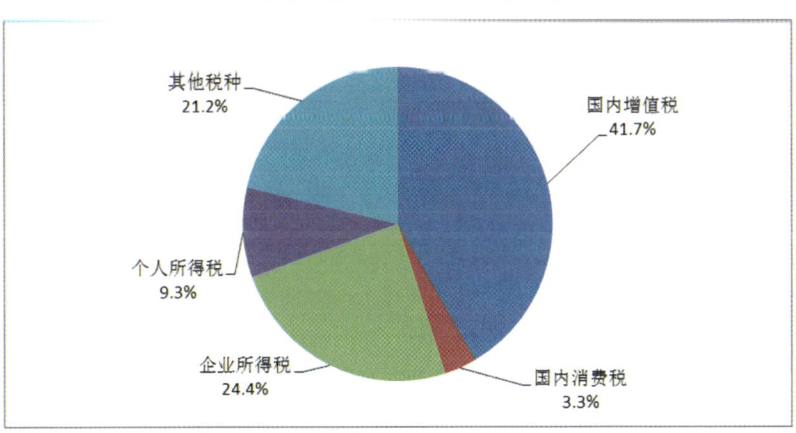

【税收管理与稽查】 2019年，全省税务部门强化征收基础管理，加大税源专业化管理力度，合理配置“管事”方式下的涉税事项岗位职责，提升基础数据质量。规范税收征管操作和纳税服务，出台省《浙江省税务系统税收业务操作指引》，提升税收业务标准化水平。推行增值税发票管理系统2.0版，推广增值税电子普通发票，试点推行通用机打印电子发票。规范企业所得税后续审核和核定征收管理，强化反避税和非居民税收管理工作。开展个人所得税专项扣除信息事后风险核查比对试点，做好综合所得汇缴准备。启用全省集中版城乡居民“两费征缴”新系统，推进“现金改卡”工作，提升城乡居民“两费征缴”质量。实施非税收入缴费便利化改革，全省16项非税收入由税务部门平稳征收。开展土地增值税清算审核，全年全省完成清算项目1239个，比上年增长16.8%。推进房产税和土地增值税两税兼并征收、合并申报。开展环境保护税税源清查和打击虚开骗税违法犯罪专项行动，规范重点行业税收秩序。深化扫黑除恶攻坚年工作，全省稽查部门查办一批有影响力的大案要案，累计补缴税费68.51亿元。

【大数据和风险管理】 2019年，全省税务管理部门推进大数据平台建设，整合并完成涉税数据“上云”工作，初步形成全省税务大数据框架形态。上线全省数据质量管理平台，定期开展数据质量分析评价，实现数据治理闭环管理。拓宽大数据来源，主动获取其他协同部门有效数据，进一步丰富第三方数据资源库。加强税收风险防控，建立行业风险指标模型，初步建立基础风险指标库、风险自然人和企业名录。聚焦“减税降费”工作，开展油品交易等情况调研，跟踪行业领域新出现的风险特征，排除地方重大税收风险。建立虚开发票快速反应工作机制，实现当日取数加工、隔日下发虚开发票风险应对任务，实现风险快速精准识别。实施多层级预警分析核查，开展千户集团企业风险分析。完善风险任务跟踪、监控、评价和复核机制，在全省税务系统试行“风险提醒通知书”的推送机制，切实提高风险管理质效。

【纳税服务】 2019年，省税务部门开展优化营商环境“10+N”行动，出台45条办税便利化举措。优化电子税务局“网上办”功能，充分拓展移动端“掌上办”渠道，实现税务事项清单“最多跑一次”、网上办、掌上办三个100%全覆盖。建设“浙江税务大数据仓”，压缩优化办税流程，统一简并申报次数，推动跨部门跨层级协同，实现办理标准“领跑全国”，纳税“一件事”措施到位，全部税务领域民生事项“一证通办”。深化商事制度改革，推广应用“智能一网通”办税功能，实现企业登记注销事项一窗受理、智能办理，企业开办涉税事项半小时办结。创新增设M级信用级别，在全国率先实现纳税信用对市场主体全覆盖。打造线上“银税互动”新平台，全年为27.7万户次小微企业提供信用贷款598.1亿元。连续6年开展“便民办税春风行动”。优化纳税服务综合管理系统，应用“12366”纳税服务热线在线智能咨询系统，上线浙江税务征纳沟通平台，开发应用大企业税收服务和管理信息平台，推进网络纳税人学堂建设，有效提升宣传辅导覆盖面、精准度。省税务局连续5年获得全国纳税人满意度调查第一名。

（省税务局　黄通运）

经济管理与监督
Economic Management and Supervision

国有资产监督管理

【概况】 2019年，浙江省深化国资国企改革，促进全省国有资产统筹配置和国有企业转型升级，提高国有资本运营和配置效率，全省国有经济实现平稳较快发展，主要经济指标创出新高。年末，全省国有企业资产总额16.9万亿元、净资产4.6万亿元，分别比上年增长17.4%和17.9%。全年实现营业收入2.1万亿元、利润总额1559.4亿元，分别增长16.7%和9.5%。其中，省国资委监管省属企业实现营业收入9859亿元、利润总额403亿元，分别增长13.8%和8.9%。资产总额1.4万亿元、净资产5363亿元，分别增长17.6%和11.3%。

【服务重大战略】 2019年，省国资委贯彻落实长三角一体化发展国家战略，参与建立沪苏浙皖国资国企服务长三角一体化发展联席会议制度，推动省属企业与相关方面签署合作协议。浙江省海港投资运营集团有限公司参与“小洋山综合开发”，物产中大集团股份有限公司参与共建长三角一体化油气交易市场，浙江省旅游集团有限责任公司参与千岛湖—黄山生态旅游合作示范区建设。全年完成24个自由贸易区建设及相关配套项目投资73亿元，完成27个“一带一路”建设及相关配套项目投资133亿元。

【重大项目建设与投资】 2019年3月11日，省国资委出台《关于推进国有企业更好服务全省重大战略的意见》，确定2019—2022年省属企业参与省“四大”建设、自贸区建设等领域115个重点项目计划。全年省属企业牵头省重点项目78个，沿海高速公路、宁波舟山港主通道富翅门大桥、宣杭铁路电气化建设、宁波机场T2航站楼、宁波钢铁有限公司新1号高炉、杭州萧山国际机场三期扩建、杭衢高铁、沪杭甬高速公路智慧化改造等重点项目有序推进。全年省属企业完成投资1483亿元，比上年增长13.2%。其中，固定资产投资841亿元、股权投资642亿元。

【国有企业服务社会】 2019年，省国资委推动省属企业做好清欠民营企业账款工作，实现无争议款项的应清尽清。相关省属企业通过下调电价、气价，为生产企业和社会民生降低支出50亿元。推进省属企业参与并购重组，设立专项纾困基金，通过省属企业与民营上市公司合作，带动30亿元社会资本参与重大项目建设。省属企业参与东西部扶贫协作。23家省属企业与四川100个贫困村签订村企结对帮扶协议，落实帮扶资金3104万元。推动省属企业参与全省"消薄"行动，启动帮扶项目78个，落实帮扶资金1.7亿元。举办捐赠活动，23家省属企业为全省残疾人爱心捐赠善款400万元。

【国资监管改革】 2019年，全省国有资产监管部门推进"最多跑一次"改革。梳理办事事项127项，公布办事指南和流程图，办事事项100%实现"最多跑一次"。省国资委推进职能转变，陆续取消、下放、授权监管事项20项。省国资委设立综合监督部门，专司企业违规经营投资责任追究和内部审计等工作。制订全省深化国有资本投资、运营公司改革试点方案，完成3家省级国有企业改革试点，国资运营"浙江模式"获国务院领导批示肯定。根据"三服务"（服务企业、服务群众、服务基层）活动要求，深入开展"双进双促"（进企业、进基层，促矛盾问题解决、促企业高质量发展）调研，全年调研企业和基层单位192家，帮助解决一批企业改革发展中的困难问题。制订全省国资统一监管攻坚工作实施计划，完成省级部门所属527家企业的清产核资，核实总资产1360亿元、净资产439亿元。研究制定省级主管部门所属企业分类处置实施办法，积极推进省属经营性国有资产集中统一监管。杭州、湖州、绍兴、衢州、台州等设区市实现统一监管。加快"四个体系"（发展目标体系、工作支撑体系、政策制度体系、考核评价体系）建设，建立全省国企经营业绩考核总体框架和指标体系，完成全省企业国有资产全口径全覆盖统计。

【风险防控强化】 2019年，省国资委加强投资监管，对省属企业2257项投资计划建立投资后评价制度。加强产权管理，开展国有控股上市公司合理持股比例确定工作。出台全省国企资产负债约束实施意见、省属企业改革工资决定机制实施办法，修订业绩考核与薪酬核定办法，规范实施企业年金制度，突出行业对标、一企一策、激励约束相匹配等原则。开展省属企业资金信用管理、低效无效风险资产、法律纠纷和涉诉案件3类问题专项整治。对专项审计梳理出的8类102条资金信用管理问题逐一督促整改，对排摸申报的329项低效无效风险资产、1106个法律纠纷和诉讼案件逐一分析研判，进行分类处置。

（省国资委　姜钲苗）

自然资源管理

【概况】 2019年，浙江省自然资源主管部门推进自然资源领域改革、体制创新、制度重构等工作。完成省、市、县三级行政主管部门机构改革任务，加快直属事业单位机构改革。围绕国家重大战略实施和"四大建设"（大湾区、大花园、大通道、大都市区建设）"万亩千亿"（指具有万亩左右空间、千亿产出的高能级产业平台）、省、市、县长项目工程等投资主阵地，统筹做好要素服务保障。全年全省批准建设用地2.53万公顷，供应建设用地3.04万公顷。保障建筑石料、石灰岩资源4亿吨，处置完成历史围填海空间6500公顷。落实国家用地预留指标2900.87公顷、跨省增减挂钩节余指标2006公顷，分别比上年增长9.1%和18.4%。保障杭州亚运会、新建金华至宁波铁路、中法航空大学、西湖大学、"镇海炼化扩建项目"等重大项目建设。全省开展410个乡村全域土地综合整治与生态修复工程，整治面积76万公顷。修复海岸线107.12千米，温州市和台州市申报国家"蓝色海湾"项目获补助资金5.26亿元。

（省自然资源厅　董川杰）

【国土空间规划编制】 2019年，省自然资源厅推进国土空间规划编制工作，形成全省新时代国土空间规划体系"浙江方案"。11月22日，省委、省政府印发《关于加强国土空间规划体系建设并监督实施的意见》，意见提出"分级分类型、全域全要素、全程全方位"的"多规合一"国土空间规划体系设计方案。省政府并与中国城市规划设计研究院就全省国土空间规划编制签订战略合作协议。年内，省政府建立省国土空间规划工作联席会议制度，组建省国土空间规划专家组和省级国土空间总体规划编制技术团队，完成18项省级规划前期专题研究。正式启动省级国土空间总体规划编制，先后开展实地调研和召开专家咨询会议100多次，形成省级国土空间总体规划的初步方案。

（省自然资源厅　陶多多）

【自然资源资产管理】 2019年，全省自然资源主管部门基本完成第三次国土调查工作。9月，全省89个县（市、区）全部完成第三次国土内外业调查、建库及提交国家级核查工作，完成进度和成果质量均居全国前列。全省自然资源主管部门建立自然资源统计制度，启动自然资源"十四五"规划前期研究工作。开展农房确权登记、林权统一登记。推进自然资源资产化管理，梳理全省储备土地，探索自然资源资产价值量核算工作。3月11日，安吉县发布全省首个县级森林生态资源价值评估成果。

（省自然资源厅　巫继斌）

【耕地和基本农田保护】 2019年12月25日，省自然资源厅、省农业农村厅联合印发《关于加强和改进永久基本农田保护工作的实施意见》，提出巩固全省永久基本农田划定成果，有效解决划定不实、违法违规占用等问题。年内，省自然资源厅推进"152"（2018—2022年，全省建设、改造和提升高标准农田66.67万公顷、垦造和补充耕地3.33万公顷、复垦农村建设用地1.33万公顷）耕地生态建设保护工程。全年垦造和补充耕地9600万公顷。实行城乡建设用地增减挂钩节余指标跨行政区域调剂，全省建设用地整治面积4800公顷，其中建设用地复垦新增耕地4400公顷。全面落实永久基本农田特殊保护制度，落实省级保护补偿资金6.36亿元。

（省自然资源厅　吕玉明）

【土地资源合理利用】 2019年5月7日，省自然资源厅印发《关于降低企业用地成本支持民营经济高质量发展的若干意见》，意见提出开展城乡低效用地再开发、园区有机更新和全域土地综合整治等工作，要求规划小微企业园建设，合理安排民营企业用地，为民营企业腾出发展空间。根据若干意见，省自然资源厅参与制订《浙江省企业投资工业项目“标准地”负面清单（2019年）》。推进“标准地”数字地图建设，进一步推动土地资源高效配置。全年省级以上平台工业项目100%按“标准地”出让，累计出让1251宗、面积4020公顷；省级以下平台出让1326宗、面积2220公顷，分别占新批工业用地的99.5%和99.7%。深入推进全国国土资源节约集约示范省创建，同步开展省级模范县（市、区）创建工作，全年建成省级模范县12个，盘活存量建设用地1.17万公顷，完成低效用地再开发项目4481个、面积1.07万公顷。有序推进批而未供和闲置土地的分类处置。（省自然资源厅　方　恺）

市场监督管理

【概况】　2019年，浙江省市场监管部门聚力服务高质量发展、高品质生活，大力营造公平、竞争、安全的市场环境和营商环境，为全省经济社会发展保驾护航。深化市场监管领域“最多跑一次”改革，实施“一件事”“一网服务”“一次核准”“一企一证”“互联网+监管”等便利化措施，缩短办事时间，提高办事效率。建立全省统一的市场行政执法监管平台，全年实施各类检查322.5万次。查处各类假冒伪劣案件1.24万件，罚款1.29亿元，移送公安机关追究刑事责任221起；查处侵犯商标、专利、地理标志、商业秘密等违法案件1716件，罚款3093万元，移送司法机关43件；严厉打击消费领域影响人民群众生命健康、财产安全、美好生活的违法行为，立案查处各类案件2218件，罚款2782万元，移送司法机关36件。全国电子商务监测中心正式上线，实现“淘宝”“天猫”“网易考拉”等5个大型电商平台网店在线校验；启动全国互联网广告监测三期建设，广告违法率下降38%；创建“浙里检”平台，实现检验检测公共服务“一次都不跑”。全省发明专利拥有量每万人27.4件，PCT国际专利申请量2136件，注册商标250万件；制定“浙江制造”标准1418项，认证“品字标”企业971家；强化特种设备安全监察，全省万台特种设备事故死亡率为全国最低省份之一；加大缺陷消费品召回管理力度，全年召回56批次、71万件（套）产品。

【市场主体注册登记便利化】　2019年，全省登记在册各类市场主体724.25万户，比上年增长10.7%。其中，企业253.69万家，增长13.0%；个体工商户464.15万户，增长9.8%；注册资本4777亿元，增长21.1%；农民专业合作社5.61万户，下降10.3%。在册企业中，内资企业249.39万户，增长13.1%，注册资本23.2万亿元，减少42.3%。在册内资企业中，私营企业233.37万户，增长14.0%；注册资本17.18万亿元，减少51.1%。全年新增企业49.79万家，增长12.3%。注销各类市场主体22.1万户，增长51.7%。省市场监管局会同省委改革办、省公安厅等部门联合制订《浙江省优化营商环境企业开办全流程“一件事”一日办结便利化行动方案》，企业注册登记实行“一窗、一网、一日、一次”新模式。线上全面实施“企业开办全程网上办”，线下“一窗受理、集成服务”。开通“企业开办全程网上办”平台，实现公安、税务、银行、人力社保等系统数据共享互认。推出“二合一”（营业执照+公章）、“三合一”（营业执照+公章+税务发票或银行开户）、“四合一”（营业执照+公章+税务发票+银行开户）套餐服务，供企业自主选择。全省新设企业网办率达91%，杭州、金华等市新设企业网办率达99%。全面落实企业开办“减事项、减环节、减材料、减时间、减费用”五减措施，企业获评不超过8小时。根据《浙江省优化营商环境企业注销便利化行动方案》，设置企业注销“一网服务”专区，企业登录浙江政务服务网注销服务专区，便可实现注销业务并联办理。全年通过“一网服务”专区办理注销登记企业1.71万家。深化“证照联办”改革，推出民宿、洗车行、二手车交易、单体药店开办登记四项“一件事”便利化措施。至年末，省市场监管局牵头的27个“一件事”证照联办事项全部上线。全年通过“证照联办”平台办理证照联办事项4.03万件，累计办理5.14万件。

【市场主体监管】　2019年8月2日，省政府印发《浙江省人民政府在市场监管领域全面推行部门联合“双随机、一公开”监管优化营商环境的实施意见》。根据实施意见，省市场监管局建立随机抽查对象库和执法检查人员名录库，其中抽查对象大类专项库47个、小类专项库136个，检查对象233万个、检查人员1.18万人。会同省大数据局、省综合执法办建立全省统一的行政执法监管平台，该平台覆盖全省36个执法部门、5.3万名执法人员。全年全省抽查企业15.7万家，抽查事项覆盖率100%。组织执法检查331.2万次，掌上执法率99.0%。推动市场主体履行年报义务。全年全省企业、个体户工商户和农民专业合作社的年报率分别为91.8%、84.8%和79.9%，分别比上年提高1.54、0.75和3.4个百分点。公布全省新增“浙江省信用管理示范企业”103家，累计254家。开展吊销未注销企业强制注销试点，发布21.4万家企业催告清算注销公告，年内强制注销企业9.8万家，吊销长期未经营企业10.5万家、农业专业合作社6610个、个体户38.6万户。强化“两张名单”管理，全省列入严重违法失信企业名单3.08万家，经营异常名录企业36.6万家。建立由商务信用、合规信用、社会责任信用三大维度构成、53个基础指标组成的企业信用风险指标体系，加强对16个重点行业的监测。

【反垄断执法】　2019年，全省市场监管部门加强反垄断执法工作，清理废除妨碍市场公平竞争的规定和文件，营造公平竞争的市场环境。实行省、市、县三级政府公平竞争审查制度全覆盖，全省各级政府部门审查新制订的相关政策文件1.19万件，经审查修改或者暂不出台317件；清理影响公平竞争的存量政策文件1.77万件，审查后作废或修改处理的832件。开展公平竞争审查第三方评估，委托浙江理工大学对全省落实公平竞争审查制度、营造公平竞争制度环境的情况进行评估，并强化公平竞争审查的跟踪评估及结果应用。公平竞争审查制度落实情况纳入省委、省政府对各设区市政府和省级部门法治政府、法治浙江建设工作考核内容。开展全省建材行业垄断行为专项整治，约谈省混凝土行业协会和省水泥行业协会，查处杭州市、衢州市混凝土行业垄断案，处罚涉案企业21家，罚款1100多万元。会同司法部门在全省开展滥用行政权力排除、限制市场准入行为专项整治，全省查处排除限制市场准入和排除限制民营经济公平竞争案件71件，部分典型案例向全省通报。“双十一”前夕，省市场监管局召开全省快递行业涉嫌垄断行为告诫会，提醒告诫快递企业遵守反垄断法律法规。部分原料药生产企业、公共产品供应企业涉嫌垄断行为的调查取得突破。发布企业竞争合规指引，实施企业竞争合规政策，引导企业加强竞争合规管理，建立健全企业竞争合规体系。全省反垄断辅导重点企业790多家，帮助企业防范化解反垄断法律风险。开展全省反垄断执法和公平竞争审查业务培训，组织专家进行咨询和论证，合作开展企业反垄断合规、竞争政策中长期规划等反垄断课题前瞻性研究。

【广告与合同监督管理】 2019年，全省有广告经营单位7.7万个，广告从业人员45.80万人。全省传统媒体广告监测违法率0.04%，互联网广告监测违法率0.38%。省市场监管局牵头开展广告商业炒作行为整治、“三品一械”（药品、保健食品、特殊医学用途配方食品、医疗器械）广告审查等工作，全省受理审查“三品一械”广告4682件，其中，审查通过2948件，驳回1734件。省外备案1.92万件，其中备案通过1.85万件，驳回695件。开展互联网广告、金融投资广告、保健食品市场广告专项整治，查处互联网广告案件4402件，罚款3725.79万元，公开曝光互联网、金融投资、保健食品等领域典型案例44件。健全案件交办、督办机制，对监测发现的涉嫌严重违法广告线索派发至属地处理，全年派发案件线索4批149条，印发查处情况通报3期。健全联席会议机制，新增地方金融监管等4个单位为省整治虚假违法广告联席会议成员单位。全省广告业文化事业建设费实行减半征收。温州广告产业园区申报国家广告产业园区。开展“放心消费在浙江”公益广告宣传。举办第20届“金桂杯”广告创意大赛和广告企业资质认定，评出获奖作品262件，认定一、二、三级广告企业38家。组织实施房地产、汽车买卖、物业管理三大消费领域重点行业的合同格式条款专项整治行动。全省受理消费者合同类投诉举报1454次，审查房地产、汽车买卖、物业管理三大行业合同6609份，发现问题合同1897份、问题格式条款6135条；对问题经营主体行政约谈477次，下达行政建议书774份、责令整改通知书143份，行政指导完善合同文本1739份，行政指导修改合同格式条款7137条（次）；立案查处合同违法案件83件，罚款66万元。对三大行业20条典型不公平合同格式条款进行公示。推动守合同重信用企业公示活动，共公示2018年度AAA级“守合同重信用”企业1054家。网上征信核查2018年公示的1704家AAA级“守合同重信用”企业，撤销撤回17家企业资格。办理动产抵押登记8650份，抵押登记金额1505.2亿元。其中：企业抵押登记8397份，抵押金额1501.8亿元；个体工商户抵押登记189份，抵押登记金额1.84亿元；农业生产经营者抵押登记64份，抵押登记金额1.54亿元。

【质量安全监管】 2019年，浙江省推进质量强省、标准强省、“品牌”强省建设，开展质量提升行动，高标杆打造“品字标”品牌。全年新增“浙江制造”标准317项，累计1170项；新增“品字标”企业304家，累计930家。省市场监管局会同省发改委、经信厅等15个部门，开展全省“共推高质量发展、共享高品质生活”为主题的“质量月”活动，全省组织大型宣传活动110次，参与群众10万余人次。全省11个设区市157家“品字标”品牌企业和国家省级质量奖获得企业对社会开放。省市场监管局选出一批创建“种子选手”企业，组织中国标准化研究院专家进行点对点辅导，帮助提炼申报主题、框架布局及特色亮点。会同省委政研室编制《关于全面推进“浙江制造”品牌建设》专报。制订推进“品字标浙江制造”品牌建设指导意见。召开全省推进“品字标浙江制造”品牌建设现场会。摄制《“品字标”品牌十大样本》宣传片在浙江卫视播出，向校园发放宣传册资料10.59万份。联动全省100个县（市、区）、1000个门店开展“百城千店”浙江制造品质体验活动，制订《浙江省市场监督管理局消费品召回管理工作规范》，全省召回缺陷儿童用品18批次，涉及产品46.5万件（套）。全省产品质量总体稳定。全年各级市场监管部门对食品相关产品、纺织、轻工、冶金、电子、机械、电器等行业454种2.05万批次产品进行抽查，涉及企业1.93万家，不合格914批次，批次不合格率4.5%。实施工业产品生产许可制度改革，工业产品生产许可管理目录由24类压减至10类。推行工业产品生产许可审批模式由“先证后核”向“告知承诺”转变，后置现场审查与监督检查相结合，突显企业质量安全主体责任，减少监管部门对企业微观管理过程的干预和管制。全省出动执法人员2600多人次，重点检查食品用纸包装、电线电缆、防爆电气等工业产品，检查生产企业1295家次，发现问题企业281家，依法做好不合格企业处置工作。出台《浙江省产品质量安全风险监控工作规范》《浙江省产品质量安全风险监控专家库管理办法》。开展防盗安全门、电动工具、婴幼儿及儿童服装等21类产品风险监控项目研究。完善全省产品质量安全风险监控网络。

【计量监管】 2019年，全省市场监管系统加强现代先进测量体系、计量监督管理体系和计量服务保障体系建设，开展计量服务民企行动和“放心计量”行动，旨在营造便捷准入、公平竞争、放心消费的市场环境。出台《浙江省社会公用计量标准升级换代实施意见》，制定和完善社会公用计量标准119项。发布《大气颗粒物采样器校准规范》等20项地方计量技术规范。开展“千家民营企业”计量帮扶活动，组织计量师入企帮扶民营企业2908家，解决企业计量测试难题304个。

现场会推广创新能源计量服务的典型做法经验。实施工业企业能源计量示范工程建设项目22个。开展“放心计量”行动，全省检查计量器具16.5万台件，强制检定农贸市场电子计价秤2.4万台件，完成1500多批次能效标识标注符合性抽查，完成20批次空调和45批次坐便器能效水效符合性抽样检验。实施全省民用水表、燃气表强制检定改革试点，经市场监管部门计量授权的生产企业，对该企业制造的产品出厂时进行检定，检定合格后在安装前可不再进行首次检定。推动建立强制检定经费属地化保障机制，将强制检定工作纳入对各市政府质量工作考核。全省通过e-CQS（中国电子质量监督）强检系统受理强制检定器具140万台件。

【**先进标准体系建设**】 2019年，浙江省推进国家标准化综合改革试点工作，打造标准化改革创新“浙江样板”。制定实施改革试点第三阶段方案，该方案通过国家市场监管总局中期评估。完善标准制定实施机制，强化地方标准技术审查，鼓励第三方参与重要标准实施的绩效评估。省市场监管局赋予义乌市地方标准制定权。组织对40个省政府部门开展标准化建设专项考评，推动数字经济、乡村振兴、基本公共服务、金融标准创新等专项标准化建设。全省11个设区市和78个县（市、区）建立标准化议事协调机构。聚焦重点领域，构建和完善高质量发展标准体系。年内，出台“最多跑一次”改革省地方标准3项，建成由12项省地方标准构成的“最多跑一次”标准体系；新增“浙江制造”标准565项，总数1418项；发布基本公共服务标准49项、农业农村领域标准33项，制订就地城镇化、投资项目建设审批代办服务等国家标准121项。制定长三角区域协同标准3项，制订国际标准10项，国际标准化组织电子商务交易保障技术委员会秘书处落户杭州。金砖国家标准化（浙江）研究中心成立，杭州国际标准化会议基地、“一带一路”标准化教育与研究大学联盟等平台在杭州落户。全省有标准化研究院（所）20个，秘书处设在浙江的国际标准化技术委员会3个、全国标准化技术委员会43个，各领域专家超过3000人。加快“一带一路”智库、“之江标准”智库和长三角区域标准化研究中心建设。全年省、市、县三级用于先进标准体系建设激励资金超过4亿元。

【**认证体系建设**】 2019年，浙江省开展认证认可检验检测综合改革试点工作，加强全省质量认证体系建设。省市场监管局制订全省认证认可检验检测综合改革试点计划，探索以新的信用管理模式替代传统资质认定行政审批模式，提出在环杭州湾国家检验检测高技术服务业集聚区内实施检验机构资质认定“信用管理”改革试点方案。推进“证照分离”改革，舟山自贸区率先实施检验机构资质认定告知承诺制度，受理批复第一批试行告知承诺制机构。获国家市场监管总局认可检测司肯定。会同省发展改革委、省经信厅等13个部门联合印发《关于加快推进绿色产品认证工作的意见》，推动全省绿色产品认证加速扩面，湖州市新增绿色产品认证21家，累计35家。推进“品字标浙江制造”“丽水山耕”认证，全省新增“品字标浙江制造”认证企业300家，获“丽水山耕”认证证书企业260家，获证品牌产品平均溢价率超过30%。61个机构获公共机构绿色数据中心服务认证，获证单位平均节电率24.4%。加强检验检测机构监管。全年检查机动车安检、机动车尾气排放检测、眼视光检验、食品检验、环境监测检验机构457个，下达责令改正书44份，对17个机构立案查处。对全省361个检验机构实施能力验证技术核查，满意率72.9%。对270个检验机构的536名检测管理人员实施考核，满意率61.4%。全年全省检查认证机构和获证组织6117个次，发现问题机构和组织266个，立案165件，罚款559万元。推进进口产品免予办理强制性产品认证工作。全省CCC（中国强制性产品认证）免办办结时间平均2个工作日以内。

【**特种设备监管**】 2019年，浙江省特种设备安全风险防范预警系统在绍兴开展试点应用，完成与“互联网+监管”和行政执法平台的对接，高风险信息通过执法平台下发并进行风险处置。开通并应用分类评价和日志管理系统企业分别为5.09万家和8771家，居全国前列。推行电梯安全责任保险，全年全省购买责任保险电梯24.7万台，投保率45.3%。开展涉危险化学品特种设备、液化石油气瓶等特种设备安全隐患专项整治，完成“平安护航新中国成立70周年”、第六届世界互联网大会、全国两会以及节假日特种设备安全保障工作。全省发现并整治特种设备安全隐患8119件，其中严重安全隐患759件，立案342件，罚款923.7万元。实行特种设备行政许可服务，推进特种设备施工告知、申报检验、使用登记等非行政许可事项办理“最多跑一次”。配合省发展改革委、省生态环境厅等部门做好燃煤锅炉淘汰改造、非道路移动机械摸底调查等工作。全年全省办理注册登记的特种设备140.28万台（套），发生特种设备事故9起，死亡9人，万台设备死亡率0.07%。

【**食品安全综合监管**】 2019年，浙江省在国家食品监管考核中被评为A级，居全国前列。群众满意度83.8%，创历史新高。省委、省政府印发《浙江省省级党政领导干部食品安全工作责任清单》，将重要食品安全纳入地方党政机关和领导干部政绩考核的重要内容。全年命名第三批省级食品安全县34个，累计85个。全省开展“防风险、消隐患、保食安”整治行动，联合执法5784次，行政立案1.04万件，刑事立案290起。实行整治食品安全问题联合行动，查处各类食品案件1.07万件，罚款8703.02万元，公安机关立案217件，移送司法机关287人，取缔无证黑窝点116个，销毁问题食品239.6吨。国家联合行动整治组3次专报刊登浙江经验做法。推进食品安全社会共治，规范和提升县（市、区）食安办建设，发布全国首个《镇街食品安全协调管理星级划分与评价》省级标准。

食品生产监管 2019年11月4—5日，省市场监管局在杭州举办“全省食品生产企业履行主体责任报告百场活动”，全省71家省内知名食品生产企业负责人在《依法履行主体责任提升食品安全水平》倡议书上签字。活动期间，发布主体责任报告书食品生产企业1154家，签订安全承诺书食品生产企业8023家。年内，全省食品生产监管部门集体约谈企业从业人员7569人次。联合省委政法委等7个部门在全省范围内开展保健品市场乱象专项整治行动，查处各类保健品违法生产、违法标签、违法营销和违法广告等案件1071件，移送司法机关73件，受理投诉举报2052件，罚款3307.8万元。举办“五进”宣传活动2219场次。杭州、湖州等市将小作坊监管纳入政府为民办实事工程。全年创建名特优食品作坊和亮化达标小微食品企业1254家，建成小微食品加工园区20多个，取缔违法违规作坊3000多个，实施信用惩戒作坊业主50多人。推进对婴幼儿辅助食品、乳制品等九类地产食品专项整治，严厉查处掺假掺杂、虚假标注、致病菌污染、非法添加和滥用食品添加剂等违法违规行为。

食品流通监管　2019年，浙江省实施“告知承诺制”、推行“最多核一次”、创新“互联网+许可”、应用“电子许可证”等食品经营许可改革，全省91.6%的食品经营申请人实现7日内获证，其中40%申请人实现当场获证。开展流通环节非洲猪瘟疫情防控、校园及周边小食杂店专项整治、果品质量监管、生猪产品和豆芽菜监管、整治食品安全问题联合行动、利奇马台风过后食品安全保障等专项整治。全年全省检查经营户130多万户次，查处食品销售违法案件5943件，移送司法机关案件275件。修订农产品批发市场食品安全规范化评价技术标准。推进安全示范农产品批发市场创建。全省新增食品安全规范化农产品批发市场54个。有85个大中型超市被命名为“放心肉菜示范超市。制订大中型商场超市、副食品批发市场、网络食品销售第三方平台、连锁便利店四类企业主体责任清单与食品安全管理体系评审规范。

餐饮食品安全监管　2019年6月，省市场监管局、省教育厅联合印发《2019年浙江省“阳光厨房”和智慧餐饮信息化建设工作实施方案》，将“阳光厨房”全面升级为“可识别、可抓拍、可感测、可远程、可示警”的智能“阳光厨房”。全省新建“阳光厨房”2500家，实现网上“阳光厨房”8174家，智能阳光厨房应用AI接入256家、物联设备接入341家。8月，全省餐饮食品安全智慧监管信息化平台上线，实现“移动执法、掌上办公”。推进压实餐饮服务食品安全主体责任工作，实施驾照式扣分管理、红黑榜制度、“食安指数”社会公示等餐饮企业主体责任落实创新管理措施。开展网络餐饮服务食品安全专项治理，线上巡查10.25万家，线下抽查9.01万家。联合教育部门开展食品安全问题整治行动，推进校园食品安全主体责任落实，实现中小学、幼儿园校长陪餐制度。学校食堂建成“明厨亮灶”1.45万个，“明厨亮灶”覆盖率93.8%。建成放心消费示范餐饮店2900家，累计8982家。新增农村家宴放心厨房794个，累计2397个。培训农村家宴厨师2.56万人次，提升农村集体聚餐“舌尖上的安全”。

食品质量监督抽检　2019年，全省食品监督管理部门组织实施食品（含食品添加剂）安全监督抽检和风险监测16.9万批次，发现不合格食品360批次，抽检合格率98.1%，比上年提高1.5个百分点。9月20日，全省食品安全风险管理平台上线运行，实现全省食品安全风险信息汇集、分析、预警、处置和监控的数字化共享。该平台会聚14个大类，260个细类的信息源，其中食品安全抽检监测风险信息数据指标9.40万项，包括抽检业务指标442项，检测结果指标9.36万项。省市场监管局牵头制订长三角地区食品安全抽检监测一体化建设规划，印发《长三角地区市场体系一体化建设2019年食品抽检工作方案》，建立高风险品种及重大信息发布事前交流机制，推进长三角食品安全抽检监测一体化。组织10个省本级承检机构对18类食品安全状况和不合格原因进行深入剖析，协调开展不合格食品整治行动。开展“尚德守法 食品安全让生活更美好”食品安全宣传周、防范保健食品欺诈和虚假宣传“科普宣传进社区、进商超”等活动。通过播放微电影、科普宣教片、张贴宣传海报等方式，提升公众保健食品科普知识和防骗辨假能力。

【网络交易监管】　2019年，省市场监管局推进《浙江省电子商务条例》修订和立法工作。开展长三角地区网络市场监管合作。杭州余杭区成立全国首个网络市场跨区域协作联盟，杭州余杭区、上海长宁区、南京市玄武区等10个城区市场监管部门签订协作监管倡议。与江西、山东、四川、安徽、新疆、吉林、重庆、内蒙等省（自治区）签订合作协议，实现省际系统对接和数据交互，创新网络市场监管跨地域协作机制。完善政府与企业大数据交互平台。实现“淘宝”“天猫”“1688”“网易考拉”“蘑菇街”5个平台网店数据在线交互。省市场监管司法鉴定中心建成并投入运营，全年受理委托业务100多笔，出具鉴定报告近100份。8月7日，举办首届全省“网剑杯”电子数据取证比武竞赛，全省11个设区市代表队80多人参加角逐。组队参加国家市场监管总局电子取证大比武，获全国电子取证比赛团体第二名。推进网络市场示范区创建，金华市通过国家示范区创建评估，杭州余杭区、金华义乌市、台州黄岩区、温州苍南县、宁波保税区5个省示范区完成验收确认。实施全省“网剑”专项行动，检查各类网站（网店）22万个，删除违法信息4万余条，关停网店1300个。

【价格监督管理】　2019年，全省市场监管部门开展涉企收费专项检查，严厉打击违规收费加重企业负担行为。全省出动执法人员4508人次，检查住房建筑、交通、卫生健康、自然资源、生态环境、公共资源交易等系统收费单位2271个，查处涉及行政审批中介服务、行业协会、转供电环节等六大重点领域违规案件368件，清退违规收费3.46亿元。在全省首批500家企业设立监测点，主要监测涉企收费、企业要素成本负担、违反规定增加企业经营负担行为等情况。台州市城市建设投资集团有限公司降低桩基检测收费22%，全年为当地企业减负2000万元。开展公立医疗机构医疗服务价格重点治理，查处违规案件88件，涉嫌多收价款2381万元，罚款597万元。对22家省统调燃煤发电企业70台机组环保电价数据进行核对检查。开展春节市场专项执法行动，妥善应对和处置价格舆情，确保节日期间价格基本稳定。宁波、嘉兴、衢州等市进一步规范教育收费，金华市专项治理非居民管道燃气工程施工收费，绍兴市、温州市开展商品房明码标价检查等。

【打击传销与规范直销】 2019年5月31日，省政府召开打击整治网络传销专项行动会议，开启为期6个月的打击整治网络传销专项行动。确定一批网络传销重点地区，向各市交办一批网络传销案件线索。线下核查全省17条网络传销市场主体，其中立案查处市场主体5个。全省查处传销案件141件，罚款3684万元，移送司法机关26件、33人，捣毁传销窝点106个，遣送涉嫌传销人员2076人。公安机关立案打击传销犯罪案件190起，抓获犯罪嫌疑人242人。省市场监管局会同省公安厅等13个部门实施整治“保健”市场乱象百日行动。对25家直销企业负责人集体约谈告诫。丽水市、杭州淳安县实行对“同城商城”和华林酸碱平生物技术有限公司涉嫌传销案件调查处置工作；省市场监管局组织处理“丁香园天价鞋垫”和宁波三生有限公司网络舆情事件。全年全省市场监管部门立案查处各类直销企业违法案件1781件，结案1222件，涉案金额1.4亿元，移送司法机关案件50件，发布典型案例23件。

【消费者权益保护】 2019年6月11—12日，省市场监管局在湖州安吉召开全省放心消费工作部署暨“乡村放心消费”现场推进会，发布《关于开展放心消费重点县区创建工作的通知》，明确全省13个放心消费重点县区。7月2日，省市场监管局制订《深化放心消费建设评价工作的指导意见》，提出创建“放心消费示范单位”，构建劳动群众放心、满意的消费环境，提高群众消费的满意度。至年末，全省13个放心消费重点县区放心消费单位增至市场主体总数的20%。协同省粮食物资储备局、省交通运输厅等相关单位实施全省“放心粮油”“高速公路示范服务区”建设。8月，上海、江苏、浙江、安徽三省一市市场监管局制定签署《长三角地区共同开展“满意消费长三角”行动方案，实施“满意消费长三角”行动，联合成立“满意消费长三角”专项工作组。9月，出台《长三角地区共同推进节假日“12315”投诉举报信息共享试行办法》，联合发布《十一期间长三角地区投诉举报热点》，“十一”长假期间，三省一市“12315”系统接到投诉举报1.22万件，其中浙江3459件。省市场监管局加强消费投诉处置效能建设。制订《浙江省市场监管局投诉举报平台整合建议方案》《浙江省12315平台与浙江统一政务咨询投诉举报平台对接方案》，平台增加食品、质监、物价、知识产权投诉举报模块，实现主体功能互补。全年全省市场监管部门受理消费诉求106.95万件，为消费者挽回经济损失1.7亿元。

【市场监管法制建设】 2019年，省市场监管局推进重点领域立法立规工作。配合省人大法委会制定出台《浙江省反走私综合治理规定》，推进《浙江省广告管理条例》《浙江省电子商务条例》《浙江省数字经济促进条例》等立法工作。制订和修订《省市场局法规规章起草程序规定》《行政应诉(复议答复)工作规则》等12项规章，为市场监管法治建设提供统一制度保障。建立健全容错纠错机制。联合省司法厅制订《关于在市场监管领域实施轻微违法行为告知承诺制的意见》，明确市场监管领域67种轻微违法行为，通过当事人自愿签署承诺书及时纠正或在约定时间内纠正后，市场监管部门可不再予以查处，为全省各类市场主体提供更加宽松的制度环境。制订《浙江省市场监督管理局关于保障市场监管行政执法人员依法履职的若干规定》，规定23种情形执法人员可免责，有效缓解基层执法责任重、风险高等突出矛盾。印发《关于在全省市场监管领域完善行政裁决制度加强行政裁决工作的通知》和《行政调解工作办法(试行)》，实现行政裁决与行政调解、仲裁、行政复议、诉讼等制度之间有机衔接、相互协调。组织开展全省系统案卷集中评查，规范执法行为。加强法治宣传教育，制订“谁执法谁普法”普法责任清单，确保普法工作有序推进。

（省市场监管局　徐金英　郦　东）

药品监督管理

【概况】 2019年，浙江省有药品生产企业463家；药品经营企业2.14万家，其中药品批发企业489家，药品零售企业2.12万家。药品零售企业中，零售连锁总部293个，单体零售店9853个。有医疗器械生产企业1435家。全省取得互联网药品信息服务资格证企业693家。化妆品生产企业539家，其中新增65家。全省通过仿制药一致性评价品种规格数量居全国第二位。省药品监督管理局积极推进药品监管体制改革，全面加强药品监管，着力防范药品安全风险，维护全省安全向好的药品安全形势。全年全省办结药品、医疗器械、化妆品违法案件2591件，办结货值50万元以上重大案件12件，移送公安机关118起。办结案件涉案金额6674.91万元，罚款9444.73万元。捣毁非法药品生产窝点16个。

【药品安全风险防范】 2019年，省药品监督管理部门创建药品安全风险监测预警防控系统，归集储存监督检查、行政处罚、企业信用、经济状况等12大类数据310多万条，监管干部登录覆盖率、地区覆盖率、预警信息处置率实现3个100%。实施“机构+制度”的风险常态化管控。按照“品种+环节”搭建“1+4”(药品注册与药品生产、药品流通、医疗器械、化妆品监管)风险防控组织架构，建立“纵横两向”药品安全风险会商制度。推进风险治理精准化，全年排查互联网药品信息交易服务网站600多个，督促3000多家医疗器械网络交易服务企业提交自查报告，推动互联网交易平台主动清理问题产品18万个。飞行检查药品生产企业251家次，收回药品生产许可证书、药品经营许可证书98张。采取抽样检查2.11万批次，药品、医疗器械、化妆品抽检合格率分别达97.9%、98.0%和97.2%;核查处置不合格样品500多批次,消除风险点6000多个。妥善处置浙江华海药业股份有限公司后续次生、上海新兴医药股份有限公司血液制品等事件,有效避免大的舆情事件发生。

【药品监督管理改革】 2019年,省药品监督管理局深化"最多跑一次"改革。省本级所有办事事项100%实现"最多跑一次",14个高频事项实现"一网办结、一次不跑",单体零售药店开办实现"一件事、一网办",28个事项实现"证照分离",5.59万个申办件实现"跑零次"。深入开展"三服务"活动。建立柔性服务站10个,推出缓解器械注册检验排队10项措施,走访企业3648家次,帮助解决问题2390个。"省药监局监管有温度创造办证浙江速度"做法登上全省"三服务"10个好典型榜首。浙江联合上海、江苏、安徽出台全国首个跨区域医疗器械注册人制度试点方案,三省一市签订长三角药品检查和服务合作备忘录,上海青浦、浙江嘉兴、江苏吴江签订药品、医疗机械、化妆品协同监管合作框架协议,省药品监督管理局与清华长三角研究院、杭州萧山区签订共建生命健康科创高地战略合作协议,推进长三角医药产业高质量一体化发展。

【药品监管体系建设】 2019年,省药品监督管理局加快推进药品监管职业检查体系建设。调整完善省级检查员库,建立工作机制7项,11个设区市全部设立检查分中心。结合事业单位机构改革,建立并完善专业技术体系,全省形成"一局两院二中心"技术支撑格局。"一致性评价关键技术研究""生物医学光学"等5个实验室列入国家首批重点实验室名单。省医疗器械检验研究院宁波实验室揭牌成立。与阿里巴巴集团签订战略合作协议,加快"数字药监"体系建设。全省药品监管事项网办率、即办率、材料电子化率等6项核心指标领跑全国,16个事项实现"掌上办"。国家化妆品数据库率先在浙江省落地应用。

【药品安全监管】 2019年,省药品监督管理局启动一致性评价研究品种规格349个,完成研究上报128个,通过一致性评价55个,通过评价品种规格居全国第二。深化药品上市许可持有人制度试点,全链条打通上市许可持有人注册、生产、流通等环节政策堵塞的"最后一公里"。组织飞行检查6个药物临床试验机构。完成医疗机构传统中药制剂首次备案和变更备案平台设计测试,制订《浙江省中药配方颗粒质量标准复核技术要求(试行)》。全年办理药品生产许可事项187项、药品GMP认证事项195项、特殊药品生产经营许可事项138项、药品委托生产许可事项93项、医疗机构中药制剂委托配制批准事项12件、药品出口销售证明237份。对28家疫苗生产企业开展飞行检查。开展中药饮片质量集中整治,监督检查中药饮片生产企业137家次,其中飞行检查85家次。加强对经营特殊药品企业监管,对全省27家芬太尼类药品经营企业21种药品开展专项检查。开展药品零售企业执业药师"挂证"行为整治,监督检查零售药店2万家次,立案查处393家。完成药品抽检1.7万批次,检验合格1.62万批次,不合格847批次,合格率95.0%。完成省级药品质量风险考核抽检749批次,合格742批次,合格率99.1%。抽检覆盖面分别为生产企业112.4%、批发企业98.4%、零售企业24.7%、医疗机构和其他涉药单位11.0%。收到药品不良反应报告8.27万份,上报国家药品不良反应风险信号9个。认定省级药品不良反应监测哨点医院54个。深化药品审评审批制度改革,全省新申报药品131个。省内首个生物类似药阿达木单抗注射液获批上市。

【医疗器械质量监管】 2019年,全省药品监督管理部门核发第二类医疗器械产品注册证401个,延续医疗器械产品注册727个,办理许可事项变更314个;办理临床试验备案419个;完成第一类医疗器械产品备案1646个,医疗器械注册备案产品2006个;全省医疗器械生产许可备案企业538家,医疗器械经营许可备案企业1.44万个,医疗器械临床试验机构备案18个,医疗器械网络交易服务第三方平台备案9个。实施医疗器械注册人制度试点,完成20个产品、32个临床试验机构核查,完成率100%;飞行检查生产企业80家,省级抽检1000批次,全年全省医疗器械不良事件监测可疑报告262例/百万人口,完成国家监督抽验的44个品种308个批次产品抽检任务,其中9个品种16个批次不合格,抽验合格率94.2%。发布召回公告22个,召回医疗器械生产企业不合格产品22批。开展职业检查"健网"、打假治劣"药剑"、服务企业"暖心"、医药科创"加油"、探索上山进岛"送药"五大行动。举办"浙造器械"创新论坛和科学监管论坛,"经导管肺动脉瓣膜系统"等13个产品进入创新医疗器械特别审批通道,"结核分枝杆菌复合群核酸检测试剂盒""核酸扩增检测分析仪"2个产品获批上市,"过敏原抗体分析仪""染色体自动分析软件"等8个产品填补国内空白,浙产"动态心电记录仪"等产品成为庆祝中华人民共和国成立70周年阅兵医疗保障用品。

【化妆品质量监管】 2019年,全省药品监督管理部门加大对化妆品生产企业和重点经营领域高风险产品抽检监督力度,全年抽检化妆品产品2203批次,发现不合格和问题产品62批次,内在质量合格率为99.0%。开展化妆品不良反应监测工作,收到化妆品不良反应/事件报告5754份,每百万人口平均报告数为105.72份。开展"EGF""约妆"化妆品专项净网行动,对1.51万个违规商家采取扣分、限权等处罚措施,清理虚假资质信息4579条;开展染发、美白祛斑、祛痘抗粉刺、面膜等高风险产品抽检,抽检网络经营的产品300批次。与阿里巴巴集团签订"线上净网线下清源"合作协议,推进网售化妆品准入"智慧审核",通过平台网络交易信息监测精准查找问题线索。设立5个进口非特殊用途化妆品备案受理点,开通检验绿色通道、统一审评标准,引进企业365家、备案1707个品种,打造美丽消费示范单位4463个。联合湖州举办化妆品行业领袖峰会,欧诗漫、珀莱雅化妆品登上中国化妆品行业10强榜。

（省药品监管局 葛佩菲）

知识产权与专利

【概况】 2019年，浙江省推进知识产权领域高质量、现代化发展，优化知识产权运营、保护、创新和发展环境，创建知识产权生态最优省。全省11个设区市全部进入国家知识产权试点示范城市序列。新增国家知识产权示范企业26家，新增商标品牌示范企业118家；新增注册商标50万件，每100家企业商标拥有量98.4件，比上年增长31.6%，居全国首位；马德里商标国际注册申请581件，增长13.3%，居全国第三位；全省有效发明专利16.06万件，每万人发明专利拥有量达28件，增长18.6%，居全国第二位。全省获第21届中国专利奖金奖2项、浙江省专利金奖15项。新增国家级企业技术中心13个，累计131个。全年查处侵犯知识产权案件1.6万件。

【引领型知识产权强省创建】 2019年12月31日，省委、省政府印发《浙江省关于全面强化知识产权工作的意见》，提出推进知识产权保护体系建设，提升知识产权运用效益和水平，强化知识产权管理服务支撑，创建知识产权引领型强省等要求。至年末，全省11个设区市全部进入国家知识产权试点示范城市序列，系全国唯一实现设区市试点示范城市全覆盖的省份；超过半数以上的县(市、区)进入国家知识产权强县培育序列；新增国家知识产权示范企业26家、优势企业125家；新增商标品牌示范企业118家、品牌示范县(市、区)示范乡镇(街道)19个。“健全知识产权保护机制”列入全省年度重点改革任务。省市场监管局会同省法院、浙江大学、中国计量大学等单位参与知识产权保护机制课题研究，省知识产权研究与服务中心具体承担课题研究任务。年内完成《省域治理现代化背景下浙江省健全知识产权保护机制》总报告及11个子报告，全省知识产权治理体系和能力现代化建设框架基本形成。

【知识产权发展】 2019年，浙江省有效发明专利16.06万件，比上年增长20.2%；每万人发明专利拥有量28件，增长18.6%，居全国第二位；数字经济领域有效发明专利4.91万件，增长12.2%；PCT国际专利申请量0.25万件，增长33.1%，居全国第三位；新增注册商标50万件；每百家企业商标拥有量98.4件，增长31.6%，居全国首位；马德里商标国际注册申请581件，增长13.3%，居全国第三位。全年企业申请专利数量占全省发明专利的70.0%，比上年提高1.1个百分点，国内企业有效发明专利5年以上维持率69.1%。全省科技创新基地、高新技术产业基地—杭州高新区(滨江)年内发明专利申请、授权量分别增长27.5%和23.3%；PCT申请量占全市的41.0%，万人有效发明专利拥有量超过340件；新增国家知识产权示范企业4家，累计14家。全省实施省级专利导航产业发展工程14项，建成专利导航产业发展实验区2个，17个省级专利战略推进项目通过验收并推广运用；全省获第21届中国专利奖金奖2项、专利银奖43项，组织评选浙江省专利金奖15项、优秀奖30项；新增“浙江制造”标准565项、“品字标”企业345家。28家企业入围工业信息化部第四批单项冠军企业(产品)，4个“浙江制造精品”入围工业信息化部年度公共服务平台和智能制造系统解决方案供应商项目。新增国家级企业技术中心13个，累计131个，排名全国第二；培育国家技术创新示范企业4家，认定省级企业技术中心102个。建立数字化设计与制造、机器人与智能装备、智能网联汽车、先进印染、高效电机省级制造业创新中心5个。一批国家智能制造项目通过验收，包括42件发明专利、20个软件著作权、30个行业标准。省市场监管局开展重大经济科技活动知识产权评议，推进知识产权与经济社会融合发展；制定实施全国首个标准化统计监测制度，对知识产权投入产出进行综合量化评估。省统计局将专利、品牌、商标、标准等知识产权指标纳入科技进步统计、监测、评价指标体系，并将“品牌企业和实施‘浙江制造’标准企业销售占比”“每万人发明专利拥有量”2个指标纳入《浙江省高质量发展指标体系》。省经信厅进一步加强对省级企业技术中心企业、省技术创新示范企业、省级优秀工业新产品、装备制造业首台(套)产品知识产权指标的考核力度。

【知识产权保护执法】 2019年，省市场监管局制定《关于加强专利行政执法工作的指导意见》。《意见》明确全省11个设区市下放专利行政执法权至县(市、区)，年内9个设区市完成执法权下放。县(市、区)专业稽查人员增加5900人。推进中国温州(服饰)、义乌(小商品)、桐庐(制笔)3个国家知识产权快速维权援助中心及27个省级快速维权及维权援助中心建设。强化国际贸易中的知识产权风险防控，全程跟进“浙江石油”“之江实验室”、第19届亚运会等重点商标注册保护；完善知识产权纠纷多元化解决机制。全省10个诉调、仲调中心和知识产权巡回审理庭调解各类知识产权纠纷案件8000多件。省知识产权中心完成案件调解11件。推进知识产权司法保护，实施知识产权民事、行政、刑事“三合一”审判，形成“三级联动、三审合一、三位一体”(知识产权民事、刑事、行政案件统一集中审理的审判机制)浙江特色的知识产权审判模式。全年全省法院受理知识产权民事一审案件2.83万件，审结2.55万件，分别增长27.4%和21.8%；新收知识产权刑事一审案件257件，审结277件；受理知识产权行政一审案件28件，审结24件。公安机关破获侵犯知识产权犯罪案件858起，涉案金额12.7亿元，均分别增长11.2%。检察机关受理审查起诉侵犯知识产权案件441件。省市场监管局开展“亮剑2019”“铁拳”行动、地理标志保护等知识产权保护执法行动。省版权局部署打击网络侵权盗版“剑网2019”专项行动。杭州海关查扣侵权货物180.4万件，货值985.3万元。宁波海关查扣侵权货物1220.4万件，货值6468.1万元。省司法厅、省公安厅等单位联合调研形成《浙江省商业秘密保护现状调研报告》，并向省人大提交《关于加强商用秘密保护，助力浙江企业创新发展的建议》。省知识产权研究与服务中心编制《电子商务领域专利执法维权操作指南》，规范和统一电商领域专利执法维权办案模式和标准。

【知识产权转化助推】 2019年，浙江省市场监管部门推进知识产权运营服务体系建设。台州成为继宁波、杭州后，省内第3个国家知识产权运营服务体系建设重点城市，获中央财政专项资金支持2亿元。杭州出台《杭州市知识产权强市实施意见》《杭州市知识产权运营服务体系建设方案》，提升知识产权创造质量，推进知识产权运用。省科技厅制订《关于加快推进我省技术转移体系建设的实施方案》，计划建设全球技术交易大市场、中国(浙江)科技成果交易中心、网上技术市场3.0。全年成交科技成果1297项，挂牌价(含公示、起拍)1.98亿元，成交额2.29亿元，竞价率15.0%，增值率16.0%，涉及专利1043件。省经信厅推进有市场化知识产权与技术成果转化功能的创新中心建设，认定创新中心10个，累计认定突破核心领域技术63项，转化43项，成果转化收入8482万元；获取专利151件。省知识产权交易中心接纳进场交易高校院所40个，集聚可交易专利5万余件，成交科技成果2492项，成交金额6.67亿元，涉及专利2098件。省卫健委举办创新成果大型对接会16场、小型对接会9场，达成科技成果转化62项，交易金额4900多万元，估值15亿元。省市场监管局推进知识产权质押融资和知识价值信用贷款，缓解创新型企业融资难。全年全省专利权质押额突破100亿元，商标权质押额超过80亿元；质押登记数增长33.6%，占全国办理总量的45.8%，连续3年居全国首位。全省实现县(市、区)知识产权金融业务全覆盖。

【知识产权服务提升】 2019年，省市场监管局推进知识产权服务事项“一网通办”“一站式服务”“知识产权一件事”等改革，区域示范创强、专利质押登记等8个知识产权管理事项实现“一网通办”。商标公共服务网点实现设区市全覆盖，业务范围扩展至24项。发明专利优先审查，初审全程网上、“掌上”办理，初审时效缩短50%，发明专利受理量增长120%。整合升级基层维权援助工作站22个、商业秘密保护联络站116个和商标注册受理窗口12个，打造覆盖乡镇、面向企业一线的品牌指导服务站2.0版。全省首家“全门类、一站式、全链条”的知识产权综合服务中心—杭州高新区(滨江)知识产权大厦启用，实现“一地一次”或“网上零跑”就能完成知识产权申请、运营、维权、培训等服务。省市场监管局与省科技厅联合印发《关于加强质量基础“一站式”服务平台建设支撑产业创新服务综合体发展的意见》，为新列入的省级创新综合体配套建设质量基础服务平台。全省新增专利代理机构49个，累计158个。设立面向新一代信息技术、新能源等战略性新兴产业的中国(浙江)知识产权保护中心，发明专利平均授权周期压缩至56天，实用新型和外观设计专利授权周期压缩至10天。义乌成为全国首个开展马德里商标国际注册申请受理业务的县级市。推进高校国家知识产权信息服务中心、世界知识产权组织技术与创新支持中心落地浙江。浙江省知识产权(专利)公共服务平台完成二期建设，全年为各类用户提供专利检索数据4.23亿条，分析专利数据108万条，知识产权评议服务114次，推送专利侵权预警信息30多万条。杭州高新区(滨江)获批全省首个国家知识产权服务业集聚发展示范区。温州开展国家级知识产权服务业集聚发展试验区申报工作。杭州未来科技城、温州知识产权服务园、温州高新区知识产权大港湾、湖州德清县获批省级知识产权服务业集聚发展示范区。

【知识产权文化建设】 2019年，浙江与上海、安徽、江苏知识产权部门签订《长三角地区共同优化知识产权营商环境合作意向书》。在建立长三角地区知识产权保护协作机制、知识产权服务体系、知识产权海外资源共享等方面达成一致。省市场监管局组织开展“4•26”知识产权宣传周、“5•10”中国品牌日宣传活动。省版权局举办浙江省第七届“知识产权杯”创意设计大赛。省法院在温州举行“4•26”知识产权宣传周活动，通过组织旁听典型案件庭审、召开新闻发布会、发布知识产权保护十大案件和知识产权司法分析报告等形式，展示浙江法院知识产权司法保护成果。省教育厅部署高校开展知识产权宣传和高校知识产权成果所有权、收益权改革等工作，组织高校参加第五届中国“互联网+”大学生创新创业大赛上。宁波海关策划“4•26知识产权宣传周”系列活动，“阿拉甬关”微信公众号发布《细数宁波海关知识产权保护这一年》《这些年被“盯”上的体育赛事—宁波海关查获体育赛事侵权案件大集锦》等文章。省市场监管局会同杭州举办第十届中国知识产权年会；举办知识产权保护国际高级实务研修班，邀请美国、德国、日本及中国台湾的著名企业、律师所专家，为200位省内各地市场监管部门、高等院校、科技企业、中介服务机构的知识产权业务管理人员授课。省版权局组织浙江版权贸易图书展代表团对摩洛哥、荷兰进行访问交流，与2国政府有关部门及出版界交流、洽谈版权贸易业务。省教育厅将知识产权教育纳入中小学地方德育教材。杭州市文三教育集团文苑小学获批第四批全国中小学知识产权教育试点学校。将中国计量大学知识产权专业立项为省级一流本科专业建设点，推荐浙江万里学院“知识产权法”申报国家级一流本科课程。省卫生健康委推进海外中医药中心建设，“中国—以色列中医药中心、中国—罗马尼亚中医药中心、中国—白俄罗斯中医药中心”被列入国家中医药管理局中医药国际合作专项建设项目。

(省市场监管局　郦　东　徐余英)

物价管理

【概况】 2019年，浙江省深化重点领域价格改革，加强民生价格调控，充分发挥价格杠杆作用，进一步推动企业减负工作，全省价格总水平温和上涨、总体可控。全年居民消费价格总水平比上年上涨2.9%，涨幅与全国持平。八大类消费品和服务项目价格“七涨一跌”，其中，食品烟酒上涨6.2%，医疗保健上涨4.8%，教育文化娱乐上涨3.7%，其他用品和服务上涨3.2%，生活用品及服务上涨1.8%，衣着上涨1.8%，居住上涨0.6%，交通通信下跌1.0%。全省工业产品出厂价格指数下降1.1%，工业产品购进价格指数下降2.9%。

【重点领域价格改革】 2019年，浙江省推进电力价格改革。经国家发展改革委和省政府同意，浙江开展燃煤机组上网电价市场化试点，为全省降低电价赢得政策空间。省电力部门实行可再生能源上网电价退坡机制，推动风力、光伏等行业技术进步和成本下降。制定完善全省电动汽车充电、港口岸电设施用电、污水处理企业用电、海水淡化用电等电价政策，促进资源节约和环境保护。省发展改革委会同省财政厅、省教育厅在浙江大学开展全日制专业学位研究生收费试点，确定由学校根据研究生人均教育培养成本确定收费标准。全面评估浙江财经大学、浙江工商大学杭州商学院学分制收费改革试点情况，研究制订全省公办本科高校及独立学院学分学费标准调整方案。修订完善《浙江省民办教育收费管理办法》。省发展改革委协同省新闻出版局、省出版集团开发建设浙江省教材价格网络申报管理信息化平台，全省教材价格实行网上申报公示。协同省交通运输厅对通行全省收费公路使用ETC支付通行费的车辆，实行通行费95折优惠，修订完善全省公路收费政策。扩大通行费差异化政策优惠范围，批准调整杭徽和杭长高速公路杭州至余杭路段、义乌市和浦江县境内高速公路等6个路段部分客车通行费收费方式。推进云和县、安吉县开展出租车运价管理改革。深化用水和污水排放收费政策改革，全省各地结合实际，制订动态调整的用水定额，合理确定分档水量和加价标准。对“两高一剩”（高污染、高耗能、产能严重过剩）等行业实行更高的加价标准。至年末，全省设区市均出台城镇非居民用水超定额累进加价制度。各地根据污水处理排放标准提高后成本上升情况，提出污水排放收费标准调整计划。

【价格杠杆作用发挥】 2019年4月11日，省发展改革委印发《关于降低一般工商业电价有关事项的通知》，下调一般工商业及其他用电价格每千瓦时7.48分，综合降幅达10.0%，全年全省一般工商业用户用电成本77.07亿元。4月15日，省发展改革委印发《关于调整天然气门站价格的通知》。省级天然气门站价格由每立方米2.85元调整至每立方米2.58元；在此基础上，全省通气城市从4月1日起降低非居民天然气销售价格，最高销售价格平均降幅7.5%，年减少企业用气成本18.73亿元。建立全省各地企业用气价格向地方党委政府主要领导通报机制，通过气价的横向对比，倒逼地方加强天然气供应环节的资源整合，推动有效降低企业用气成本。降低社会物流成本。省属及市、县（市）属国有全资和控股的高速公路路段，对使用浙江省货车非现金支付卡的合法装载货运车辆试行通行费八五折优惠。鼓励和推动地方政府提前取消普通公路收费项目，取消320国道建德段等项目收费。全省范围内对从事内河集装箱运输的船舶免收船闸过闸费，9月1日起，停止收取杭甬运河船舶过闸费及三堡船舶过闸费。4月1日起，货物港务费、港口设施保安费、引航（移泊）费、内贸船舶拖轮费的收费标准分别降低15%、20%、10%、5%。省发展改革委会同省市场监管局组织开展铁路货物运输收费清理规范工作，4月1日起取消6项杂费。省发展改革委会同省市场监管局在全省范围内开展涉企收费标准清理整治工作，督促指导省级有关部门对本系统所涉及的下属单位涉企收费、中介机构收费、行业协会商会收费、涉企保证金等收费情况进行全面清理，并提出整治意见。贯彻落实国家出台的各项清费减负政策，减免不动产登记费、调整专利收费减缴条件、降低无线电频率占用费、出入境证照类收费、商标注册收费等部分行政事业性收费标准，年减负约1.7亿元。

【民生价格调控】 2019年，省发展改革委注重保障困难群众基本生活，推进民生价格相关调控工作。牵头启动困难群众价格补贴机制，督促有关部门按照相关规定对困难群众发放临时价格补贴。全年全省发放补贴5亿元，惠及900万人次；在政策层面保持粮食最低收购价格不变，维持粮食价格底线，稳定和保护种粮农民收益；统筹做好冻猪肉收储投放工作。按照国家相关部署，完成第一轮冻猪肉收储任务。灵活、精准开展冻猪肉投放，发挥储备调节作用，不断提升应急调控能力；加强对民生领域价格的监审调查。实施电力、燃气、供水、污水处理等垄断行业成本监审，开展景区门票、公办高校教育、重要公用事业成本调查，促进相关行业降本增效；加强市场价格监测预警和市场监管。及时掌握重点商品价格波动情况，适时启动重点商品应急监测。做好粮食、生猪及猪肉、蔬菜瓜果等重要民生商品常规价格监测工作。高度关注舆情、及时预警，加强市场监管，合理引导市场预期。 （省发展改革委　杜彬俊）

统　计

【概况】 2019年，浙江省统计部门继续推进三大核算改革和新动能统计，着力防范和惩治统计造假，提升统计数据质量。全力做好第四次经济普查工作。开展重点领域统计监测，提升统计分析水平。加强统计基层基础建设，推动政府统计数字化转型，构建现代化统计体系，为“两个高水平”建设提供高效统计服务和坚实的数据支撑，助力浙江经济社会发展。

【防范和惩治统计造假】 2019年初，浙江省就防范和惩治统计造假作出部署，提出构建防范和惩治统计造假长效机制，制定实施办法明确各层级、各环节的责任。结合“不忘初心，牢记使命”主题教育开展统计造假专项整治，7月，要求各市、县将依法统计、实事求是作为政治纪律和政治规矩，对统计造假问题严肃追责问责。8—9月，省统计局与省纪委监委对接，列出集中整治项目，在全省统计部门开展“整治统计造假、提升统计数据质量月”活动。9月17日,召开全省统计法治工作会议,对惩治统计造假工作进行再部署、再动员。全省各地把数据审核查询和质量核查作为提高数据质量的重要环节。制定统计数据核查计划,修订投资、劳动工资、低收入农户、特色小镇、产业集聚区等数据核查规范,组织开展对工业、投资、贸易、服务业、能源、劳动工资、研发、农业农村、低收入农户、特色小镇等专业数据质量核查。省统计局印发“双随机、一公开”抽查监管工作细则等5个规范性文件,规范统计行政检查、行政处罚行为。对3个县(市、区)和126家企业开展执法检查,并对统计失信单位进行公示,对相关主管部门领导及企业责任人提出处理建议。全年全省检查单位5255个,办结案件868件。其中,警告并处以罚款715件,罚款总额711.4万元;公示失信企业49家,追责问责55人次。

【统计水平和质量提升】 2019年,省统计局围绕中美经济贸易摩擦、营商环境改善、供给侧结构性改革等问题,深入开展调研和分析,客观反映全省“稳企业、增动能、保平安”举措的实施效果。做好中华人民共和国成立70周年专题统计分析。印发关于加强统计分析研究和政务信息工作意见。全年省统计局报送统计专报83篇、统计分析85篇、统计信息174篇,获省领导批示208篇次,省委办公厅和省政府办公厅采用119篇,中共中央办公厅、国务院办公厅采用4篇。开展重点领域统计监测。编制高质量发展指标体系实施办法,做好上年度全省及11个设区市高质量发展测评。建立乡村振兴统计评价指标体系,开展全省及11个设区市乡村振兴统计评价。完成年度生态文明、科技进步、妇女发展、儿童发展等评价报告及文化发展指数编制,会同相关部门做好党政领导班子实绩分析评价、淳安县等26个县考核测算等工作,开展传统制造业改造提升、“亩均论英雄”改革、基本公共服务均等化等评价。研究编制人才指数,在全国率先开展季度R&D(研究与试验发展)经费测算,制订综合交通产业统计监测制度。发布经济社会发展、人民生活等统计公报,办好《统计科学与实践》杂志,全省统计新媒体影响力在全国统计系统公众号排行中处于第一梯队。编制省、市、县三级统计系统信息主动公开基本目录,规范依申请公开和信访件办理流程,结合统计工作特点制定10类依申请公开答复示范文本。

【统计制度方法改革】 2019年,省统计局组织实施GDP全省统一核算,开展普查年份与非普查年份GDP数据修订衔接的研究。推进自然资源资产负债表编制工作,组织各市试编年度负债表,抓好安吉县全国试点的补充调查。探索地方资产负债表编制方法,编制完成145个产品部门的投入产出表。修订新动能统计监测制度。建立人工智能产业统计监测制度。在金华试点实施工业企业电子商务统计调查,开展电子商务贸易企业入库试点,探索有依据的现金交易统计方法。开展社会消费商品和服务零售总额统计监测研究。做好“天猫”“淘宝”等9个电商平台的月度数据统计,监测反映“双11”电商平台交易情况。修订旅游集聚区认定标准,完善全域旅游统计制度。开展农业统计制度改革创新试点,完善产业集聚区评价监测制度。推进政府统计数字化转型。完成统计系统核心业务梳理。省、市、县三级统一管理、分级维护、联合发布的新版“数据浙江”在浙政钉上线运行。推进“最多跑一次”改革,完成23项办事事项梳理,非密事项100%实现“跑零次”和“网上办”。完成4.2万家工业企业营业收入、工业总产值与税务部门纳税申报表应税销售额的比对审核。开展移动大数据在人口就业统计中的运用,实时监测分析流动人口情况。

【经济普查与常规统计】 2019年1月,省统计局组织实施第四次全省经济普查工作。经济普查以数据质量为中心,以“抓全单位、摸清总量、搞准数据”为目标,抓好源头数据、查遗补漏、数据审核、检查指导等工作。通过省、市、县联动和全覆盖分片包干指导监督,严防“坐登”“估登”和“抄登”等情况发生。经济普查中推广使用行业分类智能编码系统,做好普查资料的审核、修改及验收,确保经济普查质量。6月和9月,分别在桐庐县、海宁市开展第七次人口普查专项试点。根据第四次经济普查公报,至上年末,全省共有从事第二产业和第三产业活动的法人单位154.5万个,产业活动单位167.9万个,个体经营户321.5万个。加强常规统计和民意调查。全面完成GDP和工业、投资、贸易、服务业和农业等常规指标数据报送。做好《人力资源和工资统计信息系统》升级试点和推广运用。开展限额以下零售业和餐饮业“金样本”调查。分三轮组织开展主题教育第三方评估调查,客观反映主题教育成效。实施“最多跑一次”改革、“法治浙江”“平安浙江”“美丽浙江”“五水共治”等民意调查,完成美丽乡村、绩效考核、道德环境、食品安全等满意度调查。组织开展民营企业发展环境、农村人居环境、消费者信心指数、企业景气指数等调查。结合“三服务”活动,以高质量发展、电子商务、绿色发展为专题,在绍兴、金华、衢州等市开展送服务下基层活动。开展基层统计减负情况调研。在省统计局网站开设专栏,推广各地统计管理体制改革经验。

(省统计局　章剑卫　胡　东)

审　计

【概况】 2019年,浙江省各级审计机关完成审计和审计调查等项目2235个,查出违规金额152.13亿元、损失浪费金额16.4亿元,发现非金额计量问题2.91万个;移送司法机关、纪检监察机关和有关部门处理事项972件,涉及人员713人,相关部门处理当年及往年移送事项267件,处理606人;审计挽回(避免)经济损失43.07亿元,核减投资额45.81亿元;审计提出建议7514条,被采纳6050条;推动被审计单位制订整改措施1918项,促进被审计单位建立、健全规章制度731项;提交审计信息7860篇,被批示、采用5101篇次;向社会公告审计结果1169篇。上报的审计报告、信息专报获省级以上领导批示201篇次,其中国务院领导批示1篇,省委、省政府主要领导批示103篇次。全省有2个单位和2人分别获全国审计机关先进集体和先进个人荣誉。

【重大政策措施贯彻落实跟踪审计】 2019年，省审计厅围绕高质量发展组合拳、三大攻坚战、富民强省十大行动计划等中央和省委、省政府重大决策部署开展审计，实施促进民营经济高质量发展、数字经济扶持政策、减税降费政策、东西部扶贫协作等政策跟踪审计项目，为浙江"两个高水平"建设保驾护航。聚焦中小企业账款被拖欠问题，组织全省审计机关开展清理拖欠民营企业中小企业账款审计调查，推动清欠职能部门规范清欠口径，省本级累计清退欠款2.67亿元。

【财政审计】 2019年，省审计厅紧盯财政资金使用绩效开展审计，推动落实"花钱必问效、无效即问责"。组织实施省级预算执行和财政决算审计，对20个省级部门开展预算执行审计，其中首次对省委、省人大常委会、省政府、省政协4个办公厅开展审计，推动各地各部门加快处置闲置资金，保障"集中财力办大事"财政政策的贯彻落实。首次向省委审计委员会提交预算执行和其他财政支出情况审计报告，专题反映审计推动体制机制改革成效，反映问题涉及五大类122个，被点名单位76个。

【经济责任审计】 2019年，全省各级审计部门把审计融入干部大监督机制，加大领导干部经济责任审计力度。首次开展设区市市委宣传部部长经济责任审计。全年完成762个单位1014名领导干部经济责任审计，查出违规金额94亿元，审计发现的问题涉及决策不规范和行政不作为、慢作为等，促进领导干部依法用权、秉公用权、廉洁用权。全省安排自然资源资产离任(任中)审计项目137个，其中厅本级实施7个，揭示土壤环境受污染、生活污水排放不达标等突出问题，促进领导干部切实履行自然资源管理责任。

【固定资产投资审计】 2019年，全省各级审计部门加强投资领域审计监督力度。省审计厅本级安排实施大通道建设行动计划推进、浙江省之江文化中心建设管理等审计项目，促进规范投资行为、提升项目绩效。紧盯民生工程，连续7年开展保障性安居工程审计。开展公立医院改革、养老服务体系建设等项目审计，促进和提升群众获得感、幸福感、安全感。针对民办教育发展专项审计调查的实施，推动省教育厅等部门健全成本分担机制，促进各地新居民子女学校享有与其他民办学校同等的扶持政策。全年全省移送问题线索24起，追回资金5365万元，补充安排或盘活资金5.48亿元。扎实推进投资审计转型，全省审计机关已全面退出价款结算审核工作。

【农业与资源环保审计】 2019年，全省各级审计部门深入实施乡村振兴、工业固体废物处置等审计项目，加快经济薄弱村"消薄"和"美丽浙江"建设。实施工业固体废物处置审计调查。11月18日，省生态环境厅、省经信厅联合印发《浙江省工业固体废物专项整治行动方案》，在全国率先开展"无废城市"建设。年内，全省审计部门促进生态环保部门对辖区工业固体废物产生者的督导，实现工业固体废物基础数据的实时监控。

【金融外资审计】 2019年，省审计厅开展政策性融资担保体系建设审计调查，发现担保机构体系层级过多等问题，推动省地方金融监管部门出台制度解决民营企业融资难问题，发挥"稳企业"作用。根据审计署委托，组织开展世界银行贷款浙江农村污水治理项目、法国开发署贷款仙居县生物多样化保护利用项目等审计，推进国外贷款项目在农村污水治理、生物多样性保护等方面取得较好的效果，得到世界银行项目组充分认可。

【企业审计】 2019年，省审计厅本级实施省属国有企业债务风险审计调查及浙江浙勤集团有限公司、浙江省建设投资集团有限公司、浙江省机电集团有限公司、浙江省机场集团有限公司、浙江省海港投资运营集团有限公司等国有企业领导人员经济责任审计，促进深化国企改革、维护国有资产安全。与省财政厅、省国资委联合印发落实省属国有企业和国有资本审计全覆盖的实施意见，健全完善国有企业和国有资本审计监督制度。

【审计管理体制改革】 2019年，省审计厅在全面完成机构改革各项任务基础上，出台省委审计委员会工作规则及委员会办公室工作细则，建立重大事项请示报告、重要文稿报送等工作机制，把强化党的领导融入审计各领域各环节。加强上级审计机关对下级审计机关的领导，全年研究同意任免市县审计机关领导干部83人，组织各设区市审计局主要负责人向省审计厅党组述职；改进审计项目计划管理方式，加强对设区市审计工作报告的审核，提高计划管理水平和工作报告质量。

【审计"两统筹"推进】 2019年，省审计厅出台贯彻落实审计项目和审计组织方式"两统筹"工作意见。将635个分别实施的审计项目统筹为272个"多合一"项目，做到一审多项、一审多果、一果多用，相关做法被审计署转发各地参考。与审计署驻上海特派员办事处联合出台加强"两统筹"工作意见，与东西部扶贫协作相关的4个省审计厅签订"两统筹"框架协议，避免重复审计。省审计厅推进审计"两统筹"的做法入选年度省直机关"最佳组织举措"十佳案例。

【审计质量建设】 2019年，省审计厅坚持质量立审"九项标准"，强化审计质量控制。实施行政执法公示、执法全过程记录、重大执法决定法制审核"三项制度"，开展全覆盖审计执法质量检查，制定实施审计报告评优办法，省审计厅"审计质量控制"入选省级标准化试点项目。推进审计成果运用，省审计厅编制共性问题清单、扶贫领域风险清单、领导干部履行自然资源资产管理责任负面清单及15个最佳实践案例，起到良好警示效果。省政府召开审计整改工作会议，由副省长向省人大常委会做审计整改工作报告，促进各单位健全制度306项，问责104人。

【审计信息化建设】 2019年，全省审计机关加大科技强审力度。推进“金审工程”三期和审计监督大数据应用示范工程二期建设；财政、医疗保障等重点行业审计方法模型建设项目投入试运行；制定电子数据管理办法，完成财政、公积金、“三公”经费等数据定期采集和标准化工作；围绕财政、金融、社保等八大领域开展大数据审计，实现现场审计时间平均减少半个月，揭示问题更有深度。

【内部审计】 2019年，省审计厅制定内部审计工作业务指导监督实施办法，出台推进国家审计与内部审计协同机制建设指导意见。在省属高校推行以风险清单督导为重点的协同机制，在省监狱管理局原局长经济责任审计中试点国家审计与内部审计协同工作，为加强源头管理、构建统一高效的审计监督体系奠定基础。省审计厅探索现代内部审计新模式入选年度省直机关“最佳制度供给”优秀案例。

（省审计厅 陈振宇）

海 关

【杭州海关监管进出口货运量1.9亿吨】 2019年，杭州海关坚持“全面融入、深度对接，主动作为、精准施策”的工作思路，加强对中美经贸摩擦和浙江省外贸形势的研究分析与预警监测，优化监管模式，提升国门安全整体管控能力，助推浙江对外贸易稳中提质。全年监管进出口货运量1.9亿吨，比上年增长6.6%；监管进出境旅客679.5万人次、邮递物品9254.29万件、快递物品6417.8万件，分别增长6.9%、下降20.6%；认证企业5429家、签发各类原产地证书105.16万件。海关税收入库476.1亿元，下降8.1%。立案走私案件131件，立案走私案值25.14亿元。

【杭州海关一线监管加强】 2019年，杭州海关强化一线监管，健全口岸卫生检疫机制，筑牢国门生物安全、进出口食品安全和商品质量安全防线。严厉打击“洋垃圾”走私进境、象牙等濒危物种及其制品走私，加强非洲猪瘟等疫情疫病防控，维护安全、便捷、高效的进出口秩序。全年立案侦办走私“洋垃圾”及固体废物案件22件，查获固体废物3295吨，查获象牙、犀牛角、穿山甲鳞片等濒危物种及其制品11.13吨；检出非洲猪瘟病毒核酸阳性产品16批，封存来自疫区的肉类20吨；截获进境植物中有害生物565种、1.45万次。其中，从加拿大小麦中截获麦类壳多胞斑点病菌、从澳大利亚樱桃上截获李属坏死环斑病毒均属全国首次。检出不合格进出口食品化妆品228批次、其他商品3110批次；查获涉案枪支54支、各类毒品16.75千克。

【杭州海关服务国家战略】 2019年，杭州海关全力助推国家战略实施。对接“一带一路”浙江枢纽建设，推动温州、金华、诸暨列入“义新欧+”国际专列试点运行，全年监管“义新欧”国际班列622列、集装箱5.08万标箱，分别比上年增长69.0%和71.9%。创新建立浙江自贸试验区“优化进境保税油检验”“进境保税金属矿产品检验”等4项制度措施，被国务院复制推广。创新“多船一供”等5项举措，促进舟山口岸保税供油410.27万吨，增长14.2%，巩固其全国第一、世界十大供油港地位；保税混矿1571.5万吨，增长21.3%，跃居全国第一位。加强长三角区域海关合作，形成近期、中期、远期合作项目27项；深化杭州海关与宁波海关执法合作，建立杭甬进出口食品安全长效合作机制，助力甬舟一体化发展。

【助推外贸出口】 2019年，杭州海关由国家海关总署授权，推进eWTP（世界电子商务贸易平台）全球创新中心、eWTP秘书处项目分别落户义乌和杭州。推进中欧班列eWTP菜鸟号常态运行。在杭州、义乌启动eWTP保税出口、退换货中心、“数字清关”等项目试点。推动温州、绍兴获批全国第四批跨境电子商务综合试验区。创建“海外仓”出口模式，率先破解跨境电子商务进口退货难题。完善市场采购贸易监管办法和操作规程，落实温州（鹿城）市场采购试点工作，助推市场采购贸易稳定增长。

【应对中美经贸摩擦】 2019年，杭州海关帮助企业积极应对中美经贸摩擦。开展对美国加征关税所涉行业、企业、商品影响分析研究和监测预警，向省委、省政府报送对美出口商品市场替代分析等研究报告66篇，为省领导决策提供参考。落实定点联系企业制度，建立重大项目重点企业“一对一”帮扶和企业诉求快速响应机制；开展“卡脖子”企业和涉美“黑名单”企业专项帮扶；通过增设海关保税仓库，帮助杭州海康威视数字技术股份有限公司、浙江大华科技有限公司、新华三技术有限公司等企业缓解资金压力、加快急需高科技产品进口储备。制订促进进口工作方案和16项具体工作措施。编制《浙江企业有效应对中美经贸摩擦典型十法》，联合省商务厅、省贸促会引导企业运用市场替代、跨境零售、租赁出口等方式开拓替代市场、稳定进出口。

【扶持优势产业】 2019年，杭州海关贯彻国务院促进综合保税区高水平开放高质量发展意见，制订实施12条政策措施，助推优势产业发展。指导和帮助杭州综合保税区、湖州保税物流中心（B型）通过验收，推动关区综合保税区整体争先进位，实现进出口总额512.6亿元，比上年增长49.7%；指导和帮助4个指定监管场所通过海关总署验收；指导杭州亚运会马术比赛隔离检疫场和桐庐无疫区建设；推动杭州综合保税区与杭州空港建立“区港联动”创新模式。提升海关检测认证能力，助推食品农产品、新能源汽车、生物医药和智能家电等产品加快打入国际市场。实施“龙腾行动”，培育出口知识产权优势企业，杭州海关新增自主知识产权备案1346项。

【推进贸易便利化】 2019年，杭州海关率先试点“两步申报”改革，推进贸易便利化。“两步申报”覆盖13个关区、24个现场。对标世界银行评估标准，助推杭州世界银行营商环境评估样本城市建设，关区进、出口整体通关时间分别压缩至35.72小时和2.48小时，杭州空港口岸实现7×24小时无障碍通关。指导和帮助义乌机场创建国际卫生港通过世界卫生组织验收。推进“最多跑一次”改革，海关87个行政事项入驻浙江政务服务平台。落实增值税减税政策，引导企业用好减免税、自贸协定等优惠政策，为省内企业减负206.28亿元；实施口岸收费目录清单制度，确保收费目录清单外无收费情况。（杭州海关 王 杨 王 华）

【宁波海关监管出入境人员182.98万人次】 2019年，宁波海关审核验放进出口报关单508.72万张，比上年增长5.7%。监管进出口货物1.74亿吨，货值1.71万亿元，分别增长2.6%和6.7%。监管行邮物品815.27万件，下降25.3%；快件1315.48万件，增长49.1%。监管出入境人员182.98万人次、运输工具3.72万艘（架）次、集装箱1424.89万标箱次，分别增长8.7%、5.0%和6.6%。实现税收772.16亿元（净入库704.28亿元），下降9.5%（净入库下降9.7%）。检验检疫进出口货物21.81万批，增长11%；货值581.6亿美元，下降0.4%。宁波通航航点覆盖香港、澳门、台湾地区，日本、韩国和泰国等东南亚主要旅游目的地，宁波与10个国家和地区建立19条国际航线。

【宁波海关口岸营商环境优化】 2019年，宁波海关推出促进外贸稳定增长18项重点工作措施，推动口岸营商环境进一步优化。全年进出口无纸化率分别达96.4%和98.0%。率先启动全关区“两步申报”改革试点，口岸整体通关时间压缩至进口37.1小时、出口4.31小时。完善口岸监管流程，分类处置不同风险货物。开发查验移箱系统，实现查验数据与港区生产作业系统有效对接。推进运输工具申报全流程无纸化作业，代理企业直接凭电子申报信息办理业务，宁波口岸运输工具和舱单申报覆盖率100%。“单一窗口”标准版货物申报、舱单申报和运输工具申报等主要申报业务实现100%覆盖。上线“两步申报”、金关二期加工贸易系统（包括加工贸易手册管理、加工贸易账册管理、保税货物流转管理）、“出口退税”数据网络通道。推进与宁波海事和边检的对接，完成舱单和运输工具数据申报通道改造、申报数据共享，为企业提供更多便捷。推出促进跨境电商网购保税进口8项举措，全年验放网购保税进口申报清单1.09亿票，货值203亿元，征收税款20.53亿元，分别增长28.4%、41.3%和20.9%，三项数据均领先全国。11月11日，宁波海关放行跨境电商进口申报单和货值实现全国三连冠。打造跨境出口商品“海、陆、空、邮、信息”五港联动体系，推进“简化申报、清单核放、汇总统计”新通关模式，跨境出口申报清单230.2万票，货值4965.03万元，分别增长111倍和10倍。率先试点特殊区域跨境电商出口海外仓零售模式，实现零售订单完成后商品从海外仓直送至海外消费者。加强现场卫生监督，出动检查从业人员7675人次，对口岸食品生产经营单位、公共场所和储存场地开展现场卫生监督1037个次，发现并整改问题214个。机场、镇海、北仑、大榭和梅山口岸开展病媒生物监测。实施口岸饮用水专项监测，对二次供水点、供水车、旅客饮水点等开展监督202次，发现并妥善处置入境航空器饮用水菌落总数超标事件。推动“全港创卫”工作。推行国际航行船舶供水“开放式申报+验证式监管”新模式，为外轮供水162批次、2.29万立方米。下放口岸卫生许可证核发权限，许可证平均办理时长低于全国平均时长。实行出入境特殊物品申请、审批全程网上办理，全年检疫审批特殊物品143批次，平均审批时长缩短至1.8个工作日。

【宁波海关综合治税工作】 2019年，宁波海关强化综合治税工作。全年完成税收入库772.16亿元，其中净入库704.28亿元。完成政策性退税67.88亿元。加强税收入库监测，实时掌握税收进度，形成35个关税业务执法评估指标。以属地纳税人管理为基础，加强关税、稽查、缉私等部门配合，全年审价补税2.28亿元，归类补税

2019年6月7日，第四届中国—中东欧国家海关检验检疫合作对话会在宁波举行 （宁波海关 供图）

1725.29万元，稽核查补税1.52亿元。支持跨境电商新税源增长，全年跨境电商网购保税进口项下总纳税额20.50亿元，比上年增长20.9%。推出关税保证保险、汇总征税、自报自缴等改革措施，全年审核通过关税保证保险单824份，涉及企业76家，保单总金额66.40亿元；审核确认征免税证明723份，货值1.97亿美元，减免税款1.51亿元。其中，减免关税9374.39万元，减免进口环节税5708.19万元。实施保障自贸协定，为企业减免进口国关税25.07亿元。

【宁波海关助力海铁联运和甬舟一体化建设】 2019年，宁波海关服务"一带一路"和长江经济带发展战略。"宁波—武汉"海铁联运转关模式开通，首批海铁联运中转货物成功放行。该批货物从荷兰进口，在北仑口岸办理转关手续，用铁路运输方式转至武汉。宁波海关通过提前联系指导申报企业，开设专窗办理转关联运中转手续，实现货物"当天申报，当天放行"，助力甬汉2地打造高效物流大通道。创新监管举措，助力义甬舟大通道建设，全面实施跨关区转关作业无纸化，实现运抵口岸转关自动核销。开展海铁联运批量中转，对转关出口货物集装箱实现全程监管、自动核销和24小时验放，推动宁波舟山港"海陆、海铁、水水"多式联运业务快速发展。全年宁波舟山港海铁联运业务首次超过80万标箱，跻身海铁联运全国第二大港。构建杭州海关与宁波海关信息互通大通道，在2关施验封数据共享基础上，推进出口改配数据、理货数据的实时共享。推动宁波舟山港国际中转集装箱互通，支持在宁波舟山港内开展保税燃料油跨关区直供业务。提升宁波与舟山两地口岸监管一体化水平。全年宁波海关监管跨关区保税燃料油83.90万吨，比上年增长27.0%。

【宁波海关提升国门安全管控能力】 2019年，宁波海关加强国门安全管控，坚决打击象牙等濒危动植物及其制品走私活动。行李寄递物品运用X光先期检验、CT智能审图，对嫌疑包裹实施100%开箱(包)查验。建立"黑名单"制度，重点查缉象牙等濒危物种及制品，规范涉嫌濒危物品仓储、送检、鉴定等重点环节管理。全年宁波海关查获濒危物种及其制品131件，重量85.05千克。实施3轮"蓝天2019"打私专项行动，加大对货运渠道伪瞒报等16种"洋垃圾"走私行为打击力度。立案侦办固体废物走私案件14起，查证"洋垃圾"1.6万吨。加强转关货物管控，立案侦办木炭走私案件6起，查证走私出口木炭5700多吨。成功查办"NB1905"成品油走私案，抓获犯罪嫌疑人43名，查扣5万吨级走私油船1艘，涉案成品油17万吨，案值12.7亿元。该案例入选全国海关打击走私十大典型案件。加强口岸非洲猪瘟防控、监控工作。重点检查进口肉类储存库内存放走私或来源不明的肉类产品，查验储存库6个，排查面积6500平方米。运用全球AIS卫星定位系统，监控发现并封存来自疫区猪肉及其制品14.64吨；对来自非洲猪瘟疫区的旅客行李、邮寄物、快件等100%过机检查，疑似物品全部开箱查验。年内检出非洲猪瘟阳性6批次。

【宁波海关知识产权保护】 2019年，宁波海关开展知识产权保护"龙腾"专项行动。全年查获侵犯知识产权案件222起，查扣相关侵权货物513万件，案值3302.3万元，侵权货物涉及"华为""香奈儿""安踏"等国内外知名品牌。根据侵权违规案例规律和特点，聚焦消费电子类产品、汽车配件、个人护理用品、服装鞋包等货物，下达布控指令139条，查获率达83%。强化区域合作，与天津海关、南京海关、拱北海关等直属海关联合查获"砂轮片""汽油动力液体泵""节能灯"等案件。加强与公安部门配合，向公安部门通报知识产权案件线索16起。借助媒体开展事关消费者安全健康的侵权典型案例宣传，引导企业进行海关有效备案9569项，备案数量占全国的32.7%。

【国家储备猪肉进口保障】 2019年，宁波海关推动"一带一路"沿线国家肉类输华准入，牵头完成海关总署对斯洛伐克、斯洛文尼亚、意大利等国家输华肉类安全风险评估。全年宁波口岸进口肉类11.80万吨，比上年增长44.8%。其中国家储备猪肉3万吨。实施"7天24小时预约查验"模式，对进口肉类优先通关验放，平均通关时间缩短至3.4天，通关速度位列全国第一。

【第四届中国—中东欧国家海关检验检疫合作对话会】 2019年6月7日，第四届中国—中东欧国家海关检验检疫合作对话会在宁波召开。会议由海关总署和省政府共同主办，宁波海关与宁波市政府承办。与会各国代表围绕"深化检验检疫合作，保障安全贸易"和"打造关企伙伴关系，优化跨境贸易环境"2个主题，就新形势下海关与企业伙伴关系的定位、内涵与合作方式等问题深入交换意见，并达成多项共识。来自12个中东欧国家、1个观察员国家、1个特邀国家的海关、检验检疫机构及中外资企业的150多位中外嘉宾参加会议。海关总署副署长王令浚出席并发表主旨演讲。克罗地亚副总理兼农业部部长托米斯拉夫·托卢希奇和省委副书记、宁波市委书记郑栅洁出席并致辞。会议期间中方与外方签署2项备忘录。

（宁波海关 张孔宇）

人力资源·劳动就业
Human Resource·Labor Employment

综　述

【概况】 2019年，浙江省人力资源和社会保障厅（简称省人力社保厅）进一步加强新时代人才引进工作，全年举办高层次引才活动4735场，引进各类人才98万人，其中省外大学生50万人。遴选省“万人计划”青年拔尖人才98名和高技能领军人才20名。率先建成省人才服务平台。深入实施人力资源服务业发展工程，编制省级人力资源服务业发展蓝皮书，确定首批100家重点培育机构。全年全省城镇新增就业125.7万人，城镇失业人员再就业45.4万人。城镇“零就业”家庭134户，消除134户，实现基数归“零”。开展“无欠薪”创建工作，强化重点领域专项治理，完善欠薪治理长效机制，对受中美经贸摩擦影响的困难企业开展执法服务。发挥省欠薪联合预警指挥平台作用，欠薪治理效能进一步提升。在国务院对省级政府上年度保障农民工工资支付工作考核中，浙江省继续居第一位。“浙江无欠薪”行动品牌进一步提升。省人力社保厅在国家“互联网+政务服务”评估考核中，省级“跑零次”、即办率等6项指标领跑全国。

【“互联网+政务服务”推进】 2019年，省人力社保厅坚持整体政府理念，聚焦公民个人和企业生命周期，牵头推进个体劳动者就业创业、失业、社保关系转移接续、退休和员工招聘5件“一件事”改革和事业单位人员交流调动“部门联办一件事”改革，实现群众办事只到政府“跑一次”。加快推进人社数字化转型，编制总体规划方案，加大业务协同和数据归集共享力度，全省政务服务事项“网上办”“掌上办”和民生事项“一证通办”实现率分别达100%、99.8%和100%。稳步推进全省就业监测平台和事业单位人事工资管理服务系统等系统建设。省级数字化转型工作位居省级部门第三名。推进电子社保卡签发和应用，全年全省签发电子社保卡1172万张，居全国首位。借助电子社保卡扫码设备，实现持卡人“凭码办事”。做好系统行风建设，开展窗口单位业务技能练兵比武活动，在全国业务技能练兵比武活动邀请赛和总决赛中分别获得第二名和第五名。

【就业扶贫和对口支援】 2019年4月，省人力社保厅在贵州省黔西南州举行“浙江—贵州”就业扶贫劳务协作专场招聘会，组织75家企业推出就业岗位8000多个，其中针对建档立卡贫困人员、没有学历、技能要求的爱心岗位有3000多个。8000多名劳动者进场招聘，其中建档立卡贫困人员1023人，易地搬迁户2131人。现场达成就业意向2362人，其中建档立卡贫困人员687人。6月，“浙江—吉林”就业扶贫劳务协作专场招聘会在吉林省四平市举行，根据四平市贫困劳动力特点和浙江省产业发展导向，省人力社保厅组织浙江省宁波、绍兴、金华、衢州、台州等地的53个用人单位推出岗位6400多个，其中爱心岗位2800多个。求职者近2200名，现场达成就业意向687人，其中贫困劳动力64人。10月，“两不愁三保障”就业扶贫劳务协作“浙江—四川”（阿坝州专场）招聘会在四川省阿坝州马尔康市举行，组织69个用人单位推出岗位5287个，其中1407个爱心岗位优先招聘建档立卡贫困人员。招聘会现场登记求职2000多人，达成就业意向465人。全年组织举办余缺调剂系列招聘会12场，参加企业3054家，提供岗位10.46万个，求职者约15万人，初步达成就业意向3.60万人。

【新业态从业人员职业伤害保障机制】 2019年10月，省人力社保厅出台《浙江省人力资源和社会保障厅关于优化新业态劳动用工服务的指导意见》，允许新业态从业人员按规定先行参加工伤保险。新业态企业依托平台经营的，鼓励平台主动发挥用工主体作用，加强用工管理。平台可以通过购买商业保险的形式，把应承担的工伤保险责任转由商业保险承担。建立多重劳动关系的新业态从业人员，各用人单位应当分别为其缴纳工伤保险费，通过多种措施，为新业态从业人员的职业伤害提供保障。

（省人力社保研究院　洪　韬）

人事·人才

【概况】 2019年，省人力社保厅集中发布52个省属高校、科研院所和医院的高层次、紧缺急需岗位4717个，审核省属事业单位公开招聘方案418批次、计划招聘10178人，核准备案360家，省属事业单位公开招聘4196人，办理省属事业单位人员交流手续383人次。举办人力资源供需对接活动1.5万场次，服务市场主体200万家次，猎头引才4.2万人。全省人力资源机构新增513个，累计3218个，营业收入突破1000亿元，比上年增长25%。全省参加职业技能鉴定55.41万人次，获职业资格证书44.33万人，其中获初级工证书10.20万人，中级工证书15.98万人、高级工证书15.55万人、技师证书2.05万人、高级技师证书5620人。高级工以上获证18.16万人，占获证总人数40.96%。至年末，全省累计发证1244.81万人次。全年组织63项人事考试，报名105.43万人、242.27万科次，完成各类公务员考试，其中年度中央机关公开遴选和公开选调公务员5.17万人，浙江省各级机关考试录用公务员25.78万人；完成53项专业技术资格考试，共61.13万人参加。

【事业单位人事管理】 2019年3月，省人力社保厅完成上年度全省事业单位工作人员年报数据统计上报工作。4月，省人力社保厅、省卫生健康委员会联合印发《关于建立县域医共体人员统筹使用机制的指导意见》。7月，省委组织部、省人力社保厅印发《关于支持和鼓励高校科研院所科研人员兼职创新创业的指导意见(试行)》。8月，省人力社保厅参与事业单位改革专班工作，至年末，完成10个省级部门62个事业单位1810名人员转隶工作。9月，省人力社保厅、省教育厅联合印发《关于进一步完善中小学校专业技术岗位设置管理的通知》，批复32个省属事业单位岗位设置及变更，核准备案316个省属事业单位岗位，聘任变动8085人，办理省属事业单位管理岗位五、六级职员等级晋升118人。

【高层次人才引进和服务】 2019年，省人力社保厅赴北京、上海、成都、长沙、哈尔滨举办系列引才活动，接洽高层次人才4.6万人，达成初步就业意向1.1万人次。3月23日，在香港会议展览中心举办"2019浙江—香港现代服务业高端人才招聘会"。全年举办高层次人才封闭式洽谈会和企业专场招聘会各5场，邀约2375名中高级人才到场面谈，帮助高端人才和企业实现精准对接。12月，与浙江金蛋科技有限公司联合共建国际人才项目路演中心，为国际高端人才提供人才路演、项目评审、投融对接、政策发布、赛事组织、专业培训、创业辅导、参观交流等全流程的一站式落地服务。

【职业技能鉴定】 2019年1月，省人力社保厅办公室印发《2019年浙江省职业资格鉴定计划》，推进改革创新，实现开考职业、等级全覆盖，不再实行全国统一鉴定。全省统一鉴定由原来的一年2次增加到3次；原来实行全省统考的劳动关系协调员除1级继续实行全省统考外，2~4级由各市鉴定中心组织鉴定考试；省属定期鉴定开考职业39个，占人力社保部门主管45个职业的86.67%。申报条件按新国家标准执行；考生个人可直接网上报名；不需要资格面审。实行鉴定费用网上缴费；报名时可选择证书邮寄领取。按职业、月份排列鉴定计划，并在网站和"浙江人社"App上公布，服务和方便各类考生查询。

（省人力社保研究院　洪　韬）

就业促进

【概况】 2019年，省人力社保厅坚持"稳企业就是稳就业"的工作理念，确保全省就业形势稳定。至年末，全省城镇新增就业人数比上年增加0.4万人。城镇失业人员再就业人数增加1.97万人。就业困难人员实现就业15.31万人，减少0.62万人。全省城镇登记失业率2.52%，城镇调查失业率4.3%，继续保持低位运行。全年发放创业担保贷款32.25亿元；扶持创业5.12万人。

【创业带动就业】 2019年，浙江省开展创业培训4.78万人，其中大学生2.01万人，扶持大学生创业1.96万人，发放创业担保贷款32.25亿元，贴息1.42亿元，创业担保基金余额11.74亿元。开展农村电商培训1.92万人次，扶持农村电商创业1.32万人，带动就业4.53万人。至年末，全省建成创业孵化基地401个，其中国家级6个、省级63个、大学生创业园210个。5月28—30日，第二届全国创业培训讲师大赛浙江分赛在衢州市举行，来自全省各市的20名选手参加省级选拔赛。6月13—15日，省人力社保厅组织11个项目参加第二届全国创业就业服务展示交流活动，获优秀组织奖。11月15—17日，浙江·温州创业创新博览会在温州国际会展中心举行，由省人力社保厅、温州市政府共同主办，温州市人力社保局、省就业管理中心承办，280多家企业和单位参展，参与活动6.85万人。12月2—6日，全省创业师资培训班在衢州举行，由省就业管理中心主办，衢州市就业管理中心、衢州市柯城区就业管理服务局承办，60多人参加培训。7月，"奇思妙想浙江行"2019创业大赛启动，大赛由省人力社保厅、浙江广播电视集团联合主办，省就业管理中心、各市人力社保局、浙江电视台经济频道承办。在全省开展创业大赛141场，累计报名参赛项目5797个，在浙江电视台经济生活频道录播"奇思妙想浙江行"创业节目30期。12月12日，浙江11个项目参加"奇思妙想浙江行"创业大赛总决赛，绍兴的"心脏自动导航及心内科手术机器人"项目获一等奖。

【高校毕业生就业服务】 2019年3月和9月，省人力社保厅、省教育厅、省财政厅、省民政厅、省残联先后印发《关于做好2019年高校毕业生求职创业补贴发放工作的通知》和《浙江省人力资源和社会保障厅等5部门关于做好求职创业补贴发放工作的通知》，启动2019—2020届毕业生求职创业补贴申报工作。8—9月，以"服务解忧促就业 指导关爱助发展"为主题，开展高校毕业生就业服务行动。其间，实名登记高校毕业生4.4万人，提供职业指导4.6万人次，举办毕业生专场招聘会254场，提供岗位信息15万个，签订就业意向2.5万人，提供就业见习岗位1.9万个，参加就业见习5154人。11—12月，开展“高校毕业生就业服务月”“高校毕业生就业服务周”活动。全省组织大型公益性现场招聘会96场，提供岗位20.8万个，参加现场招聘会毕业生9.7万人次。举办高校毕业生公益性专场招聘会1717场，推出各类面向毕业生的岗位116万个，举办高校毕业生就业指导咨询专场566场，服务毕业生14.2万人次。全年完成大学生见习1.97万人，帮扶3.93万名2019届离校未就业高校毕业生实现就业。

【劳动用工工作】 2019年6月，省人力社保厅印发《关于做好2019年国有企业工资分配宏观指导和调控有关工作的通知》，明确非竞争类国有企业工资增长调控目标的确定方法，规定全省国有企业工资指导线基准线为8.5%。9月18日，全省构建和谐劳动关系先进表彰会在杭州召开，会议表彰被评为“浙江省创建和谐劳动关系暨双爱活动先进”的180家企业、15个园区、105个组织和65名先进个人，以及被授予“浙江省首席技师”称号的45人。10月，省人力社保厅印发《关于优化新业态劳动用工服务的指导意见》，提出对新业态实行多元用工形式和灵活薪酬分配、社会保险、工时休假等政策。11月，省人力社保厅发布39个技术工种分等级工资指导价位，11个设区市发布人力资源市场（含技术工种）工资指导价位。

【公共就业服务活动】 2019年，根据全国公共就业服务专项活动安排，全省开展“就业援助月”“春风行动”“民营企业招聘周”等专项活动。1月，围绕“就业帮扶，真情相助，不让一个困难群众掉队”主题，开展“就业援助月”活动，全省走访就业困难人员和零就业家庭2.8万人（户）；登记认定未就业困难人员1.3万人；帮助1.54万名就业困难人员实现就业；4.6万名就业困难人员享受扶持政策。2月中旬至3月中旬，围绕“促进转移就业，助力脱贫攻坚”的春风行动活动主题，举办省内“人力资源余缺调剂招聘会”“农民工专场招聘会”“巾帼专场洽谈会”等专场招聘活动，全省组织专场招聘活动983次，为89.8万人提供公共就业创业服务，组织职业技能培训3.4万人，其中参加创业培训3317人；提供劳动维权服务和法律援助2.6万人。4月，围绕“就业政策惠民企，就业服务促发展”主题，举办“民营企业招聘周”活动，服务对象以民营企业、中小微企业为重点，同时面向各类用人单位，以高校毕业生等青年群体和农村建档立卡贫困劳动力、转岗下岗职工为重点，同时面向各类求职者。全省共组织6318家民营企业参加招聘周活动，提供岗位16.6万个，最终签订就业（意向）协议2.9万人。10—11月，以“金秋送岗位 就业暖人心”为主题，开展“金秋招聘月”活动，举办专场招聘364场次，组织1.6万家企业参加招聘，提供岗位24.8万个，签订就业（意向）协议5.7万人次。

（省人力社保研究院　洪　韬）

劳动监察

【概况】 2019年，浙江省各级劳动保障监察机构检查用人单位16.98万个，涉及劳动者645.22万人。立案办结各类劳动保障违法案件1815件，比上年下降56.3%；协调处理各类案件20563件，下降26.7%。其中，立案查处欠薪案件487件，涉及7455人，金额7905.2万元，分别下降67.4%、56%和58.6%；协调处理欠薪案件14137件，涉及48702人，金额48062.2万元，分别下降28.6%、29.5%和12.1%。向社会公布重大劳动保障违法行为280件，推送欠薪“黑名单”信息170条。协调办理跨区域案件133件，督办案件线索177条、重大案件23件。

【劳动保障监察专项行动】 2019年3月，省人力社保厅在全省组织开展清理整顿人力资源市场秩序专项检查，检查用人单位11846个、人力资源服务机构1813家，依法取缔非法职业中介4家。查处违反就业管理规定的违法案件19件，责令改正16件，退赔服务费、押金1.3万元，罚款7件、金额9.4万元。7月中旬至8月底，在全省开展根治欠薪夏季行动，出动检查执法人员3542人次，检查在建工程项目5713个、已竣工但仍存在欠薪项目18个。涉及欠薪项目117个（其中在建工程项目92个，竣工项目25个），立案2件，通过协调等非立案方式解决116件，涉及拖欠2844人，工资总额4410.9万元工资，补发2794人工资4340.9万元。复核“回头看”案件37件，公布重大欠薪违法案件22件，列入欠薪“黑名单”信息14条。8月，省根治欠薪工作领导小组组织5个省级督查组，对全省11个设区市夏季行动进行联合督查。11月，组织6个督查组开展全省冬季攻坚行动联合督查。检查用人单位3.81万个，涉及195.98万人（其中农民工158.02万人），查处拖欠工资和工资纠纷案件2245件，涉及1.3万人、1.28亿元（其中农民工1.04万人、1.18亿元）。检查政府投资工程项目2070个、国企项目811个，未发现有欠薪行为。公布欠薪严重违法单位75个，列入欠薪“黑名单”37件。

【“浙江无欠薪”行动】 2019年，浙江省继续深入推进“浙江无欠薪”行动，在全国率先建立省级根治欠薪工作领导小组，健全政府负责、部门共管、企业自律的工作责任体系。着眼根治欠薪工作的特点和规律，制定并出台升级版的浙江根治欠薪工作标准、动态管理措施和负面清单，以及工程建设领域落实“六项制度”工作规范，实现根治欠薪衡量标准由单一指标向综合评价转变。1月，召开全省防范处置企业拖欠工资工作电视电话会议，会后组织4个考核组对全省11个设区市保障农民工工资支付工作情况进行考核。5月，组织对上年度55个“无欠薪”创建县（市、区）进行验收，51个县（市、区）无欠薪创建达标并向社会公示。10月，在义乌召开省根治欠薪工作再推进现场会，会议总结并部署根治欠薪工作。11月，组织全省劳动保障监察系统实施交叉执法大检查。12月初，副省长王文序实地检查督导工程建设项目工地和制造业企业，督促各地政府落实属地管理责任，做好根治欠薪工作。委托会计师事务所对全省11个设区市50个政府工程项目落实《浙江省人民政府办公厅关于深入开展“浙江无欠薪”行动的通知》情况、工程建设项目有关资金支付情况及“六项制度”落实情况等开展第三方审计。

【欠薪治理数字化转型】 2019年，省人力社保厅推进欠薪联合预警指挥平台应用，实现全省欠薪治理由事后处置向事前预防、事中监管转变，欠薪监管由传统模式向数字化转变。开通平台用户4387个，“浙政钉”用户1106个，主要功能应用覆盖率达100%。完成涉及14个部门451项1076万条数据的协同对接，监管企业199万家、在建工程项目7393个，有效化解欠薪风险2263个。

（省人力社保研究院　洪　韬）

社会保障
Social Security

社　会　保　险

【概况】 2019年，浙江省企业职工基本养老保险参保人数2807万人，比上年增加142万人，其中在职职工参保人数2019万人。全省机关事业单位养老保险参保人数224万人，其中在职参保人数156万人，纳入基金支付的退休人数为69万人。全省失业保险参保人数1561.69万人，增加83.33万人；全年领取失业保险金人数34.06万人，增加3.87万人。全省工伤保险参保单位129.14万个，参保人数2257.44万人，其中农民工参保1181.22万人。省人力社保厅坚持突出重点，面向非公有制经济组织和新业态从业人员，扩大参保覆盖面。着力完善养老保险制度体系，初步形成企业职工基本养老保险基金省级统收统支方案，建立城乡居民养老保险待遇确定和基础养老金正常调整机制，全面推行实习学生和超龄人员单险种参加工伤保险政策，率先创建新业态从业人员职业伤害保障机制。

【养老保险】 2019年，浙江省企业职工基本养老保险享受待遇人数788万人，比上年增加48万人；基金收入2956亿元，支出3175亿元，累计结余3432亿元，基金支付能力为15.6个月。全省机关事业单位养老保险当期基金收入607亿元，当期支出591亿元，历年累计结余89亿元。4月，省人力社保厅、省财政厅、省税务局印发《关于降低社会保险费率有关问题的通知》，自5月1日起（所属期），浙江省机关事业单位养老保险单位缴费比例从20%调整至16%；个体工商户和灵活就业人员参加企业职工基本养老保险的，可在浙江省全口径城镇单位就业人员平均工资的60%～300%间选择缴费基数。7月，省人力社保厅、省财政厅印发《关于2019年调整退休人员基本养老金的通知》《关于调整企业职工死亡后遗属生活困难补助费等标准的通知》，提高机关事业单位和企业退休人员基本养老金及计划外长期临时工、死亡职工遗属的生活补助标准。

【失业保险】 2019年，浙江省失业保险基金收入87.84亿元，支出187.02亿元，累计结余248.4亿元。失业保险金人均领取水平1502.85元/月，比上年增加0.35元/月。对32.33万名领取失业保险金人员缴纳职工基本医疗保险费5.05亿元。对领取失业保险金人员发放临时价格补贴6170.89万元。全省失业保险基金促进就业预防失业支出155.56亿元，占基金总支出的83.18%，增长3.95倍，主要用于发放“经营困难且恢复有望企业稳岗返还资金”127.04亿元，惠及21.24万家企业285.61万职工；东部试点支出20.24亿元；稳岗补贴项目支出6.86亿元，惠及3.33万家企业245.05万职工；发放技能提升补贴1.42亿元，享受职工8.09万人次；提取建立职业技能提升专项资金86.9亿元，用于职业技能提升行动。根据国家和省阶段性降低失业保险费率相关规定，将失业保险单位缴费比例下调政策从2019年12月31日延长实施至2020年4月30日。全年为115.09万个用人单位减征失业保险费72.78亿元。

【工伤保险】 2019年，浙江工伤保险基金收入59.29亿元，支出62.95亿元，累计结余100.64亿元。全省认定工伤人数16.46万人，工伤保险平均费率0.58%；申请劳动能力鉴定10.20万人，9.27万人被鉴定伤残等级，339人被评定生活障碍程度。自1月1日起，浙江省调整提高一级至四级工伤职工伤残津贴、工伤退休人员养老金标准，增加金额低于属地此次企业退休人员基本养老金调整平均额度120%的，按平均额度120%的标准予以补足；对符合条件的因工死亡人员供养亲属抚恤金，每人每月增加110元。随着全省在岗职工年平均工资的公布，相应调整提高工伤人员生活护理费标准，比上年人均提高178元，增长8.7%。至年末，全省享受工伤保险待遇22.18万人，其中领取职业病待遇166人，领取工亡待遇1332人，领取1~4级伤残待遇4100人、5~10级伤残9.28万人，领取无伤残等级工伤待遇11.21万人，领取因工死亡供养亲属抚恤金待遇1.15万人，领取生活护理费3170人。安装辅助器具438人。按照《国务院关于进一步做好稳就业工作的意见》等文件和省若干规定，年内继续施行阶段性降低工伤保险费率政策（即工伤保险基金可支付月数在18—23个月的地区，除一类行业外现行费率下调20%；可支付月数在24个月以上的地区，除一类行业外现行费率下调50%），该项政策为企业等用人单位减负15.3亿元。根据《浙江省人力资源和社会保障厅等4部门关于阶段性降低社会保险缴费有关问题的通知》要求，对制造业、交通运输业、建筑业等行业企业统一免征5月、6月两个月的工伤保险缴费额度，为该类行业企业减负5.03亿元。全年为用人单位减负20.33亿元。

（省人力社保研究院　洪　韬）

社 会 救 助

【概况】 2019年，浙江省社会救助工作围绕省委、省政府工作部署，推进新时代社会救助体系建设。大救助信息系统有效运行，低保专项治理效果显现，社会救助保障水平全面提高，家庭经济状况核对迈上新台阶，社会力量参与作用发挥充分，结对帮扶工作取得新成效。社会救助体系建设迈向救助对象大覆盖、资源大统筹、信息大整合、模式大转变、工作大合力的发展之路。至年末，全省在册最低生活保障对象65.5万人，平均城乡最低保障标准814元/月，居全国各省、自治区第一位，支出资金44.7亿元。

【新时代社会救助体系建设】 2019年，浙江省大救助体系建设列为省委常委会工作要点和省公共服务领域重点改革突破项目。“浙江省大救助信息系统”（简称“浙里救”）被列为省政府数字化转型重点项目。3月，省社会救助联席会议召开，副省长王文序部署新时代社会救助体系建设。省民政厅、省农业农村厅、省教育厅等26个部门联合推动大救助体系建设。12月，省委办公厅、省政府办公厅出台《关于推进新时代社会救助体系建设的实施意见》，提出新时代浙江省社会救助体系建设的总体要求、重点任务和保障措施。要求加快建成以大救助信息系统为支撑，以低保、特困、受灾、医疗、教育、住房、就业、临时救助等8项基本救助为重点，以多元社会力量参与为补充的“1+8+X”大社会救助体系，更好地满足困难群众多层次、多样化的救助需求，不断增强困难群众的获得感、幸福感和安全感。

【大救助信息系统有效运行】 2019年，由省民政厅牵头，会同社会救助相关部门，优化再造救助流程，整合原有信息系统和核对系统，投入479万元，建成“浙里救”。困难群众可通过“浙里救”实现救助“一件事”联办。信息系统具备困难群众统一认定、经济状况统一核对、社会救助协同办理、救助资金公开透明、救助效能精准分析五大功能，接入11个部门20类数据（含73家银行的存款和理财数据）并实现自动核对。全年全省对375.8万人次的新申请及复核社会救助对象进行家庭经济状况核查，检出预警对象60.1万人次，预警率16%。

【支出型贫困救助】 2019年10月，省民政厅会同10个部门修订出台《浙江省社会救助家庭经济状况认定办法》，进一步改进社会救助家庭经济状况认定工作，保障困难群众的基本生活，确保社会救助制度有效实施。将支出型贫困家庭纳入低保或临时救助范围，并享受相应的医疗、教育等专项政策，为浙江省首次明确支出型贫困家庭救助认定标准。全年支出型贫困对象纳入最低生活保障3.56万人。

【低保专项治理】 2019年，省民政厅会同驻民政厅纪检组制订印发《浙江省2019年低保专项治理工作实施方案》，并召开专题会议部署专项治理工作。8—9月，组成5个督查组，分赴11个设区市进行低保专项治理督查。全年全省新增低保对象4.09万户、8.15万人；动态管理退出8.38万户、14.97万人（含死亡2.04万人）。低收入农户中单独列户纳入低保的重病、重残对象1.07万人。全年全省县级以上民政部门共收到政策咨询和投诉举报电话4657个，其中受理举报电话357个，全部完成办理。

【特困人员供养】 2019年，省民政厅转发《民政部办公厅关于进一步做好特困人员救助供养有关工作的通知》。要求各地严格落实特困供养政策，组织特困人员集中供养需求摸底调查，加强分散供养人员跟踪管理。至年末，全省有特困人员2.9万人，其中城市3000人，农村2.6万人。全年累计支出资金3.8亿元。

【临时救助】 2019年，浙江省临时救助困难群众8.6万户、15.3万人，发放临时救助金2亿元。其中因“利奇马”台风受灾获临时救助的14479人，救助金额1342.54万元。启动4—12月价格补贴，惠及困难群众832.52万人次，支出资金5.25亿元。

【社会力量参与社会救助】 2019年8月，浙江省“福彩暖万家·焕新乐园”幸福分享会暨社会力量参与社会救助经验交流会在景宁县召开，副省长王文序出席会议。全省有3市15县为1000户低保家庭实施“福彩暖万家·焕新乐园”项目，改善低保家庭儿童居住环境并提供成长陪伴服务。全年全省政府购买服务经费4651.82万元，其中省级500万元，省以下4151.82万元；购买服务项目数量259个，其中事务性193个，服务性66个，通过政府购买服务增加工作人员386人。

【结对帮扶】 2019年，省民政厅协调安排6批次厅领导赴武义县西联乡指导结对扶贫工作，组织协调武义团组单位与武义县开展扶贫结对，召开扶贫工作推进会，协调落实扶贫项目资金364万元。加强与平阳县青街畲族乡对接，协调解决养老服务设施建设补助资金30万元，协调落实结对帮扶资金20万元，用于基础设施提升改造。

【省家庭经济状况核对中心成立】 2019年11月，省事业单位改革领导小组办公室批复同意，浙江省低收入家庭核对指导中心从省民政厅信息中心剥离，设立为正处级事业单位，省民政厅信息中心(省低收入家庭核对指导中心)更名为省家庭经济状况核对中心，有事业编制13人。该中心主要承担开展社会救助家庭经济状况核对、全省家庭经济状况核对工作的政策研究、咨询宣传和业务指导等职责。

（省民政厅　鲍柏焕）

社 会 福 利

【概况】 2019年，浙江省加强孤儿和困境儿童生活保障。省民政厅会同11个部门印发《进一步加强事实无人抚养儿童保障工作的实施意见》，明确保障范围，规范认定程序。机构孤儿养育标准平均2060元/月，社会散居孤儿、事实无人抚养等困境儿童养育标准平均1650元/月。深化农村留守儿童关爱保护，推进未成年人救助保护机构建设，至年末，全省覆盖率90%。完善残疾人"两项补贴"（困难残疾人生活补贴和重度残疾人护理补贴）制度，全年累计发放补贴资金24.5亿元。选优配强乡镇（街道）儿童督导员和村（社区）儿童主任，实现全员业务培训。

【农村留守儿童和困境儿童关爱保护】 2019年6月，省民政厅等10个部门转发《民政部等十部门关于进一步健全农村留守儿童和困境儿童关爱服务体系意见的通知》，明确设区市要致力于打造一个集养、治、教、康于一体的区域性儿童福利机构，深化留守儿童和困境儿童关爱保护工作。继续实施"明天计划""添翼计划"等孤残儿童医疗康复项目，全年实施"明天计划"各项救治441例、"添翼计划"康复530人次。实施"福彩圆梦·孤儿助学工程"，为386名在全日制本科、专科、高等职业、中等职业学校就读的年满18周岁的孤儿，发放1万元助学金。组织开展民间机构收留抚养孤弃儿童大排查和儿童福利机构"欢迎来我家做客"媒体开放日活动，推动实现孤儿和困境儿童认定及基本生活费给付"一证通办"。

【收养管理】 2019年，省民政厅进一步做好收养登记工作，推动做好收养能力评估工作。按照"最多跑一次"要求，规范推进国内收养，稳妥开展涉外送养，落实"应送尽送、应送早送"和"先国内后国外"的基本原则，推进更多孤弃儿童经由收养回归家庭，在家庭关爱呵护下更好成长。全年办理收养登记1363件，其中，中国公民收养登记1337件，涉外收养26件。

（省民政厅　余华光）

慈善事业

【概况】 2019年，省民政厅学习贯彻落实《中华人民共和国慈善法》和《浙江省实施<中华人民共和国慈善法>办法》，坚持问题导向，聚焦重点难点，推进慈善事业、社会工作和志愿服务创新发展。按照第十四次全国民政会议部署，开展调查研究，提出推进新时代民政事业高质量发展有关慈善事业、社会工作和志愿服务等方面创新发展思路，谋划"十四五"发展规划。按照政府数字化转型工作的要求，进一步优化社会工作、慈善办事事项、办事指南、办事流程等，推进社会工作和慈善服务"码上办"应用系统项目建设。

【慈善事业主体培育】 2019年，省民政厅加强慈善组织、社会工作及其机构、志愿服务及其组织的培育发展。全年新增登记慈善组织137个、获得公开募捐资格的社会组织50个，公开募捐方案备案458个，慈善信托备案16单；新增社会工作岗位4563个、登记社会工作服务机构672个。至年末，全省有慈善组织824个，获得公开募捐资格社会组织150个，慈善信托备案33单，信托合同金额总规模为9.98亿元。有社会工作师和助理社会工作师6.5万人、社会工作岗位29137个和社会工作服务机构1885个。

【慈善事业平台搭建】 2019年，省民政厅创新推进全省慈善基地建设，发挥基地在各地慈善事业发展中的服务平台和资源统筹等作用。3月18—19日，省民政厅组织召开全省慈善基地建设总结推广暨慈善工作推进会。大会对鹿城等14家慈善组织孵化基地进行授牌，并通报表扬全省45家慈善基地。印发《浙江省民政厅关于慈善基地评估情况的通报》，制订评估标准，推动各地在城乡社区、相关事业单位和社会组织加快开发设置社会工作岗位，引导各地通过提供服务场所、政府购买服务和公益创投等方式，培育扶持社会工作服务机构，专业服务能力不断提升。10月31日，省委组织部、省民政厅、省教育厅、省财政厅和省人力社保厅联合印发《关于加强社会工作专业人才队伍建设加快推进社会工作发展的意见》，进一步加强全省社会工作专业人才队伍建设。完善社会工作者登记服务系统功能，完成年度全省社会工作者职业水平考试考后网上资格审查工作，组织开展6.5万名持证社会工作者的证书登记工作。围绕良好志愿服务记录的志愿者的认定、激励和信用记录，开展《浙江省志愿服务信用记录办法》的制定工作。推进志愿服务信息系统的推广应用工作，引导被标识的志愿服务组织在全国志愿服务信息系统进行注册。

【慈善工作激励动员】 2019年，省民政厅动员和组织慈善组织、社会工作服务机构和志愿服务组织参与扶贫帮困、脱贫攻坚行动，特别是针对"利奇马"的抗台救灾，对相关募捐工作进行指导和风险排查，全省共有9家慈善组织就抗台救灾进行公开募捐备案，各级慈善总会机构共接收社会各界捐赠资金2.26亿元。做好年度社会工作者职业水平考试的报考动员组织工作，全省10.7万人报考，数量居全国第一位。推动各地开展志愿者实名注册登记和志愿服务记录工作，完善志愿者激励机制，引导社会公众积极参与志愿服务，动员组织各地参加全省青少年事务社会工作榜样和示范机构评选、首届浙江省社会工作和志愿服务示范项目赛、学习贯彻习近平总书记关于志愿服务重要指示精神主题征文活动，展示全省社会工作和志愿服务的风采。

【慈善事业区域合作】 2019年，省民政厅推进长三角慈善一体化，从体制机制构建、项目培育实施、服务平台搭建、慈善文化宣传、慈善人才培养等方面进行尝试与创新，并形成合作成果，初步建立工作机制、开展首届慈善之星评选，筹备建立1000万元慈善帮扶基金、媒体慈善公益联盟和慈善专家智库。11月，第六届"西湖论善"论坛围绕"加快长三角影响力建设，促进区域慈善高质量发展"开展圆桌对话。省民政厅领导赴东西部扶贫协作地区开展对口帮扶和慈善捐赠工作，推动慈善帮扶项目落地，将社会力量参与东西部扶贫协作工作引向深入。组织东西部扶贫协作地区民政部门和慈善组织参加以"脱贫攻坚战 慈善在行动"为主题的之江公益沙龙和以"新时代慈善创新发展"为主题的第六届"西湖论善"，参访浙江省慈善组织，加强慈善领域合作交流，提升服务水平和能力。省慈善联合总会发动全省慈善会系统及会员单位参与东西部扶贫协作和对口支援，捐资捐物合计价值4.65亿元，其中捐资4.07亿元，捐物价值0.58亿元。开展“牵手计划”，社会工作者和志愿者服务9661人次，直接受益人口90.88万人次。

【慈善事业宣传引导】 2019年，省民政厅组织各地开展“中华慈善日”主题宣传活动。8月31日，省民政厅、省慈善联合总会和嘉兴市政府联合举办2019浙江省暨嘉兴市“中华慈善日”和“慈善嘉年华”活动，活动现场表彰一批慈善人士，并为慈善项目和基地授牌。组织开展“善有法 爱无限”慈善法为主题的广场宣传活动。开展第六届“浙江慈善奖”评选活动，11月19日，浙江第六届慈善大会召开，慈善先进个人、单位和项目受到表彰，营造“人人心怀慈善、人人参与慈善”的社会氛围。（省民政厅　严黎霞　梁　萍）

民　政
Civil Affairs

综　述

【养老服务优质多元发展】 2019年，浙江省有养老机构2283个，其中民办养老机构1414个，占61.9%，与医疗机构开展合作的有1544个。床位44.3万张，其中护理型床位21.5万张，占48.5%。新增机构养老床位3.7万张。乡镇（街道）示范型居家养老服务中心连续2年列入省政府为民办实事，累计建成720个，覆盖一半以上的乡镇（街道），50%以上的城乡社区实现助餐配送餐服务覆盖。康养体系建设列入省领导重点调研课题，并在杭州、宁波、温州和嘉兴4个市11个县（市、区）开展试点。录入农村留守老年人信息1.6万条。浙江省养老护理员代表队在全国职业技能竞赛中获团体第一名。李克强总理在考察杭州市居家养老服务中心时，对浙江省养老服务工作给予高度肯定。

【区划地名管理规范有序】 2019年，经国务院批准，民政部批复同意龙港撤镇设市，龙港实现从“农民村”到“镇改市”的历史性跨越。省民政厅出台《关于加强政府驻地迁移管理的通知》。加强和规范地名管理，稳步推进清理整治不规范地名工作。全面完成第二次全国地名普查工作，推进地名普查成果转化应用，浙江省4个单位和3名个人获国务院第二次全国地名普查先进集体和先进个人称号。

【殡葬管理】 2019年，浙江省开展推广殡葬改革“一站式”服务群众身后“一件事”办理工作，推动生态殡葬移风易俗，实现火化率100%，惠民殡葬政策全覆盖，全面出台节地生态安葬奖补措施。殡葬综合改革试点、违法违规私建“住宅式”墓地整治工作取得实效。至年末，全省有殡仪馆74个，殡葬管理机构58个，民政部门管理的公墓101个，骨灰堂1个，殡仪服务站6个。殡仪服务类单位有职工4100人、火化炉387台，全年处理遗体32.68万具。

【婚姻登记管理】 2019年，浙江省创新开展婚姻家庭辅导服务和结婚登记颁证工作。全面推进结婚生育户口“一件事”联办，在调研试点基础上，省委改革办（跑改办）、省大数据局、省民政厅、省公安厅、省卫生健康委联合制定出台《浙江省进结婚生育户口“一件事最多跑一次”改革实施方案》，完成联办平台开发并统一上线开展联办工作。加强基础设施建设，全省场地建设达国家AAA级以上婚姻登记机关标准的73家，推进规范化和标准化建设。至年末，全省共办理结婚登记29.36万对，比上年减少4.37万对，减少12.95%。其中：内地居民登记结婚29.08万对，减少4.34万对，减少13%；涉外及华侨、港澳台居民登记结婚2768对，减少231对，减少7.7%。从年龄结构上看，25~29岁办理结婚登记的公民占结婚总人口比重最大，为40.31%，20~24岁为13.66%，30~34岁为18.27%，35~39岁为8.02%，40岁以上为19.74%。全年全省办理离婚登记3.03万对，增加653对，增长0.5%。

【流浪乞讨人员救助管理】 2019年，省政府办公厅出台《加强和改进生活无着的流浪乞讨人员救助管理工作的实施意见》。以兜住底线为基础，积极完成流浪乞讨人员临时救助任务。全省开展临时救助管理和托养机构大排查、冬季救助专项行动、“大爱寻亲，温暖回家”为主题开放日活动，充分宣传救助工作成效，展示照料服务情况，宣传寻亲服务工作，大力推广智能寻亲手段，积极引导社会公众参与共同关注流浪人员群体，助力流浪乞讨人员安全返乡回家。全年全省累计救助流浪乞讨人员4.34万人次，救助资金1.15亿元。

【水库移民创新融入发展】 2019年，省民政厅制订出台《加强大中型水库移民安置监督评估工作的指导意见》，规范省内大中型水库移民安置监督评估。在全国水库移民扶持基金绩效评价中获得优秀。因地制宜培育创业示范基地、电商孵化园等项目，助推水库移民创业致富。全省累计消除集体经济薄弱移民村1500多个，建成美丽移民村1479个。持续开展“走千访万”活动，累计帮扶低收入移民3.5万人，投入专项资金超过1亿元。全省移民人均可支配收入达到农村居民平均水平的91%以上。

【福利彩票发行稳中有进】 2019年，浙江省福利彩票稳中求进，全年销售发行153.88亿元，筹集公益金45亿元，其中上缴中央公益金22.166亿元，省级留成公益金8.182亿元，市、县留成公益金14.685亿元，连续5年居全国第二位，为民政事业发展提供资金补充。

（省民政厅　沈艳杰　宋　莹）

基层政权和社区治理

【概况】 2019年，浙江省有社区居委会4338个，村民委员会20402个，社区社会组织超过20万个，城乡社区工作者约15万人。全省城乡社区治理稳步推进，扎实开展城乡社区治理和服务创新实验区建设，衢州市及杭州市江干区、绍兴市越城区被认定为第四批国家级实验区。抓好行政村规模调整工作，加快新村融合发展。首次以省委、省政府的名义发文，对全省300个城乡社区治理和服务突出集体、298名城乡社区治理和服务突出个人予以通报表扬。

【基层治理调研课题成果】 2019年，省民政厅针对基层治理的热点、难点问题，开展调研工作，并及时形成理论成果。副省长王文序带队赴上海、南京、香港等地考察，形成《以"三社联动"为抓手高质量助推浙江基层治理现代化》的考察报告，在借鉴学习香港等地做法的基础上，就提高社会工作专业化水平以及社会工作人才、社会组织、跨界基金参与基层治理现代化等方面提出有效建议，获得省委书记和省长的批示肯定；参与"基层治理四平台"专题调研，形成《创新基层治理四平台 打造治理现代化浙江样板》，获民政部2019年民政政策理论研究一等奖；针对如何治理、有效稳妥推进"弱、小、散"行政村规模调整，组织开展专题调研，形成《关于全省新一轮行政村规模调整工作进展情况及下一步工作考虑的报告》，为做好行政村规模调整后续工作提出指导建议，得到省委书记的批示肯定；《新时代行政村规模调整的浙江样本：经验与问题》，获民政部2019年民政政策理论研究二等奖。

【社区治理工作】 2019年，省民政厅继续开展社区治理和服务创新实验区工作。指导杭州市江干区、绍兴市越城区、衢州市被列为第四批全国社区治理和服务创新实验区，其围绕实验主题，扎实推进各项实验工作。组织开展第二批省级城乡社区治理和服务创新实验区申报论证会，19个单位被列为第二批省级实验区，并组织人员对上虞、海宁、平湖、嘉善、桐乡等地的省级实验区进行现场调研指导，梳理存在的问题和亮点，提出具有针对性、可行性的政策建议。开展全省"不忘初心、牢记使命"主题教育涉村(社区)"三多"(机构牌子多、工作台账多、上墙制度多)专项整治行动，深入绍兴、义乌、丽水等地调研村(社区)机构牌子、上墙制度、涉村(社区)职责等情况，了解村(社区)负责人对减负工作的意见建议。进一步落实城乡社区减负增效，全省共清理对外挂牌(竖牌)21303块、室外标识牌41177块、室内功能室标牌63148块、上墙制度140351块、涉村(社区)事项8909项，整合宣传阵地14974个。

【农村社区建设】 2019年，省民政厅开展新一轮行政村规模调整工作。深入各地调研，分析研究全省行政村规模布局现状，提出下一步工作安排，2次形成报告上报省委、省政府。经过征求省级相关部门和11个设区市党委、政府意见，与省委组织部、省农业农村厅等进行多次研讨论证、修改完善，通过省委常委会、省政府常务会议审议。6月10日，省委办公厅、省政府办公厅印发《关于认真抓好行政村规模调整工作加快新村融合发展的指导意见》。温州、绍兴、丽水等市开展行政村规模集中调整。至年末，全省行政村数量从上年末的24711个调减至20402个，同时推进新村融合发展，做到并得稳、融得进、可持续、不反复。继续推进农村社区分类指导、分层提升，经各地自荐、县级初审、市级初评、省专家组实地评估验收、社会公示等环节，第二批376个省级引领型农村社区名单向社会公布。年内，指导武义县出台《村务监督工作规范》，为全国首个村务监督省级地方标准。指导平湖市、安吉县、东阳市等3个全国农村社区治理实验区开展各项实验工作。

【重要培训会议】 2019年10月28—31日，省民政厅在湖州举办全省城乡社区治理培训班、全省城乡社区工作领军人才培训班，全省各市、县(市、区)民政局分管负责人、基层政权和社区治理处(科)负责人、乡镇(街道)实验区主要负责人，以及全省城市、农村社区工作领军人才和社区工作骨干代表等近500人参加培训，民政部《乡镇论坛》《中国社区报》和省级有关媒体参与报道。12月9—12日，在东阳承办首届全国农村社区治理讲习班，制作浙江省农村社区治理专题宣传片，在华语之声等媒体上进行宣传，并安排观摩学习、经验交流、会议保障等工作，确保首届全国农村社区治理讲习班顺利举行。 (省民政厅 卓海燕)

社会组织建设

【概况】 2019年，省民政厅认真贯彻《中华人民共和国慈善法》和省委、省政府办公厅《关于改革社会组织管理制度促进社会组织健康有序发展的实施意见》精神，围绕"1234"民政事业高质量发展要求，引导社会组织参与基层社会治理，构建社会大协同格局。4月，省民政厅联合省财政厅、浙江省税务局印发《关于2019年度公益性捐赠税前扣除资格名单的公告》，确定684个社会组织(含2018年第二批)获得公益性捐赠税前扣除资格。9月，省民政厅设计研发面向社会组织使用的服务平台，在湖州长兴县试点推广。年内，省民政厅编制发布《2019年度全省性社会组织承接政府转移职能和购买服务推荐性目录》，对社会组织进行动态管理并向社会公开推荐优秀全省性社会组织292个。至年末，全省经各级民政部门依法登记的社会组织6.88万个，其中社会团体2.53万个，民办非企业单位4.28万个，基金会756个，每万人拥有社会组织数11.7个，纳入备案管理的社区社会组织超过20万个。省级社会组织2326个，其中社会团体1218个，民办非企业单位650个，基金会458个。全省依法登记的社会组织同时被认定为"慈善组织"总数824个，其中省级353个。全省依法登记的慈善组织中获公开募捐资格的150个，其中省级26个。

【社会组织登记审批】 2019年，省民政厅按照"最小颗粒度"原则，重新梳理形成全省54个社会组织领域政务权利事项。其中办事事项(包括行政许可事项16个、行政确认事项3个、其他权力事项21个、公共服务事项13个)53个,非办事事项(查询事项)1个。压缩办理承诺时限,精减材料,优化流程,推进材料电子化,实现省、市、县三级“八统一”。在“最多跑一次”改革基础上,社会组织办事可选择通过双向快递的方式实现群众办事“零跑腿”。

【社会组织业务应用系统完善】 2019年,省民政厅打造和升级社会组织业务应用系统,基本覆盖全省运行。系统涵盖社会组织审批、管理、年检(年报)、等级评估、党建、社区社会组织备案管理、信用信息管理、信息公开、综合服务、统计分析等功能模块。全省社会组织各类办事业务均通过浙江政务服务网实现网上办理,法人数据实时归集到厅数据仓及民政部社会组织法人库。全年全省有6.88万个社会组织数据纳入业务系统管理,由乡镇(街道)进行系统备案管理的社区社会组织数量20.4万个。

【政务金融联办和部门联合审查新模式试点】 2019年,省民政厅与银行合作打造“政务金通”网上验资平台,开通线上验资渠道,为新成立的社会组织开展注册资金网上核验提供可选途径,打通社会组织办事服务的“最后一公里”。中国工商银行、中国银行、中国建设银行、农业银行、民生银行均全省启用线上验资功能。与省民政厅信息中心共同建设多部门联审平台,将业务主管单位前置审查环节由社会组织办事人员跑转变为线上数据跑,推动全流程网办真正落地。联审模式在省科协、省社科联、省体育局及台州、衢州、温岭、长兴2市2县进行试点运行。

【社会组织信用体系完善】 2019年,省民政厅配合省发展改革委等部门完善对“五类”主体(政府、事业单位、企业、社会组织、个人)的评价体系,推动出台《浙江省五类主体公共信用评价指引(2019版)》。通过基本状况、司法、纳税、经济责任、社会责任等维度的共享数据,全面展现社会组织申报主体的信用全貌,为办事审批提供参考。在业务系统内嵌入信用信息评价应用接口和法院专线,通过身份证号和统一社会信用代码获取的申报主体评价数据和法院失信被执行人信息,在审批过程中有效限制失信个体发起成立社会组织或担任负责人,强化社会组织的准入风险防控。省民政厅按照《社会组织信用信息管理办法》和《浙江省公共信用信息管理条例》要求,完善活动异常名录和严重违法失信名单制度,将信用监管流程操作从线下搬到线上,纳入社会组织业务应用系统,形成电子记录。全省列入异常名录社会组织699个,列入严重违法失信名单社会组织363个。每季度向省信用办报送社会组织奖惩信用典型案例,全年报送33篇。印发年度全省性社会组织等级评估通知,参评社会组织150个。

【社会组织事中事后监管】 2019年,省民政厅印发《社会组织登记管理机关贯彻落实习近平总书记关于风险防范化解重要讲话精神工作方案》,成立工作小组,分类制定风险防范化解预案。开展上年度社会组织网上年检工作,强化对负责人和活动的监管,约谈38个社会组织负责人,整改社会组织84个;分别对9个、3个社会团体做出警告和撤销登记行政处罚。落实《浙江省民政系统“双随机”抽查实施细则(试行)》和《浙江省社会组织“双随机一公开”实施办法》,向社会公布“双随机”检查名单,利用“双随机”工作软件系统,在省、市、县三级完成“双随机”联合执法,抽查比例约占社会组织总数的6%。

【行业协会商会收费持续规范】 2019年,省民政厅落实省发展改革委、省财政厅、省国资委、省物价局联合转发国家4部委《关于进一步规范行业协会商会收费管理意见的通知》,结合社会团体年度检查,对全省性行业协会商会进行涉企收费调查,并根据报送的自查情况进行核查和督促整改,及时查处违规收费,全省形成相关查处案例72个。全省社会团体收费进一步规范,通过调整会费标准,规范收费行为,主动降低过高收费,自觉停止违规收费。全年全省社会团体通过规范会费及服务性收费,减少涉企收费约2800万元。

【行业协会商会脱钩“回头看”自查工作启动】 2019年6月中旬,国家发展改革委、民政部等10部门印发《关于全面推开行业协会商会与行政机关脱钩改革的实施意见》。由于浙江省是全国较早完成脱钩改革任务的省份之一,11月中旬,省民政厅联合省发展改革委、省委组织部等10部门印发《关于深化行业协会商会与行政机关脱钩改革和市场化运作的实施意见》,提升行业协会商会市场化运作水平。11月22日,联合相关部门召开“全省行业协会商会与行政机关脱钩改革‘回头看’推进会”,对该项工作进行动员和部署。

【严打非法社会组织】 2019年,浙江省对非法社会组织保持高压态势,解决“一禁了之,一罚了之”的问题。深化执法联动,在线索发现、证据移交、联合查处等方面加强联动,与公安机关加强协调配合,做好行政执法和刑事执法的衔接;发挥行业管理部门等监管职能,对责任人实施联合惩戒,与网信部门共同营造清朗社会组织网络空间,与宣传部门工作衔接做好宣传报道。完善投诉举报通报、曝光等日常监管机制,通过大数据手段加强预警研判提升执法效能,通过与杭州市民政局联合开展打击非法社会组织的执法演练,提高工作人员执法水平。按季度公布查处的非法社会组织信息,全年全省查处非法社会组织170多个。

【枢纽型、支持型社会组织加速覆盖】 2019年,省民政厅在省、市、县三级全覆盖的基础上,加快推进乡镇(街道)、城乡社区一级的枢纽型、支持型社会组织建设,提升全省枢纽型、支持型社会组织覆盖率。至年末,全省街道枢纽型组织525个,城市社区枢纽型组织4368个,平均每个街道和城市社区的保有量均接近1个,基本实现平均覆盖率100%;乡镇枢纽型组织854个,农村社区枢纽型组织1.33万个，在乡镇和农村社区的平均覆盖率分别为97%和82%。

【社区社会组织加快培育】 2019年，省民政厅按照与省委组织部、省政法委、省财政厅联合印发的《关于大力培育发展社区社会组织的指导意见》，指导各地加强社区社会组织备案管理，落实乡镇街道备案管理职责。至年末，全省备案的社区社会组织总数达20.4万个。其中城市社区社会组织7.6万个，平均每个城市社区18个；农村社区社会组织12.8万个，平均每个农村社区8个。

【社会组织参与扶贫攻坚】 2019年4月，省民政厅举办"引导和动员社会组织参与脱贫攻坚政策培训班"，解读社会组织参与脱贫攻坚的政策和要求，全省各级民政部门和部分全省性社会组织负责人参加培训。5—6月，集中开展"社会组织参与脱贫攻坚的难点和支持政策"调研，实地走访宁波、温州、绍兴、衢州扶贫基地，了解扶贫项目。7月，省民政厅与省扶贫办联合转发《国务院扶贫办综合司 民政部办公厅关于规范社会组织参与脱贫攻坚的通知》，发挥社会组织在打赢脱贫攻坚战中的作用。在第六届浙江慈善奖评选中，首次把"扶贫攻坚"单列为奖项之一，调动社会各界参与积极性。

【社会组织公益项目评选和资助】 2019年，浙江省社会组织2个公益项目获得中央财政资金58.22万元。省级福利彩票公益金3165万元通过转移支付方式支持县(市、区)社会组织开展公益项目和能力建设，省级福利彩票公益金400万元支持省级社会组织公益项目13个，其中安排面向省外的中西部贫困地区脱贫攻坚项目4个，共200万元。

（省民政厅　章俊杰）

人民生活
Residents Livelihood

综　述

【概况】 2019年，浙江省城乡居民收入总体保持平稳增长，消费支出首次突破3万元，收支水平继续领跑全国各省区，居民生活质量进一步提升。全年浙江居民人均可支配收入49899元，名义收入和实际收入分别比上年增长8.9%和5.8%，增速分别下降0.1和0.7个百分点。从人均收入构成看，工资性收入28511元，增长8.6%；经营净收入8498元，增长9.6%；财产净收入5708元，增长8.8%；转移净收入7182元，增长8.8%。

按常住地分，城镇居民人均可支配收入60182元，名义收入和实际收入分别增长8.3%和5.4%，增速分别下降0.1和0.6个百分点。从人均收入构成看，工资性收入33663元，增长8.1%；经营净收入9115元，增长9.6%；人均财产净收入8202元，增长8.1%；转移净收入9202元，增长8.0%。

农村居民人均可支配收入29876元，名义收入和实际收入分别增长9.4%和6.0%，名义收入增速与上年持平，实际收入增速降低1.0个百分点。从人均收入构成看，工资性收入18480元，增长9.4%；经营净收入7296元，增长9.3%；财产净收入852元，增长8.6%；转移净收入3248元，增长10.4%。

【人均消费支出首破3万元】 2019年，浙江居民人均消费支出32026元，首破3万元，名义支出和实际支出分别比上年增长8.7%和5.6%，名义支出增幅下降0.1个百分点，由于CPI(居民消费价格指数)涨幅扩大，实际支出增幅下降0.8个百分点。按常住地分，全年城镇居民人均消费支出37508元，名义支出和实际支出分别增长8.4%和5.4%，名义支出增幅与上年持平，实际支出增幅下降0.6个百分点。农村居民人均消费支出21352元，名义支出和实际支出分别增长8.3%和4.9%，下降0.6和1.7个百分点。

（国家统计局浙江调查总队　盛　飞）

2019年浙江省居民收入增长情况

指标名称		2019年(元)	2018年(元)	名义收入增长(%)	实际收入增长(%)
全体居民	人均可支配收入	49899	45840	8.9	5.8
	(一)工资性收入	28511	26242	8.6	
	(二)经营净收入	8498	7752	9.6	
	(三)财产净收入	5708	5244	8.8	
	(四)转移净收入	7182	6602	8.8	
城镇常住居民	人均可支配收入	60182	55574	8.3	5.4
	(一)工资性收入	33663	31148	8.1	
	(二)经营净收入	9115	8316	9.6	
	(三)财产净收入	8202	7586	8.1	
	(四)转移净收入	9202	8524	8.0	
农村常住居民	人均可支配收入	29876	27302	9.4	6.0
	(一)工资性收入	18480	16898	9.4	
	(二)经营净收入	7296	6677	9.3	
	(三)财产净收入	852	784	8.6	
	(四)转移净收入	3248	2943	10.4	

注：2019年居民消费价格指数为全省102.9、城镇102.8、农村103.2

（国家统计局浙江调查总队　提供）

居 民 收 入

【居民收入水平居全国前列】 2019年，浙江省全体居民、城镇居民和农村居民人均可支配收入分别是全国平均水平的1.62倍、1.42倍和1.86倍，三项收入分别列全国第三位、第三位和第二位，均居全国各省、自治区（不包括直辖市）第一位。其中城镇居民人均收入绝对值连续19年居全国各省、自治区（不包括直辖市）第一位；农村居民人均收入绝对值连续35年居全国各省、自治区（不包括直辖市）第一位。从收入增长情况看，全体居民人均可支配收入名义和实际增速均与全国平均水平一致，其中城镇居民人均可支配收入名义和实际增速均高于全国0.4个百分点，农村居民人均可支配收入名义和实际增速均低于全国0.2个百分点。从收入增速排位看，全体居民、城镇居民和农村居民人均可支配收入名义增速分别居全国第16位、第11位和第19位。

【居民收入差距缩小】 2019年，按浙江全省居民五等份收入分组，最高收入组与最低收入组收入差距倍数由上年的5.94倍下降到5.43倍，其中城镇最高收入组与最低收入组收入差距倍数由上年的4.64倍下降到4.24倍，农村最高收入组与最低收入组收入差距倍数由上年的4.31倍下降到3.72倍。全年城乡居民收入比为2.01∶1，比上年缩小0.03，比全国平均水平低0.63，连续7年呈缩小态势。

【居民增收基底筑实】 2019年，浙江省坚持稳中求进工作总基调，突出稳企业、增动能、保平安，全力打好高质量发展组合拳，重点抓工业、项目投资、外贸稳定、风险防范、公共安全和民生保障项目，工业产销等主要经济指标增速稳中有升。居民工资收入稳步增长，全年居民人均工资性收入比上年增长8.6%，对人均可支配收入增长的贡献率为55.9%，是居民增收的第一拉动因素。随着新业态经济的蓬勃发展，电子商务、共享经济、快递、微商等新业态和灵活就业比例显著增加，创造大量就业岗位。全年全省城镇新增就业125.7万人，超额完成80万人的年度目标任务，助推工资性收入的稳步增长。经营创收多元发展，全年居民人均经营净收入增长9.6%，增速是4项收入中最快的，对人均可支配收入增长的贡献率为18.4%，是居民增收的第二拉动因素。浙江全面落实国家大规模减税降费政策，多数企业税费负担减少，主营业务收入和利润均有所增加，助推民营经济高质量发展。民生支出保障有力，全年居民人均转移净收入增长8.8%，对人均可支配收入增长的贡献率为14.3%。全年一般公共预算支出10053亿元，增长16.5%，其中社保就业支出增长17.3%，加上年内调整退休人员基本养老金政策的落地实施，为居民增收提供经济和政策保障。

2010—2019年浙江省城乡居民收入增长情况

年份	城镇居民家庭			农村居民家庭		
	人均可支配收入(元)	比上年名义增长(%)	比上年实际增长(%)	人均可支配收入(元)	比上年名义增长(%)	比上年实际增长(%)
2010年	26802			12277		
2011年	30340	13.2	7.5	14197	15.6	9.5
2012年	33846	11.6	9.2	15806	11.3	8.8
2013年	37080	9.6	7.1	17494	10.7	8.1
2014年	40393	8.9	6.8	19373	10.7	8.3
2015年	43714	8.2	6.7	21125	9	7.5
2016年	47237	8.1	6.0	22866	8.2	6.3
2017年	51261	8.5	6.3	24956	9.1	7.0
2018年	55574	8.4	6.0	27302	9.4	7.0
2019年	60182	8.3	5.4	29876	9.4	6.0
2011—2019年均增速		9.4	6.9		10.4	7.6

注：表中均为城乡住户调查一体化改革后新口径数据

（国家统计局浙江调查总队　提　供）

【11个设区市居民增收状况】 2019年，浙江省11个设区市居民人均可支配收入实现稳步增长。居民人均可支配收入最高的是杭州市，为59261元；最低的是衢州市，为35412元。居民人均可支配收入增长最快的是丽水市，比上年增长9.9%；最慢的是金华市，增长8.6%。按常住地分，城镇居民人均可支配收入最高的是杭州市，为66068元；最低的是丽水市，为46437元。城镇居民人均可支配收入增长最快的是丽水市，增长9.1%；最慢的是嘉兴市，增长7.8%。农村居民人均可支配收入最高的是嘉兴市，为37413元；最低的是丽水市，为21931元。农村居民人均可支配收入增长最快的是丽水市，增长10.1%；最慢的是金华市，增长8.7%。

【加快发展县居民增收】 2019年，淳安等26个加快发展县的居民人均可支配收入平均增速9.6%，比全省平均水平高0.7个百分点，其中有25个县的增速高于全省平均水平。增速最高的永嘉县为10.5%，最低的磐安县为8.9%。自2015年四季度以来，26个县的居民人均可支配收入平均增速连续17个季度高于全省平均水平。按常住地分，淳安等26个加快发展县的城镇居民人均可支配收入均值为45301元，比全省平均水平低14881元；平均增速为8.9%，比全省平均水平高0.6个百分点；收入最高的苍南县为50803元，最低的开化县为37762元。淳安等26个县的农村居民人均可支配收入均值为22465元，比全省平均水平低7411元；平均增速为9.9%，比全省平均水平高0.5个百分点；收入最高的莲都区为28220元，最低的泰顺县为18805元。

（国家统计局浙江调查总队　盛　飞）

居民消费

【**居民消费水平全国排位上升**】 2019年，浙江居民人均消费支出32026元，比全国平均水平高10467元，居全国31个省（自治区、直辖市）第三位，比上年提升1位，在各省、自治区（不包括直辖市）中居首位。按常住地分，城镇居民人均消费支出比全国平均水平高9445元，居全国31个省（自治区、直辖市）第三位；农村居民人均消费支出比全国平均水平高8024元，居全国31个省（自治区、直辖市）第三位。从增长情况看，浙江居民人均消费支出名义和实际增速均快于全国平均水平0.1个百分点，其中城镇居民消费支出名义增速快于全国平均水平0.9个百分点，农村居民消费支出名义增速慢于全国平均水平1.6个百分点。

2019年浙江省居民消费支出情况

指标	全体居民		城镇常住居民		农村常住居民	
	金额（元）	名义支出增长（%）	金额（元）	名义支出增长（%）	金额（元）	名义支出增长（%）
人均消费支出	32026	8.7	37508	8.4	21352	8.3
1.食品烟酒	8929	8.9	10162	8.4	6529	9.4
2.衣着	1877	3.5	2259	1.2	1134	11.4
3.居住	8403	8.8	9977	9.0	5339	6.9
4.生活用品及服务	1716	3.8	2075	5.5	1016	-3.5
5.交通通信	4553	5.8	5368	7.1	2965	0.4
6.教育文化娱乐	3624	19.6	4342	17.9	2226	24.5
7.医疗保健	2123	3.1	2300	0.6	1777	9.2
8.其他用品和服务	801	15.7	1024	14.7	367	18.3

2019年浙江省居民八大类消费占消费支出的比重(%)

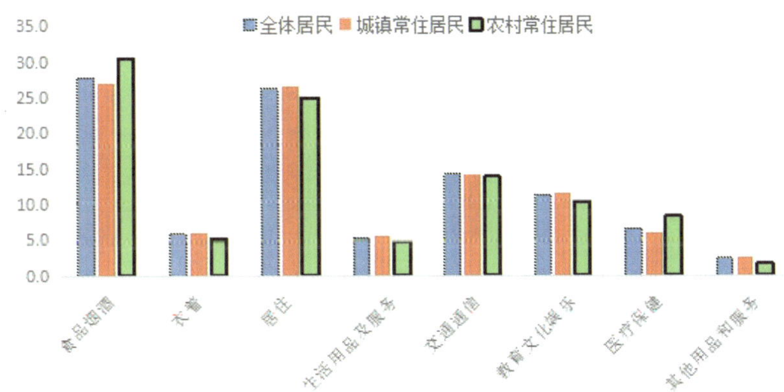

（国家统计局浙江调查总队　提供）

【**八大类消费支出全面增长**】 2019年，浙江居民八大类消费支出全面增长，其中教育文化娱乐、其他用品和服务支出比上年增长明显，为全年居民日常消费热点项目。从消费结构来看，居民八大类消费支出全面增长。其中城镇居民八大类消费支出全面增长，教育文化娱乐、其他用品和服务、居住这三类支出增速居前三位；农村居民八大类消费支出"七增一降"，教育文化娱乐、其他用品和服务、衣着这三类支出增速居前三位，生活用品和服务支出比上年略有下降。具体来看，全年全省居民人均教育文化娱乐支出3624元，增长19.6%，增速列八大类消费支出首位，比上年加快13.0个百分点，对消费支出增长的贡献率为23.2%，贡献率在食品烟酒和居住支出之后，居第三位。人均其他用品和服务支出801元，增长15.7%，增速仅次于教育文化娱乐支出，但比上年降低8.8个百分点，对消费支出增长的贡献率为4.3%。人均食品烟酒支出8929元，增长8.9%，增速提升3.1个百分点，对消费支出增长的贡献率为28.6%，居八大类消费支出首位。人均居住支出8403元，增长8.8%，增速降低1.6个百分点，对消费支出增长的贡献率26.7%，贡献率仅次于食品烟酒支出。人均交通通信支出4553元，增长5.8%，增速提升5.9个百分点，并从上年的减少转为增加，对消费支出增长的贡献率9.8%。人均生活用品及服务支出1716元，增长3.8%，增速下降19.0个百分点，对消费支出增长的贡献率为2.5%。人均衣着支出1877元，增长3.5%，增速下降10.9个百分点，对消费支出增长的贡献率为2.5%。人均医疗保健支出2123元，增长3.1%，增速下降18.3个百分点，对消费支出增长的贡献率为2.5%。

【**居民食品消费提质升级**】 2019年，浙江居民饮食更加注重绿色健康，食品消费结构不断提质升级。从消费量来看，居民在油脂类、肉类、糖果糕点类和酒类的消费量人均分别为11.3、28.3、7.4和8.9千克，比上年分别减少0.3、1.5、0.1和0.6千克。水产品、蛋类及蛋制品、奶和奶制品、干鲜瓜果类消费量人均分别为25.9、9.2、13.5和55.6千克，分别增加3.0、0.8、0.3和3.0千克。

【**居民居住条件改善**】 至2019年末，浙江居民人均住房建筑面积为54.9平方米，比上年末增加2.6平方米，其中城乡居民人均住房建筑面积分别为48.5平方米和67.3平方米，分别增加3.1平方米和1.9平方米。居民自有房占比88.2%，提高0.4个百分点，居住环境进一步改善。全省居民居住在单栋楼房和单元房的户数占比95.0%，提高1.1个百分点；居民主要饮用经过净化处理的自来水的户数占比94.8%，提高1.5个百分点；以天然气、煤气、液化石油气为主要炊用能源的户数占比89.2%，提高1.4个百分点。

【**居民耐用消费品结构优化**】 2019年，浙江省居民耐用消费品拥有量稳步增长，结构持续优化。至年末，浙江居民每100户拥有彩色电视机175.5台、电冰箱(柜)105.6台、洗衣机92.9台、空调195.8台、热水器104.0台,分别比上年增加2.3台、1.6台、2.3台、2.7台和2.1台;每100户拥有中高档乐器8.5架,增加0.9架;每100户拥有移动电话245.0部,增加1.4部,其中接入互联网的移动电话188.3部,增加9.5部。智能手机和互联网技术的发展挤压固定电话和计算机的需求,每100户拥有固定电话和计算机分别为20.9部和72.3台,减少6.9部和0.3台,呈持续减少趋势。

【居民服务性消费继续增长】 2019年,浙江居民人均服务性消费支出15233元,比上年增长10.7%,占居民人均生活消费支出(32026元)的47.6%,提高0.9个百分点。其中教育文化娱乐、其他用品和服务、食品烟酒的服务性消费支出增长较快。城镇居民、农村居民人均服务性消费支出分别增长10.3%和10.8%,占消费支出的比重分别提高0.8和0.9个百分点。

【居民教育培训支出持续增加】 2019年,浙江居民人均教育消费2257元,比上年增长27.4%,占全部消费支出的7.0%,增加1.0个百分点,其中人均培训费支出761元,增长42.7%,占教育总支出的比重由上年的30.1%提高到33.7%。高中教育阶段增长最快,人均培训费支出104元,增长86%;学前教育阶段人均培训费支出144元,增长63%;小学和初中阶段人均培训费支出分别为301元和123元,分别增长52%和56%。

【居民文娱休闲方式多元化】 2019年,浙江居民人均团体旅游支出661元,比上年增长15.5%,其中城镇居民人均团体旅游支出901元,增长12.9%;农村居民人均团体旅游支出194元,增长35.2%。居民人均景点门票支出70元,增长25.5%,城乡分别增长25.7%和19.9%。年内,浙江居民人均观看电影话剧等演出消费32元,增长14.0%,文娱休闲日趋多元。

(国家统计局浙江调查总队 盛 飞)

住房保障

【概况】 2019年,浙江省城镇棚户区改造新开工22.19万套,基本建成棚户区改造11.95万套,发放城镇住房保障家庭租赁补贴6.91万户。率先完成国家棚改新三年攻坚计划,12月14日,《人民日报》头版予以报道。高质量推进棚改专项债券工作,经验做法得到住房城乡建设部、财政部肯定,住房城乡建设部专门印发简报在全国推广。温州市被评为国务院首批棚改激励城市。

【城镇住房保障体系完善】 2019年,省建设厅扩大保障范围,指导各地进一步完善公租房保障政策,采取降低门槛、扩大保障范围等措施,将更多住房困难家庭纳入保障范围,并纳入省对设区市年度目标责任考核。至年末,全省低于上年度城镇人均可支配收入的住房困难家庭基本纳入公租房保障范围。丰富保障方式,鼓励人口流入大、新增保障对象多、市场存量房源不足的城市,通过新建、配建等方式筹集公租房实物房源,满足住房困难家庭的实际保障需求。同时,要求公租房实物房源充分分配、市场房源充足的市县,推进公租房租赁补贴,提高补贴标准,使保障家庭领取补贴后在市场上可租赁到适宜的住房。全年全省累计发放租赁补贴6.91万户,比上年增长59.2%,其中温州市鹿城区发放租赁补贴1.2亿元,租赁补贴在保家庭1.46万户,发放金额和保障户数居全省首位。探索实施定向保障,鼓励各地划出一定数量的公租房实物房源,定向保障环卫、公交等公共服务行业职工及青年教师、青年医生等重点行业青年职工,并通过与用人单位签订整体租赁协议,实行定向整体配租。杭州市面向公交、环卫一线职工,推出专项公租房房源1226套,累计解决3000多人次的住房困难问题。

【棚户区改造推进】 2019年,省建设厅严格审核棚户区改造计划,会同省财政厅、省发展改革委等相关部门,对各地申报的棚户区改造计划及项目进行会审。积极争取补助资金,全年累计获得中央财政专项补助资金28.7亿元、中央预算内投资34.49亿元、棚改专项债券464亿元,同时落实省级财政补助资金3.5亿元,有效解决棚户区改造资金需求。组织各地对棚改计划开工项目进行梳理、排查和评估,提出相应的解决对策。

【数字化转型推进】 2019年,省建设厅根据全国公租房信息管理系统数据标准,组织制定实施方案,推进贯标改造工作。完成全省住房保障“最多跑一次”事项的细化梳理,借助浙江政务服务网电脑端、“浙里办”移动客户端,全面实行“网上办理”“掌上办理”,“公租房租金收缴”事项实现“一证通办”。

【住房保障国家试点工作】 2019年,省建设厅开展政府购买公租房运营管理服务试点工作,试点地区根据当地工作实际均制定实施方案、服务标准、绩效考核等制度文件,确定购买服务内容和服务标准。在省级财政专项资金分配过程中,对试点地区购买服务费用予以补助支持,下达补助资金472.7万元。试点地区同步明确资金筹集渠道,全力做好资金保障工作,温州市明确购买服务费用列入区级财政年度预算和中期财政规划,并结合实际需要调整资金投入;诸暨市明确按公租房租金收入的3%、4%、8%分别计提维修资金、维护管理费和业务费,上年度全市公租房租金收入1520万元,计提费用超过购买服务合同金额87.95万元。试点地区通过借助运营管理企业专业力量,实现公租房小区入住、退出更加规范,居住更加安全,日常管理更加温馨,如新昌县实现从选房到入住的办理时限,由至少7天缩短至1天;温州市鹿城区租金收缴率从70%上升到95%,查处违规承租家庭14户并退出保障;诸暨市针对独居老人、残疾人等特殊人群,发放智能手环设备,实时定位并监测佩戴者身体各项基础指标,便于危急时第一时间提供救援。试点地区以国家级试点为契机,建设示范小区,探索构建智慧社区,推行智能化管理。温州市以公租房小区群众需求为牵引，构建独具特色的公租房社区治理新体系，打造公租房示范小区；诸暨市将公租房小区对照普通小区标准进行无差别化改造，通过与社区文化活动、医疗保障、法治建设等方面进行共建，共同打造智慧社区；诸暨市、新昌县依托人脸识别门禁、指纹门锁及智能安防等设备，实行人、房智能动态管理，至年末，共识别24.6万人次。

（省建设厅　徐　剑）

【住房公积金管理】 2019年，浙江省住房公积金新开户单位5.1万个，实缴单位26.3万个，比上年增加3.5万个。新开户职工164.2万人，实缴职工867.7万人，增加67.1万人。缴存额1599.3亿元，比上年增长15.2％。至年末，缴存总额10979.2亿元，增长17.1％；缴存余额3573.9亿元，增长12.5%。全年提取额1201.5亿元，增长11.3％，占年度缴存额的75.1％。发放个人住房贷款15.7万笔、698.4亿元，回收住房贷款414.3亿元。

（省建设厅　彭小影）

城乡建设

Urban and Rural Construction

综　述

【概况】 2019年，浙江省建设系统抓好小城镇环境综合整治、生活垃圾治理、污染防治攻坚等省委、省政府重点工作，深入推进工程建设项目审批制度改革和“最多跑一次”改革。全省房地产市场平稳发展，住房保障体系日趋健全，城市市政基础设施不断完善，城市管理水平提高，建筑产业稳居全国前列，历史文化和传统村落保护取得成效。全年全省新建商品住宅销售面积7804万平方米，与历史高值基本持平。城镇棚户区改造新开工22.1万套、基本建成11.9万套，发放租赁补贴6.9万户，温州市被评为国务院首批棚改激励城市。新增停车位15万个、绿道1430千米、公共绿地2300公顷，建成海绵城市216平方千米、地下综合管廊36千米。新增县（市、区）生活垃圾分类系统27个、省级高标准垃圾分类示范小区344个，新建成焚烧和餐（饮）厨（余）垃圾处理设施20座。创建国家生态园林城市1个，国家园林城市7个、园林城镇6个。29个历史文化名城名镇名村保护规划获省政府批复，235个村落列入第五批中国传统村落名录，136个美丽宜居示范创建村和100个传统村落风貌提升全部启动。新开工装配式建筑超过25%，提前实现国家目标。建筑业总产值2.04万亿元，建筑业增加值约占全省GDP的6.1%。全省获鲁班奖9项、国家优质工程奖14项。

（省建设厅　许想想）

【垃圾分类推进】 2019年，浙江省生活垃圾分类投放、分类收集、分类运输、分类处置体系初步建立。通过抓好生产、流通、消费、分类、回收等环节工作，有效遏制垃圾高速增长态势，从2013—2016年的平均年增长率10%下降到0.7%。至年末，全省11个设区市、县级城区垃圾分类收集覆盖率分别超过88%和78%。全省有城镇生活垃圾末端处理设施149座（其中焚烧56座，填埋54座，餐厨垃圾处理设施39座），总处理能力9.04万吨/日，实际处理能力7.2万吨/日，无害化处理率100%。

【老旧小区改造】 2019年，浙江省和宁波市分别被住房城乡建设部列为全国城镇老旧小区改造试点省和试点城市。经省建设厅联合省发展改革委、省财政厅调查，全省城镇老旧小区7018个，总建筑面积2.5亿平方米，涉及居民255.26万户。全年全省开工改造393个小区，开工率100%，涉及6231栋、建筑面积1335万平方米，惠及居民14.63万户，累计完成投资约25亿元。省建设厅、省发展改革委、省财政厅联合印发《关于加快推进全省城镇老旧小区改造工作的指导意见》和《全省城镇老旧小区改造试点工作方案》。（省建设厅　徐　剑）

测绘地理信息

【概况】 2019年，浙江省自然资源厅深入贯彻《中华人民共和国测绘法》和《浙江省人民政府办公厅关于加强测绘与地理信息工作的意见》精神，全面推进测绘与地理信息强省建设，提升测绘与地理信息供给能力，推进新型基础测绘体系建设。全年全省累计运行卫星定位连续运行基准站共109座，其中自建75座、利用非系统站点34座。累计建设GNSS（全球导航卫星系统）大地控制点18885个，其中B级246个、C级752个、D级6621个、E级11266个；水准测量点数15125个，其中一等789个、二等2028个、三等4528个、四等7780个；完成似大地水准面精化26.28万平方千米。全年测绘成果共分发603批次，数据量274T（太字节），其中各比例尺地形图27801幅，各比例尺分幅正射影像130565幅，数字高程模型42498幅，各类控制点成果1101个。测绘成果应用于海洋、土地、地矿、城乡规划与建设、林业、交通运输及民生等领域。

【基础地理信息资源更新】 2019年，浙江省获取航空、卫星影像分别为6.6万平方千米和61.23万平方千米，影像类型为多光谱影像。按分辨率统计，0.5米分辨率以内为11.23万平方千米，优于2米分辨率为50万平方千米。省自然资源厅持续做好基础地理信息更新工作，完成1∶10000 DLG（数字线划地图）标准产品1504幅。完成1∶2000数字正射影像制作8.39万平方千米，1∶2000数字高程模型更新7.29万平方千米，1∶2000数字线化图生产（更新）5.02万平方千米。

【测绘地理信息产业发展】 2019年，浙江省测绘地理信息资质单位数量稳步提升。至年末，全省有测绘资质单位837个，比上年增加38个，增长4.8%。杭州、宁波的测绘资质单位数量分别为262个和105个，继续领跑全省。湖州出台激励和财政倾斜政策，吸引测绘资质单位入驻浙江省地理信息产业园。年内，浙江省测绘地理信息重点企业规模日益壮大，带动全省测绘地理信息产业发展。全省完成服务总值1亿元级别的单位有13个。其中，浙江臻善科技股份有限公司等8家为民营企业，测绘地理信息民营企业占比较上年增幅显著。杭州市勘测设计研究院以44654.16万元的测绘服务总值居首位。

【地理信息测绘服务】 2019年，浙江省对地理信息测绘服务需求量进一步增大，测绘服务总值81.41亿元，其中事业单位测绘服务总值23.1亿元，比上年增长33.4%；企业单位测绘服务总值58.31亿元，增长16.3%。全省测绘从业人数为2.33万人，增加1372人，全省测绘资质单位人均服务总值34.89万元，其中杭州、湖州2市全年人均服务产值分别达42.45万元和37.59万元，居全省第一、第二位。

【测绘地理信息应用与服务保障】 2019年，浙江省进一步发挥地理信息的支撑作用，推进各行各业信息化工作发展。全年省地理信息公共服务平台授权214个一级政务外网用户使用，支撑基于平台的应用系统251个。全省各级各类地理信息应用示范项目累计约1540个（含市、县数字城市调用省级服务），涵盖各行各业。利用政务地理信息资源采集共享平台，实现20大类、110小类政务信息的实时采集、共享和在线填报，打造"最多跑一次"改革网上办事一张图，为"基层治理四平台"、民生实事智慧督查、全省大通道数字化管理、国民经济动员指挥管理平台、"标准地"数字地图等提供地理信息服务。加强地图监管，全年省自然资源厅审核发放公开出版、展示、登载的地图审核号37个。开展全省房地产领域"问题地图"检查，共检查售楼部1513个，发现存在使用"问题地图"的楼盘280个，并责令整改。　（省自然资源厅　陈卫清）

城乡规划

【概况】 2019年3月18日，浙江省自然资源厅组织召开全省国土空间规划编制工作部署动员会，会议强调该轮规划将严格控制建设用地增量，力求实现存量规划。11月22日，省委、省政府印发《关于加强国土空间规划体系建设并监督实施的意见》，分级分类型、全域全要素、全程全方位建立"五级三类四体系"（全国、省、市、县、乡镇五级国土空间规划，总体、详细、相关专项规划三类，编制审批、法规政策、监督实施、技术标准体系四体系）的国土空间规划体系，提出"多规合一"国土空间规划体系的"浙江方案"。

【"国土空间规划引领绿色发展专题研究班"在杭州举行】 2019年5月28日至6月1日，中央组织部委托自然资源部承办的"国土空间规划引领绿色发展专题研究班"在杭州举行。全国30个省（区、市）和新疆生产建设兵团的43位市（地、州）政府负责人参加研究班学习。研究班上，京津冀协同发展专家咨询委员会成员李晓江围绕"新型城镇化建设与国土空间规划"进行专题授课，北京大学城市与环境学院城市与区域规划系主任林坚做"国土空间规划与用途管制"的主题报告，同济大学副校长吴志强就"高质量发展与智慧规划"做主题报告。自然资源部总规划师庄少勤以"以习近平新时代中国特色社会主义思想统领新时期国土空间规划"为主题进行授课。

【国土空间规划专家研讨会】 2019年12月14日，浙江省组织召开国土空间规划专家研讨会，副省长彭佳学出席会议并讲话。会议指出，国土空间规划要充分考虑资源环境承载能力，更加注重空间利用的质量和效益，要超前研判高质量发展的重大平台、重大产业、重大项目以及协同开放的空间布局和要素保障问题。要实现"多规合一"和空间治理能力、效能的提升，在责任体系、实施机制、管控尺度、配置效率等方面探索形成完整的政策制度。会上成立由15名专家组成的浙江省国土空间规划专家组。并研究探讨省级国土空间规划初步成果，发挥高端智库力量，争取编制一个符合新时代要求的国土空间总体规划。

（省自然资源厅　陶多多）

城市建设

【五水共治】 2019年，浙江省推进建设系统治污水、防洪水、排涝水、保供水、抓节水"五水共治"相关工作。为提升污水处理厂处理能力和出水水质，全省完成城镇污水处理厂新扩建项目17个，新增污水处理能力86万吨/日；新增城镇污水配套管网1833千米；完成966个城镇生活小区"污水零直排区"创建。全年全省城市、县城、建制镇污水处理率分别为96.95%、96.51%和73.62%。其中，县城污水处理率提前实现国务院印发的《水污染防治行动计划》中提出的"到2020年县城污水处理率达85%"的要求；杭州市、宁波市城市污水处理率分别为96%和98.8%，提前完成省会城市、计划单列市建成区污水基本实现全收集、全处理的目标。全年全省COD（化学需氧量）、氨氮削减量分别为102.1万吨和9.5万吨，与上年基本持平。全年综合整治城市河道53条，新开城市河道完成5条，新（扩）建污泥处理处置设施7个。建设雨水管网753千米，提标改造管网617千米，雨污分流改造管网772千米，清淤排水管网29510千米。改造易淹易涝片区213处，增加应急设备4.084万立方米/小时。全年新建供水管网1217.59千米，改造供水管网1540.72千米。新增供水能力82万吨/日；新建改造供水能力开工91万吨/日，开工率100%。实施城区老旧管网改造，推进有条件的县（市、区）实施分区计量管理，控制供水管网漏损率，全年全省供水管网平均漏损率6.13%，符合国务院印发的《水污染防治行动计划》中提出的"到2020年，全国公共供水管网漏损率控制在10%以内"的要求。加快生活节水器具改造和雨水收集利用工程建设。全省改造节水器具6.11万套，改造"一户一表"

13.28万户，提升居民家庭的节水意识和节水水平。实施"抓节水"工作，进一步加快全省雨水利用工程建设，全省建设屋顶集雨等雨水收集系统2747处，雨水利用率得到提升。

【城市黑臭水体治理】 2019年5月，浙江省开展巩固城市黑臭水体治理环境保护成果专项排查，以巩固城市黑臭水体治理工作成果为重点，督促全省各地加快补齐城镇环境基础设施短板，提升城镇水污染防治水平。在生态环境部、住房和城乡建设部组织开展的第一轮统筹强化监督现场检查中，浙江省实现城市黑臭水体"零"发现。全省实现年度黑臭水体零增长。杭州市余杭区赭山港、金华市婺城区回溪和水电渎、舟山市定海区新河、台州市椒江区庆丰河、丽水市莲都区五一溪6条水体全部完成巩固提升治理工程。

【城市园林绿化】 2019年3月18日，省建设厅出台《关于进一步明确园林绿化管理工作有关事项的通知》，制定《浙江省园林废弃物处置技术规程》，开展园林绿化工程施工招标核查工作。加强古树名木保护管理，联合省林业局修订《关于印发浙江省古树名木认养办法的通知》，印发《浙江省古树名木健康诊断技术规程（试行）》《关于进一步做好古树名木建档挂牌和目录公布的通知》。推进人居环境示范创建，创成国家生态园林城市1个、国家园林城市7个、国家园林城镇6个，已创成的国家园林城市通过住房和城乡建设部复查。创建省级园林城市1个，省级园林城镇13个。推进郊野公园和立体绿化建设，新增绿地2300多公顷，建成省级园林式居住区（单位）118个、优质综合公园57个、绿化美化示范路64条和街容示范街66条。

【绿道网建设】 2019年8月，省建设厅联合省发改委等10个部门印发《浙江省大花园骑行绿道网建设工作方案》，联合8个省级部门开展第三届"浙江最美绿道"评选活动。10月20日至11月10日，联合省卫生健康委、浙江日报社举办全省第一届"绿道健走大赛"暨绿道健身月活动，在全省100个县（市、区）同步举行，近13万人参与。进一步营造绿道共建共享氛围，提升公众的健康意识。11月13—14日，省建设厅召开第七次全省绿道网建设工作会议，会上，现场公布第三届10条"浙江最美绿道"名单，分别为桐庐县富春绿道、宁波市东部新城生态走廊绿道、瑞安市天井河绿道、海宁市洛塘河绿道、浙中生态廊道东阳白溪江绿道、义乌市"多彩华溪"生态休闲美丽乡村精品线绿道、龙游县南海诗画休闲绿道、常山县慢城绿道、缙云县城市绿道、松阳县松阴溪绿道。全年全省新增高标准绿道1430千米。

【城镇燃气管理】 2019年，省建设厅根据省委、省政府有关"平安护航新中国成立七十周年安保"的工作部署，贯彻落实有关消防安全、危险化学品整治、反恐怖、城市建设领域安全生产等方面的安全生产工作要求，全面完成重大安全隐患挂牌督办、瓶装液化石油气集中整治、国庆备勤等工作。推动应急处置能力建设，组织消防、反恐怖等应急演练485次，1385人次参加，修编完善城镇燃气事故处置应急预案，强化反恐最小作战单元建设，全省供气行业有最小作战单元213支1132人。根据省委、省政府有关加快推进能源改革的总体部署，全面推进城镇燃气改革，谋划实施供气环节扁平化、城燃企业规模化、管道燃气"村村通"惠民工程、安全防控能力提升5项工作。

【交通治堵工作推进】 2019年，浙江省新增停车位15.11万个，其中新增公共停车位2.06万个。新增城市（含县城）道路长度733.28千米。推进城市快速路建设，杭州市建成17.8千米，续建96千米，开工31.2千米；宁波市建成17.1千米，续建31.2千米，开工8.7千米；嘉兴市开工15.1千米；绍兴市续建17.5千米，开工51.5千米；台州市续建9千米。新建和改造全市域城市公交停靠站2298个，其中港湾式停靠站（包括嵌入式停靠站）1485个。

【海绵城市和地下综合管廊建设】 2019年，浙江省组织嘉兴市、宁波市完成国家海绵城市建设试点验收，杭州市完成国家地下综合管廊建设试点验收，组织对绍兴市、衢州市、兰溪市、温岭市4市开展海绵城市建设试点绩效评价试评估。全年全省新增海绵城市216平方千米、地下综合管廊36千米。 （省建设厅 徐 剑）

村镇建设

【美丽宜居示范工程】 2019年，浙江省新启动省级美丽示范村创建136个，年内全部完成建设规划编制工作，并启动实施"三拆三化"（拆违、拆危、拆旧，美化、洁化、绿化）项目建设。全省累计启动实施省级美丽宜居示范村1275个，按照"规划设计一流、质量安全一流、风貌特色一流、生态环境一流、社区管理一流"的要求，有1088个村完成项目建设并通过验收。

【农村危房改造】 2019年，浙江省加大危房治理改造力度，率先在全国建立农村困难家庭危房改造即时救助机制，建立农村其他危房常态化治理机制，及时发现和治理农村危房。对动态新增的农村困难家庭危房要求做到发现一户、改造一户、救助一户。全年完成第二轮农村危房治理改造18264户，其中农村困难家庭危房7109户。全省累计发现并完成农村危房治理改造54万户，其中农村困难家庭危房32.6万户。

【传统村落保护】 2019年，省建设厅完成制定《浙江省传统村落保护技术指南》《浙江省传统村落保护发展规划编制导则》《浙江省传统村落和历史文化名城名镇名村白蚁防治技术导则》等相关标准和技术导则，加强技术保障。推进省级以上传统村落规划编制，全年完成150个传统村落保护规划编制工作。推进历史文化（传统）村落保护利用总体规划编制，完成列入风貌提升的100个传统村落保护规划编制，启动传统村落风貌提升项目实施，指导各地切实做好传统建筑修缮、格局和肌理修复、设施与功能提升等项目实施。组织申报第四批中国传统村落中央资金支持，有68个村获中央资金支持，每村获得支持300万元。至年末，前四批401个中国传统村落中有397个村落获得中央资金支持。编印出版《留住乡愁(中国传统村落浙江图经第三卷)》。

【农村生活污水处理设施运行维护管理】 2019年9月27日，省人大颁布《浙江省农村生活污水处理设施管理条例》，为全国首部专门针对农村生活污水处理设施管理的法规，对农村生活污水处理设施的建设改造、运行维护及其监督管理作出全面的规定，填补农村生活污水处理设施管理没有直接法律依据的空白。省住房和建设厅指导各地开展县域农村生活污水治理专项规划编制工作，至年末，专项规划全部通过各地县政府批复。省建设厅指导各地开展农村生活污水处理设施标准化运维工作，在省政府民生实事1500个农村生活污水处理设施标准化运行维护工作的基础上，自加压力落实2019个处理设施标准化运行维护工作，全年共完成3979个处理设施标准化运行维护项目，完成率265.3%。全年全省各地安排用于农村生活污水处理设施运行维护管理的资金近10亿元。

【小城镇环境综合整治】 2019年，浙江省完成小城镇环境综合整治三年行动任务，1191个小城镇基本消除环境“脏乱差”现象，累计打造省级样板446个，有效改变“既不如城、更不如村”的旧貌，实现美丽蝶变。浙江成为全国唯一对小城镇进行全面、彻底、全域整治的省份。9月，省委、省政府在小城镇环境综合整治取得阶段性成效的基础上，做出启动实施新时代美丽城镇建设的决策部署。省委办公厅、省政府办公厅出台《关于高水平推进美丽城镇建设的意见》，谋划实施设施、服务、产业、品质、治理五大提升行动，配套印发建设指南、“一镇一方案”编制大纲。全省11个设区市、县(市、区)基本建立美丽城镇专班化实体化工作运行机制。(省建设厅　邱亦东)

乡村振兴

【乡村振兴组织架构】 2019年，浙江省市县两级均成立由党委副书记(县级由县委书记)任组长，政府分管领导为副组长，相关部门主要负责人为成员的党委政府农业和农村工作领导小组。明确农办作为党委农村工作部门，履行决策参谋、统筹协调、政策指导、推动落实、督导检查等职能。各市县均参照省里成立乡村振兴领导小组等组织机构。贯彻《中国共产党农村工作条例》实施意见，起草《浙江乡村振兴促进条例》。

【乡村振兴重大工程】 2019年，浙江省围绕乡村产业、人才、文化、生态和组织振兴五大振兴，持续深化“千村示范，万村整治”工程，制定实施乡村振兴标志性工程12项，启动实施万家新型农业主体提升工程、万个景区村庄创建工程、万家文化礼堂引领工程、万村善治示范工程、万元农户收入新增工程等“五万工程”。年末，农村居民人均可支配收入29876元，比上年增长9.4%，连续35年居各省区第一位，城乡居民收入比缩小至2.01∶1。农村厕所改造、垃圾处理、污水治理“三大革命”加快由全覆盖向生态化、标准化、长效化转变。建成农村文化礼堂14341个，优质文化资源加速向农村覆盖。

【乡村振兴政策体系基本形成】 2019年，浙江省突出政策精准供给，制订印发《新时代美丽乡村建设规范》《“科技进乡村、资金进乡村、青年回农村、乡贤回农村”行动计划实施方案》等配套政策80多个，基本形成以《浙江乡村振兴促进条例》等综合性政策为引领，《关于乡村人才振兴的实施意见》等五大专项性政策为主干，《关于开展农药实名制改革试点工作的指导意见》等单项具体政策为支撑的乡村振兴政策体系。

【乡村振兴科技引领】 2019年，浙江省全面推进科技创新驱动乡村振兴行动，开展数字乡村示范县创建，高质量推进数字经济“一号工程”在乡村落地，移动支付、数字工厂等数字产业、数字技术助力乡村振兴。全年全省新增农村电子商务专业村467个(累计1720个)、电商专业镇126个，数量均居全国前列。

【乡村振兴人才队伍建设】 2019年，浙江省强化农村实用人才带头人、新型经营主体、农业科技推广人才、农村专业服务型人才“四支队伍”建设。深入实施农村指导员、科技特派员、驻镇规划师等制度，鼓励引导科技、教育、卫生等各方面人才下乡直接服务“三农”，构建“聘请一名首席专家、结对一所高校院所、引入一个人才团队、培育带动一支队伍、推动一个产业发展”的结对服务模式。2004—2019年15年来共选拔农村工作指导员、“第一书记”累计38万人。全年培育青年“农创客”(指年龄在45周岁以下，拥有高校大专及以上学历，在农业领域创业创新，担任农民专业合作社、农业企业、家庭农场等农业生产经营主体负责人或拥有股权的人员)2337人、省级“青创农场”100个，吸引4166名青年、5000名新时代乡贤返乡回乡投资兴业、建设家乡。

【乡村振兴用地保障】 2019年，浙江省加强对乡村振兴建设用地专项统筹，年度建设用地指标优先用于乡村振兴，每年安排一定比例的新增建设用地计划指标支持第一、第二、第三产业融合发展、农民住房建设用地需要。全年落实农民建房用地计划指标666.7公顷。实施全域土地综合整治工程，项目区可提留建设用地复垦面积的20%，作为规划新增建设用地预留指标，保障项目区内农村基础设施和新产业新业态发展用地；工程验收后，按建设用地复垦面积的一定比例奖励新增建设用地计划指标，全年推进整治项目260个，整治区域面积38.8万公顷，涉及行政村779个，总投资462亿元。(省农业农村厅　供稿)

防灾减灾
Disaster Prevention and Mitigation

综　述

【概况】 2019年,浙江省遭受比常年梅雨季平均雨量增长50%的"暴力梅",有7次较大范围的暴雨过程。遭受1956年以来登陆浙江综合致灾强度最高的"利奇马"台风、从南到北纵贯浙江省沿海长达35个小时的"米娜"台风。并多次遭受短时局地强降雨,致使全省部分城乡内涝积水,山区小流域山洪与地质灾害多发并发,农业、水利、交通、电力、通信等基础设施损毁,农作物、经济作物、水产养殖等受损严重。全省全年累计受灾人口896.1万人次,因灾死亡(失踪)64人,因灾倒损房屋12.4万间,直接经济损失552.5亿元。超强台风"利奇马"袭击浙江后,省自然资源厅第一时间出台6条具体措施,支持各地做好灾后恢复重建,并积极向自然资源部争取追加土地预留指标211.13公顷,用于灾后安置。全面推进海洋灾害应急防御三年行动,在全国率先推出省级海洋预报网,完成海洋灾害隐患区复核484处,启动7个综合减灾县和35个综合减灾社区建设。"除险安居"三年行动全面收官,全省核销地质灾害隐患点5664处,其中威胁30人以上重大地灾隐患点1454处,减少受地灾威胁人数近14万人;全省地质灾害隐患点数量从2016年的5220处减少至792处,在全国排名从原来的第16位降至第27位。全年全省接报发生森林火灾30起(其中一般火灾12起,较大火灾18起),受害森林面积115.54公顷,分别比上年下降33.3%和1.4%;24小时扑灭率100%,未发生人员伤亡事故。森林火灾发生率和受灾率、地勘安全事故控制率均保持在历史最好水平。

（省应急管理厅　郑　亮　省自然资源厅　钟和曦）

【海洋防灾减灾】 2019年,省自然资源厅全面推进浙江省海洋灾害应急防御三年行动,完成全省484处海洋灾害隐患区复核和一类隐患区整治,划定沿海重点防御县18个,建设海洋综合减灾县5个和综合减灾社区20个;出台《浙江省海洋观测站点和资料管理办法》《浙江省海洋灾害隐患区复核整治技术导则》《浙江省海洋综合减灾县和综合减灾社区建设技术导则》等政策性文件;完成浙江省海洋灾害应急指挥部领导和成员单位调整,将原37个成员单位调整为24个。全年全省海洋灾害造成直接经济损失87.34亿元,人员死亡(含失踪)2人。其中风暴潮灾害发生2次,造成直接经济损失87.25亿元;灾害性海浪天数46天,引发事故2起,造成船舶沉没1艘,直接经济损失900万元,死亡(含失踪)2人。发现赤潮22次,累计面积1863平方千米,其中有毒、有害赤潮4次,累计面积255平方千米,未造成直接经济损失和人员伤亡。全省海洋灾害直接经济损失高于2009—2018年10年平均值(11.73亿元),死亡(含失踪)人数低于10年平均值(22人)。

【海洋生态预警监测】 2019年,浙江省组织开展赤潮应急跟踪监视监测54个航次,省本级发布赤潮通报33期,发布赤潮高风险区预警通报17期。编印《2019年浙江省海洋生态预警监测工作计划》《2019年浙江省海洋生态预警监测实施方案》《2019年浙江省海洋生态预警监测质量保证工作实施方案》等业务指导性文件;开展海洋生态预警监测业务调研,完成《机构改革后我省生态预警监测工作现状及发展思路》调研报告。

【海洋预警预报业务宣传培训】 2019年5月10日,省自然资源厅在杭州赛孚城国际应急教育中心举行"5•12"全省海洋防灾减灾日活动启动仪式暨2018年度浙江省海洋灾害公报发布会。5月12日,浙江省举办第11个"5•12"海洋防灾减灾日宣传活动,增强社会公众海洋防灾减灾意识,普及海洋灾害知识,提高灾害应对能力。6月底,在温州平阳举办机构改革后全省自然资源系统首次海洋预警预报业务素质培训班。

（省自然资源厅　曾群安）

【自然灾害防控能力专题调研】 2019年,省防汛防台抗旱指挥部组织山区地质灾害防范防治、城市排水防涝、平原地区防洪排涝、应急统筹机制和应急能力建设4个调研组,对全省8个设区市19个县(市、区)开展台风洪涝灾害科学防控能力调研,全面复盘超强台风"利奇马"防御工作,提出构建防汛防台"六个一"工作体系(即识别一张图、研判一张单、管控一张表、指挥一平台、应急一指南、案例一个库),并逐一推动落实。

（省应急管理厅　郑　亮）

气象防灾减灾

【概况】 2019年,浙江省38次重大天气过程无漏报,启动台风、暴雨等重大气象灾害应急响应12次,持续1008小时。在防御梅汛期严重暴雨洪涝、超强台风"利奇马"等过程中,严密监测、精细预报、主动服务,省气象台被省委、省政府授予防台救灾先进集体、被中国气象局授予气象工作先进集体。建立决策气象服务云平台,为应急管理、水利、自然资源、生态环境、农业农村等24个省级部门和100多个单位提供实时在线服务。智能网格雨量预报成为水文流量预报、水库调度基础支撑。建立"重大气象灾害预警"等5项预警服务制度。省级突发事件预警信息发布系统项目有序推进,15个部门通过省突发预警系统发布预警1055条,比上年增长3.4倍。启动气象防灾减灾救灾"六个能力提升"(气象防灾减灾综合信息数据库"一本账",省、市、县一体化气象灾害风险预警系统"一张图"、突发事件预警信息发布系统"一张网"、完善气象灾害防御服务制度"一把尺",基层气象防灾减灾组织责任体系"一队伍",健全及应用气象灾害综合业务

“一平台”)行动。

【公共气象服务】 2019年,省气象局推进气象服务供给侧结构性改革,实施基本公共气象服务均等化项目。发展以用户为中心的融媒体气象服务,构建全省气象融媒体传播矩阵。健全“智能网格产品+智能化服务手段”的智慧公众服务产品,“智慧气象”App公众版上线,微信小程序“天气罗盘”关注人数达75万,年访问量1208万人次,浙江天气网点击率1.5亿次。在义乌开展“一带一路”智慧商贸气象服务试点和“一带一路”气象台建设。强化江海联运、铁海联运气象保障,宁波、舟山港区可作业时间增加150小时以上。丽水国家气象公园启动建设。公众气象服务满意度94.7分,位列全国各省(区、市)第一。连续13年开展并完成气象为民服务十件实事。

【气象为农服务】 2019年,浙江全国茶叶气象服务中心首次发布茶叶气象指数,茶叶全产业链服务立足全省,辐射全国。建成余杭枇杷、慈溪草莓等11个农产品优势区气象服务示范点。“直通式”气象服务覆盖2.3万个新型农业经营主体,比上年增长14%。农业气象指数保险14种,年保费规模7000多万元。21个农产品通过气候品质优级认证,相应农产品经济附加值提高10%。238个农村文化礼堂融入气象元素。

【应对气候变化】 2019年,浙江省推进清新空气监测网络体系建设工作。负(氧)离子监测与评估信息在浙江卫视发布。省气象局组织编制完成省地标《负(氧)离子监测与评价技术规范》,启动负氧离子实验室二期建设。向社会评估推荐避暑气候胜地100个。国家级气候标志和气候品牌地增至28个,总数居全国第一位。丽水市全域建成“天然氧吧”。“全球变暖背景下浙江省极端旱涝时间早期预警技术研究”获省科技厅立项。完成华东区域气候变化第二专题“气候变化对华东近海的影响及适应”“浙江省沿海海岸带气候变化监测公报”的编写。组织完成中国气象局小型基建项目“浙江省生态文明气象保障能力示范建设”。参与省政府蓝天保卫战年度工作计划、重污染天气应急预案等的制定和实施工作。继续深入开展太湖蓝藻、钱塘江流域蓝藻以及全省植被覆盖、森林火点的气象遥感监测,为地方党委政府和相关行业部门提供特色遥感服务产品12期。组织做好联合国世界环境日、第六届世界互联网大会和第二届中国国际进口博览会等重大活动气象服务。

2019年7月20日,省气象部门在淳安千岛湖发布省内100个避暑气候胜地

(省气象局 供图)

【雷电灾害防御】 2019年,省气象局联合省发展改革委等9部门印发《全面推行区域评估的实施意见》。出台《浙江省区域雷电灾害风险评估管理办法》《浙江省区域雷电灾害风险评估业务规范》。“建立区域雷评技术服务新机制,保障防雷安全、减轻企业负担”获评年度全国气象部门创新工作。梳理防雷安全双随机抽查、防雷装置检测单位检查、升放气球活动检查等12项行政执法事项,编制现场执法检查表,全部纳入执法平台并指导应用。建立本地的监管对象数据库和执法人员名录库,完成对易燃易爆场所的防雷安全检查全覆盖。“掌上执法”激活率100%,完成“掌上执法”检查4279次,检查率98%。完成检查4个检测机构。48%的市、县落实乡镇、街道气象安全属地化检查。

【人工影响天气】 2019年,浙江省开展人工影响天气作业274次,增水1.08亿立方米,受益面积5.8万平方千米,缓解高温干旱、降低森林火险等级、保障供水和生态养护。加强人工影响天气业务信息化安全管理,完成浙江人工影响天气关键场所安全管控数字化项目、浙江省人工影响天气业务及安全管理系统二期建设并上线使用。人工影响天气作业装备年检率100%。组织作业人员培训考核,考核合格作业人员意外伤害险全覆盖,完成人员公安备案。完善人工影响天气安全保险,购买公众责任险。开展全省人工影响天气安全督查工作,组织安全隐患排查信息录入人工影响天气安全管理平台,成为全国6个首批完成录入工作的省份之一。完善管办分离工作运行机制,编写形成《人工影响天气美丽浙江“耕云”行动计划(2020—2022年)征求意见稿》。

【气象现代化建设】 2019年,浙江省全面实施气象事业发展“十三五”规划和气象现代化三年行动计划,推进省级防灾减灾中心、中国气象科学研究院浙江分院、暴雨灾害监测预报精准工程、突发强对流监测预警工程、负氧离子监测与网络系统等重大基础设施和业务建设项目。开展研究型业务试

2019年4月20日，伍荣生温州气象院士工作站揭牌仪式举行

（省气象局　供图）

点。完善智能网格预报省市协同订正流程，24小时城镇晴雨预报准确率上升至89%，一般降水和暴雨预报准确率均列全国第一位。继续与杭州海康威视数字技术股份有限公司等联合开展智能观测技术研究，与佐格微系统(杭州)有限公司共建大气探测和环境气象科技创新平台，与南京大学、南京信息工程大学、中国科学院大气物理研究所、中国气象局上海台风研究所等深化合作，伍荣生温州气象院士工作站、中国科学院大气物理研究所衢州暴雨和强对流观测与预报研究试验基地、南信大舟山研究示范基地挂牌成立。全省建有自动气象站3156个。完成15个新增国家天气观测站、4个闪电定位和31个海洋观测自动站升级改造，建成省级北斗接收系统。风云4号和葵花8号数据落地，完成省级FY—4A共享应用平台开发。推进嵊泗、龙泉、文成、嘉兴、绍兴新一代天气雷达建设，完成景宁移动天气雷达建设，基本完成丽水、苍南、兰溪、开化的微波辐射计和风廓线雷达建设，开展舟山、衢州雷达双偏振改造。开展无人机大气垂直探测试验、毫米波云用试验。

【气象科技创新】 2019年，浙江省新组建"一体化智能网格预报""气象大数据"等9个创新团队。加强高层次气象人才队伍建设，7人新晋升正高级工程师资格，1人入选世界气象组织初级专业人员，3人获"浙江省技术能手"称号，3人获全国优秀预报员称号，15人被纳入地方人才计划。增设金华市婺城区气象局。临安大气成分本底国家野外科学观测研究站通过科技部评估。全年获省部级科研项目立项8项，其中中国气象局立项4项。组织参加首届全国智能预报技术方法交流大赛获优胜奖，名列第七名。智能网格预报业务实现单轨运行。全年验收和结题科研项目65项，登记科技成果90项。

【气象社会管理】 2019年，省气象局被省委、省政府列入22个指挥协调机构成员单位，担任省防汛防台抗旱指挥部、省重污染天气应急指挥部副指挥之一。建立"最多跑一次"改革"领跑"指标体系。全面推进减事项、减材料、减时间、减环节"四减"工作，30个政务服务事项实现网上办和"掌上办"全覆盖，承诺时限压缩86%、材料电子化率100%、"跑零次"率100%、即办率60%，各项指标实现全国领跑。新增53个县(市、区)推进气象防灾减灾"六个一"(一本账、一张图、一张网、一把尺、一队伍、一平台)基本能力建设，实现全省全覆盖。新建成气象防灾减灾标准化村2966个。创新实施区域雷电灾害风险评估，优化投资环境，实现区域平台进驻企业获取防雷设计参数"零申请、零付费、零跑腿、零等待"，完成省级园区平台评估121个。会同保监部门推进气象灾害保险理赔"去证明化"，杭州试点、全省推行气象查询服务"跑零次"，提供查询服务9037件。融入"政府数字化"转型，接入省政务云和公有云，纳入"浙政钉""浙里办"。完成中国气象局防雷检测资质审批平台与浙江政务服务网的对接，全面实现"一网通办"。

【气象依法行政】 2019年，浙江省优化和改进行政执法方式，气象执法纳入浙江省行政执法监管平台("浙政钉·掌上执法"系统)。贯彻落实中国气象局气象行政执法"三项制度"(气象行政执法全过程记录制度、气象行政执法公示制度、气象重大执法决定法制审核制度)，印发《浙江省气象局关于贯彻落实全面推行行政执法公示制度执法全过程记录制度重大执法决定法制审核制度工作任务的通知》，推动"三项制度"的配套制度制定。组织开展年度气象行政执法案卷评查活动。完成省政府关于气象相关政府规章的梳理。出台《浙江省防雷检测市场信用信息管理办法》，衢州防雷装置检测机构信用承诺书获评全国示范样本。推进标准体系建设，安吉县气象局主编的国标《美丽乡村气象防灾减灾指南》正式发布，新获批立项国家标准1项、行业标准3项、省地方标准3项。完成行政执法主体确认，组织相关人员参加省法制办执法资格考试，17人获得行政执法证件。96人参加全省气象行政执法培训班。

【气象科普活动】 2019年，省气象局连续第七年举办校园气象辅导交流会与培训班。在省科技馆建成气象科普馆。举办全省气象科普讲解大赛。推进气象科普进农村文化礼堂，新增气象科普点223个。"世界气象日""防灾减灾日""科普宣传周"等气象科普活动创新开展。在全国气象科普观摩交流活动中，浙江1人获"全国十大气象科普创客"称号，2部作品获优秀气象科普作品。4部作品分别获全国气象短视频创作大赛二、三等奖。2部作品获首届平安浙江"三微"比赛三等奖。省气象局第十一次组队参加省政协"送科技下乡"赴仙居、缙云活动。

（省气象局　汤　赟）

防　震　减　灾

【地震活动概况】 2019年，浙江省域发生M(震级)≥2级地震3次，其中M≥3级地震1次，为5月28日发生在宁波海曙区的M3.0级地震。年度地震活动特点为浙江北部地区是全省地震活动的主体地区。

【地震监测预报】 2019年，浙江省地震系统加强震情跟踪和值班值守，完成第十三届全国人民代表大会第二次会议和中国人民政治协商会议第十三届全国委员会第二次会议、"中华人民共和国国成立七十周年"、中共第十九届中央委员会第四次全体会议等重要时段地震安全保障服务。省、市、县三级和社会力量协同运维体系初步建立，全年出动参加台站运维221人次，保障全省测震台网、前兆台网、强震动台网的正常运行，速报完成率100%，各类技术系统总体运行率超过95%。编制年度地震监测预报白皮书，加强震情跟踪监视，组织召开全省年中和年度地震趋势会商会，形成并上报会商报告119份，核实异常134次，发出零异常报告108份。杭州市组建完成"三网一员"(地震宏观测报网、地震灾情速报网、地震知识宣传网，防震减灾助理员)防灾减灾群测群防队伍，多次处置房屋震动等异常的加密监测与异常情况落实。宁波市利用"宁波市地面沉降观测网络"，建成地下流体观测台站2座。温州市组建四级灾情信息报送队伍。台州市建立海域地震信息通报制度和4000千克TNT炸药当量以上爆破作业报告制度等。

【地震灾害风险防范】 2019年，省地震局深化抗震设防监管改革，全面推进区域性地震安全性评价，及时印发区评管理办法、技术导则，建立评审流程，公布中介机构，纳入省委"最多跑一次"考核。各级地震部门主动作为、严格把关，最终确定省级以上平台实施地震区评87个，举办区评培训会或推进会近50场。杭州、温州、绍兴等地相继出台《区评实施方案》。全年全省区评完成率59%。宁波市将防震减灾监管事项纳入行政服务中心一窗受理。丽水市推进工程建设领域事中事后监管，印发《工程建设项目地震安全性评价事中事后监管方案》。衢州市通过施工图联审，强化新建改建扩建工程抗震设防监管，抽查80项建设工程均符合要求。嘉兴市配合省地震局完成"嘉兴市地震灾害风险评估"试点项目，各地主动对接《浙江民航强省建设行动计划》《浙江省天然气发展三年行动计划》，服务通用机场和输气管道项目建设。

【地震应急准备】 2019年，浙江省各地组织修订本区域《地震应急预案》。宁波市地震局制定《地震事件处置方案》。杭州市地震安全示范社区、示范学校、科普基地均制订地震应急预案或综合应急预案。温州市印发《救灾物资联动调配暂行办法》，明确救灾物资计划、购置、储备、管理、运输等职责分工。加强社会应急救援力量管理服务工作。7月26日，省地震局在富阳举办全省志愿者地震救援培训。杭州市组建民兵应急营，完成社会化救援队伍综合培训15支。宁波、温州等市组织赴北川开展大震现场培训。嘉兴市成立地震应急志愿者队伍。丽水市举办防震减灾志愿者培训。绍兴市建立《应急商品重点联系生产企业制度》，形成系统的购置、保管和调配使用应急物资的机制。金华市开展全市应急救援资源普查和社会救援力量信息登记，将全市26支队伍、1400多名核心队员纳入统一管理。舟山市组建民安救援队、蓝天救援队等5支社会化应急救援队伍，开展有针对性的地震应急演练。杭州、宁波、温州、台州等地2次处置台湾地震的波及影响。宁波市稳妥处置海曙区震群活动。

【防震减灾宣传教育】 2019年，浙江省地震部门推进《加强新时代防震减灾科普工作的意见》贯彻落实。联合人民日报社举办首届全国防灾减灾公益漫画大赛。《十年川行》被科技部和中国科学院联合评为"2018年全国百部优秀科普微视频作品"并入选"学习强国平台"，科普漫画作品《牛牛和妞妞》入选国家新闻出版广电总局2019百部"原动力"动漫作品扶持计划。嘉兴市防震减灾科普讲师团代表获全国防震减灾科普讲解大赛二等奖。宁波市雅戈尔动物园SOS地震科普馆全年参观人数60多万人次。绍兴、舟山等市加强与宣传部门合作，借助主流媒体，开展防震减灾科普宣传。台州市全年持续性开展送防灾减灾知识进文化礼堂活动。龙泉市投入200万元，新建防震减灾科普教育基地。全年全省组织开展各类防震减灾科普活动600多场、"防灾公益"科普讲座118场，参与人数200多万人。龙泉市科技局、绍兴市科技馆等9个单位被认定为省级防震减灾科普教育基地。宁波雅戈尔动物园、衢州市中小学素质教育实践学校、温州鹿城区学生实践学校和湖州长兴"金钉子"国家自然保护区4个单位获批国家级防震减灾科普示范基地。至年末，全省各级各类防震减灾科普基地、示范学校97个。

【重点项目建设】 2019年，按照中国地震局统一部署，省地震局完成地震烈度速报与地震预警工程浙江分项目全部台站的征租地任务，完成基准站土建工程20个。"一带一路"地震监测台网项目建设进展顺利，完成新建台阵和台站的场地地质勘选和场址确认等工作。兰溪地磁台B区竣工验收，A区建设方案通过专家论证。龙游、诸暨等12个台站完成"三化"(技术系统优化、观测环境美化、防震减灾文化)改造项目。至年末，全省改造完成台站55个。11个设区市推进"十三五"防震减灾重点项目，宁波市地震台站综合效能提升工程、公众防震减灾科学素养提升工程推进。嘉兴市完成防灾公园一期、平湖市明湖防灾公园、国家级防震减灾科普示范基地提升工程、平湖经济技术开发区、平湖市独山港镇经济开发区地震小区规划。丽水市完成龙泉市防震减灾科普教育基地、简易烈度台网建设2个重大项目。

【防震减灾法治建设】 2019年，浙江省各级地震部门牢固树立法治意识，宣传《浙江省防震减灾条例》、新一代《中国地震动参数区划图》，进一步拓宽防震减灾法律法规的普及面。制定印发落实防震减灾法执法检查报告及审议意见研究处理措施清单，并督促整改落实。《浙江省地震预警管理办法》立法报告列入省政府下年度二类立法计划。推进"互联网+监管"模式，开展行政执法"一网通管""掌上执法"。组织开展省、市、县三级联动行政执法116人次，发布实施检查任务24项。问题检出率4.8%，手机掌上执法检查应用率98.5%。

（省地震局　沈新湖）

地质灾害防治

【概况】 2019年，浙江省做好汛期地质灾害防治工作。6月10日，全省汛期地质灾害防治部署会议在瑞安召开。应对梅汛期强降雨和"利奇马"等强台风袭击，全面开展地质灾害应急值守，切实强化隐患排查、监测预警和应急处置。全省发布气象风险等级预报（警）1788次（省级发布78次，其中，红色5次、橙色19次、黄色54次），发布预警短信101万多条，巡查排查地质灾害隐患64142点次，转移受地质灾害威胁群众61096人次。全年全省发生地质灾害灾情险情1231起（其中灾情488起，险情743起），造成6人死亡。由于预警撤离及时，成功避险28起，避免人员伤亡255人。夯实地质灾害防治基础。省政府设立省地质灾害应急与防治工作联席会议，省自然资源厅与省应急厅联合印发"两厅地质灾害防治与应急管理相关职责"供市县参照执行。健全地质灾害危险性区域评估制度，印发《浙江省自然资源厅关于全面推行区域地质灾害危险性评估工作的通知》，建立区域危险性评估负面清单和成果更新制度，累计完成评估平台208个（其中省级以上125个，省级以下83个）。

【灾害隐患治理】 2019年，浙江省深入推进地质灾害隐患综合治理"除险安居"三年行动。基本消除威胁30人以上的重大地质灾害隐患点，核销地质灾害隐患点500处列入年度省政府十方面民生实事。省自然资源厅印发《2019年浙江省地质灾害防治方案》和《浙江省地质灾害隐患综合治理"除险安居"三年行动2019年度考核办法》，全年核销隐患点1055处，其中重大隐患点494处。开展地质灾害隐患综合治理"回头看"，全省共检查工程治理项目2399个，避让搬迁项目2011个，核销隐患点4803个，确保地质灾害隐患综合治理"除险安居"三年行动高质量完成。

【灾害防治宣传活动】 2019年，浙江省开展"提高灾害防治能力，构筑生命安全防线"主题宣传月活动，将地质灾害防治知识送进3655个农村文化礼堂。在绍兴组织举办全省地质灾害防治和地勘管理工作培训班。全省开展灾害防治宣传培训1489次，25.16万人参加。（省自然资源厅　何国锦）

防汛防台抗旱

【概况】 2019年，浙江省平均降水量1792.6毫米，比常年同期偏多20%，为1961年以来历史同期第六位；汛期（4月15日至10月15日），全省平均降水量1180.4毫米，比常年同期偏多21%；先后遭受1—2月罕见持续阴雨寡照天气、浙西南"6·6"暴雨、历时30天典型梅雨洪水和1956年以来登陆浙江省综合致灾强度最高的台风"利奇马"、1949年以来10月唯一登陆舟山的台风"米娜"等考验。洪涝灾害共造成受灾人口57.9万人次，死亡（失踪）10人，房屋倒塌2000多间，直接经济损失32.2亿元；台风灾害共造成受灾人口835.4万人次，死亡（失踪）52人，房屋倒塌6000多间，直接经济损失519.2亿元。

【梅雨超常超量】 2019年，浙江省梅雨超量且暴雨多发。6月17日入梅，7月17日出梅，比常年平均偏迟7天，梅期30天，与常年持平。有7次较大范围的暴雨过程，全省平均梅雨量451毫米，比多年平均值（301毫米）多50%，衢州、金华、丽水均超过500毫米；雨量400毫米、500毫米以上笼罩面积分别为7.5万平方千米和3.8万平方千米，分别占全省总面积约3/4、1/3强，且短时局地强降雨频繁，暴雨预警937次。梅雨期间，7月5日，钱塘江发生兰溪站（洪峰水位30.7米）接近保证水位、洪峰流量1.17万立方米/秒的流域性洪水，发布首次洪水预警。7月13日，钱塘江、东苕溪和甬江3条江河以及杭嘉湖东部平原发生超警超保洪水，为有气象历史纪录以来的首次，其中东苕溪北湖滞洪区继2013年"菲特"台风后首次开闸分洪。

【台风影响】 2019年，浙江省先后有6个台风影响，其中第9号超强台风"利奇马"是1949年以来登陆浙江的第三个超强台风，登陆后在浙江滞留时间长达20小时，并纵穿内陆，四分之三的陆域面积降雨量超过100毫米（7.6万平方千米）；临安、乐清、永嘉3~6小时降雨量超百年一遇；临海括苍山站过程雨量831毫米，破该站历史记录。受台风"利奇马"影响，全省多地出现大暴雨局部特大暴雨，8月10日，椒江、甬江、苕溪、杭嘉湖及瓯江主要支流等五大流域发生超警以上洪水，临海市城区受淹严重。椒江上游始丰溪、永安溪分别发生有实测资料以来最大洪水、第二大洪水，在临海城区上游汇合，又遇潮水顶托，8月10日20时出现洪峰水位10.98米（超保证水位4.28米），破历史纪录，重现期约80年一遇；10日13时，甬江流域余姚站出现洪峰水位3.13米，居历史第二位；11日3时，杭嘉湖嘉兴站出现洪峰水位2.45米，居历史第五位。全省多地遭受严重洪涝、滑坡、泥石流等灾害。年内，18号台风正值农历9月初天文大潮，遭遇风雨潮"三碰头"，舟山市主城区涝水难以外排，受淹面积10平方千米，受淹水深0.8米。

【强降雨影响】 2019年，浙江省多次遭受短时局地强降雨，特别是6月6日，衢州南部、丽水中西部出现暴雨部

2019年8月9日，受超强台风“利奇马”影响，全省多地出现大暴雨及局部特大暴雨。图为长兴县抗洪抢险一线现场 （省应急管理厅 供图）

分大暴雨局部特大暴雨。6月6日8时至7日8时（降雨时段主要集中在6日14时至22时），江山市面雨量195毫米（历史第一位，其中贺村镇莲花山站雨量311毫米，超过特大暴雨量级）、遂昌县面雨量116毫米（居历史第四位）。

【防汛防台机制构建】 2019年4月初，浙江省成立由常务副省长担任指挥的省防指，并印发防指成员单位职责。严格落实以行政首长负责制为核心的防汛抗旱各项责任制，及时调整防指成员及成员单位职责。全省共落实防汛防台抗旱各类责任人30万人，并在各级媒体公布，接受社会监督。重塑、深化基层防汛防台体系，建立健全县乡领导分片包乡、乡镇领导分片包村、村两委班子包户到人工作下沉机制，完成1391个乡（镇、街道）、2.81万个村（社区）28.15万名基层防汛责任人以及近3万幅村级防汛防台形势图的更新。督促推动纳入省政府十方面民生实事的“除险安居”三年行动任务、建设3000个规范化避灾安置场所、增配改造500个老旧小区消防设施等落地。省应急管理厅与省水利厅以合作备忘录形式进一步清晰细化信息共享、水利工程调度、监测预报预警、水利工程抢险等方面职责，与气象、自然资源、农业农村等部门共同完善监测预警预防、信息报送、会商系统运作等一系列工作机制；磨合、固化信息报送、救援力量调度和应急物资调配等“一个口子”统筹机制，建立完善值班值守、信息共享、响应联动、会商研判和预警提示等工作制度，有效发挥防指统筹协调、指导督查职能作用；建立防汛防台工作专报，全年直报省委、省政府主要领导，获批示22次。

【防汛防台安全检查和隐患排查】 2019年1月，浙江省政府防汛防台抗旱指挥部、省应急管理厅联合印发《关于开展2019年度防汛防台检查暨隐患大排查工作的通知》，省防指组织防汛防台安全检查和隐患排查，防范化解灾害风险隐患，保障安全度汛。3月下旬，省防指组织9个督查组，对11个设区市开展防汛抽查。全省出动检查人员12.75万人次，检查工程9.78万处，发现防汛安全隐患5440处，对发现的问题隐患分级督办整改。5月底，全部完成整改或落实度汛措施。

【汛情、台情科学应对】 2019年，省防指根据汛情、台情发展趋势和预案要求，先后启动防汛防台应急响应20次；根据台风的特点，聚焦海上渔船、沿海海塘、小流域山洪地质灾害、城乡内涝、电力通讯交通等领域风险点和人员转移、值班值守、信息报送、应急力量和物资投放等薄弱环节，建立风险提示单制度，累计向各地发送提示风险点62条次，并做好限时整改、闭环管理。

【防灾减灾宣传】 2019年7月25日，省防指举行转隶后首场新闻发布会，就梅雨洪涝防御和地质灾害防治等方面的热点问题向公众发布。台风来临前，通过电视、短信进行全方位宣传动员。丽水市防指以苏村为例制作《丽水市地质灾害警示教育片》，组织所有村每位村民集中观看，提高群众风险防范意识和避灾自救能力。

（省应急管理厅 郑 亮）

森林防火灭火

【概况】 2019年，浙江省接报发生森林火灾30起（其中一般火灾12起，较大火灾18起），受害森林面积115.54公顷，分别比上年下降33.3%和1.4%；24小时扑灭率100%，未发生人员伤亡事故。6月、8月、11月，省应急管理厅先后组织森林防灭火业务培训班4期，全省基层森林防灭火指挥员、业务骨干参加。11月，在衢州开化县组织开展全省森林防灭火技能竞赛和实战演练，强化队伍应急处置能力。进一步落实2.6万名护林员森林防灭火责任。

【森林防火灭火职能部门优化】 2019年，省应急管理厅提请省政府印发《浙江省人民政府办公厅关于调整成立浙江省森林防灭火指挥部的通知》，进一步完善省级议事协调机构。制定《浙江省森林防灭火指挥部工作规则》，优化森林防灭火指挥部功能架构和职能。印发《浙江关于森林防灭火工作相关职责协商纪要》，明确省应急管理厅、省林业局2个单位的森林防灭火有关职责划分、协商配合机制，并及时指导年内职能调整中的市、县两级应急管理部门和林业主管部门在森林防灭火工作中的职责划分。

【森林火灾隐患排查】 2019年1—4月，根据国家森防指办统一部署，浙江在全省范围内部署开展森林火灾风险隐患排查整治工作，共排查各类隐患点4.41万处，发现整改隐患2269个，最大限度消除森林火灾隐患；针对清明、国庆期间全省森林火险等级较高，森林防灭火较为严峻的形势，省应急管理厅牵头组织林业等部门多次联合对各地开展专项检查，确保各项责任和防控措施落地落细。

（省应急管理厅　郑　亮）

医疗卫生与保障
Health and Medical Insurance

医疗卫生

综　述

【概况】 2019年，浙江省有卫生机构3.41万个（含村卫生室1.16万个），其中，医院1374个、卫生院1092个、疾病预防控制中心100个、卫生监督所102个、妇幼保健院(所、站)92个。全省有卫生人员62.85万人，其中卫生技术人员52.03万人，包括执业(助理)医师20.56万人，注册护士21.98万人。卫生机构有床位35.03万张，其中医院床位30.72万张，卫生院床位2.13万张。全年全省卫生健康系统紧紧围绕“1+5”(医疗卫生服务领域“最多跑一次”改革和健康浙江建设、公立医院综合医改、县域医共体建设、“互联网+医疗健康”“医学高峰”建设)重点改革发展攻坚战提档升级，聚力解决群众“看病难”“看病繁”和基层服务能力弱的问题，推出“基层看病更放心、费用结算医后付、疫苗接种更透明”等10项新举措，所有省、市级医院完成号源池整合，网上开放号源达80%以上，门诊和病区智慧结算率分别达78.9%和71.2%，“医后付”“刷脸就医”和电子发票推广医院覆盖面分别达76.7%、92.2%和78.3%，城市大医院排队平均时间从8.26分钟缩短至2.61分钟。创新推出“出生一件事”，改新生儿出生后办理出生证、户口簿、医保卡、社保卡、接种证等为医院内一站式“多证联办”，覆盖所有县级以上设有产科的医院，累计服务新生儿家庭12万个。全省三级医院日间手术量36.1万例，占总手术例数的16.3%。年内，省级14项许可事项除1项涉及省级医疗卫生单位职能外，其他13项事项全部下放到11个设区市和义乌等部分县（市、区）卫生健康部门，嘉兴市下辖各县（市、区）实现全部下放。坚决防控重大突发疫情，筑牢群众生命健康安全和身体健康保障防线。中央全面深化改革委员会办公室《改革情况交流》专刊介绍浙江省群众全生命周期“一件事”、全流程“最多跑一次”的改革经验。

【县域医共体建设】 2019年，浙江省70个县（市、区）将208个县级医院和1063个乡镇卫生院组建成161个医共体，实现县域全覆盖，成为全国2个省域推进紧密型医共体建设试点省份之一，11个设区市均纳入国家城市医疗联合体建设试点城市。省卫生健康委制定县域医共体建设55项任务清单，会同省级相关部门，密集出台医共体人员统筹、财务管理、医保支付、药品耗材、人才培养、公共卫生、签约服务等11个配套文件。召开医共体建设培训会、交流会和推进会，组团式开展督查、指导和服务，推动扁平化管理和垂直化运行，协同推进基层补偿机制改革，县乡医疗卫生机构“一家人”“一本账”“一盘棋”的格局加快形成。建秩序、强能力，引导医共体牵头医院重心下移、资源下沉，面向医共体定向培养医学生1336人、规范化培训住院医师4500人，全面提升基层急救、康复、儿科、老年医学、中医等服务水平，让群众在家门口解决常见病、多发病。全省每月有5000多名县级医院的医生到成员单位排班坐诊，乡镇卫生院（社区卫生服务中心）开设夜间门（急）诊、开展门诊手术、提供住院和慢性病长处方比例分别达96.3%、93.8%、51%和100%。全年全省基层医疗卫生机构门（急）诊、住院人次分别比上年增长10.2%、11.6%，开放床位增长7.1%，手术台次增长15.7%，双向转诊人次增长10%以上，县域内就诊率88.3%。中央全面深化改革委员会办公室、国务院办公厅、国务院深化医药卫生体制改革领导小组和国家卫生健康委等先后以印发专刊、简报、专报及召开新闻发布会、经验交流会等形式，总结和推广浙江省县域医共体建设经验，《浙江全面推进县域医共体建设的探索》入选中央组织部主题教育典型案例。

【“医学高峰”建设】 2019年5月8日，浙江省开展院省合作，省政府与中国科学院签署医学合作框架协议，共建中国科学院肿瘤与基础医学研究所、中国科学院大学附属肿瘤医院、中国科学院大学杭州临床医学院，成为中国科学院首个“三位一体”的专业医学研究机构。推动中科院肿瘤与基础医学研究所高质高效运行，纳入省政府基础科学研究支撑体系，并作为浙江省实施引进全球顶尖人才“鲲鹏行动”的重要载体，在杭州钱塘新区启动一期工程，全职引进中科院院士1人、柔性引进院士团队2个，申报国家千人计划7人。启动共建工作，省政府与国家卫生健康委签订全国首批、长三角首个共建国家区域医疗中心协议，8个国家医学中心和区域医疗中心落户浙江，优先支持建设重离子诊疗工程技术研究中心、开展干细胞和免疫细胞创新政策试点；主动对接长三角一体化和“互联网+”、生命健康科创“两大高地”建设等重大发展战略，引进国内外各类高层次人才612人。在浙江大学医学院附属第一医院等10个省级医院启动为期3年的医疗中心建设项目，同步建设10个省级重点专科，被纳入省政府集中财力办大事的财政政策体系。根据省委、省政府的决策部署，全省推动体系重组，完成杭州医学院与浙江省医学科学院整合，集成优化生命健康基础研究和前沿应用等资源要素，构建医教研协同发展的新体系。推动中国（浙江）卫生健康科技研发转化平台实质化运行，推荐项目450多项，交易总额1.1亿元。全省医药卫生领域新增国家科技

2014—2019年浙江省卫生事业情况						
项　目	2014年	2015年	2016年	2017年	2018年	2019年
卫生机构数合计(个)	**30 360**	**31 139**	**31 548**	**31 981**	**32 755**	**34 126**
医院	935	1 049	1 131	1 204	1 288	1 374
社区卫生服务中心(站)	6 166	6 020	5 870	5 687	5 310	4 922
卫生院	1 148	1 199	1 201	1 161	1 168	1 092
专科疾病防治院(所、站)	20	16	16	16	16	15
疾病预防控制中心	100	101	101	100	100	100
妇幼保健院(所、站)	89	88	87	88	89	92
卫生监督所(中心)	103	103	103	102	102	102
医学科学研究机构	7	7	7	7	6	5
其他卫生机构	21 792	22 556	23 032	23 616	24 676	26 424
床位合计数(张)	**245 752**	**272 503**	**290 388**	**314 016**	**332 116**	**350 268**
医院	213 451	239 444	255 279	277 598	293 720	307 197
社区卫生服务中心(站)	7 120	7 413	7 286	7 472	8 283	8 425
卫生院	15 481	15 697	17 162	18 093	19 031	21 278
其他卫生机构	9 700	9 949	10 661	10 853	11 082	13 368
卫生技术人员	**375 542**	**405 458**	**432 393**	**460 505**	**486 231**	**520 251**
执业医师	124 648	135 772	144 998	155 782	166 144	180 044
执业助理医师	21 050	22 284	23 169	23 692	24 658	25 581
注册护士	145135	159945	174486	188163	201514	219811
药剂人员	24 452	25 763	26 871	27 950	29 048	30 287
检验人员	19 372	20 477	21 975	23 315	24 514	26 049
其他卫生技术人员	40 885	41 217	40 894	41 603	40 353	38 479
其他技术人员	18 127	18 793	20 444	22 499	24 792	26 789
管理和后勤人员	53 500	58 751	62 781	66 495	71 353	74 472
平均每千人口拥有卫生技术人员(常住)	6.82	7.32	7.74	8.14	8.48	8.89

（省卫生健康委　提供）

2019年5月8日，浙江省政府与中国科学院举行医学合作框架协议签约仪式，省委副书记、省长袁家军（前排右一）与中国科学院院长白春礼（前排左一）签署合作协议

（省卫生健康委　供图）

二等奖1项、省科技一等奖4项，新增国家临床医学研究中心3个、省重大疾病诊治技术研究中心8个，新增国家科技重大项目32项、获补助经费4亿元。

【"互联网+医疗健康"】 2019年3月起，省卫生健康委联合省医保局、省人力社保厅、省大数据局全面推进"两卡融合、一网通办"项目，将国家卫生健康委发行的电子健康卡和国家人力资源社会保障部签发电子社保卡（医保卡），融合成"浙里办""健康医保卡"。7月15日，召开两卡融合线下媒体体验会；8月8日，召开全省"两卡融合、一网通办"现场推进会。健康医保卡实现院前预约挂号、院内就诊报到、（医保）费用结算、扫码取药、扫码检查、院后结果查询等线上线下全流程服务，做到"看病不用卡，只需一个码"。该项目是年度省政府数字化转型重大示范项目，被评为"2019年浙江省改革创新最佳实践案例"、浙江卫生健康年度"十大有影响力事件"。至年末，"健康医保卡"领卡人数超过110万人，累计用卡48.64万次。以数字化推动服务提效，浙江省互联网医院平台上线运行，接入医院近300家，开展在线问诊、复诊、开具线上处方300多万人次；省级检查检验结果共享平台完成与16家省级医院、6个市级平台对接，累计实现检查检验结果共享1808万条，医生诊间调阅、群众自助查询65万次，减少重复检查检验8.8万次。开展"互联网+护理服务"试点，率先在"浙里办"上线疫苗与预防接种综合管理系统。启用卫生健康执法和服务平台，支持区域卫生监督精准执法。衢州市在7个领域实施远程实时非现场执法，发现违法违规线索497条，从中查处违法案件123件，其中利用该平台办理的"在线监测某口腔诊所消毒灭菌不符合标准案"被评为全国卫生健康系统执法优秀案例。全省所有二级以上医疗机构和50%的基层医疗卫生机构接入医疗废物智慧监管系统。各地游泳场所全面上线互联网生活服务平台，实施"放心游"项目，推送游泳馆的卫生信誉度等级，实时公示在泳人数、水质自检结果。

【公立医院综合医改】 2019年,省委多次召开深化医药卫生体制改革联席会议,省长担任省医改联席会议召集人,分管副省长负责卫生健康和医疗保障工作,协调推进医疗、医保、医药"三医联动"及医保、医疗、医院、医药、医生和中医"六医统筹"工作,省级出台医改相关文件20多个。组织召开省医改联席会议,以省医改联席办名义制订印发《浙江省深化医药卫生体制改革2019年重点工作任务》《浙江省深化医改联席会议办公室工作制度》。全年全省公立医院医疗总收入增幅控制在10%以内,门(急)诊均次费用比上年增长3.8%,出院均次费用下降0.4%。7月1日,省卫生健康委联合省医保局印发《浙江省省级公立医院医疗服务价格改革方案》,启动新一轮省级公立医院医疗服务价格改革。推动省、市、县协同改革,10个设区市、73个县(市)先后启动价格调整。杭州13个省级公立医院价格改革顺利实施,药品、耗材、检查、检验4项收入占比下降3.64个百分点。

【健康浙江建设】 2019年,浙江省以实施富民惠民安民行动计划·健康篇为抓手,健全指标、工作、政策、评价等四大体系,加快形成大卫生、大健康的工作格局。健康浙江建设考核全面推行,省委、省政府健康浙江建设领导小组召开会议,重新制定《省委省政府健康浙江建设领导小组成员单位职责分工》《〈健康浙江建设2030行动纲要〉主要任务分工》,组织健康浙江建设考核并公布结果,杭州等5个设区市、上城区等62个县(市、区)和15个省级部门被确定为优秀等次。"浙江首次开展健康浙江建设考核"入选浙江卫生健康年度"十大有影响力事件"。12月23日,为加快实施健康中国战略,推进健康浙江行动,省政府印发《关于推进健康浙江行动的实施意见》,在实施国家15项健康行动的基础上,围绕持续改善健康环境、优化健康服务保障和发展健康产业等方面新增11项行动,省、市、县三级同步启动"15+X"健康浙江行动。开展健康浙江建设评价指标体系研究,探索建立健康浙江监测评价指标体系。将《健康中国行动(2019—2030年)》中涉及政府、部门的工作性内容及要求融入健康浙江建设年度工作要点,将健康中国行动考核指标和约束性监测指标纳入健康浙江建设年度考核,并依托健康浙江建设监测评价体系进行监测。11月16日,省、市、县三级联动举行健康浙江行动启动仪式,副省长成岳冲参加省级主会场活动并宣布"浙江省实施健康中国行动,健康浙江在行动"启动。通过开展毅行、骑行、义诊、健康知识宣教等形式,向社会发布健康浙江行动倡议书,影响带动全民参与健康浙江建设。全年健康浙江建设的知晓率和满意度分别为81.47%和81.32分,浙江省居民健康素养水平达29.5%。健康浙江体系建设和推进工作走在全国前列,先后在全国健康中国行动电视电话会议和全国卫生规划工作会议上做典型交流发言。

(省卫生健康委 洪禹 何佳)

医药卫生体制改革

【概况】 2019年,浙江省深化医药卫生体制改革(简称医改)工作坚决贯彻全国医改工作电视电话会议和国务院医改推进现场会主要精神,全面落实省委、省政府的部署要求,围绕推进现代医院管理、全民医保、药品供应保障、综合监管等重点制度建设,协调推进"三医联动""六医统筹"工作,省级出台医改相关文件20多个。

【现代医院管理制度】 2019年,浙江省进一步明确各级政府办医职责,完善现代医院治理体系,省财政安排公立医院基本建设和设备购置等"六项投入"和基层医疗卫生机构"五项基本补助"118亿元;开展公立医院综合改革评价,下拨年度公立医院绩效补助资金3.83亿元(含中央补助)。完善医院管理制度,确定党委会和院长办公会议职责,建立内部决策和民主管理机制。以医院章程为统领,322个公立医院明确医院外部治理体系、医院主体的权利和义务。优化公立医院运行机制,全省公立医院总费用、门(急)诊和出院均次费用3项费用指标均在控制目标内。省级和10个设区市启动新一轮医疗服务价格调整,全面推广医保支付方式改革,各市全部出台公立医院薪酬制度改革实施意见。推进新时代公立医院党的建设工作,探索创新"五位一体"(部门职责、党委领导下的院长负责制、党建制度体系、工

2019年11月16日,全省实施"健康浙江在行动"活动正式启动。图为10支代表队1200名卫生健康系统工作者集体出发

(省卫生健康委 供图)

作要点和指导体系)的工作经验得到中央党的建设工作领导小组《党建要报》专刊推广。

【全民医保制度】 2019年,浙江全民参保进一步巩固,全省基本医保参保人数5461万人,户籍人口参保率99%,医疗救助政策落实率和符合条件困难群众资助参保率100%,城乡居民医保人均筹资标准达1000元。保障水平稳步提高,职工、城乡居民政策医保内住院报销比例分别为83%和70%,大病保险人均最低筹资标准达55元,报销比例约60%,职工医保基金支付能力处于全国领先水平。建立健全慢性病医保制度,将高血压、糖尿病、肺结核等12种常见慢性病纳入城乡居民门诊规定病种范围,一次处方医保用药量从4周延长到12周。推进异地就医即时结算,深化与沪苏皖医保部门合作,所有统筹区、636个医疗机构门诊费用实现双向直接结算。

【药品供应保障制度】 2019年,省卫生健康委积极落实国家组织药品集中采购和使用试点扩围,25个品种价格平均下降59%。药品采购交易更加规范,巩固完善全省统一的信息流、商流、资金流"三流合一"网上药品采购交易平台,全省网上药品年采购金额690多亿元。做好抗癌药专项集中采购和一致性评价仿制药挂网采购,171个抗癌药中标产品价格平均下降11.6%,完成187个一致性评价仿制药品的挂网采购。完善低价药产品和短缺药品管理,将低价药品纳入全国最低价联动范围,完成3个批次1007个低价药产品的参照价梳理调整,短缺药品信息监测系统基本实现医疗卫生机构、配送企业和投标企业等"全覆盖",落实平台集中挂网、医院直接采购的短缺药品采购政策。高值耗材招标采购实现全覆盖,开展心脏介入等八大类医用耗材全国最低价格联动采购,节约支出5000多万元。

【综合监管工作】 2019年,浙江省医疗卫生行业综合监管制度逐步改革完善。12月18日,省政府办公厅围绕监管格局、监管制度、监管模式、监管执法、监管机制、监管手段等9个方面,制定印发《关于改革完善医疗卫生行业综合监管制度的若干意见》。严查医疗卫生行业违法行为,全省查处医疗机构违法违规行为6719起,罚款1689.44万元,查处无证行医2211件,罚款金额2833.55万元,移送司法机关112件;检查定点医药机构2.05万家,暂停或解除医保服务1541个,追回资金3.24亿元。建设全省药品风险监测预警防控系统,构建生产经营使用链和政府监管链"双数字化"体系,作为年度省政府防范和化解重大风险政府数字化转型10个重大项目之一。推进清廉医院建设,把日常监管、科室日常考核与医德考评工作相结合。依法依规处理党风廉政问题,坚持执纪问责高压态势。

公 共 卫 生

【概况】 2019年,浙江省发挥县域医共体作用,建立"全专融合型"家庭医生签约团队,强化基层人员培训培养,打造全专科联合门诊,拓展签约服务内容,为签约居民提供全方位、多样化、针对性的健康服务。全年全省有家庭医生签约团队1.31万个,签约服务人数2024.8万人,常住人口签约率37.7%,老年人等10类重点人群签约率77.93%。全省急性、重点传染病防控常抓不懈,甲、乙类传染病发病率稳中有降,艾滋病、结核病、血吸虫病等重大传染病防控成效显著。儿童免疫规划疫苗接种率保持在95%以上。持续巩固地方病消除状态,完成国家地方病防治专项三年攻坚行动目标任务。稳步推进慢性病防治,加强慢性病监测。推进控烟履约工作,完成全省居民烟草使用监测调查和控烟暗访工作。推进《浙江省精神卫生条例》颁布施行,加强患者发现报告和管理服务工作。强化医疗卫生、公共卫生、职业卫生监督执法,在医疗卫生领域开展打击非法行医、一次性输液瓶(袋)处置管理隐患排查、医疗乱象整治等行动,承担医疗服务多元化监管和传染病防治分类监督综合评价两项国家试点工作。在公共卫生领域开展住宿场所卫生乱象专项整治、规范儿童青少年近视矫正等行动。全面启动卫生行政执法机构规范化建设,围绕"内涵建设、执法保障、机构运行、执法全过程、信息化和宣传、知晓满意度"等6方面49项指标,经单位自评、市级推选、省级复核,分批通过省级卫生行政执法规范化建设单位25个。完善省、市、县各级卫生健康行政部门和医疗卫生健康单位的卫生应急指挥体系,构建县、乡、村三级联动的卫生应急体系。

【基本公共卫生服务项目开展】 2019年,省卫生健康委、省财政厅联合印发《关于做好2019年国家基本公共卫生服务项目工作的通知》,明确年度8个方面工作重点。至年末,全省累计建立居民电子健康档案4699万份,电子健康档案建档率87.51%;落实0~6岁儿童健康管理307万人;系统管理孕产妇41万人;65岁及以上老人健康管理512万人;管理高血压患者526万人、糖尿病患者147万人,患者规范管理率分别为67.87%和67.28%。全面推进基层医疗卫生机构补偿机制改革,全年省财政安排8932万元用于支持36个县(市、区)(不含宁波)加强补偿机制改革信息化建设。

【疾病预防与控制】 2019年,浙江省甲、乙类传染病报告发病率175.02/10万,死亡率0.75/10万。浙江省艾滋病防治工作获国家重大公共卫生服务项目100万元绩效奖励金。完善省、市、县、乡四级实验室网络体系,构建全国领先的艾滋病分子传播网络监测体系。全年全省重点人群检测170多万人次,比上年增长12.2%;艾滋病报告病例数首次出现负增长,下降5.3%,病例治疗覆盖率和病毒抑制成功率分别达93.0%和96.4%。完成浙江省第五次结核病耐药监测,实施全省年度重点人群结核病筛查项目。全年全省结核病新发报告率41.3/10万,提前完成"十三五"规划目标,肺结核患者和疑似患者总体到位率98.57%,病人成功治疗率94.7%。全省血吸虫病维持消除状态,8月9日,修订出台《浙江省麻风病监测技术方案》,开展性病规范化诊疗服务试点。全省6个设区市、17个县(市、区)实施老年人流感疫苗免费接种民生项目。浙江省流感防控、致病菌识别网等工作在全国会议上做典型交流发言。贯彻落实《中华人民共和国疫苗管理法》,组织全省1000多人参加培训。12月5日,制订出台《浙江省疫苗接种方案》,完成11个市37个县96家接种单位抽查督导工作。以慢性病综合防控示范区建设为抓手,逐步从病人管理为主转向健康人群管理为主,新增国家慢性病综合防控示范区5个。推进心脑血管疾病、癌症等早期筛查和早诊早治。加强慢性病监测工作,全年居民平均期望寿命79.13岁,重大慢性病过早死亡率9.04%。完成饮用水水质、空气污染(雾霾)、公共场所、全国典型地区农用地土壤质量等健康危险因素监测任务和目标。加强部门配合,完成青少年近视下降1个百分点的国家目标任务。深入推进精神(心理)卫生工作,全年报告患病率4.84‰,规范管理率98.33%,规律服药率88.84%,浙江省在全国工作考核中居第一位。推进杭州、宁波、嘉兴、绍兴全国社会心理服务体系建设试点。11月6日,制定出台《浙江省职业健康检查机构备案管理办法》,全省职业卫生和放射卫生技术服务机构、职业健康检查机构、职业病诊断和鉴定机构的建设提前达到"十三五"规划目标。启用职业病危害项目申报和职业健康检查机构备案系统,率先开发"全省职业健康信息服务与监管平台"。强化食品安全标准管理,调整组建第二届食品安全地方标准审评委员会,对现行有效的地方标准进行复审、清理。在全国率先推行食品安全企业标准网上"表格式备案",做到企业标准备案"一次都不跑",全年完成备案2767件,总量3.6万件。推进风险监测能力提升三年行动,加强对浙江特色产品和大宗消费食品监测工作,加强食源性疾病监测。全年全省市、县风险监测设备配置分别达到省定参考品目的94.1%、88.8%,年风险监测食品样本量5.78万件,基层监测能力和检测样本量全国领先。

【综合监督工作】 2019年,浙江省各级卫生健康部门完成国家"双随机"监督任务26984家,监测任务22142家,查处率20%。完成省级"双随机"监督任务19542家。全年查办卫生健康领域违法案件3.18万件,罚没款9521万元,分别比上年增长44.6%和63%,全年无重大负面事件发生;人均案件数、罚没款金额、国抽任务完结率、国家抽样调查案件查处率等指标均列全国首位;4个案例被国家卫生健康委评为全国典型案例。全面使用"浙政钉·掌上执法系统",建成"全省卫生执法综合监管与服务平台"并投入使用,实现全省共用一个平台、执法数据互联互通。建成"医疗废物智能监管系统"并全省统一使用,覆盖所有二级以上医疗机构380个,实现医疗废物全流程、实时、可追溯的精准监管。率先开启卫生健康领域非接触执法,在医疗废物监管、口腔消毒灭菌、中小医疗机构诊疗行为等领域开展实时监测监控预警并查办相关案件490件,推进非现场执法工作规范的研究。

【人口监测与家庭发展工作】 2019年,浙江省在全国率先取消单独进行计划生育目标管理责任制考核,将其统一纳入省委、省政府对各地党委、政府的健康浙江考评体系,推动计划生育纳入大卫生大健康一起部署落实。对列入年度健康浙江考核的计划生育工作指标做调整、精简和优化,设区市、县(市、区)两级指标从上年各9个分别减少到3个和4个,引导基层工作紧贴构建生育友好型社会的基本要求。在全省卫生健康系统建立统一的全员人口信息平台,实现省、市、县、乡镇、村(社区)五级联网,建立健全全员人口数据库,全员人口数据人群覆盖率达99%。建立健全人口监测预警机制,开展浙江省人口监测工作制度和预警机制课题研究,做好国家部署的人口与家庭动态监测调查工作。优化生育登记服务等工作流程,实现"一证通办""婚育户一证联办"。

(省卫生健康委 洪 禹 何 佳)

医 政 医 管

【医疗质量管理】 2019年,省卫生健康委制定《浙江省医疗技术临床应用管理办法实施细则》,确定省级限制类技术5项,重点质控技术2项。人体器官移植例数显著增长,全年全省完成人体器官移植1643例(其中心脏移植30例,肝脏移植590例,肾脏移植979例,肺脏移植35例,小肠移植9例),比上年增长31.8%。浙江大学医学院附属第一医院在省内首次开展小肠移植技术,拓宽全省移植学科专业,推动器官移植高峰学科群建设。完成浙江大学医学院附属第二医院、宁波李惠利东部医院、鄞州区第二医院开展活体器官移植技术临床应用能力评价。增加三级公立医院绩效评价指标采集。三甲综合医院平均住院日7.1天,三乙综合医院平均住院日7.88天,三级医院合计的三四级手术占29.2%,三级医院日间手术占16.1%。三级医院收治的省外就医患者数比例上升明显,居全国前五位。开展医疗机构院感专项检查、毒麻精药品管理专项检查和抗菌药物合理应用飞行检查工作。组织对全省37个三乙综合性医院组织开展门诊质量管理、病历质量管理、护理质量管理、肿瘤诊治质量管理、产科医疗质量管理、康复质量管理6个专业的质控联合检查。修订《浙江省医院等级评审管理办法》,制定《第四周期综合医院等级评审标准》。组织3期浙江省综合医院等级评审标准(2019版)培训,培训2000多人。研发浙江省医院评审管理系统并上线运行。完成浙江省人民医院、东阳市人民医院等18个医院现场技术评审工作。印发《浙江省卫生健康委等7部门关于完善国家基本药物制度的实施意见》。调整并强化由省、市、县(市、区)卫生行政部门和公立医疗机构组建的三级监测预警网络体系。

【注册考核管理】 2019年,省卫生健康委出台《关于深化放管服改革简化医疗机构医务人员审批工作的通知》,下放部分医疗机构审批权限。医师、护士注册实现"掌上办""网上办"即时办,成为全国首个全面应用医疗机构和医护人员电子证照管理省份,推进二级及以下医疗机构设置审批与执业登记"两证合一"。除三级医院、三级妇幼保健院、急救中心、急救站、临床检验中心、中外合资合作医疗机构、港澳独资医疗机构外，举办其他医疗机构的，卫生健康行政部门不再核发《设置医疗机构批准书》，仅在执业登记时发放《医疗机构执业许可证》。破除社会办医壁垒，试点诊所备案制。正式施行《浙江省护士区域注册实施办法》。开展"优质服务基层行"活动，组织"优质服务基层行活动"专题培训班，累计培训500多人，组建195人的专家库。制定《浙江省三级公立医院绩效考核方案》，完成年度首次三级公立医院绩效考核国家网上平台数据填报，并组织进行上报数据质量核查，有3家医院考核得分列全国前10位。

【血液安全管理】 2019年，浙江省积极保障临床用血，建设浙江省采供血信息化云平台个人用户端，全省全血采集人次49.86万人次，比上年增长5.7%，全血采集量78.65万个单位，增长6.9%；单采血小板采集56332人次，增长12.5%，单采血小板8.06万个治疗量，增长9.5%。6月10日，国家卫生健康委召开新闻发布会，浙江省无偿献血信息化建设经验在会上介绍推广。

【互联网医院管理】 2019年1月22日，浙江省互联网医院平台上线，该平台由省卫生健康委主办，浙江大学医学院附属第一医院、阿里健康、支付宝承办，以用户和健康为中心，依托实体机构和注册医务人员通过互联网为患者提供在线咨询、慢性病网上复诊、家庭医师网上签约服务等，实行"服务+监管"一体化共享平台模式。省卫生健康委印发《浙江省"互联网+院前医疗急救"试点工作实施方案》。深化巡回医疗车服务项目。

（省卫生健康委 洪 禹 何 佳）

公共卫生应急体系建设

【概况】 2019年，省卫生健康委结合机构改革和县域医共体建设，完善省、市、县各级卫生健康行政部门和医疗卫生健康单位的卫生应急指挥体系，积极构建县、乡、村三级联动的卫生应急体系。强化基地和队伍建设，根据"十三五"规划，加强浙东、浙南、浙西、浙北、浙中五大卫生应急综合保障基地建设。利用信息化手段，组织开展各类应急培训和演练活动。做好突发事件紧急医学救援，落实应急保障工作。

【卫生应急体系建设加快推进】 2019年，省卫生健康委组织修订《突发公共卫生事件卫生应急预案》《突发公共事件紧急医学救援行动预案》，指导各市、县结合当地实际完善专项应急预案。依托"视联网"等安全成熟网络信息平台，不断加强突发事件的有效处置，进一步提升全省应急指挥协同能力。加强监测预警，定期开展突发公共卫生事件常态化风险评估，做到充分识别公共卫生风险，靶向发力、精准防控。建立突发事件舆情监测机制，实现各类重点传染病和突发公共卫生事件预警信息的实时推送。

【公共卫生应急能力建设】 2019年，省卫生健康委积极推进国家海上（舟山）紧急医学救援基地建设，组建71人海上紧急医学救援队，从省财政争取一期专项资金500万元投入基地建设；推进八大省级专业救治基地（中毒、创伤、烧伤、核与辐射、心理干预、传染病、母婴、儿童）标准化建设；省人民医院国家队应急基地建设全面启动。7月中旬，国家突发急性传染病防控队（浙江）通过国家专家组评估验收。重新组建省突发事件卫生应急专家咨询委员会，修订《浙江省突发事件卫生应急专家咨询委员会管理办法》。国家紧急医学救援队（浙江）申请注册国际应急医疗队。开展应急培训和演练，开展全省紧急医学救援队队长培训、突发中毒事件卫生应急处置培训和卫生应急指挥官培训。按照"演练即实战"的要求，利用信息手段，联合视联动力信息技术股份有限公司组织突发公共事件卫生应急救援可视化指挥演练。7月，联合杭州海关在桐乡乌镇开展境外输入传染病防控应急演练。8月27—30日，参加在江苏淮安市举行的长三角区域上海、浙江、安徽、江苏三省一市疾病预防控制机构卫生应急联合演练。10月30日，组织"大健康·大安全大练兵"2019年安全生产与卫生应急综合演练活动。12月，联合上海金汇通用航空股份有限公司组织航空医疗救援应急演练。

【公共卫生应急保障】 2019年，省卫生健康委严密组织各类强台风、超强台风灾后防疫工作，确保灾后疫情无异常。指导杭州、温州、金华等地处置诺如病毒感染疫情，督导重点地区的鼠疫监测工作，定期组织分析公共卫生安全形势，做好自然灾害期间卫生防疫工作，及时控制事件于萌芽状态，全年未发生较大级别以上突发公共卫生事件。针对"5·12"温岭市农用车侧翻事故、"5·19"台州市路桥区火灾事故、"6·16"乐清市火灾事故、"8·27"临海市猫狸岭隧道事故、"8·31"淳安县误食野生蘑菇中毒事故、"9·5"建德市涉港交通事故、"9·29"宁海县厂房火灾事故、"12·3"海宁市污水罐体坍塌事故等突发事件，快速组织省市县各级医院多学科专家进行联合会诊、救治，最大限度减少伤亡。组织第五届中国"互联网+"大学生创新创业大赛、第四届中国—阿拉伯国家广播电视合作论坛和第六届全国残疾人职业技能竞赛等重大活动的医疗卫生保障工作。

【台风"利奇马"灾后卫生防疫攻坚战】 2019年8月10日，超强台风"利奇马"登陆浙江，全省出动医疗救援队伍384支2169人次，救治伤员2484人次，安排1220名医务人员保障临时安置点群众健康；出动卫生防疫队伍2.04万支9.26万人次，完成防疫消杀面积2.54亿平方米，消耗各类消杀药品47.19万千克，进村入户开展消杀与健康教育1.65万个村147.52万户；基层医疗卫生机构组织1.25万支家庭医生团队进村入户开展灾后巡诊、随访服务，覆盖行政村（社区）8473个，提供家庭健康服务34.87万户；各级卫生监督队伍出动536支4185人次，对1082个集中供水单位进行水质监督检查；各级计生协会组织会员、志愿者26万人次参与防台抗台及灾后防疫宣教等工作。在浙江的国家紧急医学救援队和在浙国家突发急性传染病防控队组成6支小分队，8个受灾较轻市组建15支小分队，驰援14个受灾重点县（市、区）开展防疫消杀工作。实现全系统“无人员伤亡”和全省灾后“无异常疫情”的目标。

【医疗卫生健康单位消防安全标准化建设】 2019年，省卫生健康委会同省消防救援总队制订《浙江省卫生健康系统消防安全标准化管理规定（试行）》，并将医疗机构和疾控机构消防安全标准化建设纳入健康浙江考核，作为省委、省政府对市、县党委政府考核的重要内容，按照发现隐患就是发生事故的要求，做好责任落实和隐患整改，杜绝火灾事故发生。3月1日至6月30日，组织全省医疗机构集中开展消防安全隐患百日整治行动；江苏响水爆炸事故发生后，迅速组织对全省医疗卫生健康单位开展以危险化学品储存、使用以及废弃危化品处置为主要内容的安全生产大检查。9月6—20日，联合省消防救援总队组织16个检查组对全省医疗卫生健康单位开展“迎大庆、保平安”安全生产督导检查，确保全省卫生健康系统安全生产总体平稳有序。省卫生健康委被省政府评为2019年度安全生产和消防工作目标管理责任制考核优秀单位。

中医药事业

【概况】 2019年，浙江省中医药系统贯彻全国中医药大会精神，围绕卫生健康改革发展战略布局，以医疗卫生服务领域“最多跑一次”改革持续撬动中医药服务流程改造，围绕健康浙江、“互联网+医疗健康”等中心工作谋发展建机制，探索中医药支付方式改革，加强中医医院信息化建设，不断深化改革，强化传承创新，提升服务水平。

【中医改革】 2019年，浙江省公立中医医院建立“一窗受理、一站式服务、一章管理”服务模式，推广“刷脸认证”“医后付”，支付宝、微信、银联等付费方式，95%的三甲中医院开展日间手术，全省100%的公立中医医院能提供中药饮片代煎配送到家服务。全省二级及以下医保定点医疗机构开展基层中医门诊常见病按病种支付，70%以上的县域推广应用“八病九方”（浙人社发〔2018〕74号文件中所列的疾病名称、建议处方）按病种支付。县级中医医院积极参与医共体建设，联合368个乡镇卫生院（社区卫生服务中心）建立55个医共体。开展中医健康体检和健康干预，普及中医养生保健知识，加强以中医电子病历为基础的中医医院信息化建设，开展中医远程医疗、远程会诊、体质辨识、中医“四诊”、经络诊断、远程教育等服务。

【中医质量管理】 2019年，省卫生健康委制订《浙江省三级公立中医医院绩效考核指标》，全省35个三级公立中医医院纳入全国绩效考核平台，考核医院数量居全国第三位；推进中医医院治理体系和治理能力现代化，嘉兴市中医院纳入全国现代医院管理制度试点单位，全省90%的三级中医医院完成章程制定工作。将DRGs（疾病诊断相关分类）纳入健康浙江评价指标并对中医医院进行考核，完成上年度中医医疗机构DRGs综合评价报告和年度上半年数据分析。强化中药饮片使用监管，开展中药饮片采购验收专项检查，三级中医医院检查覆盖率83.8%、二级中医类别检查覆盖率89.1%；检查中医类診所和中医类门诊部分别492个和214个，提升中药饮片质量。

【基层中医药管理】 2019年，省卫生健康委制定中医医院等级评审标准，完成杭州市中医院、长兴县中医院等级评审试评工作。开展基层医疗卫生机构中医馆建设，新建标准化中医馆139个。推广中医药适宜技术540多项，培训1.91万人次，技术应用128.2万例次，全省92.68%的社区卫生服务中心、95.52%的乡镇卫生院能提供6类以上中医药技术服务，88.41%的社区卫生服务站、82.83%的村卫生室能提供4类以上中医药技术服务，乡镇卫生院（社区卫生服务中心）中医诊疗人次占总诊疗人次比例达30%以上。强化中医药基本公共卫生服务，全省65岁以上老人和0~3岁儿童的中医药健康管理服务覆盖率分别为56.61%和61.86%，分别超出国家考核要求11.61个百分点和16.86个百分点。湖州市、绍兴市和杭州市下城区等11个县（市、区）通过全国基层中医药工作先进单位国家级复审。

【中医药科技人才培养】 2019年，浙江省推进国家中医临床研究基地（血液病基地、风湿病基地）建设，加强基地重点病种研究，建设研究型门诊和病房；国家中医药传承创新工程和重点中医药科研机构建设稳步实施，省中医院下沙院区、省中医药研究院青山湖园区获中央补助资金2.3亿元；加强省中医药重点学科、重点实验室和重大疾病中医药防治中心建设，新增省重大疾病中医药防治中心筹建项目4个、省中医药重点实验室1个。3个国家中医药管理局重大疑难疾病中西医临床协作试点项目和2个区域中医诊疗中心建设取得明显成效。开展省中医药重点专科建设，确定“十三五”省中医药重点专科174个。实施省级名中医传承人、省优秀中西医结合人才培养等项目，颁发全国第一本民间中医医术确有专长人员医师资格证书，新增国家中医药高层次人才培养基地建设单位1个、全国名老中医药专家传承工作室7个、全国中医临床特色技术传承人才培训项目培养对象19人、全国中医药创新骨干人才培养对象20人、全国中药特色技术传承人才培训项目培养对象15人。葛琳仪、张玉柱获全国中医药杰出贡献奖。

【中医药健康服务】 2019年，省卫生健康委出台《关于加快推进森林康养产业发展的意见》，新认定年度省中医药文化养生旅游示范基地12个。开展第四次全国中药资源普查，完成第二批20个县中药资源普查技术资料整理上报，对第三批39个县进行中药资源摸底调查，采集制作植物标本3万余份，新发现中药资源331种。举办“中医药你我他”大型主题活动，宣传《中医药法》，开展阅读中医、中医药健康文化知识巡讲和中医药健康文化精品遴选工作；新增省中医药文化宣传教育基地4个；推进《中医药与健康》进校园，举办中医药文化进校园教育现场会；组织中医药健康文化素养调查，在12个县（市、区）96个居委会（村）共调查2880人次。推动中医药走出去，以色列、罗马尼亚、白俄罗斯中医药中心列入年度国家中医药管理局中医药国际合作专项建设项目；在南非西开普大学联合举办中医孔子学院，省长袁家军出席揭牌仪式；在匈牙利举办中医健康养生展，进一步提升“浙派中医”的国际影响力。

（省卫生健康委　洪　禹　何　佳）

卫生健康事业综合管理

【医养结合服务模式完善】 2019年，浙江省探索“养中设医”“医中增养”“医养签约”等形式的医养结合服务。至年末，全省有医养结合机构273个，比上年增加83个。其中开展养老服务的医疗卫生机构105个，设立医疗机构的养老机构168个；医疗机构与养老机构建立签约合作关系的有1310对，与社区居家养老服务照料机构签订合作协议的有1.14万对，为居家老年人提供上门医疗卫生服务的机构有2997个。开展“老年健康宣传周”活动，全省41个城市社区和12个行政村实施“老年人心理关爱”项目。启动基层医疗卫生机构提升医养结合服务能力项目，安排4000万元专项经费，对参与项目的21个社区卫生服务中心和乡镇卫生院给予资金支持。

【妇幼健康服务】 2019年，浙江省开展生育全程基本医疗保健服务，妇女儿童保健管理更加规范，孕产妇系统管理率96.30%、产前筛查率95.18%、产后访视率98.10 %、新生儿疾病筛查率99.87%；3岁以下儿童系统管理率96.62%，7岁以下儿童保健覆盖率97.51%，新生儿访视率98.65%，0~6岁儿童眼保健和视力检测覆盖率93.83%。12月25日，省政府办公厅出台《关于加快推进3岁以下婴幼儿照护服务发展的实施意见》。省卫生健康委相继制订出台托育机构设置标准、管理办法和服务指南等政策文件，制定印发《危重孕产妇和新生儿救治中心建设标准》，推动2个中心标准化建设。推广新生儿早期基本保健等适宜技术，全省新生儿因窒息造成的死亡率持续下降。加强动态监测，将孕产妇和5岁以下儿童死亡监测纳入各级行政部门、医疗机构和县域医共体公共卫生任务书重点指标，督促各部门各单位落实职责分工。全省部分乡镇卫生院（社区卫生服务中心）形成集母婴室、“三优”（优生、优育、优教）指导中心、流动人口服务示范点、预防接种中心、计划生育服务科等“五位一体”的基层妇幼保健多功能阵地。

2019年9月11日，省长袁家军（右一）出席南非西开普大学中医孔子学院揭牌仪式

（省卫生健康委　供图）

【保健医疗工作】 2019年，浙江省完善“十大专科保健中心”建设，各中心完成推广应用先进适宜技术43项，引进硕士以上人员28人，在培硕士以上人员66人，省级以上科研立项45项，发表论文79篇，其中SCI论文（《科学引文索引》收录论文）17篇，举办各类学术会议31次。4月17日，省保健委员会办公室印发《浙江省干部保健培训管理制度》，邀请国内一流专家举行医学进展、急救技能及礼仪规范等培训，持续加强保健医疗服务质量建设。组织11个省保健基地医院召开保健基地医疗服务质量巡查工作总结部署会，在省行政中心建设“健康小屋”，开展智能化检测血压、血糖等服务，拓展健康体检内涵，倡导健康生活方式。开展健康中国行动专题公益巡讲，为省直机关及其他单位做《健康中国我行动 我的健康我做主》专题宣讲10多场，累计受众近1万人。

（省卫生健康委　洪　禹　何　佳）

医疗保障

综　述

【概况】 2019年，浙江省基本医疗保险参保人数5461万人，其中职工医保参保人数2426.61万人，城乡居民医保参保人数3034.85万人，生育保险参保人数1561万人，户籍参保率达99%以上。全省有医保定点医药机构20905个，其中定点医疗机构9927个（三级167个、二级623个、一级及以下9137个），定点零售药店10978个，民营医疗机构4500个。全省坚持“稳为先、保为本、统为要”的原则，提升医保统筹水平、参保人员慢性病和大病保障水平、医保基金监管能力水平，聚焦医保支付方式改革、药品耗材集中采购改革、公立医院医疗服务价格改革等三大改革，实施医保办事最便捷省份、医疗保障一站式结算、扩大省内异地就医定点范围三大惠民举措，推进“法治医保、智慧医保、清廉医保”建设，初步建成以职工医保和城乡居民医保两项基本医保为主体、大病保险为延伸、医疗救助为托底、社会慈善和商业保险为补充的多层次医疗保障体系。

【医疗保障制度体系建设】 2019年，浙江省医疗保障局(简称省医保局)按照“全市制度统一、预算统筹编制、基金分级管理”的思路，指导11个设区市全部实现基本医疗保障制度纵向统一和大病保险市级统筹。7月11日，省医保局会同省民政厅、省财政厅出台《关于进一步加强医疗救助工作的指导意见》，统一医疗救助对象、救助方式、救助标准，理顺部门职责，建立健全医疗救助精准识别、“一站式”结报、困难群众资助参保、医疗救助分段救助和医疗救助补助资金的监管5项工作机制。8月15日，省医保局联合省财政厅出台《关于做好2019年城乡居民基本医疗保障工作实施方案》，提高城乡居民重特大疾病保障水平，明确医保人均筹资标准1252元，其中财政补助838元。提升大病保障最低筹资标准，从原来40元提高到55元，起付标准平均降低约1万元，最低报销比例提高到60%以上，贫困人群起付线降低50%、报销比例提高5个百分点。10月11日，省医保局、省民政厅、省教育厅、省财政厅等10部门联合出台《浙江省社会救助家庭经济状况认定办法》，规定最低生活保障家庭、最低生活保障边缘家庭、支出型贫困家庭、特困供养人员对象、临时救助对象的认定条件和标准。建立“全省医疗救助人员信息实时交互平台”，通过与民政部门的全省社会救助信息系统数据交换，使各市医保经办机构、定点医疗机构及时获取当地医疗救助对象数据。全年全省资助困难群众参保120万人，资助参保金额5.8亿元；补助困难群众医疗费用654万人次，救助金额17亿元。9月11日，根据国务院办公厅《关于全面推进生育保险和职工基本医疗保险合并实施的意见》要求，省医保局联合省财政厅、省卫生健康委、省税务局制订出台《关于全面推进生育保险和职工基本医疗保险合并实施方案》，建立健全适应浙江省经济发展水平、长期稳定可持续的2项保险合并实施制度体系和运行机制，确保两项保险合并实施后基金安全运行及参保人员待遇不降和企业负担不增加。

2019年5月27日，省医保局与浙江大学签署局校合作共建共享机制备忘录

（省医保局　供图）

【法治医保建设】 2019年，省医保局制订年度浙江“法治医保”重点工作计划，及时部署强化组织保障和落实机制，完善依法行政制度体系，加强行政执法和权力监督，增强法治思维和依法行政能力4方面10项重点任务。协调组织11个设区市医保局完成执法证更换和考试报名等工作，全省完成478名行政工作人员的执法证办理工作。制定出台行政处罚程序和相关执法规章，统一全省医保系统行政执法流程。推进《浙江省医疗保障条例》立法工作。成立以正、副局长为组长、副组长，局机关各处室单位负责人为成员的条例立法工作专班，制定工作方案。《浙江省医疗保障条例（草案）》历经11稿修正，被省人大常委会列为下年度一类立法计划。

【“智慧医保”建设】 2019年，省医保局启动“智慧医保”工程项目的立项和推进工作，成立信息工作专班。根据国家医疗保障局信息化建设指导意见，工作专班通过全方位调研，编制项目建议书。邀请省发改委信息中心、省财政厅、省卫生健康委等各部门信息中心，联通、电信及市县医保局、各大医疗机构信息中心等行业专家进行全面论证，编制“智慧医保”工程项目可行性研究方案并上报国家医疗保障局。9月2日，省发展改革委等5部门对“智慧医保”可行性研究方案进行评审，核定“智慧医保”应用软件及配套建设资金4.99亿元，基础设施建设由省大数据局负责。同月18日，国家医疗保障局批复同意浙江省“智慧医保”可行性研究方案。

【高端智库建设】 2019年5月27日，省医保局与浙江大学签署局校战略合作备忘录，开创省域医保“局校共建”局面。协同共建浙江大学医疗保障大数据和政策研究中心，12月25日，该研究中心挂牌，组建以吴息凤教授为学术带头人的国内高端领军人才和专职研究团队，落实3000平方米的办公实验场地和经费保障，着力将中心打造成为全国有影响力的医保研究平台。完成《浙江省医疗保障条例》立法研究、浙江省保障事业“十四五”规划前期研究、疾病诊断相关分组方案研究、互联网医疗医保机遇与挑战研究、医保人才评价体系研究等5个课题项目。

（省医保局　姚宵霖）

医药服务管理

【概况】 2019年，省医保局立足“三医联动”“六医统筹”，全面厘清支付方式改革中的“医、保、患”三个利益单元边界和相互关系，结合省情实际，推进医保支付方式改革。根据国家医保局《关于印发<国家基本医疗保险、工伤保险和生育保险药品目录>的通知》要求，推动国家药品目录实施。拟定医保药品支付标准，建立动态调整机制。推动建立罕见病用药保障机制，帮助人民群众化解巨额医疗费用支出风险，有效解决因病致贫、因病返贫问题。建立城乡居民医保慢性病门诊保障制度，并列入年度省政府十件民生实事，进一步加强重大慢性病防治，减轻患者用药负担。

【医保支付方式改革】 2019年，浙江省全面深化医保支付方式改革。5月21日，金华市被国家医保局列入DRG付费国家试点城市。6月28日，省委全面深化改革委员会第四次会议审议并通过《关于推进全省县域医共体基本医疗保险支付方式改革的意见》。7月10日，省医保局联合省卫生健康委、省财政厅、省人力社保厅、省药监局印发《关于推进全省县域医共体基本医疗保险支付方式改革的意见》。10月9日，省医保局批复同意台州市为门诊费用支付改革试点城市，启动门诊医疗服务结合家庭医生签约按人头付费改革试点工作。11月12日，省医保局会同省财政厅、省卫生健康委联合印发《浙江省基本医疗保险住院费用DRGs点数付费暂行办法》，确立省级制定DRGs标准，市级计算点数，统筹区计算点值基本运行机制，规范总额预算、DRGs点数、费用结算和监督管理等方面内容，是全国首个全省域推行DRGs点数付费改革的省份。

【丙型肝炎支付改革】 2019年，浙江省开展丙型肝炎(抗病毒治疗)门诊医疗费用按病种支付。3月28日，省医保局联合省财政厅、省卫生健康委出台《关于开展基本医疗保险丙型肝炎(抗病毒治疗)门诊医疗费用按病种支付的通知》，实施试点医院丙型肝炎抗病毒治疗门诊医疗费用按病种支付，探索发挥医保支付在调节医疗服务行为、引导医疗资源配置中的重要杠杆作用。7月8日，经各市申报，省医保局、省卫生健康委审定，公布第一批130个基本医保丙肝按病种支付定点医疗机构。12月30日，按照年度国家谈判纳入的丙肝直接抗病毒(DAA)药品支付标准，将丙肝按病种支付标准调整为19000元。

【医保药品支付标准】 2019年2月22日，省医保局根据机构改革职能调整情况，调整浙江省医保药品支付标准联席会议成员单位，联席会议办公室设在省医保局。3月21日，省医保局召开医保药品支付标准联席会议，审议年度医保支付标准制定发布相关规程和结果。4月20日，省医保局发布年度7209个药品支付标准，5月1日起执行。

【罕见病用药管理】 2019年，浙江省推动建立罕见病用药保障机制。3月28日，省医保局会同省财政厅、省卫生健康委出台《关于做好苯丙酮尿症特殊治疗食品医疗保障工作的通知》，将第一诊断为典型的苯丙酮尿症或四氢生物喋呤(BH4)缺乏症等其他高苯丙酮尿症的参保患者，其食用的不含或低苯丙氨酸成分的奶粉、米、面、蛋白粉等苯丙酮尿症特殊治疗食品纳入保障范围。7月23日，将上海津佳食品有限公司华夏2号无苯丙氨酸食品固体饮料(奶粉)等6个苯丙酮尿症特殊治疗食品纳入保障范围。12月6日，省政府第三十二次常务会议审议通过《关于建立完善罕见病医疗保障机制的通知》。12月30日，省医保局会同省财政厅、省卫生健康委、省民政厅出台《关于建立浙江省罕见病用药保障机制的通知》，建立浙江省罕见病用药保障机制，明确保障对象、统筹机制、准入机制、待遇水平、管理服务等保障机制。

【慢性病门诊保障】 2019年，浙江省建立城乡居民慢性病门诊医疗保障制度被列入年度省政府十方面民生实事。5月17日，省医保局会同省卫生健康委、省市场监管局、省药监局制订出台《建立健全城乡居民医保慢性病门诊保障制度指导意见》，将高血压、糖尿病、肺结核、冠心病、支气管哮喘、慢性肾脏病、慢性阻塞性肺疾病、慢性肝病、帕金森病、类风湿关节炎、阿尔茨海默病、精神分裂症(情感性精神病)12种常见慢性病纳入城乡居民门诊规定病种范围。7月底前，全省11个设区市全部出台实施方案，全省各级医保定点医疗机构全部开通城乡居民慢性病门诊结算，基层门诊最低报销比例从原来40%提高到60%。6340个定点连锁药店开通刷卡结算，药店医保报销比例普遍超过40%。并与浙江英特集团股份有限公司等6个药店集团签订慢性病药品第三方配送保供应、保覆盖、保配送“三保”合作协议，全面建立和运行医保慢性病药品第三方配送服务机制。

(省医保局　姚宵霖)

医药价格与药械采购

【概况】 2019年，省医保局围绕深化医药卫生体制改革目标，按照“总量控制、结构调整、有升有降、逐步到位”要求，推进医疗服务价格改革，合理调整医疗服务价格，同步强化服务价格与医疗、医保、医药等相关政策衔接联动，逐步建立分类管理、动态调整、多方参与的价格形成机制。启动国家组织药品集中采购和使用试点扩大区域范围工作，深化药品耗材集中采购改革。推进药械平台功能开发和完善，做好药械基础库建设及交易产品信息维护工作，加强药械供应保障，强化采购交易监管，做好药品价格与供应异常变动监测。

【医药服务价格改革】 2019年7月1日，省医保局联合省卫生健康委印发《浙江省省级公立医院医疗服务价格改革方案》，自8月1日起，全面施行13个省级公立医院医疗服务价格改革。通过压缩不必要药品和医用耗材使用量、控制不必要检查检验等措施腾出空间，适当提高部分能体现医务人员劳务和技术价值的医疗服务项目价格，逐步理顺医疗服务比价关系，改善医疗收入结构，促进公立医院良性运行。全年改革调整项目10类、医疗服务价格938项，其中价格提高项目879项、价格降低项目59项。建立腾调实现机制及考核制度，设定医疗收入增长率、承诺腾空间量2个考核指标，按照"按月交入、按季结算、按年清算"的原则进行考核。

【药品带量采购】 2019年，省医保局按照省政府办公厅出台的《关于改革完善仿制药供应保障及使用政策的实施意见》，完善通过一致性评价仿制药和1类新药挂网采购政策，全年发布挂网产品7个批次247个产品。率先落地全国抗癌药谈判结果，开展抗癌药省级专项集中采购，直接减轻患者负担9亿元，受到国家医保局表彰。启动国家组织药品集中采购和使用试点扩大区域范围工作，采购量居全国首位，降低基金和患者支出。集中采购规模较大、分类较清楚的心胸外科和麻醉两类医用耗材。开展药品和医用耗材全国最低价联动，涉及8269个药品中，有7502个为全国最低价，767个价格下降，平均比上年下降4.1%；有493家企业的6625个产品参加医用耗材全国最低价联动。完善低价药产品参照价梳理工作，将低价药品纳入全国最低价联动范围，全年完成3个批次1007个低价药产品的参照价梳理调整。金华、湖州、台州等地探索集中带量采购。

【药械采购平台功能开发和完善】 2019年，浙江省采购平台交易的医疗卫生机构有1200多家，药品采购平台基础库产品6.6万个，交易产品1.4万个，涉及企业2300多家，采购金额750多亿元；医用耗材采购平台基础库产品16.7万个，交易产品3.9万个，涉及企业1.3万家，采购金额200多亿元。加强药械供应保障，服务临床采购使用，68个药品、42个药品分别纳入临时和长期备案采购目录，100多个医用耗材产品纳入长期备案采购。服务12种慢性病药品平台采购工作，适当调整完善平台功能，确保慢性病药品配送。做好药械基础库建设及交易产品信息维护工作，全年新申报药品产品1500多条，医用耗材产品4.3万条。强化采购交易监管，加强药品价格与供应异常变动监测，并对142种近800个重点监测产品实施全面监测；完善药品配送企业考核工作，收集缺货信息，逐一排查配送和同类产品替代情况并进行约谈。持续开展平台药械质量信息排查，全年排查质量不合格产品23个批次。提升采购平台效能，保障交易安全高效，按规则做好平台采购资金结算，做好平台采购资金的每日对账，保证无差错。

（省医保局　姚宵霖）

医保基金监管

【概况】 2019年，省医保局健全医保基金监督管理体制机制，实施动态智能监控和跨部门协同监管，强化社会监督。推进"浙政钉"掌上执法，创新医保基金监管方式。综合运用协议、行政、司法等手段，严厉打击欺诈骗保行为，严肃追究欺诈骗保单位和个人责任。健全医疗保障社会监督激励机制，建立欺诈骗保举报奖励制度。统筹推进"两试点一示范"（基金监管方式创新试点、基金监管信用体系建设试点和医保智能监控示范点）建设。

【基金预算管理】 2019年，省医保局围绕建立协调机制、约谈机制，形成内外部管理合力，加强医保基金预算管理。建立多部门联合工作机制，提升医保基金预算编制质量和效率。采取预算编制共商共议，市、县分级审核，省级集中汇审的方式，有效提升预算编制准确性和审核效率。做好医保基金预算执行月报管理，省医保局会同省财政厅、省人力社保厅联合印发《关于社会保险基金预算执行报送的补充通知》，明确全省医保信息系统尚未建立的过渡时期基金预算工作要求和各部门职责。省医保局组织开展全省职工医保缴费基数调整后测算，为国家医保局后续的政策调整提供一手资料。加强基金安全风险防范，定期统计医保基金收支情况，印发《关于约谈医保基金支出增幅过快统筹区的通知》，对医保基金支出增速和医疗服务总费用增速过快的统筹区开展市局约谈和省局重点约谈，压实各地职责，及时了解浙江省医保基金支出增长原因，及时预警医保基金运行风险。

【打击欺诈骗保】 2019年，省医保局出台《浙江省医疗保障行政处罚程序暂行规定》《浙江省欺诈骗取医疗保障资金行为举报奖励实施办法》《浙江省欺诈骗取医保要情报告制度》《关于做好医疗保障领域欺诈案件查处和移送工作的通知》等文件。制订《浙江省医疗保障基金监管三年行动计划（2019—2021年）》。年内，省医保局以定点零售药店为重点，全面开展打击欺诈骗保专项治理。全省开展"打击欺诈骗保，维护基金安全"集中宣传月活动，组织查处实名举报大案要案、公立医疗机构自查自纠，配合国家医保局开展"飞行"检查，全面推行多部门联合执法，推进数字技术在医保行政执法领域深度应用，推行"互联网+监管"，推进"浙政钉"掌上执法等新平台、新技术应用。全年全省检查定点医药机构20905个，处理违法违规违约医药机构4597个、参保人员1554人，追回医保基金损失3.73亿元。暂停医保服务医药机构1292个，解除医保服务医药机构375个，行政处罚医药机构18个，暂停医保卡结算80人，媒体公开通报医药机构506个、参保人23人。25个定点医药机构和90名参保人员涉嫌欺诈骗保被移送司法机关处理，遏制欺诈骗保现象。

【"两试点一示范"建设推进】 2019年，杭州、湖州、温州、绍兴、金华、衢州6个设区市被国家医保局确定为医疗保障基金监管"两试点一示范"城市。省医保局坚持统一领导、统一规划、统一部署、各有侧重的原则，统筹推进6个试点（示范点）市的建设工作。杭州市探索"互联网+监管"模式，开展"实名就诊"和"刷脸就医"试点工作，加强对参保人员就医配药和医保医师的医保服务行为管理；利用大数据预警平台，研究违规场景，拓展违规预警的算法，及早发现违规线索。湖州市成立医疗保障反欺诈中心，引入第三方机构组建12人监管队伍，联合市卫生健康委、市场监管局、公安局、检察院、法院等部门出台《湖州市医疗保障基金监管多部门联动实施意见》，联合市卫生健康委、市场监管局等部门出台《湖州市医疗保障基金监管多部门结果互认实施细则》，建立多部门联合监管机制，形成部门间信息互通、结果互认、力量叠加的监管格局。温州市拟定医保信用监管相关政策文件，完成医保医师信用指标体系设计、评价模型构建和应用测试，同时推进医保行业协会建设。绍兴市创新定点药店医保基金监管方式，构建以“智慧医保”为基础的信用监管新模式，成为全国首个“智慧医保”建设标准确定后的成功上云项目，实现统一上云、统一平台、统一数据、统一评价“四个统一”。金华市建设基于病组点数法（DRGs）定点医疗机构基金监管大数据分析模型，完成系统分析、设计、数据建模、人工智能学习等工作，完成反欺诈模块引擎开发建设。衢州市重点构建医保基金运行大数据风险控制模型，完成基金运行风险因素梳理、建模数据需求分析、基金运行风险预警指标体系、风险监测部分模块设计等。

（省医保局　姚宵霖）

医保经办机构服务

【医保基金运行】　2019年，浙江省医保基金平稳运行，收支预算执行基本平稳。全年城镇职工基本医疗保险基金收入1094亿元、支出890亿元，累计结余1912亿元，统筹基金可支付26.6个月；城乡居民基本医疗保险基金收入478亿元、支出427亿元，累计结余169亿元，可支付4.7个月；生育保险基金收入47亿元，基金支出46亿元，累计结余30亿元，可支付5.7个月。

【医保办事精简优化】　2019年，省医保局统筹组织、协调指导全省医保经办机构，通过精简优化经办流程、推进“一站式”结算、搭建全省医保数据交换平台，并首次将财政电子票据区块链技术应用到医药费用报销之中，推动省、市、县三级医保办事11个大项34个子项“最多跑一次”改革标准领跑全国。医疗保障专区在“浙里办”首批上线，实现医保在线移动支付，促进医保公共服务数字化、业务经办便捷化、管理精细化，个人事项100%可在专区办理，“掌办”率、“网办”率均为100%，群众办事可以“马上办、网上办、就近办、一次办”，努力做到“一次都不跑”。

【医保移动支付推进】　2019年5月17日，省医保局会同省委全面深化改革委员会办公室（省最多跑一次改革办公室）、省人力社保厅、省卫生健康委出台《关于深化医疗保障领域“最多跑一次”改革的实施意见》，将实现医保移动支付列入年度深化医疗保障领域“最多跑一次”十大举措。6月中旬，完成浙江省医保移动结算支付平台建设，“两卡（电子健康卡与电子社保卡）融合”“一网通办”的“健康医保卡”在“浙里办”App上线。7月中旬，24个在杭省、市医院完成HIS系统（医院信息系统）改造，实现健康医保卡挂号就诊、检查检验、费用结算、配药等“一码通办”，全流程就医。至年末，健康医保卡累计申领122万张，11个设区市、140个定点医院接入省移动支付平台，累计结算总费用559万余元。

【跨省异地就医结算工作推进】　2019年，省医保局推进跨省异地就医住院费用直接结算工作。跨省住院定点开通1109个，浙江省参保人员在省外住院直接刷卡结算13.12万人次，总人数7.26万人，总费用331052.21万元，基金支付188896.78万元。省外参保人员在浙江就医直接结算7.86万人次，发生医疗费用14.3亿元。推进长三角医保一体化，全省所有统筹区、1297个定点医疗机构实现与上海市、江苏省医保经办机构和定点医疗机构门诊费用双向直接结算，4个设区市完成省内异地就医门诊规定病种直接结算。浙江省参保人员在上海、江苏就医直接结算31.59万人次，其中门诊20.64万人次；医疗总费用161310.37万元，其中门诊4929.17万元。上海、江苏参保人员在浙江就医直接结算1.95万人次，其中门诊1.13万人次；直接结算医疗总费用15293.47万元，其中门诊194.53万元。

（省医保局　姚宵霖）

退役军人工作

Veterans Work

综　述

【概况】　2019年，浙江省各级退役军人事务部门全部组建到位，完成中央部署的退役军人服务保障体系建设和部分退役军人社会保险接续工作两项重要任务。做好军人退役“一件事”工作，12个事项实现“一站办、一证办、一窗办”，涉及退役军人领域29项民生事项基本实现“一证通办”。启动退役军人全生命周期服务管理新模式工作试点，“直通车”式安置试点工作取得阶段性成果。2月9日，省委成立退役军人事务工作领导小组，全面加强对退役军人工作的领导。至年末，市、县党委退役军人事务工作领导小组全面建成并发挥作用。全省设立省、市、县、乡、村五级退役军人服务中心（站）2.68万个，核定事业编制2026个，配备工作人员3.7万人，率先实现“五有”（有机构、有编制、有人员、有经费、有保障）“全覆盖”目标。省退役军人事务厅指导推进省、市、县（市、区）三级关爱退役军人协会组建、转隶。全省组建（转隶）相关协会50多个。

【部分退役军人社会保险接续工作完成】　2019年，省退役军人事务厅按照“稳、准、慎”思路，制定印发《关于做好我省部分退役士兵社会保险接续工作的实施意见》，举办社会保险接续工作业务培训，开展工作试点，摸清工作底数，落实财政资金。10月25日，省委退役军人事务工作领导小组召开全省社会保险接续工作电视电话会议，总结推广杭州市江干区和湖州市德清县试点工作经验，全面推开社会保险接续受理工作。12月上旬，省退役军人事务厅会同省人力社保厅、省财政厅分赴全省6个设区市开展工作督查。至年末，全省完成部分退役士兵社会保险接续任务，累计受理89197名符合条件的断保人员。

【典型选树】 2019年，省退役军人事务厅发掘浙江省"深藏功名60载"老英雄胡兆富。胡兆富获评全国模范退役军人、浙江省"优秀共产党员""2019年度最美浙江人·浙江骄傲"等称号。选树首届"百名最美退役军人"，举办"十大优秀退役军人"发布仪式，开展"最美退役军人"先进事迹巡回宣讲，在《浙江日报》上开辟"最美退役军人"学习专栏。

（省退役军人事务厅　殷忠好）

移交安置

【概况】 2019年，浙江省进一步完善党委领导、政府主导、军地协调、退役军人事务部门牵头、各部门齐抓共管的退役军人就业安置工作格局。根据新时期退役军人安置新要求，优化接收安置方案，加强就业培训服务，做好待遇保障，先后完成军队军队转业干部安置、符合政府安排工作条件退役士兵接收、军队转改文职干部等工作。

【军队转业干部安置】 2019年，浙江省计划分配安置的师团职干部中，各级机关（含参照公务员法管理的事业单位）安置97.5%。其中正师职干部全部安排省直单位副厅级领导职务，副师职干部全部安排相应领导职务。任职满最低年限的正团职干部中，绝大部分安排相应领导职务和改套二级调研员。立二等功以上和长期在边远艰苦地区、特殊岗位工作的军队转业干部中安置在机关单位（含参照公务员法管理的事业单位）的占98.7%。

【计划分配军转干部"直通车"式安置】 2019年，浙江省承担全国计划分配军转干部"直通车"式安置试点任务。省委退役军人事务工作领导小组出台《关于在计划分配军队转业干部中实施"直通车"式安置方式的通知》。经过调研摸底，明确在省直单位和杭州市先行试点，确立重点对象指令安置、专业人员对口安置、特殊专业人才选调安置、中央驻浙单位优选安置和公政法一线基层、国企单位直接安置6种直通对象，全省团以下军转干部实现"直通车"式安置的省直单位占12.7%，杭州市占87.3%。

【军队转业干部培训】 2019年11月，省退役军人事务厅组织开展省直军队转业干部岗前培训，培训为期45天，分理论武装与政治定力、治国理政与浙江实践、"不忘初心、牢记使命"主题教育、党性教育与党风廉政、公共行政与素质提升、计算机能力与网络学堂6个模块。温州市、金华市、台州市和省直公安系统组织计划分配军队转业干部进高校专项培训。

【符合政府安排工作条件退役士兵安置】 2019年4月，省退役军人事务厅组织召开档案审核移交工作会议，对符合政府安排工作条件的退役士兵提出具体工作要求，并集中组织档案审核移交。全省严格落实属地责任，制订安置计划，实行"阳光"安置。

【军队转改文职干部人员落户】 2019年8月，省退役军人事务厅集中组织各市军队转改文职干部人员落户材料审核移交，与省有关部门沟通协调，简化军队转改文职干部人员办理落户流程，规范办理落户程序。9—12月，按照规定时间，完成军队转改文职干部人员落户工作。

【"浙江省军转安置信息管理系统"开发】 2019年，浙江省按照"互联网+"理念，开发"浙江省军转安置信息管理系统"，实现网上报名、简历投送、公告发布、站内联通四项功能。通过该系统，纳入计划进省直单位安置的军队转业干部向70多个有安置计划单位投送个人简历。年内，大部分进省直单位安置的营以下军队转业干部完成网上志愿填报。

【随军家属就业安置】 2019年，省退役军人事务厅按照职能划转要求，加强与部队沟通对接，理顺随军家属就业安置业务关系。年内，驻浙部队196名原为公务员、事业和国企单位的随军家属，有135名得到妥善安置，其中省级安置随军家属21名。

（省退役军人事务厅　任保玉）

就业创业

【概况】 2019年3月，省退役军人事务厅印发《关于支持自主就业退役士兵自主择业军队转业干部和随军家属创业就业的通知》。全年全省9678户纳税人申报享受退役士兵就业创业税收优惠，累计享受税收减免1.85亿元，是上年的10.14倍。开展退役士兵职业技能培训，1万余名退役士兵参加职业技能提升培训。举办退役军人招聘会200多场，提供就业岗位8万余个，签订意向协议9000多人。

【自主择业军队转业干部、复员干部接收安置】 2019年，浙江省根据退役军人事务部等部门联合印发的《关于做好年度军队转业干部安置工作的通知》和《关于下达年度军队复员干部安置计划的通知》精神，做好计划接收自主择业军队转业干部和复员干部工作，协助安置对象完成落户和医保衔接。全年全省发放退役金1.7亿元。

【长三角地区退役军人浙江专场招聘会】 2019年12月13日，浙江省联合上海市、江苏省首次举办长三角地区退役军人浙江专场招聘会，10家世界500强企业、13家中国500强企业和160家自主民营企业参会，提供岗位7000多个，招聘岗位涵盖行政管理、电子商务、教育培训、酒店管理、市场营销、化工制造等行业领域，为不同年龄、学历、专业的退役军人提供一定的选择空间。2000多名退役军人和随军家属入场应聘，初步达成就业意向736人，就业意向率36.8%。

【退役军人适应性培训和就业创业规划设计】 2019年，省退役军人事务厅针对退役士兵开展适应性培训工作。通过宣传讲解政策、分析就业形势、交流经验教训，引导退役军人树立正确择业观，主动适应社会、尽快融入社会。省退役军人事务厅委托专业人力资源机构逐人开展职业规划设计，帮助退役军人解决从军营到社会心理落差大、就业规划盲目等问题，使退役军人明确个人职业发展的方向和路径。

【退役军人学历提升】 2019年，省退役军人事务厅根据《浙江省教育厅等六部门关于印发〈浙江省高职扩招专项工作实施方案〉的通知》《浙江省职业技能提升行动实施方案（2019—2021）》等文件要求，组织3399名退役军人报考普通高校和高等职业学校。全年退役军人参加学历教育423人、复学5473人、报考高职2976人，并做好23名自主就业退役士兵高考加分审核相关工作。

（省退役军人事务厅　沈辉均）

拥军优抚

【概况】 2019年3月，省委、省政府调整省双拥领导小组及其办公室组成人员。5月，制定领导小组成员单位工作职责，明确各成员单位双拥工作职责任务。召开省双拥模范城（县）命名表彰大会，巩固提升全省双拥模范城（县）创建成果。推进社会化拥军工作，"军民团结如一人"的局面进一步巩固和发展。推进退役军人和其他优抚对象信息采集和光荣牌悬挂、社会优待体系建设、英烈褒扬纪念和保护、退役军人伤残评定等优抚优待工作。组织开展对越自卫反击战40周年祭扫和"传承·2019清明祭英烈"主题教育活动，举办"丰碑永铸颂英烈"全省英烈讲解员大赛，修订《全国烈士英名录（浙江部分）》，承办"9·30"烈士纪念日等红色基因传承活动。全年全省审理办结侵害英烈名誉公益诉讼案件5起，完成5名对象的烈士评定工作。

【省双拥模范城（县）命名表彰】 2019年5月，省退役军人事务厅完成全省47个市、县的省双拥模范城（县）创建工作考评。其间，走访军地基层单位100多个，现役、退役军人家庭200多户。7月29日，省委、省政府、省军区在省人民大会堂召开纪念中国人民解放军建立92周年暨省双拥模范城（县）命名表彰大会。省委书记车俊出席并讲话，强调要认真学习贯彻习近平总书记关于双拥工作的重要论述，深入践行习近平总书记赋予浙江的新期望，以"三个地"的担当作为，奋力推动新时代全省双拥工作走在前列。省委副书记、省长袁家军主持会议。会上，获评双拥模范城（县）的11个设区市和34个县（市）、75个省双拥模范单位，以及省"十大优秀退役军人"、首届"最美退役军人"等63名个人受到通报表扬。

【服务部队建设】 2019年，浙江省各地围绕服务国家和军队改革建设大局，加大支持和服务部队建设工作力度。坚持统筹推进经济建设和国防建设，推动军民融合深度发展，争创军民融合创新示范区。全省培育省级军民融合产业示范基地20个、省级军民融合创新示范区14个。省退役军人事务厅协调解决部队交办需要地方帮助支持的17个重点难点问题。做好省委、省政府领导春节、八一建军节走访慰问驻浙部队和东部战区有关工作。全年省领导走访慰问驻浙部队单位27个，送上慰问金和慰问品价值1100多万元。省双拥领导小组办公室组织社会力量为驻浙部队和优抚对象开展各类服务。全省社会力量参与优抚工作试点单位超过300个，有各类行业拥军协会100多个，全年参与服务人员2万余人，服务优抚对象24万余人次。

【退役军人和其他优抚对象信息采集】 2019年，省退役军人事务厅通过会议部署、发文推动、督察指导、通报问效等方式，全面开展退役军人和其他优抚对象信息采集工作。信息采集是为摸清全省退役军人和其他优抚对象底数，建立健全服务对象档案和数据库。信息采集主要内容包括各类对象的个人基本信息、生活状况、享受待遇、近期照片等，并重点对各地采集率、录入率和审核率等指标进行实时跟踪检查和修正完善。年内，信息采集工作基本完成，入库人员数据通过率达100%。

【光荣牌悬挂】 2019年，浙江省加强组织领导，建立工作机制，列支相关经费，周密安排部署，切实做好烈属、军属和退役军人等家庭悬挂光荣牌工作。省退役军人事务厅按照"不落一户、不错一牌"的要求，指导各地落实光荣牌的具体悬挂工作。至年末，全省136.6万户烈士遗属、因公牺牲军人遗属、病故军人遗属即"三属"家庭和现役军人家庭、退役军人家庭挂上"光荣之家"牌子，实现符合条件并且有意愿的悬挂对象应挂尽挂。

【部分优抚对象抚恤补助标准调整】 2019年，省退役军人事务厅根据《浙江省军人抚恤优待办法》和浙江省抚恤补助标准逐年自然增长机制，从8月1日起调整提高部分退役军人和其他优抚对象抚恤补助标准，各类对象调整幅度达6%~8%不等。全省32万余名残疾军人、"三属"、在乡复员军人和带病回乡退伍军人等优抚对象调整抚恤和生活补助标准，并按照新的标准，及时、准确、足额地把抚恤金和生活补助费发放到位，保障优抚对象生活水平不受影响。

【优抚服务和保障水平提高】 2019年，浙江省加强优抚服务和保障工作，扩大优抚服务受益面，增强优抚对象荣誉感。省退役军人事务厅协调实施优抚对象基本医疗保险、大病保险、医疗救助等报销结算联办工作，实现"办理一站式、服务一体化、待遇优先享受"，各类优抚对象医疗保障水平基本达到城镇职工水平。做好残疾退役军人伤残鉴定体检等相关工作，全年办理新评、补评和调整伤残等级245人，补换伤残证215张，转移伤残抚恤关系723人。组织部分优抚对象参加全国和省内短期疗养，其中参加省内短期疗养3000多人次，比上年增长20%。年内，优抚对象接受巡诊巡检

1500人次，完成辅具配送和修理1200人次。全省走访慰问烈士遗属791人次、残疾军人769人次、在乡复员军人1459人次，投入优抚资金244.43万元。

【烈士纪念设施保护管理】 2019年，省退役军人事务厅全面排查全省4000多处烈士纪念设施，对未实施保护或保护状况较差的设施落实针对性措施。全省投入烈士纪念设施维修改造资金1.6亿元，解决各类问题1000多个，在烈士陵园集中安葬零散烈士100多名。启动烈士纪念设施第一阶段和第二阶段核查工作，排摸有保护单位的烈士纪念设施30个，涉及工作人员173人、流动资产1936.6万元、固定资产4.36亿元，土地、房屋及构筑物33.41万平方米。全年接待参观206.46万人次，组织公祭活动7299次。全省有县级以上烈士纪念设施100多个。

【烈士褒扬活动】 2019年，浙江省各地广泛开展纪念缅怀英烈活动，弘扬传承英烈精神，推进英烈名誉荣誉保护。9月30日，浙江省本级和各市县举行向烈士敬献花篮仪式或公祭仪式，并开展英烈事迹宣讲活动，营造缅怀先烈、学习英雄、传承遗志、砥砺前行的氛围。浙江革命烈士纪念馆推出《壮丽七十年、建功新时代——浙江拥军优抚成就展》，云和县、玉环市、临海市、鄞州区4个县（市、区）举行“烈士光荣证”颁授仪式。全省开展“传承·2019清明祭英烈”宣传教育活动，通过公祭仪式、线上祭扫、专题展览、基层宣讲等形式宣传英烈事迹。全年各地举办烈士纪念活动771场次，参加人数11.07万人次，投入资金513.73万元。省退役军人事务厅组织开展全国烈士英名录（浙江卷部分）的信息核对、录入等工作，完成烈士信息校录。

【优抚事业单位转隶】 2019年，浙江省完成2个优抚医院（省荣军医院、省荣军康复医院）、6个光荣院（余姚市、永嘉县、文成县、平阳县、苍南县、景宁畲族自治县光荣院）工作人员、车辆、房产等整体的转隶。2个优抚医院有在职人员842人、床位1738张；6个光荣院有在职人员19人、床位179张。各优抚事业单位坚持全心全意为优抚对象服务的宗旨，规范管理，提升质量。

（省退役军人事务厅　徐　舜）

军休服务

【概况】 2019年，浙江省军休服务管理对象主要有移交政府安置的军队离退休干部和退休士官（简称军休干部）、军队无军籍退休退职职工（简称无军籍职工）两类。全省享受待遇的军休干部和无军籍职工7700多人。各地组建军休服务管理机构54个，在编工作人员347人，配备服务保障车辆39辆。年内，杭州市军休干部器乐重奏节目《梦萦钱塘》获全国军休干部庆祝中华人民共和国成立70周年文艺会演优秀节目奖。

【军休干部接收安置与服务管理】 2019年，浙江省完成退役军人事务部下达的军休干部接收计划任务，审定安置人员中包括退役士官。全年接收安置伤病残退休军人39人。3—6月，浙江省开展“全国军休信息系统”关键信息数据核改及全省军休数据调查摸底工作，并对全省军休干部的关键数据进行修改。10月，全省军休干部趣味运动会和全省军休工作业务培训班举行。做好军休干部护理费审批工作，为军休干部颁发中华人民共和国成立70周年纪念勋章，以及发放慰问品等工作。

【军休干部住房保障】 2019年，省退役军人事务厅推进军休干部老旧小区改造和加装电梯工作，改善军休干部居住条件。年内，统计上报2000年以前建成的老旧小区涉及110个、2836户、236栋、19.33万平方米，中央补助支持军休老旧小区改造16户，申请获批年度中央补助支持军休老旧小区改造专项补助经费19万元。6月，开展军休干部住房货币补差遗留问题核准工作。

（省退役军人事务厅　包栗榛）

文 化 建 设
Culture

教 育
Education

综 述

【概况】 2019年，浙江省教育系统以习近平新时代中国特色社会主义思想为指导，按照省委、省政府建设“两个高水平”的总体部署和推进教育现代化、实施高等教育强省战略的总要求，着力加强党对教育工作的领导，全面深化教育综合改革，推动各级各类教育协调均衡发展，教育现代化建设取得新进展。年内，全省教育系统委扎实开展“不忘初心、牢记使命”主题教育活动。推进高校基层党组织建设标准化规范化工作。指导相关单位深化和拓展高校二级学院(系)党组织领导下的院长(系主任)负责制试点、中小学校党组织领导下的校长负责制试点。省教育厅党委制订基层党建工作任务清单8项、问题清单6项和领办项目2项，从严抓好党建工作责任落实。印发《关于深化教育体制机制改革的若干意见》，对教育重要领域、关键环节的体制机制改革作做出部署。协助成立省委教育工作领导小组及秘书组，建立健全领导小组工作机制和管理体制，构建各成员单位各司其职、分工协作的工作网络。省委教育工作领导小组召开6次会议，就教育现代化、校园安全稳定、高考改革等工作做出部署。全省11个设区市和84个县(市、区)召开教育大会，推进教育改革创新。

【孙春兰调研浙江省高等教育工作】 2019年10月14—15日，中共中央政治局委员、国务院副总理孙春兰在浙江调研高等教育工作并出席中国“互联网+”大学生创新创业大赛有关活动。在浙江期间，孙春兰深入浙江大学和西湖大学，实地考察学校建设、科研创新和人才培养工作。观看大学生创新创业大赛冠军争夺赛、高校创新创业教育改革成果展。孙春兰强调要深入学习贯彻习近平总书记关于教育工作的重要论述，坚持中国特色社会主义办学方向，进一步聚焦立德树人根本任务，努力培养担当民族复兴大任的时代新人。要把创新创业教育融入人才培养全过程，加快高等教育内涵式发展，全面提高人才培养质量，不断提升教育服务国家发展能力。

【刘鹤调研西湖大学】 2019年6月14日，中共中央政治局委员、国务院副总理刘鹤在西湖大学调研，召开座谈会，听取学校建设和基础研究工作汇报。刘鹤表示，党中央、国务院支持创办西湖大学，西湖大学要坚持既定的办学理念、新型的办学体制，各级党委政府要做好后勤保障工作，创造良好条件，营造宽松氛围，大胆解放思想，自由探索创新，使党的领导和科学精神更好地结合起来。

【袁家军调研西湖大学】 2019年3月20日，省委副书记、省长袁家军到西湖大学调研并召开专题会议。袁家军表示，西湖大学正处在蓄势发展的关键期，省级有关部门和杭州市要强化政策供给，在人才、科研、师资和学科建设、校园建设等方面全力支持西湖大学发展，以一流的服务、一流的保障助推西湖大学早日建成世界一流大学。

【全省教育系统工作会议】 2019年1月24日，全省教育系统工作会议在杭州召开。会议强调，要以习近平新时代中国特色社会主义思想为指导，深入学习贯彻党的十九大和全国教育大会精神，围绕培养德智体美劳全面发展的社会主义建设者和接班人的总体目标，总结经验、凝聚共识、明确方向，进一步强化责任担当，着力攻坚克难，以更饱满的热情、更昂扬的斗志、更务实的作风，创造新的更大业绩，书写新时代浙江教育的“奋进之笔”，为全面实现更高水平的教育现代化、办好人民满意教育做出新贡献。

【杭州市政府与浙江大学签署合作协议】 2019年2月28日，杭州市政府与浙江大学签署合作协议，共建浙江大学杭州国际科创中心。省委副书记、省长袁家军出席会议并讲话，希望杭州市和浙江大学面向世界科技前沿、国家重大需求、创新强省主战场和杭州“数字经济第一城”建设，聚焦重点、精准发力、高效协同，合力打造引领高质量发展的高端科创平台，努力在交叉领域前沿研究、发展颠覆性技术、科技成果转化与产业化上实现重大突破。

【全省教育系统全面从严治党暨“清廉学校”建设推进会】 2019年3月14日，全省教育系统全面从严治党工作暨“清廉学校”建设推进会召开。会议强调，全省教育系统要全面贯彻党的十九大和全国教育大会精神，全面落实中央纪委十九届三次全会和省纪委十四届四次全会部署，努力推动全面从严治党工作，推进“清廉学校”建设，为加快推进教育现代化战略和高等教育强省战略、办好人民满意的教育做出新的更大的贡献。

【全省教育大会在杭州召开】 2019年3月22日，全省教育大会在杭州召开。省委书记车俊出席会议并讲话，强调要深入学习贯彻习近平总书记关于教育工作的重要论述和全国教育大会精神，优先推进教育高质量发展，率先高水平实现教育现代化，加快培养德智体美劳全面发展的社会主义建设者和接班人，为把中国建成学习大国、人力资源强国、人才强国贡献浙江力量。

【全省高校党的建设和思想政治工作会议】 2019年4月23日，全省高校党的建设和思想政治工作会议在杭州举行。省委副书记、省委教育工作领导小组组长郑栅洁出席会议并讲话，强调要认真贯彻习近平总书记在高校思想政治理论课教师座谈会上的重要讲话精神和全省教育大会精神，提高政治站位，扛起政治责任，推动高校党建和思政工作创新发展，为培养社会主义建设者和接班人提供坚强保证。

【《关于深入推进中高职一体化五年制职业教育工作的指导意见》出台】 2019年6月19日，省教育厅出台《关于深入推进中高职一体化五年制职业教育工作的指导意见》，决定从2019年起，将原有“3+2”和五年一贯制两种模式统一整合为中高职一体化五年制职业教育培养模式，并严格按照“二二分段”模式进行培养。

【省人大常委会听取审议《浙江省学前教育条例》实施报告】 2019年7月31日，省十三届人大常委会第十三次会议听取并审议省政府关于《浙江省学前教育条例》（简称《条例》）执行情况的报告和省人大常委会执法检查组关于检查《条例》实施情况的报告。两份报告显示，自2017年9月《条例》施行以来，全省学前教育改革发展态势良好，初步建成“广覆盖、保基本、有质量”的学前教育公共服务体系，基本满足人民群众的幼有所育需求。学前三年入园率97.8%，毛入园率比全国平均水平高出30多个百分点。省人大常委会执法检查组的问卷调查显示，公众对所在地学前教育总体满意，其中“满意率”为79%。但从检查情况看，学前教育仍与经济社会发展水平和公众需求不相适应。

【全国县域义务教育优质均衡发展督导评估认定启动现场会在海盐举行】 2019年10月12日，教育部在嘉兴海盐举行全国县域义务教育优质均衡发展督导评估认定启动现场会，向浙江省反馈对有关县（区）义务教育优质均衡发展实地核查情况，交流全国推进县域义务教育优质均衡发展工作的典型做法和经验，部署启动全国县域义务教育优质均衡发展督导评估认定工作。

【长三角新时代劳动教育20校联盟成立】 2019年11月28—29日，第一届长三角基础教育年度峰会暨中国长三角新时代劳动教育20校联盟成立仪式在杭州富阳举行。峰会组织实地参观富阳富春第七小学劳动教育实践基地。会上，来自教育部和有关院校的专家做新时代劳动教育的报告，上海、安徽、浙江、江苏三省一市校长代表做劳动教育主题发言，与会代表就学校教育中课程化实施劳动教育、统筹社会资源推动劳动教育、科研引领深化劳动教育和完善促进劳动教育的体制机制等问题进行互动交流。峰会发布“中国长三角新时代劳动教育20校联盟富阳共识”。

【《浙江省中小学生减负工作实施方案》发布】 2019年12月11日，省教育厅、省委网信办、省发展改革委等14个部门联合发布《浙江省中小学生减负工作实施方案》，给中小学生减轻负担，解决义务教育阶段学业尤其是校外负担过重问题。该方案坚持“标本兼治，强化内外协同，突出工作重点”原则，明确规范学校教育教学、考试评价、育人方式改革、中小学校招生、规范校外培训机构和进入中小学校竞赛活动的管理。落实家庭教育责任、强化政府责任7个方面33条减负举措。

【全面推进教育现代化战略】 2019年，省教育厅起草《浙江教育现代化2035行动纲要》《加快推进浙江教育现代化实施方案》，进一步明确教育现代化的战略目标、战略任务和实施路径。全年全省县域教育现代化水平总体达成度为73.6%，呈逐年上升态势。39个县（市、区）教育现代化发展水平总体达成度超过75%。继续开展省教育现代化县评估认定工作，全省通过评估认定的教育现代化县（市、区）增至74个。组织开展第二轮省基础教育重点县验收，对全省89个县（市、区）及开发区进行教育现代化发展水平监测。开展省现代化学校试点评估。研究制订高水平建设教育治理现代化的政策意见，完善有利于政府全面履职的教育督导体制。教育现代化县（市、区）创建率达95%。

（省教育厅　陈　璐）

学前教育

【概况】 2019年，浙江省有幼儿园8261所。在园幼儿193.74万人（含托班），比上年增加0.33万人。省内户籍儿童入园率98%，提高0.2个百分点。全省幼儿园专任教师13.54万人，增加0.58万人，幼儿教师学历合格率99.99%，提高0.02个百分点。

【农村幼儿园补短提升工作】 2019年5月8日，省教育厅印发《浙江农村幼儿园补短提升工作方案（2018—2022年）》。方案提出从2018年起，计划用5年时间，使农村学前教育整体质量达到城区平均水平。6月13日，根据国务院办公厅《关于开展城镇小区配套幼儿园治理工作的通知》精神，省政府办公厅印发《关于做好城镇小区配套幼儿园治理工作的通知》，省教育厅会同省建设厅、省自然资源厅等部门对全省情况进行全面摸底排查，对218所小区配套不符合要求的幼儿园，提出治理要求。年内，全省学前教育补短提升工作取得阶段性成果，其中城镇小区完成119所幼儿园配套治理。12月20日，省教育厅印发《浙江省学前教育补短提升工程督查激励措施配套实施办法(修订稿)》。

【学前教育改革发展】 2019年12月31日，省委、省政府下发关于学前教育深化改革规范发展的实施意见，计划到2035年，全省学前教育三年入园率要求达93%左右，普惠性幼儿园覆盖率(公办幼儿园和普惠性民办幼儿园在园幼儿比)达90%以上；本专科学前教育专业毕业生规模达4000人以上，并全面落实幼儿教师持证上岗制度。（省教育厅　陈　璐）

义　务　教　育

【概况】 2019年，浙江省有义务教育中小学5054所，比上年增加11所。校舍总面积7037.97万平方米，增长6.1%；仪器设备值193.96亿元，增长12.8%；图书2.06万册，增长8.4%。专任教师34.67万人，增长2.6%。全省义务教育入学率99.99%，巩固率100%。

义务教育中小学中，小学3310所，增加9所；招生65.57万人，减少0.61万人；在校学生367.11万人，增加6.54万人，增长1.8%。校舍总面积3632.54万平方米，增长6.2%；仪器设备值110.94亿元，增长14.2%；图书11913.6万册，增长5.8%。专任教师21.61万人，增加0.57万人，小学生师比17∶1。小学专任教师学历合格率100%，小学高学历(专科及以上)教师比例达99.39%，提高0.31个百分点。

初中1744所，增加2所；招生55.04万人，增加0.79万人，增长1.5%；在校学生163.7万人，增加2.24万人，增长1.4%。校舍总面积3405.43万平方米，增长6%；仪器设备值83.02亿元，增长10.86%；图书8650.13万册，增长6%。初中专任教师13.06万人，增加0.31万人，生师比12.5∶1。初中专任教师学历合格率及初中高学历(本科及以上)教师比例分别达99.98%、96.92%，分别提高0.01个、0.59个百分点。

义务教育中小学随迁子女在校学生153.5万人，增长2.9%，其中，在公办学校就读115.22万人，占75.1%。在小学就读的随迁子女115.93万人，增加1.24万人，增长1.1%；在初中就读的随迁子女37.57万人，增加3.03万人，增长8.8%。

义务教育阶段学校校均办学规模扩大，小学由上年的1092人提高到1109人，增加17人；初中由927人提高到939人，增加12人。全省小学6个班以下小规模学校(教学点)164所，初级中学6个班以下学校27所。小学班均规模由上年的38.3人上升到38.4人，初中班均规模与上年持平。

义务教育阶段办学条件进一步改善。小学生均校舍建筑面积9.9平方米；生均图书32.5册；每百名学生拥有计算机台数小学由20台增加到21.1台；小学体育运动场(馆)面积达标校数的比例为99.8%，体育器械配备达标校数比例、音乐器材配备达标校数比例、美术器材配备达标校数比例、数学自然实验仪器达标校数比例和建立校园网学校(含教学点)比例均为99.9%。初中：生均校舍建筑面积为20.8平方米，增加0.9平方米；生均图书为52.8册，增加2.2册；每百名学生拥有计算机台数初中由31.8台增加到33.5台；体育运动场(馆)面积达标校数的比例为99.7%，体育器械配备达标校数比例、音乐器材配备达标校数比例、美术器材配备达标校数比例均为99.9%，理科实验仪器达标校数比例为99.6%，建立校园网校数比例为99.99%。

【留守儿童关爱保护】 2019年10月21日，浙江省教育系统农村留守儿童关爱保护工作现场推进会在金华兰溪召开。兰溪市以乡村文化礼堂为主要平台的留守儿童公益管护中心，对留守儿童“一人一档案”精准管理，全面落实留守儿童“一人一结对”温暖帮扶，多方打造留守儿童安全保障工程。

【小学放学后校内托管服务】 2019年，浙江省所有县(市、区，含功能区)均开展校内托管服务，全省开展校内托管服务的小学3008所，占全省非寄宿制小学(含九年一贯制学校的小学部)的84.5%，实现有托管刚性需求的小学全覆盖。165.8万名小学生接受校内托管服务，占全省非寄宿制小学生总数的49.6%。有16.2万名教职员工参与托管服务，占全省小学教职员工总数的78.5%，有效破解“放学早、接送难”矛盾，提升学生及家庭的教育获得感。

【学科竞赛活动管理】 2019年4月22日，省教育厅制定《浙江省进入中小学校全省性竞赛活动管理细则(试行)》，对进入中小学校的全省性学科竞赛活动实行严格管理。8月，按程序公开接受20多个竞赛项目的申报材料。9月，省教育厅组织专家对申请举办的相关竞赛活动进行逐一评审。10月10日，省教育厅办公室印发《关于公布进入中小学校的全省性竞赛项目名单的通知》，正式确定14个进入校园竞赛项目。

普　通　高　中　教　育

【概况】 2019年，浙江省有普通高中学校601所，比上年增加10所；招生27.31万人，增加1.82万人，增长7.1%；在校生78.42万人，增加1.5万人，增长2%；毕业生25.4万人，增加0.07万人，增长0.3%。专任教师7.2万人，增加0.16万人，生师比10.9∶1。专任教师学历合格率99.7%，提高0.1个百分点。生均校舍建筑面积34.4平方米，生均教学仪器设备值7872.6元，生均图书60.9册。普通高中体育运动场(馆)面积达标校数比例为99.7%，体育器械配备达标校数比例为99.8%，音乐器材配备达标校数比例为100%，美术器材配备达标校数比例为99.8%，理科实验仪器达标校数比例为100%，建网学校比例为100%。

【高考综合改革调研】 2019年4月，省教育厅组织针对新高考改革十个方面的问题，组织开展高考改革调研并形成调研报告。调研以设区市政府分管领导、教育局局长、县(市、区)政府分管领导、教育局局长，全省普通高中校长、100所普通高中教导主任及高考各科目教研组组长为对象，发放调查问卷1374份，形成《浙江省高考改革完善建议的调查结果汇报》。结合高考改革调研，对高中课程改革和高考招生制度综合改革进行调研分析。

【普通高中新课程改革】 2019年，省教育厅根据《教育部关于做好普通高中新课程新教材实施工作指导意见》，结合实际制订《浙江省普通高中新课程新教材实施工作方案(送审稿)》，并综合考虑浙江省高考改革政策完善和新教材选用等因素，做好新课程改革的前期准备工作。省教育厅在各地推荐的基础上，筛选31所学校为普通高中新课程样本学校。

【招生管理加强】 2019年，浙江省从严规范普通高中学校招生秩序。3月上旬，省教育厅印发《关于做好民办普通高中学校申报2019年秋季跨设区市规模招生工作的函》，在学校自主申报、各地教育局审核的基础上，依据"控制规模、逐年减少"的目标，形成并印发全省秋季民办普通高中跨设区市规模招生统筹计划，并对一些地方公办普通高中超区域、提前招生情况进行查处通报，有效维护招生程序。

职业教育与成人教育

【概况】 2019年，浙江省中等职业教育(包括职业高中、普通中等专业学校、成人中等专业学校和技工学校)学校323所，与上年持平；招生25.31万人，增加2.68万人，增长11.8%；在校学生70.48万人，增加2.51万人，增长3.7%；毕业生20.75万人，增加0.61万人，增长3%。中职(不含技工学校)毕业生中获得职业资格证书的16.16万人。专任教师3.56万人，生师比15∶21，专任教师学历合格率为97.7%，提高0.2个百分点。双师型教师占专任教师和专业课教师的比例分别为45.9%、84.8%，分别提高0.6个、1.2个百分点。生均校舍建筑面积22.9平方米，增加0.1平方米；生均图书35.1册，增加0.5册；生均仪器设备值1.09w万元，增加408元。

职业高中185所，减少1所；招生15.74万人，增加1.62万人；在校学生43.09万人，增加1.52万人；毕业生13.32万人，增加0.26万人。教职工3.13万人，其中专任教师2.85万人。

普通中等专业学校46所，增加2所；招生3.28万人，增加0.39万人；在校学生9.22万人，增加0.1万人；毕业生3.02万人，减少0.07万人。教职工0.71万人，专任教师0.62万人。

成人中等专业学校14所，减少2所；招生0.92万人，增加0.17万人；在校学生1.9万人，减少0.03万人；毕业生0.9万人，增加0.01万人。教职工0.09万人，专任教师0.05万人。

技工学校78所，增加1所；招生5.37万人，增加0.5万人；在校学生16.28万人，增加0.92万人；毕业生3.52万人，增加0.42万人。

全省独立设置成人高校8所，另有76所普通高校举办成人学历教育。全年成人高等学历教育本专科招生14.05万人，增加2.99万人，增长27%；在校学生26.41万人，增加3.66万人，增长16.1%；毕业生9.4万人，减少0.19万人。成人学历教育以函授和业余为主，函授和业余学生占在校学生总数的94.7%。普通高校网络本专科招生0.1万人，减少1.03万人；在校学生2.04万人，减少1.46万人。

加强以职工转岗、农民转业为重点的职业培训。成人技术培训学校5614所，注册学员494.52万人次，结业574.64万人次。

【职业能力大赛】 2019年，浙江省高职院校组织国家级、省级赛事49项，参赛学生12407人次。全省高职院校获得国家一等奖22项、二等奖47项、三等奖60项，获奖总人数319人。其中，一等奖56人，二等奖117人，三等奖146人。全省中职院校组织4392名学生参加国家级、省级赛事38项，获得国家一等奖24项、二等奖36项、三等奖22项。其中，一等奖61人，二等奖138人，三等奖获奖总人数64人，总计获奖人数263人。全省中职和高职院校学生参加全国大赛成绩持续稳居全国前列。

【职业教育东西部扶贫协作】 2019年，浙江省全力办好内地新疆中职班，努力做好1658名新疆班学生和114名西藏(青海)班学生的教育管理服务工作。主动承担8个外省的职业教育东西部协作脱贫攻坚任务，建立职业教育东西部扶贫协作工作机制，面向受援地投资1300多万元，组织结对学校132所，交流师资721人，全年培养学生1613人。

【就业创业指导】 2019年，义乌工商职业学院获评全国就业创业典型经验院校。各级教育部门加强职业院校的就业指导和服务工作，接受全国人大对浙江贯彻就业促进法的执法检查。协同组织参加全国就业统计网络视频会，共同组织召开全省高校就业创业工作视频会。全年全省中等职业学校毕业生就业率99.32%，创历史新高。高职院校2018届毕业生毕业一年后就业率97.6%，近3年就业率总体保持稳定。

【老年教育工作】 2019年，浙江省依托省广播电视大学设立省终身教育研究与评价中心，加强终身教育理论研究工作。开展长三角老年教育和社区教育研究合作。印发《2019年全省社区教育工作要点》，编写2018年社区教育发展报告。省教育厅会同省委宣传部出台《推进社区教育进农村文化礼堂三年行动计划(2019—2022)》。组建浙江老年开放大学"银铃"合唱团、舞蹈队等。组织庆祝中华人民共和国成立70周年全省老年教育"排舞"大赛。

【成人高等学历继续教育】 2019年，浙江省加强继续教育专业设置管理，进一步削减本科院校无全日制专业依托的成教专科专业，9所本科高校撤销23个专科专业。全省普通高校79

所和独立设置成人高校5所，开设成人教育专业点605个，专业总量基本稳定。开展高校继续教育质量年报编写和省级年报编写工作，完成《2018年度浙江省继续教育质量年报》。开展高校成人学历教育管理情况检查调研，规范成人继续教育办学行为，督促各高校加强函授站点开设和招生管理。（省教育厅 陈 璐）

高 等 教 育

【概况】 2019年，浙江省有普通高等学校109所（含独立学院和筹建院校），其中，大学18所、学院20所、独立学院21所、高等专科学校2所、高等职业学校48所。研究生（含非全日制）、本科、专科招生比例为1:5.3:5.7；普通高考录取率维持较高水平；高等教育毛入学率61.3%，比上年提高1.18个百分点。

研究生（含非全日制）招生31771人，其中，博士生4032人，硕士生27739人，招生总数增加2011人，增长6.8%；在校研究生（含非全日制）92368人，其中博士、硕士在校学生分别为14869人、77499人，在校学生总数增加9821人，增长11.9%；研究生（含非全日制）毕业生20875人，其中博士、硕士毕业生分别为2022人、18853人，毕业生总数增加199人，增长1%。地方属普通高校招收研究生（含非全日制）21112人，其中博士生915人，硕士生20197人，招生总数增加1503人，增长7.7%；在学研究生（含非全日制）58858人，其中博士、硕士在校学生分别为3039人、55819人，在校学生总数增加6333人，增长12.1%；研究生（含非全日制）毕业生14361人，其中博士、硕士毕业生分别为346人、14015人，毕业生总数增加544人，增长3.9%。

全省普通本专科招生35.04万人，增长13.1%。其中：部属院校招生0.62万人，减少0.02万人；地方属高校招生34.41万人，增长3.6%。本科招生16.97万人，增长3%；高职（高专）招生18.07万人，增长24.6%；在校生数107.47万人，增长5.4%。其中：本科在校生63.62万人，增长1.8%；高职（高专）在校生43.85万人，增长11.1%。毕业生28.34万人，增长1%。全省普通本、专科招生比例48.4:51.6，其中地方属高校本、专科招生比例47.5:52.5。

全省普通高等学校教职员工9.96万人，增加0.51万人。其中专任教师6.67万人，增加0.33万人。专任教师中副高及以上职称教师占45.3%，下降0.4个百分点；具有硕士及以上学位教师比例85.5%，提高1.5个百分点。

普通高校校舍建筑总面积4265.1万平方米，增加307.4万平方米，增长7.8%；图书12106.16万册，增加457.18万册，增长3.9%；仪器设备值292.65亿元，增加25.17亿元，增长9.4%。

【高水平大学建设】 2019年，浙江省加强“双一流”大学建设。推进高校做好“双一流”建设中期评估，出台《浙江省普通本科高校分类评价管理指标体系（修订稿）》，完成2017—2018年分类考核。推动落实省政府与中国人民大学签署战略合作框架协议，省校双方在校际合作、人才合作等方面取得实质性进展。推动中国计量大学与国家市场监管总局、浙江传媒学院与国家广电总局签订省部共建协议。省教育厅与温州市、舟山市、义乌市签署协议，以“省市共建”方式分别支持温州大学、浙江海洋大学、中国计量大学创建生态学、海洋科学、仪器科学与技术一流学科。

【学科专业建设】 2019年，浙江省遴选上报352个国家级一流本科专业建设点及594个省级一流本科专业建设点。完善高校学科专业布局，按照“控制总量、优化存量、用好增量”原则，做好全年本科专业增设与调整工作，重点支持服务数字经济“一号工程”、生命健康、新材料及“八大万亿”产业等省内重大发展战略的专业。

【高水平人才培养体系建设】 2019年，全国高校“新农科”建设会议在湖州安吉召开，会议发布中国新农科建设“安吉共识”。习近平总书记回信对涉农高校办学方向提出要求，对广大师生予以勉励和期望。组织开展年度普通本科高校校（院）长本科教育述职评议工作并发布测评情况通报。指导高校开展本科教学工作审核评估整改回访工作。制定省一流课程建设指导意见，组织开展国家精品在线开放课程申报推荐的评审工作。开展“十三五”省级重点建设实验教学示范中心、大学生校外实践教育基地、产教融合工程项目、教师教学发展中心、虚拟仿真实验教学项目等申报立项工作。

【学位与研究生教育】 2019年，省教育厅根据教育部《关于进一步规范和加强研究生培养管理的指导意见》，开展硕士学位授权点合格评估省级抽检，72个抽检点均合格。委托教育部学位中心完成2018年硕士学位论文抽检，优良率为80.8%，硕士学位论文质量明显提升。做好学位授权管理和调整工作。全省完成工程硕士、博士对应调整，开展新增学士学位授予专业审核工作。推动研究生联合培养，安排专项指标支持之江实验室与浙江工业大学、杭州电子科技大学等开展博士研究生联合培养和支持中国人民大学与浙江工商大学开展博士研究生联合培养工作。

【研究生培养模式改革】 2019年，省教育厅制定出台省专业学位研究生优秀实践成果评选试行办法、省优秀研究生教学案例认定试行办法，开展省优秀研究生课程立项建设和认定工作，推进省研究生课程联盟和在线平台建设，打造和共享研究生教育“金课”。至年末，全省有博士学位授予高校12所，硕士学位授予高校20所。拥有博士学位授予一级学科点116个，硕士学位授予一级学科点336个。认定省级研究生联合培养基地32个。

【高校科技创新】 2019年，浙江省进一步扩大省属高校科研人员科研项目经费使用自主权，省教育厅会同省财政厅等六部门印发《关于进一步完善省属高校科研项目经费使用办法的通知》。一批科研平台入选国家级平台。全省入选教育部省部共建协同创新中心2个、教育部工程研究中心3个（含培育项目1个），认定省级协同创新中心16个、高校新型智库13个。做好《中华人民共和国促进科技成果转化法》《浙江省促进科技成果转化条例》《浙江省专利条例》和科技新政等落地工作。

【大学生创新创业就业工作】 2019年，浙江省组织实施以"百校联动，千场招聘，五十万岗位"为主要内容的招聘活动。按照不同学科、不同层次，在全省23所高校培训创业导师1500人，累计培训创业导师5000人；举办全省大学生创新创业能力提升培训班10期，培训学生400人。全省本专科毕业生创业率5%左右，创业率居全国前列。大学生创新创业大赛等赛事均取得优异成绩。浙江省全力做好新疆用人单位专招工作，年内录用41名优秀毕业生到新疆阿克苏工作。

（省教育厅　陈　璐）

【浙江大学】 浙江大学是一所拥有122年历史，海内外影响力较大的综合性、研究型、创新性大学。学校有紫金港、玉泉、西溪、华家池、之江、舟山、海宁7个校区，占地面积574公顷，校舍总建筑面积257.6万平方米。设7个学部、36个专业学院（系）、1个工程师学院，2个中外合作办学学院、7个附属医院。至年末，学校有全日制学生57159人、国际学生7131人、教职工9377人，教师中有中国科学院院士、中国工程院院士（含双聘）50人、文科资深教授13人、教育部"长江学者奖励计划"特聘教授96人、国家杰出青年科学基金获得者145人。在国家公布的"双一流"建设名单中，学校入选一流大学建设高校（A类），18个学科入选一流建设学科，居全国高校第三。深入实施一流本科教育行动计划。浙江大学完成本科专业的调整和培养方案的优化，申报国家一流本科专业建设"双万计划"的36个本科专业全部获批。构建形成"通、专、跨、国际化""四课堂融通"的新型课程体系，完成通识课程第一轮提质工作，建成66门通识核心课程。初步制定覆盖所有本科课程、面向教与学各环节的教学质量标准，试点开展毕业论文（设计）盲审、末位审核。加强实践教学办学条件建设，制订《2020—2022年本科教学实验条件三年改善计划》。浙江大学在"中国大学MOOC"平台上线课程数居全国高校第一位。全校本科生海内外深造率61.56%，赴世界百强高校深造人数占海外深造总人数的59.31%。

进一步优化学科生态体系。浙江大学落实医科、文科、涉农学科等学科大会精神，出台促进学科一流创新发展的若干意见。召开工信、理学学科发展大会，研究制定加快推进工信学科、理学学科高质量发展的若干意见。加快顶尖学科、高峰学科、一流骨干基础学科建设步伐，实施优势特色学科发展计划。深入实施"创新2030计划"，启动实施"量子计划""生态文明计划""设计育种计划"等专项计划，积极推进"双脑计划"，建立医学院脑科学与脑医学系，启动求是高等研究院系统神经与认知科学研究所二期建设。浙江大学7个学科进入世界前100位，5个学科进入世界前50位。

提升科研品质内涵。浙江大学坚持高精尖导向，推进国家重大科技基础设施"十三五"项目建设，总投资21亿元的超重力离心模拟与实验装置项目开工建设。新增国家健康和疾病人脑组织资源库、国家临床医学研究中心、国家自然科学基金委基础科学中心等重大平台，推进教育部"新一代工业互联网信息安全技术平台"关键核心技术集成攻关大平台立项、省部共建人工智能协同创新中心工作。对接教育部"珠峰计划"，推进教育部脑与脑机融合前沿科学中心建设。深入服务军民融合发展战略，打造一批重大任务和工程的科研项目群。全年投入科研经费53.5亿元。作为第一完成单位获2018年国家科学技术进步奖一等奖和二等奖各1项、国家技术发明奖二等奖2项，作为参与单位获得国家科学技术奖一等奖1项、二等奖9项；获批国家自然科学基金893项；发明专利授权数居全国高校第一位。

加强中国特色新型智库建设。浙江大学在国家高端智库培育上实现关键突破，区域协调发展研究中心增选为国家高端智库试点单位。推进长三角一体化发展研究中心、社会治理研究院等建设，7篇智库报告获党和国家领导人批示，80多份研究成果被中央有关部委和省委、省政府采纳。深入实施哲学社会科学繁荣计划，高质量建设全国重点马克思主义学院，加快推进中国特色社会主义研究中心建设。成立艺术与考古学院，启用艺术与考古博物馆，推进与中国国家博物馆、故宫博物院等国家级文化研究机构的合作，不断提升人文高等研究院、中华译学馆等机构建设水平。启动"学术精品走出去"外译计划和英文学术著作出版资助及奖励计划，加快建设国别和区域研究机构。

人才队伍建设取得新成效。浙江大学坚持领军人才与青年人才并重，加快引育标志性人才和领军人才，加大对青年人才的培养力度，强化对高层次人才创新团队的支持。完善人才政策平台，深入推进学术大师汇聚计划、高层次人才培育支持计划、"百人计划"等重点工作，设立海外学术大师科学家联合工作室（C类）制度、求是特聘技术创新岗制度、海内外高水平大学长聘体系人才引进绿色通道制度，启动实施"百人计划（临床医学）"和创作实践类"百人计划"。推进人才工作目标责任制，强化院系主体责任，开展院系人才引进自主权下放试点工作，举办浙江大学"启真"青年论坛。强化人才评审、考核、激励和管理，发挥高层次人才示范引领作用。全年浙江大学引育高层次人才、优秀青年人才254人，比上年增长37%；新增院士3人，新引进文科资深教授3人，高层次人才和优秀青年人才新增数和总规模位居全国高校前列，其中国家自然科学基金委优秀青年基金项目获得者新增人数居C9高校第一位，入选教育部"长江学者奖励计划"青年学者人数、国家"万人计划"青年拔尖人才人数等人才项目新增数均居C9高校第二位，入选全国博士后"国际交流计划"引进项目人数居全国高校第一位。成立国内首个脑科学与脑医学学院。该学院是教育部脑与脑机融合前沿科学中心、国家健康与疾病人脑组织资源库、卫生部医学神经生物学重点实验室、浙江省神经生物学重点实验室等重要平台的实体支撑单位。作为全国首个脑科学和脑医学领域教学、科研、临床有机结合的新兴学院，将致力成为国际一流人才汇聚和拔尖创新人才培养的重要脑科学交叉研究平台。

（浙江大学　张　黎）

【中国美术学院】 中国美术学院是浙江省政府与文化和旅游部、教育部共建的首批重点高校，2017年入选国家“双一流”建设高校，美术学学科入选“世界一流学科建设学科”。学校设18个直属院系（部）及附属中等美术学校1所。有教职工936人，其中专任教师595人。在校本科生7023人、研究生2212人、继续教育学历生486人、留学生357人。

2019年，中国美术学院党委、设计艺术学院党总支、公共空间艺术系教师党支部分别入选首批浙江省高校党建“双创”工作“示范高校”、“标杆院系”“样板支部”培育创建对象；2人分别获第三届“中国美术奖·终身成就奖”、第十五届光华龙腾奖“新中国成立七十周年中国设计70人”特别奖；2人获美国TSD建筑与综合艺术荣誉学会金质奖章；1人获评全国优秀教师；2人分别入选“长江学者奖励计划”青年项目、国家“万人计划”教学名师；2人入选浙江省有突出贡献中青年专家。

中国美术学院在省一流学科中期评估中，美术学、设计学、艺术学理论和建筑学4个学科获评优秀。完成省“重高建”年度绩效考核，首次将年度绩效考核结果与“重高建”二级学院经费核拨挂钩。完成各学科学位点评估复评。牵头完成全省艺术学一级学科硕士学位点抽检复评。

全年中国美术学院招录新生2469人，其中本科生1768人、硕士生611人、博士生90人。以“双万计划”为抓手，制定实施三年三轮建设规划，完成首批国家级和省级一流专业与一流课程申报。13个专业入选国家级一流本科专业建设点，7个专业入选省级一流本科专业建设点，入选数量居全国艺术类院校首位。打造首批本科“金课”，入选首批省级一流课程31门，遴选申报国家级一流课程6门。推出“铸金炼课——国美本科金课展”32案，出版研究生国美金课教材12本。学校入选全省课堂教学创新学校，获批浙江省“十三五”第二批教学改革研究项目20项、虚拟仿真实验教学项目20项、产学合作协同育人项目2项。推进本科招生考试综合改革，首次在普通类批次招收工业设计专业学生。上海设计学院与创新设计学院互联互通，有力保障教学质量和育人成果。继续教育发展质量和效益显著提升。2019届毕业生2030人，其中研究生351人、本科生1679人，就业率为91.87%。

依托“国家重大题材美术创作创新平台”，举办专题创研班，24件学员作品入选“伟大历程，壮丽画卷——庆祝中华人民共和国成立70周年美术作品展”，学校获评“国家主题性美术创作”优秀组织单位。在第十三届全国美展中，学校有147件作品入选、7件获提名（其中银奖2件、铜奖2件），居全国艺术院校首位。47件作品入选第十二届中国艺术节。

由学校团队设计的浙江彩车“潮涌之江”号，获庆祝中华人民共和国成立70周年群众游行地方彩车最高奖项“华美奖”。成功举办第四届中国设计智造大奖、第三届西湖国际纪录片大会。与浙江广电集团联合推出的大型电视纪录片《中国村落》在浙江卫视首播，并入选浙江“五个一工程”。《第一军团》获第四届加拿大金枫叶国际电影节最佳原创剧本学院奖。学校获国家级科研立项11项、省部级立项10项，获省级科研成果一等奖1项、三等奖2项。与杭州亚组委共建杭州亚运会艺术设计研究中心。打造产学研社会创新品牌，艺创小镇获第三批浙江省特色小镇称号；参与浙江首批未来社区建设试点创建项目2个，其中始版桥未来社区项目成为省长联系点；完成省委深改办“跑改一件事”视觉设计、省财政厅“资产云”财务协同成果研发、省农业农村厅“美丽乡村”标识系统规划。深化与杭州市战略合作，推进名城名校全域合作，完成改造提升杭州湖滨步行街、火车东站“未来枢纽”视觉系统设计等工程。与四川省乐山市政府合作，实施“设计助力四川小凉山公益实验计划”。实施对口支援西昌民族幼专计划。与衢州开化县开展结对扶贫合作，《文化铸魂，艺术扶贫》获评教育部“第二届省属高校精准扶贫精准脱贫典型项目”。

全面深化“三美育人”模式。学校成立马克思主义学院，强化师资队伍建设，启动马克思主义文艺思想博士生招生。提升“星空下的思政课”特色实践教学，编制“画说党史”校本教材。实施“最美青春”榜样引领工程，启动“优秀学长”计划，1人入围“中国大学生年度人物”百强，2人获评“中国大学生自强之星”，1人获评浙江省“十佳大学生”。10个暑期社会实践团队获评省级重点团队。2019年度全国大学生创新创业计划项目获批86项，浙江省大学生创新训练活动（暨新苗人才计划）项目获批57项。学校入选教育部“美育浸润行动计划”、浙江省高校“三全育人”综合改革文化育人牵头单位。融合传统与新媒体宣传阵地的特色和优势，打造立体宣传格局，巩固壮大主流舆论阵地，学校海外传播力蝉联内地高校第三位。

（中国美术学院　吴佳凝　徐国强）

【西湖大学】 西湖大学是一所社会力量举办、国家重点支持的新型高等学校，2015年3月由施一公、陈十一、潘建伟、饶毅、钱颖一等人发起创办，2018年2月14日获教育部批准设立。举办方为杭州市西湖教育基金会，首任校长由施一公教授担任。学校按照“高起点、小而精、研究型”的办学定位，主要开展基础性、前沿科学技术研究，坚持发展有限学科，注重学科交叉融合，以博士研究生培养为起点，着重培养富有责任感的拔尖创新人才，致力于集聚一流师资、打造一流学科、培育一流人才、产出一流成果，努力实现重大原创理论突破和关键核心技术创新，为国家进步、民族复兴和人类福祉做出贡献。学校云栖校区位于西湖区云栖小镇，占地4.4公顷，有10.6万平方米建筑设施，包括4栋科研楼、1栋办公楼和2栋学生公寓，主校区云谷校区位于西湖区云谷小镇，占地面积99.67公顷，尚在建设中。

西湖大学实行董事会领导下的校长负责制，首届董事会名誉主席由诸贝尔物理学奖获得者、中国科学院院士杨振宁担任，董事会主席为钱颖一教授。学校坚持“教授治学、行政理校，学术导向决定行政服务”的治校方针，校长依法依章全面负责校务工作。党委把握社会主义办学方向。设立监事会、顾问委员会、校务委员会、学术委员会、学位评定委员会等专门委员会，设置18个职能部门和直属单位以及生命科学学院、理学院、工学院3个学院。

学校面向全球招聘顶尖学术人才，先后赴牛津、剑桥、洛克菲勒、普林斯顿、麻省理工等世界知名高校进行招聘，构建以才引才、精准引才机制。全年新签约独立实验室负责人和博士生导师32人。有国家海外高层次人才引进计划人选32人、“百千万人才工程”国家级人选1人、享受国务院政府特殊津贴1人、省海外高层次人才引进计划人选37人、省“万人计划”人选2人、省有突出贡献中青年专家1人、省“151人才工程”人选5人。学校博士后科研工作站获得独立招收权，招收76名博士后。2019年，学校有教职工658人

学校以造就富有社会责任感的拔尖创新人才为己任，采取“申请—考核”制的灵活选拔方式，坚持“寓教于研”“兴趣先导”的人才培养理念，实行双导师交叉学科培养、实验室轮转定导制度，最大限度激发学生的创造力，构筑青年科学家培养体系。学校有三期博士生334人，其中2019级录取195人。积极建设博士生课程体系，开设特色课程24门。与联培院校建立常态沟通机制，制定博士生奖助学金管理办法，启动西湖一期学位申请工作。

学校围绕理学、生命与健康、前沿技术方向，优先建设医学、理学、工学3个学科门类，规划设置13个一级学科，生物学、电子科学与技术列入省一流学科（A类）。对标国际一流打造科研创新平台，实行“独立实验室”制度，建成运行独立实验室89个；获批认定结构生物学研究、3D微纳加工和表征研究、生长调控和转化研究、功能分子精准合成省重点实验室4个；牵头打造生命健康世界科技创新高地主平台，启动创建浙江省实验室；5个校级科研公共平台——生物医学实验技术中心、先进微纳加工与测试平台、理化公共实验平台、实验动物中心、超算中心投入使用，大型仪器共享管理系统上线运行。全年举办生命科学、工学、化学、物理等大型学术会议5场，承办首届青年π·未来健康圆桌会，组织西湖名师论坛47次、学科交叉午餐会40期，News & Ideas17期；成功申报国家自然科学基金项目31项，累计43项，国家重点研发计划实现牵头项目“零”的突破；以第一作者、通讯作者身份发表论文111篇，累计151篇。

（西湖大学　尹菊青　王慧敏）

特殊教育

【概况】 2019年，浙江省有特殊教育学校86所，特殊教育学校和普通学校招收残疾学生3521人，比上年增加42人。特殊教育在校生20913人，增加1387人，其中，特殊教育学校就读学生10512人，普通学校（随班就读和附设特教班）残疾儿童招生数和在校学生数分别为1547人、8385人，分别占特殊教育招生和在校学生总数的43.9%、40.1%。特殊教育小学阶段在校生12657人，占特殊教育在校学生总数的60.5%；初中阶段在校学生7121人，占34.1%；高中阶段851人，占4.1%，学前教育阶段在校学生284人，占1.4%。

【标准化学校建设】 2019年2月20日，省教育厅印发《浙江省特殊教育标准化学校评估细则（试行）》（简称《细则》），确定38所特殊教育学校达到标准化学校的评估标准。特殊教育标准化学校评估工作有力促进特殊教育学校建设，改善特殊教育学校办学条件，提升特殊教育办学质量。特殊教育学校标准化建设上升为省政府富民惠民安民行动计划的一部分。《细则》自4月1日起实施，旨在通过评估促进各地特殊教育学校的条件改善。

【继续推进特殊教育延伸】 2019年，浙江省提前实现《浙江省特殊教育“十三五”发展规划》提出的目标任务，全省持证残疾儿童义务教育阶段入学率保持在98%的高位运行，学前教育段达90%以上、高中教育段达80%以上，两头延伸学段提升明显，均超额完成年度指标。各地均在争取学校办学功能的拓展，理顺学前和高中的办学机制，使特殊教育学前和高中教育更加规范化、规模化。象山县等个别区县已完成特殊教育学校十五年办学经营范围的拓展变更，为落实依法办学要求提供了范例。

（省教育厅　陈　璐）

民办教育

【概况】 2019年，浙江省有独立设置的民办普通高校15所，独立学院21所，中外合作办学2所。民办（含中外合作办学）普通本专科招生10.56万人，比上年增加1.07万人，增长11.2%；在校学生33.47万人，增加1.4万人，增长4.4%，招生、在校学生各占全省普通本专科招生、在校学生总规模的30.1%、31.1%，其中独立学院招生4.85万人，增加0.28万人；在校学生17.02万人，增加0.38万人；独立学院的本科招生数4.85万人、在校学生数17.02万人，分别占全省普通本科招生数和在校学生数的28.6%、26.8%。全省有民办普通高中220所，在校学生20.35万人，占普通高中在校学生总数的26%；民办中等职业学校（不含技工学校）43所，在校学生7.72万人，占中等职业教育（不含技工学校）在校学生总数的14.2%。民办普通初中273所，在校学生28.72万人，占普通初中在校学生总数的17.5%。民办普通小学167所，在校学生48.5万人，占普通小学在校学生总数的13.2%。民办幼儿园5620所，在园学生103.57万人，占在园幼儿总数的53.5%。全省各级各类民办学校专任教师15.41万人，占专任教师总数的23.4%，其中，民办幼儿园6.69万人，民办中小学6.73万人，民办中职学校（不含技工学校）0.36万人，民办普通高校（含中外合作办学）1.63万人。

【民办学校招生制度改革】 2019年6月，省教育厅依据《中共中央国务院关

于深化教育教学改革全面提高义务教育质量的意见》，积极推进义务教育学校免试就近入学全覆盖，民办义务教育学校招生纳入审批地统一管理，与公办学校同步招生；对报名人数超过招生计划的，实行电脑随机录取。8月，省教育厅在调查摸底基础上起草招生改革文件，召开民办学校代表、教育局负责人座谈会听取意见，并征求省政协教科卫体委，省人大教科文卫委意见，同时委托各设区市教育局组织教育行政部门和民办学校多层面征求意见。10月，招生改革意见与上海、安徽、江苏教育部门进行对接，确保长三角地区政策协同、政策口径基

2019年浙江各级各类教育基本情况

学校类别	学校(所)	毕业学生(人)	招生(人)	在校学生(人)	教职工(人)	
					合计	其中专任教师
一、基础教育						
1.普通中学	2 345	766 237	823 471	2 421 219	229 451	202 518
高中	601	254 026	273 060	784 233	84 091	71 952
其中：民办	220	62 250	72 516	203 525	23 577	16 490
初中	1 744	512 211	550 411	1 636 986	145 360	130 566
其中：民办	273	81 449	100 496	287 244	29 501	21 112
2.小学	3 310	573 232	655 675	3 671 067	224 296	216 107
其中：民办	167	68 182	88 152	484 960	32 173	29 709
3.幼儿园	8 261	657 443	625 273	1 937 389	250 051	135 413
其中：民办	5 620	380 961	323 004	1 035 721	129 952	66 932
4.特殊教育	86	2 909	3 521	20 913	3 121	2 852
5.工读学校	1	129	209	401	77	65
二、中等职业教育						
1.职业高中	185	133 164	157 414	430 910	31 307	28 541
其中：民办	35	18 010	22 093	57 836	3 384	2 699
2.普通中专	46	30 176	32 847	92 172	7 083	6 156
其中：民办	7	5 966	6 528	18 044	834	725
3.技工学校	78	35 166	53 695	162 770	11 859	9 633
三、普通高等教育						
1.研究生		20 875	31 771	92 368		
博士生		2 022	4 032	14 869		
硕士生		18 853	27 739	77 499		
2.普通本专科(含筹)	109	283 396	350 371	1 074 688	99 551	66 734
普通本科	59	151 734	169 704	636 152	73 105	48 331
其中：民办(含中外合作办学)	26	63 410	71 373	255 574	17 737	13 100
3.高职(高专)	50	131 662	180 667	438 536	26 446	18 403
其中：民办	10	23 848	34 251	79 168	4 479	3 227
四、成人教育						
1.成人高等学历教育	8	93 972	140 507	264 110	930	528
其中：民办		2 142	5 275	7 696		
2.网络本专科		11 393	950	20 438		
3.成人中等专业教育	14	8 970	9 160	18 984	939	532
其中：民办	1	773	826	1 339	14	12
4.成人中学	252	24 197		28 443	1 645	1 337
5.成人技术培训学校	5 614	5 746 394		4 945 228	33 400	23 941
6.成人初等学校	232	32 722		31 306	1 005	729

注：1.特殊教育学生数中包括普通中小学随班就读学生；2.技工学校数据由省人力社保厅提供

（省教育厅　陈　璐）

本一致。11月，作为重大决策社会风险评估试点单位，省教育厅委托第三方对招生改革意见进行社会风险评估。年内，浙江民办学校招生制度改革方案基本形式。

（省教育厅　陈　璐）

公共文化
Public Culture

综　述

【概况】 2019年，省文化和旅游厅制定《浙江省文化和旅游标准化建设行动计划》并组织实施，“文化和旅游融合发展标准化试点项目”被列入省标准化战略重大试点项目。全年省文化和旅游厅承担3项国家标准研究制订，12项标准经立项列为省地方标准。《湖州市乡村旅游促进条例》公布，成为全国首部乡村旅游领域地方性法规。全省累计建成文化礼堂14341个、公共图书馆103个、文化馆101个、博物馆308个。年内，全省公共图书馆总流通量1.24亿人次，书刊文献外借2675.06万人次、7929.31万册次；文化馆组织文艺活动23584次，观众2070.91万人次，举办训练班40991次，培训174.06万人次；博物馆举办基本陈列994个、临时展览1221个，参观人次6576.19万人。新建改建旅游厕所1935座，完成年度计划的123.3%。

【公共文化服务标准均等化提升】 2019年，浙江省9个重点县、107个重点乡镇和1228个村全部完成公共文化服务重点市县及薄弱乡村建设提升任务，87个县（市、区）达到《浙江省基本公共文化服务标准（2015—2020）》，完成率97.7%。推进公共文化服务“十百千”工程，制定《浙江省公共文化服务“十百千”考核办法》。至年末，10个重点县投入资金18亿元，完成项目108个，兰溪等9个重点县（市）通过省文化和旅游厅组织的考核验收；107个重点乡镇投入资金5亿元，完成提升项目的重点乡镇达87个；1230个重点村投入资金13亿元，完成提升项目的重点村达1107个。完善公共文化服务标准化体系。《文化馆总分馆服务规范》正式立项并取得阶段性成果。年内，全省有省级地方标准12个、市级标准11个、县级标准31个，与《浙江省基本公共文化服务标准（2015—2020年）》和100个市县制定的基本公共文化服务实施目录（标准）共同组成覆盖面广、要求细致、程序规范、相对完善的公共文化服务标准体系。开展公共文化服务体系示范区（项目）创建工作。全年全省评出“浙江省文化强镇”30个、“浙江省文化示范村（社区）”94个。

【公共文化惠民工程】 2019年，省文化和旅游厅完成中华人民共和国成立70周年彩车巡游人员展演工作。举办浙江省第六届群星视觉艺术综合大展、群众广场舞大赛、“百城联动，歌唱祖国”全省群众声乐大赛等一系列全省示范性群众文化活动。“百城联动，歌唱祖国”浙江省群众声乐大赛以“互联网+”线上线下结合的形式，在国家“公共文化云”线上直播刷新网络观看人数25万人次的记录。持续开展文化惠民活动，全年全省组织送文艺演出下乡2.49万场次，送书下乡345.22万册次，送讲座送展览15042场次，组织文化走亲活动2045场次。深入推进“耕山播海”培训活动，开展免费培训114场，惠及人数2万余人次。组织参加全国第十八届“群星奖”，音乐《阿家里格啰》、舞蹈《村里的画室》、小品《父与子》、曲艺《外婆坑》等4个节目入围决赛，其中小品《父与子》获群星奖。丽水乡村春晚成为全国品牌，首次集中开展展示活动。举办全省曲艺新作大赛，评选产生新创优秀曲艺精品10个。组织开展新一批“浙江省民间文化艺术之乡”申报评选工作和2014—2016年度“浙江省民间文化艺术之乡”复核工作，共评出“浙江省民间文化艺术之乡”96个。联动百家公共图书馆举办“图书馆之夜”主题系列活动600多场。

【公共服务体制机制优化】 2019年，省文化和旅游厅持续推进公共服务体制机制优化。全省公共图书馆和公共文化馆全部建立理事会制度，省文化馆和嘉兴市图书馆入选第二批全国法人治理结构改革试点。6月15日，在文化和旅游部召开的全国公共文化领域重点改革任务现场推进会上，浙江的6项改革数据位列全国第一；《浙江省基层综合性文化服务中心建设情况》4个案例进行书面交流，占案例总数的14.3%，入围数列全国第一。温州市围绕法人治理结构改革和图书馆总分馆建设进行书面交流。部署开展乡镇（街道）公共文化服务绩效评估工作。加强基层文化队伍建设。继续开展乡镇文化员定向培养工作，首次将招生范围扩大至二类一档、二档的县（市、区），全年招生65人，招生计划执行率98.5%。组织举办公共文化处（科）长、公共文化重点乡镇建设分管领导、乡村文艺团队“三团三社”建设带头人等培训班，1200多人次参加省级培训。至年末，全省建有乡村文艺团队（三团三社）3.51万个，参与人数115万余人。

（省文化和旅游厅　林　静）

文学艺术

【概况】 2019年，浙江省创排大型舞台艺术作品52部，入选国家级各类奖项及扶持项目13部。歌剧《呦呦鹿鸣》入选第十五届精神文明建设“五个一工程”。京剧《渡江侦察记》、交响乐《祖国畅想曲》、话剧《雄关漫道》《青青余村》、台州乱弹《我的大陈岛》等一批新创剧目先后推出。歌剧《红船》入选“中国民族歌剧传承发展工程”重点扶持剧目。歌剧《在希望的田野上》参评第十六届文华奖。浙江小百花剧院越剧《枫叶如花》入选2019年度全国舞台艺术重点创作剧目名录。浙江婺剧团婺剧现代戏《血路芳华》入选中央宣传部全国基层院团戏曲会演。越剧《苏秦》等3个剧本入选文化和旅游部剧本扶持项目，数量位居全国第一。交响乐《祖国畅想曲》入选文化和旅游部“时代交响——中国交响音乐作品创作扶持计划”2018—2019年度扶持作品，从168部作品中脱颖而出，成为9部入选的交响乐作品之一。推出14个年度舞台艺术创作重点题材，命名10个“文艺创作采风基地”。推动中国越剧节永久落户绍兴，年内命名越剧之乡10个。举办“新松计划”浙江省青年话剧演员大赛。开展基金申报工作，浙江省68个项目获国家艺术基金资助3605万元，数量位居全国第二位。

【主题艺术创作】 2019年9月28日，浙江省庆祝中华人民共和国成立70周年大型音乐舞蹈史诗演出在黄龙体育馆举行。年内，省文化和旅游厅组织庆祝中华人民共和国成立70周年优秀歌曲征集创作演唱活动，收到有效申报作品212件，评出一、二、三等奖作品9件。省政协举办的《与时代共进，与祖国同行》庆祝人民政协成立70周年文艺晚会在省人民大会堂演出。组织“携手奔小康，同心共追梦：浙江省对口地区民族文艺巡演，历时1个月，在全省11个设区市进行巡演，演出12场，并在省人民大会堂举行主场汇报演出。

【文艺创作平台】 2019年，省文化和旅游厅新引进3名在国内外有影响的高层次艺术创作人才。陈美兰、方汝将、谢群英3人入选文化和旅游部“名家传戏——当代戏曲名家收徒传艺工程”，王明强、胡山岗2人入选文化和旅游部“名家传曲——当代戏曲音乐名家收徒传艺工程”。指导省属艺术院团围绕民族歌剧《红船》《在希望的田野上》、大型滑稽戏《南湖人家》、越剧《下姜女人》《伪装者》《胡庆余堂》、现代京剧《渡江侦察记》、话剧《雄关漫道》《青青余村》、中篇弹词《新琵琶行》等创作项目，派出人员451人次，分赴省内及江苏、安徽、福建、陕西、湖南6省16个地市开展蹲点创作、体验生活等活动。开展首批浙江文艺创作采风基地申报工作，泰顺县雅阳镇等10个单位被命名为“首批浙江文艺创作采风基地”。深化院团改革，组建成立浙江演艺集团。完成浙江小百花越剧院、浙江京昆艺术中心内部管理体制改革。

【戏曲传承保护】 2019年，省文化和旅游厅举办第十四届浙江省戏剧节，全省有41台新创剧目参评，20台参评剧目进入终评，5台剧目参加展演，评出特别大奖4个、新剧目大奖10个、创作及表演等单项奖34个。戏剧节创新办节模式，加强省市协作，推出一批优秀戏剧新作新人，全省18个戏曲剧种首次全部亮相。戏剧节期间开展221场活动，线下参与观众60多万人次，网络参与量2400多万人次，其中抖音大赛吸引1900多万人次参与。推进“传统戏曲进校园”“传统戏曲进社区”“传统戏曲进农村文化礼堂”工作。举办“传统戏曲演出季”，实施“越剧走出去计划”，大力培育戏曲演出市场，扩大戏曲传播渠道。举办第四届浙江戏曲北京周，组织7个院团11台大戏赴京展演，吸引8万余人次现场观看演出，平均每场上座率达80%，媒体报道超过100篇。

（省文化和旅游厅　林　静）

文化交流

【概况】 2019年，省文化和旅游厅积极做好对外及对港澳台文旅交流活动和文化交流，全年实施对外和对港澳台交流项目1746个，开展推介活动41场，派遣12个艺术团组分赴捷克、智利等9个国家和中国台湾地区的23个城市，举办61场“欢乐春节”文化交流活动。

【重大文化和旅游交流活动】 2019年5月24日至6月3日，省文化和旅游厅先后赴浙江省友好省州捷克皮尔森州、德国石荷州承办“丝·茶·瓷——丝绸之路上的跨文化对话”展览、“美丽中国·诗画浙江”浙江省非物质文化遗产展以及相关的文化和旅游推介活动。9月9日，赴南非比勒陀利亚举办“彩虹之约”浙江·南非文旅交流合作大会及展览。此前，在省人民大会堂举办“诗画浙江与狂野非洲的亲密接触——万人游非洲”大型文旅交流活动启动仪式。9月6—12日，赴葡萄牙里斯本、西班牙马德里举行“美丽中国·诗画浙江”文化和旅游推介会。

【“一带一路”文化和旅游交流活动】 2019年，省文化和旅游厅加强“一带一路”沿线文化和旅游战略合作。4月27—30日，在第十四届中国义乌文化产品交易博览会和第十一届中国国际旅游商品博览会上举办浙江省“一带一路”文化和旅游交流精品展。5月5—11日，在浙江音乐学院举行第三届“意会中国”——“一带一路”艺术大师工作坊等中阿人文交流项目，来自阿尔及利亚、埃及、突尼斯等“一带一路”沿线国家的8位音乐、舞蹈艺术家受邀参加活动。借助中国—中东欧国家合作机制，建立健全文化和旅游合作机制。浙江音乐学院与中东欧各国音乐院校共同倡议成立中国—中东欧国家音乐院校联盟，联盟秘书处设在浙江音乐学院。7月23日，浙江旅游职业学院和贝尔格莱德应用技术学院合办的中塞旅游学院成立。10月21—31日，浙江音乐学院举办2019中国—中东欧国家音乐舞蹈暨学术交流活动，来自8个国家26位艺术家和中国艺术家共同举办43场系列音乐会（舞蹈专场）、大师班和学术讲座。浙江旅游职业学院响应“一带一路”倡议，推进中外（境外）合作办学机构建设。组织参加亚洲文化旅游展，增加与亚洲国家文旅合作。

【文化和旅游传播推广】 2019年春节前后，省文化和旅游厅组派12个艺术团组、316名演展人员，分赴捷克、俄罗斯、智利、埃及、美国、新西兰、阿联酋等9个国家和中国台湾地区的23个城市，举办61场“欢乐春节”文化交流活动。以中俄建交70周年为契机，开展“俄罗斯·中国浙江文化旅游年”系列活动，举办浙江省博物馆“东方生活美学展”、中国丝绸博物馆“丝·尚：30件服装讲述中国非遗故事”、诗画浙江——“南孔圣地”衢州文化旅游品牌推介活动、中国青瓷小镇—浙江特色小镇海外推广展。赴希腊举办丝绸文化展。以中美建交40周年为契机，先后在美国纽约、波士顿、洛杉矶、旧金山及加拿大温哥华、多伦多举办大型文旅推介活动，赴波士顿举办“人类非遗·中华经典”—龙泉青瓷巡展。在北京世园会“浙江日”开幕式上分古韵遗风、山水胜景、浙江味道、如家行旅4个篇章向嘉宾展示浙江自然资源和文化底蕴。在浙江园组织茶艺、东阳竹编、杭绣、浙派古琴与竹笛、端午香包与五色丝制作、嵊州根雕等一批非物质文化遗产项目的展示与展演。结合“良渚申遗”，组织浙江省博物馆赴保加利亚索非亚中国文化中心举办“江南晨曦”良渚文化展，推广良渚文化。围绕海上丝绸之路，赴日本、马来西亚举办系列文旅交流推广活动。

【对港澳台交流合作】 2019年，省文化和旅游厅加强与港澳台文化和旅游交流合作，承办文化和旅游部内地与港澳台文化旅游界大型交流活动“艺海流金·诗画浙江”，浙港澳三地文旅业界120人参会。赴澳门举办庆祝澳门回归20周年“根与魂”非物质文化遗产展示活动，赴台湾举办第十三届“台湾·浙江文化旅游节”、“诗画浙江”文化和旅游（台北）推介会等活动，组织浙江话剧团“浙话新势力”赴台湾巡演并举办“丽水文化周”等系列活动，配合文化和旅游部做好“华夏文明·薪火相传”活动，接待9批300多人次台湾青年到浙江交流。

（省文化和旅游厅　林　静）

农村文化礼堂建设

【概况】 2019年，浙江省新建农村文化礼堂3282个，累计建成农村文化礼堂14341个，500人以上行政村文化礼堂覆盖率为74.5%。其中，杭州1408个、宁波1716个、温州2356个、湖州689个、嘉兴790个、绍兴1210个、金华1906个、衢州962个、舟山209个、台州2106个、丽水989个。

【文化礼堂建设水平提升】 2019年，农村文化礼堂建设工作写入中共中央1号文件，并列入省政府工作报告重点工作，并结合景区村庄创建和历史文化村落业态培育纳入乡村文化旅游项目和精品线路统筹规划建设。按照选址科学、功能完善、形态美观、安全实用的原则，结合各村集体经济实力、人口数量、群众需求和文化底蕴等实际情况，合理布局建设。3月，省委宣传部组织开展全省农村文化礼堂调研，推动各地统筹涉农资金、拓宽资金渠道，做好规划选址、土地指标安排、用地报批等工作。4月18—19日，召开全省农村文化礼堂建设工作现场会，推进文化礼堂“建管用看”一体化发展。

【文化礼堂系列活动】 2019年，以庆祝中华人民共和国成立70周年为主线，围绕春节、端午、中秋、中国农民丰收节等传统节日和重大节庆活动，开展“我们的”系列活动、“纪念中国共产党浙江省第一次代表大会召开80周年图片展”进农村文化礼堂等各类文化活动和春节祈福迎新、重阳节敬老、儿童开蒙、文明婚礼、新兵入伍壮行等各类礼仪活动。制订农村文化礼堂服务菜单，推出涵盖文艺、宣讲、法治、科技、教育、卫生健康、体育等内容的“文化礼堂服务大菜单”1000多项，开展“进礼堂”系列等文化服务活动。通过举办社区教育、养生宣讲、义诊咨询、妇女儿童关爱、法律援助、体育指导等服务活动，进一步推动优质服务内容进文化礼堂。

【文化礼堂运行管理】 2019年，浙江省文化礼堂基本形成县级统筹推进、乡级协调指导、村级负主体责任的三级管理机制。开展2018年度五星级农村文化礼堂和第二届“最美文化礼堂人”推选，评选出293个五星级农村文化礼堂和29名“最美文化礼堂人”。开展全省农村文化礼堂交叉考核评估工作，创建农村文化礼堂建设示范县（市、区）17个、示范乡镇（街道）99个，形成比学赶超的浓厚氛围。完善“礼堂家”浙江农村文化礼堂资讯服务共享平台、浙江农村文化礼堂微信公众号，上线“礼堂家”App，全省农村文化礼堂电子地图导入1万余家文化礼堂数据，并积极利用短视频、微信、H5等新媒体传播方式宣传文化礼堂活动，全年发布相关内容2000多条。推动国家公共文化云、浙江文化通、科普e站、公共数字阅读系统等数字平台内容进文化礼堂，建设文化礼堂内容共享平台，为农民群众提供丰富实用、实时便捷的信息资讯服务和数字文化资源，扩大文化礼堂影响力、辐射力和服务力。

【人才培育工作】 2019年，浙江省积极探索管理员专职化建设，通过政府购买公益服务、派驻管理员等方式，吸纳有责任、愿奉献、有专长、懂文化的优秀人才特别是青年优秀人才进入管

2019年10月25日，“文化礼堂·棋风盛行”浙江省体育进农村文化礼堂启动仪式在嘉兴海宁市盐官镇桃园村文化礼堂举行

（省委宣传部　供图）

理员队伍,确保每个文化礼堂有专人管理。推动党政机关、文艺院团、学校、企业等单位与文化礼堂志愿结对,组织开展"万名宣传干部服务万家文化礼堂"等服务活动。完善文化礼堂志愿者注册招募、服务记录、管理评价和激励保障机制,鼓励专业文化工作者、文化名人、高校学生、大学生村官、乡村教师等文化志愿者进礼堂,构建参与广泛、内容丰富、形式多样、机制健全的文化志愿服务体系。充分发挥新时代乡贤回乡反哺作用,推动乡贤文化进文化礼堂,培育乡贤组织,规范组织制度,推动各地成立新时代乡贤数据库,推举一批新时代乡贤。引导道德模范、优秀学子、贤达人士等通过会议参事、驻堂服务、资助献策、活动组织等方式参与文化礼堂建设。组织相关文化单位的专业文化工作者、文化名人,与群众文化团队、文化能人挂钩结对,通过教、学、帮、带,提高民间文化人才技艺和水平。全年举办4期全省农村文化礼堂"村晚"文艺骨干培训班,培训基层文艺骨干600多人。举办全省乡镇(街道)宣传委员培训班,增强基层宣传的专业水平。

【文化培育工作】 2019年,浙江省各地农村文化礼堂聚焦庆祝中华人民共和国成立70周年,开展新时代中国特色社会主义和中国梦宣传教育。深化理想信念教育,开展"我和我的祖国"主题宣讲活动,举办"礼赞新中国,奋斗新时代"微型党课大赛和全省巡讲活动,举办"万家农村文化礼堂千家爱国主义教育基地升国旗奏国歌"等庆祝活动。深入开展法治宣传、法治讲座、法治文艺、法律咨询等进文化礼堂活动,充分发挥"报、网、端、微、屏"在法治宣传教育中的作用,面向农民群众开展针对性强的法治宣传教育。开展"好家风评选""立家规家训"和"好家风家庭"褒奖礼仪活动。结合"最美浙江人"学习宣传,在农村文化礼堂开展"最美"家庭、"最美文化礼堂人"、好邻里好儿女好婆媳等"最美"评选,设立"最美人物榜""善行义举榜"。开展乡风评议,设置"放学来吧""微心愿认领""大家帮"等载体,打造"乡贤榜""文化长廊""乡村记忆馆"等品牌,开设家宴中心,开展公筷行动等,推进乡村移风易俗,各项工作均取得扎实成效。 (省委宣传部 刘雨升)

档 案 工 作

【概况】 2019年,浙江省有各级档案行政管理机构101个,各级各类档案馆114个。其中,国家综合档案馆100个,专业档案馆11个,部门档案馆3个。各级各类档案馆馆藏档案2137万余卷、2138万余件,照片203万余张,纸质资料153万余册,电子资料20119GB,向社会开放档案311万余卷、231万余件。各级各类档案馆全年接待利用者41万余人次,提供档案利用156万余卷件次。

【档案工作服务中心大局】 2019年,浙江省档案工作紧扣"新中国的记忆"主题,开展庆祝中华人民共和国成立70周年系列宣传。省档案局、省档案馆联合浙江广播电视集团举办"一封家书·家国档案七十年"诵读会。全省各地分别举办庆祝中华人民共和国成立70周年档案主题展、特色档案征集、主题征文活动等。服务长三角区域一体化发展扎实有效,推动实施长三角区域民生档案"跨馆查档、便民服务",在全国率先实现长三角一网通办。沪苏浙皖三省一市签署《长三角地区档案部门重点协同项目备忘录》,制订并发布统一办事指南和业务手册,受到国家档案局充分肯定。

【档案管理改革创新】 2019年,浙江省档案系统有序推进档案部门机构改革,贯彻《市县档案行政管理部门定岗定责指南》,创新档案局(馆)工作协同机制,强化"互联网+监管",全省各地档案工作领导力量、职能处室及人员配备基本到位,初步形成档案行政与档案馆工作"一盘棋、双加强"工作目标,浙江走在全国档案系统改革前列。全省联动开展以"'五档共建'再深化、改革创新再出发"为主题的解放思想大讨论活动,提振档案干部干事创业、攻坚破难的精气神。与中国档案学会联合举办档案工作创新发展学术研讨活动,并举办全省档案馆业务建设交流会。

【档案文化建设】 2019年,浙江省档案文化产品日益丰富,相继推出各类档案编研作品193种。全省建成爱国主义教育基地82个,创建党性主题教育活动室、中小学档案教育社会实践基地、学生第二课堂、社科教育基地、红领巾e站阵地等。省档案馆党性教育主题活动室接待1100多批次2.9万人次接受党性教育。全省联动开展"6·9"国际档案日主题宣传,全年举办各类展览197个,参观人数达91万人次,其中多地联动举办"不忘初心、牢记使命"主题教育档案文献展,累计10多万人次参观各类红色档案展览。

【档案信息化建设】 2019年,浙江省档案信息化纳入政府数字化转型总体格局,依托"最多跑一次"改革全面推进电子化归档,归档政务服务事项电子文件759万件。浙江承担的全国档案行业标准《政务服务事项电子文件归档规范》正式发布,成为《国务院关于在线政务的若干规定》支撑标准。推动档案部门与民政、国土数据共享,向民政部门共享数据1313万条39TB,婚姻登记电子化归档50.5万件,为办事"零证明""跑零次"提供档案数据支撑。数字档案馆(室)建设领跑全国。至年末,全省通过国家级数字档案馆测试36个,占全国总数的53%,全国示范数字档案馆(室)8个,数量继续稳居全国首位。省档案馆成为第一家通过全国示范数字档案馆测试的省级档案馆。全省88.27%县直以上机关和国有企事业单位建成数字档案室,其中省级示范数字档案室2194个,省级规范化数字档案室6854个。档案科技工作成果显著,2项成果获国家档案局优秀科技成果二等奖,为当年最高奖项。

【档案基层基础工作】 2019年,全国档案工作服务农村基层社会治理试点推进会在温州召开,浙江经验获推广,温州市被列入国家档案局、民政部"档案工作服务农村基层社会治理"试点。

上线"浙里办"App远程查档服务功能,全国首个实现全省范围内综合档案馆微信查档,全年浙江档案服务网受理查档总数22095次,移动端9201次。"千村档案"建设工作有序推进,完成1358个历史文化村落4.7TB数据建库工作。年内,印发档案安全和执法案例,受到国家档案局肯定推广。在全国档案系统率先开通档案行政执法监管手机端平台,实现掌上执法。深入推进"互联网+监管"双随机抽查工作,全省完成对1766个监管对象实施的492项检查任务,参与检查人员4639人次。全省档案馆业务建设评价工作有序推进,完成59个市、县(市、区)档案馆业务评价工作。推进全省档案新馆建设,累计建成和在建新馆50个。

【档案人才队伍建设】 2019年,浙江省档案系统组织实施干部能力提升计划,深入实施档案人才工程,举办全省档案人才高级研修班,完善档案人才专家库。做好全国档案系统"双先"评选推荐工作,同步完成全省档案系统"双先"评选推荐工作。湖州市档案馆、新昌县档案馆荣获"全国档案系统先进集体",江山县档案馆馆长徐青获"全国档案系统先进工作者"。举办全省档案局长馆长、档案法治、档案宣传报道员等专题培训班,档案干部业务能力水平得到新提升。年内,全省新增档案研究馆员和副研究馆员76人、档案助理馆员和馆员620人。

(省档案局　林牡牡)

图书馆

【概况】 2019年,浙江省有县(市、区)以上公共图书馆103个,其中,省级图书馆1个、市级图书馆14个(其中市级少儿图书馆3个)、县(市、区)级图书馆88个。全省公共图书馆馆舍面积130.66万平方米,阅览坐席8.49万个。文献总量9432.94万册件,累计发放有效借书证1286.45万张,外借文献7846.38万册,图书馆网站访问量17563.56万人次,全年总流通人次1.39亿人次,读者活动2.3万次,参加人数1398.36万人次。

【法人治理结构试点】 2019年,平湖市图书馆、兰溪市图书馆、景宁县图书馆、东阳市图书馆、龙游县图书馆、青田县图书馆、安吉县图书馆、舟山市定海区图书馆、嘉兴市图书馆、永康市图书馆、松阳县图书馆、遂昌县图书馆、武义县图书馆、江山市图书馆、衢州市衢江区图书馆、开化县图书馆、缙云县图书馆、丽水市莲都区图书馆、嵊泗县图书馆、常山县图书馆、庆元县图书馆、金华市婺城区图书馆、龙泉市图书馆、衢州市柯城区图书馆、金华市少年儿童图书馆、金华市图书馆26个图书馆先后成立图书馆首届理事会。

【公共文化服务体系建设】 2019年,浙江图书馆联合西湖风景名胜区岳庙管理处打造"书香浙江·杭州岳王庙启忠书吧",成为国内首个公共图书馆与AAAAA级景区共建,面向所有游客免费开放的公共图书馆信用书吧。杭州图书馆新增李白诗词文化主题分馆、钢琴主题分馆、康养主题分馆、国际分馆等9个主题图书馆分馆。宁波图书馆与城市公共出行相结合,开通"到图书馆去"主题地铁专列,发行纪念票卡;与福泉心宿、南塘阅居等多家民宿合作开设创意阅读空间。嘉兴市图书馆融合文化旅游双方优势,在总馆和景区建立红船书苑。金华市图书馆新建三个"悦读吧"自助图书馆。衢州市图书馆3个南孔书屋开馆运营。温州市图书馆、温州市标准化研究院联合起草的《城市书房服务规范》(DB33/T 2181-2019)省级地方标准发布,该标准规范的制定是在温州市城市书房建设和管理经验实践的基础上,总结推广城市书房建设的浙江经验。

【信息服务】 2019年,浙江图书馆编辑《时事观察》特刊,为省人大、省政协履职服务综合平台提供专栏内容400多篇,编发12期《时事观察》、66期《经济洞察》,新增信息产品《文旅快讯》和《文旅纵览》;组织开展全省公共图书馆信息服务产品评选,浙江图书馆、杭州图书馆等9个公共图书馆编辑的10种信息产品获奖。杭州市图书馆向市民提供专题咨询、文献传递、智能机器人咨询等方式的信息服务,为市委市政府有关单位部门编辑《经济专家观点》《政治专家观点》、《杭州信息八面来风》等信息刊物提供资料。宁波图书馆在市"两会"代表驻地提供现场办证、信用借书、数字阅读、专题信息咨询等服务。

【读者服务】 2019年,浙江图书馆推出面向全国读者的"免证、免押金、免逾期费"的无边界"信用浙图"服务,实现公共图书馆服务"零门槛"和"零边界"。宁波图书馆在创客空间成立宁波市首个图书馆5G体验空间,推出5G+AR阅读、5G+VR科普箱、5G+VR实景演出等应用供读者体验;"天一约书"开通全市借阅服务,"天一约书"全市信用借阅服务点增至30个。温州市图书馆推出逾期停借机制,实现"诚信分"享受信用借阅等信用升级服务。绍兴图书馆联合越城区、柯桥区、上虞区、诸暨市公共图书馆减免图书逾期费。台州市图书馆强化汽车图书馆服务工作,随车带上展览讲座活动,丰富基层服务类型。湖州市图书馆建立"馆长接待日"制度,专门设立读者电话,畅通投诉建议渠道,强化服务监督管理。金华市图书馆借阅证全面升级,用芯片借阅证代替磁条借阅证。丽水市图书馆牵头各县市区图书馆,打通区域限制,实现了丽水全市"一证通"。衢州市图书馆南孔书屋与政务服务自助终端机结合,为市民提供"24小时不打烊"服务。舟山市图书馆联合地方公共图书馆与书店共同宣传信阅服务,让更多的读者了解信阅,享受阅读资源。

【读者活动】 2019年,浙江图书馆于"4·23"图书馆之夜开启科普阅读之旅　"星耀九天 畅想未来"主题系列活动,超过74万人观看直播;牵头长三角三省一市举办长三角地区阅读马拉松挑战赛,江浙沪皖同时开赛,省内11个设区市76个赛点3765名参赛者参加;举办"天籁浙江"系列朗诵活动,分别走进上虞、三门等地,挖掘地方特色,用声音传达阅读魅力,"天籁浙江"系列朗诵活动启动仪式暨诗话曹娥江·浙东唐诗之路发祥地大型主题晚会通过腾讯视频直播,115万人同时在线观看。宁波图书馆"天一音乐"首创馆员主讲系列,联合共青团宁波市委推出"音为梦想·筑梦宁波"宁波市新青年音乐计划。温州市图书馆组织举办"百年守望 世纪书香"温州文化论坛暨温州市图书馆建馆100周年庆典活动,全国图书馆界代表、知名专家、文化名人等250多人参加;推出"新锐说"活动品牌,打造行业领袖精英分享新思想新知识的演讲平台。嘉兴市图书馆新设"嘉兴故事"文化讲堂,邀请地方文化专家讲述不同内容的嘉兴故事,推出"文化行走 阅读嘉兴"阅读推广品牌系列活动。湖州市图书馆契合文旅融合元素,推出"思吾国学课堂""馆长荐书""乡里乡韵"等特色品牌,丰富活动形式。

【特殊群体服务】 2019年,浙江图书馆举办"声游世界,传播文化好声音"国际盲人节公益活动,用声音带盲人去旅行,共享社会进步成果;浙江省视障信息无障碍服务联盟新增衢州市柯城区图书馆、平阳县图书馆两家成员馆,并为他们提供盲用文献的支持。杭州图书馆实施"筹建漂流图书馆:乡村学校图书室"爱心计划,为乡村学校学生提供阅读服务。嘉兴市图书馆针对特殊儿童开展"星光彩虹"培智儿童阅读服务,带领特殊家庭走进图书馆,体验亲子阅读活动。衢州市图书馆对无障碍设施进行改造升级,方便服务特殊群体。

【少儿服务】 2019年5月,由浙江图书馆和嘉兴市图书馆合办的第十五届浙江省未成年人读书节启动仪式暨"家风少年说"大赛决赛在嘉兴举行,来自全省11个设区市的20支代表队参加比赛,向未成年人讲述家风文化,全省17万人次在线观看。由浙江省图书馆学会主办、杭州少年儿童图书馆承办的"魅力声音——家·变化"浙江省少儿故事音频大赛评选出9个最佳作品、200个优秀作品、11个优秀组织单位及34位优秀指导教师等奖项。湖州市图书馆联合社会力量开展儿童阅读推广活动,推出暑期"当绘本遇上乐高"系列活动和暑期青少年科技节系列活动。温州市少年儿童图书馆开展寒暑假阅读计划活动,举行年度"读者成长计划"表彰大会,通过多种方式给少年读者带来新鲜阅读体验。嘉兴市图书馆开展"阅动全家 书香嘉兴"活动,从农村孩子入手,带动家庭阅读,缩小城乡儿童阅读能力和信息素养差距。金华市少年儿童图书馆举办少儿国学公益培训班、儿童文学作家进校园讲座和小橘灯公益讲座等活动,提高少年儿童的阅读兴趣。

【古籍与地方文献】 2019年,浙江图书馆将古籍保护工作和"互联网+"的发展趋势相结合,全面开展馆藏古籍数字化工程,召开古籍、碑帖数字化选目论证会,制定馆藏古籍、地方文献数字化标准和工作流程,确定古籍、历史文献的著录标准、现场管理规范等相关制度;完成53种珍贵古籍核对入选"国家珍贵古籍名录"、4015册古籍的数字化拍摄等工作;搭建地方文献征集网络,加强历史文献资源库、浙学文献中心总库的建设。宁波图书馆创立"宁波市政协文史资料专柜"及"阳明文献专柜"等特色文献专藏区,编辑发行《宁波文献》(第一辑)。温州市图书馆设立温州学文献中心和"郑张尚芳文库"。绍兴图书馆承办的"文献名邦 书香绍兴——越地历史文脉展"在国家典籍博物馆开展,展出先秦至民国时期有关绍兴的代表性传世珍本72种。舟山市图书馆复印清钞本《宝庆昌国县志》二卷并整理印刷成册。

【公共数字文化建设】 2019年,浙江图书馆开展公共数字文化互联互通工作,完成金华、衢州地区公共图书馆联通国家数字图书馆推广工程虚拟网;配合省文化和旅游厅完成浙江省公共文化服务"智慧文化云"一期建设,联通国家"文化云",接入省电子政务网(浙里办),开展浙江"智慧文化云"在基层文化服务点的落地服务。"浙江文化通"客户端年下载安装量1.35万个,年用户访问量1056.9万人次。"浙江网络图书馆"年访问量2249.12万次,文献传递量50.36万次,电子图书阅读量60.48万册,期刊下载量656.86万篇。杭州图书馆面向全市开展人工智能技术、网络安全、图书馆自动化业务系统的业务培训。

【数字资源建设】 2019年,浙江图书馆通过省级专项资金统一采购、联合采购、协商采购等方式协商引进全省、区域共用数据库,33个数据库使用范围开放给全省公共图书馆读者。全年浙江图书馆新增数字资源20.92TB,总量达186.37TB;新增2个特色资源数据库,新增元数据1664.34万条;浙江省采编中心推动全省公共图书馆加入联机计算机图书馆中心(OCLC)等国际性馆际互借查询平台,加快全省馆际互借和文献传递网上平台建设,完成2018年度馆藏数据80970条批上传联机计算机图书馆中心(OCLC)书目数据库WorldCat,累计上传全省批处理数据22.52万条,推动浙江省文献资源的全球共享。杭州图书馆初步建设完成古籍特色资源数据库,免费供读者使用。嘉兴市图书馆与嘉兴地区联盟馆之间实现读者互访资源的服务,实现资源互通互用。

【国际交流合作】 2019年,浙江图书馆与澳大利亚新金山中文图书馆签订战略合作协议书,首次与澳洲建立合作关系;与新加坡国家图书馆、俄罗斯国立图书馆建立文献交换关系;派员参加未来图书馆会议、第三届中国与阿拉伯国家图书馆及信息领域专家会议、国际图书馆协会联合会(IFLA)大会及卫星会议、联机计算机图书馆中心(OCLC)会议等国际学术交流活动,赴莫桑比克国家图书馆提供技术援助并举办"传承与创新——浙江省公共图书馆事业发展图文展"。杭州图书馆发挥中国—中东欧国家图书馆联盟秘书处作用,正式运营联盟官方网站,完成联盟内首次文献交换,向波兰国家图书馆赠送介绍中国和杭州文化的书籍26种;完成联盟内首次馆员培训;筹备第二届中国—中东欧国家图书馆联盟馆长论坛。

【区域联盟合作】 2019年10月17日,浙江图书馆主办的首届长三角地区公共图书馆信用服务年会在宁波召开，长三角地区相关业界专家学者、图书馆工作人员80多人参加此次年会。年会期间，上海图书馆、南京图书馆、浙江图书馆和安徽省图书馆共同签署长三角公共图书馆信用服务联盟协议。牵头开发“阅读的声音”线上平台，联合上海市、江苏省、安徽省共同举办长三角有声阅读联盟年度交流活动，打造长三角有声阅读交流平台和阅读空间。由浙江图书馆主办、嘉兴图书馆承办的“弘扬运河文化·传承棹歌之美”大运河阅读接力浙江站活动在嘉兴举行，发布大运河文献资源共建共享的“嘉兴共识”；由中国图书馆学会学术委员会和杭州国际城市学研究中心主办，浙江图书馆承办，杭州图书馆协办的全国“公共图书馆主题分馆建设”馆长论坛在杭州召开，发布全国公共图书馆主题分馆建设馆长论坛“杭州共识”。在内蒙古图书馆、呼伦贝尔图书馆举办2场文化走亲活动，为两地文化事业发展提供新视角。杭州图书馆、湖州市图书馆、嘉兴市图书馆、绍兴图书馆、衢州市图书馆、黄山市图书馆签署《杭州都市圈城市图书馆联盟合作共识》，成立杭州都市圈城市图书馆联盟。湖州市图书馆和长兴县图书馆联合举办首届中国阅读传统与文化传承学术论坛，近50名国内业界代表参加，围绕“阅读传统与文化传承”主题展开学术交流。嘉兴市公共系统图书馆和嘉兴地区高校图书馆联盟共同发起嘉兴地区图书馆联盟成立大会，共同签署《嘉兴地区图书馆联盟合作共识》。

【学术交流与研究】 2019年9月24—26日，浙江图书馆主办的浙江省图书馆学会第十六次(2019)学术年会暨第五届浙闽论坛在宁波召开，国内外业界专家学者、图书馆从业人员等200多人参加年会，围绕“构建开放融合的图书馆共同体”展开交流；主办的新时代公共图书馆文旅融合发展浙江现象研讨会在杭州召开，来自全国30多个省市公共图书馆馆长及业界专家学者等70多人参加研讨会，会议交流文旅融合发展的浙江现象，加快推动全国图书馆界关注文旅融合发展事业和工作的步伐。6月14日，浙江省图书馆主办第四届“浙思享”之智能互联时代文旅融合与图书馆服务创新研讨会，全省公共和高校图书馆50多人参加，跨界的信息共享为全省图书馆服务的创新和发展提供新的起点。杭州图书馆编撰出版专著《主题图书馆的杭州模式》，总结宣传杭州图书馆主题图书馆建设成果。温州市图书馆编辑出版《张棡日记》；与国家图书馆、浙江图书馆以及浙江大学图书馆联合出版《浙江省瑞安中学等八家收藏单位古籍普查登记目录》和《孙诒让稿本汇编》。绍兴图书馆编撰出版《宛委琅嬛——越地文献精粹》。

【志愿者服务】 2019年，杭州图书馆借助“中国志愿服务管理平台”网站和“志愿汇”App进行志愿服务管理。宁波市级地方标准《阅读推广志愿服务规范》(DB3302/T 1111-2019)于年内正式实施，该标准规定阅读推广志愿服务的筹备计划要求，规范了志愿者的招募、培训、服务记录、服务质量、绩效评价、服务激励等工作。绍兴图书馆与浙江越秀外国语学院建立合作关系，以“共商、共建、共享”为宗旨，从讲座、实践、志愿服务等方面着手开展志愿服务工作。(浙江图书馆　钱冰洁)

非物质文化遗产保护

【概况】 2019年，省文化和旅游厅加强非物质文化遗产保护工作。倡导科学保护，“绍兴莲花落”“蓝印花布印染技艺”“泰顺木拱桥营造技艺”成功入选全国“非遗”优秀实践案例，总数居全国并列第一。象山海洋渔文化入选全国首批国家级文化生态保护项目。平阳县《“平阳白鹤拳”课程的开发与实施》案例入选全国“非遗进校园”十大优秀实践案例。台州黄岩区手工艺“非遗”课程实践案例、丽水莲都区婺剧进校园实践案例等7个案例入选“非遗进校园”十佳创新实践案例，总数居全国榜首。制订《浙江省曲艺传承发展行动计划》。建设全省“非遗”数据库，全省9个设区市、三分之一的县(市、区)完成建库工作。非物质文化遗产书籍编纂成果显著。编纂浙江省第四批国家级“非遗”代表性项目丛书，省委书记车俊为丛书做总序。发布浙江省第一批国家级“非遗”代表性传承人口述史丛书，开创全国先例。全年全省(不含宁波)申请2020年度国家非物质文化遗产保护专项资金4283.47万元。

【非物质文化遗产宣传】 2019年6月6日，省文化和旅游厅在杭州举行“文化和自然遗产日”浙江主场城市(杭州)系列活动开幕式暨“诗画浙江·美好家园”浙江诗路文化带文化遗产主题展演活动。在北京举行庆祝中华人民共和国成立70周年新闻发布会浙江专场“非遗”配套展示活动。在象山县承办以“非遗影像，中国实践”为主题的文化和自然遗产日全国“非遗”影像展，征集到作品260部，比上届增长30%。全省7部(套)影片入围集中展示展映活动，3部(套)入评“非遗影像展转专家评委会推荐影片”，数量均居全国第一。举办杭州工艺周等大型非遗展会，推进国际化品牌建设。以诗路文化带民间传说为主要讲述内容，举办第二届“少年非遗说”浙江传说故事讲述大赛，全省超万名青少年参加海选。举行第三届“中国浙江·全国曲艺传承发展论坛及观摩交流展演”活动。举办第十四届中国(义乌)文化产品交易会浙江非遗生活馆。举办大运河文旅季——第十一届浙江·中国非物质文化遗产博览会(杭州工艺周)，28个省(市、自治区)及港澳地区，300个项目、426位传承人，日本12个传统工艺项目26位工艺名家参加展示展演展销与研讨交流等系列活动，观众达23万人次。推动“非遗”走出去。赴德国举办“美丽中国 诗画浙江——浙江省非物质文化遗产展”，赴中国澳门举办“根与魂——浙江省非物质文化遗产展演”，组织非遗项目在中国北京世界园艺博览会展出，助力“浙江日”开幕式。年内，省非物质文化遗产馆正式开工建设。

【非物质文化遗产创新】 2019年，舟山市东沙古镇入选“全国非遗与旅游融合十大优秀案例”。组织开展浙江省优秀“非遗”旅游商品评选活动，发布首批100项"非遗"旅游商品，涉及雕刻塑造、金属加工、器具制作、纺染织绣、漆器髹饰、剪纸刻绘、编织扎制、陶瓷烧造、文房制作、家具建筑、食品制作、制茶酿造、中药炮制等类别。开展非物质文化遗产旅游景区创建工作，命名杭州余杭区径山镇等50个单位为第五批浙江省非物质文化遗产旅游景区，其中"非遗"主题小镇20个、民俗文化村30个。举办"安吉杯"最美中国年·浙江年俗微推文大赛。

【非物质文化遗产保护队伍建设】 2019年，省文化和旅游厅制订《浙江省传统戏剧发展"五个一"计划》，举办8期濒危剧种传承人群培训班、培训学员299人。实施"非遗"传承人群研培计划，举办"非遗"传承人群研修班和培训班9期，参训的学员258人。举办浙江省"非遗"传承人群研习培训传统（民居营造技艺和饮食类），为传统工艺工作站和"百县千碗"工程提供非遗传承人支撑，参训学员90人。承办第四期全国非物质文化遗产保护工作者培训班，来自浙江、江苏、上海的等省市的131名基层一线非遗保护工作者参加。（省文化和旅游厅　林　静）

文物·博物馆

【概况】 2019年，浙江省实现良渚古城遗址成功申遗，世界文化遗产及预备名单项目管理取得新突破。文物保护利用改革加快推进，革命文物保护利用工程启动实施。诗路文化带建设取得重要进展，文旅融合效应初步彰显。文物安全责任进一步压实，文物安全执法监管不断强化。文物安全防护持续增强，文物违法案件与安全事故督导精准有力。不可移动文物保护管理加强，文物保护工程管理成效显著，考古工作成果丰硕，大遗址保护利用取得新成效。博物馆建设及社会文物管理稳步推进，办馆质量明显提升。展陈精品不断涌现，博物馆教育及文创产品开发亮点突出。数字化转型改革加快，依法行政能力提升。文物宣传工作有声有色，文博人才队伍不断优化。党建水平明显提高，在多方面取得显著成绩。

【文化遗产依法保护】 2019年，浙江省完成大运河文化遗产保护立法调研及《浙江省大运河世界文化遗产保护条例》起草等工作，印发《关于加强文物保护利用改革的实施意见》《关于浙江省实施革命文物保护利用工程（2018—2022年）的意见》。完成全省文物系统"最多跑一次"改革任务，梳理并上线文物系统机关内部"最多跑一次"事项16项，对全省文物系统权力事项库进行全面清理和动态调整，受理信访举报投诉事项100多项，受理政府信息公开依申请事项5项，完成行政诉讼应诉3件。

【执法督察与安全保卫】 2019年，浙江省开展文物安全监管和行政执法检查，全年出动18026人次，检查文博单位7269个次，发现文物各类安全隐患2719处，涉嫌违法行为26起。加大文物违法案件查处和安全事故处置力度，立案查处文物违法案件25起，其中涉及文物行政违法案件23起，行政处罚7起，罚款金额110万元；涉及文物刑事犯罪案件2起；发生并处置文物安全事故6起（均为火灾事故）。文物部门加大督查力度，对温州文成县谢林大宅院等4起文物火灾事故进行重点督导，对全国重点文物保护单位昆山遗址保护范围内进行建设工程案等12起文物法人违法案件进行督办。组织开展第三届全国文物行政执法指导性案例遴选，选送2个案例参与全国评查。开展为期6个月的消防安全大检查"回头看"专项行动，出动检查人员2846人次，检查文博单位1147个次，发现各类消防安全隐患1846处。加大督导力度，出动246人次，赴59个市、区检查文物单位124个次，发现消防安全隐患553处，印发文物安全督办函56件；重新修订《浙江省文物系统"双随机、一公开"抽查监管工作实施细则》。省文物局现场督导国务院安委会办公室挂牌督办的全国重点文物保护单位郑义门古建筑群存在重大火灾隐患问题，确保整改按期完成并销号。7月，全省开展为期一个月的文物建筑消防隐患排查，对10处存在重大消防安全隐患的文物建筑实施挂牌督办。做好文物安全防范工程事前审批和事中事后监管，扩大文物安全防护设施覆盖面，批复安吉县古城保护中心及博物馆、奉化博物馆、龙游县博物馆、乍浦炮台等安防工程设计方案，对世界温州人博物馆、武义县博物馆、嘉善县博物馆、缙云县博物馆等安防系统工程及武义县延福寺防雷工程进行验收，对建德新叶村、嵊州市崇仁村、临海市桃渚城、缙云县河阳村等开展"全国文物消防安全百项工程"中期专项评估和监管。

【不可移动文物保护和管理】 2019年，浙江省全面加强对不可移动文物的保护、管理与利用。7月6日，良渚古城遗址正式列入《世界遗产名录》。随后省委专题研究良渚古城遗址保护与利用工作，持续推进后申遗时代保护、利用、宣传等工作。对标世界遗产管理规范，指导沿线城市开展大运河遗产保护研究、建设，强化日常巡查，进一步提升大运河遗产监测预警体系。会同江苏省、上海市向国家文物局推荐江南水乡古镇申报世界文化遗产，推荐杭州天目窑遗址群和温州江心屿东、西塔申报"海上丝绸之路"遗产点。海宁海塘·潮文化景观列入中国世界文化遗产预备名单。

省文物部门推进考古遗址公园体系建设，完成嘉兴马家浜考古遗址公园博物馆建设以及安吉古城遗址、龙山越国贵族墓考古遗址公园环境整治工程项目前期工作，指导完成余姚鲻山遗址、临安吴越国王陵、湖州钱山漾遗址、大溪东瓯古城遗址、桐乡谭家湾遗址等处保护规划和嘉兴马家浜考古遗址公园总体规划审批稿编制，推动绍兴宋六陵考古遗址公园保护规划初稿编制。

年内，浙江省50处文物保护单位入选第八批全国重点文物保护单位，至此，全省全国重点文物保护单位总数增至281处，数量居全国第四。省文物部门审查并向国家文物局上报全国重点文物保护单位保护规划21项，涉及全国重点文物保护单位建设控制地带建设项目41项。审查全国重点文物保护单位保护工程设计方案42项、省级文物保护单位保护工程设计方案81项，审批涉及省级文物保护单位建设控制地带建设项目30项。古月桥修缮工程获联合国教科文组织亚太地区文化遗产保护优异项目奖，并与泰顺廊桥——文兴桥、文重桥、薛宅桥灾后修复工程一并参加全国优秀古迹遗址保护项目评选，被评为特别推荐项目。完成《大运河文化带浙江建设规划纲要》《浙江省诗路文化带发展规划》编制，开展“四条诗路”沿线历史遗存摸底调查，完成“浙东唐诗之路”申报世界文化遗产可行性研究，谋划确定187项文物资源保护利用项目，启动实施一批诗路文化带文物保护利用项目。

【革命文物保护利用】 2019年，浙江省实施革命文物保护利用工程。开展全省革命遗址调查整理，完成对各市、县（市、区）拟实施革命文物保护利用工程的摸底汇总。杭州市出台《杭州市革命文物保护利用工程（2019—2022年）实施方案》，开展“红色记忆”系列活动，公布17处革命旧址为市级文物保护单位。丽水市抓好革命旧址维修，开展“浙西南革命精神”内涵提炼宣传。启动平阳县中共浙江省委一大旧址等一批革命遗址保护展示工程。

【考古发掘】 2019年，浙江省组织实施考古调查勘探项目72项、考古发掘项目69项，开展“2018年度浙江重要考古发现”评选。义乌市桥头遗址发掘发现距今8000多年的“最早浙江人”完整遗骸，取得重要成果；完成舟山青浜海域沉船遗址探摸，基本确认沉船为二战时期著名的“里斯本丸”号；成立省考古学会水下考古专业委员会，举办宁波水下考古青年论坛，助推浙江水下考古学科建设和人才队伍培养；相继完成桐庐小青龙遗址、萧山跨湖桥遗址等考古出土文物移交事宜，并做好出土文物移交工作总结。

【博物馆与可移动文物保护】 2019年，浙江省登记备案博物馆396个，其中文物系统博物馆141个、行业博物馆48个、非国有博物馆207个；全年举办展览3029个、活动20170场，接待观众8360余万人次；国有博物馆藏品总数168万余件（套）。浙江自然博物院安吉馆区完成基本陈列调整完善，于10月正式开馆。浙江大学艺术与考古博物馆、临安博物馆、长兴太湖博物馆等博物馆建成开放，杭州博物院（筹）、绍兴博物馆、杭州京杭大运河博物馆、浙东运河博物馆等新馆或异地新建项目启动。中国丝绸博物馆被评为“2018年度全国最具创新力博物馆”。良渚博物院“良渚遗址是实证中华五千年文明史的圣地”、浙江省博物馆“越地宝藏——100件文物讲述浙江故事”参加第十六届全国博物馆十大陈列展览精品推介，分别获精品奖和优胜奖。浙江省博物馆“越王时代——吴越楚文物精粹”等3个展览入围推介项目名单；组织开展第十三届全省博物馆陈列展览精品项目推介评选，评选精品奖10个、优秀奖5个。全年完成11个单位馆藏文物藏品定级鉴定，累计鉴定藏品2647件，其中确认一级文物11件、二级文物36件、三级文物550件。

【科技信息与社会文物管理】 2019年，浙江省申报《世界丝绸互动地图关键技术研发与示范》等科技部重点研发计划项目，成为国内文化遗产领域首个由中国发起、国际参与的学术项目；《古田山生物多样性研究》获第十九届“浙江省科技兴林奖”二等奖；“基于吸附和半导体制冷的小型空气取水装置及其方法”获专利授权。全年新增文物拍卖企业3家，审核文物拍卖经营活动64场、文物拍卖标的53743件（套）。

【文博宣传与出版】 2019年，浙江省在绍兴柯桥区举办“国际博物馆日”浙江主场系列活动，并组织全省博物馆举办相关活动。在杭州举办“文化和自然遗产日”浙江主场城市（杭州）系列活动暨“诗画浙江、美好家园”浙江诗路文化带文化遗产主题展演活动。按照国家文物局部署，开展革命文物宣传传播工程相关工作，完成涉及馆藏革命文物、革命旧址、革命人物拍摄的31个纪录片、短片、微视频的“三个百集”视频资料，以及红色文物数字展示线上展示传播中122件套革命文物资料图片的上报，做好中央革命文物资料上报。良渚考古队入选年度“最美浙江人·浙江骄傲”名录。第三届“最美浙江文物守望者”评选产生最美文物修缮师12人、最美考古人14人。第二届“新鼎计划”优秀青年文博人才评选推介评选产生10名优秀青年文博人才。

【对外交流与合作】 2019年，浙江省完成浙江美术馆“心相•万象：大航海时代的浙江精神”、中国丝绸博物馆“丝路岁月：大时代下的小故事”、浙江省博物馆“天下龙泉——龙泉青瓷与全球化”“威尼斯画派——意大利文艺复兴油画展”的备案审核。浙江省古建筑设计研究院承担中国援助柬埔寨茶胶寺维修项目验收和王宫遗址管理任务，参与规模最大的全球性文化遗产跨国保护行动——柬埔寨吴哥古迹国际保护。浙江省博物馆“东方生活美学”展在俄罗斯莫斯科展出。6—7月，“东方之美”展在保加利亚展出。1—5月，“法老的国度——古埃及文明展”在浙江省西湖美术馆展出。浙江自然博物院与俄罗斯国家达尔文自然博物馆签订战略合作协议，成为友好姊妹馆。省文物局引进第五十四届国际野生生物摄影年赛获奖作品巡展·中国站展览，并在日本福井县立恐龙博物馆合作举办“恐龙脑科学”展。中国丝绸博物馆增设国际交流部，举办国际丝路之绸研究联盟（IASSRT）第四届学术研讨会“丝路之绸：作为历史资料的纺织品”暨第五次理事会、“天然染料：多彩的世界”国际研讨会、“主题与合作”丝绸之路博物馆策展人论坛、“走进东方：迪奥时装艺术和当代中国设计的对话”学术研讨会等交流活动。省文物局加大国际合作，与韩国国立大邱博物馆、荷兰蒂尔堡纺织博物馆、法国里昂纺织博物馆签署合作协议。与宁波海上丝绸之路研究院合作举办第五期阿拉伯国家文博专家研修班。在俄罗斯、希腊、捷克等国分别举办“丝·尚：30件服装讲述中国非遗故事”“传统与时尚：中国丝绸馆服饰艺术”“丝茶瓷：丝绸之路上的跨文化对话”等境外展览。

（省文物局　叶大治）

2019年浙江省文博系统荣誉榜单

序号	项目名称	颁奖单位	级别	获奖单位	备注
1	《在实施乡村振兴战略下推动传统村落保护的调查和研究》获“2017—2018年度全省党政系统优秀调研成果”一等奖	浙江省委、省政府	省级	浙江省文物局、浙江省古建筑设计研究院等	
2	古月桥勘探修缮工程获联合国教科文组织“亚太地区文化遗产保护奖——优异项目奖”	联合国教科文组织	国家级	义乌市文化和广电旅游体育局	
3	古月桥勘探修缮工程和泰顺廊桥——文兴桥、文重桥、薛宅桥灾后修复工程参评“全国优秀古迹遗址保护项目”获评特别推荐项目	中国古迹遗址保护协会	国家级	浙江省古建筑设计研究院、义乌市文化和广电旅游体育局、泰顺县文化和广电旅游体育局	
4	《良渚玉器》获美国“The 2019 Premier Print Awards（美国印制大奖）”	美国印刷工业协会（Printing Industries of America）	国家级	浙江省文物考古研究所	
5	德清中初鸣良渚文化制玉作坊群遗址入围“2018年度全国十大考古新发现”	国家文物局	国家级	浙江省文物考古研究所	
6	中国勘察设计协会传统建筑分会获庆祝中华人民共和国成立70周年推举活动“优秀团队”称号	中国勘察设计协会传统建筑分会	国家级	浙江省古建筑设计研究院	
7	浙江省文物保护单位优秀记录档案	浙江省文物局	省级	嘉兴市文物保护所	嘉兴子城
				湖州市文物保护管理所	太湖溇港
				绍兴市柯桥区文物保护管理所、绍兴市柯桥区文化发展中心	羊山造像及摩崖石刻（含石佛寺）
				江山市文化广电旅游局	仙霞古道
				余杭区文化和广电旅游体育局	良渚古城外围水利系统工程遗址
				宁海县文物事业管理委员会	宁海石碾群
				宁波市鄞州区文物保护管理中心	潘火桥蔡氏宗祠
				杭州市文物保护管理所	毛泽东思想胜利万岁展览馆旧址
				海宁市文物保护管理所	海宁海塘
				新昌县博物馆	天姥古道
				嘉善县博物馆（嘉善县文物保护所）	天凝古桥群
				舟山市文物保护考古所	普陀山短姑码头
				绍兴市越城区文化广电旅游局	绍兴钱业会馆
				杭州市文物保护管理所	浙江图书馆旧址（含孤山馆舍和大学路馆舍）
				余杭区文化和广电旅游体育局	玉架山遗址
				温州市文物保护考古所	益康钱庄旧址
				临海市文物保护所	峙山头遗址
				平阳县文物保护管理所	红军挺进师驻地（平阳）旧址
				嘉兴市文物保护所	雀幕桥遗址
				东阳市文物保护管理所	下石塘德润堂

续表

2019年浙江省文博系统荣誉榜单					
序号	项目名称	颁奖单位	级别	获奖单位	备注
8	2018年度消防安全目标管理责任考核为优秀等次	浙江省消防安全委员会	省级	省文物局	2019年2月发文公布
9	全国“七五”普法中期先进个人	全国普及法律常识办公室	国家级	郑李潭	
10	良渚博物院基本陈列“良渚遗址是实证中华五千年文明史的圣地”获全国第十六届(2018年度)全国博物馆十大陈列展览精品推介精品奖	中国博物馆协会	国家级	良渚博物院	
11	浙江省博物馆“越地宝藏——100件文物讲述浙江故事”获全国第十六届(2018年度)全国博物馆十大陈列展览精品推介优胜奖	中国博物馆协会	国家级	浙江省博物馆	
12	中国丝绸博物馆获2019年全国最具创新力博物馆称号	中国博物馆协会	国家级	中国丝绸博物馆	
13	第十三届(2018年度)全省博物馆陈列展览精品项目	浙江省文物局	省级	湖州市博物馆	与时代同行:庆祝改革开放40周年湖州文物助推生态发展成果特展
				温州博物馆	光辉历程——中国梦·红色足迹主题展
				杭州工艺美术博物馆	“潘多拉的盒子”:两依藏20世纪欧洲化妆盒手袋艺术展
				浙江自然博物院	来自星星的你——陨石特展
				宁波中国港口博物馆	金钩玉带入梦来——中国古代带钩展
				景宁畲族自治县畲族博物馆	凤凰霓裳——中国畲族服饰展
				温岭市博物馆	“般商盘王”和“太平纪事”——温岭市博物馆基本陈列
				杭州博物馆	月隐天城——杭州市朝晖路窖藏出土元代瓷器展
				中国水利博物馆	浙江治水新篇章——五水共治专题展
				温州市委宣传部	温州道德馆基本陈列
				中共浙江省一大陈列馆	中共浙江省一大陈列馆基本陈列
				临海市博物馆	飞翔在白垩纪的天空——临海浙江翼龙的故事
				宁波博物馆	国之祀典——清代宁波府孔庙祭祀礼乐器展
				海宁市博物馆	江南巨族——海宁陈氏的荣耀辉煌
				杭州市萧山跨湖桥遗址博物馆	早期美术中的信仰图景——湖南出土史前白陶跨湖桥特展

续表

2019年浙江省文博系统荣誉榜单					
序号	项目名称	颁奖单位	级别	获奖单位	备注
14	浙江省博物馆志愿者金灿获全国第二届红色故事大赛优秀志愿讲解员称号	中央宣传部、文化和旅游部	国家级	浙江省博物馆	
15	浙江省博物馆志愿者赵梦蝶获“全国十佳志愿服务组织工作者”称号	中国博物馆协会	国家级	浙江省博物馆	
16	浙江省博物馆“国宝小护手”志愿服务项目获“全国优秀志愿服务项目”	中国博物馆协会	国家级	浙江省博物馆	
17	“弘扬优秀传统文化、培育社会主义核心价值观”主题展览	国家文物局	国家级	浙江自然博物院	“绿水青山就是金山银山”——从余村出发的生态文明践行
				宁波博物馆	岁月如歌：1949年以来宁波经济社会发展变迁物证展
				浙江省博物馆	越王时代——吴越楚文物精粹
				中国丝绸博物馆	丝路岁月——大时代下的小故事
				湖州博物馆	湖州之远——丝瓷笔茶文化特展
18	中国自然科学博物馆学会科学技术奖贡献奖(严洪明)	中国自然科学博物馆学会	国家级	浙江自然博物院	
19	博物馆奇妙夜之自然探索亲子课程获中国科普研学联盟十佳品牌	中国科技新闻学会科普研学联盟	国家级	浙江自然博物院	
20	“我是生态环境讲解员”专场选拔赛中，孙艳获二等奖，叶元获三等奖	中国环境科学学会	国家级	浙江自然博物院	
21	浙江自然博物院获浙江省中小学生研学实践教育基地称号	浙江省教育厅、浙江省文化和旅游厅、浙江广电集团	省级	浙江自然博物院	
22	“恐龙化石保护研究与展示”获2019年浙江省文化和旅游厅创新团队，郑文杰获优秀专家称号	浙江省文化和旅游厅	省级	浙江自然博物院	

传播媒体

Media

新　闻

【概况】 2019年，浙江省出版报纸66种，平均期印数741.37万份，比上年下降6.5%；总印数19.75亿份，下降6.4%；总印张62.26亿印张，下降7.31%。全省报纸经营总收入54.43亿元，下降6.57%；其中，发行收入15.76亿元，下降1.56%；广告收入19.30亿元，下降5.33%；其他收入13.51亿元，下降23.54%；新媒体收入5.86亿元，上升37.88%。利润总额4.74亿元，下降3.16%；纳税总额2.93亿元。全省报纸出版单位总人数9404人，其中在编人员2943人，聘用人员6461人。采编人员4438人，行政服务人员1095人，广告工作人员1308人，发行工作人员300人，新媒体工作人员1314人，其他人员844人。中央及省外新闻单位驻浙机构78个，省内新闻单位驻市、县(市、区)机构75个。全省申领新闻记者证总数13863人，其中报刊社5285人、广电播出机构8578人。

【新闻宣传】 2019年，浙江省新闻战线围绕庆祝中华人民共和国成立70周年主题主线，策划组织“壮丽70年·奋斗新时代”、“爱国情 奋斗者”、“最多跑一次”改革、乡村振兴、社会主义核心价值观等重大主题宣传。做好党的十九届四中全会、全国“两会”及省“两会”、“不忘初心、牢记使命”主题教育活动、第六届世界互联网大会、世界环境日主场活动、第二届中国国际进口博览会、北京世界园艺博览会、良渚古城申遗等重要会议活动宣传报道。

浙江日报报业集团(简称浙报集团)自5月5日起,每个工作日以通版形式在"壮丽70年 奋斗新时代"栏目,推出"庆祝新中国成立70周年大型融媒体特别报道——同走新闻路"系列报道,连续刊发15组,浙江在线、浙江新闻客户端等新媒体平台同步播发,网上网下形成强大传播合力。9月,浙报集团推出"来自'三个地'的报告"系列报道,在头版以通栏形式呈现,取得良好效果。为做好党的十九届四中全会宣传,《浙江日报》创新推出《基层看治理"1+1"》10篇系列报道,聚焦街道、村庄等微观主体,以小角度看"大治理",生动展现全省创新治理的深化举措。在"不忘初心、牢记使命"主题教育宣传报道中,浙报集团各媒体注重人物典型挖掘,在胡兆富、陈立群、刘建明等优秀人物报道中,见人见事见真情。在浙江省建立健全为民办实事长效机制15周年之际,《浙江日报》在头版推出《一项具有深远意义的创举》《群众事,群众说了算》等4篇综述文章,多视角立体展现全省扎实推进为民办实事的成效。

浙江广电集团围绕"庆祝中华人民共和国成立70周年"主线,聚焦"最多跑一次"改革、省域治理现代化、长三角一体化、"三服务"等重大主题,推进内容创优创新,提升新闻宣传传播力、引导力、影响力、公信力。策划推出"壮丽70年·奋斗新时代""爱国情奋斗者""向人民报告""我们都是追梦人""思想的田野(浙江篇)"等系列主题报道和电视专题节目。开办"最多跑一次""长三角区域一体化""'三服务'解难题"等系列专题和"贯彻四中全会、创新社会治理""治理创新看浙江"等特色专栏。全面报道第六届世界互联网大会、第二届中国国际进口博览会、良渚古城申遗、世界浙商大会等重大活动。继续办好广播电视两个新闻频道和《浙江新闻联播》《浙广早新闻》《今日聚焦》《今日评说》等重点新闻栏目,创办《正午播报》《同心树》等栏目。摄制播出3集电视政论片《浩荡》、6集电视专题片《裂变——"最多跑一次"改革"浙"三年》。大型理论节目《中国共产党为什么能》连推"浙江精神""起来""治理""初心"4个板块,全力推动党的创新理论"飞入寻常百姓家"。全年在中央电视台和中国之声播出浙江新闻4400多条,其中中央电视台《新闻联播》播出366条。参与承办"中阿广播电视论坛""浙江国际友城媒体论坛""美丽浙江电视展播活动",与欧洲多个主流媒体机构合作开展集团人文纪录片全球展播。

【品牌创建】 2019年,浙报集团再次入选"2019世界媒体500强""中国500最具价值品牌"和"全国文化企业30强"等。浙江广电集团举办"浙江骄傲""风云浙商""乡村振兴带头人"和"我们的村晚""万朵鲜花送雷锋""彩虹计划""文明出行""氧气音乐节"等公益活动。电视剧《瞄准》被列入中华人民共和国成立70周年献礼剧目,参与制作的电视剧《可爱的中国》和国内首部4K动画片《大禹治水》登陆中央电视台,获全国"五个一工程"奖。

【媒体融合发展】 2019年,浙江省90个县(市、区)全部挂牌成立融媒体中心,比全国目标提前一年实现全覆盖。浙报集团重点打造三大移动客户端,其中浙江新闻客户端定位"大政经",小时新闻客户端定位"大生活"。10月19日天目新闻客户端正式上线,立足浙江面向长三角,辐射全中国。年内,总发稿量为44058篇,其中视频稿6894篇,日均发稿612篇。浙江广电集团重点打造中国蓝新闻、中国蓝TV和音频"喜欢听"客户端,上线运营"蓝媒视频"和"美丽浙江""浙里最美"抖音号。积极培育"钱江视频""浙样红TV""橙意视频""黄金眼融媒"等微视频品牌和浙江之声可视化广播"一刻视频"、少儿频道"成长树"融媒平台,以及浙江卫视、交通之声、城市之声、广播经济频道等单位的新媒体公众号,初步形成龙头做强、频道做活、互为联动融合传播矩阵。全省90个县(市、区)融媒体中心、200个政务机构入驻"蓝媒号",被国家广电总局评为全国15个媒体融合典型案例之一。

【17件作品获第二十九届中国新闻奖】 2019年,浙江省新闻单位在第二十九届中国新闻奖评选中有17件作品获奖,其中一等奖4件、二等奖6件、三等奖7件,获奖作品数量、质量在各省(区、市)中名列前茅。《浙江日报》文字消息《浙江为"最多跑一次"改革立法 审议通过全国"放管服"改革领域首部综合性地方法规》、浙江在线网络专题《一片叶子的扶贫故事》、"浙视频"移动直播《直击7·5泰国普吉游船倾覆事故现场救援仍在进行》、杭州广电集团栏目《我们圆桌会》获一等奖;浙江之声消息《浙江改革职业农民职称评审 首批49位新型职业农民评上》等6件作品获二等奖;《浙江日报》文字系列报道《"形式主义、官僚主义"系列调查报道》等7件作品获三等奖。

(省委宣传部　余　丹)

出　　版

【概况】 2019年,浙江省有图书出版社14个,出版图书16083种(其中新出版7131种),总印数4.49亿册,增长7.39%,总印张30.61亿印张,增长10.22%,定价总金额84.14亿元,增长16.4%。全省新闻出版行业营业收入1752.04亿元,总产出1806.16亿元,增加值440.40亿元,资产总额2014.52亿元,所有者权益(净资产)844.64亿元,利润总额77.94亿元,纳税总额84.19亿元。此外,单位数量、企业法人数量、直接就业人数分别为26990个、16872个、33.79万人。

音像电子出版社8个。出版音像制品140种、230.88万盒(张),种类下降38.05%、数量下降35.43%;出版电子出版物418种、968.72万张,分别增长45.64%和2.74%。

出版报纸66种,总印数20.02亿份,总印张60.72亿印张,定价总金额21.63亿元,分别下降5.2%和6.32%,定价总金额下降0.17%。出版期刊237种(含1种网络版),总印数7284.33万册,总印张3.08亿印张,分别下降3.61%、2.38%。全省期刊经营总收入7.59亿元,上升9.84%。

印刷企业13558家(其中出版物印刷企业407家,包装装潢印刷企业8624家,其他印刷品印刷企业4165家,排版、制作、装订专项印刷企业

362家)，印刷园区10个。印刷企业资产总额2199.78亿元，营业收入1670.04亿元，总产出1705.19亿元，增加值278.27亿元。其中，出版物印刷企业营业收入132.35亿元、增加值25.72亿元、总产出132.19亿元。有光盘复制企业1家，总资产0.15亿元。

出版物发行单位和经营户13111家，其中批发企业551家(新华书店系统81家、系统外470家)、零售单位12560家。新华书店系统和出版社自办发行共销售出版物15.76亿册，销售金额252.63亿元，销售数量增长11.91%、金额增长14.91%。

全省办理版权合同登记908件，作品自愿登记24796件，引进版权402项，输出版权540项。

【主题出版工作】 2019年，浙江出版联合集团举办"思想引领时代"首届主题出版研讨会。《"创新报国70年"大型报告文学丛书》《"画说初心"丛书》《强国逻辑》《红色家书》4种出版物入选中央宣传部主题出版重点选题目录，入选数量居全国第二。

【出版行业监管】 2019年，浙江省坚持完善选题论证、涉外印刷复制品和涉外进口出版物审核等制度，加强图书、音像电子出版物审读审看工作，严把内容导向关。完成全省出版产品内容、编校和印装质量抽检工作，开展出版制度执行情况和图书质量专项检查及"三科"教材出版发行和印刷质量督查。全省收缴各类非法出版物100多万件，查办各类案件1056起，列为全国"扫黄打非"办公室和公安部挂牌督办案件46起。38258个"扫黄打非"基层站点全部纳入城乡网格化管理体系。

【全民阅读活动】 2019年，浙江省举办"礼赞新中国，书香润浙江"全民阅读节、第五届"阅读伴我成长"读书活动、"书香迎新"等系列活动。组织第五届中国数字阅读大会，通过奖项评选、行业活动、主题峰会等形式，搭建政府、行业与用户互联互通的交流平台，获评全国全民阅读优秀项目。

【版权保护】 2019年，浙江省部署打击网络侵权盗版"剑网2019"专项行动，全年立案查处各类侵权盗版案件36件，移送司法机关6件，有关部门获年度全国打击侵权盗版有功单位一等奖。持续推进使用正版软件，建立省使用正版软件工作联席会议制度，召开省市县三级软件正版化工作培训会。举办浙江省第七届"知识产权杯"创意设计大赛、中国纺织面料花样版权保护论坛、浙江版权贸易图书展，组团参加北京国际图书博览会、江苏版权博览会。建立浙江、江苏、山东、广东4省纺织品花样版权保护联盟协作机制。 (省委宣传部　郑林红)

电　影

【概况】 2019年，浙江省通过电影备案103部，生产完成影片87部。从归属地看，分别为杭州25部、金华25部、宁波12部、温州7部、绍兴5部、嘉兴4部、湖州4部、台州3部、衢州1部、丽水1部；获得公映许可证24部；当年上映影片中，票房过1个亿的4部。之江电影集团有限公司(原东海电影集团有限公司)、浙江影视集团有限公司、华谊兄弟传媒股份有限公司、华策影视股份有限公司、新丽传媒集团有限公司、横店影视制作有限公司、天鹏传媒有限公司等重点影视企业继续领跑，浙江开心麻花影业有限公司等知名影视公司注册成立。

【电影节展】 2019年，浙江省电影节展影响力进一步扩大。省委宣传部举办以电影展映单元、创投单元、论坛单元及开闭幕式单元等版块为主体的浙江国际青年电影周活动，打造服务青年电影创作的全产业链平台。活动展映中外影片50多部，承办国家电影局"新力量论坛"。举办"国际合作高峰论坛"，特别设置"浙江一小时"专场，充分展示浙江电影发展成就。举办钱塘之夜、横店之夜、天鹏之夜等电影主题活动。在历时19天的浙江国际青年电影周展映活动中，《台阶》《夜以继日》等30部国产电影、20部国外电影在杭州12个主要影院进行展映，放映138场次，观众超6000人次，票房收入逾30万元，成为浙江省历史上规模最大的一次中外电影展映活动。

【电影市场】 2019年，浙江城市电影院线市场放映场次1023.32万场，比上年增长9.8%；观众13397.96万人次，下降2.8%；票房收入50.18亿元(含服务费)，增长2.5%。全年票房收入占全国城市院线市场票房的7.8%，下降0.3个百分点，全国排名第三。全年新开影院83个，全省影院数量达755个，银幕数5360块，座位数674228个。

【农村公益电影放映】 2019年，浙江省农村电影放映29.7万场次，国产新片(中央宣传部电影数字节目管理中心平台上线二年内)采购场次比例达到年度场次总量的三分之一及以上，商业影片供应场次比例达到年度场次总量的50%及以上。

(省委宣传部　供稿)

2019年浙江电影成片审查目录

序号	片名	片种	出品单位	归属地
1	分手法则	故事片	杭州百娱影视文化有限公司	杭州
2	绿色合伙人	故事片	宁波华娱星灿影业有限公司	宁波
3	蜗牛的家	故事片	东阳市宇皇影视文化有限公司	金华
4	复仇与救赎	故事片	宁波海悦文化创意有限公司	宁波
5	魔法学院之魔法少年	故事片	海宁天翊影业有限公司	嘉兴
6	等待秋沙鸭	故事片	浙江越山汇水影视文化有限公司	杭州

续表

2019年浙江电影成片审查目录				
序号	片名	片种	出品单位	归属地
7	警局保卫战	故事片	杭州飞科星腾影视传媒有限公司	杭州
8	有金无险	故事片	杭州飞科星腾影视传媒有限公司	杭州
9	森林	故事片	义乌闪闪影业有限公司	金华
10	台阶	故事片	浙江大千影视有限公司	衢州
11	乌龙伏魔记	故事片	宁波墨初影业有限责任公司	宁波
12	一路百花开	故事片	永康金熊影业有限公司	金华
13	始石疯暴	动画片	宁波卡酷动画制作有限公司	宁波
14	头号替身	故事片	浙江耀景影业有限公司	宁波
15	爱情图鉴之暗恋	故事片	杭州沁梓仔实业有限公司	杭州
16	会考试的猛犸象	故事片	浙江南派影业股份有限公司	杭州
17	如果爱有来生	故事片	浙江天谊影业有限公司	金华
18	24号大街	纪录片	杭州镜之南文化创意有限公司	杭州
19	极速弯道	故事片	湖州枫道影业有限公司	湖州
20	酒的是与非	特种片	聚欣影业(宁波)有限公司	宁波
21	如剧如戏	故事片	温州三里文化传媒有限公司	温州
22	钗头凤(越剧)	故事片	绍兴大剧院管理经营有限公司	绍兴
23	漫城	故事片	杭州星合尚世影视传媒有限公司	杭州
24	何文秀	故事片	杭州君皓文化传媒有限公司	杭州
25	最强二弟子之猪事大吉	故事片	非常道影视文化传媒温州有限公司	温州
26	年轻的心	故事片	浙江天光地影影视制作有限公司	金华
27	诛仙I	故事片	新丽传媒股份有限公司	金华
28	日暮.归乡	纪录片	浙江横店影业有限公司	金华
29	武圣关公	动画片	杭州朱古力影视传媒有限公司	杭州
30	歌带你回家	故事片	浙江宏泰影视文化传播有限公司	丽水
31	深海特攻队之超能晶石	动画片	浙江宏扬文化发展有限公司	杭州
32	三色镯:破迷重生	故事片	东阳市花儿影视文化有限公司	金华
33	陈传水的村长日子	故事片	温州天鹰影视文化传媒有限公司	温州
34	风云传之双剑合璧	故事片	浙江鸣凤在竹影视文化有限公司	金华
35	何处是我家	故事片	浙江新锐文化传媒股份有限公司	绍兴
36	青春纪	故事片	永康高盛影视文化传播有限公司	金华
37	那一年,我爱过你	故事片	锋尚锐志(宁波)影业有限公司	宁波
38	十二生肖之福星高照朱小八	动画片	浙江睿宸影视制作有限公司	杭州
39	长成一棵树的岁月	故事片	千乘影视股份有限公司	金华
40	老电影	故事片	东阳市宇皇影视文化有限公司	金华
41	喋血津门	故事片	海宁花信泛娱影视有限公司	嘉兴
42	上下来去	故事片		杭州
43	护龙记	故事片	浙江栢辰影业有限公司	绍兴
44	血色活字	故事片	温州天运纵横文化传播有限公司	温州
45	猪皮里的男孩	故事片	湖州腾泰影业有限公司	湖州
46	萤火奇兵2:小虫不好惹	动画片	浙江其飞祥文化传播有限公司	杭州
47	未来的爱人	故事片	浙江昭宁影视传媒有限公司	金华
48	无名狂	故事片	湖州悠航影视有限公司	湖州
49	叫我郑先生	故事片	宁波泰格兄弟影视文化传媒有限公司	宁波
50	看见风	故事片	午夜失焦(杭州)文化传播有限公司	杭州
51	律动人生	故事片	台州市天溢文化发展有限公司	台州
52	冠军下半场(合拍片)	故事片	浙江华策影视股份有限公司	杭州
53	绽放吧天使	故事片	温州新洲文化传媒有限公司	温州
54	红色动力	故事片	温州天运纵横文化传播有限公司	温州

续表

2019年浙江电影成片审查目录

序号	片名	片种	出品单位	归属地
55	天之书	故事片	浙江艺霏文化传媒有限公司	金华
56	我在原地等你	故事片	杭州吉曼星空影视文化有限公司	杭州
57	只有芸知道	故事片	浙江东阳美拉传媒有限公司	金华
58	无臂七子	纪录片	杭州何乐不为文化传媒有限公司	杭州
59	亢龙有悔(省外转入)	故事片	浙江金鳞映画影业有限公司	温州
60	宫锦袍(婺剧)	戏曲片	浙江婺剧艺术研究院(浙江婺剧团)	金华
61	魔音谷	故事片	浙江高蒙文化传播有限公司	台州
62	不负流年	故事片	浙江天珩影视文化有限公司	金华
63	像极了喜剧(省外转入)	故事片	浙江斯立文化传播有限公司	金华
64	胡柚娃	动画片	浙江吉盛文化传播有限责任公司	湖州
65	平阳巫氏	纪录片	浙江小樣文化传媒有限公司	杭州
66	水边维纳斯	故事片	天同(东阳)影业	金华
67	黄牯头	故事片	浙江锦鸿影视传媒有限公司	金华
68	证明(省外转入,预审)	故事片	浙江飞科星腾影视有限公司	杭州
69	屋内有人	故事片	浙江东阳震之影视文化有限公司	金华
70	深潜日	故事片	宁波龙泰影视有限公司	宁波
71	石破添惊	故事片	东阳网传天下文化传媒有限公司	金华
72	37号床(预审)	纪录片	中国美术学院	杭州
73	林冲之风雪山神庙	故事片	浙江国鸣影视制作有限公司	杭州
74	不欺不遇	故事片	浙江天映影视传媒有限公司	杭州
75	李慧娘(越剧)	故事片	绍兴市柯桥区小百花越剧艺术传习中心	绍兴
76	济公济公之降龙降世	动画片	浙江天台和合影视文化传媒有限公司	台州
77	少女四大名捕之白银惨案	故事片	浙江诸暨青木影业有限公司	绍兴
78	大圣	故事片	浙江黑奥影视文化有限公司	杭州
79	落地生	故事片	浙江鹰美影业有限公司	嘉兴
80	地瓜味的冰激凌	故事片	浙江极致点影业有限公司	宁波
81	浴血玫瑰	故事片	永康艺洲影视文化有限公司	金华
82	春暖	故事片	浙江蔓越莓文化传媒有限公司	宁波
83	不死鸟之恋	故事片	浙江神岸影视有限公司	金华
84	AR物语	故事片	浙江东盛辰光影视有限公司	杭州
85	侍神令	故事片	工夫影业(宁波)有限公司	宁波
86	卧鱼	故事片	新丽传媒集团有限公司	金华
87	失恋调查科	故事片	海宁麦格芬影视文化有限公司	嘉兴

2019年浙江省生产的票房过亿元电影

电影名称	票房(亿元)	出品单位
诛仙	4.0	新丽传媒股份有限公司
一吻定情	1.7	新丽传媒股份有限公司
只有芸知道	1.5	浙江东阳美拉传媒有限公司
老师·好	3.5	浙江普照影业有限公司

2019年浙江省各设区市电影市场数据

城市	票房(含服务费亿元)	场次(万场)	人次(万人)	银幕数(块)
杭州	15.78	272	4 015	1436
宁波	7.91	149	2 131	796
温州	5.64	139	1 456	677
湖州	2.35	45	660	263
嘉兴	3.79	75	1 068	402
绍兴	3.69	72	985	390
金华	4.54	94	1 219	480
衢州	1.07	30	332	151
舟山	0.78	16	216	89
台州	3.69	102	1 056	540
丽水	0.92	23	248	131

2019年浙江省电影院线前十位情况

浙江排名	院线名称	票房(元)	服务费(元)	专资应缴票房(元)	占比(%)	总场次(次)	占比(%)	总人数(人次)	占比(%)
1	浙江时代电影院线股份有限公司	1 303 451 718	119 263 845	1 184 187 873	26	2 700 548	26	35 424 935	26
2	浙江星光电影院线有限公司	476 237 900.1	31 420 519	444 817 381.1	9	977 545	10	12 829 314	10
3	上海联合电影院线公司	435 938 898.1	34 421 454	401 517 444.1	9	700 246	7	11 034 451	8
4	霍尔果斯万达电影院线有限公司	431 859 385.3	35 831 686	396 027 699.3	9	529 903	5	9 837 424	7
5	温州雁荡电影院线有限公司	320 835 789.2	52 069 664	268 766 125.2	6	1 025 552	10	8 883 858	7
6	广东大地电影院线股份有限公司	291 992 694.3	20 832 258	271 160 436.3	6	582 538	6	8 278 098	6
7	横店影视股份有限公司	291 381 682.9	20 391 188	270 990 494.9	6	617 432	6	8 033 178	6
8	中影星美电影院线有限公司	230 220 952.5	19 406 170	210 814 782.5	5	388 984	4	6 124 478	5
9	中影数字院线(北京)有限公司	226 372 480.8	16 439 033	209 933 447.8	5	491 662	5	6 113 265	5
10	重庆保利万和电影院线	157 311 044.9	13 546 932	143 764 112.9	3	291 606	3	4 070 534	3

浙江排名	影院名称	所属院线	票房(万元)
2019年浙江省票房前十位影院情况			
1	杭州萧山德纳国际影城	浙江时代电影院线股份有限公司	4 377.89
2	浙江温州卢米埃万象城Imax影城	浙江星光电影院线有限公司	3 033.16
3	中影国际影城杭州西溪店	中影星美电影院线有限公司	2 902.13
4	浙江新远国际影城	浙江星光电影院线有限公司	2 876.08
5	丽水万地国际影城	浙江星光电影院线有限公司	2 792.32
6	浙江杭州滨江区CGV影城龙湖店	上海联和电影院线公司	2 787.59
7	浙江省杭州百老汇影城	浙江时代电影院线股份有限公司	2 781.83
8	SFC上影(杭州龙湖店)	上海联和电影院线公司	2 771.93
9	浙江宁波市万达影城鄞州店	霍尔果斯万达电影院线有限公司	2 664.80
10	卢米埃绍兴IMAX影城	浙江星光电影院线有限公司	2 649.76

（省委宣传部　供稿）

社会科学
Social Science

综　述

【概况】 2019年，省社科院坚持以习近平新时代中国特色社会主义思想为指导，深入学习贯彻党的十九届四中全会和省十四届五次、六次全会精神，认真贯彻落实中央和省委关于加强中国特色新型智库建设部署要求，立足浙江、研究浙江、服务浙江，各项工作均取得较好进展。全年申报立项国家社科基金课题3项、省社科规划和软科学项目12项、省委省政府重大决策理论支撑课题28项、院内课题75项、发表论文110篇，推出著作44部，获奖成果5项，两项舆情报告获习近平总书记批示，45项成果获省委书记车俊、省长袁家军等省委省政府领导批示。

【科研管理】 2019年，省社科院始终把管理体制改革作为基础性、全局性、长远性工作来抓，不断将高端智库建设引向深入。深化事业单位人事制度改革。进一步建立健全岗位聘期考核制度，强化聘期考核管理，实行优胜劣汰，加快形成竞争择优、能上能下的用人机制。加大人才队伍建设和培养力度，积极探索实施适应单位特点的干部交流、轮岗制度和退休专家延聘机制。夯实科研管理制度基础。先后起草、修订、出台了《所长岗位职责》《课题管理办法》《重点学科与特色学科建设管理办法》《因公临时出国(境)学术交流合作管理规定》《基本科研业务费管理办法》《科研业绩奖励办法》等文件，对课题管理、学科建设、经费管理、学术交流活动等进行进一步的梳理，将科研“放管服”改革的精神落实到具体的、可操作的规范性文件中，为充分激发科研人员研究活力提供坚实的制度保障。（省社科院　刘　成）

政治理论研究

【概况】 2019年，省社科院认真贯彻落实党中央和省委关于强化思想建党、理论强党、全面从严治党重要决策部署，以“不忘初心、牢记使命”主题教育、警示教育、“四力”实践工作为契机，加强理论武装，强化政治引领，始终把学习研究宣传阐释习近平新时代中国特色社会主义思想列为首要任务，深入推进习近平新时代中国特色社会主义思想的宣传阐释。

【重大科研项目】 2019年，省社科院深化“八八战略”研究，继上年推出《践行“八八战略”建设“六个浙江”》成果后，“富强浙江”“法治浙江”“文化浙江”“平安浙江”“美丽浙江”“清廉浙江”六大分卷的研究工作按照预定计划稳步推进。深入开展中华人民共和国成立70周年系列主题宣传研究工作。开展“新中国成立70周年浙江发展实践”专题研究，系统梳理中华人民共和国成立70年特别是党的十八大以来，“五位一体”总体布局和“四个全面”战略布局在浙江的生动实践、伟大成就和宝贵经验，并依托相关研究成果，加大在国家和省级主流媒体发声力度。组织动员精干科研力量参加中央及省委开展的“展现新中国70年伟大成就，歌颂党的丰功伟绩”主题征文活动，并积极发挥《浙江学刊》《观察与思考》等理论宣传平台优势，面向社会征集一批主题鲜明、内涵丰富的优秀论文，以专栏、专刊形式刊发，为庆祝中华人民共和国成立70周年营造浓厚氛围。为向中华人民共和国成立70周年献礼，省方志办主编出版贯通浙江古今历史的第一部大事记——《浙江通志·大事记》。深化基层社会治理专项课题研究。为筹备省委全会，省社科院按照省委有关要求，积极开展全省基层社会治理案例研究，成立专门课题组，深入基层调研，系统梳理总结全省基层治理的典型经验，形成《深耕六个重构 扎实推进我省基层治理现代化》的研究报告，获省委副书记、省长袁家军等省委、省政府领导批示肯定。

【马克思主义宣传研究和建设工程】 2019年，省社科院依托全国中国特色社会主义理论体系研究中心（简称“中特中心”）、省马克思主义学会等研究平台优势，推进马克思主义整体性研究取得扎实成效。上半年，“中特中心”配合省委宣传部，承担并完成中央宣传部批准开展的习近平总书记十大科学思维方法之习近平科学的法治思维、辩证思维、历史思维在浙江的探索和实践三项重点课题研究。8月，整合省内外研究力量，推出集中反映党的十八大以来习近平治国理政重要理论成果的专著《读懂基本方略》。省社科院组织专家学者在中央和浙江的主流大报要刊，发表一批学习宣传和研究阐释习近平新时代中国特色社会主义思想的高质量理论文章，推动马克思主义宣传研究的大众化。

（省社科院　刘　成）

应用对策研究

【概况】 2019年，省社科院高端智库建设取得实质性进展。贴近中心工作，强化责任担当，把服务省委省政府中心工作摆在突出位置，注重把提升决策咨询精准度作为推进高端智库建设的重要抓手，注重在提升高端智库成果决策影响力上发劲发力，注重在前瞻性、针对性、战略性研究方面下功夫，较好发挥思想库智囊团作用。全年，获国家级和省级社科基金项目立项13项，高级别课题申报工作取得突破；获批中宣部舆情直报点，获得中央领导批示方面取得突破；《浙江学刊》转载率和综合指数均排名浙江省学术期刊第一名；“法治六问”研究获省委主要领导肯定，在大型综合类课题设置上获得成功探索。

【助推全省重大工作】 2019年，省社科院注重坚持问题导向，在深入推进高端智库建设进程中，紧扣省委省政府中心工作和年度重大决策部署，以“长三角一体化发展国家战略”“数字经济”“稳企业、增动能、保平安”“乡村振兴”“招商引资、招才引智”等内容为选题方向，精心设置50多项课题供省领导圈定，最终确定并完成28项年度省委省政府重大决策理论支撑课题立项研究。围绕省委书记车俊在省委全面依法治省委员会第一次会议上提出的“深化法治浙江建设，要做到‘四个更好结合’，并深入思考和解答好六道题”的要求，省社科院设置“法治六问”大型综合性研究项目，一问一答，对六个问题从法学理论与实践上进行系统回答，相关研究报告全文印发给省、市、县各有关部门。省社科院充分发挥学科、人才优势，推进第三方评估工作。先后承担完成《“最多跑一次”改革第四轮抽样调查评估结果专报》《2018年法治政府建设专业机构评估方案》《2018年度设区市改革满意度评估报告》，并获省委省政府主要领导充分肯定。

【智库舆论引导】 2019年，省社科院注重发挥高端智库的舆论引导作用，在国家重大活动、省委省政府重大决策部署和重要时间节点中主动发声。组织专家学者以接受电视、电台、报社专访等形式，在宣传阐释习近平新时代中国特色社会主义思想，庆祝中华人民共和国成立70周年，学习、宣传党的十九届四中全会精神和浙江精神等方面提供智力支持。先后举办“第十二届中国廉政研究论坛”“新时代，新起点，新视野：国家治理现代化的理论逻辑与现实图景”等各类大型学术活动20多次，学术和社会影响力进一步扩大。省社科院在第十二届中国廉政论坛，征集优秀论文135篇，会议得到人民网、中国社会科学网、《廉政瞭望》《浙江日报》等媒体、报刊的关注与报道。组织专家学者完成的《提高法治思维和依法办事能力》《深刻把握习近平新时代中国特色社会主义思想的精神实质——论深入学习〈习近平新时代中国特色社会主义思想学习纲要〉》《文化浙江建设的初心和使命》等一批高质量理论文章，在《人民日报》《浙江日报》《观察与思考》《宣传半月刊》和党建网、人民网、求是网发表。

（省社科院　刘　成）

历史文化与浙学研究

【概况】 2019年，省社科院坚持“智库+学科”双轮驱动工作方针，统筹推进智库建设与学科建设协调发展；坚持持续发挥历史文化研究的资源优势，厚植全省学术高地根基，赓续浙江传统文化根脉，丰富浙江文化研究工程，历史文化与浙学研究取得新成效。

【浙学研究新体系构建】 2019年，省社科院着眼浙学研究宏观层面，打造奠基性浙学研究成果，形成“浙”学研究体系的重要内容。其中“综合研究”立项《浙学通论》《浙学通史》《浙学研究报告》《阳明学研究报告》等课题，《浙学研究报告》《阳明学研究报告》交付出版。“近现代浙学研究系列”是省社科院着力打造的研究新领域，年内立项8项课题，研究工作有序展开。

【第二期浙江文化研究工程项目深入推进】 2019年，省社科院承担《法治中国的浙江样本》《中国乡村发展的浙江样本》《乡村发展：浙江的探索与实践》《浙江儒学通史》等4项第二期浙江文化研究工程重大项目。年内，《法治中国的浙江样本》《乡村发展：浙江的探索与实践》出版，其余项目进入出版程序。《阳明后学文献整理与研究》《钱塘江文化通史》等国家和省级重大科研项目进展顺利。

（省社科院　刘　成）

地方志工作
Local Records

综　述

【概况】 2019年，浙江省地方志办公室认真贯彻落实国务院办公厅《全国地方志事业发展规划纲要（2015—2020年）》和省政府办公厅《关于推进地方志事业发展的实施意见》，积极推动全省地方志事业转型升级和全面发展。《浙江通志》编纂工作扎实推进。会同《浙江通志》编委会，通过开展培训研讨、行政督导和召开月度总编办公会议、全办月度学习会、制定各种规范制度等方式，加大业务指导、行政推动和提升质量等工作力度。至年末，《浙江通志》累计出版26卷，完成初审105卷，复审93卷，终审65卷。二轮市、县（市、区）志编纂工作有力推动。省方志办分别在建德和湖州召开全省方志办主任年度工作会议和全省方志办主任年中工作座谈会，对全省市县二轮修志工作进行部署，同时通过赴各地调研督导等方式，不断加大工作力度。各地通过年度目标责任考核等各种方式，推动市县二轮修志工作稳步开展。年内，市级志书出版7部，志稿终审2部，复审1部，初审1部。完成率63.64%；县级志书出版55部，移交出版社6部，志稿终审4部，志稿复审7部，志稿初审9部，志稿编纂6部。综合年鉴编纂出版工作有序开展。通过组织各地参加第四期全国年鉴主编培训班、全国年鉴研讨会暨中国地方志学会年鉴分会年度会议、第三届全国年鉴论坛等方式，进一步推进市县综合年鉴全覆盖。在第五届全国地方志优秀成果（年鉴类）评审活动中，全省有1部综合年鉴被评为特等年鉴，4部被评为一等年鉴。全省地方志系统按照“十业并举”总要求，做好信息化建设、方志馆建设、方志期刊编印等工作。

【文化浙江 方志之乡——新中国成立七十周年浙江方志成果展】 2019年9月17—23日，“文化浙江 方志之乡——新中国成立七十周年浙江方志成果展”在浙江图书馆举行。展览由“方志的起源”“方志的发展”“著名修志人物及修志思想”和“新中国成立以来浙江方志事业成就成果概览”等板块组成，通过志鉴成果实物、图片和视频播放等多种形式，重点展示中华人民共和国成立以来特别是改革开放后全省各地方志事业所取得的成就。新华网、人民网、央广网、《浙江日报》《文汇报》《杭州日报》等十多家新闻媒体对这次展览进行报道。

【方志援藏援疆工作】 2019年3月1日和25日，省地方志办公室分别召开方志援藏、援疆工作对接座谈会，与两受援地沟通，细化援助措施。5月，组织召开全省方志系统援藏援疆工作座谈会，对援助工作做进一步部署。组织省内有关专家，完成对《西藏自治区邮政志》《西藏自治区通信志》《阿克苏地区志》等志书的评审指导工作。

【“地方志与长三角一体化论坛”在南京举行】 2019年11月10—11日，经中国地方志指导小组办公室批准，由上海市地方志办公室、江苏省地方志办公室、浙江省地方志办公室、安徽省地方志研究院共同主办，江苏省地方志学会承办，南京鼓楼高新技术产业开发区管委会协办的“地方志与长三角一体化论坛”在南京举行。中国地方志指导小组秘书长、中国地方志指导小组办公室主任冀祥德，江苏省人民政府副秘书长、办公厅主任谢润盛等出席开幕式并致辞。论坛以“方志文化对长三角区域一体化的贡献”为主题，深入学习贯彻习近平总书记关于加快长三角区域一体化发展重要指示精神，认真落实《长江三角洲区域一体化发展规划纲要》，用丰富方志理论和研究成果推动长三角区域一体化进程。开幕式上，三省一市地方志工作机构负责人签订《共同推动长三角区域一体化地方志合作备忘录》。

【方志开发利用】 2018年，浙江省地方志系统利用改革开放40周年等有利契机，开展方志开发利用工作。省地方志办公室利用全国会议之机，举办“浙江省改革开放40周年地方志成果展”，省政府和中指组领导参观后给予肯定；承担省委宣传部交办的《浙江省改革开放40年大事记》编纂出版任务，编辑出版《方志之乡 文化浙江——改革开放以来浙江省地方志系统论文成果选编》等文献。各地通过纪念《地方志工作条例》颁布宣传活动、开展旧志点校出版等形式，宣传弘扬方志文化，增强事业影响力和工作推动力。（浙江年鉴编辑部）

《浙江通志》编纂

【《浙江通志》部分出版】 2019年3月，《浙江通志·质量技术监督管理志》由浙江人民出版社出版，全志78.3万字。该志由省质量技术监督局承编，阚江洲主编。全志设计量、标准化、宏观质量管理、产品质量监督管理、食品生产监督管理、特种设备安全监察、法治建设、教育科技、机构人员、学会协会等部分，正文设10章，并附专记、丛录、大事年表。按照通志编纂规定，主要采用述、记、志、图、表、录等体裁，以志为主。志前设概述，各章节下设无题小序。该志上溯远古时期度量衡、标准化发端，下至2010年，内容涵盖计量管理、标准化管理、宏观质量管理、产品质量监督管理、特种设备安全监察、认证认可管理、食品生产加工质量监管、纤维质量监督管理、组织机构代码和商品条码管理等质量技术监督各领域，全面、客观、系统地记述浙江质量技术监督发展历程。

6月，《浙江通志·国土资源志》由浙江人民出版社出版，全志95万字。该志由省国土资源厅承编，王松林主编。全志全面系统地记述浙江省土地和矿产资源历史与现状，特别记述改革开放以来浙江省土地和矿产资源管理工作服务于经济社会发展情况。志书由图版、概述、正文、大事年表及编后记等组成，正文设10章，上溯事物发端，下至2010年。全志篇目框架设置严谨，内容全面，涵盖浙江省国土资源管理工作全部内容；结构合理，体现土地、矿产资源管理各项工作之间内在逻辑关系。

6月，《浙江通志·检察志》由浙江人民出版社出版，全志64.3万字。该志由省检察院承编，陈云龙、汪翰主编。全志由图版、概述、正文、大事年表、丛录及编后记等组成，正文设13章，上溯事物发端，下至2010年。全志全面记录全省检察机关历史面貌、工作成就和经验教训。

6月，《浙江通志·审计志》由浙江人民出版社出版，全志63.2万字。该志由省审计厅承编，陈焕昌主编。全志以概述浙江审计起源为始，正文设17章，略述南宋、明清、民国（含革命根据地）和中华人民共和国成立初期（1949—1982年）等阶段浙江审计发展历程，重点记述1983年浙江审计机构建立以来至2010年间审计工作发展状况。

6月，《浙江通志·出入境检验检疫志》由浙江人民出版社出版，全志77.3万字。该志由浙江出入境检验检疫局与宁波出入境检验检疫局共同承编，骆江洪、林军主编。正文设10章，上溯事物发端，下至2010年，全面系统地记述浙江省出入境检验检疫工作自古及今发展历史和现状。内容涵盖机构、进出口商品检验、进出境动植物检疫、国境卫生检疫、鉴定、监督管理、检务、合作与交流、法制建设与执法稽查、综合管理等方面。

9月，《浙江通志·大事记》由浙江人民出版社出版，全志115.8万字。该志由省方志办承编，潘捷军主编。全志上溯事物发端，下至2010年，旨在为庆祝中华人民共和国成立70周年献礼。该志全面、客观、系统地展示浙江沧桑巨变的历史全过程，以及浙江人民创造的一系列辉煌业绩。全志按“详今明古”原则，既力求“明古”，即系统概述自古以来发生在浙江的大事要事，以体现志书“纵述史实”“纵不断线”编纂规律；同时又注重“详今”，即重点记载中华人民共和国成立70年来特别是改革开放40多年来浙江经济和社会各项事业所发生的历史巨变，突出记载习近平新时代中国特色社会主义思想对浙江发展指导引领过程。

10月，《浙江通志·自然环境志》由浙江人民出版社出版，全志111.9万字。该志由省国土资源厅头，省水利厅、省农业厅、省林业厅、省海洋与渔业局和省气象局共同承编，胡铭主编。正文设7章，上溯事物发端，下至2010年，涉及浙江陆地和海洋地质、地貌、气候、水文、土壤、生物，全面、系统、客观记述浙江省自然环境全貌及各自然环境要素间相互依存和相互作用等内容。

11月，《浙江通志·政区卷》由浙江人民出版社出版，全志43.1万字。该志由省民政厅承编，计时华、罗卫红主编。正文设13章，上溯事物发端，下至2010年，内容涵盖浙江全省及各市、县（市、区）建置沿革和行政区划，并对革命根据地以及伪浙江省政府时期建置与区划等问题做集中反映，力求系统翔实地反映浙江区域、区位全貌和历史发展的脉络。

11月，《浙江通志·测绘与地理信息卷》由浙江人民出版社出版，全志70.34万字。该志由省测绘与地理信息局承编，钱文华主编。正文设10章，上溯事物发端，下至2010年，全面系统地记述浙江省测绘与地理信息各个时期变化发展历程。

11月，《浙江通志·地质勘查志》由浙江人民出版社出版，全志85万字。该志由省地质勘查局承编，徐刚主编。正文设12章，上溯事物发端，下至2010年，内容涵盖基础地质、矿产资源、水文地质、工程地质、环境地质、农业地质、城市地质以及物化探与遥感地质、探矿工程、地质测绘、实验测试、地勘产业经济、地质技术交流合作、科技教育与装备、机构与队伍等方面，客观真实反映浙江地质勘查事业发展历史过程、技术手段和成果以及当代浙江地勘工作地方特色、行业特点和时代特征。

12月，《浙江通志·人民政协志》由浙江人民出版社出版，全志118.9万字。该志由省政协办公厅承编，李火林等主编。正文设9章，上溯事物发端，下至2010年，内容涵盖政协委员、组织机构、重要会议、三大基本职能、团结联谊与服务工作、理论研究与新闻宣传、特色工作等方面，还上溯事物发端，记述省政协前身——省协商委员会基本情况，为总结政协工作历史经验、拓展政协工作实践创新、探索政协事业发展规律、深化人民政协理论研究提供重要和可信史料依据。

12月，《浙江通志·能源业志》由浙江人民出版社出版，全志102.9万字。该志由省发展改革委、省能源局组织国网浙江省电力公司、浙江省能源集团有限公司、中国石化销售有限公司浙江石油分公司和秦山核电集团等备组等共同编纂，吴胜丰主编。正文设7章，上溯事物发端，下至2010年，涵盖浙江省电力、核电、煤炭、成品油和天然气等开采开发、工程建设、运行管理、市场供应以及科技发展和机构队伍与管理等内容，力求成为一部反映浙江能源历史和现状科学资料性文献；充分体现浙江能源业特色，对于具有浙江能源工作特色内容，如核电内容单独设章记述，充分体现秦山核电作为中国独立自主建设核电摇篮和成功起步发源地特殊地位。

12月，《浙江通志·美术志》由浙江人民出版社出版，全志94.2万字。该志由省文化厅承编，褚子育主编。正文设13章，上溯事物发端，下至2010年，以秉持浙江人文精神为核心要义，梳理浙江美术历史脉络，全面展示浙江美术成果，弘扬浙江艺术精神。

【《浙江通志》终审会】 2019年3月7日，《浙江通志》第6次终审会在浙江省政府常务会议室召开。省政府有关领导出席并讲话，《浙江通志》副总编、副总纂，以及进入终审的《浙江通志》的《环境保护志》《税务志》《粮食志》《舞台艺术志》《民俗志》《艺文志》6卷责任单位相关负责人和编纂人员参加。会议同意6卷通过终审，并就终审后的修改和出版工作做出部署。

8月16日，《浙江通志》第7次终审会在省行政中心3号楼102会议室召开。省政府有关领导出席并讲话，《浙江通志》副总编、副总纂及省地方志办公室等单位有关人员，进入终审的《浙江通志》的《大事记》《国有资产管理志》《渔业志》《建材工业志》《旅游业志》《文学志》《广播电视电影志》《报业志》《非物质文化遗产志》《钱塘江专志》《西湖专志》《茶叶专志》《越文化专志》等13卷相关人员参加。会议同意13卷志稿通过终审，并要求修改完善后送交出版。

（浙江年鉴编辑部）

“两全”目标推进

【市县二轮修志情况】 2019年，省方志办进一步加强市县二轮修志检查、指导、督促工作。年内分别在建德和湖州召开全省方志办主任年度工作会议和全省方志办主任年中工作座谈会，对全省市县二轮修志工作进行部署，同时通过赴各地调研督导等方式，不断加大工作力度。省方志办会同各地做好志稿评审指导组织工作，全年开展《宁波市志》《温州市志》《嘉兴市志》《丽水市志》和《滨江区志》《南湖区志》《秀洲区志》《乐清市志》《文成县志》《长兴县志》《诸暨市志》以及杭州《下城区志》、台州《椒江区志》等25部市、县（市、区）志稿指导评审工作。至年末，全省市、县（市、区）二轮志书市级出版7部，县级出版55部，移交出版社6部。

8月《路桥区志》由浙江人民出版社出版；9月25—26日，《丽水市志》通过复审。10月，《嘉兴市志（1991—2010）》通过初审；11月，《秀洲区志》通过初审；11月25日，《台州市椒江区志》通过终审；12月，《南湖区志》通过复审；12月18日，《临海市志》出版项目进行公开招标，浙江古籍出版社中标，正式进入出版阶段；12月18日，《玉环县志（1989—2016）》通过初审；12月，《三门县志（1989—2013）》通过初审。

【年鉴编纂与出版】 2019年，省地方志办公室承接《浙江年鉴（2019）》编纂任务后，克服时间紧、人手少等困难，迅速组成工作专班，通过制订《<浙江年鉴>文稿编纂规范》、召开篇目论证会和工作例会、组织年鉴编纂业务培训等方式，扎实做好组稿、编稿、统稿工作，并于年底送交出版社。该卷年鉴设类目13个、分目和次分目455个，收录条目2147个、照片80幅、表格83张。全面、客观、系统地反映2018年全省自然、政治、经济、文化、社会和生态等方面的基本情况和经济社会发展的新成就。由东阳市委、东阳市政府主办，东阳市地方志编纂室编纂的《东阳年鉴（2019）》入选中国年鉴精品工程。10月，中国地方志指导小组印发《关于对第六届全国地方志优秀成果（年鉴类）的通报表扬》文件，《杭州年鉴（2018）》获评特等年鉴，《温州年鉴（2018）》《下城年鉴（2018）》《鄞州年鉴（2018）》《衢江年鉴（2018）》获评一等年鉴。

（浙江年鉴编辑部）

体　育

Sports

综　述

【概况】 2019年，省体育局围绕中心工作，聚焦聚力高质量发展、竞争力提升、现代化建设，突出抓重点、补短板、强弱项，打造体育改革浙江样板。全年浙江运动员获世界锦标赛冠军13个、亚洲锦标赛（亚洲杯）冠军15个、全国冠军219个，其中全国一类比赛获冠军41个，居全国第二位。全省经常参加体育锻炼人数占41.8%，国民体质合格率93.4%，人均体育场地面积2.34平方米。全省有国家体育产业基地18个、各类省级以上体育小镇19个。全年举办国际级赛事59场次、国家级赛事233场次。浙江体育彩票销量156.15亿元，居全国第五位，筹集公益金41.45亿元。

【体育改革】 2019年，省体育局全面深化温州社会力量办体育全国试点工作，注重边探索、边总结、边推广，改革试点成效逐步显现。国家体育总局《体育工作情况》刊发“浙江省积极探索社会力量办体育”案例专辑。积极推动社会力量办体育改革试点在全省扩面延伸，全年申报立项20类100多个试点项目。黄龙体育中心深化公共服务改革工作获省委、省政府主要领导批示肯定。深化体育领域“最多跑一次”改革，推进“互联网+政务服务”“互联网+监管”，办事事项、承诺时限压缩比率、即办率、材料电子化比率、“跑零次”率、掌办率、网办率7项主要指标居全国前列。

【健康浙江建设推进】 2019年，省体育局配合省健康办完成上年度健康浙江建设考核工作。省级部门考核中省体育局被确定为优秀等次，全省11个设区市体育工作考核综合得分均超过88分，其中10个市达到90分以上（优秀等次）。结合体育工作实际，协调省健康办对体育相关工作指标做进一步调整和完善，形成2019年度健康浙江建设体育工作考核指标体系，其中必备指标1项；对市考核中体育牵头的基本指标11项，共97分，占总分值比例的12.13%；对县考核中体育牵头的基本指标11项，共118分，占总分值比例的14.75%，指标数占比和分值占比均有较大提升。

【杭州亚运会筹备】 2019年，省体育局加强与亚奥理事会、国家体育总局的联系，持续优化杭州亚运会竞赛项目设置，基本确定40个竞赛大项的设置方案，包括31个奥运项目和9个非奥项目。按照遵循国际惯例、节俭办赛、统筹兼顾的指导原则，经多轮充分征求意见和专家论证，编制形成《2022年第19届亚运会总赛程（第一版送审稿）》。协调推进杭外和省部属单位场馆建设，明确4个亚运分村设置方案和8个省部属比赛场馆建设经费分担比例，杭州亚运会31个训练场馆建设正式启动，桐庐马属动物无疫区建设方案经农业农村部评审通过，投资10亿元的黄龙体育中心亚运会场馆改造项目持续推进。

【体育“服务企业、服务群众、服务基层”活动】 2019年,省体育局坚持示范带头,深入基层一线开展“三服务”(服务企业、服务群众、服务基层)活动。健全“三服务”日常协调机制,建立问题清单,实施问题协调交办、跟踪督查、销号管理制度,确保基层和群众提出的意见建议和问题事事有回音、件件能落实。全年开展“三服务”活动167次,走访基层点387个,发现问题186个,其中提交跨部门解决事项4个,办结率、满意率均为100%。

【数字体育建设】 2019年,省体育局出台《浙江省体育局数字化转型建设三年行动计划方案(2019—2021年)》,构建“一网、一平台、一仓、四应用”(一网:综合智能服务门户网站;一平台:体育公共服务平台;一仓:体育数据仓;四应用:全民健身、训练管理、赛事服务、体育产业四大应用)的“1114”总体架构。完善工作机制,明确并落实一把手负责、专班实体运作、半月碰头会、月工作例会、督查考评等机制,形成运作高效、统筹有力的工作体系,开发完成浙江省体育公共服务平台,该平台于12月23日接入“浙里办”,实现公共体育场地设施100%纳入全民健身地图,90%以上提供导航、查询功能。推广“浙政钉”和“浙里办”应用,完成“OA”22个功能模块与“浙政钉”的全面整合,实现“浙里跑”服务模块在“浙政钉”的应用。

群众体育

【概况】 2019年,浙江省继续推进“四提升四覆盖”工作,提升群众身边的体育场地建设水平,实现“15分钟健身圈”便民体育设施全覆盖;提升群众身边的体育组织水平,实现乡镇(街道)“1+5”体育社会组织网络全覆盖;提升群众身边的健身活动水平,实现常态化健身活动全覆盖;提升群众身边的健身指导水平,实现行政村(社区)各健身项目社会体育指导员及乡镇(街道)体质测试网点全覆盖。加快全民健身工程建设,全年有1个市、26个县(市、区)通过评估验收。加强基层体育场地设施建设,年内建成省级全民健身中心7个,乡镇(街道)全民健身中心、村级(中心村)全民健身广场、体育休闲公园61个,游泳池(含拆装式游泳池)100个,足球场(含笼式足球场)107个,社区多功能运动场296个,小康体育村升级工程1077个。出台《体育公园及体育设施进公园建设要求和补助办法》,引导和规范体育公园的规划建设,全年完成体育设施进公园项目31个。广泛开展全民健身活动,连续5年举办全国新年登高江山主会场活动,全省各级举办省第二届生态运动会、第三届海洋运动会、第三届冰雪嘉年华、“8·8”全民健身日、全民健身片区联动、幼儿体育大会等各类全民健身赛事活动1.2万多场次,参与830多万人次。

【体育现代化县(市、区)创建】 2019年6月,省体育局印发《浙江省体育现代化县(市、区)创建办法》《浙江省体育现代化县(市、区)创建考核指标(2019—2021年)》。组织省体育现代化创建培训班,加强对各地创建的指导,并根据全省实际,把体育现代化县(市、区)创建与全国全民运动健身模范县创建结合起来,提升创建成效。

【第四届全国智力运动会】 2019年11月8—18日,第四届全国智力运动会在衢州举行,来自全国各省区市、计划单列市、行业体协49个单位3400多名运动员参加围棋、象棋、国际象棋、桥牌、五子棋、国际跳棋6个大项57个小项的比赛。浙江代表团参加全部57项赛事,获金牌9枚、银牌9枚、铜牌8枚和全国体育道德风尚奖,金牌榜、奖牌榜均名列全国第二位。

【科学健身指导】 2019年,省体育局创新培训模式,委托省社会体育指导员协会对一级社会体育指导员进行统一集中培训,全省各地培训社会体育指导员1.2万人。完善社会体育指导员制度建设,省体育局制订关于进一步加强社会体育指导员队伍建设的实施意见,解决培训、管理、指导“三张皮”的问题。联合团省委等四部门印发《关于开展国家体育锻炼标准达标测验活动的通知》,举办业务培训班,探索推广锻炼标准运行机制,进一步提高人民群众参与体育锻炼的热情。

【体育社会组织改革】 2019年,省体育局出台《浙江省省级体育社团财务管理工作指引》《关于做好省级体育社会团体换届工作的指导意见》《浙江省全省性体育社团管理办法》,借力第三方评估、专业机构审计等,规范社团内部治理,加强社团监管,促进行业自律。至年末,全省登记注册的体育社会团体2232个,获民政社会组织等级评估AAA以上的444个,其中获AAAAA级82个。全年有18个省级体育社团完成换届工作,省级体育社团举办赛事培训活动685项。

竞技体育

【概况】 2019年,省体育局围绕东京奥运会、陕西全运会、杭州亚运会,召开冬训动员大会,逐项逐人开展备战盘点,建立和完善“四个体系”(指标体系、工作体系、政策体系和评价体系)及重点运动员“一人一案一策一团队一书记”(一人:一名重点运动员;一案:一个冲金方案;一策:一个训练备战策略;一团队:一个复合型保障团队;一书记:选派机关处室的主要负责人到各重点运动队担任“第一书记”)保障机制,在各运动队全面推行“最多提一次”服务,提升训练备战的科学化、规范化水平。在光州世界游泳锦标赛上,浙江运动员夺得中国代表团所获全部3枚金牌。在全国游泳冠军赛、全国夏季游泳锦标赛上,浙江运动员分别获21枚金牌、8枚银牌、9枚铜牌和19枚金牌、10枚银牌、8枚铜牌,所获金牌数均达到半数以上,继续领跑全国。浙江运动员林回央获第十四届全国冬运会钢架雪车冠军，实现浙江省冬运会金牌“零”的突破。浙江举重运动员石智勇全年6次打破世界纪录。郑思维、黄雅琼组合获世界羽毛球锦标赛混双冠军，陈雨菲首次夺得世界羽毛球巡回赛总决赛女单冠军。谢震业在钻石联赛伦敦站男子200米决赛中跑出19秒88的成绩，成为第一位跑进20秒大关的黄种人。浙江杭州女足从全国女子足球甲级联赛成功晋级超级联赛。

【参加第二届全国青年运动会】 2019年8月8—18日，第二届全国青年运动会在山西省举行，浙江有163支(队、组)1214名运动员参加38个大项、47个分项的决赛，共获98枚金牌、106枚银牌、111枚铜牌，奖牌总数315枚，总分5952分。金牌数、奖牌数分列全国各省市排行榜第四名，总分列第三名，浙江体育代表团获第二届全国青年运动会体育道德风尚奖。

【竞技体育后备人才培养工作】 2019年，省体育局出台《浙江省优秀教练员培养百人工程实施办法(试行)》《浙江省优秀运动队百名精英运动员培养计划(试行)》《浙江省优秀体育后备人才培养计划(试行)》，努力培养一批具有国际视野、创新思维和较高执教水平的领军型教练员和训练工作团队，培养一批精英运动员和优秀体育后备人才，实现全省竞技体育可持续发展。年内，完成新周期业余训练布局工作，布局人数5.41万人，比上个周期增加1.14万人，其中奥运全运项目5.06万人，非奥项目3496人。开展重点体育后备人才训练营工作，选拔近900名重点体育后备人才参加集训。

体育产业

【概况】 2019年，省体育局深入贯彻落实国务院、省政府关于加快发展体育产业、促进体育消费等文件精神，浙江体育产业规模不断扩大，产业质量大幅提升，成为经济转型升级的重要力量。2018年全省体育产业总产出2304亿元，比2017年增长25%；创造增加值752亿元，比2017年增长26.8%，占全省GDP的1.3%。结合浙江实际，出台全国首个省级层面户外运动发展规划——《浙江省户外运动发展纲要》，以全域运动理念以点连线成片，重点规划布局山地户外运动、水上运动、航空运动、冰雪运动、汽车摩托车运动等新兴时尚体育项目。开展《浙江省重点培育品牌体育赛事名录库(2019)》赛事申报，发布入库品牌赛事61个。引导扶持体育产业项目127个，重点支持19个职业体育俱乐部发展，奖励体育产业基地类项目(单位)13个，拉动社会投资30.85亿元。联合中国银行浙江省分行等做好体育产业授信工作，全年扶持体育企业60家，完成授信16.01亿元。

2019年12月28日，杭州国际网球邀请赛开赛　　（省体育局　供图）

【国际国内大赛举办(承办)】 2019年，省体育局响应省委全面深化改革开放、推进“四大建设”的号召，借助筹办第19届亚运会的契机，引进和举办国际国内大赛。全年举办和承办杭州马拉松、女子排球世界俱乐部锦标赛、环太湖国际公路自行车赛(长兴—湖州段)、亚洲举重锦标赛(宁波)、国际排联东京奥运会资格赛(北仑)、世界排球联赛(北仑)、国际泳联世界马拉松游泳系列赛(中国·千岛湖站)、杭州国际网球邀请赛、国际雪联中国城市越野滑雪积分大奖赛、国际划联首届龙舟世界杯等高水平国际体育赛事。

【体育产业平台打造】 2019年，省体育局创新打造“政采云”体育行业馆，通过公开招投标的方式确定首批入围上线企业53家，有近100个品牌的超过1万件体育用品上线。建设浙江省全域户外运动智能信息服务系统，重点收集山地户外运动、水上运动、航空运动、冰雪运动、汽摩运动、其他运动等六方面的户外运动数据，通过专业人员实地采集、三维建模、无人机执飞等方式获取户外运动数据，并通过720度全景直观展现项目。该系统于11月上线运行，成为全国首个省级层面的全域化、智能化、品质化、规范化户外运动信息系统。

【体育小镇建设】 2019年，省体育局推动国家级运动休闲特色小镇建设，推进衢州柯城森林运动小镇、杭州淳安石林港湾小镇和金华经济技术开发区汽车运动小镇的规划编制和项目落地。加强对省级体育类特色小镇指导，主打“航空+运动”的建德航空小镇和主打“电子竞技”的上虞e游小镇上年度考核成绩优异，被正式命名为第三批省级特色小镇。深入开展省级运动休闲小镇创建培育工作，认定第二批省级运动休闲小镇培育单位5个。

【长三角体育一体化和“体育+”融合发展】 2019年，省体育局深入推进长三角体育区域协作，联合上海市、江苏省、安徽省体育局举办第六届长三角运动休闲体验季、长三角城市龙舟邀请赛等各类赛事活动。组织办好第十届中国·长三角国际体育休闲博览会，主办第二届长三角体育产业高峰论坛，牵头召开长三角地区体育产业协作2019年第1次会议。坚持问题导向、效果导向，探索建立与宁波市政府、衢州市柯城区政府、中国移动通信集团浙江有限公司、浙江省旅游集团有限责任公司、华数数字电视传媒集团有限公司、阿里体育有限公司等战略合作ƒ，推动体育与相关产业融合发展。依托浙江山水资源优势，举办全省首届户外运动大会，活动历时半年，进一步打响“运动浙江、户外天堂”的品牌。联合省文化与旅游厅在松阳县举办浙江省第八届运动休闲旅游节，组织开展省级运动休闲旅游示范基地、精品线路和优秀项目认定工作。

（省体育局　张　锐）

生态文明建设
Ecological Civilization

生态环境保护
Conservation of Ecosystem

综　　述

【**概况**】 2019年，浙江省深入贯彻习近平总书记“绿水青山就是金山银山”生态文明理念，打造“美丽浙江”，建成全国首个生态省。全年全省在生态环境保护和环境治理投资总金额179.28亿元，比上年增长19.5%。环境保护从业单位834个，从业人员5.41万人；营业收入742.91亿元，增长39.2%。全省单位GDP能耗下降3.2%。全年霾平均天数37天，增加15天。11个设区市环境空气PM2.5年均浓度为31微克/立方米，下降3.1%；日空气质量优良天数平均为88.6%，下降0.4个百分点。全省县级以上城市日空气质量优良天数平均为93.1%，PM2.5浓度平均为29微克/立方米。舟山、丽水、台州、温州空气质量在全国168个城市中排名前20位；19个城市获第二批清新空气示范区称号。

全省221个省控断面中，Ⅲ类及以上水质断面占91.4%，提高6.8个百分点；满足水环境功能区目标水质要求断面占95.9%，提高4.9个百分点。按达标水量计算，11个设区市的主要集中式饮用水水源地水质达标率98.8%，提高1.8个百分点；县级以上城市集中式饮用水水源地水质达标率98.9%，提高1.9个百分点。11个设区市的主要集中式饮用水水源地水质达标率95.5%，提高5个百分点；县级以上城市集中式饮用水水源地水质达标率96.7%，提高2.2个百分点。145个跨行政区域河流交接断面水质达标率96.6%，提高6.3个百分点。近岸海域发现赤潮20次，累计面积1857平方千米，其中有害赤潮4次，累计面积255平方千米。与上年相比，赤潮发现次数增加2次，累计面积增加788平方千米。全省近岸海域水体呈中度富营养化状态。全年城市(县城)污水排放量38.3亿立方米，增长2.7%；污水处理量37亿立方米，增长3.7%；污水处理率96.5%，提高0.85个百分点。城市(县城)生活垃圾无害化处理率100%；用水普及率100%；燃气普及率99.9%；城市(县城)人均公园绿地面积14.07平方米。区域环境噪声平均值为54.4分贝，道路交通噪声平均值为67.6分贝；辐射环境质量总体良好，环境电离辐射水平处于本底涨落范围内，环境电磁辐射水平低于国家规定的公众曝露控制限值。全省生态环境状况等级为优，生态环境公众满意度平均得分84.09，满意度连续8年上升。在长江经济带国家级自然保护区管理评估中，浙江省评估优良率100%、优秀率77.8%，名列全国第一。全省累计建成国家生态文明建设示范市1个，国家生态文明建设示范县(市、区)18个，国家“绿水青山就是金山银山”实践创新基地7个，省级生态文明建设示范市5个，省级生态文明建设示范县(市、区)45个。

【**生态资源保护**】 2019年，浙江省有国家级自然保护区11个、省级自然保护区15个。全省林地面积659.35万公顷，森林面积607.56万公顷，森林覆盖率61.15%，位居全国前列。全省陆生野生动物分布126科689种，约占全国总数的三分之一。其中，国家一级野生保护动物18种，二级野生保护动物97种。全省有高等植物5500多种，居全国第十五位。全省水资源总量1321.36亿立方米，比上年偏多52.5%；人均水资源2280.6立方米，生态环境用水量5.38亿立方米。全省新增水土流失治理面积463.7平方千米，年均减少土壤流失量14.37万吨。全省农村土地质量良好，新增补充耕地面积9540公顷，持续推进“千万亩”标准农田质量提升和“沃土”工程。实施废弃矿山生态修复三年专项行动，累计开工治理废弃矿山724个，开工治理率89.3%。

【**近岸海域水质改善**】 2019年，浙江省近岸海域水体总体呈中度富营养化状态。一、二类海水占41.4%，三类海水占1.9%，四类和劣四类海水占56.7%。宁波、温州、嘉兴、舟山、台州5个沿海城市近岸海域水质由北向南逐渐好转。温州一、二类海水比例占54.9%；台州一、二类海水比例占49.2%；宁波一、二类海水比例占41.3%，水体均处轻度富营养化状态。舟山一、二类海水比例占38.4%，水体处于中度富营养化状态。嘉兴近岸海域水质全部为劣四类，处于严重富营养化状态。杭州湾、象山港、乐清湾、三门湾4个重要海湾全部为劣四类。乐清湾、象山港、三门湾水体处于中度富营养化状态，杭州湾水体处于严重富营养化状态。全省近岸海域海洋生物生存环境质量保持稳定。

【世界环境日全球主场活动在杭州举行】 2019年6月2—5日，世界环境日全球主场活动在杭州举行。活动由联合国环境署和中国生态环境部主办，浙江省政府、杭州市政府承办。大会主题为“大气污染防治”。活动期间，国家主席习近平向主场活动致贺信，中共中央政治局常委、国务院副总理韩正出席并做主题讲话。全球绿色发展研究所大会主席兼理事会主席、联合国前秘书长潘基文出席活动。生态环境部发布《中国空气质量改善报告（2013—2018年）》，颁发中国生态文明奖，公布最美生态环保志愿者名单和其他活动。杭州市淳安县下姜村村民姜丽娟作为“千村示范、万村整治”工程的代表做发言，1200多名各界代表参加活动。

（浙江年鉴编辑部）

“美丽浙江”建设

【概况】 2019年，浙江省跨入全面创建“美丽乡村”新进程。全年全省实施乡村全域土地综合整治与生态修复76万公顷；新增农村生活垃圾分类处理建制村1775个，农村生活垃圾分类处理建制村覆盖率76%，农村生活垃圾回收利用率46.6%，资源化利用率90.8%，无害化处理率100%。新建和改造提升农村公路1.2万千米，新增珍贵树木2400万株。新增522万农村人口喝上达标饮用水。有农村公厕6.4万座。新增A级以上景区村庄3018个，其中AAA级429个；新增中国历史文化名镇7个、名村16个；列入全国重要农业文化遗产8处。在建省级历史文化村落重点村、一般村746个。培育创建美丽乡村示范乡镇100个、特色精品村300个、高标准农村生活垃圾分类示范村200个、历史文化（传统）村落保护利用示范村20个。全年全省有8个市县被命名为国家生态文明建设示范市县，2个县市被命名为“绿水青山就是金山银山”实践创新基地，湖州、衢州、丽水等设区市合作建设“两山”示范区。杭州市西湖区、宁波市北仑区、泰顺县、德清县、义乌市、磐安县、舟山市普陀区、天台县被生态环境部命名为第三批国家生态文明建设示范市县；宁海县、新昌县被命名为第三批国家“绿水青山就是金山银山”实践创新基地。建德市、宁波市奉化区、永嘉县、湖州市南浔区、绍兴市上虞区、舟山市普陀区、临海市7个县（市、区）被省政府命名第三批省级生态文明建设示范市县。

【“美丽河湖”建设】 2019年，浙江省打造“水网相通、山水相融、城水相依、人水相亲”的河湖水环境，以补齐防洪薄弱短板、加强生态保护修复、提升便民景观品位、提高河流管护水平为主要目标，统筹谋划全省境域内的河湖系统治理与管理保护。全年全省完成建设“美丽河湖”146条，完成河湖库塘清淤3752万立方米，综合整治河道685.7千米，清理整治河湖乱占、乱采、乱堆、乱建“四乱”问题1852处。

（省生态环境厅　杨志新）

【淳安特别生态功能区设立】 2019年9月29日，省政府批复同意设立“淳安特别生态功能区”。该功能区是浙江省为保护人类饮用水水源设立的首例“生态特区”，是建设“美丽浙江”的重要举措。淳安县是全国74个重点生态功能区建设的试点示范县之一，也是全省26个加快发展县之一。千岛湖是长三角流域最大的人工淡水湖，涵盖浙江、安徽两省7个地市，具有重要的生态战略地位。“淳安特别生态功能区”的范围划定为淳安县全境域，由杭州市统筹，淳安县履行属地主体责任，并实施《淳安特别生态功能区建设框架方案》，在全国率先形成饮用水水源保护与发展的“千岛湖模式”。

（浙江年鉴编辑部）

【生物多样性调查】 2019年8月21日，龙泉市住龙镇率先举行生物多样性本底调查项目启动仪式，调查包括“陆生维管束植物、陆生脊椎动物、陆生昆虫、水生生物多样”系统项目。12月，省生态环境厅、省林业局根据生态环境部开展“生物多样性保护调查评估”的工作部署，联合印发《关于开展重点区域生物多样性调查评估工作的通知》，在全省2个设区市和27个县开展县域生物多样性调查评估。持续推进以浦阳江为试点的长江经济带水生生物多样性监测工作，完成浦江县、诸暨市、杭州市萧山区境内浦阳江水生生物多样性监测点位调查及生物样品采集鉴定等工作。省生态环境厅、省农业农村厅、省水利厅共同起草《浙江省水生生物多样性保护实施方案》。

（省生态环境厅　杨志新）

污染防治

【概况】 2019年，浙江省开展以改善环境质量为核心，重点抓好全省水、大气、土壤污染的防治和生态保护修复治理，推动落实长江保护修复攻坚战任务。水环境质量明显改善，地表水总体水质为优。全域城市（县城）污水排放量38.3亿立方米，比上年增长2.7%；污水处理量37亿立方米，增长3.7%；污水处理率96.5%，提高0.85个百分点。根据全域221个地表水质控制断面监测，全省水质达到或优于地表水环境Ⅲ类标准的断面占91.4%，其中Ⅰ类占9.5%，Ⅱ类占45.2%，Ⅲ类占36.7%。江河干流总体水质良好，平原河网中部分河流（段）超过《地表水环境质量标准（GB3838—2002）》Ⅲ类水质标准；湖泊水库主要为中营养和贫营养。水体主要污染指标为总磷、氨氮和化学需氧量。全省八大水系和京杭运河水质均为Ⅰ～Ⅲ类。145个跨行政区域交接断面Ⅰ～Ⅲ类水质比例93.8%，上升4.8个百分点；无劣Ⅴ类断面比例；满足功能要求断面占96.6%，上升6.3个百分点。鳌江水质由良转优，京杭大运河（浙江段）由轻度污染转为优，其余各水系水质继续为优。全省13个入海河流、溪闸监测断面水质为Ⅱ～Ⅳ类，122个入海排污口完成在线监测设施安装，入海排污口在线监测达标率99.5%，传输有效率98.3%。全省69个县级以上城市有51个空气质量达到《环境空气质量标准（GB3095—2012）》的二级标准，占全省城市总数的73.9%。县级以上城市PM2.5平均浓度为29微克/

立方米，日空气质量优良天数比例平均93.1%。全省酸雨污染比较严重，但比往年有所改善，降水pH年均值为5.13，上升0.07。69个县级以上城市有56个被酸雨覆盖，其中轻酸雨区41个、中酸雨区14个、重酸雨区1个。

【饮用水水源保护】 2019年，浙江省全面实施新修订的饮用水水源保护区优化调整方案，全省县级以上城市集中式饮用水水源地水质达标率96.7%，比上年提高2.2个百分点。省有关部门划定和优化全省饮用水水源保护区划，全面开展饮用水水源保护区勘界立标，明确一级、二级及准保护区的边界和管理范围，设置界碑（界桩）。加强饮用水水源保护区内河岸整治、基底修复，构筑绿化隔离带，积极防治重点湖库蓝藻，建立全省城乡供水信息立卡档案，提升水质监测和检测能力。全年优化完善7个设区市的16个饮用水水源保护区；划定"千吨万人水源地"保护区；建成4个河湖生态缓冲拦截区及氮磷养分拦截沟试点区。

【水环境深化治理】 2019年，省生态环境厅深入落实生态环境部《水污染防治行动计划》(简称"水十条")，印发实施《浙江省治污水暨水污染防治行动2019年实施方案》。全省重点开展"截污纳管、河湖库塘清（污）淤、工业整治、农业农村面源治理、排放口整治、生态配水与修复"六大工程攻坚行动，持续改善和提升全省水环境质量。省生态环境厅为抓好钱塘江水环境综合治理，制订《钱塘江一河（湖）一策2019年工作计划》，建立钱塘江"一河一策"工作月报制度，对水质波动反复、考核不达标的断面，实施"一点一策"治理，并组织治水专家到各市进行技术服务。

【排污口设置和环境评价二审合一】 2019年，省生态环境厅指导各设区市做好入河排污口审批工作。根据《中华人民共和国水法》"禁止在饮用水水源保护区内设置排污口"的规定，省政务服务网推出"入河排污口设置同意服务指南"。省有关部门研究制定入河排污口和环境影响评价"二审合一"办法，以实行两项审批一次申请、统一评审、统一审批。全年基本完成审批登记的规模以上污水处理厂、工业园区、重化工企业526个及太湖流域入河排污口规范化建设。

【土壤污染防治】 2019年，浙江省将土壤污染防治纳入打好重点"污染防治攻坚战"重要内容。根据省政府印发的《浙江省土壤污染防治工作方案》要求，完善推进机制，实施污染详查和源头防控、突出风险管控，推动治理修复。省农业农村厅组织20个县（市、区）完成耕地土壤环境质量类别划定试点。11个设区市和全部县（市、区）出台受污染耕地安全利用和严格管控方案，明确安全利用、严格管控、职责分工的工作要求。全省耕地土壤环境质量保持稳定，污染地块安全利用率保持100%。全年实施受污染耕地安全利用（治理修复）项目42个，实施面积3260公顷，年内完成安全利用项目11个。全省投入土壤环保资金4.4亿元，实施污染地块治理修复项目40个，其中完成25个，治理污染土壤和地下水65.1万立方米，为城市建设提供"净地"23.55万平方米。全省83个县（市、区）和重点开发区排查疑似污染地块1176个；11个设区市更新发布污染地块名录94个。

【土壤污染源防控管控】 2019年，浙江省通过53个重点项目"削存量"摸底，落实8个涉及重复建设项目减量替代制度"控增量"，全面完成5家涉镉企业整治，提前实现重金属减排"十三五"目标。全年全省开展工业固体废物堆存场所整治60个，其中全面完成56个。11个设区市更新发布土壤环境重点监管企业名录，1008家重点监管企业开展用地土壤自行监测，237家企业开展用地土壤污染隐患排查。全省涉农县（市、区）均实现农药废弃包装物回收处置，年回收率80%以上，处置率90%以上。

【重点企业用地土壤污染调查】 2019年，省生态环境厅牵头组织开展重点企业用地土壤污染调查。组织全省全面开展布点方案编制，确定采样检测单位，建设样品流转中心，在杭州、嘉兴两市开展采样试点，台州市作为先行区提前完成186个地块土壤样品采集。全年全省组建信息采集单位34个、采样单位41个、检测机构5个、样品流转中心7个，累计参加调查人数1200多人次，完成重点企业地块风险筛查、地下水样品采集、信息采集和空间信息收集9208个，形成全省重点污染地块分布"一张图"。

【肥药"两制"改革】 2019年，浙江省构建治理农村污染的绿色农业改革大格局，实施"农药购买实名制、化肥使用定额制"改革，进一步推进化肥农药减量增效，实现化肥农药使用量"零增长"。全年全省完成农村污水处理设

建设中的杭州市第三工业固体废物处置中心　（严　建　供图）

施标准化运行维护项目2019个；完成县域农村生活污水治理专项规划83个；建成"美丽牧场"265个，建成氮磷生态拦截沟渠109条、水产养殖尾水治理示范场（点）338个；实现全省农村农药购买实名制全覆盖。

【"蓝天保卫战"攻坚行动】 2019年，浙江省持续推进大气污染防治，全力打好"蓝天保卫战"攻坚战。8月13日，省生态环境厅、省发展改革委、省经信厅、省财政厅、省交通运输厅联合印发《浙江省钢铁行业超低排放实施计划》，全面推进钢铁行业超低排放改造。10月30日，省生态环境厅等部门印发《浙江省工业炉窑大气污染综合治理实施方案》，全年完成玻璃、水泥、耐火材料、铸造等工业炉窑的综合治理项目737个，完成钢铁、建材、有色等重点行业无组织排放深度治理项目643个。石化和连续生产化工企业全面开展泄漏检测与修复（LDAR）。全省天然气消费量148亿立方米，县以上城市实现高污染燃料禁燃区全覆盖。全省实施102个重点工业园区大气污染治理，治理工业VOCs（挥发性有机物）废气项目1048个，综合治理涉气"散乱污"企业1.12万家，治理臭气异味项目239个；淘汰燃煤锅炉410台。

【大气面源治理】 2019年，浙江省严格落实施工现场"7个100%"扬尘防控长效机制，推进绿色工程建设。加强渣土及砂石、水泥等运输车辆密闭运输和封闭管理。禁止秸秆露天焚烧和加强秸秆综合利用，全省秸秆综合利用率95%。强化卫星遥感监控，按月通报秸秆露天焚烧火点监测情况，推进绿色矿山建设和废弃矿山生态修复三年专项行动。全年全省新增绿色矿山64个，纳入全国绿色矿山名录54个，累计治理废弃矿山638个。

【区域大气联防联控】 2019年，浙江省积极参与长三角区域生态环境联防联控，推动区域环境空气质量持续改善。全省贯彻落实生态环境部等11个部委和长三角三省一市印发的《长三角地区2019—2020年秋冬季大气污染综合治理攻坚行动方案》。3月29日，省政府办公厅印发《浙江省重污染天气应急预案》，强化省、市、县和企业四级重污染天气应急体系建设，建立健全重污染天气应急处置机制；完善重污染天气应急减排措施清单，进一步落实落细重点行业企业和应急减排措施。全省参与长三角区域空气质量保障活动，完成第二届中国国际进口博览会、第六届世界互联网大会和世界环境日主场活动等重大活动环境保障任务，全省设区市均未发生重污染天气。

【全国土壤污染防治经验交流会在台州召开】 2019年7月5—6日，全国土壤污染防治经验交流及现场推进会在台州召开。台州市出台的《推进土壤污染综合防治先行区建设》案例入选中央组织部《贯彻落实习近平新时代中国特色社会主义思想在改革发展稳定中攻坚克难案例》，入选生态环境部"美丽中国"先锋榜。为加强土壤污染防治，改善土壤环境质量，台州市全面启动土壤环境质量详查，"防控治"三位一体，统筹推进先行区建设。全市划分"自然生态红线区、生态功能保障区、农产品安全保障区、人居环境保障区、环境优化准入区和环境重点准入区"六大类264个环境功能小区，完成温岭市泽国镇全域2948.88公顷农用土地土壤质量划定试点；划定优先保护类耕地2533.35公顷，安全利用类耕地364.15公顷，风险管控类重度污染耕地（粮食禁种区）51.53公顷，污染地块安全利用率100%，未发生因土壤污染引发的食用农产品超标事件。

（省生态环境厅　杨志新）

环境管理执法

【概况】 2019年，浙江省加大推进生态环境管理督察力度，出台《浙江省农村生活污水处理设施管理条例》《浙江省城镇污水集中处理管理办法》等生态环境保护管理政策法规，相继实施《杭州市淳安特别生态功能区管理办法》《宁波市环境污染防治规定》《温州市楠溪江保护管理条例》等设区市法规规章。有关设区市制定《污水零直排区建设与管理规范》《环境污染责任保险风险评估技术规范》等地方标准。推进云和县国家环境健康风险管理试点，发布环境空气质量健康指数（AQHI）。全省完成对杭州、温州、嘉兴、绍兴、舟山5个市督察，反馈重点整改问题176个，交办群众信访举报1060件。在第一轮中央环保督察反馈的46项整改任务中完成35项；交办的6920件信访件中完成6905件，整改率达99.8%。全年生态环境信访举报投诉总量7.17万件，比上年下降12%。其中：有关涉气问题3.82万件，占总数的53.3%；噪声问题1.8万件，占25.1%；水问题7376件，占10.3%；建设项目问题1743件，占2.4%；固体废物问题1239件，占1.7%；其他问题5151件，占7.2%。全年完成118个县（市、区、开发区）的政府突发环境事件应急预案和93个集中式饮用水水源地突发环境事件应急预案备案工作。全省开展环境事故应急演练116次，突发环境事件下降18%。

【环境执法专项行动】 2019年，浙江省开展"防风险保平安迎大庆"专项执法行动、"清废行动2019"、消耗臭氧层物质执法专项行动和长江入河排污口排查整治等各类生态环境执法专项行动。在为期3个月的专项执法行动中，检查企业2.1万家，出动检查人员5.3万人次，立案查处环境违法问题3043个。在省级交叉检查期间，省生态环境厅向各地移交案件456件。全年全省查处环境违法案件9829件，罚款8.72亿元；移送公安案件447件，行政拘留288人，刑事拘留329人。全省各级"双随机"检查一般排污单位1.44万家，重点排污单位5106家，特殊监管对象2855家，发现并查处环境违法问题780起。公布31家环境违法"黑名单"企业，对6446家企业开展企业环境信用评价。

【环境执法大练兵】 2019年，浙江省组织全省生态环境保护执法交叉检查、实战练兵，开展案卷评查培训和执法稽查活动。省生态环境厅举办生态环境保护执法大练兵视频培训，开展

"不忘初心、牢记使命"全省生态环境保护执法大练兵知识竞赛。派出759名执法人员参与蓝天保卫战重点区域强化监督帮扶18轮次。10月23日，省生态环境厅、生态环境部华东督察局、生态环境部南京环境科学研究所与淄博市委市政府签订《助力淄博市打赢蓝天保卫战强化监督定点帮扶备忘录》。在国家生态环境保护执法大练兵活动中，浙江参赛的10支队伍获"表现突出集体奖"，10名参赛人员全部获"表现突出个人奖"，浙江参赛总成绩全国排名第二位，单位获奖数和个人获奖数均居全国第一位。

【生态环境监测】 2019年，浙江省统筹衔接海洋环境监测、地下水水质监测、农村环境监测、温室气体监测工作，初步实现生态环境监测"大统一"格局。全年完成17个良好湖库及主要支流自动监测站建设，增配34个水源地藻类自动分析仪，新建36个涉气重点工业园区环境空气自动站、18个环境空气VOC自动监测站。省生态环境厅、省人力社保厅、省总工会、团省委、省妇联、省市场监管局六部门联合开展全省环境监测技术大比武活动。省生态环境监测中心牵头完成的"高氯高硫高湿类固体废物水泥化利用成套技术及应用"科研项目获生态环境部年度环境保护科技奖二等奖。

【环评审批与排污许可】 2019年4月16日，省生态环境厅印发实施《关于开展建设项目环评管理"两提升、三强化"提质增效活动的通知》，建立"领跑者"制度，推进"区域环评+环境标准"改革。新设立的省级以上产业园区、特色小镇等符合条件的改革区域实施"区域环评+环境标准"。至年末，全省有136个省级产业园区、109个特色小镇实施"区域环评+环境标准"改革，改革区域项目环评编制时间平均缩短65%，编制费用平均下降55%。全省重点开展对水处理、汽车制造、家具、电池等21个行业的排污许可证核发，核发排污许可证2954张。

【辐射安全监管】 2019年，浙江省全面摸排辐射安全风险，对放射源移动探伤作业集中区域的辐射安全加大监管力度。及时处置金华氪—85放射源失控事故，启动省级III级应急响应，迅速组织并完成事故的处置工作，排除辐射安全风险。及时收贮废旧放射源。大力推广放射源在线监控监管模式，在杭州、宁波部分县(市、区)、绍兴市和义乌市推广以"三位一体"(管理、执法、服务)的固定放射源在线监管模式。开展医疗机构辐射安全许可和放射诊疗许可流程优化改革工作，实现"一次申请，两证同发"的管理。划定秦山核电基地场外应急计划区范围，确定半径为7千米的应急计划区范围。加强停产破产企业放射源安全监管，全省收贮废旧放射源390枚，废旧放射源收贮率100%。

（省生态环境厅　杨志新）

农业农村环境保护

【概况】 2019年，浙江省贯彻落实中央关于生态文明建设、打好农业农村污染治理攻坚战决策部署，推进农业农村生态环境保护。全省全面启动农村饮用水水源保护，开展1万人或日供水1000立方米（简称"千立方米万人"）以上农村饮用水水源调查评估和保护区划定工作。全省"千立方米万人"农村饮用水水源地划定保护区比例达89.7%；对供水人口在1万人或日供水1000立方米以上的饮用水水源地，按季度开展水质监测并收集取水量数据。开展两次饮用水水质卫生监测，定期公布饮用水卫生信息。全省农村饮用水水质监测乡镇覆盖率100%，合格饮用水人口覆盖率96.6%。

【农村生活垃圾分类】 2019年，浙江省加快推进农村生活垃圾和污水治理，省政府出台《2019年省政府民生实事农村生活垃圾分类处理工作实施方案》，重点推进农村生活污水和污水治理设施建设、运维管理的农村生活垃圾分类处置。全省农村生活垃圾分类处理建制村覆盖率76%，农村生活垃圾回收利用率46.6%，资源化利用率90.8%，无害化处理率100%。全省完成1939个农村生活污水运维试点，农村生活污水治理设施行政村覆盖率90%以上，基本实现规划保留村生活污水有效治理全覆盖。

【农村水环境治理】 2019年，浙江省将农村水环境治理纳入"河长制"，推进养殖业绿色发展，依法重新划定畜禽养殖区，全面开展农村河湖"乱占、乱建、乱堆、乱采"清理整治。省农业农村厅、省生态环境厅对各设区市农村畜禽养殖废弃物利用工作进行指导、督促和考核。全年全省大型规模养殖场粪污处理设施配套率100%，规模养殖场粪污处理设施配套率95%，

德清县下渚湖街道上杨村村民运用智能收集系统进行垃圾分类处理（王　正　摄）

畜禽养殖废弃物资源化利用率88%。通过合理布局水产养殖生产，稳定基本养殖水域，保护水域生态环境，全省86个县(市、区)重新调整划定禁养区，80个县(市、区)完成养殖水域滩涂规划编制与发布工作。

【种植业绿色发展】 2019年，浙江省加快推进绿色种植业发展，实行“肥药两制”(农药购买实名制、化肥使用定额制)改革。7月26日，省农业农村厅、省财政厅联合印发《关于试行农业投入化肥定额制工作的意见》，全面推进化肥减量增效，加快绿色种植工作。全省农村单位种植面积化肥使用量连续6年实现负增长，各地采用免费测土、科学配方、合理替代、精准施肥，达到减少农田化肥投入改良土壤目的。全省施肥面积达217.27万公顷，7318个农药经销门店全部实现购买化肥实名制。省有关部门制订“废旧农膜回收处理意见”，全省农药废弃包装物、废旧农膜回收率均达90%。开展县域秸秆全量化利用试点，在安吉召开全省农作物秸秆综合利用现场推进会，打造县域秸秆全量化利用的“浙江样板”，秸秆综合利用率达95%。

(省生态环境厅　杨志新)

环 保 督 察

【概况】 2019年4月28日，《浙江省贯彻落实中央环保督察反馈意见整改情况报告》经党中央、国务院审核同意向社会统一公布。省委书记车俊，省委副书记、省长袁家军多次深入环保整改一线督导调研，对督察相关工作做出批示22次，在多个重要会议和重大场合对抓好生态环境保护督察整改工作进行强调部署。省委常委会会议、省政府常务会议专题学习《中央生态环境保护督察工作规定》，对做好迎接第二轮中央生态环境保护督察工作进行研究部署。至年末，46项整改任务按计划完成35项，6920件信访件完成反馈6905件，整改完成率达99.8%。

【“绿盾2019”行动】 2019年8月1日，省生态环境厅、省农业农村厅、省水利厅、省林业局、浙江海警局联合印发“绿盾2019”自然保护地强化监督方案，强调自然保护地监管是保留本底、保护濒危生物物种、筑牢国家生态屏障的重要手段。各设区市生态环境部门在“绿盾2019”行动中，对保护地内工矿、旅游、养殖、农业、居民点和道路等人类活动信息进行自查，省级主管部门并组织联合抽查，加强自然保护地的监管。全省生态环境部门通过梳理，编制湿地公园、地质公园等自然保护地内人类活动遥感监测报告27个；“绿盾2019”自然保护地强化监督行动实地核查现场点位2300多处。

【节能减排监察】 2019年，浙江省打造节能减排的绿色经济大省。省能源局定期通报各设区市能源“双控”和“减煤”目标任务完成情况，并根据预警通报结果调整高耗能行业项目缓批限批区域。对各设区市能源“双控”“减煤”工作进行专项督查，推动各项措施的落实和目标任务的完成。开展高耗能行业项目节能审查意见落实情况专项检查、单位工业增加值能耗0.5～0.59吨标煤/万元项目“能评”专项检查，对发现的问题督促各地整改落实。全省节能行政监察部门完成对工业企业、公共机构、宾馆饭店、大型商场超市等单位的节能监察1158家；完成37个年耗电1000万千瓦时以上的数据中心能效专项监察任务。

【生态环境保护督察】 2019年，浙江省经济高质量发展和生态环境保护协同并进，突出强化生态环境保护监管和优化服务。4月、7月，浙江省分两批对杭州、温州、嘉兴、绍兴、舟山5个市开展为期15天的省级生态环境保护督察工作，实现省对市督察全覆盖，并同步对杭州、温州两市建筑垃圾、生活垃圾处置情况进行专项督察。各督察组严格落实《浙江省生态环境保护督察基层减负十条措施》，从压缩时间、减少会议、压减资料等方面入手，为基层减负松绑。通过召开座谈会、走访企业、邀请专家现场组团服务等方式，指导督促各地加快推动生活垃圾、建筑垃圾、工业固废、污泥等处理处置，以及化工、印染等传统产业搬迁集聚，特色行业整治、涉海环境问题治理等重点难点问题的解决。梳理5个市重点整改问题176个，交办群众来电来信1060件。

(省生态环境厅　杨志新)

生态文明体制改革和制度建设

【概况】 2019年，浙江省以构建现代环境治理体系为目标，推动生态文明领域各项改革，全年完成22项生态环境保护改革任务。省生态环境厅制定印发《关于进一步深化生态环境领域“最多跑一次”改革助推经济高质量发展的若干意见》《关于进一步优化生态环境监管服务推动经济高质量发展的若干举措》《浙江省生态环境保护工作责任规定》等文件，将生态文明体制改革作为高标准打好污染防治攻坚战，高质量建设“美丽浙江”的动力支撑和制度保障。全省省级68个生态环境领域办事事项全部实现“跑零次”，45.6%的事项实现即来即办，承诺期限比法定期限压缩86.7%。

【全国首个环境损害司法鉴定联合实验室成立】 2019年5月13日，省检察院与省生态环境厅合作成立全国首个公益诉讼(环境损害)司法鉴定联合实验室(简称“联合实验室”)，并举行启动揭牌仪式。最高人民检察院副检察长张雪樵出席揭牌仪式。联合实验室是为环境损害类公益诉讼案件提供高质量技能、高标准运作、高质量司法鉴定产品的智力支持和技术保障。全省各设区市出台实施制度改革方案及配套办法，初步完成生态环境损害赔偿制度体系框架构建。全年全省办理生态环境赔偿案例64件，其中办结51件。

【生态文明建设宣传】 2019年，浙江省大力开展生态文明宣传教育。全年组织生态环境保护宣传报道1.4万篇，向社会发布生态环保新闻100多次。与浙江卫视《奔跑吧》节目合作，推广生态环境保护理念并产生广泛影响，获得生态环境部环境保护宣传教育“品质之星”一等奖。至年末，全省各

2019年5月13日，省检察院联合省生态环境厅成立全国首个公益诉讼（环境损害）司法鉴定联合实验室　（省检察院　供图）

级生态环境部门在新浪网发布公众号微博1.59万条、微信4857条，新浪微博关注者近70万人。全省187个四类环保设施单位向公众开放，参观人数6万人次。210个浙江省生态文明教育基地向社会开放，参观人数400多万人次。（省生态环境厅　杨志新）

节能减排
Energy Saving and Emission Reduction

全社会节能

【概况】 2019年，浙江省能源消费总量比上年增长3.3%，单位GDP能耗下降3.2%。其中，规模以上工业企业能源消费量增长3.3%，单位工业增加值能耗下降3.1%。全省推进“用能权”改革，通过市场化的手段、“用能权”的有偿使用，促进企业节能减排、转型升级。全省（扣除舟山绿色石化国家单列项目）完成国家下达的单位GDP能耗强度年度和进度目标任务。深化区域节能评估改革，省级以上、省级以下平台区域“能评”完成率分别达到不低于80%和30%的年度目标。形成“两机制”（准入机制和退出机制）、“三清单”（“标准地”单位能耗增加值标准、区域“能评”负面清单、“标准地”负面清单）工作机制。全年实施“用能权”交易项目9个，交易用能量30.9万吨标煤，涉及资金1.76亿元。完成1158家工业企业及公共机构、宾馆饭店、大型商场超市等单位的节能监察任务；完成37个年耗电1000万千瓦时以上的数据中心能效专项监察任务。

【能源“双控”政策制定】 2019年，省发展改革委制订一系列能源“双控”政策，先后印发《关于进一步加强全省能源“双控”“减煤”工作的通知》《浙江省“十三五”“百千万”重点用能单位节能目标考核工作实施方案》《关于进一步规范固定资产投资项目节能审查委托事项的通知》《浙江省用能权有偿使用和交易管理暂行办法》《浙江省用能权有偿使用和交易第三方审核机构管理暂行办法》《热电联产能效能耗限额及计算方法》《关于2018年全省能源“双控”工作考核评价情况的通报》《关于对各市2018年能源“双控”目标完成情况实施奖惩的通报》。印发《关于下达2019年全省能源“双控”和“减煤”目标任务的通知》，分解下达各设区市能源“双控”目标任务。组织开展上年度各设区市能源“双控”目标责任评价考核，考核结果向全社会通报。全年能源“双控”考核财政资金扣罚2.28亿元，财政资金奖励1.59亿元。

【车船港口废气减排治理】 2019年4月18日，省政府办公厅印发《浙江省柴油货车污染治理攻坚战行动计划》，明确柴油货车污染治理各项措施、分工和完成时间节点。全省淘汰国三及以下标准营运柴油货车2.39万辆。5月17日，省经信厅、省公安厅、省生态环境厅、省市场监管局联合发布《浙江省关于实施国家第六阶段机动车排放标准的通告》，全省提前实施国家第六阶段机动车排放标准。6月24日，省大气办印发《关于开展新生产、销售机动车和非道路移动机械大气污染物排放状况监督检查工作的通知》，组织开展新生产机动车和非道路移动机械企业监督检查，开展非道路移动机械摸底调查和编码登记，从源头上加强对机动车和非道路移动机械的监管。完成非道路移动机械摸底调查6.8万辆，9个设区市划定和公布高排放非道路移动机械禁用区。全省基本实现京杭大运河（浙江段）水系水上服务区岸电设施全覆盖，新建岸电设施84套，建成岸电设施834套。

【全国节能宣传周在杭州举行】 2019年6月17日，由国家发展改革委和省政府联合举办的“2019年全国节能宣传周”启动仪式在杭州举行，活动的主题为“绿色发展，节能先行”。国家发展改革委副主任张勇、副省长朱从玖出席启动仪式并致辞。教育部、工业信息化部、生态环境部、住房城乡建设部、交通运输部、农业农村部、国家能源局、团中央等部门负责人，浙江省、杭州市有关部门负责人，节能环保机构、重点用能单位代表参加启动仪式。浙江省是首次在北京以外举办全国节能宣传周启动仪式的地区。宣传周活动期间，全省举行节能新技术、新产品、新装备展示，为企业节能技术改造搭建新的平台。（省能源局　何贤俊）

建筑节能

【概况】 2019年,浙江省推进绿色建筑实施及可再生能源开发利用。省建设厅制定发布《装配式建筑评价标准》《城镇生活垃圾分类标准》《民用建筑雨水控制与利用设计规程》《浙江省低影响开发设施运维技术导则》《餐厨垃圾资源化利用技术规程》等标准导则和规程。全省城镇新增节能建筑面积1.2亿平方米,完成既有公共建筑节能改造100万平方米,太阳能等可再生能源建筑应用2000万平方米,实施高星级绿色建筑示范工程147项,面积2200万平方米。

【绿色建筑节能改造】 2019年,浙江省新建民用建筑全面按照《绿色建筑评价标准》中的一星级以上绿色建筑强制性标准进行建设,其中国家机关办公建筑和政府投资或者以政府投资为主的其他公共建筑,按照二星级以上绿色建筑强制性标准进行建设。省建设厅引导各地结合"三改一拆"、利用外墙外保温、活动外遮阳、隔热屋面、太阳能、地源热泵等节能技术,开展既有建筑节能改造。至年末,全省评价标识二星级以上绿色建筑428项,建筑面积4572万平方米,完成既有公共建筑节能改造797万平方米。

【节能改造项目验收】 2019年,浙江省贯彻执行国家节约能源、环境保护的法规和方针政策,获得中央财政支持资金1590万元,在全省2所高校和3个医院围绕提高暖通空调系统能源利用率、降低建筑能耗的目标,进行公共建筑节能改造。年内,2所高校和3个医院的公共建筑节能改造项目通过验收,并将验收结果上报住房城乡建设部和财政部。该项目完成改造面积80万平方米。

【建筑节能和绿色建筑监管】 2019年8月,省建设厅印发《关于开展2019年度全省建筑节能与绿色建筑、装配式建筑及勘察设计工作综合检查的通知》,部署开展建筑节能和绿色建筑监督检查工作。12月,在各设区市和县、市(区)检查的基础上,省建设厅对全省进行督查,依法严肃查处违反建筑节能与绿色建筑强制性标准的行为,确保全省新建民用建筑全面执行节能设计标准。(省建设厅 葛鑫钦)

污染物减排

【概况】 2019年,浙江省推进"污水零直排区"创建。全省完成52个工业园区、996个生活小区、310个镇(街道)"污水零直排"建设。完成109个城镇污水处理厂清洁排放技术改造,建设改造污水管网1833.9千米。完成17个城市建成区重污染企业搬迁改造或关闭退出、1755家企业落后产能淘汰和过剩产能压减工作。推进能源结构调整,年内淘汰燃煤小锅炉410台;新(扩)建城镇污水处理厂17个;新增污水处理能力86万立方米/日。高标准协调推进千岛湖临湖地带综合整治,列入整治的217个项目全部完成整改。加强近岸海域污染治理,提升现有入海排污口监测水平,实现入海排污口在线监测全覆盖。优化完善全省饮用水水源保护区划,开展"千立方米万人"以上饮用水水源保护区划定工作,推进河湖生态缓冲拦截区建设试点,完成109条氮磷生态拦截沟渠建设,建成健康养殖示范场338个,完成"美丽牧场"建设265个。全年实施102个重点工业园区大气污染治理,完成1048个挥发性有机物项目治理;完成1.12万家涉气"散乱污"企业综合整治和239个臭气异味项目治理。淘汰国三及以下标准营运柴油货车2.39万辆。

【"污水零直排区"创建】 2019年,浙江省全面推进"污水零直排区"创建和城镇污水处理厂清洁排放改造。省生态环境厅制定《浙江省工业园区(工业集聚区)"污水零直排"建设评估指标体系》,强化入河排污口整改提升。重点推进污水处理厂、工业园区和重化工企业、太湖流域规模以下入河排污口规范化整治改造。加强涉水重点污染源整治提升。开展工业园区污水处理设施专项整治,完成129个省级以上工业园区污水处理设施废水达标情况自查。

【环境保护联合监督管理】 2019年,浙江省全面开展长江经济带生态环境问题排查整治、黑臭水体治理、饮用水水源地保护等专项活动的联合执法检查。加大对各类环保执法、"防风险保平安迎大庆"专题执法等活动的督察力度,对重大案件实施挂牌督办。全省对燃煤锅炉淘汰、工业炉窑治理、VOCs(挥发性有机物)治理、扬尘整治等综合治理项目开展秋冬季大气环境执法检查。加强全省各个环保相关部门的协调和合作,建立联合监管执法机制。生态环境、交通、公安等部门对柴油货车开展联合执法。深化排污许可证证后执法监管试点,推进全省部门联合"双随机"抽查全覆盖,严格规范环境信用评价和严重失信名单管理。在第六届世界互联网大会和第二届中国国际进口博览会期间,省生态环境厅等部门联合组织开展环境空气质量省级督查检查。

(省生态环境厅 杨志新)

气候变化应对和温室气体减排

【概况】 2019年,浙江省把应对全球气候变化作为生态环境治理的重要组成部分。省政府调整应对气候变化工作议事协调机构为省应对气候变化及节能减排工作单位成员联席会议。联席会议办公室印发《省应对气候变化及节能减排工作联席会议成员单位应对气候变化工作职责》,明确各成员单位职责。省生态环境厅印发《浙江省2019年应对气候变化工作要点》《2019年各设区市碳排放强度控制目标计划》,编制修订《浙江省温室气体清单编制指南》,组织开展重点企(事)业单位温室气体排放报告核查复查、省市县(市、区)三级温室气体清单编制、氢氟碳化物处置核查等工作。举办以"蓝天保卫战"为主题的全国低碳日活动,发布年度低碳发展报告。

【全国碳交易市场建设】 2019年，省生态环境厅按照全国碳交易市场建设统一部署，组织省内1600多家重点企(事)业单位开展温室气体排放检查，完成970多家重点企(事)业单位温室气体排放报告核查复查，并上报生态环境部。全省梳理核实浙江省发电行业重点排放单位信息，组织全省发电行业重点排放单位开展配额分配相关数据和配额试算，以及全国碳交易市场注册登记系统和交易系统开户资料，一并上报生态环境部。11月27—29日，生态环境部在杭州举办第七期碳市场配额分配和管理培训班，参加培训的发电行业企业及相关机构149家。

【温室气体减排自评报告完成】 2019年，省生态环境厅按照《浙江省"十三五"控制温室气体排放实施方案》要求，编制印发《2019年碳排放强度目标计划》，下达各设区市年度碳强度下降目标任务。根据生态环境部核算，浙江省上年度碳强度降低时序进度目标完成率介于100%与150%之间，组织完成上年度省政府控温目标责任落实情况的自评报告，及各设区市提供上年度控制温室气体排放目标责任落实情况自评报告。组织完成对各设区市碳强度下降率等关键指标的审核。根据《生态环境部办公厅关于开展2018年度氢氟碳化物处置相关工作的通知》，针对6家承担国家氢氟碳化物削减重大示范项目企业，组织开展上年度氢氟碳化物处置核查，核查结果报生态环境部。

【绿色制造工程建设】 2019年，浙江省实施绿色制造工程。3月27日，省经信厅印发《2019年绿色制造工程推进工作要点》，组织开展绿色园区、绿色工厂创建，全省4个园区、57个工厂入围第四批国家绿色园区、绿色工厂创建名单。推进绿色制造项目建设，全年有8个项目入围国家绿色制造系统集成供应商项目。其中3个国家绿色制造系统集成项目建成投产。

【应对气候变化与低碳主题宣传】 2019年，省生态环境厅推进应对气候变化工作，开展低碳主题宣传活动。6月14日，省生态环境厅联合金华市政府举办以"低碳行动，保卫蓝天"为主题的浙江省"全国低碳日"活动，开展低碳试点案例分享、低碳发展成果展览、应对气候变化相关主题演讲等活动，落实好《浙江省"十三五"控制温室气体排放实施方案》。全省组织开展碳交易纳入企业现场培训会和非碳交易纳入企业视频培训会，邀请国家及省内相关专家，向全省生态环境系统应对气候变化工作主管部门开展培训，进一步提升工作能力和业务水平。参加全省培训的碳交易纳入企业400多家、非碳交易纳入企业1200多家。

【温室气体清单编制】 2019年，省生态环境厅根据《浙江省温室气体清单管理办法》，组织省级温室气体清单领域专家，研讨温室气体清单编制方法和技术指南，修订完善并印发《浙江省温室气体清单编制指南(2019年修订版)》。组织开展上年度省市县(市、区)三级温室气体清单编制工作，完成温室气体清单评审，连续7年开展省市县清单编制，相关工作继续保持全国领先。 (省生态环境厅 杨志新)

生态资源保护

Conservation and Utilization of Ecological Resources

土地资源保护

【概况】 2019年，浙江省实施乡村全域土地综合整治与生态修复76万公顷。全省土地调查面积1055.85万公顷。其中：农用地857.27万公顷，占81.2%；建设用地134.01万公顷，占12.7%；未利用地64.56万公顷，占6.1%。耕地面积197.46万公顷，人均耕地面积0.034公顷。全年垦造和补充耕地0.96万公顷。实行城乡建设用地增减挂钩节余指标跨行政区域调剂，全省建设用地整治面积0.48万公顷，其中建设用地复垦新增耕地0.44万公顷。全面落实永久基本农田特殊保护制度，落实省级保护补偿资金6.36亿元。森林抚育面积8.13万公顷，完成义务植树2062万株。新植珍贵树木2400万株，重点建设珍贵彩

2019年6月14日，浙江省"全国低碳日"活动在金华举行

(朱智翔 摄)

色森林1.98万公顷。根据2019年浙江省森林资源公告,全省森林覆盖率为61.2%(含灌木林)。完成水土流失治理面积438平方千米。

【节约集约用地】 2019年,省自然资源厅制订《关于降低企业用地成本支持民营经济高质量发展的若干意见》,参与制订《浙江省企业投资工业项目“标准地”负面清单(2019年)》,允许清单中的项目可不按照“标准地”供应。推进“标准地”数字地图建设,进一步高效配置土地资源。全年省级以上平台工业项目100%按“标准地”出让1251宗,面积4020.2公顷;省级以下平台出让1326宗,面积2220公顷,分别占新批工业用地的99.5%和99.7%。推进全国国土资源节约集约示范省创建。全年建设省级模范县12个,盘活存量建设用地1.17万公顷;完成低效用地再开发项目4481个,用地1.07万公顷。

【土地执法】 2019年,浙江省发现土地违法行为3411起,比上年下降9%。违法用地面积2113.33公顷,其中耕地面积640公顷,分别上升143.9%和88.2%。立案查处土地违法案件2611件,涉及土地面积1766.67公顷,其中耕地面积506.67公顷。全年全省矿产资源违法案件立案336件,其中无证开采289件,越界开采9件,破坏性开采5件,其他33件。开展上年度土地矿产卫片(卫星像片图)执法检查,排查各类违法用地4938宗,立案查处3354宗(查处后完善用地手续456宗),拆除复耕684宗,依法移交其他部门774宗。对11个违法用地重点县(市、区)和2个违法用地主体进行警示约谈。(省自然资源厅　方　恺)

矿产资源保护

【概况】 2019年,浙江省进一步优化资源勘查开发矿产保护布局和结构,推进资源高效利用,加快矿业绿色发展。全省有持证矿山731个,其中生产矿山410个,停产矿山192个,关闭矿山52个,筹建矿山77个,从业人员

2019年6月25日,浙江省开展第九个全国土地日活动。图为宁波市举行首批“耕地小卫士”宣誓仪式 (省自然资源网)

2.59万人。矿石采掘量4.36亿吨,实现矿业总产值243.45亿元,利润33.64亿元,税金24.55亿元,人均矿石采掘量1.68万吨/人·年,人均矿业产值94.02万元/人·年,人均利税22.47万元/人·年。矿业总产值比上年增长10%,利润增长43.8%,税金增长31.1%,人均矿业产值增长33.7%,人均利税增长67.9%。全年全省开发利用矿产50种,其中非金属矿产38种、金属矿产10种、能源矿产(地热)与水气矿产(矿泉水)各1种。非金属矿产的开发利用以普通建筑材料用砂、石、粘土为主,全省矿产资源的开发利用指标变化主要受普通建筑材料用砂、石、粘土矿业指标变化的主导。开发利用非金属矿山405个,下降16.5%;从业人员1.51万人;矿石采掘量3.39亿吨,下降22.2%,矿业总产值182.82亿元,增长2.7%;利润总额24.15亿元,增长29.5%。开发利用其他非金属矿产25种,涉及矿山226个,从业人员6290人;矿石采掘量9345.61万吨,增长6.7%;矿业总产值47.28亿元,增长49.1%;利润总额9.57亿元,增长156.6%;税金6.91亿元,增长46.7%。开发利用金属矿山52个,从业人员2795人,矿石采掘总量162.59万吨,矿业总产值8.84亿元,企业亏损4399.75万元。开发利用有采矿权的地热矿山14个,从业人员1229人,投资额5921.32万元;地下热水开采量102.61万立方米,矿业总产值1.45亿元,开采量与矿业总产值均增长15.3%。开发利用水气矿产1种,涉及矿山32个,从业人员479人,产量26.25万吨,增长11%;矿业总产值3.06亿元,下降3.5%;利润总额1828.35万元,下降54.2%。

【矿山开发利用格局】 2019年,浙江省矿业投资额77.09亿元,比上年减少6.83亿元,下降8.1%。杭州市、宁波市投资力度加大,投资额分别为14.08亿元和7.08亿元,分别增长68.8%和59.8%。温州市、绍兴市、金华市、丽水市投资额略有增加。其他各市投资力度均有不同程度下降。台州市和舟山市分别减少5.6亿元和7.46亿元,分别下降17.2%和51.7%。全省矿山经济类型格局以有限责任公司、私营企业和国有企业为主导,股份有限公司与外商投资企业次之;香港、澳门、台湾投资商逐步退出市场。有限责任公司、私营企业和国有企业三类矿山企业矿石采掘量、总产值、利润总额和税金总额之和分别占全省矿山企业总数的90.2%、89.3%、84.2%和87%。全省继续严格控制采矿权总量,提高矿山开发利用规模化、集约节约化水平。开发利用的矿山规模以大、中型为主,其中开发的大型矿山363个,中型矿山100个,小型矿山239个,小矿29个。大、中型矿山矿石采掘量4.27亿

吨，矿业总产值227.69亿元，利润32.99亿元，税金22.71亿元，分别占全省矿山企业总量的98.1%，93.5%，98.1%，92.5%，均有提升。

【地质矿产勘查】 2019年，浙江省完成85个县（市、区）土地质量地质调查设计审查、野外验收、数据质量验收等工作；建成83个县（市、区）永久基本农田示范区土地质量档案；建成由2000个监测点构成的基本农田土地质量地球化学监测网络。省自然资源厅发布《浙江省永久基本农田土地质量地球化学监测技术规程（试行）》；颁布实施《浙江省县级土地质量地质调查技术要求（试行）》《浙江省县级土地质量档案建设技术要求（试行）》省级技术标准。建成金华市蒋堂镇省级富硒土壤开发利用示范基地和天台县绿色土地保护与开发示范基地；建成嘉兴市秀洲区、嘉善县、海盐县等全省首批省级优质耕地保护示范基地；完成嘉善县、海盐县耕地土壤环境质量类别划定等工作。全省开展泰顺县洋溪—外岗地区多金属矿普查、遂昌县濂竹乡银坑山矿区深部钼矿普查、温州城市群环境地质调查、浙江省地热资源调查评价和浙江省典型流纹质火山岩地貌景观调查评价等一批高质量的地质矿产勘查研究。

【矿业绿色开发】 2019年，浙江省矿山生态环境综合整治有序推进，矿产资源开采区面积、矿山占用土地总面积与矿山总数不断减少。全省矿山开采区占有土地面积1.22万公顷，实际使用土地面积1.65万公顷，开采区占有土地面积比上年下降27.3%，实际使用土地面积增长26.5%，土地利用率134.5%，提高57.2个百分点。治理投资力度不断加大，全年投资13.01亿元，增长86.9%；治理面积1387.22公顷，增长55.4%；实际治理面积为应治理矿山土地面积的23.2%，提高9.5个百分点。

【矿产开发利用地区分布】 2019年，浙江省普通建筑材料用砂、石、粘土等矿山主要分布于舟山、湖州、杭州、宁波、温州、台州、绍兴等设区市。石灰岩（含方解石）矿山主要分布于杭州市富阳区、桐庐县、建德市和衢州市衢江区、常山县等地。萤石及其他非金属矿山分散分布在全省各地。金属矿山主要分布于丽水、杭州和绍兴等市。能源矿产（地热）和水气矿产矿山较少，分布较分散。

（省自然资源厅　黑　铮）

水资源管理

【概况】 2019年，浙江省水资源总量1321.36亿标立方米，人均水资源量2259立方米。全省26个县（市、区）完成县域节水型社会达标建设验收，24个县（市、区）通过水利部复核验收，并命名为国家级节水型社会建设达标县。省水利厅贯彻落实《国家节水行动方案》，组织完成《浙江省节水行动实施方案（送审稿）》编制工作，修订完成《浙江省用（取）水定额（2019年）》标准，制订实施《浙江省实施节水评价指导意见》，完成省级对11个设区市2018年度实行最严格水资源管理制度考核工作。绍兴、台州和宁波3个设区市年终考核等级为优，舟山、衢州、丽水、温州、金华、杭州、湖州、嘉兴8个设区市年终考核等级为良。浙江在全国率先开展县域水资源“强监管”综合改革试点，开展取水许可电子证照应用，全国第一张取水许可电子证照在常山正式落地。全省公布命名第一批12个省级节水宣传教育基地。省水利厅水资源管理处（浙江省节约用水办公室）被人力资源社会保障部、水利部授予“全国水利系统先进集体”称号。

【取用水监督管理】 2019年，浙江省按照水利部《关于建立全国重点监管取水口名录和台账（第一批）的通知》要求，有序推进取水口监管工作。选取85个取水口作为浙江省全国重点监管取水口，按“一口一账”逐口建立台账，经审核，通过国家水资源管理信息系统上报水利部。组织建立重点监控用水单位名录，将年用水量50万立方米及以上的全部工业和服务业用水单位、3333.35公顷（5万亩）以上重点中型及大型灌区纳入名录管理。9月，全省53个国家级重点监控用水单位基本情况上报水利部。12月，省水利厅公布71个省级重点监控用水单位名单，各设区市水利局分别公布市级重点监控用水单位名单。

【水资源管理】 2019年，省水利厅全面推进“区域水资源论证+水耗标准”改革，印发《浙江省水利厅关于全面推进“区域水资源论证+水耗标准”改革的指导意见》。至年末，97个省级以上平台（含高新技术产业开发区、工业园区、开发区、产业集聚区、特色小镇等）、53个省级以下平台完成区域水资源论证。根据“水利工程补短板，水利行业强监管”水利改革发展总基调，推进县域水资源强监管综合改革试点，印发《浙江省水利厅关于推进县域水资源强监管综合改革试点工作的指导意见》，率先在桐庐县、瑞安市、德清县、长兴县、桐乡市、海盐县、绍兴市柯桥区、武义县、舟山市定海区、玉环市、遂昌县11个县（市、区）开展试点。通过开展用水总量和强度“双控”行动、取水管理标化行动、生态配水保障行动、水源安全达标行动、智慧管水数字化行动五大行动，健全水资源监管制度标准，提升水资源管理能力，打造“强监管”示范县。

【节约用水行动】 2019年，浙江省贯彻落实《国家节水行动方案》，省水利厅组织编制完成《浙江省节水行动实施方案（送审稿）》，修订《浙江省用（取）水定额（2019年）》工作，取水定额范围为59个行业2875个产品用水单位。省水利厅、省教育厅、省机关事务管理局联合印发《关于深入推进高校节约用水工作的通知》，开展合同节水项目9个，其中高校合同节水项目2个。全省26个县（市、区）完成县域节水型社会达标建设验收，上年度申报的24个国家级县域节水型社会建设县市，全部通过水利部复核验收并命名公布。推进金华市国家节水型社会创新试点工作。省节水办公布上年度省节水型企业名单416

家，印发全省六大高耗水行业规模以上企业名录1055家；全省创建省级公共机构节水型单位37个、节水型灌区42个、节水宣传教育基地12个。在杭州市小学生中开展节水进校园活动，评选出节水大使11人。

【水资源保护】 2019年，浙江省开展县级以上饮用水水源地安全保障达标建设。省水利厅会同省生态环境厅完成78个饮用水水源地年度安全保障达标评比。省水利厅印发《关于开展第一批跨行政区流域水量分配和重点河湖生态流量（水量）管控试点工作的通知》，推动10条跨市重要流域水量分配和生态流量（水量）管控工作。全省严格实行地下水禁（限）采区管理，开展156个国家地下水监测站点运行维护和地下水水质监测工作。

（省水利厅　沈仁英）

杭 州 市
Hangzhou Municipality

【概况】 2019年,杭州市区域面积8289平方千米,辖10个区、1个县级市、2个县。全市户籍人口795.4万人,常住人口1036万人。

全市地区生产总值1.54万亿元,比上年增长6.8%。其中:第一产业增加值326亿元,增长1.9%;第二产业增加值4875亿元,增长5.0%;第三产业增加值10172亿元,增长8.0%。三次产业结构比例为2.1∶31.7∶66.2。常住人口人均生产总值15.2万元。按年均汇率折算为22102美元。

财政总收入3650亿元,增长5.6%,其中一般公共预算收入1966亿元,增长7.7%。一般公共预算支出1953亿元,增长13.7%。民生支出占一般公共预算支出的78.6%。

居民年人均可支配收入59261元,增长9.0%。城镇、农村居民人均可支配收入分别为66068元和36255元,分别增长8.0%和9.2%,居副省级以上城市第三位和第二位。至年末,住户存款余额11901亿元。按常住人口计算,人均存款11.5万元。

民营经济增加值9378亿元,占全市地区生产总值的61.0%。数字经济核心产业增加值3795亿元,增长15.1%,占地区生产总值的24.7%。电子商务、物联网、数字内容等产业增加值增幅分别为14.6%、13.6%和16.3%。36家民营企业入选中国民营企业500强,连续17年列全国大中城市首位。supET工业互联网创新中心列入国家级跨行业、跨领域基础性平台。

农林牧渔业增加值333亿元,增长2.1%。农业特色优势产业产值增长4.6%,增速提高0.7个百分点,占农林牧渔业增加值的75.2%。农村电子商务销售额增长18.8%。

工业增加值4288亿元,其中规模以上工业增加值3531亿元,分别增长5.3%和5.1%。高新技术产业、战略性新兴产业、装备制造业分别增长8.5%、13.1%和7.8%。重点行业中,计算机通信和其他电子设备制造业增加值增长15.2%,医药制造业增长13.0%。

服务业增加值1.02万亿元,占全市地区生产总值的66.2%,对经济增长贡献率72.9%。规模以上高技术服务业营业收入占全省的85.8%。杭州有国家服务业综合改革试点、国家服务贸易创新发展试点、国家现代服务业产业化基地、国家高技术服务产业基地等20多个。

社会消费品零售总额6215亿元,增长8.8%。固定资产投资增长11.6%,其中项目投资增长12.6%,房地产开发投资增长10.7%。货物出口3613亿元,增长5.7%。

旅游产业增加值1191亿元,增长12.1%。旅游总人数2.08亿人次,增长15.1%,其中接待入境游客113.3万人次,增长5.7%。旅行社895个,增长5.5%。星级宾馆126个,其中五星级23个。全市有A级以上景区103个,其中AAAAA级景区3个、AAAA级景区41个、AAA级景区48个。杭州入选全球百强国际会议目的地城市、全球旅游最佳实践样本城市、全球52个最值得到访的城市。

金融业增加值1789亿元,增长9.1%。年末金融机构本外币存款余额4.53万亿元,增长13.8%;贷款余额4.22万亿元,增长15.4%。新增境内外上市企业22家,其中科创板5家,境内外上市企业累计192家,居全国第四位。保险机构保费收入846.3亿元,增长27.5%。

幼儿园1020所,在园幼儿35.0万人,学前教育覆盖率86.7%。小学489所,在校学生61.7万人。初中269所,在校学生24.4万人,初中毕业生升入各类高中比例99.8%。普通高中87所,在校学生11.8万人。职高和中等专业学校37所,在校学生6.1万人。普通高等学校40所,在校学生51.9万人,高等教育毛入学率67.3%。各级各类中外合作办学项目70个。

各类医疗卫生机构5925个,其中医院343个,分别增长10.2%和8.5%。各类专业卫生技术人员12.7万人,其中执业(助理)医师4.9万人,分别增长8.2%和8.9%。有床位8.6万张,其中医院床位8.0万张。全年全市医疗机构完成诊疗人数1.46亿人次,增长5.5%。

亚运比赛场馆完成投资16.6亿元,亚运村50%的单体建筑完成主体结构50%以上。运动员获国际性比赛奖牌50枚,其中金牌23枚、银牌11枚;全国性奖牌410枚,其中金牌160枚、银牌114枚。杭州马拉松赛、国际(杭州)毅行大会、首届中国—新西兰青少年高尔夫球团体对抗赛、杭州国际网球邀请赛等国际赛事举行。

全市职工基本养老保险、城镇职

工基本医疗保险参保人数分别为704.7万人和671.1万人，分别增长5.0%和6.1%；失业、职工工伤保险参保分别为486.7万人和556.7万人，分别增长5.9%和7.0%。低保标准每人每月1041元。

市区空气质量优良率（AQI指数）78.6%，PM2.5平均浓度37.7微克/立方米，二氧化硫年均浓度下降22.2%。市控以上断面达标率98.1%，提高1.9个百分点，县级以上集中式饮用水水源地水质达标率100%。全市森林覆盖率66.8%。杭州市入选"全球十大美丽城市"，在"中国最美丽城市排行榜"中列第一位。

位于杭州余杭的良渚古城遗址成功列入《世界遗产名录》，遗址公园总面积约14.33平方千米。

【杭州钱塘新区成立】 2019年4月2日，省政府批复设立杭州钱塘新区。新区规划总面积531.7平方千米，范围包括杭州大江东产业集聚区和杭州经济技术开发区，托管江干区下沙、白杨2个街道和萧山区河庄、义蓬、新湾、临江、前进5个街道，以及大江东产业集聚区规划控制范围内的其他区域（不含党湾镇所辖接壤区域的行政村）。钱塘新区按照"一个平台、一个主体、一套班子、多块牌子"体制架构，保持原有的杭州经济技术开发区、浙江杭州出口加工区、萧山临江高新技术产业开发区3块国家级牌子，撤销区域内省级以下产业平台牌子。4月16日，市委、市政府印发《关于加快钱塘新区高质量发展的意见》。4月18日，杭州钱塘新区推进高质量发展大会召开，省委副书记、省长袁家军出席大会并讲话。杭州钱塘新区工作委员会和杭州钱塘新区管理委员会同时挂牌。

【淳安特别生态功能区建设启动】 2019年9月29日，经省政府批复，淳安特别生态功能区设立。淳安是74个国家重点生态功能区建设试点示范县之一，也是全省26个加快发展县之一。千岛湖是"长三角"最大人工淡水湖，流域涵盖浙江、安徽两省7市。特别生态功能区区域范围为淳安县全域，建设工作按《淳安特别生态功能区建设框架方案》实施，由杭州市统筹，淳安县履行属地主体责任。12月28日，市政府出台《杭州市淳安特别生态功能区管理办法》，自2020年2月1日起施行。

【杭州建设国家新一代人工智能创新发展试验区】 2019年10月17日，科技部函复省政府，支持杭州建设国家新一代人工智能创新发展试验区。11月22—24日，中国自动化大会在杭州召开。大会期间，杭州国家新一代人工智能创新发展试验区建设工作启动。11月28日，杭州召开建设国家新一代人工智能创新发展试验区动员大会，提出充分发挥杭州在学科建设、平台布局、人才集聚、产业发展、融合应用、双创生态等方面领先优势，把杭州建成新一代人工智能技术创新策源地、产业发展主阵地、场景应用先行地、高端人才集聚地。阿里巴巴集团、杭州海康威视数字技术股份有限公司等企业进行人工智能重大创新平台发布及成果介绍。

【国家超重力项目在杭州启动】 2019年11月18日，国家重大科技基础设施超重力离心模拟与实验装置（CHIEF）建设研讨会与启动仪式在杭州举行。超重力离心模拟与实验装置是《国家重大科技基础设施建设"十三五"规划》确定的10个优先建设项目之一。"超重力项目"将建设世界上容量最大的2台离心机、6座实验舱、18台机载装置，其中6台为世界首创，12台指标国际领先。该项目落户杭州未来科技城，用地面积5.93公顷，总建筑面积3.46万平方米，总投资21.0亿元，建设周期5年，由浙江大学作为法人单位承担建设。

【县级社会矛盾纠纷调处化解中心全市覆盖】 2019年5月29日，全省信访局长会议在杭州召开，与会人员参观考察杭州首批试点的拱墅区、余杭区社会矛盾纠纷调处化解中心。6月27日，杭州市县级社会矛盾纠纷调处化解中心建设现场推进会在余杭区举行。余杭区建立以区级为中枢、镇街为主体、村社（网格）为基石的三级联动治理架构，推动矛盾纠纷及时就地化解。拱墅区打造运河"信访超市"，建设集约型、紧密型、枢纽型"三型"信访矛盾联调中心。桐庐县依托信访代办服务和"信访超市"建设，实现多网融合，全面提升信访事项办理质量和时效。至10月末，13个县（市、区）及2个管委会建成并启用"信访超市"，实现县级"信访超市"建设全覆盖。年内，各化解中心接收法院引调案件7637件，引调率24.7%，调解成功率34.6%，有效减少进入诉讼程序案件

钱塘新区 （李 忠 摄）

2600多件。全年各地成功调处矛盾纠纷7.79万件，调处成功率99.9%；民商事立案数比上年下降17.5%。

〔杭州市委党史研究室（杭州市地方志办公室） 蔡建明〕

上 城 区

【概况】 2019年，上城区区域面积26.02平方千米，辖6个街道，社区54个。户籍人口31.9万人，常住人口36.62万人，人口自然增长率1.13‰。地区生产总值1171.41亿元，比上年增长6.1%。其中：第二产业增加值400亿元，增长2.8%；第三产业增加值771.41亿元，增长8.2%。二、三产业结构比例为34.1∶65.9。按常住人口计算，人均生产总值33.95万元，增长6.7%。按年均汇率折算为4.92万美元。财政收入165.93亿元，增长3.6%。其中，地方一般公共预算收入85.13亿元，增长5.6%。一般公共预算支出52.55亿元，增长29.4%。

规模以上工业总产值784.7亿元、销售产值784.56亿元，分别增长3.1%和4.9%。固定资产投资增长1.1%。社会消费品零售总额增长8.5%。货物进出口总额206.77亿元，增长9.6%。其中：进口总额99.93亿元，增长3.9%；出口总额106.84亿元，增长15.5%。

金融服务、文化创意、信息技术、商贸旅游、健康服务五大主导产业的一般公共预算收入49.19亿元。玉皇山南基金小镇累计引进金融机构2510个，资金管理规模1.12万亿元，税收23.01亿元，增长0.6%。文化创意产业增加值142.9亿元。有省级以上高新技术企业132家、市级137家。专利总申请3055件，增长16.4%；专利总授权1632件，增长6.7%。数字经济核心产业增加值26.28亿元，增长6%。望江金融科技城集聚数字经济类和金融类企业158家，税收4.7亿元。区电子机械功能区税收收入7.26亿元，增长61.4%。全区接待游客6400万人次，营业收入403亿元。健康产业增加值104.84亿元，增长17.2%。各类医疗卫生机构（含省市医疗机构、不含停业医疗机构）242个，床位1.47万张，各类专业卫生技术人员2.34万人。

小学18所（不含九年一贯制学校），在校学生2.14万人（含九年一贯制小学生4208人）。初中12所（其中九年一贯制学校5所），在校学生9511人。特殊教育学校1所，在校学生218人。职业高中1所，在校学生535人。上城区通过省政府对区政府履行教育职责督查，教育现代化发展水平指数列全省第一位。新增享受国务院特殊津贴专家1人，入选省有突出贡献中青年专家1人。“行走德育”项目获全国优秀德育案例。星级家长执照工程获全国特别受百姓喜爱的“终身学习品牌项目”。上城人才培养模式被评为全国教师队伍建设十大优秀案例，在全省中小学师训考核中连续4年列第一位。杭州市杨绫子学校被评为全国先进集体，杭州市胜利实验学校党员胡珏被评为全国优秀教师。上城区获全国“七五”普法中期先进区等国家、省和市级荣誉95个。

【南宋德寿宫遗址考古发掘】 2019年12月8日，上城区南宋德寿宫遗址入选年度浙江十大考古发现。南宋德寿宫始建于绍兴三十二年（1162年），为宋高宗赵构退位后居所，占地面积近17万平方米。发掘区域位于德寿宫前苑西北部，局部涉及中轴线位置，发掘面积6800平方米。新发现有大型宫殿基址、砖砌道路、砖砌庭院地面、台阶、假山基础、排水设施等建筑遗迹，出土高丽瓷器座、鸱吻、伽棱频伽、玻璃砖等文物3000多件。遗址区内南宋早期、中期遗迹间存在叠压打破情况。按时代排序依次为：秦桧宅邸—德寿宫时期—重华宫（慈福宫）时期，其中秦桧时期遗迹较少，多为德寿宫及后期修改建时期遗迹。

【中国（杭州）数字经济高峰论坛在上城区召开】 2019年1月25日，之江文化产业带重点项目签约现场会暨中国（杭州）数字经济高峰论坛在上城区召开。论坛上，杭州凌笛数码科技有限公司与上城区签约，合作项目落地望江金融科技城。杭州凌笛数码科技有限公司发布与“BV百度风投”共同筹备人工智能实验室，并宣布与“腾讯云”达成战略合作。

【“南华期货”上市】 2019年8月30日，上城区企业南华期货股份有限公司登陆上海证券交易所，成为国内首家A股主板上市期货公司。股票简称“南华期货”，代码为“603093”，首次公开发行7000万股，保荐机构为中信证券股份有限公司。南华期货股份有限公司成立于1996年，主要从事商品期货经纪、金融期货经纪、期货投资咨询、资产管理业务、证券投资基金代销业务。公司在中国香港、美国芝加哥、新加坡及英国伦敦4个国际金融中心设分支机构，形成全球化战略布局。该公司是中国证券监督管理委员会公募牌照的期货公司。

【湖滨步行街开街】 2019年9月27日，由省商务厅和市政府主办的浙江首条国家级步行街——杭州湖滨步行街开街仪式在湖滨街区举行。湖滨步行街是商务部确定的首批11条试点步行街之一。湖滨步行街呈“千”字型，北至庆春路，南至解百新元华商场，东至延安路，西至湖滨路，占地面积41万平方米。改造提升后的步行街打破原有以道路、大型商业体进行空间区隔的方式，植入“湖滨九里”街区概念，即以解放路为界，按照从南到北、从东到西的命名顺序，整个街区分9个里（泗水里、将军里、东坡里、仁和里、龙翔里、学士里、长生里、劝业里、钱塘里）。

（上城区委党史和地方志编纂研究室 许红霞）

下 城 区

【概况】 2019年，下城区区域面积29.29平方千米，辖8个街道、75个社区。户籍人口42.37万人，常住人口52.6万人。地区生产总值1049.6亿元，比上年增长6.8%。其中：第二产业增加值42.08亿元，增长2.2%；第三产业增加值1007.52亿元，增长7.0%。二、三次产业结构比例为4.0∶96.0。财政总收入175.12亿元，增长6.7%。其中，地方一般公共预算收入96.59亿元，增长8.0%。一般公共预算支出

44.45亿元,增长15.3%,民生事业支出占财政支出的81.6%。

工业增加值14.39亿元,下降5.9%。其中,规模以上企业增加值9.83亿元,下降8.5%。规模以上工业企业新产品产值20.11亿元,新产品产值率46.4%。建筑业总产值246.25亿元,增长19.5%。

商贸业销售额5524.46亿元,增长10.4%。其中:批发零售业销售额5460.42亿元,增长10.4%;住宿餐饮业营业额64.04亿元,增长10.5%。社会消费品零售总额增长8.5%。

固定资产投资146.71亿元,增长30.2%。其中,第二产业投资1.54亿元,第三产业投资145.17亿元。生态环境和公共设施投资5.44亿元,增长104.2%;高新技术产业投资6.77亿元,增长52.2%;民间项目投资4.15亿元,增长39.7%;工业投资1.54亿元,增长18.1%。房地产开发投资119.66亿元,增长46.6%。房屋施工面积377.29万平方米,增长1.9%。商品房销售面积4.54万平方米,下降74.8%。

实际利用外资6.7亿美元。自营出口总额187.8亿元,增长2.8%。服务贸易出口额13.13亿美元,增长22.3%,其中服务外包离岸执行额5.07亿美元。

全区专利申请量6722件,增长7.8%。其中:发明专利申请量3855件,增长10.5%;专利授权量3467件,增长0.23%。通过国家高新技术企业评审企业78家,新增市级高新技术企业20家、省级科技型中小企业93家。新增市级众创空间3个,省级、市级孵化器各1个。

各类教育机构70个,其中幼儿园37所(含部门办、街道办、民办幼儿园)、小学17所、初中13所、高中1所、特殊教育学校1所、教师教育学院1所。在校学生5.39万人。教职工5433人。

推出“夜游武林”“文化风情”“寻味街巷”等都市旅游专线4条。全年举行文艺演出4535场、特色培训300多场、演出服务60场。建成社区文化家园16个。

卫生机构329个,实有床位7494张,卫生技术人员7430人,免费送药到家2.1万人次。改建石桥社区卫生服务中心和卫生服务站5个。

新增就业3.07万人,失业人员实现再就业2929人;发放促进就业专项资金8974.5万元,惠及5.36万人次。职工养老保险参保30.88万人,增长5.6%;生育保险参保30.12万人,增长4.0%;工伤保险参保31.84万人,增长6.1%;失业保险参保29.69万人,增长4.2%;医疗保险参保42.05万人。户籍人口基本医保参保率99.2%。

发放城乡居民最低生活保障金、残疾人就业保障金3976万元。完成100户困难残疾人、老年人家庭无障碍设施改造。新增养老服务综合中心、老年食堂各5个,建设“1+2”养老服务综合体。建成三级退役军人服务保障体系。推进全国街道服务管理创新试验区建设。

启动老旧小区综合改造提升工程,创新“10+X”改造模式,完成小天竺、知足弄社区和流水北苑小区的市、区试点建设。打造“美丽小巷”6条,完成800幢楼房管网“清肠”、97个小区的847幢楼房雨污分流整治、15个小区二次供水改造、60台既有住宅电梯加装。拆除违建472处、8.17万平方米。下城区创建成为省级“基本无违建区”。18座公厕提升改造完成。其中,武林路防疫站公厕引入5G通讯全程无触碰智慧公厕。新增蓝领公寓2050套。

完成石桥河等7条河道、3.4万立方米清淤。六塘汶漾等16条河道划界、德胜河等14条河道“无违建”创建完成。市控以上功能区断面水质达标率100%。全区新增绿化4.23万平方米。完成三塘中心公园等4个美化彩化工程。

【“恒隆广场·杭州”项目开工】 2019年9月17日,“恒隆广场·杭州”项目在武林商圈百井坊地块开工。项目总用地面积4.48万平方米,总建筑面积39万平方米,总投资190亿元。规划打造集景观、历史和人文于一体的国际商务中心,包括建设1个购物商场、5幢甲级写字楼和1个高级酒店,同时保留耶稣堂弄5号等历史建筑。项目建成后将连接武林商圈和湖滨商圈,实现“地下联通、地上贯通”。

【数字经济核心产业增加值24.28亿元】 2019年,下城区数字经济核心产业增加值24.28亿元,比上年增长15.3%。数字经济核心产业规模以上企业营业收入106.86亿元,增长37.0%。7月,出台数字经济产业政策。香港嘉里“数创港”、浙江金蚂股权投资管理有限公司、浙江省金融控股有限公司总部、杭银理财有限责任公司、浙江省担保集团有限公司等29个1亿元以上项目落地,总注册资金218亿元。12月1日,首届区块链服务网络(BSN)合作伙伴大会举行,区块链服务网络全球运维中心落户下城区。

【全省首个街道综合行政执法机构成立】 2019年5月,全省首个街道综合行政执法机构——下城区长庆街道执法队试点成立。试点执法机构以街道城管中队为主体,区城市管理局、区市场监督局等8个部门选派人员到街道。承接区级8个部门划转的涉及14个领域、320个权力事项。8个区职能部门和各街道每日一沟通、每周一例会,定期对街道综合行政执法机构、基层执法人员进行业务指导。执法改革有利于解决基层执法“有责无权”难题,实现减负增效目标。

【建国北路突发险情处置】 2019年8月28日中午,杭州地铁5号线施工现场发生地下渗水,导致建国北路路面塌陷,燃气管道拉断,部分燃气泄漏,事故波及树园小区13栋居民楼792户住户。险情发生后,下城区启动应急响应,成立现场抢险救援指挥部。潮鸣街道逐户排查,紧急疏散转移居民,实现危险区域楼空人清;区住建、消防、城管、卫健、交警等部门抢抓救援时间,对事故展开紧急补救,对周边道路、楼房安全隐患进行24小时监测,全天值班值守,第一时间对接居民需求,妥善处理后续安置事宜。险情未造成人员伤亡。

【婴幼儿照护服务】 2019年,下城区开展浙江省3岁以下婴幼儿照护服务试点。全面摸排辖区幼儿园、早教机构、民办托育机构的照护服务情况,组织全区随机抽样调查，出台《下城区3岁以下婴幼儿照护服务试点工作实施方案》，确定第一批试点照护服务单位14个。5月22日，区市场监管局颁发全省首张3岁以下婴幼儿托育机构“星原托育园”的民办非企业单位登记证书。全年下城区新增幼儿托位500多家，培训家长5600人次。12月，下城区被中国计生协会评为全国唯一的“中国计生协婴幼儿照护服务示范创建区”。

（下城区政府办公室　黄　菲）

江　干　区

【概况】 2019年，江干区区域面积210.22平方千米（其中委托杭州钱塘新区管理面积104.7平方千米）。辖10个街道，行政村4个、社区187个、农场2个。户籍人口49.64万人，常住人口80.1万人，人口自然增长率9.7‰。地区生产总值949.37亿元，比上年增长5.1%。其中：第二产业增加值134.14亿元，增长0.1%；第三产业增加值815.23亿元，增长6.0%。二、三产业结构比例为14.1∶85.9。按常住人口计算，人均地区生产总值12.01万元，增长3.1%，按年均汇率折算为1.74万美元。江干区获“中国楼宇经济十大活力城区”“中国最具影响力会展名区”“浙江省知识产权工作示范区”称号。

财政总收入190.97亿元，增长9.8%。其中地方一般公共预算收入103.68亿元，增长9.0%。一般公共预算支出76.29亿元，增长11.6%。城镇常住居民人均可支配收入68392元，增长8.6%。农民人均纯收入44456元，增长9.9%。

工业增加值48.75亿元，下降6.9%。其中，规模以上工业增加值39.73亿元，下降8.1%。新产品产值率33.2%；利润总额15.93亿元，增长5.1%；利税总额20.19亿元，增长0.7%。建筑业增加值85.49亿元，占全区生产总值的9.0%。房地产业增加值145.16亿元，增长0.1%。专利申请量4319件，专利授权量3038件。新增国家级科技孵化器2个、省级众创空间1个。

“6+1”特色产业中金融服务业增加值254.17亿元，增长8.6%；信息服务业增加值20.35亿元，增长1.2%；文化创意产业103.11亿元，增长6.1%；现代商贸业146.75亿元，增长5.5%；中介服务业54.6亿元，增长12.9%；大健康产业55.99亿元，增长10.1%。

固定资产投资增长20.5%。其中，高新技术产业投资增长31.0%，民间投资增长33.9%，交通投资增长53.4%，生态环境和公共设施投资增长2.9%。城中村改造征迁住户94户、企业37家，面积34.3万平方米。开工安置房项目9个、117.63万平方米，竣工安置房项目4个、31.81万平方米。回迁安置2286户、4835套。旧住宅区改造28.7万平方米，旧厂房改造2.16万平方米，拆除违法建筑89万平方米。多层住宅加装电梯65台。完成河道设施改善工程14个，环丁水系10条河道整体创建为省级“美丽河湖”，4条河道被评为市级“美丽河道”。全区75%河道水质达到Ⅳ类及以上。新增绿化面积46万平方米。

社会消费品零售总额575.1亿元，增长8.7%。进出口总额243.77亿元，增长10.4%。其中：进口总额84.47亿元，增长35.6%；出口总额159.3亿元，增长0.4%。招引产业个性化项目34个，引进浙商回归项目64个，到位资金117.62亿元，实际利用外资4.66亿美元。

全区有各级各类学校（幼儿园）123所，其中，幼儿园68所，小学32所，初级中学10所，九年一贯制学校9所，十二年一贯制学校1所，普通高中1所，职业高中1所，特殊教育学校1所。在校学生（幼儿）10.01万人。教职工5967人。省义务教育标准化学校比例100%。

全区有各类群众艺术表演团体527个，文化馆、公共图书馆各1个，博物馆、纪念馆9个，体育场馆（中心）3个，全国（省、市级）文物保护单位7处。综合医院12个，专科医院11个，区属疾病预防控制中心和卫生监督所各1个，社区卫生服务中心8个，社区卫生服务站65个。区属医疗机构床位1673张。各类专业卫生技术人员1.0万人。家庭医生签约服务23.3万人。

全区有各类福利院、敬老院14个，床位2841张。居家养老服务照料中心131个，新增养老床位321张。创建省级示范型居家养老中心8个，新建老年食堂23个，助餐点104个。享受养老服务补贴6569人，区财政用于居家养老服务资金1905.84万元。发放各类社会救助资金5006.72万元。

【杭州金融城建设启动】 2019年6月27日，江干区会同市金融办举办“中国·杭州金融科技峰会暨杭州金融城建设启动”活动。区政府同时发布《建设杭州金融城打造金融科技先行区行动纲要（2019—2023）》。区政府以钱江新城核心区、江河汇区域、钱江新城二期部分区域为范围，面积17平方千米，按照“一城三区五平台”格局打造金融科技先行区。至年末，世界银行全球数字金融中心、浙江大普信用评级股份有限公司、澳门国际银行股份有限公司杭州分行、中金资本运营有限公司等项目，以及杭州e融金融综合服务平台落地。杭州嘉楠耘智信息科技有限公司、杭州如涵控股股份有限公司、滨江服务集团有限公司境内外上市。江干区中小企业融资担保公司启动运营。杭州金融城入驻省级以上持牌金融机构62个、金融要素交易平台6个、金融衍生机构500多个。

【“双网共生”社区治理机制入选国家级实验区项目】 2019年，江干区探索打造“双网共生”社区治理机制。在社区（村）下划分网格后，按照“地域相近、人际相亲、楼栋相连、资源相通、按需设坊”原则组建“邻里坊”。3月25日，民政部发布全国社区治理和服务创新实验区名单，江干区入选。5月27日，江干区制订《江干区关于扎实推进“邻里坊”建设的实施方案》，在全区推开“邻里坊”建设。至年末，全区8个街道的145个社区（村）统一划分为604个网格，100%的社区建成“邻里坊”431个，并建立公约自治体系。23个社区被评为年度杭州市和谐（文明、平安）示范社区。

【“城市医共体”建设】 2019年，江干区成立由区人民医院为核心、8个社区卫生服务中心为成员、不具有独立法人的1+N“加盟型”医疗集团，吸纳各种类型的公办机构和社会力量参与“城市医共体”建设，实现医疗资源最优配置。全年区域检查服务427.74万人次，影像诊断5.09万例次，心电诊断1.59万人次，消毒服务1.56万次，新开展康复服务1036人次。提供上门服务3391人次，回访出院签约居民452人。基层就诊率63.3%，社区就诊人次增长5.8%，家庭医生签约居民就诊人次增长13.6%。江干区起草的《家庭医生签约服务居家护理工作规范》成为省级地方标准，3月4日，省市场监管局发布该规范，并于4月4日实施。四季青街道社区卫生服务中心入选全国“2019年社区卫生服务中心科研能力排名50强”，列第25位。

【垃圾分类“桶长制”智慧化建设】 2019年，江干区探索推进“桶长制”智慧化建设。建设小区垃圾投放点，完成投放点改造工程项目200个。划分网格责任，委任区域、街域、单位、社区等各级“桶长”，基本实现生活小区“桶长制”全覆盖。全区202条道路街巷，发放入户垃圾桶2598个，9616户商户100%撤桶入室（店）。完成全区8个街道1192个垃圾集运点的名称、坐标、隶属关系等信息录入。全区91辆清运车装配定位系统，其中64辆桶装车安装车载动态称重模块和垃圾入口高清监控，垃圾桶数量、垃圾重量等数据图像信息实时传入城市垃圾智慧管理系统。至年末，江干区生活垃圾总量比上年下降2.2%。创建省、市级垃圾分类示范小区48个。获评全省生活垃圾分类工作优秀区。生活垃圾分类“桶长制”实践案例获评中国城市环境卫生协会年度全国“垃圾分类示范案例”。

【浙江一体化政务服务2.0平台试点】 2019年，浙江一体化政务服务2.0平台杭州试点工作启动。8月20日，江干区被确定为杭州试点的区级延伸。在原有浙江政务服务网和“浙里办”App基础上，创新政务供给模式。推进“四级四端四用户”一体化，市、区、街道、社区四级的浙江政务服务网PC端、“浙里办”移动端、自助终端、实体大厅端“四端”互联互通，企业和个人、窗口工作人员、审批人员、管理人员全流程透明，构建移动端为主、PC端为辅、自助端补充、大厅端兜底的政务服务模式。10月25日，浙江一体化政务服务2.0平台在江干区上线，首批提供社会保险、医疗保险、住房公积金等民生服务事项19个。至年末，江干区在区行政服务中心、区人力社保办事大厅试点上线服务事项42个。

（江干区委史志研究室　陈剑军）

拱墅区

【概况】 2019年，拱墅区区域面积87.73平方千米，辖10个街道、99个社区。户籍人口39.68万人，常住人口57.9万人，人口自然增长率7.4‰。地区生产总值662.16亿元，比上年增长8.3%。其中：第二产业增加值139.56亿元，增长11.0%；第三产业增加值522.60亿元，增长7.5%。二、三产业结构比例为21.1∶78.9。

财政收入160亿元，增长3.15%。一般公共预算收入91.19亿元，增长8.1%。一般公共预算支出42.07亿元。一般公共服务支出4.5亿元，增长20.6%。

规模以上工业增加值103.74亿元，增长17.7%；规模以上工业企业利税52.62亿元，增长1.6%。建筑业增加值30.77亿元，占全区生产总值的4.7%。规模以上工业企业76家。新增国家高新技术企业60家、省级科技型中小企业151家。

“6+2”产业主营业务收入1710.54亿元，增长9.6%。其中：数字经济产业主营业务收入115.18亿元，增长10.6%；商贸旅游业主营业务收入873.18亿元，增长5.3%；文化创意产业主营业务收入229.46亿元，增长14.9%；商务服务业主营业务收入203.14亿元，增长5.2%；体育健康产业主营业务收入248.25亿元，增长16.6%；智能制造产业主营业务收入189.73亿元，增长23.9%；建筑规划产业主营业务收入355.47亿元，增长9.9%。楼宇经济税收65.39亿元，增长6.5%。

新增省级众创空间4个、国家和省级孵化器各1个。培育“旭日计划2.0”企业35家。全年新增上市挂牌企业1家。引进发达国家院士、国家级海外高层次人才、省级海外高层次人才、市级海外高层次人才13人。拱墅区上塘电商小镇运河（国际）跨境电子商务园被认定浙江省数字化示范园区。

社会消费品零售总额620.73亿元，增长8.3%。其中：汽车类商品零售额194.7亿元，下降8.9%；石油及制品类零售额111.24亿元，下降5.2%；通信器材类商品零售额21.24亿元，增长26.4%；日用品类商品零售额20.29亿元，增长20.1%；粮油、食品类商品零售额20.03亿元，下降3.7%。商品交易市场18个，成交额411.92亿元，增长5.35%。

进出口总额129.19亿元，增长10.2%。其中：进口总额21.35亿元，增长7.1%；出口总额107.84亿元，增长10.4%。服务贸易出口总额3.74万美元，增长41.7%；跨境电子商务出口6.31亿美元，增长73.4%。引进跨境电子商务企业53家。

出让商业地块6宗、7.88公顷。交付安置房项目3个，回迁安置居民1333户。开工配套项目60个。全年建设道路18条，完工15条，续建20条。完成21个配建停车场库1.19万个泊位，竣工公共停车泊位1140个，开工及续建3248个。新增地下空间开发项目35个，面积60万平方米。完成地铁4条线路37项征地借地任务。建成杭州运河文化艺术中心、华东师范大学附属学校、杭州市育才登云小学等重点工程。

固定资产投资增长25.8%。其中，生态环境和公共设施投资增长11.5%，高新技术产业投资增长47.0%，民间项目投资增长11.8%，工业投资增长67.3%，交通投资下降24.2%。

完成涉河工程项目18个和生活小区“污水零直排”建设项目226个。余杭塘河—五常港（塘河片区）获评省级“美丽河湖”。建成文化长廊20条、垂钓点20条(段)、生态廊道22千米。环境空气优良率(AQI指数)75.6%,PM2.5平均浓度39.6微克/立方米。6个考核断面平均水质均达到考核要求。创建省级示范片区(街道)1个、省级高标准垃圾分类示范小区5个,改造提升安置房小区垃圾分类设施26个。实现生活小区“定时定点”投放66个,完成“撤桶入巷”道路38条。全区344个中型及以上餐饮企业餐厨废弃物规范化收运覆盖率100%。

全区有幼儿园71所,在园幼儿2.15万人。小学32所,在校学生3.72万人。中学17所,在校学生1.40万人。在职在编教师4457人。

全区有各类医疗卫生机构363个,床位8231张。专业卫生技术人员9261人。新增就业2319人,城镇失业人员实现再就业294人,安置困难人员就业334人。新建提升改造“阳光老人家”站点33个,其中示范型居家养老服务中心5个,社会化运行率100%。

【拱墅区获国家智慧健康养老示范基地称号】 2019年1月3日,由工业和信息化部、民政部、国家卫生健康委共同主办的智慧健康养老发展大会在北京人民大会堂召开,拱墅区被授予全国智慧健康养老产业示范基地。祥符街道、小河街道、和睦街道被授予全国智慧健康养老产业示范街道(乡镇)。拱墅区创新智慧应用,通过一网(“阳光大管家”平台)、一键(智能终端)、一卡(市民卡)、一码(二维码)、一分(“时间银行”积分)、一屏(监控摄像头和AI视频智能识别技术)等技术,实现养老服务线上线下融合。全区率先实现“互联网+养老”一卡通服务、上线市民卡App养老服务“拱墅版”。

【拱墅区“城市眼·云共治”入选“城市大脑”重点应用场景】 2019年5月27日,拱墅区“城市眼·云共治”入选“城市大脑”重点应用场景。拱墅区创新基层社会治理模式,整合视频数据、物联感知数据、业务平台数据,运用人工智能、物联网、大数据等技术,对基层社会治理中的违规行为、矛盾隐患、难点痛点从人工巡逻升级到全天候智能发现识别。同时,纳入市域社会治理现代化体系,通过多元共治方式形成闭环管理。

【大运河文化艺术中心启用】 2019年9月,大运河文化艺术中心启用。中心邻莫干山路、杭州大悦城北侧,地处原杭州热电厂地块,属于热电厂烟囱广场提升改造工程的一部分。中心占地面积7000平方米,建筑面积1.2万平方米,主体结构分为地下1层、地上4层,定位为杭州街心公园式文化艺术空间,并作为“第十一届浙江·中国非物质文化遗产博览会(杭州工艺周)”主会场。

【第十一届浙江·中国非物质文化遗产博览会在拱墅区举行】 2019年9月20—24日,第十一届浙江·中国非物质文化遗产博览会(杭州工艺周)在拱墅区举行。博览会(杭州工艺周)主展馆设在新投用的大运河文化艺术中心,并在运河文化广场、桥西历史街区等地设置多个展区,累计举办“金艺求精”“戏说百态”等大运河沿线城市的非物质文化遗产主题精品展9个,表演非物质文化遗产剧目510分钟。活动吸引中央、省、市70多家媒体采访报道,23万人次实地参观体验,超过400万人次参与网络直播互动。

(拱墅区政府办公室　顾煜俊)

西　湖　区

【概况】 2019年,西湖区区域面积312.43平方千米(含西湖街道),辖9个街道、2个镇,社区163个,行政村32个。户籍人口74.9万人,常住人口90.8万人,登记在册流动人口56.46万人,人口自然增长率7.2‰。地区生产总值1415.83亿元,比上年增长8.0%。其中:第一产业增加值2.58亿元,下降20.1%;第二产业增加值124.06亿元,增长8.2%;第三产业增加值1289.18亿元,增长8.0%。三次产业结构比例为0.2∶8.7∶91.1。按常住人口计算,人均生产总值15.59万元。按年均汇率折算为2.25万美元。

财政总收入294.41亿元,增长9.0%。其中一般公共预算收入150.64亿元,增长8.1%。一般公共预算支出93.01亿元,增长17.4%。其中:教育支出20.36亿元,增长19.3%;社会保障和就业支出12.83亿元,增长2.3%;医疗卫生与计划生育支出7.67亿元,增长54.3%。

农林牧渔业总产值4.01亿元。经济作物播种面积1613.33公顷。龙井茶、无公害蔬菜、水产养殖及花卉苗木等产业产值3.82亿元,占农林牧渔业总产值的95.3%。全年淡水产品产量6304吨。

规模以上工业总产值261.55亿元,增长13.4%;规模以上工业企业销售产值261.17亿元,增长13.0%;规模以上工业企业增加值70.59亿元,增长14.4%。规模以上新产品产值114.2亿元,新产品产值率43.7%。规模以上工业高新技术产业增加值54.27亿元,增长21.0%,占工业增加值的76.9%。规模以上数字经济企业(单位)196个,数字经济增加值309.3亿元,占全区生产总值的20.4%。规模以上文化创意产业企业(单位)592家,文化创意产业增加值499.5亿元,占全区生产总值的35.3%。上市企业和“新三板”挂牌企业72家,新增国家重点扶持高新技术企业208家。建筑业企业126家,完成建筑业产值1080.64亿元。

固定资产投资457.6亿元,其中房地产开发投资243.64亿元。房屋新开工面积106.62万平方米,竣工面积62.8万平方米。交通运输业投资15.57亿元,高新技术产业投资44.6亿元,生态环境和公共设施投资17.84亿元,项目民间投资53.9亿元。

社会消费品零售总额711.7亿元,增长8.6%。旅游总收入341.4亿元,增长10.1%;接待游客1895.42万人次,增长12.7%。浙商回归资金168亿元,实际利用外资7.02亿美元。外贸进出口总额46.89亿美元,其中出口总额33.94亿美元。对外投资2.64亿美元,服务贸易出口总额26.04亿元。杭州西溪湿地国家公园获浙江旅游总评榜之年度文旅融合示范区。

举行项目“双集中”活动4次,集

中签约项目81个，总投资455亿元。“之江发展核”11个总投资359亿元的重大文化项目加快推进。14项科技成果获省科技进步奖，其中2项分别获国家科技进步奖一等奖和二等奖，3项获省科技进步奖一等奖。专利申请量1.61万件，专利授权量7732件。

全区有幼儿园82所，在园幼儿3.49万人。小学28所，在校学生6.51万人。中学25所（含九年一贯制），在校学生2.18万人。特殊教育学校1所，在校学生104人。职业高中1所，在校学生1729人。在职在编教职员工6756人。学前儿童入园率99.9%，小学生、初中生入学率均为100%。公共图书馆、文化馆各1个，市级以上文物保护单位（点）34处。建成农村文化礼堂5个、社区文化家园25个，举办各类文体活动3000多场次。

各类医疗卫生机构590个，医疗床位1.05万张。专业卫生技术人员1.69万人。新增养老机构床位311张，四星级以上照料中心24个。全年累计帮扶救助14.6万人次，发放各类救助补贴7923.42万元。城乡居民养老保险参保率99.6%，辖区户籍居民基本医保参保率99.5%。

【西湖区社会福利中心二期PPP项目开工建设】 2019年4月30日，西湖区社会福利中心二期PPP项目开工建设。该项目由中天建设集团有限公司、绿城养老服务集团、杭州西湖城市建设投资集团有限公司共同出资实施。采用“BOT”模式，合作期20年，包括项目的建设期和运营期。项目位于西湖区小和山单元地块。建设内容有老年公寓、相关配套设施、绿化、园路铺装等，总建筑面积2.71万平方米，地上建筑面积1.89万平方米，架空层面积3182.28平方米，地下建筑面积5086.32平方米，配套绿化面积6682.28平方米。设床位382张，总投资1.71亿元。

【铜鉴湖防洪排涝调蓄工程建设用地批复】 2019年6月12日，自然资源部批复西湖区铜鉴湖防洪排涝调蓄工程建设用地。铜鉴湖防洪排涝调蓄工程位于西湖区双浦镇西北部。工程总投资14.44亿元，调蓄面积1.35平方千米，湖底高程2.5米，调蓄库容320万立方米，总库容500万立方米。该项目由铜鉴湖调蓄区及周边水闸、铜鉴湖隧洞、配水泵站等构成，上承周浦沿山南、北渠山洪来水，下接三号浦、卫星浦等平原外排河道。项目立足防洪排涝、引水配水、防洪减灾、生态修复、水质提升、环境改善等方面。

【中国（浙江）影视产业国际合作区启用】 2019年5月28日，中国（浙江）影视产业国际合作区启用暨文化出口基地重要项目落地发布会在西湖区举行。合作区位于城西科创大走廊核心，有9座产业大楼，总建筑面积12万平方米。合作区计划建设浙江华策影视高等研究院国际教育中心、两岸影视产业交流中心、国家广播电视总局研修学院南方教育基地等6个产业平台。发布会上，举行中国（浙江）影视产业国际合作区文化出口等协议签约仪式。

【西湖创新创业人才高峰论坛在云栖小镇举行】 2019年6月19日，以“逐梦西湖，智创未来”为主题的西湖创新创业人才高峰论坛举行。活动有300多位西湖区人才服务企业代表、外国专家、海内外创业者及金融投资等机构代表出席。高峰论坛上，西湖区人才资本联盟“智创汇”成立。云栖小镇“智创路演中心”启用。论坛举行“智创汇”首期路演对接会。西湖区海内外创业者的19个项目进行路演，并与杭州市高科技投资有限公司、杭州天使湾投资管理股份有限公司等20个投资机构开展面对面交流。

【第六届中华茶奥会在龙坞茶镇举行】 2019年11月8日，第六届中华茶奥会在龙坞茶镇举行。茶奥会以“科技茶奥、品质茶奥、人文茶奥、活力茶奥、时尚茶奥”为主题，由茶艺大赛、茶品鉴及沏泡技艺竞赛、茶席与茶空间设计赛、茶具设计赛（茶具秀）等11个赛项、60多个项目及“以茶入食与健康”高峰论坛等活动组成。茶奥会吸引美国、英国、韩国、日本等20多个国家及国内200多个茶企参加。2000多人参赛，参与人数超过3200人，在线观看人数38.3万人。比赛决出金牌52枚、银牌82枚和铜牌107枚。

【第三届全球并购白沙泉峰会在杭州举行】 2019年11月24日，第三届全球并购白沙泉峰会在西湖区白沙泉并购金融街区和杭州黄龙饭店举行。峰会安排1场主论坛、18场相关活动。相关活动包括7场峰会预热活动和9场平行分论坛项目对接会及2场后续活动。来自上市公司、金融机构、中介机构等单位代表2000多人参会。峰会邀请德国、英国、法国、瑞士等8个国家的并购专业机构代表参会包括德国意志高驰国际投资银行、法国毕马威会计师事务所等。主论坛上，《并购大势、七步成章——2019年白沙泉中国并购指数新见》和浙江省系列并购基金实施成果发布。

（西湖区志编纂委员会办公室 唐 沁）

滨 江 区

【概况】 2019年，滨江区区域面积72.2平方千米，辖3个街道，社区60个。户籍人口27.82万人，常住人口45.5万人。地区生产总值1592.2亿元，比上年增长8.2%。财政总收入341.9亿元，增长5.9%，其中一般公共预算收入175.6亿元，增长6.5%。一般公共预算支出123.7亿元，增长15.9%。民生事业支出107.8亿元，增长19.4%；用于教育、产业扶持的支出分别为24.7亿元、32.3亿元，分别增长21.8%、4.7%。固定资产投资增长12.1%，其中，民间投资增长13.2%，交通投资增长466.1%，生态环境和公共设施投资下降44.2%，高新产业投资下降28.7%。社会消费品零售总额267.9亿元，增长10%。

规模以上工业增加值642.2亿元，增长10.7%，工业新产品产值率58.1%。数字经济核心产业增加值1201.6亿元，增长16.5%，占全区生产总值的75.5%。软件产业基地综合评价位列全国第三位，信息化发展水平连续5年全省第一位。全年新开工产业项目9个，竣工12个，完成产业投资31亿元。引进世界500强项目2个、1000万美元以上项目25个，实际利用外资8.7亿美元。进出口总额767.4亿元，增长23.9%。其中，出口487.9亿元，增长7.2%。新增上市公司7个，累计49个。杭州高新区（滨江）富阳合作区设立，签约项目3个。

承办第十五届中国国际动漫节、第二届中国网络文学周、第十三届（2019）杭州文化创意产业博览会、中国排舞联赛、国际网球邀请赛、阿里巴巴集团20周年庆典等展会、赛事。望江隧道通车，江南大道下穿快速路建设推进，地铁5号线具备开通条件，地铁6号线10座车站主体结构完工。闻涛路最美跑道全线贯通，沿江景观带建设推进，井山湖农耕文化园开放。新增绿化30万平方米，建成“口袋公园”3个、城市驿站10个。完成11条河道19千米游步道综合整治。白马湖获评省级“美丽河湖”。新建公共停车场3个，新增停车泊位3354个。推进垃圾分类工作，设置标准化回收网点37处，115个小区实行“定时定点”投放。

幼儿园35所，在园幼儿1.86万人。小学14所，在校学生2.64万人。初中13所，在校学生8361人。建成中小学2所、幼儿园3所，开工建设中小学3所、幼儿园6所，春晖小学投入使用。新增小学学位4320个、幼儿学位1080个。获评全国校园足球特色学校2所。

卫生机构237个，其中医院8个、社区卫生服务站35个。卫生技术人员2735人，增长9.3%。推进与浙江大学医学院附属第二医院、浙江大学医学院附属儿童医院合作，实现省、市医联体双覆盖、儿科医联体全覆盖。

养老保险累计参保43.44万人，净增3.32万人；职工工伤保险累计参保46.93万人，净增4.03万人；基本医疗保险累计参保27.79万人，净增2.07万人；生育保险累计参保42.51万人。全区户籍人口基本养老保险参保率99.6%。实施“家燕回巢”3.0工程版，新增就业3.46万人，帮扶2788名就业困难人员实现再就业。新建春波、钱塘2个示范型居家养老服务中心。建立退役军人服务站等基层服务站点63个，发放各类优待、抚恤、补助金1226万元。

开工安置房项目8个，面积128.9万平方米；竣工6个，面积55.9万平方米；交付42.5万平方米、2569套，安置3050套。完成400套人才房配租、蓝领公寓406套房源改造。浦乐单元公共租赁房二、三期和西兴单元人才租赁房开工。

引进人才3.13万人。新增发达国家院士专家3人、各级人才计划工程人选35人、海外高层次人才1400人，省市领军创新创业团队各3个。新增引智计划项目50个。新设立引导基金2个，24个基金总规模42.9亿元，完成投资222笔，累计金额17.9亿元 。

【杭州智慧安防大会在滨江召开】 2019年4月11—12日，中国（杭州）国际社会公共安全产品与技术博览会暨杭州智慧安防大会在白马湖国际会展中心召开。大会以“智汇安防，共赢未来”为主题，展示杭州市在智慧警务、智慧安防领域的成果。大会分论坛、会展两大板块。主论坛上为首届全球城市计算AI（人工智能）挑战赛获胜者颁奖，“阿里云智能”创始人王坚做“城市大脑助力未来城市治理”的演讲。杭州海康威视数字技术股份有限公司、浙江大华技术股份有限公司、浙江宇视科技有限公司等企业参会并设展位。

【北京航空航天大学杭州研究生院项目开工】 2019年11月18日，北京航空航天大学杭州研究生院项目举行开工仪式。研究生院位于滨江区白马湖西南侧，东临冠塘路，南临龙塘河，西临时代大道，北临规划支路，总用地面积7.42万平方米，总投资17.8亿元，建设周期2年。研究生院计划建设人工智能学院、计算机与软件学院、信息材料科学院、电子信息学院、量子科学学院、网络空间安全学院，远期规划在校生规模2000人，专任教师200人，其他教学科研管理等辅助人员200~400人。

【第八届中国创新创业大赛浙江赛区在滨江举行】 2019年9月7日，第八届中国创新创业大赛浙江赛区暨第六届浙江“火炬杯”创新创业大赛总决赛在滨江区海外高层次人才创新创业基地举行。大赛以“科技创新，成就大业”为主题，分6个阶段进行。浙江赛区的参赛项目涉及互联网、电子信息、生物医药、先进制造、新能源及节能环保、新材料及人工智能七大领域。大赛从4月启动以来，有1209家企业报名参加。通过初赛集中评审，行业半决赛小型路演，有210家企业进入决赛。初创组的杭州地芯科技有限公司、成长组的德琪（浙江）医药科技有限公司和杭州潘哒教育科技有限公司获总决赛一等奖。

【滨江物联网小镇获评AAA级旅游景区】 2019年12月18日，滨江物联网小镇获评国家AAA级旅游景区。小镇东至风情大道，西至江陵路，南至滨和路，北至滨盛路，规划面积3.66平方千米。小镇发展“物联网+”产业和智慧应用，主打数字经济旅游，建设以“智慧科技体验+科普教育”为特色的智慧生活全景体验区。小镇有智慧e谷展厅、电信智慧双创物联网示范基地、聚光科技“绿色科技”展厅、杭州创新大街、沃尔沃汽车博物馆、海康威视智慧安防展厅等9个一期景点。小镇配套有星耀城、海威新界2个商业综合体，包含餐馆、创意酒吧、4DIMAX电影院等。

【人工智能与脑科学研究院暨诺贝尔奖工作站在滨江揭牌】 2019年9月17日，人工智能与脑科学研究院暨诺贝尔奖工作站在滨江正泰量测科技园揭牌。研究院位于滨江区正泰大厦8楼，占地面积1370平方米，有专业化的招才引智和孵化器运营人才5人。研究院建设国际化的人工智能、生物医疗以及大健康方向的孵化空间。研究院聘任2009年诺贝尔化学奖得主阿达•约内特为名誉院长。以“科技成果转化与生命大健康创新展望”为主题的圆桌论坛同时举行。研究院与梧桐资本集团签订《研究院与梧桐资本深度战略合作协议书》，开展基金配套等合作。

（滨江区志编研室　占监楼　杨彩霞　来玉兰）

萧 山 区

【概况】 2019年,萧山区区域面积1417.83平方千米,辖12个镇、14个街道,行政村411个、社区199个。其中新湾、义蓬、河庄、前进、临江5个街道由钱塘新区托管。户籍人口134.84万人,常住人口181.8万人,人口自然增长率6.4‰。流动人口111万人。区本级户籍人口118.93万人,常住人口158.50万人。地区生产总值1847.66亿元,比上年增长6.4%。其中:第一产业增加值58.29亿元,增长1.4%;第二产业增加值766.67亿元,增长5.7%;第三产业增加值1022.7亿元,增长7.3%。三次产业结构比例为3.2:41.5:55.3。按户籍人口计算,人均地区生产总值11.97万元。

财政总收入430.4亿元,增长9.3%。其中,一般公共预算收入267.66亿元,增长16.4%。一般公共预算支出275.43亿元,增长19.1%。公共预算支出中,用于民生支出216.35亿元,增长14.4%。金融业增加值176.97亿元,增长7.6%。金融机构35个,金融机构本外币存款余额4870.97亿元,增长10.4%;贷款余额4428.49亿元,增长15.0%。新增上市企业4家、"新三板"挂牌企业1家,累计培育上市(挂牌)企业71家。

城镇居民人均可支配收入70702元,增长8.0%;人均生活消费支出45224元,增长7.6%。农村居民人均可支配收入41132元,增长8.9%;人均消费支出32674元,增长7.5%。城镇和农村居民人均住房面积分别为52.7平方米和76.8平方米,均增长1.3%。

农林牧渔业增加值60.21亿元,增长1.7%。"萧山萝卜干"通过国家农产品地理标志登记。工业增加值695.75亿元,增长5.7%。规模以上高新技术产业增加值261.56亿元,增长0.1%;战略性新兴产业增加值129.76亿元,增长11.5%;装备制造业增加值190.29亿元,下降0.7%。规模以上工业企业利税总额245.51亿元,其中利润总额178.6亿元,分别增长2.1%和7.3%。

固定资产投资1076.46亿元,增长11.5%。房地产开发投资674.01亿元,增长6.7%。商品房销售面积270.9万平方米,下降18.8%。公路通车里程1935.04千米。快递业务收入40.94亿元,下降16.9%;完成快递业务量5.91亿件,下降11.9%。

社会消费品零售总额771.77亿元,增长10.0%。其中,商品零售额657.92亿元,增长10.6%。网络零售额1063.47亿元,增长15.5%。批发和零售业增加值186.89亿元,增长7.5%。居民消费价格上涨2.5%。

进出口总额837.06亿元,增长5.9%。其中:进口总额198.32亿元,增长3.1%;出口总额638.73亿元,增长6.6%。新批外商直接投资项目65个,实到外资9.24亿美元。

新认定国家高新技术企业273家、国家知识产权示范企业1家。专利授权量6740件,其中发明专利授权量486件。新增市场主体4.38万户、"独角兽"企业3家、"准独角兽"企业5家。发布"浙江制造"19项,13家企业获得23张"浙江制造"认证证书。引进院士9人、院士专家工作站11个。

小学79所,在校学生10.0万人;初中45所,在校学生3.96万人;普通高中11所,在校学生2.0万人。学前三年幼儿园净入园率99.2%,初中毕业生升入各类高中比率99.9%。教育综合改革试验区建设启动。国家教育行政学院浙江萧山基地授牌。

接待游客2518.12万人次,增长8.1%。旅游总收入333.79亿元,增长10.2%。AAAA级景点5个。世界旅游联盟总部暨世界旅游博物馆项目开工。萧山花边入围国家级"非遗"项目申报名单。顾家溪村获评省"非遗"旅游景区。

城镇企业养老保险参保97.05万人,医疗保险参保139.49万人,工伤、生育和失业保险参保分别为77.58万人、59.52万人和59.53万人。城乡居民最低生活保障标准由每人每月995元调整为1041元。城乡最低生活保障人数1.44万人,全年发放最低生活保障金1.68亿元。

萧山区(含新湾、义蓬、河庄、前进、临江5个街道)有各类医疗卫生机构848个,床位1.05万张。各类专业卫生技术人员1.5万人。完成总诊疗2326.1万人次。医共体内部一体化管理运行实现。浙江大学医学院附属第二医院新院区项目推进。

全区PM2.5平均浓度为38.85微克/立方米,空气质量优良率76.9%。全社会用电量194.39亿千瓦时,增长3.1%。供水量3.42亿立方米。杭州城市大脑·萧山平台获中国城市治理创新奖。

【"4286"产业载体建设启动】 2019年,萧山启动"4286"产业建设。"4"指万向创新聚能城、智联科技城、钱塘江金融城、三江智慧城4大产业新城;"2"指浙江绿色智造基地(益农)、杭州桥南高端智造基地(萧山经济技术开发区桥南区块)2大产业基地;"8"指信息港小镇、机器人小镇、空港小镇、图灵小镇、未来智造小镇、湘湖金融小镇、国际健康小镇、军民融合小镇8个重点特色小镇;"6"指风情科创中心、浙江民企总部园、浙江临港产业园、杭州红山生物产业园、杭州精密制造产业园、杭州新材料产业园6个重点产业社区。至年末,"4286"63个攻坚项目中,开工57个,完成投资112.69亿元。5个项目入围省市县长"152"工程项目,11个项目被列入全省新增重大产业项目。

【"22688"交通工程建设项目实施】 2019年,萧山区实施"22688"交通工程建设项目。项目总计投资2300亿元,建设杭州萧山国际机场三期扩建工程和铁路杭州南站枢纽2个交通枢纽;打通杭州绕城高速西复线工程、杭州城市组团环线2条城市环线;建设地铁1号线三期、地铁5号线、6号线、7号线、地铁杭绍城际线、机场轨道快线6条轨道线路;打造时代大道、风情大道—临浦快速路、通城大道、03省道东复线改建、红十五线改建、机场东路、彩虹快速路、杭甬高速(二桥至红垦段)抬升8条快速路网;提升博奥路南伸、新城路北伸、新街大道、滨江一路(民祥路至九号坝直河段)、滨江二路(鸿宁路至香樟路段)、南三路、03省道萧山义桥至楼塔段改建、义大路东伸工程8条主干路网。

【数字经济核心产业增加值75.93亿元】 2019年,萧山区数字经济核心产业增加值75.93亿元,比上年增长21.5%,占全区生产总值的4.1%。至年末,全区有3个省级工业互联网平台,有规模以上数字经济核心产业企业172家,增加59个。实施智能制造试点项目56个、市级数字化改造项目117个、市级"机器换人"项目110个。新增工业机器人设备409台。规模以上制造业企业数字化改造覆盖率提升至79%。举办中国工业大数据大会、中国区块链开发大赛、西湖论剑·网络安全大会等数字经济会议。

【湘湖国家级旅游度假区发展】 2019年1月1日,《杭州市萧山湘湖旅游度假区条例》施行。3月23日,世界旅游联盟总部暨世界旅游博物馆项目在湘湖压湖山岛启动。9月19—20日,由世界旅游联盟主办,联合国世界旅游组织、世界银行、世界旅游及旅行业理事会、欧洲旅游委员会、世界旅游经济论坛、亚太旅游协会六大国际机构合作的"2019世界旅游联盟·湘湖对话"举行。11月26日,萧山区政府与故宫博物院签署战略合作框架协议,就世界旅游博物馆展陈、文创产品研发、主题展览开展深度合作。

【96个镇村入选"中国淘宝镇、村"名单】 2019年8月,阿里巴巴集团发布"中国淘宝镇、村"名单,萧山区10个镇、86个村入选。至年末,萧山区在重点监测的第三方电子商务平台上有各类网络零售网店4.1万个。电子商务解决就业岗位约12万个,带动就业岗位约31万个。全区网络零售额291亿元,比上年增长20.6%。

【萧山区生物医药经济快速发展】 2019年,萧山区新招引注册资本500万元以上生物医药企业11家,搭建生物医药平台4个。5月25日,国家"重大新药创制"科技重大专项课题项目暨浙江生创细胞药物GMP基地建设启动。7月9日,"中国·杭州湘湖国际生命健康产业协同创新先行试验区"落户湘湖。11月2日,省级重点研发计划"干细胞与再生医学新技术研究及药物开发"项目建设启动。至年末,新街科创园累计引进培育生物医药类中小微企业近40家,园区企业申报专利数10件,医疗器械领域的国家重点项目4个。(萧山区地方志办公室　王　鸣)

余　杭　区

【概况】 2019年,余杭区区域面积1228平方千米,辖14个街道、6个镇,行政村176个、社区193个。户籍人口116.18万人,常住人口189.1万人,人口自然增长率7.7‰。地区生产总值2824.02亿元,比上年增长8.6%。其中:第一产业增加值53.31亿元,增长2.6%;第二产业增加值652.25亿元,增长5.0%;第三产业增加值2118.46亿元,增长10.0%。三次产业结构比例为1.9:23.1:75.0。

财政总收入726.47亿元,增长16.5%。其中地方一般公共预算收入391.45亿元,增长16.4%。财政预算支出376.73亿元,增长10.0%。预算内用于民生支出293.68亿元,占全区财政预算支出的78.0%,增长17.0%。城乡常住居民人均可支配收入68159元和41347元,分别增长8.5%、9.7%。

农林牧渔总产值85亿元,增长6.3%;农业增加值55.44亿元,增长2.8%。规模以上工业增加值454.71亿元,增长5.3%。规模以上工业高新技术产业增加值309.98亿元,增长7.3%,占规模以上工业的68.2%,提高3.7个百分点。规模以上工业新产品产值率49.3%,提高3.6个百分点。装备制造业增加值240.01亿元,增长6.3%;战略性新兴产业增加值139.45亿元,增长3.3%。规模以上工业营业收入1965.77亿元,增长5.2%;利润总额127.92亿元,增长16.8%。

固定资产投资增长7.4%。进出口总额478.56亿元,增长3.4%,其中:进口37.33亿元,下降22.8%;出口441.23亿元,增长6.4%。社会消费品零售总额757.82亿元,增长9.4%。

接待国内外游客2535.66万人次,增长18.8%;旅游总收入283.47亿元,增长20.8%。有A级以上景区14个。星级饭店6个,星级旅行社6个。

专利申请量、授权量分别为2.13万件和1.25万件,分别增长6.9%和8.9%。新增国家高新技术企业444家,杭州市"雏鹰计划"企业230家,杭州市高新技术企业207家,省级科技型中小企业357家。新增市级研发中心93个,孵化载体45个、物理空间184.3万平方米,引进培育科技型中小微企业1322家。20个项目入选浙江省重点研发计划项目。淘宝(中国)软件有限公司等3家企业获国家科技进步二等奖。

幼儿园144所,在园幼儿6.48万人,学前三年幼儿入园率99.99%。小学59所,在校学生11.45万人。初中37所,在校学生4.06万人。普通高中15所,在校学生1.47万人。职业高中5所,在校学生1.05万人,毕业生3486人。小学适龄儿童入学率100%,初中毕业生升学率99.97%。

文化经营单位816个,公共图书馆藏书总量106.99万册。各类医疗卫生机构798个,开放床位5222张。卫生技术人员7368人,增长8.9%。家庭医生累计签约服务43.41万人。

基本养老保险参保95.6万人,基本医疗保险参保82.3万人,工伤保险参保86.9万人,生育保险参保67.9万人,失业保险参保68.7万人,分别增加9.6万人、1.8万人、12.4万人、11.6万人和8.3万人。新增居家养老服务中心12个、示范型照料中心30个。累计发放各类救助金1.52亿元。创建无障碍社区25个。

大径山入选国家级农村产业融合发展示范园。余杭区被评为浙江省"平安区",被授予浙江省平安建设最高荣誉——"平安金鼎"。获评全省小城镇环境综合整治工作优秀县(市、区)、全国绿化模范县。

【国网5G项目落户余杭】 2019年5月,国网5G项目落户余杭区临平新城。该项目依托中国广播电视网络有限公司在5G、基础通信、IPTV(交互式网络电视)等方面的资源优势和中国科学院的前沿技术开发优势及光华集团的产业运营优势,实现全国范围内的落地入网。落地后将搭建5G数字化内容和消费场景的基础设施服务平台,为企业和用户提供技术支撑。

【杭州钱江经济开发区成立】 2019年5月15日,省级开发区——杭州钱江经济开发区在余杭成立。开发区位于仁和街道境内,整体规划面积56.94平方千米,其中重点开发的核心区规划范围8.52平方千米。开发区规划先进装备制造业区、综合制造产业区、高新科技产业区、现代商贸区、生态休闲度假区、生态休闲农业区六大产业片区。至年末,有阿里巴巴云计算数据中心、菜鸟网络科技有限公司、摩根士丹利乐坤杭州仁和国际产业园、南方中金环境股份有限公司、杭州比亚迪汽车有限公司、杭州华光焊接新材料股份有限公司、杭州米格电机有限公司等企业入驻,聚集规模以上工业企业100多家。

【余杭区入选国家现代农业产业园创建名单】 2019年6月20日,农业农村部、财政部公布国家现代农业产业园创建名单,余杭区现代农业产业园入选。农业产业园位于余杭区西部,区域总面积2.3万公顷,分布5个镇街、22个村,涉及农业人口3.6万人。产业园聚焦茶产业,整体布局"一核两心三片四景",通过提升发展生产经营、精深加工、品牌营销、茶旅融合、资源利用等环节,构建"生产、加工、科技、流通、服务、文化、旅游"于一体的茶产业链条。

【余杭企业获特定类无人机试运行批准函】 2019年10月15日,中国民航局向余杭区企业杭州送吧物流科技有限公司颁发《特定类无人机试运行批准函》和《无人机物流配送经营许可》,是第一家由中国民航局颁发无人机行业运行许可证的企业。该公司位于未来科技城,属商用无人机领域重点企业,致力于构建大规模机器人运力网络,先后与中国邮政集团有限公司、菜鸟网络科技有限公司、苏宁易购集团股份有限公司等企业开展无人机邮路及无人机物流系统布局建设。

【"光储充一体化"电动汽车充电站启用】 2019年10月30日,位于余杭区仓前街道科技大道30号的"光储充一体化"大功率智能充电站通过验收投入使用。充电站是由国家电网公司投资建设的新型电动汽车充电站,集成光伏发电、大容量储能电池、智能充电桩充电等技术。充电站车棚顶部装有90块太阳能光伏发电板。储能系统由退役电池组加控制设备组成,设计日存储电量300千瓦时,建有直流快速充电桩8台。

〔余杭区委党史(地方志)办公室 李景苏〕

富 阳 区

【概况】 2019年,富阳区区域面积1821.08平方千米,辖6个乡、13个镇、5个街道,社区50个、行政村276个。户籍人口68.8万人,常住人口74.4万人,人口自然增长率5.5‰。地区生产总值820.5亿元,比上年增长6.0%。其中:第一产业增加值49.3亿元,增长2.6%;第二产业增加值373.9亿元,增长3.9%;第三产业增加值397.2亿元,增长9.1%。三次产业结构比例为6.0∶45.6∶48.4。按常住人口计算,人均生产总值11.0万元,按年均汇率折算为1.6万美元。数字经济核心产业增加值77.7亿元,增长20.3%。

财政总收入131.3亿元,增长6.6%。其中,一般公共预算收入80亿元,增长10%。一般公共预算支出105.5亿元,增长44.5%。金融机构本外币存款余额1339.68亿元,增长22.1%;本外币贷款余额1489.99亿元,增长16.1%。保险费收入7.56亿元,各类保险赔款与给付支出2.83亿元。

居民人均可支配收入50833元,增长9.1%。城镇常住居民人均可支配收入60576元,增长8.2%;农村常住居民人均可支配收入35531元,增长9.5%。

农林牧渔业总产值69.8亿元,增长9.1%。农业增加值49.6亿元,增长2.6%。农业龙头企业137家,销售收入80.8亿元。水利建设投入资金11.9亿元,有各类水库150座。农业机械总动力27.7万千瓦,耕地有效灌溉面积2.27万公顷。全年投入"富春山居美丽乡村"建设资金3.0亿元,建成"富春山居美丽乡村"精品村35个。有民宿示范村3个、现代民宿示范点48个。

规模以上工业增加值231.7亿元,增长1.1%。其中:高新技术产业增加值130.7亿元,增长11.2%;战略性新兴产业增加值83.6亿元,增长11.7%;装备制造业增加值103.5亿元,增长8.9%。全区632家规模以上工业企业营业收入1476.7亿元,下降4.3%;利税116.3亿元,下降22.6%;利润57.2亿元,下降20.2%。建筑业增加值40.6亿元。

固定资产投资额增长22.0%。新批外商投资项目23个,实到外资3.17亿美元,增长9.8%。引进高新产业项目127个。货物进出口总额295.9亿元,增长6.0%。跨境电子商务进出口总额3.71亿美元,其中进口额1.02亿美元,出口额2.69亿美元。境外投资项目9个,总投资2.95亿美元。

新增省级研究院5个、国家级高新技术企业65家。省级以上高新技术企业研发中心58个。高新技术企业371家,其中国家级249家。组织实施各类科技计划项目1441个。专利申请4934件,专利授权2744件,技术合同交易(吸纳)350个,总金额2.1亿元。各类专业技术人员7.47万人,增长6.6%。

社会消费品零售总额368.6亿元,增长8.8%。接待国内游客1853.1万人,增长22.8%;国内旅游收入172.8亿元,增长24.5%。接待入境旅游者1.3万人,旅游外汇收入377.4万美元。乡村旅游收入10.59亿元,增长59.7%。黄公望隐居地景区创建成为省级生态旅游区。

公路通车里程1983.2千米。货物运输量1830.4万吨,下降1.3%。公路旅客运输量107.0万人次。私人汽车拥有量12.14万辆,增长5.5%。邮电业务收入12.08亿元,增长8.5%。固定电话用户9.2万户,下降3.2%;移动电话用户105.2万户,增长3.6%。固定互联网宽带接入用户31.2万户,下降8.0%;移动互联网用户92.8万户,增长8.4%。

有幼儿园76所，在园幼儿2.48万人。小学43所，在校学生4.5万人。普通中学24所，在校学生3.44万人。中等职业学校（机构）2所，在校学生6692人。民办学校在校生7331人。学龄儿童入学率和初中入学率均100%，初中升高中段比例99.9%，高等教育毛入学率71.6%。数字电视用户19.9万户。区图书馆藏书61.6万册（件）。省中医院新院区成功签约，3个医疗卫生服务共同体成立，重点人群家庭医生签约率85%。有各类医疗卫生机构594个，医疗床位4137张，各类专业技术人员6282人。富阳区第一人民医院胸痛中心被认定为国家级中心。全年举办各类群众性体育比赛130场，参赛运动员6.9万人次。

全年空气优良天数336天，空气质量优良率93.9%。全社会用电量79.0亿千瓦时，下降8.4%。城区供水总量5033万立方米，管道煤气用户13.8万户。总供水量1.07亿立方米。市区公共绿地面积665.6公顷，人均公共绿地面积14.23平方米。建成区绿化覆盖率42.1%，全区森林覆盖率65.5%。建立垃圾分类运输体系，6万立方米再生资源分拣中心投入使用。完成440个农村污水处置点提升改造和19个"污水零直排"项目。生活垃圾收集、无害化处理率100%。主要水系监测断面三类以上比例100%。建成国家级生态乡镇（街道）18个、省级生态乡镇（街道）2个。连续14次创建省平安区（县、市）。富阳区获"浙江省小城镇环境综合整治工作优秀区县"称号，获评美丽浙江建设（生态文明示范创建行动计划）工作考核优秀区。

【富阳获"中国天然氧吧"称号】 2019年7月18日，"中国天然氧吧"创建活动发布会在北京举行，富阳区获"中国天然氧吧"称号。富阳建有负氧离子站6套，分别位于洞桥、龙门、新桐、湖源、富春桃源及城区。全区负氧离子年平均浓度1891个/立方厘米，达到二级等级。其中，非城区（除富阳站）负氧离子年平均浓度2165个/立方厘米，达到一级。富阳年均空气质量指数（AQI）为79.6。全区林木绿化率70.9%，森林生物多样性保护年价值17.06亿元；年均水质类别Ⅱ类，为优等。

【循环经济产业园开工】 2019年8月20日，富阳区循环经济产业园生活垃圾焚烧项目开工。项目选址渌渚镇阆坞村吕家区块，一期计划总投资17亿元，包含生活垃圾焚烧处置、餐厨垃圾处置和飞灰处置3个项目。其中，生活垃圾焚烧处置项目占地7.8公顷，总投资13.76亿元，设计处理能力1500吨/天，规划预留750吨/天。年内餐厨垃圾处置和飞灰处置项目开工。

【杭州高新区（滨江）富阳特别合作区挂牌】 2019年8月28日，杭州高新区（滨江）富阳特别合作区在富春湾新城挂牌。特别合作区位于富春湾新城灵桥镇行政区划范围，总面积5.8平方千米。特别合作区管理委员会为杭州高新区（滨江）的派出机构，负责合作区的产业政策制定和实施，统筹产业项目招商、建设、管理、运营，协调行政审批服务。管委会下设若干内设机构，人员由高新区（滨江）主导、富阳区共同选派，按高新区模式管理。运营模式上，由合作区独立管理、单独核算、封闭运行。审批服务上，合作区实现"行政审批不出区"，凡涉及合作区内的企业或产业项目的行政审批事项，由两区充分授权给合作区，管委会直接负责。合作区将引进高新产业导向的项目，培育信息技术、生命健康、高端装备制造、人工智能、新能源、新材料等产业。

【富阳阳陂湖生态修复治理项目启动】 2019年9月16日，富阳阳陂湖生态修复治理项目启动建设。项目位于富春街道皇天畈区域内，规划道路北至高教路，南靠北环路，西侧以现有鱼塘为界限，东侧为金桥北路。规划保留现基本农田，将利用现有鱼塘恢复具有千年历史的阳陂湖湖景，实现区域的生态修复治理。项目一期工程总投资7.3亿元，用地面积217.8公顷，湖体面积111.33公顷。建设内容主要以生态修复、防洪排涝为主，兼顾改善水环境和景观提升。规划设计阳陂湖和荷香园、花漫园、农耕园、清水园、汀洲园、渔趣园。

【二十校联盟发布"富阳共识"】 2019年11月28—29日，第一届"长三角"基础教育年度峰会暨中国"长三角"新劳动教育二十校联盟成立仪式在富阳举行。峰会由浙江省教育厅、上海市教委、江苏省教育厅和安徽省教育厅主办，主题为"聚焦新时代劳动教育"，旨在搭建区域内沟通联合平台，打造"长三角"基础教育高地。峰会上，"中国长三角新劳动教育二十校联盟"成立，联盟学校共同发布新时代劳动教育"富阳共识"。

（富阳区委党史研究室　刘　亮）

临　安　区

【概况】 2019年，临安区区域面积3126.8平方千米，辖5个街道、13个镇，社区36个、行政村270个。户籍人口53.95万人，常住人口59.6万人，人口自然增长率3.8‰。地区生产总值572.94亿元，比上年增长8%。其中：第一产业增加值45.86亿元，增长2.8%；第二产业增加值257.28亿元，增长7.8%；第三产业增加值269.81亿元，增长9.5%。三次产业结构比例为8.0∶44.9∶47.1。按户籍人口计算，人均生产总值10.64万元，增长7.6%。

财政总收入101.93亿元，增长15.2%。一般公共预算收入61.16亿元，增长15%。一般公共预算支出85.62亿元，增长15.4%。用于民生支出68.16亿元，增长13%，占一般公共预算支出的79.6%。全区金融机构本外币存款余额980.63亿元，增长15.9%；本外币贷款余额803.2亿元，增长24.4%。

农业增加值45.86亿元，增长2.8%。农业总产值66.85亿元，增长7.5%。其中：农业种植业（含坚果类）产值32.6亿元，增长5.1%；林业（不含坚果类）产值21.55亿元，增长5.4%；牧业产值10.37亿元，增长20.5%；渔业产值0.84亿元，增长0.2%；农业服务业产值1.48亿元，增长16%。

规模以上工业增加值158.2亿元，增长8.8%。高新技术产业增加值占规模以上工业增加值的70.1%,提高3.7个百分点。规模以上工业企业利税总额92.32亿元,增长16.9%。其中,利润总额67.64亿元,增长24.5%。规模以上工业企业产销率98.7%。规模以上工业新产品产值率43.9%。规模以上工业企业618家。

固定资产投资增长30.2%。房地产开发投资191.53亿元,增长47.9%。房屋施工面积1084.56万平方米,增长40%。商品房销售面积218万平方米,增长53.7%;商品房销售额372.02亿元,增长85.5%。

批发和零售业增加值42.32亿元,增长5.9%;住宿和餐饮业增加值9.33亿元,增长3.3%。社会消费品零售总额增长9%。进出口总额169.77亿元,增长8.2%。实际利用外资2.01亿美元。引进重大产业项目51个、产业链个性化项目119个;浙商回归资金36亿元。

旅游休闲产业增加值67.07亿元,增长15.6%。接待游客1928.29万人次,旅游综合收入238.51亿元,分别增长19%和23.8%。旅游景点接待游客577.22万人次,下降0.8%。乡村游接待游客2072.1万人次,增长57.1%。

改造老旧小区50万平方米、城市道路21条,打通"断头路"6条。新增公共停车泊位1192个。推进滨湖新城"五个一"重点工程,望湖路下穿隧道贯通,横溪湿地二期竣工。推进青山湖综保工程,完成岸线整治3.5千米,增加水域面积44万平方米。新建绿地、公园28万平方米。

临安区绿色发展指数居全省第二位,被评为"绿水青山典范城市"。7个镇街、2个工业园区、30个住宅小区实现"污水零直排"。建成省级"美丽河湖"3个,4个出境断面水质均达Ⅱ类标准以上。全年拆除违章建筑197.1万平方米,创建成为"无违建示范村(社区)"114个。整治低散乱和改造低效企业140家。全年空气质量优良天数341天,空气质量优良率93.4%,PM2.5平均浓度36.6微克/立方米。

专利申请量5122件,完成授权专利2955件,其中发明专利219件。新增国家高新技术企业86家、省科技型中小企业138家;省级企业研究院4个、省级研发中心9个;国家级孵化器2个、国家级众创空间1个、省级众创空间3个、省级星创天地1个。有国家高新技术企业231家、省科技型中小企业611家,市级及以上孵化平台14个。用于研究与试验发展经费支出与全区生产总值之比2.9%。财政一般公共预算支出中科技支出5.06亿元,增长14.9%。

全区有小学40所,在校学生3.24万人。初中17所,在校学生1.39万人。普通高中5所,在校学生7077人。职业高中2所,在校学生3535人。学前三年幼儿园入园率99.1%,初中毕业生升入各类高中比例99.4%。

医疗卫生机构492个,增加11个。床位3202张,专业卫生技术人员4708人。医疗机构诊疗人数710.7万人次,增长13.8%。

新增参保企业408家、参保人员6997人。城镇职工基本养老、基本医疗、工伤、失业、生育保险参保人数分别为25.58万人、23.32万人、17.49万人、14.09万人和12.94万人。实施城镇公租房保障531户、农村困难家庭住房救助142户,新增被征地农民参保人员1.22万人。建成镇街示范型居家养老服务中心10个,新增养老机构床位293张。锦城街道、锦北街道、玲珑街道试点推行"适老化改造"。全年发放各类救助资金1.29亿元。

【吴越国王陵考古遗址公园一期项目实施】 2019年10月,杭州市临安区旅游投资发展有限公司投资6.21亿元,实施吴越国王陵考古遗址公园(太庙山区块)一期项目。项目包括吴越国文化展示中心、公园展示设施、整体景观提升改造、钱王陵中轴线区域环境整治、山体修复和太庙遗址保护。项目建设总用地面积16.66万平方米,计划总投资7.53亿元。年内完成考古挖掘地块土方回填、东侧1号台基前广场铺装场地平整、东侧区域施工现场道路硬化、临时设施及样板围墙搭设等工作。

【青山湖环湖绿道全线贯通】 2019年7月1日,青山湖绿道三期投入使用,至此,青山湖环湖绿道全线贯通。绿道位于青山湖国家森林公园范围内,全长42.2千米,道路标准宽4米,总投资约8.7亿元。以青山湖为核心,结合周边水上森林、南岸山岳风景及钱王文化等自然人文景观,将"绿色生态"与"吴越文化"充分融合,形成城市滨水景观段、水上森林绿色乡野段、大坝运动休闲体验段、南岸鹤山林荫风情段、泥山湾品质生活段、近郊游憩体验段六段串联的"一心六段"结构,有驿站12处。

【应对超强台风"利奇马"】 2019年8月8日20时至11日8时,受超强台风"利奇马"影响,临安区平均降水量219毫米。其中,龙岗镇照君岩降水量544毫米,天池降水量487毫米,上溪降水量426毫米,天目山镇东关降水量473毫米,太湖源镇市岭降水量470毫米。全区受灾人口14.08万人。

2019年7月1日,临安区青山湖环湖绿道全线贯通 (临安区地方志研究室 供图)

临安区政府及时启动应急响应，紧急组织抢险救援。8月13日，全区恢复通电通水。8月14日，全区道路和通讯抢通。台风过后，临安区组建区灾后重建办公室，全面布置灾后重建工作。

【闲置农房使用权流转证书首发式举行】 2019年11月1日，临安区闲置农房使用权流转证书首发式在高虹镇龙门秘境村落景区举行。杭州素旅酒店管理有限公司领到高虹镇大山村龙头舍两户闲置农房使用权的流转证书，期限20年。高虹镇龙门秘境村落景区入选全省农村综合改革集成示范区，此举是深化农村宅基地“三权分置”改革的重点项目之一。

（临安区地方志研究室　许锦光）

桐庐县

【概况】 2019年，桐庐县区域面积1829平方千米，辖4个街道、6个镇、4个乡，社区18个、行政村182个。户籍人口41.88万人，常住人口43.6万人，人口自然增长率3.4‰。地区生产总值386.39亿元，比上年增长6.8%。其中：第一产业增加值25.03亿元，增长2.5%；第二产业增加值177.60亿元，增长8.6%；第三产业增加值183.76亿元，增长5.1%。三次产业结构比例为6.5∶46.0∶47.5。常住人口人均生产总值9.24万元，按年均汇率折算为1.34万美元。

财政总收入58.09亿元，增长10.1%。一般公共预算收入33.77亿元，增长10.1%。财政民生支出41.18亿元，增长13.0%。全县金融机构本外币各项存款余额575.55亿元，增长18.3%。本币贷款余额555.81亿元，增长19.1%。非金融企业及机关团体本币贷款余额300.44亿元，增长20.6%。

城镇常住居民人均可支配收入54279元，增长8.4%。人均生活消费性支出29687元，增长7.8%。农村常住居民人均可支配收入31940元，增长9.3%。人均生活消费性支出19603元，增长9.0%。

农林牧渔业总产值37.37亿元，增加值25.45亿元。建成省级“美丽牧场”2个。完成农产品基地绿色认证面积59.67公顷。入围省级乡村振兴产业发展示范建设县试点。被农业农村部命名为第二批国家农产品质量安全县。获中国蜂产品协会颁发的“蜂耘30年”系列奖“产业发展贡献奖”，并获“全国蜂业优秀蜂产品之乡”称号。

规模以上工业增加值91.37亿元，增长11.1%。规模以上高新技术产业增加值49.65亿元，增长20.8%；装备制造业增加值39.65亿元，增长21.7%；战略性新兴产业增加值48.85亿元，增长27.0%。规模以上工业新产品产值率50.7%，提高4.8个百分点。

社会消费品零售总额145.8亿元，增长9.0%。其中：商品零售额104.7亿元，增长9.8%；餐饮收入41.1亿元，增长6.9%。网络商品零售额增长13.4%。通过“扶榕乐购”平台完成扶贫销售780.67万元。

货物进出口总额74.98亿元，下降4.1%。其中：进口总额6.03亿元，增加23.6%；出口总额68.95亿元，下降1.9%。全县有外贸生产企业1000多家，外贸出口交货总值150亿元。有外贸自营出口权企业525家，外贸货物出口总额68.95亿元。

交通建设投资9亿元。完成“四好农村路”新改建项目103个。全年城区运送旅客2400万人次。“交通大脑”综合交通信息指挥中心投入使用。邮政业务总量1.13亿元，增长76.6%；邮政储蓄收入0.41亿元，增长24.2%。

接待国内外游客2063.01万人次，增长19.9%。旅游业总收入234.92亿元，增长24.5%。乡村旅游接待人数1384万人次，乡村旅游收入11.78亿元，分别增长23.9%和30.0%。创建AAA级景区村庄9个、AA级景区村庄10个，新（续）建文旅体类项目42个。

专利申请量2589件，其中发明专利371件；专利授权量1851件，其中发明专利授权量60件。桐庐县入围“中国创新百强县”榜单，列第40位。新增国家高新技术企业32家。新增省科技型中小企业55家、省级企业研究院4个、省研发中心4个。新认定省级众创空间、省级星创天地各1个。新增与国内外34所高校产学研合作项目65个，技术交易额2.42亿元。省海外工程师引进计划立项4个。建立企业研发投入的实时监测机制，对600多家科技型企业实现全覆盖，登记入库研发项目473个。新建浙江祺跃科技有限公司张泽院士工作站、浙江紫电新材料有限公司和县第一人民医院专家工作站。

幼儿园48所，在园幼儿1.4万人。全日制小学32所，在校学生2.51万人。普通中学17所，在校学生1.68万人。中等职业技术学校2所，在校学生2051人。全县小学、初中巩固率100%，高中入学率99.7%。在编教职工3604人。

完成县图书馆报告厅升级改造，新建城市书房1个。设分水镇、横村镇、富春江镇等中心镇和5万人口以上的乡镇街道文化馆总分馆制试点。改建全民健身设施98处，累计新增体育场地面积16.15万平方米，人均体育场地面积2.89平方米。

各类医疗卫生机构344个，医疗床位2437张，卫生技术人员4149人。参加养老保险参保21.12万人，增长5.9%。被征地农民基本生活保障参保人数4204人，支付生活保障金870万元。工伤保险参保12.02万人。失业保险参保10.32万人。

【中国杭州·桐庐（国际）生命健康产业先行试验区启动】 2019年5月16日，中国杭州·桐庐（国际）生命健康产业先行试验区启动仪式在北京钓鱼台国宾馆举行。桐庐成为国家发展改革委与企业、政府三方合作共建的全国第三个试验区。桐庐先行试验区打造以“精准医疗大数据+基因医疗+细胞制药+再生医学+3D打印+中药饮片+新型医疗器械产品”为主导的全产业链生物产业基地，创建集“产学研用”一体化发展的细胞、基因、蛋白质等生命健康产业新技术、新产品的应用试验地。启动仪式上，“桐庐（国际）细胞医学研究院”“杭州国际细胞科技成果产权交易中心”宣布启动。200多名专家、学者参加启动仪式。

【富春未来城建设启动】 2019年6月，桐庐富春未来城开发建设动员大会召开。富春未来城开发建设指挥部、县高铁新城发展服务中心、桐庐民营快递发展中心分别授牌。富春未来城位于县城核心区、富春山健康城、富春江科技城三大板块的交汇区，东至黄潦溪，南至杭千高速，西至梅林溪，北至富春江，总规划面积12平方千米，一期核心区范围4平方千米。一期范围为梅林路—云栖路—尹家路—城南路—宝心路—杭黄铁路围合区域，用地面积3.75平方千米。按照“两城两地两区”总体定位，完成富春未来城控制性详细规划、概念性规划、城市设计、蓝绿空间规划等专项规划编制，明确以发展快递(物流)全产业链经济为引领的“1+3+X”产业。中通快运全球创研中心加快建设，中通国际总部、韵达全球科创中心等项目签约落户，16个项目明确投资意向和选址。

【第三届“5·20世界蜜蜂日”中国主会场活动】 2019年5月20日，第三届“5·20世界蜜蜂日”中国主会场活动在桐庐举行。开幕式上，桐庐县政府与中国养蜂学会签署共建中国品牌蜂产品之乡、共建蜜蜂小镇协议。与福建农林大学蜂学学院签订战略合作协议，从产业技术支撑、科研成果转化、人才资源合作等39个方面加深校地战略合作。会上，中国养蜂学会授予桐庐县“中国蜜蜂小镇”、桐庐县分水镇“中国蜜蜂文化基地”、开化县“中华蜜蜂之乡”牌匾，亚洲蜂业联合会授予杭州市“蜜蜂文化展示中心”称号。大会向经济薄弱村的5名农户赠送25套蜂箱，6名知名蜂农获荣誉证书。与会代表参加“科技和文化推动蜂产业的可持续性发展”论坛。

【“2050”全球唯一永久营地在桐庐启用】 2019年4月27日，“2050”全球唯一永久营地在桐庐启用，杭州市市长徐立毅出席启动仪式并宣布开营。“2050”大会是由杭州市云栖科技创新基金会与志愿机构及个人共同发起的非营利性活动。大会以“年轻人因科技而团聚”为主题，汇聚世界新生代技术中坚力量，为年轻人提供科技交流与思维碰撞的平台。“2050”营地坐落于桐庐县桐君街道牛山坞26号，占地3.28公顷，面积2万平方米。

【首届杭州冰雪运动节开幕】 2019年1月31日，首届杭州冰雪运动节开幕式暨杭州桐庐国际滑雪场首滑仪式在合村乡举行。桐庐国际滑雪场以“大体验——360度全沉浸自由滑雪，大场面——10万方大空间畅玩雪面”为特色。项目一期包含中级道2条、初级道1条、冲浪道1条，滑雪总面积10万平方米。活动中，杭州宏逸投资集团有限公司与法国MND集团签订生仙里运动旅游目的地二期项目投资意向。

(桐庐县地方志研究室　张　红)

2019年5月20日，第三届“5·20世界蜜蜂日”中国主会场活动在桐庐举行

(桐庐县地方志研究室　供图)

淳安县

【概况】 2019年，淳安县区域面积4427平方千米，辖11个镇、12个乡，行政村423个、社区15个、居民区1个。户籍人口45.87万人，常住人口36万人，人口自然增长率2‰。地区生产总值252亿元，比上年增长4.5%。其中：第一产业增加值38.7亿元，增长3.5%；第二产业增加值73.3亿元，增长2.6%；第三产业增加值140亿元，增长6.5%。三次产业结构比例为15.3∶29.1∶55.6。全县数字经济增加值8.3亿元，增长7.8%，占全县GDP的3.3%。

财政总收入37.22亿元，增长8.3%。地方财政收入21.09亿元，增长8.2%，其中税收收入19.49亿元，增长7.6%。地方财政支出68.87亿元，增长2.5%。城镇常住居民人均可支配收入43611元，增长8.3%。农村常住居民人均可支配收入19316元，增长9%。全县金融机构本外币各项存款余额379.51亿元，增长11.9%。金融机构本外币各项贷款余额311.87亿元，增长14.9%。

农林牧渔业总产值54.05亿元，增长6.3%。其中：农业产值36.32亿元，增长5.3%；林业产值7.71亿元，增长6.8%；牧业产值6.31亿元，增长14.1%；渔业产值2.67亿元，增长1.1%。粮食种植面积1.12万公顷，粮食总产量4.05万吨；茶叶产值8.2亿元，增长8.2%；水果产值5.96亿元，增长6.9%；中药材总产值4.47亿元，增长5.5%；肉类1.72万吨，下降3.5%。“千岛湖茶”区域公用品牌价值16.61亿元，入选全国农产品区域公用品牌目录。县级以上新型农业经营主体262个，其中农业龙头企业124家、规范化合作社80个、示范性家庭农场58个。新增特色产业基地村15个。

工业增加值49.77亿元，增长3.4%。其中，规模以上工业增加值31.87亿元，增长3.5%。规模以上工业新产品产值增长9.8%；新产品产值率12.2%。规模以上工业企业83家。

建筑业增加值28.21亿元，增长0.7%。有资质的建筑企业72家。房屋建筑施工面积104万平方米，下降16.1%；房屋建筑竣工面积57万平方米，增长15.2%。房地产开发投资下降27.7%。商品房销售面积25.33万平方米，下降51.9%；商品房销售额36.51亿元，下降49.8%。

固定资产投资下降7.8%。其中，项目投资增长2.5%，交通投资增长30.1%，生态环境和公共设施投资下降21.2%，高新技术产业投资下降10.9%，民间项目投资下降28.1%，工业投资下降26.1%。

社会消费品零售总额104.91亿元，增长8%。自营进出口总额1.94亿美元，增长1.3%。其中：进口3643万美元，增长68.9%；出口1.57亿美元，下降7.3%。新引进深绿产业项目36个，实际到位资金13.66亿元。实际到位外资2003万美元。

接待国内外游客1884.5万人次，旅游业总收入231.93亿元，分别增长10.5%和21.1%。淳安县入选中国县域旅游竞争力百强县。千岛湖景区获“中国高铁沿线十佳景区”称号。千岛湖银泰城一期项目建成营业，二期项目签约落地；啤酒博物院、千岛湖乐蹦床乐园、石林玻璃栈道等项目建成开放。县委旧址、翰红墨香馆等红色旅游项目对外开放。

千黄高速公路淳安段、枫常公路改造工程推进，完成投资37亿元，为年度任务的116%。杭淳开高速公路（浙江段）完成规划线位方案论证。G330国道临岐至紫槽岭段和S302省道丰茂连接线建成通车。全县公路总里程2801.1千米，其中高速公路13.02千米、国道89.78千米、省道29.26千米。

新增市级以上高新技术企业9家、市级以上科技企业17家、省市级研发中心3个。专利申请量901件，其中发明专利215件、实用新型专利489件、外观专利197件。专利授权530件。

各类学校120所，在编教职工3818人，在校学生4.11万人。其中：幼儿园40所，在园幼儿8453人；小学57所（含19所校区），在校学生1.55万人；初中14所，在校学生8763人；普高5所，在校学生5510人；职高2所，在校生2931人。全县义务教育标准化学校覆盖率100%。

全县有文化馆（站）、公共图书馆各24个（含乡镇分馆）。公共图书馆藏书127.4万册。淳安县创建成为首批国家革命文物保护利用片区县、省文化强乡镇和文化示范村各1个、省非物质文化遗产旅游景区1个。

各类医疗机构333个，医护人员2580人。医共体总诊疗252.94万人次，增长5.3%。创建省级重点学科2个，获省级科研立项10个、市级科研立项20个。县级医院开展新技术新项目80多个。县第一人民医院二期工程、县中医院后勤综合楼项目建设有序推进。

淳安县举办千岛湖马拉松、环千岛湖国际公路自行车赛、国际泳联马拉松游泳世界系列赛、国际铁人三项赛等体育赛事18场。

全县养老保险参保36.92万人，参保率98.0%；医疗参保45.49万人，参保率99.5%；工伤保险参保9.27万人，增加746人；生育保险参保5.54万人，增加3746人。养老机构28个。养老床位2612张。在册低保户9464户、1.30万人，其中残疾人单列户5474户、5594人。

卓尔大厦、嘉鸿酒店等12万平方米停滞项目复工。编制《淳安县水质保护生活污染防治实施方案》，推进48个“污水零直排”小区建设，城市污水处理率96.1%。《淳安县水功能区水环境功能区优化调整方案》获省政府批复。启用“千岛湖水质水华预测预警系统”。全县环境空气优良天数305天，PM2.5平均浓度22微克/立方米。集中式饮用水源地水质达标率100%。千岛湖出境断面水质持续保持Ⅰ类。

【杭州亚运会淳安亚运分村项目开工】 2019年4月23日，杭州亚运会淳安亚运分村项目开工。建设项目主要包括1个新建场地自行车馆、5个临建场地和运动员村、媒体村、技术官员村等，涉及自行车、铁人三项、公开水域游泳三大项，小轮车、山地自行车、公路自行车、铁人三项和公开水域游泳6个小项赛事。其中，室内自行车比赛场馆占地约1万平方米，可容纳观众6000人，内设周长为250米的标准室内自行车比赛赛道。

【千岛湖配供水工程通水】 2019年9月29日，经过近5年建设的杭州千岛湖配供水工程通水运行，标志着杭州城市供水格局从钱塘江为主的单一水源供水，转变为千岛湖、钱塘江等多水源供水。千岛湖配供水工程由配水工程和供水工程组成。配水工程西起淳安县千岛湖，东至余杭区闲林水库，途经淳安县、建德市、桐庐县、富阳区和余杭区，全长113.22千米，洞径6.7米。千岛湖水规划年配水量9.78亿立方米。供水工程为闲林水库向下游的输水线路，主要建设闲林水厂、九溪线、城北线、江南线等工程，线路总长73.04千米，其中九溪线（闲林水库配水井至九溪水厂和珊瑚沙水库稳压池）全长18.24千米，于2018年10月全线贯通。城北线（闲林水库配水井至余杭仁和水厂分支井）全长28.6千米，江南线（闲林水库配水井至萧山渔浦义桥取水点）全长26.2千米，均在建中。

【千岛湖智谷大厦揭牌】 2019年11月18日，千岛湖智谷大厦揭牌仪式在西湖区举行，浙江每日互动网络科技股份有限公司等6家企业代表签约入驻。作为淳安飞地发展的重要项目之一，千岛湖智谷大厦以“天下第一秀水”为设计灵感，打造简洁、典雅的国际化精品大楼。园区以3幢15层的写字楼为核心，以大数据、人工智能、云计算等产业为主导，打造集软件开发、成果转化、企业孵化、技术服务、人才培训于一体的多元平台。

【淳安县第一人民医院博士后工作站成立】 2019年2月26日，淳安县第一人民医院博士后工作站成立。来自浙江大学的博士傅罗琴正式加入工作站，重点进行大肠癌靶向基因——病毒治疗的研究。工作站与苏州大学博士后流动站达成合作，聘请苏州大学教授杨凯和浙江省人民医院教授童向民为导师，以及省人民医院的7名博士作为团队成员。县第一人民医院将借助博士后工作站的建立，带动本土专家科研工作能力，提升科研和医疗水平。

【淳安县林业局获“中国林业产业突出贡献奖”】 2019年11月，国家林业和草原局、中国农林水利气象工会全国委员会联合发文，表彰第四届“中国林业产业突出贡献奖”，淳安县林业局榜上有名。淳安县是全省9个林业重点县之一，是“中国山核桃之乡”。全县林业工作围绕“坚定秀水富民路、建设康美千岛湖”的发展战略，强化森林资源管理保护，深化林业综合改革，加快康美林业建设。

（淳安县地方志办公室　刘东山）

建　德　市

【概况】 2019年，建德市区域面积2314.19平方千米，辖3个街道、12个镇、1个乡，建制村229个、社区27个、居民区15个。户籍人口51.08万人，常住人口44.70万人，人口自然增长率3‰。地区生产总值383.24亿元，比上年增长7.0%。其中：第一产业增加值35.54亿元，增长2.5%；第二产业增加值184.53亿元，增长9.0%；第三产业增加值163.18亿元，增长5.2%。三次产业结构比例为9.3∶48.1∶42.6。

财政总收入54.12亿元，增长7.3%。一般公共预算支出54.15亿元，增长13.5%。全市居民人均可支配收入39694元，增长8.9%。其中，城镇居民、农村居民人均可支配收入分别为52899元、28669元，分别增长7.9%、9.0%。居民人均生活消费支出27270元，增长6.7%，其中，城镇居民、农村居民人均生活消费支出分别为38359元、18012元，分别增长3.8%、10.1%。全年居民消费价格上升3.0%。金融机构本外币各项存款余额538.39亿元，增长20.3%。住户本外币存款余额305.42亿元，增长15.9%。金融机构本外币各项贷款余额459.60亿元，增长22.6%。

农林牧渔业总产值56.39亿元，增长6.2%。农林牧渔业增加值36.27亿元，增长2.6%。新创建美丽乡村精品村10个，新增美丽乡村精品示范线1条。完成珍贵树种造林371公顷。造林更新面积1000公顷。森林覆盖率76.2%。村集体经济总收入2.43亿元，增长47.1%。建德市成为国家有机食品生产基地建设示范试点县（市）和全省首批农业绿色发展先行县（市）。

工业增加值145.25亿元，增长9.0%。新增规模以上工业企业35家。规模以上工业增加值116.06亿元，增长8.6%。规模以上工业销售产值445.01亿元，增长9.6%。规模以上工业企业利润41.23亿元，下降2.3%。规模以上工业新产品产值率47.5%，增加9.4%。高新技术产业、装备制造业、战略性新兴产业增加值分别为41.49亿元、10.64亿元和20.96亿元，增长7.4%、3.6%和0.2%。“1+6”产业中，数字经济核心产业增加值8.41亿元，增长6.0%；文创产业、旅游休闲产业、健康产业、金融产业、时尚制造业、高端装备制造业增加值分别增长13.4%、15.3%、11.3%、10.4%、11.1%和11.9%。

货物进出口总额9.79亿美元，下降8.9%。其中：进口额0.71亿美元，下降23.0%；出口额9.08亿美元，下降7.5%。新批外商投资项目12个，合同外资3.06亿美元，实际利用外资1.49亿美元。

社会消费品零售总额增长8.6%。批发和零售业增加值21.60亿元，增长1.8%；住宿和餐饮业增加值5.26亿元，增长5.9%。网络零售额103.06亿元，增长19.3%。

固定资产投资增长12.7%。其中，工业投资增长15.1%，交通投资、民间项目投资分别增长12.6%、0.9%，生态环境和公共设施投资分别下降15.7%、18.8%。房地产开发投资增长8.3%。房屋施工面积316.01万平方米，增长12.1%；竣工面积34.80万平方米，增长161.0%。商品房销售面积38.86万平方米，下降33.6%；商品房销售额43.21亿元，增长37.4%。

旅游总收入134.60亿元，增长24.0%。接待国内外游客1306.2万人次，增长17.0%。各类旅行社18个，星级饭店2个。新增民宿79个、AAA级景区村8个、AAAA级景区1个。乡村旅游人数670.77万人次，增长97.5%；乡村旅游收入5.56亿元，增长114.0%。新安江城区通过省文化和旅游厅验收，成为全省首批AAAA级景区城。

全市有高新技术企业158家，其中国家级高新技术企业70家。省科技型中小企业73家。专利申请量1663件，授权量622件。其中，发明专利授权量45件，下降15.1%。中科院微反应化学工程技术中心、上海院士中心建德工作站落户。建德招才引智（德国）工作站建立。

幼儿园40所，在园幼儿1.29万人。小学29所，在校学生2.21万人。初中18所，在校学生1.02万人。特殊教育学校1所，在校学生68人。普通高中6所（含民办1所），在校学生7155人。有职业高中1所，在校学生1458人。有工业技校1所，在校学生1185人。全市有专任教师4278人。学龄儿童入学率100%，初中升高中段比例99.7%。实施农村骨干教师培养工程，建成名师工作室20个。市图书馆总藏书79.5万册（件）。55个农村文化礼堂建设完成。梅城镇南峰塔、北峰塔入选第八批全国重点文物保护单位。医疗卫生机构166个，床位3048张。卫生技术人员3879人，增长3.6%。建德市被省政府授予“浙江省无偿献血先进市”称号。

各类养老机构37个，供养老人1621人。全市参加基本养老保险32.06万人、基本医疗保险44.00万人，参保率分别为98.9%和99.3%。参加生育、工伤、失业保险人数分别为8.16万人、12.07万人和8.49万人。年末城镇登记失业率1.8%，全年发放就业创业补贴1976万元。

全年空气优良天数350天，增加4天。空气优良率95.9%，提高1.1%。PM2.5平均浓度29.7微克/立方米。建德市创建成省级生态文明示范市、全省首批“清新空气示范区”。

【建德市创建成为省信用县（市）】 2019年5月，根据综合评估，建德市城市信用排名列全国375个县级市第9位，综合信用指数84.53，创建成为首批浙江省信用县（市）。建德市以“信用体系建设”为主体，制订创建实施方案20个，将全市74个单位纳入信用数据归集部门名录，归集信用数据1500万条。开展全国守信激励创新试点工作，获全国“守信激励创新奖”。依托省平台建立9965户小微企业信用档案，建档率83.0%。建立贷款贴息、风险补偿等小企业融资政策支持体系，2018年贷款贴息补助400多万元、风险补偿补助700多万元。全市农户信用信息建档率81.5%，8个村（镇）被评为省级信用村（镇）。

【扶贫工程实施】 2019年，建德市组织5批次市党政代表团赴贵州省岑巩县对接扶贫工作，签订消费扶贫、劳务协作等7个方面的结对帮扶协议。落实对口帮扶资金5210万元，组织动员全市捐资、捐物折价1485.4万元。使用扶贫资金实施帮扶项目18个。至年末，15个项目完工，3个在建。项目覆盖岑巩县68个贫困村，人均增收500元以上。选派31名专业技术人才赴岑巩县挂职帮扶。帮助该县贫困人口到建德稳定就业41人。建德市国有资产经营有限公司、建德市城市建设发展投资有限公司等5个市级国有公司出资400万元，用于资助岑巩县第四小学添置学习用品设备等。建德市东西部扶贫协作“现代学徒制订单班”签订定向培养技术工人协议书，招收岑巩县籍学生27名。

【“舒心就医”项目启动】 2019年，建德市启动实施卫健系统“舒心就医”项目，5个市级医院和15个乡镇卫生院“先诊疗后付费”系统上线，相关数据接入省、杭州市级相关系统。建德市公立医院实现电子社保卡就医，建德市第一人民医院探索应用“刷脸就医+移动支付+信用惩戒”服务体系。至年末，应用服务24.66万人次，授信金额2.08亿元。建德市“舒心就医”指数列杭州市第二位。

【航空小镇被命名为省级特色小镇】 2019年9月，建德航空小镇被命名为第三批省级特色小镇。航空小镇以打造“国家级通航产业示范区和构筑覆盖长三角重要城市通航服务体系”为远期目标，以通航产业“浙江样板”为近期目标，激活航空小镇原有闲置资源。至年末，航空小镇累计引进5000万元以上项目30个，总投资300多亿元，其中通航制造项目占总项目的65.9%。航空小镇通航产业创新服务综合体、通航重点实验室列入省级创建名单。

【中国碳酸钙产业创新大会在建德召开】 2019年9月6—8日，中国碳酸钙产业创新大会暨行业年会在建德召开。来自全国碳酸钙行业的专家学者、主产区政府部门、行业装备和生产企业负责人400多人参会。会议以“促创新、调结构、增效益、谋发展”为主题，对轻质碳酸钙及纳米钙新技术、重质碳酸钙技术应用进行学术交流。清华大学材料学院教授盖国胜、中国科学院过程工程研究所研究员韩永生等专家做专题报告。建德市通过持续的行业整治提升，碳酸钙企业由199个减至33个，基本形成大同—李家（轻钙、氢氧化钙）、钦堂（重钙、母料）两个碳酸钙产业集聚区。

（建德市党史和地方志编纂研究室　黄建生）

宁波市
Ningbo Municipality

【概况】 2019年，宁波市陆域面积9816平方千米，海域面积8355.8平方千米，辖6个区、2个县级市、2个县。户籍人口608.5万人，常住人口854.2万人。

全市地区生产总值11985亿元，比上年增长6.8%。其中：第一产业增加值322亿元，增长2.3%；第二产业增加值5783亿元，增长6.2%；第三产业增加值5880亿元，增长7.6%。三次产业结构比例为2.7∶48.2∶49.1。按常住人口计算，人均生产总值14.32万元，按年均汇率折算为20752美元。

财政总收入2784.9亿元，增长4.9%，其中一般公共预算收入1468.5亿元，增长6.4%。一般公共预算支出1767.9亿元，增长10.9%。教育、文化体育与传媒、社会保障和就业、医疗卫生、节能环保、城乡社区事务、农水、交通运输、住房保障9大类支出1212.9亿元，占一般公共预算支出的68.6%。其中节能环保和科学技术支出分别增长57.4%和58.6%。

居民人均可支配收入56982元，增长8.7%。其中：城镇居民人均可支配收入64886元，增长7.9%，扣除价格因素影响，实际增长4.8%；农村居民人均可支配收入36632元，增长8.9%，实际增长5.7%。

农林牧渔业增加值334.7亿元，增长2.6%。其中：农业增加值177.9亿元，增长2.0%；林业增加值10.9亿元，增长3.7%；牧业增加值20.4亿元，下降4.6%；渔业增加值113.1亿元，增长3.7%；农林牧渔服务业增加值12.4亿元，增长8.9%。新增市级农业龙头企业11家，累计294家，其中农业产业化国家重点龙头企业1家；新增省级示范性农业全产业链2条，累计12条。市级示范性农民专业合作社18个，累计154个；市级示范性家庭农场46个。中国美丽休闲乡村3个，累计11个，占全省总数四分之一左右；创建省级休闲农业和乡村旅游精品线路14条；省级最美田园10个，累计21个。农业休闲观光3804万人次，农家乐、休闲旅游收入60.3亿元。全年投入“百千工程”资金20.6亿元，累计启动1222个村整治；农村生活垃圾分类处理行政村覆盖率85%。

规模以上工业增加值3991.5亿元，增长6.4%。增加值占比前十位的行业实现规模以上工业增加值3022.3亿元，增长7.0%，占全市规模以上工业增加值总量的75.7%。有13个行业增加值超过100亿元，其中化学原料和化学制品制造业实现增加值403.4亿元，增长16.5%；计算机、通信和其他电子设备制造业增长16.5%，电气机械和器材制造业增长8.5%。

固定资产投资增长8.1%。全年安排56个省市县长项目，其中开工39个。商品房销售面积1714.6万平方米，增长5.6%。完成宁波东外环、环城南路东段、北环东路快速化改造，形成“口”字形城市快速路网。全年新增公园绿地50公顷，新建绿道165千米。

完成"三改"建筑面积1386万平方米,拆除违法建筑面积1288万平方米。《宁波市生活垃圾分类管理条例》全面施行。全市建制镇智慧城管建设运行全覆盖。

社会消费品零售总额4473.7亿元,增长7.2%。其中:城镇市场零售额3792.2亿元,增长7.2%;农村市场零售额681.5亿元,增长10.5%。批发和零售业完成商品销售总额2.98万亿元,增长11.9%。限额以上社会消费品零售总额1563.7亿元,增长2.6%。网络零售额1934.5亿元,增长20.1%。跨境电商进出口额1282.0亿元,增长17.2%,进口和出口额分别为206.1亿元和1075.9亿元,分别增长41.6%和13.4%。

全市旅游总收入2330.9亿元,增长16.2%。接待国内游客1.4亿人次,增长12.2%;国内旅游收入2303.1亿元,增长16.4%。接待入境过夜游客76.2万人次,实现入境旅游收入4.0亿美元。举办各类会展330个,首届中国—中东欧国家博览会暨国际消费品博览会吸引63个国家和地区的2.5万名中外客商参加,意向成交额近3亿美元。全球云计算大会(宁波站)更名为全球云计算大会(中国站),宁波作为中国唯一举办地。宁波市获"中国最具影响力会展城市"称号。

宁波口岸进出口总额17086.4亿元,增长6.7%。外贸自营进出口总额9170.3亿元,增长6.9%。其中:进口3200.6亿元,增长5.8%;出口5969.6亿元,增长7.6%。新增对外贸易经营备案登记企业5310家,累计4.73万家;有进出口实绩企业2.14万家。私营企业和集体企业出口额占全市出口总额的74.1%,增长14.6%;进口额占全市进口总额的54.5%,增长20.7%。"一带一路"沿线65个国家进出口总额2633.6亿元,增长17.0%;全年对中东欧17个国家进出口额284.8亿元,增长8.4%。外商投资项目737个,增加114个;合同利用外资77.4亿美元,增长48.1%;实际利用外资23.6亿美元,增长19.7%。新批境外投资企业和机构206家,增长19.8%;备案中方投资额17.0亿美元,下降58.9%。完成境外承包工程劳务合作营业额17.5亿美元,增长4.0%。承接服务外包执行额373.7亿元,增长11.0%。开展山海协作产业合作项目88个,实到资金34.2亿元。

宁波舟山港货物吞吐量11.2亿吨,增长3.3%,继续居世界第一。其中宁波港域完成吞吐量5.8亿吨,增长1.3%。全年宁波港域完成铁矿石吞吐量8656.0万吨,增长2.8%;煤炭吞吐量5291.6万吨,下降8.7%;原油吞吐量6242.2万吨,增长2.4%。宁波舟山港集装箱吞吐量2753.5万标箱,增长4.5%,其中宁波港域完成集装箱吞吐量2617.0万标箱,增长4.3%。宁波舟山港航线244条,其中远洋干线110条,近洋支线82条,内支线20条,内贸线32条,月均航班1670多班。全年宁波港域完成集装箱海铁联运箱量80.9万标箱,增长34.5%。

金融机构本外币各项存款余额20857.8亿元,增长8.9%;本外币各项贷款余额22187.2亿元,增长11.3%。证券成交总额6.4万亿元,增长36.5%。证券客户交易结算资金余额150.5亿元,增长49.5%。期货代理交易量6748.5万手,增长2.0%;代理交易额4.2万亿元,增长1.1%。保费收入375.8亿元,增长17.4%;赔付支出147.7亿元,其中,财产险赔付支出108.6亿元,人身险赔付支出39.1亿元。

宁波市立项支持重大科技专项129项,获国家科学技术奖5项。新认定高新技术企业815家,累计2149家;新增国家级企业技术中心6个,累计30个;省高成长科技型中小企业268家,累计1133家;国家级孵化器1个、省级孵化器1个、省级众创空间9个。专利授权4.7万件,其中发明专利5075件。

有各类幼儿园1178所,在园幼儿29.1万人,学前三年净入园率99%。各级各类学校1975所,在校学生137.3万人。其中:小学427所,在校学生50.4万人;初中224所,在校学生21.4万人;普通高中85所,在校学生8.9万人;中职学校36所,在校学生6.7万人;高校15所,在校学生20.6万人。其中,全日制民办中小学(幼儿园)937所,在校(园)学生(幼儿)28.8万人。

有国家级非物质文化遗产代表性项目25项,省市级非物质文化遗产代表性项目390项。歌剧《呦呦鹿鸣》获中央宣传部第十五届精神文明建设"五个一工程奖"。甬剧电影《典妻》获第二届中国戏曲电影展"优秀戏曲电影奖"。全国重点文物保护单位增至33处。

有医疗卫生机构4530个,实有病床4.3万张,各类专业卫生人员8.8万人。按户籍人口统计,每1000人床位数、卫技人员数、执业医师(含助理)数和注册护士数分别达7.1张、12.2人、4.9人和5.2人。

举办市首届全民运动会暨第十八届运动会,参与近200万人次。举办60场国家级以上赛事;全市体育健儿夺得各类国际比赛金牌27枚、地区比赛金牌8枚、国内大赛金牌126枚。奥体中心"三馆一园"投入运营。

企业基本养老、医疗、失业、工伤和生育保险参保人数分别为468.2万人、426.6万人、297.2万人、375.5万人和276.1万人,城乡居民基本养老保险、被征地人员养老保障、城乡居民医保分别为113.8万人、33.0万人和322.3万人。累计发放社保卡956.8万张,社保卡金融账户激活率71.8%。自12月1日起,宁波市低保标准与最低工资标准脱钩,与全市居民人均消费支出挂钩,分三档执行,第一档月低保标准940元,第二档846元,第三档799元。

宁波市中心城区空气质量优良率87.1%;PM2.5平均浓度29微克/立方米。新增排污权交易75笔,交易金额6610.9万元;新增有偿使用420笔,金额1.65亿元。全市地表水省控以上断面水质Ⅰ-Ⅲ类比例为89.5%,功能达标率100%,全市117个县控以上监测断面水质类别均达到或优于Ⅴ类。13个县级以上集中式饮用水源地水质达标率100%。

【宁波第十次获评中国最具幸福感城市】 2019年1月15日,宁波市通过新闻发布会发布2018年"六争攻坚、三年攀高"抓落实专项行动阶段性成效。3月,宁波市召开"六争攻坚、三年攀高"推进会。8月,宁波市委印发《关于推进"六争攻坚"体制机制改革强化高质量发展制度保障的若干意见》。至年末,宁波市实现地区生产总值居全国计划单列市第二位，获评国家“双创示范城市”“2019中国领军智慧城市”，第十次获评中国最具幸福感城市；人才净流入居全国城市第二位，其中制造业人才净流入率居全国城市首位；宁波舟山港的港口货物吞吐量和集装箱吞吐量分别居全球第一位和第三位。

【宁波前湾新区设立】 2019年7月9日，省政府批复同意设立宁波前湾新区，新区范围为西至余姚临山镇边界，南至四塘路—长河镇边界—潮塘横江—新城大道—明州大道，东至寺马线—胜山镇边界—水云浦，北至十二塘。规划控制总面积604平方千米，常住人口47万人，联动区120平方千米，拓展区2888平方千米，包含慈溪市、余姚市和宁波杭州湾经济技术开发区、中意宁波生态园。前湾新区建立“一室五部”指挥部架构，制定《前湾新区统筹管理办法》等制度，启动8个规划编制工作。全年签约项目82个，总投资844.8亿元，实际利用外资2.88亿美元，实到内资140亿元。11月14日，新区举行25个重点项目集中开工仪式，总投资689亿元。

【首届中国—中东欧国家博览会在宁波举行】 2019年6月8—12日，首届中国—中东欧国家博览会暨国际消费品博览会在宁波举行。博览会由中国—中东欧国家投资贸易博览会更名而来，并升格为国家级涉外机制性展会。斯洛伐克和立陶宛为首届博览会主宾国，吉林省为主题省，绍兴市为魅力城市。展区总面积近11万平方米，设国家展区、城市与园区展区，参展商品为智能科技、体育、家电、环境生活、物流等。博览会期间举办论坛、经贸洽谈、贸易展览、人文交流四大板块活动。签约双向投资项目68个，总投资194亿美元；其中吸收外资项目57个，对外投资项目10个，项目来自21个国家和地区。

【宁波栎社国际机场三期投运】 2019年12月28日，宁波栎社国际机场三期工程建成投用。该项目历时4年，投资超过100亿元，新建11.24万平方米的T2航站楼、34.5万平方米的停机坪及5.5万平方米的综合交通枢纽。T2航站楼4层，新建登机口28个、固定登机桥17座、国内出发安检通道16条、国际出发安检通道5条。总停机位数由26个增至60个。

〔宁波市委党史研究室（宁波市地方志办公室） 杨海红〕

海 曙 区

【概况】 2019年，海曙区区域面积595.28平方千米，辖9个街道、7个镇、1个乡。户籍人口63.3万人，常住人口97.4万人。地区生产总值1170.11亿元，比上年增长6.1%。其中：第一产业增加值15.4亿元，增长2.0%；第二产业增加值374.19亿元，增长6.0%；第三产业增加值780.53亿元，增长6.2%。三次产业结构比例为1.3∶32.0∶66.7。按常住人口计算，人均生产总值12.3万元，按年均汇率折算为1.78万美元。

财政总收入184.35亿元，其中一般公共预算收入112.48亿元，分别增长4.8%和7.5%。一般公共预算支出94.66亿元，增长11.1%。居民人均可支配收入61746元，增长8.8%。其中：城镇居民人均可支配收入68641元，增长7.9%；农村居民人均可支配收入37199元，增长9.4%。

农林牧渔业总产值21.74亿元。其中，农业产值17.92亿元，林业产值1.11亿元，畜牧业产值0.96亿元，渔业产值0.89亿元。实现工业增加值302.39亿元，增长7.7%。其中，规模以上工业增加值225.25亿元，增长6.9%。实现营业收入779.18亿元，增长3.2%；实现利润总额41.68亿元，利税总额62.56亿元，分别下降29.9%和23.9%。规模以上工业技术（研究）开发费17.9亿元，增长24.0%；规模以上工业新产品产值增长18.4%，新产品产值率15.8%。

固定资产投资下降4.9%，其中项目投资增长52.6%。民间投资占固定资产投资的39.5%。基础设施投资增长31.6%，工业投资增长14.6%。全年新开工项目141个，年末全区各类在建项目343个。

社会消费品零售总额839.3亿元，增长6.2%。零售总额中，化工材料和制品类下降21.0%，石油及制品类下降6.7%，服装、鞋帽、针纺织品类增长2.3%，金属材料类增长106.0%。全区接待国内外游客2119.2万人次，增长17.2%；旅游总收入314.9亿元，增长19.8%。

外贸进出口总额732.53亿元，增长6.8%。其中：进口103.73亿元，增长0.1%；出口628.8亿元，增长8.0%。新增境外投资企业21家，中方投资额8748.9万美元。合同利用外资7.51亿

2019年6月8—12日，首届中国—中东欧国家博览会暨国际消费品博览会在宁波举行

〔宁波市委党史研究室（宁波市地方志办公室） 供图〕

美元,增长97.6%;实际利用外资2.3亿美元,增长54.0%。新设立内资企业9404家,增长16%;新增注册资本340.7亿元,下降30.7%。引进宁波市外内资资金146.6亿元,"浙商回归"到位资金73.4亿元。新设立个体工商户1.04万户,增长0.9%;资金数额8.7亿元,下降1.4%。全年完成"个转企"162家。

金融业增加值112.04亿元,增长2.4%。10家银行人民币存款余额5037.17亿元,增长6.3%;人民币贷款余额6312.51亿元,增长8.6%。保险业务收入216.75亿元,增长9.2%;各类赔款给付87.75亿元,增长8.8%。规模以上交通运输企业营业收入267.76亿元,增长8.4%;营业利润5.65亿元。其中,规模以上货运代理企业营业收入增长8.7%,营业利润增长9.7%。

有国家高新技术企业162家,省高成长科技型中小企业73家,创新型初创企业1114家。规模以上工业高新技术产业增加值79.11亿元,增长6.5%。专利授权量3527件,增长12.4%,其中发明专利424件。有院士工作站6个,新建博士后工作站3个。组织10场"全国高校巡回招聘"活动。成立全市首个"人力资源发展研究学会"。引进各类人才3.2万人,人才总量23.96万人。

有幼儿园129所,在园幼儿3.35万人。中小学64所,在校中小学生7.85万人。举办各类文化活动4700场,开展"书香宁波•海曙阅读季"嘉年华、天一阁论坛等品牌重点活动。图书馆接待读者210.4万人次,图书外借129.8万册次。新增省五星级文化礼堂3个。有医疗卫生机构23个,拥有床位886张,全年门诊量778.5万人次。

参加养老、医疗、失业、工伤和生育保险缴费人数分别为36.9万人、37.9万人、34.4万人、39.5万人和33.0万人。户籍人口养老保险参保率99%、医保参保率99.5%。年内376个居民小区推广垃圾分类,城镇居民小区生活垃圾分类收集覆盖率100%。开展农村生活垃圾分类行政村160个,占全区行政村的95.8%。海曙全域无劣V类水断面,功能达标率100%,优良率100%,集中式饮用水源地水质100%达标。

【全国社区网络春晚在海曙区举行】 2019年1月19日,全国社区网络春晚宁波海曙南门万安专场暨"我是幸福规划师"社区微治理项目启动仪式在海曙区万安社区的宁波效实中学体艺馆举行。全国社区网络春晚在全国100个城市和1万个社区开设分会场和社区专场,万安社区是宁波唯一入选的社区。该活动由中国社区发展协会、中国志愿服务联合会、中国志愿服务基金会、中国志愿服务全国联络总站主办。

【民主协商项目入围首届中国城市治理创新奖】 2019年6月14日,海曙区委、区政府申报的"开放空间"创建基层民主协商项目在首届"中国城市治理创新奖(2018—2019)"选拔与颁奖大会上获"中国城市治理创新奖"入围奖。创建基层民主协商项目通过购买专业机构服务进行人员培训,并委托第三方评估项目实施,建立起"一套流程、一个议事厅、一个地方标准"。自2013年在海曙区试点,覆盖全区102个社区,解决问题7400多个,居民满意度95%。

【海曙区列入"未来学校实验区"】 2019年5月22日,教育部学校规划建设发展中心与海曙区教育局签订战略合作协议,海曙区列入全国首批、全省唯一的"未来学校实验区"。海曙区按照"先行先试、分步实施"的要求,开展11个子项行动。实施"未来学校"校长和名优教师专项培训项目2个,用3年时间,培养符合未来学校要求的校长25人、名优教师150人,创建一批具有区域代表性和全国影响力的绿色、智慧的未来学校先导校,成为教育现代化试验田。

(海曙区委党史办公室　崔丹娜)

江　北　区

【概况】 2019年,江北区区域面积208.16平方千米,辖7个街道、1个镇。户籍人口26.3万人,常住人口41.1万人。地区生产总值639.6亿元,比上年增长7.9%。其中:第一产业增加值7.7亿元,增长0.7%;第二产业增加值198.1亿元,增长5.0%;第三产业增加值433.8亿元,增长9.5%。三次产业结构比例为1.2:31.0:67.8。按常住人口计算,人均生产总值16.07万元。

财政总收入134.0亿元,其中一般公共预算收入78.2亿元,分别增长5.8%和7.2%。一般公共预算支出74.4亿元,其中财政8项支出53.1亿元,分别增长5.6%和13.7%。城镇居民人均可支配收入67738元,农村居民人均可支配收入39342元,分别增长7.7%和8.4%。

农林牧渔业总产值11.98亿元,增长1.5%,其中牛奶产量1.8万吨,增长14.3%。创建市级"美丽乡村"合格村12个、示范村6个、示范街道1个、风景线1条。创建新时代"美丽乡村"达标村20个、精品村6个。农村人居环境持续改善,公厕改造、垃圾分类实现全覆盖。入选全国农村集体产权制度改革试点20个典型案例。完成经济薄弱村"摘帽消薄",在全市率先实现所有行政村经营性收入达到20万元以上。

工业增加值158.3亿元。销售产值835.8亿元,产品产销率99.1%。全年规模以上工业营业收入919.4亿元,利税总额62.4亿元。建筑业总产值266.3亿元,增长2.7%。新开工房屋建筑面积205.1万平方米,竣工263.4万平方米。全区拥有三级资质以上建筑施工企业151家。固定资产投资下降10.2%。全年完成投资3090万元,老旧小区改造项目6个,总建筑面积26.99万平方米。完成海绵学校、海绵道路、海绵小区、海绵公园等海绵城市试点示范区项目168个。全区投保房屋2484幢,总面积209.5万平方米。完成24.05万平方米农村危房实质性解危。

社会消费品零售总额371.2亿元,增长8.8%。实现跨境电商出口额8.8亿美元,增长16.1%;网络零售额122.1亿元,增长22.1%。接待国内外游客1721.7万人次,增长15.6%;旅游总收入178.3亿元,增长17.3%。创建慈城、洪塘2个市级乡村全域旅游示范区；新获评2个国家AAA级旅游景区、1个省级生态旅游区；创建省A级以上景区村庄12个，其中AAA级3个。新增省四星级旅行社2个、市花级酒店1个。

外贸自营进出口总额564.3亿元。核准境外投资企业（机构）9家，实现备案中方投资额3570万美元。服务外包执行总额14.2亿元，下降13.2%；离岸执行总额4.9亿元，增长216.8%。实到外资1.7亿美元、市外内资110.2亿元。

大连理工大学宁波研究院落户江北区。新建市级院士工作站2个。新增省级众创空间3个。新增高新技术企业24家，高新技术产业投资增长36%；高新技术产业增加值86.7亿元，增长4.2%，占规模以上工业增加值的65.5%。入库国家科技型中小企业79家。有研发机构194个，引进各类人才1.7万人。

全区有幼儿园72所，在园幼儿1.68万人，公办和普惠性民办幼儿园招生覆盖率99%。拥有中小学39所，中小学生3.69万人。建立全市首所外籍人员子女学校——浙江宁波乔治亚外籍人员子女学校。等级平安校园创建率100%。

医疗卫生机构201个，区属医疗机构床位1645张，卫生专业技术人员2860人。全年远程会诊、咨询服务1.84万例，开具“云处方”1.16万人次。拥有公共场所母婴室32个。挂牌心理服务机构160个，在重点领域建立62个心理咨询室。举办全国性赛事10项，组织参加省、市级群众体育赛事30多项。全区人均体育场地面积3.3平方米。

举办第十五届中国合唱节，第六届北岸文化艺术节，首届文旅消费惠民季、樱花节、杨梅节、文化下乡等系列活动近1000场次。引进中国新乡村音乐总部基地。建成城市书房（湖西馆）。建成区非遗数据库，发布慈城非遗旅游线路；毛岙村获评首批浙江省文艺创作采风基地。

户籍人口养老保险参保率、医疗保险参保率分别为100%、99.59%。全区有低保对象1034人，支出低保金1316.61万元；开展临时救助1244人，发放临时救助资金214.73万元。拥有区域性居家养老服务中心13个、社区（村）居家养老站点120个、老年助餐点124个。居家养老服务机构与基层医疗卫生服务机构签约率100%。

全区PM2.5平均浓度为31微克/立方米，下降18.4%，空气质量优良率79.5%；6个区控以上地表水点位达标率100%，优良率75%；2个乡镇级饮用水源地水质达到或好于Ⅲ类水标准；完成年度主要水污染物减排任务，化学需氧量、氨氮分别下降8%和5%。省市重点水利工程姚江二通道（慈江工程）竣工投入使用。全区182个居住小区完成“撤桶并点”和垃圾分类全覆盖。

【宁波“文创港”开工】 2019年6月30日，宁波“文创港”开工。“文创港”位于甬江北岸原港埠三区—火车北站，核心区启动区块位于甬江北岸白沙区域，东至规划定英路，西至通途路和人民路，南至甬江，北至大庆北路。该区域完整保存宁波最早的港区和近代工业遗存。项目总投资38.8亿元，由浙江省海港投资运营集团有限公司和江北区共同开发。

【个人“全生命周期”政务服务试点通过验收】 2019年11月1日，江北区个人“全生命周期”政务服务通过省级标准化试点项目考核验收。该服务模式为从百姓个人办事需求出发，以“我要出生了、我要上学了、我要工作了、我要结婚了、我要养老了”5个生命周期活动阶段为节点，把需要审批、领证的321件小事分门别类，构建个人“全生命周期”办事流程图，将多部门、多流程办事事项整合为“一件事”。根据梳理出的个人全生命周期，设计编制或系统梳理“一件事”关键标准82个，告知事项覆盖率93.3%，个人办事整体提速43.7%。

【北斗导航省级分中心落户江北】 2019年12月27日，在宁波北斗产业发展与文化论坛上，国家北斗导航位置服务浙江（宁波）数据中心在江北区揭牌。该中心融合通信、导航、遥感三大业务，构建北斗高精度室内外位置服务运营体系，启动水质光谱分析实验室及北斗高精度终端装备制造产线建设。建成后，中心将整合国家、行业及地方数据资源，开展“北斗高精度+”系列应用服务。

（江北区史志办　童荣辉）

镇　海　区

【概况】 2019年，镇海区区域面积245.9平方千米，辖5个街道、2个镇。户籍人口47.1万人，常住人口44.31万人。地区生产总值1021.6亿元，比上年增长7.1%。其中：第一产业增加值6.3亿元，增长2.2%；第二产业增加值725.3亿元，增长7.0%；第三产业增

2019年6月30日，宁波“文创港”正式开工

〔宁波市委党史研究室（宁波市地方志办公室）　供图〕

加值290.0亿元,增长7.6%。三次产业结构比例为0.6:71.0:28.4。按常住人口计算,人均地区生产总值23.58万元。

财政总收入130.8亿元,增长3.6%,其中一般公共预算收入84.2亿元,增长7.2%。一般公共预算支出97.3亿元,增长20.4%。城镇居民人均可支配收入67351元,增长8.6%;农村居民人均可支配收入37767元,增长9.6%。

农林牧渔业总产值9.2亿元,增长2.4%。其中农业产值7.8亿元,增长1.6%。实施乡村振兴战略,推进美丽乡村分类创建,美丽乡村合格村、示范村和A级景区村庄比例居全市首位。打造多彩农业美丽田园示范基地3个、现代农业庄园2个。

工业总产值2507.0亿元,增长1.5%。全区拥有规模以上工业企业600家,增加41家。其中,工业总产值超过10亿元企业23家、超过5亿元企业50家、超过1亿元企业176家。规模以上工业增加值652.0亿元,增长7.8%。规模以上工业中,绿色石化产业和高新技术产业增加值分别为517.4亿元和232.3亿元,分别增长10.4%和7.3%。全区建筑业增加值45.0亿元,下降0.3%。固定资产投资增长21.2%。其中,第二产业投资增长31.1%,第三产业投资增长14.3%。

社会消费品零售总额194.6亿元,增长8.6%。商品销售额1447.3亿元,增长13.9%。拥有1亿元以上商品交易市场11个,全年商品市场成交额1558.2亿元,增长6.6%。

外贸进出口总额496.8亿元,增长6.6%。其中:进口246.4亿元,增长5.2%;出口250.4亿元,增长8.1%。全区引进外商投资项目35个,增长12.9%;总投资额9.7亿美元,下降8.1%;合同利用外资2.4亿美元,下降39.7%;实际利用外资1.8亿美元,增长50.9%。

旅游综合收入94.3亿元,增长19.3%。其中:国内旅游收入94.2亿元,增长19.6%;国际旅游外汇收入208.8万美元,下降47.5%。接待国内旅游1315.4万人次,增长17.6%;接待入境旅游4994人次,下降34.9%。

金融机构各项存款余额937.0亿元,增长21.9%;非金融机构存款余额370.8亿元,增长33.8%。全区金融机构本币各项贷款余额882.6亿元,增长18.9%。证券成交总额811.2亿元,增长26.8%。

全区16个项目入选市“科技创新2025”重大专项。新建院士工作站3个,拥有高新技术企业156家,区级科技(科普)示范基地15个,科技型企业267家。认定登记技术合同366份,技术交易额16.0亿元。获专利授权388项。落户高层次人才项目44个,有博士后科研工作站12个,各类专业技术人员6.22万人。

有幼儿园58所,在园幼儿1.58万人。中小学37所,在校学生4.27万人。中等职业学校1所,在校学生2582人。幼儿入园率100%,小学、初中入学率100%,高中入学率99.8%,九年义务教育人口覆盖率100%。新建校舍投资额4.4亿元。

全区有医疗服务机构259个,医院病床3046张,专业卫技人员3805人。平均每万人拥有医院病床118.3张、医生61.1人。成立长三角医学类院士联盟,卫生健康信息化达国家卫健委最高等级四级甲等水平。

推进“厚德镇海”建设。提名“最美浙江人·浙江骄傲”和获评省道德模范各1人,获评“浙江好人”“宁波好人”9人。4部作品获省市“五个一工程”奖。有镇(街道)文化站6个,各类艺术表演团体520个。全年组织大型文化演出活动141场、群众性文化活动492次。优化全民健身环境,全民健身工程通过省级评估。

全区参加养老、医疗、失业、工伤和生育保险分别为23.0万人、24.4万人、17.2万人、22.2万人和16.0万人,分别增长3.8%、4.5%、3.0%、2.8%和3.8%。纳入低保对象908人,全年发放低保金956.9万元。

环境空气质量优良率86.9%,提高1.8个百分点,PM2.5平均浓度为28微克/立方米,下降4微克/立方米。市控断面功能区水质达标率100%。全区森林覆盖率23.1%;城市绿地面积2911.3公顷,绿地率40.0%;公园绿地面积485.0公顷,绿化覆盖面积3064.0公顷;城市绿化覆盖率42.1%。推进生活垃圾分类,在全市率先实施“桶长制”。

【国有企业改革】 2019年,镇海区启动国有企业和商业行业组织改革。3月,镇海区出台《镇海区国有企业改革方案》,完成区属国有企业改革实施方案、薪酬制度、企业领导人员管理办法等改革设计。4月19日,召开全区国有企业改革动员大会,成立区国有资产管理服务中心。整合产业相近、行业相关、主业相同的国企,主管部门与下属企业脱钩,形成“区国资中心—集团公司—国有企业”三层架构,组建宁波明洲投资集团有限公司等5家国有控股集团公司,注销30多家无实际运作企业。6月,镇海区委办公室、区政府办公室印发《关于推进镇海区基层商会改革发展试点的实施意见》,成立镇海区推进基层商会改革发展工作领导小组。

【镇海炼化公司100万吨/年乙烯工程入选“百项经典工程”】 2019年11月16日,中国施工企业管理协会开展中华人民共和国成立70周年百项经典工程评选,镇海炼化公司100万吨/年乙烯工程入选。“百项经典工程”评选涵盖桥梁、铁道、公路、市政、建筑等类别,囊括天安门广场建筑群、秦山核电站、长江三峡水利枢纽工程等精品工程。根据美国所罗门兄弟公司认定,镇海炼化公司乙烯装置重置资产投资回报率(ROI)、单位高附净现金收益、单位高附现金操作费用和维修效率指数4项指标处于第一群组,单位高附净能耗指标处于第二群组。按中石化对世界领先水平的评价标准,镇海炼化公司为参评单位中唯一乙烯装置绩效达到世界领先水平的企业。

(镇海区委党史研究室　孙中文)

北 仑 区

【概况】 2019年,北仑区陆域面积599.03平方千米,辖11个街道。户籍人口43万人,常住人口75.5万人。

地区生产总值(包括宁波保税区

和大榭开发区，下同）1961.45亿元，比上年增长6.6%。其中：第一产业增加值8.26亿元，增长1.7%；第二产业增加值1023.2亿元，增长6.0%；第三产业增加值929.99亿元，增长7.3%。三次产业结构比例为0.4∶52.2∶47.4。按户籍人口计算，人均生产总值45.97万元，按年均汇率折算为66636美元。财政总收入621.81亿元，其中一般公共预算收入315.7亿元，分别增长7.8%和8.2%。一般公共预算支出305.92亿元，增长13.9%。城乡居民人均可支配收入59656元，增长8.2%。

区本级（不包括宁波保税区和大榭开发区，下同）实现地区生产总值1382.99亿元，增长6.9%。财政总收入374.75亿元，其中一般公共预算收入195.64亿元，分别增长7.1%和7.2%。一般公共预算支出208.72亿元，增长15.7%。

农林牧渔业总产值11.83亿元，其中：农业产值10.15亿元，增长2.0%；林业产值0.27亿元，增长1.7%；畜牧业产值0.44亿元，下降3.8%；渔业产值0.34亿元，增长17.6%；农林牧渔服务业0.63亿元，增长9.0%。

实现工业增加值962亿元，增长6.5%，其中规模以上工业增加值860.3亿元，增长7.4%。784家规模以上工业主营业务收入4055.23亿元，下降1.2%；利税466.80亿元，其中利润363.25亿元，分别下降5.4%和增长0.7%。新产品产值占比34.7%，提高17.3个百分点。注册在北仑区的资质建筑业企业83家，全年总承包和专业承包建筑业企业产值141.76亿元，下降6.1%。房屋施工面积546.47万平方米，下降4.3%。

固定资产投资增长4.0%，其中民间投资227.91亿元，增长7.4%。投资总额中，基础设施投资54.01亿元，增长5.6%；工业投资110.41亿元，下降18.8%。全年新开工项目8个，各类在建项目38个。房地产开发投资180.46亿元，增长25.2%。新增市政道路长度2.24千米，绿化面积11.8万平方米，公建类项目房屋建筑面积4.96万平方米。25个重大工业项目开工，17个工业项目建成投产。

社会消费品零售总额245.71亿元，增长7.6%。限额以上商品销售额6256.01亿元，增长18.0%。接待国内外游客1377.91万人次，增长15.9%；旅游总收入104.17亿元，增长25.6%。银行业本外币各项存款余额1584.48亿元，增长9.7%；贷款余额1254.92亿元，增长7.1%。保险业务收入19.36亿元，增长5.12%；各类赔款给付8.05亿元，增长10.19%。道路货运量1.36亿吨，增长17.2%，货物周转量210.61亿吨千米，增长9.8%。规模以上交通运输企业营业收入233.71亿元，增长2.8%；营业利润54.54亿元。

外贸进出口总额1507.07亿元，增长0.9%。其中：进口683.64亿元，下降4.9%；出口823.43亿元，增长6.3%。新增境外投资企业42家，核准中方投资额2.86亿美元。完成服务外包执行总额50亿元，增长11.7%；离岸服务外包执行额30.69亿元，增长10.0%。合同利用外资21.31亿美元，下降3.2%；实际利用外资6.12亿美元，增长29.0%。新批外商投资企业72家，总投资36.47亿美元。引进宁波市外内资142.5亿元，“浙商回归”到位资金143.2亿元，分别增长11.3%和19.3%。

北仑区新认定国家高新技术企业24家。高新技术产业实现产值1919.54亿元，占规模以上工业总产值的59.8%。新批市级以上科技项目100多项；新批市级院士工作站4个，省级企业研究院6个、市级2个，国家级企业工程技术中心1个，省级高新技术企业研发中心8个、市级15个；累计引进科技成果转化项目46项，技术交易总额23.7亿元。申请专利6481件，其中发明专利1486件；授权各类专利4357件，其中发明专利授权388件。区本级新增各类人才2.5万人。新建博士后工作站2个、研究生工作站3个。

有各级各类幼儿园87所，小学21所（含外来工子女学校2所），初中11所，九年一贯制学校9所，十二年一贯制学校1所，普通高中4所，职业高中1所，区教育“三中心”1所，成人学校9所，特殊教育学校1所。在园幼儿2.25万人，在校中小学生6.01万人。

有医疗卫生机构348个（其中民营医疗停业5个），实有床位数2397张，卫生技术人员5044人。成立3家医疗健康服务集团，医疗机构与10多家省内外三甲医院建立20多项单科合作。

全区户籍人口参保33.28万人，养老保险参保率达98.5%。职工基本养老保险参保36.20万人，工伤保险参保39.80万人，生育保险参保32.88万人。

创建国家生态文明建设示范区。全年投资43.6亿元，推动70个生态文明项目建设。投资2.55亿元，实施治水项目135个，全区5家城镇生活污水处理厂出水水质均达一级A标准，80%河道消灭V类水，区控以上河道断面水质优良率保持90%。工业固体废物处置利用率达99%以上，危险废物利用处置无害化率保持100%。空气质量优良率88.8%，PM2.5平均浓度为25微克/立方米，下降10.7%。全区237个居住小区推行垃圾分类，全年处理垃圾59.05万吨，累计余热发电2.23亿千瓦时。推进工业固废再利用。全区工业气体管网供气4亿标准立方米。

【北仑区“双城”发展战略实施】 2019年1月8日，北仑区全面建设国际化滨海秀美之城的“双城”战略，将“青年北仑、数字北仑、美丽北仑”作为实施该战略的引领性工程。北仑区入选全国首批7个中长期青年发展规划实施试点城市。新增常住青年人口1.97万人、青年人才1.68万人。成立全国首家“青年与城市发展”大数据研究院，举办首届青年文化节，实施十大青年工程，建成青年体育公园，青年创业创新大厦开工。“数字北仑”项目实施总投资200亿元的十大数字工程，实现数字经济核心产业增加值34.1亿元。北仑区政府入选中国数字政府特色50强。全区60周岁以上户籍居民免费收看数字电视。北仑区创建国家生态文明建设示范区，入选“美丽浙江十大特色体验地”“浙江省美丽园区示范区”。创建省级样板街道5个，完成小城镇环境综合整治。

【中国半导体材料创新发展大会在北仑区举行】 2019年9月10—11日，中国半导体材料创新发展大会在北仑区举行。大会由集成电路材料产业技术创新联盟会同北仑区政府、中国半导体行业协会支撑业分会、宁波电子行业协会共同举办。国内外知名半导体企业高层管理人员、知名专家及相关技术人员300多人应邀参加,就高品质材料对集成电路先进制程的重要性、中国半导体材料产业链的历史机遇、车载电子器发展和半导体材料的演进等话题进行交流研讨,多角度分析集成电路产业链现状与全球发展机遇。其间举行产业链上下游互动对接、企业与地方政府、高校人才对接等活动。

(北仑区委党史办公室　王天杰　周　斌)

鄞　州　区

【概况】 2019年,鄞州区区域面积813.39平方千米,辖15个街道、10个镇。户籍人口93.1万人,常住人口142.9万人。地区生产总值2211.0亿元(含宁波国家高新区、东钱湖旅游度假区,下同),比上年增长7.0%。其中:第一产业增加值26.5亿元,增长1.7%;第二产业增加值630.1亿元,增长6.0%;第三产业增加值1554.4亿元,增长7.5%。三次产业结构比例为1.2∶28.5∶70.3。按常住人口计算,人均生产总值15.7万元,按年均汇率折算为22686美元,增长1.8%。

财政总收入453.4亿元,增长4.0%,其中一般公共预算收入269.3亿元,增长6.5%。1172家规模以上工业企业实现工业增加值358.9亿元,增长6.4%;利税总额146.9亿元,增长0.7%;利润总额104.1亿元,增长1.1%。社会消费品零售总额948.2亿元,增长8.4%,其中,限额以上消费品零售额367.8亿元,增长2.6%。外贸进出口总额1991.6亿元,增长8.3%。其中:进口515.4亿元,增长13.5%;出口1476.2亿元,增长6.6%。合同利用外资11.2亿美元,增长261.7%;实际利用外资4.9亿美元,增长156.5%。

区本级(不含宁波国家高新区,下同)实现地区生产总值1931.8亿元,按可比价计算,增长6.9%。其中:第一产业增加值26.2亿元,增长2.0%;第二产业增加值550.4亿元,增长5.3%;第三产业增加值1355.2亿元,增长7.7%。按常住人口计算,人均生产总值为14.8万元,按年均汇率折算为21413美元,增长1.7%。财政总收入385.0亿元,增长7.0%。一般公共预算收入228.0亿元,增长9.1%。城镇常住居民人均可支配收入70074元,增长8.0%。农村常住居民人均可支配收入39953元,增长9.2%。

农林牧渔业总产值38.4亿元,增长2.6%。其中:农业产值27.7亿元,增长1.8%;林业产值1.1亿元,增长1.8%;畜牧业产值1.0亿元,下降16.1%;渔业产值5.7亿元,增长9.6%;农林牧渔服务业产值2.8亿元,增长8.5%。完成美丽宜居村建设20个。有美丽镇村合格村144个、示范村15个;创建风景线3条、示范镇3个。

固定资产投资增长14.8%,其中技改投资占工业投资的74.0%,高于全市10.1个百分点。基础设施投资、民间投资分别增长18.6%和19.4%。房地产开发业投资增长24.1%,住宅开发投资增长23.6%。

社会消费品零售总额878.9亿元,增长8.4%,其中限额以上社会消费品零售额323.3亿元,增长4.1%。各类商品交易市场90个,全年成交392.1亿元;网上交易市场7个,成交额51.7亿元。

旅游总收入304.2亿元。接待国内外游客2572.4万人次,其中接待入境游客18.9万人次,旅游外汇收入8723.9万美元。有AAA级以上景区4个。新增花级酒店2个、金叶级绿色旅游饭店2个。

新认定高新技术企业72家,总量350家,新登记备案创新型初创企业371家,累计2304家。新建省市级院士工作站各1个。新申报省级企业研究院6个,市级企业研究院4个;有省级高新技术研究开发中心13个、市级企业工程(技术)中心22个,区级企业工程(技术)中心79个。新增国家级企业技术中心1个。国家级众创空间7个,国家级孵化器3个。专利申请量1.58万件,专利授权量1.08万件。鄞创孵化器成为全省唯一入选中国留创园孵化基地的国家级留学人员创业园区。

小学54所,在校学生7.42万人。普通中学25所,在校学生2.97万人。小学及初中入学率、巩固率和升学率均为100%。义务教育学龄人口入学率100%。有物质文化遗产保护单位、点和名录862处;库藏文物档案藏品2.06万件(套)。有国家级非物质文化遗产名录4项、省级20项、市级50项、区级101项。

各类医疗卫生机构640个,拥有床位9293张,卫生技术人员1.62万人。新建公益广场500平方米、云龙镇龙湾公园、社区多功能运动场等群众运动场地,完成11个小康体育村升级工程。完成79条、总长度526千米的"千里云道"基础测绘和建设。人均体育场地面积2.41平方米。有体育社会组织243个。

参加基本养老、医疗、失业、工伤、生育保险分别为53.6万人、67.5万人、51.1万人、58.6万人和48.1万人。户籍人口医保参保率99.6%。全年发放低保金2927.8万元,发放困难残疾人生活保障金1932.6万元,发放困境儿童基本生活保障金306.4万元。有养老机构床位7545张,建成居家养老服务站8个。

落实中幼林(林木平均年龄为中幼)抚育面积400公顷。生态公益林建设面积1.38万公顷。完成山地营造林面积30公顷,其中珍贵树种造林面积30公顷。化学需氧量和氨氮排放量分别减少278吨和71吨,分别下降3.6%和4%;全年二氧化硫和氮氧化物排放量分别减少214吨和67吨,分别下降6.7%和5.0%。规模以上工业增加值能耗下降3.6%。

【全国"双创"周宁波(鄞州)分会场活动】 2019年6月14日,由宁波市政府主办,鄞州区承办的全国"双创"周宁波(鄞州)分会场在鄞州区举行。活动以智能制造为主题,举办"智鄞未来"中国智能制造高峰论坛和资本创享会、企业服务对接会等。签约重大项目23个,总投资255亿元。发布《宁波市鄞州区双创指数研究报告》《宁波最具活力双创企业榜》。与会人员围绕“高端制造产业投资风向”“高端制造企业创新”两个主题进行交流。来自全国和地方的高校、企业、金融机构等部门负责人及专家学者约300人参会。

【鄞州区入选县级“中国最具幸福感城市”】 2019年11月25日，鄞州区入选县级“2019中国最具幸福感城市”，并获“2019中国最具幸福感城市”全域治理优秀案例奖。鄞州区区长应邀出席论坛并做主旨演讲。“中国最具幸福感城市”调查推选活动由新华社《瞭望东方周刊》联合瞭望智库主办，是国内有影响力和公信力的城市调查推选活动。

（鄞州区委党史研究室　李学忠）

奉化区

【概况】 2019年，奉化区区域面积1267.60平方千米，辖8个街道、4个镇。户籍人口48.1万人，常住人口51.6万人。地区生产总值645.25亿元，比上年增长5.4%。其中：第一产业增加值31.11亿元，增长2.1%；第二产业增加值392.27亿元，增长5.0%；第三产业增加值221.87亿元，增长6.7%。三次产业结构比例为4.8∶60.8∶34.4。按常住人口计算，人均生产总值12.52万元，按年均汇率折算为18145美元。

财政总收入90.14亿元，其中一般公共预算收入60.0亿元，分别增长14.7%和21.3%。一般公共预算支出82.27亿元，增长14.5%。居民人均可支配收入44767元，增长8.1%。其中：城镇居民人均可支配收入56551元，增长7.1%；农村居民人均可支配收入33185元，增长8.5%。

农林牧渔业总产值52.41亿元，增长2.6%。其中，农业增长0.5%，林业增长3.1%，畜牧业增长6.4%，渔业增长3.6%。农林牧渔业增加值32.2亿元，增长2.3%。奉化获评全国“平安农机”示范县，并创建成为省级畜牧业绿色发展、农业“机器换人”等示范县。“桃蹊”牌桃花醉、“山丁丁”牌羊尾笋、“雨易”牌红茶在各类博览会上获金奖。

工业增加值352.51亿元，增长5.5%。其中，区属工业增长8.3%；规模以上工业增加值291.12亿元，增长4.8%。规模以上工业企业主营业务收入上1亿元企业107家。有资质以上建筑企业81家，完成建筑业总产值114.23亿元，下降35.3%；房屋建筑施工面积630.76万平方米，下降34.4%。

固定资产投资增长18.8%。其中：第二产业投资42.61亿元，增长22.0%；第三产业投资223.37亿元，增长18.2%。项目投资151.3亿元，增长14.1%，其中，基础设施投资70.82亿元，增长25.4%；房地产投资114.7亿元，增长25.5%。民间投资195.78亿元，增长20.4%；建安工程投资160.82亿元，增长33.0%。水利建设投资17.96亿元，交通运输业投资16.61亿元，下降7.5%。

社会消费品零售总额190.1亿元，增长8.1%；实现网络零售额57.5亿元，增长25.3%。商品销售总额404.51亿元，增长18.7%，其中，限额以上商品销售额174.55亿元，增长29.4%。餐饮业营业额45.02亿元，增长14.9%。

外贸进出口总额211.36亿元，增长5.7%。其中，出口总额182.49亿元，增长6.5%。实际利用外资1.1亿美元，增长358.2%。

接待国内外游客2801.28万人次，增长17.0%，旅游总收入268.08亿元，增长24.7%。奉化获评省旅游发展十佳区、首批省AAA级景区城，全年创建宁波市专项休闲旅游基地2个、A级景区村庄56个。

金融机构本外币各项存款余额789.79亿元，增长17.4%；贷款余额815.20亿元，增长17.1%。保险机构保费收入14.52亿元，增长17.6%。证券机构成交总额786亿元，增长15.6%。

实施宁波市级以上科技项目271项，其中国家级科技项目21项、省级30项。授权专利1758件，其中，授权发明专利147件，有效发明专利874件。引进企业160多家、高端技术人才220多人。新增省级博士后工作站2个、市级院士工作站1个，高端人才项目25个。实施区级农业和社会发展科技项目32项。

幼儿园80所，在园幼儿1.47万人。中小学校和特殊教育学校53所，在校学生5.36万人。全区学龄儿童入学率、小学毕业生升学率均100%；初中毕业生升学率99.7%，基本普及15年教育。

各类医疗卫生机构483个，床位2761张、卫生技术人员4018人。溪口镇、大堰镇成功创建国家卫生镇。全区基层就诊率66.9%，县域就诊率95%。组建家庭医生签约团队51个，家庭医生签约参与率94.1%。建设社区多功能运动场、全民健身广场、体育休闲公园、笼式足球场、拆装式游泳池等群众体育设施，开展体育小康村升级工程12个。

职工养老、医疗、工伤、失业、生育保险参保人数分别为26.69万人、21.09万人、20.01万人、13.33万人和12.0万人。被征地人员参保人数1.28万人，城乡居民养老保险参保人数11.37万人。有低保对象6506户、8665人，全年发放低保金6485万元。居家养老服务机构386个，区域性居家养老服务中心9个，示范型居家养老服务中心9个，覆盖100%城市社区和98%农村社区。

奉化区通过省级生态文明示范区创建验收。“聚焦环境·奉化环保议事厅”入选“美丽中国，我是行动者”主题实践活动十佳公众参与案例。全年环境空气质量优良率88.8%，PM2.5平均浓度为27微克/立方米，15个区控以上地表水断面水质全部达到Ⅲ类以上，功能区达标率100%。全区新增城市绿地23.6万平方米。

【奉化设区3周年】 2019年11月17日，奉化举行设区3周年大会。近300名来自世界各地的奉化籍知名人士和嘉宾参会。受邀嘉宾做“后来居上、最美最好”主旨发言及现场访谈。会上举行以“相聚奉化，共赢发展”为主题的项目签约仪式。46个优质项目集中签约，签约金额588亿元，其中投资超过100亿元项目2个，超过10亿元项目6个，项目涉及产城融合、孵化器、平台、人才科技、总部经济、研发制造、农业文旅等。区内上市企业、年产值5亿元以上企业、在奉化投资重大平台企业负责人，以及高新技术、科技类企业和“小而美”企业代表，社会各界人士代表参加大会。

【滕头入选首批全国乡村旅游重点村】 2019年7月28日，奉化滕头村入选首批全国乡村旅游重点村。滕头村实施建设田园综合体项目，建成综合服务中心核、产业融合深化区、创意农事体验区、乡村记忆传承区和浅山伴溪康养区即“一核四区”，其中核心区域0.8平方千米，辐射区域4.9平方千米。投资4亿元兴建滕头民俗文化园、休闲度假酒店，40公顷水蜜桃改良种植园，5.33公顷覆盆子种植园。建设“亮化、彩化、美化”工程，实施农田水利工程建设及“桃花盛开风景线”提升工程等，形成生态游览、民俗体验、美食品鉴、田园互动四大乡村旅游板块。该村曾入选全球生态500佳、世界十佳和谐乡村、上海世博会唯一入选乡村案例、国家AAAAA级旅游景区、全国美丽乡村示范村、全国文明村。（奉化区委党史研究室　高　强）

余　姚　市

【概况】 2019年，余姚市区域面积1500.8平方千米，辖6个街道、14个镇、1个乡。户籍人口83.6万人，常住人口118.4万人。地区生产总值1166.26亿元，比上年增长7.9%。其中：第一产业增加值47.74亿元，增长2.5%；第二产业增加值664.08亿元，增长9.2%；第三产业增加值454.44亿元，增长6.6%。三次产业结构比例为4.1∶56.9∶39。按常住人口计算，人均生产总值10.03万元，按年均汇率折算为1.45万美元。

财政总收入178.13亿元，其中一般公共预算收入107.23亿元，分别增长5.2%和6.6%。一般公共预算支出122.59亿元，增长6.3%。居民人均可支配收入54502元，增长8.8%。其中：城镇居民人均可支配收入61988元，增长8.3%；农村居民人均可支配收入36811元，增长8.9%。

农林牧渔业总产值75.28亿元，增长1.8%。其中，农业产值52.08亿元，林业产值4.54亿元，畜牧业产值8.89亿元，渔业产值6.57亿元，农林牧渔服务业产值3.2亿元。新增市级农业龙头企业3家，其中产值1亿元以上企业11家。新增美丽乡村合格村28个，创建宁波市美丽乡村示范村8个、美丽乡村示范乡镇2个、美丽乡村风景线2条，省级美丽乡村示范镇4个，省级美丽乡村特色精品村4个。

规模以上工业企业主营业务收入1782亿元，增长9.1%；销售产值1765.68亿元，增长9.9%；实现利税193.58亿元，其中利润147.91亿元，分别增长35.2%和54.9%。有资质建筑业企业133家，建筑业平均从业人员2.81万人。

固定资产投资增长10.6%，其中，民间投资增长12.2%，工业投资增长12.7%。投资总额中，生态环境和公共设施投资下降21.6%，工业投资增长12.7%。完成棚改面积12.6万平方米。完成绿道建设13条，绿道总长度14.44千米。

社会消费品零售总额506.72亿元，增长7.4%。有限额以上贸易企业281家，营业收入567.5亿元，利润总额2.96亿元。金融机构本外币存款余额1802.9亿元，增长11.6%；贷款余额1370.42亿元，增长7%。保险业务收入28.46亿元，增长8%；各类赔款给付11.73亿元，增长10%。

外贸自营进出口总额942.84亿元，增长14.9%。其中：进口344.1亿元，增长22.6%；出口598.74亿元，增长10.8%。新增对外贸易经营备案登记企业639家，累计6416家。自营出口实绩企业166家，累计2653家。实际利用外资3.11亿美元。实到内资101.68亿元，增长22.8%。

接待国内外游客2063.6万人次，增长15%；旅游总收入192亿元，增长18.1%。拥有星级宾馆12个，其中，五星级宾馆3个，四星级宾馆3个。余姚市渔绿园农庄入选浙江省乡村振兴案例典范，罗汉谷健身步道、大应农庄创建成为宁波市休闲旅游基地，3家民宿被评为银宿，4个农庄入选省采摘旅游体验基地。

新认定科技部科技型中小企业181家、省高成长科技型企业98家。新认定宁波市级企业工程（技术）中心15个、省级高新技术企业研发中心5个。新认定宁波市级企业研究院5个、省级企业研究院4个。新增宁波市创新型初创企业165家，3家企业列入浙江省高质量发展领军企业百强。专利授权量6765件，其中发明专利473件。新增各类人才2.79万人，人才总量33.63万人，增长9%。引进国外人才21人，建立技能大师工作室3个、省级博士后工作站1个。

幼儿园184所，在园幼儿4.02万人，等级幼儿园招生覆盖率95.5%。中小学123所，在校中小学生11.7万人。投入资金3.3亿元，实施教育基建项目32个。全市举办各类文化活动4900多场，受惠85万余人次。配送公共文化演出409场，四明阁演出365场。余姚博物馆、河姆渡遗址博物馆、王阳明故居等教育基地接待观众约120万人次。通济桥被认定为第八批全国重点文物保护单位。

医疗机构588个，实有病床3649张，卫生技术人员7677人。全年门诊量1230.87万人次。基层就诊率67.7%，县域就诊率86.3%。

职工养老、医疗、失业、工伤保险参保人数分别为54.51万人、48.43万人、32.51万人和36.89万人。户籍人口养老保险参保率96.9%，医保参保率99.5%。有低保对象6635户、8338人。每月支出低保资金614万元。

空气质量优良率80.5%，PM2.5平均浓度为35微克/立方米，下降5.4%。地表水达到或优于Ⅲ类水体比例（省控断面）和工业固废利用处置率均为100%。农作物秸秆综合利用率96%，畜禽粪污综合利用率98%，病死动物无害化处理率100%。

【“阳明古镇”项目启动】 2019年4月12日，在第四届中国（宁波）特色文化产业博览会上，余姚市政府与宁波开投蓝城投资开发有限公司签约共同开发“阳明古镇”项目。4月22日，签署“阳明古镇”投资开发协议，项目总投资139亿元。8月17日，余姚市委、市政府在省人民大会堂举办以“阳明故里再出发”为主题的余姚“阳明故里”品牌发布会暨“阳明古镇”项目启动仪式，并举行电视连续剧《阳明传》拍摄签约仪式。11月3日，“阳明故里·阳明古镇”项目在阳明古镇山后片举行开工仪式。“阳明古镇”将打造成以阳明文化研究中心、阳明文化践行基地及历史文化体验街区为核心的AAAA级景区。

【第三届世界姚商大会】 2019年6月9日，第三届世界姚商大会在余姚举行。320多名浙商姚商、姚籍知名人士及200名余姚企业家参加。大会以“天下姚商同根同心、幸福余姚共建共享”为主题，旨在加强与在外浙商姚商、异地商会、海外姚籍工商社团及产业投资平台的经贸交流合作。大会举行上海—余姚资本产业项目对接会、数字经济研讨会、招商座谈会、乡贤交流考察等活动，并举行首届余姚“慈善楷模”颁奖活动，20位姚商受到表彰。签约项目24个，总投资87.5亿元。

（余姚市史志办公室　卢　杰）

慈　溪　市

【概况】 2019年，慈溪市区域面积1360.63平方千米，辖5个街道、14个镇。户籍人口106万人，常住人口158.5万人。地区生产总值1898.64亿元（含杭州湾新区），比上年增长6.2%。其中：第一产业增加值55.72亿元，增长1.6%；第二产业增加值1146.4亿元，增长5.0%；第三产业增加值696.52亿元，增长8.8%。三次产业结构比例为2.9∶60.4∶36.7。按常住人口计算，全市人均生产总值122730元，按年均汇率折算为17791美元。

财政总收入352.53亿元，其中市级财政总收入182.48亿元，分别增长6.3%和6.8%。一般公共预算收入201.69亿元，其中市级一般公共预算收入112.93亿元，分别增长12.0%和8.0%。一般公共预算支出216.57亿元，其中市级一般公共预算支出137.1亿元，分别增长14.9%和18.8%。居民人均可支配收入56653元，增长8.7%。其中：城镇居民人均可支配收入63964元，增长7.9%；农村居民人均可支配收入38081元，增长9.0%。

农林牧渔业总产值83.98亿元，增长1.4%。累计创建省美丽乡村示范镇6个、特色精品村16个，宁波市美丽乡村示范镇5个、示范村11个、合格村124个。坎墩街道和道林镇获省级果蔬特色强镇称号。12个农产品入选省级农产品特色优势区。

规模以上工业企业总产值3261.86亿元，增长3.3%；工业增加值1066.16亿元，增长5.4%。全市1550家规模以上工业企业增加值751.36亿元，增长3.7%。工业销售产值3200.43亿元，增长3.1%。利税405.05亿元，增长1.6%；实现利润289.82亿元，增长6.0%。建筑业增加值80.24亿元，下降1.5%。164家资质以上建筑业企业总产值139.49亿元，增长9.9%；房屋建筑施工面积1575.52万平方米，增长17.7%。

固定资产投资增长11.4%，其中民间投资增长13.0%。全市基础设施投资、工业投资、房地产开发投资分别增长30.8%、17.4%和12.4%。商品房销售面积465.57万平方米，增长26.2%。

社会消费品零售总额669.64亿元，增长7.0%，其中限额以上批发零售业零售额205.62亿元，增长1.2%。网络销售额581.84亿元。全年跨境电商B2B出口（试点）总额15.62亿美元，增长107.1%。批发零售业增加值156.95亿元，增长3.6%。

接待国内外游客1932.01万人次，增长13.2%；旅游总收人181.68亿元，增长15.2%。上林湖青瓷文化传承园开园，鸣鹤古镇成功创建AAAA级景区，虞氏旧宅、五磊山风景区完成AAA级景区改造提升。全市新增省级工业旅游基地1个。

金融机构本外币存款余额2779.71亿元，增长15.2%；贷款余额2250.63亿元，增长10.1%。股票基金交易额（含新股申购交易量）10034.38亿元，增长23.1%。保险费收入39.11亿元，赔款、给付16.47亿元。

外贸进出口总额885.11亿元，增长3.9%。其中：进口104.10亿元，下降4.7%；出口781.01亿元，增长5.1%。市级外贸进出口总额704.15亿元，增长3.9%。全市合同利用外资3.32亿美元，其中市级2.16亿美元；实际利用外资3.38亿美元，增长220.9%，其中市级1.5亿美元，增长90.6%。全年市级引进市外资金133.38亿元，下降12.7%。市级新备案境外投资企业15家，完成协议投资额9481万美元，下降15.4%；对外承包劳务合作营业额11390万美元，增长2.6%；承接服务外包执行金额38.5亿元。

专利申请量1.56万件，其中发明专利2930件；专利授权1.06万件，其中发明专利592件。规模以上工业实现高新技术产业增加值568.25亿元，增长2.9%。市级112家企业通过高新技术企业认定，累计拥有高新技术企业255家，净增66家。新认定省级企业研究院2个、省级高新技术企业研究开发中心7个；宁波市企业研究院4个，宁波市工程（技术）中心28个，市本级企业工程技术中心452个。新增宁波备案认可的产业技术研究院4个。完成技术交易额12.57亿元，增长43.6%。

幼儿园235所，在园幼儿5.55万人。中小学142所，在校学生14.92万人。学前3年入园率100%，15年教育普及率99.9%，高中段毛入学率99.6%，九年义务教育完成率100%。新建城南区块九年一贯制学校。宁波大学科学技术学院整体搬入慈溪新校区。

送戏进农村演出1518场、送文艺演出18场、送图书1万册，完成公益电影放映4950场。坎墩街道创建为省民间文化艺术之乡，龙山镇方家河头村入选省美丽乡村美育村（社区）试点单位，周巷镇天元村创建为省级越剧之乡。

医疗卫生机构755个，医疗床位7006张，卫生技术人员1.02万人，总诊疗1902万人次。建立居民电子档案132.76万人，建档率88.4%；基层医疗机构签约实施率100%，临床医生参与签约率100%，重点人群在签率79.7%。全市17个养老机构、100个养老日间照料中心均与医疗机构签订医疗合作协议，医养结合率100%。

职工养老保险参保人数70.66万

人，城乡居民社会养老保险28.20万人，土地被征用人员养老保险8.38万人；职工医疗保险参保人数56.10万人，城乡居民医疗保险参保65.32万人，基本实现社会保障人员全覆盖。全市有低保家庭8628户、10435人，全年发放低保金8860万元，发放困难群众基本生活价格补贴1698万元，受惠困难群众18.5万人次。

城区空气质量优良率77.3%；PM2.5平均浓度35微克/立方米，下降2.8%。全市9个饮用水水源地水质状况良好，各监测指标全部达到Ⅲ类标准。新增平原绿化200公顷、山地林相优化26.67公顷、中幼林抚育93.33公顷，新种植珍贵树种7万株。创建国家森林乡村5个、省级森林城镇1个、一村万树示范村4个、一村万树推进村40个。

【第五届越窑青瓷文化节在慈溪举行】 2019年11月14日至12月31日，第五届越窑青瓷文化节在慈溪上林湖青瓷文化传承园举行。文化节以“瓷通四海，器以载道”为主题，由慈溪市政府和与文化和旅游厅共同主办。文化节中，举办首届复旦大学陶瓷考古论坛——两宋（宋金）之际的中国制瓷业学术研讨会、秘色瓷宣传推广研讨会、秘色在人间——秘色瓷特展、两宋之际陶瓷标本展、越窑青瓷生活主题展、瓯乐音画《听见慈溪》优秀瓯乐作品展演、祭窑仪式、公众考古体验之旅、“秘色智造”首届青瓷文创设计大赛、上林湖越窑博物馆与韩国康津郡高丽青瓷博物馆缔结“友好馆”签约仪式等活动。国际创意中心、秘色瓷研究中心在开幕式上揭牌。文化和旅游部、国防大学马克思主义研究所等单位有关专家应邀出席。

【慈溪城市形象标识体系发布】 2019年5月14日，慈溪市对外发布城市形象标识体系。标识体系以“秘色瓷都，智造慈溪”为城市形象口号，以慈溪首字母“C”为创意核心的秘色瓷八棱净瓶图案为城市形象Logo。慈溪的城市形象口号从全国征集而来，城市形象Logo由中国美术学院团队设计。

（慈溪市委党史研究室　王孙荣）

宁海县

【概况】 2019年，宁海县陆域面积1843.26平方千米，海域面积270.85平方千米，辖4个街道、11个镇、3个乡。户籍人口63.4万人，常住人口68.6万人。地区生产总值701.08亿元，比上年增长6.1%。其中：第一产业增加值46.27亿元，增长2.6%；第二产业增加值363.61亿元，增长6.2%；第三产业增加值291.20亿元，增长6.5%。三次产业结构比例为6.6∶51.9∶41.5。按户籍人口计算，人均生产总值110652元，按年均汇率折算为16519美元。

财政总收入104.71亿元，增长4.6%；中央级财政收入38.69亿元，增长0.7%。一般公共预算收入66.02亿元，增长7.1%，其中，税收收入48.34亿元，增长5.0%。一般公共预算支出90.76亿元，增长8.8%。

农林牧渔业增加值47.91亿元，增长2.9%。粮食播种面积1.55万公顷，总产量8.38万吨。拥有无公害农产品147个、绿色食品22个、有机食品5个，种植业“三品”认证面积2.09万公顷。全面实施农民饮用水达标提标工程建设，农村受益人口5.99万人。基本完成5个自然村农村生活污水治理，总投资1500万元，受益农户1500户。

工业增加值316.92亿元，增长7.5%，其中，规模以上工业增加值213.68亿元，增长6.6%。规模以上工业产值906.14亿元，增长9.0%；销售产值892.45亿元，增长10.1%。建筑业总产值增长3.6%。房屋建筑施工面积685.25万平方米。

固定资产投资增长4.2%，其中，民间投资增长24.7%，民间投资占固定资产投资52.0%。工业投资增长14.4%，高新技术产业投资增长9.3%。全年房地产开发投资增长9.5%，商品房施工面积463.25万平方米，增长12.9%；竣工面积64.35万平方米，下降7.8%；商品房销售面积79.78万平方米，下降2.9%。全年完成交通总投资16.4亿元。

社会消费品零售总额251.16亿元，增长10.0%；商品销售总额586.03亿元，增长9.7%。新增各类市场主体1.4万户。网络零售额91.98亿元，增长29.6%。宁海县电商产业园入驻企业64家，交易额41亿元。跨境电商出口额6.52亿美元，增长11.9%。

接待国内外游客2040.7万人次，增长17.1%。旅游总收入202.41亿元，增长18.8%。宁海创建成为首批国家全域旅游示范区。胡陈乡入选第四批省级旅游风情小镇创建培育名单；全年创建省级A级景区村庄45个，其中AAA级8个。

外贸进出口总额302.95亿元，增长26.6%。其中：进口26.70亿元，增长8.4%；出口276.25亿元，增长28.7%。一般贸易出口269.72亿元，增长31.7%，占全县出口总额的97.6%。“一带一路”沿线国家进出口额83.88亿元，增长57.2%。新批外资企业14家，引进“浙商回归”资金65.04亿元，增长14.1%；引进市外内资75.13亿元，增长7.2%。

新认定国家高新技术企业45家，开展研发活动的规模以上工业企业402家。高新技术产业增加值100.14亿元，技术交易额6.27亿元，分别增长9.9%和96.2%。培育市级创新型初创企业200家，获市级及以上科技进步奖11项。新增市县级工程技术中心85个、省级企业研究院2个。全年专利授权量3198件，其中发明专利132件。有效发明专利1090件。建成国家级博士后工作站1个、省级博士后工作站8个、企业专家工作站15个。

幼儿园105所，在园幼儿2.23万人。中小学80所，在校学生8.70万人。各类医疗机构467个，每1000人执业（助理）医师2.94人，每1000人在岗护士3.02人，每1000人床位4.8张。5个乡镇通过国家卫生乡镇创建省级考核，1个乡镇通过省卫生乡镇市级考核。启动全市唯一的全国农村3岁以下儿童早教发展服务试点县建设。

“百姓大舞台”演出302场，配送节目148个；举办戏曲纳凉惠民活动1052场，受惠20多万人次。电影《春天的马拉松》获浙江省“五个一工程”奖。原创平调《葛洪》在宁波逸夫剧院首次公演。新建体育公园9个、全民健身广场2个，人均体育面积2.36平方米。宁海县国家登山健身步道被评为宁波唯一的中国新美步道。

空气质量优良率91.8%，PM2.5平均浓度为27微克/立方米。累计铺设污水管网29千米，日平均污水处理量10.82万立方米，增长15.6%；污水处理负荷率从83%提高到89%。9个市控以上断面和地表水环境功能区优良率、达标率均100%，县级及以上饮用水水源地水质和跨行政区域河流交接断面水质达标率100%。区域环境噪声54.5分贝。宁海获第三批"'两山'实践创新基地"命名，入选首批浙江省清新空气示范区。

【小微权力清单"36条"入选乡村治理典型案例】 2019年6月9日，在农业农村部新闻办公室举行的新闻发布会上，宁海小微权力清单"36条"成为首批20个全国乡村治理典型案例之一。2014年3月，宁海开始探索推行村级权力清单制度，梳理并颁布《宁海县村级权力清单36条》，清单涵盖村级重大事项决策、项目招投标管理、资产资源处置等19项村级公共权力事项及村民宅基地审批、土地征用款分配、村级印章使用等17项便民服务事项，基本实现村干部小微权力内容全覆盖。通过清单制度规范村级小微权力。作为农村基层治理样本，宁海小微权力清单制度被写入2018年中央一号文件，向全国推广。

【宁海入选国家全域旅游示范区】 2019年11月8日，宁海在全国全域旅游工作推进会上，入选全国首批71家"国家全域旅游示范区"。宁海从2011年起提出"大景区"建设概念，明确发展全域旅游的理念和方向。2016年被国家列为首批全域旅游示范区创建单位。该县推出一系列改革举措，包括先行试点管理体制、开展民宿治安消防管理改革、建成全省首个县级旅游大数据中心等。先后创建成多个国家A级旅游景区、省级A级景区村庄、全国乡村旅游重点村及省级休闲旅游示范村。实施"一镇一品一节"工程、"百村千宿万景"工程，乡村旅游人数年均增长30%。

【中国运动休闲大会年度峰会在宁海举行】 2019年11月21日，中国运动休闲大会年度峰会在宁海开幕。峰会历时近1个月，由一个体育论坛和系列配套赛事组成。中国体育报业总社、国家体育总局登山运动管理中心、国家体育总局体育器材装备中心、省体育局、宁波市政府主办，市体育局、宁海县政府、中体联（北京）投资有限公司承办峰会。来自国家、省、市、县相关部门，优秀案例县市，有关科研院所和企业机构等单位代表近200人参加。作为配套赛事之一的宁海100千米越野挑战赛升级为国际超级越野跑巡回赛（UTWT），巡回赛是国际越野跑协会认可的环勃朗峰超级越野跑赛（UTMB）积分赛事，参赛人员2500多人。作为运动休闲大会永久性会址的宁海连续9年举办该赛事。

（宁海县委党史研究室　刘学海）

象　山　县

【概况】 2019年，象山县区域面积1382.18平方千米，辖3个街道、10个镇、5个乡。户籍人口54.7万人，常住人口53.1万人。地区生产总值548.59亿元，比上年增长5.5%。其中：第一产业增加值77.22亿元，增长3.3%；第二产业增加值237.43亿元，增长4.7%；第三产业增加值233.94亿元，增长6.9%。按常住人口计算，人均生产总值103507元，增长5%。

财政总收入76.88亿元，增长7.8%。其中，一般公共预算收入46.26亿元，增长12.8%。中央财政收入30.62亿元，增长1.1%。一般公共预算支出77.46亿元，增长12.8%。居民人均可支配收入49386元，增长8.2%。其中：城镇居民人均可支配收入58747元，增长7.4%；农村居民人均可支配收入33435元，增长8.3%。

农林牧渔业总产值136.93亿元，增长3.4%。其中：农业产值22.90亿元，增长2.9%；林业产值1.65亿元，增长6.9%；牧业产值8.60亿元，增长2.5%；渔业产值100.4亿元，增长3.5%。全年粮食种植面积1.11万公顷，粮食总产量7.21万吨；油料种植面积926.71公顷，产量2823吨，下降8.3%。水果种植总面积1.11万公顷，总产量20.85万吨，增长4.1%。猪、牛、羊、禽肉产量1.85万吨，增长13.3%；水产品产量57.26万吨，下降2.9%。

规模以上工业企业完成产值650.88亿元，增长0.7%。规模以上工业增加值126.03亿元，增长3.6%；销售产值607.19亿元，增长1.5%。规模以上工业营业收入588.52亿元，增长0.1%。规模以上工业利税总额59.28亿元，增长9.7%。建筑业总产值718.07亿元，其中在省外产值339.47亿元。房屋施工面积7858.94万平方米，竣工面积1124.67万平方米。全县有建筑资质企业133家，其中二级以上资质企业88家，从业人员19万人。

固定资产投资增长16%。其中：第一产业投资0.81亿元，下降46.3%；第二产业投资64.6亿元，增长27.4%；第三产业投资154.76亿元，增长12.5%。全年新开工项目218项，各类在建项目282项。房地产开发投资63.62亿元，下降8.7%。商品房销售面积83.11万平方米，下降11.7%。

社会消费品零售总额232.47亿元，增长9.7%。批发和零售业零售额165.78亿元，增长7.6%。住宿餐饮业零售额66.69亿元，增长15.5%。网络零售额16.3亿元，增长20%。

外贸进出口总额201.9亿元，增长5.5%。货物出口总额184.45亿元，增长8.7%。对"一带一路"沿线国家出口63.82亿元，增长21.1%。新批外商投资项目23个，合同利用外资7.61亿美元，增长68.5%。实际利用外资1.1亿美元，增长8.8%。

接待游客2915万人次，增长16.1%；旅游总收入326亿元，增长18.0%。金融机构本外币存款余额622.33亿元，增长14.64%；贷款余额863.11亿元，增长8.4%。实现保费收入14.9亿元，增长8.97%；赔付支出5.82亿元，增长19.54%。

新增高新技术企业22家。规模以上工业高新技术产业增加值64.46亿元，增长9.4%。高新技术产业投资额23.8亿元，增长22.6%。完成技术交易额5.26亿元，增长111.4%。专利申请2296项，获得授权专利1249项，其中发明专利授权量178件,增长1.2%。

幼儿园83所,在园幼儿1.84万人。小学24所,在校学生3.68万人。普通初中22所,在校学生1.59万人。普通高中6所,在校学生2139人。中等职业教育学校3所,在校学生4635人。全县专任教师5642人。

卫生事业机构(含村卫生室)309个,床位2406张、卫生技术人员4327人。每1000人拥有医生3.06人。举办第三届群众文化艺术节、第十三届陈汉章读书节。放映农村公益电影2240场,送戏进文化礼堂150场,举办各类文化活动3000场次。举办各级赛事活动122次。亚帆中心项目和亚运会沙滩排球场馆项目建设加快推进。

企业职工基本养老保险参保25.1万人,工伤保险参保14.2万人,城乡居民养老保险参保12.5万人,失业保险参保11.3万人,医疗保险参保51.7万人。全县困难群体2.45万人全部纳入养老保障范围,户籍社保参保率94%。484个居家养老服务站与乡镇卫生院签订医养结合协议,签约率100%。全年发放社会救助金1.1亿元、慈善救助金4737万元。

空气质量优良率94.8%,大气环境质量优良率95.1%。PM2.5平均浓度24微克/立方米,下降4%。全县6个市控饮用水源地、9个农村千吨万人集中式饮用水源地水质达标率100%。近岸海域发现赤潮2次,累计面积约260平方千米。全年中心城区污水排放0.24亿立方米,下降9.1%,城市污水处理量0.23亿立方米,增长1.8%,城市污水处理率97%,提高2.85个百分点。城市生活垃圾无害化处理率100%。人均公园绿地面积14.03平方米。完成人工造林1674公顷。森林抚育面积5729公顷,义务植树25万株。森林覆盖率56.2%(含灌木林)。

【第二十二届中国(宁波象山)开渔节】 2019年9月6—17日,第二十二届中国(宁波象山)开渔节——中国农民丰收节系列活动在象山举行。活动以“感恩海洋,欢庆丰收,实现渔区振兴”为主题,以“善待海洋就是善待人类自己,感恩海洋,保护海洋”为口号,由中国农民丰收节组织指导委员会指导,省政府主办,象山县政府执行。系列活动包括第七届中国(象山)海洋文化夜市、“平安守护 欢乐渔港”戏曲展演、中国农民丰收节系列活动——第二十二届中国(宁波象山)开渔节祭海仪式、妈祖巡安仪式、千人庆丰宴、活动开幕式暨开船仪式等群众参与度高的民俗活动,以及第十五届中国海洋论坛、动漫产业与文旅融合高峰论坛、清廉乡村建设工作推进会、中国民间文艺家协会“民间文艺进校园(象山站)”志愿服务活动、中国青年志愿者蓝色护海行动暨海洋公益日主题活动等论坛等。70多家中央、省市级及境内外媒体参与活动报道,发表报道120多篇。

【“村民说事”案例入选乡村治理典型案例】 2019年6月9日,在农业农村部新闻办公室举行的新闻发布会上,象山县的“村民说事”案例成为农业农村部公布的首批20个全国乡村治理典型案例之一。象山县“村民说事”源于2009年象山县西周镇,通过定期召开村级说事会,让老百姓有事敞开说,干部主动与群众沟通,并逐步探索形成以“说、议、办、评”为核心内容的“村民说事”制度,以解决村民关注的热点问题和矛盾纠纷。6月10日,全国加强乡村治理体系建设工作会议在象山县召开。中共中央政治局委员、国务院副总理胡春华出席并讲话,要求深入贯彻习近平总书记关于“三农”工作的重要论述,按照党中央、国务院决策部署,全面加强和改进乡村治理,夯实乡村振兴根基。

(象山县委党史研究室 沈学东)

温州市 Wenzhou Municipality

【概况】 2019年,温州市区域面积12110平方千米,市区城市建成区面积267.63平方千米,辖4个区、3个县级市(其中新增龙港市)、5个县。年末户籍人口832.4万人,常住人口930万人。

地区生产总值6039.8亿元,比上年增长8.2%。其中:第一产业增加值151.7亿元,增长2.1%;第二产业增加值2811.9亿元,增长6.1%;第三产业增加值3642.5亿元,增长10.1%。按常住人口计算,人均地区生产总值71225元,增长7.7%。

财政总收入和一般公共预算收入分别为936.9亿元和579.0亿元,按可比口径分别增长8.6%和12.5%。一般公共预算支出1084.1亿元,增长24.0%;民生支出占财政支出的79.4%,提高2.7个百分点。规模以上工业企业利润272.3亿元,增长3.8%。规模以上工业全员劳动生产率16.2万元/人,提高13.4%。

城镇居民和农村居民人均可支配收入分别为60957元和30211元,分别增长8.7%和9.9%。低收入农户人均可支配收入10973元,增长13.5%。全市居民人均生活消费支出34107元,增长9.3%。市区居民消费价格上涨2.2%。

农林牧渔业增加值154.2亿元,增长2.2%。粮食种植面积10.8万公顷,增长1.1%;粮食产量63.7万吨,增长0.9%。蔬菜播种面积6.93万公顷,增长2.7%。水产品总产量62.0万吨,增长2.5%。

工业增加值2311.0亿元,增长7.8%。规模以上工业企业5336家,实现工业增加值1109.3亿元,增长7.6%。规模以上工业销售产值5070.8亿元,增长6.5%。规模以上工业中,高新技术产业、装备制造业、战略性新兴产业增加值分别增长7.7%、8.8%和6.8%,占规模以上工业的56.8%、50.3%和18.5%。数字经济核心产业制造业、高端装备、环保、健康、时尚制造业增加值分别增长9.0%、8.9%、7.9%、7.8%和6.6%。规模以上工业新产品产值增长29.1%;新产品产值率为36.9%,提高6.1个百分点。建筑业增加值502.4亿元,占GDP的7.6%。

货物进出口总额1902.2亿元,增长26.2%。其中:进口216.9亿元,增长6.0%;出口1685.3亿元,增长29.4%。民营企业出口1575.2亿元,增长32.4%,占全市出口总额的

93.5%，提高2.1个百分点。全市获自营进出口权企业2万家，其中出口超过5000万美元的企业57家。

实际利用外资7.58亿美元，增长45.0%。在“一带一路”沿线建成俄罗斯、越南、乌兹别克斯坦3个国家级境外经贸合作区，以及塞尔维亚、乌兹别克斯坦2个省级境外经贸合作区。境外投资中方投资额7.5亿美元，新批境外投资项目38个，其中“一带一路”沿线国家投资6.9亿美元，占全部境外投资的92.2%。

全市公路总里程14904千米。年末公共汽(电)车营运车辆4110辆，年载客量4.42亿人次；公路和水路货物周转量476.2亿吨千米，增长10.3%；旅客周转量89.7亿人千米，下降6.2%。

全市有幼儿园1405所，在园幼儿28.90万人。小学568所，在校学生63.57万人，小学学龄儿童入学率为100%。初中339所，在校学生27.88万人。各类中等职业教育学校37所，在校学生8.51万人。普通高中103所，在校学生12.10万人。普通高校11所(其中本科独立学院2所)，在校学生10.43万人。义务教育中小学专任教师5.96万人，中等职业教育(不含技工学校)专任教师5000人。

文化礼堂2515个。公共图书馆藏书1377.4万册。拥有人类非遗代表性项目4个，国家级非遗代表性项目34个，省级非遗代表性项目145个，市级非遗代表性项目747个，国家级非遗代表性传承人37人，省级非遗代表性传承人206人，市级非遗代表性传承人733人。

医疗卫生机构5794个，医疗卫生机构床位数4.41万张，卫生技术人员7.02万人。医院年诊疗3880.8万人次，增长6.6%。实施“明眸皓齿”工程，儿童青少年近视率下降1.45个百分点、龋齿率下降1.34个百分点。获批国家城市医联体试点，建成县域医共体19个，新改扩建标准化乡镇卫生院38个。新增城镇就业人数11.9万人，城镇失业人员实现再就业1.5万人，城镇登记失业率为1.8%。公共体育场馆36个，各类公共体育场所2.53万个。温州市运动员在全国以上比赛中获世界冠军称号4个。

2019年10月27日，世界青年科学家峰会“一带一路”签约仪式在温州举行

（胡铸鑫　摄）

【国家自主创新示范区建设】 2019年，温州市实施自创区八大攻坚行动，“一区五园”新落地重大科创项目51个，高新技术产业投资比上年增长19.9%。编制环大罗山科创走廊建设规划，中国科学院大学、浙江大学等温州研究院实现实体化运行，瓯海国家大学科技园扩建开园，温州高新区全国排名前移9位，温州浙南产业集聚区(经开区)跃升至全国第48位。全市新增高新技术企业552家、科技型中小企业2213家；新增省级产业创新服务综合体7个、省级以上工业设计中心13个；温州高校毕业生就业率增长65.4%，人才净流入率3.45%。

【重点领域改革深化】 2019年9月25日，龙港撤镇设市，系全国首个镇级县，成为国内新型城镇化标志性改革。龙港撤镇设市的最大特色是“大部制、扁平化、低成本、高效率”。温州金融改革深化方案获省政府批复，入选财政支持深化民营和小微企业金融服务综合改革全国试点，个人债务集中清理在全国率先破题。国家海洋经济发展示范区总体方案获批，国家海域综合管理创新试点有效推进。乐清、平阳、泰顺3县(市)改革入选农村改革试验区新一轮国家级试点，农村“三位一体”改革案例全国推广。

【内外开放发展】 2019年，温州市出台“稳外贸八条”，全市进出口总额比上年增长26.3%，增速全省第一。中国(浙江)自贸区温州联动创新区获批，全球商品贸易港建成开业。6个重点事项列入国家规划纲要，发起设立长三角产业升级股权投资基金。与上海嘉定战略合作“十大举措”加速落地，温州(嘉定)科技创新园开园。

【宜居环境打造】 2019年，温州市推进环保督察反馈问题整改，绿色发展指数升至全省第三位。打赢“五水共治”翻身仗，整治污染企业1.35万家，创建成为省级“美丽河湖”11条(个)，省控断面优良率提高87.5%，创建全国水生态文明城市。出台《城镇生活垃圾分类体系建设实施方案》，创建高标准分类示范小区85个；建成“污水零直排区”145个、城镇污水配套管网410千米，完成6座城镇污水处理厂清洁排放技术改造。洞头蓝色海湾整治项目入选“新中国70周年大型成就展”，泰顺获评国家生态文明建设示范县。全市环境空气优良率98.2%，入选“中国气候宜居城市”。

【道路交通建设】 2019年，温州市甬台温高速复线灵昆至苍南段、绕城高速北段二期、龙丽温高速文瑞段和文泰先行段等建成通车，文成、泰顺实现高速公路贯通，全市新增高速公路

2019年1月23日,温州S1线轨道交通项目建成并投入运营 (管新民 摄)

148千米。溧宁高速文景段、金丽温高速东延线加快建设。杭温高铁建设全线铺开,市域铁路S1线全线运营、S2线全面进场,地铁M线报批进展顺利。温州机场综合交通中心、航空物流园、乐清湾港区C区一期开工,温州港集装箱吞吐量比上年增长19.1%。

〔温州市委党史研究室(温州市地方志办公室) 潘 达〕

鹿 城 区

【概况】 2019年,鹿城区区域面积292.8平方千米,辖12个街道、2个镇,社区、行政村各80个。年末户籍人口78.55万人,常住人口126.26人。

地区生产总值1137.13亿元,比上年增长8.6%。其中,第一产业增加值1.93亿元,第二产业增加值285.40亿元,第三产业增加值849.79亿元。三次产业结构比例为0.2:24.8:75.0。按常住人口计算,人均地区生产总值为90536元。

财政总收入55.28亿元,其中一般公共预算收入34.39亿元。全区居民人均可支配收入65502元,增长9.7%。其中:城镇常住居民人均可支配收入68113元,增长9.0%;农村常住居民人均可支配收入36255元,增长10.0%。

农林牧渔业总产值3.74亿元,粮食作物播种面积2191.99公顷,粮食总产量1.37万吨。市级以上农民专业合作社14个。农业电商销售额8600万元。农业标准化率63.09%。无公害农产品11个、中国绿色食品标志认证产品5个。山地造林面积9.67公顷,森林抚育219.53公顷,村庄绿化4.6公顷,公路铁路绿化2公顷,新植珍贵树木5.7万株。

工业增加值208.99亿元,增长8.5%。其中规模以上工业增加值56.99亿元,增长8.9%。规模以上工业销售产值222.42亿元。出口交货值69.04亿元,下降4.5%。国家级高新技术企业102家,省级科技型中小企业865家,企业研发中心128个。接待海内外游客1969.75万人次,增长16.2%;旅游总收入265.60亿元。旅行社159个(含分社),星级饭店14个;饭店客房出租率63.3%。

拆除违法建筑75万平方米,实体解危C、D级危房337幢。新建绿地126.5公顷。建成区人均公园绿地面积12.69平方米,绿地率34.7%。全年环境空气优良天数352天。

幼儿园90所(131个园区),在园幼儿2.97万人。小学42所(89个校区),在校学生6.92万人,义务段入学率98.5%。初中23所,在校学生2.42万人,初中毕业生升入高中比率为99.3%。义务教育中小学专任教师6517人。公共图书馆藏书41.8万册。农村放映数字电影1764场,观众25.2万人次。拥有国家级非物质文化遗产2个,省级非物质文化遗产15个。

医疗卫生机构571个,卫生机构床位941张,增长13.1%。卫生技术人员3999人。医院年诊疗54.51万人次。

体育场地面积248.70万平方米,各类公共体育场所2324个。参加职工基本养老保险44.83万人,职工基本医疗保险22.61万人,城乡居民基本医疗保障参保25.3万人,新增城镇就业人数1.82万人,城镇登记失业率1.51%。

【民营企业发展】 2019年,鹿城区小微民营企业市场主体总量突破10万户。出台全国首个民营企业新闻发言人制度,举办首届温州民营企业家节、首届中国鞋都鞋类采购节等活动。新增"专精特新"培育企业185家、"小升规"工业企业65家、"上云企业"2008家、上市报会企业1家。竣工小微企业园16.4万平方米,获评省级小微企业园建设提升重点区。打好金融风险防范战,P2P非法网贷存量法人机构全面清退,银行不良贷款率降至1.11%。

【"四图"场景化应用】 2019年,鹿城区率全省之先推广"经济总图、楼宇地图、用地地图、招商地图"场景化应用,盘活"两低一闲"面积250.4万平方米,落地1亿元以上产业项目16个、10亿元以上产业项目4个。节约集约利用土地工作获省政府督查激励,获新增建设用地计划指标奖励6.67公顷。

【城市功能品质提升】 2019年,鹿城区加快建设区域中心城市,开工"大建大美"项目87个,建成85个,完成投资225.6亿元。江心屿"诗路明珠"、公园路步行街等23个"两线两片"项目竣工,五马—蝉街获评省级高品质步行街。创新实施"学年制"做地出让办法,完成19个区块、321.93公顷土地"清零",出让经营性用地100.27公顷,收取出让金353亿元。全区开建安置房370万平方米。新建改造"四好农村路"57.5千米,快速公交6号线开通,104国道鹿城段、缙苍公路鹿城段等重大交通项目提速,温瑞大道二期北段全线通车。瓯江治理一期工程、瓯江绕城高速至卧旗山段海塘工程竣工验收。建成省级新时代美丽乡村达标村21个，藤桥镇、山福镇分别获评小城镇环境综合整治省级突出贡献集体和省级样板。

【民生福祉增强】 2019年，鹿城区民生事业投入资金53.57亿元，占全区公共财政预算支出的78.5%。新建改建放心农贸市场5个、城市书房2个、百姓健身房6个、养老服务中心6个、退役军人服务中心（站）183个，获评"中国刺绣艺术之乡"，创建成为省级食品安全区。实施教育项目55个，招引优秀教师163人，兑现名特优教师住房奖励53套。新增社区卫生服务中心2万平方米，获评"全国基层中医药工作先进单位"。有效防控登革热和非洲猪瘟等重大疫情。首次入选"中国幸福就业强区"。

（鹿城区政府办公室　吴王杰）

龙湾区

【概况】 2019年，龙湾区陆地面积323.09平方千米，辖10个街道。其中沙城、天河、海城、星海4个街道委托温州经济技术开发区管理。年末户籍人口34.05万人，常住人口72.76万人。

地区生产总值455.62亿元，比上年增长8.2%。其中，第一产业增加值2.46亿元，第二产业增加值213.05亿元，第三产业增加值240.11亿元。三次产业结构比例为0.54:46.76:52.70。人均生产总值（按年平均户籍人口计算）为19.32万元。常住居民人均可支配收入61248元，农村常住居民人均可支配收入37642元。

财政总收入54.02亿元，增长13.3%，其中公共财政预算收入32.16亿元。公共财政预算支出40.0亿元。年末金融机构存款余额983.35亿元，贷款余额1095.83亿元。

农林牧渔业总产值3.9亿元，增长4.6%。其中，农业产值2.74亿元，林业产值为91万元，牧业产值0.46亿元，渔业产值0.68亿元，农林牧渔服务业产值148万元。农作物播种面积3913.33公顷，其中粮食作物播种面积1140公顷。

规模以上工业增加值77.42亿元，增长8.2%。规模以上高新技术产业增加值46.15亿元，增长10.2%，占规模以上工业的比重为59.6%。建筑业增加值31.56亿元，增长0.7%。

专利申请量4787件，增长14.5%；专利授权量2432件。新增高新技术企业49家、省科技型中小企业248家、省级企业研究院6个、省级研发中心6个。限额以上批发零售、住宿餐饮企业销售（营业）额1522.16亿元，增长23.3%。全社会消费品零售总额362.14亿元。接待境内外旅游者539.63万人次，旅游总收入55.73亿元。

外贸进出口总额308.53亿元，增长24.1%，其中，进口额120.93亿元，出口额187.60亿元。新批外商直接投资项目6个，合同使用外资2.41亿美元，实际使用外资2.12亿美元。

普通小学30所，在校学生3.11万人。普通中学12所，在校学生1.06万人。中等职业教育学校1所，在校学生2344人。有小学专任教师1871人、中等职业教育专任教师128人、普通中学专任教师849人。公共图书馆图书总藏量（含电子书）60.8万册。区级医院2个，公共卫生机构3个，社区卫生服务中心6个。床位843张，执业医师（助理）1168人，注册护士950人。公共体育场馆2个，业余体校1所，各类公共健身设施353个。

城镇职工基本养老保险参保25.72万人，城乡居民基本养老保险参保3.14万人，城乡居民基本医疗保险参保16.61万人，城镇职工基本医疗保险参保12.58万人。有社会福利收养性单位8个，床位2534张。城市居民最低生活保障人数214人，农村五保供养人数23人。发放各类救助、慰问资金2200多万元，惠及困难群众3320多人。全区空气质量指数（AQI）优良率96.3%。PM2.5平均浓度25微克/立方米。

【"三百亿"重大项目集中开竣工】 2019年2月，龙湾区举行"三百亿"重大项目集中开竣工活动暨温州东部时尚中心建设项目开工仪式。集中开竣工的重大项目23个，项目总投资336.8亿元，其中：开工项目12个，总投资247.9亿元；竣工项目11个，总投资88.9亿元。项目涵盖新能源、基础设施、民生保障等领域。

【温州国际机电城新全球招商中心开放】 2019年5月，位于温州浙南科技城、瓯江口新区、温州经济技术开发区（滨海工业园区）三大板块交汇处的温州国际机电城新全球招商中心开放，吸引五金机电企业、商户等1000多人参加。温州国际机电城总用地面积为11公顷，分两期建设，一期用地6.4公顷，投入资金6亿元。开放营业的一期智能制造装备中心投用，正泰电器、德力西电器、红鼎机电等1000多个国内外知名品牌入驻；二期建筑面积4.79万平方米，投资4.79亿元。

【北大—温州激光与光电子联合研发中心揭牌】 2019年6月，北大—温州激光与光电子联合研发中心揭牌仪式在北京航空航天大学温州研究院举行，标志着双方将合作开发激光光电子前沿技术及关键技术，组建激光与光电子研发团队，打造国内一流的研发平台。中心将依托北京大学的综合学科优势，整合学科资源，创建国内领先的激光与光电子关键技术研究和产学研、成果转化及示范应用中心。

【北斗产业基地项目签约授牌】 2019年9月，北斗产业基地项目签约授牌仪式在温州高新区（浙南科技城）浙南•云谷举行，温州市政府与中国交通通信信息中心合作共建的重大战略项目北斗产业基地授牌启动。北斗产业基地将在浙南科技城构建北斗产业创新中心、北斗信息产业园、北斗智慧产业"一心二园"规划布局，紧扣"北斗+智慧出行""北斗+公共安全""北斗+航天航空""北斗+智慧海洋"等产业导向，承接承载一批北斗产业高端项目和前沿技术。授牌仪式上签约中国交通通信信息中心北斗产业孵化项目、艾森斯科技新型半导体材料项目等项目14个，总投资约57亿元，项目涵盖北斗产业研发、生产、应用、融资等各环节。

【浙江省激光与光电产业联盟落户龙湾】2019年10月，温州激光与光电智能制造高端国际学术论坛在温州高新区（龙湾区）举行，22个涉及激光光电与智能制造等相关领域的项目进行集中签约，浙江省激光与光电产业联盟落户龙湾。该联盟由浙江大学现代光学仪器国家重点实验室、中科院宁波材料技术与工程研究所、宁波大学高等技术研究院、温州大学激光与光电智能制造研究所、温州医科大学眼视光研究院、奔腾激光（温州）有限公司、杭州奕力科技有限公司、浙江翰德圣智能再制造技术有限公司8家科研院所和企业共同发起建立的联盟，旨在引导激光光电产业相关企业、科研院校围绕技术创新的关键问题开展合作，共同突破产业发展的核心技术，提升浙江省激光光电产业整体水平和核心竞争力。

（龙湾区地方志研究室　王婷婷）

瓯　海　区

【概况】　2019年，瓯海区区域面积466平方千米，辖12个街道、1个镇、1个省级经济开发区。年末户籍人口46.32万人，常住人口95.37万人。

地区生产总值661.12亿元，比上年增长8.6%。其中，第一产业增加值6.62亿元，第二产业增加值278.06亿元，第三产业增加值376.44亿元。

财政总收入71.6亿元，增长10.4%，其中一般公共预算收入42.01亿元，一般公共预算支出70.14亿元。城镇常住居民人均可支配收入63022元，增长8.8%；农村常住居民人均可支配收入36619元，增长9.5%。

农林牧渔业总产值9.62亿元，增长1.4%。其中，种植业产值7.68亿元，增长1.4%。工业增加值208.33亿元，增长8.4%。其中，规模以上工业增加值126.69亿元，增长8.4%。全区589家规模以上工业企业总产值537.44亿元，销售产值491.47亿元。全区规模以上工业企业利税总额47.79亿元，其中利润总额29.75亿元。全员劳动生产率16.0万元/人。规模以上工业企业新产品产值236.94亿元。数字经济核心产业制造业、高端装备、环保、健康、时尚制造业增加值分别增长9.2%、5.7%、11.8%、8.7%和10.7%。具有建筑业资质的总承包和专业承包企业56家，建筑业总产值118.41亿元。在建工程房屋施工面积1660.26万平方米，下降45.8%；房屋竣工面积277.18万平方米，下降53.4%。固定资产投资增长10.1%。全社会消费品零售总额337.19亿元，增长9.2%。外贸进出口总额183.02亿元，增长13.8%。

幼儿园159所（民办119所），小学48所（民办3所），初中19所（民办2所），普通高中2所（区管民办2所），职高1所，特殊教育学校1所，电大1所。在园幼儿2.92万人，小学生5.02万人，初中生1.99万人，高中生1428人（区管民办1428人）。学前教育入园率100%，小学、初中入学率100%，初中毕业生升入高中段比率98.8%。幼儿园、小学、初中、（区管）普通高中和中职学校专任教师分别为2109人、2789人、1647人、171人和257人。

科技园（国家级孵化器）1个、国家级众创空间4个，省级科技企业孵化器1个、省级众创空间5个，省级企业研究院6个、省级高新技术企业研发中心38个。新增高新技术企业55家，有效高新技术企业157家，新培育省级科技型中小企业242家，累计818家。

省级公共文化示范区1个、省级文化强镇2个、省级民间艺术之乡2个、省级文化示范社区（村）7个。全国重点文物保护单位1处、省级文物保护单位4处。省级历史文化村2个。"非遗"项目102项，其中国家级2项、省级4项。非遗传承基地33个，其中省级1个。非遗传承人71人，其中国家级2人、省级4人。

医院（不含省属、市属）9个、社区卫生服务中心（卫生院）10个，服务站24个，村卫生室82个，个体诊所276个，其他社会医疗机构47个。实有床位1394张，执业医师（包括助理）1566人，护士1252人。全年各医疗机构就诊人次448.13万人次，增长1.22%。

【"三服务"活动】　2019年，瓯海区开展"三服务"活动，化解企业各类问题777个，获"2019年度中国营商环境百佳示范县市"，区工商联获评全国"五好工商联"。新增智能化改造项目83个、工业机器人应用168台、"企业上云"1150家，百珍堂建成全市食品行业首个智能车间，鼎业机械落地全市首例5G工业互联网应用。"雄鹰""雏鹰"行动推进，新增产值5亿元以上企业2家、1亿元以上企业14家、"小升规"企业113家，浙江森马服饰股份有限公司入选全省首批"雄鹰行动"培育名单，浙江朝隆纺织机械有限公司跻身国字号专精特新"小巨人"，兴机电器有限公司、温州聚星科技股份有限公司获评省"隐形冠军"企业。"凤凰行动"全面深化，为企业直接减负20.1亿元，不良贷款率降至1.04%。引进院士18名，评选工匠大师20名，大学生留瓯突破1万人，首次转为"净流入"，瓯海区获评浙南唯一的"国家创新人才培养示范基地"。

【服务业发展】　2019年，瓯海区出台现代服务业发展扶持政策，华侨城文旅综合体等3个项目入选省服务业重大项目计划，大象城、真皮大世界等专业市场销售额连创新高，万象城成为全国同类地区前三综合体，服务业发展指数排名进入全省前十位。楼宇经济不断壮大，培育税收1亿元楼宇3幢、总部型企业14家。农旅产业融合发展，泽雅全域旅游项目启动实施，温州"极地海洋世界"建成开业，山根音乐小村开村，全区创建成为AAA级景区2个、市级精品民宿3个，旅游总收入增长18.6%。

【城市环境建设】　2019年，瓯海区推进"清垃圾、除破烂"行动，建成"乱改用"项目20个，景山花木市场完成搬迁，高速桥下空间利用打造出"瓯海样板"，郭溪创建成为省级美丽乡村示范镇街。温瑞大道快速路等6个项目开工建设，104国道拓宽二期、广化南路二期等20条道路通车。新增快速公交线路4条、社区巴士线路4条、公共停车泊位2703个，建成泽雅公交枢纽站。启动温州动车南站服务提升工程，建成进站平台改造等4个交通优化项目，保障每年3000多万旅客安全进出。推进仙湖调蓄等水利工程，肯恩变等3座变电站建成投用，新建改建5G基站1200个，中心区、大学城等重点区域实现5G信号全覆盖。

【生态环境建设】 2019年，瓯海区全力打好“五水共治”攻坚战，率先组建市政管网建设维护中心，排查疏通管网90千米，建成“污水零直排”项目49个，创建成美丽河道10千米，6个省市断面基本稳定在Ⅳ类水以上。淘汰关停重污染企业1259家，整治提升1777家，大气质量稳定在国家二级标准以上。落实中央环保督察反馈问题整改，完成“大棚房”、违建别墅等问题整治，建成农污水标准化运行维护设施3个，拆除违法建筑150万平方米，高分创建成为省“基本无违建区”。新增直运垃圾专线5条、高标准示范小区12个，学校、机关率先实现垃圾分类全覆盖，三垟街道获评省级垃圾分类示范样板片区。

（瓯海区地方志研究室　杨　静）

洞头区

【概况】 2019年，洞头区区域面积2862平方千米，其中陆地面积155.25平方千米，辖5个街道、1个镇、1个乡。年末户籍人口15.49万人，常住人口10.82万人。

地区生产总值107.84亿元，比上年增长8.8%。其中，第一产业增加值5.86亿元，第二产业增加值44.55亿元，第三产业增加值57.44亿元。三次产业结构比例为5.4∶41.3∶53.3。人均生产总值69655元，增长8.6%。

财政总收入15.09亿元，增长20.7%。其中一般公共预算收入9.70亿元，增长18.7%。一般公共预算支出32.74亿元，增长18.5%。城镇常住居民人均可支配收入49567元，农村常住居民人均可支配收入29962元。城镇居民人均消费支出31459元，农村居民人均消费支出22390元。社会消费品零售总额39.49亿元，完成批发零售、住宿餐饮销售总额141.94亿元。金融机构人民币存款余额105.14亿元，人民币贷款余额113.82亿元。

农林牧渔业总产值12.28亿元，增长2.9%。其中，农业产值1.19亿元，农作物播种面积2582公顷。渔业总产量16.59万吨，增长1.8%。规模以上工业总产值101.49亿元，增长64.9%；规模以上工业增加值17.70亿元，增长73.4%。建筑业总产值108.66亿元，利润总额1.95亿元。限额以上固定资产投资增长11.8%，其中重点建设项目投资37.65亿元。房地产开发投资5.45亿元，下降10.0%；房屋施工面积87.34万平方米，商品房现(期)房销售面积9.43万平方米。

新增国家级高新技术企业4家、省级科技型企业21家。专利申请受理量266件，专利授权量223件，其中发明专利授权33件。外贸进出口总额14.34亿元，下降29.7%。接待游客890万人次，增长15.6%；实现旅游总收入40.11亿元，增长15.5%。全社会客运量969万人次，货运量2519万吨，港口货物吞吐量773万吨。

幼儿园26所，在园幼儿3983人，幼儿专职教师324人。小学11所，在校学生7162人。初中7所，在校学生3497人，义务教育中小学专职教师1024人。普通高中2所，在校学生1752人。中等职业学校2所，在校学生970人，专职教师（含技工学校）72人。

总藏书37.59万册。组织艺术表演91场，观众5.35万人次；文化设施建筑面积2.30万平方米；国家级非物质文化遗产2个，省级非物质文化遗产12个；文化信息资源共享基层支中心1个，省文化强镇1个，省级文化示范村(社区)8个，市级文化示范村(社区)28个。体育场馆1个，体育场地设施面积40.25万平方米，人均2.6平方米。

医疗卫生机构91个，卫生技术人员705人，医疗卫生机构床位378张，平均每1000人拥有床位3.65张。洞头连续14年孕产妇“零死亡”。居家养老服务照料中心57个，公办敬老院3个，民办养老机构7个，养老机构床位1076张。

城镇基本养老保险4.11万人，增加2329人。实缴基本养老保险费3.95亿元。城镇最低生活保障人数51人，农村最低生活保障人数1679人。城乡医疗救助2830人。城镇新增就业1405人，下岗失业人员实现再就业313人，城镇登记失业率1.93%。

全区国家级生态街道（乡镇）5个，省级生态街道（乡镇）1个，市级生态村65个，生态村覆盖率78.3%。空气质量有效监测天数353天，其中优良天数339天，优良率96.0%。

【海洋经济发展示范区建设】 2019年，《温州海洋经济发展示范区建设总体方案》获省政府批复。洞头区围绕“民营经济参与海洋经济新模式、海岛生态文明建设示范”两大主要任务，制订《温州海洋经济发展示范区洞头实施计划》。落实上级补助资金9.1亿元，获批一般债、土储债、棚改专项债6亿元。加快建设温州液化天然气(LNG)项目、白龙屿生态海洋牧场、黄鱼岛生态智能渔城和霓屿紫菜现代园(田园综合体)。交通城建工业化基地项目入选省重大产业项目，获用地指标奖励3.72公顷。诚意药业健康产业园获省级战略性海洋新兴产业项目认定。多元发展海洋体育活动和旅游节庆赛事，海洋旅游总收入比上年增长20%，国际邮轮港游客增长87.4%。同心旅游小镇入围省级特色小镇第五批创建名单。制定《社会资本参与海洋生态保护修复管理试行办法》，撬动民资5.6亿元。出台《洞头区海岛普惠金融创新试点实施方案》，完成企业“无还本续贷”14笔涉及金额7288万元，设立首期规模5亿元“台湾青年筑梦担保基金”。出台《温州市洞头区关于加快现代服务业高质量发展的若干政策意见》《关于扶持洞头区村庄总部经济发展的若干意见》，鼓励民营企业做大做强、扶持民营企业加大科技创新等优惠政策。举办温州洞头蓝色海湾·海洋经济院士论坛，《蓝色海湾指数评估技术指南》入选国家行业标准，蓝湾一期整治项目被列为全国海岛生态文明建设典型样本。

【洞头蓝色海湾整治项目参加北京大型成就展】 2019年9月23日，“伟大历程辉煌成就——庆祝中华人民共和国成立70周年大型成就展”在北京举行。洞头区蓝色海湾整治东岙沙滩修复作为全国海洋生态修复典型在第三部分“改革开放”篇章展出。蓝色海湾整治一期项目包括海洋环境综合治理、沙滩整治修复和生态廊道建设三大工程，总投资4.76亿元。项目获财政部中央海岛和海域保护资金补助3亿元。其中东岙沙滩修复工程修复岸线长度135米，修复沙滩面积1.84万平方米。

【省级全域旅游示范区建设】 2019年2月14日，洞头区被省政府批准为省级全域旅游示范县（市、区）。洞头区建立“多规融合”机制，形成“一轴两核三片十二主题”全域旅游空间规划布局。成立旅游志愿者服务中心等民间组织，开展全域旅游“1+10”系列配套活动。全区涉旅从业人员1.1万人，占全区社会从业人员20%以上。企业家、乡贤等社会人士捐资景区村庄旅游配套设施建设1800万元。建成全国规模最大的生态海洋牧场项目——鹿西白龙屿生态海洋牧场、海洋文化创意园、15千米“星光经济”环线。全省首个EPCO模式打造的花园厕所投入使用。新能源旅游观光巴士营运，“诚意号”“华中号”2艘“水上巴士”下水，建成低空飞行停机坪6个。建成五岛沿线风光轴、环洞头岛连港蓝色海岸带等4条美丽乡村风景线。获评国家AAA级旅游景区2个、省AAA级景区村庄6个，入选浙江省首批休闲旅游示范村2个，获评“中国最美休闲度假胜地”，入选浙江十大海岛公园。同心旅游小镇入选省特色小镇创建名单，东屏街道上榜省级旅游风情小镇，望海楼入选省生态旅游区。全年接待海内外游客713.69万人次，旅游总收入66.26亿元，分别比上年增长22.1%和25.9%。

【铁人三项世界杯赛在洞头举行】 2019年9月7日，温州长距离铁人三项世界杯赛在洞头举行。该赛事为国际铁人三项A类赛事，总赛程102千米，包括2000米海游、80千米骑行、20千米跑步，来自中国、波兰、斯洛文尼亚等国家和地区的600多名选手参加。斯洛文尼亚选手Kovacic Jaroslav和波兰选手Ewa Bugdol分别获男女长距离优秀组冠军。

（洞头区史志研究室　曾焕定）

乐清市

【概况】 2019年，乐清市陆地面积1391平方千米，海域面积284.30平方千米，海岸线长166.80千米，辖8个街道、14个镇、3个乡。年末户籍总户数38.83万户，户籍人口131.49万人，常住人口142.85万人。

地区生产总值1209.93亿元，比上年增长8.7%。其中，第一产业增加值20.36亿元，第二产业增加值557.41亿元，第三产业增加值632.16亿元，三次产业结构比例为1.7∶46.1∶52.2。按常住人口计算，人均生产总值84848元。

财政总收入167.02亿元，增长4.2%。一般公共预算收入99.69亿元，一般公共预算支出155.38亿元。金融机构人民币存款余额1634.51亿元，人民币贷款余额1384.77亿元。全市境内外上市公司8家，新三板挂牌企业20家。12家证券公司营业部证券交易额2907.45亿元；3家期货公司营业部期货交易额1857.67亿元。30家保险公司保费收入32.94亿元，赔付支出10.5亿元。

农林牧渔业增加值21.07亿元，增长0.5%。其中，农业增加值11亿元，粮食种植面积2.03万公顷，粮食产量11.13万吨。建成乡村振兴示范带4条，美丽田园490.67公顷，推广农业物联网基地424.13公顷，益农信息社覆盖所有行政村。建成省水稻产业“机器换人”示范县、智慧农机装备应用示范基地4个，创建省级新时代美丽乡村达标村118个，保护利用省级历史文化村2个。

工业增加值516.69亿元，增长8.0%。规模以上工业企业1208家，增加值296.49亿元。固定资产投资增长10.1%。建筑业增加值40.77亿元。房地产开发投资增长6.7%，房屋施工面积796.88万平方米，商品房销售面积162.2万平方米。

货物进出口总额185.66亿元，增长15.7%。其中，进口5.16亿元，出口180.50亿元。服务外包执行额5462.49万美元，实际利用外资7296万美元。新增外资企业8家，新批境外投资项目4个。新增高新技术企业138家，培育省科技型中小企业333家。培育省级企业研究院12个、省级高新技术企业研发中心13个。专利申请量9553件、授权量7189件。

居民人均可支配收入54775元，增长10.1%。城镇和农村居民人均可支配收入分别为64442元和35478元。全市居民人均消费支出36894元。居民人均住房建筑面积57.6平方米。社会消费品零售总额535.41亿元，增长9.0%。接待游客2307.9万人次，增长17.4%；旅游总收入321.72亿元。商品交易市场67个，成交额129.16亿元。新设市场主体2.79万户，在册市场主体16.51万户。新增城镇就业1.65万人，城镇下岗失业人员实现再就业2123人。城镇登记失业率2%。

小学86所，在校学生10.89万人，小学专任教师5815人。初中59所，在校学生4.5万人，专任教师3379人。普通高中16所，在校生1.83万人，专任教师1630人。中等职业学校5所，在校学生1.03万人，专任教师566人。

图书馆总藏量93.1万册。新建农村文化礼堂205个。培训文艺骨干2.22万人次。拥有人类非物质文化遗产代表性项目1个、国家级非物质文化遗产代表性项目5个。

医院24个，社区卫生服务中心8个，乡镇卫生院23个，社区卫生服务站70个。医疗机构床位4253张。卫生技术人员4592人。建成省全民健身中心1个、省小康体育村提升工程13个。人均体育场地面积2.1平方米。

基本养老保险参保81.12万人，职工基本医疗保险23.80万人。有各类社会福利机构56个，拥有床位9684张。低保对象6652户9466人。居家养老服务照料中心426个。

【乐清市获评全国数字农业农村发展水平评价先进县】 2019年4月20日，农业农村部信息中心发布《2018年度全国县域数字农业农村发展水平评价报告》，报告从发展环境、基础支撑、信息消费、生产信息化、经营信息化、乡村治理信息化、服务信息化7个方面对全国县域数字农业农村发展水平进行评价。乐清市获评2018年度全国县域数字农业农村发展水平评价先进县。

【大荆镇入选国家农业产业强镇建设名单】 2019年7月20日，农业农村部办公厅、财政部办公厅联合印发《关于批准开展2019年农业产业强镇建设的通知》，批准298个乡镇开展农业产业强镇建设。浙江有7个乡镇入选，其中乐清大荆镇为温州市唯一入选的乡镇。大荆镇是铁皮石斛的传统产区与产品集散地，铁皮石斛种植面积533.33公顷，全镇铁皮石斛全产业链产值19.05亿元，从业人员4万人。

【第七届国际物联网传感技术峰会在乐清召开】 2019年9月11日，第七届国际物联网传感技术峰会在乐清召开。来自世界各地的业界知名人士500多人参会，共同规划传感器、物联网应用未来的发展路线图。峰会由国家工业信息安全发展研究中心、德国传感与测量技术专业协会、温州市政府联合主办。

（乐清市委党史研究室　詹恭学）

瑞　安　市

【概况】 2019年，瑞安市陆域面积1350平方千米，海域面积3037平方千米，辖12个街道、9个镇、2个乡，行政村421个。年末户籍总户数33.62万户，户籍人口125.82万人，常住人口143.79万人。

地区生产总值1003.96亿元，首次突破千亿元大关，比上年增长7.6%。第一产业增加值25.1亿元，第二产业增加值460.11亿元，第三产业增加值518.75亿元。三次产业结构比例为2.5∶45.8∶51.7。按常住人口计算，人均生产总值69985元。

财政总收入125.2亿元，增长6.3%。一般公共预算收入79.64亿元，一般公共预算支出139.92亿元。金融机构人民币存款余额1722.53亿元，人民币贷款余额1351.83亿元。各类保险公司财产险保费收入14.72亿元，支付财产险赔付7.63亿元。城镇常住居民人均可支配收入64721元，农村常住居民人均可支配收入33497元，分别增长8.8%和10%。城镇居民人均消费支出36527元，农村居民人均生活消费支出25358元。

农林牧渔业总产值39.31亿元，其中种植业产值15.68亿元。经济作物中油料作物产量2913吨。水产品产量9.85万吨。认证无公害农产品34个、绿色食品7个、有机农产品4个、地理标志产品2个。建成国家农产品质量安全县和全国主要农作物生产全程机械化示范县，列入全国农民专业合作社质量提升整县推进试点。

规模以上工业增加值179.59亿元，增长4.0%。规模以上工业产值880.89亿元。1012家规模以上工业企业中，工业总产值超过1亿元企业152家，实现工业总产值563.46亿元。有资质建筑业企业85家，建筑业增加值64.64亿元。

社会消费品零售总额525.37亿元，限额以上批发零售、住宿餐饮行业销售（营业）额448.19亿元，住宿业营业额5.34亿元，餐饮业营业额10.33亿元。国内游客1366.67万人次，海外游客17.87万人次。

外贸进出口总额309.01亿元，其中进口总额30.98亿元。开展进出口业务的企业1579家，新设外商投资企业10家，实际到位外资1.01亿美元。全市专利申请受理量8547件，专利申请授权量6098件。登记签订的各类技术合同145件，技术交易额31.71亿元。

幼儿园218所，在园幼儿4.72万人。小学83所，在校学生8.99万人，小学适龄儿童入学率100%。初中49所，在校学生3.99万人。普通高中12所，在校学生1.64万人。中等职业学校5所，在校学生1.27万人。特殊教育学校1所，在校学生495人。

新增国家级高新技术企业133家、省级企业研究院8个、省级高新技术企业研发中心3个、“品字标”品牌认证9个。获得省“浙江制造”品牌培育试点优秀市称号。主导制定国家标准2项，参与制定国家标准17项，主导制定并发布“浙江制造”团体标准15项。

新增馆藏文献5.7万种15.14万册（盘），收集地方文献560种924册，公共图书馆文献总量130万册（盘），图书总量107万册。创作各类文艺作品114件，获国家级奖项21件、省级奖项38件。公共体育场馆3个。医疗卫生机构993个，卫生技术人员9397人，医疗床位4759张。

城市垃圾无害化处理率100%。污水集中处理率95.8%。绿地面积780.48公顷，绿地率33.9%，人均公园绿地面积11.62平方米。环境空气质量良好以上级别363天。

基本养老保险105万人，城镇职工基本医疗保险参保39.19万人，城乡居民基本医疗保险参保77.54万人。城乡居民享受最低生活保障1.09万人。养老机构74个，床位9719张。城乡社区居家养老服务照料中心434个，床位3472张。

【“预拨付”快速兑现机制建立】 2019年，瑞安市深化民营经济解忧纾困综合试验试点，开展“千名干部进千企”活动，企业“十难”问题化解率99.7%。率全省之先建立财政奖补资金“预拨付”快速兑现机制，创新财政资金存贷联动定向支持实体经济机制，为企业减税降费43亿元。实施智能制造“个十百千万”工程，数字经济核心产业制造业增加值增长12.4%，入选省首批现代服务业与先进制造业深度融合试点、省“四个百项”重点技改示范项目，获评“浙江制造”品牌培育试点优秀市。实施“十企上市、百企上规、千企上云”计划，工业企业“小升规”155家、境外上市3家，浙江力诺A股上市成功，省级“雄鹰企业”和隐形冠军破“零”，实现网络销售额179亿元。

【平台建设和人才引进】 2019年，瑞安市完成固定资产投资407亿元，增长10%。智能汽车关键零部件“万亩千亿”新产业平台入选全省6个推荐创建名单，智控装备小镇列入省级特色小镇创建名单。小微园区开工面积33.33公顷，竣工60万平方米。50亿元级跨境电商产业链项目及胜华波智能风扇总成和京东智能骨干网2个20亿元级产业项目落地，全市列入省“152”工程项目6个。新产业平台新增高新技术企业133家，引进大学生1.1万人，获评省级人力资源服务产业园。

【乡村振兴示范带建设】 2019年，瑞安市全面启动乡村振兴示范带建设，计划3年内建成12条示范带，总投资72.79亿元。年内9条乡村示范带建成46个“两带”项目，天井垟田园综合体列入省级创建名单，成为温州市唯一的国家农产品质量安全县、省“双安双创”。全市乡镇通过省级小城镇环境综合整治达标验收，获评省“基本无违建市”。中央环保督察反馈问题全部完成整改。

【民生改善推进】 2019年，瑞安市新增财力80%以上用于改善民生工作，入围“2019中国最具幸福感城市”候选名单。全年创建省级文创园区街区2个，新建文化礼堂126个，平阳坑镇入选省“非遗主题小镇”，湖岭镇被评为省文化强镇。新增公共停车泊位1549个，完成农村饮水达标提标建设项目192个，受益20.1万人。率全省之先探索公益园办园模式，组建37个现代学校联盟，建成投用侨贸学校等学校、幼儿园26所，获评省教育基本现代化市。“医共体”(整合区乡两级医疗卫生资源，形成一个医疗体系)建设获省政府督查激励，该市作为唯一县级代表在国家卫健委新闻发布会上做典型介绍。瑞安市人民医院连续5年蝉联全国县级医院百强榜首。

(瑞安市委党史研究室　徐蓓蓓)

永　嘉　县

【概况】 2019年，永嘉县区域面积2674.3平方千米，辖7个街道、11个镇、4个乡，行政村454个，社区87个。年末户籍总数29.98万户，户籍人口98.79万人，常住人口83.32万人，城镇化率65.1%。

地区生产总值444.52亿元，比上年增长8.5%。第一产业增加值16.07亿元，第二产业增加值191.73亿元，第三产业增加值236.72亿元。三次产业结构比例为3.6∶43.1∶53.3。按户籍人口计算，人均生产总值45092元。

财政总收入62.20亿元，增长10.5%。一般公共预算收入39.53亿元。一般公共预算支出109.23亿元。金融机构本外币存款余额812.88亿元。住户人民币存款余额527.8亿元。金融机构本外币贷款余额724.48亿元。居民人均可支配收入39348元，居民人均生活消费支出25812元。

农林牧渔业总产值23.63亿元，增长2.4%。其中，农业产值15.84亿元。粮食播种面积1.37万公顷，增长2.0%；粮食产量7.98万吨。规模以上工业总产值317.81亿元，增长9.0%。规模以上工业销售产值295.37亿元，其中出口交货值34.83亿元。新产品产值122.87亿元，新产品产值率38.7%。工业产值超过1亿元企业67家，实现工业增加值141.96亿元，增长8.7%。规模以上工业企业424家，实现增加值71.03亿元，增长8.8%。规模以上工业企业利润15.65亿元，规模以上工业全员劳动生产率为14万元/人。

固定资产投资增长10.1%。房地产开发投资减少18.6%，房屋施工面积314.25万平方米。建筑业增加值49.85亿元。安排科技计划项目76个、科技经费5308.92万元。新增市级以上科技计划项目137项，落实上级补助经费691万元。

社会消费品零售总额216.69亿元，增长13.4%。其中，城镇消费品零售额174.24亿元，乡村消费品零售额42.45亿元。进出口总额62.30亿元，增长12.9%。其中进口总额2.77亿元，出口总额59.53亿元。海内外游客1556.66万人次，旅游总收入179.68亿元。

幼儿园159所，在园幼儿2.58万人。小学64所，在校学生5.96万人。普通中学45所，初中在校学生3.17万人，普通高中在校学生1.26万人。幼儿园专任教师1693人，小学专任教师3946人，普通初中专任教师2552人，普通高中专任教师1279人。各类卫生机构566个，卫生机构实有床位1971张，执业医师和执业助理医师2480人。

企业职工基本养老保险参保26.20万人，城乡居民基本养老保险参保35.5万人，城镇职工基本医疗保险参保15.99万人。在册低保对象2.68万人。县慈善总会捐赠收入1.09亿元，专款支出6413.95万元。新建示范型居家养老服务中心8个，创建助餐配送餐点172个。

永嘉县获第三批省级生态文明建设示范县。全县PM2.5年均浓度27微克/立方米，空气质量指数(AQI)优良率98.9%。5个市控及以上地表水监测断面水质优良比例达100%，县级以上集中式饮用水源地水质达标率100%，城镇生活污水处理厂出水监督性监测达标率100%。楠溪诗画小镇入选省级培育类特色小镇。

【永嘉入选省级美丽乡村示范县】 2019年3月1日，省委、省政府印发《关于命名2018年度浙江省美丽乡村示范县的通知》，永嘉县成为温州唯一入选的县(市、区)。永嘉坚持“生态立县”理念，深入开展全域环境大整治大提升行动，联动抓好污水、垃圾、厕所等“四大革命”，加快推进基础提升、古村开发、农旅融合，实现乡村产业、生态、文化、组织等全面振兴。全年培育省级美丽乡村达标村124个、特色精品村21个、A级景区村庄238个，全县乡村休闲旅游接待人数超过1300万人次。

【永嘉入选全国第一批革命文物保护利用片区分县名单】 2019年3月6日，中央宣传部、财政部、文化和旅游部、国家文物局联合公布《革命文物保护利用片区分县名单(第一批)》，永嘉县名列其中。永嘉县作为革命老根据地县，是列入中央军委正式序列的中国工农红军第十三军的诞生地，也是浙南革命游击队的主要活动基地。永嘉县加大革命文物保护利用力度，普查登录不可移动革命文物22处，其中，红十三军军部旧址先后入选第七批全国重点文物保护单位、全国红色旅游经典景区第二批名录、第三批浙江省红色旅游教育基地。10月，以红十三军旧址为核心区块的浙南红军小镇一期项目“红十三军教育基地”揭牌成立，红十三军纪念馆正式开馆。

【抗击超强台风“利奇马”】 2019年8月10日1时45分，台风“利奇马”在温岭市城南镇沿海登陆。“利奇马”是1949年以来登陆浙江第三强的台风，登陆时中心附近最大风力16级(52米/秒)。永嘉县22个乡镇(街道)均有不同程度受灾，受灾人口35.67万人，遇难31人、失联1人；倒塌房屋290间；中断公路200条，公路塌方1260多处；故障停运线路76条；三大通讯公司中断基站852个，北部山区乡镇通讯基本中断；148处饮用水工程损坏；农作物受灾面积1.32万公顷，其中成灾面积4945.4公顷，绝收面积1019.36公顷，全县直接经济损失45.12亿元。面对超强台风“利奇马”，社会各界第一时间支援抢险救灾，筹集爱心善款1.27亿元。灾后，全县全力以赴推进抢险救灾和重建工作，实现2天通电、3天通信和通水及4天通路，139天让山早村受灾群众入住新居。

【永嘉入围中国县域旅游竞争力百强县】 2019年12月20日，竞争力智库和中国信息化发展研究院联合发布《中国县域旅游竞争力报告(2019)》，永嘉县入围中国旅游百强县。永嘉县深入实施“12310”(聚焦一个发展定位，实施两大“国字号”创建，做好“三个三”文章，打造十大体系支撑示范项目)的旅游发展路径，以国家AAAAA级旅游景区和国家全域旅游示范县创建为目标，全力打造长三角一流的山水田园休闲度假旅游地，全年接待游客1556.66万人次，比上年增长28.79%；旅游总收入179.68亿元，增长28.78%；景区接待游客1344.23万人次，增长32.10%；门票收入1.05亿元，增长59.9%。

【浙江永嘉经济开发区设立】 2019年12月24日，省政府办公厅发文，同意整合设立浙江永嘉经济开发区，实行省级经济开发区政策。永嘉经济开发区以瓯北为核心，就近整合黄田、三江、乌牛等产业区块，形成“一区多片”发展格局，规划面积11.58平方千米。其中：瓯北区块规划面积7.26平方千米，包括东瓯工业区6.69平方千米；黄田区块规划面积1.13平方千米，包括三岙物流区0.22平方千米；三江区块规划面积2.16平方千米，包括三江罗东高新园区0.24平方千米；乌牛区块规划面积1.03平方千米，包括东蒙工业园0.36平方千米。

(永嘉县政府办公室　夏　靖)

文　成　县

【概况】 2019年，文成县区域面积1293.24平方千米，辖12个镇、5个乡。年末户籍人口41.08万人，常住人口24.57万人。地区生产总值104.91亿元，增长9.1%。其中，第一产业增加值9.34亿元，第二产业增加值24.29亿元，第三产业增加值71.28亿元。三次产业结构比例为8.9∶23.2∶67.9。按常住人口计算，人均生产总值42829元。

财政总收入13.84亿元，增长22.2%。一般公共预算收入9.63亿元，增长16.6%，其中税收收入5.8亿元，增长40.0%。一般公共预算支出56.14亿元，增长18.8%。全县金融机构本外币存款余额361.96亿元，增长12.8%；本外币贷款余额172.58亿元。

农林牧渔业总产值13.17亿元，增长4.9%。农作物播种面积1.83万公顷，增长4.7%。完成森林抚育面积666.67公顷，营造林面积722.8公顷。建成标准农田1000公顷，创建成为省级放心菜园2个、精品果园1个，新培育特色农产品种植优势区5个。

工业增加值10.44亿元，增长12.5%。规模以上工业增加值3.66亿元，增长15.4%。其中：高新技术产业1.52亿元，增长14.7%；装备制造业1.78亿元，增长15.1%；战略性新兴产业增加值0.66亿元，增长33.2%；数字经济核心产业制造业增加值0.41亿元，增长63.4%；高端装备产业增加值1.51亿元，增长11.1%；环保制造业增加值0.38亿元，增长56.3%。

规模以上工业企业30家；规模以上工业产值19.14亿元，增长20.9%。新增投产企业6家、“小升规”企业5家、国家高新技术企业2家，装备制造业省级“首台套”产品、亿元投资制造业项目、市级“两化融合”项目等实现“零”的突破。

固定资产投资48.9亿元，增长21.0%。其中：高新技术产业投资0.58亿元，增长90.4%；民间投资5.33亿元，增长17.3%；交通投资31.16亿元，增长53.1%；生态保护和公共设施投资5.51亿元，增长34.3%。房地产开发企业房屋施工面积82.39万平方米，增长4.9%。商品房销售面积18.07万平方米，增长45.3%；商品房销售额24.94亿元，增长97.1%。社会消费品零售总额50.63亿元，增长8.4%。外贸进出口总额3.63亿元，下降37.0%。实际利用外资总额621万美元，增长9.0%。

幼儿园27所，在园幼儿6302人。小学25所，在校学生1.57万人。初中14所，在校学生7364人。中等职业教育学校1所，在校学生1190人。普通高中2所，在校学生2869人。中小学专任教师1802人，中等职业教育(不含技工学校)专任教师85人。

文化单位和场馆206个。公共图书馆藏书49.48万册。广播节目综合人口覆盖率99.1%，电视节目综合人口覆盖率99.1%。

医疗卫生机构141个，床位831张，卫生技术人员1848人。医疗机构总诊疗240.89万人次，入院人数1.64万人次。

【旅游产业提升】 2019年，文成县举办浙江省第十四届山水旅游节、首届中国·文成达瓦孜国际邀请赛、浙江省文旅融合IP发展峰会等节庆活动和“刘伯温故里·文成号”高铁冠名列车首发仪式、温州轨道S1线首发仪式暨“伯温故里·天然文成”等旅游推介会。全年接待海内外游客807万人次，比上年增长15.1%；实现旅游总收入44.28亿元，增长16.0%。景区接待旅游人数328万人次，增长20.3%；门票收入0.96亿元，增长48.5%；过夜游客69万人次，增长16.0%。新增仙果庄园、嘉南美地2个国家AAA级旅游景区，猴王谷景区通过国家AAAA级景区景观质量评估。新增AAAA级景区镇2个、AAA级景区村庄6个。

【“文成杨梅”入选全国名特优新农产品】 2019年，“文成杨梅”被农业农村部列入第四批全国名特优新农产品目录。杨梅成为文成县第一大水果，位居文成县农业三大主导产业之首。“文成杨梅”是文成县重点培育的农业区域公用品牌，以其独特的优良品质，赢得广大消费者的好评，先后获得浙江省“十佳杨梅”、浙江省首届杨梅精品、温州市六大精品杨梅、温州杨梅擂台赛金奖等称号。

【文成县获全省治水奖“大禹鼎”】 2019年，文成县获2018年度美丽浙江建设“五水共治”(河长制)工作优秀市县“大禹鼎”。文成县坚持“标本兼治、突出重点、分类实施、综合施策”的思路，通过源头截污、疏堵结合、长效管理，全力打好污水治理攻坚战，推进“污水零直排区”创建，统筹谋划河湖系统治理和管理保护，打造“水网相通、山水相融、城水相依、人水相亲”的水环境，不断优化提升文成县的人居环境。(文成县政府办公室　周　情)

平　阳　县

【概况】 2019年，平阳县陆域面积1042平方千米，海域面积1300平方千米，辖14个镇、2个乡。年末户籍人口88.45万人，常住人口80.38万人，常住人口城镇化率58.4%。

地区生产总值510.29亿元，比上年增长8.9%。其中，第一产业增加值18.61亿元，第二产业增加值228.84亿元，第三产业增加值262.84亿元。三次产业结构比例为3.6∶44.8∶51.6。按常住人口计算，人均生产总值为63528元。

财政总收入57.48亿元，其中一般公共预算收入38.03亿元。一般公共预算支出90.88亿元。金融机构本外币存款余额662.9亿元，本外币各项贷款余额649.76亿元。金融机构人民币存款余额659.03亿元，人民币贷款余额642.54亿元。保险业保费收入16.27亿元。城镇常住居民人均可支配收入50767元，农村常住居民人均可支配收入24957元。

农林牧渔业总产值32.9亿元，增长3.5%。粮食播种面积1.62万公顷，油料作物播种面积1333.33公顷，蔬菜7066.67公顷。粮食作物总产量10.1万吨，肉类总产量1.8万吨。

工业增加值189.24亿元，增长8.6%。规模以上工业企业414家，规模以上工业增加值78.84亿元。完成销售产值369.58亿元，其中出口交货值55.90亿元。规模以上工业利税总额26.6亿元，利润总额15.44亿元。规模以上工业中，高新技术产业增加值40.42亿元，装备制造业增加值25.48亿元，战略性新兴产业增加值10.3亿元。新产品产值159.02亿元，新产品产值率41.33%。

社会消费品零售总额239.01亿元，增长10.2%，其中限额以上社会消费品零售额40.59亿元。网络零售额171.56亿元。进出口总额79.35亿元，增长18.4%。其中，进口总额3.51亿元，出口总额75.84亿元。实际利用外资4104万美元。旅游总收入161.43亿元，增长28.4%。其中接待国内旅游人数1896.40万人次，实现国内旅游收入160.72亿元。

公路总里程1648.99千米，其中等级公路(准四级以上)里程1648.99千米。客运班车通村率为100%，完成公路客运量3920万人次；公路货运量659万吨；港口货物吞吐量124.19万吨。公路和水运完成货物周转量4.88亿吨千米，旅客总周转量为13.50亿人千米。邮政业务收入1.10亿元，电信业业务收入8.71亿元。固定电话用户5.23万户，移动电话用户108.15万户，国际互联网用户数(包含手机)111.3万户。

参加城镇职工基本养老保险30.43万人，参加城镇职工基本医疗保险19.55万人，城乡居民基本医疗保险参保66.72万人。在册低保对象1.68万人。

【中国地名文化遗产“千年古县”获批复】 2019年2月，经中国地名文化遗产保护专家委员会专家评审认定，平阳县被确认为中国地名文化遗产“千年古县”。平阳建县于晋武帝太康四年(283)，始称“始阳”，建县历史1736年。梁乾化四年(914)，吴越王钱镠平定横阳之乱，取“横阳既平”之义，遂改县名为平阳。平阳县名沿用1105年，并稳定保持县级建制。“千年古县”是由联合国地名专家组中国分部和民政部共同实施的国家重点文化走出去战略项目——“中国地名文化遗产保护工程”重点项目之一。

【纪念中共浙江省一大召开80周年座谈会在凤卧镇举行】 2019年7月，省委在平阳县凤卧镇中共浙江省第一次代表大会会址举行座谈会，纪念中国共产党浙江省第一次代表大会召开80周年。省委书记车俊出席并讲话。会议强调，纪念中共浙江省第一次代表大会召开80周年的最好方式，就是深入践行习近平总书记赋予浙江的新期望，不忘初心、牢记使命，推进“八八战略”再深化、改革开放再出发，加快“两个高水平”建设，奋力谱写新时代中国特色社会主义浙江新篇章。

【南麂陆岛联网输变电工程建成】 2019年11月，南麂岛与大陆联网35千伏输变电工程海底电缆全线贯通，并在年底投运通电，结束浙江省建制镇电力“孤网”历史。该条光电复合海缆长度43.9千米。2014年，南麂微电网建成。2018年8月，陆岛联网输变电工程启动，历时15个月，高质量完成变电站主体工程建设。此次敷设的海缆是国内最长的35千伏无接头光电复合海底电缆，一体成型，重量近2000吨，由国内自主研发制造，使用寿命30年。

【小行星命名“苏步青”】 2019年11月8日，国际小行星委员会批准并发布国际公报：中国科学院紫金山天文台2008年2月29日发现的国际编号297161号小行星，正式命名为“苏步青星”。命名为“苏步青星”是为纪念苏步青，铭记他在数学研究和教育领域做出的杰出贡献。苏步青，平阳人，中国著名的数学家、教育家，中国微分几何学派创始人，他发现后来被数学界广为盛赞的“苏锥面”与“苏链”，并系统发展射影微分几何理论，被誉为“东方国度上灿烂的数学明星”和“东方第一几何学家”,被誉为“数学之王”。

(平阳县地方志研究室 卢圣蒙)

泰顺县

【概况】 2019年,泰顺县区域面积1761.5平方千米,辖12个镇、7个乡。年末户籍人口37.3万人,常住人口25.59万人,人口自然增长率为5.3‰。地区生产总值110.6亿元,比上年增长8.2%。其中,第一产业增加值9.48亿元,第二产业增加值37.1亿元,第三产业增加值64.02亿元,三次产业结构比例为8.6∶33.5∶57.9。按户籍人口计算,人均生产总值29633元,按年均汇率折算4296美元,增长8.1%。

财政总收入17.22亿元,增长25.2%。一般公共预算收入10.1亿元。实现税收收入15.38亿元。一般公共预算支出55.55亿元,其中民生支出46.54亿元。金融机构人民币存款余额245.27亿元,贷款余额151.09亿元。

农林牧渔业总产值13.90亿元,增长4%。其中,农业产值9.31亿元。农作物种植面积1.77万公顷,粮食总产量5.3万吨。农业龙头企业32家,其中省级农业龙头企业5家;示范合作社45个,其中国家级示范合作社3个;主导产业示范区8个;农业特色精品园27个;休闲观光农业示范园5个;生态循环农业示范区3个。

工业增加值9.62亿元,增长9.7%。规模以上工业企业21家,规模以上工业增加值2.84亿元。其中,高新技术产业增加值1.31亿元,装备制造业增加值0.91亿元。规模以上工业新产品产值6.38亿元,规模以上工业销售产值12.96亿元。有资质建筑企业70家,建筑业增加值27.48亿元。商品房销售面积12.21万平方米。

社会消费品零售总额55.27亿元,增长9.9%。国内外游客686.8万人次,旅游综合产值46.14亿元。各类市场17个,市场成交额9.38亿元。外贸进出口总额42987万元,增长10.8%。其中出口总额42935万元,增长10.8%。市外引进项目18个,其中省外引进项目17个,“泰商”投资项目12个。

科技型企业149家,其中省级科技型企业85家;专利示范企业5家,其中省级专利示范企业2家;高新技术企业8家。专利申请受理量486件,专利申请授权量350件,其中发明专利授权39件。

城乡居民基本养老保险参保14.99万人,企业职工基本养老保险参保6.02万人;城乡居民基本医疗保险参保32.29万人,城镇职工基本医疗保险参保3.13万人。城乡居民最低生活保障人数1.02万人,全年列支低保(补助)金5358.72万元。农村“五保”集中供养261人。有劳动能力的残疾人就业安置率63%。

全日制学校55所,专任教师2807人,在校学生3.63万人。其中,幼儿园49所,专任教师650人,在园幼儿9904人。初中毕业生升学率98.3%,学龄儿童入学率100%。医疗卫生机构153个,各类卫生技术人员1861人,医疗机构床位1144张,医疗机构诊疗病人255.4万人次。

文化单位和场馆295个。艺术团体演出1993场次,观众31.2万人次;数字电影放映2603场次,观众16.48万人次。国家级非物质文化遗产6个、省级15个、市级102个。

公共体育场馆3个,体育场地设施面积62.42万平方米,独立设置的业余体校1所。建成社区健身广场25个、健身苑点419个。体育彩票销售额2571.62万元,增长49.3%。

【项目投资增长】 2019年,泰顺县“四项百亿”工程项目完成投资115.3亿元,固定资产投资比上年增长12%。溧宁高速泰顺至浙闽省际段建成通车,华东大峡谷氡泉旅游度假区游客中心、小松坡游客之家、月山下至牛栏岗公路等项目建成。开展“百日攻坚”大行动,完成拆迁1.13万平方米、“土地双清”148.87公顷、土地出让62.6公顷、垦造耕地53.73公顷。获得省、市财政转移支付资金28亿元。签订18个产业项目,协议总投资371.9亿元,年内开工产业项目5个,招商引资到位内资16.9亿元,实际利用外资717万美元。新招引总部经济回归企业23家,入库税收5.1亿元。

【城乡环境优化】 2019年,泰顺县开展“蓝天保卫战”和“碧水澄清战”,完成6个“污水零直排区”创建。建成全市首个国家生态文明建设示范县,泰顺获评全省第一批清新空气示范区,列入全省首批大花园典型示范培育单位名单,乌岩岭国家级自然保护区创建成为全国自然教育基地。建成投用泰顺污水总厂、县生活垃圾无害化综合处理项目,新建改造污水管网26千米,开工建设餐厨垃圾处置项目。建成文祥湖水库大坝主体工程。完成特色小镇规划编制18个,累计创建成为小城镇环境综合整治省级样板8个。雅阳氡泉小镇列入第五批省级特色小镇创建名单,东溪乡列入省级旅游风情小镇培育名单,泗溪镇、龟湖镇创建成为全市首批省AAAA级景区镇。建成乡村振兴示范带5条,完成农村饮用水达标提标工程75个,建成“四好农村路”277千米,新增垃圾分类处理村104个、省级农村生活垃圾分类高标准示范村3个,创建成为省级新时代美丽乡村示范乡镇2个、特色精品村6个,竹里村入选全国第一批乡村旅游重点村名录。

【民生事业建设】 2019年,泰顺县实施“学在泰顺”三年行动计划。华东师范大学附属温州泰顺学校项目签约,教育现代化发展水平从全省77位上升至37位。创建成为国家卫生乡镇4个。落实扶贫工作“黄金八条”,完成22.3兆瓦“光伏小康工程”并网发电,278个村集体经济全部实现总收入15万元以上、经营性收入6万元以上;完成生态搬迁3580户、1.26万人,获批农业农村部“人口集聚与农民增收致富改革试点”。泰顺县在全省26个县发展实绩山海协作工程考核中排名第一。

【生态产业培育】 2019年,泰顺县实施康养文旅“四个十”工程,加快廊氡国家级旅游度假区和国家公共文化服务体系示范区创建。畲乡竹里、南浦溪景区通过国家AAAA级旅游景区景观质量评定,全年接待游客686.7万人次,实现旅游综合产值46亿元,分别比上年增长24.1%和28.5%。完成低效工业项目整治15.6公顷,工业税收增长19.7%。建筑业完成省内产值64.6亿元。泰顺创建成为省级畜牧业绿色发展示范县,全国农民专业合作社质量提升整县推进试点经验被农业农村部介绍推广。万排万亩茶园入选“中国美丽茶园”,岭北板场田园获评全省“最美田园”,百花蜜蜂专业合作社入选全国示范社,“山友”农产品区域公用品牌正式发布,“三杯香”茶入选中国农业区域公用品牌目录。完成美丽林相改造140公顷、彩色健康林建设73.33公顷,百丈镇成为全市首个国家级园林城镇。

【泰顺入选第三批国家生态文明建设示范县】 2019年,生态环境部公布第三批国家生态文明建设示范市县名单,泰顺县名列其中。此次评选涉及生态制度、生态经济、生态文化等六大领域32项创建指标。泰顺县深入践行“两山”理念,按照“生态立县、旅游兴县”的方向和“旅游主业化、全域景区化”的目标,推进生态大搬迁、生态化配置综合改革、生物多样性保护等多项改革,其中“生态大搬迁”被评为全国32个典型生态保护与建设模式。

(泰顺县政府办公室　李　觉)

苍南县

【概况】 2019年,苍南县陆地面积1252.9平方千米,海岸线长227千米,辖17个镇、2个民族乡,行政村427个,社区84个,居民区19个。年末户籍人口135.03万人,常住人口85.42万人,城镇化率63.9%。

地区生产总值652.21亿元,比上年增长6.2%。其中,第一产业增加值增长2.4%,第二产业增加值增长4.8%,第三产业增加值增长10.3%。三次产业增加值结构比例为5.4:41.1:53.5。

财政总收入67.66亿元,增长9.0%。一般公共预算收入42.46亿元,增长12.6%。居民人均可支配收入39932元,增长9.3%。按常住地分,城镇和农村居民人均可支配收入分别50803和24320元,分别增长8.0%和9.7%。低收入农户人均可支配收入增长10.3%。金融机构人民币存款余额775.13亿元,增长11.5%;金融机构人民币贷款余额964.19亿元。保险业保费收入24.95亿元,支付各类赔款6.82亿元。

粮食播种面积1.86万公顷,增长0.3%;粮食总产量11.12万吨,猪牛羊禽肉总产量1.65万吨。创建省级现代农业园区2个,新增“三品一标”农产品46个。新增农村生活垃圾分类处理建制村173个。新建和改造提升农村公路116千米,苍南成为“四好农村路”达标县。14.4万农村人口喝上达标饮用水;新增A级以上景区村庄84个,创建美丽乡村示范乡镇1个、特色精品村10个、历史文化(传统)村落保护利用示范村1个。

规模以上工业增加值73.39亿元,增长3.1%。其中,国有及国有控股企业下降0.2%,私营企业增长8.5%;外商投资企业下降17.8%;港澳台商投资企业下降1.5%。进出口总额56.59亿元。新批外商直接投资项目12个,实际利用外资3428万美元。17个传统制造业增加值增长4.7%。规模以上工业销售产值358.78亿元,增长5.2%。省级高新技术特色产业基地1个,省级企业研究院2个,省级高新技术企业研发中心3个,省级众创空间1个。新认定高新技术企业26家,新培育省级科技型中小企业199家。专利申请量2968件。建筑业增加值54.70亿元,占GDP的8.4%。房地产开发投资增长22.6%,房屋施工面积600.2万平方米。

社会消费品零售总额385.94亿元,增长6.0%。各类商品市场10个,交易额134.57亿元。接待海内外旅游1622.60万人次,增长20.2%;旅游总收入155.63亿元,增长21.7%。

参加基本养老保险24.23万人,参加新型农村合作医疗保险108.94万人。在册低保对象2.60万人,新增各类机构养老床位数1585张。

小学77所,招生1.77万人。初中64所,招生1.58万人,初中毕业升学率为98.5%。各类中等职业教育学校5所,招生0.44万人。普通高中18所,招生0.67万人。义务教育中小学专任教师0.89万人,普通高中专任教师0.52万人。医疗卫生机构812个,医院床位5319张,卫生技术人员6878人。医疗机构年诊疗1057.34万人次,增长9.5%。

文化单位和场馆59个。电影放映15.6万场次,观众166.2万人次。国家级非物质文化遗产项目2个,省级非物质文化遗产项目24个。公共图书馆藏书79.92万册,有线电视入户率98.0%。大型公共体育场馆4个,体育场地设施面积287.5万平方米。

林地面积6.73万公顷,完成绿化造林492公顷,人工造林550公顷。县城建成区新增绿地面积17.10公顷,绿化率40.9%,建成滨水公园3个。环境空气质量达到Ⅰ级标准161天,达到Ⅱ级标准358天,空气质量优良率为98.1%。

【“苍南仪表”在香港上市】 2019年1月,苍南仪表集团股份有限公司在香港联交所主板敲钟上市,股票名称为“苍南仪表”,该公司成为苍南县首家上市企业。公司是全国领先的工业及商用燃气流量计制造商及苍南县龙头企业,公司从事集研发、制造、销售和售后服务于一体的综合业务。其仪表产品在中国工业及商用燃气流量计行业中排名第二,市场份额为36.8%。公司采用产学研技术合作方式,创建“苍南智能仪表省级高新技术研究开发中心”,有各类专职研发人员近100人。

【矾山镇被命名为浙江省旅游风情小镇】 2019年2月,省政府命名矾山镇为第二批浙江省旅游风情小镇。矾山镇位于浙南边陲、东海之滨,地居苍南县西南部,四周群山环抱,地势东高西低。矾山拥有储量丰富的明矾矿藏,已探明的明矾储量约2.4亿吨,占世界明矾储量的60%、中国明矾储量的80%,明矾储量、产量、销量和出口量均居世界第一,被国内外赞誉为“世界矾都”。600多年的明矾采炼历史为地方留下100多处矿业遗址,仅温州矾矿的旧厂房、仓库、车间等就有300多幢,被称作“活遗址”。

【苍南连续3年上榜“中国百强县”】 2019年7月19日，工业和信息化部赛迪顾问县域经济研究中心发布《2019年县域经济高质量发展指数研究成果》及2019年中国百强县名单，苍南县连续3年入围，排名第76位。苍南县围绕高质量建设浙江美丽南大门“1+5”发展目标定位，推进传统产业改造提升，规模以上工业总产值312.2亿元，比上年增长8.2%。企业上市、“浙江制造”品牌分别实现“零”突破。全县新增高新技术企业26家、省科技型企业155家，高新技术产业投资增长141.4%，创新环境评价指数跃升全省第十四位。全县小微园新开工274万平方米，竣工52万平方米。

（苍南县地方志研究室　杨邦昌）

龙　港　市

【概况】 2019年，龙港撤镇设市，全市区域面积183.99平方千米，辖9个片区，行政村73个、社区30个。年末户籍人口38.07万人，常住人口38.87万人。地区生产总值比上年增长5.7%。其中，第一产业增加值增长2.4%，第二产业增加值增长4.6%，第三产业增加值增长7.2%。

财政总收入20.2亿元，增长10.1%。其中一般公共预算收入12.85亿元。金融机构人民币存款余额219.2亿元，金融机构人民币贷款余额395.2亿元。

农林牧渔业总产值13.9亿元。农作物播种面积9533.33万公顷，粮食总产量4.1万吨。有捕捞渔船322艘，总功率5.4万千瓦，总吨位3.6万吨，其中小型渔船33艘，中大型渔船289艘。水产品总产量5.4万吨(其中海水捕捞4.5吨，海水养殖1万吨)。渔业总产值3.9亿元，其中捕捞总产值3.3亿元，养殖总产值6580万元。

参加城乡居民社会养老保险9.82万人、工伤保险9.92万人、生育保险3.81万人、城镇基本医疗保险3.95万人、新型农村合作医疗保险30.07万人。新增就业1万人，失业人员实现再就业2317人，城镇登记失业率1.95%。

幼托机构125所，教职工2106人，在园幼儿1.77万人。中小学校49所，教师3808人，在校学生5.89万人。其中：小学24所，在校学生3.8万人；初中20所，在校学生1.39万人，初中升学率98.8%，毕业率100%；各类中等职业教育学校1所，在校学生2017人；普通高中4所，在校学生4949人。

医疗卫生机构312个，卫生技术人员1912人。低保在册3099户、5881人，低保边缘户626户、1529人。公办敬老院4个，床位200张；民办托老机构14个，床位420张；市级和村级养老服务中心110个，床位951张。社会组织917个，其中登记社会组织364个、备案社区社会组织553个。文化单位和场馆18个。建有谢云旧居、姜立夫故居。健身步道50千米。龙港体育馆占地面积4.87公顷，总建筑面积4.15万平方米，体育馆座位3420个，比赛池标准泳道8条，达到全国二级比赛标准。

【龙港小城镇综合整治】 2019年，龙港市城镇化率63.2%，现代化新生城市基本形成。龙港体育馆、龙港高级中学、龙港城市公园等一批民生项目建成投用。社会事业全面提质发展，城乡居民共享发展成果。在河道保洁、绿化养护、交通管理、教育养老等领域，推行向社会购买公共服务模式，由市场承接部分公共服务职能，提高公共服务的质量和效率。

【产业转型初显成效】 2019年，龙港市基本形成印刷、礼品、纺织、塑编四大传统支柱产业，印刷原材料、不锈钢带材、微晶玻璃、超细纤维、特种陶瓷等新兴产业成为支撑的产业体系，“4221”的产业空间布局加快打造。发展数字经济“一号工程”，充分利用互联网、大数据等技术，推动传统产业转型升级。全市有规模以上企业238家。全力打造省级产业平台，印刷产业创新服务综合体列入省级产业综合体创建名单，印艺小镇建设加快推进。

（龙港市地方志研究室　李少畅）

嘉　兴　市
Jiaxing Municipality

【概况】 2019年，嘉兴市陆域面积4223.13平方千米，海域面积1504.33平方千米，辖2个区、3个县级市和2个县。全市户籍人口363.70万人，常住人口480.0万人，人口自然增长率为1.86‰。全市地区生产总值5370.32亿元，比上年增长7.0%。其中：第一产业增加值120.89亿元，增长2.1%；第二产业增加值2892.55亿元，增长5.9%；第三产业增加值2356.88亿元，增长8.5%。三次产业结构比例为2.2∶53.9∶43.9。按常住人口计算，人均生产总值16344美元，增长5.4%。全年完成财政总收入945.4亿元，其中一般公共预算收入565.69亿元，分别增长5.6%和9.1%。

农业总产值201.71亿元，增长2.3%。农作物播种面积26.74万公顷，下降1.3%。粮食生产功能区7.71万公顷。粮食总产量95.68万吨，增长2.4%。生猪存栏12.85万头，下降30.7%。肉类总产量8.76万吨，增长2.3%。累计创建省级现代农业园区6个、特色农业强镇10个，创建省级农业“机器换人”示范县1个、示范基地21个。

规模以上工业增加值2080.92亿元，增长6.8%。高新技术产业、装备制造业、战略性新兴产业增加值分别为1206.04亿元、671.59亿元和863.02亿元，分别增长9.8%、13.7%和8.7%，占规模以上工业增加值比重分别为58%、32.3%和41.5%。规模以上工业企业主营业务收入10277.03亿元，增长4.8%，利润总额597.75亿元，下降0.2%。“双创”工作和工业转型升级获国务院表彰。

服务业增加值2357.32亿元，增长8.5%，对GDP的贡献率53.8%。全社会消费品零售总额2102.54亿元，增长8.5%。网络零售额1999.7亿元，增长21.0%。商品房销售面积1069.19万平方米，下降7.7%。旅游总收入1422.91亿元，增长15.5%，接待国内外游客1.2亿人次,增长12.4%。嘉兴港货物吞吐量1.09亿吨,集装箱吞吐量186.5万标箱,分别增长12.6%和8.3%。金融机构人民币存、贷款余额分别达9318.44亿元、8004.43亿元,分别增长15.0%和18.2%。

固定资产投资增长11.3%。其中:高新技术产业投资495.16亿元,增长35.8%;交通运输投资155.33亿元,增长43.7%;民间投资(不含房地产开发投资)840.61亿元,增长15.8%;生态环境和公共设施投资251.96亿元,增长12.1%。

实现进出口总额2832.15亿元,增长0.4%。其中:进口725.69亿元,下降9.7%;出口2106.46亿元,增长4.4%。机电和高新技术产品出口分别增长7.5%和15.3%。新批外商投资项目339个,合同利用外资72.59亿美元,增长13.7%;实际利用外资41.25亿美元,增长31.4%。对外直接投资42.23亿美元,增长116.2%。实际到位内资458.50亿元,增长17.6%。

财政用于科技支出33.04亿元,增长38.4%。规模以上工业新产品产值4331.95亿元,增长8.2%;新产品产值率41.9%,提高0.6个百分点;新建产业创新服务综合体17个,新增高新技术企业523家、科技型中小企业1041家。新增发明专利授权2313件。签约诺贝尔奖、图灵奖获得者和海内外院士等人才64人,新增国家特聘专家102人。

各级财政用于民生支出620.13亿元,占一般公共预算支出的80.9%。新增城镇就业15.89万人,城镇失业人员实现再就业5.65万人,就业困难人员实现再就业1.67万人,城镇登记失业率1.81%以内。基本养老、医疗、失业、工伤和生育保险参保人数分别为328.38万人、413.32万人、149.04万人、194.4万人和156.44万人。发放各类救助金2.21亿元,城乡低保标准810元/月·人。完成棚户区改造安置住房1.56万套。

拥有各类学校(含幼儿园)720所,在校学生74.48万人。其中:小学150所,在校学生26.95万人;初级中学130所,在校学生11.07万人;普通高中36所,在校学生5.28万人。初中毕业生升高中段各类学校比例99%。普通高等学校10所,在校学生10.57万人。其中,全日制普通高校4所,在校学生5.67万人。普通本专科招生2.69万人,增长1.1%,毕业学生1.69万人。

拥有文化艺术表演团体19个,艺术表演场所25个,文化馆8个,文化站72个,公共图书馆6个,图书总藏量985.79万册,图书馆总流通量1789.57万人次。启动红色旅游标杆城市建设,率先在全国开展红色旅游资源普查,建成马家浜文化博物馆,基层公共文化服务评估连续6年列全省第一。有医疗卫生机构1642个,各类卫生工作人员3.69万人,医疗床位2.86万张。平均每1000人拥有医生3.68名、医院床位7.86张。嘉兴基本医疗保险制度全市统一。

城镇、农村居民人均可支配收入分别为61940元和37413元,分别增长7.8%和9.1%,城乡居民人均收入比1.66∶1,在全省率先实现100%的村集体经济经常性收入达100万元,全域列入国家城乡融合发展试验区。农村居民人均可支配收入连续16年保持全省首位。城市居民人均生活消费性支出35435元,增长9.5%;农村居民人均生活消费支出23824元,增长9.7%。城镇居民家庭人均住房建筑面积41.9平方米,农村居民人均生活用房建筑面积73.23平方米。

市控断面Ⅲ类以上水质比例达65.8%,提高24.7个百分点。全市空气质量优良率87.2%,提高4.3个百分点;市区PM2.5平均浓度35微克/立方米,降低5.4个百分点。累计完成"五废共治"项目34个,新增年固体废物处置能力336.8万吨。启动国家生态文明建设示范市创建,饮用水水源地、地表水水质和市区空气质量改善幅度均列全省第一。新增绿地面积1733.35公顷、绿道57.89千米。新增美丽乡村特色精品村40个、AAA级景区村庄17个、精品村7条,新建"四好"农村路1218千米,生活垃圾分类处理实现建制村全覆盖。

【长三角一体化发展示范区共建】 2019年11月19日,国家发展改革委公布《长三角生态绿色一体化发展示范区总体方案》,示范区范围包括上海市青浦区、江苏省苏州市吴江区、浙江省嘉兴市嘉善县,面积约2300平方千米(含水域面积约350平方千米)。嘉兴市以此为契机,开展示范区嘉善片区战略研究和专项规划编制,梳理出重大项目43个、改革重点40项和区域联动事项85个。探索"受办分离""跨区通办""证照联办"等机制创新,与青浦区、吴江区建立35项合作机制。秀洲区王江泾、油车港两镇纳入示范区规划协调区。

2019年11月1日,长三角生态绿色一体化发展示范区建设推进大会在上海青浦举行
(盛建生 摄)

【高质量外资集聚先行区建设推进】 2019年，嘉兴市实际利用外资41.25亿美元，比上年增长31.4%，外资总量列全省第二。开展招大引强，引进世界500强外资项目10个、总投资超过1亿美元产业项目55个，均列全省第一。新引进总投资超过100亿元外资项目4个。高技术产业实际利用外资13.59亿美元，增长205.6%，占实际利用外资的33%。打造高能级开放平台，3个国家级经济技术开发区在全国排名均实现晋位，进入全国百强行列。其中，嘉兴经济技术开发区位列全国第十二位、利用外资第五位。

【长三角科创项目活动在嘉兴举行】 2019年4月，首届长三角全球科创项目集中路演暨"2019中国•嘉兴航空航天百人会"活动举行。活动签约项目385个，总金额336亿元。7月，在长三角科技创新百人会暨科创项目路演活动中，嘉兴市举办生命健康、人工智能、半导体、智能传感四大领域的科技创新百人会活动，吸引289名海内外高层次人才参加，205个科创项目参会展示，现场签约项目74个，总金额47.35亿元。12月，创业者峰会暨科技创新项目路演活动举行，参会2000多人，参会人员中有国家特聘专家、其他特聘专家和博士。

【第六届全国残疾人职业技能大赛在嘉兴举行】 2019年10月25—30日，第六届全国残疾人职业技能大赛暨第三届全国残疾人展能节在嘉兴举行。中共中央政治局常委、国务院总理李克强做出重要批示。国务委员王勇出席并宣布开幕。省委书记车俊、省长袁家军、中国残联理事长周长奎等领导出席活动。大赛设置五大类26个比赛项目，33个代表团892名选手参赛，各界来宾5300多人。大赛实现"六个第一"，即第一次在地级城市举办、浙江省第一次获得团体总分第一、嘉兴市选手第一次在全国技能大赛中夺冠、第一次将智能制造列入大赛比赛项目、第一次将文创、电商、辅助性就业作为展能主题、第一次在大赛中采用信息无障碍智慧系统。嘉兴市7名参赛选手获得第一名、第二名各2个。

2019年4月18日，嘉兴市举行世界500强项目采埃孚与福田合资工厂投产下线仪式

（嘉兴经济技术开发区　供图）

【嘉兴国际马拉松】 2019年11月23日，嘉兴国际马拉松在嘉兴开跑。中国奥委会副主席、中国田径协会主席段世杰、奥运会跳水冠军吴敏霞等为比赛鸣枪。赛事由中国田径协会、浙江省体育局、嘉兴市政府主办。作为2019年"奔跑中国"马拉松系列活动之一，赛事以"追梦奔跑，幸福嘉马"为主题，设置马拉松、半程马拉松、健康跑3个组别，来自美国、日本、意大利等16个国家和地区的1.5万名选手参赛，是嘉兴市历史上人数最多、参与覆盖面最广、影响力最大的国际性体育赛事。中央电视台体育频道对赛事进行全程直播，20多个中央和省市媒体参与报道。

（嘉兴市政府办公室　翁正伟）

南　湖　区

【概况】 2019年，南湖区区域面积439平方千米，辖9个街道、4个镇。户籍人口52.66万人，常住人口68.29万人，人口自然增长率2.82‰。地区生产总值620.82亿元，比上年增长8%。其中：第一产业增加值12.81亿元，增长2.2%；第二产业增加值279.14亿元，增长8.5%；第三产业增加值328.88亿元，增长7.8%。财政总收入78.1亿元，增长7.6%，其中一般公共预算支出28.06亿元，增长15.4%。城镇居民人均可支配收入56366元，农村居民人均可支配收入36192元，分别增长8%和9.2%。

规模以上工业增加值198.77亿元，增长11.2%。高新技术产业增加值132.15亿元，增长16,7%；战略性新兴产业增加值105.32亿元，增长21.9%；数字经济核心产业制造业增加值53.93亿元，增长26.0%；装备制造业增加值93.92亿元，增长18.3%；传统产业增加值增长3.4%。整治"低散乱"企业（作坊）914家，腾退低效用地184公顷，盘活存量建设用地205.94公顷。

全区新增国家高新技术企业46家、省科技型中小企业124家。列入国家和省市科技项目482项。发明专利申请量和发明专利授权量分别为1708件和407件。新引进嘉禾区块链技术研究院、中村修二教授工作室等创新载体7个。创建市级产业创新服务综合体2个。引进顶尖人才9人（其中诺贝尔奖获得者3人），国家级高端人才23人、硕士以上高学历人才654人。新建博士后工作站3个、院士专家工作站4个。嘉兴市首个、浙江省第二个外国高端人才创新集聚区揭牌。

完成固定资产投资231.72亿元，增长11.9%。承办全省第七批重大项目集中开工嘉兴市主会场活动,9个省重点项目完成投资10.04亿元,86个市"615"项目完成投资125.86亿元,4个市"百年百项"项目完成投资9.07亿元,117个区重大政府投资项目、170个区重大产业投资项目分别累计完成投资43.99亿元和183.14亿元。全年列入省重大产业项目4个,其中省特别重大产业项目、省重大龙头产业项目各1个。

农林牧渔业总产值21.7亿元,增长2.4%。累计建成粮食生产功能区142个,面积8160公顷;全年改造提标粮食功能区6个,面积367.6公顷,推广"万元千斤"模式2400公顷。累计建成省级现代农业园区10个,面积4706.67公顷。全区有省级农业龙头企业3家、市级农业龙头企业29家、各类专业合作社198个。有国家农产品地理标志认定产品1个、市级以上名牌农产品2个。秸秆综合利用率96%,农业标准化程度超过65%。嘉兴国家农业科技园区通过科技部复评,凤桥镇获评省级特色农业强镇。

完成三塔里、桥东街、齐心弄3个城中村和大年堂地块全面征收,嘉兴冶金厂宿舍等10个地块"拎马桶""筒子楼"项目收购。高标准完成杨柳湾等3个农贸市场改造。建成工业园区"污水零直排区"5个、生活小区"污水零直排区"82个。凤桥镇、七星街道、竹林集镇获评小城镇环境综合整治省级样板,全区小城镇环境综合整治基本完成。

幼儿园52所、小学20所、普通中学18所,省义务教育标准化学校达标率96.9%。启动全国义务教育优质均衡县(市、区)创建。有文化馆1个、文化站11个、公共图书馆22个,新建智慧书房4个、礼堂书屋10个、乡村文化名师工作室2个。有各类体育场地1263个,场地面积139.76万平方米。有各级各类医疗卫生机构197个,区疾病预防控制中心、区中心医院东部院区建成并投入使用。

接待国内游客1591.29万人次,增长30.6%。旅游总收入208.76亿元,增长30.2%。新增城镇就业20732人,城镇失业人员实现再就业8781人,城镇登记失业率1.7%。新增首次职工养老保险参保人数2752人,净增基本医疗保险参保人数7349人。户籍人员基本养老保险参保率96%,户籍人员基本医疗保险参保率99.7%。全区定点医疗机构、定点零售药店实现市域医保"一卡通"全覆盖,家庭医生服务规范签约率38.2%,其中重点人群签约率79.9%。镇(街道)、村(社区)两级居家养老服务中心全覆盖。为243名精神、智障残疾人提供辅助性就业。

【3个经济开发区设立】 2019年12月25日,省政府办公厅发布关于整合设立浙江永嘉经济开发区等的复函,同意整合设立永嘉经济开发区、南湖经济开发区和路桥经济开发区,实行省级经济开发区政策。其中,南湖经济开发区通过就近整合嘉兴工业园区(大桥镇)和凤桥镇,规划面积8.02平方千米,分为A、B两个区块。其中A区块面积6.13平方千米,主业有数字经济、信息化和工业化融合创新业、生物技术和柔性电子等新兴产业;B区块面积1.89平方千米,依托沪杭高铁嘉兴南站和3个高速互通枢纽的交通优势,建设以高端装备制造业为主导产业的特色园区。

【省"无欠薪"区创建】 2019年11月25日,浙江省根治欠薪工作领导小组办公室印发《关于2018—2019年度"无欠薪"县(市、区)建设考核情况的通报》,南湖区以高分通过"省考",成功创建"无欠薪"区。南湖区出台《关于进一步深化"无欠薪南湖"创建和治欠保支工作常态化管理的实施意见(试行)》,开展工程建设领域和易发生欠薪问题的制造业企业专项治理,建立健全治欠保支预警预防机制和快速反应处置机制。在各镇(街道)建立劳动争议处理"三位一体"机制。

【首届"南湖之春"国际经贸会在南湖区举行】 2019年5月10日,首届"南湖之春"国际经贸洽谈会在南湖区举行,有关部门(单位)负责人及海内外客商300多人出席。会上签约引进项目45个,总投资超过200亿元。项目涉及智能制造、高端装备制造、现代服务业等,其中外资项目14个、超1亿美元项目9个。砷化镓集成电路项目总投资60亿元,为最大签约项目,主要从事半导体微波集成电路和垂直腔面激光发射器研发制造。

(南湖区政府办公室　陆康炜)

秀洲区

【概况】 2019年,秀洲区区域面积547.73平方千米,辖4个街道、5个镇、1个国家级高新区。户籍人口41.18万人,常住人口62.9万人。地区生产总值468.36亿元,比上年增长6.3%。其中:第一产业增加值13.20亿元,增长2.2%;第二产业增加值241.88亿元,增长4.8%;第三产业增加值213.28亿元,增长8.1%。

财政总收入60亿元,增长6.2%,其中一般公共预算收入27.27亿元,增长9.3%。一般公共预算支出41.32亿元,增长20.6%。城镇居民人均可支配收入55586元,增长7.4%;农村居民人均可支配收入35778元,增长8.6%。

农林牧渔业总产值20.65亿元,增长3.0%。粮食总产量14.39万吨。创建省级美丽乡村示范镇1个、特色精品村3个、新时代美丽乡村28个,新增A级以上景区村庄15个,新塍镇潘家浜村入选首批全国乡村旅游重点村和省级农家乐集聚村建设项目,王店镇入选省级休闲乡村创建项目,王江泾镇"梅家渔村"获浙江省"最美田园"称号。

工业增加值214.41亿元,增长5.7%,其中规模以上工业企业增加值162.96亿元,增长5.9%。规模以上工业企业总产值721.94亿元,增长4.7%;工业销售产值692.90亿元,增长3.2%。利税71.02亿元,增长1.1%。规模以上工业新产品产值364.23亿元,增长13.9%。社会消费品零售总额116.95亿元,增长8.1%。接待国内游客425.95万人次,增长15.5%;旅游收入51.86亿元,增长34.0%。进出口总额208.21亿元,增长6.9%。有进出口实绩企业620家。新批外商投资项目23个,合同利用外资5.11亿美元,增长13.2%；实际利用外资3.83亿美元，增长35.0%。引进总投资超过1亿美元项目6个，其中总投资超过50亿美元项目2个、100亿美元项目1个。引进市外内资46.58亿元。承接服务外包执行额9.91亿元，增长27.5%。

固定资产投资增长5.5%。城乡生活垃圾分类处理实现全覆盖，新建省级高标准分类示范小区19个，省级农村生活垃圾分类处理试点村10个、示范村3个。

全区有省级重点研究院6个、省级企业研究院13个、省级企业研发中心43个、市级企业研发中心104个、国家高新技术企业124家、省科技型中小企业375家。专利授权量4974件。

幼儿园38所，在园幼儿1.63万人。小学9所，义务教育公办中小学在校学生3.38万人。九年一贯制学校4所，初中7所。高中2所，在校学生1857人。举办区镇两级大型文化活动114场，送戏下乡42场，文化走亲33场，流动大篷车20场。

全区公办医疗卫生机构12个，床位1933张，公办医疗机构门急诊205.52万人次。家庭医生规范签约率40.5%，重点人群签约覆盖率82.5%。基本养老保险、基本医疗保险户籍人员法定参保率分别达95.1%和99.6%。最低生活保障对象1743户、2511人，农村“五保”对象、城镇“三无”对象集中供养率100%。

全区跨行政区域河流交接断面水质考核优秀。全年空气质量优良率80%，PM2.5平均浓度35.00微克/立方米。

【光伏小镇被命名为第三批省级特色小镇】 2019年9月26日，省特色小镇规划建设工作现场推进会公布第三批省级特色小镇名单，秀洲区光伏小镇上榜。光伏小镇是全省首批命名的高端装备制造类小镇之一。位于嘉兴市秀洲区西侧的秀洲国家高新区内，规划面积2.9平方千米，建设面积1.99平方千米。重点依托年产18GW高效光伏组件全产业链项目，进一步完善光伏产业生态圈，力争通过3~5年发展，实现光伏新能源产业规模以上工业总产值300亿元。

【省级食品安全区创建】 2019年12月5日，省食品安全委员会命名秀洲区为“浙江省食品安全县（市、区）”。秀洲区深入实施食品安全战略，将食品安全作为最重要的民生工程之一，自启动省食品安全区创建以来，通过着力构建食品安全良性发展体系、全过程监管体系、共建共管长效体系“三大体系”，实现食品安全整体水平、治理能力、产业发展水平和群众满意度4个明显提升，食品安全群众满意度从70%上升到80%以上。

【省级国土资源节约集约模范区创建】 2019年12月24日，省自然资源厅印发《关于表彰2018年度省级国土资源节约集约模范县（市、区）的通告》，秀洲区获评“省级国土资源节约集约模范县（市、区）”。秀洲区通过政策引导、空间调优、整治挖潜、存量盘活、“零地”技改等举措，探索实践节约集约利用资源的好模式、好机制，有效破解土地“紧缺”和“沉睡”双重制约，缓解用地供需矛盾，资源节约集约利用水平明显提高。

【省级“四好农村路”示范县创建】 2019年9月，秀洲区成功创建省级“四好农村路”示范县。秀洲区连续10年将农村公路建设作为民生实事。累计实施县道新建改建52千米，乡村道路改造提升550千米、桥梁改造333座，公路网100平方千米密度从170提升到205，农村公路建设基本覆盖全区所有行政村，为加快推进农业农村现代化提供交通保障。

【新塍镇潘家浜村入选首批全国乡村旅游重点村】 2019年7月23日，国家发展改革委、文化和旅游部联合发文，公布第一批全国乡村旅游重点村名单，新塍镇潘家浜村成为嘉兴市唯一入选的重点村。潘家浜村位于秀洲区新塍镇南部，全村总面积4.06平方千米。从美丽乡村建设到景区化创建，潘家浜村始终将发展乡村旅游与保护历史遗迹、传承农耕文化相结合，先后获全国文明村、省美丽乡村精品特色村和嘉兴市十大美丽乡村等荣誉。潘家浜村依托新塍美食古镇游、温泉体验游、乌镇休闲度假游和嘉兴市区红色寻根游，着力打造江南地区富有特色的旅游集散小村。

（秀洲区政府办公室　姚仲衍）

海　宁　市

【概况】 海宁市区域面积862.74平方千米，其中内陆面积731.8平方千米，辖4个街道、8个镇，有行政村152个、社区75个。总户数19.79万户，户籍总人口70.25万人，常住人口87.83万人，人口自然增长率1.9‰。

地区生产总值1026.57亿元，比上年增长7.1%。其中：第一产业增加值18.27亿元，增长2%；第二产业增加值581.06亿元，增长6.8%；第三产业增加值427.23亿元，增长7.7%。三次产业结构比例为1.78∶56.60∶41.62。按户籍人口计算，全市人均生产总值146624元，按年均汇率折算为21255美元。财政收入157.36亿元，其中一般公共预算收入97.02亿元，分别增长2.8%和9.0%。城镇常住居民人均可支配收入65526元，农村常住居民人均可支配收入38739元，分别增长8.1%和9.3%。

农业总产值30.39亿元，增长2.2%。粮食总产量11.88万吨，增长0.1%。农业龙头企业41家，产值47.05亿元。农业现代化评价、统筹城乡水平分别列全省第15位和第5位。

工业增加值515.23亿元，增长7.7%。规模以上工业总产值首次突破2000亿元，达到2026.35亿元，增长7.8%。规模以上工业企业营业收入2043.56亿元，实现利税151.19亿元。规模以上工业企业新产品产值901.78亿元，增长11.3%。金融机构人民币各项存款余额1744.03亿元，各项贷款余额1443.27亿元。保险业保费收入27.87亿元。接待国内外游客2203.23万人次，旅游总收入278.06亿元，总收入增长11.2%。

房屋建筑施工面积2209.4万平方米。房地产施工面积1004.78万平方米。商品房销售面积184.40万平方米（不含经济适用房、安置房），下降9.7%。社会消费品零售总额477.48

亿元,增长8.7%。各类商品交易市场64个,其中成交额超1亿元市场30个,交易成交额362.26亿元。进出口总额562.83亿元。新设外商投资企业68家,实际利用外资5.1亿美元。

全市城市建成区面积54.97平方千米,建成区绿地面积2099.9公顷、绿化覆盖面积2272.7公顷,市区绿地率38.2%、绿化覆盖率41.3%、人均公园绿地面积15.81平方米。

新增省科技型中小企业156家,批准鉴定科技成果64项,申请专利6044件,授权专利4379件。经认定登记和网上技术市场签约的技术合同金额超过7亿元。新增省级众创空间4个、嘉兴市级众创空间1个、域外孵化器2个、省级星创天地1个。

有幼儿园82所、小学30所、普通中学26所、中职类学校4所、特殊教育学校1所。小学在校学生4.63万人,小学学龄人口入学率100%。初中毕业生升入高中段比例99.6%。普通中学在校学生2.91万人。全年农村11.01万人次接受各类文化技术培训。

有文化馆(站)13个,艺术表演场所演出108场次,艺术表演团体演出4212场次。市公共图书馆总藏量204.39万册(件)。举办各类文化展览活动384次、讲座169次。组织全市性体育活动153项,参与运动员2.5万人次。举办国际级赛事7项、国家级赛事12项、各类省级赛事23项。

各类医院、卫生院26个,医疗床位4714张;卫生技术人员6424人。群众对医疗服务第三方满意度95分以上。海宁成为全省首个国家卫生城市、国家卫生镇和省级卫生村全覆盖的县级市。

全市城镇居民人均住房建筑面积42.37平方米,农村居民人均住房建筑面积63.98平方米。提供就业岗位16.98万个,安置城镇失业人员1.21万人,城镇登记失业率1.8%。基本养老保险参保人数47.65万人。医疗保险参保人数81.67万人。

全市主要河道Ⅳ类水及以上水质占91.3%,其中Ⅲ类水占54.3%,饮用水水源地原水水质达标率100%。洛塘河、紫薇河2条河道创建成为“浙江省美丽河湖”。空气质量优良率91.7%,PM2.5平均浓度36微克/立方米。淘汰落后设备2086台,整治“低散乱”企业(作坊)2726家、低效企业377家。开展省级清新空气示范区创建,全面完成工业废气治理项目346个,生活垃圾分类实现全域覆盖。

【海宁分区纳入长三角一体化发展国家规划纲要】 2019年12月1日,中共中央、国务院印发《长江三角洲区域一体化发展规划纲要》,上海漕河泾新兴技术开发区海宁分区、浙江大学国际联合学院(海宁国际校区)成为长三角一体化国家战略的组成部分。上海漕河泾新兴技术开发区海宁分区于2009年9月成立,总规划面积14.7平方千米,由上海漕河泾新兴技术开发区和海宁市政府、海宁经济开发区共同开发建设。12月17日,海宁分区举行成立10周年成果汇报大会暨“新征程•再出发”启动仪式。会上,海宁市政府和上海市漕河泾新兴技术开发区发展总公司签订深化合作协议。至年末,分区集聚世界500强投资企业4家,主板上市企业3家,全球行业龙头企业5家,吸引法国宝捷机电、德国索璞、德国艾森曼等优质项目落户,开创沪浙紧密合作和长三角一体化发展的新局面。

【营商环境列百强县(市)第22位】 2019年,海宁市政府出台《海宁市全面优化营商环境实施意见(试行)》及17个配套专项方案,构建“1+17”制度框架,明确14项营商环境基本指标,设计具有海宁特色的营商环境样本库。年内,海宁营商环境列中国营商环境百强县榜单第22位,全球综合排名第35位。

【皮革时尚小镇获评省特色小镇】 2019年9月26日,在全省重大项目暨特色小镇建设现场推介会上,海宁皮革时尚小镇被省政府命名为第三批省级特色小镇。海宁皮革时尚小镇建于2005年,总规划面积3.5平方千米,2015年入选省第一批特色小镇创建名单,经过4年创建,完成有效固定资产投资62.08亿元,入驻创业企业6639家,年接待旅游总人数739万人次。

【“海宁海塘·潮文化景观”列入《中国世界文化遗产预备名单》】 2019年4月1日,国家文物局发函省文物局,同意将“海宁海塘·潮文化景观”列入《中国世界文化遗产预备名单》。此次申报的遗产类型为文化景观类,遗产区边界东至塔山坝和小尖山山体,西至老盐仓大坝,北至新塘河北岸外5米,南至钱塘江南岸线。由海塘、海神庙、乾隆御碑、中山亭、石墩巡检司城遗址、南山营、占鳌塔等遗产要素构成。

(海宁市政府办公室　潘品意)

平　湖　市

【概况】 2019年,平湖市区域面积1624平方千米,其中陆域面积554平方千米,辖3个街道、6个镇。户籍人口50.32万人,常住人口70.35万人。地区生产总值765.8亿元,比上年增长7.6%。其中:第一产业增加值12.5亿元,增长2.2%;第二产业增加值468.5亿元,增长7.0%;第三产业增加值284.7亿元,增长8.9%。按常住人口计算,人均生产总值10.94万元。

财政总收入144.1亿元,增长6.2%,其中一般公共预算收入88.4亿元,增长8.0%。城镇和农村居民人均可支配收入分别为62943元和37219元,分别增长7.8%和8.1%。

农业实现增加值14.1亿元,增长2.5%。农作物播种面积4.15万公顷,增长3.9%。其中,粮食播种面积2.79万公顷,下降4.7%。建成无公害农产品基地174个,全国无公害农产品209个,绿色食品23个。新培育“四新”经济主体30个。

规模以上工业企业增加值390.4亿元,增长9.1%。新增超过50亿元和超过20亿元的企业各1家,“瞪羚企业”4家,规模以上企业24家,“个转企”182家。完成股改企业162家。平湖市列入全省制造业高质量发展示范创建市。服务业增加值284.7亿元,增长8.9%。服装箱包(时尚)产业集群融合试点列入省首批现代服务与先进制造业深度融合试点名单。固定资产投资350.8亿元,增长13.8%。新批、增资“三资”企业81家;合同利用外资

12.51亿美元，增长18.1%；实际利用外资8.15亿美元，增长25.7%。

社会消费品零售总额235.1亿元，增长8.6%。进出口总额665.7亿元，增长2.3%。新增高新技术企业58家、省科技型企业121家、省级企业研究院7个、省级企业研发中心9个、国家级和省级众创空间3个、院士专家工作站2个。万人发明专利拥有量37件。高新技术产业增加值占规模以上工业增加值61.8%。制定全面接轨上海融入长三角一体化发展三年行动计划，启动实施15个标志性工程项目和15个体制机制破难项目。从上海引进项目145个，实到资金110.8亿元，占全市引进外来资金的79.7%。

快速路东方路和东方大桥建成通车。南环线、乍兴公路全线贯通。三港大桥及三港路延伸段获省级市政优质工程金奖。建国路隧道开工建设，完成环城东路等5条道路综合性改造。新建市域绿道27.6千米，新增"口袋公园"10个。南河头历史文化街区一期开街。3个小城镇获评城镇环境综合整治省级样板，新增省美丽乡村示范镇2个、省AAAA级景区镇1个、省特色精品村4个、新时代美丽乡村21个。连续7年获评省乡村振兴（新农村建设）优秀市，平湖创建成为省美丽乡村示范市。

全市财政民生支出占一般公共预算支出的81.1%。新增城乡就业1.64万人，帮助失业人员实现再就业6585人，城镇登记失业率2.8%。户籍人员基本养老保险、基本医疗保险参保率分别达92.8%和99.1%。首创乡村振兴"飞地抱团"低收入家庭持股增收计划。城镇居民小区和行政村垃圾分类实现全覆盖。建成市民健身中心、平湖名人馆，完成陆维钊书画院展厅项目主体工程，新增城市书房2个，开工建设博物馆新馆、"当湖十局"围棋公园。举办西瓜灯文化节、江浙沪青少年棒球联赛、CCTV电视围棋快棋赛等系列活动。

【全省首个"红色物业"地方性标准制定】 2019年，平湖市制定全省首个"红色物业"地方性标准，包括《物业服务企业管理规范》和《普通住宅小区物业服务管理服务规范》两个子标准。建立嘉兴首个一站式红色物业党群服务中心，搭建"十区二室"工作与活动区域，制订党建服务、行业服务、群众服务3大类25项服务内容。开发"智慧红巢"微信公众号，设立电子投票、物业随手拍、报事报修、信息公示、企业日常检查、物业费在线支付等功能。随手拍受理投诉建议636条，办结609条。全市建立议事厅107个，协调解决各类问题1206个。新建物业企业党支部8个，有党员64名；成立业委会党组织25个，新成立和新换届的30个业委会中，党员比例达60%。

【长城汽车平湖整车项目开工】 2019年10月，长城汽车平湖整车项目开工。项目位于国家级开发区平湖经济技术开发区，是长三角一体化发展上升为国家战略后，平湖签下的首个投资超100亿元项目。项目总投资约110亿元，占地面积约80公顷，计划年产能10万辆整车。项目集生产、研发于一体，涵盖整车生产基地与平湖研发中心，建成后主要生产长城汽车旗下哈弗品牌及新能源系列产品。

【平湖连续20年进入全省利用外资十强】 2019年，平湖市根据《2019年全省利用外资前十强县（市、区）的通报》，利用外资列全省第六名，连续20年进入全省十强。全年完成实际外资5.54亿美元，比上年增长24.5%。引进世界500强、国际行业领先企业以及超1亿美元项目14个，引进地区总部、功能性机构和培育本土跨国公司3个，均居嘉兴市第一位。

（平湖市政府办公室　黄维舟）

桐乡市

【概况】 2019年，桐乡市区域面积727平方千米，辖3个街道、8个镇，社区35个、行政村176个，户籍人口70.5万人，常住人口86.33万人，新居民57.1万人。

地区生产总值968.16亿元，比上年增长7.0%。其中：第一产业增加值23.51亿元，增长2.1%；第二产业增加值510.5亿元，增长7.0%；第三产业增加值434.15亿元，增长7.3%。三次产业结构比例为2.4∶52.7∶44.8。按户籍人口计算，人均生产总值137721元，增长6.5%。完成固定资产投资440.15亿元，增长11.4%。

财政总收入135.26亿元，增长4.5%，其中一般公共预算收入79.65亿元，增长10.0%。社会消费品零售总额424.76亿元，增长8.2%。城镇居民人均可支配收入60880元，增长7.4%；农村居民人均可支配收入38197元，增长9.5%。

农林牧渔业总产值39.60亿元，增长2.4%。其中，种植业20.89亿元，增长3.0%。全年粮食播种面积2.02万公顷。桐乡市入围省级乡村振兴产业发展示范建设县（市），入选全国首批乡村治理体系建设试点县。有省级农业科技企业11家，无公害基地1.59万公顷，新增国家认证无公害产品7个、国家认证绿色食品2个，生态循环农业示范主体17个。粮食耕种收综合机械化水平87.4%。

工业增加值443.37亿元，增长8.1%。其中规模以上工业增加值323.54亿元，增长7.3%。规模以上工业总产值1788.99亿元，增长3.1%。规模以上工业销售产值1768.16亿元，增长4.1%，产销率98.8%。规模以上工业实现新产品产值834.05亿元，增长2.3%，新产品产值率46.6%。有三级以上资质等级建筑业企业56家。

全市有A级以上旅游景区（点）24个，其中国家AAAA级景区1个。全年接待国内外游客2635.2万人次，增长14.2%；旅游总收入337.8亿元，增长16.3%。旅行社36个（含7个分社），星级宾馆7个。各类商品交易市场67个，市场成交额超1亿元市场37个，其中5亿元以上市场18个。全年市场成交额695.41亿元，其中濮院羊毛衫市场成交额为563.3亿元。

全市合同利用外资（不含外债）7.93亿美元，增长32.3%；实际利用外资（不含外债）5.01亿美元，增长38.6%。全年进出口总值419.18亿元，下降1.6%。建立贸易往来的国家和地区177个。595家企业与"一带一路"沿线国家有贸易往来。新设境外投资企业10家，增资项目3个，累计中方投资额18.80亿美元。

规模以上工业研发经费支出28.44亿元。新增高新技术企业107家，新认定省科技型中小企业195家，新增科技企业孵化器2个、省级企业研究院3个、省级高新技术企业研发中心10个、创新载体6个。专利申请受理量5488件，专利申请授权量3860件。

图书馆新馆启用并对外开放，新建伯鸿城市书房10个、伯鸿乡村书屋16个、伯鸿书屋30个；全市有博物馆及名人场馆7个，藏品2.67万件。非物质文化遗产名录131个。

全市小学29所，在校学生4.91万人。普通中学30所，在校学生3.15万人。中等职业学校3所，在校学生0.82万人。教育基本建设总投入4.83亿元，完成基建项目33个。新增学位1260多个。

拥有卫生机构337个，床位4241张，卫生技术人员5944人，每1000人拥有医院床位数和医生数分别达4.91张和2.67人。

全市有41.86万人参加城乡居民合作医疗，参保率99.7%。全年新增城镇就业2.07万人，帮助城镇失业人员再就业8027人，就业困难人员实现再就业2452人，城镇登记失业率1.8%。“三治融合”桐乡经验获全国首届城市治理创新奖。平安桐乡实现“十五连冠”，平安考核位列全省第二，夺取全省首批一星“平安金鼎”。

全年完成公路改造提升21.5千米、县道大中修24千米、桥梁改造21座。完成河道综合整治58.5千米，实施水闸智慧化改造850座。新建5G基站525个，全国首条县级国际互联网数据专用通道投入使用。新建主干污水管网20千米，完成河道清淤115.4万立方米，在嘉兴率先实现市控以上断面全部达到Ⅲ类水质。空气质量优良率84.7%，PM2.5年平均浓度下降7.9%。实现生活垃圾分类整建制全覆盖，焚烧处置量首次实现负增长。

【第六届世界互联网大会】 2019年10月20—22日在乌镇举行。大会以“智能互联 开放合作——携手共建网络空间命运共同体”为主题。中共中央总书记、国家主席、中央军委主席习近平致信祝贺大会开幕，中共中央政治局委员、中央书记处书记、中央宣传部部长黄坤明出席开幕式并发表主旨演讲。来自全球83个国家和地区约1500名嘉宾参会。

（桐乡市政府办公室　汤振琪）

嘉善县

【概况】 2019年，嘉善县区域面积506.6平方千米，辖3个街道、6个镇。户籍人口40.53万人，常住人口59.20万人。

地区生产总值626.81亿元，比上年增长7.3%。其中：第一产业增加值23.25亿元，增长5.1%；第二产业增加值330.96亿元，增长2.2%；第三产业增加值272.59亿元，增长10.7%。三次产业结构比例为3.7∶52.8∶43.5。按常住人口计算，人均生产总值10.63万元；按年均汇率折算为1.54万美元，增长5.9%。

财政总收入110.98亿元，增长5.2%，其中一般公共预算收入67.79亿元，增长10.1%。一般公共预算支出97.49亿元，增长29.7%。金融机构本外币存款余额1171.57亿元，增长15.8%。贷款余额861.29亿元，增长20.4%。证券成交总额921.27亿元，增长58.6%。实现保费收入17.01亿元，增长7.1%。城镇居民人均可支配收入63287元，增长7.9%；农村居民人均可支配收入38057元，增长9.4%。城乡居民人均收入比1.66∶1。

农林牧渔业总产值42.75亿元，增长2.1%。粮食作物播种面积2.11万公顷，粮食总产量14万吨。新增省级农业龙头企业3家，累计有监测合格的县级以上农业龙头企业31家，其中年产值（销售额）超1亿元的8家。创建浙江省美丽乡村特色精品村3个、浙江省美丽乡村示范镇1个。

规模以上工业总产值1184.75亿元，增长1.3%。工业销售产值1134.44亿元，增长0.2%。利税90.65亿元，增长12.3%。工业增加值295.84亿元，增长5.8%。规模以上32个工业行业中，9个行业增加值超过10亿元。规模以上大、中、小型企业工业增加值分别增长2.6%、5.6%和5.1%。战略性新兴产业、高新技术产业和装备制造业增加值分别为88.85亿元、130.30亿元和113.66亿元，分别增长2.7%、12.0%和16.8%。建筑业总产值169.13亿元，增长12.2%。

固定资产投资增长11.4%，其中民间投资增长5.2%。完成“三改”建筑面积1189.36万平方米，拆除违法建筑面积337.99万平方米。商品房销售面积202.77万平方米，增长21.7%。

社会消费品零售总额234.10亿元，增长8.1%。城镇与乡村消费品零售额比例为74.47∶25.53。旅游总收入268.93亿元，增长25.2%；接待国内外游客2135.58万人次，增长24.4%。

外贸进出口总额305.47亿元，增长3.8%。其中：进口56.71亿元，下降11.2%；出口248.76亿元，增长7.9%。境外总投资4890万美元，下降21.6%。完成合同利用外资14.46亿美元，增长23.5%；实际利用外资5.87亿美元。连续18年跻身全省利用外资十强县。

规模以上工业企业新产品产值566.25亿元，增长12.1%，新产品产值率47.8%。累计认定省级企业研究院13个、省级高新技术企业研究开发中心52个，累计培育国家高新技术企业286家、省级科技型中小企业643家。有经认证的众创空间6个。专利授权量3519件，其中发明专利授权352件，增长27.5%。新增省级博士后科研工作站3个，累计建成8个；新建市级技能大师工作室3个，累计建成11个。

有各级各类学校87所，在校学生7.37万人。其中全日制民办中小学（幼儿园）26所，在校（园）生1.40万人。小学24所，在校学生3.56万人。初中14所（含九年一贯制5所），在校学生1.46万人。普通高中4所（含十二年一贯制1所），在校学生0.54万人。中职学校2所，在校学生0.41万人。特殊学校1所，在校学生50人。全年文化惠民演出1208场，送戏494场，放映公益电影1460场次。

有医疗卫生机构210个，实有病床2868张。各类专业卫生人员3697人，以户籍人口计算，每1000人床位数、卫技人员数、执业医师(含助理)数和注册护士数分别为7.18张、9.26人、3.61人和3.62人。

新增城镇就业岗位2.55万个，8796名城镇失业人员实现再就业。城镇登记失业率1.83%。完成技能人才培训5150人，完成各类农民培训1.06万人次。职工基本养老、基本医疗、失业、工伤和生育保险参保人数分别为30.64万人、25.68万人、18.6万人、30.61万人和18.49万人，城乡居民基本养老保险、被征地人员养老保障、城乡居民基本医疗保险和长期护理保险参保人数分别为6.86万人、3.36万人、21.65万人和50.34万人。

有养老机构11个，床位5949张。最低生活保障对象0.38万人，低保资金实际支出2881.37万元。有4910名重度残疾人获得护理补贴，补贴资金1246.97万元。有2634名困难残疾人获得生活补贴，补贴资金696.20万元。农村特困供养人员260人，集中供养率100%；城镇供养人员13人，集中供养率100%。启动棚户区改造23.31万平方米。

全县中心城区空气质量优良天数占比83.8%，上升5.7个百分点；PM2.5平均浓度36微克/立方米，下降10%。14个县控以上地表水水质监测断面中，达到或优于Ⅲ类水质占比85.7%，提高7.1个百分点；交接断面水质考核结果为优；太浦河饮用水水源地水质达标率保持100%。西塘镇、天凝镇洪溪村和大云中德生态产业园获评"美丽浙江十大特色体验地"。农村生活污水治理村覆盖率达100%。绿化覆盖率、绿地率分别为40.18%和35.27%，人均公园绿地面积16.71平方米。县城区污水集中处理率、生活垃圾无害化处理率分别为96%和100%。

【示范区建设启动】 2019年，长三角生态绿色一体化发展示范区揭牌，嘉善县成为示范区的重要组成部分。嘉善县主动服务国家战略，积极参与《长江三角洲区域一体化发展规划纲要》《长三角生态绿色一体化发展示范区总体方案》编制，"嘉善新城"、中新嘉善现代产业园等嘉善元素被列入国家规划纲要及示范区总体方案。推进示范区嘉善片区建设，深入开展产业提升、项目推进、城市建设、绿色发展、健康嘉善五大攻坚战，高起点编制示范区嘉善片区国土空间规划，推进重大项目120多个，总投资超过2000亿元。会同青浦、吴江共建一体化协作机制30多项。杭州湾跨海大桥北接线等通车，姚杨公路等省际断头路加快打通。

【"最多跑一次"改革全省领先】 2019年，嘉善县通过建立跑前服务、综合受理、红色代办3支队伍，提供"一站式"精准服务，率先将不动产登记、公积金提取等民生类事项纳入"无差别全科受理"。全县政务服务平台2627项事项、镇(街道)249项事项、村(社区)103项事项实现"无差别全科受理"。率先建立企业开办服务专区，整合市场监管、公安、税务、银行等部门，实现企业开办4个环节"一日办结"。推进政务服务"网上办""掌上办""一证办"。嘉善县有政务服务事项2480项，100%实现"网上办""掌上办"和"跑零次"。1418项事项实现申请材料自动调用，258项民生事项中实现"一证办"，系统累计调用证照证明24.91万次。推进群众企业"一件事"改革。全面推出41个"一件事""最多跑一次"。上线233项机关内部"最多跑一次"事项，网上可办比例达98.7%；机关内部"一件事"事项42件，累计办件量3400多件，事项办理平均提速90%。推进24小时自助终端办理，151台综合性自助终端在示范区内统一布设上线，首批758项事项纳入"自助通办"范围。

(*嘉善县政府办公室　费亚建*)

海盐县

【概况】 2019年，海盐县区域面积1072.63平方千米，辖4个街道、5个镇。年末户籍人口38.29万人，常住人口45.10万人。地区生产总值539.65亿元，比上年增长6.3%。其中：第一产业增加值17.21亿元，增长2.1%；第二产业增加值324.97亿元，增长5.0%；第三产业增加值197.48亿元，增长8.9%。按常住人口计算，人均生产总值12.01万元。

财政总收入91.56亿元，增长9.1%。其中一般公共预算收入52.28亿元，增长10.0%。金融机构本外币各项存款余额743.99亿元，增加76.91亿元；贷款余额774.22亿元，增加94.52亿元。城乡居民人均可支配收入分别为63733元和37801元，分别增长7.7%和8.5%。

农业总产值28.01亿元，增长2.0%。粮食播种面积2.23万公顷，增长0.3%；总产量13.9万吨，增长3%，实现14年连增。农业现代化发展水平综合评价指数列全省第九位、全市第一位，获评国家农产品质量安全县、首批省级农业绿色发展先行县。启动建设升级版美丽乡村5个。出台新一轮村集体经济发展政策，实施村级抱团项目3个，经常性收入100万元以上村实现全覆盖。

规模以上工业企业总产值突破1000亿大关，达到1001.58亿元，增长9.2%。其中：核电工业178.18亿元，增长0.4%；县内(不含核电)工业企业总产值822.4亿元，增长7.6%。

完成固定资产投资249.19亿元，增长11.6%。其中：高新技术产业投资44.35亿元，增长75.7%；交通运输投资12.76亿元，增长30.1%；民间投资(不含房地产开发投资)91.53亿元，增长15.1%；生态环境和公共设施投资40.83亿元，增长18.4%。县城城中村拆迁951户，整治老旧小区房屋811幢。梦湖公园建成对外开放，广电新演播中心投入使用，旅游集散中心完工，滨海大道(北段)、武袁公路建成通车，农副产品综合批发市场、二手车交易市场开工建设。

实际利用外资3.51亿美元，增长39.2%；新签约项目69个，其中超1亿美元外资项目8个，超10亿元内资项目5个。

社会消费品零售总额159.49亿元，增长8.2%。其中，批发业、零售业、住宿业、餐饮业分别为3.63亿元、132.98亿元、1.53亿元和21.34亿元，分别增长10.8%、7.2%、2.4%和14.7%。接待旅游总人数1016.47万人次，增长2.1%；旅游总收入95.67亿元,增长4.3%。进出口总额168.80亿元,下降9.2%。

有高新技术企业182家,省科技型中小企业453家。专利申请总量4918件,专利授权总量3271件。一般公共预算支出中科技支出3.13亿元,增长31.8%。设立海盐国际(上海)创新中心,创建省级高新技术产业园区,紧固件和集成智能家居产业创新服务综合体分别列入省、市创建名单。引进高层次人才488人。

全县有幼儿园45所,在园幼儿1.38万人,教师9106人。小学21所,在校学生2.49万人,教师1507人。普通中学16所,在校学生1.62万人,教师1537人。九年义务制教育对象入学率100%。初中、高中毕业生的升学率分别为99.5%和82.6%。职业中学2所,在校学生4609人,教师354人。有文化馆1个,镇(街道)文化站9个,公共图书馆20个,博物馆1个,新增社区多功能运动场3个、笼式足球场2个,1个中心村体育休闲公园和12个小康体育村升级工程。有医疗卫生机构152个,床位2263张,医疗卫生机构技术人员2925人。全县农村自来水普及率、卫生厕所覆盖率均100%。

职工基本养老保险参保23.43万人,增长3.8%。工伤保险参保20.53万人,增长2.7%。参加基本医疗保险人数38.87万人,增长0.6%。全年发放各类救助、补助资金8243万元。养老机构7个,在建养老机构2个;建有城乡社区居家养老服务照料中心101个,覆盖全县122个村(社区)。平安建设实现“十五连冠”,获首批“一星平安金鼎”。

空气质量优良率93.7%,成功创建省级清新空气示范区。创建省级“美丽河湖”2条,建成生活小区“污水零直排区”20个,城镇生活污水处理率、生活垃圾无害化处理率均100%,县控及以上断面Ⅲ类及以上水质占75%。拆除各类违法建筑408.67万平方米,完成“三改”面积968.89万平方米,创建省级“基本无违建县”。实现30立方米以上农村生活污水终端设施标准化运维,获评“美丽浙江建设优秀县”。

【全国县域义务教育优质均衡发展督导评估认定启动会在海盐召开】 2019年10月12日,教育部在海盐县召开全国县域义务教育优质均衡发展督导评估认定启动现场会。教育部部长陈宝生,省委副书记、省长袁家军出席会议并讲话。教育部副部长郑富芝主持,副省长成岳冲出席。会上,国家督导实地核查组反馈核查意见。交流全国推进县域义务教育优质均衡发展工作的典型做法和经验,部署启动全国县域义务教育优质均衡发展督导评估认定工作。海盐县通过首批县域义务教育优质均衡发展督导评估认定。

【国家生态文明建设示范县创建】 2019年7月11日,海盐县召开创建国家生态文明建设示范县攻坚千人大会,推出七大专项行动。整治“低散乱污”企业(作坊)、提升城乡人居环境美化、提升城乡水环境质量、创建清新空气示范县、治理农业面源污染、铁拳治污综合执法、全域垃圾分类的攻坚生态保护行动。全面开展“千人大排查、百日大整治”集中整治,城乡生态持续改善。5月13日,海盐县获“美丽浙江建设优秀县”称号。

(海盐县政府办公室 许小丽)

湖 州 市
Huzhou Municipality

【概况】 2019年,湖州市区域面积5820平方千米,辖2个区、3个县。年末常住人口306万人,户籍人口267.6万人,人口自然增长率1.7‰。

地区生产总值3122.4亿元,比上年增长7.9%。其中:第一产业增加值133.8亿元,增长2.8%;第二产业增加值1595.4亿元,增长7.6%,第三产业增加值1393.2亿元,增长8.7%。三次产业结构比例为4.3∶51.1∶44.6。按户籍人口计算,人均生产总值为116807元,增长7.6%;按常住人口计算,人均生产总值为102593元,增长6.7%。

财政总收入540.6亿元,其中地方财政收入316.1亿元,分别增长10.2%和10.1%。财政支出466.9亿元,增长17.4%,其中民生改善支出343.3亿元,增长19.0%。城市居民消费价格总水平上涨3.0%。城镇常住居民人均可支配收入59028元,增长8.5%。农村常住居民人均可支配收入34803元,增长9.6%。

农林牧渔业总产值226.6亿元,增长2.7%。其中,农业产值102.1亿元,增长1.8%。经济作物播种面积8.03万公顷。生猪出栏32.4万头,下降9.2%;肉类产量6.7万吨,下降6.7%。拥有现代农业示范园372个,其中省级111个;新建现代农业示范园34个,其中省级1个。拥有农业龙头企业271家;绿色食品基地1.25万公顷,绿色食品233个。

规模以上工业增加值888.7亿元,增长8.4%。33个大类行业中,有26个行业增加值实现增长。规模以上工业营业收入4916.9亿元,增长5.3%;利税、利润分别增长7.7%和13.6%。建筑企业362家,其中特级资质企业5家、一级资质企业33家。建筑业增加值173.9亿元,占生产总值的5.6%;房屋建筑施工面积4325.3万平方米,增长4.5%;竣工面积1692.3万平方米,增长4.7%。

社会消费品零售总额1429.3亿元,增长10.2%。限额以上批发零售贸易企业零售额增长12.8%。旅游总收入1529.1亿元,增长12.7%;接待国内外旅游1.32亿人次,增长11.7%。

公路通车里程8065千米,其中高速公路368千米。客运量5645万人次,增长5.7%;客运周转量19.3亿人千米,增长4.5%。完成货运量2.1亿吨,增长11.8%;货运周转量199.5亿吨千米,增长6.9%。内河港口货物吞吐量1.16亿万吨,增长10.8%;内河集装箱吞吐量52.7万标准箱,增长10.1%。全市汽车保有量88.7万辆,增长9.2%。快递业务收入25.0亿元,增长21.9%。

金融机构本外币存款余额5229.4亿元,增长13.9%。本外币贷款余额4840.2亿元,增长24.5%。上市公司33家,其中境外9家、境内24家。保险公司保费收入114.4亿元,增长9.5%。各项保险赔款和给付支出39.1亿元,增长3.4%。

固定资产投资额增长11.4%。房地产开发投资586.3亿元,增长12%。房屋施工面积3680万平方米,增长34.2%;商品房销售面积823.8万平方米,增长1.8%;商品房销售额984.1亿元,增长15.6%。

外贸进出口总额940.2亿元,增长6.3%。其中:进口101.6亿元,下降10.7%;出口838.6亿元,增长8.8%。新批准及增减资利用外资及港澳台资项目295个。其中,外商及港澳台商投资企业191家,增资项目67个;总投资1000万美元以上项目134个。全年合同外资及港澳台资48.3亿美元,增长42.1%。实到外资及港澳台资19.0亿美元。

各级各类学校499所,在校学生45.19万人,毕业生11.34万人。高等教育毛入学率62.3%,提高1.19个百分点;初中毕业升高中段比例99.2%,提高0.04个百分点;初中、小学入学率均为100%;15年教育毛入学率99.6%,提高0.03个百分点。各类学校专任教师3.08万人,每100名中小学生有专任教师6.8人。医疗卫生机构1506个,医疗床位1.69万张,卫生技术人员2.58万人。

专利申请量2.34万件;专利授权量1.64万件,其中发明专利1256件。经认定登记的技术成交项目810项;技术成交金额74.0亿元,增长12.1%。拥有省级高新技术研究开发中心419个,增加67个;国家级高新技术企业938个,增加180个。

全市举办展览318个,组织文艺活动1565场次。公共图书馆总藏书量339万册件。组建成立湖州传媒集团。公共大型体育场馆免费和低收费开放1.56万场次,受益市民52万人次。举办第二十届全国极限运动大赛、环太湖国际公路自行车赛、浙江省首届户外运动大会等7场系列赛事。

平安湖州建设"十二连冠"夺得金鼎,"中国治理的世界意义"国际论坛在湖州举行,向世界展示"中国之治"的"湖州样板"。PM2.5平均浓度32微克/立方米,下降8.6%,空气优良率76.7%。全市13个国家"水十条"考核断面全部达标,县控及以上断面水质全部达到或优于Ⅲ类。

2019年6月2日,湖州南太湖新区成立大会召开

〔湖州市委党史研究室(湖州市地方志编纂室) 供图〕

新增城镇就业15.58万人,下岗失业人员实现再就业4.03万人,年末城镇登记失业率1.86%。参加城镇基本养老保险161.71万人,增加9.89万人;参加城镇职工基本医疗保险144.77万人,增加9.59万人;参加失业保险82.7万人,增加5.5万人;参加工伤保险112.73万人,增加17.54万人;参加生育保险80.06万人,增加4.38万人。

【湖州南太湖新区挂牌成立】 2019年6月2日,湖州市委、市政府召开湖州南太湖新区成立大会。会上,宣读省政府关于同意设立湖州南太湖新区的批复。湖州南太湖新区在原湖州经济技术开发区、太湖旅游度假区的基础上整合提升组建,新区规划控制总面积225平方千米,实行"一个平台、一个主体、一套班子、多块牌子"的体制架构,坚持生态优先,优化资源配置,突出主导产业,加快转型升级,着力打造全国践行"两山"理念示范区、长三角区域发展重要增长极、浙北高端产业集聚地和南太湖地区美丽宜居新城区。

【全省首个全域公交"三个全覆盖"城市】 2019年,湖州探索公交"三个全覆盖"分两步走的路子。年内,全市新购纯电动公交500辆,新改建公交场站29个,新增充电设施231套,新增优化公交线路39条。德清、长兴、安吉3县分别召开公交价格调整听证会,对城市和乡镇居民采取同等乘车优惠政策待遇。各县先后升级所有城市、城乡公交线路移动支付系统,市民可直接使用银联卡闪付和支付宝、微信扫码坐车。

【牛头山矿区交接签约仪式在安徽广德市举行】 2019年11月29日,根据安徽省政府与浙江省政府签署的《关于长广集团整体撤出牛头山矿区并移交资产及社会管理和服务职能框架协议》,湖州长兴县牛头山矿区交接签约仪式在安徽省广德市举行。签约仪式上,广德市政府分别与长兴县政府、浙江长广(集团)有限责任公司签署资产及社会公共管理和服务职能移交协议。根据协议约定,自12月1日零时起,广德市依法全面履行浙江长广(集团)有限责任公司所属牛头山矿区的公共服务、社会管理及司法管辖等职能。长兴县政府、浙江长广(集团)有限责任公司不再履行上述职能。牛头山矿区又名"长广煤矿",位于安徽省广德市与浙江省长兴县交界处,下辖大部分区域属于安徽省。因历史原因,其煤矿归浙江省统一开采,地面由安徽省管理。20世纪80年代,"长广煤矿"总产煤量超过100万吨,占当时浙江总耗煤量的三分之一。90年代后期,随着煤矿资源的枯竭和经济结构的转型,"长广煤矿"的矿井逐步关停。2013年8月,"长广煤矿"七号矿井宣布关闭,意味着浙江产煤历史的结束。

〔湖州市委党史研究室(湖州市地方志编纂室) 吴振振〕

吴 兴 区

【概况】 2019年,吴兴区区域面积862.73平方千米,辖7个街道、6个乡(镇)、1个高新区。年末户籍人口44.98万人,常住人口61.0万人。地区生产总值726.9亿元,比上年增长7.8%。其中:第一产业增加值22.30亿元,增长2.9%;第二产业增加值338.76亿元,增长8.8%;第三产业增加值365.85亿元,增长7.1%。三次产业结构比例为3.1∶46.6∶50.3。

财政总收入76.52亿元,增长13.8%。其中一般公共预算收入45.55亿元,增长11.2%。地方财政税收收入40.31亿元,增长13.8%。公共财政预算支出47.45亿元,增长22.3%。城镇居民人均可支配收入60768元,增长8.5%;农村居民人均可支配收入35742元,增长9.3%,城乡收入比进一步缩小。连续两年实现全国综合实力、绿色发展、投资潜力、科技创新、新型城镇化质量百强区。

农林牧渔业增加值23.7亿元,增长3.1%。通过国家现代农业产业园中期评估,获评全国县域数字农业农村发展水平评价先进区、第一批省级渔业转型发展先行区。农业现代化发展水平综合评价位列全省第11位。列入省2020年度第一批"一事一议"财政奖助推美丽乡村建设单位名单;获得农村饮用水达标提标行动浙江省第一轮省级资金激励奖。

规模以上工业总产值604.68亿元,增长10.2%,规模以上工业增加值110.44亿元,增长10.3%;高新技术产业增加值80.46亿元,增长12.5%。入围全省制造业高质量发展试点县区,获评"浙江制造"品牌培育工作良好单位、省2018年度小微企业发展工作"优秀县区"、浙江省"腾笼换鸟"和淘汰落后产能工作考核先进区、全省经济和信息化工作优秀区。

服务业增加值365.85亿元,增长7.1%。湖州现代物流装备产业集群融合试点列入省现代服务业与先进制造业深度融合试点。9个项目列入省服务业重大项目计划,全省第一;7个项目被认定为湖州市服务业"大好高"项目。固定资产投资增长14.6%。获评全省扩大有效投资优秀单位第五名,18个项目列入省重大产业项目计划。

规模以上数字经济制造业产值62.11亿元,增长17.1%,"两化"融合指数92.7。4家企业通过工业和信息化部"两化"融合管理体系贯标认定,4家企业通过省级工业互联网平台认定,9家企业被认定为省级"上云"标杆企业。高新技术产业工业增加值增长12.5%,新建各类众创空间(星创天地)21个。新增省级院士专家工作站1个、市级2个;省级企业研究院5个、省级研发中心8个。整治提升和关停"散乱污"企业(作坊)1528家。

银行机构贷款余额750.41亿元,新增贷款90.31亿元,获评国家绿色金融改革创新试验优秀区。社会消费品零售总额406.06亿元,增长9.5%。获评全省首批产业集群跨境电商发展试点绩效考核A类试点区。外贸进出口总额117.4亿元,增长3.2%。

各级各类学校132所,在校学生91750人。其中:幼儿园79所,在园幼儿28254人,在编教职工313人,专任教师2038人;小学24所,在编教职工2295人,专任教师2667人,在校学生49075人,小学入学率和巩固率均为100%;初中20所(含九年一贯制学校),在编教职工1576人,专任教师1280人,在校学生14421人,初中入学率和巩固率均为100%,初中毕业生升学比例达99.32%;农村成人技术培训学校9所,在编教职工37人,专任教师55人。创建省STEM教育试点区、省区域整体推进智慧教育综合试点区、省中小学研学实践教育试点区。建设城市书房2个,农村文化礼堂16个。

创建5个省级垃圾分类高标准示范小区,获评2018年度全省生活垃圾分类工作优秀区。完成"三改"325.48万平方米,拆除违法建筑199.52万平方米。新增城镇就业5.06万人,城镇失业人员实现再就业1.22万人,城镇登记失业率控制在3%以内,"零就业"家庭保持动态归"零"。法定户籍人员基本养老保险参保率96.5%。成功创建省"无欠薪"区。

【生态环境整治】 2019年,吴兴区获评美丽浙江建设工作考核优秀区,获全市大气污染防治工作首批"蓝天杯"。出台《吴兴区大气污染防治量化问责暂行规定》,抓好PM2.5和臭氧协同治理,整治涉VOCs企业104家、汽车维修企业60家,淘汰及提升35蒸吨/小时以下锅炉55台;完成安装全过程用电监控系统45家;全区PM2.5浓度均值为32微克/立方米,空气优良率为77.2%。新增完成工业园区"污水零直排区"建设5个、居民生活小区36个、商贸集中区22个,乡镇2个;完成环太湖2千米61个入河排污口溯源整改,整治工业企业"阳光排污口"436个,创建"美丽河道"21条(个),治理渔业养殖尾水2406.93公顷;14个区控以上断面地表水环境功能区达标率、饮用水源地达标率均为100%。完成全区165家重点行业企业土壤污染状况信息调查和45家企业退役地块调查评估;创新"危废第三方规范化全过程监管"机制,58家企业委托管理,全区土地安全利用率92%以上。

【法治建设推进】 2019年,吴兴区动态开展安全生产、食品药品等专项整治,完成21处市级安全隐患、27处区级安全隐患整治。深化全科网格片区标准化建设,全区46个片区工作站全部完成建设,上报各类信息55.52万件,有效处置率98.2%。建立全市首个未成年人观护帮教基地。创新推出"2250000"防诈热线,累计接到群众各类咨询2239起,拦截高危交易1387起,避免损失620多万元。吴兴区获评省2018年法治区示范单位、省2018年度平安县区、全省"七五"普法中期成绩突出区、省政法一体化单轨制协同办案模式先行地区、省遏制冒用他人身份证信息办理公司登记违法行为省级试点单位。

(吴兴区委办公室 张晨飞)

南 浔 区

【概况】 2019年,南浔区区域面积702平方千米,辖9个镇、1个省级经济开发区。其中南浔、练市、双林、菱湖、和孚5个镇进入全国千强镇，南浔、练市、菱湖列为省级中心镇。年末户籍人口49.04万人，常住人口55.49万人。地区生产总值458亿元，比上年增长7.3%。财政总收入63.74亿元，其中一般公共预算收入37.93亿元，分别增长5.2%和7.9%。固定资产投资增长13.5%。城乡居民收入分别增长8.9%和9.3%。社会消费品零售总额增长8.6%。

南浔有全国文保单位4处。有国家AAAAA级旅游景区和AAAA级旅游景区各1个、AAA级旅游景区7个、AA级旅游景区1个，省级旅游度假区和省级旅游风情小镇各1个，三星级以上旅游宾馆3个，省级特色旅游村5个，省级休闲旅游示范村5个，市级乡村旅游示范村7个。

全区百亿级项目招引取得重大突破，总投资290亿元的合丰泰玻璃基板项目落户南浔区，成为第五届世界浙商大会签约的最大产业项目。南浔区与浙江水利水电学院、浙江同济科技职业学院签订战略框架协议。规模以上工业增加值增长7.9%，实现规模以上工业总产值895亿元。

农业现代化发展水平综合评价升至全省第12位。"桑基塘鱼"被认定为国家农产品地理标志，和孚成功创建省级农业强镇。菱湖被授予"中国淡水渔都"。获评全国县域数字农业农村发展水平评价先进区、省级农业绿色发展先行区。

举办融沪接苏协同发展（上海）推进会、"2019·湖州人大会"南浔篇等活动，全年签约1亿元以上产业项目147个，总投资669.2亿元。新认定市"大好高"项目46个，入选省重大产业项目3个、省重点建设项目16个。75个1亿元以上项目开工入库。高速G50、S13、S12连接线一期、南浔大桥建成通车，湖山大道、吴兴至临安公路南浔段等项目加快推进，杭嘉湖北排通道后续工程获省发展改革委批复，太嘉河后续工程开工建设。高新技术产业增加值增长8.1%，新增高新技术企业28家、省科技型中小企业111家。创建"智能电梯""绿色家居"2个省级产业创新服务综合体，南浔入选省级可持续发展创新示范区。

【获评省级小城镇环境综合整治优秀区】 2019年，南浔区聚力美丽南浔建设，城乡环境显著改善。启动中心城区城市建设管理三年行动，实施城建项目92个，完成投资132.3亿元。广弘华美达酒店、城市规划展示中心投入使用。頔塘社区成为全市唯一、全省首批未来社区。乡村振兴走在前列，全面完成21个小城镇环境综合整治，省级样板率达52%，居全市第一、全省第二，获评省级小城镇环境综合整治优秀区。

（南浔区史志办　眭桂庆）

2019年9月12日，湖州人大会在湖州大剧院召开

〔湖州市委党史研究室（湖州市地方志编纂室）　供图〕

德　清　县

【概况】 2019年，德清县区域面积937.92平方千米，辖4个街道、8个镇。年末户籍人口44.3万人，常住人口66.6万人。

地区生产总值537亿元，比上年增长8.3%。财政总收入113.1亿元，增长12.2%，其中地方财政收入65.7亿元，增长11%。规模以上工业增加值增长8.5%。服务业增加值增长9.8%。固定资产投资增长14.3%。城镇、农村居民人均可支配收入分别提高到59431元和36013元，分别增长8.3%和10.1%。新登记商事主体8900多个。

德清县获批全国唯一国家新一代人工智能创新发展试验区；以全国第一名成绩获县域数字农业农村发展水平评价先进县；财政工作获国务院督查激励，4项重点工作获省政府督查激励，获市级以上财政奖补资金25.9亿元；入围省级制造业高质量发展示范县创建名单；"五水共治"工作夺得"大禹鼎"，"平安德清"夺得"十五连冠"，获省首批一星"平安金鼎"。

对外投资完成年度目标232%。完成82个智能化技改重点项目，新增国家级绿色工厂2家、省首批数字化车间智能工厂项目5个、省级工业互联网平台3个，"上云"企业突破3000家，"两化"融合指数进入全省第一梯队，规模以上工业新产品产值390.8亿元，增长11.8%。地理信息小镇新增全国百强地信企业14家，营业收入、税收连续6年翻番增长，分别达201亿元、16亿元。新增国家高新技术企业58家、省科技型企业145家、省级企业研究院和高新技术企业研发中心21个。

德清县"首宗农地入市"入选中华人民共和国成立70周年大型成就展。湖杭高铁德清段开工，杭州绕城高速西复线湖州段、104国道改建工程高架段等加快推进，京杭运河"四改三整治"工程竣工。

德清县户籍人口养老保险、医疗保险参保率分别达97.96%、99.6%。

2019年，德清钟管蠡山漾成为全国首批示范河湖

〔湖州市委党史研究室（湖州市地方志编纂室） 供图〕

重点人群家庭医生签约覆盖率87.9%。德清淡水珍珠传统养殖与利用系统入选中国全球重要农业文化遗产预备名单。文化礼堂建设获评全省先进。建成县社会矛盾纠纷调处化解中心，全县矛盾纠纷调处成功率达99.9%。

【国家生态文明建设示范县获评】 2019年，德清县高标准完成96个"污水零直排区"创建单元，河湖健康体检相关经验在全省推广，钟管蠡山漾成为全省唯一入选的全国首批示范河湖。垃圾分类全面铺开，完成2033家餐饮单位"厨房革命"建设。"无违建县"建设深入推进，完成城中村改造15个、老旧小区改造提升12个。阿里云ET城市大脑成为全省唯一县级试点。小城镇环境综合整治转入长效管理。农业现代化发展水平综合评价连续5年位列全省首位，成为首批部省共建乡村振兴示范省先行创建县、省首批乡村振兴产业发展示范建设县。建成精致小村3个、精品示范村6个、AAA级景区村庄7个，80%的村成为A级以上景区村庄。

【全国性重大项目落户德清】 2019年2月28日，"莫干山融入长三角一体化发展暨上海招商推介会"在上海召开，会上签约高端度假、健康养生、抗衰研究等8个产业项目，总投资近7亿元。6月23日，总投资约160亿元的"德清天安云谷项目"开工。9月8日，"浙江工业大学莫干山校区交接仪式"在德清举行，校县全面战略合作成果落地。9月23日，"'田园德清·博览中国'庆祝农民丰收节活动暨首届美丽中国田园博览会"在下渚湖畔田园博览园开幕。10月21—22日，以"可持续发展数据生态系统"为主题的"联合国全球地理信息管理国际研讨会"在德清国际会议中心举行。11月17日，以"链万物赋新能，促应用共发展"为主题的"国际区块链大会"在德清国际会议中心举行。11月24日，以"AI赋能·教育先行，创新引领·产学协同"为主题的"第二届全国高校人工智能人才与科技莫干山论坛"在德清国际会议中心举行。

（德清县史志办 赖师红）

长 兴 县

【概况】 长兴县区域面积1431平方千米，辖4个街道、9个镇、2个乡。年末户籍总人口63.73万人，常住人口67.50万人，人口自然增长率2.4‰。

地区生产总值693.3亿元，按可比价格计算，比上年增长8.2%。其中：第一产业增加值35.03亿元，增长3.1%；第二产业增加值355.64亿元，增长8.1%；第三产业增加值302.6亿元，增长8.9%。三次产业结构比例为5.1∶51.3∶43.6，第三产业对GDP的增长贡献率45.7%。按户籍人口计算，人均生产总值10.89万元，增长7.9%。

财政总收入114.38亿元，增长11.4%；地方财政收入65.83亿元，增长10.9%。固定资产投资增长11.2%。城镇居民人均可支配收入59848元，增长8.8%；农村居民人均可支配收入35274元，增长9.8%。

农林牧渔业总产值62.6亿元，增长4.6%，经济作物播种面积3.59万公顷。粮食播种面积3.05万公顷，总产量19.5万吨。规模以上工业增加值239.2亿元，增长9.2%。进出口总额193.87亿元，增长1.9%。其中：进口总额22.91亿元，下降31.9%；出口总额170.95亿元，增长9.2%。金融机构本外币各项存款余额923.87亿元，增长11.1%；本外币各项贷款余额853.37亿元，增长22.2%。

社会消费品零售总额311.34亿元，增长10.2%。接待游客增长25.1%，旅游总收入增长25.9%，成功创建浙江省全域旅游示范县。房地产开发投资增长14.6%，商品房施工面积574.9万平方米，其中新开工面积214.55万平方米，竣工面积71.26万平方米。销售面积152.62万平方米，增长12.5%；销售额152.26亿元，增长28.5%。

高新技术产业投资增长42%，高新技术产业增加值增长10.9%，高新技术产业增加值占规模以上工业的50.4%，新产品产值率45.5%，限额以上科技服务业企业营业收入增长54.2%。专利申请总量6608件，专利授权总量3319件，其中发明专利授权量415件。

初中、小学入学率均为100%，初中毕业升高中段比例99%，15年教育普及率99.6%。举办大剧院演出45场、基层群众文化活动7287场。体育竞赛获得省级以上金牌93枚、银牌85枚、铜牌72枚。各类卫生机构345个，床位3353张，全年门急诊（含门诊部、诊所）640.1万人次、出院14.05万人次，卫生技术人员5584人。

完成119个建设单元"污水零直排区"建设，市控以上断面功能区达标率、县控以上断面Ⅲ类水质达标率、集中式饮用水源地水质达标率均为100%。PM2.5平均浓度34微克/立方米，空气优良率86.1%。村均集体经济经营性收入144.8万元，增长89.1%，1679户3981名结对帮扶低收入农户人均增收1.12万元。新增城镇就业2.9万人，失业人员实现再就业8680人，城镇登记失业率2.05%。乡镇社会福利中心全部实现“公建民营”，居家养老服务中心实现乡镇全覆盖。

【长兴“河长制”工作入选央视《新中国的第一》栏目】 2019年9月9日，中央电视台《新闻联播》在庆祝中华人民共和国成立70周年专栏《新中国的第一》中，以《湖州长兴县：率先实施“河长制”》为题介绍长兴的首创经验。长兴实施“河长制”始于2003年。县政府启动千里河道整治工程。2005年，该县对乡镇级河道、村级河道实行“河长制”管理。2005年、2007年，长兴两次被评为全省河道保洁长效管理一等奖。2008年开始，实施县级河长制管理。2012年，有191条河道（总计801千米、面积2726.67公顷）实行“河长制”管理。2018年6月7日，全国第一个“河长制”展示馆在长兴县开馆。

【天能帅福得能源公司成立】 2019年11月6日，天能集团旗下的天能电池集团股份有限公司和法国道达尔集团旗下的帅福得电池有限公司在北京人民大会堂签约，共同成立一家“天能帅福得能源股份有限公司”（简称“天能帅福得能源公司”）。国家主席习近平和法国总统马克龙共同见证签约仪式。9家中方企业参加签约，合作项目涉及航空航天、核能、应急管理、文化遗产、农业、工业、自然保护、金融等领域。其中8家企业均是大型国有企业，天能集团是浙江唯一参加签约的民营企业。天能帅福得能源公司生产基地潜在产能为5.5千兆瓦时。天能能源科技股份有限公司持股60%、法国帅福得公司持股40%。

（长兴县史志研究室　郭玲玲）

安吉县

【概况】 2019年，安吉县区域面积1886平方千米，辖8个镇、3个乡、4个街道，行政村（社区）209个，国家级旅游度假区、省级经济开发区、省际承接产业转移示范区各1个。年末户籍人口47.22万人，常住人口49.7万人。地区生产总值达469.6亿元，增长7.8%。其中，第一产业增加值27.72亿元，第二产业增加值211.83亿元，第三产业增加值230.04亿元。按常住人口计算，人均生产总值9.45万元。

财政总收入90.09亿元，增长12.5%，其中地方财政收入53.6亿元，增长14.2%。城乡居民人均可支配收入分别达56954元和33488元，分别增长8.2%和9.6%。社会消费品零售总额186.5亿元。

规模以上工业增加值147.2亿元，增长7.3%。绿色家居产业入选国家新型工业化示范基地。整治提升“低散乱”企业（作坊）485家。现代服务业加速融合，创建全国首批全域旅游示范区、浙江旅游十佳县，接待国内外游客、旅游总收入分别增长12.1%和19.6%。商品房销售124.1万平方米。全面创建绿色金融改革创新示范县。新增贷款129.64亿元，绿色信贷余额占比全市第一。

进出口总额276.52亿元，增长8.3%。内河集装箱吞吐量29.88万标箱。东西部扶贫协作成效明显，安吉白茶成为全省首个获得国家三大地理标志认定的茶叶品牌。农业现代化发展水平居全省第八位。申嘉湖高速鹿山至孝源段建成通车。S306省道椅子塔至王家庄段完成四车道改六车道。发布全国首个《县域营商环境评价准则》。深化“亩均论英雄”改革，出清低效企业868家，盘活土地629.64公顷，处置“五未”土地238.21公顷。省级以上工业平台100%实现“标准地”出让。提标改造粮食生产功能区495.29公顷。

新引进1亿元以上项目85个。1亿元以上项目开工入库65个，竣工47个。新增省重大产业项目5个、市定“大好高”项目38个；国动云数据基地、远洋数据中心和扬子江安吉生物医药产业园等重大项目签约；培育“瞪羚”企业30家，完成股改企业35家、“个转企”企业442家、“小升规”企业49家。浙江东方基因生物制品股份有限公司成为市内首家科创板上市过会企业，恒林家居股份有限公司成功收购欧洲高端办公家具品牌。新增“品字标”企业6家、国家绿色产品认证企业4家。招引大学生及各类人才2.01万人。新增国家高新技术企业32家，获批省级博士后工作站3个、企业研究院6个、企业研发中心19个。浙江惠嘉生物科技股份有限公司获国家科技进步奖二等奖。永艺家具股份有限公司入选国家级工业设计中心，浙江丰虹新材料股份有限公司获评国家级专精特新“小巨人”企业。

浙江宇翔职业技术学院成立；幼小学段放学后托管服务实现全覆盖。公立医院综合改革和县域医共体建设加快推进。新安吉图书馆建成开馆，浙江自然博物院成为新网红。首届吴昌硕国际艺术奖评选活动举行。媒体智慧化融合获评全国典型案例。

民生支出71.89亿元，增长21.5%。重点人群家庭医生签约服务率86.6%。示范型居家养老服务中心实现全覆盖，免费为5.89万名60岁以上老年人接种流感疫苗。基本养老、医疗保险参保率分别为98.7%和99.5%，全省率先实现与沪苏医疗机构双向刷卡就医。

【“两山”试验区建设】 2019年，安吉县全面启动新时代浙江（安吉）县域践行“两山”理念综合改革创新试验区建设，绿色发展指数居全省第十位、全市第一位，成为省内大花园示范县创建唯一优秀县。美丽乡村、美丽县域建设分别入选全国十大改革案例、全省改革创新最佳实践特别贡献案例。完成81项新时代“两山”试验区建设年度工作任务。新建绿道网40千米，凤凰路、递铺路、齐云路等7条道路完成改造，乌象坝、石马港、灵溪等滨水公园建成开放。赋石、老石坎自来水厂建成运营。新增停车泊位8100个，28个城区机关企事业单位停车场对外开放。73个无物业小区基本完成整治，生活垃圾分类精准扩面，新时代文明实践中心实现全覆盖。小城镇环境综合整治收官，省级样板点位数量全省第一。

【乡村振兴发展】 2019年，安吉县获评国家电子商务进农村综合示范县、省数字乡村试点示范县、省级乡村振兴产业发展示范县。新增“飞地抱团”村90个、乡村经营示范村10个、“两山”转化教学基地10个。整治城乡人居环境问题点位9.2万个，创建成为省级美丽乡村特色精品村2个，农村饮用水达标提标行动惠及群众4.5万人。农村综合产权流转与公共资源交易实现整合。新改建农村公路146千米，2个乡镇成为“四好农村路”省级示范。全县建成全国乡村治理示范村2个，新增省级善治示范村16个、民主法治村15个，乡村治理“余村经验”被推广。

【生态环境优化】 2019年，安吉县成为全国县域秸秆全量化利用试点县、省级山水林田湖草生态保护修复试点县，静脉产业园被列为省级资源循环利用示范基地。“蓝天、碧水、净土、清废”四大行动深入推进。PM2.5平均浓度33微克/立方米，空气优良率86.5%，居湖州市第一位。建成“污水零直排区”64个，新改建污水管网50千米，地表水环境功能区、饮用水水源地、出境交接断面水质达标率均保持100%。完成建设用地复垦106.67公顷、废弃矿山生态修复9.4公顷，新增珍贵彩色森林1933.33公顷。

（安吉县政府地方志编纂室 徐基本）

绍兴市
Shaoxing Municipality

【概况】 2019年，绍兴市区域面积8274.8平方千米，辖3个区、2个县级市、1个县。年末户籍人口446.5万人，常住人口505.7万人，城镇化率达68.4%。

地区生产总值5781亿元，比上年增长7.2%，增速高于全省平均0.4个百分点，居全省第五位。其中：第一产业增加值208亿元，增长2.3%；第二产业增加值2771亿元，增长7.0%；第三产业增加值2802亿元，增长7.8%。三次产业结构比例为3.6∶47.9∶48.5，“三产”比重首次超过“二产”。上市公司总数居全国同类城市第四位。万家民营企业评价城市营商环境列全国第五位。

财政总收入825亿元，增长1.7%，其中一般公共预算收入528亿元，增长5.4%。一般公共预算支出641亿元，增长15.1%。居民人均可支配收入53839元，增长9.0%。其中：城镇常住居民人均可支配收入63935元，增长8.3%；农村常住居民人均可支配收入36120元，增长9.1%。城镇常住居民人均住房建筑面积52.7平方米，农村常住居民人均住房建筑面积68.2平方米。

农林牧渔业总产值316亿元，增长2.5%。早稻种植面积1.59万公顷，总产量10.87万吨，分别下降1.8%和3.4%。实施粮食生产功能区提标改造2506.67公顷，新创建粮食绿色高产示范片14个。新认证绿色食品基地653.33公顷、绿色食品13个。

规模以上工业增加值1400亿元，增长8.4%，居全省前三位。纺织等五大传统产业增加值增长11.5%，获“中国黄酒之都”“世界美酒特色产区”称号。新增高新技术企业385家、科技型中小企业1202家。

固定资产投资增长10.2%，提高8.3个百分点。杭绍甬智慧高速公路、绍兴地铁1号线、5条快速路建设等进展顺利；镜湖医院、国际金融活力城、高铁北站TOD综合体等开工建设；古城入口、蔡元培广场（纪念馆）、绍兴饭店二期等项目加快推进。

社会消费品零售总额2207亿元，增长10.0%，居全省第二位。网络零售额638亿元、居民网络消费695亿元，分别增长20.0%和17.2%。跨境电商网络零售出口13亿元，增长45.0%。成交额超过1亿元市场65个，其中超过10亿元22个、超过100亿元7个。

货物进出口2459亿元，增长9.8%。有进出口国家和地区215个。“一带一路”沿线国家进出口1047亿元，增长17.2%，其中出口987亿元，增长17.3%。新批外资项目287个，增长24.8%。合同外资（省口径）25.1亿美元，增长18.0%；合同外资（省口径）24.6亿美元，增长35.8%。实到外资（省口径）15.3亿美元，增长12.9%；实到外资（省口径）6.6亿美元。引进投资10亿元以上项目45个，其中50亿元以上8个、100亿元以上2个。

旅游总收入1307亿元，增长10.4%。接待游客11488万人次，增长5.5%。全市有A级以上景区81处，其中AAAAA级景区1处，AAAA级景区18处。省AAA级景区村庄118个。

金融机构本外币存款余额9582亿元，增长13.6%。金融机构本外币贷款余额8568亿元，增长14.0%。全年新增股份公司184个、A股上市公司1个，累计上市公司76个，融资52.17亿元。

新认定省重点实验室2个、省级企业研究院16个、省级高新技术企业研究开发中心49个。3项成果获国家科学技术奖。新认定国家级“星创天地”4个、省级众创空间28个。

全市有幼儿园599所，在园幼儿14.08万人。小学324所，在校学生26.19万人。初中138所，在校学生13.71万人。普通高中51所，在校学生9.12万人。中等职业教育学校（含技工学校）18所，在校学生4.76万人。普通高校11所，在校学生10.42万人。专任教师5.77万人。绍兴文理学院更名绍兴大学。

群艺馆、文化馆（站）114个，组织文艺活动8062次。公共图书馆7个，总藏书量644万册。越剧《苏秦》《鉴湖风云》《屈原》，绍兴莲花落《孝子的检讨》、“越剧优秀剧目巡演”5个项目入选国家艺术基金资助项目；越剧《苏秦》入选文化广电旅游部剧本扶持工程。大善寺塔、汉建初元年买地刻石入选第八批全国重点文物保护单位。举办公祭民祭大禹陵典礼、兰亭书法节、阳明心学高峰论坛、南宋文化节、“水陆国际双马”等活动。

卫生机构2698个，医院床位2.2万张。医生1.63万人，注册护士数1.67万人。每万人拥有医疗床位63.82张，增加2.71张；每万人拥有医生36.42人，增加1.4人。成功创建7个省级卫生镇，实现省级卫生乡镇全覆盖；31个国家卫生乡镇创建成功，1个国家卫生乡镇通过复评。家庭医生签约172.12万人，签约率41.7%。

举办国际性赛事21项、全国性赛

事60项。人均体育场地面积2.51平方米。绍兴籍健儿获世界级金牌12人次、银牌6人次，亚洲级金牌7人次，全国级比赛金牌141枚。

新增城镇就业人员27.46万人，城镇登记失业率2.05%，下降0.2个百分点。年末，基本医疗保险参保469.28万人，基本养老保险参保364.15万人，企业职工养老保险参保245.80万人，城镇失业保险参保120.70万人。建成乡镇示范型居家养老中心80个，539个城乡社区居家养老服务照料中心实现公建民营。省级食品安全县创建实现"满堂红"。

全年空气质量优良天数比例达86%，PM2.5平均浓度36微克/立方米。联防联治杭州湾、曹娥江流域污染，20个工业园区、23个乡镇建成省级"污水零直排区"，国家"水十条"考核断面、省控断面实现Ⅰ—Ⅲ类水质全覆盖，创建"美丽河湖"18条（个）。新增农村饮用水达标提标23.9万人。完成1156宗企业用地土壤污染状况调查，35个农地超标点按期销号。淘汰226家企业落后产能，整治"低散乱"企业1323家。会稽山国家森林公园获批，新昌成为全国"两山"实践创新基地，上虞建成省级生态文明建设示范区。

【长三角金南翼打造】 2019年4月27日至5月2日，绍兴市委、市政府在杭州举办"杭州·绍兴周"活动。活动以"融杭发展·创赢未来"为主题，开启杭绍协同打造环杭州湾大湾区、核心区和长三角"金南翼"的新起点。活动期间，举办深度融杭推介大会和13个专场活动，杭州和绍兴两地签订各类合作协议40多项，合作资金规模超过5000亿元，吸引近1万名杭绍市民和30多家省内外媒体参与。

【"无废城市"建设试点获批】 2019年，绍兴市推进"无废城市"建设试点，获批成为全国"11+5"全省唯一试点城市。按照"全域无废"标准，确定全市域、全领域、全周期、全协同方向，运用数字化手段，统筹破解五大固废处置难点，实现源头减量化，利用资源化、处置无害化。至年末，全市城区生活垃圾分类覆盖率达93.06%、县（市）城区生活垃圾分类覆盖率达85.2%，全市城镇资源化利用率为74.6%，无害化处理率基本达100%。

【与8所高校共建研究院】 2019年，绍兴市引进上海大学、天津大学、东华大学等8所高校共建研究院，引进国家技术转移东部中心绍兴分中心等2个技术转移机构，成为国家集成电路产业创新中心。年末，全市有专利授权2.7万件，其中发明专利授权3293件。高新技术产品出口额比上年增长17.1%，增速高于全市7.1个百分点。全市列入省级工业互联网平台创建名单14个，"轴承云""袜业云"列入省第一批工业互联网推广名单。上虞e游小镇、柯桥经济技术开发区等4个平台入围浙江省数字化示范园区，嵊州云电商产业园入围浙江省数字化试点园区。

【闲置农房激活计划入选全省改革优秀案例】 2019年，绍兴市实施"闲置农房激活计划"，带动农户就业1.68万人，村集体收入和农户农民财产性收入分别比上年增加1.82亿元和2.59亿元，入选浙江省改革创新优秀实践案例。绍兴全面消除集体经济年总收入20万元、经营性收入6万元以下薄弱村。低收入农户人均可支配收入达14403元，增长12.5%。

（绍兴市政府办公室　毛尔炯）

越　城　区

【概况】 2019年，越城区区域面积493平方千米，辖1个镇、15个街道，行政村188个、社区115个、居委会57个。年末户籍总户数27.22万户，户籍总人口76.91万人，常住人口98.78万人。越城区被列入新时代文明实践中心建设试点区，成功创建省级食品安全区、省级农产品质量安全放心县，连续14年获省平安县（市、区）称号。

地区生产总值940亿元，比上年增长7.0%，一般公共预算收入78.7亿元，增长6.7%。固定资产投资471亿元，增长13.0%。社会消费品零售总额558亿元，增长10.0%。外贸出口总额450亿元，增长7.0%。城镇、农村常住居民人均可支配收入分别达59522元和36140元，分别增长7.9%和9.0%。实际利用外资1.9亿美元，到位内资76.2亿元，交通投资、生态环境和公共设施投资、高新技术产业投资、民间投资四类投资分别增长127.8%、16.2%、65.2%和17.4%，重点项目开工率90.3%，"市县长项目工程"落地率80%。

全年88个产业项目（不含房地产）开工78个，完成投资73亿元。集成电路产业园入选全省首批"万亩千亿"新产业平台培育名单。引进和培育海内外高层次人才77人，培育高技能人才5917人。新增国家高新技术企业76家、省科技型中小企业221家。

规模以上企业智能化改造50家，新增工业机器人350台、"企业上云"950家，家用电器制造业入选传统制造业改造提升省级试点。新增"小升规"企业54家、"下升上"企业152家、"个转企"企业484家，规模以上工业亩均税收、亩均增加值分别增长16.3%和7.2%。完成"低散乱"企业整治1232家、旧厂房改造26万平方米，淘汰落后产能企业51家。

全面消除区级经济薄弱村30个，创建新一轮"五星AAA"村35个、新时代美丽乡村达标村53个。激活闲置农房208幢。"四好农村路"全面建成，农村饮用水达标提标行动提前完成，城乡供水一体化实现全覆盖。全国农村集体产权制度改革试点工作完成。

完成13所学校撤并工作，学校建设投资3.75亿元。新增镇街示范型居家养老中心5个，镇街残疾人之家实现全覆盖。新建农村文化礼堂27个、社区文化家园7个，镇街文化分馆实现全覆盖，达到省公共文化服务重点县标准。新增城镇就业5.55万人，失业再就业9541人，就业困难再就业2984人，成功创建省级"无欠薪区"。全年财政用于民生支出50.7亿元，占一般公共预算支出的78%。

成立区社会矛盾纠纷调处化解中心，建立16个镇街代办站和404个村（社区）代办点。实施"两减一创"专项行动，197件市级和29件区级重点督查件分别化解174件和28件。

空气质量综合指数4.05，空气质

量指数(AQI)优良率83%,优良天数增加全省第一,PM2.5年均浓度37微克/立方米,下降2.6%。106个"污水零直排区"项目全部完工,34个市级考核断面功能区达标率97.1%。创建"美丽河湖"3条(个)。城乡生活垃圾分类覆盖率分别提高91.9%、95.3%,创建省级高标准生活垃圾分类示范小区(村)17个。

【滨海新区挂牌成立】 2019年11月29日,大湾区四大新区之一的绍兴滨海新区挂牌成立。规划控制总面积430平方千米,托管越城区皋埠、马山、孙端、东湖、灵芝、东浦、斗门、稽山、迪荡和上虞区沥海10个街道,目标定位打造大湾区发展重要增长极、全省传统产业转型升级示范区、杭绍甬一体化发展先行区、杭州湾南翼生态宜居新城区。成立滨海新区管委会,实行"一个平台、一个主体、一套班子、多块牌子"的体制构架,以正面清单形式明确履职重点;越城区全面履行属地管理职能,对滨海新区履行的正面清单以外的职能,全面履行兜底责任。以优化、协同、高效为原则,滨海新区、越城区政区协同、统筹运作,各有侧重、合力推动经济社会高质量发展。12月27日,越城区召开滨海新区体制调整工作推进会,同步做好科级机构调整报批工作,128名工作人员调整到位。

【首届微通道反应技术与装备高峰论坛在绍兴举行】 2019年5月23—25日,首届微通道反应技术与装备高峰论坛在绍兴越城区举行。中国工程院院士欧阳平凯、彭孝军及国内化工微反应研发、环保领域等30多名专家出席。围绕"安全高效,绿色环保"主题,通过高峰论坛推动交流、增强合作、促进研发、加快应用,破解化工生产的发展瓶颈,为化工行业提质升级改造,促进安全、环保、低耗、高效发展提供技术支撑。

【首届共创长三角城市群绿色发展论坛在越城区举行】 2019年10月25日,首届共创长三角城市群绿色发展论坛在越城区举行。会上发布《长三角绿色发展共识》,倡议在长三角区域一体化过程中,联合民间环保力量共同推动人气、水、土壤、垃圾分类、有害化学品管理等环保议题的践行与落实。论坛由中国生物多样性保护与绿色发展基金会主办,绍兴市越城区政府承办。同济大学环境与可持续发展学院教授、国家发展循环经济部际联席会议专家咨询委员会委员、浙江省环保联合会代表等出席论坛。

(越城区政府办公室　叶　敏)

2019年11月29日,绍兴市举行绍兴滨海新区揭牌仪式

(绍兴市政府办公室　供图)

柯桥区

【概况】 2019年,柯桥区区域面积1066平方千米,辖5个镇、11个街道,村(居、社区)341个。包含1个国家级开发区、2个省级开发区、1个中国聚合度最高的大纺织产业集群和1个全球规模最大的轻纺市场。年末全区户籍人口68.8万人,常住人口134.9万人,人口自然增长率3.8‰。

地区生产总值1504.3亿元,比上年增长7.6%。其中:第一产业增加值37.2亿元,增长2.4%;第二产业增加值755.4亿元,增长7.9%;第三产业增加值711.7亿元,增长7.6%。一般公共预算收入131.4亿元,增长4%。规模以上工业企业产值2044.6亿元、销售产值1942.6亿元,分别增长6.4%和5.2%。固定资产投资增长8.9%。社会消费品零售总额增长10.5%。货物进出口总额911.5亿元,增长15%。其中:进口总额44.0亿元,增长4.3%;出口总额867.5亿元,增长15.6%。常住居民人均可支配收入分别增长8.1%和8.9%。新增就业2.75万人,城镇登记失业率2.02%。综合实力位居全国百强区第11位,连续11年被评为"中国全面小康十大示范区"。

柯桥区创建省级农业绿色发展先行区3个,建成省级美丽牧场2个、市级美丽场园5个,成为中国春兰节永久承办地。入选国家级农村改革试验区。提标改造粮食生产功能区333.33公顷,打造蔬菜基地1666.67公顷,农业增加值增长2.2%。

改造提升全区域印染企业,扩大"加工转经销"试点,成功创建省先进印染制造业创新中心。建成省级小微企业园6个。完成"个转企"企业391家、"小升规"企业125家。新增高新技术企业95家、省级企业研发机构13个。率先在纺织领域试点5G商用。数字经济核心产业增加值增长15%。建筑业产值677亿元,增长30.2%。创建全省首批AAAA级景区城,实现旅游收入301亿元,增长19.1%。

柯桥区轻纺城市场群成交额2000.3亿元,增长10.6%;网上成交额

526.6亿元，增长25.3%。

区域融合加快，在上海发布“老绍兴·金柯桥”城市品牌。成立柯桥区上海商会。与杭州萧山区、宁波北仑区签订友好城区战略合作协议。杭绍城际轨道交通全速推进，杭州中环柯桥段等融杭交通加快建设，开通钱清到宁波的城际客运班列。建成浙江树人大学杨汛桥校区二期。引进浙江大学医学院附属第一医院、浙江大学医学院附属儿童医院等优质医疗资源，共建名医工作室20个。城市建成区扩展到77平方千米。兰亭文化旅游度假区挂牌成立。柯桥经济技术开发区考评位居全省第11位。

存贷款余额增长16%，贷款不良率降至0.98%。新增股份公司55家。完成上市企业并购2起，再融资9.7亿元。基金小镇管理基金规模1100亿元。

财政用于民生支出101.4亿元，增长8.9%。市级现代化学校覆盖率提高到66.7%。基层首诊率达65%，实现国家卫生镇创建全覆盖。举办各类群众文化活动2000多场。鉴湖黄酒作坊列入国家工业遗产。空气质量优良率78.4%，市控及以上断面水质全部达到Ⅲ类及以上。

【500亿元中科院联动创新基金落户柯桥】 2019年4月18日，中科院联动创新基金揭牌仪式在柯桥区举行。该基金由柯桥区政府和中国科学院控股有限公司于2017年12月共同倡议发起，总规模500亿元，首期规模200亿元。基金通过构建科技创新型企业全生命周期投资生态链，将科技资源和金融资源有效对接、科技创新与现代金融相互协同，加速科技与柯桥经济的深度融合，实现科技成果转化和规模产业化，金融服务科技引领和推动柯桥战略性新兴产业快速发展。

【柯桥获“世界休闲城市”称号】 2019年5月13日，“世界休闲城市”授予仪式在柯桥区举行。世界休闲组织授予柯桥“世界休闲城市”称号，世界休闲组织秘书长克里斯蒂娜授荣誉牌，标志着绍兴柯桥成为继加拿大里士满市后全球第二个“世界休闲城市”，也成为中国第一个获此荣誉的城市。该称号将推动柯桥加快打造成为立足华东、辐射全国、吸引全球目光的知名运动休闲目的地。

【第二届世界布商大会在柯桥召开】 2019年9月27日，第二届世界布商大会在柯桥区中国轻纺城国际会展中心召开。大会以“合作共赢·责任发展”为宗旨，围绕“开放协同·科技驱动·时尚跃变”主题，按照“绿色高端、世界领先”目标，链接全球产业智库，深入探讨行业的共同繁荣与可持续发展。会议期间举行全球时尚产业发展论坛、第十五届亚洲纺织会议、全球纺织产业国际合作高峰论坛、“一带一路”纺织合作论坛等活动。国际纺织制造商联合会副会长、中国纺织工业联合会、中宣部版权管理局、浙江省商务厅、绍兴市委市政府、柯桥区政府等领导和专家出席会议。国内外纺织行业协会、研究机构、设计院校、知名企业、电商平台、境内外媒体等行业代表约1200人参会。

（柯桥区政府办公室　朱祖德）

上　虞　区

【概况】 2019年，上虞区区域面积1403平方千米，辖10个镇、3个乡、8个街道办事处，村（村委会）303个、社区（居委会）91个。户籍人口77.94万人，常住人口97.85万人，人口自然增长率0.16‰。

地区生产总值978.11亿元，比上年增长7.4%。其中：第二产业增加值504.96亿元，增长6.9%；第三产业增加值423.45亿元，增长8.7%。财政总收入147.61亿元，增长4.5%，其中，一般公共预算收入89.52亿元，增长8.3%。一般公共预算支出104.48亿元。

社会消费品零售总额377.36亿元，增长10.3%。其中，限额以上社会消费品零售总额159.1亿元，增长14.1%。批发零售业实现销售额1100.58亿元，增长14.9%。外贸进出口总额302.43亿元，增长5.4%。其中：进口总额24.22亿元，下降23.1%；出口总额278.21亿元，增长8.9%。实现服务贸易进出口总额19.54亿元，增长8.4%。

规模以上工业产值1582.32亿元，增长6.8%，产销率为95.3%。规模以上工业增加值321.01亿元，增长8.1%。其中：规模以上轻工业产值426.41亿元，增长4.4%；规模以上重工业产值1155.91亿元，增长7.7%。杭州湾上虞经济技术开发区创建成为全国绿色化工园区，跻身中国化工园区30强，化工产业综合指数居全省第一位。

农林牧渔业增加值50.77亿元，增长2.5%。粮食播种面积3.45万公顷，粮食总产量20.4万吨，水稻耕种收综合机械化率88.5%。年内生猪出栏22.79万头。成功创建“浙江省农业绿色发展先行区”，建成省农业“机器换人”示范乡镇6个、省农业“机器换人”示范基地44个。县级以上重点农（林）业龙头企业67家，其中年销售收入超1亿元企业6家，省级骨干农（林）龙头企业8家。

引进大学研究院3个。新增省级众创空间5个、省级院士专家工作站和省级技能大师工作室各1个、省级博士后工作站5个；新增高新技术企业53家、省科技型中小企业178家；新列入省级新产品试制计划634项、省重点研发计划项目5项。发布企业技术需求250条，鉴定科技成果343项，实现技术市场交易额5.6亿元。专利授权量4239件，其中发明专利授权量311件。

接待游客2087.27万人次，增长16.2%；旅游总收入175.46亿元，增长16.5%。星级饭店4个，旅行社16个。获评“首批全国最具特色魅力旅游胜地”。“诗画曹娥江”品牌知名度不断提升，引进重大文旅项目13个。培育省采摘旅游体验基地金果级6个、银果级3个。新增民宿床位560张，覆卮山居、墨隐居·花墅获评省级银宿。夜市经济试水破题，文化旅游风情街获评绍兴市十大“特色文化产业园区（街区）”，风情街夜市活动参展摊位270个，接待游客66万人次。

【全省特色小镇建设现场会在上虞召开】 2019年9月26日，全省特色小镇建设现场会在上虞召开。省委书记车俊就特色小镇建设做出批示，省长袁家军出席会议并讲话。会上公布新一批命名、创建、培育特色小镇名单，e游小镇通过此次省级特色小镇验收命名。上虞在浙江特色小镇网络影响力指数月榜上位列前十位。e游小镇完成投资2.04亿元。小镇新增企业123家，累计引进企业650家；引进内资1.65亿元，利用外资1000万美元。实现税收4.6亿元。新增各类就业人才2300人，集聚青年创客6500人，获评浙江省数字化示范园区。

【第三届中国新材料产业创新发展论坛在上虞举行】 2019年11月30日，第三届中国新材料产业创新发展论坛在上虞举行。论坛以“聚焦新材料竞雄大湾区”为主题，立足新材料产业发展，着眼于新材料开发、先进设备制造与加工技术、前沿技术研究及工程化应用等，开展学术交流与技术研讨。论坛上，中国工程院院士陈建锋等专家学者，围绕功能纳米材料及产业化、国家新材料“十四五”规划思考、巴斯夫创新战略分享、新材料加工和制造等做主旨演讲。

（上虞区政府办公室　舒正可）

诸暨市

【概况】 2019年，诸暨市区域面积2311平方千米，辖5个街道、17个镇、1个乡。年末户籍人口108.43万人，常住人口118.78万人。

地区生产总值1312.36亿元，比上年增长7.5%。其中，第一产业增加值47.7亿元，增长2.4%；第二产业增加值646.85亿元，增长7.4%；第三产业增加值617.81亿元，增长8.2%。按户籍人口计算，人均生产总值为12.1万元，增长7.6%。财政总收入142亿元，增长3.1%，其中一般公共预算收入89.8亿元，增长2.8%，占财政总收入的63.2%；税收收入74.68亿元，增长1.5%，占一般公共预算收入的83.2%。教育、社会保障和就业、卫生健康等民生相关支出分别增长10.4%、28.5%和40.0%。

全面“实施数字经济五年倍增计划”，新增工业机器人385台、数字化车间45个，企业“上云”6678家。新增“小升规”企业260家、“下升上”企业200家、“产转法”企业140家。工业增加值增长9.1%，其中规模以上工业增加值236.94亿元，增长9.5%。规模以上工业实现利税增长4.8%。全市装备制造、高新技术、战略性新兴产业和数字经济增加值分别增长9.2%、3.9%、0.6%和2.1%，占规模以上工业增加值的比重分别为42.6%、42.9%、37.8%和3.2%。环保新能源、智能装备制造、铜加工及新型材料、纺织服装、袜业和珍珠业等行业企业907家，合计产值增长1.9%，占规模以上工业企业总产值的76.9%。

全市招引项目63个，总投资309.6亿元，5个项目列入省重大产业项目计划。组织企业参加“一带一路”市场展会90次，开通“义新欧”诸暨号中欧班列。建成院士专家工作站9个。新增国家高新技术企业81家、省科技型中小企业278家。新认定省级小微企业园8个。引进培育数字化工程服务公司9个，与华为技术有限公司、杭州海康威视数字技术股份有限公司等开展战略合作，新增工业机器人385台、数字车间30个，企业“上云”6678家，入围省制造业高质量发展示范县市创建名单。

社会消费品零售总额385.95亿元，增长10.0%。网络零售额206.3亿元，增长16.9%，总量继续保持绍兴市第一位。36个村获“中国淘宝村”称号，占绍兴市总量的80%。

深入实施“凤凰行动”计划，新增IPO辅导报会企业2家、股份制企业93家、省股交中心挂牌企业98家。探索金融矛盾纠纷调解机制，开展发展“枫桥经验”调解金融矛盾增进银企互信试点工作。举办4期以“与杭同城双轮驱动”为主题的资本与项目对接路演活动，有20个项目与投资机构进行深入对接。

诸暨市被省政府授予“全省实施学前教育补短提升工程措施有力、成效明显的县（市、区）”称号，教育现代化发展水平超过80%，位列全省第一方阵。城东初中等19个学校建设项目列入政府性投资项目计划，总投资7.98亿元。29所城乡小学建立“互联网+义务教育”结对帮扶制度。

接待国内外游客2722.92万人次，旅游总收入283.65亿元，均增长10%。同山镇入选第五批浙江省非物质文化遗产旅游景区，山下湖镇创建省级旅游风情小镇，东白湖镇列入第四批旅游风情小镇培育名单，天使之泪珍珠文化体验园通过AAA级景区创建。举办文旅新品（杭州）发布会、西施西湖快闪、旅游网红采风、自驾游网络产品售卖等活动为主的春季旅游节。研发“跟着成语游诸暨”文旅新品，打造古韵红都地标之旅、敬缅忠魂感恩之旅、寻迹名人故居之旅、难忘金萧支队之旅等红色主题游线，打造棕编非遗研学游、“古越人文，越红茶旅”等非遗研学游项目。

推进省部共建乡村振兴示范县创建，诸暨培育省级“五园一场”示范基地11个，创建成为国家现代农业产业园。深化美丽乡村建设，17个村列入省第一批传统村落建设名单，建成第二批AAAAA级达标村116个、AAA级示范村12个。

【海亮集团成为绍兴首家世界500强企业】 2019年7月22日，《财富》杂志发布世界500强企业排行榜单，海亮集团有限公司首次跻身世界500强企业。该公司成立于1989年，是一家以有色材料智造、教育事业、健康产业（生态农业、医疗、养老）等多产业布局的国际化大型综合企业集团。海亮集团有限公司以2018年度营业收入262.51亿美元，利润2.38亿美元排名473位，成为绍兴市首家世界500强企业。

【长三角战略推进】 2019年，诸暨市实施《浙江省推进长江三角洲区域一体化发展行动方案》。举办“与杭同城”产融驱动高峰论坛、“杭州·绍兴周”诸暨专场等活动，与杭州拱墅区、宁波鄞州区签署友好区市合作协议，与上海松江区探索双向商事登记办法。引进杭州籍企业513家、都市区项目101个，总投资超过50亿元。布局建设G60诸暨创新转化港，“诸暨岛”“高新岛”入驻企业27家。主动接轨上海港、洋山港、舟山港，推进店口综合港区建设，开通诸暨至乍浦集装箱航线。选址落地上海签证诸暨分中心，试行诸暨至杭州高速双向通行免费政策，实现长三角（上海）异地就医门诊费用直接结算，新增名医专家工作室25个，结成诸杭教育共同体12个。

【新时代“枫桥经验”被写入党的十九届四中全会决定】 2019年10月31日，十九届四中全会通过《中共中央关于坚持和完善中国特色社会主义制度推进国家治理体系和治理能力现代化若干重大问题的决定》（简称《决定》），《决定》第九部分提出“完善正确处理新形势下人民内部矛盾有效机制。坚持和发展新时代‘枫桥经验’”。“枫桥经验”首次以中央全会审议通过的形式写入《决定》，代表着“枫桥经验”成为坚持和完善中国特色社会主义制度、推进国家治理体系和治理能力现代化的有机组成部分，标志着诸暨的“枫桥经验”由基层社会治理的样本，上升为党和国家制定政策、做出决策的重要依据和基本经验。

（诸暨市政府办公室　周林武）

嵊州市

【概况】 2019年，嵊州市区域面积1789平方千米，辖4个街道、10个镇、1个乡，村（居）255个、社区30个。年末户籍人口72.4万人，常住人口64.5万人。

地区生产总值589.15亿元，比上年增长6.3%。财政总收入69.67亿元，一般公共预算收入45.76亿元，分别增长0.5%和0.6%。固定资产投资233.83亿元，增长2.5%，实际利用外资921万美元，进出口总额86.03亿元。城乡居民人均可支配收入分别达61271元和32131元，分别增长8.7%和9.1%，人均生产总值81238元，增长6.6%。嵊州入选全国县域经济竞争力百强县、全国投资潜力百强县、中国创新百强县、中国营商环境百强县、中国县级市全面小康指数前100名。

农林牧渔业总产值59.64亿元，增长2.5%。新增五星村105个、AAA级村8个，中科院“美丽中国”项目落地，白雁坑村被授予全国首个“地质文化村”，施家岙村入选全国乡村旅游重点村。嵊州与金砖国家开发银行签订省内首个合作项目，新增规模化供水人口7.01万人。完成289千米农村道路改造提升。累计发放农房不动产权证13.67万本，发证量居全省第一位。全市经济薄弱村集体经济年收入全面达到20万元以上，其中经营性收入超过6万元。

规模以上工业企业总产值486.04亿元，增长3.3%。规模以上工业增加值增长7.0%。实施低效企业整治提升“一三五”行动，规模以上工业企业亩均税收和亩均增加值分别增长12%和22%。基本完成“12+1”行业整治，清退“低散乱”企业150家，入围全省第二批小微企业园建设提升工作重点县市。启动“数字经济五年倍增计划”。新增报会企业3家、股改企业18家，完成“小升规”企业80家、“下升上”企业25家、产值超过20亿元工业企业2家。浙江工业大学嵊州创新研究院落户。新认定国家高新技术企业52家，真丝·领带产业创新服务综合体入围省级创建名单。

社会消费品零售总额315.23亿元，增长10.8%。服务业增加值增长6.6%，网络零售额增长18%。厨具产业入选省首批现代服务业与先进制造业深度融合试点。接待游客1591.94万人次，增长15.02%；旅游总收入133.82亿元，增长15.05%。举办首届国际绍兴（嵊州）绿茶大会、中国嵊州小吃文化旅游节、省诗路文化产业发展主题活动，获评世界著名茶乡、中国小吃文化名城、中国民间文化艺术之乡，被列为首批部省共建乡村振兴示范省先行创建单位。

嵊州市加快政府数字化转型，70个部门间事项实现“最多跑一次”。新增城镇就业2.58万人，城镇登记失业率低于2.1%，养老保险、医疗保险参保率分别达95%和99%。完成乡镇行政区划和行政村规模调整。

【全省首个县级“市长直通车”设立】 2019年，嵊州市创新设立全省首个县级“市长直通车”，帮助企业破解发展难题。“市长直通车”每两个月开展一次，针对企业家集中反映的问题确定主题。采用“市长门诊+班子坐诊+部门会诊+企业就诊”的模式进行，配套形成反映问题、梳理解答、办理解决、跟踪督办、回访回复的全过程服务，以两个月为时限定期化解。全年办结企业难题180多个，办结率达99%以上。

【首届国际绍兴（嵊州）绿茶大会】 2019年3月22日，首届国际绍兴（嵊州）绿茶大会在嵊州举行。大会由中国食品土畜进出口商会、中国国际茶文化研究会、中国茶叶学会、联合国粮农组织政府间茶叶工作组及国际茶叶委员会等共同主办。以“传承创新‘一圆一扁’、共享共建‘一带一路’”为主题，设置茶品展示展销、制茶表演等茶事互动、座谈论坛、茶人餐叙等特色环节，旨在以茶为媒、以茶会友，打造全球茶业领域一场高层次、大格局、国际化、新概念的行业盛会。大会期间，嵊州市与摩洛哥索维拉市签订《摩洛哥·索维拉市与中国·嵊州市友好城市备忘录》。

【巴贝集团工厂化养蚕项目入选全国十大颠覆性创新榜】 2019年6月13日，在杭州举办的“全国双创活动周”上，嵊州市巴贝集团有限公司工厂化养蚕项目得到李克强总理高度肯定，并成功入选全国十大颠覆性创新榜TOP10。该公司是国内领带行业的龙头企业，联合浙江省农业科学院，经过7年潜心探索创新，成功实现全龄人工饲料工厂化养蚕项目产业化，成为全球首家掌握全龄人工饲料工厂化养蚕技术的企业，一期项目成功投产，产能约占全省鲜茧市场份额的50%。

【现代化农业推进】 2019年，嵊州市深入实施“1150”（1个省级农业园区，1个省级特色农业强镇，50个产业振兴先锋基地）工程，三界省级现代农业园区加快建设，甘霖果蔬特色强镇通过省级农业强镇验收。完成建设高标准农田1866.67公顷，其中包含280公顷高效节水灌溉建设。加快发展生态循环农业，引进网易味央等现代化农业项目。创建省级农业绿色发展先行市，启动创建省级农业绿色发展先行区3个。举办浙江·长江下游水稻新品种大会暨中国农民丰收节。

(嵊州市政府办公室　张泽挺)

新昌县

【概况】 2019年,新昌县区域面积1213平方千米,辖4个街道、6个镇、2个乡,社区18个、居委会13个、行政村253个。年末户籍人口43.37万人,常住人口46.61万人。

地区生产总值451.46亿元,比上年增长6.3%。其中:第一产业增加值22.10亿元,增长2.2%;第二产业增加值223.80亿元,增长5.6%;第三产业增加值205.56亿元,增长7.8%。三次产业结构比例为4.9:49.6:45.5。按常住人口计算,人均生产总值10.41万元。

财政总收入69.73亿元,下降1.8%。其中一般公共预算收入43.66亿元,增长4.3%。一般公共预算支出64.35亿元,增长13.3%。城镇和农村常住居民人均可支配收入分别是60167元和30755元,分别增长8.0%和9.1%。

规模以上工业总产值490.38亿元,增长0.9%。规模以上高新技术产业增加值119.62亿元,增长6.8%,占规模以上工业增加值90.1%,规模以上工业新产品产值245.85亿元。金融机构存款余额636.08亿元,增长10.3%;贷款余额586.83亿元,增长18.3%,贷款不良率0.3%。

社会消费品零售总额205.66亿元,增长10.4%,其中限额以上消费品零售额22.82亿元,增长11.9%。进出口总值145.05亿元,下降8.3%,其中:进口总值4.13亿元,增长1.7%;出口总值140.92亿元,下降8.6%。

新昌轴承行业工业互联网平台列入省第一批推广名单;数字经济核心产业增加值增长16.1%,数字经济工作被列为第一批省政府督查激励县,被工业和信息化部授予全国中小企业数字经济创新发展示范区,成为全省首个通过国家高端装备制造业标准化试点验收的县(市、区)。

旅游总人数1815.62万人次,增长13.0%;旅游经济总收入159.02亿元,增长13.3%。新昌县入选全国"绿水青山就是金山银山"实践创新基地,入围全省首批大花园典型示范培育单位。

财政科技支出增长15.5%,科技产出综合评价居全省第一位,获评全省市县党政领导科技进步目标责任制考核优秀单位,被评为全国创新百强县第八位。

财政用于民生支出52.13亿元,占一般公共预算支出的81%。教育工作满意度调查得分全省第一。建成全国首家县域天文科技馆。城镇登记失业率控制在2.1%以内。户籍人员基本养老保险参保率96%,基本医疗保险参保率99%。社会养老服务中心建成投用,全县特困老人实现集中供养,每100位老人床位4.6张。新增"善治"示范村29个,创建省法治示范县。建成县社会矛盾纠纷调处化解中心,创建省级"无信访积案县"。

【中国茶叶大会暨绍兴茶叶博览会在新昌举行】 2019年4月11日,由中国国际茶文化研究会、中国茶叶流通协会、中国茶叶学会、省农业农村厅、绍兴市政府、浙江省茶叶产业协会主办,县政府和绍兴市农业农村局承办的"中国茶叶大会暨绍兴茶叶博览会·第十三届新昌大佛龙井茶文化节"在新昌开幕。开幕式上举行2018年中国茶业品牌影响力全国十强县(市)授牌,发布中国茶叶区域公用品牌价值十强。大佛龙井以43.04亿元列第六位,连续10年跻身十强,并被评为最具品牌带动力品牌,茶文化节组织安排"天姥论茶——全国重点产茶县工作交流会""天姥论茶——首届龙井茶(新昌)峰会""缘启茶会""茶王赛""斗茶会""新茶礼佛""茶祭大典""中国名茶之乡·中国茶文化之乡——茶乡休闲游""问茶新昌——中国知名茶企六大茶山行"等活动。

【新昌工业园区获批省级经济开发区】 2019年1月,省政府批复同意整合新昌工业园区,设立浙江新昌经济开发区,实行省级经济开发区政策。浙江新昌经济开发区通过原省级开发区——新昌工业园区整合提升,规划面积5.69平方千米,分为大市聚区块和大明市区块,其中大市聚区块面积3.48平方千米,大明市区块面积2.21平方千米。3月13日,浙江(新昌)境外并购产业合作园获省政府批复,成为浙江省首批3个境外并购产业合作园之一。

(新昌县政府办公室　吴樟永)

金华市
Jinhua Municipality

【概况】 2019年,金华市区域面积10942平方千米,辖2个区、3个县、4个县级市,全市有镇74个、乡31个(含民族乡1个)、街道42个。年末户籍人口491.93万人,常住人口562.4万人,人口自然增长率4.4‰。城镇化率68.7%。

地区生产总值4559.91亿元,比上年增长6.5%。其中:第一产业增加值145.82亿元,增长2.0%;第二产业增加值1833.03亿元,增长6.3%;第三产业增加值2581.06亿元,增长6.9%。三次产业结构比例为3.2:40.2:56.6。常住人口人均生产总值81224元,增长5.9%。

财政总收入661.5亿元,其中一般公共预算收入411.3亿元,增长4.8%。一般公共预算支出664.50亿元,增长15.8%。常住居民人均可支配收入48155元,增长8.6%。其中:城镇常住居民人均可支配收入59348元,增长8.1%,农村常住居民人均可支配收入28511元,增长8.7%。居民人均生活消费支出30911元,增长8.0%。

农林牧渔业增加值150.75亿元,增长2.1%。农作物播种面积20.27万公顷。肉类总产量14.23万吨。农村用电量60.8亿千瓦时,增长3.6%。规模以上工业增加值854.88亿元,增长6.6%;销售产值4108.36亿元,增长5.0%。

规模以上工业企业出口交货值1015.81亿元,占销售产值的24.7%。规模以上工业中高新技术产业、装备制造业、战略性新兴产业、数字经济核心产业增加值分别增长7.6%、11.7%、7.8%和16.2%。

固定资产投资增长10.3%。省级重点建设项目90个。房地产开发房屋施工面积3020.67万平方米，增长7.7%；竣工面积271.67万平方米，下降15.8%。商品房销售面积551.63万平方米，增长3.6%。

社会消费品零售总额2425.59亿元，增长7.7%。网络零售3166.1亿元，增长16.4%，居全省第二位。跨境网络零售出口402.1亿元，增长29.6%，占全省的51.7%，居全省第一位。全年培育农村电商示范服务点130个，培育电商专业示范村78个。货物贸易进出口总额4218.51亿元，增长11.9%。

金融机构本外币存款余额9906.43亿元，增长13.9%。金融机构本外币贷款余额8402.70亿元，增长14.2%。保险机构保费收入264.08亿元，增长6.2%；支付各类赔偿及给付86.7亿元，增长7.8%。证券交易额28947.33亿元。年末境内上市公司30家，累计融资46.44亿元。

全年接待游客1.4亿人次，增长15.7%；旅游总收入1579.77亿元，增长16.9%。旅游外汇收入5.32亿美元，增长6.2%。

财政科技支出24.79亿元，增长17.3%。列入市级以上科技项目865项，市级科技计划项目271项。获专利授权2.72万件，其中发明专利1895件。新认定国家级高新技术企业337家、省科技型中小企业1096家、市级以上研发机构172个。新建市级以上各类创新载体41个，累计省级以上科技孵化器11个、省级以上众创空间13个、省级以上星创天地12个。

综合交通建设投资220.8亿元。建成境内公路总里程1.31万千米。邮电业务收入111.52亿元，增长6.6%；移动电话用户951.11万户，互联网宽带接入用户304.78万户。完成快递业务量59.2亿件，增长61.8%；快递业务收入224.53亿元，增长32.1%。

各类市场340个，市场总成交额3445.32亿元。年成交额超1亿元的市场91个，总成交额3377.77亿元。10亿元市场28个，100亿元市场3个，1000亿元市场1个。对“一带一路”沿线国家和地区出口额1728.53亿元。服务贸易进出口总额279.16亿元，占外贸总额的6.2%，增长8.0%。国际服务外包离岸合同执行额24.29亿元，增长16.9%。新批外商投资企业973家，合同利用外资40.89亿美元，实际利用外资2.63亿美元，下降17.5%。新批核准境外投资项目39个，境外投资总额26.66亿美元，其中中方投资11.64亿美元，增长606.3%。完成对外承包工程劳务合作营业额3.76亿美元。

新增“小升规”入库企业598家、省“隐形冠军”企业6家。创建国家知识产权示范市，新增院士专家工作站28个，认定国家高新技术企业337家，新增省科技型中小企业1096家。市场主体总量增至109万户，跃居全省第二位。浙江三美化工股份有限公司、浙江博尼时尚控股集团有限公司、浙江甬金金属科技股份有限公司上市，A股上市企业达30家，市值突破2000亿元。创建省级特色农业强镇4个，建成省级示范性农业全产业链9条。保护5.93万公顷粮食生产功能区。新增区域名牌农产品8个、绿色食品基地1513.33公顷。创建国家级畜禽养殖示范场21个、省美丽牧场152个。华东(金华)农产品物流中心投入使用。全国“一村一品”示范村镇2个，义乌、武义入选国家农村产业融合发展示范园。

各类全日制学校2046所(不含技工学校，下同)，在校生111.69万人，教职工9.07万人。其中：幼儿园1359所，在园幼儿26.39万人；小学392所，在校学生43.14万人；初中180所，在校学生18.22万人；普通高中71所，在校学生8.85万人；特殊教育学校9所，在校学生953人；中等职业学校25所，在校学生5.51万人；全日制高校8所，在校学生8.84万人。学前三年幼儿入园率99.7%，十五年教育普及率99.7%。金华第一中学、金华市外国语学校、浙江师范大学附属中学等教育集团挂牌成立，义务教育集团化办学覆盖率94%。小学放学后校内托管服务经验被全国推广。

新增全国重点文物保护单位12处。义乌桥头遗址、武义溪里窑址入选省十大考古新发现。建成农村文化礼堂461个，提供点单式服务1788场次。创建省级文化强镇1个，省级文化示范村(社区)16个。

医疗卫生机构4216个，床位3.43万张，卫生技术人员4.85万人。建成县域医共体14个。

各类社会福利单位183个，社会福利床位3.73万张，收养各类人员1.3万人。农村五保对象集中供养率77%。低保对象5.1万人。社会组织7375个。发行各类福利彩票19.69亿元(含义乌)，筹集公益金5.57亿元。有抚恤优待对象40833人，发放抚恤金40413.28万元。发放自主就业一次性经济补助金4687.69万元。

全市城镇职工养老保险参保246.25万人，失业保险参保98.01万人，工伤保险参保188.8万人；城乡居民养老保险参保149.74万人，被征地农民基本生活保障参保24.29万人。基本医疗保险参保509.34万人。城镇新增就业17.22万人，增长56.5%；城镇失业人员实现再就业4.82万人，增长28.05%；年末城镇登记失业率1.77%，下降0.33个百分点。

全市43个地表水断面、11个国家考核断面、17个省控断面、10个市界出境断面、20个县市交接断面、8个县级以上集中式饮用水源地水质均100%达标。市区PM2.5浓度降至32微克/立方米，空气质量指数(AQI)优良率88.8%，首次全面达标；土壤污染地块安全利用率达100%。“五水共治”工作被授予“大禹鼎银鼎”。城市污水排放量9870万立方米，增长6.9%，城市污水处理量9584万立方米，增长7.5%，城市污水处理率97.1%。新增农村生活垃圾分类处理优秀村666个。在建省级历史文化村落重点村15个。创建美丽乡村示范乡镇11个、特色精品村40个、农村生活垃圾示范村20个、历史文化保护利用示范村3个。中国美丽休闲乡村1个，新增浙江省最美田园8个。

全市人均公园绿地面积12.09平方米。东阳市和永康市创建“国家森林城市”。新增永康杨溪源省级湿地公园。完成新造林397.87公顷、迹地更新1133.33公顷、森林抚育7800公顷、平原绿化1260公顷,全市建成省级以上生态公益林面积32.52万公顷。全市森林覆盖率61.8%。

【打好“九场硬战”】 2019年,金华市委、市政府围绕“全面小康、浙中崛起”总目标,打好“群城聚市、实业兴市、创新强市、开放活市、环境立市”五大发展战略,开展打好实体经济翻身战、改革开放攻坚战、都市能级提升战、交通廊道突击战、民生改善持久战、生态环境保卫战、基层治理巩固战、文明创建荣誉战、清廉金华推进战“九场硬战”。设立市委、市政府重点工作“晒进度、拼实绩、创一流”活动。对各县(市、区)重点部门工作状况、工作成绩和特色工作“晒一晒进度、比一比水平、拼一拼实绩”,并开展“对标比拼勇赶超”活动。金华市获国务院正向激励3项、省政府正向激励9项。

【全国文明城市创建再获全国第一】 2019年,金华市推进全国文明城市创建工作。市委、市政府把“保第一”作为目标任务,出台《金华市文明行为促进条例》《金华市城市市容和环境卫生管理规定》《金华市民文明公约》等文件。全年召开标杆示范项目现场推进会7次,市领导率队督查创建工作378次,协调解决问题800多个。市区注册志愿者16.83万人,活跃度79.8%,累计组织志愿服务活动9016次,参与32.94万人次,全年累计志愿服务信用时数1811万余小时,获”全国最热心志愿服务“第二名。开展各类志愿服务工作培训76场5580人次,开展社区志愿服务培训144场、轮训3.2万人次,组织开展全市社区志愿骨干研修班25场。创建市区文明示范校园32个,建成生活小区垃圾投放点1485个,市区123个社区全部实现物业(准物业)全覆盖。金华市以总分96.96分的成绩,在全国113个地级创建周期提名城市中获全国文明城市测评第一名,连续两年年度测评排名全国第一。

【经济转型升级加快】 2019年,金华市开展“八个一”扶持行动,智能门锁、光电、电动工具等首批八大重点细分行业规上工业产值占全市的40.2%,贡献率达67.7%。发布“浙江制造”标准77项,新增“品字标”企业57家,均居全省首位。婺城汽车零部件制造业列入全省传统制造业改造提升试点。承办全省工业互联网现场会,加入国家集成电路大基金,数字经济核心产业制造业增加值增速居全省第二位。入选国家物流枢纽城市,出台现代物流业发展10条措施,快递业务量59.2亿件,居全国第二位。推进工业企业电商统计调查国家试点,网络零售额3166亿元,比上年增长16.4%。签约20亿元以上项目27个,市县长项目落地25个。启动建设浙江省龙芯智慧产业园,引进落地项目45个。同方“金华造”计算机下线,填补全省信息技术自主创新产业空白。建成小微企业园112个,入驻企业5641家,金东区、兰溪市、浦江县列入省小微企业园建设提升重点县。全市创建产业创新服务综合体29个。

【“无证明城市”改革】 2019年,金华市“无证明城市”改革开全国先河,累计减免证明134万件,群众满意率99.99%。政府数字化转型获评全国优秀实践案例,“互联网+监管”改革率先破题,成为全国样板,“无证明、无证件、无复印”办事大厅项目获得中国营商环境执行力奖。企业开办“零见面”改革经验向全国推广。一般企业投资项目审批“最多90天”、竣工验收“最多30天”实现率均达100%。金华公民事项“一件事”办理改革工作走在全省前列。

【推进“浙中大花园”建设】 2019年,金华市浙中生态廊道建设推进,都市区绿道闭合圈贯通292千米。全面推进“污水零直排区”建设,省控以上地表水断面水质全部达到或优于Ⅲ类标准,全年创建省级美丽河湖12条,连续5年夺取治水工作“大禹鼎”。开展全国首个地级市国家森林城市群建设试点,获绿色中国特别贡献奖。义乌、磐安成为国家生态文明建设示范县,永康工业固体废物处置经验在全省推广。全市实现旅游收入1580亿元,比上年增长16.9%,双龙风景旅游区列入国家AAAAA级景区创建名单。低收入农户人均可支配收入增长10.7%。浦江、磐安获评全国县域数字农业农村发展先进县,金东区获评省新时代美丽乡村示范县(区)。

(金华市地方志编纂室　王沁虹)

婺城区

【概况】 2019年,婺城区域面积1391.24平方千米,辖9个街道、9个镇、9个乡(其中4个街道、3个镇、1个乡由金华经济技术开发区托管),社区110个。年末户籍总户数24.39万户,户籍人口65.1万人,常住人口78.78万人(均含金华经济技术开发区),流动人口36.9万人,人口自然增长率4.53‰。

地区生产总值305.38亿元(不含金华经济技术开发区,下同),比上年增长6.6%。财政总收入47.1亿元,增长1.8%。固定资产投资101.1亿元,增长20.1%。社会消费品零售总额360.5亿元,增长6.1%。规模以上工业总产值186.62亿元,增长8.8%。

11个小微企业园通过省级认定,新增“个转企”企业127家、“小升规”企业22家。完成企业股改7家、上市挂牌16家。入选市级“两化融合”重点项目8个。牵头制定“浙江制造”标准4个,新增省级名牌2个、市级名牌8个。

婺州古城获批国家AAAA级旅游景区。酒坊巷、万佛塔公园建成开放,“浙中大花园”建设初见成效。全区旅游人数、旅游收入均增长29%。房地产出让经营性用地29.57公顷,收取出让金58.4亿元。浙中信息产业园“一区十园”发展格局优化,婺州英才创新园启动建设,安云小镇、合丰服务外包产业园招商力度加大,数字经济交易额70亿元,增长16.7%。

新增就业1.11万人,失业人员实现再就业2089人,城镇登记失业率降至1.6%。建设乡镇“消薄”平台15个、联建项目21个,总收入10万元并经营性收入达5万元以上行政村实现全覆盖。

首届“婺城发展”大会吸引海内外乡贤,签约项目31个。浙江斯玛特信息科技有限公司获评省创新型数字文化企业。浙(婺)商回归到位资金12.2亿元,实际利用外资1038万美元。引进加拿大工程院院士1人、长江学者等领军人才10人、硕士以上人才212人。8家企业、5个园区分别加入G60科创走廊产业联盟、园区联盟,县府里·全球科创中心、婺城上海科创中心、婺城杭州孵化基地建成启用。新增国家高新技术企业17家、省级科技型中小企业84家、市级院士专家工作站2个,入围市级技术创新项目12个,研发经费支出增长70%。

投入7.5亿元实施金华四中扩建等15个教育基建工程。组建14个教育集团,集团化办学实现全覆盖。实施学前教育"二十百"工程,新建公办幼儿园10所,改造民办幼儿园40所。区妇女计划生育中心新院区、5个街道社区卫生服务中心投入使用,金华宏悦妇女儿童医院、众康康复医院落户婺城。全年完成村级卫生室标准化改造52个,15万人签约家庭医生,"15分钟医疗服务圈"初步形成。

【"美丽婺城"建设】 2019年,婺城区开展环境整治百日大会战,组织"最美阳台(庭院)"评选,建成"一镇一品"花卉示范景观带12条。打通断头路2条,增设停车泊位1.1万个。改造城中村21万平方米、老旧小区35万平方米、沿街立面88万平方米、背街小巷9条。建成安置房7万平方米。拆除违法建筑120万平方米。6个乡镇获评省级样板,4个乡镇获评市级样板。新增美丽乡村精品村5个、秀美村10个、美丽宜居示范村2个、A级景区村庄30个。建成汤苏线等精品示范路96.4千米,完成农村公路大中修92千米。建成综合供能服务站5座。完成植树造林200公顷,乾西乡获评省级森林城镇。新增市级森林村庄17个,获省公益林建设成绩突出集体。空气质量优良率达87.3%,PM2.5平均浓度下降3.1%。江北生活小区"污水零直排区"建设通过省级验收,临江污水处理厂二期投入使用,白沙溪获评省级"美丽河湖"。完成农村饮用水达标提标43个村,万元GDP用水量下降5%。实施水库除险加固3座、山塘整治5座,新建、提标改造雨水管网57千米。

2019年11月17日,首届"婺城发展"大会在婺城区召开 (婺城区委统战部 供图)

建成垃圾投放点446个,创建省级高标准生活垃圾分类示范小区10个、农村垃圾分类示范村2个。

【重大项目建设】 2019年,金华市整治"低散乱"企业(作坊)50家,出清亩均税收1万元以下低效企业48家,盘活低效用地123.33公顷,完成厂房加层扩容17.6万平方米。永强车业等4个项目竣工投产。马海大桥、洞溪分区基础设施建设一期竣工投用。组建飞扬智能制造产业投资基金8亿元。飞扬智能制造小镇初具规模并入围第五批省级特色小镇创建名单。垦造耕地800公顷,建成石道畈等示范项目。全省集中开工及省、市重点项目开工率、投资完成率均达100%,交通投资、生态环境和公共设施投资、高新技术产业投资、民间投资分别比上年增长15.6%、10.4%、17.3%和27%。

【"婺禾富硒米"入选全国名特优新农产品名录】 2019年,蒋堂镇入选创建省级特色农业强镇名单。蒋堂镇作为中国富硒农产品生产基地之一,有着独特的富硒土壤资源。土壤硒含量适中,环境质量优良。富硒区富硒土地面积1233.33公顷,生产规模678.27公顷,年产"婺禾富硒禾"4700吨。9月24日"婺禾富硒米"录入全国名特优新农产品名录,成为婺城区优质农产品的一张响亮名片。

(婺城区地方志编纂室 范升元)

金 东 区

【概况】 2019年,金东区区域面积661.8平方千米,辖2个街道、8个镇、1个乡,村(居)委会508个。年末户籍总户数13.99万户,户籍总人口34.06万人,常住人口36.8万人。人口自然增长率4.1‰。城镇化率65.7%,比上年提高1.8个百分点。

地区生产总值248.04亿元,增长6.1%。户籍人口人均生产总值73143元,增长4.9%。常住人口人均生产总值67724元,增长5.2%。三次产业增加值结构比例为5.6:45.4:49.0。

财政收入36.69亿元,增长9.5%。工业增加值89.48亿元,增长7.3%,工业增加值占GDP比重37.0%。新增城镇就业人数1.29万人。农林牧渔业增加值14.21亿元,增长2.3%。农作物播种面积15.19千公顷,增长1.2%。固定资产投资164.17亿元,增长16.7%。社会消费品零售总额222.46亿元,增长9.6%。

外贸进出口总额132.38亿元,增长0.8%。区本级引进1亿元以上项目20个。全年实际到位内资32.56亿元,实际到位外资1199万美元,省外产业项目到位资金14.32亿元。

金东区获评省新时代美丽乡村示范区、全国"平安农机"示范区、省级畜牧业绿色发展示范区,入选首批部省共建乡村振兴省先行创建单位。举办第十六届中国花卉苗木交易会、全市农业“两区”建设现场会。列为省级现代农业园区、省级农业科技园区创建对象，源东乡通过首批省级特色农业强镇验收。

【乡贤助推金东经济发展】 2019年，金东区成立以区主要领导为组长的金东区乡贤工作和发展乡贤经济工作领导小组，金东乡贤总会成立于2018年10月1日。乡贤总会日常工作经费和金东异地“两会两站”奖补经费列入区级财政预算，并对乡贤回乡投资项目给予用地保障、投资补助、贷款贴息等政策扶持，对回归投资和支持家乡公益事业的乡贤给予租房、建房及子女就学方面的政策倾斜。全区引进马龙华、周建国、孔小仙等乡贤回归或牵线投资，人均引资超过20亿元。乡贤回归或牵线引进项目26个，总投资132亿元，占全区引资总量的65%以上。全区累计有340多名乡贤、投资1亿元以上项目63个，总投资额174亿元。

【推进居家养老服务】 2019年，金东区新建养老服务照料中心5个，配送服务点24个。累计建成居家养老服务照料中心339个、配送餐服务点143个、镇级配送中心2个、乡镇级示范性居家养老服务中心10个。调整提高居家养老服务中心运行补助标准，全年下拨建设和运行补助资金2863.7万元。推行乡镇敬老院“公建民营”运营管理方式，完成东孝、岭下、塘雅、傅村和赤松5个敬老院委托给专业的养老服务机构管理运营，实现乡镇敬老院转型升级。在保障“五保”老人集中供养的前提下，为社会有需求的其他老人提供专业的机构养老服务。9月，澧浦敬老院改扩建项目开工建设，投资2亿元，设置床位800张。

【全国首个垃圾分类艺术馆开馆】 2019年2月19日，全国首个垃圾分类艺术馆在金华金东区江东镇六角塘村开馆，为全国首个以垃圾分类为主题的艺术展馆。艺术馆以垃圾分类为主题，有近500件垃圾艺术品，大多通过学校和青少年宫征集，部分为村民自己制作，旨在通过艺术作品宣传垃圾分类的意义。艺术馆由展馆、培训室、接待室和室外互动区组成。展馆分“垃圾之殇”“完美蝶变”“精彩互动”三大区块，不仅展示垃圾的危害、垃圾分类的“金东经验”和“金华模式”，还分享全国、全球各地的垃圾分类成功经验。 （金东区史志办 姚 敏）

兰 溪 市

【概况】 2019年，兰溪市区域面积1313平方千米，辖6个街道、7个镇、3个乡，行政村327个。年末户籍总人口65.80万人，常住人口56.81万人。

地区生产总值385.69亿元，比上年增长6.1%。人均生产总值67951元，增长5.9%。财政总收入47.7亿元，增长5.3%。一般公共预算收入28.28亿元，增长6.3%。工业增加值138.5亿元，增长6.0%。固定资产投资增长0.4%。社会消费品零售总额154.16亿元，增长6.0%。进出口总额129.39亿元，增长2.0%。城镇常住居民人均可支配收入44711元，增长8.4%；城镇居民人均消费支出25336元，增长8.2%。农村常住居民人均可支配收入21874元，增长9.9%；农村居民人均生活消费支出17561元，增长9.4%。

规模以上工业增加值144.5亿元，增长4.6%。启动全国纺织行业智能制造示范市创建。光膜小镇入驻企业15家，累计投资30亿元。新增国家高新技术企业36家、驰名商标和省老字号各1个、知识产权贯标企业9家、发明专利授权126件。新增“小升规”企业60家。发布“浙江制造”标准6个。

实到内资56.1亿元、外资2500万美元。投资52亿元的新能源锂电池、10亿元的半导体激光器和怡钛积光学膜等项目落地。康鹏半导体、中利玖源新材料等项目开工建设，盘毂动力、锦德光电等项目顺利投产。出让“标准地”47宗，实行“交地即开工”项目14个。重点建设项目均超额完成年度投资任务。消化批而未供土地189.87公顷，清理低效闲置用地270.2公顷。规模以上工业企业亩均税收11.7万元，增长36.7%。严格落实差别化政策，降低用电、用气、用热成本，全年为企业降本减负12.8亿元。

出台加强教育保障举措。开展合作办学，杭州学军中学名师工作站投入运行，兰溪五中挂牌浙师大附中。推进医共体改革，成立市人民医院和中医院医共体，市人民医院与浙医二院开展紧密合作。

全年接待游客数、旅游总收入分别增长18.3%、23.7%。创建国家园林城市，新建城市公园7个。完成桃花坞征迁“清零”。诸葛八卦村入选全国乡村旅游重点村、省诗路旅游目的地。

全市社保、医保参保率分别达99%和99.9%。新增就业2.5万人，建成残疾人就业辅助机构14个，失业率1.9%。新建居家养老服务照料中心10个、乡镇（街道）示范型居养中心5个，新增养老床位350张。成功创建省食品安全市、省“无欠薪”市、省双拥模范城。

完成7个乡镇（街道）、2个工业园区、10个生活小区“污水零直排区”创建，跨区域交接断面水质考核连续6年省级优秀。全市水资源总量14.92亿立方米，有8个规范化合格饮用水源保护区。保护区水质达标率100%。城市空气质量达到二级标准以上天数330天，空气质量优良率90.4%。城市建成区绿化覆盖面积1510.74公顷，区绿化覆盖率40.2%；公园绿地面积341.14公顷。空气质量六项指标首次全面达到国家二级标准，空气优良率90.4%。省文明市创建通过测评验收。6个乡镇创建国家卫生乡镇。累计拆违430.8万平方米。全面完成5个地质灾害隐患点“清零”任务。整治“低散乱”企业（作坊）611家。

【中国·浙江杨梅节在兰溪举行】 2019年6月5日，中国·浙江“兰溪幸福城，杨梅红天下”杨梅节在兰溪马涧镇里山人家举行。国内杨梅产业专家、外国留学生、“一带一路”国家商人等齐聚兰溪。作为浙江中西部最大的杨梅产区，兰溪有杨梅种植面积4666.67公顷，年产量约2.5万吨，产值2.6亿元以上，全市形成以S314省道为主线的“五十里杨梅长廊”，拥有杨梅种植特色村27个、专业村12个。兰溪杨梅曾夺得浙江“农业之最”擂台赛“最甜杨梅”桂冠。兰溪连续14年举办杨梅节，通过政府搭台、文化联接、果农唱戏的方式，2019年杨梅节吸引游客25万余人次。

【兰溪·中国棉织产业创新发展大会】 2019年6月26日，兰溪·中国棉织产业创新发展大会在兰溪召开。大会由中国棉纺织行业协会、兰溪市政府主办。来自国内外棉织产业的科技精英、行业专家和企业代表与会共同探讨棉织产业创新发展之路。作为中国棉纺织产业重镇，兰溪纺织产业基础深厚。南宋时期，丝绸业便被列为官府统购。改革开放初期，兰溪毛巾产量和出口量均居全省首位。兰溪纺织产业销售额曾达234亿元，占全市规上工业总产值的三分之一，面料出口占全国份额的16%，成为全国最大的棉纺织产业基地。

【中国(兰溪)光学膜产业高峰论坛】 2019年11月8日，中国(兰溪)光学膜产业高峰论坛在兰溪举行。论坛以“光学膜发展与企业转型升级”为主题，来自全国各地及日本、韩国的300多名光学膜领域专家、企业家代表等齐聚兰溪，就光膜领域精密涂布技术、面板产业转移等问题进行深入探讨。兰溪光膜小镇与相关企业签订总投资25亿元的项目投资，杭州锦江集团投资20亿元的年产1200万平方米DBEF(反射式偏光增亮膜)、1万平方米PMMA(有机玻璃)和5000万平方米表面涂覆生产线项目将落户兰溪光膜小镇。光学膜产业是兰溪培育发展起来的新兴产业。兰溪依托光膜小镇建设，逐步实现从一锭铝到一张膜、从一家企业到一个产业集群、从一份规划到一个现代新区的转变。光膜小镇入驻企业15家，引进专利技术100多项，总投资78.43亿元。

【第十三届浙江省中小企业峰会在兰溪举行】 2019年11月9日，第十三届浙江省中小企业峰会在浙江师范大学行知学院举行，省内外500多名优秀企业家、兰溪乡贤和行知学院校友齐聚兰溪，共同探讨新时代企业家如何拓展新视野、激发新动能、挖掘企业发展新潜力的路径。峰会以“新时代新动能，新视野新发展”为主题，由浙江师范大学行知学院、兰溪市政府、浙江省青年企业家协会、金华市经信局共同主办，峰会推出百家企业风采展、校地合作成果展、建院20周年系列讲座暨行知论坛、创新创业大赛、孔子像捐赠揭幕、流动商学院揭牌、合作项目签约、科技成果发布及项目对接、浙江省中小企业技术攻关专题征集、兰溪市创客竞赛集训等活动。

(兰溪市政府办公室　陈霞薇)

东　阳　市

【概况】 2019年，东阳市区域面积1746.81平方千米，辖6个街道、11个镇、1个乡。年末户籍总户数35.14万户，户籍总人口85.06万人，常住人口85.04万人。人口自然增长率3.5‰。

地区生产总值638.45亿元，比上年增长5.7%。其中：第一产业增加值17.54亿元，增长1.6%；第二产业增加值283.10亿元，增长5.1%；第三产业增加值337.81亿元，增长6.5%。三次产业结构比例为2.7∶44.3∶52.9。全市户籍人口人均生产总值75181元，增长5.4%。居民人均可支配收入46634元，增长7.2%。城镇常住居民人均可支配收入56245元，增长6.8%；农村常住居民人均可支配收入31727元，增长7.5%。

财政总收入118.44亿元，增长5.4%，其中一般公共预算收入69.90亿元，增长6.3%。一般公共预算支出98.97亿元，增长7.0%。全市固定资产投资增长5.5%。社会消费品零售总额302.17亿元，增长7.8%。

进出口总额31.38亿美元，下降0.2%。全市与166个国家和地区建立贸易关系。新批外商投资企业27家；合同利用外资5672万美元，下降26.8%；实际利用外资2613万美元，下降24.9%。全市拥有商品交易市场45个，成交额490.66亿元，增长32.0%。

金融机构本外币存款余额1371.70亿元，增长11.4%；金融机构本外币贷款余额938.34亿元，增长11.9%。全市挂牌企业235家，其中新三板挂牌14家。保险机构保费收入31.8亿元，增长9.3%。

粮食作物播种面积增长5.8%，粮食产量9.41万吨，增加0.64万吨，增长7.3%。建成东白农产品展示展销中心2个，林业总场获评“浙江省现代国有林场”，供销总社获评全国百强县级社。成功创建全国农产品质量安全县，获省政府乡村振兴优秀单位、第三届“河姆渡”杯粮食生产先进集体等称号。

全市506家规模以上工业企业增加值111.55亿元，增长5.6%。规模以上工业销售产值483.35亿元，增长6.0%；新产品产值增长17.4%。建筑业增加值75.85亿元，占GDP比重的11.9%。

全年公路客运量1836万人次，增长4.7%，旅客周转量6.01亿人千米，下降6.1%；公路货运量1337万吨，下降21.9%，货物周转量9.16亿吨千米，增长10.8%。接待国内外游客2953.65万人次，增长15.2%；实现旅游收入274.73亿元，增长18.9%。

幼儿园179所，在园幼儿3.87万人。小学85所，在校学生7.1万人。初中36所，在校学生3.03万人。普通高中13所，在校学生1.69万人。职业中学5所，在校学生6862人。特殊教育学校1所，在校学生119人。高等院校2所，在校学生1.3万人。

全市列入地市级以上科技项目98项。新立市级科技项目45项。拥有市级以上独立研究开发机构67个，省级高新技术企业研发中心33个。新认定地市级以上高新技术企业40家。科技成果鉴定42项。专利申请受理4628件，专利申请授权2679件。

新建农村文化礼堂94个。完成送书下乡8.42万册次，送戏下乡220场，送电影下乡7805场，送讲座下乡135场，送展览下乡95场。举办各类文化活动9227次。全国首个影视领域产业文联——浙江省横店影视产业文学艺术界联合会在横店成立。全年参加地市级以上运动会获得金牌65枚、银牌82枚、铜牌52枚。

全市有医疗卫生机构535个。床位5123张，卫生技术人员7292人。其中执业医师2481人,执业助理医师397人,注册护士2758人。农村自来水普及率100%,自来水受益人数覆盖全市农村人口。

城区污水处理厂日处理能力15.9万立方米。县级规范化合格饮用水源水质达标率100%;乡镇级10个,水质达标率100%。全市3个出境断面水质达标率、18个镇乡交接断面水质达标率、6个市控以上地表水断面水质达标率均100%。PM2.5平均浓度为30微克/立方米,下降6.3%;空气质量优良率(AQI)92.6%,上升3.8%。全市生态公益林建设面积440.86万公顷。森林面积10.86万公顷,森林覆盖率62.2%,森林蓄积量577.6万立方米。

城镇职工基本养老保险参保24.28万人,城镇职工基本医疗保险参保22.75万人,失业保险参保13.17万人,工伤保险参保25.36万人,生育保险参保14.43万人。城乡居民基本养老保险参保31.50万人,年内新增参保5.02万人。

全市农村五保对象集中供养率94.3%,城镇"三无"对象集中供养率100%。有低保对象7409人,累计发放低保救助金3365万元。全年筹集医疗救助资金1253.43万元,实际救助4616人次。建立乡镇(街道)、村(社区)服务中心(站)388个,建成社区居家养老服务照料中心406个,建立捐赠接收站(慈善超市)6个。有抚恤优待对象8256人。东阳获评"省双拥模范城"。

【东阳入选中国创新百强县】 2019年2月25日,科技日报社中国科技网、全国科技振兴城市经济研究会联合发布《中国区县专利与创新指数》,该指数包括"中国创新百强区""中国创新百强县"两大排行榜,东阳市上榜中国创新百强县,位列第37位。《中国区县专利与创新指数》以中国除直辖市、港澳台外的27个省所辖2769个区、县作为创新主体,统计范围为其2009年至2018年近10年的公开专利总量(包括发明、实用新型及外观设计)。此次创新能力"大测验"采用以专利为代表的工业知识产权大数据结合科技统计模型,有效度量中国各区域技术创新产出成效及其反映的创新实力和潜力。

【"东阳建筑"金名片打造】 2019年4月23日,省建设厅在东阳召开全省建筑行业学习东阳经验现场会。会议提出将"店小二"精神作为全省建筑业发展的核心竞争力,进一步打响"东阳建筑"金名片。东阳市加大资金扶持力度,设立国内首个建筑业专项转贷基金;实施抱团发展战略,组建国内首个建筑产业发展联盟;营造最优服务环境,成立首个建筑业"店小二"服务中心;强化企业法务保障,开创公检法联动维权先河;促进企业规范管理,搭建国内首个全产业链、全开放建材集采平台等做法受到省政府领导批示肯定。

【红木家具产业国家创新联盟成立】 2019年4月25日,红木家具产业国家创新联盟在东阳市成立。该联盟是国家林业和草原局批准成立的首批创新联盟之一,旨在解决产业发展中的共性关键技术,推动科研与生产紧密衔接,提升产业科技创新水平。

【花园村成全省唯一乡村振兴综合改革试点】 2019年12月26日,省政府办公厅下发《关于东阳市花园村乡村振兴综合改革试点总体方案的复函》,省政府同意在东阳市花园村开展"浙江省乡村振兴综合改革试点",并原则同意《东阳市花园村乡村振兴综合改革试点总体方案》,标志着花园村正式成为浙江省唯一的乡村振兴综合改革试点。

【广厦学院升格为本科职业学校】 2019年,教育部同意浙江广厦建设职业技术学院开展本科层次职业教育试点。标志着该学院正式升格为本科层次职业学校,成为浙江省首个本科层次职业教育学校及全国首个以建筑类专业为主的本科层次职业教育学校。

(东阳市政府办公室　许剑超)

义乌市

【概况】 2019年,义乌市区域面积1105平方千米,辖8个街道、6个镇,行政村440个。年末户籍人口83.61万人,常住人口131.86万人,流动人口152.10万人。出生人口10765人,人口自然增长率7.95‰。

地区生产总值1421.1亿元,比上年增长7.4%。全市按户籍人口计算,人均地区生产总值17.18万元,增长5.0%。按常住人口计算,人均生产总值10.81万元,增长6.5%。一、二、三次产业增加值比例为1.6∶29.4∶69.0。

财政总收入152.4亿元,下降0.7%。一般公共预算收入101.2亿元,增长6.3%。全市居民人均可支配收入68121元,增长8.6%。其中:城镇常住居民人均可支配收入77150元,增长8.3%;农村常住居民人均可支配收入39529元,增长8.6%。

农林牧渔业总产值33.17亿元,增长2.3%。粮食播种面积7189公顷,粮食产量4.24万吨。经济作物面积1.41万公顷。绿化面积141公顷,森林覆盖面积5.62万公顷。

工业增加值361.5亿元,增长8.7%,其中规模以上工业增加值137.0亿元,增长8.1%。规模以上工业总产值602.4亿元,增长9.5%;销售产值575.2亿元,增长5.4%;完成出口交货值159.3亿元,增长8.1%。规模以上工业纺织服装业、电气机械和器材制造业、纺织业、化学纤维制造业、文教工美体育和娱乐用品制造业、汽车制造业、造纸和纸制品业、计算机通信和其他电子设备制造业八大主导行业实现产值380.9亿元,占规模以上工业总产值的63.2%,增长11.5%;利润总额7.5亿元,占规模以上工业的59.1%。建筑业增加值56.6亿元,占GDP的4%。

社会消费品零售总额722.6亿元,增长8.0%。全市小商品市场交易额4583.1亿元,增长12.0%。其中有证市场建筑面积608万平方米,市场经营户数7.89万户,市场从业人员数23万人,总成交额1779.5亿元,增长11.7%。义乌中国小商品城成交额1537.4亿元,增长13.2%。全年义乌城区公路、铁路、航空客流量3177.9万人次,外商出入境53.09万人次;市场周边金融网点实现资金、现金总流量1.82万亿元。全市在册经济主体总数56.85万户,增长23.8%。新设内资经济主体13.86万户，增长31.6%。电子商务交易额2768.9亿元，增长16.9%。

进出口总额2967.8亿元，增长15.9%。一般贸易出口额509.4亿元，增长6.4%；市场采购贸易出口额2343.5亿元，增长15.0%。日用消费品进口86.2亿元，增长423.0%。实现“一带一路”沿线国家进出口总额1413.9亿元，增长12.9%。

培育国家重点支持高新技术企业61家、省级科技型中小企业265家。新培育国家级、金华市级孵化器7个。专利申请量9594件，增长37.2%；专利授权量5987件，增长36.9%。

各类学校458所，在校（园）生25.19万人，教职工2.05万人。在读外籍学生206人。全年18所学校、幼儿园建成投用，新增中小学学位6000个、幼儿园学位3000个。

医院、卫生院数48个，实际开放床位数7062张，卫生技术人员9076人。年末城镇职工养老保险参保60.46万人，职工医疗保险参保53.47万人，失业保险参保26.59万人，工伤保险参保46.52万人，生育保险参保26.99万人，城乡居民基本医疗保险43.67万人。

义乌市获“首批国家物流枢纽”“中国物流最优营商环境城市”“中国最具影响力会展名城”“美丽浙江十大特色体验地”等称号。

【国际贸易综合改革试验区方案获批】 2019年1月4日，省委、省政府批复《义乌国际贸易综合改革试验区框架方案》(简称《方案》)，决定以义乌全域联动金义都市新区等建设试验区。作为省政府派出机构，试验区管委会被赋予省级权限范围内改革开放最大自主权。《方案》明确试验区的总体要求、目标任务、创新举措、保障措施。根据《方案》，到2020年，试验区将基本建成世界领先的国际小商品贸易中心；到2035年，建成高水平的“世界小商品之都”。

【eWTP全球创新中心落地义乌】 2019年6月19日，义乌市政府与阿里巴巴集团在幸福湖国际会议中心签署eWTP战略合作协议，eWTP全球创新中心落户义乌。阿里巴巴集团董事会主席、首席执行官张勇，义乌市委、市政府主要领导出席签约仪式。义乌市与阿里巴巴集团将在国际贸易规则孵化创新、eWTP服务网络和智慧物流网络建设、金融服务创新、云计算和大数据、数字经济建设等领域开展深入合作，围绕“一带一路”倡议和打造高质量开放型经济的要求共同推进数字贸易规则创新，助力“数字丝绸之路”建设。

【跨境电商综试区建设】 2019年3月18日，中国(义乌)跨境电子商务综合试验区金义都市片区举行开通仪式，正式开展跨境电商保税进口(1210)业务。8月8日，省商务厅印发《关于在余杭区等26个县(市、区)开展第二批产业集群跨境电子商务发展试点的通知》，确定义乌市饰品产业集群等34个集群为全省第二批产业集群跨境电子商务发展试点。8月27日，中国(义乌)跨境电子商务综合试验区领导小组办公室印发《中国(义乌)跨境电子商务综合试验区跨境电子商务进出口数据认证与管理办法(试行)》。年内，义乌实现跨境电子商务交易额753.98亿元，比上年增长15.16%，其中跨境网络零售交易额297.84亿元，增长17.37%。义乌国际邮件互换局出口7600万票，增长34%；进口16.24万票，增长18.9%。个人物品出口量日均21万票，单日最高峰值38.57万票，平均提速1.53天，出境目的国覆盖全球127个国家和地区。全市在各类平台的跨境电子商务账户数逾14万个。跨境电商带动2000多家生产企业和3.7万余家市场经营户为其提供产品和服务，提供工作岗位5.8万个。

【市场发展体制改革】 2019年8月1日，浙江(义乌)国家标准技术审评中心(全国两个分中心之一)成立，发布全国首个“标准城市”建设规划。11月12日，义乌获批全省首个县级市地方标准制定权限和商标权质押登记受理点。至年末，该中心发布“浙江制造”标准614项，知识产权快速维权中心办理100多个国家(地区)的商标申请、版权登记申请、外观设计专利预审等9000多件，实现注册商标专用权质权“家门口”登记申请。

【金华(义乌)商贸服务型物流枢纽入选全国第一批国家物流枢纽规划建设名单】 2019年9月7日，国家发展改革委、交通运输部联合印发《关于做好2019年国家物流枢纽建设工作的通知》，金华(义乌)商贸服务型国家物流枢纽与其他22个物流枢纽入选国家物流枢纽建设名单，为国家启动布局建设的第一批国家物流枢纽。义乌商贸服务型国家物流枢纽按照“存量设施整合提升为主、增量设施补短板为辅”原则，采用“市场主导、政府推动、企业建设”的多元化综合开发建设模式，项目总投资96.19亿元，完成投资67.82亿元。义乌枢纽选址位于商贸服务业集聚区内，由国内贸易物流片区和铁路口岸国际物流片区构成，总面积2.14平方千米。按照打造“世界小商品之都”的总体要求，义乌枢纽的主要功能为提供商贸物流一体化集成服务，通过搭建商贸物流公共组织平台，整合物流企业、货源、车辆等资源，实现商贸物流规模化网络化运作，提供国际多式联运及干线服务。

【全国首个以“标准”为主题的国际性展会在义乌举行】 2019年10月21—25日，第二十五届中国义乌国际小商品(标准)博览会(简称“义博会”)在义乌举行。“义博会”全面引入标准元素，新增国家标准化管理委员会为主办单位，成为全国首个以标准为主题的国际性展会。博览会面积10万平方米，设国际标准展位3700个。来自全国2000多家企业参展，展品涵盖五金、机电机械、电子电器、日用品、工艺饰品、文化办公、玩具、体育及户外休闲用品、针纺织品九大行业。其中1600个展位公布参展商品的核心标准，“亮标”涉及所有行业的40%以上展位。来自全球155个国家和地区的专业采购商6.03万人次到会采购，其中境外采购商8738人，“一带一路”沿线国家到会人数占外商总人数的63%。

【义乌机场获“国际卫生机场”称号】 2019年11月28—29日，世界卫生组织对义乌机场创建工作进行实地认证,一致认为义乌空港口岸具备《国际卫生条例(2005)》所规定的防控疾病国际间传播和应对突发公共卫生事件的能力,符合国际卫生机场要求,授予义乌"国际卫生机场"称号。义乌机场成为全国第13个国际卫生机场、杭州海关关区内首个国际卫生港,是全国首个获此殊荣的县级城市。验收期间,世界卫生组织专家赴现场进行严格、细致的检查,重点检查传染病防控、医疗急救、突发公共卫生事件应对、病媒防治、公共场所卫生、诊疗设施和固液废弃物处置等,并对创卫资料和技术报告进行审阅。

(义乌市史志室　楼向华)

永　康　市

【概况】 2019年,永康市区域面积1049平方千米,辖3个街道、11个镇、1个省级经济开发区、1个省级现代农业装备高新区,行政村402个。年末户籍总数24.41万户,户籍人口61.92万人,常住人口76.53万人。人口自然增长率6.34‰。

地区生产总值629.56亿元。人均生产总值10.2万元。财政总收入94.53亿元,比上年增长0.6%。其中地方财政收入59.93亿元,增长6.3%。一般预算支出87.28亿元,增长16.6%。

全市居民人均可支配收入47210元,增长8.5%。城镇常住居民人均可支配收入58877元,增长7.9%;农村常住居民人均可支配收入30831元,增长8.8%。

农林牧渔业总产值12.57亿元。农作物播种面积1.56万公顷,其中粮食作物播种面积9003公顷,粮食总产量5.69万吨。

规模以上工业企业776家;1亿元以上主营业务收入工业企业140家;大中型工业企业68家。规模以上工业企业工业总产值792.1亿元,出口交货值236.8亿元,利润总额23.5亿元,其中1亿元以上工业企业利润总额14.5亿元。1亿元以上工业企业家数占全市规模以上工业企业家数的18%,利润总额占规模以上工业企业利润总额的61.7%。

固定资产投资115.1亿元,增长20.3%。有资质的建筑业企业50家,建筑业总产值104.6亿元,增长16.5%;房屋建筑施工面积1041.42万平方米。

社会消费品零售总额254.22亿元,增长6.6%。其中:餐饮收入16.8亿元,增长8.1%;商品零售237.42亿元,增长6.5%。进出口总额46.83亿美元,增长0.31%。合同利用外资5126万美元,实际利用外资124万美元。新批境外投资项目5个,境外投资总额1813万美元。接待国内外游客2452.02万人次,增长20%;旅游创汇收入1109.99万美元,增长30.5%。

金融系统各项存款余额1265.63亿元,增长12.3%。保费收入36.47亿元,增长6.1%。

各类科技项目申报数206项,其中省级项目147项,地市级项目20项,县市级项目39项。科技项目通过验收94项,其中省级66项,地市级2项,县市级26项。

各类学校281所,在校学生14.2万人,其中小学在校学生6.05万人,初中在校学生2.49万人,普通高中在校学生1.1万人,职业中学在校学生0.5万人。教职工1.18万人。小学适龄儿童入学率、初中入学率、巩固率均为100%;初中升学率98.34%。

医院、卫生院31个,床位数3683张,医院、卫生院技术人员5092人(不包括门诊部)。参加城镇基本医疗保险人数63.13万人(其中城镇职工17.7万人),参加城乡居民基本医疗保险人数45.43万人,城乡居民基本医疗保险参保率99.8%。参加城镇基本养老保险人数43.29万人(其中城镇职工26.14万人),参加工伤保险人数23.26万人,参加城乡居民社会养老保险人数17.15万人,参加失业保险人数10.22万人。

室外健身公园、广场594个,室内全民健身中心23个,青少年体育俱乐部3个,体育场馆1个。全年举办全民健身活动55次,参加活动5.1万人次。

全年查处环境违法行为案件246起,受理环境信访、污染投诉案件722起,5个金华市控以上地表水断面全部达到Ⅲ类以上水质。49个乡镇交接断面Ⅲ类以上水质达标率达69.3%以上。集中式饮用水水源地杨溪水库水质综合评价为Ⅱ类,达标率100%。环境空气质量(AQI)优良天数331天,优良率90.7%,提高3.3个百分点;PM2.5年平均浓度35微克/立方米,下降2.8%。全年无重度污染和严重污染天数。

【永康获评国家园林城市】 2019年12月30日,住房和城乡建设部官网发

国家园林城市创建检查点——丽州广场　　（永康市建设局　供图）

布通知，按照《国家园林城市系列标准及申报评审管理办法》，经过材料审查、达标审核、实地考查、综合评议等评审程序，永康被命名为国家园林城市。永康市将园林城市建设管理作为建设“两美永康，优雅城市”、打造“生态宜居之城”的重要抓手，按照“政府组织、部门负责、社会参与”的创建模式，实施“拓城、通路、增绿、添景”四大工程，精心打造“山水永康，生态城乡”于一体的城市特色，全力推进国家园林城市创建工作。至年末，永康市建成区绿地率达38.05%，绿化覆盖率达42.5%，城市公园绿地服务半径覆盖率81.01%，人均公共绿地达12.53平方米。

【全省首批“无欠薪”县(市)创建】 2019年，永康市流动人口登记在册人数54.53万人，为保证外来务工人员权益，永康市根据省政府要求，结合实际，制订“永康无欠薪”行动实施方案，并成立领导小组及办公室，将开展“永康无欠薪”创建工作纳入年度工作目标责任考核和“平安永康”考核体系。从源头治理，从事前预防，事中监督，事后惩治，搭建“三个统一、七项制度、两大特色、一个保障”的“3721”防欠薪模式，开展“无欠薪县(市)”创建工作。年内，该市通过全省首批“无欠薪县(市)”创建考核。

【省小微企业园建设提升试点市建设】 2019年，永康市建设小微园35个，规划用地面积325万平方米，建筑面积800万平方米，建成后可入驻企业1500多家。年内，永康市拆除园内违建30多万平方米，关停“低小散”问题企业(作坊)1072家。全市20个小微企业园集中开工，规划用地面积210万平方米，建筑面积500多万平方米。完成投资12.02亿元，为年度目标的171.7%。8个园区通过省级小微园资格认定，其中2个园区被评为绩效评价A类园区并通过高星级小微园现场核验。先后入选省小微企业园建设提升工作试点，金华市制造业重点细分行业(专业园区建设)专项激励项目，分别获省财政1000万元、市财政400万元的专项激励。

【首创全省区域应急服务中心】 2019年，永康市境内有40多个工业功能分区、1.6万家工业企业。为破解工业功能区内繁重的应急安全监管任务与基层应急机制不全、力量薄弱、处置偏慢等问题，永康市在芝英二期工业功能分区进行试点，通过打造一个平台、整合两项资源、实施三方物联，建立区域应急服务中心，有效解决基层应急“预防不到位、物资不够用、队伍不专业、处置不够快”四大问题，试点区域内应急救援响应处置时间从20～40分钟缩短至5分钟左右。9月16日，《永康市区域应急服务中心建设实施方案》向全市推行。

(永康市史志室　陈敏佳)

浦　江　县

【概况】 2019年，浦江县区域面积918.15平方千米，辖3个街道、7个镇、5个乡。年末户籍人口40.18万人，常住人口42.05万人。

地区生产总值230.15亿元，比上年增长6.4%。其中：第一产业增加值10.26亿元，增长0.8%；第二产业增加值97.69亿元，增长7.6%；第三产业增加值122.20亿元，增长5.8%。按常住人口计算，全县人均生产总值5.46万元，增长6.3%。

财政总收入29.0亿元，下降2.5%。其中一般公共预算收入19.28亿元，增长0.8%。一般公共预算收入中税收收入15.66亿元，下降5.4%。城乡居民人均可支配收入分别达48326元和23306元，增长8.0%和8.5%。一般公共预算支出39.95亿元，增长3.6%，完成年度调整预算的108.6%，其中十项民生实事支出31.39亿元，增长4.5%。

农林牧渔业增加值10.5亿元，增长1.0%。其中农业生产总值15.03亿元，增加8.3%。农作物播种面积1.47万公顷，下降2.5%。蔬菜种植面积4760公顷，总产量12.09万吨，总产值2.91亿元，分别增加1.7%、0.4%和5%。肉类总产量0.9万吨。

规模以上工业增加值31.1亿元，增长8.7%。战略性新兴产业增加值0.48亿元，增长10.2%，比规模以上工业增加值增速高出1.5个百分点；高新技术产业增加值8.55亿元，增长19.1%，比规模以上工业增加值增速提高10.4个百分点；装备制造业增加值8.22亿元，增长18.6%，占规模以上工业增加值比重的26.4%。规模以上工业数字经济核心产业增加值1.63亿元，增长41.1%。全县40家资质建筑业法人单位完成建筑业总产值55.1亿元，增长2.3%。进出口总额64.9亿元，增长9.3%。

固定资产投资增长9.9%。其中，民间投资增长117.8%，交通运输投资下降64.2%，生态保护和公共设施投资增长5.4%，高新技术产业投资增长70.3%。完成房地产开发投资23.9亿元，下降36.8%；房地产销售面积24.9万平方米，下降10.0%。

社会消费品零售总额124.8亿元，增长8.9%。其中：乡村市场零售额33.4亿元，增长7.0%；城镇市场零售额91.4亿元，增长6.7%，乡村市场零售额增速快于城镇市场0.3个百分点。

金融机构存款余额422.72亿元，增长14.7%。金融机构贷款余额340.68亿元，增长9.4%。

旅游接待2058.3万人，增长21.1%，获评“中国最美乡村旅游目的地”。仙华山峰林景区创建AAAAA级旅游景区，完成景观质量价值报告并上报省级评审；茜溪悠谷AAAA级景区和红色塘波AAA级景区完成创建，岩头镇入选省风情小镇培育单位，虞宅乡、大畈乡获评省乡村旅游产业集聚区，“诗人小镇”田园获评省“最美田园”。全县创建A级景区村庄39个、省森林城镇2个、国家森林村庄5个。创建星级民宿31个、星级农家乐15个，泊隐柳秀获评省金宿级民宿。

各类学校49所(不含技工学校)，在校生7.45万人，教职工0.57万人。出台教育现代化十大行动方案和民营企业相关人员子女招生指引办法，黄宅中心幼儿园、翠湖幼儿园等7所学校开工建设。县融媒体中心投入使用，完成15个小康体育村提升和体育馆一期工程，公共文化服务标准化建设通过省级验收。

医疗卫生机构353个，医疗床位2377张，卫生技术人员3279人。组建以县人民医院和县中医院为牵头医院，16个乡镇（街道）卫生院为成员单位的2个医共体。通过省"无欠薪"县考核验收，城镇登记失业率1.9%，基本养老保险参保率96.4%，基本医保参保率99.6%，新建示范型居家养老服务中心6个、残疾人之家14个，全省首家关爱退役军人协会成立。

【开展"减证便民"行动】 2019年，浦江县深入开展"减证便民"行动，加快部门信息共享，简化办事办证流程。推出"退休一件事""出生一件事"等便民服务。设立全市首个企业开办专区，取消证明事项425项，出让"标准地"29宗，工业投资项目实现"拿地即开工"，企业投资项目开工前审批实现"最多60天"，办事时间压缩45%、材料精减52%。

【美丽县城创建】 2019年，浦江县创建省AAA级景区城和省食品安全县，获评省"推进大花园建设成效明显的县（市、区）"和省小城镇环境综合整治工作优秀县，通过省"无违建县"复评和国家卫生县城复审。完成水晶小镇和开发区控规修编、中心城区路网专项规划编制和解放西路历史文化街区保护规划编制。拆除金狮湖二期征迁房屋20.5万平方米。完成浦江塑料厂宿舍等老旧小区改造；城中村改造一期4个集聚区交房。西山公园、和平路、广场东路完成道路彩化亮化。年内，修复人行道2.7万平方米，新增停车泊位1549个。

【生态环境建设】 2019年，浦江县第五次获得全省治水最高奖——"大禹鼎"，并获第十届中华环境优秀奖，生态环境质量公众满意度名列全省第二位，国家级卫生乡镇实现全覆盖。完成15个农村生活污水提标项目和17个社区雨污分流工程建设，修复污水管网7.7千米，疏通排水管网292千米。浦阳江上仙屋出境断面水质均值稳定达到地表水Ⅲ类，壶源江出境断面水质稳定达到地表水Ⅱ类，浦阳江、茜溪获评省级"美丽河湖"。入选省首批河湖标准化管理县。新建空气监测站16个，空气优良率94.2%，列全市第三位。全面推行城镇垃圾分类"两定四分"模式。完成4座污水处理厂清洁排放技术改造，小黄坛垃圾焚烧发电项目完成主厂房建设。

【乡村振兴战略实施】 2019年，浦江县完成高标准农田建设1066.7公顷，新增葡萄出口基地2个，创建山地蔬菜示范点3个、专业村2个，获评省级农业绿色发展先行县，浦江葡萄农产品区域公用品牌获评全国百强，黄宅被评为全国"一村一品"示范村镇和省级特色农业强镇。黄宅镇葡萄种植覆盖95%的村，面积1333.33公顷，占全县葡萄种植面积的39.2%；年产葡萄3.6万吨，占全县葡萄产量的41%；产值超过4亿元，占全县葡萄产值的45.7%；建设品质葡萄基地66.67公顷及休闲葡萄长廊、七彩葡萄长廊、沿江景观葡萄长廊2000多米。横山葡萄园、靓松农场获评"中国最美葡萄园"。全县出台农村集体资产股权管理办法，获评全国县域数字农业农村发展先进县。完成省财政扶持项目14个，所有行政村达到总收入超过20万元且经营性收入超过10万元的标准，低收入农户收入比上年增长11.9%。解决无房户、缺房户490户，改造危房户620户，获评省农村住房建设试点县。全县创建星级村27个，提升村口景观20个，完成潘周家、古塘历史文化村落建设，获评省传统建筑认定试点县，评选乡风文明示范村189个。

（浦江县地方志编纂室　余月红）

武义县

【概况】 武义县区域面积1568.18平方千米，辖3个街道、8个镇、7个乡和武义温泉度假区管理委员会。年末户籍人口34.55万人，常住人口36.32万人，人口自然增长率3.9‰。

地区生产总值261.54亿元，比上年增长5.8%。其中：第一产业增加值15.49亿元，增长2.2%；第二产业增加值132.53亿元，增长6.1%；第三产业增加值113.52亿元，增长6.0%。三次产业结构比例为5.9∶50.7∶43.4。按常住人口计算，人均生产总值72163元。

财政总收入44.06亿元，增长0.4%。一般公共预算收入27.03亿元，增长4.0%。其中税收收入22.84亿元，下降0.3%。一般公共预算支出48.99亿元，增长16.3%。

居民人均可支配收入34476元，增长9.7%。其中：农村居民人均可支配收入19656元，增长9.8%；城镇居民人均可支配收入42813元，增长9.1%。农村常住居民人均生活消费支出14167元，增长8.5%；城镇常住居民人均消费支出30144元，增长7.7%。

农林牧渔业增加值16.03亿元，增长2.4%。粮食播种面积9293.33公顷，粮食总产量5.55万吨，增长2.2%。

工业增加值122.59亿元，增长6.6%。规模以上工业总产值481.42亿元，增长3.0%。新产品产值131.59亿元，增长27.9%。工业销售产值472.85亿元，增长2.8%。全年规模以上工业企业利税总额29.99亿元，下降15.5%，其中利润总额16.63亿元。区内企业销售产值574.6亿元，工业区每平方千米工业销售产值24.47亿元。建筑业增加值9.94亿元，下降0.4%；建筑业总产值27.32亿元。资质以上建筑企业利润总额8500万元，增长31.0%；房屋施工面积204.14万平方米，增长9.0%；房屋竣工面积113.19万平方米，增长55.1%。固定资产投资81.9亿元，增长15.3%。

社会消费品零售总额98.4亿元，增长8.4%。其中：城镇消费品零售额70.01亿元，增长8.4%；乡村消费品零售额28.39亿元，增长8.7%。进出口总额206.94亿元，增长4.6%。其中：进口额2.30亿元，增长12.5%；出口额204.64亿元，增长4.5%。

旅游总收入212.69亿元，增长16.4%。接待游客2123.57万人次，增长11.5%。牛头山创AAAAA级景区工作、温泉小镇创AAAA级景区工作有序推进，秘境•梁家山民宿获评浙江白金级民宿，武义连续两年入围中国县域旅游竞争力百强县，成为全国首批"美丽中国•康养名城"。

金融业存款余额（本外币）509.21亿元，增长12.4%。金融贷款余额（本外币)381.69亿元,增长9.1%。专利申请量3983件,增长32.9%;授权量2730件,增长45.1%。其中:发明专利申请量359件,增长18.9%;授权量147件,增长153.4%。新认定各类科技型企业138家,其中国家级55家、省级80家、市级3家,新组建企业研发机构29个,重点研发项目立项146项,其中省级116项、市级2项、县级28项。

交通运输、仓储和邮政业增加值7.42亿元,增长4.3%。公路货运量356万吨,公路客运量921万人次。邮电业务收入5.52亿元,增长7.1%。年末城乡固定电话用户4.39万户,下降6.1%;移动电话用户42.43万户,下降28.8%。互联网宽带接入用户16.47万户,增长8.2%。

幼儿园113所,在园幼儿1.81万人。小学26所,在校学生2.88万人。初中9所,在校学生1.07万人。普通高中3所,在校学生4338人。职业高中1所,在校学生2730人。特殊教育学校1所,在校学生39人。全县小学、初中的入学率和巩固率均达到100%,初中毕业升高中比例达98.7%。全年普通高等院校录取1521人。武义高标准完成省基础教育重点县“摘帽”。

各类医疗卫生机构242个,实际开设床位2180张,增长2.0%。各类卫生技术人员1873人,增长4.3%。

全县国民体质监测合格率93.2%,开展各项体育赛事活动83场,累计参加赛事活动16万人次。大斗山航空飞行营地获评“浙江省运动休闲旅游示范基地”,入选浙江首批8家“青创运动基地”和“中国体育旅游精品景区”,成为金华市唯一一个入选旅游精品景区单位。成功举办“全国动力滑翔伞锦标赛”,连续3年承办国家级航空类赛事。梁家山飞拉达项目获评“浙江省运动休闲旅游优秀项目”。开启全省竞技体育“省赛村办”先河,茭道镇朱王村举行“儿童少年短式网球锦标赛”。

城镇职工基本养老保险参保13.20万人;城镇职工基本医疗保险参保9.43万人,城乡居民基本医疗保险参保26.45万人;工伤保险参保15.62万人;生育保险参保人数5.84万人;失业保险参保6.12万人。城乡居民社会养老保险参保13.38万人。被征地农民基本生活保障参保3989人,领取基本生活保障金1492人。在册低保对象6074人,发放最低生活保障金3582.66万元。年末各类收养性社会福利单位19个,床位数3372张(含民办)。城市社区服务中心21个。农村五保对象集中供养率、城镇“三无”对象集中供养率均为100%。

县城环境空气质量优良天数335天(空气自动站监测有效天数363天),空气质量优良率92.3%。3个跨市县行政区域地表水交接断面、4个市控以上地表水交接断面、集中式饮用水水源地水质达标率均为100%。跨市县行政区域地表水交接断面水质考核为优秀。出台《武义县巩固城市黑臭水体治理成果实施方案》。完成9个工业园区“污水零直排区”创建。

【中国有机抹茶之乡发展论坛在武义举行】 2019年10月15—17日,中国有机抹茶发展论坛在武义举行。论坛由中国国际茶文化研究会、国家茶产业技术创新战略联盟、中国农业科学院茶叶研究所、武义县政府主办,中国农业科学院茶叶研究所茶业经济与信息研究中心、武义县农业农村局承办,武义县茶文化研究会、武义县茶业协会协办。会上,武义县被授予“中国有机抹茶之乡”称号。武义县政府与中国农业科学院茶叶研究所签订《有机抹茶生产技术服务框架协议》,抹茶应用商与武义县抹茶供应商签订销售合作协议。

【武义博物馆开馆】 2019年5月24日,武义博物馆开馆。该馆于2015年兴建,馆舍地面建筑面积1.1万平方米,展陈面积约4000平方米。3个常设展厅集中展示武义自然资源、历史文化、民俗风情和婺州窑文化。镇馆之宝南宋徐谓礼文书作为国家一级甲等文物,因其地位特殊,单设国宝厅。“南宋徐谓礼文书”出土于武义县徐谓礼墓,是国内出土最为系统完整的宋代纸质文书,全书十七卷。武义博物馆馆藏文物1.15万件(套),囊括古籍、标本化石和历史文物3个大类,涵盖瓷器、青铜器、金银器、玉器、书画等29个小类。其中,珍贵文物349件(套),包括14件国家一级文物,35件(套)国家二级文物,300件(套)国家三级文物。馆内并藏有各朝代铜钱4万余枚。

【益农信息服务机构作用发挥】 2019年6月,武义县成立全省首个县级益农信息服务中心,负责统筹落实全县信息进村入户工作。在各乡镇365便民服务中心设立益农信息中心站,对农业、气象、供销等涉农部门公益服务资源进行具体指导,并引入金融、电信、快递、旅游休闲及相关企业的经营性服务资源,梳理出公益服务事项36项、便民服务事项32项、电子商务类服务26项、农技培训类服务30项,该县获评“全国电子商务进农村综合示范县”,相关经验作为全省唯一县级样本入选《浙江省信息进村入户工程典型案例》。

【全国首个村务监督省级地方标准发布】 2019年7月22日,由县民政局和县市场监管局牵头,武义县检验检测研究院和浙江省标准化研究院起草制定的省级地方标准《村务监督工作规范(DB33/T 2210—2019)》发布,成为全国首个村务监督省级地方标准。该标准对村务监督工作的适用范围、组织建设、监督实施、效能评价等进行规范,对村务监督委员会的人员构成与基本要求、人员的产生与退出、场所与制度建设等进行明确的界定。通过标准体系的实施,实现群众事项“村里办”达95%以上,举报、反映、建议、求助等事项“村里”办结率100%,村民满意度达96%以上。创建省级乡村善治示范村100个。

(武义县地方志研究室　周云芳)

磐　安　县

【概况】 2019年,磐安县区域面积1194.74平方千米,辖2个街道、7个镇、5个乡,行政村216个,社区居委会20个。年末户籍人口21.24万人,常住人口18.21万人,人口自然增长率2.19‰。城镇化率51.2%。

地区生产总值115.44亿元，比上年增长6.3%。三次产业结构比例为10.2∶39.0∶50.8。按户籍人口计算，人均生产总值54270元，增长6.5%。按常住人口计算，人均生产总值63603元，增长5.6%。

财政总收入17.84亿元，增长5.4%。其中，一般公共预算收入10.64亿元，增长6.3%。一般公共预算支出39.39亿元，增长24.3%。

居民人均可支配收入29306元，增长8.9%。城镇常住居民人均可支配收入41736元，增长8.1%；农村常住居民人均可支配收入19461元，增长9.3%。

农林牧渔业增加值11.89亿元，增长2.5%。农作物播种面积1.45万公顷。完成粮食生产功能区提标改造366.67公顷。基本完成高标准农田建设6826.67公顷，垦造耕地69.53公顷，新增水田66.87公顷。

工业增加值34.08亿元，增长6.6%。全县规模以上工业增加值21.96亿元，增长5.6%；产值84.11亿元，增长5.9%；销售产值79.81亿元，增长5.8%。产值超1亿元的企业21家。全县工业用电量3.42亿千瓦时，增长7.6%。

固定资产投资增长19.2%。民间项目投资、交通运输投资、生态环境和公共设施投资、高新技术产业投资分别增长34.3%、0.6%、14.5%和26.8%。社会消费品零售总额44.68亿元，增长9.4%。进出口总额32.00亿元，增长8.7%。

接待游客449万人次，营业收入3.29亿元。评选“十美村”46个、“十美整洁村”85个。新增民宿、农家乐170个，银宿级民宿4个，新发展共享农屋1070户；累计发展农家乐861个、床位1.7万张、餐位4.9万个。

金融系统存款余额（本外币）232.64亿元，增长13.5%。金融系统贷款余额（本外币）174.71亿元，增长18.3%。

培育国家高新技术企业14家，新增GMP认证企业2家、省级设计中心1个，完成发明专利产业化项目20项；引进高层次人才16人、科研院所6个，新建院士专家工作站2个，科技特派员工作受到科技部表彰。专利申请量904件，其中发明196件；专利授权量496件，其中发明78件。

建筑业增加值10.98亿元，占GDP比重的9.5%。房屋施工面积73.94万平方米，商品房新开工面积24.73万平方米，商品房销售面积6.94万平方米，商品房销售额6.02亿元。

各级各类全日制学校29所。其中：小学16所，在校学生1.06万人；初中8所，在校学生6193人；高中4所，在校学生3027人；职高1所，职业高中在校学生1838人。小学和初中适龄儿童少年入学率均达100%，初中毕业生升入高中段学校比例98.6%。全县学前儿童入园率99.4%。

建成12个主题馆。组织非遗展示展演73场。组织“文化六送”活动3000多场次，“流动博物馆”累计服务群众1.2万人。创作、辅导文艺作品1500多件，获县有关部门“小梅花金奖”、全省旅游歌曲创作演唱大赛金奖。

新增城镇就业1438人，城镇登记失业率2.1%。完成社保扩面1.42万人次，基本养老保险参保率96.1%。完成技能培训34期1598人。查处欠薪案件19起，涉案金额878.14万元。发放救助金47.21万元，医疗救助“一站式”结算系统上线。新建乡镇（街道）示范型居家养老服务中心8个、居家养老服务照料中心4个。

空气质量优良率99.2%，PM2.5平均浓度降至22微克/立方米，空气质量综合指数位列全省第十二位。出境断面水质达标率100%。规模以上工业企业综合能源消费量（等价能耗）为7.93万吨标煤，下降3.2%；单位工业增加值能耗为0.36吨标煤/万元，下降8.3%。

【县域医共体建设】 2019年2月28日，全县医共体建设动员大会在磐安县召开，标志着磐安县医共体建设全面启动。3月5日，磐安县政府印发《磐安县县域医疗卫生服务共同体建设实施方案》，组建由县人民医院为医共体牵头医院，县中医院、县二院和九和乡卫生院等17个卫生院为成员单位的紧密型医疗集团作为县域医疗卫生服务共同体。医共体成员单位人财物全面整合，功能职责整体纳入，形成管理、服务、利益、责任和文化共同体。县中医院保留独立法人资格，承担全县各级医疗机构中医药健康服务资源下沉和指导工作。对全县较大的基层医疗机构实现医疗资源重点下沉。医共体依托牵头医院设置行政人力资源部、医疗事业部、公共卫生部、医保管理部、后勤保障部、信息中心和财务核算中心7个职能部门。村卫生室和社区卫生服务站统一纳入医共体管理；依照规划应设置村卫生室（社区卫生服务站）而未设置的村（社区），逐步由医共体负责延伸服务。其药械采购、业务经营、财务管理和绩效考核等由医共体统一实施。该县深化“双下沉、两提升”工程、推进急救体系建设经验在全省推广。

【城乡公交发展】 2019年，磐安县连续2年将“四好农村路”建设纳入全县“十大民生实事”，落实资金近1.6亿元，实施“交通富民”工程，率先在全省26个加快发展县中完成通乡公路三级全覆盖。磐安县地处金华、绍兴、丽水、台州4地交界，毗邻东阳、永康、天台、仙居、缙云、新昌六县（市），为解决群众跨区域出行难问题，磐安县在全省率先实现与所有毗邻县（市）公交互联互通。通过创新合作机制、政府购买服务、简化许可授权等手段，探索形成“公交线路相互延伸、镇对镇双向互开、开辟单方线路”等6种运营模式，开通毗邻县公交11条，涉及4地7县（市）18个乡镇509个村，惠及沿线群众49万人，节约沿线出行时间50%以上。磐安县农村客运工作被交通运输部作为典型在全国推广。

【磐安获评第三批国家生态文明建设示范县】 2019年11月13日，生态环境部公布第三批国家生态文明建设示范市县名单，磐安县上榜。磐安秉持“绿水青山就是金山银山”的理念，开展“浙中生态廊道绿道闭合圈全县贯通工程”“建立浙中区域大气污染联防联治机制”“都市区生活垃圾处理设施应急联保”等专项环境治理活动，流动水域连续3年排名全市第一，生态环境状况指数常年保持85以上,绿色发展指数排名全省第八位。磐安投资8600多万元,完成15条总长97千米的绿道建设。全县森林覆盖率从1983年复县时的57.5%提高到83.8%。县域负氧离子含量平均值3576个/立方厘米,最高值达到8.6万个/立方厘米。24个乡镇交界断面Ⅱ类水质占95.8%,Ⅲ类水质比例为4.2%,6个县界交接断面水质达标率100%,连续多年总体评定为优秀。全县创建全国环境优美乡镇18个、省级生态乡镇19个、市级生态乡镇19个、市级生态村280个,创建省A级景区村庄125个。

(磐安县地方志编纂室　陈金根)

衢州市 Quzhou Municipality

【概况】 2019年,衢州市区域面积8845平方千米,辖2个区、1个县级市、3个县。年末户籍人口257.63万人,常住人口221.8万人。

全市地区生产总值1573.51亿元,比上年增长6.7%。其中:第一产业增加值86.51亿元,增长1.6%;第二产业增加值651.12亿元,增长5.6%;第三产业增加值835.88亿元,增长8.2%。三次产业结构比例为5.5:41.4:53.1。按常住人口计算,人均生产总值71087元,增长5.9%;按户籍人口计算,人均生产总值61047元,增长6.7%。

财政总收入223.36亿元,增长8.0%。其中一般公共预算收入137.12亿元,增长7.0%。一般公共预算收入中,税收收入111亿元,增长3.9%。一般公共预算支出449亿元,增长26.1%,民生支出占公共预算支出的75.7%。规模以上工业企业营业收入1842.48亿元,增长3.0%。规模以上服务业企业营业收入141.04亿元,增长0.6%。

居民人均可支配收入35412元,增长9.7%。其中:城镇居民人均可支配收入46933元,增长8.8%,扣除价格因素增长5.7%;农村居民人均可支配收入为24426元,增长9.8%,扣除价格因素增长6.6%。全体居民人均生活消费支出20635元,增长10.1%,扣除价格因素增长6.9%。城镇和农村居民人均生活消费支出分别为26535元和15009元,分别增长9.3%和10.1%,扣除价格因素分别增长6.1%和6.9%。

农林牧渔业增加值88.42亿元,增长1.7%。农作物播种面积18.69万公顷。粮食总产量54.04万吨,增长1.2%。油料产量6.14万吨,增长15.5%。蔬菜产量113.76万吨,增长1.7%。食用菌产量9.3万吨,下降18.5%。茶叶产量8425吨,下降5.3%。水果产量77.2万吨,下降2.4%,其中柑橘产量51.52万吨,下降3.3%。肉类总产量18.19万吨,下降2.2%。

规模以上工业企业991家,其中,主营业务收入1亿元以上企业311家,大中型企业110家。全年全部工业增加值528.99亿元,增长7.0%。规模以上工业企业完成产值1788.2亿元,增长2.2%。其中:重工业1314.66亿元,增长1.4%;轻工业473.54亿元,增长4.6%。按经济类型分,国有控股企业增长1.8%,私营企业增长7.9%;外商投资企业下降11.9%,港澳台商投资企业增长34.2%。17个传统制造行业增加值增长6.1%。规模以上工业销售产值1754.48亿元,增长2.7%,产销率98.1%,提高0.5个百分点。全年完成工业出口交货值136.07亿元,下降6.9%。国家级高新技术企业364家,市级高新技术企业252家。全年专利申请量7629件,专利授权量4754件,其中发明专利授权量579件。

固定资产投资增长7.3%。其中:非国有投资下降3.0%,民间投资下降4.1%。交通投资、高新技术产业投资、项目民间投资、生态环保和公共设施投资分别增长18.6%、33.3%、10.8%和12.5%。工业投资、制造业投资分别增长8.2%和15.2%。省市县长项目工程开工建设20个。至年末,全市命名、培育和创建省、市级特色小镇29个。其中,省级特色小镇1个,创建类特色小镇7个,省级培育类特色小镇4个。

社会消费品零售总额775.23亿元,增长8.1%。限额以上社会消费品零售额166.81亿元,增长1.2%。进出口总额347.83亿元,下降0.8%。其中:进口108.22亿元,下降8.9%;出口239.61亿元,增长3.3%。全市有出口实绩企业943家,增加29家。出口额在100万元以上企业652家,其中1000万元以上企业292家。全年新批外商投资企业17家,合同利用外资11.94亿美元,增长2.6倍;实际利用外资0.78亿美元,增长4.7%。

旅游总收入595.78亿元,增长12%。接待国内游客7869万人次,增长5.6%;国内旅游收入595.37亿元,增长12%。至年末,全市有A级旅游景点63个、名胜风景区4个。

金融业增加值111.7亿元,增长9.6%。年末金融机构本外币存款余额2765.13亿元,增长13.3%,其中人民币存款余额2736.1亿元,增长13.6%。金融机构本外币贷款余额2554.75亿元,增长13.6%。其中人民币贷款余额2546.73亿元,增长13.7%。住户本外币存款余额1382.35亿元,增长17.8%;住户贷款余额1430.37亿元,增长16.5%。全市有证券营业部22个,全年证券交易量4769.43亿元,增长37.4%。有挂牌上市企业36家,其中主板上市企业6家。

幼儿园465所,在园幼儿7.17万人。小学206所,在校学生13.34万人。普通初中61所,在校学生7.2万人。普通高中29所,在校学生3.84万人。中等职业教育学校14所,在校学生2.67万人。普通高校2所,其中本科、专科各1所,在校学生1.46万人。特殊教育7所,在校学生573人。学前教育入园率98%,小学入学率100%,初中入学率100%,初中毕业升高中段比例97.9%,高中段毛入学率98.1%,15年教育普及率98.8%,三残儿童入学率99%。

公共图书馆7个,博物馆6个,文化馆7个,广播电台、电视台各6个。数字电视用户数68.87万户。综合档案馆7个和国家专门档案馆1个。卫生机构(含村卫生室)1796个,其中医院90个,基层医疗卫生机构1666个,专业卫生机构29个。卫生机构有病房床位1.56万张,卫生技术人员1.92万人,其中医生7453人。

全市参加基本养老保险184.27万人,增长4.6%。参加基本医疗保险

242.36万人，增长0.7%，其中：城镇职工基本医疗保险参保73.54万人，增长9.1%；城乡居民基本医疗保险参保168.82万人，下降2.6%。参加工伤、生育保险职工分别为44.52万人和36.27万人，分别增长9.8%和4.9%。正常缴费企业退休人员基本养老金月均4005元；城乡居民养老保险基础养老金最低标准提高到155元。

全市地表水环境功能区达标率100%，县级以上城市集中式饮用水水源地水质达标率100%，全市跨行政区域河流交接断面水质达标率100%。全年全市万元GDP综合能耗下降2.7%。完成第四批历史文化村落保护利用项目43个，其中重点村7个、一般村36个；建设实施第五批、第六批项目91个，其中重点村12个、一般村79个；建设实施第七批重点村5个。创建省级美丽乡村示范乡镇7个、特色精品村18个，省高标准农村生活垃圾分类示范村20个，省历史文化(传统)村落保护利用示范村3个。农家乐特色村193个，特色点(各类农庄、山庄、渔庄)247个。

【在线平台3.0率先在衢州上线】 2019年6月25日，全省投资在线平台3.0(工程审批系统2.0)率先在衢州上线，并在衢州完成全省第一个投资项目在平台上的赋码。全年全省投资项目审批事项主项、子项分别减少44%和30%，政府和企业投资项目申报材料分别减少62.7%和61.3%，实现"证照包"一网共享、系统集成，推动实现一般企业投资项目从赋码备案到竣工验收审批最多90天。

【企业退休返聘人员参加工伤保险试行办法出台】 2019年，衢州市为缓解企业用工紧缺难题，破解企业退休返聘人员用工风险，将男性65周岁及以下、女性60周岁及以下退休返聘人员纳入工伤保险保障范围，解决劳动保障领域内的老大难问题。年末，全市有2836名企业退休返聘人员参加工伤保险。9月6日，柯城区人社局做出全国第一例退休返聘人员工伤认定，30天内完成从工伤认定到医药费报销的全流程。

【"衢州有礼"诗画风光带建设】 2019年，衢州市依托独特的黄金水系资源，打造富有"自然味、农业味、乡村味"的衢州现代版"富春山居图"，推进乡村大花园建设。"衢州有礼"诗画风光带总长280千米，沿衢州"一江两港三溪"(衢江、常山港、江山港、马金溪、石梁溪、庙源溪)两侧各2~3千米范围打造，总面积约1000平方千米，集聚全市近11%的土地面积和40%左右的户籍人口。连接衢州国家历史文化名城、江郎山世界自然遗产、钱江源国家公园等特色资源，串联3个国家级水利风景区、3个省级历史文化名镇、20多个AAA级及以上景区和60多个历史文化古村落。沿线谋划启动78个重点项目，全年完成投资118亿元。

【小水电清理整改经验推广】 2019年，衢州市践行"绿水青山就是金山银山"理念，坚持部门协作、整体评价、分类处理，做到"整体评一次、集中改一次、验收跑一次"，小水电清理整改工作走在全国前列，其经验做法向全国推广。全市230座农村水电站完成环评验收，78座农村水电站完成竣工验收，比省定目标提前一年。10月30日，衢州市作为唯一的地级市，在长江经济带小水电清理整改工作推进会上做交流发言。

【教育均衡发展】 2019年，衢州市101所义务教育学校通过互联网平台，开设城乡同步课堂、远程专递课堂、教师网络研修和名师网络课堂，相互结成66对帮扶对子。其中33所结对帮扶学校完成年度帮扶任务，占全市结对帮扶学校的32.7%。全市开展城乡同步课堂活动404次，参与师生4.76万人次。全省8个"互联网+义务教育"应用案例中衢州入选3例。10月13日，教育部部长陈宝生一行到衢州龙游县、柯城区、开化县的山区学校和衢州学院、衢州职业技术学院考察调研，充分肯定衢州推进教育均衡发展所取得的成绩。

【医联体、医共体"双体贯通"建设】 2019年，衢州市将医共体改革纳入年度为民办实事工程。召开衢州医联体改革示范区建设领导小组会议，印发《浙大医联体五横平台建设总体方案》，"五横"支撑平台挂牌落地并运转良好。"五纵"平台总体运行平稳。全市各医联体合作医院有83个临床科室接受浙大各附属医院指导帮扶，引进应用新技术、新项目56个。浙大各附属医院下派专家1.07万人次，开展门诊服务5.48万人次、手术1718台次、查房9579次，带教培训1.1万人次。自6月起，全市5个县(市、区)10个医共体全部进入常态化运行。10月22日，全省县域医共体建设工作推进会在常山召开。浙江医院与开化县中医院医共体打造"省康复科+县康复病区+分院康复中心"三级康复网做法获副省长成岳冲批示肯定。

【医疗费用"一站式"结算平台建设全国领先】 2019年，衢州市在全国率先建立医疗费用"一站式"结算平台。市医疗保障局针对百姓就医难问题，主

2019年6月25日，全省投资在线平台3.0(工程审批系统2.0)率先在衢州上线
(衢州市地方志办公室　供图)

动对接市总工会、市退役军人事务局、市残联等部门，建立多部门医疗费用报销（补助）在线联办机制。发挥医保结算系统基础性作用，实现各部门报销（补助）政策"一站式"自动办结。将基本医保、大病保险、医疗救助、抚恤优待对象医疗补助、工会互助、公务员医疗补助、精神残疾人免费服药、部分商业保险纳入"一站式"结算平台，实现参保人员医疗费用报销"零跑腿、零垫付、零等待、零材料"。从7月1日上线至年末，"一站式"平台完成报销结算730万人次，支付金额18.88亿元。减少老百姓报销（补助）跑腿12万次，减少提交材料35万份。衢州市成功入围全国医保智能监控示范点名单。

【国家绿色金融改革创新试点】 2019年，衢州市绿色金融改革深化。在央行认定的39个绿色金融改革典型案例中，衢州占15个，占40%，位列试验区第一位。吸引上海、江苏、广州、深圳等省市60多批考察团到衢州学习。至年末，全市绿色信贷、债券市场、股票市场等绿色融资规模余额917.29亿元。其中，绿色贷款余额786.86亿元，占全部贷款余额的30.8%，比上年提高4.26个百分点。新增绿色直接融资87.43亿元。绿色基金规模43亿元。全市绿色贷款不良率0.16%，降至近5年新低。华夏银行帮助衢州元立金属制品有限公司获得世界银行绿色贷款900万欧元，有力支持企业循环化改造。启动具有衢州特色的绿色金融产品标准和绿色项目、绿色企业省级标准申报工作。11月23日，复旦大学泛海国际金融学院、南京江北新区中央商务区建设管理办公室等单位联合发布《长三角"40+1"城市群绿色金融发展竞争力研究（2019）》，对长三角城市群绿色金融建设进展进行综合评估，有17个城市获A级及以上评级，其中衢州市获A+评级，排名第一位。

（衢州市地方志办公室　钱道本）

2019年10月22日，全省县域医共体建设工作推进会在常山召开

（衢州市地方志办公室　供图）

柯　城　区

【概况】 2019年，柯城区区域面积606.6平方千米，辖9个街道、2个镇、7个乡，其中白云、黄家、新新3个街道委托管理。年末户籍人口44.12万人，常住人口48.66万人。

地区生产总值225.6亿元，比上年增长6.6%。固定资产投资增长13.1%，其中交通投资、民间投资、高新技术产业投资、生态环境和公共设施投资均增长10%以上。

财政总收入19.9亿元，增长12.5%，一般公共预算收入12.8亿元，增长7.7%。社会消费品零售总额213.4亿元，增长8.4%。城镇和农村居民人均可支配收入分别为50431元和25810元，分别增长8.6%和10.2%。

柯城—余杭山海协作连续3年获全省优秀。三大主导产业产值占全区规模以上工业产值的59.9%。全面推进"亩均论英雄"改革，出清低效企业25家，淘汰落后产能企业4家，整治"低散乱"企业105家，新增规模以上企业10家，规模以上工业亩均税收增长55.1%，亩均增加值增长7.9%。

全年新引进1亿元以上项目22个，其中10亿元以上项目3个。举办项目谋划擂台赛。寺桥水库、常山港治理工程等一批项目取得阶段性进展。34个省市集中开工项目、2个省市县长项目开工入库。固定资产投资增长13.1%，增速全市领先。

新增垦造耕地265.87公顷，建设标准农田83公顷。开展"十类地"处置，盘活存量建设用地36.47公顷。报批各类农转用指标83公顷，落实林地指标46公顷。国资公司发行债券12亿元。争取中央棚改资金、老旧小区改造资金9.2亿元。

柯城在全市率先建成农村产权交易平台。"一村万树"绿色期权累计认购1000多万元，打通资源、资产、资金转化通道。"一村万树"绿化美化乡村经验获全国政协和国家林草局领导批示肯定。初步搭建区属国资公司市场化改革架构，基本完成建投公司、乡村振兴公司市场化转型。工业用地"标准地"出让实现全覆盖。柑橘产业创新服务综合体被列入省级创建名单。新增国家高新技术企业12家、省科技型中小企业30家。制定"浙江制造"标准1个，认定"品字标"企业1家。申请PCT国际专利3件，实现"零"突破。首个乡村振兴省级标准化战略重大试点项目。政务服务事项网上办理、民生事项"一证通办"均实现100%。建立商事登记"零成本、零距离、零见面"办理新模式。"最多跑一次"改革向区文化中心等公共场所延伸扩面。一般企业投资项目实现竣工验收前审批最多90天。设立让利性股权投资引导基金，缓解企业融资困难。全年为企业减负2.8亿元。

治理农村危旧房146幢，完成4个城中村和151个老旧小区基础设施改造提升，斗潭片区、衢化棚户区、高铁新城等安置房结顶。新增小区停车位

1500多个、路灯400多盏、电动自行车充电桩200多处,惠及居民6万余户。

萱草未来村、航天智慧农业等一批1亿元以上"产村人文"融合项目签约落地,百草园项目开工建设。加快推进橘子小镇建设,获批"衢州椪柑"地理标志证明商标。柑橘无病良种苗木繁育中心投入使用。实施数字乡村战略,打造全省首个阿里巴巴数字农场标准化示范基地,建成鸡尾柚数字农场133.33公顷。柯城区入选省乡村振兴产业发展示范区建设、农业绿色发展先行示范区创建。成立全市首个民宿服务中心,新增省级金宿1个、银宿4个。

柯城区房地信息系统上线,农民建房审批效率提高。推进诗画风光带建设,13个重点项目全面开工。全年创建AAA级景区村庄5个、A级景区村庄31个,万田乡被评为省美丽乡村示范乡镇。改造提升"四好农村路"120千米。"污水零直排区"年度创建任务全面完成。交接断面水质达标率100%,出境水质保持II类以上。

扩大城区优质教育资源供给,悦鑫府、锦西家园等幼儿园建成,鹿鸣小学迁建项目主体结顶,城南小学、礼贤幼儿园等投入使用。新世纪学校机器人社团获VEX机器人世锦赛冠军。区疾控中心运行,区中医院开业。柯城区在健康浙江建设考核中获评优秀等次。立春文化生态保护区启动建设。"余东农民画进京展"获好评。区融媒体中心挂牌。通过省基本公共文化服务标准化认定。城镇新增就业9282人。户籍人口医疗保险参保率99.8%,养老保险参保率99.3%。3个示范型居家养老服务中心实现社会化运营。"残疾人之家"基本实现全覆盖。发放城乡最低生活保障金和各类救助金9600多万元,低收入农户收入增长11.8%。实施农村饮用水达标提标工程,1万余人饮水条件得到改善。

【数字经济发展】 2019年1月7日,"山海协作+产业智慧化"柯城区数字经济发展大会召开,柯城区组建"一院一会一平台",出台专项扶持政策,完成企业数字化转型20家、"企业上云"300家,引进浙江瑞能等数字经济企业18家。承办全省工业互联网平台推广现场会。佰意智造企业被评为省级数字化车间。新材料小镇获评全省数字化示范园区。全年数字经济核心产业增加值增长48.2%,居全市前列。

【奥陶纪项目落户柯城】 2019年3月30日,柯城区政府与重庆奥陶纪旅业有限公司签约总投资36亿元的衢州奥陶纪项目。10月21日,项目在石梁镇派溪头村开工,实现当年引进、当年开工。项目计划用地280公顷,以"高空极限"为主题,按照全国一流标准,建设高空极限类、高空刺激类、高空体验类、游乐趣玩类、自然景观类五大旅游板块,打造长三角地区首屈一指的极限运动冒险胜地。项目一期建设周期为2年。

【村播"三好模式"推出】 2019年,"村播计划"实施。按照"农民当主播、手机变农具、直播成农活、数据为农资"的理念,开展"农民当主播"培训,参加培训3100人,由农民担任主播播出2000多场,实现农特产品销售收入3600万元。12月,柯城区获全省首个"阿里巴巴淘宝直播村播试点区"。12月6日,省委书记车俊在柯城村播基地调研时,高度评价柯城村播"三好模式"(村播助农数字营销模式好;阿里赋能地方合作方式好;在推产品的同时营销山水、城市品牌的形式好)。

(柯城区政府办公室　许辰玺)

衢江区

【概况】 2019年,衢江区区域面积1748平方千米,辖2个街道、10个镇、8个乡,行政村271个、城市社区5个。年末户籍人口41.22万人,常住人口35.81万人。

地区生产总值198.47亿元,比上年增长8.3%。财政总收入28.94亿元,增长11.3%。一般公共预算收入17.52亿元,增长7%。投资、消费分别增长12%和8.3%。

实现规模以上工业总产值180.5亿元,增长11.1%;利润总额16.6亿元,增长39.2%。新增规模以上企业8家,其中10亿元以上企业1家。完成第一批"低散乱"企业整治265家,收储盘活土地66.67公顷,建设小微企业园2个,面积7.1万平方米。

创建精品村23个,AAA级景区村5个,浮石街道、周家乡被评为省级美丽乡村示范乡镇,蛟垄村、涧峰村、贺邵溪村被评为省级美丽乡村特色精品村,杜泽镇、峡川镇创建成为AAAA级景区镇,灰坪乡、太真乡、双桥乡、岭洋乡、黄坛口乡、莲花镇获评省级森林城镇,涧峰村上榜中国美丽乡村百佳范例,茶坪村入选全国生态文化村,西坑村荣膺全国少数民族特色村寨。

衢江区获全省农村公厕改造工作考核优秀区、全省"五水共治"工作优秀区,再夺"大禹鼎"。该区作为全国仅有的4个代表县(市、区)之一,在全国农村生活垃圾治理工作推进现场会上做典型发言。创文迎检再次实现衢州市5个区块失分最少。十里运动休闲长廊开园,城区断头路全部打通。城市化率由40.5%提升到47.1%。

全区768个谋划项目列入国家项目库。其中志高智造等10亿元以上项目7个、1亿元以上项目35个。4个省市县长工程、52个市级以上重点项目全部开工。高新技术、民间、交通、生态环境和公共设施投资分别增长10.3%、10.1%、25.5%和59.2%。

完成垦造耕地1142.67公顷,盘活存量建设用地273.27公顷。新增省级农业龙头企业1家、"五园创建"省级示范基地6个,成为省级乡村振兴产业发展示范建设县、省级农业绿色发展先行示范区,浮石现代农业园区入围省级创建名单。

民生事项全部实现"一证通办",55项涉企奖补实现"即亨即兑"。开展政府特定资产问题调查整改,四大国有公司做大做强,国资"资金池"净收益增长169.5%。

新建农村文化礼堂35个、南孔书屋6个,仙岩洞摩崖题记列入第八批全国重点文物保护单位。东港小学、区实验幼儿园建成投入使用。省基础教育重点县摘帽,省教育基本现代化区通过预评估。组建以市二医院和区中医院为龙头的两大医共体,衢州市眼科医院挂牌成立,全旺、杜泽、灰坪分院完成改造提升。牛头湾安置小区建成交付，龙溪安置小区主体结顶，全年治理地质灾害隐患点33处。

启动山海协作乡村振兴示范点建设，所有行政村集体年收入达10万元以上；城镇居民人均收入40018元，增长8.7%；农民人均收入21888元，增长10%；低收入农户人均收入11667元，增长13.6%。加大清理拖欠民营企业、中小企业账款力度，清偿账款2100万元。

【住房公积金商业组合贷款“一证通办”】 2019年，衢江区试点开展住房公积金商业组合贷款“一证通办”。整合政务大数据平台、公积金中心、衢江农商银行三方资源，实现居民婚姻、不动产登记、民政、税务等35类信息接口联网和612条字段数据跨部门、跨行业互认共享，解决组合贷款流程多、程序繁琐等问题。全省率先实现只需提供一张身份证就能完成住房公积金商业组合贷款的“一证通办”。

【乡镇模块化改革探索】 2019年，衢江区按照中央办公厅印发的《关于推进基层整合审批服务执法力量的实施意见》和省委关于乡镇（街道、办事处）体制改革部署，打破条线分割的模式，优化行政资源配置。下放237名区级派驻干部，统筹执法线上的42个编制供乡镇使用，推动231项审批服务事项延伸至乡镇，80%以上涉企审批事项可在乡镇一窗办理，将21个乡镇分为重点乡镇、一般乡镇、小乡镇、街道四类，因地制宜设置3～6个模块，实现全域推进、分类统筹、实战运行，实现乡镇有权办事、有人办事，模块运行科学合理、便捷高效。

【盒马鲜生合作基地落户衢江】 2019年5月20日，衢州山顶农业开发有限公司以农产品的安全性和供应链的稳定性得到盒马鲜生总部的认可，被上海盒马网络科技有限公司正式授牌，成为全省首个盒马鲜生合作基地。衢州野笋、衢江茭白、龙游发糕、茶树菇、丝瓜等品种被列入盒马鲜生的供货名单。衢州野笋作为供应的第一个品种。（衢江区政府办公室　高建林）

江　山　市

【概况】 2019年，江山市区域面积2019平方千米，辖3个街道、11个镇、5个乡，行政村292个、社区居委会15个，新增文苑、七里2个社区居委会。年末户籍人口61.55万人，常住人口48.54万人。

地区生产总值303.41亿元，比上年增长7.0%。其中：第一产业增加值22.7亿元，增长2.0%；第二产业增加值136.12亿元，增长6.1%；第三产业增加值144.59亿元，增长8.8%。三次产业结构比例为7.4∶44.9∶47.7。全市人均生产总值（按户籍人口计算）62617元，增长6.4%。

财政总收入32.20亿元，增长8.9%；财政支出67.68亿元，增长20.8%。县级财政管理绩效综合评价全省第一。固定资产投资108.46亿元，增长2.0%。社会消费品零售总额148.58亿元，增长8.3%，其中网络零售额55.94亿元，增长45.9%。

城镇常住居民人均可支配收入49455元，增长8.8%；农村常住居民人均可支配收入26391元，增长9.6%。城镇居民人均住房建筑面积48.2平方米，农村居民人均住房建筑面积84.7平方米。年末金融机构本外币存款余额539.86亿元，增长10.1%；本外币贷款余额412.3亿元，增长11.9%。

农林牧渔业增加值23.14亿元，增长2.2%。获评全国县域数字农业农村发展先进县，100%行政村实现信息进村入户，90.4%行政村建有电子商务服务站点，62.9%的养殖场实施数字化生产、销售、管理。全市粮食播种面积2.43万公顷，总产量15.54万吨。蔬菜种植面积8347公顷，增长0.1%；果瓜种植面积498公顷，建有观赏、食用的“一米菜园”76个。新建猕猴桃种植基地23.33公顷，改造提升猕猴桃低产园333.33公顷，猕猴桃总产量2.2万吨。江山猕猴桃获国家农产品地理标志认证。食用菌产量3.3万吨，产值3.2亿元。再次获评中国茶业百强县。肉类总产量4.32万吨，下降4.6%。渔业产量1.51万吨，产值4.8亿元。饲养蜜蜂23万箱，天然蜂蜜产量1.47万吨，蜂王浆产量73万千克，蜂业总产值15.2亿元，养蜂规模与经济效益连续28年位居全国各县（市）之首。获评全国蜂业优秀之乡，长台镇获评省级“蜂业特色强镇”。中药材种植面积1266.67公顷。全市森林面积13.77万公顷，其中生态公益林面积6.67万公顷，森林覆盖率68.2%。城市建成区绿化覆盖率43.9%，人均公园绿地面积14.09平方米。衢州市首家隔离检疫苗圃在凤林镇投入使用，濒危的“国宝”级伯乐树苗在原生地育苗成功。

工业增加值109.37亿元，工业总产值264.81亿元；工业利润21.8亿元，增长7.7%，全市有规模以上工业企业270家，完成总产值246.81亿元、利润21.8亿元，分别增长5.2%和23.7%。“1+3+2”重点培育产业产值占规上工业产值的62.2%。高新技术产业增加值26.04亿元，增长1.9%。完成进出口总额5.17亿美元，下降5.7%。启动建设江山—江干科创产业“双飞地”。山海协作产业园连续4年获省级考核一等奖。旅游总收入133.20亿元，增长12.1%。接待入境游客2745人次，接待休闲观光游客1017万人次，旅游收入8.07亿元。江山市入选首批国家全域旅游示范区。

固定资产投资108.5亿元。完成衢州复核土地695.33公顷。盘活存量土地295.53公顷。江山季丰电子科技有限公司开业投产。杭州海康威视数字技术股份有限公司全国消防运营总部投入运营。“江郎山居”田园文旅颐养小镇颐养区块主体工程、网营物联部分主体工程建成。江山港流域综合治理工程全线开工。总投资约11亿元的上海丰树管理有限公司（江山）现代服务产业园建设项目签订投资意向书。

参加城镇基本养老保险40.32万人、城镇基本医疗保险55.32万人。参加工伤保险、生育保险、失业保险分别为7.22万人、6.55万人和6.45万人。全年新增就业9325人，城镇失业人员实现再就业3509人。基本养老保险和医疗保险参保率分别为99.3%和99.6%。开展“一村一对策、一户一帮扶”活动。江山市连续9年获评省水库移民工作考核优秀县（市）。全市新增示范型居家养老服务中心7个。有各类养老机构35个,床位3905张。

江山市农村人居环境整治做法成为全国典型。列入首批部省共建乡村振兴先行创建单位。大陈村被列为中国美丽乡村百佳范例,4个村获评首批浙江省农村引领型社区。完成农房整治266.6万平方米。156套1.7万平方米的异地搬迁农民公寓房在贺村镇交付使用,安置全市异地搬迁户7646户。"衢州有礼"诗画风光带、乡村振兴党建示范带建设完成投资20亿元。223个行政村集体经营性收入均达10万元以上。南坞村入选国家历史文化名村。全年创建省AAAA级景区镇3个、省"美丽牧场"5个。

空气质量(AQI)优良率93.7%,提升0.6个百分点,PM2.5平均浓度36微克/立方米。实施农村饮用水达标提标工程12个,铺设主管网约97.4千米、进村入户管网98.2千米,全市农村安全卫生饮水人口覆盖率89.4%,集中式饮用水源达标率100%。创建省"美丽河湖"1条、"污水零直排区"34个。江山市获省"五水共治"(河长制)优秀县"大禹鼎"。大陈乡、廿八都镇、新塘边镇3个生活垃圾资源化处理站及15个项目村入选省政府民生实事农村生活垃圾分类处理资源化站点及项目村名单,成为全国首批农村生活垃圾分类和资源化利用示范县(区、市),省垃圾分类优胜县实现"三连冠"。

【获全国县域数字农业农村发展先进县】 2019年4月20日,江山市获评全国县域数字农业农村发展先进县。江山市农村广泛应用物联网、大数据、人工智能等信息技术,超过50%的养殖场进行数字化生产、销售、管理。种植业应用无人机、药肥施用车、智能大棚等技术,全市有无人机15台,使用无人机植保防治面积超过800公顷。星莱农业科技有限公司投资1.5亿元发展集农业生产智慧系统研发和无土栽培果蔬、中药材、园艺于一体的现代化农业。吴创家庭农场投资1100万元发展大棚栽培、智能管理的现代智慧农业模式。全市292个村实现益农信息社全覆盖,建有电商服务站点563个,村民在家门口享受"公益服务、便民服务、电子商务、培训体验服务"四类服务。

【江山港省级湿地公园开建】 2019年1月5日,省林业局批复同意开建江山港省级湿地公园。江山港又称须江,发源于市境南端浙闽交界处海拔1171米的苏州岭,由南向北穿行山地丘陵之中,贯穿江山市境内中部。湿地公园涉及江山港干流、峡口水库及沿江洪泛、山林等区域,总面积2143.75公顷,其中各类湿地面积1479.88公顷,湿地率69%。江山港湿地公园由河流湿地、洪泛平原湿地、森林沼泽、草本沼泽湿地、库塘湿地等湿地景观组成。

【廿八都文昌宫被列为全国文保单位】 2019年10月7日,国务院公布第八批全国重点文物保护单位,廿八都镇文昌宫榜上有名。文昌宫建于清光绪十四年(1888年),占地面积1576平方米,主建筑为"三进四天井"结构,外墙为砖牌坊式建筑风格。宫内有彩画451幅,其中人物典故71幅、山水花鸟380幅,是一座集建筑、绘画、雕刻等造型艺术于一体的艺术宝库。

【江山获国际花园城市大奖】 2019年12月13日,第十九届国际花园城市竞赛全球总决赛在意大利罗马第二大学举行,江山市获国际花园城市大奖。该奖项为联合国全球最适宜居住城市国际大奖。江山以践行"绿水青山就是金山银山"理念,加大生态保护,建设美丽江城,创建国家卫生城市、国家森林城市、首批国家全域旅游示范区,建成实力支撑、美丽著称、活力开放、人民幸福的大花园城市,从50个国家的100多个参赛城市中胜出,跻身国际花园城市行列。

(江山市政府办公室 姜伟 徐义祥)

常山县

【概况】 2019年,常山县区域面积1097.3平方千米,辖3个街道、6个镇、5个乡。年末户籍人口34.4万人,常住人口25.54万人。

地区生产总值150.4亿元,比上年增长6.6%。财政总收入18.9亿元,一般公共预算收入11.8亿元,分别增长10.8%和7.4%。城镇和农村居民人均可支配收入分别达39654元和22149元,增长8.9%和9.7%。

农林牧渔业总产值12.6亿元,增长1.5%;农业增加值8.4亿元,增长1.9%。创新胡柚销售模式,试水网红直播销售和农博会网络销售。艾佳果蔬公司建成胡柚全自动分级生产线和速冻生产线,实现胡柚差别化销售。成立"油博士工作站",建立全省首家山茶油及食用植物油质量检验中心,"新华·中国油茶产品"价格指数发布,东海常山木本油料运营中心成交额突破11亿元。新建香柚基地300公顷、香榧基地200公顷、蓝莓基地80公顷。总投资50亿元的远山云间旅游度假区项目签约;总投资24.3亿元的金色同弓田园综合体开工建设。

工业总产值196.2亿元,增长8.4%。工业增加值47.79亿元,增长8.0%。全县129家规模以上工业企业实现产值130亿元,增长8.2%;增加值34.6亿元,增长7.6%。成立东南数字经济发展研究院常山分院,完成5家轴承企业数字化改造。轴承行业改造提升被列入传统产业改造提升省级试点。设立工业转型升级专项资金和企业还贷周转资金各1亿元。新建专家院士工作站5个,开展合作项目5个,吸引投资5亿元,双明轴承公司建成全市唯一省级院士专家站。深化"亩均论英雄"改革,处置僵尸企业8家,出清亩均税收1万元以下企业38家。

服务业增加值79.35亿元,增长8.0%。全县社会消费品零售总额74.3亿元,增长6.3%。常山江"宋诗之河"被纳入钱塘江诗路黄金旅游带规划,入选全省首批诗路旅游目的地培育名单,发布全国首张"宋诗地图"。

固定资产投资74.6亿元,增长0.5%。完成重点项目投资108亿元,增长24.1%。开展重点项目"百日攻坚"行动,举行4次、37个项目的集中开建。23个省市重点项目均超时序进度,省市县长项目开工入库率超额完成省定任务。320国道"二改一"、

351国道、杭金衢高速公路常山段拓宽等项目建设加快，沿江公路全线贯通。"四个结构"交通基础投资10.25亿元，增长31.3%。

国际慢城城市休闲谷动工建设，滨江东路、府前路、朱富线城市化道路改造工程竣工通车，滨江一期人行景观桥、文昌阁基本建成。通过国家卫生县城复审，获浙江省生活垃圾分类工作优秀县。6个安置区启动建设。11个乡镇省级卫生乡镇创建全覆盖，6个乡镇创建国家卫生乡镇。白石镇入选省美丽乡村示范乡镇。全国首个"校地共建"乡村未来社区落地芳村镇。拆除各类农房5.1万宗、236.3万平方米。全域土地综合整治成效明显。新增水田136.87公顷、旱地7.53公顷、旱地改水田75.13公顷，完成建设用地复垦84.67公顷。常山获评农村生活污水治理设施运维管理优秀县，入选全省首批15个数字乡村试点示范县。开展危废固废"雷霆斩污"等环保执法专项行动，立案查处案件41起。危旧房改造全面提速，22幢安置房建设有序推进。

全县经营性收入超过10万元的行政村175个，低收入农户人均可支配收入增长16%。新增就业7065人。创建浙江省食品安全县、省级"无欠薪"县。新妇保院建成启用，人民医院二期项目启动建设。投入资金1.8亿元，提前完成十方面为民办实事项目。推进"慢城通+基层治理"，建成城市大脑数据专区，打通49项便民服务功能模块，归集3.9亿条数据，2840项政务服务事项实现掌上申报，占比98.8%。投入资金5.5亿元，提前实现农民饮用水达标提标工程。全省医共体建设工作推进会在常山召开。挂牌开放社会治理综合服务中心，全年线上受理群众诉求事项9.5万件，办结率99.9%。

【赛得健康产业园二期列入省重大产业示范项目】 2019年2月27日，常山县赛得健康产业园二期项目列入省重大产业示范项目。项目占地233.33公顷，建设用地51.47公顷。园区拟建设养老服务中心、健康文化中心、健康餐饮中心、赛得健康学院、养生公寓、健康管理医院、健康旅游会议中心、健康商业中心、健康游乐中心等，配套中草药种植、农业观光、健康游乐、滨水田园、景观公园、停车场等服务功能，打造全域AAAA景区级别的浙江赛得健康产业园。

【常山厕所革命入选全国农村厕所革命典型范例】 2019年10月21日，农业农村部办公厅、国家卫生健康委办公厅公布全国九大农村厕所革命典型范例，常山县"一厕一所长，一厕一风景"作为全省唯一范例位列其中，排名第二位。常山县厕所革命实现全域覆盖，全县建成A级以上公厕210座，困难群众家庭改厕率和农村旱厕拆除率均达100%。

【"常山胡柚"获柑橘区域公用品牌10强】 2019年11月，第十二届亚洲果蔬博览会在上海举行，"常山胡柚"入选中国果业最受欢迎的柑橘区域公用品牌10强。常山县以提高标准化种植、做好品牌化销售、做大功能性产品(特异食品)开发为核心，大力打造"双柚合璧、百亿芳香"产业链。恒寿堂果业主体投入资金1亿多元，流转土地666.67公顷，完成种植333.33公顷，开发饮料类、食品类、保健品类、美容日化品类、药用类5大类10个系列产品。

(常山县政府办公室　涂江浩)

开　化　县

【概况】 2019年，开化县区域面积2236平方千米，辖8个镇、6个乡、1个办事处，社区11个，行政村255个。年末户籍人口36.18万人，常住人口25.55万人。

地区生产总值146.8亿元，比上年增长6.5%。财政总收入15.45亿元，增长6.4%，其中一般公共预算收入9.95亿元，增长6%。社会消费品零售总额92.35亿元，增长8%。城镇常住居民人均可支配收入37762元，增长9.1%；农村常住居民人均可支配收入19001元，增长9.9%。城镇登记失业率1.9%。

新增规模以上工业企业12家，规模以上工业总产值和增加值分别增长13.2%和15%，增幅均列全市首位。华康药业主板上市推进。泰明新能源项目投产实现产值10亿元。爱津生物、艾肯拓无人机等高新项目签约落地。新能源、大健康产业总产值分别增长140.6%和6.1%，数字经济核心产业制造业增加值增幅全市第一。

旅游人次、旅游收入分别增长12.1%和20.9%；省白金级民宿实现"零"的突破，民宿农家乐营业收入增长23.4%。"城乡物流+社区电商"模式获商务部肯定。新增限额以上服务业企业10家，服务业增加值增长7.7%。

农林牧渔业增加值增长2.2%，"开化龙顶"获评国家农产品地理标志，品牌价值达25.16亿元；山泉流水养鱼系统跻身中国重要农业文化遗产，开化清水鱼获中国国际博览会特色渔业优势区域奖；中蜂养殖量全省领先，获"中华蜜蜂之乡"称号；开化县列入全省首批农业绿色发展先行县。

新材料新装备产业园获省级批复，完成七大基础性规划编制和110公顷土地平整，与6家企业达成入园协议。百里金溪画廊完成规划方案编制。省级现代农业综合园区建成产业示范点5个、精品园5个，农创客孵化园吸引6家企业入驻，钱江源未来农业示范园签约落地。

20个项目列入省重点技术改造项目库，华康药业国家企业技术中心获批，糖醇产业园列入省"百项万亿"重大制造业项目。新认定国家高新技术企业5家，4家企业入选省级制造业与互联网融合发展试点示范企业。全省首批"浙江院士之家"在开化试点，钱江源乡村振兴研究院、东南数字经济发展研究院开化分院和浙西首家全生态链"青年人才之家"成立。建成院士工作站1个、专家工作站2个、重点创新团队2个。"钱江源"区域公用品牌启用，全国首个根雕标准发布。

开化—桐乡山海协作生态旅游文化产业示范区获全省考核一等奖，位列生态类产业园绩效评价第一名。承接省内发达地区产业转移项目到位资金16.72亿元。5个山海协作乡村振兴示范点建设启动。

190个重点建设项目实现投资93.4亿元，省市县长工程落地率75%；

27个省市项目集中开工入库。民间投资、交通基础设施投资、高新技术投资分别增长20.4%、40.7%和20%，制造业投资增长48.4%。入选省服务业重大项目计划和省重点建设项目计划各5个。6500万欧元法国开发署贷款项目纳入外国政府贷款备选项目规划。钱江源马拉松小镇落地。新引进智慧物联网产业园、龙山古郡等1亿元以上项目9个，实际到位资金21.76亿元。落实省市补助资金31.3亿元，发行地方政府债券12亿元。

金星村获评全国乡村旅游重点村，下淤村入选中国美丽休闲乡村，东坑口村乡村未来社区试点启动。创建省AAA级景区镇1个、A级景区村33个。开化获全国农村生活污水治理示范县，连续4年获评省农村生活污水治理运维管理考核优秀县。

省基础教育重点县建设全面达标，省教育基本现代化县通过预评估，设立全市规模最大的钱江源教育基金，职教中心挂牌衢州旅游学校，公办幼儿园比例全市最高，城东小学投入使用。全年全县创建成为国家卫生乡镇7个，县人民医院成为全国县级医院综合服务300强。开化列入全国新时代文明实践中心试点县，首批通过省基本公共文化服务标准化建设认定。浙西革命斗争纪念馆获省"红色旅游教育基地"称号。开化纸参加国际邮展，实现中国传统手工造纸"零"的突破。开化瓷走进圆明园。"开化古籍丛书"由浙江古籍出版社出版发行。

公共财政用于社会民生支出52.7亿元，占财政总支出的80%。实施低收入农户高水平全面小康计划，创立全省首个慈善精准帮扶示范基地，低收入农户人均可支配收入增长14.2%。完成扶贫异地搬迁549人。移民村实现100%"消薄"，集体经营性收入10万元以上行政村比例达91.4%。城乡基本养老保险、医疗保险参保率增幅全市第一，困难群体社保补助实现全覆盖。

空气优良率97.2%，PM2.5平均浓度23微克/立方米。全年Ⅰ类、Ⅱ类出境水占比98.1%，其中Ⅰ类水155天。钱江源国家公园获评全省唯一"中国最美森林"，入选全省首批"清新空气示范区"。马金溪流域综合治理模式获水利部肯定，全年创建省市美丽河湖2个(条)；"三改一拆"完成年度任务的144%。全域土地综合整治完成建设用地复垦42.33公顷，消化批而未供土地101.27公顷。

【钱江源国家公园管理局挂牌】 2019年7月2日，钱江源国家公园管理局在开化县挂牌成立。全县启动"清源"二号专项行动和试点区农村承包土地地役权改革，举办国家公园建设与管理国际研讨会、第三届全国生物多样性监测研讨会。钱塘江源头区域山水林田湖草生态保护修复工程试点获国家专项补助资金2.5亿元。开化完成《开化县生态产品价值实现机制规划》编制，获评省级小城市培育考核优秀单位，并列入中国残疾人联合会"基层残联组织专项改革"试点县和全国6个用水统计试点县之一。

【开化被列入革命文物保护利用片区】 2019年3月25日，中央宣传部、财政部、文化和旅游部、国家文物局公布《革命文物保护利用片区分县名单(第一批)》，确定15个革命文物保护利用片区。浙江有15个县(市、区)被列入闽浙赣片区，开化位列其中。被列入第一批革命文物保护利用片区分县名单的县级行政单位，具有相应的革命史实和县级文物保护单位以上级别的革命文物。

【开化被列入全国用水统计试点县】 2019年8月29日，开化列入全国用水统计试点县，全国仅6个。列入试点地区将建立用水统计调查基本单位名录库、组织试填报用水统计报表、提出用水统计调查制度的修改完善意见和建立完善用水统计调查制度。通过开展试点工作，检验和评估用水统计调查制度的可行性、适用性和可操作性，进一步完善用水统计调查制度，为在全国范围内全面推行用水统计调查制度积累经验，提供示范。

【根缘小镇获评全省第三批特色小镇】 2019年9月26日，在全省重大项目暨特色小镇建设现场推进会上，省政府命名开化根缘小镇等15个小镇为全省第三批省级特色小镇，省长袁家军为特色小镇授牌。开化根缘小镇成为衢州市首个获命名的省级特色小镇，实现全市省级特色小镇"零突破"。同时，开化智驿小镇被列入第四批省级培育类特色小镇名单。

(开化县政府办公室　王子骏)

龙 游 县

【概况】 2019年，龙游县区域面积1143.33平方千米，辖2个街道、6个镇、7个乡，行政村263个、社区11个。年末户籍人口40.20万人，常住人口37.69万人。

地区生产总值231.95亿元，比上年增长8.0%。其中：第一产业增加值13.64亿元，增长2.3%；第二产业增加值99.54亿元，增长8.3%；第三产业增加值118.77亿元，增长8.4%。人均生产总值61712元，增长7.1%。

财政总收入29.55亿元，增长7.5%。其中一般公共预算收入18.93亿元，增长7.4%。民生支出52.6亿元，占一般公共预算支出的77.1%。金融机构本外币存款余额384.39亿元，增长17.1%，其中住户存款211.99亿元。金融机构本外币贷款余额322.63亿元，增长12.1%。

城镇居民人均可支配收入48242元，增长9.0%；人均消费支出27239元，增长9.0%。农村居民人均可支配收入24856元，增长9.8%；人均生活消费支出13387元，增长9.7%。

农林牧渔业总产值26.63亿元，下降0.2%。其中：农业产值8.31亿元，增长3.6%；林业产值1.81亿元，增长4.6%；牧业产值14.03亿元，下降3.1%；渔业产值2.12亿元，增长2.3%。粮食播种面积1.2万公顷，总产量12.14万吨。生猪出栏87.15万头。突出"一鸡一渔一茶一药一盒故乡"(龙游飞鸡、洁水鱼、龙游黄茶、中草药、乡愁邮局)五大特色产业，培育"农创客""新农人"等新型主体，"中黄3号"入选国家级农作物品种，农产品网络销售额突破4亿元。

工业总产值365.08亿元，工业增

加值81.89亿元，增长11.3%。工业用电量20.17亿千瓦时，增长12.9%。规模以上工业企业186家，总产值243.77亿元，增长7.4%，其中10亿元以上企业3家，拉动全县规模工业产值增长2.1个百分点。全年新增1亿元企业7家、规模以上企业42家；深化“亩均论英雄”改革，出清低效企业255家，盘活土地113公顷。新增国家高新技术企业21家、“上云”企业290家、国家“两化”融合贯标企业7家，38个省重点智能化技改项目全面开工，高新技术投资增长73.2%，成为全国科技创新百强县和国防科技工业重点联系县。外贸进出口总额44亿元，增长0.8%。其中出口总额34.42亿元，增长9.5%。实际利用外资1486万美元，下降12.8%。龙游新丝带成为省级公共海外仓。

固定资产投资增长10.1%。完成固定资产投资111.46亿元，13个省集中开工项目全面开工，省市县长工程进展良好。衢宁铁路、杭金衢高速拓宽、351国道、315省道畅通工程等有序推进，湖镇至童家公路一期、衢江沿江公路龙游段、衢江治理二期、灵山港综合治理等项目主体完工，农村公路大中修、隐患整治等项目顺利实施，获评省级“四好农村路”示范县。中浙高铁精密轴承、吉恒家居制造基地成为省级引领性重大产业项目，中孚精机入选省数字经济产业重大合作项目。引导民间资本扩大投资，全年民间投资24.51亿元，占全部投资的22.0%。交通投资下降18.0%，生态环境和公共设施投资增长11.1%，高新技术投资增长73.2%。房地产投资40.66亿元，增长15.1%。商品房销售面积31.12万平方米，下降12.6%。

社会消费品零售总额168.34亿元，增长8.1%。其中：限额以上零售额9.7亿元，增长1.0%；规模以上服务业营业收入12.17亿元，增长38.7%。服务业投资增长8.4%。

抓好“龙游石窟+红木小镇”AAAAA级景区联创、姜席堰水利工程保护开发、六春湖景区规划建设等，红木小镇获评省级优秀特色小镇。龙山运动小镇投运，六春湖索道完工，龙游创建省级全域旅游示范县，入选省文旅产业融合试验区培育名单。

龙游港区投入运营，完成货运吞吐量60多万吨，集装箱运输4500多标箱；十里铺物流园建成投运，农批市场开工建设，2家企业成为全省首批供应链创新与应用试点企业，获评国家电子商务进农村综合示范县。

全年招商引资实到资金29.9亿元，新引进1亿元以上产业项目14个。完成垦造耕地573.8公顷，建设用地复垦96.07公顷，新增标准农田71.6公顷，盘活批而未供土地35.27公顷，保障县级项目报批78.87公顷。引进产业紧缺高层次人才45人、领军型创业创新团队1个，院士专家工作站签约院士12人；新增科技服务机构1个，成立东南数字经济发展研究院龙游分院、中乌新材料研究院，引进乌克兰国家科学院超硬材料研究团队、陕西科技大学高校转移中心等。县域教育现代化发展水平位居全市第一位。

推进医疗卫生领域改革，成立郑树森院士工作站，启用全民健康信息平台，开展医养结合试点，健康产业中心、妇女儿童健康中心等项目建设加快推进，骨伤专科医院建成投用。龙游创建省级食品安全县。年内，4个乡镇级示范型居家养老服务中心、3个“公建民营”敬老院营运。新建南孔书屋1个、市民驿站10个，改造提升乡镇(街道)综合文化站10个。生产安全事故起数、死亡人数分别下降29.6%和30.4%，全县未发生较大以上生产安全事故，省平安县创建蝉联“十四连冠”。

创建省级“美丽河湖”1条，完成“污水零直排区”建设年度任务，全县出境水质保持Ⅱ类水，再夺“大禹鼎”，节水型社会创建通过省级验收。推进大气污染综合防治，整治“散乱污”企业20家，重点企业异味污染综合整治验收24家，城区PM2.5浓度均值下降2.7%。推进垃圾分类，实施建筑(装潢)垃圾、餐厨垃圾、大件杂物专项收集处置。通过国家卫生县城复审，获评美丽浙江建设工作优秀县。

【省级高新技术产业园区创建】 2019年8月15日，省科技厅、省发展改革委联合发文批复，龙游县创建成为“龙游精密高端装备制造高新技术产业园区”，实行省级高新技术产业园区政策。该园区是衢州市第2家获批创建的省级高新技术园区。高新技术产业园区位于龙游经济开发区内，总面积13.05平方千米，以精密制造、数字智能为主攻方向培育先进制造主导产业，引导高端要素集聚。

【龙游经济开发区入选国家级绿色园区】 2019年9月2日，工业和信息化部公布第四批绿色制造名单，龙游经济开发区获评国家级绿色园区，成为全省3家入选园区之一。龙游经济开发区立足区域产业基础和发展条件，结合国家、省、市产业发展趋势和导向，重点推进特种纸、绿色食品饮料、高端家居三大传统产业转型升级，培育发展高端装备、智能制造、新材料三大战略性新兴产业。在推动产业整体升级同时，着力推进能源和水资源的梯级利用，加强重点行业的污染集中处理，完善交通、给排水、能源基础设施、科技研发中心、物流等公共服务设施和平台的建设。

【龙游位列中小城市投资潜力百强县】 2019年10月8日，《人民日报》发布中国中小城市科学发展指数研究成果，龙游县位居“2019年度全国中小城市投资潜力百强县市”榜单第12位、“2019年度全国科技创新百强县市”榜单第85位。龙游县坚持以全面建设“活力绽放，精彩纷呈”的浙西新明珠和“14456”战略布局为引领，深化“最多跑一次”改革，鼓励支持企业科技创新，致力发展幸福产业、智慧产业，社会经济保持稳健发展，先后吸引中孚精机、伊利二期、禾川自动化产业园、金鼎级酒店、浙西新型建筑工业化产业园等重大项目落地，投资潜力、经济实力稳步提高。

【龙游获评中国营商环境百佳示范县】 2019年12月28日，中国全面小康论坛在广东顺德召开，龙游县被论坛组委会、小康杂志社评为“2019年度中国营商环境百佳示范县市”。龙游县不断优化营商环境，推行投资项目审批服务“一站式”服务，高效协调办理营商环境投诉件，有效执行涉企减税降费政策,深化“10+N”营商便利化改革。在全省第一次营商环境评价中,龙游县总体指标在16个参评县(市、区)中排名第一位,其政企融洽、环境开放包容的营商环境引起媒体关注。9月3日,国家信息中心联合北京小康杂志社到龙游县采访调研营商环境建设情况,授予龙游县为全省首个“2019年度中国百佳营商环境试点县市”。

(龙游县政府办公室　叶凌豪)

舟　山　市
Zhoushan Municipality

【概况】 2019年,舟山市陆域面积1459平方千米,海域面积2.08万平方千米;包括专属经济区部分。海域面积11万平方千米。辖2个区、2个县。全市有大小岛屿1390个,其中1万人以上住人岛屿10个。年末户籍人口96.6万人,常住人口117.6万人。

全市地区生产总值1371.6亿元,比上年增长9.2%。其中:第一产业增加值146.4亿元,增长1.6%;第二产业增加值475.5亿元,增长17.6%;第三产业增加值749.7亿元,增长5.7%。三次产业结构比例为10.6:34.7:54.7。按常住人口计算,人均地区生产总值11.7万元,增长8.8%。居民消费价格上涨2.3%,其中,食品类价格上涨5.9%,商品零售价格上涨3.7%。新增城镇就业3.3万人。城镇登记失业率1.76%,下降0.71个百分点。新设企业9740家,下降2.9%;新设个体工商户1.5万户,增长44.6%。在册市场主体12.6万户,增长10.0%,其中企业4.5万家,增长14.7%。

财政总收入230.6亿元,增长5.6%。一般公共预算收入154.9亿元,增长6.1%。一般公共预算支出323.4亿元,增长4.8%。常住居民人均可支配收入53568元,增长8.8%。

城镇常住居民人均可支配收入61479元,增长8.6%;城镇常住居民人均生活消费支出36333元,增长7.4%。渔(农)村常住居民人均可支配收入36784元,增长8.8%;渔(农)村常住居民人均生活消费支出23891元,增长8.6%。城镇、渔(农)村居民收入比为1.7:1。

农作物播种面积1.58万公顷,增长2.5%。水产品总产量175.6万吨,增长1.1%,其中远洋渔业产量54.2万吨,增长10.3%。海水养殖面积4176公顷,下降5.1%;海水养殖产量28.5万吨,增长8.5%。累计土地流转面积5266.67公顷,农地流转率58.6%,提高0.8个百分点。建成无公害农产品产地86个,面积8000公顷;省级无公害水产品基地37个。

规模以上工业增加值293.7亿元,增长43.2%。规模以上工业企业营业收入843.6亿元,增长13.9%;利税总额35.2亿元,增长31.0%。全市具有资质等级的总承包和专业承包建筑业企业194家,增加17家。建筑业增加值160.1亿元,占地区生产总值的11.7%。

固定资产投资增长8.6%。其中,民间投资增长13.3%,高新技术产业增长12.8%,生态环保和公共设施投资增长6.3%,交通投资下降8.9%。固定资产投资中,第一产业下降40.4%;第二产业增长15.9%,其中工业增长16.8%;第三产业增长4.4%。房地产开发投资增长12.5%。商品房销售面积150万平方米,下降25.4%。

社会消费品零售总额580.6亿元,增长8.2%。实现网络零售额70.6亿元,增长41.6%。居民网络消费额182.6亿元,增长16.5%。批发业销售额增长11.4%,其中,限额以上批发业销售额增长10.8%。商品交易市场成交额477.7亿元,增长6.7%。1亿元以上商品交易市场29个,增加2个,年成交额485.3亿元,增长5.7%。

外贸货物进出口总额1371.1亿元,增长20.7%。其中:进口869.9亿元,增长22.4%;出口501.2亿元,增长17.8%。大宗商品进出口额867.8亿元,增长18.2%,占全市进出口额的63.3%。其中,油品进出口额702.3亿元,增长23.6%。服务贸易进出口额192.1亿元,增长24.9%。舟山口岸进出口货运量1.52亿吨,增长9.2%。

全年引进外资合同项目78个,实际利用外资5.0亿美元,增长20.0%。实际利用市外资金510.3亿元,增长13.3%。自贸区新增注册企业6927家,注册资本总额1387.6亿元。其中:新增油品企业2917家,增长46.0%,注册资本总额942.0亿元;新增外商投资企业62家,合同外资17.1亿美元,实际利用外资3.8亿美元。船用燃料油直供量410.3万吨,增长14.2%;船用燃料油结算量624.6万吨,增长12.2%。引进持牌金融机构69家,营业收入39.2亿元。跨境人民币结算额960.4亿元,增长31.9%。

水路货运量3.16亿吨,增长13.9%;水路客运量3234万人,增长10.7%。公路货运量1.04亿吨,下降0.2%;公路客运量2450万人,下降5.2%。普陀山机场客运量152.2万人次,增长25.8%;货邮运量(不包括行李)622.6吨,增长4.5倍。有海上运输船舶1562艘,运力769.3万载重吨。

舟山港域港口货物吞吐量5.36亿吨,增长5.5%。其中,外贸货物吞吐量1.6亿吨,增长5.8%。全年集装箱吞吐量136.5万标箱,增长8.7%。有生产性泊位309个,其中万吨以上深水泊位80个。

全市旅游总收入1054.6亿元,增长11.9%。旅游接待人数7051.8万人次,增长11.6%。有旅行社171个。星级宾馆17个,客房2178间,床位3700张;住宿设施客房出租率44.2%。有A级景区40个,其中AAAAA级景区1个,AAAA级景区4个。

各类金融机构72个。其中,银行业机构28个,保险业机构24个,证券业营业部11个,小额贷款公司9个。金融机构本外币各项存款余额2282.1亿元,增长12.2%。全部金融机构本外币各项贷款余额2435.7亿元,增长20.1%。保险业实现保费收入37.6亿元,增长4.8%。

幼儿园125所,在园幼儿2.67万人,学前三年幼儿入园率99.97%。小学54所,在校学生5.02万人,增长1.5%,小学学龄儿童入学率100%。有初中29所,在校学生2.18万人,增长3.2%。义务教育中小学专任教师5770人,增长1.9%。各类中等职业教育学校4所,在校学生6478人,毕业生2485人。普通高中13所,在校学生1.12万人。普通高等院校4所,在校学生3.06万人。成人高校1所，在校学生2556人。

全市组织实施各类科技项目692项，其中，国家级49项，省级426项。申请专利3418件，其中发明专利1536件；专利授权量2027件，其中发明专利授权量580件。有高新技术企业140家，科技型中小企业960家。有各类注册商标1.04万件。其中，中国驰名商标12件，中国地理标志（包括证明、集体）商标19件。

全市各类卫生机构718个（含村卫生室）。卫生技术人员（含村卫生室）9846人。医疗卫生机构开放床位6281张。文化艺术表演团体2004个，艺术表演场所6处，文化馆5个，文化站36个；公共图书馆5个，藏书234.5万册。新建全民健身路径28条、各类体育健身场所23个；开展群众体育活动260次，参加体育活动15.2万人次。

城镇居民人均住房建筑面积37.71平方米，渔（农）村居民人均住房建筑面积55.91平方米。城中村改造建筑面积21.1万平方米，旧住宅区改造建筑面积53.8万平方米，拆除违法建筑76.1万平方米。建成城市道路11条，新增公共停车位4623个。提升陆岛码头15座、公交候车亭255个。建成绿地公园8个，新增城市绿道22.2千米，舟山获评国家园林城市、全国绿化模范城市。创建省级特色精品村12个、A级以上景区村26个、美丽宜居示范村6个，打造美丽乡村风景线5条。完成243个渔（农）村环境综合整治，农村生活污水标准化运维管理比例达50%以上，实现农村生活垃圾分类处理行政村全覆盖。

全社会用电量65.5亿千瓦时，增长17.7%。县级以上城市集中式饮用水水源水质全部达标。PM2.5平均浓度20.0微克/立方米，减少1.0微克/立方米。空气质量优良率96.7%，提高1.1个百分点。区域环境噪声平均等效声级51.5分贝。建成品质河道34条、“污水零直排区”31个。全市达到一、二类海水水质标准的海域面积占38.4%；Ⅳ类和劣Ⅳ类海水海域面积占57.2%，下降4.4个百分点；近岸海域环境功能区达标率7.8%，下降6.8个百分点。亿元GDP生产安全事故死亡率0.03%，降低0.01个百分点。

【浙江自贸试验区加快建设】 2019年，浙江自贸试验区加快“一中心三基地一示范区”建设。实现大宗商品交易额4793亿元，其中油品交易额3300亿元。在全国首开外锚地综合海事服务，船用燃料油加注410万吨，保持国内第一大加油港地位，并跃升为全球第八大加油港。油品储存能力达2790万吨，LNG（液化天然气）年接卸能力达300万吨。浙江石油化工有限公司4000万吨/年炼化一体化项目一期全面投产，二期全面开工。跨境人民币结算额达960亿元，比上年增长32%。实现农产品贸易交易额182.7亿元。成功举办第三届世界油商大会。

【全国文明城市创建】 2019年，舟山市持续开展全国文明城市创建工作。全年改造老旧住宅402幢，受益群众1.1万余户，完成中心城区538户棚户区改造。52个城中村改造基本完成。交付保障性住房11022套。开展小餐饮店、城区洗车业、城区屋顶广告、流浪犬等专项整治，1013辆人力客运三轮车平稳退出营运。团鸡山垃圾焚烧三期项目建成投运，在全省率先实现城乡垃圾全焚烧、“零填埋”。环境空气质量保持全国领先。

【宁波舟山一体化发展推进】 2019年1月27日，省政府首次在省级层面提出推进宁波舟山一体化发展。8月16日，甬舟一体化发展推进会在宁波召开，省委副书记、宁波市委书记郑栅洁与舟山市领导出席。两市共同签署高水平高质量推进一体化发展合作框架协议，签订甬舟铁路等8个重大项目合作协议，以及产业、教育、科技、人力资源和社会保障、自然资源和规划、生态环境保护、交通运输、水资源一体化、商务、文旅、卫生健康、应急救援、市场监督管理、医疗保障14个专项合作协议。

【综合交通枢纽建设】 2019年，舟山市首条城市高架快速路——东西快速路建成通车。普陀山机场旅客年吞吐量突破150万人次。建成富翅门、秀山、鱼山、新城、港岛5座跨海大桥，宁波舟山港主通道舟岱大桥主塔封顶。整治改造一批断头路、瓶颈路、隧道等市政设施，建成城市道路11条。海天大道全线提升，滨海大道基本贯通。提升农村公路116千米。改造提升陆岛码头15个。

（舟山市调研服务中心　何　涛）

定　海　区

【概况】 2019年，定海区总面积1444平方千米，其中陆域面积574平方千米；辖10个街道、3个镇。全区有大小岛屿128个。年末户籍人口39.94万

2019年，浙江石油化工有限公司4000万吨年炼化一体化项目一期投产

（沈　磊　摄）

舟山市志愿者参与全国文明城市创建　　（沈　磊　摄）

人，常住人口49.91万人，城镇化率71.5%。

地区生产总值564.46亿元，比上年增长6.7%。按常住人口计算，人均地区生产总值113437元，增长6.0%。海洋经济增加值314.55亿元，增长7.2%，占地区生产总值的55.7%。区本级固定资产投资增长6.5%。全区财政总收入53.58亿元；一般公共预算收入33.08亿元，增长4.1%，其中区本级一般公共预算收入19.51亿元，增长4%。一般公共财政预算支出48.45亿元，增长7%。定海区连续5年入选全国中小城市综合实力和投资潜力“双百”强区，列入全国绿色发展百强区。

全区城镇常住居民人均可支配收入67352元，渔（农）村常住居民人均可支配收入36825元，分别增长8.8%和8.6%。

农林牧渔业总产值18.85亿元，增长2.5%。其中：渔业总产值12.21亿元，增长0.1%；农业总产值4.77亿元，增长7.4%；畜牧业总产值1.48亿元，增长6.2%；林业总产值500万元，增长3.4%。

全区134家规模以上工业企业实现产值366.03亿元，增长4.6%。工业产值上1亿元企业71家，产值增长3.6%，占规模以上工业产值的89.8%。全区规模以上工业增加值99.18亿元，增长8%。工业新产品产值65.23亿元，新产品产值率17.8%。战略性新兴产业、高新技术产业和装备制造业增加值分别增长6.4%、2.4%和2.5%，占规模以上工业增加值的51.7%、57.3%和36.1%。

区本级民间投资、高新技术产业投资分别增长8.6%和10.7%，交通投资、生态环境和公共设施投资分别下降7.3%和36.1%；房地产开发投资增长15.3%，其中区本级增长71.3%。

社会消费品零售总额233.66亿元，增长7.6%。外贸进出口总额64.86亿美元，增长29%。其中：进口总额51.81亿美元，增长39.9%；出口总额13.05亿美元，下降1.6%。港口货物吞吐量1.68亿吨，集装箱吞吐量136.51万标箱，分别增长8.1%和8.9%。批准外资项目9个，合同利用外资2.52亿美元，实际利用外资0.80亿美元。实际利用市外资金45.78亿元。

城中村（旧城）改造全面进入建设阶段，开工建设安置房项目16个111万平方米，建成安置房小区5个；完成老旧小区改造16个189幢。完成海天大道、环城东路等主要道路提升改造。547辆城区人力客运三轮车全部退出营运市场。新建村被联合国列入低碳发展乡村规划案例，集中打造马岙村等风情乡村，叉河村、皋泄村成功创建省级美丽宜居示范村，马岙稻香田园入选全省百个“最美田园”。完成11个渔（农）村环境综合整治，实现农村生活垃圾分类处理行政村全覆盖。

定海区入选新时代文明实践中心国家级试点，“定海山”客户端研发上线。全区有文化艺术表演团体13个，艺术表演场所7个，文化馆1个，文化站11个。有医疗卫生机构（含村卫生室）301个，卫生机构开放床位3534张。卫生技术人员（含村卫生室）5126人，社区卫生服务中心（卫生院）7个，社区卫生服务站69个，社区卫生服务人口覆盖率97.2%。

【平台建设取得重大突破】 2019年，定海工业园区规模以上工业总产值、增加值分别比上年增长4.5%和8.0%，引进中信重工智能制造、海富海洋生物科技等高科技项目。舟山国际粮油产业园区总产值、增加值分别增长8.0%和15.0%，引进中储粮仓储物流项目，和润物流40万吨仓储项目基本建成。国家远洋渔业基地规模以上工业总产值、增加值分别增长6.8%和6.6%，远洋渔业小镇通过复检验收，“三个百亿”目标基本实现。西部国际化油品储运交易基地油品库容、油气吞吐量分别增长29%和23%，中际化工120万立方米油品储运项目开工建设，浙石化马目油库及配套输油管道工程建成投用。定海区被评为“浙江省两化深度融合国家示范区”。太平洋海工2.6万立方天然气储存和再气化驳船入选省装备制造业重点领域首台（套）产品，新增浙江制造“品字标”认证企业2家，沪航物联公司挂牌新三板，华业塑机公司成为国家首批专精特新“小巨人”企业。定海海洋科学城入驻海洋电子信息等领域企业92家。

（定海区政策研究中心　徐　菲）

普　陀　区

【概况】 2019年，普陀区总面积6728平方千米，其中陆域面积458.6平方千米；辖4个街道、5个镇、3个管委会。年末户籍人口31.57万人，常住人口39.3万人。地区生产总值444.49亿元，比上年增长6.6%。

财政总收入36.77亿元，下降9.3%。一般公共预算收入25.93亿元，下降6.5%。一般公共预算支出66.21亿元，增长8.1%。城乡居民人均可支配收入分别为60128元和36310元，分别增长8.5%和8.8%。

农林牧渔业总产值116.14亿元，增长7.0%。创建省级渔业转型发展先行区、省级农业绿色发展示范区。深化渔业权改革试点。白沙入围国家级海洋牧场创建单位。渔业总产值111.51亿元，增长6.8%；水产品总产量81.79万吨，增长4.0%；远洋渔业生产产量40.85万吨，增长13.3%。创建省级农业绿色发展示范区，完成12个示范项目和“三园一基地”建设任务。新增乡村旅游精品线路10条，展茅田园综合体成为农旅融合示范样板。新增省级“美丽牧场”1个、高标准农田533.33公顷。

工业增加值110.15亿元，增长18.8%。规模以上工业总产值增长4.9%。新产品产值、高新技术产业和战略性新兴产业分别增长2.0%、8.1%和2.0%。规模以上船舶修理业产值增长40%，水产品精深加工率达53%。新增数字经济企业146家，核心产业营业收入增长30%，新增“上云”企业626家。普陀国际健康产业中心开园，普陀湾众创码头获“国家级创业孵化示范基地”称号。各产业平台引进企业814家。新增国家级高新技术企业15家、省级科技型中小企业57家，分别增长25%和7.5%。全年引进大学以上学历人才2314人，增长8.9%。

固定资产投资增长6.0%。新引进1亿元以上项目14个，实际利用外资5982万美元，实际到位市外资金60.49亿元。投资5亿元以上的万洋众创城、杉杉普陀天地二期等项目开工建设，中石化LNG（液化天然气）综合利用等2个超100亿元项目签约。全年新增各类企业1737家，市场主体突破3万家大关。年内实现保税燃料油加注量255万吨，增长4.9%，占全市65%、全国四分之一。外锚地综合海事服务通关实效缩短至24小时，成为全国自贸区首创案例。金融小镇集聚金融企业200家。

社会消费品零售总额216.8亿元，增长8.5%。获批国家级外贸转型升级基地，实现外贸进出口69.28亿美元，下降6.7%。电子商务网络零售额增长45%。A级景区村庄覆盖率达65%，舟山群岛国际马拉松、东海音乐节、佛茶文化节等重大赛事活动举办，获批浙江省全域旅游示范区称号。全年接待国内外游客4083.03万人次，增长12.6%；旅游总收入570.82亿元，增长14.9%。

普陀区获评国家生态文明建设示范区。成功创建国家森林城市、国家园林城市，全省新时代美丽乡村建设示范区。空气质量优良率95.8%，提高4个百分点。

【普陀区蝉联中国最具幸福感城市】 2019年，普陀区精心组织实施十项民生实事和十件关键小事，蝉联“中国最具幸福感城市”称号。年内解决登步岛陆家岙群众用水困难、海岛物资运输成本过高等难题。城镇登记失业率控制在2.6%，低于全省平均水平。新开工保障性住房800套，基本建成1100套，竣工262套。各类养老机构、居家养老服务机构实现全区域覆盖。残疾人无障碍环境优化，无障碍社区创建走在全省前列。教育现代化水平监测全省排名第九位。区域医共体建设成效显著，县域就诊率86.3%，基本就诊率64.2%，分别增长1.2%和6%。新增东极等蔬菜配送海岛3个。

（普陀区政策研究中心　唐　兰）

岱　山　县

【概况】 2019年，岱山县总面积5242平方千米，其中陆域面积326.5平方千米；辖6个镇、1个乡。年末户籍人口17.6万人，常住人口21.46万人。地区生产总值248.3亿元，比上年增长22.7%。按户籍人口计算，人均地区生产总值13.98万元，增长24.6%。财政总收入26.2亿元，增长5.5%，其中一般公共预算收入17.6亿元，增长5%。一般公共预算支出50.9亿元，增长8.8%。城镇和渔（农）村常住居民人均可支配收入54562元和36903元，分别增长8.7%和9.0%，城乡居民收入比1.48∶1。社会消费品零售总额89.1亿元，增长8.7%。外贸进出口总额96.4亿元，增长34.5%。固定资产投资432.4亿元，增长12.2%。实际利用市外资金40.8亿元，实际利用外资9286万美元。

农林牧渔业总产值79.13亿元，下降5.9%。其中：农业总产值1.81亿元，增长1.2%；林业总产值800万元，下降1.2%；畜牧业总产值1300万元，下降47.3%；渔业总产值77.0亿元，下降5.9%。

规模以上企业总产值288.2亿元，增长126%。规模以上工业增加值增长140%，连续3年领跑全市。浙江石油化工有限公司成为拉动经济增长新引擎，常石集团（舟山）造船有限公司、浙江友联修造船有限公司等重点造船企业稳步发展，惠生海工开工建造全球最大液化天然气模块，海山密封材料有限公司、晨光电器有限公司获评“浙江制造”品牌认证企业。岱山入选全市唯一省小微企业园建设提升重点县，东沙汽船配小微企业园通过省级小微企业园认定。新增“上云企业”105家、工业机器人61台，培育数字化车间5个，银岱公司项目入围省级数字化车间，“移动支付”“无人超市”“共享出行”等新业态新模式全面推广。完成港口货物吞吐量1.43亿吨，增长9.6%。

全县第三产业增加值88.5亿元，增长6.3%。编制完成全域旅游总体规划，东沙古镇跻身省级旅游风情小镇，秀山滑泥公园获评省级生态旅游区，新增A级景区村庄5个、省级精品民宿3个。海岬半程马拉松、国际风筝赛入选省重点培育品牌体育赛事，“非遗让古渔镇焕发新活力”入选文化和旅游部十大优秀案例。全年旅游接待746万人次，实现旅游收入106.8亿元，分别增长15.1%和15.4%。

城乡改造旧住宅区、旧厂区5.27万平方米，拆除违法建筑2.9万平方米，岱山创建成为省“无违建县”，获评省小城镇环境综合整治工作优秀单位。全力推进中央环保督察、国家海洋督察和省级环保督察问题整改，4个乡镇建成“污水零直排区”，岱山县第三次捧得“五水共治”工作“大禹鼎”，获“省清新空气示范县”称号。建成省市精品村6个，新增彩色健康森林333.33公顷，举办全市美丽乡村建设暨深化“千万工程”工作现场会，获评省乡村振兴战略考核优秀县。

全县财政民生支出37亿元,占一般公共预算支出的72.8%。新增城镇就业3751人,城镇登记失业率为2.5%,基本养老保险参保率95.3%。新增居家养老服务中心6个。消除市级集体经济薄弱村3个,累计发放低保、残疾人"两项补贴"等救助资金4369万元。加快燃气供气一体化改革,实现与舟山本岛同价。连续8次获得省级"双拥模范县"称号。

【国家战略实施】 2019年,浙江石油化工有限公司一期2000万吨/年炼化一体化项目投入试生产,二期项目开工建设,累计投资超过1200亿元。黄泽山油品储运基地一期151万立方米项目开港投运,双子山陆域形成工程加快推进。鼠浪湖矿石中转基地累计靠泊40万吨级超大型船舶突破100艘,跃升为全国最大混配矿基地。复制推广自贸试验区第四批30项改革经验,形成自主改革工作3项。

【重大项目建设】 2019年,岱山县秀山大桥、鱼山大桥建成通车,宁波舟山港主通道建设进度过半,526国道岱山段改建、燕窝山陆岛交通码头工程加快推进,秀山客运中心投入运营,大幅度缩短岱山与舟山本岛的时空距离。舟山大陆引水三期岱山段工程、综合供能服务站加快建设,110千伏竹屿输变电工程建成投用。

(岱山县政策研究中心　马仁庭)

嵊泗县

【概况】 2019年,嵊泗县总面积8824平方千米,其中陆域面积86平方千米;辖3个镇、4个乡。年末户籍人口7.44万人,常住人口7.06万人。

地区生产总值114.0亿元,比上年增长6.5%。其中:第一产业增加值34.0亿元,增长5.1%;第二产业增加值19.5亿元,增长10.5%;第三产业增加值60.5亿元,增长6.0%。三次产业结构比例为29.8∶17.1∶53.1。按户籍人口计算,人均地区生产总值15.24万元。

财政总收入11.39亿元,增长14.1%,其中一般公共预算收入7.80亿元,增长8.3%。居民人均可支配收入48294元,增长8.6%。其中:城镇常住居民人均可支配收入54801元,增长8.3%;渔(农)村常住居民人均可支配收入35492元,增长8.9%。金融机构各项存款余额90.02亿元,增长15.0%。各项贷款余额47.65亿元,增长15.1%。

农林牧渔业总产值55.75亿元,增长5.1%,其中渔业总产值55.27亿元,增长5.2%。水产品产量39.44万吨,增长4.0%。其中:海洋捕捞受国内渔船管控、海洋渔业资源总量管理等政策影响,实现产量20.81万吨,下降4.9%;养殖产量18.63万吨,增长16.1%,其中贻贝产量18.57万吨,增长16.3%。全县拥有养殖专业合作社27个,深水网箱养殖企业5家。

规模以上工业总产值5.97亿元,增长2.0%,规模以上工业销售产值6.14亿元,下降4.4%,产销率102.9%。具有资质等级的总承包和专业承包建筑业企业14家,平均从业人员3025人,全年实现建筑业总产值7.89亿元,下降9.8%。

固定资产投资额增长9.2%。其中,基础设施投资和建筑安装工程投资分别增长31.1%和28.5%,民间投资下降55.9%。分产业看,第二产业投资增长3.1倍,第三产业投资下降23.5%。

全社会消费品零售总额41.07亿元,增长8.3%。批发和零售业商品销售总额增长53.1%,其中限额以上批发和零售业销售额70.89亿元。

全年海洋经济总产值236.01亿元,海洋经济增加值89.1亿元,海洋经济增加值占GDP的78.1%。推进海水养殖模式,全县试养太平洋牡蛎、三倍体牡蛎6.67公顷,新增大黄鱼深水网箱142只,开工建设洋山"渔光互补"项目。坚持实施渔业资源增殖放流,放流黑鲷、真鲷、赤点石斑鱼等苗种9个。小洋山北侧开发Ab区成陆工程开工建设。海运运力突破110万载重吨,万吨级货船运力超过80%,洋山深水港区集装箱吞吐量1980.8万标箱,县域港口货物吞吐量1.18亿吨。

全年全县实际到位市外资金14.09亿元。实际利用外资3011万美元,新增税源型企业106家,增创税收4800万元。交通运输、仓储和邮政业实现增加值19.6亿元,增长4.3%。8个省市重大建设项目完成投资19.8亿元,薄刀咀防波堤工程完工,526国道嵊泗段改建工程和S20省道嵊山至枸杞改扩建工程分别完成工程量的35%和30%。新增建设用地26.13公顷,批准用海688公顷,处置闲置土地12.4公顷,消化批而未供土地15.2公顷。完成本岛库库联网、供水管网三期、基湖水厂改扩建等工程,饮用水水源地

2019年11月5日,浙沪合作小洋山北侧开发Ab区成陆工程开工

(沈　磊　摄)

达标率100%。建成海岛“四好农村路”12千米、陆岛码头5个、港湾式停靠站10个。

全年全县接待国内外游客765.3万人次，实现旅游总收入108.8亿元，分别增长11.2%和11.4%。花鸟岛1870小镇通过省级旅游风情小镇验收，菜园镇、洋山镇创建成为AAA级景区镇；花鸟村获评首批全国乡村旅游重点村，全县A级景区村庄覆盖率75.8%。新增省级白金宿1家、银宿6家，金银宿总量位居全省前列，培育建成首批民宿综合体2家。

全县新增就业2698人，城乡就业困难人员实现就业165人，城镇登记失业率1.53%。建成省级示范型居家养老服务中心3个。县域教育现代化发展水平居全省第八位。县疾控中心实验室、枸杞乡卫生院建成投用。建立退役军人三级服务保障体系，嵊泗第八次荣膺省级“双拥模范县”。

财政用于民生事业支出22.3亿元，占一般公共预算支出的73.6%，增长9.0%。落实扶贫资金2638万元，实现脱贫1017户，有劳动力的低收入渔（农）户人均年收入1.45万元。投入村集体经济项目资金2985万元，29个村（社区）年均增收4万元。

【美丽海岛建设】 2019年，嵊泗县深化“五水共治”，改造供水管网9.4千米，建成3个乡镇、6个生活小区“污水零直排区”，成为全国节水型社会建设达标县。改造提升老旧小区4个，受益群众676户，治理城镇危旧房87幢，改造厕所23座，新建垃圾分拣中心和大件垃圾处置中心，创建成为垃圾分类高标准小区4个、高标准示范村2个。实施风貌改造958户，建成精品村10个、精品路线4条、美丽庭院500户。开展海洋生态修复，马鞍列岛国家级海洋牧场人工鱼礁建设项目通过验收。嵊泗入选首批省级“山水林田湖草”生态保护修复试点县，实施生态修复工程5个。全年空气质量优良率95.9%，获评首批省级清新空气示范区。

（嵊泗县委办公室　许峻闻）

台州市
Taizhou Municipality

【概况】 2019年，台州市陆地面积10052平方千米，海域面积8万平方千米；辖3个区、3个县级市、3个县。年末户籍人口606.64万人，常住人口615万人。

地区生产总值5134.05亿元，比上年增长5.1%。其中：第一产业增加值282.08亿元，增长1.0%；第二产业增加值2339.9亿元，增长3.6%；第三产业增加值2512.07亿元，增长6.9%。三次产业结构比例为5.5∶45.6∶48.9。按常住人口计算，人均生产总值8.36万元，增长4.8%。

财政总收入729.83亿元，下降2.1%。其中地方财政收入438.50亿元，增长1.7%。一般公共预算收入438.5亿元，增长1.7%。一般公共预算支出770.33亿元，增长17.8%。居民人均可支配收入47988元，增长9.1%。城镇常住居民人均可支配收入60351元，增长8.3%；农村常住居民人均可支配收入30221元，增长9.4%。年末城镇常住居民和农村常住居民人均住房建筑面积分别为51.27平方米和59.57平方米。

农林牧渔总产值501.92亿元，增长1.0%。其中：农业产值163.07亿元，增长2.5%。农作物播种面积20.14万公顷。工业增加值1966.42亿元，增长4.5%。规模以上工业企业4278家，增加值1145.08亿元，增长1.3%。规模以上高新技术产业增加值669.53亿元，增长2.7%。规模以上装备制造业增加值576.23亿元，增长0.7%；规模以上战略性新兴产业增加值249.32亿元，增长7.1%；规模以上数字经济核心产业增加值50.42亿元，增长1.7%。

新增国家高新技术企业191家。全域工业用地供应1066.67万公顷。老旧工业点完成改造118个，小微工业园建成和投运113个。社会消费品零售总额增长8.3%。台州工业互联网平台等5个项目成为国家制造业“双创”平台试点示范。

固定资产投资增长10.7%。其中，第一产业增长28.5%，第二产业增长3.2%，第三产业增长13.2%。温岭泽国至玉环大麦屿疏港公路、S326（60省道）三门段改建工程建成通车，杭绍台铁路、金台铁路、市域铁路S1线一期、朱溪水库、方溪水库、台州市引水工程、台州市地下综合管廊项目加快推进，台州机场改扩建工程、杭绍台高铁温岭至玉环段项目、临海市大田平原排涝二期工程等项目开工建设。

社会消费品零售总额2562.58亿元，增长8.3%。旅游总收入1470.08亿元，增长13.0%。接待旅游13169.58万人次，增长11.3%。天台、仙居被列入首批省级全域旅游示范区，玉环漩门湾湿地景区获批国家AAAA级景区，神仙氧吧小镇成为省级特色小镇。有AAAAA级旅游区2个、AAAA级旅游区15个、AAA级旅游区64个，AA级旅游区12个。有星级饭店34个、旅行社167个。

外贸进出口总额1700.08亿元，下降2.1%。其中：进口总额134.93亿元，下降34.3%；出口额1565.15亿元，增长2.2%。新批外商投资项目78个，总投资12.67亿美元，合同利用外资14.91亿美元，实际利用外资6.51亿美元。新批境外投资企业42家，中方投资额3.46亿美元。服务外包离岸合同执行额9011美元，增长6.4%。

金融机构本外币存款余额9457.39亿元，增长11.0%；贷款余额8543.19亿元，增长16.2%；不良贷款率0.82%。新增上市公司2家。保险业保费总收入192.16亿元。申请专利3.5万件，专利授权2.69万件。20个涉及数字经济、智能制造领域的项目入驻，台州科技城科创综合区，一期项目竣工，清华长三角研究院台州创新中心、台州市椒江科创中心2个单位被确定为国家级科技孵化器。

幼儿园1074所，在园幼儿19.22万人。普通小学367所，在校学生43.65万人。初中207所，在校学生21.86万人。高中74所，在校学生9.69万人。中等职业学校22所，在校学生7.10万人，初升高比例99.49%。特殊教育学校招生280人，在校学生1417人。全日制普通高校招生1.31万人，在校生3.73万人，成人高校在校学生3.8万人。

文化单位和场馆69个。国家级非物质文化遗产项目15项，省级106项，市级341项。新建农村文化礼堂428个。话剧《赤子》、乱弹现代戏《我的大陈岛》、歌曲《边关情思》等获浙江省第十四届精神文明建设“五个一工程”奖。医疗卫生机构3651个，床位3.1万张，卫生技术人员4.79万人。

城镇职工基本养老保险、基本医疗保险、工伤保险、生育保险和失业保险参保人数分别为256.63万人、163.85万人、218.41万人、107.39万人和100.06万人。城乡居民社会养老保险、城乡居民医疗保险参加人数分别为205.67万人和437.31万人。城乡居民最低生活保障人数7.78万人，全年投入低保资金4.26亿元。

市区PM2.5平均浓度27微克/立方米，下降2微克/立方米，市区环境空气质量达到二级标准以上有342天。全市省控以上断面Ⅰ—Ⅲ水质断面占73.1%，地表水满足水域功能达标率85.5%。完成污水处理厂清洁排放提升改造项目28个，新增危废年处置能力5.9万吨，城镇生活污水集中处理率为96.4%，城镇生活垃圾无害化处理率为100%。

【渔船渔港综合管理改革入选全国渔业渔政工作十大亮点】 2019年，台州市深化国家渔船渔港综合管理改革试点，44个渔港实行县乡两级渔港“港长制”，建立12个渔港管理站，依托“渔港通”信息平台，加强渔船管控，实施渔船进出渔港报告和定点上岸制度，开展渔获物绿色标签管理，探索“物联网+区块链”渔港综合污染防治管理，实现依港管船管网管人管渔获物管安全管环境。4月，农业农村部在台州召开渔船渔港综合管理改革现场会，总结台州试点经验，推广试点成果。渔船渔港综合管理改革入选全国渔业渔政工作十大亮点。

【全市域“无证明城市”创建】 2019年5月31日，台州市召开“无证明城市”新闻发布会，宣布台州全市域“无证明城市”基本创建成功，为全省首个全市域“无证明城市”。台州市按照全域化、标准化、数据化、长效化要求，对没有法律法规规定的证明材料一律取消，对于确需保留的证明事项，通过数据共享、部门协助、当事人承诺等方式，实现办事过程无需提交证明材料。全市取消身份关系证明、住所证明、无犯罪记录证明、残疾证明等各类证明材料7285件。其中，市本级482件，9个县（市、区）6803件，取消率为100%。

【世界软式网球锦标赛在台州举行】 2019年10月27日至11月2日，第十六届世界软式网球锦标赛在台州市体育中心举行。国际软式网球联合会秘书长比纳亚•比克拉姆•沙阿，浙江省副省长、中共台州市委书记陈奕君，第十六届世界软式网球锦标赛组委会副主任、国家体育总局网球运动管理中心领导等出席开幕式。赛事分男女单打、男女双打、混双、男团、女团等7个项目，来自26个国家和地区的近700名运动员、教练员、裁判员和嘉宾参加，产生7组冠亚季军，中国队获得金牌1枚、银牌1枚、铜牌3枚。

〔台州市委党史研究室（台州市地方志编纂室） 陶 毓〕

2019年，台州市渔船渔港综合管理改革入选全国渔业渔政工作十大亮点。图为该市举办的开渔节 （金跃方 摄）

椒 江 区

【概况】 2019年，椒江区区域面积363.79平方千米，辖8个街道、1个海岛镇。年末户籍人口55.56万人，常住人口68.7万人。

地区生产总值674.26亿元。其中：第一产业增加值22.33亿元，比上年增长1.9%；第二产业增加值278.67亿元，增长2.6%；第三产业增加值373.26亿元，增长8.2%。三次产业结构比例为3.3:41.3:55.4。按户籍人口计算，人均生产总值12.2万元，增长4.4%。财政总收入83.47亿元，增长1.7%。其中，地方财政收入51.28亿元，增长3.5%。

农林牧渔业增加值22.37亿元，增长1.9%。大陈黄鱼获第三届中国国际现代渔业暨渔业科技博览会、首届中国国际智慧渔业博览会特色渔业优势区域奖，入选全国名特优新农产品名录。

工业增加值238.36亿元，增长3.2%。规模以上工业企业443家，实现增加值180.67亿元，增长1.5%。规模以上工业行业中，电力、热力生产和供应业，医药制造业，电气机械和器材制造业，专用设备制造业，计算机、通信和其他电子设备制造业分别实现工业增加值31.19亿元、25.07亿元、19.23亿元、15.54亿元和15.26亿元。固定资产投资施工项目374个，固定资产投资增长11.9%。社会消费品零售总额312.55亿元，增长8.8%。

外贸进出口总额274.76亿元，下降10.1%。其中：进口22.18亿元，下降 11.3%；出口 252.57 亿元，下降 10%。新批境外投资企业3家，增资2家；外商投资项目8个，总投资3.03亿美元，实际利用外资1.7亿美元。服务外包离岸合同执行额6269万美元。新增国家高新技术企业15家，浙江省高成长科技型中小企业10家。

幼儿园130所，在园幼儿2.25万人。普通小学21所，在校学生5.30万人。初中15所，在校学生1.77万人。职业中学1所，在校学生6113人。一江山岛战役遗址和戚继光祠列入第八批全国重点文物保护单位名单。各类医疗卫生机构419个，床位3828张，卫生技术人员7582人。

全区城镇常住居民人均可支配收入66899元，农村常住居民人均可支配收入32007元。城镇新增就业1.8万人，城镇失业人员实现再就业3263人。年末城镇登记失业率1.96%，下降0.07个百分点。

【椒江区被认定为国家级医药外贸转型升级基地】 2019年7月，商务部发文，椒江区医药外贸转型升级基地被正式认定为国家级外贸转型升级基地。椒江区是全国医药类4个基地之一。全区规模以上医药企业29家，从业人员7000多人，实现工业总产值67.39亿元，销售收入69.39亿元，利润6.31亿元，上交税收7.93亿元，进出口总额42.02亿元，分别比上年增长38.1%、30.7%、20%、4.6%和11.9%，形成国家级化学原料药基地、全国化学原料药制造中心、浙江省生物与医药国际服务外包示范园区、浙江省医药化工对外贸易预警示范点、浙江省生物医药科技兴贸创新基地、台州市医药产业转型升级示范区和省级绿色药都小镇等"七位一体"的融合发展体系。基地内企业申请美国GMP证书61家、欧盟COS证书52家、FDA认证62家，境外注册商标77个，培育浙江出口名牌4个。产品出口96个国家和地区，在国外建立营销组织(网点)8个，主要分布在德国、美国、新加坡、丹麦等国。

【大陈岛创建为国家级海峡两岸交流基地】 2019年，中共中央台办、国务院台办批准在大陈岛设立"海峡两岸交流基地"。自2014年大陈岛获评"浙江省对台交流基地"以来，椒江区坚持把创建"海峡两岸交流基地"纳入大陈岛开发建设总体规划。在蒋经国旧居、大陈台胞文史馆、孝慈堂等项目建设中突出两岸交流元素。与台湾开展互动，推进大陈乡情延续工程。先后在大陈岛举办四届"两岸大陈乡情文化节"，在台湾新北市举办两届"台湾大陈乡情文化节"，累计有1800多名大陈籍台胞参加。

【椒江区建成全省首批"信访超市"】 2019年，椒江区整合信访局、96345社会公共服务中心、12345政务咨询投诉举报中心、社会矛盾调处中心等46个单位力量，组建全省首批"信访超市"。在实践中创新信访"二十七字诀"(全覆盖、全科式、全流程、多渠道、无差别、分级制、项目化、广联动、包案式)，解决群众矛盾诉求信访"最多跑一地"，信访代办制成为全省样板。该项工作得到省委书记车俊和省委常委、省委政法委书记王昌荣批示肯定。全年"信访超市"接待各省、市56批次580多人次参观考察学习。获全省"零非访县市区"和"无信访积案县市区"称号。

(椒江区地方志编纂室　徐海荣)

黄岩区

【概况】 2019年，黄岩区区域面积988平方千米，辖8个街道、5个镇、6个乡，行政村306个。年末户籍人口61.61万人，常住人口66.3万人。

地区生产总值545.91亿元，比上年增长6.7%。其中：第一产业增加值19.19亿元，增长2.7%；第二产业增加值264.52亿元，增长6.3%；第三产业增加值262.20亿元，增长7.5%。三次产业结构比例为3.5∶48.5∶48.0。人均生产总值8.87万元，按年均汇率折算为1.29万美元。

财政总收入69.79亿元，下降11.6%。其中地方财政收入43.08亿元，下降9.7%。一般公共预算支出66.05亿元，增长22.6%。年末金融机构人民币存款余额978.12亿元，增长12.9%；贷款余额736.31亿元，增长17.5%。居民人均可支配收入48583元，增长9.5%。

农林牧渔业总产值25.68亿元，增长2.4%。其中，农业产值23.71亿元，增长3.2%。农作物播种面积1.97万公顷，增长2.6%。改造粮食生产功能区266.67公顷，优化提升现代农业园区7个。黄岩蜜橘获"世界蜜橘之源"称号。获国家农产品质量安全县、省绿色农业发展先行县。有省级农业龙头企业10家、市级农业龙头企业23家。

工业增加值241.93亿元，增长6.9%。规模以上工业企业增加值109.97亿元，增长5.5%。新增"上云企业"500家，培育"品字标"企业5家，发布"浙江制造"标准5项。

固定资产投资205.54亿元，增长23.5%。房地产开发投资101.98亿元，增加30.1%。施工面积557.03万平方米，销售面积86.05万平方米。进出口总额186.37亿元，增长11.4%，其中出口总额177.7亿元，增长13.1%。新批外商投资企业6家，协议外资7142万美元，增加148.5%；实际利用外资7592万美元，增加211.1%。

社会消费品零售总额282.22亿元，增长10.3%。各类市场47个，市场年成交额141.81亿元；年成交超1亿元市场2个，年成交额14.32亿元。网络零售总额180.9亿元，增长16.5%。黄岩特色农业小镇(北洋)被评为国家AAA级旅游景区，创建平田黄溪村、上垟沈岙村等20个景区村。旅游总收入68.5亿元，增长5.4%。

新增国家重点扶持高新技术企业20家、省级科技型企业76家、省级高新技术研发中心4个、市级高新技术研发中心18个；建成省级以上众创空间1个；列入省级科技计划20项。高新技术产业增加值68.32亿元，增长8.9%。专利申请7388件，专利授权5826件。

幼儿园115所、普通小学36所、初中25所、中等职业教育学校2所。义务教育入学率、巩固率、完成率均为100%，幼儿入园率99.2%。医疗机构352个，床位3237张。拥有提供住宿的各类社会服务机构43个，床位6304

张。医疗救助14.92万人次。城市生活垃圾无害化处理率100%,污水处理率97.4%。

城镇职工基本养老保险、城乡居民基本养老保险、失业保险、城镇职工基本医疗保险、城乡居民基本医疗保险、工伤保险和生育保险参加人数分别为29.04万人、19.46万人、11.75万人、18.78万人、42.24万人、27.35万人和12.22万人。城市居民最低生活保障人数7441人。农村五保对象集中供养率38%,城镇三无人员供养率100%。收缴各类保险基金30.01亿元,支付各类保险基金41.21亿元。

【沙埠青瓷窑址群成为全国重点文物保护单位】 2019年5月,省文物考古研究所、北京大学和黄岩区博物馆联合对竹家岭窑址进行考古发掘,沙埠青瓷窑址群成为全国重点文物保护单位。沙埠青瓷窑址(群)为晚唐至北宋时期的窑址,窑场总面积约7万平方米。位于黄岩城区西南约15千米的沙埠青瓷村与廿四都村交界处,以凤凰山北麓仙村岭南为中心,栅溪(雪溪)两岸呈半月形分布的山坡上,有7处窑址保护点,分别是竹家岭、凤凰山、下山头、窑坦、金家岙堂、下余和瓦瓷窑窑址。各窑址堆积物丰富,以青瓷为主。青瓷有碗、壶、罐、盘、盆及各式杯、茶托、灯盏、粉盒、水盂、瓶、洗等文物。

【黄岩创建"无证明城市"】 2019年6月,黄岩全区域基本创建成为"无证明城市"。黄岩出台《黄岩区创建"无证明城市"实施方案》。累计取消证明材料776件,取消率100%,涉及办事事项459项,基本实现行政审批和公共服务事项无证明。除直接取消的证明材料外,办事部门实现变"群众跑"为"部门跑""数据跑",以当事人书面承诺、信息共享、部门间核查、部门调查核实等方式替代原先的证明材料。

(黄岩区地方志编纂室 傅亚文)

路 桥 区

【概况】 2019年,路桥区陆域面积327.59平方千米,海域面积199.12平方千米。辖6个街道、4个镇,行政村182个,社区27个,居委会12个。年末户籍人口46.14万人,常住人口62.8万人。

地区生产总值673.93亿元,比上年增长0.7%。其中:第一产业增加值13.92亿元,增长1.9%;第二产业增加值283.3亿元,下降1.4%;第三产业增加值376.7亿元,增长2.5%。三次产业结构比例为2.1∶42.0∶55.9。人均生产总值107313元,按年均汇率折算为15556美元,增长0.7%。

财政总收入82.72亿元,下降1.9%,其中一般公共预算收入47.06亿元,增长0.1%。固定资产投资下降7.5%。工业增加值235.35亿元,下降1.2%。服务业增加值376.7亿元,增长2.5%。社会消费品零售总额411.64亿元,增长5.3%。年末金融机构本外币存款余额1155.58亿元,下降0.04%;贷款余额943.5亿元,增长8.9%。进出口总额170.04亿元,下降30.3%。实际利用外资484万美元。居民人均可支配收入59551元,增长8.7%。其中,城镇常住居民人均可支配收入72982元,农村常住居民人均可支配收入34501元,分别增长7.8%和9.4%。在全国综合实力百强市辖区中,连续4年位列前50强。

省"152"项目、市县长项目落地率分别为60.0%和33.3%。5亿元以上市外产业项目新签约22个。实现浙商回归省外到位资金68.3亿元。举办广州路桥商人大会和浙商回归项目推介会,签约项目49个,签约金额458.5亿元。台州工业互联网平台入选国家制造业"双创"平台试点示范项目。完成"个转企"企业261家、"小升规"企业55家、股改企业24家。新增国家高新技术企业21家、省级科技型中小企业81家。举办第十九届中国(浙江)塑交会等品牌展会27个。举办第四届海峡两岸小微金融发展论坛。新桥稻香果园美丽田园综合体列入省级创建名单,桐屿"五村联建"美丽乡村项目列入省财政"一事一议"建设试点。

破解企业难题7267个,减免企业税费28.33亿元。全面实施"无证明城市"。主动融入"一带一路"建设,对沿线国家出口50.05亿元,占全区出口总额的40.1%。全域土地综合整治深入推进,盘活土地资源116.33公顷;省级国土资源节约集约模范区创建成功。

沿海高速路桥入口绿化工程完工,台州机场改扩建等项目开工。新增绿道13千米。3条断头路建成通车,道路综合改造提升启动1条,完工2条。路桥公园一期开园。新建一二级污水管网25千米、供水管网10.10千米。滨海区块吉利汽车小镇被评为省级特色小镇"亩均效益"领跑者;金属资源再生产业基地通过国家"城市矿产"示范基地终期验收。乡村振兴战略规划完成编制。建成特色精品村4个、新时代美丽乡村46个,新增AAA级景区村庄5个。建成"四好农村路"7条29千米。通过国家节水型社会创建验收。新桥镇华章村创成全国乡村治理示范村。"污水零直排区"建设深入开展,创建成为省级"美丽河湖"2条(个)。全年空气优良天数321天。

新增普惠性幼儿园7所。路桥区成为全省首批3岁以下婴幼儿托育服务试点区。恩泽人才公寓项目开工,完成基层医疗机构改造提升6个。区档案馆基本建成。新增就业2.22万人,城镇登记失业率控制在1.8%以内。路桥区成为省级无欠薪区。新增各类社会保险参保4.85万人,基本养老保险参保率达95.4%。全民医保参保率达99.9%。97种抗癌药新纳入医保支付范围。建成示范型居家养老服务中心5个。路桥成功创建省级食品安全区。

【浙江路桥经济开发区设立】 2019年12月24日,省政府批复同意整合设立浙江路桥经济开发区,开发区规划面积13.52平方千米,分3个区块:智能机电园规划面积6.89平方千米,汽车及零部件产业基地规划面积4.23平方千米,吉利汽车小镇规划面积2.40平方千米。浙江路桥经济开发区是路桥区推进全域高质量发展的重要载体,是抢抓浙江湾区发展先机、提升区域开放水平、推动路桥区转型发展的有效路径。

【台州工业互联网平台入选国家制造业"双创"平台试点示范项目】 2019年9月27日,路桥区承建并自主研发的台州工业互联网平台入选国家"'双创'平台+区域合作"项目。台州工业互联网平台通过政府引导、合作共建、实体运营的模式，设立工业数据中心、公共服务中心、资源集成中心、创新应用中心四大服务中心，为企业提供一系列数字化解决方案，帮助企业实现效率提升和产品质量升级，解决中小企业普遍存在的数字化转型成本高、信息安全难控制等问题。至年末，平台签约企业362家，签约设备4087台，其中完成安装2719台。

（路桥区政府办公室　张　波）

临　海　市

【概况】 2019年，临海市陆域面积2250平方千米，海域面积1590平方千米。辖5个街道、14个镇，行政村628个。年末户籍人口120.48万人，常住人口105.50万人。

地区生产总值711.92亿元，比上年增长3.0%。其中：第一产业增加值48.02亿元，增长2.3%；第二产业增加值323.96亿元，增长0.1%；第三产业增加值339.94亿元，增长5.9%。三次产业结构比例为6.7∶45.5∶47.8。人均地区生产总值59087元，增长2.9%。

财政总收入111.14亿元，一般公共预算收入65.99亿元。城镇常住居民人均可支配收入55915元，农村常住居民人均可支配收入30131元，分别增长8.5%和9.9%。工业增加值268.08亿元。固定资产投资243亿元。社会消费品零售总额282.89亿元，增长5.5%。外贸自营进出口总额253.45亿元，增长2.6%。实际利用外资5097万美元；临海在全国县域经济综合竞争力百强市排名升至第36位。

规模以上工业增加值206.88亿元，首次跻身中国工业百强市。新增产值10亿元以上企业3家、股份制企业52家、"新三板"挂牌企业1家。开通"96871"企业服务平台，减轻企业税费负担45.47亿元；供应工业用地180.73公顷。

农林牧渔业增加值48亿元，增长2.3%。完成粮食生产功能区提标改造551公顷，建成粮食储备中心，获评"中国休闲海钓之都"称号；白水洋镇成为省级杨梅特色农业强镇，羊岩山茶文化园入选首批省级农业产业融合发展示范园创建名单。

服务业增加值339.94亿元，增长5.9%。入选中国县域旅游竞争力百强市，创建成为省全域旅游示范市，台州府城文化旅游区入选省首条"诗路黄金旅游线"，桃渚镇成为省旅游风情小镇。金融机构存贷款余额首次突破2000亿元，不良贷款率0.5%。

固定资产投资243亿元。引进省外资金68.44亿元，实际利用外资5097万美元，5亿元以上产业项目签约数21个，连续两年成为全国投资潜力百强市。入选省制造业高质量发展示范市创建名单。列入省小微企业园建设提升重点市。

新增高新技术企业24家、省级科技型中小企业94家，临海首次跻身中国创新百强市；复旦大学张江研究院临海科创园建成运营，现代医药化工产业创新服务综合体入选省级创建名单；成立全省首个县级知识产权综合服务中心。

紫阳古街入围省级高品质步行街试点名单。通过国家卫生城市复审，成为省级生态文明示范市。括苍山国家森林公园总体规划通过省级评审，红杉林省级湿地公园获批建设。

医疗卫生机构727个，医疗床位6480张，各类卫生技术人员8554人。各级各类学校357所，其中，幼儿园197所，中小学130所，高中10所，特殊教育学校1所，成人文化技术学校19所。在校学生17.18万人。在编教职工1.01万人。

城镇登记失业率1.8%，新增城镇就业人数4.54万人，创建成为省级"无欠薪"市，基本养老保险、基本医疗保险参保率分别达95.5%和99.9%。通过省教育基本现代化市评估；全国健康促进县创建通过省级评估；国家卫生镇创建覆盖率达50.0%，省、市级卫生镇实现全覆盖；入选全国新时代文明实践中心建设试点，连续两年入选中国文化竞争力十强市。

【临海获评省振兴实体经济财政专项激励考核优秀】 2019年，临海市在充分摸清家底的基础上，分析偿债能力和风险点，制订3年消化计划及两套政策、八方面20条措施，将全市防范化解政府性债务风险专项行动5年计划缩短为3年完成，在省振兴实体经济财政专项激励考核中获得优秀。作为全国唯一一个把化债和高质量发展有机结合的典型县市，入选全国"不忘初心、牢记使命"主题教育案例，被《贯彻落实习近平新时代中国特色社会主义思想、在改革发展稳定中攻坚克难案例》一书收录。

【全国营商环境百强县市第40位】 2019年，临海市深化"标准地+承诺制"改革，全面实现一般企业投资项目"最多跑一次""最多30天"。加快建设投资项目在线审批监管平台3.0，实现一般企业投资项目从赋码备案到竣工验收审批"最多90天"，省级以

2019年5月22日，台州工业互联网平台正式上线发布　　（牟永选　摄）

下平台新批工业用地按“标准地”供地比例不低于50%。在台州市率先实现企业开办进入6小时阶段,核发台州首张电子商务营业执照。全国营商环境百强县市评比中,临海市排第40位。

【临海夺得全省首批星级“平安金鼎”】 2019年,临海市以平安护航中华人民共和国成立70周年为牵引,坚持“大平安”理念,梳理认真落实会商研判、舆情监控、接访下访、请示报告、一日三报告等12大类58项工作机制,部署开展“乡村治理能力推进年”“维稳责任深化落实年”“清廉政法机关建设年”活动,安全生产事故起数、火灾事故起数、道路交通事故亡人数分别比上年下降30.4%、21.0%和25.6%,夺得省首批星级“平安金鼎”,实现省级双拥模范城“三连冠”,实现平安建设“十五连创”成绩。

(临海市政府办公室　金洪跃)

温岭市

【概况】 2019年,温岭市陆域面积926平方千米,海域面积1079平方千米;辖5个街道、11个镇。年末户籍人口122.2万人,常住人口137.2万人。

地区生产总值1105.13亿元,比上年增长6.5%。其中:第一产业增加值77.7亿元,下降1.8%;第二产业增加值503.56亿元,增长5.8%;第三产业增加值523.87亿元,增长8.3%。三次产业结构比例为7.0:45.6:47.4。按户籍人口计算,人均生产总值90457元,增长6.4%。按年均汇率折算为13116美元。

财政总收入126.69亿元,下降3.1%,其中,地方一般公共预算收入78.27亿元,增长1.3%。城乡居民人均可支配收入50745元,增长9.7%;农村常住居民人均可支配收入33842元,增长10.1%。

农林牧渔业增加值79.75亿元,下降1.4%。其中,农业增加值20.91亿元,增长1.4%。工业总产值769.67亿元,增长4.0%。工业增加值393.46亿元,增长7.0%。规模以上工业企业1022家,实现增加值171.95亿元。工业总产值超1亿元企业148家,其中5亿元~10亿元企业11家,10亿元以上企业7家。规模以上工业企业产品产销率96.5%,新产品产值325.17亿元,新产品产值率42.3%。建筑业增加值110.61亿元,增加0.8%。

固定资产投资增长22.2%。社会消费品零售总额693亿元,增长9.6%。举办各类展会14个,参展企业2568家,展位4558个,观众39.75万人次,现场成交额18.84亿元。网络社会消费品零售总额149.2亿元。接待国内外游客2087.43万人次,增长10.4%;实现旅游总收入232.86亿元,增长12.2%。

进出口总额360.26亿元,增长9.8%。新增外资企业10家,实际利用外资5230万美元。新增国家高新技术企业47家,省级科技型中小企业158家,培育省级企业研究院6个、省级高新技术企业研发中心6个。企业获省科学技术进步奖二等奖、三等奖各1个。建设海外“飞地”孵化器1个(德国)、异地研发中心2个,新增国家级、省级星创天地各1个、省级科技企业孵化器1个、省级众创空间2个。发放创新券1387万元,使用创新券677万元。专利申请授权量4930件,其中发明专利申请授权量365件。

中小学在校生15.25万人,专任教师9567人(均不含幼儿园)。幼儿园191所,在园幼儿3.96万人,幼儿园专任教师2563人。小学53所,在校学生8.62万人。初中32所,在校学生3.69万人。普通高中8所,完全中学5所,十二年一贯制学校1所,在校学生1.75万人。各类中等职业教育学校3所,在校学生1.16万人。特殊教育学校1所,在校学生237人。义务教育标准化学校81所,占全部义务教育阶段学校的95.3%,实现公办义务教育学校标准化率100%。获“浙江省教育基本现代化市”和“省教育厅市县职业教育发展考核优秀单位”称号。

温岭博物馆开馆,接待观众20多万人次。编制《温岭市公共文化设施空间布局专项规划(2019—2030年)》。开展各类文化活动2万余场次,惠及群众100多万人次。举办各类赛事活动800多场,参与人数20万人次。获国家级赛事金牌24枚、银牌14枚、铜牌5枚。

各类医疗卫生机构901个,医疗机构中三级乙等综合性医院1个,三级甲等中医医院1个,三级乙等中医骨伤医院1个。医疗床位6681张,卫生技术人员9809人,每1000人有医疗床位4.87张、医生护士5.92人。

【全国“湾长制”试点改革】 2019年,温岭市拥有海岸线长317千米,海域面积1521平方千米,滩涂面积8000公顷,国内海洋捕捞总量和产值位居全省首位、全国前列。温岭市以渔场修复振兴为目标,以港长制为统领,推进渔船渔港综合管理改革,探索走出“依港管渔、依港促安、依港管船、依港兴业”新路子,初步实现“两减两增”目标,即渔船总量减少,3年累计减船205艘、4.8万千瓦;事故明显减少。4月19日,全国渔船渔港综合管理改革现场会在温岭市举行。温岭市被列入全国“湾长制”改革试点。

【超强台风“利奇马”在温岭登陆】 2019年8月10日,超强台风“利奇马”在温岭市城南镇沿海登陆。受超强台风影响,该市有89.29万人受灾,造成直接经济损失42.25亿元,3.8万间民房受到不同程度毁损,全市生活、生产受到严重影响。温岭市全力以赴开展防台抢险救灾各项工作,实现防台抗灾人员“零死亡”。

(温岭市政府办公室　杨　智)

玉环市

【概况】 2019年,玉环市陆域面积378平方千米,海域面积1901平方千米。辖3个街道、6个镇、2个乡,行政村185个、社区36个。年末户籍人口43.66万人,常住人口63.1万人。

地区生产总值617.5亿元,比上年增长5.2%。其中:第一产业增加值37.11亿元,增长2.6%;第二产业增加值339.85亿元,增长4.5%;第三产业增加值240.54亿元,增长6.7%。三次产业结构比例为6.01:55.04:38.95。按常住人口计算,人均生产总值

98094元。

财政总收入87.42亿元，下降5.4%，其中地方财政收入53.92亿元，增长1.1%。地方财政预算支出80.20亿元，增长14.6%。常住居民人均可支配收入57691元，增长8.8%。其中：城镇居民人均可支配收入71344元，增长8.1%；农村居民人均可支配收入35340元，增长8.9%。

规模以上工业企业总产值830.8亿元，增长3.0%；增加值194.56亿元，增长2.5%。老旧工业点改造提升项目开工42个，建成小微企业园8个，城北太平塘小微企业园获评全省首批五星级示范园区。实现536家亩均税收3万元以下工业企业改造提升。产值上1亿元企业增至188家，“浙江制造”品牌培育工作获评全省优秀。省科技企业孵化器、科技产业飞地、省领军型创业创新团队实现“零”的突破，蝉联全省人才工作优秀市。

固定资产增长20.5%，其中国有投资增长11.0%，民间投资增长24.3%。列入省重点建设项目14个。玉环获评“四好农村路”省级示范县。社会消费品零售总额216.76亿元，增长9.0%，其中限额以上社会消费品零售额38.43亿元，增长5.1%。大麦屿港获批建设进境水果指定口岸。

进出口总额267.94亿元，下降0.1%。其中，自营出口257.92亿元，下降0.3%。出台《玉环市促进外贸稳定发展的若干措施》，受益企业800多家次，组织765家企业参加75个境内外展会，组织15场外贸业务培训。新增4家出口名牌企业，累计创建浙江省出口名牌19个、台州市出口名牌20个。引进省外资金85亿元。新签约5亿元以上产业项目32个，协议总投资350亿元。合同利用外资2.26亿美元，实际利用外资1.53亿美元。

幼儿园97所，在园幼儿1.89万人。普通小学29所，在校学生4.53万人。初中(含九年一贯制学校)22所，在校学生1.79万人。高中(含完全中学、十二年一贯制学校)6所，在校学生6242人。中等职业学校1所，在校学生4044人，高中段在校学生1.03万人。初升高比例99.89%。特殊教育学校在校学生137人。医疗卫生机构291个，床位2521张，卫生技术人员3903人。按常住人口计算，每1000人拥有卫生技术人员6.18人。全年总诊疗798.2万人次。

国家卫生城市创建通过国家级暗访，省级卫生乡镇实现全覆盖。创建省级“美丽河湖”2条(个)，“污水零直排区”建设领跑台州，玉环获评全国第二批节水型社会建设达标县。全年空气质量居全省第八位。

【交通建设】 2019年9月27日，温岭泽国至玉环大麦屿疏港公路通车，玉环告别无国道的历史。杭绍台高铁温岭至玉环段建设加快推进，完成先行段总工程量的30%。集装箱年吞吐量历史性突破30万标箱，对台客运总量突破20万人次。

【抗击台风“利奇马”】 2019年8月10日，第9号超强台风“利奇马”正面袭击玉环，为中华人民共和国成立后过境玉环的最强台风，受灾村庄117个，受灾人口49.03万人，倒塌房屋521间，直接经济损失37.8亿元，累计转移人员1.88万人，427艘渔船、116艘运输商船全部进港避风到位。台风过境后，第一时间开展保供电、保供水、保民生、保通信、保生产等工作，取得抗台救灾的全面胜利。

【“迈得医疗”科创板上市】 2019年12月3日，迈得医疗工业设备股份有限公司在上海证券交易所科创板上市，股票名称为“迈得医疗”，该公司成为浙江省第三家、台州市首家登陆科创板的企业，全市上市企业增至7家。浙江双环传动机械股份有限公司入围工业和信息化部制造业“双创”平台企业，浙江苏泊尔股份有限公司入选省第一批“雄鹰行动”培育企业，琦星智能科技股份有限公司入选省“隐形冠军”企业。

(玉环市政府办公室　方　达)

天　台　县

【概况】 2019年，天台县区域面积1431.66平方千米，辖3个街道、7个镇、5个乡，行政村374个，社区21个。年末户籍人口60.29万人，常住人口40.6万人。

地区生产总值291.03亿元，比上年增长7.2%。其中：第一产业增加值14.76亿元，增长2.2%；第二产业增加值119.66亿元，增长6.5%；第三产业增加值156.61亿元，增长8.2%。

财政总收入37亿元，增长1.7%；。一般公共预算收入22.33亿元，增长2.0%。固定资产投资增长26.9%。社会消费品零售总额139.62亿元，增长10%。年末金融机构人民币存款余额458.4亿元，增长14.1%；贷款余额450.67亿元，增长18.5%。城乡常住居民人均可支配收入分别达48984元和24644元，分别增长8.2%和9.7%。

规模以上工业总产值201.8亿元，增长6.6%。新建小微园47万平方米，汽车零部件制造业入围传统制造业改造提升省级试点，绿色发展指数居全省第七位。新增“个转企”企业149家、“小升规”企业25家，新入选省“隐形冠军”企业1家、市“瞪羚企业”6家。完成6个老旧工业点、亩均税收3万元以下低效企业改造提升。新增“上云企业”410家。外贸出口52亿元，增长7.5%。

农业总产值14.67亿元，增长4.9%。农村电子商务销售额农产品电商销售额1.6亿元，全县电商零售额400亿元。完成866.67公顷标准农田质量改造提升，建成7个省粮食绿色高产高效千亩片。黄茶“中黄1号”列入国家级农作物品种，乌药种植与加工综合标准化示范区通过国家验收。天台获评中国茶业百强县、全国平安农机示范县，入选省生态产品价值实现机制示范县试点。

旅游经济总收入234.72亿元，增长12.0%。接待国内外游客2105.12万人次，增长10.7%。有A级景区16个，其中AAAAA级景点1个、AAAA级景点2个、AAA级景点11个。新增省景区乡镇3个、A级景区村59个。举办中国旅游日等活动，天台山入选长三角“十大名山”，天台山旅游景区入选省“诗路黄金旅游线”，天台获评省旅游发展十佳县。

省市重点项目完成率超过200%，

省“152”项目、市县长项目落地率分别为50%和41.6%,落实投资新政工作获省政府督查激励,获评省扩大有效投资优秀单位。新落地5亿元以上重大产业项目18个。利用外资7415万美元。新增国家高新技术企业6家、省级科技型中小企业42家。规模以上企业研发机构设置率、高新技术企业占工业企业比重均居全市第一。

完成农村饮用水达标提标66个村,惠及6.8万人。建成农村生活污水项目32个、“污水零直排区”项目13个。改造提升农村公路115千米,获评省“四好农村路”示范县、省万里美丽经济交通走廊示范县。天台入选国家森林城市创建名单、国家森林康养基地试点县,创建成为全市首个省“无违建县”,获评美丽浙江建设考核优秀县、省首批清新空气示范区。

《游天台山日记》编入全国统编高中《语文》教材,新增“和合书吧”4个、农村文化礼堂50个。天台小学飞鹤山校区、飞鹤幼儿园、赤城三小迁建工程开工建设。新人民医院建成投用,杭州医学院附属天台医院挂牌成立,全国首个县级创伤中心建设示范基地落户。天台基层公共文化服务评估指数连续3年居全市第一,获评省“诗词之乡”。获省“平安金鼎”、市社会治安综合治理优秀县称号。

获评国家生态文明建设示范县、中国县域旅游竞争力百强县、中国绿色发展典范城市、全国投资潜力百强县、全国创新百强县、中国最美县域。

【全省深化“千万工程”建设新时代美丽乡村现场会在天台召开】 2019年11月8日,全省深化“千万工程”建设新时代美丽乡村现场会在天台召开。省委书记车俊出席并讲话,强调要进一步谋深思路、谋新模式、谋实规划,努力在高水平建设美丽乡村上继续走在前列。省委副书记、省长袁家军主持。省委副书记郑栅洁宣读命名表彰决定。天台被授予“2018年度省美丽乡村示范县”称号,片区化组团发展经验被写入省委有关决定。

【第四届天台商人大会】 2019年4月4日,天台县以“携手投资家乡,共筑名县美城”为主题,在天台召开第四届天台商人大会暨乡贤大会。380多位在外天台乡贤客商齐聚天台,共谋“名县美城”建设。机器人生产线、装配式建筑生产、天成航空座椅、中医药健康产业、花漫谷乡村旅游度假村等31个重大项目签约,总投资221.9亿元,其中总投资5亿元以上项目10个,工业项目占52%,总项目投资额比上年增长51.5%。

(天台县政府办公室　叶尚辉)

仙居县

【概况】 2019年,仙居县区域面积2000平方千米,辖3个街道、7个镇、10个乡。年末户籍人口51.96万人,常住人口35.7万人。

地区生产总值249.2亿元,比上年增长5.2%。其中:第一产业增加值15.62亿元,与上年持平;第二产业增加值109.02亿元,增长6.3%;第三产业增加值124.56亿元,增长4.8%。三次产业结构比例为6.3:43.7:50.0。按户籍人口计算,人均生产总值48061元,按年均汇率折算为6967美元。完成一般预算总收入34.81亿元,增长0.2%。在一般预算收入中,税收收入18.39亿元。

财政总支出57.33亿元,增长5.1%。年末金融机构本外币各项存款余额487.61亿元,增长11.0%;贷款余额417.21亿元,增长19.1%。全体居民人均可支配收入34483元,增长9.2%。其中:城镇常住居民人均可支配收入43940元,增长8.5%;农村常住居民人均可支配收入22962元,增长9.5%。

农林牧渔业增加值15.72亿元,增长0.1%。其中,农业增加值11.11亿元,增长2.8%。规模以上工业企业销售产值190.41亿元,增长3.9%,产销率97.7%。规模以上工业企业164家,工业增加值55.18亿元,增长5.5%;实现利税25.29亿元,增长6.5%;利润18.68亿元,增长13.8%。高新技术产业增加值32.66亿元,增长9.8%。新产品产值58.92亿元,新产品产值率30.2%。建筑业增加值23.49亿元,增长3.0%。具有资质等级建筑企业完成建筑业产值90.19亿元。新增省“专精特新”培育企业110家,新认定国家高新技术企业7家。新增“品字标”品牌认证企业3家,发布“浙江制造”团体标准4个。

固定资产投资项目255个,其中新开工88个。完成固定资产投资增长30.4%(不含金台铁路仙居段)。社会消费品零售总额109.73亿元,增长7.1%。接待旅游人数1907.73万人次,增长0.2%;旅游总收入213.32亿元,增长2.0%,其中,景点门票收入2.67亿元,增长11.2%。

外贸自营进出口总额58.41亿元,下降11.8%。其中:进口1.94亿元,增长153.3%;出口56.46亿元,下降13.8%。协议利用外资500万美元,实际利用外资108万美元。招商引资签约项目37个,总投资94.7亿元。公路总里程1965.84千米,其中高速公路105.68千米。完成货运量582万吨,增长5.7%。社会客运量852万人次,增长18.4%。旅客周转量1.93亿人千米,增长0.7%。实施“仙燕归巢”引才工程,引进高端以上人才创业项目数位列全市第一位,引进台州“500精英计划”创业创新高层次人才27人。与杭州科创飞地、上海生命科技协同创新中心签订协议。挂牌设立全省首个创新医疗器械服务站。获专利授权552件,其中发明专利87件。

各级各类学校139所,在校学生8.26万人。其中:幼儿园74所,在园幼儿1.26万人;小学39所,在校学生3.04万人;初中18所,在校学生2.26万人;职业中学1所,在校学生7738人;普通高中6所,在校学生9068人;特殊教育1所,在校学生178人。卫生机构262个,实有病床2252张,卫生技术人员3252人。仙居县运动员参加国家级比赛获金牌10枚、银牌12枚、铜牌13枚。

民生支出45.54亿元,增长2.8%,占一般公共预算支出79.4%。最低生活保障人数7749户、1.25万人,发放低保资金6041.35万元。参加企业基本养老保险人数11.95万人、城镇职工基本医疗保险人数9.01万人、失业保险人数5.33万人、工伤保险人数

9.79万人、生育保险人数5.79万人。城乡居民基本养老保险参保人数18.06万人。慈善志愿者队伍64支，开展扶贫济困、法制宣传、文明劝导和环境保护等志愿活动270多次，累计服务时间9万小时，惠及群众18万余人次。

环境空气优良率100%，仙居创建成为全省首批清新空气示范区。全面开展"污水零直排区"创建，全县饮用水源和水功能区水质100%达标，罗渡出境断面水质稳定在Ⅱ类标准，创建成为"美丽河湖"3条(个)。新增"一村万树"示范村6个、森林村庄6个。通过国家卫生县城复审。

【神仙居景区入选全省十大"名山公园"试点名单】 2019年10月29日，省林业局、省发展改革委、省自然资源厅、省文化和旅游厅联合发布《浙江省"十大名山公园"提升行动计划(2020—2022年)》，神仙居景区入选全省十大"名山公园"试点名单。神仙居景区位于浙江省东南部括苍山脉，经长期地质变化，形成罕见的奇峰异石、深沟陡壁的壮丽景观，尤以流纹岩造型地貌为典型，升天平柱、饭蒸岩、天柱岩等相对高度在200米以下，集"奇、险、清、幽"于一体，汇"峰、瀑、溪、林"于一地，磅礴壮观、各展其妙，为国家级风景名胜区。全年游客达54.12万人次。神仙居景区扩容提质项目作为省大花园建设重大项目和县重点工程，计划投资67亿元。

【"仙居杨梅"被确定为国家农产品地理标志登记产品】 2019年，国家农产品地理标志登记专家评审会在北京召开。"仙居杨梅"被确定为国家农产品地理标志登记产品。"仙居杨梅"栽培有千年历史，仙居梅农把杨梅树与茶树混栽，将仙居鸡饲养于梅林之中，配以养殖土蜂，形成"梅—茶—鸡—蜂"共生互利的农业复合生态模式，成为仙居古杨梅群复合种养系统。"仙居杨梅"栽培系统被列入第三批中国重要农业文化遗产，经省级农业农村行政主管部门遴选推荐、农业农村部全球重要农业文化遗产专家委员会评审，"仙居杨梅"栽培系统列入第二批中国全球重要农业文化遗产预备名单。　（仙居县政府办公室　供稿）

三　门　县

【概况】 2019年，三门县区域面积1510平方千米，其中陆地面积1072平方千米，海域面积438平方千米。辖3个街道、6个镇、1个乡，行政村275个。年末户籍人口44.72万人，常住人口35.1万人。

地区生产总值265.74亿元，比上年增长8.3%。其中：第一产业增加值33.43亿元，增长2.5%；第二产业增加值115.44亿元，增长10.5%；第三产业增加值116.87亿元，增长7.5%。三次产业结构比例为12.6∶43.4∶44.0。按户籍人口计算，人均生产总值为59402元，增长8.2%。公共财政一般预算总收入29.25亿元，下降3.2%，其中，地方财政一般预算收入18.17亿元，下降2.5%。新增城镇就业人数1.46万人。全县居民人均可支配收入36607元，增长9.3%。其中：城镇常住居民人均可支配收入48875元，增长8.8%；农村常住居民人均可支配收入26601元，增长9.4%。

工业增加值91.27亿元，增长13.9%。其中，规模以上工业增加值67.08亿元，增长16.0%。规模以上工业企业实现主营业务收入249.47亿元，增长14.8%；利税总额17.57亿元，增长0.8%。规模以上高新技术产业增加值29.82亿元，增长30.8%。规模以上工业企业亩税增长17.8%。

社会消费品零售总额111.03亿元，增长9.2%。外贸进出口总额69.96亿元，增长23.5%。其中：进口总额8.11亿元，增长225.5%；出口总额61.85亿元，增长14.2%。固定资产投资施工项目263个，增长16.4%。固定资产投资下降0.6%。引进省外到位资金30.02亿元，利用外资4052万美元。

携手宁海、象山举办首届三门湾区域合作与发展论坛，甬台一体化合作先行区纳入省大都市区建设计划，中国(浙江)自由贸易试验区台州联动创新区三门片区获省政府批准。沿海高速三门段、蛇宁线、60省道三门段、228国道三门段海游港特大桥、山芝公路等建成通车。

盘活低效用地333.33多公顷，新供工业用地93.33公顷，完成5个老旧工业小区(点)改造。国药气雾城、大孚健康庄园、通顺铆钉产业园、恒投港务中心、三门湾文旅小镇5个省市县长项目开工。申请专利1849项，专利授权1468项，其中发明257项，增长73.6%。新增"个转企"企业151家、"小升规"企业29家，完成股改企业18家。浙江大学、香港理工大学、青岛科技大学等8个校地合作平台落地三门。新增国家高新技术企业11家、省科技型中小企业39家。三门县科技

2019年，神仙居景区入选全省十大"名山公园"试点名单　（仙居县政府　供图）

综合排名提升至全省38位，并首次入围全国科技创新百强县。

举办第二届三门小海鲜博览会和三门小海鲜走进北京“世园会”等活动，“鲜甜产业”打入“一带一路”市场，“共享‘鲜甜’小康路”做法入选浙江省县域高质量发展创新十大优秀案例。浦坝港现代农业园区、凤凰山农业科技园区入选省级培育名单，花桥获评省农业绿色发展示范区，三门列入省级农业绿色发展先行县创建名单。

三门新铺设燃气管道12.7千米、污水管网30千米，新建绿道10千米，新增停车泊位2300个，新改建城市道路6.5千米，完成电网投资9350万元。创建生活垃圾分类示范小区6个，建成“美丽庭院”1.26万户、“美丽鱼塘”1333.33公顷，新改建“四好农村路”89.15千米。城乡公交一体化全面完成；城乡供水一体化进程加快，127个行政村13.54万人口饮水条件得到改善，三门成为创建国家节水型社会建设达标县。

财政用于民生支出38.7亿元，占一般公共预算支出的72.2%。完成省基础教育重点县“摘帽”，通过省教育基本现代化县预评估。县域医共体挂牌运行，三门医院新院区建成投用。亭旁、健跳创建成为国家卫生乡镇。养老保险、医疗保险参保率分别达99%和99.9%。县重度残疾人托养中心和养老服务中心加快建设，三门列入省级大救助体系试点县。新建农村文化礼堂38个，基层治理“四个平台”省级试点全面完成，有“五无村居”125个、省级善治示范村35个。

【三门县获浙江省首批一星“平安金鼎”】 2019年，三门县刑事立案数、道路交通事故死亡人数、火灾事故数、安全生产事故数均比上年下降，命案、“两抢”案件“零发生”，信访积案化解率全市第一，平安建设实现“十五连创”，并以平安考核全省第一的成绩成功捧回浙江省首批一星“平安金鼎”。

【首届三门湾区域合作与发展论坛】 2019年10月19日，首届三门湾区域合作与发展论坛在三门举行，论坛以“三门湾，我们共同的未来”为主题。论坛上，三门县与宁海、象山现场签约，三门湾公共交通一体化合作协议、渔业资源联合保护协议、旅游合作及精品旅游路线推荐协议、教育发展联盟等正式落地，开通首批三地通办政府服务事项100多项。

【城西村八任书记传承接力担使命】 2019年，三门县深入挖掘八任书记先进典型事迹，在《人民日报》《浙江日报》头版头条、浙江卫视《新闻联播》头条等报道500多次。从1957年建立党支部以来，海游街道城西村八任书记守初心担使命、讲奉献做表率，一任接着一任干，团结带领全村党员群众把一个“一穷二白”的穷山村建设成为村庄富强、农民富裕、乡风文明的小康村。

（三门县政府办公室　包铁城）

丽　水　市
Lishui Municipality

【概况】 丽水市区域面积17275平方千米，辖1个区、7个县，代管龙泉市，有31个街道、54个镇（畲族镇1个）、88个乡（畲族乡6个）。年末户籍人口总户数108.73万户，户籍人口270.77万人，常住人口221.3万人，人口自然增长率2.49‰。少数民族44个，少数民族人口10.74万人，其中畲族9.2万人，占丽水市总人口的3.96%。

地区生产总值1476.61亿元，比上年增长8.3%。其中，第一产业增加值100.04亿元，增长2.8%；第二产业增加值571.34亿元，增长8.6%；第三产业增加值805.23亿元，增长8.7%。三次产业结构比例为6.8∶38.7∶54.5。人均生产总值66936元；按年平均汇率折算为9703美元，增长7.6%。

财政总收入228.13亿元，增长8.0%。一般公共预算收入139.83亿元，增长7.6%。城乡居民人均可支配收入分别为46437元和21931元，分别增长9.1%和10.1%。完成年初确定的十方面民生实事。生态环境状况指数连续16年、生态环境公众满意度连续12年全省第一，水环境质量列全国333个排名城市第十五位，空气质量列全国168个排名城市第七位。首个夺得全省一星“平安金鼎”。

新增国家高新技术企业126家、省级企业研发机构28个。引进各类急需紧缺人才2876人、高校毕业生1.54万人。固定资产投资增长11.5%，增幅为全省第二位。92个项目入选省“五个千亿”投资工程计划，新落地省市县长项目19个。完成特色小镇投资168.77亿元，落地总部经济项目95个，实现税收23.65亿元，增长93%。

丽水开发区产业主平台引进重大招商项目45个。数字经济核心产业增加值增长12.6%，新增“上云”企业1143家。龙泉汽车空调中小企业公共服务平台成为全国示范平台。起步公司实现上交所丽水企业债券发行“零”的突破。引进制造业大项目53个，发布“浙江制造”标准20项，新增省级隐形冠军（培育）企业11家、规模以上工业企业193家，整治“低散乱”、淘汰落后产能企业分别完成年度任务的197%和145%，推动企业入园333家。规模以上工业增加值增长11.9%，其中战略性新兴产业、高新技术产业、装备制造业增加值分别增长7.9%、10.2%和11.1%；规模以上工业亩均增加值、亩均税收分别增长12.3%和7.1%。

新增农产品地理标志登记产品5个、国家重点农业龙头企业2家。注册“丽水山居”集体商标，发布“丽水山居”放心民宿服务标准，实现民宿（农家乐）营业总收入37.6亿元，增长23.7%。以“丽水山景”为主打品牌加快发展全域旅游，缙云仙都景区率先创建AAAAA级，创建成功AAAA级景区镇5个、AAA级景区村27个，全域旅游产业增加值占GDP的9.3%。

PM2.5平均浓度25微克/立方米，创建清新空气示范区4个。完成挥发性有机化合物及臭气异味治理项目48个，实施餐饮单位油烟净化整改提标390家。国考断面Ⅰ—Ⅲ类水比例、跨行政区域河流交接断面出境水质达标率、县级以上集中式饮用水源地水质达标率均100%。创建“污水零直排区”34个，新增城镇污水管网179千米，全市新增城镇污水处理能力1.5万立方米/日。日生活垃圾处置能力800吨，年固废(危废)处置能力5.7万吨。

发布大花园建设标准30个，26个省大花园建设重大项目完成年度投资计划的131.3%。新建瓯江绿道1095千米，连接村庄471个、AA级以上景区40个、民宿(农家乐)1107个，缙云、松阳2条绿道获评全省十大"最美绿道"。入选省级"美丽河湖"21条(个)、"最美田园"9个，新建"美丽林相"7.57公顷。

完成城中村改造149.45万平方米，拆后空间利用94.73万平方米。新增城市道路32.16千米、城市园林绿地96.6公顷、停车泊位8922个，分别完成年度任务的146%、164%和171.5%。完成小城镇环境综合整治三年行动任务，超过三分之一的乡镇获省级样板称号。发布《丽水市城市精细化管理标准》，7个县(市)创建成为"基本无违建县"。

"大搬快聚富民安居"工程搬迁3.84万人，完成三年"消薄"任务，低收入农户收入增幅全省第一位。实施乡村全域土地综合整治与生态修复1.113万公顷。新建和改造提升农村公路1655.9千米。新增39.37万农村人口喝上达标饮用水，达标人口覆盖率80.7%。完成行政村规模调整，丽水创建成为省级善治示范村209个。

低保标准提高10%，基本养老保险、基本医疗保险参保率分别为97.5%和99.3%。城镇新增就业人员3.57万人，城镇登记失业率1.9%，省"无欠薪县"新增5个。新增乡镇街道级居家养老服务中心45个、嵌入式养老服务机构10个。建设残疾人之家76个。公租房保障范围扩大至上年度城镇人均可支配收入水平以下住房困难家庭，棚户区改造新开工2.13万套，交付6182套；农村危旧房治理改造2692户，城镇危房改造7.97万平方米。

出台教育提质配套政策30个。基础教育普及率与全省同步达到高收入国家水平。组建县域医共体15个，县域整合型医疗卫生服务体系基本形成。文化发展指数居全省前三位，建成市、县、乡、村四级文明实践体系，完成"十百千"工程任务。影视剧《麦香》获全国"五个一工程"优秀奖。新增国家重点文物保护单位5个，入围第一批国家革命文物保护利用片区分县5个。

【生态产品价值实现机制国际大会在丽水举行】 2019年10月11日，生态产品价值实现机制国际大会暨生态学闭门峰会在丽水举行。来自美国和浙江省发展改革委、浙江省市场监管局、中科院生态环境研究中心的180多名嘉宾参会。会议由中科院生态环境研究中心主办，丽水市政府承办。以"探索生态产品价值实现路径，推进'两山'转化实践"为主题。中科院生态环境研究中心城市与区域生态国家重点实验室有关负责人做主旨演讲。

【第十六届世界低碳城市联盟大会在丽水举行】 2019年7月27—28日，第十六届世界低碳城市联盟大会暨低碳城市发展论坛在丽水举行。大会以"低碳城市与高质量绿色发展"为主题，探讨建设生态文明的有效路径，交流绿色低碳产业的政策、技术、管理、金融等创新发展经验。全国两院院士，以及全球的相关专家学者、国际组织和科研机构负责人、知名企业代表等参加。与会专家学者做"低碳城市与高质量绿色发展"主旨演讲，召开低碳科技助力丽水产业发展圆桌会议。举办智慧城市、新能源汽车和新能源技术、创新驱动助推高质量绿色发展、环境与健康四大平行分论坛和低碳经济创新创业大赛等活动。

【乡村振兴与"两山"实践创新(丽水)高峰对话会】 2019年10月24日，由中国生态文明研究与促进会与丽水市政府共同主办的乡村振兴与"两山"实践创新(丽水)高峰对话会召开。国家生态环境保护专家委员会委员、环保部原党组成员胡保林出席并讲话。中国环境科学研究院环境基准与风险评估国家重点实验室主任吴丰昌做题为《践行绿水青山就是金山银山理念，实现社会经济高质量发展》的主旨演讲；中国科学院地理科学与资源研究所研究员、总规划师张义丰做题为《践行两山理论，推动绿色发展，指导乡村振兴》的主旨演讲。在交流对话环节，专家学者和来自江苏省南京市江宁区、浙江省丽水市溪头村、安徽省怀远县双桥集镇、山东省蒙阴县、贵州省赤水市的地方代表，就"乡村绿水青山安全屏障建设和乡村环境综合治理""乡村绿色产业发展和生产生活方式绿色化"等专题进行交流。

【全国乡村春晚"百县万村"区域联动活动在青田启动】 2019年1月12日，全国乡村春晚"百县万村"区域联动暨浙江省戏曲进乡村·侨乡中国年活动在青田县洞背村启动。由文化和旅游部公共服务司、省委宣传部、省文化和旅游厅联合指导，文化和旅游部全国公共文化发展中心、丽水市政府、全国乡村春晚百县联盟组委会共同主办。来自全国的乡村春晚观察员、乡村春晚"百县联盟"代表和参加春晚的演职人员参与乡村春晚大集，携手体验丽水年俗，共同欣赏侨乡年味。活动采取全国五地联动的形式举行，广东省佛冈县、福建省大田县、宁夏回族自治区盐池县、河南省新郑市、安徽当涂县5个分会场同步启动全国乡村春晚大幕。活动组织全国乡村"斗"春晚环节，来自吉林延边、辽源，安徽歙县、当涂，宁夏盐池，福建武平，广东佛岗，湖南凤凰、辰溪，山东阳谷，浙江泰顺等9省11地(市)推送的乡村节目，与丽水当地民俗节目进行同台演出。

【第三届国际摄影研讨会暨丽水摄影节开幕】 2019年11月8日，第三届国际摄影研讨会暨丽水摄影节开幕。中国文联副主席李前光宣布开幕。中国人民对外友好协会副会长谢元，省委常委、宣传部部长朱国贤等领导出席开幕式。丽水摄影节由中国摄影家协会和丽水市政府共同主办，以"丽水再出发"为主题，围绕"新时代、新理念、新发展"主线，吸引108个国家、5021名摄影师报名参加。摄影节为"国际摄影艺术联合会""世界摄影师联盟""美国摄影学会"3个国际赛事的荣誉获得者及英国Format摄影节"丽水摄影节特别荣誉"获得者颁发证书，并为丽水海外领事保护联络站授牌，授予9位国际友人“丽水国际友好使者”称号。

【浙江·丽水（上海）周推介会】 2019年9月16日，浙江·丽水（上海）周推介会在上海举行。推介会由上海市文旅委与丽水市政府共同举办。全面推介展示丽水的好山好水好风光和好天好地好产品，借势全方位深度接轨上海、高质量融入长三角一体化发展。上海市副市长宗明出席并讲话。推介会上，丽水围绕文化旅游、“丽水山耕”、生态工业招商等方面内容进行推介，并现场签订生态旅游、生态农业、生态制造业等领域的15个合作项目。来自秘鲁、智利、美国、瑞士、葡萄牙、斯里兰卡、以色列、希腊等国驻上海总领事馆及办事处，浙江清华长三角研究院等科研院所、中国长三角旅游联合促进会等协会，携程集团等企业负责人及社会各界代表约600多人参加会议。携程集团CEO（董事长）孙洁，艾莱依集团董事长陈频，上海市发改委副主任、长三角区域合作办公室常务副主任阮青等在会上做分享发言。

【首届“中国天然氧吧”产业发展大会在丽水举行】 2019年12月27日，首届“中国天然氧吧”产业发展大会在丽水举行，会上领授“中国·丽水天然氧吧城市”称号，并启动丽水国家气象公园试点建设。此前，“中国天然氧吧”创建发布会在北京举行。丽水市莲都、青田、遂昌、松阳、云和、缙云6个县（区）入选全国第四批“中国天然氧吧”名单。至此，丽水市全域实现“中国天然氧吧”创建全覆盖，成为全国首个中国天然氧吧城市及首个全域国家气象公园试点建设城市。

〔丽水市委党史研究室（丽水市地方志研究室） 孙长莲〕

莲都区

【概况】 2019年，莲都区区域面积1493平方千米，辖6个街道、4个镇、5个乡，社区32个、村235个。年末户籍人口41.72万人，常住人口48.34万人。

地区生产总值389.63亿元，比上年增长7.2%。其中：第一产业增加值20.57亿元，增长3.0%；第二产业增加值123.4亿元，增长6.0%；第三产业增加值245.66亿元，增长8.2%。按常住人口计算，人均生产总值80803元，按年均汇率折算为11781美元。

财政总收入87.14亿元，增长8.7%。其中一般公共预算收入54.63亿元，增长8.4%。一般公共预算支出128.13亿元，增长30.1%。

固定资产投资增长13.6%。金融机构本外币存款余额973.1亿元，增长24.0%；贷款余额898.33亿元，增长16.9%。城乡居民人均可支配收入分别为49730元和28220元，分别增长9.0%和9.8%。

2019年9月16日，浙江·丽水（上海）周推介会在上海国际会议中心举行

〔丽水市委党史研究室（丽水市地方志研究室） 供图〕

农林牧渔业增加值20.8亿元，增长3.1%。实施粮食生产功能区提标改造项目5个，面积427.73公顷，建成高标准基本农田866.67公顷。建成海拔600米以上绿色有机农林产品基地4260公顷、“丽水山耕”示范基地5个，“丽水山耕”农产品销售额9.8亿元。新培育“丽水山居”示范项目9个，实现农产品旅游地商品销售额7.1亿元。创建“莲都仙桃”区域公共品牌，“丽水枇杷”“处州白莲”成为国家农产品地理标志产品，“梅峰红茶”入选国家首批森林生态标志产品。碧湖农业园获评省级“最美田园”。

规模以上工业企业总产值增长10.4%，工业销售产值增长9.8%，出口交货值增长7.8%。实现工业增加值91.21亿元，增长8.0%，其中规模以上工业企业增加值增长8.0%。安派科生物医学科技公司在美国纳斯达克上市，新增省股交中心挂牌企业10家、“小升规”企业17家。乾麟缝制公司入选全省“隐形冠军”企业，欧意阀门公司入选省创新型示范中小企业。新增工业机器人37台，累计“上云”企业1050家。整治“低散乱”企业整治25家，淘汰落后产能企业9家。

旅游收入114.76亿元，增长18.7%。新增A级景区村21个，大港头镇、黄村乡分别被评为省AAAA级、AAA级景区乡镇，岩泉街道陈寮村、太平乡留龙村入选全省第一批100个避暑气候胜地名单，和隐酒店被评为省金树叶级绿色旅游饭店。丽水安邦山耕文化园被评为全buy级“省采摘旅游体验基地”。全区创建成为省级全域旅游示范区。

固定资产投资增长13.6%，增速全市第一。引进大项目13个，实际利用内资37.32亿元，实际利用外资600万美元。筹措基本建设项目资金15亿元，统筹整合、盘活各类财政性资金4.39亿元。落实规划调整指标75.33公顷、新增建设用地计划指标56.51公顷。出让土地87.32公顷，收储土地104.93公顷。

PM2.5平均浓度25微克/立方米，空气质量优良天数358天，增加11天，市区环境空气质量在全国168个重点城市中排名第七位。入选全国第四批“中国天然氧吧”。完成碧湖污水处理厂提标改造和大港头镇“污水零直排区”建设，“水十条”国控断面水质、交接断面水质、县级以上集中式饮用水水源水质、15个地表水断面水质达标率均为100%。大溪(莲都段)、老竹溪(沙溪至宣平溪汇合口)入选省级“美丽河湖”。省城市文明程度指数测评再夺全省第一。

新增国家高新技术企业8家、省科技型中小企业19家、省高成长科技型中小企业5家。财政科技支出1.04亿元，增长21.2%；规模以上企业技术研发经费支出2.54亿元，增长75.1%。新增专利授权量1701件，增长26.9%。实现电子商务网络零售额53.9亿元，增长25.6%，丽水·莲都电子商务创业创新综合体入选省电子商务产业基地。新增市场主体1.08万户，新设企业2277家，分别增长24.5%和8.6%。推进丽水莲都区与四川省剑阁县东西部扶贫协作，两地电商合作入选国务院扶贫办《携手奔小康行动案例选编》。

全区208个村全部实现年总收入10万元以上且经营性收入5万元以上，村集体经济总收入首次突破1亿元。新增城镇就业8460人，失业人员再就业5396人，困难人员实现再就业1587人，城镇登记失业率2.18%。该区创建成为省级“无欠薪”区。

基本养老保险、基本医疗保险参保率分别为97.8%和99.2%。新增乡镇(街道)级居家养老服务中心6个，社区嵌入式养老护理机构4个，养老床位384张。民生类支出42.4亿元，占一般公共预算支出的82.1%。

创建成为省教育基本现代化区、省区域推进语言文字规范化区，在“国家义务教育质量监测结果应用实验区”考核中名列第一档，进入全国前列。新增小学学位2160个、幼儿园学位420个。在全市率先推行校内托管服务。以全省第一的成绩通过全国健康促进区省级技术评估，市区“医联体”建设实现基层医疗机构全覆盖，新增国家卫生乡镇5个。区文化馆通过全国首批数字文化馆试点项目验收，“婺剧进校园”入选全国“非遗进校园”优秀实践案例。新建文化礼堂24个，组织送戏下乡285场、送书下乡1.3万册。“一线巡查、现场办公”制度被《人民日报》头版《今日谈》专栏点赞，“村级事务阳光票决制”被写入省委《中共浙江省委关于认真学习贯彻党的十九届四中全会精神高水平推进省域治理现代化的决定》，“阳光评廉会”获《浙江日报》头版关注，大港头派出所入选全省首批“枫桥式”公安派出所。平安建设实现“十四连冠”。

【省城市文明程度指数测评全省第一】 2019年，莲都区通过持续推进经常化全国文明城市创建，在年度省城市文明程度指数测评中夺得全省第一名。按照“建设、整治、活动、应急”四大类，对经常化创建工作实施项目化，实施《2019年莲都区经常化创建文明城市系列专项行动方案》，部署“美丽莲都”示范点创建行动、社区(城中村)环境综合整治行动等八大行动，常态化开展市容环境整治，确保市容环境和秩序整洁有序，推动城市的精细化管理，全面巩固和扩大文明城市创建成果。

【古堰画乡小镇获评第三批省级特色小镇】 2019年，莲都区高标准推进古堰画乡小镇品质化提升行动，小镇获评第三批省级特色小镇。9月20日，根据《浙江省人民政府关于加快特色小镇规划建设的指导意见》及省级特色小镇验收命名办法，省特色小镇规划建设工作联席会议办公室组织开展第三批省级特色小镇审核验收工作。12月18日，经县级政府申报、设区市文化和旅游主管部门审核推荐、省文化和旅游厅组织专家材料审核和实地检查等程序，认定莲都区古堰画乡为第三批省级乡村旅游产业集聚区。

【省新时代美丽乡村示范区创建】 2019年，莲都区第三次申报创建新时代省美丽乡村示范县。区委、区政府调整示范县创建工作领导小组，成立工作专班，制订实施方案；召开创建推进会、指标分析会进行动员和部署，并且通过举办莲都论坛、誓师大会、摄影征文比赛、外媒采风、垃圾分类及颁奖晚会等活动，营造浓厚的创建氛围。根据浙江省美丽乡村示范县评价办法，经申报、创建审核、综合评定，省委办公厅和省政府办公厅联合发文，命名莲都区为浙江省新时代美丽乡村示范县(区)。

【莲心工作室获司法部“工作突出集体”称号】 2019年1月10日，司法部通报表扬坚持发展“枫桥经验”实现矛盾不上交试点工作表现突出集体和个人的决定，莲都人民调解委员会莲心工作室获“坚持发展‘枫桥经验’，实现矛盾不上交试点工作表现突出集体”荣誉称号。2018年，莲都区各级调委会调处各类矛盾纠纷3496件，涉及金额4642.39万元。其中，重大案件136件，涉及金额1877.37万元。在城中村改造中受理矛盾纠纷607件，涉及户数2273户，调解成功578件，涉及户数2155户，成功化解一批陈年积案，实现矛盾不上交，走出一条和谐征迁路。

〔丽水市委党史研究室(丽水市地方志研究室)　孙长莲〕

龙　泉　市

【概况】 2019年，龙泉市区域面积3044平方千米，辖4个街道、8个镇、7个乡，社区13个、行政村236个。年末户籍人口28.98万人，常住人口23.92万人。

地区生产总值142.6亿元，比上年增长8.1%，三次产业结构比例为10.7∶36.5∶52.8。一般公共预算收入9.8亿元，增长7.6%。社会消费品零售总额66.6亿元，增长10.5%。城镇、农村常住居民人均可支配收入分别为48439元和23459元，分别增长9.1%和10.4%。在全省26个县发展实绩考核中综合排名第二，连续4年列入第一档次；财政绩效管理、农村人居环境整治获国务院办公厅督查组激励通报。

规模以上工业增加值增长12.5%，工业投资、工业技改投资分别增长16.9%和76.5%，亩均增加值、亩均税收分别增长11.9%和7.8%。完成“低散乱”企业整治194家，战略性新兴产业增加值、装备制造业增加值、新产品产值分别增长19.7%、12.6%和23.0%。数字经济核心制造业增加值增长31.8%，数字经济发展综合评价成绩居丽水第一位。为企业减负6.5亿元，各类企业难题办结率91%、满意度97%。不良贷款率1.08%。新增工业用地49.8公顷，盘活闲置低效用地53.33公顷。新增注册资本1亿元企业4家、规模以上企业18家、"个转企"企业77家。

固定资产投资增长13.5%。省、丽水市重点项目投资分别完成年度目标的134.3%和133.7%。引进大项目12个，实际利用市外内资27.5亿元。连续2年获评全国县级财政管理绩效综合评价优秀县。

规模以上工业企业研究开发费增长91.4%，高新技术产业增加值增长17.5%。新认定国家级高新技术企业12家、省级科技型中小企业19家、众创空间2个、企业研发机构3个，发布"浙江制造"标准2项。获评全省市县党政领导人才工作目标责任制考核优秀单位。

青瓷创意小微企业园、宝剑小微企业孵化园投入使用。剑池街道被命名为省级"非遗"主题小镇，住龙镇、宝溪乡获评省级文旅特色型美丽城镇。申请注册"天下龙泉"全类别商标和"龙泉宝剑行业协会"集体商标，龙泉青瓷商城平台销售额1.3亿元。龙泉青瓷被列入中欧地理标志互认互保清单。龙泉青瓷宝剑技师学院入选国家级高技能人才培训基地。《故宫龙泉日历》首次出版发售。成立全国首个非物质文化遗产（青瓷、宝剑）司法服务和保障中心。

农林牧渔业增加值增长2.9%。入选中国茶业百强县，被评为全省首批农业绿色发展先行市。兰巨乡创建成为省级农业"机器换人"示范乡，屏南、小梅、竹垟等4个乡镇获评省级农业绿色发展示范区。"丽水山耕"农产品营销额突破9亿元，"丽水山居"营业总收入增长32.7%，被列入全省政采云平台农业（扶贫）馆建设试点县。"龙泉红"入选全国名特优新农产品名录。

旅游总收入增长25.7%，新增中国传统村落12个、国家森林乡村5个、省级美丽宜居示范村4个。住龙镇入选全省第四批旅游风情小镇培育名单，八都镇获评省级美丽乡村示范乡镇，宝溪乡溪头村被列入全国首批乡村旅游重点村名录，住龙镇西井村成为第二届中国美丽乡村百佳范例。

在北京故宫、省博物馆先后举办"天下龙泉·龙泉青瓷与全球化"特展、"国之重器·龙泉官窑"专题展；与上海复旦大学合作的龙泉窑考古学研究课题入选国家社科基金重大项目。龙泉·昭化电商精准扶贫模式入选全国典型案例50佳。

衢宁铁路龙泉段的沿线隧道、桥梁全部贯通。322国道八都至上垟段改建工程、322国道安仁至西街段改建工程、住溪至上垟红色旅游公路项目分别完成年度投资目标的200%、100%和251%。

农村常住居民人均可支配收入增幅位居丽水第二位，脱贫攻坚专项资金管理经验在全省推广。完成行政村规模调整，行政村减少率46.9%。实现搬迁1973户8006人。新增城镇就业4152人，城镇登记失业率1.98%。新增医疗机构7个、乡镇（街道）级居家养老服务中心6个、社区嵌入式养老护理机构1个、养老机构床位250张。与上海实现异地门诊医保实时结算，基本医疗保险、养老保险参保率分别达99.3%和97.7%。完成教育投资2.05亿元，新增幼儿园学位360个。

PM2.5平均浓度20微克/立方米，空气优良率100%，水质达标率100%，龙泉溪、岩樟溪、八都溪入选省级"美丽河湖"，浙江龙泉生态环保教育基地成为省级生态文明教育基地。农村污水分类治理工作成为全国典型，农村供排水一体化建设为全省样板，创成"污水零直排"乡镇2个、生活小区3个，省级高标准农村垃圾分类示范村2个。

【第二届世界青瓷大会·第十一届龙泉青瓷龙泉宝剑文化旅游节在龙泉举行】 2019年11月16日，由故宫博物院、中国工艺美术协会、中国陶瓷工业协会、省文化和旅游厅、省经信厅、丽水市政府联合主办，龙泉市政府承办的第二届世界青瓷大会·第十一届龙泉青瓷龙泉宝剑文化旅游节在龙泉开幕。省政协副主席张泽熙出席开幕式并宣布开幕。龙泉市政府与文化和旅游部中外文化交流中心、景德镇陶瓷大学、景德镇陶文旅集团等签订合作协议；龙泉剑瓷行业代表共同发布《天下龙泉宣言》。

【财政管理和农村人居环境整治工作获国务院表彰】 2019年5月7日，国务院办公厅印发《关于对2018年落实有关重大政策措施真抓实干成效明显

2019年11月17日，第二届世界青瓷大会·第十一届龙泉青瓷龙泉宝剑文化旅游节——剑祖欧冶子祭祀大典在龙泉欧冶子公园举行

〔丽水市委党史研究室（丽水市地方志研究室） 供图〕

地方予以督查激励的通报》，对2018年落实打好三大攻坚战和实施乡村振兴战略取得明显成效的24个省（区、市）、80个市（州）、120个县（市、区、旗）予以督查激励。龙泉市财政管理和农村人居环境整治2项工作成效明显，获得4000万元的国家奖励资金。

【源口窑遗址列入全国重点文物保护单位】 2019年10月7日，国务院发布《关于核定并公布第八批全国重点文物保护单位的通知》，龙泉市道太乡源口窑遗址榜上有名。源口窑是元代龙泉生产窑青瓷的重要窑场，遗址面积约4000平方米，考古发掘出龙窑2座、原料制备与制作成型的工场作坊遗存4处，坯泥原料淘漂沉淀、干燥及坯泥储放的池子12个，拉坯成型和修坯利坯陶车坑10个，素烧窑炉4个，以及场房残基和流水沟设施等遗迹。窑址出土的青瓷产品主要为碗类和盘类，其余有粗碾钵、高足杯、撇口茶盏、文字类产品及叠烧标本及荡箍、轴顶碗、试火器、垫托、支座等。

〔丽水市委党史研究室（丽水市地方志研究室） 孙长莲〕

青田县

【概况】 2019年，青田县区域面积2477平方千米，辖4个街道、10个镇、18个乡，行政村363个。年末户籍总人口57.15万人，常住人口36.37万人。

地区生产总值243.5亿元，比上年增长9.4%。第一产业增加值9.6亿元，增长2.8%；第二产业增加值104.5亿元，增长9.4%；第三产业增加值129.4亿元，增长10%。三次产业结构比例为3.9∶43∶53.1。一般公共预算收入21亿元，增长10%。城镇常住居民人均可支配收入47954元、农村常住居民人均可支配收入25222元，分别增长9.3%和10.5%。

农业增加值增长2.8%。新建高标准基本农田1533.34公顷，提升发展规模化生猪养殖场13个。新建“五统一”稻鱼米基地333.33公顷、杨梅示范基地646.67公顷、良种油茶基地453.33公顷、生态茶园73.33公顷，新发展蔬菜基地48公顷、中蜂养殖1060箱。

规模以上工业增加值增长13.2%。新培育规模以上企业36家、注册资金1亿元企业6家。落实减税降费系列政策，直接减轻企业负担10亿元以上，兑现企业发展奖补资金3.5亿元。盘活闲置土地26.53公顷、闲置厂房6.3万平方米。整治“低散乱”企业148家。新增“上云企业”155家、国家级高新技术企业7家、省级科技型中小企业16家。全县高新技术产业投资额、增加值分别增长45.9%和5.5%。

新增限额以上服务业企业44家，实现服务业增加值增长10%。旅行社接待游客11万人次，增长22.2%。商品城公司及入驻商户累计在外开设分店368家，年销售额37.2亿元。“青田世界超市”揭牌，签约引进国外品牌代理1110个、国外酒庄356个，意向成交额25.3亿元。本外币存贷款余额分别为754.2亿元和301.4亿元。

农村产权制度改革稳步实施，发放农村不动产权证2.75万本，完成农村土地流转133.33公顷、林地流转866.67公顷。石溪、船寮2个矿地结合项目完成征收，工业企业用地实现100%“标准地”供地。

侨乡投资项目交易中心登录“浙里办”App，入驻项目1523个，累计签约项目56个。实际利用内资20亿元。全社会固定资产投资增长12.4%。

连续2年获评全省实施乡村振兴战略优秀县。低收入农户人均可支配收入增长15.7%，位居全省第三位。全面启动“大搬快聚富民安居”工程。城乡公厕改造142座，新增生活垃圾分类村80个、小区1个，新创乡村振兴示范村28个，平风寨杨梅主题公园获评全省“最美田园”，方山世遗农耕探寻线路获评省级休闲农业与乡村旅游精品线路。新建和提升“四好农村路”305千米。新增农村饮用水达标提标村49个，受益人口5.8万人。新增城市停车泊位2417个。通过国家卫生县城省级复审，入选全国新时代文明实践中心试点。

完成小水电绿色生态改造70座、河湖库塘清淤7万立方米，创建“美丽河湖”3条（个）。PM2.5平均浓度下降11.5%，环境空气质量优良率达100%，获“中国天然氧吧”称号。实施全域土地综合整治与生态修复工程2个、生态垦造项目20个，创建绿色矿山3个。完成12处“大棚房”问题整改、14幢违建别墅处置，拆除违建65.8万平方米，完成“三改”22.6万平方米。学校建设投资3.5亿元，新增中小学、幼儿园学位各900个。组建县域医共体2个，县人民医院与上海市第一人民医院、平湖市第一人民医成立“公济山海联盟”，县中医院与浙江省立同德医院建立紧密型医联体。新建农村文化礼堂52个。建成青田革命烈士纪念馆、青田革命历史纪念馆。

新增就业岗位6406个，城镇登记失业率1.3%。创建成为省级“无欠薪”县。新增参保3万人。城乡低保标准提高10%。开工保障性安居房320套，治理农村危旧房679户。省级民主法治村（社区）4个，山口村获评全国乡村治理示范村。

【山口镇成立全国首家石雕交易服务中心】 2019年11月15日，山口镇成立全国首家石雕交易服务中心。服务中心是石雕买卖双方公平交易的平台，通过对已购石雕进行拍照取证，在确定商品无损的情况下为消费者提供“7天无理由退货”服务，为石雕消费者打造放心、安心的购物环境。此举成为青田探索石雕行业发展和中高端艺术品销售的新路径。

【第四届世界青田人大会】 2019年11月11日，第四届世界青田人大会在青田举行，近600名来自海内外的世界青田人回故乡参会。大会旨在动员和引导海外华侨、国内青商深入贯彻落实“两山”理念，共同投身浙江（青田）华侨经济文化合作试验区建设，推动“青田人经济”与“青田经济”互动发展。大会推出十大平台，囊括人才科技、石雕展销、美丽乡村众筹等十大领域，涉及22个类型273个项目。签约实体招商项目62个，投资额236.5亿元，涵盖高端装备制造、旅游康养、总部经济、现代农业等领域。

〔丽水市委党史研究室（丽水市地方志研究室） 孙长莲〕

2019年11月11日，第四届世界青田人大会开幕

〔丽水市委党史研究室（丽水市地方志研究室）　供图〕

云　和　县

【概况】 2019年，云和县区域面积990平方千米，辖4个街道、3个镇、3个乡，社区15个、行政村71个。年末户籍人口11.42万人，常住人口11.51万人。

地区生产总值82.9亿元，比上年增长13.5%。人均生产总值10448美元。一般公共预算收入6.4亿元，增长9.2%。规模以上工业增加值23.9亿元，增长28.8%。城镇居民人均可支配收入44155元，增长9.9%；农村居民人均可支配收入20467元，增长10.2%。

培育省企业研究院1个、省科技型中小企业13家、国家高新技术企业6家，研发经费支出增长76.6%。整治"低散乱"企业211家，完成"腾笼换鸟"2家、"零地技改"（工业企业在不涉及新增用地前提下扩建、改建、单纯购置等技术改造）5.7万平方米，新增省认定小微企业园3家，实现规模以上工业企业亩均税收30.1万元，亩均增加值131万元。新增小微企业444家，培育规模以上企业14家。网络零售额27.9亿元。培育放心消费示范单位100家、无理由退货承诺单位48家。社会消费品零售总额35.3亿元。

推进农业规模化、集约化发展，新增和改造雪梨基地76公顷、茶园70.6公顷。启动苏坑梨园田园综合体提升项目，新增农产品转化旅游地商品17个，实现"丽水山耕"农产品销售额6.8亿元。实施"个十百千万"（一个人才品牌、培育十方产业带头人、培养百名云和师傅领军人物、带动千户种养殖大户、培训万名乡村农民）工程，完成农民培训1.2万人次，"云和师傅"入选全国40个典型劳务品牌，系全省唯一一个劳务品牌。

编制完成乡村振兴战略规划，坪垟岗、梅湾、下垟创成省特色精品村，"十里云河"风景线获评省休闲农业和乡村精品旅游线路，安溪乡成为省美丽乡村示范乡镇。开展城乡环境综合整治，提升改造农村公厕30座，完成"大棚房"整治。实施农村饮用水达标提标工程，新增受益人口1.81万人，达标人口覆盖率85%。小顺村、赤石村、雾溪村获评全国首批森林乡村。

旅游综合收入52.9亿元，连续5年保持25%以上增长。城市公交站点500米覆盖率100%。完成拆违30万平方米。新建和提升农村公路164千米。获评全市首个省"四好农村路"示范县和美丽经济交通走廊示范县。建成绿道133千米。新建改建城区污水管网8.1千米，连续2年夺得"大禹鼎"。城乡生活垃圾分类处理覆盖率分别为60%和65%，一般工业固废利用率100%。全县空气优良率100%，空气综合指数排名全省前列，获"中国天然氧吧"称号。完成生态建设投资3.18亿元，增长12%。

引进大项目4个，实际利用内资13.7亿元、外资409万美元。一般企业投资项目实现竣工验收前"最多80天"。帮助企业解决难题160个，累计为企业减负3.76亿元。完成垦造耕地97.87公顷，消化处置"五未"（指"批而未供、供而未用、用而未尽、建而未投、投而未达标"等低效用地）土地67.33公顷。省重点生态功能区小城市培育试点连续5年获得考核优秀，云和入选全省大花园典型示范建设单位，成为全国首批乡村治理体系建设试点县。

幼儿园16所，在园幼儿4120人。小学11所，在校学生8011人。初中4所，在校学生3631人。高中1所，在校学生1262人。职高1所，在校学生1646人。特殊教育学校1所，在校学生29人。医疗卫生健康单位94个，卫技人员1032人，住院床位480张。全县基本医疗保险参保率99.07%，养老保险参保率96.87%。

新建改建农村文化礼堂20个，抗战纪念馆对外开放。实施"大搬快聚富民安居"工程，搬迁群众1213人。新增城镇就业2380人、城镇失业人员再就业807人。低收入农户收入增长14.6%。实施"消薄"项目41个，51个省定经济薄弱村高质量完成"消薄"任务。全县医保参保率99.1%。连续14年被命名为省"平安县"。

【云和梯田国家湿地公园列入"国家湿地公园"】 2019年12月25日，国家林业和草原局公布试点国家湿地公园验收情况，云和梯田国家湿地公园通过验收，正式成为"国家湿地公园"。该公园于2014年12月31日被国家林业局批准进行试点建设，规划总面积2192.4公顷，其中湿地面积875.3公顷。园内湿地生物多样性保持良好，有维管束植物195科890属1996种，有银杏、水杉、南方红豆杉等国家级保护植物38种；脊椎动物32目84科247种。

【全国乡村治理体系建设试点单位获批】 2019年12月6日，中央农村工作领导小组办公室、农业农村部、中央组织部、中央宣传部、民政部和司法部联合发布《关于乡村治理体系建设试点示范工作的批复》，确定115个县（市、区）为乡村治理体系建设首批试点单位，云和县名列其中，系丽水市唯一入选的县（市、区）。

【首发环境空气质量健康指数（AQHI）】 2019年7月27日，在第十六届世界低碳城市联盟大会暨低碳城市发展论坛上，云和县环境空气质量健康指数（AQHI）对外发布，为国内首次由官方发布的AQHI，此前仅有加拿大和中国香港地区官方发布AQHI。AQHI是将环境流行病学研究结果整合到空气质量指数中，以反映空气质量对人群的急性健康危害为目的的空气质量评价指数。2018年，云和县入选国家首批生态环境与健康管理试点县，并将AQHI发布作为试点工作的重要内容。

【入选全国第一批革命文物保护利用片区分县名单】 2019年3月18日，中央宣传部、财政部、文化和旅游部、国家文物局四部门联合发布第一批革命文物保护利用片区分县名单，云和县入选。抗日战争爆发后的1942—1945年，民国浙江省政府迁驻云和，云和成为浙江抗战中心并留下大批抗战时期文化遗址。该县小顺村仍保留抗战时期的浙江兵工厂遗址，以及抗战时期周恩来视察“小顺浙铁总厂”纪念碑和黄绍竑公馆等情况的记载。

〔丽水市委党史研究室（丽水市地方志研究室） 孙长莲〕

庆元县

【概况】 2019年，庆元县区域面积1897平方千米，辖3个街道、6个镇、10个乡。年末户籍人口20.39万人，常住人口13.92万人。

地区生产总值78.38亿元，比上年增长8.4%。固定资产投资38.2亿元，增长12.3%。规模以上工业增加值11.12亿元，增长10.4%。完成工业投资8.09亿元，增长48.4%。城镇、农村居民人均可支配收入分别为40496元和18856元，分别增长9.6%和9.9%。社会消费品零售总额42.41亿元，增长10.1%。外贸出口总额13.68亿元，增长26.1%。旅游收入29.39亿元，增长17.6%，实施涉旅项目27个，完成投资15.2亿元。农林牧渔业增加值增长3.5%。粮食作物种植7453.3公顷，改造粮食生产功能区343.3公顷。建成食用菌标准化基地6.4万平方米，建设省级现代农业园区7个。

工业项目开工19个，建成12个。15家企业列入省级“隐形冠军”企业培育库。新增规模以上企业5家、“浙江制造”标准2个。整治“低散乱”企业129家，规模以上工业亩均税收11.19万元。解决就业1万余人。小微企业孵化园、电商创业园列入首批省级小微企业园。赴上海、杭州、福建等地开展招商签约项目25个，签约总额96.28亿元，11个项目落地。新开工重点项目49个，建成投用30个。“四好农村路”完成路面大中修及提升工程171千米、安防工程306千米，建成农村联网公路14.5千米，创成省级美丽经济交通走廊达标县。

高新技术产业增加值5.19亿元，增长16.8%。新认定国家高新技术企业3家、省级科技型中小企业17家。组织实施县级及以上科技项目66项，新增专利授权374件。城市基本建设项目投资10.63亿元，建成区面积扩大至9.6平方千米，城镇化率56.8%。城区生活垃圾分类覆盖率60.7%。新增停车泊位1050个。建成全省首个尾矿库整治公园——城市森林公园。16个乡镇全面完成小城镇环境综合整治任务，累计创建省级样板乡镇6个。巩固提升美丽田园风景线和乡村风景线6条，新增新时代美丽乡村达标村35个、精品村17个、历史文化村落保护利用村7个，莲湖村获评“美丽浙江魅力示范点”。“庆元香菇”跻身中国地理标志农产品品牌百强榜。

国家重点生态功能区评价考核全省第一，实现全省生态保护指数“三连冠”、生态环境状况指数“四连冠”。入选“美丽浙江十大特色体验地”，百山祖国家公园成为全国唯一列入试点范围的非体制试点公园。县城空气环境质量优良天数达363天，优良率99.7%，PM2.5平均浓度22微克/立方米。8个县控以上断面水质100%达标，连续19年出境水质达到功能区标准。

完成教育投资1.91亿元，义务教育学校标准化率100%。县人民医院创建成为国家级卒中中心，县中医院入选国家全面提升综合服务能力500家县级中医院。基本医疗保险、养老保险参保率分别提升至99.2%和96.5%，残疾人“两项补贴”惠及6.9万人次。新增就业2128人，城镇登记失业率1.75%。新增居家养老服务中心4个。连续15年获省“平安县”称号，夺得全省首批一星“平安金鼎”。

【“庆元甜桔柚”获国家地理标志农产品】 2019年，“庆元甜桔柚”通过农产品地理标志登记专家组评审，获农产品国家地理标志认证。该县围绕乡村振兴要求，大力发展甜桔柚等特色优势产业。全县甜桔柚种植面积达1000公顷，产量2.1万吨，产值2.1亿元，是全国最大的甜桔柚生产基地。其中竹口甜桔柚精品园被列为省级现代农业精品园创建点，园区全部通过无公害、绿色食品认证，园区总面积335.67公顷，有20多家甜桔柚生产主体。

【国家重点生态功能区评价考核全省第一】 2019年，在全省11个重点生态功能区县域中，庆元县综合考核结果排名全省第一。此次参评的国家重点生态功能区县域818个。庆元县围绕“三项全国领先”发展目标，推进生态环境保护和生态文明建设，实施碧水持久战、蓝天保卫战、净土防御战和清废攻坚战“四大战役”，先后获“绿色竞争力最强县”“中国天然氧吧”“大禹鼎”“美丽浙江十大特色体验地”等荣誉称号。

〔丽水市委党史研究室（丽水市地方志研究室） 孙长莲〕

缙云县

【概况】 2019年，缙云县区域面积1494平方千米，辖3个街道、7个镇、8个乡，行政村253个。年末户籍人口47.01万人，常住人口37.57万人。

地区生产总值232.03亿元，比上年增长7.9%。其中：第一产业增加值11.43亿元，增长2.6%；第二产业增加值106.21亿元，增长8.5%；第三产业增加值114.38亿元，增长7.7%。三次产业结构比例为4.9∶45.8∶49.3。人均生产总值62064元，增长6.8%。

财政总收入25.99亿元，增长5.3%。其中，一般公共预算收入16.65亿元，增长8.5%。一般公共预算支出62.97亿元，增长20.7%。新增城镇就业2450人，失业人员实现再就业650人，城镇登记失业率1.72%。

常住居民人均可支配收入33312元，增长9.8%。其中：城镇常住居民人均可支配收入45586元，增长9.7%；农村常住居民人均可支配收入21489元，增长9.8%。居民人均生活消费支出25879元，增长9.8%。城镇常住居民和农村常住居民人均生活消费支出分别为33491元和18546元，分别增长10.0%和9.5%。

农林牧渔业总产值17.48亿元，增长2.5%；农林牧渔业增加值11.53亿元，增长2.6%。农作物总播种面积1.78万公顷，增长3.9%。粮食总产量4.29万吨，增长3.7%。完成高标准农田建设1453.33公顷，粮食生产功能区提标改造833.33公顷。优化生猪产业布局，加快现代大型规模猪场建设和培育。仙都田园综合体入选省级田园综合体建设项目。建成美丽林相建设1.34万公顷。水资源总量21.10亿立方米，提升119.1%。

工业增加值84.95亿元，增长10.1%。新材料、现代装备制造、运动休闲文化、智能家电四大新兴产业集群产值分别为80.9亿元、36.1亿元、25.1亿元和38.6亿元，占全县规模以上工业总产值的84.2%。建筑业增加值21.27亿元，占GDP的9.2%。

固定资产投资增长12.1%。房地产开发投资增长20.9%。商品房销售面积21.53万平方米，商品房销售额14.52亿元。旅游总收入185.53亿元，增长17.3%，旅游大数据中心和“缙云智慧旅游在线”全面升级，实现“一图游缙云”。完成仙都AAAAA景区创建。社会消费品零售总额100.2亿元，增长11.0%。年末商品交易实体市场14个，交易额14.1亿元。进出口总额62.15亿元，增长21.1%。实际利用外资2264万美元，实际利用内资24.9亿元。

金融机构本外币各项存贷款余额分别为343.71亿元和280.15亿元，分别增长20.9%和22.3%。不良贷款率下降至0.7%。保险业保费收入8.83亿元，增长14.2%。规模以上工业企业能源消费增长3.4%，单位工业增加值能耗下降7.1%。专利申请受理数1978件，其中发明379件、实用新型997件、外观设计602件；专利授权数1273件，其中发明50件、实用新型763件、外观设计460件。

幼儿园72所，在园幼儿1.31万人。小学41所，在校学生2.84万人。普通中学15所，在校学生2.34万人。特殊教育学校1所，在校学生103人。职业高中2所，在校学生5303人。组织送戏下乡249场次、文化走亲17场次。开展乡村春晚演出185场、民俗活动54场，吸引30万人次参与互动。卫生医疗机构300个，床位2180张，卫生技术人员2652人。

【圣境山杯全国滑翔伞定点联赛（浙江缙云站）】 2019年10月10—12日，联活动在缙云壶镇镇羊上滑翔伞基地举行。赛事由国家体育总局航管中心、中国航空运动协会主办，缙云县政府承办。来自全国各地的70多名滑翔伞飞行运动员参赛。比赛围绕男子、女子个人定点及团体定点降落3个类别项目进行比拼，比赛录取男子个人前6名、女子个人前3名和团体总分前3名参加全国总决赛。

【中国仙都祭祀轩辕黄帝大典在缙云举行】 2019年10月7—9日，海峡两岸共祭轩辕黄帝——己亥2019年中国•仙都祭祀轩辕黄帝大典在缙云仙都黄帝祠宇举行。台湾同胞、海外侨胞及专家学者、企业界等社会各界代表1000多人齐聚仙都，共同缅怀中华民族人文始祖轩辕黄帝，表达中华儿女期冀民族复兴的崇高梦想。祭祀大典以“同根同祖，两岸共祭”为主题，参加祭典活动中，包括中国国民党前代理主席林政则在内的300多名台湾同胞以及70多名海外侨胞，其中台湾同胞参与人数为历年之最。

【缙云黄花菜通过国家地理标志农产品登记评审】 2019年12月24日，缙云黄花菜通过在北京举办的全国农产品地理标志登记评审，成为继缙云麻鸭、缙云米仁、缙云茭白之后第四个国家农产品地理标志登记产品。缙云黄花菜是百合科萱草属的草本植物，又名金针花、萱草等，有近700年的栽培历史。经过不断改进，形成一套科学、完整的栽培体系，缙云“蟠龙种”被列入国家种质资源库。2002年，该县制定发布黄花菜地方系列标准。2019

2019年10月7日，丽水举办海峡两岸共祭轩辕黄帝典礼

〔丽水市委党史研究室（丽水市地方志研究室） 供图〕

年，缙云黄花菜申报浙江省重要农业文化遗产名录库。

〔丽水市委党史研究室（丽水市地方志研究室） 孙长莲〕

遂昌县

【概况】 2019年，遂昌县区域面积2540平方千米，辖2个街道、7个镇、11个乡，行政村203个、社区8个。年末户籍人口23.01万人，常住人口19.23万人。

地区生产总值124.66亿元，比上年增长7.8%。一般公共预算收入10.96亿元，增长8.5%。社会消费品零售总额63.62亿元，增长10.2%。城镇居民和农村居民人均可支配收入分别为48254元和20749元，分别增长9.4%和10.3%。城镇登记失业率控制在1.5%以内。

农林牧渔业增加值12亿元，增长3%。新建“600+”绿色有机农林产品基地0.52公顷，被评为国家农产品质量安全县，获得全国县域数字农业农村发展百强先进县、浙江特色药膳发源地等称号，入选省首批渔业转型发展先行区。“遂昌三叶青”获得国家农产品地理标志认证。

固定资产投资40.4亿元。实施土地整治项目45个，新增耕地面积107.95公顷、建设用地指标58.32公顷。与浙江大学等院校合作项目16个。新增高新技术企业6家、科技型中小企业15家、高新技术企业研发中心3个、企业研究院1个。高新技术产业增加值7.2亿元。实施省市科技特派员项目20个、团队项目2个。到位山海协作项目资金20.5亿元。遂昌—诸暨山海协作产业园实现规模以上工业增加值5.9亿元，诸暨生态“飞地”产业园开工，南湖消薄“飞地”产业园完成投资8582万元。遂昌电商扶贫通江模式入选“2019年度中国脱贫攻坚与精准扶贫十佳案例”。

重组新建国有核心企业5家。完成农村宅基地及住房确权登记发证2.1万本，新增林地经营权流转866.67公顷。遂昌列入第一批全省大花园典型示范建设单位、省级可持续发展创新示范区建设单位、全省县域高质量发展十大优秀案例，成为全国绿色发展百强县。

规模以上工业增加值35.3亿元，增长10.8%。出台生态工业高质量绿色发展“30条举措”。签约项目35个，合同投资138亿元。新增规模以上企业14家，整治提升“低散乱”企业43家。推动25家规模以上企业实施技改，推广工业机器人30台。

创建新时代美丽乡村达标村49个、美丽宜居示范村5个，9个乡镇（街道）成为省级样板。农村垃圾分类覆盖率74%，新建、改造农村和旅游厕所69座，新增污水处理标准化运维试点10个。新建和提升“四好农村路”108千米。空气质量指数优良率100%，PM2.5降至23微克/立方米。县级饮用水水源和各交界断面水质达标率100%。被评为全省公益林建设成绩突出集体。获评美丽浙江建设工作考核优秀县，获得“中国天然氧吧”称号，入选第一批部省共建乡村振兴示范省先行创建县。创建省级高标准生活垃圾分类示范小区1个，垃圾无害化处理率100%。

旅游综合收入156.8亿元，增长15%。新增A级景区村21个、精品民宿3个、省级农家乐集聚村2个。好川村、东峰村被命名为国家级少数民族特色村寨，独山村被授予全国生态文化村，红星坪村入选首批全国乡村旅游重点村，王村口镇获评全省首批AAAAA级景区镇。获得“2019中国旅游影响力年度县区”。乡贤返乡投资项目20个，投资总额3.3亿元。智慧文化礼堂建设入选全国首批农村公共服务典型案例，独山石牌坊入选全国重点文物保护单位。

幼儿园32所，在园幼儿5457人。小学21所，在校学生9917人。初中5所，在校学生6763人。高中3所，在校学生5257人。各级各类医疗卫生机构159个，公立医疗卫生机构在职人员有1341人。年末城镇职工养老保险参保4.56万人，城乡居民养老保险参保9.73万人，职工医保参保3.87万人，城乡居民医疗保险参保17.25万人。

【遂昌入选全国绿色发展百强县】 2019年10月，全国绿色发展百强县市榜单出炉，遂昌县入选全国绿色发展百强县（市）。遂昌县践行“绿水青山就是金山银山”理念，出台《遂昌县发展健康农业政策意见》《遂昌县推进生态工业高质量绿色发展三十条》，坚持将“红色资源”转化为“绿色动能”，深度做好“红绿融合”文章，深挖利用红色资源，大力发展红色旅游，生态环境质量、发展进程指数、农民收入多年持续提升，探索实践出一条山区特色绿色发展之路。

【国家农产品质量安全县创建】 2019年11月，农业农村部发文公布第二批国家农产品质量安全县（市）名单，遂昌县榜上有名，成为全市唯一国家农产品质量安全县。作为省重点产茶区、重点高山蔬菜生产县、杂交稻制种大县和重要中药材种植基地，遂昌县重视农产品质量安全，通过“基地化生产、标准化带动、品牌化培育、智能化监管”等举措，确保农产品质量安全。制定发布省级农业地方标准5项、县级农业地方标准67项，拥有生态精品农产品200个，认定绿色食品38个。

【遂昌智慧文化礼堂建设入选全国首批农村公共服务典型案例】 2019年12月，农业农村部农村社会事业促进司、国家发展改革委社会发展司、中国经济信息社联合发布首批18个全国农村公共服务典型案例。遂昌县选送的《浙江遂昌：以共享理念推进智慧文化礼堂建设》典型案例入选，并向全国推广。遂昌县坚持价值引领、坚持群众主体、坚持整合资源、坚持探索创新，以共享理念和信息化手段推进智慧文化礼堂建设，打破空间壁垒，实现资源、活动、场地共享，解决有场地没活动的问题，常态化开展各类活动，更好地服务群众。

〔丽水市委党史研究室（丽水市地方志研究室） 孙长莲〕

松阳县

【概况】 2019年，松阳县区域面积1401平方千米，辖3个街道、5个镇、11个乡，行政村203个。年末户籍人口24.06万人，常住人口19.23万人。

地区生产总值115.6亿元，比上年增长8.4%。财政总收入12.8亿元，增长10.3%，其中一般公共预算收入7.9亿元，增长8.5%。社会消费品零售总额54.1亿元，增长13%。固定资产投资增长12.8%。城镇居民人均可支配收入40432元，增长8.9%；农村居民人均可支配收入19371元，增长10.4%。

农林牧渔业增加值13.2亿元，增长2.7%。茶叶全产业链产值122亿元，松阳获评全省唯一“2019中国十大生态产茶县”，“松阳银猴”品牌价值22.96亿元。工业招商签约项目53个。民宿（农家乐）总数520个，床位5081张，游客接待数、营业收入分别增长15.2%和21%。

城镇居民人均可支配收入40432元，增长8.9%。城镇新增就业3775人、失业再就业1941人。农村居民人均可支配收入19371元，增长10.4%。扶贫工作获省政府督查激励，全县均完成“消薄”任务，村均经营性收入超过6万元。居民养老保险、医保参保率分别为97.6%和99.1%。

沿坑岭头入选省美丽乡村美育村试点，陈家铺、杨家堂入选省第八批历史文化村落重点村。松阳古村落入选国家《文物建筑开放利用案例指南》。打造红色乡村6个乡镇、31个村被列入市级红色示范乡镇。实施农村饮用水达标提标工程，完成54个单村工程，惠及群众5.4万人。建成美丽水厂39个，实现象溪片供水一体化管网主管贯通。

各类学校、幼儿园86所，在校（园）学生（幼儿）31272人。全县学校无线网络、录播教室覆盖率100%，数字化教学全覆盖，教育信息化三年实施方案入选省十大优秀方案。医疗卫生健康机构159个，在岗人员1332人。常住人口每1000人执业（助理）医师3.1人、注册护士3.15人、医疗床位5.64张。养老保险参保率97.18%，医保参保率99.37%。实现乡镇卫生院标准化建设率100%，开展医共体成员单位联合门诊、“流动医院”“送药上山”等行动，让群众享受更多优质医疗资源。造血干细胞、器官捐献数位居全市前列。

开展民俗节庆、乡村春晚等活动100多场。詹宝兄弟牌坊成为全国重点文保单位，松阳高腔传承中心挂牌，高腔红色革命剧目《箬寮风雷》入选省第十四届艺术节终评剧目。松阳书房成为杭州世界城市博物馆的首个县级“城市书房”。推进省级“污水零直排区”试点建设。涉气“散乱污”企业综合整治11家。创成省“基本无违建县”，完成“三改”38.2万平方米，拆除违建62.3万平方米，“三改一拆”完成率158%。推进垃圾分类工作，建成区、建制村覆盖率分别60.8%和75%，建成省级高标准生活垃圾分类示范小区1个。通过国家卫生县城复审。

森林覆盖率提升至80.1%，马鞍山成为全县首个省级森林公园。地表水达标率保持100%，首获治水工作“大禹鼎”。松阴溪出境断面水质保持Ⅱ类水标准，Ⅰ类水天数提高13.1%。空气质量优良率99.5%，PM2.5均值降至26微克/立方米，获“中国天然氧吧”称号。创新实施“拯救老树行动”，完成美丽林相建设0.37万公顷，绿化造林558.07公顷，新植珍贵树31.6万株，完成160株一级濒危古树名木保护。

【松阳入选“中国十大生态产茶县”】 2019年3月27日，松阳县在中国（国际）茶商大会•松阳银猴茶叶节上，获得“中国十大生态产茶县”称号。该县实施“科技兴茶、龙头兴茶、市场兴茶、品牌兴茶、文化兴茶”战略，致力打造茶园生态、茶品高雅、茶文荟萃、茶人质朴、茶韵浓郁的“中国茶乡”，茶叶出口质量符合欧盟标准。全县茶园面积8800公顷，茶叶总产量1.57万吨，总产值15.76亿元，全产业链产值122.18亿元，茶园亩均产值超过1.1万元。

【首届城乡联系国际论坛在松阳举行】 2019年11月11—14日，首届城乡联系国际论坛在松阳举行。论坛由联合国人居署、省建设厅、丽水市政府主办，松阳县政府承办，17个国家和18个国际组织的代表、专家、学者等200多人参加。论坛主题为“乡村振兴：创新发展与价值提升”。论坛围绕探讨乡村价值的重新发现、乡村产业的有效振兴等议题，尝试从乡村振兴维度寻找破解全球城乡可持续发展问题的方法和路径。论坛期间，与会嘉宾参与讨论松阳地区案例，分享各方面有关“乡村振兴”的经验、战略。论坛发布“松阳共识”。

【松阴溪绿道入选浙江“最美绿道”】 2019年11月13日，全省绿道网建设工作现场会在丽水缙云召开，会上公布第三届浙江“最美绿道”名单，松阴溪绿道入选。松阳践行“绿水青山就是金山银山”发展理念，按照“原生态、高品质”思路，依托松阴溪河道治理工程，在原先防洪堤基础上，重点建设百公里松阴溪干流滨水绿道、百公里松阴溪支流滨水绿道，以及百公里古村古道、百公里自行车骑行赛道“四个百公里”绿道工程，通过串点成线，辐射成面，有效串起全县域特色驿站、博物馆、工坊等景点，助力美丽乡村建设。全县投资5.8亿元，建成各类绿道139.7千米。

〔丽水市委党史研究室（丽水市地方志研究室） 孙长莲〕

景宁畲族自治县

【概况】 2019年，景宁畲族自治县区域面积1939平方千米，辖2个街道、4个镇、15个乡，行政村136个，自然村1031个。年末户籍人口17.02万人，常住人口11.21万人。

地区生产总值69亿元，比上年增长9.2%。一般公共预算收入6.98亿元。固定资产投资增长13.1%。社会消费品零售总额36.9亿元，增长12.2%。城乡常住居民人均可支配收入分别为40014元和20005元，分别增长8.8%和10.1%。三次产业结构比例为9.3∶24.7∶66。

新建毛竹、惠明茶、高山蔬菜、“畲五味”等标准化基地1433.33公顷，木本油料347.8公顷，中蜂5100箱。建成高标准农田1240公顷，改造粮食功能区206.67公顷，完成粮食播种7426.67公顷。建成“一亩山万元钱”林下经济基地141.33公顷、示范基地5个。农产品质量安全省级以上抽检连续7年合格率100%。网营物联等10个项目开工建设，工业产值突破10亿元大关，税收收入突破1亿元大关。

新增高新技术企业3家、规模以上工业企业6家。新增中小企业贷款2.22亿元。东坑成为AAAA级景区镇，全县建成A级景区村25个。“畲山居”集体商标成功注册，清泉石上居获评省金宿级民宿，石上溪、春江花月获评省银宿级民宿。“畲乡粉皮”入选浙江十大农家小吃。旅游总收入79.3亿元，增长20.6%，创建成为省级全域旅游示范县。外贸出口17.97亿元，增长41.47%。服务业增加值增速排名全市第一位。

农村少数民族居民人均收入增幅连续14年高于全县平均水平，伏叶获评全国少数民族特色村寨。“民族+好畲系列”“非遗+旅游”等做法分别入选国家民委、文化和旅游部专题培训班典型案例。民族青少年宫列入全国民族团结进步教育基地，全国民族团结进步模范集体、模范个人花落畲乡。

推进“碧水行动”，落实“河(湖)长制”，小溪流域综合治理项目(一期)开工建设，上标湖、毛垟港被评为省级“美丽河湖”，建成“污水零直排”建制镇1个、生活小区1个。全域断面水质达标率100%，饮用水源地水质达标率100%，岭根交接断面水质保持Ⅱ类以上，“五水共治”公众满意度全省第一。县城空气质量优良率100%，PM2.5平均浓度22微克/立方米。建成区垃圾分类收集覆盖面65.1%，生活垃圾分类处理建制村覆盖率74%。完成“三改”8.56万平方米、拆违33.87万平方米，拆后土地利用率97.9%。启动全国唯一的民族地区城乡融合发展国家级改革试点。

开展农村宅基地三权分置改革。招引总部经济企业166家、产业项目25个，总投资91.8亿元。同海盐、上虞、温岭、宁海四地创新构建“五县联盟”发展格局，打造山海协作工程升级版。山区“幸福河”建设入选首批全国水系连通及农村水系综合整治试点。开展古村保护行动，统筹推进9个历史文化古村落、10个传统村落保护提升，启动50个传统村落规划编制。低收入农户收入增长14.5%。创建成为省级美丽经济交通走廊达标县。实施瓯江大花园绿道建设三年行动计划，完成江滨景观带等绿道建设89千米，鹤溪河环线绿道获首届“丽水最美绿道”。

新增城镇就业3563人，开发公益性就业岗位66个，城镇失业率控制在1.7%以内。基本养老保险、医疗保险参保率分别为97.5%和99.4%。该县成为省级“无欠薪”县。发放城乡低保补助2778.75万元，惠及6207人。建成示范型居家养老服务中心4个。获评省级“双拥”模范县。县图书馆获评省社会科学普及基地。开办第二高中，凤凰学校、鹤溪幼儿园投入使用，等级幼儿园比例达96%。成立县域医共体，基层医疗机构标准化率100%。全县创建放心消费示范单位219家。

【47个村入选第五批中国传统村落名录】 2019年6月6日，住房和城乡建设部等部门联合发文公布第五批列入中国传统村落名录名单，景宁畲族自治县47个村入选，数量系全市第一。该县重视传统村落的保护与发展，将规划作为传统村落保护的先导，注重文化底蕴的传承和凸显，坚持从本地的风俗、生活习惯等元素中挖掘“文化符号”和“文化素材”，推动“一村一品”传统特色村建设。

【景宁入选国家农村儿童早期发展试点县】 2019年8月5日，国家卫生健康委印发《农村儿童早期发展试点工作方案》，公布国家农村儿童早期发展试点县名单，景宁畲族自治县上榜，系全市唯一试点县。试点总目标系探索中国农村儿童早期发展服务模式和内容，普及儿童早期发展科学育儿知识与技能，改善3岁以下儿童健康和发展状况，提高人口素质。

【景宁草鱼塘森林康养基地入选森林养生国家重点建设基地】 2019年4月18日，国家林业和草原局公布森林体验和森林养生国家重点建设基地名单，景宁畲族自治县草鱼塘森林康养基地入选。该县探索“森林康养+林下药材+自然教育”的“养旅”融合发展新模式，通过康养游步道规划及基础设施建设，建成康养步道4千米、森林休憩体验平台2个，完成森林康养医学实证研究，提升康养基地品质。

〔丽水市委党史研究室(丽水市地方志研究室)　孙长莲〕

地方性法规选登
Selection of Local Regulations

浙江省测绘地理信息条例

浙江省第十三届人民代表大会常务委员会公告第10号

《浙江省测绘地理信息条例》已于2019年3月28日经浙江省第十三届人民代表大会常务委员会第十一次会议通过，现予公布，自2019年5月1日起施行。

浙江省人民代表大会常务委员会
2019年3月28日

浙江省测绘地理信息条例

（2019年3月28日浙江省第十三届人民代表大会常务委员会第十一次会议通过）

第一章 总则

第一条 为了加强测绘地理信息管理，促进测绘地理信息事业发展，保障测绘地理信息事业为经济建设、国防建设、社会发展和生态环境保护服务，维护地理信息安全，根据《中华人民共和国测绘法》和有关法律、行政法规，结合本省实际，制定本条例。

第二条 在本省行政区域内从事测绘地理信息及其相关活动，应当遵守本条例。

第三条 县级以上人民政府应当加强对测绘地理信息工作的领导，将测绘地理信息事业纳入国民经济和社会发展规划，促进地理信息资源共建共享和应用，结合实际制定地理信息产业发展政策和规划，推进地理信息产业发展。

县级以上人民政府应当将基础测绘、地理国情监测、应急测绘等基础性、公益性测绘所需经费纳入本级政府预算。

第四条 县级以上人民政府测绘地理信息主管部门负责本行政区域测绘地理信息工作的统一监督管理。

县级以上人民政府其他有关部门按照本级人民政府规定的职责分工，负责本部门有关的测绘地理信息工作。

第五条 县级以上人民政府测绘地理信息主管部门应当运用互联网技术和信息化手段，增强地理信息资源供给能力，创新监督管理方式，加强地理信息公共服务平台、测绘地理信息综合监管服务平台等建设，提升测绘地理信息公共服务和管理水平。

第六条 从事测绘地理信息活动应当执行国家规定的测绘地理信息技术规范和标准。

省标准化行政主管部门可以会同省测绘地理信息主管部门，根据本省测绘地理信息事业发展的需要制定省测绘地理信息标准。省测绘地理信息主管部门可以制定省测绘地理信息技术规范。

第二章 测绘基准和测绘系统

第七条 省测绘地理信息主管部门应当会同有关部门，按照省市县统筹、保障安全的原则，建立全省统一的卫星导航定位基准服务系统。

省测绘地理信息主管部门通过省卫星导航定位基准服务系统，免费向社会提供实时导航定位基础性服务。

第八条 进行工程建设，应当避开永久性测量标志；确实无法避开，需要拆迁永久性测量标志或者使永久性测量标志失去使用效能的，应当由工程建设单位报经省测绘地理信息主管部门批准。省测绘地理信息主管部门可以将设区的市、县（市、区）测绘地理信息主管部门和其他有关部门设置的永久性测量标志迁建的受理和审查工作，委托设区的市、县（市、区）测绘地理信息主管部门具体实施。

工程建设单位应当承担永久性测量标志迁建所需的费用，协助做好新建测量标志的相关工作。

第九条 永久性测量标志的建设单位或者测绘地理信息主管部门应当与测量标志保管单位或者人员签订保管协议，并按照约定支付保管费用。

县级以上人民政府测绘地理信息主管部门应当按照规定对永久性测量标志进行检查和维护。

永久性测量标志的维护和保管经费由本级财政予以保障。

第三章　基础测绘和其他测绘

第十条　县级以上人民政府测绘地理信息主管部门应当会同发展改革等有关部门，根据国家和上一级人民政府的基础测绘规划及本级人民政府的国民经济和社会发展规划，组织编制本行政区域的基础测绘规划，报本级人民政府批准后组织实施。

第十一条　县级以上人民政府发展改革部门应当会同测绘地理信息主管部门根据本行政区域的基础测绘规划，编制本行政区域的基础测绘年度计划，并分别报上一级部门备案。

县级以上人民政府财政部门根据基础测绘年度计划安排的项目和国家规定的测绘成本定额，核定基础测绘经费。

第十二条　省测绘地理信息主管部门负责下列基础测绘项目：

（一）建立和复测全省统一的平面控制网、高程控制网和空间定位网；

（二）组织实施省基础航空摄影，获取省基础地理信息遥感资料，制作影像图；

（三）测制和更新全省1:5000、1:10000国家基本比例尺地图和数字化产品；

（四）组织实施海域地形测量和陆域省重点水域水下地形测量；

（五）建立和维护省基础地理信息系统和地理信息公共服务平台；

（六）编制省综合地图集、普通地图集；

（七）国家和省规定的其他基础测绘项目。

第十三条　设区的市、县（市、区）测绘地理信息主管部门负责本行政区域内下列基础测绘项目：

（一）建立和复测平面控制网、高程控制网和空间定位网；

（二）组织实施基础航空摄影，获取基础地理信息遥感资料，制作影像图；

（三）测制和更新1:500、1:1000、1:2000国家基本比例尺地图和数字化产品；

（四）组织实施重点水域水下地形测量；

（五）组织城市地下空间和地下管线普查，建立和维护城市地下管线信息系统；

（六）建立和更新城市三维实景数据；

（七）建立和维护基础地理信息系统和地理信息公共服务平台；

（八）编制综合地图集、普通地图集；

（九）国家、省和设区的市规定的其他基础测绘项目。

第十四条　省测绘地理信息主管部门应当按照省市县统筹、陆海统筹、城乡统筹的原则，加强对基础测绘重大项目的统筹协调，优化资源配置，推动区域基础测绘公共服务能力均衡发展。

对基础航空摄影、基础地理信息遥感资料获取和影像图制作、测制和更新1:2000国家基本比例尺地图及其数字化产品等基础测绘重大项目，省测绘地理信息主管部门可以统筹组织实施，设区的市、县（市、区）测绘地理信息主管部门按照分工进行测绘。

第十五条　县级以上人民政府测绘地理信息主管部门依法组织开展本行政区域地理国情监测。

县级以上人民政府及其有关部门在实施发展战略、城乡规划、生态环境保护、自然资源资产审计、行业调查统计等工作中，应当使用地理国情监测成果。

第十六条　县级以上人民政府应当将应急测绘纳入政府突发事件应急体系建设，制定应急测绘保障预案，建立应急测绘保障机制。

县级以上人民政府测绘地理信息主管部门应当根据需要配备应急测绘保障装备，加强应急测绘数据资源储备，提高应急测绘保障能力。

第四章　资质资格和测绘市场

第十七条　从事测绘地理信息活动的单位应当依法取得相应等级的测绘资质。

省测绘地理信息主管部门按照职责负责测绘资质审查、测绘资质证书发放。省测绘地理信息主管部门可以委托设区的市、县（市、区）测绘地理信息主管部门负责乙、丙、丁级测绘资质的受理和审查工作。

设区的市、县（市、区）测绘地理信息主管部门负责本行政区域内测绘单位作业人员的测绘作业证件核发、注册工作。

第十八条　工程建设项目建设过程中涉及多项测绘中介服务的，鼓励实行综合测绘，由建设单位委托具有相应资质的测绘单位按照国家和省的有关标准一并进行测绘。

工程建设相关主管部门对符合国家和省有关标准的综合测绘成果，应当予以认可。

第十九条　测绘地理信息项目的发包单位不得向不具有相应测绘资质等级的单位发包。

测绘地理信息项目实行招标投标的，依照有关招标投标和政府采购的法律、法规规定执行。使用财政资金的测绘地理信息项目评标，应当采取综合评估法进行评审。综合评估时技术部分的权重不得低于商务部分的权重。

测绘地理信息项目依法不实行招标投标的，经发包单位同意，承包单位可以将测绘地理信息项目的非主体、非关键性工作分包，分包部分金额不得超过测绘地理信息项目合同金额的百分之四十。接受分包的单位应当具备相应的测绘资质，并不得再次分包。

综合测绘项目不得分包。

第二十条　测绘单位应当在测绘地理信息项目实施前，通过测绘地理信息综合监管服务平台向测绘地理信息主管部门报送项目合同或者委托书。测绘约定报酬十万元以下的，可以在项目完成后一个月内报送。

第五章　成果管理和地理信息安全

第二十一条　测绘地理信息项目出资人或者承担国

家投资的测绘地理信息项目的单位，应当在项目完成后三个月内，按照规定向省测绘地理信息主管部门汇交非基础测绘成果目录或者基础测绘成果副本。除涉及国家秘密的测绘成果外，测绘地理信息项目出资人或者承担国家投资的测绘地理信息项目的单位可以选择网上汇交。省测绘地理信息主管部门应当在测绘地理信息综合监管服务平台提供汇交入口。

测绘成果目录或者副本实行无偿汇交。

省测绘地理信息主管部门应当组织编制并及时向社会公布全省测绘成果目录。

第二十二条　有关单位制作、收发、传递、使用、复制、保存、销毁等属于国家秘密的测绘成果的，应当遵守保密法律、法规的规定。

第二十三条　法人或者其他组织需要利用属于国家秘密的基础测绘成果的，应当提出明确的利用目的和范围，报管理相应基础测绘成果的测绘地理信息主管部门审批。测绘地理信息主管部门应当自收到申请材料之日起五个工作日内作出决定。

属于国家秘密的测绘成果利用目的完成后，应当按照规定及时送保密行政管理部门指定的单位销毁。

第二十四条　测绘单位应当建立健全质量管理体系，对其完成的测绘成果质量负责。

县级以上人民政府测绘地理信息主管部门应当建立测绘成果质量监督检查制度，加强对测绘成果质量的监督管理。基础测绘成果交付使用前应当经测绘质量检验机构检验合格。

测绘成果的所有权人、使用人或者其他利害关系人对测绘成果有异议的，可以委托测绘质量检验机构检验。

第二十五条　本省行政区域内重要自然和人文地理实体的位置、高程、深度、面积、数量、长度等重要地理信息数据，由省测绘地理信息主管部门审核，并与有关部门会商后，报省人民政府批准，由省人民政府或者其授权的部门公布。

第二十六条　任何单位和个人在地理信息采集、存储、处理、应用和网络传输中，不得危害国家安全，不得泄露国家秘密、商业秘密或者个人隐私。

测绘成果保管单位应当采取措施保障测绘成果的完整和安全，并对测绘成果资料实行异地备份存放。

外国的组织或者个人在本省行政区域内从事测绘地理信息活动，应当依法报经批准，并报省测绘地理信息主管部门备案。

第二十七条　卫星导航定位基准站建设和运行维护单位应当建立数据安全保障制度，确保国家安全。

测绘航空摄影的底片、数据，应当按照国家和省有关规定经保密审查和保密技术处理后方可使用。

使用无人驾驶航空器进行测绘航空摄影的，应当遵守国家和省无人驾驶航空器管理和航空飞行管制的有关规定。

第六章　地理信息服务和应用

第二十八条　县级以上人民政府应当加强对地理信息资源共享和交换工作的领导、协调，建立健全地理信息资源共建共享机制，提高地理信息资源的共享水平。

共享的地理信息资源，应当采用国家和省规定的地理信息数据标准。

县级以上人民政府及其有关部门涉及地理信息的电子政务、公共服务和业务管理的信息化系统，应当使用地理信息公共服务平台。

第二十九条　使用财政资金的测绘地理信息项目和涉及测绘地理信息的其他使用财政资金的项目，投资主管部门、财政部门在批准立项、安排项目预算前，应当征求本级测绘地理信息主管部门的意见；有适宜测绘成果的，应当充分利用已有的测绘成果，避免重复测绘。

第三十条　县级以上人民政府测绘地理信息主管部门应当依托云计算、大数据等现代信息技术，及时获取、处理、更新基础地理信息数据，增加地理信息供给，开放可公开的地理信息资源，通过政务服务网和地理信息公共服务平台向社会提供地理信息服务。

高等院校、科研机构和相关单位可以将合法拥有的地理信息资源参与交换和共享。

第三十一条　县级以上人民政府测绘地理信息主管部门应当会同其他有关部门和单位，推动地理信息资源应用，为各级人民政府履行经济调节、市场监管、社会管理、公共服务和生态环境保护等职能提供服务。

第三十二条　县级以上人民政府应当采取措施，鼓励具有自主知识产权的测绘地理信息关键核心技术研发创新，促进测绘地理信息基础设施建设、技术装备推广、地理信息资源获取、地理信息成果应用等方面的军民融合发展。

县级以上人民政府及其有关部门在数字政府、智慧城市等建设中，应当加大地理信息新技术、新产品、新服务的推广应用，通过政府首购、订购等采购方式，采购首台（套）产品（包括装备、系统、软件），实施首台（套）产品示范应用项目，推动测绘地理信息科学技术的创新和进步。

第三十三条　县级以上人民政府应当根据国家和省有关鼓励、支持企业创新发展的规定，结合本地实际制定激励措施，吸引社会资金投资地理信息产业，推进地理信息产业结构调整和优化升级，推动地理信息产业与其他产业融合发展，促进产业集群化、集约化、规模化发展。

县级以上人民政府应当对地理信息产业新业态、新模式采取包容审慎的监督管理原则，营造良好发展环境，支持地理信息产业创新发展。

第七章　地图管理

第三十四条　向社会公开的地图，应当按照国家和省有关规定报送设区的市以上人民政府测绘地理信息主管部门审核。设区的市测绘地理信息主管部门可以委托县（市、区）测绘地理信息主管部门负责展示、登载主要表现地在该区域内地图的受理和审核工作。

主要表现地在本省范围内的中小学教学地图(含教材、教学资料、教学用品中的地图),应当经省教育主管部门会同省测绘地理信息主管部门组织审定。

有下列情形之一的,地图送审仅需提交地图审核申请表和需要审核的地图样图或者样品:

(一)进口不属于出版物的地图和附着地图图形的产品的;

(二)利用进口不属于出版物的地图和附着地图图形的产品进行生产、出口的;

(三)利用经审核批准的地图进行展示、登载、出版等,且未对地图含有的国界、行政区域界线或者范围、重要地理信息数据等进行编辑调整的。

第三十五条　互联网地图服务单位应当使用经依法审核批准的地图,定期对地图内容进行自查,加强对新增内容的核查校对,保存相关记录,每间隔六个月将地图数据库变化情况按照规定报省测绘地理信息主管部门备案。

第三十六条　地图表示内容应当符合国家和省有关规定。

编制行政区地图不得进行地理要素的有偿标载。

编制导航电子地图和公开发行的交通图、旅游图等其他地图的,应当根据地图载负量标载国家机关和医疗机构、学校、图书馆、体育馆等公共服务机构及设施,并不得收取标载费用。

第三十七条　各级人民政府和测绘地理信息、新闻出版、教育、网信等部门应当加强对国家版图意识的宣传教育,增强公民的国家版图意识。

教育主管部门应当将国家版图知识列入中小学校课程和教材。中小学校应当将国家版图意识教育纳入教学内容,加强爱国主义教育。

新闻媒体应当加强对国家版图意识的宣传和舆论监督。

第八章　法律责任

第三十八条　违反本条例规定的行为,法律、行政法规已有法律责任规定的,从其规定。

第三十九条　违反本条例第十九条第一款规定,向不具有相应测绘资质等级的单位发包的,由县级以上人民政府测绘地理信息主管部门责令改正,可以处测绘约定报酬二倍以下罚款。

违反本条例第十九条第三款、第四款规定分包的,由县级以上人民政府测绘地理信息主管部门责令改正,没收违法所得,并处分包金额千分之五以上千分之十以下罚款;情节严重的,责令停业整顿。

第四十条　违反本条例第二十五条规定,擅自发布本省行政区域内的重要地理信息数据的,由县级以上人民政府测绘地理信息主管部门责令改正,给予警告,可以并处一万元以上十万元以下罚款;对直接负责的主管人员和其他直接责任人员,依法给予处分。

第四十一条　违反本条例第三十六条规定,收取标载费用的,由县级以上人民政府测绘地理信息主管部门责令改正,没收违法所得,可以并处标载费用一倍以上二倍以下罚款。

第九章　附则

第四十二条　本条例自2019年5月1日起施行。《浙江省测绘管理条例》同时废止。

浙江省教育督导条例

浙江省第十三届人民代表大会常务委员会公告第13号

《浙江省教育督导条例》已于2019年5月31日经浙江省第十三届人民代表大会常务委员会第十二次会议通过,现予公布,自2019年9月1日起施行。

浙江省人民代表大会常务委员会

2019年5月31日

浙江省教育督导条例

(2019年5月31日浙江省第十三届人民代表大会常务委员会第十二次会议通过)

第一章　总则

第一条　为了加强教育督导工作,推动教育事业科学发展,根据《中华人民共和国教育法》《教育督导条例》等法律和行政法规规定,结合本省实际,制定本条例。

第二条　本省行政区域的教育督导活动,适用本条例。

本条例所称教育督导,包括:

(一)县级以上人民政府对本级人民政府相关职能部门和下级人民政府落实教育法律、法规、规章和国家教育方针、政策的督导;

(二)县级以上人民政府对本行政区域内的学校和其他教育机构(以下统称学校)教育教学工作的督导;

(三)对本行政区域教育发展状况和教育质量组织开展评估监测。

第三条　县级以上人民政府应当加强教育督导工作的领导,成立教育督导委员会,统筹协调本行政区域教育督导工作。

第四条　县级以上人民政府教育督导机构在本级人民政府领导下独立行使教育督导职能,负责本行政区域的教育督导工作。

第五条　县级以上人民政府应当设立总督学和副总督学,配备与教育督导任务相适应的人员,将教育督导经费列入财政预算,保证教育督导办公条件。

第六条　教育督导机构应当组织并支持学生及其家长、教师、社会公众、社会组织依法有序参与教育督导活动。

第二章 督导内容和实施

第七条 教育督导机构对本级人民政府相关职能部门和下级人民政府实施教育督导，包括下列事项：

（一）贯彻执行国家教育方针政策，落实教育法律法规情况；

（二）制定和实施教育发展规划情况；

（三）统筹推进教育公平、区域义务教育优质均衡发展、教育现代化和各级各类教育协调发展情况；

（四）教育经费的投入、管理与使用情况，办学条件的保障与改善情况；

（五）校长队伍建设、教师配备及待遇保障情况；

（六）协调推进学校教育、社会教育、家庭教育的情况；

（七）社会关注的教育热点难点问题解决情况；

（八）法律法规和国家教育政策规定的其他事项。

第八条 教育督导机构对学校实施教育督导，包括下列事项：

（一）学校党建和依法依规办学情况；

（二）坚持立德树人，实施素质教育，促进学生德、智、体、美、劳全面发展情况；

（三）幼儿园、中小学现代化学校建设情况，高等学校学科、专业发展情况以及教学、科研发展情况；

（四）师德师风等教师队伍建设情况；

（五）教育教学和生活设施设备配备、管理与使用情况；

（六）学校招生、校园安全、卫生、师生身心健康和权益保护等制度建立和执行情况；

（七）教育收费、教育经费管理和使用情况；

（八）法律法规和国家教育政策规定的其他事项。

教育督导机构应当根据各级各类学校的教育特点，实施分级、分类督导。

第九条 教育督导机构应当每三年至少对本级人民政府相关职能部门和下级人民政府实施一次综合督导，每五年至少对本行政区域内学校实施一次综合督导。

第十条 教育督导机构应当每年结合社会关注的教育热点难点问题，制定专项督导工作计划，对下列事项组织开展专项督导：

（一）学生减负、教师违规补课等情况；

（二）民办学校招生、收费、教学管理等情况；

（三）校外培训机构的审批、管理、规范办学等情况；

（四）需要开展专项督导的其他社会关注的教育热点难点事项。

第十一条 综合督导、专项督导按照下列程序实施：

（一）确定督导事项，成立由三名以上督学组成的督导组；

（二）向被督导单位提前发出书面督导通知。要求被督导单位自评的，被督导单位应当在规定时间内提交自评报告和相关材料；

（三）审核被督导单位的自评报告和相关材料，确定督导重点，实施现场督导；

（四）采取召开座谈会、问卷调查等形式，听取学生及其家长、教师和社会公众的意见；

（五）督导组经过综合评议，形成初步督导意见，向被督导单位反馈。被督导单位对初步督导意见有异议的，应当自收到初步督导意见之日起十日内向教育督导机构提交书面申辩意见；

（六）教育督导机构应当根据督导组的初步督导意见，综合分析被督导单位的申辩意见，自督导结束之日起三十日内向被督导单位发出督导意见书；

（七）被督导单位对督导意见书有异议的，应当自收到督导意见书之日起十日内向上一级教育督导机构申请复核。上一级教育督导机构应当自收到复核申请之日起三十日内作出答复；

（八）被督导单位应当根据督导意见书进行限期整改，并将整改情况报告教育督导机构。教育督导机构应当对被督导单位的整改情况进行核查和跟踪督导。

第十二条 教育督导机构应当根据本行政区域内的学校布局与规模设立教育督导责任区，指派责任督学对责任区内的学校按规定要求实施经常性督导。

教育督导机构应当按照每五所学校至少一名的比例配置责任督学。责任督学的姓名、联系方式和督导事项等信息，应当在学校门口醒目位置向社会公布。学生及其家长、教师和社会公众对学校规范办学情况的意见和建议，可以直接向责任督学反映。

第十三条 责任督学对责任区内的学校实施经常性督导，行使以下职权：

（一）对学籍管理、招生、收费等依法依规办学情况进行监督；

（二）对学校管理和教育教学进行指导；

（三）接受相关举报和投诉；

（四）向教育督导机构报告情况，提出建议；

（五）对责任学校评优评先提出建议。

第十四条 省教育督导机构应当健全教育督导评估监测制度和体系，完善教育督导评估监测标准和规程，建设开放共享的省教育督导评估监测信息化平台。

第十五条 教育督导机构应当对下列事项，组织开展评估监测：

（一）区域义务教育优质均衡发展情况；

（二）教育现代化发展水平情况；

（三）教师队伍建设、办学条件、教育教学质量等学校办学水平情况；

（四）法律法规和国家教育政策规定的其他事项。

第十六条 教育督导机构应当培育、扶持第三方专业评估监测机构发展，探索通过政府采购等方式委托第三方专业评估监测机构参与教育督导评估监测工作。

第十七条 第三方专业评估监测机构应当按照教育督导评估监测标准和规程，独立、客观、公正地开展评估监测工作，接受教育督导机构的指导。

第三方专业评估监测机构接受教育督导机构的委托

开展评估监测的，不得向被评估监测单位收取费用，不得接受被评估监测单位的财物，不得出具虚假的评估监测报告。

第三章　督学管理

第十八条　督学是受教育督导机构的指派实施教育督导工作的人员，包括专职督学和兼职督学。

专职督学由县级以上人民政府根据教育督导工作需要任免。

兼职督学由教育督导机构按照国家规定的任职条件和程序聘任。

第十九条　督学开展教育督导，应当出示由县级以上人民政府或者教育督导机构颁发的督学证，遵守教育督导的有关规定，接受学生及其家长、教师和社会监督。

教育督导机构应当为督学开展工作，提供必要的工作经费和支持保障。

第二十条　督学有下列情形的，应当向教育督导机构申请回避：

（一）与被督导单位主要负责人存在近亲属关系的；

（二）配偶、父母或者子女在被督导单位就业或者就读的；

（三）系被督导单位工作人员或者从被督导单位离职不满三年的；

（四）可能影响客观公正实施教育督导其他情形的。

被督导单位发现督学存在前款规定情形的，应当向教育督导机构提出回避申请。

教育督导机构收到回避申请或者主动发现督学存在前款规定情形的，应当决定回避。

第二十一条　教育督导机构应当加强督学队伍建设，定期开展督学培训，支持督学开展教育督导科学研究和交流，提高督学的教育督导政策水平和专业能力。

第二十二条　教育督导机构应当定期对督学履行职责的情况进行考核，对工作业绩突出的督学给予褒扬；对考核不合格的，报告同级人民政府取消任命或者由教育督导机构予以解聘。

第四章督导结果运用

第二十三条　教育督导机构应当在综合督导或者专项督导结束后三十日内向本级人民政府提交督导报告，并报上一级教育督导机构备案。

第二十四条　教育督导机构的督导报告以及评估监测结果应当通过政府网站、新闻媒体等向社会公开。公众对督导报告有异议的，可以向教育督导机构反映。教育督导机构应当进行调查核实，并及时反馈核实情况。

第二十五条　教育督导机构发现被督导单位存在贯彻国家教育方针政策不坚决、履行教育职责不到位、办学不规范、教育教学质量下降、校园安全问题多，或者拒不接受教育督导等情况的，应当约谈被督导单位主要负责人，督促其改进工作。

第二十六条　教育督导机构的督导报告以及约谈、整改情况，应当作为县级以上人民政府及其相关部门作出教育决策、改进教育工作的重要依据，作为考核、奖惩被督导单位及其主要负责人的重要依据。

第五章法律责任

第二十七条　违反本条例的行为，法律、行政法规已有法律责任规定的，从其规定。

第二十八条　被督导单位对督导意见拒不整改或者整改不力的，教育督导机构应当给予通报批评，并向有关人民政府或者主管部门提出责任追究的建议；有关人民政府或者主管部门应当依法作出处分。

第二十九条　教育督导机构有下列情形之一的，对直接负责的主管人员和其他责任人员给予批评教育；情节严重的，依法给予处分：

（一）未按照规定周期实施教育督导的；

（二）未按照规定发出督导意见书的；

（三）未对被督导单位的整改情况进行核查或者跟踪督导的；

（四）未按照规定提交或者公布督导报告的；

（五）未按规定公布评估监测结果的。

第六章　附则

第三十条　本条例自2019年9月1日起施行。

浙江省宗教事务条例

浙江省第十三届人民代表大会常务委员会公告第 15 号

《浙江省宗教事务条例》已于2019年8月1日经浙江省第十三届人民代表大会常务委员会第十三次会议修订通过，现将修订后的《浙江省宗教事务条例》公布，自2019年11月1日起施行。

浙江省人民代表大会常务委员会

2019年8月1日

浙江省宗教事务条例

（1997年12月6日浙江省第八届人民代表大会常务委员会第四十一次会议通过　2006年3月29日浙江省第十届人民代表大会常务委员会第二十四次会议第一次修订　根据2014年11月28日浙江省第十二届人民代表大会常务委员会第十四次会议《关于修改〈浙江省水利工程安全管理条例〉等十件地方性法规的决定》修正　2019年8月1日浙江省第十三届人民代表大会常务委员会第十三次会议第二次修订）

第一条　为了保障公民宗教信仰自由，维护宗教和睦与社会和谐，规范宗教事务管理，提高宗教工作法治化水平，根据《中华人民共和国宪法》《宗教事务条例》和其他有关法律、行政法规，结合本省实际，制定本条例。

第二条　本省行政区域内的宗教事务及其相关管理

活动，适用本条例。

第三条 公民有宗教信仰自由。

任何组织或者个人不得强制公民信仰宗教或者不信仰宗教，不得歧视信仰宗教的公民或者不信仰宗教的公民。

信仰宗教的公民和不信仰宗教的公民、信仰不同宗教的公民应当相互尊重、和睦相处。

第四条 各宗教应当坚持中国化方向，践行社会主义核心价值观；坚持独立自主自办的原则，宗教团体、宗教院校、宗教活动场所和宗教事务不受外国势力的支配。

国家依法保护正常的宗教活动，积极引导宗教与社会主义社会相适应，维护宗教团体、宗教院校、宗教活动场所和信仰宗教公民的合法权益。

任何组织或者个人不得利用宗教干预行政、司法、教育等国家职能的实施。

宗教事务管理坚持保护合法、制止非法、遏制极端、抵御渗透、打击犯罪的原则。

第五条 宗教工作应当坚持中国共产党的领导。各级人民政府应当建立健全宗教工作机制，保障工作力量和必要的工作条件，推进宗教事务管理和行政执法。

宗教事务部门依法对涉及国家利益和社会公共利益的宗教事务进行行政管理，其他有关部门在各自职责范围内依法负责有关的行政管理工作。

乡（镇）人民政府、街道办事处应当明确宗教事务管理工作人员，将宗教事务纳入网格管理的内容，做好管辖区域内的宗教事务管理工作，协助开展有关宗教事务行政执法工作。

村民委员会、居民委员会应当依法协助人民政府管理宗教事务；发现利用宗教干预基层公共事务或者其他违法宗教活动的，应当及时向当地人民政府报告。

第六条 省宗教事务部门应当建立全省统一的宗教工作信息化平台，提升宗教事务管理信息化水平。

第七条 省宗教团体对其设立的宗教院校应当履行办学主体责任，明确宗教院校的培养目标；指导宗教院校制定办学章程、专业设置和课程设置计划；落实宗教院校必要的办学资金，为其开展教学活动提供必需的教学场所、设施设备，并为教职员工和学生提供必要的工作、学习和生活条件。

第八条 宗教院校应当建立健全各项规章制度，落实各项办学措施，加强在校学生教育培养，开展宗教教育培训和学术研究，维护正常的办学秩序。

宗教院校应当保障教职员工和学生的合法权益，依法为教职员工办理社会保险，为学生购买人身意外伤害保险等。

第九条 宗教院校应当按照审批核定的招生对象、范围、学制和规模进行招生。

宗教院校应当在招生前制定招生简章，经省宗教团体同意后，报省宗教事务部门备案。

宗教院校招生，应当由信仰宗教的公民自愿报名，经户籍所在地或者宗教教职资格认定备案地宗教团体推荐，通过考试，并征求省宗教事务部门意见后，择优录取。

第十条 省宗教团体设立的宗教院校聘用外籍专业人员，应当征得该宗教团体同意后，向省宗教事务部门提出申请。省宗教事务部门提出审核意见后，报国家宗教事务部门审批。国家宗教事务部门审查同意后，宗教院校到所在地外国人工作管理部门办理相关手续。

第十一条 宗教团体和寺观教堂开展培养宗教教职人员教育培训，学习时间在三个月以上的，应当报省或者设区的市宗教事务部门审批；三个月以下的，应当按照规定报相应宗教事务部门备案。

第十二条 风景名胜区内有宗教活动场所的，其所在地的县级以上人民政府应当协调、处理宗教活动场所与风景名胜区管理组织和园林、林业、文物、旅游等方面的利益关系，维护宗教活动场所、宗教教职人员和信仰宗教的公民的合法权益，保护正常的宗教活动。

以宗教活动场所为主要游览内容的风景名胜区的规划和建设，应当与宗教活动场所的风格、环境相协调。

宗教事务、公安、自然资源、住房和城乡建设、生态环境、文化和旅游、卫生健康、应急管理、财政、税务等有关部门到风景名胜区内的宗教活动场所依法执行公务的，风景名胜区管理组织应当给予配合。

第十三条 各地在制定或者调整与宗教活动场所有关的游览参观点门票价格时，应当充分听取宗教事务部门、有关宗教团体、游览参观点内宗教活动场所代表等有关方面的意见，维护宗教团体、宗教活动场所的合法权益。

第十四条 设区的市、县（市、区）宗教事务部门应当根据合理布局的原则，并征求有关部门和宗教团体的意见，提出宗教活动场所布局设置建议，逐级报省宗教事务部门提出意见后，经本级人民政府同意，纳入国土空间规划。

各级人民政府应当依法妥善处理宗教团体、宗教活动场所的土地使用、房产等历史遗留问题。

第十五条 宗教活动场所应当在有关宗教团体的指导下成立管理组织，实行民主管理。管理组织由宗教活动场所宗教教职人员或者符合该宗教规定的主持宗教活动的其他人员和所在地信仰宗教的公民代表等组成。

宗教活动场所管理组织成员，由该场所的宗教教职人员和信仰宗教的公民民主协商推选产生，并报该场所的登记管理机关备案。宗教活动场所管理组织每届任期不超过五年。管理组织成员未按规定履行职责，造成不良后果的，应当按照规定程序进行调整。

管理组织应当根据国家和省有关规定建立健全管理制度，处理宗教活动场所日常事务，加强财产和财务管理，维护宗教活动场所正常秩序和安全。

第十六条 在宗教活动场所内改建或者新建建筑物，应当经宗教事务部门批准。

扩建、异地重建寺观教堂，由宗教活动场所向拟扩建、异地重建场所所在地的县（市、区）宗教事务部门提出申请，并逐级报省宗教事务部门审批。

扩建、异地重建其他固定宗教活动处所，由宗教活动场所向拟扩建、异地重建处所所在地的县（市、区）宗教事务部门提出申请，并由县（市、区）宗教事务部门报设区的市宗教事务部门审批。

根据本条第一款至第三款规定建设宗教活动场所的，应当依法办理规划、用地、建设、消防等手续。

第十七条　宗教活动场所管理组织应当制定突发事件应急预案，报所在地的县（市、区）宗教事务部门备案。

宗教活动场所管理组织应当根据突发事件应急预案，定期开展演练。发生突发事件时，宗教活动场所应当启动应急预案，并立即报告所在地宗教事务、应急管理、公安等部门。

宗教活动场所应当按照国家和省有关规定安装技防设施或者技防系统，并保障其运行正常。

第十八条　宗教活动场所因情况发生变化，不符合宗教活动场所设立条件的，所在地宗教团体应当依法办理注销登记手续。宗教团体未按规定办理注销登记手续的，登记管理机关应当告知其在规定期限内依法办理；未在规定期限内依法办理的，原登记管理机关可以注销登记。

第十九条　信仰宗教的公民申请宗教临时活动地点，由信仰宗教的公民代表向县（市、区）宗教事务部门提出申请，县（市、区）宗教事务部门征求所在地宗教团体和乡（镇）人民政府、街道办事处意见后，可以按照国家有关规定为其指定宗教临时活动地点。

在县（市、区）宗教事务部门指导下，所在地乡（镇）人民政府、街道办事处负责对宗教临时活动地点的活动进行监督管理。村民委员会、居民委员会应当协助乡（镇）人民政府、街道办事处对宗教临时活动地点的活动进行监督管理。宗教临时活动地点负责人应当定期向乡（镇）人民政府、街道办事处报告活动开展和财务管理情况。

第二十条　任何组织或者个人进入宗教活动场所、宗教临时活动地点，应当尊重该宗教的信仰和习俗。

任何组织或者个人不得在宗教活动场所、宗教临时活动地点内进行不同信仰和不同教派之间的宣传和争执。

第二十一条　经认定并备案的非本省户籍的宗教教职人员，其户籍需要迁入本省的，应当经有关宗教团体推荐，报设区的市宗教事务部门审核，再按照有关规定办理户籍迁入手续。

第二十二条　宗教教职人员在省内跨设区的市或者县（市、区）主持宗教活动的，应当经所在地和前往地相应的宗教团体同意，并由该宗教团体报相应的设区的市或者县（市、区）宗教事务部门备案。天主教教职人员在省内跨教区主持宗教活动的，应当经省天主教团体同意，并由其报省宗教事务部门备案。

本省宗教教职人员应邀到省外主持宗教活动、担任主要教职或者省外宗教教职人员应邀到本省主持宗教活动、担任主要教职的，应当经本省有关宗教团体同意，并由该宗教团体报省宗教事务部门备案。

宗教教职人员以外的其他人员主持宗教活动的，应当符合该宗教规定要求，经有关宗教团体同意，并报设区的市宗教事务部门备案。

第二十三条　宗教团体、宗教院校、宗教活动场所举办非通常宗教活动，应当向宗教事务部门提出申请。宗教事务部门应当对申请人提交的申请材料进行审查，并征求活动举办地乡（镇）人民政府或者街道办事处意见，作出批准或者不予批准的决定。

举办非通常宗教活动，应当具备下列条件：

（一）符合宗教教义、教规和宗教习惯；

（二）确有举办非通常宗教活动的需要；

（三）有具体的活动方案，包括发生突发事件的应急预案等。

举办非通常宗教活动的宗教团体、宗教院校或者宗教活动场所，应当采取有效措施防止事故的发生，保证非通常宗教活动安全、有序进行。活动举办地的乡（镇）人民政府、街道办事处和有关部门应当按照各自职责实施必要的管理和指导。

本条例所称的非通常宗教活动，是指不定期、不经常举行的宗教活动，但跨省举行超过宗教活动场所容纳规模的大型宗教活动、在宗教活动场所外举行的大型宗教活动除外。

非通常宗教活动的管理办法由省宗教事务部门制定。

第二十四条　宗教团体、宗教院校和寺观教堂编印、发送宗教内部资料性出版物的，应当按照国家有关规定报省宗教事务部门批准，并取得省出版行政部门核发的准印证。

其他组织、个人不得编印、发送宗教内部资料性出版物。

第二十五条　从事互联网宗教信息服务，应当经省宗教事务部门审核同意后，按照国家和省互联网信息服务管理有关规定办理。

电信业务经营者、互联网服务提供者应当依法落实网络安全、信息内容监督制度和安全防范措施，发现法律、行政法规禁止发布或者传输的宗教信息的，应当立即停止传输，保存有关记录，删除相关信息，并向宗教事务部门、网信部门报告。

第二十六条　外国人在本省从事宗教活动应当遵守下列规定：

（一）不得干涉宗教团体、宗教院校、宗教活动场所、宗教临时活动地点内部事务；

（二）不得成立宗教组织、设立宗教办事机构、设立宗教活动场所或者开办宗教院校、举办宗教培训班；

（三）不得发展教徒、委任宗教教职人员、散发宗教宣传品；

（四）不得擅自在宗教团体、宗教院校、宗教活动场所、宗教临时活动地点讲经讲道；

（五）不得从事法律、法规、规章禁止的其他宗教活动。

第二十七条　宗教活动场所和宗教建筑中属于文物保护单位、历史建筑的，应当按照有关规定划定其保护范围，并可以根据保护的实际需要在文物保护单位、历史建筑的周围划出一定的建设控制地带。在保护范围和建设控制地带的建设活动，应当遵守有关规定。

前款所列的宗教活动场所改作他用的，应当征求省宗教事务部门的意见，并经相关管理部门批准或者备案。

第二十八条　宗教团体、宗教院校、宗教活动场所应当按照国家有关规定建立健全财务、资产、人员等管理制度，每年第一季度向所在地的宗教事务部门报告上一年度的财务状况、收支情况、人员变动等情况。

宗教团体、宗教院校、宗教活动场所主要负责人、担任主要教职的人员或者财务管理负责人离任，应当由宗教事务部门组织进行离任审计。

第二十九条　宗教团体、宗教院校、宗教活动场所违反国家安全、国土空间规划、建设、消防、治安管理、出版、文物保护、环境保护等法律、法规规定的，有关部门应当依法查处，宗教事务部门予以配合。

县级以上人民政府根据需要，可以组织有关部门开展联合执法。

第三十条　国家工作人员在宗教事务管理工作中滥用职权、玩忽职守、徇私舞弊，应当给予处分的，依法给予处分。

第三十一条　违反本条例第二十二条规定，宗教教职人员跨地区或者跨教区主持宗教活动、担任主要教职，未按有关规定备案的，由宗教事务部门责令改正；可以处五百元以上二千元以下罚款；有违法所得、非法财物的，没收违法所得和非法财物。

第三十二条　违反本条例第二十三条规定，未经批准擅自举办非通常宗教活动的，由宗教事务部门责令停止活动，可以对举办者处一万元以上十万元以下罚款；有违法所得、非法财物的，没收违法所得和非法财物。其中，非通常宗教活动是宗教团体、宗教院校、宗教活动场所擅自举办的，登记管理机关还可以责令该宗教团体、宗教院校、宗教活动场所撤换直接负责的主管人员。

第三十三条　在广场、公园、旅游景点、车站、码头、机场、医院、学校、体育场馆等公共场所散发宗教类出版物、印刷品或者音像制品等进行传教的，由宗教事务部门责令改正，可以处五百元以上三千元以下罚款；有违法所得、非法财物的，没收违法所得和非法财物。

乡（镇）人民政府、街道办事处或者相关单位发现前款规定的行为，应当予以劝阻、制止，并及时向宗教事务部门报告。

第三十四条　本条例自2019年11月1日起施行。

浙江省精神卫生条例

浙江省第十三届人民代表大会常务委员会公告第 17 号

《浙江省精神卫生条例》已于2019年9月27日经浙江省第十三届人民代表大会常务委员会第十四次会议通过，现予公布，自2019年12月1日起施行。

浙江省人民代表大会常务委员会

2019年9月27日

浙江省精神卫生条例

（2019年9月27日浙江省第十三届人民代表大会常务委员会第十四次会议通过）

第一条　为了发展精神卫生事业，规范精神卫生服务，促进公民心理健康，维护精神障碍患者的合法权益，根据《中华人民共和国精神卫生法》和有关法律、行政法规，结合本省实际，制定本条例。

第二条　本省行政区域内开展公民心理健康促进和精神障碍预防、诊断、治疗、康复等活动，适用本条例。

第三条　县级以上人民政府应当加强对精神卫生工作的领导，将其纳入国民经济和社会发展规划，加强心理健康促进和精神障碍预防宣传教育，建立完善精神障碍预防、治疗和康复服务体系，建立健全精神卫生工作协调机制和工作责任制，并将精神卫生工作纳入目标责任制考核。

乡（镇）人民政府、街道办事处应当根据本辖区实际情况，组织开展心理健康指导、精神卫生知识宣传教育和精神障碍预防、康复等工作。

各级人民政府应当根据精神卫生工作需要，加大财政投入，将精神卫生工作经费列入本级财政预算。

第四条　县级以上人民政府卫生健康行政部门主管本行政区域内的精神卫生工作。

县级以上人民政府发展改革、财政、司法行政、民政、公安、教育、医疗保障、人力资源社会保障等部门在各自职责范围内负责精神卫生相关工作。

第五条　残疾人联合会依照法律、法规或者接受政府委托，动员社会力量，开展精神卫生工作。

村（居）民委员会依照《中华人民共和国精神卫生法》和本条例规定开展精神卫生工作，并对所在地人民政府和有关部门开展精神卫生工作予以协助。

工会、共产主义青年团、妇女联合会、红十字会、科学技术协会等团体，以及社会工作服务机构、慈善组织和志愿服务组织等社会组织，根据职责或者章程，依法开展精神卫生相关工作。

第六条　县级以上人民政府卫生健康行政部门应当采取多种形式，组织开展经常性的精神卫生知识宣传教育活动，提升社会公众的精神卫生认知水平和精神障碍预防能力。

县级以上人民政府司法行政、民政、公安、教育、人力资源社会保障等部门应当在各自职责范围内，根据特定人群的心理特点，组织开展针对性的精神卫生知识宣传教育活动。

广播、电视、报刊、互联网站等媒体应当开展精神卫生知识公益性宣传，营造尊重、理解、关爱精神障碍患者的舆论环境。

第七条　县级以上人民政府卫生健康行政部门应当根据本行政区域实际情况，确定精神卫生防治技术管理机构，并落实相关工作经费。

精神卫生防治技术管理机构应当配备与其开展工作相适应的人员,并按照国家和省有关规定履行下列职责:

(一)心理健康促进和精神障碍预防、诊断、治疗、康复的技术指导和培训;

(二)严重精神障碍患者管理治疗工作的业务管理;

(三)严重精神障碍患者发病报告的信息管理;

(四)精神卫生知识宣传教育;

(五)国家和省规定的其他职责。

第八条　县级以上人民政府应当按照国家和省有关规定,设立精神专科医院。

二级甲等以上综合医院应当设立精神科。

基层医疗卫生机构应当配备专职或者兼职精神卫生防治人员。

第九条　各级人民政府和县级以上人民政府有关部门应当采取措施,鼓励和支持社会力量通过举办精神卫生医疗机构和康复机构、慈善捐赠、提供志愿服务、安排就业等形式参与精神卫生工作,依法落实国家和省规定的相关优惠政策。

本条例所称精神卫生医疗机构,包括精神专科医院和设立精神科的综合医院、中医院等。

第十条　各级人民政府应当加强社会心理服务体系建设,并按照国家和省有关规定,在县(市、区)、乡镇(街道)和有条件的村(社区)依托城乡社区综合服务设施或者基层综合治理工作平台等设置心理咨询室或者社会工作室,开展心理健康知识宣传,提供心理健康服务。

第十一条　各级人民政府应当采取措施,引导志愿服务组织和志愿者参与精神卫生工作,培育专业性志愿服务组织,鼓励和支持专业性志愿服务组织以及具备专业知识、技能的志愿者提供精神卫生专业性志愿服务。

第十二条　省卫生健康行政部门应当设立全省统一的二十四小时心理援助热线,并建立心理健康互联网服务平台,为社会公众提供心理健康咨询、心理危机干预等服务。

县级以上人民政府卫生健康行政部门应当建立突发事件心理危机干预专业队伍,发生突发事件后及时组织开展心理援助。

第十三条　机关、团体、企业事业单位和其他组织应当创造有益于职工身心健康的工作环境,重视本单位职工的心理健康,加强心理健康教育和服务;对处于职业发展特定时期、在特殊岗位工作或者经历突发事件的职工,应当有针对性地开展心理援助。

有条件的地方可以将心理健康评估纳入居民健康体检项目范围。城乡居民参加常规健康体检,可以自愿选择进行心理健康评估。

第十四条　各级各类学校应当把心理健康教育纳入教学内容,开设心理健康教育课程,开展学生心理健康促进和精神障碍预防工作。

高等院校应当设立心理健康教育和咨询机构,配备专职心理健康教育教师;中等专业学校、技工学校和中小学校应当设立心理辅导机构,配备专职或者兼职心理健康教育教师、辅导人员。

学前教育机构、特殊教育机构应当开展符合学生身心特点的心理健康教育。

第十五条　心理咨询机构应当依法登记,依照法律、法规、规章规定和执业规范要求提供心理咨询服务,不得从事心理治疗或者精神障碍的诊断、治疗。

心理咨询行业组织应当加强行业自律,建立健全行业规范,督促心理咨询机构和从业人员依法从事心理咨询活动。

县级以上人民政府卫生健康行政部门应当加强对心理咨询机构提供心理咨询服务的业务指导和监督检查,规范心理咨询机构服务活动,并指导心理咨询行业组织开展行业自律工作。

第十六条　乡(镇)人民政府、街道办事处应当按照国家和省有关规定,做好疑似精神障碍患者日常发现工作,为其就诊或者接受心理健康辅导、心理咨询等提供帮助。村(居)民委员会、基层医疗卫生机构应当协助乡(镇)人民政府、街道办事处做好相关工作。

第十七条　对自行就诊和依法送诊的疑似精神障碍患者,精神卫生医疗机构应当按照国家规定的诊断标准和规范作出诊断;诊断结论、病情评估报告表明就诊者为严重精神障碍患者的,应当按照国家和省有关规定做好发病报告工作;依照《中华人民共和国精神卫生法》有关规定应当实施住院治疗的,应当对其实施住院治疗。

第十八条　精神卫生医疗机构应当执行传染性疾病筛查、转诊会诊等制度。

住院精神障碍患者伴发传染性疾病的,精神卫生医疗机构应当及时组织会诊;必要时,由县级以上人民政府卫生健康行政部门协调转诊。

第十九条　精神卫生医疗机构应当执行住院管理制度,维护精神障碍患者合法权益,保护其人身安全,并为其创造尽可能接近正常生活的环境和条件。

住院精神障碍患者擅自离院的,精神卫生医疗机构应当立即查找并通知其监护人、近亲属或者送诊单位;患者下落不明的,应当立即报告当地公安机关协助查找。

已经发生危害他人安全行为或者有危害他人安全危险的住院严重精神障碍患者擅自离院的,可以由公安机关协助精神卫生医疗机构或者患者的监护人、近亲属、送诊单位及时将其送回治疗。

第二十条　住院精神障碍患者经治疗达到出院标准的,应当及时办理出院手续。

患者本人没有能力办理出院手续的,由其监护人为其办理;监护人办理出院手续确有困难的,由患者住所地村(居)民委员会协助办理。

查找不到监护人的患者,无法按照前两款规定办理出院手续的,由县(市、区)人民政府民政部门为其办理。

第二十一条　县级以上人民政府应当建立健全精神卫生医疗机构、精神障碍社区康复机构以及社会组织、家庭相互衔接的精神障碍社区康复服务体系。

县(市、区)人民政府应当根据本行政区域实际情况,统筹规划和建设精神障碍社区康复机构，为患者提供日间照料服务和生活自理能力、社会适应能力、职业康复等训练服务。每个县（市、区）至少设立一家政府举办的精神障碍社区康复机构。

精神卫生社会福利机构和有条件的残疾人康复机构应当开展精神障碍社区康复服务。新建城乡社区服务机构、政府投资新建的残疾人托养机构应当具备精神障碍社区康复服务功能。鼓励已建成的城乡社区服务机构、残疾人托养机构创造条件，提供精神障碍社区康复服务。

鼓励和支持社会力量举办精神障碍社区康复机构，提供专业化、多元化康复服务。

精神卫生医疗机构和基层医疗卫生机构应当为精神障碍社区康复机构和精神障碍患者提供技术指导和帮助。

第二十二条　县级以上人民政府及其有关部门应当采取措施，拓宽就业渠道，创造就业条件，对已经康复的人员进行职业技能培训和就业指导，扶持有劳动能力的精神障碍患者从事力所能及的劳动。

病情稳定的患者经功能评估合格并具有就业能力的，精神障碍社区康复机构可以推荐其就业，并协助做好辅导工作。

为精神障碍患者提供就业岗位的用人单位，按照国家和省有关规定享受优惠政策。

第二十三条　县级以上人民政府医疗保障部门应当按照国家和省有关规定，将精神障碍患者的诊疗费用纳入基本医疗保险支付范围。

县级以上人民政府医疗保障部门应当会同卫生健康、民政、财政、残疾人联合会等部门和团体，建立健全精神障碍患者医疗费用即时结报系统，实行医保支付、医疗救助和残疾人补助等一站式结算。

严重精神障碍患者参加基本医疗保险的个人缴费部分，由当地政府给予全额资助。

第二十四条　对属于特困供养人员、最低生活保障家庭和最低生活保障边缘家庭的精神障碍患者，应当依照《浙江省社会救助条例》有关规定给予救助。

符合精神残疾标准且本人或者其监护人自愿提出申请的精神障碍患者，应当按照规定纳入残疾人证发放范围，依法享有国家和省规定的社会保障权益。

第二十五条　公安机关送诊的身份不明的肇事肇祸精神障碍患者，医疗机构应当予以收治，其应急医疗产生的急救费用可以由县级以上人民政府设立的疾病应急救助基金支付。

第二十六条　精神障碍患者的监护人应当履行下列职责：

（一）积极参加相关培训，提升精神卫生知识水平，增强患者护理和自我保护以及意外事件预防、应对、处置能力；

（二）妥善看护患者，照料其日常生活，防止其伤害自身或者危害他人；

（三）及时安排或者协助患者就诊，配合开展治疗，并按照规定为其办理住院和出院手续；

（四）按照医嘱督促患者按时服药、接受治疗，配合社区随访等服务管理活动；

（五）帮助患者进行居家康复训练，协助社区康复机构开展康复训练；

（六）患者出现肇事肇祸行为或者危险时，及时报告所在地公安机关和村（居）民委员会，并协助做好应急处置。

卫生健康、民政、残疾人联合会等部门和团体以及乡（镇）人民政府、街道办事处、村（居）民委员会在工作中发现精神障碍患者的监护人怠于履行监护职责的，应当对其进行批评、教育，督促其履行监护职责；情节严重的，由公安机关予以训诫，并责令改正。

第二十七条　县（市、区）人民政府应当通过看护补贴等方式，对生活困难的严重精神障碍患者家庭和履行监护职责的严重精神障碍患者监护人给予补助，具体办法由省财政部门会同卫生健康等部门制定。

严重精神障碍患者监护人的所在单位应当为监护人履行监护职责提供支持和帮助，可以通过实行弹性工时制度、给予必要的陪护时间等方式，为监护人看护、照料患者提供便利。

第二十八条　县级以上人民政府及其有关部门、精神卫生医疗机构和康复机构应当采取措施，加强对精神卫生工作人员的职业保护和专业培训，保障并改善工作条件，落实津贴制度。津贴制度具体办法由省人力资源社会保障行政部门会同财政等部门按照规定制定。

第二十九条　违反本条例规定的行为，法律、行政法规已有法律责任规定的，从其规定。

第三十条　本条例自2019年12月1日起施行。

政府规章选登
Selection of Government Regulations

浙江省地质灾害治理工程质量和安全生产管理办法

浙江省人民政府第373号令

《浙江省地质灾害治理工程质量和安全生产管理办法》已经省人民政府第14次常务会议审议通过，现予公布，自2019年2月1日起施行。

浙江省地质灾害治理工程质量和安全生产管理办法

第一章　总则

第一条　为了加强地质灾害治理工程的质量和安全生产管理，控制和减轻地质灾害，保护人民生命和财产安全,依据《地质灾害防治条例》《建设工程质量管理条例》《建设工程安全生产管理条例》和其他有关法律、法规规定,结合本省实际,制定本办法。

第二条　本省行政区域内因自然因素引发的山体崩塌、滑坡、泥石流、地面塌陷等地质灾害和地质灾害隐患治理工程(以下简称地质灾害治理工程)的质量和安全生产,以及相应的监督管理,适用本办法。

第三条　地质灾害治理工程的质量和安全生产管理遵循安全第一、质量至上、管理规范、及时高效的原则,实行政府领导、属地管理、行业监管、从业单位负责的质量和安全生产管理体系。

第四条　县级以上人民政府应当加强对地质灾害治理工程质量和安全生产管理工作的领导,督促有关部门依法履行工程质量和安全生产管理职责,保障地质灾害治理工程质量和安全生产管理所需的人员、装备,所需经费纳入同级财政预算。

乡镇人民政府(街道办事处)依照本办法规定做好本行政区域内地质灾害治理工程的质量和安全生产管理工作。

第五条　县级以上地质灾害防治主管部门负责本行政区域内地质灾害治理工程的质量和安全生产管理工作。

跨行政区域的地质灾害治理工程的质量和安全生产管理工作,由共同上一级地质灾害防治主管部门确定。

县级以上住房和城乡建设、交通运输、水利、应急管理等有关部门依照有关法律、法规、规章规定和各自职责,做好地质灾害治理工程的质量和安全生产管理的相关工作。

第六条　对于地质灾害和地质灾害隐患的工程治理,地质灾害防治主管部门应当在充分调查的基础上确定采取应急排险、应急治理或者常规治理工程等治理方式。

地质灾害常规治理工程分为大、中、小三个类型,其划分标准按照国家有关规定执行。

第七条　从事地质灾害治理工程的建设、勘查、设计、施工、监理等单位,以及提供相关服务的市场中介机构和设备、材料的供应单位(以下统称从业单位),依照有关法律、法规、规章以及本办法规定和合同约定,履行工程质量和安全生产管理义务,承担工程质量和安全生产责任。

从业单位应当建立工程质量和安全生产保证体系,加强从业人员培训、教育和管理。从业单位、从业人员在工程设计使用年限内对工程质量依法承担相关责任,在工程建设期间对工程安全生产依法承担相关责任。

第八条　鼓励地质灾害治理工程采用新技术、新工艺、新材料、新设备,加大科学研究和技术创新,加强地质灾害治理工程信息化建设,提高地质灾害治理工程质量和安全生产管理水平。

第九条　公民、法人和其他组织应当积极支持地质灾害治理工作,为地质灾害治理工程的实施提供便利,不得无理阻挠、妨碍地质灾害治理工程建设。

第二章　从业单位责任

第十条　县(市、区)地质灾害防治主管部门可以自行组建相关单位或者协调确定受益单位作为地质灾害治理工程的建设单位。

对中、小型地质灾害治理工程,县(市、区)人民政府可以按照有关规定指定有关乡镇人民政府(街道办事处)负责组建地质灾害治理工程的建设单位。

跨县(市、区)以上行政区域的地质灾害治理工程,由共同上一级地质灾害防治主管部门协调组建地质灾害治理工程的建设单位。

第十一条　建设单位对地质灾害治理工程质量和安全生产进行全面管理,履行下列职责:

(一)制定质量和安全生产管理制度;依照国家和省有关规定设置质量和安全生产管理机构,或者配备具有相应管理能力的管理人员;督促参与建设的从业单位履行各自职责。

(二)组织编制工程造价文件,并对工程造价进行全过程管理和控制。(三)依法通过招标投标程序将地质灾害治理工程发包,或者委托给具有相应资质等级的单位并依法签订合同;不得明示或者暗示勘查、设计、施工、监理、试验检测单位违反地质灾害防治相关工程标准和安全生产要求。

(四)建立隐患排查治理和风险管控机制,对发现的工程质量问题和安全生产隐患及时组织整改或者督促相关责任单位落实整改。

(五)组织开展工程勘查、设计的评审和工程验收,并对评审和验收结果负责;评审和验收结果应当报送工程所在地县(市、区)地质灾害防治主管部门备案。

第十二条　勘查单位对地质灾害治理工程勘查质量和安全生产负责,履行下列职责:

(一)针对地质环境条件、致灾地质体特征和危害程度,制定相应的工程勘查设计书或者勘查方案,其中,中、小型地质灾害治理工程可以合并勘查阶段。

(二)勘查工作应当满足国家规定的规程规范、委托书、勘查合同以及相应阶段要求;各项野外工作应当进行现场验收或者委托第三方复核;勘查成果应当准确、可靠。

(三)参加设计交底、相关重大设计变更、现场验槽、单元工程阶段性验收、质量事故分析以及工程初步验收与竣工验收等工作。

(四)在施工期间验证已有的勘查成果;当出现重大地质勘查结论变化时,应当及时通知建设单位并组织补充勘查。

第十三条　设计单位对地质灾害治理工程设计质量和安全生产负责,履行下列职责:

(一)按照勘查成果和国家规定的规程规范开展治理工程设计,其中,中、小型地质灾害治理工程可以合并设计阶段;设计文件应当符合国家规定的设计深度要求,注明工程合理使用年限。

(二)对工程施工可能存在的安全风险进行分析,并提出相应风险防控措施。

(三)施工中发现地质条件变化时,应当及时变更设计;对重大设计变更的,应当提供变更相关的设计报告或者设计说明书。

(四)负责设计交底、过程设计服务,参加现场验槽、单元工程阶段性验收,质量事故分析以及工程初步验收与竣工验收等工作。

(五)在设计中采用新技术、新工艺、新材料、新设备的,应当说明其技术性能和使用注意事项,并提出质量保障措施。

第十四条 施工单位对地质灾害治理工程施工质量和安全生产负责,履行下列职责:

(一)配备项目负责人和相关专业技术人员,明确专职质量和安全生产管理人员,并经监理、建设单位认可;项目负责人、技术负责人、施工员、质检员、安全员等主要管理人员在岗率应当满足施工合同以及有关规定的要求;调整主要管理人员的,应当书面征得建设单位同意;主要管理人员不得同时在其他工程项目兼职。

(二)根据施工合同、设计文件以及国家规定的规程规范编制施工组织方案,明确保证质量和安全生产的具体措施,保障工程施工安全生产条件。

(三)建立工程质量和安全生产隐患排查治理、风险管控、质量检验制度,及时整改工程质量问题和安全生产隐患,负责返修存在质量问题和验收不合格的工程。

(四)施工中发现地质条件变化的,应当及时通知建设单位和监理单位。

(五)开展施工安全专项风险评估,对危险性较大的土方开挖、模板及支撑体系、人工挖孔桩等分部分项工程,应当编制安全专项施工方案。

(六)采取必要的安全防护措施,防止无关人员和机械设备进入施工现场;设置明显的安全警示标志和防护设施;施工现场的办公、生活区不得设置在地质灾害危险区。

第十五条 地质灾害治理工程实行施工总承包制,施工单位不得将其承接的工程进行转包或者违法分包。爆破、土石方等部分非主体、非关键性工程确需分包的,应当符合招标投标法律、法规、规章的规定并征得建设单位的同意。

施工总包方对工程质量和安全生产负总责,分包方对其分包的工程质量和安全生产负责。施工总包方应当对分包的工程进行全面质量监督和安全生产管理。

第十六条 施工过程中的工程重大设计变更报告或者说明书,由建设单位组织专家评审。具备下列情形之一的,属于重大设计变更:

(一)因施工中发现地质条件或者环境条件变化而引起的地质灾害治理主体工程类型、结构、数量以及位置和范围的调整,需要对工程的安全性重新复核论证的;

(二)变更项目增减投资预算比例大于施工合同价的10%(含)或者增减投资预算总额大于50万元(含)的。

第十七条 施工单位应当根据设计要求做好地质灾害治理工程监测工作并形成监测记录。监测周期包含施工期以及初步验收后不少于一个水文年。设计文件要求委托第三方进行监测的,由建设单位另行委托。

第十八条 监理单位对监理的地质灾害治理工程质量和安全生产负责,履行下列职责:

(一)编制监理规划和监理实施细则,建立与项目规模、专业相适应的监理机构,确定总监理工程师和监理人员。监理人员不得擅自调整,确需调整的,应当符合监理合同约定要求并征得建设单位同意。

(二)组织设计交底,审查施工组织方案、工程开工报告以及危险性较大的分部分项工程专项施工方案。

(三)检查施工单位的质量和安全生产保护措施落实情况;核查主要管理人员和关键设备到位情况、相关从业人员依法应当取得的执业资格证书或者考核合格证书情况、设备合格证书和施工技术档案情况。

(四)监督施工单位落实施工组织方案、专项施工方案和安全生产措施;督促施工单位及时整改工程质量问题,消除安全生产隐患。

(五)监理工程师应当按照工程监理规范的要求,采取旁站、巡视和平行检验等形式对工程实施监理,并及时、真实、完整地做好监理记录。

第十九条 从事地质灾害治理工程咨询、招标代理、试验检测等相关服务的市场中介机构和设备、材料的供应单位,应当依照有关法律、法规、规章规定和合同约定提供服务并对服务质量负责。

第二十条 地质灾害治理工程的勘查、设计成果以及施工组织方案、监理规划等技术文件,应当符合相关法律、法规、规章规定,工程建设强制性标准、规程规范以及合同约定。

任何单位和个人不得擅自压缩工程勘查、设计周期和施工工期;不得提供虚假的工程资料;不得代签有关工程资料。

第二十一条 地质灾害治理工程从业单位应当按照档案管理有关法律、法规、规章规定,及时、真实、完整记录工程建设过程中的信息资料,建立工程项目档案,并及时向建设单位移交。符合《浙江省实施〈地质资料管理条例〉办法》规定的资料汇交,从其规定。

第三章 验收与维护

第二十二条 地质灾害治理工程的验收分为初步验收和竣工验收两个阶段。

初步验收在工程完工且自检合格后进行。工程的试运行期为初步验收合格后不少于一个水文年。试运行期内发生严重质量问题的,试运行期自修复合格后顺延一个水文年。有特殊要求的地质灾害治理工程,试运行期在合同中约定。竣工验收在试运行期结束后进行。

第二十三条 地质灾害治理工程的初步验收,由建设单位组织勘查、设计、施工、监理等单位以及相关专家进行;地质灾害治理工程的竣工验收,由县级以上地质灾害防治主管部门组织进行。

第二十四条 地质灾害治理工程的验收应当以有关法律、法规、规章、标准、勘查设计文件、施工合同等为主要依据,结合实体工程现场及技术资料、检验试验结果报告,以及相应检(监)测记录、施工与监理总结报告、施工过程影像、工程质量监督报告等资料进行。工程竣工验收应当评定工程质量等级。

第二十五条　地质灾害治理工程施工单位在向建设单位提交工程竣工验收报告时，应当出具质量保修书。质量保修书中应当明确地质灾害治理工程的保修范围、保修期限和保修责任等。

保修期自竣工验收通过之日起计算。保修期限以施工合同约定的期限为准。国家对保修期限有明确规定的，施工合同约定的保修期限不得低于国家规定。

第二十六条　通过竣工验收的地质灾害治理工程实行标牌公示制度。标牌应当注明工程名称，主要从业单位名称、法定代表人以及项目负责人姓名，工程使用期限等，接受社会监督。

第二十七条　通过竣工验收的地质灾害治理工程，在保修期内发生质量问题的，由施工单位负责维修。因建设、勘查、设计、监理单位的原因造成的质量问题，所需维修费用由相关责任方按照国家和省有关规定承担。因不可抗力造成的工程质量问题，不属于保修责任范围。

第二十八条　竣工验收合格后，地质灾害治理工程的管理维护单位依照《地质灾害防治条例》的规定确定。

管理维护单位应当建立管理维护制度，确定管理人员，对工程及其运行状况进行定期和不定期的检查巡查，做好日常维护、保养和保护，并形成维护保养记录。

第四章　应急排险和应急治理

第二十九条　出现和发现地质灾害灾情或者险情后，县(市、区)地质灾害防治主管部门应当会同同级应急管理部门及时组织具有相应资质的单位进行应急调查，并根据灾情、险情的危害、发展趋势等情况，提出治理方案建议。

第三十条　经应急调查后，认为可以通过清坡、简单支挡、填埋裂缝以及修筑截(排)水沟等简易措施消除危害的，县(市、区)地质灾害防治主管部门可以直接委托具有相应资质的单位编制应急排险方案，由所在地乡镇人民政府(街道办事处)组织实施。

第三十一条　乡镇人民政府(街道办事处)依据应急排险方案组织具有地质灾害治理能力的单位或者人员进行处置。应急排险措施的工程造价除特殊情况外应当控制在10万元以下。

第三十二条　经应急调查后，认为地质灾害灾情或者险情规模较小，可以在较短时间内通过应急治理消除危害的，县(市、区)地质灾害防治主管部门可以直接委托具有相应资质的单位编制应急治理设计方案，报经本级人民政府同意后组织实施。应急治理工程的工程造价除特殊情况外应当控制在50万元以下。

地质灾害应急治理工程应当按照本办法有关地质灾害治理工程的规定实施，但可以简化有关程序，合并初步验收和竣工验收。具体办法由省地质灾害防治主管部门会同省应急管理部门制定。

第五章　监督管理

第三十三条　县级以上地质灾害防治主管部门应当建立健全地质灾害治理工程质量和安全生产管理责任制等制度;根据本级人民政府和上级地质灾害防治主管部门的要求，制定年度监督检查计划并组织实施;参与或者根据本级人民政府的授权组织工程质量和安全生产事故的调查、处理。

县级以上地质灾害防治主管部门可以通过政府购买服务等方式，委托社会专业机构或者聘请专家提供相关技术服务，辅助履行地质灾害治理工程质量和安全生产监督管理责任。

第三十四条　乡镇人民政府(街道办事处)应当支持、配合地质灾害防治主管部门做好地质灾害治理工程项目的质量与安全生产管理，保障项目顺利实施，并履行下列职责：

(一)对地质灾害治理工程进行日常巡查，发现工程建设中存在违法行为的，应当及时报告;

(二)协助、配合做好土地使用、青苗补偿等政策处理工作;

(三)协助处理地质灾害治理工程实施中发生的相关纠纷。

第三十五条　建设单位应当将大、中型地质灾害治理工程的施工图设计文件，委托第三方审查机构审查，并将第三方审查机构出具的审查意见报送工程所在地县(市、区)地质灾害防治主管部门。

第三十六条　从事地质灾害治理工程勘查、设计、施工、监理的单位应当在项目合同签订后10个工作日内，向工程所在地县(市、区)地质灾害防治主管部门备案，接受工程质量和安全生产监督检查。

第三十七条　地质灾害防治主管部门可以采用资料审查、进入施工现场进行实地踏勘以及检查、在线监控等方式进行质量和安全生产监督。

被检查单位和有关人员应当配合地质灾害防治主管部门依法实施监督检查，如实提供相关情况和资料，不得拒绝、阻挠或者隐匿、谎报有关情况和资料。

第三十八条　从业单位应当依照国家和省有关规定，制定相应的生产安全事故应急预案，并定期组织演练或者参与演练。

发生生产安全事故的，有关从业单位和监督管理部门应当依照国家和省有关规定启动应急预案，及时进行处置，并如实报告事故情况。

第三十九条　县级以上地质灾害防治主管部门负责建立从业单位和从业人员信用体系建设工作机制，依照《浙江省公共信用信息管理条例》以及国家和省有关规定，记录有关从业单位和从业人员的信用信息，并对列入严重失信名单者实施联合惩戒。

第四十条　任何单位和个人有权对地质灾害治理工程建设活动和监督管理中的违法行为向地质灾害防治主管部门以及其他有权机关举报和投诉。地质灾害防治主管部门以及其他有权机关应当依法予以受理并作出处理。

第六章　法律责任

第四十一条　从业单位和从业人员违反本办法规定的行为，工程建设、安全生产和地质灾害防治有关法律、法规、规章已有法律责任规定的，从其规定。

第四十二条　建设单位违反本办法第十一条第四项规定，未及时组织整改或者督促相关责任单位落实整改的，由县(市、区)地质灾害防治主管部门责令限期改正;逾期不改正的，处5千元以上5万元以下罚款;情节严重的，处5万元以上10万元以下罚款。

第四十三条　勘查、设计单位违反本办法第十二条、第十三条规定，有下列情形之一的，由县(市、区)地质灾害防治主管部门责令限期改正;逾期不改正的，处3千元以上3万元以下罚款;情节严重的，处3万元以上10万元以下罚款：

(一)勘查单位的各项野外工作未进行现场验收或者委托第三方复核的;(二)设计单位在明知施工地质条件发生变化时，未及时变更设计的;(三)设计单位对采用新技术、新工艺、新材料、新设备，未说明其技术性能和使用注意事项并提出相应质量保障措施的。

第四十四条 施工单位违反本办法第十四条规定，有下列情形之一的，由县(市、区)地质灾害防治主管部门责令限期改正;逾期不改正的，处1万元以上5万元以下罚款;情节严重的，处5万—14—元以上10万元以下罚款：

(一)擅自调整主要管理人员或者主要管理人员未按规定在岗履职以及同时在其他工程项目兼职的;

(二)未按规定编制施工组织方案，明确保证质量和安全生产的具体措施的;

(三)施工中发现地质条件变化，未及时通知建设单位和监理单位的。

第四十五条　监理单位违反本办法第十八条规定，有下列情形之一的，由县(市、区)地质灾害防治主管部门责令限期改正;逾期不改正的，处5千元以上5万元以下罚款;情节严重的，处5万元以上10万元以下罚款：

(一)未征得建设单位同意擅自调整监理人员的;

(二)未按规定做好监理记录的。

第四十六条　县级以上地质灾害防治主管部门和其他有关部门、乡镇人民政府(街道办事处)及其工作人员，有下列情形之一并造成一定后果的，由有权机关对负有直接责任的主管人员和其他直接责任人员依法给予处分：

(一)违规干预工程质量和安全生产管理工作的;

(二)在监督管理中发现质量和安全生产问题未及时处理的;

(三)接到有关工程质量和安全生产问题的投诉、举报后未及时受理或者未依法处理的;

(四)迟报、漏报、谎报或者瞒报质量和生产安全事故的;

(五)有其他玩忽职守、滥用职权、徇私舞弊行为的。

第四十七条　违反本办法规定，构成违反治安管理行为的，由公安机关依法予以处罚;构成犯罪的，由司法机关依法追究刑事责任。

第七章　附则

第四十八条　本办法所称危险性较大的分部分项工程的范围和规模，由省地质灾害防治主管部门确定。国家另有规定的，从其规定。

本办法第三十一条和第三十二条第一款中所称的特殊情况，由县(市、区)地质灾害防治主管部门认定。

第四十九条　因工程建设等人为活动引发的地质灾害，其治理工程的质量和安全生产，按照谁引发、谁治理的原则，由责任人参照本办法做好质量和安全生产管理工作。地质灾害防治主管部门应当加强监督和指导。造成生态环境损害的，由责任人依照国家和省有关规定承担生态环境损害赔偿责任。

第五十条　本办法自2019年2月1日起施行。

浙江省水域保护办法

浙江省人民政府第375号令

《浙江省水域保护办法》已经省人民政府第16次常务会议审议通过，现予公布，自2019年5月1日起施行。

浙江省水域保护办法

第一条　为了加强水域保护，维护和发挥水域在防洪、排涝、蓄水、供水、生态环境等方面的功能，根据《中华人民共和国水法》《中华人民共和国防洪法》《浙江省河道管理条例》《浙江省水利工程安全管理条例》等法律、法规规定，结合本省实际，制定本办法。

第二条　本办法所称水域，是指江河、溪流、湖泊、人工水道、行洪区、蓄滞洪区、水库、山塘及其管理范围，不包括海域和在耕地上开挖的鱼塘。

第三条　水域保护工作应当坚持科学规划、分类管理、严格控制、占补平衡的原则。

第四条　县级以上人民政府应当加强对水域保护工作的领导，采取措施，确保本行政区域内的水域面积不减少、功能不减退。

县级以上人民政府水行政主管部门负责本行政区域内的水域保护工作，其他有关部门、乡(镇)人民政府、街道办事处按照各自职责做好水域保护工作。

第五条　县级以上人民政府水行政主管部门应当会同有关部门组织编制水域保护规划，经征求上级水行政主管部门意见后，报本级人民政府批准并公布。

水域保护规划应当根据流域、区域综合规划和防洪、排涝、供水、水土保持等专业规划，明确水域总体布局、水域功能、水域范围和水域保护措施等内容，并确定本行政区域内的基本水面率。

第六条　水域保护规划应当与土地利用总体规划、城市总体规划、县(市)域总体规划、生态环境功能区规划等相衔接。

编制或者修改城乡建设、交通设施、土地利用等专项规划,涉及水域的,应当与水域保护规划相衔接。确需调整水域的,应当编制水域调整方案,进行科学论证,并征得有关水行政主管部门同意。

第七条　水域保护规划一经批准,必须严格执行;需要修改的,应当按照规划编制程序经原批准机关批准。

第八条　下列水域为重要水域,实行特别保护:

(一)饮用水水源保护区内的水域;

(二)国家和省级风景名胜区核心景区、省级以上自然保护区内的水域;

(三)蓄滞洪区;

(四)省级、市级河道以及其他行洪排涝骨干河道;

(五)总库容10万立方米以上的水库;

(六)面积50万平方米以上的湖泊;

(七)其他环境敏感区内的水域。

第九条 重要水域名录由县级以上人民政府水行政主管部门会同生态环境等有关部门按照管理权限确定,报本级人民政府公布。公布的重要水域名录应当明确水域名称、位置、类型、范围、面积、主要功能等内容。

第十条　非基础设施建设项目一律不得占用重要水域。基础设施建设项目一般不得占用重要水域;政府组织实施的能源、交通、水利等基础设施建设项目确需占用重要水域的,应当按照有关规定办理审批手续。

第十一条　建设项目占用水域的,应当符合水域保护规划和有关技术标准、技术规范,不得危害堤防安全、影响河势稳定、妨碍行洪畅通、损害生态环境。

建设项目占用水域的,应当根据被占用水域的面积、容积和功能,采取功能补救措施或者建设等效替代水域工程。

第十二条　采取功能补救措施或者建设等效替代水域工程应当与建设项目同步实施、同步验收,其费用列入建设项目工程概算。

等效替代水域工程原则上应当在本县(市、区)范围内建设。建设单位可以自行建设等效替代水域工程,也可以委托具备相应条件的单位代为建设。

第十三条　建设项目占用水域的,建设单位按照《中华人民共和国防洪法》《浙江省河道管理条例》《浙江省水利工程安全管理条例》等法律、法规规定办理工程建设方案审批时,水行政主管部门应当对功能补救措施方案或者等效替代水域工程方案进行水域占补平衡论证。

建设单位应当严格按照经批准的工程建设方案,采取功能补救措施或者建设等效替代水域工程。

第十四条　城市建成区改造和经济技术开发区、高新技术园区、旅游度假区、特色小镇、工业园区等建设,确需调整水域的,有关管理机构应当根据水域保护规划确定的控制指标与保护措施等要求,编制区域水域调整方案。

区域水域调整方案应当进行科学论证,经设区的市或者县(市、区)水行政主管部门审核后,报本级人民政府批准。

有关管理机构按照区域水域调整方案组织实施的,区域范围内的建设项目不再另行办理占用水域占补平衡等相关手续。

第十五条　禁止下列占用水库水域的行为:

(一)利用船坞等水上设施侵占水库水域从事餐饮、娱乐等经营活动;

(二)在水库设计洪水位以下进行危害防洪、供水、水资源保护、水力发电、灌溉等建设活动;

(三)在水库移民线以下建设与水库保护和水工程运行管理无关的住宅、商业用房、办公用房、厂房等建筑物、构筑物。

第十六条　省水行政主管部门应当建立统一的水域信息管理系统。县级以上人民政府水行政主管部门应当将水域名称、位置、类型、范围、面积、主要功能等信息录入水域信息管理系统,定期对水域面积、功能、利用状况等内容进行监测和评价。

第十七条　县级以上人民政府水行政主管部门应当会同有关部门定期对本行政区域内水域的水质、水文、水生生物、底泥、水资源开发利用等情况进行健康评估,并提出维持和改善水域健康状况的措施。

第十八条　县级以上人民政府水行政主管部门应当加强对占用水域活动的监督检查。被检查单位或者个人应当配合水行政主管部门依法实施的监督检查,如实提供相关情况和资料,不得拒绝、阻挠或者隐匿、谎报有关情况和资料。

第十九条　市、县级河(湖)长负责协调和督促有关主管部门制定责任水域治理和保护方案,推动有关涉及水域的规划衔接和统一,督促有关主管部门处理和解决责任水域出现的问题、依法查处有关违法行为。

乡、村级河(湖)长应当加强对责任水域的巡查,及时劝阻占用水域等违法行为,并履行报告职责。

第二十条　县级以上人民政府及其有关部门应当采取措施,鼓励水域保护科学研究,做好水域保护宣传工作,增强社会公众的水域保护意识。

公民、法人或者其他组织发现水域占用违法行为的,可以向该水域的河(湖)长或者有关主管部门投诉、举报。

第二十一条　县级以上人民政府水行政主管部门可以对违法占用水域行为及整改情况予以通报,遇到重大问题应当及时向本级人民政府和上级水行政主管部门报告。

第二十二条　县级以上人民政府应当将水域保护规划确定的基本水面率等指标纳入地方人民政府生态建设和河(湖)长制考核评价内容,并纳入领导干部自然资源资产离任审计范围。

省水行政主管部门应当完善水域保护考核体系,加强对全省水域保护规划执行情况的评估、监督和考核。

省、设区的市水行政主管部门、生态环境保护主管部门对水域保护工作不力的下级人民政府和有关部门,可以要求其说明情况、提出整改措施,并督促落实。

第二十三条　对违反本办法规定的行为,法律、法规已有法律责任规定的，从其规定。

第二十四条　县级以上人民政府及其有关部门违反本办法规定，有下列行为之一的，由上级人民政府或者有关主管部门依照职权责令改正；情节严重的，对直接负责的主管人员和其他直接责任人员依法给予处分：

（一）未依法编制或者修改水域保护规划的；

（二）未依法公布重要水域名录的；

（三）未按规划实施水域保护措施的；

（四）对违法占用水域行为整改不力的。

第二十五条　违反本办法第十三条规定，建设单位未按照规定采取功能补救措施或者建设等效替代水域工程的，由县级以上人民政府水行政主管部门责令其限期改正，并可以处1万元以上10万元以下的罚款。

第二十六条　违反本办法第十五条规定，由县级以上人民政府水行政主管部门责令停止违法行为，限期改正；逾期不改正的，处1万元以上5万元以下的罚款。

第二十七条　本办法下列用语的含义：

（一）占用，是指填埋、覆压、跨越、穿越水域，使水域面积减少或者功能受到影响的行为。

（二）基本水面率，是指一定区域范围内，按照以不减少现状水域面积为基础，同时满足经济社会发展对水域防洪排涝、水资源利用、景观、生态保护等多种功能需求和技术标准要求，确定的水域面积占国土面积的最小比率。

（三）等效替代水域工程，是指因建设项目及其设施占用水域，人为造成水域面积严重减少或者水域功能严重减退所采取的新建水域的水利工程。

（四）功能补救措施，是指建设项目占用水域对水域的面积、容积、功能带来的较小的不利影响，采取的水利工程修复、加固、水域清疏等补偿性工程措施。

第二十八条　本办法自2019年5月1日起施行。2006年3月27日省人民政府发布的《浙江省建设项目占用水域管理办法》（省政府令第214号）同时废止。

浙江省实施《中华人民共和国种子法》办法

浙江省人民政府第376号令

《浙江省实施〈中华人民共和国种子法〉办法》已经省人民政府第16次常务会议审议通过，现予公布，自2019年3月1日起施行。

浙江省实施《中华人民共和国种子法》办法

第一章　总则

第一条　根据《中华人民共和国种子法》（以下简称种子法）等法律、法规规定，结合本省实际，制定本办法。

第二条　在本省行政区域内从事种质资源保护和利用、品种选育、种子储备以及种子生产经营和管理等活动，适用本办法。

本办法所称种子，是指农作物和林木的种植材料或者繁殖材料，包括籽粒、果实、根、茎、苗、芽、叶、花等。

第三条　县级以上人民政府根据科教兴农方针和农业、林业发展的需要，制定种业发展规划，实施促进种业发展的政策措施，将所需经费列入同级财政预算，督促和指导有关主管部门依法开展种子监督管理。

第四条　县级以上人民政府农业农村、林业主管部门分别主管本行政区域内农作物种子和林木种子工作。

发展和改革、财政、科技、教育、市场监督管理等主管部门按照各自职责，做好种子相关工作。

第五条　种子生产经营者依法成立的种子行业协会，应当加强行业自律管理，维护成员合法权益，为成员和行业发展提供信息交流、技术培训、技术服务、信用建设、市场营销和咨询等服务。

第二章　种质资源保护

第六条　省农业农村、林业主管部门应当有计划地组织种质资源的普查、收集、整理、鉴定、登记、保存、交流和利用工作。

设区的市、县（市、区）农业农村、林业主管部门应当按照规定做好辖区内种质资源保护工作。

第七条　省农业农村、林业主管部门应当根据普查和收集情况，制定本省种质资源名录；对种质资源名录范围内适宜开放的种质资源，编制可供利用的种质资源目录以及获取途径。种质资源开放共享的具体办法，由省农业农村、林业主管部门制定。

第八条　省农业农村、林业主管部门应当建立种质资源库（圃）、种质资源保护区、种质资源保护地，划定和公布保护范围，设置保护标志。

占用种质资源库（圃）、种质资源保护区或者种质资源保护地的，应当经原设立机关同意。

第九条　鼓励和支持种子企业、科研机构和高等院校等单位建立种质资源库（圃）、种质资源保护区、种质资源保护地。

种子企业、科研机构和高等院校等单位建立的种质资源库（圃）、种质资源保护区、种质资源保护地，经省农业农村、林业主管部门同意并向社会公布后，可以享受国家建立的种质资源库（圃）、种质资源保护区、种质资源保护地的相关保护和扶持措施。

享受相关保护和扶持措施的种质资源库（圃）、种质资源保护区、种质资源保护地无法继续保存种质资源的，应当通过捐赠、转让等方式交由有保存能力的单位继续保存。

第十条　省农业农村、林业主管部门应当组织建立全省统一的种质资源信息管理平台。

享受相关保护和扶持措施的单位应当定期向省农业农村、林业主管部门报送种质资源保存信息，并将种质资源的收集、保存、监测和评价等信息录入信息管理平台。

第三章　品种选育与管理

第十一条　鼓励和支持种子企业、科研机构和高等院校开展植物新品种研发、良种选育及成果转化，培育具有自主知识产权的优良品种，支持依法申请育种发明专利权、植物新品种权。

取得育种发明专利权或者植物新品种权的品种得到推广应用的，育种者有权依法获得相应的经济利益。

第十二条　省林业主管部门应当制定林木中长期育种计划，组织国有林场等单位建设林木良种基地，加快林木良种化进程。

第十三条　主要农作物和主要林木品种在推广、销售前，应当按照种子法有关规定通过审定，具体审定办法按照国家和省有关规定执行。

通过省级审定的主要农作物和主要林木品种审定公告应当标明适宜种植的区域。

第十四条　已经其他省（自治区、直辖市）审定通过的主要农作物和主要林木品种，可以在本省同一适宜生态区域引种推广。引种者应当将引种的品种和区域报省农业农村、林业主管部门备案；引种者对引进品种的合法性、真实性、安全性和适应性负责。

第十五条　引种推广至本省的林木品种，其引种区域与本省不在同一适宜生态区域且没有栽培历史的，应当按照国家引种标准通过试验后，报省林业主管部门备案。未经引种试验成功的，不得推广、销售。

第十六条　未通过审定的主要林木品种，遗传性状稳定、经济效益较好且县级以上林业主管部门认为生产确需使用的，应当报省林木品种审定委员会认定。认定品种的有效期限由省林木品种审定委员会根据生产需要确定和调整。

第十七条　列入国家非主要农作物登记目录的品种在推广前，应当按照种子法有关规定进行登记。省农业农村主管部门对申请文件进行书面审查；申请文件齐全且符合法定形式的，应当报国务院农业农村主管部门登记。

第十八条　单位和个人可以就国家登记目录以外的其他非主要农作物品种，向省农作物品种认定委员会自愿申请认定，具体认定办法由省农业农村主管部门规定。

单位和个人可以就非主要林木品种向省林木品种审定委员会自愿申请审定，具体审定办法参照主要林木品种审定的有关规定执行。

农业农村、林业主管部门对未经自愿认定、审定的品种，在推广、扶持政策上应当与通过自愿认定、审定的品种同等对待。

第十九条　经审定、引种备案、登记、认定的品种，发现存在申请材料、种子样品不实或者在使用过程中出现不可克服的严重缺陷等情形，不宜继续推广、销售的，由省农业农村、林业主管部门按照下列规定处理：

（一）属于国家审定品种的，向国家品种审定委员会提出撤销建议；

（二）属于省级审定品种的，由省农作物品种审定委员会或者省林木品种审定委员会确认后予以撤销，发布撤销公告；

（三）属于省外引种品种的，发布撤销引种备案公告；

（四）属于登记品种的，向国务院农业农村主管部门提出撤销建议；

（五）属于认定品种的，由省农作物品种认定委员会或者省林木品种审定委员会确认后予以撤销，发布撤销公告。

第二十条　省农业农村、林业主管部门可以根据需要建立植物品种标准样品库，作为种子质量监督管理的依据。申请的品种通过审定、引种备案、登记、认定的，申请者应当及时提交品种标准样品。

第二十一条　县级以上人民政府农业农村、林业主管部门应当遵循公开、公平、公正的原则，开展农作物品种和林木品种展示示范，促进新品种推广应用。品种展示示范经费列入同级财政预算。

第二十二条　国家投资或者以国家投资为主的造林项目和国有林业单位造林项目，应当优先使用林木良种。

由财政资金支持选育林木良种的，应当签订财政资金使用协议。财政资金使用协议应当明确对尚未取得育种发明专利权或者植物新品种权的林木良种，自品种审定公告之日起2年内未推广的，林业主管部门可以推广。

第四章　种子储备

第二十三条　省人民政府建立种子储备制度，省农业农村、林业主管部门具体组织实施。设区的市、县（市、区）人民政府根据省种子储备制度安排开展种子储备工作。

第二十四条　省农业农村、林业主管部门会同省财政主管部门制定全省种子储备指导计划，明确储备任务，并组织实施。

开展种子储备工作的设区的市、县（市、区）人民政府应当按照指导计划要求，结合当地实际，落实种子储备任务。具体储备品种和数量，由当地农业农村、林业主管部门会同同级财政主管部门确定，并报省农业农村、林业主管部门备案。

第二十五条　农业农村、林业主管部门委托市场主体承担种子储备任务的，应当通过政府采购确定种子承储单位，签订种子储备协议。

种子承储单位应当建立储备种子保管制度，并按照种子储备协议的要求，做好种子收储、定期检验更新等工作，保证储备种子数量和质量。

农业农村、林业主管部门应当按照协议约定加强对种子承储单位的监督检查。

第二十六条　动用储备种子的，应当经本级农业农村、林业主管部门同意。动用设区的市、县（市、区）储备种子的，应当报省农业农村、林业主管部门备案。

种子承储单位在接到动用通知后，应当按照要求调运储备种子，并出具种子质量检验报告。

第五章　种子生产经营

第二十七条　种子生产经营依法实行许可制度。种子生产经营许可证核发条件和程序按照法律、法规、规章规定执行。仅从事非主要农作物种子和非主要林木种子生产的，不需要办理种子生产经营许可证。

林木种子生产经营许可证由种子生产经营者营业执照注册地设区的市、县(市、区)林业主管部门核发。林木种子生产经营者可以在注册地以外的行政区域设立生产基地，从事林木种子生产。

第二十八条　申请从事经济林品种种子生产的，应当具有采穗圃或者来源清晰的母本等采种林；核发的种子生产经营许可证应当注明生产经营经济林木品种的名称和林业主管部门确定的采种林名称。

第二十九条　生产经营无性繁殖的器官和组织、种苗、种薯以及不宜包装的种用材料等非籽粒型农作物种子的，应当具备相应的经营场所、设施设备、质量检测、技术人员等条件，按照种子法有关规定向县(市、区)农业农村主管部门申领种子生产经营许可证。

第三十条　省林业主管部门制定并公布本省行政区域内限制收购的林木种子目录。

单位和个人确需收购珍贵树木种子或者限制收购的林木种子的，由省林业主管部门批准。省林业主管部门可以委托设区的市、县(市、区)林业主管部门实施批准。

第三十一条　单位和个人有下列情形之一的，不需要办理种子生产经营许可证：

(一)专门经营不再分装的包装种子的；

(二)取得具有种子生产经营许可证的种子生产经营者的书面委托，生产、代销其种子的；

(三)在种子生产经营许可证载明的有效区域内设立非法人分支机构的。

单位和个人应当在前款规定情形发生之日起15个工作日内向县(市、区)农业农村、林业主管部门备案，并报送营业执照信息。

第三十二条　种子电子商务经营者应当在其首页显著位置持续公示营业执照、种子生产经营许可证信息。

种子电子商务经营者应当全面、真实、准确、及时地披露种子商品信息，并在销售页面公示种子标签。

电子商务第三方平台经营者应当对平台内种子经营者的营业执照、种子生产经营许可证进行查验核实，记录有关交易信息，并在农业农村、林业等主管部门依法检查时予以提供。

第三十三条　林木种子生产经营许可证注明的生产基地和经营地址不一致的，发证的林业主管部门应当在作出许可决定之日起15个工作日内书面告知生产基地所在地林业主管部门，由生产基地所在地林业主管部门实施监督管理。生产基地所在地林业主管部门发现存在种子违法生产经营行为的，应当依法处理并将结果书面告知发证的林业主管部门。

第三十四条　发生种子质量纠纷时，种子生产经营者、种子使用者可以向所在地的县(市、区)农业农村、林业主管部门申请调解。

县(市、区)农业农村、林业主管部门受理调解申请的，可以根据需要调查产生种子质量问题的原因，必要时可以按照国家有关规定组织鉴定。

第六章　扶持措施

第三十五条　县级以上人民政府应当加强种业公益性基础设施建设，扶持品种试验站点、新品种展示示范点、良种基地和种质资源库(圃)建设。

县级以上人民政府应当采取良种生产补贴、基地设施建设补助等措施，稳定优势种子繁育基地。

第三十六条　强化种子企业技术创新主体地位，鼓励种子企业加大研发投入，支持成立育繁推一体化种子企业。

符合条件的育繁推一体化种子企业，按照国家有关规定享受扶持政策。

第三十七条　县级以上人民政府应当支持开展种子进出口和对外合作。对本省登记注册的种子企业在省外建立科研育种、良种生产基地，未享受外省种业发展扶持政策的，可以享受与基地设在本省的其他种子企业相同的扶持政策。

第三十八条　县级以上人民政府林业主管部门应当制定具体措施，鼓励和支持林业保障性苗圃建设，加快林木良种苗木繁育和推广，提升种苗保障能力。

第三十九条　鼓励推广使用安全高效的制种采种技术和先进实用的制种采种机械；具备条件的地方，应当将制种采种机械纳入农机购置补贴范围。

第四十条　鼓励金融机构为种子生产经营和收储提供信贷支持。

县级以上人民政府可以制定种子生产保险补助政策，采取保险费补贴等措施，支持保险机构开展种子生产保险。

第四十一条　对完成企业化改革的种业科研院所或者企业自建的种业研发机构，可以申请高新技术企业认定；经认定的，按照规定享受优惠政策。

第四十二条　鼓励种业科技资源、育种材料向企业流动，支持科研院所和高等院校与种业企业联合开展种业创新。

第四十三条　县级以上人民政府应当支持科研院所和高等院校与种子企业开展育种科技人员交流，支持科技人员到种子企业从事育种转化活动；鼓励育种人才创新创业。

第七章　法律责任

第四十四条　种子生产经营者违反本办法有关品种审定、引种备案、登记、认定以及生产经营等规定行为的，种子法等法律、法规、规章已有法律责任规定的，从其规定。

单位和个人举报或者监督检查发现种子生产经营者

存在违法行为的，农业农村、林业主管部门应当及时依法处理。

第四十五条　农业农村、林业主管部门及其工作人员有下列行为之一的，行政机关按照管理权限依法追究直接负责的主管人员以及其他直接责任人员责任，给予处分:

（一）违反规定的条件、程序、权限实施品种审定、引种备案、登记、认定的；

（二）对自愿认定、审定的品种违反本办法规定予以推广、扶持的；

（三）擅自动用储备种子的；

（四）违反规定的条件、程序、权限核发种子生产经营许可证的；

（五）未按照规定履行监督管理职责的；

（六）其他玩忽职守、徇私舞弊、滥用职权的行为。

第八章　附则

第四十六条　本办法所称主要农作物，是指稻、小麦、玉米、棉花、大豆；主要林木，是指按照种子法规定由国务院林业主管部门确定并公布的主要林木，以及省林业主管部门补充公布的主要林木。

第四十七条　草种、烟草种、中药材种、食用菌菌种的种质资源保护和利用、品种选育、种子储备以及种子生产经营和管理等活动，参照本办法执行。

第四十八条　本办法自2019年3月1日起施行。2007年7月25日浙江省人民政府公布的《浙江省实施〈中华人民共和国种子法〉办法》（省政府令第233号）同时废止。

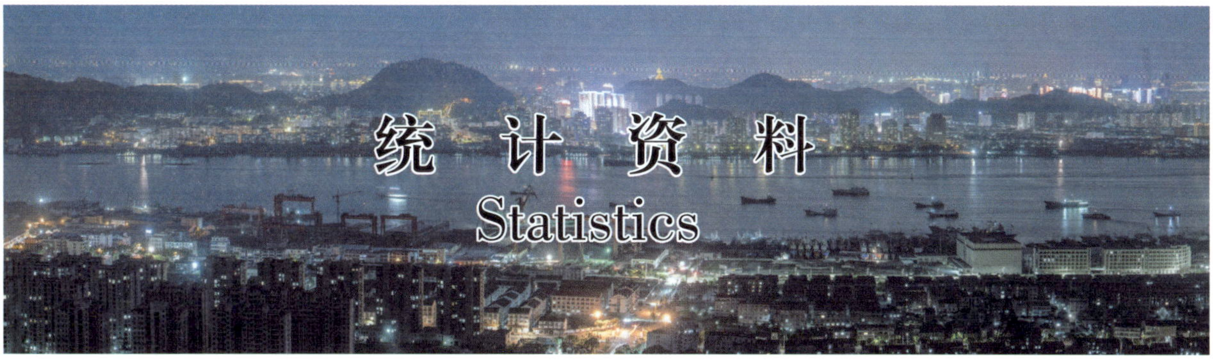

浙江省人口和自然资源情况

指 标	单 位	2015年	2016年	2017年	2018年	2019年
人口						
年末人口总数	万人	4 873.34	4 910.85	4 957.63	4 999.84	5 038.91
土地						
土地面积	万平方千米	10.55	10.55	10.56	10.56	
农用地面积占比	%	81.6	81.5	81.4	81.3	
建设用地面积占比	%	12.2	12.3	12.4	12.6	
未利用地面积占比	%	6.2	6.2	6.2	6.1	
气候(主要城市)						
年平均降雨量	毫米	1 891.2	1 826.0	1 448.7	1 571.3	1 792.6
年平均气温	摄氏度	17.7	18.3	18.2	18.2	18.1
森林						
林地面积	万公顷	660.49	660.00	660.95	660.23	659.35
森林覆盖率	%	60.96	61.00	61.17	61.15	61.15
林木蓄积量	万立方米	33 074	34 996	36 725	38 491	40 102
水资源						
水资源总量	亿标立方米	1 405.11	1 322.16	895.35	866.54	1 321.36
总供水量	亿标立方米	211.59	181.15	179.50	173.81	165.79
用水量构成						
农田灌溉	%	33.9	39.2	39.7	39.1	38.3
农牧渔畜	%	6.1	5.6	5.3	5.3	5.3
工业	%	24.4	26.7	25.7	25.3	24.6
居民生活	%	13.1	15.6	15.9	16.4	17.3
城镇公共用水	%	7.8	9.9	10.3	10.7	11.2
环境配水	%	12.1				
生态环境用水	%	2.6	3.0	3.1	3.2	3.2
淡水已养殖面积	千公顷	213.07	202.09	198.04	179.77	173.04
海水已养殖面积	千公顷	85.88	88.82	75.95	80.93	82.02
海岸线总长度	千米	6 486	6 486	6 486	6 630	6 630
矿产资源(保有储量)						
铁矿石	万吨	18 713	19 702	23 158	21 194	21 216
煤	万吨	9 309	9 306	9 306	9 307	9 307
沸石(矿石)	万吨	12 785	12 817	12 830	12 830	12 830
叶蜡石(矿石)	万吨	4 776	4 694	4 920	4 826	4 886
普通萤石	万吨	3 699	3 812	3 918	4 158	4 943
明矾石	万吨	16 824	16 821	16 820	16 820	16 820
水泥用灰岩	万吨	350 997	363 867	381 133	363 848	386 672

浙江省国民经济主要指标(一)

指标	单位	2014年	2015年	2016年	2017年	2018年	2019年
人口							
年末常住人口	万人	5 508.00	5 539.00	5 590.00	5 657.00	5 737.00	5 850.00
年末就业人员数	万人	3 714.15	3 733.65	3 760.00	37 96.00	3 836.00	3 875.11
全省生产总值	亿元	40 023.48	43 507.72	47 254.04	52 403.13	58 002.84	62 351.74
人均生产总值	元	72 730	78 768	84 921	93 186	101 813	107 624
交通运输及邮电							
旅客周转量	亿人千米	1 056.99	1 092.53	1 074.99	1 096.04	1 103.66	1 128.60
货物周转量	亿吨千米	9 548.09	9 868.98	9 788.76	10 105.81	11 537.91	12 391.21
邮电业务总量	亿元	1 684.46	2 392.11	3 715.39	3 518.01	6 425.51	9 894.11
固定电话普及率	线/百人	30.00	27.20	23.20	21.70	20.60	22.80
移动电话普及率	部/百人	134.60	135.60	130.40	135.80	148.60	152.30
固定资产投资总额	亿元	23 554.76	26 664.72	29 571.00	31 125.99		
财政收支							
财政总收入	亿元	7 521.70	8 549.47	9 225.07	10 301.16	11 705.82	12 267.66
其中：地方财政收入	亿元	4 122.02	4 809.94	5 301.98	5 804.38	6 598.08	7 048.58
财政支出	亿元	5 159.57	6 645.98	6 974.25	7 530.32	8 627.51	10 053.03
贸易							
社会消费品零售总额	亿元	17 078.11	18 910.74	20 916.73	23 121.32	25 162.01	27 343.81
出口总额	亿美元	2 733.29	2 763.32	2 678.64	2 868.91	3 211.55	3 345.91

注:(1) 1993年起社会消费品零售总额已与第四次经济普查数据衔接。(2) 固定资产投资口径范围为计划总投资500万元及以上的投资项目和全部房地产开发投资。(3) 2013年起交通运输指标按新口径统计。(4) 邮政业务总量和电信业务总量2011年起按2010年不变价计算,电信业务总量2017年起按2015年不变价格计算

浙江省国民经济主要指标(二)

指标	单位	2014年	2015年	2016年	2017年	2018年	2019年
价格指数							
居民消费价格指数(上年=100)	%	102.1	101.4	101.9	102.1	102.3	102.9
城乡居民收入							
城镇居民人均可支配收入	元	40 393	43 714	47 237	51 261	55 574	60 182
农村居民人均可支配收入	元	19 373	21 125	22 866	24 956	27 302	29 876
教育和文化							
高等学校在校学生数	万人	103.9	105.5	106.3	107.7	110.2	116.7
普通中学在校学生数	万人	229.0	225.3	226.9	233.2	238.4	242.1
小学在校学生数	万人	354.5	357.0	355.0	354.0	360.6	367.1
成人高等学历教育在校生数	万人	28.5	27.5	24.1	22.0	22.8	26.4
报纸出版数量	万份	337 367	283 634	261 658	230 830	211 181	200 192
杂志出版数量	万份	7 765	7 719	7 690	7 534	7 366	7 010
图书出版数量	万份	36 971	36 663	39 894	39 919	41 810	44 892
卫生							
卫生机构数	个	30 360	31 139	31 548	31 981	32 755	34 126
其中:医院	个	935	1 049	1 131	1 204	1 288	1 374
卫生技术人员	万人	37.55	40.55	43.24	46.05	48.62	52.03
其中:医生	万人	14.57	15.81	16.82	17.95	19.08	20.56
床位数	万张	24.58	27.25	29.04	31.40	33.21	35.03
其中:医院	万张	21.35	23.94	25.53	27.76	29.37	30.72

注:从2013年起,国家统计局开展城乡一体化住户收支与生活状况调查,与2013年前的分城镇和农村住户调查的调查范围、调查方法、指标口径有所不同(以后各表同)。农村居民人均可支配收入2013年前为农村居民人均纯收入

浙江省人口总户数、总人口

指标	单位	2014年	2015年	2016年	2017年	2018年	2019年
年末总户数	万户	1 630.49	1 642.42	1 652.99	1 672.00	1 694.80	1 715.29
年末总人口数	万人	4 859.18	4 873.34	4 910.85	4 957.63	4 999.84	5 038.91
按性别分							
男	万人	2 458.69	2 462.76	2 479.23	2 499.50	2 517.95	2 535.05
女	万人	2 400.49	2 410.58	2 431.62	2 458.13	2 481.89	2 503.87
年末常住人口	万人	5 508	5 539	5 590	5 657	5 737	5 850
人口出生率	‰	10.51	10.52	11.22	11.92	11.02	10.51
人口死亡率	‰	5.51	5.50	5.52	5.56	5.58	5.52

浙江省就业情况

单位:万人

指标	2014年	2015年	2016年	2017年	2018年	2019年
就业人员总数	3 714.15	3 733.65	3 760.00	3 796.00	3 836.00	3 875.10
非私营单位在岗职工合计	1 051.02	1 027.53	1 003.06	993.49	960.08	932.62
国有单位	202.00	206.17	205.40	207.01	201.35	213.51
城镇集体单位	19.20	14.81	14.45	15.02	14.32	8.07
其他单位	829.83	806.55	783.21	771.46	744.41	711.04
私营、个体和乡村从业人员	2 640.01	2 660.21	2 714.26	2 738.69	2 781.47	2 821.54

浙江省农、林、牧、渔业总产值

单位:亿元

指标	2014年	2015年	2016年	2017年	2018年	2019年
农林牧渔业总产值	2 844.59	2 933.44	3 038.49	3 093.36	3 157.25	3 355.25
农业产值	1 385.96	1 434.71	1 455.29	1 494.49	1 517.96	1 594.96
种植业产值	1 385.96	1 434.71	1 455.29	1 494.49	1 517.96	1 594.96
#谷物	204.90	202.83	156.75	160.11	167.41	167.12
豆类	20.16	20.70	15.98	16.15	16.43	17.99
油料	21.34	21.95	21.08	21.35	23.45	25.86
棉花	3.01	2.44	2.02	1.68	1.02	1.02
麻类	0.01	0.01	0.01	0.01		
林业产值	147.00	151.63	158.15	170.16	177.01	185.48
牧业产值	472.23	426.18	455.60	371.29	331.80	395.16
渔业产值	779.36	855.86	899.07	979.28	1 043.27	1 080.93
农林牧渔服务产值	60.04	65.06	70.39	78.14	87.21	98.71

注:2016年、2017年数据已与全省第三次农业普查数据衔接

浙江省规模以上工业总产值

单位:亿元

指标	2014年	2015年	2016年	2017年	2018年	2019年
工业总产值	67 039.8	66 819.0	68 953.4	66 328.0	69 775.4	73 766.2
按轻重工业分						
轻工业	26 039.8	26 442.1	26 915.7	25 062.4	24 747.9	26 072.6
重工业	41 000.0	40 376.8	42 037.7	41 265.6	45 027.5	47693.7
按注册登记注册类型分						
国有企业	3 243.6	3 180.3	3 254.3	2 865.8	505.7	349.1
集体企业	55.8	33.8	33.7	26.6	24.8	24.4
股份合作企业	180.1	187.9	181.7	167.5	166.1	177.5
外商及港澳台商投资企业	15 993.6	14 978.4	15 032.2	14 898.4	14 257.1	14 906.5
私营企业	27 270.9	27 789.1	28 399.1	26 430.1	28 277.9	34 938.5
其他企业	20 295.2	20 647.5	22 052.3	21 939.6	26 543.7	23 370.2
在总计中:国有及国有控股	9 498.9	9 158.8	9 431.5	10 100.6	11 048.1	10 993.6
按规模分						
大型企业	16 021.6	15 815.6	16 544.2	15 868.0	18 097.1	18 218.0
中型企业	21 135.7	20 956.9	21 781.3	20 957.8	21 588.3	22 194.8
小型企业	28 049.8	28 344.1	28 812.1	27 891.3	28 737.9	31 618.9
微型企业	1 832.8	1 702.4	1 815.8	1 611.0	1 352.0	1 734.6

浙江省按行业分的规模以上工业企业总产值

行业	工业总产值(亿元)		
	2017年	2018年	2019年
总计	**66 328.0**	**69 775.4**	**73 766.2**
按工业行业分			
煤炭开采和洗选业	0.7	0.2	0.3
黑色金属矿采选业	5.8	2.8	1.5
有色金属矿采选业	10.3	7.8	8.1
非金属矿采选业	125.3	128.3	159.5
农副食品加工业	947.7	830.0	866.3
食品制造业	506.5	493.1	521.0
酒、饮料和精制茶制造业	430.7	420.8	437.0
烟草制品业	512.0	524.1	535.9
纺织业	48 75.0	4 319.7	4 494.6
纺织服装、服饰业	2 248.2	2 064.6	2 176.6
皮革、毛皮、羽毛及其制品和制鞋业	1 082.3	1 103.8	1 129.6
木材加工及木、竹、藤、棕、草制品业	431.8	439.1	454.0
家具制造业	1 001.5	972.7	988.3
造纸和纸制品业	1 497.9	1 607.8	1 480.6
印刷和记录媒介复制业	441.2	447.9	500.5
文教、工美、体育和娱乐用品制造业	1 242.6	1 228.4	1 308.5
石油、煤炭及其他燃料加工业	1 475.6	1 676.1	1 973.7
化学原料和化学制品制造业	5 524.0	6 154.8	5 750.5
医药制造业	1 343.1	1 505.5	1 621.6
化学纤维制造业	2 231.5	2 558.2	2 926.1
橡胶和塑料制品业	2 545.7	2 534.5	2 686.3
非金属矿物制品业	2 008.9	2 654.4	3 323.4
黑色金属冶炼和压延加工业	1 750.5	1 944.6	1 784.3
有色金属冶炼和压延加工业	2 289.6	2 398.8	2 386.9
金属制品业	2 648.3	2 772.8	3 186.4
通用设备制造业	4 496.5	4 685.4	5 026.2
专用设备制造业	1 688.8	1 897.3	2 048.5
汽车制造业	5 006.2	5 230.8	5 050.5
铁路、船舶、航空航天和其他运输设备制造业	815.9	679.5	718.0
电气机械和器材制造业	6 526.2	6 710.6	7 225.4
计算机、通信和其他电子设备制造业	3 695.3	4 387.7	4 920.2
仪器仪表制造业	825.6	901.5	1 086.0
其他制造业	262.9	217.4	240.8
废弃资源综合利用业	267.6	234.6	275.6
金属制品、机械和设备修理业	83.2	53.3	75.1
电力、热力生产和供应业	4 882.9	5 191.0	5 439.8
燃气生产和供应业	402.5	593.1	724.9
水的生产和供应业	197.5	202.1	233.9

浙江省规模以上工业企业主要指标

指 标	2015年	2016年	2017年	2018年	2019年
企业单位数(家)	41 167	40 128	39 933	41 541	45 695
亏损企业单位数(家)	5 360	4 456	4 559	5 560	6 236
工业总产值(当年价)(亿元)	66 818.95	68 953.40	66 328.04	69 775.41	73 766.22
出口交货值(亿元)	11 440.24	11 540.13	10 934.64	11 834.95	
平均用工人数(万人)	705.17	690.30	670.51	669.45	678.93
资产总计(亿元)	66 626.71	69 468.91	71 263.09	77 623.44	85 415.16
流动资产合计(亿元)	36 808.14	38 196.89	39 320.70	42 685.40	46 939.95
固定资产净额(亿元)	18 480.92	18 993.74	18 337.58	18 653.92	19 789.66
固定资产原值(亿元)	29 154.42	30 886.89	31 522.26	34 118.42	36 624.49
固定资产净值(亿元)	17 041.79	17 670.88	17 643.89	18 895.93	20 061.05
负债合计(亿元)	38 086.78	38 304.18	39 123.28	43 093.24	47 127.38
流动负债合计(亿元)	32 484.81	32 847.10	33 707.22	36 813.75	39 975.42
非流动负债合计(亿元)	4 555.31	4 797.57	4 848.15	5 992.95	
所有者权益(亿元)	28 430.76	30 863.45	32 080.14	34 530.11	38 231.03
实收资本(亿元)	13 569.82	16 395.05	15 624.27	16 424.16	18 040.20
营业收入(亿元)	63 214.41	65 453.88	65 760.08	72 342.96	76 020.21
营业成本(亿元)	53 346.93	54 833.47	54 851.25	60 548.84	63 351.79
营业税金及附加(亿元)	819.44	856.44	922.24	934.37	931.01
利润总额(亿元)	3 839.99	4 469.42	4 605.41	4 649.59	5 003.04
本年应交增值税(亿元)	1 893.70	2 007.19	2 097.42	2 111.07	1 926.65
利税总额(亿元)	6 575.72	7 343.63	7 637.42	7 695.04	7 860.71

浙江省规模以上国有及国有控股工业企业主要指标

指 标	2016年	2017年	2018年	2019年
企业单位数(家)	763	806	815	832
亏损企业单位数(家)	137	141	139	135
工业总产值(当年价)(亿元)	9 432	10 101	11 048	10 994
出口交货值(亿元)	295	323	442	
平均用工人数(万人)	30.9	30.0	29.7	29.6
资产总计(亿元)	11 383	11 672	13 102	13 859
流动资产合计(亿元)	3 881	4 186	4 832	4 969
固定资产净额(亿元)	5 882	5 597	5 938	6 026
固定资产原值(亿元)	9 987	10 557	11 616	12 245
固定资产净值(亿元)	5 470	5 465	5 986	6 082
负债合计(亿元)	6 339	6 417	7 353	7 449
流动负债合计(亿元)	3 987	4 122	4 619	4 553
非流动负债合计(亿元)	2 298	2 231	2 719	
所有者权益(亿元)	5 050	5 263	5 747	6 386
实收资本(亿元)	3 632	2 905	3 022	3 402
营业收入(亿元)	9 771	10 916	11 737	11 520
营业成本(亿元)	7 922	8 944	9 713	9 535
营业税金及附加(亿元)	541	569	567	569
利润总额(亿元)	773	844	818	826
本年应交增值税(亿元)	418	446	411	343
利税总额(亿元)	1 732	1 858	1 797	1 738

浙江省交通运输和邮电业务总量

指 标	单 位	2014年	2015年	2016年	2017年	2018年	2019年
客运量合计	**万人**	**131 486**	**113 315**	**107 377**	**107 293**	**101 516**	**105 259**
铁路	万人	12 821	14 806	17 766	19 870	21 630	24 074
公路	万人	112 915	92 304	83 033	80 099	72 013	72 799
水运	万人	3 581	3 841	3 950	4 284	4 497	4 785
民用航空	万人	2 169	2 364	2 628	3 040	3 375	3 600
旅客周转量合计	亿人千米	1 056.99	1 092.53	1 074.99	1 096.04	1 103.66	1 128.60
铁路	亿人千米	493.37	541.93	604.03	658.17	694.56	743.26
公路	亿人千米	558.06	544.76	465.12	431.56	402.80	378.39
水运	亿人千米	5.56	5.84	5.84	6.31	6.30	6.95
货运量合计	万吨	194918	200 711	215 018	241 993	268 530	288 550
铁路	万吨	3548	3 332	3 332	3513	3 728	3 936
公路	万吨	117070	122 547	133 999	151 920	166 533	177 683
水运	万吨	74267	74 797	77 646	86 513	98 219	106 878
民用航空	万吨	33	35	40	47	49	53
货物周转量合计	亿吨千米	9 548.09	9 868.98	9 788.76	10 105.81	11 537.91	12 391.21
铁路	亿吨千米	223.02	212.42	211.39	215.39	221.30	235.40
公路	亿吨千米	1 419.43	1 513.92	1 626.78	1 821.21	1 964.10	2 082.11
水运	亿吨千米	7 905.64	8 142.64	7 950.58	8 069.22	9 352.50	10 073.71
邮电业务总量	亿元	1 684.46	2 392.11	3 715.39	3 518.01	6 425.51	9 894.11
函件	万件	59 209	45 208	33 786	30 471	26 194	18 219
订销报刊累计份数	万份	175 418	174 641	140 344	136 453	112 101	107 553
快递业务量	万件	245 745	383 146	598 770	793 231	1 011 051	1 326 252
固定电话年末户数	万户	1 641.91	1 499.76	1 287.23	1 211.07	1 153.49	1 309.75
交通运输线路长度							
铁路营业里程	千米	2 310	2 527	2 540	2 587	2 777	2 805
公路通车里程	千米	116 367	118 015	119 053	120 101	120 662	121 813
内河通航里程	千米	9769	9 769	9 769	9 766	9 766	9 772
民用航空通航点(个)	条	389	392	481	586	402	467
沿海港口货物吞吐量合计	万吨	108 177	109 930	114 202	125 744	133 534	135 364
宁波舟山港	万吨	87 346	88 929	92 209	100 933	108 439	112 009
温州港	万吨	7 901	8 490	8 406	8 926	8 239	7 541
台州港	万吨	6 049	6 237	6 771	7 057	7 167	4 901
嘉兴港	万吨	6 880	6 273	6 817	8 829	9 689	10 913
内河港口货物吞吐量合计	万吨	30 894	28 206	26 664	33 088	35 676	39 681
其中							
杭州港	万吨	10 084	9 372	7 279	10 714	11 812	13 881
湖州港	万吨	8 487	8 052	8 664	10 540	10 486	11 621
嘉兴港	万吨	10 110	8 586	8 423	9 432	10 696	11 428

注:(1) 邮电业务总量2011年起按2010年不变价计算。邮政业务总量和电信业务总量2011年起按2010年不变价计算,电信业务总量2017年起按2015年不变价格计算。(2) 2013年起公路、水路按新的口径统计。(3) 2018年前民用航空通航点为民用航空航线口径

浙江省房地产开发投资主要指标

单位:亿元

指标	2014年	2015年	2016年	2017年	2018年	2019年
房地产开发投资额	7 262.38	7 111.93	7 469.37	8 226.78	9 944.93	10 682.97
按构成分						
建筑工程	3 499.23	3 449.34	3 572.40	3 679.05	3 327.23	4 245.86
安装工程	435.84	473.19	593.41	506.75	314.91	225.38
设备工器具购置	67.99	62.38	86.69	82.45	73.68	76.95
其他费用	3 259.31	3 127.01	3 216.87	3 958.53	6 229.12	6 134.78
按用途分						
住宅	4 594.17	4 450.73	4 806.64	5 645.98	7 156.45	7 727.11
办公楼	487.62	513.31	480.98	439.65	382.66	419.87
商业营业用房	949.34	1 021.09	984.91	942.08	788.19	783.79
新增固定资产	3 101.61	3 162.39	4 039.16	3 891.39	2 937.19	3 290.07

浙江省社会消费品零售总额

单位:亿元

指标	2014年	2015年	2016年	2017年	2018年	2019年
社会消费品零售总额	17 078.11	18 910.74	20 916.73	23 121.32	25 162.01	27 343.81
按地区分						
城镇	14 299.13	15 792.67	17 403.60	19 183.16	20 811.75	22 570.29
乡村	2 778.98	3 118.07	3 513.13	3 938.17	4 350.26	4 773.52

浙江省进出口总值

单位:亿元

指标	出口				进口			
	2016年	2017年	2018年	2019年	2016年	2017年	2018年	2019年
总值	**17 666.48**	**19 439.76**	**21 174.50**	**23 070.32**	**4 505.60**	**6 165.55**	**7 337.06**	**7 761.82**
机电产品	7 490.48	8 404.39	9 207.65	9 887.12	853.53	1 066.67	1 275.13	1 370.79
总值中								
国有企业	964.18	1 052.77	1 142.63	1 118.94	571.27	922.43	1 203.37	1 350.52
三资企业	3 321.97	3 435.36	3 507.13	3 475.05	1 642.89	2 045.68	2 226.17	2 212.80
集体企业	496.41	511.63	532.53	496.16	193.71	255.12	324.49	280.46
私营企业	12 846.90	14 403.80	15 954.24	17 884.92	2 126.35	2 929.03	3 574.79	3 901.45
其他企业	37.02	36.19	37.98	101.25	1.38	13.29	8.25	16.59
总值中								
工业制成品	17 155.00	18 866.80	20 505.97	22 410.37	2 888.34	3 872.17	4 664.26	4 726.01
初级产品	511.48	572.96	668.54	665.96	1 647.26	2 293.38	2 672.80	3 035.81

浙江省按行业分的外商直接投资情况

指 标	项 目(个)		合同外资(万美元)		实际利用外资(万美元)	
	2018年	2019年	2018年	2019年	2018年	2019年
总计	**3 529**	**3 580**	**4 305 661**	**4 364 885**	**1 863 874**	**1 355 920**
合资企业	1 035	981	837 180	1 468 948	412 847	313 410
独资企业	2 473	2 559	3 368 143	2 862 659	1 331 149	1 008 741
第一产业	14	14	6 608	6 202	2 212	1 891
第二产业	575	564	1 221 338	1 078 626	661 864	468 051
制造业	541	532	1 113 959	1 004 937	596 719	437 050
纺织业	16	23	16 144	22 447	14 207	11 015
化学原料及化学制品制造业	26	26	141 710	63 377	80 779	91 230
医药制造业	20	20	48 223	105 635	16 488	49 565
通用设备制造业	93	73	212 960	92 160	51 328	39 553
专用设备制造业	77	80	103 469	64 323	55 297	23 238
计算机、通信和其他电子设备制造业	42	45	113 593	99 782	63 917	26 967
电力、热力、燃气及水生产和供应业	14	11	58 859	13 085	19 252	11 372
建筑业	22	20	48 327	64 130	46 199	20 633
第三产业	2 940	3 002	3 077 715	3 280 057	1 199 798	885 978
交通运输、仓储和邮政业	41	42	130 119	120 917	47 205	56 300
信息传输、计算机服务和软件业	304	359	485 581	541 487	201 710	208 261
批发和零售业	1 522	1 667	332 419	323 102	213 526	88 964
住宿和餐饮业	61	63	67 895	14 170	12 186	3 661
金融业	181	19	464 260	15 371	116 935	44 702
房地产业	54	40	509 724	365 072	277 950	247 380
租赁和商务服务业	395	249	622 322	1 108 219	176 974	120 345
科学研究、技术服务和地质勘查业	292	441	319 855	692 348	140 181	97 875
水利、环境和公共设施管理业	4	10	14 751	13 267	2 339	1 158
居民服务和其他服务业	15	19	93 840	46 942	2 085	1 525
教育	18	28	12 509	1 860	111	3 000
卫生和社会工作	1	6	13 192	19 053	3 379	6 083
文化、体育和娱乐业	47	52	9 761	8 358	2 387	4 594

浙江省国际旅游发展情况

指 标	2014年	2015年	2016年	2017年	2018年	2019年
入境旅游者人数(万人)	931.03	1 012.04	1 120.30	1 211.73	456.76	467.11
外国人(万人)	614.45	672.26	731.62	801.50	323.41	329.83
港澳台同胞(万人)	316.58	157.07	388.68	410.24	133.35	137.29
旅游创汇收入(万美元)	575 348	678 847	743 063	827 600	259 579	266 823

注:2018年起入境旅游者口径和范围调整为入境过夜游客

2019年浙江省居民消费和商品零售定基价格指数

年份	居民消费价格指数			商品零售价格指数
	全省	城市	农村	
1978=100		843.8		551.2
1980=100		755.7		500.0
1985=100	543.2	593.9	496.6	405.9
1990=100	320.7	342.8	300.8	239.3
1991=100	309.7	324.7	296.5	232.3
1992=100	288.1	297.3	282.9	217.9
1993=100	240.5	244.9	241.0	186.8
1994=100	192.7	196.4	192.9	153.5
1995=100	165.3	167.9	165.8	135.2
1996=100	153.2	152.7	155.0	127.9
1997=100	149.4	146.7	151.8	127.4
1998=100	149.7	146.0	153.1	129.6
1999=100	151.4	146.7	155.2	132.5
2000=100	150.0	145.4	153.7	133.9
2001=100	150.3	146.0	153.7	136.6
2002=100	151.6	147.8	154.5	138.3
2003=100	148.8	146.9	150.4	138.7
2004=100	143.1	143.1	143.6	135.2
2005=100	141.3	141.0	141.8	134.0
2006=100	139.8	139.4	140.7	132.9
2007=100	134.1	134.0	134.6	128.0
2008=100	127.7	127.9	127.7	120.5
2009=100	129.7	129.7	130.2	121.9
2010=100	124.9	124.7	125.5	117.4
2011=100	118.5	118.5	118.9	111.3
2012=100	116.0	115.9	116.2	109.2
2013=100	113.3	113.3	113.5	108.1
2014=100	111.0	111.1	111.1	107.2
2015=100	109.5	109.5	109.5	107.3
2016=100	107.5	107.4	107.6	106.2
2017=100	105.2	105.2	105.4	104.7
2018=100	102.9	102.8	103.2	102.5

2019年浙江省城乡居民消费价格分类指数
（以上年为100）

项目	全省	城市	农村
居民消费价格总指数	102.9	102.8	103.2
服务价格指数	102.0	102.0	101.9
消费品价格指数	103.5	103.3	103.9
扣除食品和能源价格指数	102.1	102.2	101.9
食品烟酒	106.2	105.8	107.3
1.食品	108.0	107.4	109.6
(1)粮食	100.2	100.3	99.9
(2)薯类	102.9	103.3	101.7
(3)豆类	104.9	104.3	106.5
(4)食用油	102.0	101.4	103.6
(5)菜	104.8	104.7	105.1
#鲜菜	105.1	105.0	105.5
(6)畜肉类	126.3	125.1	129.4
#猪肉	133.1	131.9	135.9
(7)禽肉类	107.3	107.4	107.1
(8)水产品	98.7	98.3	100.1
(9)蛋类	103.9	104.0	103.5
(10)奶类	102.5	102.6	102.3
(11)干鲜瓜果类	112.3	112.3	112.3
#鲜瓜果	115.4	115.2	115.9
(12)糖果糕点类	100.9	100.7	101.6
(13)调味品	102.8	102.9	102.4
(14)其他食品类	101.3	101.3	101.0
2.茶及饮料	102.2	102.2	102.3
3.烟酒	101.0	101.0	101.0
(1)烟草	100.1	100.0	100.1
(2)酒类	102.9	103.0	102.7
4.在外餐饮	104.0	104.0	103.9
衣着	101.8	101.5	102.8
1.服装	102.1	101.8	103.1
2.服装材料	102.3	102.4	102.0
3.其他衣着及配件	101.1	101.3	100.3
4.衣着加工服务费	104.5	104.1	105.4
5.鞋类	100.3	99.8	101.8
居住	100.6	100.6	100.8
1.租赁房房租	100.6	100.7	100.6
2.住房保养维修及管理	102.2	102.0	103.0
3.水电燃料	100.1	100.1	100.3
4.自有住房	100.4	100.4	100.3
生活用品及服务	101.8	102.1	101.0
1.家具及室内装饰品	101.7	102.1	100.6
2.家用器具	99.9	99.6	100.7
3.家用纺织品	103.2	104.0	100.5
4.家庭日用杂品	102.4	103.0	100.7
5.个人护理用品	102.3	102.3	102.0
6.家庭服务	103.7	103.6	104.6
交通和通信	99.0	99.0	98.9
1.交通	98.4	98.5	98.1
2.通信	100.2	100.1	100.6
教育文化和娱乐	103.7	103.8	103.4
1.教育	104.4	104.6	103.9
2.文化娱乐	102.6	102.7	102.0
医疗保健	104.8	105.3	103.2
1.药品及医疗器具	107.1	107.9	103.7
2.医疗服务	103.3	103.5	102.9
其他用品和服务	103.2	103.2	103.3
1.其他用品类	104.8	104.7	105.1
2.其他服务类	102.1	102.1	102.1

浙江省财政收支情况

单位:亿元

指标	2014年	2015年	2016年	2017年	2018年	2019年
财政总收入	**7 521.70**	**8 549.47**	**9 225.07**	**10 301.16**	**11 705.82**	**12 267.66**
一般预算收入合计	4 122.02	4 809.94	5 301.98	5 804.38	6 598.08	7 048.58
一般预算支出合计	5 159.57	6 645.98	6 974.25	7 530.32	8 627.51	10 053.03
一般公共服务	527.74	584.45	660.26	765.03	875.33	1 009.96
公共安全	370.69	423.55	518.58	548.44	614.24	662.70
教育	1 030.99	1 264.93	1 300.03	1 430.15	1 572.47	1 764.69
科学技术	207.99	250.79	269.04	303.50	379.66	516.06
社会保障和就业	435.54	541.70	631.19	801.78	914.93	1 073.94
医疗卫生	433.80	485.50	542.44	584.17	626.20	735.61
环境保护	120.65	167.89	161.40	190.15	194.75	269.55
城乡社区事务	389.01	541.21	788.93	910.17	1 158.88	1 627.80

浙江省金融机构人民币信贷收支情况

单位:亿元

项目	2016年	2017年	2018年	2019年
资金来源合计	**104 902.66**	**111 929.83**	**124 550.35**	**143 006.91**
各项存款	96 438.16	104 000.60	113 727.51	128 258.10
境内存款	96 151.89	103 767.65	113 458.07	127 986.61
住户存款	38 077.05	40 192.49	45 812.16	53 132.67
活期存款	16 148.69	17 240.95	19 398.94	21 933.97
定期及其他存款	21 928.36	22 951.54	26 413.23	31 198.70
非金融企业存款	32 338.64	34 905.81	37 672.35	43 681.80
广义政府存款	17 463.25	20 825.82	23 255.07	25 199.49
非银行业金融机构存款	8 272.94	7 843.53	6 718.48	5 972.64
境外存款	286.27	232.95	269.44	271.49
金融债券	1 077.49	1 464.11	1 614.59	2 114.32
卖出回购资产	40.89	40.16	13.47	10.78
借款及非银行金融机构拆入	16.07	3.93	32.61	91.60
其他	7 330.05	6 421.03	5 752.23	6 818.91
资金运用合计	104 902.66	111 929.83	124 550.35	143 006.91
各项贷款	79 926.05	88 606.47	104 099.82	120 289.29
境内贷款	79 851.14	88 576.04	104 016.55	120 197.52
住户贷款	27 834.26	33 841.96	42 549.14	50 577.63
短期贷款	11 299.02	12 201.23	16 537.27	18 831.53
中长期贷款	16 535.24	21 640.72	26 011.87	31 746.10
非金融企业及机团体贷款	51 978.44	54 684.39	61 460.48	69 586.29
非银行业金融机构贷款	38.44	49.69	6.92	33.60
境外贷款	74.91	30.44	83.27	91.77
债券投资	6 787.12	7 435.93	9 022.81	11 404.29
股权及其他投资	10 270.78	10 303.79	8 921.48	8 652.41
买入返售资产	185.27	130.51	477.48	461.24
存放非银行业金融机构款项	32.90	41.47	19.92	17.85
联行往来(净)	5 782.61	3 488.14		
外汇买卖				
应收及预付款	1 038.28	994.23	1 055.12	1 174.34
投资性房地产	7.72	9.59	10.75	10.25
固定资产	871.93	919.70	942.97	997.24

浙江省分行业非私营单位就业人员平均工资

单位:元

行业	平均工资		国有单位		集体单位		其他单位	
	2018年	2019年	2018年	2019年	2018年	2019年	2018年	2019年
总计	88 883	99 654	134 000	144 495	69 033	65 529	77 046	86 632
农、林、牧、渔业	69 217	79 112	92 280	115 356	46 273	40 390	38 383	56 168
采矿业	72 427	87 460		62 003	46 220	57 952	72 947	90 180
制造业	73 055	80 483	88 091	88 511	48 683	57 989	73 049	80 509
电力、热力、燃气及水生产和供应业	135 779	129 352	176 385	141 523	87 968	69 561	126 486	130 767
建筑业	56 265	61 899	57 260	60 281	50 037	62 403	56 424	61 905
批发和零售业	87 315	94 838	163 303	180 273	50 845	59 490	85 153	92 578
交通运输、仓储和邮政业	94 562	96 986	111 269	118 861	59 471	58 746	90 924	94 286
住宿和餐饮业	51 433	54 896	68 619	73 472	49 592	51 870	50 415	53 817
信息传输、软件和信息技术服务业	190 839	223 499	164 175	147 620	80 060	81 396	192 636	226 817
金融业	142 951	151 017	144 979	184 106	105 833	54 354	143 053	148 796
房地产业	77 868	84 757	85 530	91 129	87 865	80 924	77 522	84 599
租赁和商务服务业	73 894	79 585	70 498	73 630	58 863	64 809	75 727	81 457
科学研究和技术服务业	142 811	154 576	147 391	162 075	120 330	104 884	140 776	151 594
水利、环境和公共设施管理业	73 390	82 758	79 148	87 431	42 555	48 801	68 664	79 724
居民服务、修理和其他服务业	68 146	69 723	104 143	109 097	57 914	58 754	58 235	63 812
教育	123 681	127 038	130 207	139 588	104 180	74 015	84 969	75 610
卫生和社会工作	143 804	154 261	149 635	163 440	126 801	80 711	98 395	91 801
文化、体育和娱乐业	114 343	116 297	127 923	135 994	52 232	53 998	91 983	93 641
公共管理、社会保障和社会组织	136 641	148 439	139 589	149 559	110 946	92 187	58 411	98 420

浙江省城乡居民家庭基本情况

指标	全体居民			城镇常住居民			农村常住居民		
	2017年	2018年	2019年	2017年	2018年	2019年	2017年	2018年	2019年
期末常住成员情况									
常住人口(人/户)	2.96	2.89	2.89	2.93	2.87	2.85	3.03	2.93	2.98
常住就业人口(人/户)	1.73	1.65	1.63	1.63	1.55	1.53	1.92	1.84	1.84
常住人口就业面(%)	58.30	57.10	56.50	55.60	54.00	53.80	63.30	62.90	61.80
就业者负担人数(包括就业者本人)(人/户)	1.72	1.75	1.77	1.80	1.85	1.86	1.58	1.59	1.62
可支配收入(元)	42 046	45 840	49 899	51 261	55 574	60 182	24 956	27 302	29 876
工资性收入(元)	24 137	26 242	28 511	28 818	31 148	33 663	15 457	16 898	18 480
经营净收入(元)	7 123	7 752	8 498	7 669	8 316	9 115	6 112	6 677	7 296
财产净收入(元)	4 742	5 244	5 708	6 911	7 586	8 202	718	784	852
转移净收入(元)	6 043	6 602	7 182	7 863	8 524	9 202	2 669	2 943	3 248
居民生活消费支出(元)	27 079	29 471	32 026	31 924	34 598	37 508	18 093	19 707	21 352
食品烟酒(元)	7 751	8 198	8 929	8 906	9 371	10 162	5 608	5 966	6 529
衣着(元)	1 586	1 814	1 877	1 926	2 232	2 259	956	1 018	1 134
居住(元)	6 993	7 721	8 403	8 413	9 154	9 977	4 358	4 993	5 339
生活用品及服务(元)	1 346	1 652	1 716	1 617	1 967	2 075	842	1 053	1 016
交通通信(元)	4 307	4 302	4 553	4 956	5 010	5 368	3 102	2 953	2 965
教育文化娱乐(元)	2 845	3 031	3 624	3 521	3 684	4 342	1 591	1 788	2 226
医疗保健(元)	1 696	2 059	2 123	1 872	2 287	2 300	1 370	1 627	1 777
其他用品及服务(元)	556	693	801	713	893	1 024	265	310	367

2019年浙江省各设区市国民经济主要指标

城市	年末常住人口（万人）	生产总值（亿元）					人均生产总值（元）	全社会就业人员年末数（万人）	社会消费品零售总额（亿元）	进口总额（亿元）	出口总额（亿元）	财政总收入（亿元）	一般公共预算收入（亿元）	一般公共预算支出（亿元）	住户年末存款余额（亿元）	城镇居民人均可支配收入（元）	农村居民人均可支配收入（元）
			第一产业	第二产业	第三产业	工业											
杭州市	1 036.00	15 373.05	325.70	4 875.07	10 172.28	4 288.42	152 465	720.00	6 187.60	1 839.40	3 352.76	3 650.04	1 965.97	1 952.85	11 677.34	66 068	36 255
宁波市	854.20	11 985.12	322.27	5 782.92	5 879.93	5 164.64	143 157	589.09	4 268.56	3 200.63	5 969.63	2 784.83	1 468.51	1 767.89	7 475.47	64 886	36 632
温州市	930.00	6 606.11	151.72	2 811.93	3 642.46	2 311.00	71 225	575.90	3 655.87	216.89	1 685.35	936.87	578.97	1 084.12	7 601.83	60 957	30 211
嘉兴市	480.00	5 370.32	120.89	2 892.55	2 356.88	2 576.03	112 751	336.00	2 102.54	725.69	2 106.46	945.40	565.69	766.89	4 313.44	61 940	37 413
湖州市	306.00	3 122.43	133.80	1 595.40	1 393.23	1 422.08	102 593	193.90	1 429.27	101.59	838.59	540.55	316.07	466.87	2 444.97	59 028	34 803
绍兴市	505.70	5 780.74	208.40	2 770.77	2 801.56	2 325.64	114 561	348.00	2 352.56	207.90	2 251.07	825.36	528.37	640.87	4 723.28	63 935	36 120
金华市	562.40	4 559.91	145.82	1 833.03	2 581.06	1 565.05	81 224	354.50	2 722.88	184.68	4 033.83	661.50	411.30	664.33	5 348.64	59 348	28 511
衢州市	221.80	1 573.52	86.51	651.12	835.88	528.99	71 087	135.00	757.08	346.64	238.42	223.36	137.12	449.00	1 382.35	46 933	24 426
舟山市	117.60	1 371.60	146.40	475.53	749.67	374.41	116 781	75.60	576.10	869.91	501.20	230.59	154.86	323.36	971.65	61 479	36 784
台州市	615.00	5 134.05	282.08	2 339.90	2 512.07	1 966.42	83 555	408.30	2 544.63	134.93	1 565.15	729.83	438.50	770.33	5 333.52	60 351	30 221
丽水市	221.30	1 476.61	100.04	571.34	805.23	448.72	66 936	144.30	737.95	27.56	267.37	228.13	139.83	526.50	1 841.34	46 437	21 931

注：生产总值为初步核算数，人均生产总值按常住人口计算

县(市、区)名称	土地面积(平方千米)	年末常住人口(万人)	生产总值(亿元)	产业				人均生产总值(元)	社会消费品零售总额(亿元)	财政总收入(亿元)	一般公共预算收入(亿元)	一般公共预算支出(亿元)	住户存款年末余额(亿元)	城镇居民人均可支配收入(元)	农村居民人均可支配收入(元)
				第一产业(亿元)	第二产业(亿元)	第三产业(亿元)	工业(亿元)								
杭州市区	8 292	911.90	14 348.92	226.99	4 434.99	9 686.94	3 943.45	162 236	5 842.96	3 500.61	1 880.02	1 779.64	10 870.17		
萧山区	1 418	181.80	2 198.51	71.66	1 039.03	1 087.82	945.99	124 315	771.77	430.44	267.66	275.43	1 990.43	70 702	41 132
余杭区	1 228	189.10	2 824.02	53.31	652.25	2 118.46	604.00	1 61650	757.82	726.47	391.45	376.73	1 471.18	68 159	41 347
富阳区	1 821	74.40	820.47	49.31	373.92	397.24	333.51	110 426	368.62	131.26	80.00	105.50	585.33	60 576	35 531
临安区	3 119	59.60	572.94	45.86	257.28	269.81	215.13	96 374	205.23	101.93	61.16	85.62	396.64	57 296	33 536
建德市	2 314	44.70	383.24	35.54	184.53	163.18	145.25	85 833	114.86	54.12	31.10	54.15	303.40	52 899	28 669
桐庐县	1 830	43.60	386.39	25.03	177.60	183.76	149.95	89 029	145.78	58.09	33.77	50.20	308.51	54 279	31 940
淳安县	4 417	35.80	254.50	38.14	77.96	138.40	49.77	71 088	83.99	37.22	21.09	68.87	195.26	47 056	21 074
宁波市区	3 730	455.60	7 670.55	95.32	3 371.40	4 203.83	2 991.67	172 508	2 727.88	2 072.63	1 047.32	1 260.50	4 323.99		
鄞州区	814	142.90	2 211.02	26.54	630.06	1 554.42	502.49	156 502	907.03	453.40	269.33	233.53		70 074	39 953
奉化区	1 268	51.60	645.25	31.11	392.27	221.87	352.51	125 170	152.86	90.10	60.00	82.27		56 551	33 185
余姚市	1 501	118.40	1 166.26	47.74	664.08	454.44	623.76	100 280	407.05	178.13	107.23	122.59	989.31	61 988	36 811
慈溪市	1 361	158.50	1 898.64	55.72	1 146.40	696.52	1 066.16	122 730	658.55	352.50	201.69	216.57	1 472.84	63 964	38 081
象山县	1 382	53.10	548.59	77.22	237.43	233.94	166.12	103 507	207.41	76.88	46.26	77.46	333.57	58 747	33 435
宁海县	1 843	68.60	701.08	46.27	363.61	291.20	316.92	102 273	267.68	104.71	66.02	90.76	355.75	61 016	33 864
温州市区	1 332	305.21	2 610.62	17.30	981.70	1 611.61	774.67	86 114	1 647.55	426.25	259.90	363.26	3 445.97		
洞头区	254	10.82	107.84	5.86	44.55	57.44	26.02	101 883	39.49	17.66	12.91	37.00	56.81	49 567	29 962
瑞安市	1 350	143.79	1 003.96	25.10	460.11	518.75	395.86	69 985	525.37	125.20	79.64	139.92	1 173.49	64 721	33 497
乐清市	1 391	142.85	1 209.93	20.36	557.41	632.16	516.69	84 848	535.41	167.02	99.69	155.39	1 103.38	64 442	35 478
永嘉县	2 677	83.32	444.52	16.07	191.73	236.72	141.96	53 473	216.69	62.20	39.53	109.23	527.80	49 489	24 550
平阳县	1 042	80.33	510.29	18.61	228.84	262.84	189.24	63 529	229.01	57.48	38.03	90.88	456.74	50 767	24 957
苍南县	1 253	124.29	652.21	35.45	267.79	348.98	213.22	52 280	395.94	67.66	42.46	113.75	500.88	50 803	24 320
文成县	1 296	24.57	104.91	9.34	24.29	71.28	10.44	42 829	50.63	13.84	9.63	56.14	239.47	42 116	19 128
泰顺县	1 768	25.59	110.60	9.48	37.10	64.02	9.62	43 236	55.27	17.22	10.10	55.55	154.11	40 622	18 805

续表

县(市、区)名称	土地面积(平方千米)	年末常住人口(万人)	生产总值(亿元)	产业				人均生产总值(元)	社会消费品零售总额(亿元)	财政总收入(亿元)	一般公共预算收入(亿元)	一般公共预算支出(亿元)	住户存款年末余额(亿元)	城镇居民人均可支配收入(元)	农村居民人均可支配收入(元)
				第一产业(亿元)	第二产业(亿元)	第三产业(亿元)	工业(亿元)								
嘉兴市区	987	131.19	1 444.52	26.10	679.02	739.41	589.13	111 091	571.57	306.11	180.50	256.80	1 239.42	56 059	35 887
平湖市	554	70.35	765.77	12.55	468.53	284.70	434.18	109 442	235.15	144.14	88.45	113.26	491.15	62 943	37 219
海宁市	863	87.83	1 026.57	18.27	581.06	427.23	515.23	118 213	477.48	157.36	97.02	111.42	860.05	65 526	38 739
桐乡市	727	86.33	968.17	23.51	510.50	434.15	443.37	113 143	424.76	135.26	79.65	100.72	818.63	60 880	38 197
嘉善县	507	59.20	626.81	23.25	330.96	272.59	295.84	106 337	234.10	110.98	67.79	97.49	514.48	63 287	38 057
海盐县	585	45.10	539.65	17.21	324.97	197.48	300.37	120 069	159.49	91.56	52.28	87.21	389.71	63 733	37 801
湖州市区	1 565	136.86	1 422.56	47.62	717.74	657.19	625.62	104 506	726.91	223.02	131.02	214.55	1 273.59		
德清县	938	51.90	537.01	23.43	310.18	203.39	284.46	103 989	204.56	113.06	65.66	83.66	414.80	59 431	36 013
长兴县	1 431	67.50	693.28	35.03	355.64	302.60	318.93	103 180	311.34	114.38	65.83	81.10	428.98	59 848	35 274
安吉县	1 886	49.74	469.59	27.72	211.83	230.04	193.06	95 065	186.47	90.09	53.56	87.57	327.60	56 954	33 488
绍兴市区	2 965	278.65	3 426.46	99.41	1 614.71	1 712.34	1 341.48	123 420	1 420.67	543.93	349.13	390.07	2 900.15		
柯桥区	1 066	100.02	1 504.27	37.21	755.38	711.67	639.99	151 457	362.10	197.82	131.41	126.99	1 098.93	68 948	40 655
上虞区	1 406	79.85	978.11	49.70	504.96	423.45	427.18	122 601	436.87	147.61	89.52	104.48	759.21	65 234	35 443
诸暨市	2 311	118.78	1 312.36	47.70	646.85	617.81	541.09	110 524	475.44	142.03	89.81	110.50	998.68	67 862	39 380
嵊州市	1 789	69.43	589.15	39.19	283.67	266.28	243.43	84 885	286.20	69.67	45.76	75.95	532.43	61 271	32 131
新昌县	1 214	38.84	451.46	22.10	223.80	205.56	197.86	116 281	170.25	69.73	43.66	64.35	292.02	60 167	30 755
金华市区	2 049	115.58	877.92	33.90	314.23	529.79	250.99	75 988	732.49	157.49	95.01	160.44	943.88		
金东区	658	36.80	248.04	13.82	112.62	121.60	89.48	67 724	243.73	36.69	22.94	31.55		49 356	27 619
兰溪市	1 312	56.81	385.69	26.09	200.44	159.17	183.88	67 951	154.16	47.70	28.28	58.10	327.06	44 711	21 874
东阳市	1 747	85.04	638.45	17.54	283.10	337.81	207.26	75 364	302.17	118.44	69.90	98.97	795.38	56 245	31 727
义乌市	1 105	131.86	1 421.14	22.58	418.03	980.53	361.52	108 113	973.10	152.44	101.22	131.21	1 780.80	77 150	39 529
永康市	1 047	76.53	629.56	8.24	341.96	279.37	319.35	82 403	323.49	94.53	59.93	87.28	793.10	58 877	30 831
武义县	1 568	36.32	261.53	15.49	132.53	113.52	122.59	72 163	98.40	44.06	27.03	48.99	301.21	42 813	19 656
浦江县	918	42.05	230.16	10.26	97.69	122.20	85.39	54 605	102.51	29.00	19.29	39.95	294.29	48 326	23 306
磐安县	1 195	18.21	115.44	11.73	45.05	58.66	34.08	63 603	36.56	17.84	10.64	39.39	112.92	41 736	19 461

续表

县(市、区)名称	土地面积(平方千米)	年末常住人口(万人)	生产总值(亿元)	产业 第一产业(亿元)	第二产业(亿元)	第三产业(亿元)	工业(亿元)	人均生产总值(元)	社会消费品零售总额(亿元)	财政总收入(亿元)	一般公共预算收入(亿元)	一般公共预算支出(亿元)	住户存款年末余额(亿元)	城镇居民人均可支配收入(元)	农村居民人均可支配收入(元)
衢州市区	2 354	84.47	739.70	28.53	299.36	411.81	261.90	87 787	284.83	127.22	75.92	191.48	549.27	47 407	22 996
江山市	2 019	48.54	303.41	22.70	136.12	144.59	109.37	62 617	145.10	32.20	20.54	67.68	341.01	49 465	26 391
常山县	1 097	25.54	150.37	8.00	63.02	79.35	47.79	58 933	72.57	18.94	11.79	55.65	142.81	39 654	22 149
开化县	2 231	25.55	146.80	13.65	52.42	80.73	27.76	57 512	90.18	15.45	9.95	65.98	137.27	37 762	19 001
龙游县	1 143	37.69	231.95	13.64	99.54	118.77	81.89	61 712	164.40	29.55	18.93	68.21	211.99	48 242	24 856
舟山市区	1 036	89.08	1 008.95	72.93	347.73	588.30	266.98	113 308	450.27	192.96	129.46	242.17	786.05		
岱山县	326	21.46	248.30	39.52	120.31	88.47	102.82	116 383	86.13	26.24	17.60	50.90	136.83	54 562	36 903
嵊泗县	97	7.06	114.03	33.95	19.55	60.53	8.94	161 293	39.70	11.39	7.80	30.29	48.77	54 801	35 492
台州市区	1 680	197.80	1 894.10	55.44	826.49	1 012.17	715.65	95 807	1 000.49	303.53	178.72	281.24	2 222.00	67 041	32 374
温岭市	1 074	137.20	1 105.13	77.70	503.56	523.87	393.46	80 637	689.57	126.69	78.27	128.56	1 162.33	62 948	33 842
临海市	2 251	105.50	711.92	48.02	323.96	339.94	268.08	67 513	278.49	111.14	65.99	108.30	717.24	55 915	30 131
玉环市	510	63.10	617.50	37.11	339.85	240.54	315.85	98 094	216.12	87.42	53.92	80.21	475.25	71 344	35 340
三门县	1 105	35.10	265.74	33.43	115.44	116.87	91.27	75 816	110.91	29.25	18.17	53.64	194.27	48 875	26 601
天台县	1 432	40.60	291.03	14.76	119.66	156.61	97.42	71 771	139.10	37.00	22.33	61.06	282.52	48 984	24 644
仙居县	2 000	35.70	249.20	15.62	109.02	124.56	85.54	69 804	109.95	34.81	21.09	57.33	279.91	43 940	22 962
丽水市区	1 493	48.34	389.63	20.57	123.40	245.66	91.21	80 803	219.27	87.14	54.63	128.13	476.64	49 730	28 220
龙泉市	3 044	23.92	142.55	15.26	52.05	75.24	37.73	59 468	66.65	15.07	9.79	57.31	141.01	48 439	23 459
青田县	2 477	36.37	243.48	9.57	104.54	129.37	87.19	67 409	122.22	34.37	21.02	66.30	555.35	47 954	25 222
云和县	990	11.51	82.93	4.85	44.65	33.43	40.00	72 078	34.83	10.41	6.43	30.40	69.54	44 155	20 467
庆元县	1 897	13.92	78.38	6.85	29.55	41.98	21.24	56 228	42.41	8.34	5.48	37.25	85.52	40 496	18 856
缙云县	1 494	37.57	232.03	11.43	106.21	114.38	84.95	62 064	98.84	25.99	16.65	62.97	221.30	45 586	21 489
遂昌县	2 540	19.23	124.66	11.94	48.49	64.23	39.57	64 959	62.75	19.02	10.96	50.29	111.91	48 254	20 749
松阳县	1 401	19.23	115.55	13.17	46.97	55.42	38.26	60 200	54.10	12.83	7.89	46.30	120.15	40 432	19 371
景宁自治县	1 939	11.21	69.00	6.42	17.04	45.55	9.80	62 306	36.88	14.95	6.98	47.54	59.93	40 014	20 005

索　引
Index

说　明

一、本索引分为主题索引、图照索引和表格索引。

二、主题索引涵盖除“特载”“特辑”“大事记”“年度综述”“主要组织机构及其负责人名录”“附录”外的正文部分；图照索引包括卷首和内文中的全部图照；表格索引包括内文和统计资料中的全部表格。

三、索引中文标目按汉语拼音顺序排列，同音字按笔画数从少到多排列。第一字相同，按第二字音序排列，依次类推。数字开头的标目按数字0～9顺序排列索引标目后的数字表示内容所在的页码。主题数字后的拉丁字母(a、b、c)分别表示版面的1、2、3栏。

四、图照索引仅标注所在页码，不标注分栏。表格索引按序号排列，仅标注所在页码，不标注分栏。

五、不同条目采用相同主题词时，分别标注页码和版面，并括注供稿单位。

主题索引
Subject Index

0~9

A

B

C

D

E

F

G

H

J

K

L

R

S

T

W

X

Y

Z

图照索引 Photo Index

0~9

B

C

G

H

J

L

M

N

P

Q

R

S

T

W

X

Y

Z

表格索引
Table Index

Special Issue

Featured Articles

Chronicle of Major Events in 2019

General Situation of Zhejiang

Figures

Politics

Economy

Society

Culture

Ecological Civilization

Brief Introduction of Cities, Counties and Districts

Appendix

Statistics

Index

English Contents